刑事法律适用与案例指导丛书

总主编 胡云腾

毒品犯罪案件
法律适用与案例指导

本册 主 编 董国权 吕 俊
     副主编 周岸崟

人民法院出版社

图书在版编目（CIP）数据

毒品犯罪案件法律适用与案例指导 / 董国权，吕俊主编；周岸崟副主编. -- 北京：人民法院出版社，2023.11
（刑事法律适用与案例指导丛书 / 胡云腾总主编）
ISBN 978-7-5109-3822-1

Ⅰ.①毒… Ⅱ.①董… ②吕… ③周… Ⅲ.①毒品-刑事犯罪-审判-案例-中国 Ⅳ.①D924.364

中国国家版本馆CIP数据核字(2023)第117586号

毒品犯罪案件法律适用与案例指导

董国权　吕　俊　主编　　周岸崟　副主编

策划编辑	韦钦平　郭继良
责任编辑	周利航
封面设计	尹苗苗
出版发行	人民法院出版社
地　　址	北京市东城区东交民巷 27 号（100745）
电　　话	（010）67550691（责任编辑）　　67550558（发行部查询）
	65223677（读者服务部）
客　服 QQ	2092078039
网　　址	http://www.courtbook.com.cn
E - mail	courtpress@sohu.com
印　　刷	三河市国英印务有限公司
经　　销	新华书店
开　　本	787 毫米×1092 毫米　1/16
字　　数	925 千字
印　　张	37.25
版　　次	2023 年 11 月第 1 版　2023 年 11 月第 1 次印刷
书　　号	ISBN 978-7-5109-3822-1
定　　价	128.00 元

版权所有　侵权必究

刑事法律适用与案例指导丛书
编辑委员会

总主编：胡云腾

成　员（按姓氏笔画）：

  丁学君　王晓东　卢祖新　毕晓红　吕　俊
  陈学勇　欧阳南平　胡红军　段　凰　袁登明
  徐建新　黄祥青　梁　健　董国权　程庆颐
  靳　岩

编辑部

主　任：韦钦平　郭继良

副主任：姜　峤　李安尼

成　员（按姓氏笔画）：

  马梅元　王雅琦　王　婷　尹立霞　田　夏　冯喜恒
  巩　雪　刘晓宁　刘琳妍　许　浩　杜东安　李长坤
  李　瑞　吴伦基　沈洁雯　张　艺　张文波　张亚男
  张　伟　张　怡　张树民　陈　思　罗羽净　周利航
  周岸崟　赵芳慧　赵　爽　赵雪莹　祝柏多　高荣超
  高　晖

毒品犯罪案件法律适用与案例指导
编辑委员会

主　编：董国权　吕　俊

副主编：周岸崟

撰稿人（按写作顺序）：

姚　军　汤　宁　李　霞　杨晓娅　杨剑兰

李　倩　殷增华　潘晓辉　柏崇良　王建丽

张金科　秦冬冬　杨　芳　胡玉斌　周岸崟

出版说明

人民法院的刑事审判工作是党领导人民规制犯罪和治理社会的重要渠道和有效手段，发挥着保障人权，惩罚犯罪，维护社会公平正义，保障社会安定团结的重要职能。在全面建设社会主义现代化国家的新征程上，刑事审判要深入贯彻落实习近平法治思想，全面贯彻党的二十大精神，落实总体国家安全观，紧紧围绕"公正与效率"主题着力提升刑事案件审判水平，充分发挥审判职能作用，更好服务推进中国式现代化，助推以新安全格局保障新发展格局。

司法实践的复杂性与不断发展变化性导致实务中出现的大量问题总是超越立法时的设计。面对层出不穷的各类实务问题，唯有不断加强法律适用研究才能妥当处置。而法律适用研究不单单是法教义学的使命和主题，通过刑事政策的居高引领，强调政治效果、法律效果和社会效果的高度统一也是应有之义。因此，本丛书的出发点和目的地就是试图从妥当处置实务问题的角度出发，通过法律适用问题的研究，回应法律实务之需，为法律实务工作者提供必备的工具助手和法律智囊。

本套丛书以习近平法治思想为指导，其内容涵盖刑法总则，危害公共安全，破坏社会主义市场经济秩序，金融犯罪，侵犯公民人身权利、民主权利，侵犯财产，妨害社会管理秩序，毒品犯罪，贪污贿赂，渎职，刑事诉讼十个专题。在最高人民法院有关领导和专家的指导帮助下，丛书编写汇聚了北京市高级人民法院、黑龙江省高级人民法院、上海市高级人民法院、江苏省高级人民法院、浙江省高级人民法院、山东省高级人民法院、云南省高级人民法院、天津市第一中级人民法院、上海市第一中级人民法院、重庆市第五中级人民法院刑事审判庭的集体智慧。丛书立足刑事审判业务前沿，从司法实务中具体的疑难问题出发，结合刑事法理论认真进行法律适用研究，提炼问题、分析问题并最终解决问题，以期在刑事案件的侦查、公诉、辩护和审判中对读者能有所裨益。质言之，丛书具有如下三大特点：

（一）全面性、系统性

本套丛书定位为全面系统梳理整个刑事法律实务内容的大型实务工具书，其全面性系统性表现在：一是从各类犯罪构成要件、审判态势、审判原则、审判理念到审判所涉及的法律法规、司法解释、刑事审判政策等审判依据的全面系统梳理阐述；二是从最高人民法院、最高人民检察院指导性案例、公报案例，到近10年来刑事审判参考案例、最高人民法院公布的典型案例、人民法院案例选案例、地方法院新型疑难典型案例的全面归纳整理；三是对审判实践中的重点、疑难新型问题全面系统梳理提炼。以上三点亦是本丛书中各类犯罪各章、节的组成部分，内容由总到分，由点及面，层层递进，步步深入，观照每一节内容的系统性和完整性，从而保障了丛书的全面性系统性。

（二）针对性、实用性

本套丛书着眼于刑事审判实践中的重点、疑难新型问题，具有极强的针对性。实务中问题的筛选范围时间跨度长达10年，不仅收录了审判实践前沿问题，亦收录了司法解释明确，但实践中存在理解不一致、不准确的问题，采用一问一案或多案解读的模式，详细阐明事理法理情理，鲜活生动，深入透彻。同时，对于类案审判实务中较难把握的审判价值取向、刑事政策等类案裁判规则集中进行了阐释分析。丛书收录近2000个问题，多达1800余个案例，涉及约300个罪名，力求在目录和案例标题中呈现每一个细致的问题，以便检索，增强实用性和便捷性。

（三）权威性、准确性

本套丛书以最高人民法院司法裁判资源为基础，精选案例、提炼观点，由审判实践一线的专家型、学者型法官及审判业务骨干参与编写，并由最高人民法院专家型法官把关，观点来源权威。选取地方法院案例时要求在裁判观点上与最高人民法院的案例观点保持一致，而且各观点之间要在法律适用上保持统一性，避免前后矛盾、裁判依据不统一等问题。准确性主要体现在两方面：一是法律法规、司法解释等审判依据的有效性、规范性，确保适用的是最新的立法和司法解释；二是案例和问题提炼精准。

需要说明的是各类案例在内容编写时，考虑篇幅的问题，对部分内容进行了适当删减和修改。

囿于编写者和编辑水平能力有限，丛书在内容上难免挂一漏万，不当与错误之处，敬请读者批评指正。

编者

2023年10月

前　言

2020年11月召开的中央全面依法治国工作会议正式提出习近平法治思想，为全面依法治国提供了根本遵循和行动指南。习近平总书记曾强调，禁毒工作事关国家安危、民族兴衰、人民福祉，毒品一日不除，禁毒斗争就一日不能松懈！因此，全面贯彻习近平新时代中国特色社会主义思想、习近平法治思想及习近平总书记对禁毒人民战争作出的批示就成为了本书编写的出发点和所要达到的目的地。

理论是行动的先导，实践是创新的源泉！

云南一直是我国禁毒斗争的主战场，云南省高级人民法院曾经是全国第一家获最高人民法院授权对毒品犯罪案件行使死刑核准权的法院，在多年的毒品犯罪审判中不仅依法严惩了韩永万、谭晓林、杨茂贤等一批国际、国内大毒枭，还实施了对云南省文山壮族苗族自治州平远街等重点地区的毒品整治行动，有力地震慑了毒品犯罪分子，表明了我国严惩毒品犯罪的信心和决心。在最高人民法院关于毒品犯罪的相关司法解释和有关文件的制订和出台中云南法院也都作出了自己的贡献。但长期以来，对惩治毒品犯罪法律适用问题的研究无论是深度还是广度都还远远不够。

有鉴于此，云南省高级人民法院欣然接受了人民法院出版社的邀请，组织和安排了审判实务经验丰富、理论水平较高的员额法官和部分法官助理从事本书的编写工作，既是对多年毒品犯罪审判实务进行的经验总结，也对一些理论和实践中争议较大的问题作了分析和探讨，以期能对理论界和实务部门的各位法律同仁起到抛砖引玉的效果和作用。本书采用罪名概述，相关法律、法规、司法解释、司法政策文件等审判依据的全面收录，"实务问题+解答"模式解决审判实务中常见问题的篇章结构，对毒品犯罪各个罪名的概念，构成要件，案件审理情况、趋势，案件审理热点、难点等问题逐一进行了介绍。此外，针对作为审判实务中重点和难点问题的毒品犯罪共同犯罪、毒品犯罪证据的审查与判断、选择性罪名等问题通过设立专章，采用理论联系实际的研究方法进行了分析和论证，以增强本书的针对性和实务指导性。

为进一步加强毒品案件审判工作，推进新时代新征程人民法院禁毒工作持续高质量发展，最高人民法院于2023年2月在云南省昆明市召开了全国法院毒品案件审判工作会议，并印发了《全国法院毒品案件审判工作会议纪要》。本书在编写中，也根据《全国法院毒品案件审判工作会议纪要》的最新精神对相关内容进行了修订，以增强本书的时效性和指导性。

本书编写小组由云南三级法院精心选择的 15 位理论功底扎实、审判实践经验丰富、调研写作能力强的同志组成。其中，姚军负责第一章毒品概述，汤宁、李霞负责第二章走私、贩卖、运输、制造毒品罪，杨晓娅、杨剑兰负责第三章非法持有毒品罪，李倩负责第四章包庇毒品犯罪分子罪，窝藏、转移、隐瞒毒品、毒赃罪，殷增华负责第五章非法生产、买卖、运输制毒物品、走私制毒物品罪，潘晓辉负责第六章非法种植毒品原植物罪，柏崇良、王建丽负责第七章非法买卖、运输、携带、持有毒品原植物种子、幼苗罪，张金科负责第八章引诱、教唆、欺骗他人吸毒罪，强迫他人吸毒罪，秦冬冬负责第九章容留他人吸毒罪，杨芳负责第十章非法提供麻醉药品、精神药品罪，妨害兴奋剂管理罪，胡玉斌负责第十一章毒品犯罪再犯，周岸棻负责第十二章共同犯罪的认定与处理、第十三章毒品犯罪的选择性罪名研究、第十四章毒品犯罪证据的收集与审查、第十五章其他问题的具体编写工作，全书由周岸棻统稿，由吕俊审定。本书的编写得到最高人民法院、人民法院出版社的大力支持。他们对本书进行了梳理、增补和把关审核，确保本书反映问题全面、解读准确无误，大大提升了书稿质量。本书编写过程中，有关专家学者和云南省高级人民法院机关给予了大力支持，在此表示诚挚的感谢！

由于毒品犯罪较为复杂，犯罪手段层出不穷，犯罪分子狡猾多变，再加上编写人员水平参差不齐，本书难免存在不妥乃至乖缪之处，还请理论界和实务部门的各位法律同仁不吝批评指正！

董国权

2023 年 10 月

凡 例

1. 本书中法律、行政法规一般使用简称，例如《中华人民共和国刑法》简称《刑法》；

2. 《最高人民法院、最高人民检察院、公安部关于印发〈办理毒品犯罪案件适用法律若干问题的意见〉的通知》（2007年12月18日，公通字〔2007〕84号），简称《办理毒品犯罪案件意见》；

3. 《最高人民法院印发〈全国部分法院审理毒品犯罪案件工作座谈会纪要〉的通知》（2008年12月1日，法〔2008〕324号），简称《大连会议纪要》；

4. 《最高人民检察院、公安部关于印发〈最高人民检察院、公安部关于公安机关管辖的刑事案件立案追诉标准的规定（三）〉的通知》（2012年5月16日，公通字〔2012〕26号），简称《立案追诉标准（三）》；

5. 《最高人民法院关于印发〈全国法院毒品犯罪审判工作座谈会纪要〉的通知》（2015年5月18日，法〔2015〕129号），简称《武汉会议纪要》；

6. 《最高人民法院关于审理毒品犯罪案件适用法律若干问题的解释》（2016年4月6日，法释〔2016〕8号），简称《审理毒品犯罪案件解释》；

7. 《最高人民法院关于审理走私、非法经营、非法使用兴奋剂刑事案件适用法律若干问题的解释》（2019年11月18日，法释〔2019〕16号），简称《兴奋剂犯罪解释》；

8. 《最高人民法院关于适用〈中华人民共和国刑事诉讼法〉的解释》（2021年1月26日，法释〔2021〕1号），简称《刑事诉讼法解释》；

9. 《最高人民法院关于印发〈全国法院毒品案件审判工作会议纪要〉通知》（2023年6月29日，法〔2023〕208号），简称《昆明会议纪要》。

目录

第一章 毒品概述

第一节 毒 品 / 001
 一、毒品概念 / 001
 二、毒品种类 / 001
 三、常见毒品原植物和毒品 / 002

第二节 我国法律对毒品的界定 / 004
 一、毒品范围的演进 / 004
 二、毒品的认定 / 004
 附录：麻醉药品和精神药品品种目录 / 007

第三节 毒品数量、含量（纯度）问题 / 051
 一、毒品数量如何确定 / 051
 二、关于毒品含量的问题 / 054
 附录：依赖性折算相关文件 / 056

第四节 相关审判依据 / 078
 一、法律 / 078
 二、司法解释 / 078
 三、刑事政策文件 / 079

第五节 毒品认定审判实践中的疑难新型问题 / 083
 问题1. 制毒过程中产生的毒品含量极低的液体是否应计入毒品数量 / 083
 问题2. 毒品称量、取样和送检程序不合法的情况下毒品成分及数量的认定 / 086
 问题3. 如何认定有吸毒情节的被告人贩卖毒品的数量 / 089
 问题4. 有吸毒情节的被告人短期内购入大量毒品且大部分毒品去向不明时，如何认定其贩卖毒品的数量 / 093

第二章　走私、贩卖、运输、制造毒品罪

第一节　走私、贩卖、运输、制造毒品罪概述 / 098

一、走私、贩卖、运输、制造毒品罪的概念及构成要件 / 098

二、走私、贩卖、运输、制造毒品犯罪现状 / 101

三、走私、贩卖、运输、制造毒品案件审理热点、难点问题 / 102

四、走私、贩卖、运输、制造毒品案件办理思路及原则 / 105

第二节　走私、贩卖、运输、制造毒品罪审判依据 / 106

一、法律 / 106

二、司法解释 / 107

三、刑事政策文件 / 110

第三节　走私、贩卖、运输、制造毒品罪审判实践中的疑难新型问题 / 131

问题1. 走私毒品案件中被告人主观明知的认定 / 131

问题2. 对临时结伙贩卖、运输毒品起组织作用，但本人实际贩卖毒品数量相对较少的主犯如何量刑 / 134

问题3. 为吸食者代购少量毒品的行为如何定性以及隐匿身份人员引诱情节对毒品犯罪案件的定罪量刑是否具有影响 / 137

问题4. 对当场查获毒品的案件，被告人拒不认罪的，如何把握有关被告人主观明知的证据要求 / 142

问题5. 毒品犯罪中，有地位、作用突出的嫌疑人在逃的，是否影响对被告人死刑的适用 / 145

问题6. 制造毒品案件中，缴获的毒品系液态毒品，判处死刑应当特别慎重 / 150

问题7. 共同贩卖毒品的死刑政策如何把握 / 154

问题8. 共同犯罪中作用相对较大的主犯因具有法定从轻情节而未判处死刑的，对其他主犯能否适用死刑 / 158

问题9. 对毒品共同犯罪案件如何准确把握死刑政策 / 162

问题10. 纠集多人大量制造毒品，系地位和作用最为突出的主犯，罪行极其严重，且系累犯，可依法判处死刑 / 167

问题11. 对于认定毒品交易上家犯罪事实的证据要求如何把握以及对于毒品来源有证据欠缺的案件应当注意哪些问题 / 168

问题12. 对接应毒品的行为，如何结合在案证据认定毒品运输方和接应方的犯罪事实并准确定性 / 171

问题13. 贩卖毒品案件中上下家的罪责区分及死刑适用 / 175

问题 14. 非法生产、经营国家管制的第二类精神药品盐酸曲马多，应如何定性 / 180

问题 15. 对走私恰特草的行为如何定罪量刑 / 184

问题 16. 在毒品犯罪案件中，如何认定行为人的主观明知；对走私美沙酮片剂的犯罪行为如何适用量刑情节 / 188

问题 17. 麻醉药品制剂和精神药品制剂类毒品量刑时宜以含量作为考量情节 / 191

问题 18. 批量制造含有国家列管精神药品 γ-羟丁酸成分的饮料并销售的，应认定为贩卖、制造毒品罪 / 195

问题 19. 行为人共谋制造芬太尼等毒品并贩卖，构成贩卖、制造毒品罪 / 196

问题 20. 组织多人制造新型毒品甲卡西酮，向社会大肆贩卖，应依法严惩 / 197

问题 21. 伪造资质骗购大量麻醉药品出售给贩毒人员的认定 / 199

问题 22. 医务人员多次向吸贩毒人员贩卖精神药品牟利的认定 / 200

问题 23. 违规购买精神药品出售给吸毒人员的认定 / 200

问题 24. 对于居间介绍买卖毒品与居中倒卖毒品行为的区分，以及居间介绍买卖毒品共同犯罪的认定与处罚 / 201

问题 25. 如何认定制造毒品行为以及制毒数量 / 206

问题 26. 为索要债务而唆使他人贩卖毒品的行为如何定性 / 210

问题 27. 在毒品犯罪案件中，如何区别侦查机关的"犯意引诱"和"数量引诱"；对不能排除"数量引诱"的毒品犯罪案件能否适用死刑立即执行 / 212

问题 28. 明知他人从事贩卖毒品活动而代为保管甲基苯丙胺的行为如何定性 / 216

问题 29. 拒不供认毒品来源，又不能证明系受人指使、雇用运输毒品的，如何处理 / 219

问题 30. 如何认定毒品共犯的地位、作用以及"制造"毒品行为 / 222

问题 31. 吸毒人员在运输毒品过程中被查获的，如何定性 / 226

问题 32. 如何区分毒品代购与加价贩卖 / 229

问题 33. 认罪认罚案件被告人以量刑过重为由提起上诉的，是否影响对原认罪认罚情节的认定 / 233

问题 34. 认定贩卖毒品罪的既遂，宜采取"进入实质交易环节"的标准 / 235

问题 35. 贩卖毒品罪既未遂的认定 / 240

问题 36. 毒品灭失的情况下如何认定贩卖毒品 / 242

问题 37. 如何判断被告人对其运输的毒品是否存在主观明知 / 244

问题 38. 毒品犯罪案件行为人主观明知的认定 / 248

问题 39. 纠集多人制造毒品数量特别巨大，罪行极其严重，两名以上主犯均可判处死刑 / 254

问题 40. 跨省贩卖、运输毒品数量巨大，罪行极其严重，应依法严惩 / 255

问题 41. 大量贩卖、运输新精神活性物质，应依法从严惩处 / 256

问题 42. 利用网络向外籍人员贩卖大麻，应依法惩处 / 257

问题43. 为抗拒缉毒警察抓捕，驾车肆意冲撞，危害公共安全的，应认定为以危险方法危害公共安全罪 / 258

问题44. 伙同他人制造甲基苯丙胺，并将制出的毒品予以运输、贩卖，构成贩卖、运输、制造毒品罪 / 259

问题45. 专门购车运毒，出境查验非法运输甲基苯丙胺片剂，构成运输毒品罪 / 260

问题46. 通过手机网络接受他人雇用，走私、运输毒品数量大，构成走私、运输毒品罪 / 261

问题47. 国家工作人员贩卖少量毒品，属情节严重，依法严惩 / 262

问题48. 贩毒网络中的共犯形式和罪责如何区分 / 263

问题49. 有吸毒情节贩毒人员的贩毒数量认定 / 268

问题50. 犯罪集团首要分子组织、指挥数十人走私、运输毒品，罪行极其严重的如何认定 / 270

问题51. 利用、教唆未成年人贩卖毒品，如何认定 / 271

问题52. 积极响应敦促投案自首通告，主动自境外回国自首，可依法从轻处罚 / 272

问题53. 采用非接触式手段走私、贩运精神药品，情节严重；利用精神药品迷奸他人，应依法数罪并罚 / 273

第三章　非法持有毒品罪

第一节　非法持有毒品罪概述 / 275

一、非法持有毒品罪概念及构成要件 / 275

二、非法持有毒品案件审理情况 / 276

三、非法持有毒品案件审理热点、难点问题 / 277

四、非法持有毒品案件办理思路及原则 / 280

第二节　非法持有毒品罪审判依据 / 281

一、法律 / 281

二、司法解释 / 281

三、刑事政策文件 / 283

第三节　非法持有毒品罪审判实践中的疑难新型问题 / 287

问题1. 从吸毒人员住处查获数量较大的毒品，但认定其曾贩卖毒品的证据不足的，是认定为贩卖毒品罪还是非法持有毒品罪 / 287

问题2. 非法持有毒品者主动向公安机关上交毒品的，如何量刑 / 290

问题3. 非法持有毒品罪与运输毒品罪如何区分 / 293

问题4. 非法持有毒品罪与贩卖毒品罪如何区分 / 296

问题 5. 即将持有毒品但尚未实际持有的情形能否认定为非法持有毒品犯罪未遂 / 299

问题 6. 误将假毒品当作真毒品而持有的情形能否认定为非法持有毒品犯罪未遂 / 299

第四章 包庇毒品犯罪分子罪，窝藏、转移、隐瞒毒品、毒赃罪

第一节 包庇毒品犯罪分子罪，窝藏、转移、隐瞒毒品、毒赃罪概述 / 301

一、包庇毒品犯罪分子罪，窝藏、转移、隐瞒毒品、毒赃罪概念及构成要件 / 301

二、包庇毒品犯罪分子，窝藏、转移、隐瞒毒品、毒赃案件审理情况 / 303

三、包庇毒品犯罪分子，窝藏、转移、隐瞒毒品、毒赃案件审理难点问题 / 304

四、包庇毒品犯罪分子，窝藏、转移、隐瞒毒品、毒赃案件办理思路及原则 / 306

第二节 包庇毒品犯罪分子罪，窝藏、转移、隐瞒毒品、毒赃罪审判依据 / 307

一、法律 / 307

二、司法解释 / 308

三、刑事政策文件 / 309

第三节 包庇毒品犯罪分子罪，窝藏、转移、隐瞒毒品、毒赃罪审判实践中的疑难新型问题 / 310

问题 1. 被告人曾参与贩卖毒品，后又单方面帮助他人窝藏、转移毒品的，如何定罪 / 310

问题 2. 接受以毒品抵债的行为如何定性 / 312

问题 3. 包庇毒品犯罪分子罪与其他犯罪之区别 / 313

问题 4. 窝藏、转移、隐瞒毒品、毒赃罪与非法持有毒品罪的区别 / 314

问题 5. 窝藏、转移、隐瞒毒品、毒赃罪与洗钱罪的界限 / 314

第五章 非法生产、买卖、运输制毒物品、走私制毒物品罪

第一节 非法生产、买卖、运输制毒物品、走私制毒物品罪概述 / 316

一、非法生产、买卖、运输制毒物品、走私制毒物品罪概念及构成要件 / 316

二、非法生产、买卖、运输制毒物品、走私制毒物品案件审理情况 / 317

三、非法生产、买卖、运输制毒物品、走私制毒物品案件审理热点、难点问题 / 319

四、非法生产、买卖、运输制毒物品、走私制毒物品案件办理思路及原则 / 320

第二节 非法生产、买卖、运输制毒物品、走私制毒物品罪审判依据 / 321

一、法律 / 321

二、行政法规 / 322

三、司法解释 / 329

四、刑事政策文件 / 331

第三节 非法生产、买卖、运输制毒物品、走私制毒物品罪审判实践中的疑难新型问题 / 337

    问题 1. 如何认定非法买卖制毒物品罪行为人对制毒物品的"明知"及如何把握量刑标准 / 337

    问题 2. 利用麻黄碱类复方制剂加工、提炼制毒物品并非法贩卖的，如何定性 / 340

    问题 3. 非法买卖麻黄碱类复方制剂以及将麻黄碱类复方制剂拆改包装后进行贩卖的，如何定性 / 344

    问题 4. 非法生产、买卖邻酮，数量特别巨大，如何惩处 / 348

    问题 5. 非法生产、买卖、运输制毒物品，情节特别严重，如何惩处 / 349

第六章　非法种植毒品原植物罪

第一节 非法种植毒品原植物罪概述 / 351

    一、非法种植毒品原植物罪概念及构成要件 / 351

    二、非法种植毒品原植物案件审理情况 / 353

    三、非法种植毒品原植物案件审理热点、难点问题 / 355

    四、非法种植毒品原植物案件办理思路及原则 / 357

第二节 非法种植毒品原植物罪审判依据 / 359

    一、法律 / 359

    二、行政法规 / 360

    三、司法解释 / 360

    四、刑事政策文件 / 360

第三节 非法种植毒品原植物罪审判实践中的疑难新型问题 / 361

    问题 1. 非法种植毒品原植物的动机和目的是否影响犯罪认定 / 361

    问题 2. 对非法种植毒品原植物主观明知如何认定 / 362

    问题 3. 对非法种植毒品原植物罪的帮助犯如何认定 / 362

    问题 4. 毒品原植物被铲除后又长出新苗如何处理 / 363

    问题 5. 非法种植毒品原植物被公安机关处理后再次非法种植的，是否一律构成本罪，量刑档次如何掌握 / 364

第七章　非法买卖、运输、携带、持有毒品原植物种子、幼苗罪

第一节　非法买卖、运输、携带、持有毒品原植物种子、幼苗罪概述 / 366
  一、非法买卖、运输、携带、持有毒品原植物种子、幼苗罪概念及构成要件 / 366
  二、非法买卖、运输、携带、持有毒品原植物种子、幼苗案件审理热点、难点问题 / 368
  三、非法买卖、运输、携带、持有毒品原植物种子、幼苗案件办理思路及原则 / 369
第二节　非法买卖、运输、携带、持有毒品原植物种子、幼苗罪审判依据 / 370
  一、法律 / 371
  二、司法解释 / 371
  三、刑事政策文件 / 372

第八章　引诱、教唆、欺骗他人吸毒罪，强迫他人吸毒罪

第一节　引诱、教唆、欺骗他人吸毒罪，强迫他人吸毒罪概述 / 374
  一、引诱、教唆、欺骗他人吸毒罪，强迫他人吸毒罪概念及构成要件 / 374
  二、引诱、教唆、欺骗他人吸毒，强迫他人吸毒案件审理情况 / 376
  三、引诱、教唆、欺骗他人吸毒，强迫他人吸毒案件审理热点、难点问题 / 376
  四、引诱、教唆、欺骗他人吸毒，强迫他人吸毒案件办理思路及原则 / 378
第二节　引诱、教唆、欺骗他人吸毒罪，强迫他人吸毒罪审判依据 / 378
  一、法律 / 379
  二、司法解释 / 379
  三、刑事政策文件 / 379
第三节　引诱、教唆、欺骗他人吸毒罪，强迫他人吸毒罪审判实践中的疑难新型问题 / 380
  问题1. 引诱、教唆、欺骗他人吸毒罪的入罪标准如何把握；怎样对该罪"情节严重"中"对他人身体健康造成严重危害"进行认定 / 380
  问题2. 强迫吸毒人员吸毒，是否构成强迫吸毒罪 / 381
  问题3. 针对未成年人实施引诱、教唆、欺骗、强迫吸毒犯罪的，应当贯彻宽严相济刑事政策，从严处罚 / 382
  问题4. 强迫幼童吸食毒品，应依法严惩 / 383

第九章　容留他人吸毒罪

第一节　容留他人吸毒罪概述 / 385
　　一、容留他人吸毒罪概念及构成要件 / 385
　　二、容留他人吸毒案件审理热点、难点问题 / 386
　　三、容留他人吸毒案件办理思路及原则 / 387
第二节　容留他人吸毒罪审判依据 / 389
　　一、法律 / 389
　　二、司法解释 / 390
　　三、刑事政策文件 / 390
第三节　容留他人吸毒罪审判实践中的疑难新型问题 / 391
　　问题1. 旅馆经营者发现客人在房间内吸毒不予制止，是否构成容留他人吸毒罪 / 391
　　问题2. 娱乐场所管理者容留多人吸食毒品，应依法严惩 / 394
　　问题3. 行为人为赚取利润租赁KTV包房容留他人吸毒，并向吸毒人员提供服务的，构成容留他人吸毒罪 / 394
　　问题4. 共同居住人能否构成容留他人吸毒罪的共犯 / 395
　　问题5. 容留他人吸毒罪中的场所如何理解；吸毒种类是否对量刑产生影响 / 397

第十章　非法提供麻醉药品、精神药品罪，妨害兴奋剂管理罪

第一节　非法提供麻醉药品、精神药品罪概述 / 400
　　一、非法提供麻醉药品、精神药品罪概念及构成要件 / 400
　　二、非法提供麻醉药品、精神药品案件审理热点、难点问题 / 401
　　三、非法提供麻醉药品、精神药品案件办理思路及原则 / 402
第二节　妨害兴奋剂管理罪概述 / 405
　　一、妨害兴奋剂管理罪概念及构成要件 / 405
　　二、妨害兴奋剂管理案件审理热点、难点问题 / 407
第三节　非法提供麻醉药品、精神药品罪，妨害兴奋剂管理罪审判依据 / 408
　　一、法律 / 408
　　二、行政法规 / 408
　　三、部门规章 / 409

四、司法解释 / 409

五、刑事政策文件 / 410

第十一章　毒品再犯

第一节　毒品再犯概述 / 413

一、毒品再犯的概念及其构成 / 413

二、毒品再犯与一般累犯的区别 / 414

三、毒品再犯与特别累犯的区别 / 414

四、毒品再犯认定中的热点、难点问题 / 414

第二节　毒品再犯审判依据 / 416

一、法律 / 416

二、刑事政策文件 / 416

第三节　毒品再犯审判实践中的疑难新型问题 / 417

问题1. 被告人未满十八周岁时曾因毒品犯罪被判刑，在《刑法修正案（八）》实施后是否构成毒品再犯 / 417

问题2. 被告人在假释考验期内大量贩卖毒品，系毒品再犯，应依法从重处罚，并撤销假释 / 420

第十二章　毒品共同犯罪的认定与处理

第一节　毒品共同犯罪的构成 / 421

一、共同犯罪人是否全部到案不影响毒品共同犯罪的成立 / 421

二、充分认识意思联络的相对性 / 422

三、重视共同犯罪故意中对毒品及数量的认识 / 422

四、以认识为主、实行为辅的原则认定共同犯罪 / 423

五、认真研究毒品犯罪的法律特征 / 423

第二节　主犯与从犯的区分和处罚 / 424

一、主犯与从犯的区分 / 424

二、毒品共同犯罪的处罚 / 426

第三节　贩卖毒品犯罪中共同犯罪的认定和处理 / 427

一、上下家的认定和处理 / 427

二、居间介绍行为的认定和处理 / 428

三、代卖者、代购者、代收者的认定和处理 / 430

第四节　运输毒品犯罪中共同犯罪的认定和处理 / 431

一、人体运毒者共同犯罪的认定和处理 / 431

二、分段运输者和中转者共同犯罪的认定和处理 / 433

第十三章　毒品犯罪的选择性罪名研究

第一节　正确认定罪数形态 / 435
第二节　按照所实施犯罪行为的性质并列确定罪名 / 437
第三节　在量刑上需要将走私毒品和运输毒品进行区别 / 438
第四节　正确认定犯罪既遂及停止形态 / 439
第五节　正确处理共犯与认识错误问题 / 441

第十四章　毒品犯罪证据的收集与审查

第一节　存在的主要问题 / 443

一、刑事司法理念不新、偏离证据裁判原则 / 443

二、证据意识不足、补正认识不强 / 444

三、证据收集全面性与规范性不够 / 446

第二节　证据收集与审查的重点和要点 / 446

一、全面、规范收集与审查毒品相关证据 / 446

二、重视主观明知证据的收集与审查 / 447

三、物证、书证重点审查来源与去向 / 448

四、审查物证的照片、录像、复制品，书证的副本、复制件的重点和要点 / 449

五、审查言词类证据的重点和要点 / 450

六、审查鉴定意见的重点和要点 / 452

七、审查视听资料、电子数据的重点和要点 / 454

八、审查技术调查、技术侦查证据的重点和要点 / 455

九、审查境外证据的重点和要点 / 456

十、证据收集与审查中的其他问题 / 456

第三节　毒品犯罪证据收集与审查的法律依据 / 460
第四节　毒品犯罪证据收集与审查审判实践中的疑难新型问题 / 466

问题 1. 如何审查判断是否存在刑讯逼供等非法方法收集证据的情形以及审查起诉阶

段未审查排除侦查阶段刑讯逼供取得的有罪供述，继续获取的不稳定有罪供述是否应当排除 / 466

问题 2. 对于认定毒品交易上家犯罪事实的证据要求如何把握以及对于毒品来源有证据欠缺的案件应当注意哪些问题 / 472

问题 3. 二审法院经审查认为原判据以定案的证据系非法证据，依法排除有关证据后应当如何处理 / 475

问题 4. 被告人在一审庭审中认罪并对其庭前有罪供述不持异议，二审期间提出受到非法取证的，如何审查与处理 / 480

问题 5. 对取证瑕疵能够作出合理解释的，可以依法采纳相关证据 / 484

问题 6. "零口供"案件中如何贯彻证据裁判原则，准确认定犯罪事实 / 485

问题 7. 如何运用间接证据认定"零口供"走私毒品案 / 488

问题 8. 毒品共同犯罪案件中被告人先后翻供的，如何认定案件事实 / 493

问题 9. 监听录音的文字摘录件不能替代录音原始件作为定罪量刑的证据 / 497

问题 10. 侦查人员出庭作证的范围和程序 / 500

问题 11. 复勘查获毒品的认定、从被告人实际控制的场所查获毒品的认定、毒品犯罪案件中被告人主观明知的认定 / 504

问题 12. 跨国犯罪案件如何确定管辖权和进行证据审查 / 507

问题 13. 涉外毒品犯罪刑事案件如何进行证据调查 / 511

第十五章　毒品犯罪审判实践中的其他疑难新型问题

问题 1. 提供线索并协助查获大量案外毒品，但无法查明毒品持有人的，是否构成立功 / 519

问题 2. 毒品犯罪案件中如何具体认定立功情节以及如何把握基于立功情节对被告人从轻处罚的界限 / 522

问题 3. 贩卖毒品案件中"形迹可疑"型自首的正确认定 / 526

问题 4. 司法机关查获部分毒品后，被告人主动交代了实际贩毒数量，并达到死刑数量标准的，如何量刑 / 531

问题 5. 对被告人辩称受人雇用贩卖毒品的案件，如何把握死刑政策和证据标准 / 534

问题 6. 走私、运输毒品数量大，罪行严重，且有累犯情节，但有证据表明被告人系受雇走私、运输毒品，且非单独实施走私、运输毒品行为的，是否适用死刑立即执行 / 538

问题 7. 审理死刑案件应当经审判委员会讨论决定 / 541

问题 8. 在上诉案件中，对于公诉机关指控但一审没有认定的犯罪事实，二审能否审

理并予以认定 / 546

问题 9. 上诉不加刑原则在发回重审案件中的适用 / 549

问题 10. 检察机关支持抗诉意见书中提出的抗诉书并未涉及的抗诉意见的处理 / 555

问题 11. 律师在侦查阶段先后接受有利害关系的两名同案犯委托，在审判阶段又为其中一人辩护的，如何处理 / 559

问题 12. 先前被羁押行为与最终定罪行为并非同一行为时，羁押日期可否折抵刑期 / 563

编后记 / 568

第一章
毒品概述

第一节 毒 品

一、毒品概念

毒品，是指鸦片、海洛因、甲基苯丙胺（冰毒）、吗啡、大麻、可卡因以及国家规定管制的其他能够使人形成瘾癖的麻醉药品和精神药品。毒品是中文语境中的特有词汇，英文中称为禁药（prohibited drug），毒品（drugs）的范围在不同国家或者不同时期内容并不一致，是一个变动的概念。这是因为随着科学技术的进步，新的医疗药品不断问世，如果在实际应用中发现某种药物具有依赖性，可能造成滥用的危害，就有可能被列为新的管制药物成为毒品。联合国的相关禁毒公约将毒品区分为麻醉药品，如罂粟、古柯、大麻，以及影响精神物质药品，如巴比妥氨酸、安非他命、迷幻药等。

通常情况下，毒品必须具备以下要件：一是毒品本身的毒害性；二是会使人产生依赖性或者成瘾性；三是被国家有关禁毒法律、法规列入专门管制；四是与违法犯罪行为有关。[①] 因此，毒品是指具有毒害性、能够使人产生成瘾、依赖性、被国家有关禁毒法律、法规列入专门管制的、与违法犯罪行为有关的麻醉药品与精神药品。

二、毒品种类

根据张绍民等主编的《禁毒大视角——毒品的种类和危害》一书中的介绍，目前主要有三种方式对毒品进行分类：一是根据来源；二是根据对人体的作用；三是根据联合国禁毒公约。

（一）根据来源可以分为天然毒品与化学合成毒品

天然毒品分为鸦片类、可卡因类、大麻类、仙人掌碱类、蘑菇菌类。鸦片类包括鸦片、吗

[①] 张绍民、石竣淏、张翔鹰总主编：《禁毒大视角——毒品的种类和危害》，中国人民公安大学出版社2004年版，第31页。

啡、可待因、海洛因等；可卡因类有古柯叶、古柯碱、快克等；大麻类常见的有大麻叶、大麻油、大麻膏等；仙人掌碱类主要有麦司卡林；蘑菇菌类常见的有蘑菇菌。

化学合成毒品分为镇静剂类（如巴比妥类）、兴奋剂类（如安非他命）、迷幻剂类（如 LSD）。

（二）根据毒品对人体的作用可分为中枢神经镇静剂、中枢神经兴奋剂与迷幻剂

鸦片、吗啡、海洛因、安眠酮、巴比妥类、安定剂类，就是中枢神经镇静剂。可卡因类、安非他命等，就是中枢神经兴奋剂。LSD、麦司卡林等，就是迷幻剂。

（三）联合国禁毒公约将毒品分为麻醉药品和精神药品

麻醉药品（Narcotic）分为天然植物类和合成类。天然植物类包括中枢神经抑制剂（鸦片、吗啡、可待因、海洛因），中枢神经兴奋剂（古柯叶、古柯碱、快克），中枢神经迷幻剂（大麻、大麻脂、大麻油）。合成类包括莫彼利汀、美沙酮、潘他啜新。

精神药品（Psychotropic substance）分为中枢神经镇静剂、中枢神经兴奋剂及中枢神经迷幻剂。镇静剂包括巴比妥氨酸（红中、青发）及非巴比妥氨酸（白板）；兴奋剂主要有安非他命；迷幻剂包括 LSD-25、灭斯卡琳（mescalina）等。

综上，目前国际上常见的毒品主要有鸦片、吗啡、海洛因、可卡因（古柯碱）、大麻、安非他命，除此之外还有各国管制的其他能够使人产生成瘾性的麻醉药品与精神药品。

三、常见毒品原植物和毒品

（一）罂粟

罂粟（Papaver somniferun）是罂粟科的二年生草本植物，有很多亚种和变种，花色各异，花瓣的数量和形态、蒴果的数量以及吗啡的产量等物理性质也各不相同。罂粟本身不是毒品，幼苗和嫩叶可作为蔬菜食用，但通过提炼可以得到鸦片、吗啡、可待因、海洛因等毒品。

（二）鸦片

鸦片（Opium）又称阿片，俗称大烟、阿芙蓉或福寿膏，属天然麻醉抑制剂，医学上作麻醉性镇痛药，鸦片的药效主要源于其中的生物碱、可待因和吗啡。鸦片是从罂粟未成熟蒴果经割开果皮后，渗出之白色汁液干燥凝固而得，此种鸦片又称为生鸦片。生鸦片呈褐色，有些呈黑色，通常表面干燥而脆，里面则保持柔软和黏性，有刺激性气味——陈旧的尿味，味很苦，可制成圆块状、饼状或砖状，生鸦片中除了 15%～30% 的矿物质、树脂和水分外，还含有 10%～20% 的特殊生物碱。生鸦片经烧煮和发酵加工处理后，即成为吸毒者使用的熟鸦片。鸦片中的生物碱可分为三类，第一类是吗啡类生物碱，其中又包括三种成分，吗啡——含量 10%～14%，可待因——含量 1%～3%，蒂巴因——含量约为 0.2%；第二类为罂粟碱类生物碱，含量为 0.5%～1%；第三类是盐酸那可汀类生物碱，含量为 3%～8%。

(三) 吗啡

吗啡（Morphine）是一种鸦片类药物，会直接作用于中枢神经系统，改变人体对疼痛的感觉。吗啡是在1803—1805年由德国药师瑟图纳（Sertürner）首次从植物体内分离的活性成分，因为吗啡具有让人睡着的倾向，当时就以希腊神话中的梦境与睡眠之神——摩耳甫斯（Morpheus）的名称将这种物质命名为吗啡（Morphium）。吗啡主要是从罂粟花的罂粟秆中分离而来，约有70%的吗啡被用于制作其他类鸦片药物。吗啡在美国属于第二级管制药品（Schedule Ⅱ），在英国属甲级管制药品（Class A），在加拿大则属第一级管制药品。我国台湾地区"毒品危害防制条例"规定吗啡为第一级毒品，也是"管制药品管理条例"所规范的第一级管制药品。吗啡在作为毒品的同时，也被列入世界卫生组织基本药物标准清单，是基础公卫体系的必备药物之一。

(四) 海洛因

1874年，英国圣玛莉医院的化学家伟特（C. R. Alder Wright）第一次合成海洛因（Heroin），其把吗啡与醋酸酐加热，得到二乙酰吗啡，之后送到曼城欧文斯学院研究。1897年，德国拜耳公司化学家菲力克斯·霍夫曼再次合成二乙酰吗啡，其希望合成可待因——药效和成瘾性都较小的止咳药水。海洛因的名称由拜耳药厂注册，该名称或源自德文heroisch，意指英雄，因为海洛因会带给服用者一种英雄般的感觉。1898年至1910年，海洛因作为一种止咳处方药出售，拜耳公司以"不会上瘾的吗啡"作宣传。但实践证明海洛因具有高度心理及生理依赖性，上瘾的人会不断增加分量以得到相同的效果，长期使用后停药会发生戒断症状，成瘾后极难戒治。海洛因按照纯度分成4级，一号和二号海洛因实际指吗啡或吗啡盐类。三号海洛因是将盐酸吗啡制成二乙酰吗啡后，再添加大量的稀释剂而制成，二乙酰吗啡和单乙酰吗啡总含量一般为25%~45%。四号海洛因是在盐酸吗啡经乙酰化反应后不稀释，而是提纯，沉淀，干燥，最终产品为白色，无味，透明粉末，非常细腻，擦在皮肤上甚至会消失，其二乙酰吗啡含量一般在80%以上，最高可达99%。

(五) 安非他命

安非他命取自α-甲基苯乙胺的英文读法"alpha–methyl-phenethylamine"之缩读，中文语境中译为甲基安非他命，在我国通称为甲基苯丙胺（冰毒）。甲基苯丙胺是在1893年被发现的，有两种对映异构，分别是左旋甲基苯丙胺及右旋甲基苯丙胺。"甲基苯丙胺"一般是指左旋甲基苯丙胺及右旋甲基苯丙胺各占一半的外消旋混合物，会使人体中枢神经系统、血液系统极度兴奋，能大量消耗人的体力和免疫功能。

(六) 大麻

大麻（Marijuana）是一种使用大麻属植物制成的药物，在医疗合法化的国家被视为医疗用药，是使用雌性大麻的花与毛状体晾晒制成的。大麻中四氢大麻酚（Tetrahydrocannabinol，简称THC）的功能非常复杂，既可以作为止痛药使用，又可以与中枢神经中的大麻受体（Cannabinoid receptor）相结合，增加多巴胺分泌，让人产生愉悦感（想笑），同时还会增加服用者的食欲。因为THC属精神活性物质，故大麻有镇静、兴奋及迷幻效果，可影响人的精神和生理，在医学上可用作止痛剂。

（七）可卡因

可卡因（Cocaine），又译为古柯碱，俗称"高根"，是被国际组织称为百毒之王的有机化合物，呈白色结晶粉状，是从古柯叶中提炼出来的一种药物。1860年，可卡因首次由古柯树的古柯叶纯化而来。1961年起，国际麻醉品单一公约要求各国将所有非医学用途的可卡因使用列入刑事罪行规范。

第二节　我国法律对毒品的界定

一、毒品范围的演进

1979年《中华人民共和国刑法》（以下简称《刑法》）第171条规定的毒品为鸦片、海洛因、吗啡或者其他毒品。1990年12月28日，第七届全国人大常委会第十七次会议审议通过了《关于禁毒的决定》，对1979年《刑法》作了进一步的修改和补充，该决定第1条规定的毒品是指鸦片、海洛因、吗啡、大麻、可卡因以及国务院规定管制的其他能够使人形成瘾癖的麻醉药品和精神药品。从1997年3月14日开始，我国《刑法》历经十一次修订、修正，但是对于毒品范围的规定保持一致，现行《刑法》第357条规定，毒品是指鸦片、海洛因、甲基苯丙胺（冰毒）、吗啡、大麻、可卡因以及国家规定管制的其他能够使人形成瘾癖的麻醉药品和精神药品。2007年通过的《中华人民共和国禁毒法》（以下简称《禁毒法》）第2条分两款对毒品进行定义，第1款对毒品的定义范围与《刑法》第357条完全一致；第2款规定根据医疗、教学、科研的需要，依法可以生产、经营、使用、储存、运输麻醉药品和精神药品。

从上述规定看，我国对毒品范围的界定是一个逐步扩展的过程，从1979年《刑法》列举的种类来看，严格限定在传统毒品的范围内；随后《关于禁毒的决定》、1997年修订的《刑法》及《禁毒法》除了列举常见的毒品外，还将国家规定管制的其他能够使人形成瘾癖的麻醉药品和精神药品列入毒品的范畴，尤其是《禁毒法》，对毒品作了全面、科学的定义，考虑到了毒品的药物属性，为医疗、教学、科研领域依法使用国家规定管制麻醉药品和精神药品提供了法律依据，与刑法上规定的打击非法使用国家规定管制的麻醉药品和精神药品犯罪有效衔接，防止管制麻醉药品和精神药品的滥用。简言之，我国刑法规定管制的毒品包括鸦片、海洛因、甲基苯丙胺（冰毒）、吗啡、大麻、可卡因，以及《麻醉药品品种目录》《精神药品品种目录》《非药用类麻醉药品和精神药品管制品种增补目录》等中列明的麻醉药品及精神药品。

二、毒品的认定

对于《刑法》第357条与《禁毒法》第2条规定的毒品含义和范围，需要从其自然属性和法律属性两个方面把握。毒品的自然属性，是指毒品本身所具有的物理、化学性状及其对人体所能产生的作用。毒品的物理、化学属性因毒品种类的不同而各有差异，如海洛因与甲基苯丙胺在物理特性、化学成分等各方面都是不同的。毒品的物理、化学属性是进行毒品鉴定和鉴别的依据。而毒品对人体的作用，实际上就是毒品对人体身心健康的损害，也是国家之所以对毒品加以严厉禁止的原因之所在。毒品对人体的作用具体表现为对人体的毒害性和使人体对其产生依赖性，毒品首先是一种对人体有毒害性的物质，毒品在一定条件下，可以引起人体各种急、慢性中毒，严重时可以致人死亡。在毒品的法律定义中，虽然没有直接揭示毒品的毒害性，但法律所明确列举的毒品种类如鸦片、海洛因、甲基苯丙胺、吗啡、大麻、可卡因等，都是对人体有明显毒害作用且毒害性为人们所熟知的毒品。关于"国家规定管制的其他能够使人形成瘾癖的麻醉药品和精神药品"的规定，则要求其他类型的毒品在属性上要与明确列举出来的几类毒品危害性相当。因此，毒害性是毒品的自然属性之一。但毒品最重要的自然属性，还不是毒害性，而是使人体对毒品产生依赖性，即毒品能够使人形成瘾癖。因此，能否使人产生依赖性，是区分毒品和一般药品的重要依据。毒品的依赖性源于其独特的物理、化学特性，人一旦吸毒成瘾，很难戒除，毒品的依赖性一是表现为生理依赖性，吸毒者一旦成瘾，必须连续使用并有加大剂量的趋势，一旦停止使用毒品，就会出现生理机能异常，一般称为戒断症状。二是表现为心理依赖性，吸毒成瘾者对毒品有不可抗拒的心理需求和强烈的心理依赖。毒瘾发作会使吸毒者不择手段地寻求毒品以满足生理和心理需要，毒品的依赖性也是毒品会产生严重社会危害的根源所在。[1]

毒品的另一重要特性就是法律属性。毒品的法律属性可以概括为受管制性和非法使用性。毒品不仅是能够使人形成瘾癖的具有毒害性的物品，它还是国家依法实行管制的物品。仅仅具有毒害性和依赖性，而没有被国家列入管制范围的，在法律上就不属于毒品。例如，香烟、酒精等同样具有一定的毒害性和依赖性，但我国并未将其列入管制之列，它们只是一般嗜好品。而大麻在我国依法受到管制，属于毒品，但在一些欧洲国家，大麻并没有被列入管制物品，因而在当地不属于被查禁之物。毒品的非法使用性是指其被用于非法目的，如非法贩卖、非法使用等。因为毒品本身种类很多，其药理作用很复杂，有的有一定的药用价值，有些本身就是药品。事实上，人们相对比较熟悉的传统毒品，如海洛因、吗啡，最初就是作为药品制造和使用的，只是发现其严重的毒副作用后才不再使用直至严厉禁止。随着近年来世界各国对传统毒品打击力度的不断加大，一些使用所谓"新型毒品"的行为出现抬头和蔓延的趋势。这些"新型毒品"很多本来就是用于临床医疗或者科学研究用途的药品，对这些药品不可能因噎废食，而禁止生产和使用。在联合国有关禁毒的公约中，也一再强调麻醉药品、精神药品可以维护人类健康，在医疗、科研中使用是必要的，但必须予以严格的管理，防止其流入非法渠道。麻醉药品和精神药品如果脱离国家的管制，在非法的领域里进行生产、制造、买卖、使用，就是通常意义上所说的毒品。[2]

《禁毒法》第2条第2款是关于医疗、教学、科学研究可以依法生产、经营、使用、储存、运输麻醉药品和精神药品的规定。如上所述，国家实行管制的麻醉药品、精神药

---

[1] 参见全国人大常委会法制工作委员会刑法室编著：《〈中华人民共和国禁毒法〉释义及实用指南》（第2版），中国民主法制出版社2013年版，第21页。

[2] 参见全国人大常委会法制工作委员会刑法室编著：《〈中华人民共和国禁毒法〉释义及实用指南》（第2版），中国民主法制出版社2013年版，第22页。

品如果流入非法渠道，就属于本法所说的毒品。但是，麻醉药品、精神药品毕竟也属于特殊的药品，在临床医疗、科学研究等领域有其重要的使用价值。国家对其实施严格管制的目的，就是要做到既不妨碍医疗、教学、科研活动的正常进行，又能防止其流入非法渠道和非法使用。因此，医疗、教学、科学研究中使用麻醉药品和精神药品的，应当严格按照国家有关麻醉药品和精神药品管制的法律、法规规定的程序、条件进行。

我国有关麻醉药品和精神药品管制的法律、法规，主要是《中华人民共和国药品管理法》（以下简称《药品管理法》）和国务院制定的《麻醉药品和精神药品管理条例》。《药品管理法》第112条规定："国务院对麻醉药品、精神药品、医疗用毒性药品、放射性药品、药品类易制毒化学品等有其他特殊管理规定的，依照其规定。"国务院根据《药品管理法》的上述规定，制定了《麻醉药品和精神药品管理条例》，对麻醉药品和精神药品从原植物的种植、实验研究和生产、经营、使用、储存、运输等各个环节及审批程序和监督管理等方面作了严格规定。实践中有关单位和个人在依法从事与麻醉药品和精神药品有关的生产、经营、使用、储存、运输活动时，必须严格按照国家法律、法规规定的程序和条件进行，防止麻醉药品和精神药品流入非法渠道和非法用途。

有关毒品的具体认定，还需要结合国家关于毒品管制的规定确定。实际上，世界各国通常都是采用不定期公布被管制药物清单的方法来确认麻醉药品和精神药品的范围。根据《麻醉药品和精神药品管理条例》的规定，我国对麻醉药品和精神药品实行目录管理。而麻醉药品和精神药品的目录，由国务院药品监督管理部门会同国务院公安部门、国务院卫生主管部门制定、调整并公布。因此，毒品的实际范围是开放和动态的。随着新药的不断开发，对在医疗使用中发现某些药物具有依赖性，可能造成滥用的危害时，将随时被列为新的受管制药物。《麻醉药品和精神药品管理条例》明确规定，对于上市销售但尚未列入目录的药品和其他物质或者第二类精神药品发生滥用，已经造成或者可能造成严重社会危害的，国务院药品监督管理部门会同国务院公安部门、国务院卫生主管部门应当及时将该药品和该物质列入目录或者将该第二类精神药品调整为第一类精神药品。

2023年9月6日，国家药监局、公安部、国家卫生健康委发布《关于调整麻醉药品和精神药品目录的公告》（2023年第120号），自2023年10月1日开始施行，新增麻醉药品1种，精神药品2种。目前，我国管制毒品包括459种麻醉药品和精神药品（123种麻醉药品、162种精神药品、174种非药用类麻醉药品和精神药品）、整类芬太尼类物质、整类合成大麻素类物质。

历次列管情况如下：

1.《麻醉药品品种目录（2013年版）》【121种】。

2.《精神药品品种目录（2013年版）》【149种】。

3. 含可待因复方口服液体制剂列入第二类精神药品管理（2015年5月1日起施行）【1种】。

4. 116种物质列入《非药用类麻醉药品和精神药品管制品种增补目录》（2015年10月1日起施行）【116种】。

5. 卡芬太尼等4种芬太尼类物质列入《非药用类麻醉药品和精神药品管制品种增补目录》（2017年3月1日起施行）【4种】。

6. N－甲基－N－（2－二甲氨基环己基）－3，4－二氯苯甲酰胺（U－47700）等4种物质列入《非药用类麻醉药品和精神药品管制品种增补目录》（2017年7月1日起施行)【4种】。

7. 4-氯乙卡西酮等32种物质列入《非药用类麻醉药品和精神药品管制品种增补目录》(2018年9月1日起施行)【32种】。

8. 芬太尼类物质列入《非药用类麻醉药品和精神药品管制品种增补目录》(2019年5月1日起施行)【整类】。

9. 含羟考酮复方制剂等品种列入精神药品管理(2019年9月1日起施行)【3种】。

10. 瑞马唑仑列入第二类精神药品管理(2020年1月1日起施行)【1种】。

11. 合成大麻素类物质和氟胺酮等18种物质列入《非药用类麻醉药品和精神药品管制品种增补目录》(2021年7月1日起施行)【18种+整类】。

12. 奥赛利定列入麻醉药品目录；苏沃雷生、吡仑帕奈、依他佐辛、曲马多复方制剂、含氢可酮碱复方口服固体制剂列入精神药品目录(2023年7月1日起施行)【7种】。

13. 将泰吉利定列入麻醉药品目录；将地达西尼、依托咪酯(在中国境内批准上市的含依托咪酯的药品制剂除外)列入第二类精神药品目录；将莫达非尼由第一类精神药品调整为第二类精神药品(2023年10月1日起施行)【3种】。

历次列管麻醉药品和精神药品品种目录见附录。

附录：麻醉药品和精神药品品种目录

1. 《麻醉药品品种目录(2013年版)》(121种,2014年1月1日起施行)；《精神药品品种目录(2013年版)》(149种,2014年1月1日起施行)

食品药品监管总局　公安部　国家卫生计生委
关于公布麻醉药品和精神药品品种目录的通知
(食药监药化监〔2013〕230号)

各省、自治区、直辖市食品药品监督管理局、公安厅(局)、卫生厅局(卫生计生委),新疆生产建设兵团食品药品监督管理局、公安局、卫生局：

根据《麻醉药品和精神药品管理条例》第三条规定,现公布《麻醉药品品种目录(2013年版)》和《精神药品品种目录(2013年版)》,自2014年1月1日起施行。

附件：1. 麻醉药品品种目录(2013年版)
　　　2. 精神药品品种目录(2013年版)

国家食品药品监督管理总局
中华人民共和国公安部
中华人民共和国国家卫生和计划生育委员会
2013年11月11日

附件1：

麻醉药品品种目录（2013年版）

序号	中文名	英文名	CAS号	备注
1	醋托啡	Acetorphine	25333 – 77 – 1	
2	乙酰阿法甲基芬太尼	Acetyl – *alpha* – methylfentanyl	101860 – 00 – 8	
3	醋美沙多	Acetylmethadol	509 – 74 – 0	
4	阿芬太尼	Alfentanil	71195 – 58 – 9	
5	烯丙罗定	Allylprodine	25384 – 17 – 2	
6	阿醋美沙多	Alphacetylmethadol	17199 – 58 – 5	
7	阿法美罗定	Alphameprodine	468 – 51 – 9	
8	阿法美沙多	Alphamethadol	17199 – 54 – 1	
9	阿法甲基芬太尼	Alpha – methylfentanyl	79704 – 88 – 4	
10	阿法甲基硫代芬太尼	Alpha – methylthiofentanyl	103963 – 66 – 2	
11	阿法罗定	Alphaprodine	77 – 20 – 3	
12	阿尼利定	Anileridine	144 – 14 – 9	
13	苄替啶	Benzethidine	3691 – 78 – 9	
14	苄吗啡	Benzylmorphine	36418 – 34 – 5	
15	倍醋美沙多	Betacetylmethadol	17199 – 59 – 6	
16	倍他羟基芬太尼	Beta – hydroxyfentanyl	78995 – 10 – 5	
17	倍他羟基 – 3 – 甲基芬太尼	Beta – hydroxy – 3 – methylfentanyl	78995 – 14 – 9	
18	倍他美罗定	Betameprodine	468 – 50 – 8	
19	倍他美沙多	Betamethadol	17199 – 55 – 2	
20	倍他罗定	Betaprodine	468 – 59 – 7	
21	贝齐米特	Bezitramide	15301 – 48 – 1	
22	大麻和大麻树脂与大麻浸膏和酊	Cannabis and Cannabis Resin and Extracts and Tinctures of Cannabis	8063 – 14 – 7 6465 – 30 – 1	
23	氯尼他秦	Clonitazene	3861 – 76 – 5	
24	古柯叶	Coca Leaf		

续表

序号	中文名	英文名	CAS 号	备注
25	可卡因*	Cocaine	50-36-2	
26	可多克辛	Codoxime	7125-76-0	
27	罂粟浓缩物*	Concentrate of Poppy Straw		包括罂粟果提取物*，罂粟果提取物粉*
28	地索吗啡	Desomorphine	427-00-9	
29	右吗拉胺	Dextromoramide	357-56-2	
30	地恩丙胺	Diampromide	552-25-0	
31	二乙噻丁	Diethylthiambutene	86-14-6	
32	地芬诺辛	Difenoxin	28782-42-5	
33	二氢埃托啡*	Dihydroetorphine	14357-76-7	
34	双氢吗啡	Dihydromorphine	509-60-4	
35	地美沙多	Dimenoxadol	509-78-4	
36	地美庚醇	Dimepheptanol	545-90-4	
37	二甲噻丁	Dimethylthiambutene	524-84-5	
38	吗苯丁酯	Dioxaphetyl Butyrate	467-86-7	
39	地芬诺酯*	Diphenoxylate	915-30-0	
40	地匹哌酮	Dipipanone	467-83-4	
41	羟蒂巴酚	Drotebanol	3176-03-2	
42	芽子碱	Ecgonine	481-37-8	
43	乙甲噻丁	Ethylmethylthiambutene	441-61-2	
44	依托尼秦	Etonitazene	911-65-9	

续表

序号	中文名	英文名	CAS 号	备注
45	埃托啡	Etorphine	14521-96-1	
46	依托利定	Etoxeridine	469-82-9	
47	芬太尼*	Fentanyl	437-38-7	
48	呋替啶	Furethidine	2385-81-1	
49	海洛因	Heroin	561-27-3	
50	氢可酮*	Hydrocodone	125-29-1	
51	氢吗啡醇	Hydromorphinol	2183-56-4	
52	氢吗啡酮*	Hydromorphone	466-99-9	
53	羟哌替啶	Hydroxypethidine	468-56-4	
54	异美沙酮	Isomethadone	466-40-0	
55	凯托米酮	Ketobemidone	469-79-4	
56	左美沙芬	Levomethorphan	125-70-2	
57	左吗拉胺	Levomoramide	5666-11-5	
58	左芬啡烷	Levophenacylmorphan	10061-32-2	
59	左啡诺	Levorphanol	77-07-6	
60	美他佐辛	Metazocine	3734-52-9	
61	美沙酮*	Methadone	76-99-3	
62	美沙酮中间体	Methadone Intermediate	125-79-1	4-氰基-2-二甲氨基-4,4-二苯基丁烷
63	甲地索啡	Methyldesorphine	16008-36-9	
64	甲二氢吗啡	Methyldihydromorphine	509-56-8	

续表

序号	中文名	英文名	CAS 号	备注
65	3-甲基芬太尼	3-Methylfentanyl	42045-86-3	
66	3-甲基硫代芬太尼	3-Methylthiofentanyl	86052-04-2	
67	美托酮	Metopon	143-52-2	
68	吗拉胺中间体	Moramide Intermediate	3626-55-9	2-甲基-3-吗啉基-1,1-二苯基丁酸
69	吗哌利定	Morpheridine	469-81-8	
70	吗啡*	Morphine	57-27-2	包括吗啡阿托品注射液*
71	吗啡甲溴化物	Morphine Methobromide	125-23-5	包括其他五价氮吗啡衍生物，特别包括吗啡-N-氧化物，其中一种是可待因-N-氧化物
72	吗啡-N-氧化物	Morphine-N-oxide	639-46-3	
73	1-甲基-4-苯基-4-哌啶丙酸酯	1-Methyl-4-phenyl-4-piperidinol propionate (ester)	13147-09-6	MPPP
74	麦罗啡	Myrophine	467-18-5	
75	尼可吗啡	Nicomorphine	639-48-5	
76	诺美沙多	Noracymethadol	1477-39-0	
77	去甲左啡诺	Norlevorphanol	1531-12-0	
78	去甲美沙酮	Normethadone	467-85-6	
79	去甲吗啡	Normorphine	466-97-7	
80	诺匹哌酮	Norpipanone	561-48-8	
81	阿片*	Opium	8008-60-4	包括复方樟脑酊*、阿桔片*

续表

序号	中文名	英文名	CAS 号	备注
82	奥列巴文	Oripavine	467-04-9	
83	羟考酮*	Oxycodone	76-42-5	
84	羟吗啡酮	Oxymorphone	76-41-5	
85	对氟芬太尼	Para-fluorofentanyl	90736-23-5	
86	哌替啶*	Pethidine	57-42-1	杜冷丁
87	哌替啶中间体 A	Pethidine Intermediate A	3627-62-1	4-氰基-1-甲基-4-苯基哌啶
88	哌替啶中间体 B	Pethidine Intermediate B	77-17-8	4-苯基哌啶-4-羧酸乙酯
89	哌替啶中间体 C	Pethidine Intermediate C	3627-48-3	1-甲基-4-苯基哌啶-4-羧酸
90	苯吗庚酮	Phenadoxone	467-84-5	
91	非那丙胺	Phenampromide	129-83-9	
92	非那佐辛	Phenazocine	127-35-5	
93	1-苯乙基-4-苯基-4-哌啶乙酸酯	1-Phenethyl-4-phenyl-4-piperidinol acetate (ester)	64-52-8	PEPAP
94	非诺啡烷	Phenomorphan	468-07-5	
95	苯哌利定	Phenoperidine	562-26-5	
96	匹米诺定	Piminodine	13495-09-5	
97	哌腈米特	Piritramide	302-41-0	
98	普罗庚嗪	Proheptazine	77-14-5	
99	丙哌利定	Properidine	561-76-2	

续表

序号	中文名	英文名	CAS 号	备注
100	消旋甲啡烷	Racemethorphan	510-53-2	
101	消旋吗拉胺	Racemoramide	545-59-5	
102	消旋啡烷	Racemorphan	297-90-5	
103	瑞芬太尼*	Remifentanil	132875-61-7	
104	舒芬太尼*	Sufentanil	56030-54-7	
105	醋氢可酮	Thebacon	466-90-0	
106	蒂巴因*	Thebaine	115-37-7	
107	硫代芬太尼	Thiofentanyl	1165-22-6	
108	替利定	Tilidine	20380-58-9	
109	三甲利定	Trimeperidine	64-39-1	
110	醋氢可待因	Acetyldihydrocodeine	3861-72-1	
111	可待因*	Codeine	76-57-3	
112	右丙氧芬*	Dextropropoxyphene	469-62-5	
113	双氢可待因*	Dihydrocodeine	125-28-0	
114	乙基吗啡*	Ethylmorphine	76-58-4	
115	尼可待因	Nicocodine	3688-66-2	
116	烟氢可待因	Nicodicodine	808-24-2	
117	去甲可待因	Norcodeine	467-15-2	
118	福尔可定*	Pholcodine	509-67-1	
119	丙吡兰	Propiram	15686-91-6	
120	布桂嗪*	Bucinnazine		
121	罂粟壳*	Poppy Shell		

注：1. 上述品种包括其可能存在的盐和单方制剂（除非另有规定）。
　　2. 上述品种包括其可能存在的异构体、酯及醚（除非另有规定）。
　　3. 品种目录有*的麻醉药品为我国生产及使用的品种。

附件2：

精神药品品种目录（2013年版）

第一类

序号	中文名	英文名	CAS号	备注
1	布苯丙胺	Brolamfetamine	64638-07-9	DOB
2	卡西酮	Cathinone	71031-15-7	
3	二乙基色胺	3-[2-(Diethylamino)ethyl]indole	7558-72-7	DET
4	二甲氧基安非他明	(±)-2,5-Dimethoxy-alpha-methylphenethylamine	2801-68-5	DMA
5	(1,2-二甲基庚基)羟基四氢甲基二苯吡喃	3-(1,2-dimethylheptyl)-7,8,9,10-tetrahydro-6,6,9-trimethyl-6Hdibenzo[b,d]pyran-1-ol	32904-22-6	DMHP
6	二甲基色胺	3-[2-(Dimethylamino)ethyl]indole	61-50-7	DMT
7	二甲氧基乙基安非他明	(±)-4-ethyl-2,5-dimethoxy-α-methylphenethylamine	22139-65-7	DOET
8	乙环利定	Eticyclidine	2201-15-2	PCE
9	乙色胺	Etryptamine	2235-90-7	
10	羟芬胺	(±)-N-[alpha-methyl-3,4-(methylenedioxy)phenethyl]hydroxylamine	74698-47-8	N-hydroxy MDA
11	麦角二乙胺	(+)-Lysergide	50-37-3	LSD
12	乙芬胺	(±)-N-ethyl-alpha-methyl-3,4-(methylenedioxy)phenethylamine	82801-81-8	N-ethyl MDA
13	二亚甲基双氧安非他明	(±)-N,alpha-dimethyl-3,4-(methylene-dioxy)phenethylamine	42542-10-9	MDMA
14	麦司卡林	Mescaline	54-04-6	

续表

序号	中文名	英文名	CAS号	备注
15	甲卡西酮	Methcathinone	5650-44-2（右旋体），49656-78-2（右旋体盐酸盐），112117-24-5（左旋体），66514-93-0（左旋体盐酸盐）	
16	甲米雷司	4-Methylaminorex	3568-94-3	
17	甲羟芬胺	5-methoxy-α-methyl-3,4-(methylenedioxy)phenethylamine	13674-05-0	MMDA
18	4-甲基硫基安非他明	4-Methylthioamfetamine	14116-06-4	
19	六氢大麻酚	Parahexyl	117-51-1	
20	副甲氧基安非他明	P-methoxy-alpha-methylphenethylamine	64-13-1	PMA
21	赛洛新	Psilocine	520-53-6	
22	赛洛西宾	Psilocybine	520-52-5	
23	咯环利定	Rolicyclidine	2201-39-0	PHP
24	二甲氧基甲苯异丙胺	2,5-Dimethoxy-alpha,4-dimethylphenethylamine	15588-95-1	STP
25	替苯丙胺	Tenamfetamine	4764-17-4	MDA
26	替诺环定	Tenocyclidine	21500-98-1	TCP
27	四氢大麻酚	Tetrahydrocannabinol		包括同分异构体及其立体化学变体
28	三甲氧基安非他明	(±)-3,4,5-Trimethoxy-alpha-methylphenethylamine	1082-88-8	TMA
29	苯丙胺	Amfetamine	300-62-9	

续表

序号	中文名	英文名	CAS 号	备注
30	氨奈普汀	Amineptine	57574－09－1	
31	2,5-二甲氧基-4-溴苯乙胺	4-Bromo-2,5-dimethoxyphenethylamine	66142－81－2	2-CB
32	右苯丙胺	Dexamfetamine	51－64－9	
33	屈大麻酚	Dronabinol	1972－08－3	δ-9-四氢大麻酚及其立体化学异构体
34	芬乙茶碱	Fenetylline	3736－08－1	
35	左苯丙胺	Levamfetamine	156－34－3	
36	左甲苯丙胺	Levomethamfetamine	33817－09－3	
37	甲氯喹酮	Mecloqualone	340－57－8	
38	去氧麻黄碱	Metamfetamine	537－46－2	
39	去氧麻黄碱外消旋体	Metamfetamine Racemate	7632－10－2	
40	甲喹酮	Methaqualone	72－44－6	
41	哌醋甲酯*	Methylphenidate	113－45－1	
42	苯环利定	Phencyclidine	77－10－1	PCP
43	芬美曲秦	Phenmetrazine	134－49－6	
44	司可巴比妥*	Secobarbital	76－73－3	
45	齐培丙醇	Zipeprol	34758－83－3	
46	安非拉酮	Amfepramone	90－84－6	
47	苄基哌嗪	Benzylpiperazine	2759－28－6	BZP

续表

序号	中文名	英文名	CAS 号	备注
48	丁丙诺啡*	Buprenorphine	52485-79-7	
49	1-丁基-3-(1-萘甲酰基)吲哚	1-Butyl-3-(1-naphthoyl) indole	208987-48-8	JWH-073
50	恰特草	Catha edulis Forssk		Khat
51	2,5-二甲氧基-4-碘苯乙胺	2,5-Dimethoxy-4-iodophenethylamine	69587-11-7	2C-I
52	2,5-二甲氧基苯乙胺	2,5-Dimethoxyphenethylamine	3600-86-0	2C-H
53	二甲基安非他明	Dimethylamfetamine	4075-96-1	
54	依他喹酮	Etaqualone	7432-25-9	
55	[1-(5-氟戊基)-1H-吲哚-3-基](2-碘苯基)甲酮	(1-(5-Fluoropentyl)-3-(2-iodobenzoyl) indole)	335161-03-0	AM-694
56	1-(5-氟戊基)-3-(1-萘甲酰基)-1H-吲哚	1-(5-Fluoropentyl)-3-(1-naphthoyl) indole	335161-24-5	AM-2201
57	γ-羟丁酸*	Gamma-hydroxybutyrate	591-81-1	GHB
58	氯胺酮*	Ketamine	6740-88-1	
59	马吲哚*	Mazindol	22232-71-9	
60	2-(2-甲氧基苯基)-1-(1-戊基-1H-吲哚-3-基)乙酮	2-(2-Methoxyphenyl)-1-(1-pentyl-1H-indol-3-yl) ethanone	864445-43-2	JWH-250
61	亚甲基二氧吡咯戊酮	Methylenedioxypyrovalerone	687603-66-3	MDPV

续表

序号	中文名	英文名	CAS 号	备注
62	4-甲基乙卡西酮	4-Methylethcathinone	1225617-18-4	4-MEC
63	4-甲基甲卡西酮	4-Methylmethcathinone	5650-44-2	4-MMC
64	3,4-亚甲二氧基甲卡西酮	3,4-Methylenedioxy-N-methyl-cathinone	186028-79-5	Methylone
65[1]	莫达非尼	Modafinil	68693-11-8	
66	1-戊基-3-(1-萘甲酰基)吲哚	1-Pentyl-3-(1-naphthoyl)indole	209414-07-3	JWH-018
67	他喷他多	Tapentadol	175591-23-8	
68	三唑仑*	Triazolam	28911-01-5	

[1] 根据《国家药监局、公安部、国家卫生健康委关于调整麻醉药品和精神药品目录的公告》(2023年第120号，2023年9月6日)，将莫达非尼由第一类精神药品调整为第二类精神药品。

第二类

序号	中文名	英文名	CAS 号	备注
1	异戊巴比妥*	Amobarbital	57-43-2	
2	布他比妥	Butalbital	77-26-9	
3	去甲伪麻黄碱	Cathine	492-39-7	
4	环己巴比妥	Cyclobarbital	52-31-3	
5	氟硝西泮	Flunitrazepam	1622-62-4	
6	格鲁米特*	Glutethimide	77-21-4	
7	喷他佐辛*	Pentazocine	55643-30-6	
8	戊巴比妥*	Pentobarbital	76-74-4	
9	阿普唑仑*	Alprazolam	28981-97-7	
10	阿米雷司	Aminorex	2207-50-3	
11	巴比妥*	Barbital	57-44-3	

续表

序号	中文名	英文名	CAS 号	备注
12	苄非他明	Benzfetamine	156-08-1	
13	溴西泮	Bromazepam	1812-30-2	
14	溴替唑仑	Brotizolam	57801-81-7	
15	丁巴比妥	Butobarbital	77-28-1	
16	卡马西泮	Camazepam	36104-80-0	
17	氯氮䓬	Chlordiazepoxide	58-25-3	
18	氯巴占	Clobazam	22316-47-8	
19	氯硝西泮*	Clonazepam	1622-61-3	
20	氯拉䓬酸	Clorazepate	23887-31-2	
21	氯噻西泮	Clotiazepam	33671-46-4	
22	氯䔿唑仑	Cloxazolam	24166-13-0	
23	地洛西泮	Delorazepam	2894-67-9	
24	地西泮*	Diazepam	439-14-5	
25	艾司唑仑*	Estazolam	29975-16-4	
26	乙氯维诺	Ethchlorvynol	113-18-8	
27	炔己蚁胺	Ethinamate	126-52-3	
28	氯氟䓬乙酯	Ethyl Loflazepate	29177-84-2	
29	乙非他明	Etilamfetamine	457-87-4	
30	芬坎法明	Fencamfamin	1209-98-9	
31	芬普雷司	Fenproporex	16397-28-7	
32	氟地西泮	Fludiazepam	3900-31-0	
33	氟西泮*	Flurazepam	17617-23-1	
34	哈拉西泮	Halazepam	23092-17-3	
35	卤沙唑仑	Haloxazolam	59128-97-1	
36	凯他唑仑	Ketazolam	27223-35-4	

续表

序号	中文名	英文名	CAS 号	备注
37	利非他明	Lefetamine	7262-75-1	SPA
38	氯普唑仑	Loprazolam	61197-73-7	
39	劳拉西泮*	Lorazepam	846-49-1	
40	氯甲西泮	Lormetazepam	848-75-9	
41	美达西泮	Medazepam	2898-12-6	
42	美芬雷司	Mefenorex	17243-57-1	
43	甲丙氨酯*	Meprobamate	57-53-4	
44	美索卡	Mesocarb	34262-84-5	
45	甲苯巴比妥	Methylphenobarbital	115-38-8	
46	甲乙哌酮	Methyprylon	125-64-4	
47	咪达唑仑*	Midazolam	59467-70-8	
48	尼美西泮	Nimetazepam	2011-67-8	
49	硝西泮*	Nitrazepam	146-22-5	
50	去甲西泮	Nordazepam	1088-11-5	
51	奥沙西泮*	Oxazepam	604-75-1	
52	奥沙唑仑	Oxazolam	24143-17-7	
53	匹莫林*	Pemoline	2152-34-3	
54	苯甲曲秦	Phendimetrazine	634-03-7	
55	苯巴比妥*	Phenobarbital	50-06-6	
56	芬特明	Phentermine	122-09-8	
57	匹那西泮	Pinazepam	52463-83-9	
58	哌苯甲醇	Pipradrol	467-60-7	
59	普拉西泮	Prazepam	2955-38-6	
60	吡咯戊酮	Pyrovalerone	3563-49-3	
61	仲丁比妥	Secbutabarbital	125-40-6	

续表

序号	中文名	英文名	CAS 号	备注
62	替马西泮	Temazepam	846－50－4	
63	四氢西泮	Tetrazepam	10379－14－3	
64	乙烯比妥	Vinylbital	2430－49－1	
65	唑吡坦*	Zolpidem	82626－48－0	
66	阿洛巴比妥	Allobarbital	58－15－1	
67	丁丙诺啡透皮贴剂*	Buprenorphine Transdermal patch		
68	布托啡诺及其注射剂*	Butorphanol and its injection	42408－82－2	
69	咖啡因*	Caffeine	58－08－2	
70	安钠咖*	Caffeine Sodium Benzoate		CNB
71	右旋芬氟拉明	Dexfenfluramine	3239－44－9	
72	地佐辛及其注射剂*	Dezocine and Its Injection	53648－55－8	
73	麦角胺咖啡因片*	Ergotamine and Caffeine Tablet	379－79－3	
74	芬氟拉明	Fenfluramine	458－24－2	
75	呋芬雷司	Furfenorex	3776－93－0	
76	纳布啡及其注射剂	Nalbuphine and its injection	20594－83－6	
77	氨酚氢可酮片*	Paracetamol and Hydrocodone Bitartrate Tablet		
78	丙己君	Propylhexedrine	101－40－6	
79	曲马多*	Tramadol	27203－92－5	
80	扎来普隆*	Zaleplon	151319－34－5	
81	佐匹克隆	Zopiclone	43200－80－2	

注：1. 上述品种包括其可能存在的盐和单方制剂（除非另有规定）。
2. 上述品种包括其可能存在的异构体（除非另有规定）。
3. 品种目录有*的精神药品为我国生产及使用的品种。

2. 含可待因复方口服液体制剂列入第二类精神药品管理（增加 1 种，2015 年 5 月 1 日起施行）

食品药品监管总局　公安部　国家卫生计生委
关于将含可待因复方口服液体制剂列入第二类精神药品管理的公告
（2015 年第 10 号）

根据《麻醉药品和精神药品管理条例》的有关规定，国家食品药品监管总局、公安部、国家卫生计生委决定将含可待因复方口服液体制剂（包括口服溶液剂、糖浆剂）列入第二类精神药品管理。

本公告自 2015 年 5 月 1 日起实行。

特此公告。

食品药品监管总局　公安部　国家卫生计生委
2015 年 4 月 3 日

3. 含羟考酮复方制剂等品种列入精神药品管理（增加 3 种，2019 年 9 月 1 日起施行）

国家药监局　公安部　国家卫生健康委
关于将含羟考酮复方制剂等品种列入精神药品管理的公告
（2019 年第 63 号）

根据《麻醉药品和精神药品管理条例》有关规定，国家药品监督管理局、公安部、国家卫生健康委员会决定将含羟考酮复方制剂等品种列入精神药品管理。现公告如下：

一、口服固体制剂每剂量单位含羟考酮碱大于 5 毫克，且不含其他麻醉药品、精神药品或药品类易制毒化学品的复方制剂列入第一类精神药品管理；

二、口服固体制剂每剂量单位含羟考酮碱不超过 5 毫克，且不含其他麻醉药品、精神药品或药品类易制毒化学品的复方制剂列入第二类精神药品管理；

三、丁丙诺啡与纳洛酮的复方口服固体制剂列入第二类精神药品管理。

本公告自 2019 年 9 月 1 日起施行。

特此公告。

国家药监局　公安部　国家卫生健康委
2019 年 7 月 11 日

4. 瑞马唑仑列入第二类精神药品管理（增加 1 种，2020 年 1 月 1 日起施行）

国家药监局　公安部　国家卫生健康委
关于将瑞马唑仑列入第二类精神药品管理的公告
（2019 年第 108 号）

根据《麻醉药品和精神药品管理条例》有关规定，国家药品监管局、公安部、国家卫生健康委决定将瑞马唑仑（包括其可能存在的盐、单方制剂和异构体）列入第二类精神药品管理。

本公告自 2020 年 1 月 1 日起实行。

特此公告。

国家药监局　公安部　国家卫生健康委
2019 年 12 月 16 日

5. 奥赛利定列入麻醉药品目录；苏沃雷生、吡仑帕奈、依他佐辛、曲马多复方制剂、含氢可酮碱复方口服固体制剂列入精神药品目录（增加 7 种，2023 年 7 月 1 日起施行）

国家药监局　公安部　国家卫生健康委
关于调整麻醉药品和精神药品目录的公告
（2023 年第 43 号）

根据《麻醉药品和精神药品管理条例》有关规定，国家药品监督管理局、公安部、国家卫生健康委员会决定将奥赛利定等品种列入麻醉药品和精神药品目录。现公告如下：

一、将奥赛利定列入麻醉药品目录。

二、将苏沃雷生、吡仑帕奈、依他佐辛、曲马多复方制剂列入第二类精神药品目录。

三、将每剂量单位含氢可酮碱大于 5 毫克，且不含其他麻醉药品、精神药品或药品类易制毒化学品的复方口服固体制剂列入第一类精神药品目录。

四、将每剂量单位含氢可酮碱不超过 5 毫克，且不含其他麻醉药品、精神药品或药品类易制毒化学品的复方口服固体制剂列入第二类精神药品目录。

本公告自 2023 年 7 月 1 日起施行。

特此公告。

国家药监局　公安部　国家卫生健康委
2023 年 4 月 14 日

6. 泰吉利定列入麻醉药品目录；地达西尼、依托咪酯（在中国境内批准上市的含依托咪酯的药品制剂除外）列入第二类精神药品目录；莫达非尼由第一类精神药品调整为第二类精神药品（增加 3 种、调整 1 种，2023 年 10 月 1 日起施行）

国家药监局　公安部　国家卫生健康委
关于调整麻醉药品和精神药品目录的公告
（2023 年第 120 号）

根据《麻醉药品和精神药品管理条例》有关规定，国家药品监督管理局、公安部、国家卫生健康委员会决定调整麻醉药品和精神药品目录。现公告如下：

一、将泰吉利定列入麻醉药品目录。

二、将地达西尼、依托咪酯（在中国境内批准上市的含依托咪酯的药品制剂除外）列入第二类精神药品目录。

三、将莫达非尼由第一类精神药品调整为第二类精神药品。

本公告自 2023 年 10 月 1 日起施行。

特此公告。

国家药监局
公安部
国家卫生健康委
2023 年 9 月 6 日

7.《非药用类麻醉药品和精神药品管制品种增补目录》（116 种，2015 年 10 月 1 日起施行）

关于印发《非药用类麻醉药品和精神药品列管办法》的通知
（公通字〔2015〕27 号）

各省、自治区、直辖市公安厅（局）、食品药品监督管理局、卫生计生委、禁毒委员会办公室，新疆生产建设兵团公安局、食品药品监督管理局、卫生局、禁毒委员会办公室：

近年来，非药用类麻醉药品和精神药品制贩、走私和滥用问题日益突出，为加强对非药用类麻醉药品和精神药品的列管工作，防止非法生产、经营、运输、使用和进出口，遏制有关违法犯罪活动的发展蔓延，公安部、国家食品药品监督管理总局、国家卫生计生委和国家禁毒委员会办公室联合制定了《非药用类麻醉药品和精神药品列管办法》。现印发给你们，请认真贯彻执行。执行中遇到的问题，请及时上报。

公安部　国家卫生计生委
食品药品监管总局　国家禁毒办
2015 年 9 月 24 日

非药用类麻醉药品和精神药品列管办法

第一条　为加强对非药用类麻醉药品和精神药品的管理，防止非法生产、经营、运输、使用和进出口，根据《中华人民共和国禁毒法》和《麻醉药品和精神药品管理条例》等法律、法规的规定，制定本办法。

第二条　本办法所称的非药用类麻醉药品和精神药品，是指未作为药品生产和使用，具有成瘾性或者成瘾潜力且易被滥用的物质。

第三条　麻醉药品和精神药品按照药用类和非药用类分类列管。除麻醉药品和精神药品管理品种目录已有列管品种外，新增非药用类麻醉药品和精神药品管制品种由本办法附表列示。非药用类麻醉药品和精神药品管制品种目录的调整由国务院公安部门会同国务院食品药品监督管理部门和国务院卫生计生行政部门负责。

非药用类麻醉药品和精神药品发现医药用途，调整列入药品目录的，不再列入非药用类麻醉药品和精神药品管制品种目录。

第四条　对列管的非药用类麻醉药品和精神药品，禁止任何单位和个人生产、买卖、运输、使用、储存和进出口。因科研、实验需要使用非药用类麻醉药品和精神药品，在药品、医疗器械生产、检测中需要使用非药用类麻醉药品和精神药品标准品、对照品，以及药品生产过程中非药用类麻醉药品和精神药品中间体的管理，按照有关规定执行。

各级公安机关和有关部门依法加强对非药用类麻醉药品和精神药品违法犯罪行为的打击处理。

第五条 各地禁毒委员会办公室（以下简称禁毒办）应当组织公安机关和有关部门加强对非药用类麻醉药品和精神药品的监测，并将监测情况及时上报国家禁毒办。国家禁毒办经汇总、分析后，应当及时发布预警信息。对国家禁毒办发布预警的未列管非药用类麻醉药品和精神药品，各地禁毒办应当进行重点监测。

第六条 国家禁毒办认为需要对特定非药用类麻醉药品和精神药品进行列管的，应当交由非药用类麻醉药品和精神药品专家委员会（以下简称专家委员会）进行风险评估和列管论证。

第七条 专家委员会由国务院公安部门、食品药品监督管理部门、卫生计生行政部门、工业和信息化管理部门、海关等部门的专业人员以及医学、药学、法学、司法鉴定、化工等领域的专家学者组成。

专家委员会应当对拟列管的非药用类麻醉药品和精神药品进行下列风险评估和列管论证，并提出是否予以列管的建议：

（一）成瘾性或者成瘾潜力；
（二）对人身心健康的危害性；
（三）非法制造、贩运或者走私活动情况；
（四）滥用或者扩散情况；
（五）造成国内、国际危害或者其他社会危害情况。

专家委员会启动对拟列管的非药用类麻醉药品和精神药品的风险评估和列管论证工作后，应当在3个月内完成。

第八条 对专家委员会评估后提出列管建议的，国家禁毒办应当建议国务院公安部门会同食品药品监督管理部门和卫生计生行政部门予以列管。

第九条 国务院公安部门会同食品药品监督管理部门和卫生计生行政部门应当在接到国家禁毒办列管建议后6个月内，完成对非药用类麻醉药品和精神药品的列管工作。

对于情况紧急、不及时列管不利于遏制危害发展蔓延的，风险评估和列管工作应当加快进程。

第十条 本办法自2015年10月1日起施行。

附表：
非药用类麻醉药品和精神药品管制品种增补目录

序号	中文名	英文名	CAS 号	备注
1	N－（2－甲氧基苄基）－2－（2,5－二甲氧基－4－溴苯基）乙胺	2－（4－Bromo－2,5－dimethoxyphenyl）－N－（2－methoxybenzyl）ethanamine	1026511－90－9	2C－B－NBOMe
2	2,5－二甲氧基－4－氯苯乙胺	4－Chloro－2,5－dimethoxyphenethylamine	88441－14－9	2C－C
3	N－（2－甲氧基苄基）－2－（2,5－二甲氧基－4－氯苯基）乙胺	2－（4－Chloro－2,5－dimethoxyphenyl）－N－（2－methoxybenzyl）ethanamine	1227608－02－7	2C－C－NBOMe
4	2,5－二甲氧基－4－甲基苯乙胺	4－Methyl－2,5－dimethoxyphenethylamine	24333－19－5	2C－D
5	N－（2－甲氧基苄基）－2－（2,5－二甲氧基－4－甲基苯基）乙胺	2－（4－Methyl－2,5－dimethoxyphenyl）－N－（2－methoxybenzyl）ethanamine	1354632－02－2	2C－D－NBOMe
6	2,5－二甲氧基－4－乙基苯乙胺	4－Ethyl－2,5－dimethoxyphenethylamine	71539－34－9	2C－E
7	N－（2－甲氧基苄基）－2－（2,5－二甲氧基－4－碘苯基）乙胺	2－（4－Iodo－2,5－dimethoxyphenyl）－N－（2－methoxybenzyl）ethanamine	919797－19－6	2C－I－NBOMe

续表

序号	中文名	英文名	CAS号	备注
8	2,5-二甲氧基-4-丙基苯乙胺	4-Propyl-2,5-dimethoxyphenethylamine	207740-22-5	2C-P
9	2,5-二甲氧基-4-乙硫基苯乙胺	4-Ethylthio-2,5-dimethoxyphenethylamine	207740-24-7	2C-T-2
10	2,5-二甲氧基-4-异丙基硫基苯乙胺	4-Isopropylthio-2,5-dimethoxyphenethylamine	207740-25-8	2C-T-4
11	2,5-二甲氧基-4-丙硫基苯乙胺	4-Propylthio-2,5-dimethox-phenethylamine	207740-26-9	2C-T-7
12	2-氟苯丙胺	1-(2-Fluorophenyl) propan-2-amine	1716-60-5	2-FA
13	2-氟甲基苯丙胺	N-Methyl-1-(2-fluorophenyl) propan-2-amine	1017176-48-5	2-FMA
14	1-(2-苯并呋喃基)-N-甲基-2-丙胺	N-Methyl-1-(benzofuran-2-yl) propan-2-amine	806596-15-6	2-MAPB
15	3-氟苯丙胺	1-(3-Fluorophenyl) propan-2-amine	1626-71-7	3-FA
16	3-氟甲基苯丙胺	N-Methyl-1-(3-fluorophenyl) propan-2-amine	1182818-14-9	3-FMA
17	4-氯苯丙胺	1-(4-Chlorophenyl) propan-2-amine	64-12-0	4-CA
18	4-氟苯丙胺	1-(4-Fluorophenyl) propan-2-amine	459-02-9	4-FA
19	4-氟甲基苯丙胺	N-Methyl-1-(4-fluorophenyl) propan-2-amine	351-03-1	4-FMA

续表

序号	中文名	英文名	CAS 号	备注
20	1－［5－（2,3－二氢苯并呋喃基）］－2－丙胺	1－（2,3－Dihydro－1－benzofuran－5－yl）propan－2－amine	152624－03－8	5－APDB
21	1－（5－苯并呋喃基）－N－甲基－2－丙胺	N－Methyl－1－（benzofuran－5－yl）propan－2－amine	1354631－77－8	5－MAPB
22	6－溴－3,4－亚甲二氧基甲基苯丙胺	N－Methyl－（6－bromo－3,4－methylenedioxyphenyl）propan－2－amine		6－Br－MDMA
23	6－氯－3,4－亚甲二氧基甲基苯丙胺	N－Methyl－（6－chloro－3,4－methylenedioxyphenyl）propan－2－amine	319920－71－3	6－Cl－MDMA
24	1－（2,5－二甲氧基－4－氯苯基）－2－丙胺	1－（4－Chloro－2,5－dimethoxyphenyl）propan－2－amine	123431－31－2	DOC
25	1－（2－噻吩基）－N－甲基－2－丙胺	N－Methyl－1－（thiophen－2－yl）propan－2－amine	801156－47－8	MPA
26	N－（1－氨甲酰基－2－甲基丙基）－1－（5－氟戊基）吲哚－3－甲酰胺	N－（1－Amino－3－methyl－1－oxobutan－2－yl）－1－（5－fluoropentyl）－1H－indole－3－carboxamide	1801338－26－0	5F－ABICA

续表

序号	中文名	英文名	CAS号	备注
27	N-（1-氨甲酰基-2-甲基丙基）-1-（5-氟戊基）吲唑-3-甲酰胺	N-（1-Amino-3-methyl-1-oxobutan-2-yl）-1-（5-fluoropentyl）-1H-indazole-3-carboxamide	1800101-60-3	5F-AB-PINACA
28	N-（1-氨甲酰基-2,2-二甲基丙基）-1-（5-氟戊基）吲哚-3-甲酰胺	N-（1-Amino-3,3-dimethyl-1-oxobutan-2-yl）-1-（5-fluoropentyl）-1H-indole-3-carboxamide	1801338-27-1	5F-ADBICA
29	N-（1-甲氧基羰基-2-甲基丙基）-1-（5-氟戊基）吲唑-3-甲酰胺	1-Methoxy-3-methyl-1-oxobutan-2-yl-1-（5-fluoropentyl）-1H-indazole-3-carboxamide	1715016-74-2	5F-AMB
30	N-（1-金刚烷基）-1-（5-氟戊基）吲唑-3-甲酰胺	N-（1-Adamantyl）-1-（5-fluoropentyl）-1H-indazole-3-carboxamide	1400742-13-3	5F-APINACA
31	1-（5-氟戊基）吲哚-3-甲酸-8-喹啉酯	Quinolin-8-yl 1-（5-fluoropentyl）-1H-indole-3-carboxylate	1400742-41-7	5F-PB-22
32	1-（5-氟戊基）-3-（2,2,3,3-四甲基环丙甲酰基）吲哚	（1-（5-Fluoropentyl）-1H-indol-3-yl）（2,2,3,3-tetramethylcyclopropyl）methanone	1364933-54-9	5F-UR-144

续表

序号	中文名	英文名	CAS 号	备注
33	1－[2－(N－吗啉基)乙基]－3－(2,2,3,3－四甲基环丙甲酰基)吲哚	(1－(2－Morpholin－4－ylethyl)－1H－indol－3－yl)(2,2,3,3－tetramethylcyclopropyl)methanone	895155－26－7	A－796,260
34	1－(4－四氢吡喃基甲基)－3－(2,2,3,3－四甲基环丙甲酰基)吲哚	(1－(Tetrahydropyran－4－ylmethyl)－1H－indol－3－yl)(2,2,3,3－tetramethylcyclopropyl)methanone	895155－57－4	A－834,735
35	N－(1－氨甲酰基－2－甲基丙基)－1－(环己基甲基)吲唑－3－甲酰胺	N－(1－Amino－3－methyl－1－oxobutan－2－yl)－1－(cyclohexyl-methyl)－1H－indazole－3－carboxamide	1185887－21－1	AB－CHMINA-CA
36	N－(1－氨甲酰基－2－甲基丙基)－1－(4－氟苄基)吲唑－3－甲酰胺	N－(1－Amino－3－methyl－1－oxobutan－2－yl)－1－(4－fluoro-benzyl)－1H－indazole－3－carboxamide	1629062－56－1	AB－FUBINACA
37	N－(1－氨甲酰基－2－甲基丙基)－1－戊基吲唑－3－甲酰胺	N－(1－Amino－3－methyl－1－oxobutan－2－yl)－1－pentyl－1H－indazole－3－carboxamide	1445583－20－9	AB－PINACA

续表

序号	中文名	英文名	CAS号	备注
38	N-（1-氨甲酰基-2,2-二甲基丙基）-1-戊基吲哚-3-甲酰胺	N-（1-Amino-3,3-dimethyl-1-oxobutan-2-yl）-1-pentyl-1H-indole-3-carboxamide	1445583-48-1	ADBICA
39	N-（1-氨甲酰基-2,2-二甲基丙基）-1-戊基吲唑-3-甲酰胺	N-（1-Amino-3,3-dimethyl-1-oxobutan-2-yl）-1-pentyl-1H-indazole-3-carboxamide	1633766-73-0	ADB-PINACA
40	1-［（N-甲基-2-哌啶基）甲基］-3-（1-萘甲酰基）吲哚	(1-((1-Methylpiperidin-2-yl)methyl)-1H-indol-3-yl)(naphthalen-1-yl)methanone	137642-54-7	AM-1220
41	1-［（N-甲基-2-哌啶基）甲基］-3-（1-金刚烷基甲酰基）吲哚	(1-((1-Methylpiperidin-2-yl)methyl)-1H-indol-3-yl)(adamantan-1-yl)methanone	335160-66-2	AM-1248
42	1-［（N-甲基-2-哌啶基）甲基］-3-（2-碘苯甲酰基）吲哚	(1-((1-Methylpiperidin-2-yl)methyl)-1H-indol-3-yl)(2-iodophenyl)methanone	444912-75-8	AM-2233
43	N-（1-金刚烷基）-1-戊基吲哚-3-甲酰胺	N-(1-Adamantyl)-1-pentyl-1H-indole-3-carboxamide	1345973-50-3	APICA
44	N-（1-金刚烷基）-1-戊基吲唑-3-甲酰胺	N-(1-Adamantyl)-1-pentyl-1H-indazole-3-carboxamide	1345973-53-6	APINACA

续表

序号	中文名	英文名	CAS 号	备注
45	1-（1-萘甲酰基）-4-戊氧基萘	(4-Pentyloxynaphthalen-1-yl)(naphthalen-1-yl)methanone	432047-72-8	CB-13
46	N-（1-甲基-1-苯基乙基）-1-（4-四氢吡喃基甲基）吲唑-3-甲酰胺	N-(2-Phenylpropan-2-yl)-1-(tetrahydropyran-4-ylmethyl)-1H-indazole-3-carboxamide	1400742-50-8	CUMYL-THPINACA
47	1-（5-氟戊基）-3-（4-乙基-1-萘甲酰基）吲哚	(1-(5-Fluoropentyl)-1H-indol-3-yl)(4-ethylnaphthalen-1-yl)methanone	1364933-60-7	EAM-2201
48	1-（4-氟苄基）-3-（1-萘甲酰基）吲哚	(1-(4-Fluorobenzyl)-1H-indol-3-yl)(naphthalen-1-yl)methanone		FUB-JWH-018
49	1-（4-氟苄基）吲哚-3-甲酸-8-喹啉酯	Quinolin-8-yl 1-(4-fluorobenzyl)-1H-indole-3-carboxylate	1800098-36-5	FUB-PB-22
50	2-甲基-1-戊基-3-（1-萘甲酰基）吲哚	(2-Methyl-1-pentyl-1H-indol-3-yl)(naphthalen-1-yl)methanone	155471-10-6	JWH-007
51	2-甲基-1-丙基-3-（1-萘甲酰基）吲哚	(2-Methyl-1-propyl-1H-indol-3-yl)(naphthalen-1-yl)methanone	155471-08-2	JWH-015

续表

序号	中文名	英文名	CAS 号	备注
52	1－己基－3－(1－萘甲酰基)吲哚	(1 - Hexyl - 1H - indol - 3 - yl) (naphthalen - 1 - yl) methanone	209414 - 08 - 4	JWH - 019
53	1－戊基－3－(4－甲氧基－1－萘甲酰基)吲哚	(1 - Pentyl - 1H - indol - 3 - yl) (4 - methoxynaphthalen - 1 - yl) methanone	210179 - 46 - 7	JWH - 081
54	1－戊基－3－(4－甲基－1－萘甲酰基)吲哚	(1 - Pentyl - 1H - indol - 3 - yl) (4 - methylnaphthalen - 1 - yl) methanone	619294 - 47 - 2	JWH - 122
55	1－戊基－3－(2－氯苯乙酰基)吲哚	2 - (2 - Chlorophenyl) - 1 - (1 - pentyl - 1H - indol - 3 - yl) ethanone	864445 - 54 - 5	JWH - 203
56	1－戊基－3－(4－乙基－1－萘甲酰基)吲哚	(1 - Pentyl - 1H - indol - 3 - yl) (4 - ethylnaphthalen - 1 - yl) methanone	824959 - 81 - 1	JWH - 210
57	1－戊基－2－(2－甲基苯基)－4－(1－萘甲酰基)吡咯	(5 - (2 - Methylphenyl) - 1 - pentyl - 1H - pyrrol - 3 - yl) (naphthalen - 1 - yl) methanone	914458 - 22 - 3	JWH - 370
58	1－(5－氟戊基)－3－(4－甲基－1－萘甲酰基)吲哚	(1 - (5 - Fluoropentyl) - 1H - indol - 3 - yl) (4 - methylnaphthalen - 1 - yl) methanone	1354631 - 24 - 5	MAM - 2201

续表

序号	中文名	英文名	CAS 号	备注
59	N-（1-甲氧基羰基-2,2-二甲基丙基）-1-（环己基甲基）吲哚-3-甲酰胺	N-(1-Methoxy-3,3-dimethyl-1-oxobutan-2-yl)-1-(cyclohexylmethyl)-1H-indole-3-carboxamide	1715016-78-6	MDMB-CHMICA
60	N-（1-甲氧基羰基-2,2-二甲基丙基）-1-（4-氟苄基）吲唑-3-甲酰胺	N-(1-Methoxy-3,3-dimethyl-1-oxobutan-2-yl)-1-(4-fluorobenzyl)-1H-indazole-3-carboxamide	1715016-77-5	MDMB-FUBINACA
61	1-戊基吲哚-3-甲酸-8-喹啉酯	Quinolin-8-yl 1-pentyl-1H-indole-3-carboxylate	1400742-17-7	PB-22
62	N-（1-氨甲酰基-2-苯基乙基）-1-（5-氟戊基）吲唑-3-甲酰胺	N-(1-Amino-1-oxo-3-phenylpropan-2-yl)-1-(5-fluoropentyl)-1H-indazole-3-carboxamide		PX-2
63	1-戊基-3-（4-甲氧基苯甲酰基）吲哚	(1-Pentyl-1H-indol-3-yl)(4-methoxyphenyl)methanone	1345966-78-0	RCS-4
64	N-（1-金刚烷基）-1-（5-氟戊基）吲哚-3-甲酰胺	N-(1-Adamantyl)-1-(5-fluoropentyl)-1H-indole-3-carboxamide	1354631-26-7	STS-135

续表

序号	中文名	英文名	CAS号	备注
65	1-戊基-3-(2,2,3,3-四甲基环丙甲酰基)吲哚	(1-Pentyl-1H-indol-3-yl)(2,2,3,3-tetramethylcyclopropyl)methanone	1199943-44-6	UR-144
66	2-氟甲卡西酮	1-(2-Fluorophenyl)-2-methylaminopropan-1-one	1186137-35-8	2-FMC
67	2-甲基甲卡西酮	1-(2-Methylphenyl)-2-methylaminopropan-1-one	1246911-71-6	2-MMC
68	3,4-二甲基甲卡西酮	1-(3,4-Dimethylphenyl)-2-methylaminopropan-1-one	1082110-00-6	3,4-DMMC
69	3-氯甲卡西酮	1-(3-Chlorophenyl)-2-methylaminopropan-1-one	1049677-59-9	3-CMC
70	3-甲氧基甲卡西酮	1-(3-Methoxyphenyl)-2-methylaminopropan-1-one	882302-56-9	3-MeOMC
71	3-甲基甲卡西酮	1-(3-Methylphenyl)-2-methylaminopropan-1-one	1246911-86-3	3-MMC
72	4-溴甲卡西酮	1-(4-Bromophenyl)-2-methylaminopropan-1-one	486459-03-4	4-BMC
73	4-氯甲卡西酮	1-(4-Chlorophenyl)-2-methylaminopropan-1-one	1225843-86-6	4-CMC
74	4-氟甲卡西酮	1-(4-Fluorophenyl)-2-methylaminopropan-1-one	447-40-5	4-FMC
75	1-(4-氟苯基)-2-(N-吡咯烷基)-1-戊酮	1-(4-Fluorophenyl)-2-(1-pyrrolidinyl)pentan-1-one	850352-62-4	4-F-α-PVP
76	1-(4-甲基苯基)-2-甲氨基-1-丁酮	1-(4-Methylphenyl)-2-methylaminobutan-1-one	1337016-51-9	4-MeBP

续表

序号	中文名	英文名	CAS 号	备注
77	1-（4-甲氧基苯基）-2-（N-吡咯烷基）-1-戊酮	1-(4-Methoxyphenyl)-2-(1-pyrrolidinyl) pentan-1-one	14979-97-6	4-MeO-α-PVP
78	1-苯基-2-甲氨基-1-丁酮	1-Phenyl-2-methylaminobutan-1-one	408332-79-6	Buphedrone
79	2-甲氨基-1-［3,4-（亚甲二氧基）苯基］-1-丁酮	1-(3,4-Methylenedioxyphenyl)-2-methylaminobutan-1-one	802575-11-7	Butylone
80	2-二甲氨基-1-［3,4-（亚甲二氧基）苯基］-1-丙酮	1-(3,4-Methylenedioxyphenyl)-2-dimethylaminopropan-1-one	765231-58-1	Dimethylone
81	乙卡西酮	1-Phenyl-2-ethylaminopropan-1-one	18259-37-5	Ethcathinone
82	3,4-亚甲二氧基乙卡西酮	1-(3,4-Methylenedioxyphenyl)-2-ethylaminopropan-1-one	1112937-64-0	Ethylone
83	1-［3,4-（亚甲二氧基）苯基］-2-（N-吡咯烷基）-1-丁酮	1-(3,4-Methylenedioxyphenyl)-2-(1-pyrrolidinyl) butan-1-one	784985-33-7	MDPBP
84	1-［3,4-（亚甲二氧基）苯基］-2-（N-吡咯烷基）-1-丙酮	1-(3,4-Methylenedioxyphenyl)-2-(1-pyrrolidinyl) propan-1-one	783241-66-7	MDPPP
85	4-甲氧基甲卡西酮	1-(4-Methoxyphenyl)-2-methylaminopropan-1-one	530-54-1	Methedrone

续表

序号	中文名	英文名	CAS 号	备注
86	1－苯基－2－乙氨基－1－丁酮	1－Phenyl－2－ethylaminobutan－1－one	1354631－28－9	NEB
87	1－苯基－2－甲氨基－1－戊酮	1－Phenyl－2－methylaminopentan－1－one	879722－57－3	Pentedrone
88	1－苯基－2－（N－吡咯烷基）－1－丁酮	1－Phenyl－2－（1－pyrrolidinyl）butan－1－one	13415－82－2	α－PBP
89	1－苯基－2－（N－吡咯烷基）－1－己酮	1－Phenyl－2－（1－pyrrolidinyl）hexan－1－one	13415－86－6	α－PHP
90	1－苯基－2－（N－吡咯烷基）－1－庚酮	1－Phenyl－2－（1－pyrrolidinyl）heptan－1－one	13415－83－3	α－PHPP
91	1－苯基－2－（N－吡咯烷基）－1－戊酮	1－Phenyl－2－（1－pyrrolidinyl）pentan－1－one	14530－33－7	α－PVP
92	1－（2－噻吩基）－2－（N－吡咯烷基）－1－戊酮	1－（Thiophen－2－yl）－2－（1－pyrrolidinyl）pentan－1－one	1400742－66－6	α－PVT
93	2－（3－甲氧基苯基）－2－乙氨基环己酮	2－（3－Methoxyphenyl）－2－（ethylamino）cyclohexanone	1239943－76－0	MXE
94	乙基去甲氯胺酮	2－（2－Chlorophenyl）－2－（ethylamino）cyclohexanone	1354634－10－8	NENK

续表

序号	中文名	英文名	CAS号	备注
95	N,N-二烯丙基-5-甲氧基色胺	5-Methoxy-N,N-diallyltryptamine	928822-98-4	5-MeO-DALT
96	N,N-二异丙基-5-甲氧基色胺	5-Methoxy-N,N-diisopropyl-tryptamine	4021-34-5	5-MeO-DiPT
97	N,N-二甲基-5-甲氧基色胺	5-Methoxy-N,N-dimethyl-tryptamine	1019-45-0	5-MeO-DMT
98	N-甲基-N-异丙基-5-甲氧基色胺	5-Methoxy-N-isopropyl-N-methyltryptamine	96096-55-8	5-MeO-MiPT
99	α-甲基色胺	alpha-Methyltryptamine	299-26-3	AMT
100	1,4-二苄基哌嗪	1,4-Dibenzylpiperazine	1034-11-3	DBZP
101	1-(3-氯苯基)哌嗪	1-(3-Chlorophenyl)piperazine	6640-24-0	mCPP
102	1-(3-三氟甲基苯基)哌嗪	1-(3-Trifluoromethylphenyl)piperazine	15532-75-9	TFMPP
103	2-氨基茚满	2-Aminoindane	2975-41-9	2-AI
104	5,6-亚甲二氧基-2-氨基茚满	5,6-Methylenedioxy-2-aminoindane	132741-81-2	MDAI

续表

序号	中文名	英文名	CAS号	备注
105	2-二苯甲基哌啶	2-Diphenylmethylpiperidine	519-74-4	2-DPMP
106	3,4-二氯哌甲酯	Methyl 2-(3,4-dichlorophenyl)-2-(piperidin-2-yl) acetate	1400742-68-8	3,4-CTMP
107	乙酰芬太尼	N-(1-Phenethylpiperidin-4-yl)-N-phenylacetamide	3258-84-2	Acetylfentanyl
108	3,4-二氯-N-[(1-二甲氨基环己基)甲基]苯甲酰胺	3,4-Dichloro-N-((1-(dimethylamino) cyclohexyl) methyl) benzamide	55154-30-8	AH-7921
109	丁酰芬太尼	N-(1-Phenethylpiperidin-4-yl)-N-phenylbutyramide	1169-70-6	Butyrylfentanyl
110	哌乙酯	Ethyl 2-phenyl-2-(piperidin-2-yl) acetate	57413-43-1	Ethylphenidate
111	1-[1-(2-甲氧基苯基)-2-苯基乙基]哌啶	1-(1-(2-Methoxyphenyl)-2-phenylethyl) piperidine	127529-46-8	Methoxphenidine
112	芬纳西泮	7-Bromo-5-(2-chlorophenyl)-1,3-dihydro-2H-1,4-benzodiazepin-2-one	51753-57-2	Phenazepam

续表

序号	中文名	英文名	CAS 号	备注
113	β-羟基硫代芬太尼	N-(1-(2-Hydroxy-2-(thiophen-2-yl)ethyl)piperidin-4-yl)-N-phenylpropanamide	1474-34-6	β-Hydroxythiofentanyl
114	4-氟丁酰芬太尼	N-(4-Fluorophenyl)-N-(1-phenethylpiperidin-4-yl)butyramide	244195-31-1	4-Fluorobutyrfentanyl
115	异丁酰芬太尼	N-(1-Phenethylpiperidin-4-yl)-N-phenylisobutyramide	119618-70-1	Isobutyrfentanyl
116	奥芬太尼	N-(2-Fluorophenyl)-2-methoxy-N-(1-phenethylpiperidin-4-yl)acetamide	101343-69-5	Ocfentanyl

注：上述品种包括其可能存在的盐类、旋光异构体及其盐类（另有规定的除外）。

8. 卡芬太尼等四种芬太尼类物质列入《非药用类麻醉药品和精神药品管制品种增补目录》（增加4种，2017年3月1日起施行）

中华人民共和国公安部　国家食品药品监督管理总局
国家卫生和计划生育委员会
关于将卡芬太尼等四种芬太尼类物质列入非药用类麻醉药品和精神药品
管制品种增补目录的公告

根据《麻醉药品和精神药品管理条例》《非药用类麻醉药品和精神药品列管办法》的有关规定，公安部、国家食品药品监督管理总局和国家卫生和计划生育委员会决定将卡芬太尼、呋喃芬太尼、丙烯酰芬太尼、戊酰芬太尼四种物质列入非药用类麻醉药品和精神药品管制品种增补目录。

本公告自2017年3月1日起施行。

公安部　国家食品药品监督管理总局　国家卫生和计划生育委员会
2017年1月25日

附表：

非药用类麻醉药品和精神药品管制品种增补目录

序号	中文名	英文名	CAS 号	备注
1	丙烯酰芬太尼	N－(1－Phenethylpiperidin－4－yl)－N－phenylacrylamide	82003－75－6	Acrylfentanyl
2	卡芬太尼	Methyl4－(N－phenylpropionamido)－1－phenethylpiperidine－4－carboxylate	59708－52－0	Carfentanyl Carfentanil
3	呋喃芬太尼	N－(1－Phenethylpiperidin－4－yl)－N－phenylfuran－2－carboxamide	101345－66－8	Furanylfentanyl
4	戊酰芬太尼	N－(1－Phenethylpiperidin－4－yl)－N－phenylpentanamide	122882－90－0	Valerylfentanyl

9. N－甲基－N－（2－二甲氨基环己基）－3，4－二氯苯甲酰胺（U－47700）等四种物质列入《非药用类麻醉药品和精神药品管制品种增补目录》（增加 4 种，2017 年 7 月 1 日起施行）

公安部　国家食品药品监督管理总局　国家卫生和计划生育委员会
关于将 N－甲基－N－（2－二甲氨基环己基）－3，4－二氯苯甲酰胺
（U－47700）等四种物质列入非药用类麻醉药品
和精神药品管制品种增补目录的公告

根据《麻醉药品和精神药品管理条例》《非药用类麻醉药品和精神药品列管办法》的有关规定，公安部、国家食品药品监督管理总局和国家卫生和计划生育委员会决定将 N－甲基－N－（2－二甲氨基环己基）－3，4－二氯苯甲酰胺（U－47700）、1－环己基－4－（1，2－二苯基乙基）哌嗪（MT－45）、4－甲氧基甲基苯丙胺（PMMA）和 2－氨基－4－甲基－5－（4－甲基苯基）－4，5－二氢噁唑（4，4'－DMAR）四种物质列入非药用类麻醉药品和精神药品品种增补目录。

本公告自 2017 年 7 月 1 日起施行。

公安部　国家食品药品监督管理总局
国家卫生和计划生育委员会
2017 年 5 月 22 日

附表：

非药用类麻醉药品和精神药品管制品种增补目录

序号	中文名	英文名	CAS 号	备注
1	N-甲基-N-（2-二甲氨基环己基）-3,4-二氯苯甲酰胺	3,4-Dichloro-N-（2-（dimethylamino）cyclohexyl）-N-methyl-benzamide	121348-98-9	U-47700
2	1-环己基-4、（1,2-二苯基乙基）哌嗪	1-Cyclohexyl-4-（1,2-diphenylenthyl）piperazine	52694-55-0	MT-45
3	4-甲氧基甲基苯丙胺	N-Methyl-1-（4-methoxyphenyl）propan-2-amine	22331-70-0	PMMA
4	2-氨基-4-甲基-5-（4-甲基苯基）-4,5-二氢噁唑	4-Methyl-5-（4-methylphenyl）-4,5-dihydrooxazol-2-amine	1445569-01-6	4,4'-DMAR

10. 4-氯乙卡西酮等 32 种物质列入《非药用类麻醉药品和精神药品管制品种增补目录》（增加 32 种，2018 年 9 月 1 日起施行）

公安部　国家卫生健康委员会　国家药品监督管理局
关于将 4-氯乙卡西酮等 32 种物质列入非药用类
麻醉药品和精神药品管制品种增补目录的公告

根据《麻醉药品和精神药品管理条例》《非药用类麻醉药品和精神药品列管办法》的有关规定，公安部、国家卫生健康委员会和国家药品监督管理局决定将 4-氯乙卡西酮等 32 种物质列入非药用类麻醉药品和精神药品管制品种增补目录。

本公告自 2018 年 9 月 1 日起施行。

公安部　国家卫生健康委员会　国家药品监督管理局
2018 年 8 月 16 日

附表：
非药用类麻醉药品和精神药品管制品种增补目录

序号	中文名	英文名	CAS 号	备注
1	4－氯乙卡西酮	1－（4－Chlorophenyl）－2－（ethylamino）propan－1－one	14919－85－8	4－CEC
2	1－［3，4－（亚甲二氧基）苯基］－2－乙氨基－1－戊酮	1－（3，4－Methylenedioxyphenyl）－2－（ethylamino）pentan－1－one	727641－67－0	N－Ethylpentylone
3	1－（4－氯苯基）－2－（N－吡咯烷基）－1－戊酮	1－（4－Chlorophenyl）－2－（1－pyrrolidinyl）pentan－1－one	5881－77－6	4－Cl－α－PVP
4	1－［3，4－（亚甲二氧基）苯基］－2－二甲氨基－1－丁酮	1－（3，4－Methylenedioxyphenyl）－2－（dimethylamino）butan－1－one	802286－83－5	Dibutylone
5	1－［3，4－（亚甲二氧基）苯基］－2－甲氨基－1－戊酮	1－（3，4－Methylenedioxyphenyl）－2－（methylamino）pentan－1－one	698963－77－8	Pentylone
6	1－苯基－2－乙氨基－1－己酮	1－Phenyl－2－（ethylamino）hexan－1－one	802857－66－5	N－Ethylhexedrone
7	1－（4－甲基苯基）－2－（N－吡咯烷基）－1－己酮	1－（4－Methylphenyl）－2－（1－pyrrolidinyl）hexan－1－one	34138－58－4	4－MPHP
8	1－（4－氯苯基）－2－（N－吡咯烷基）－1－丙酮	1－（4－Chlorophenyl）－2－（1－pyrrolidinyl）propan－1－one	28117－79－5	4－Cl－α－PPP
9	1－［2－（5，6，7，8－四氢萘基）］－2－（N－吡咯烷基）－1－戊酮	1－（5，6，7，8－Tetrahydronaphtha-len－2－yl)－2－（1－pyrrolidinyl）pentan－1－one		β－TH－Naphyrone

续表

序号	中文名	英文名	CAS 号	备注
10	1－（4－氟苯基）－2－（N－吡咯烷基）－1－己酮	1－（4－Fluorophenyl）－2－（1－pyrrolidinyl）hexan－1－one	2230706－09－7	4－F－α－PHP
11	4－乙基甲卡西酮	1－（4－Ethylphenyl）－2－（methylamino）propan－1－one	1225622－14－9	4－EMC
12	1－（4－甲基苯基）－2－乙氨基－1－戊酮	1－（4－Methylphenyl）－2－（ethylamino）pentan－1－one	746540－82－9	4－MEAPP
13	1－（4－甲基苯基）－2－甲氨基－3－甲氧基－1－丙酮	1－（4－Methylphenyl）－2－（methylamino）－3－methoxypropan－1－one	2166915－02－0	Mexedrone
14	1－［3,4－亚甲二氧基］苯基］－2－（N－吡咯烷基）－1－己酮	1－（3,4－Methylenedioxyphenyl）－2－（1－pyrrolidinyl）hexan－1－one	776994－64－0	MDPHP
15	1－（4－甲基苯基）－2－甲氨基－1－戊酮	1－（4－Methylphenyl）－2－（methylamino）pentan－1－one	1373918－61－6	4－MPD
16	1－（4－甲基苯基）－2－二甲氨基－1－丙酮	1－（4－Methylphenyl）－2－（dimethylamino）propan－1－one	1157738－08－3	4－MDMC
17	3,4－亚甲二氧基丙卡西酮	1－（3,4－Methylenedioxyphenyl）－2－（propylamino）propan－1－one	201474－93－3	Propylone
18	1－（4－氯苯基）－2－乙氨基－1－戊酮	1－（4－Chlorophenyl）－2－（ethylamino）pentan－1－one		4－Cl－EAPP

续表

序号	中文名	英文名	CAS号	备注
19	1-苯基-2-（N-吡咯烷基）-1-丙酮	1-Phenyl-2-(1-pyrrolidinyl) propan-1-one	19134-50-0	α-PPP
20	1-（4-氯苯基）-2-甲氨基-1-戊酮	1-(4-Chlorophenyl)-2-(methylamino) pentan-1-one	2167949-43-9	4-Cl-Pentedrone
21	3-甲基-2-［1-（4-氟苄基）吲唑-3-甲酰氨基］丁酸甲酯	N-(1-Methoxy-3-methyl-1-oxobutan-2-yl)-1-(4-fluorobenzyl)-1H-indazole-3-carboxamide	1715016-76-4	AMB-FUBINACA
22	1-（4-氟苄基）-N-（1-金刚烷基）吲唑-3-甲酰胺	N-(1-Adamantyl)-1-(4-fluorobenzyl)-1H-indazole-3-carboxamide	2180933-90-6	FUB-APINACA
23	N-（1-氨甲酰基-2,2-二甲基丙基）-1-（环己基甲基）吲唑-3-甲酰胺	N-(1-Amino-3,3-dimethyl-1-oxobutan-2-yl)-1-(cyclohexylmethyl)-1H-indazole-3-carboxamide	1863065-92-2	ADB-CHMINACA
24	N-（1-氨甲酰基-2,2-二甲基丙基）-1-（4-氟苄基）吲唑-3-甲酰胺	N-(1-Amino-3,3-dimethyl-1-oxobutan-2-yl)-1-(4-fluorobenzyl)-1H-indazole-3-carboxamide	1445583-51-6	ADB-FUBINACA

续表

序号	中文名	英文名	CAS 号	备注
25	3,3-二甲基-2-[1-(5-氟戊基)吲唑-3-甲酰氨基]丁酸甲酯	N-(1-Methoxy-3,3-dimethyl-1-oxobutan-2-yl)-1-(5-fluoropentyl)-1H-indazole-3-carboxamide	1715016-75-3	5F-ADB
26	3-甲基-2-[1-(环己基甲基)吲哚-3-甲酰氨基]丁酸甲酯	N-(1-Methoxy-3-methyl-1-oxobutan-2-yl)-1-(cyclohexylmethyl)-1H-indole-3-carboxamide	1971007-94-9	AMB-CHMICA
27	1-(5-氟戊基)-2-(1-萘甲酰基)苯并咪唑	[1-(5-Fluoropentyl)-1H-benzimidazol-2-yl](naphthalen-1-yl)methanone	1984789-90-3	BIM-2201
28	1-(5-氟戊基)吲哚-3-甲酸-1-萘酯	Naphthalen-1-yl 1-(5-fluoropentyl)-1H-indole-3-carboxylate	2042201-16-9	NM-2201
29	2-苯基-2-甲氨基环己酮	2-Phenyl-2-(methylamino)cyclohexanone	7063-30-1	DCK
30	3-甲基-5-P{2-[8-甲基-3-苯基-8-氮杂环(3,2,1)辛烷基]}-1,2,4-噁二唑	8-Methyl-2-(3-methyl-1,2,4-oxadiazol-5-yl)-3-phenyl-8-aza-bicyclo[3.2.1]octane	146659-37-2	RTI-126
31	4-氟异丁酰芬太尼	N-(4-Fluorophenyl)-N-(1-phenethylpiperidin-4-yl)isobutyramide	244195-32-2	4-FIBF

续表

序号	中文名	英文名	CAS号	备注
32	四氢呋喃芬太尼	N-Phenyl-N-(1-phenethylpiperidin-4-yl)tetrahydrofuran-2-carboxamide	2142571-01-3	THF-F

11. 芬太尼类物质列入《非药用类麻醉药品和精神药品管制品种增补目录》（增加整类，2019年5月1日起施行）

公安部　国家卫生健康委员会　国家药品监督管理局
关于将芬太尼类物质列入《非药用类麻醉药品
和精神药品管制品种增补目录》的公告

根据《麻醉药品和精神药品管理条例》《非药用类麻醉药品和精神药品列管办法》有关规定，公安部、国家卫生健康委员会和国家药品监督管理局决定将芬太尼类物质列入《非药用类麻醉药品和精神药品管制品种增补目录》。"芬太尼类物质"是指化学结构与芬太尼（N-[1-（2-苯乙基）-4-哌啶基]-N-苯基丙酰胺）相比，符合以下一个或多个条件的物质：

一、使用其他酰基替代丙酰基；

二、使用任何取代或未取代的单环芳香基团替代与氮原子直接相连的苯基；

三、哌啶环上存在烷基、烯基、烷氧基、酯基、醚基、羟基、卤素、卤代烷基、氨基及硝基等取代基；

四、使用其他任意基团（氢原子除外）替代苯乙基。

上述所列管物质如果发现有医药、工业、科研或者其他合法用途，按照《非药用类麻醉药品和精神药品列管办法》第三条第二款规定予以调整。

已列入《麻醉药品和精神药品品种目录》和《非药用类麻醉药品和精神药品管制品种增补目录》的芬太尼类物质依原有目录予以管制。

本公告自2019年5月1日起施行。

公安部　国家卫生健康委员会　国家药品监督管理局
2019年3月12日

12. 合成大麻素类物质和氟胺酮等18种物质列入《非药用类麻醉药品和精神药品管制品种增补目录》（增加整类和18种，2021年7月1日起施行）

公安部　国家卫生健康委员会　国家药品监督管理局
关于将合成大麻素类物质和氟胺酮等18种物质列入
《非药用类麻醉药品和精神药品管制品种增补目录》的公告

根据《麻醉药品和精神药品管理条例》《非药用类麻醉药品和精神药品列管办法》有关规定，公安部、国家卫生健康委员会和国家药品监督管理局决定将合成大麻素类物质和氟胺酮等 18 种物质列入《非药用类麻醉药品和精神药品管制品种增补目录》。

一、合成大麻素类物质。"合成大麻素类物质"是指具有下列化学结构通式的物质：

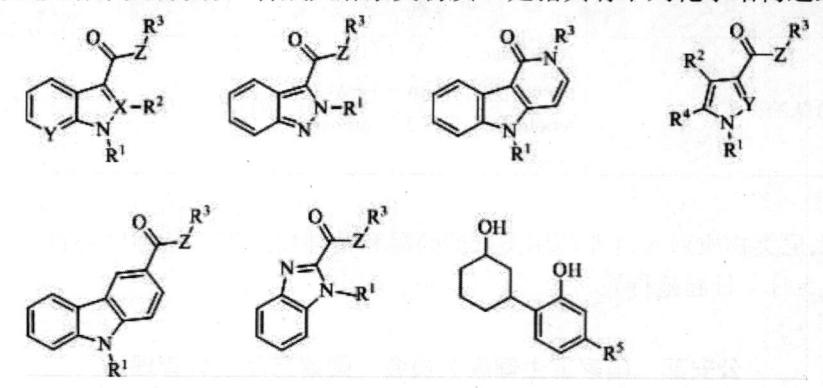

R^1 代表取代或未取代的 C_3-C_8 烃基；取代或未取代的含有 1-3 个杂原子的杂环基；取代或未取代的含有 1-3 个杂原子的杂环基取代的甲基或乙基。

R^2 代表氢或甲基或无任何原子。

R^3 代表取代或未取代的 C_6-C_{10} 的芳基；取代或未取代的 C_3-C_{10} 的烃基；取代或未取代的含有 1-3 个杂原子的杂环基；取代或未取代的含有 1-3 个杂原子的杂环基取代的甲基或乙基。

R^4 代表氢；取代或未取代的苯基；取代或未取代的苯甲基。

R^5 代表取代或未取代的 C_3-C_{10} 的烃基。

X 代表 N 或 C。

Y 代表 N 或 CH。

Z 代表 O 或 NH 或无任何原子。

上述所列管物质如果发现医药、工业、科研或者其他合法用途，按照《非药用类麻醉药品和精神药品列管办法》第三条第二款规定予以调整。已列入《麻醉药品和精神药品品种目录》和《非药用类麻醉药品和精神药品管制品种增补目录》的合成大麻素类物质依原有目录予以管制。

二、氟胺酮等 18 种物质。（详见附表）

本公告自 2021 年 7 月 1 日起施行。

公安部　国家卫生健康委员会　国家药品监督管理局
2021 年 3 月 15 日

附表：

非药用类麻醉药品和精神药品管制品种增补目录

序号	中文名	英文名	CAS号	备注
1	氟胺酮	2－(2－Fluorophenyl)－2－(methylamino) cyclohexan－1－one	111982－50－4	2－FDCK fluoroketamine
2	(6a2R, 10aR)－3－(1, 1－二甲基庚基)－6a, 7, 10, 10a－四氢－1－羟基－6, 6－二甲基－6H－二苯并[b, d]吡喃－9－甲醇	(6a2R, 10aR)－3－(1, 1－Dimethylheptyl)－6a, 7, 10, 10a－tetrahydro－1－hydroxy－6, 6－dimethyl－6H－dibenzo[b, d]pyran－9－methanol	112830－95－2	HU－210
3	1－[3, 4－(亚甲二氧基)苯基]－2－丁氨基－1－戊酮	1－(3, 4－Methylenedioxyphenyl)－2－(butylamino) pentan－1－one	688727－54－0	N－Butylpentylone
4	1－[3, 4－(亚甲二氧基)苯基]－2－苄氨基－1－丙酮	1－(3, 4－Methylenedioxyphenyl)－2－(benzylamino) propan－1－one	1387636－19－2	BMDP
5	1－[3, 4－(亚甲二氧基)苯基]－2－乙氨基－1－丁酮	1－(3, 4－Methylenedioxyphenyl)－2－(ethylamino) butan－1－one	802855－66－9	Eutylone
6	2－乙氨基－1－苯基－1－庚酮	2－(Ethylamino)－1－phenylheptan－1－one	2514784－72－4	N－Ethylheptedrone
7	1－(4－氯苯基)－2－二甲氨基－1－丙酮	1－(4－Chlorophenyl)－2－(dimethylamino) propan－1－one	1157667－29－2	4－CDMC
8	2－丁氨基－1－苯基－1－己酮	2－(Butylamino)－1－phenylhexan－1－one	802576－87－0	N－Butylhexedrone

续表

序号	中文名	英文名	CAS 号	备注
9	1-[1-(3-甲氧基苯基)环己基]哌啶	1-(1-(3-Methoxyphenyl)cyclohexyl)piperidine	72242-03-6	3-MeO-PCP
10	α-甲基-5-甲氧基色胺	1-(5-Methoxy-1H-indol-3-yl)propan-2-amine	1137-04-8	5-MeO-AMT
11	科纳唑仑	6-(2-Chlorophenyl)-1-methyl-8-nitro-4H-benzo[f][1,2,4]triazolo[4,3-α][1,4]diazepine	33887-02-4	Clonazolam
12	二氯西泮	7-Chloro-5-(2-chlorophenyl)-1-methyl-1,3-dihydro-2H-benzo[e][1,4]diazepin-2-one	2894-68-0	Diclazepam
13	氟阿普唑仑	8-Chloro-6-(2-fluorophenyl)-1-methyl-4H-benzo[f][1,2,4]triazolo[4,3-a][1,4]diazepine	28910-91-0	Flualprazolam
14	N,N-二乙基-2-(2-(4-异丙氧基苯基)-5-硝基-1H-苯并[d]咪唑-1-基)-1-乙胺	N,N-Diethyl-2-(2-(4-isopropoxybenzyl)-5-nitro-1H-benzo[d]imidazol-1-yl)ethan-1-amine	14188-81-9	Isotonitazene
15	氟溴唑仑	8-Bromo-6-(2-fluorophenyl)-1-methyl-4H-benzo[f][1,2,4]triazolo[4,3-a][1,4]diazepine	612526-40-6	Flubromazolam
16	1-(1,2-二苯基乙基)哌啶	1-(1,2-Diphenylethyl)piperidine	36794-52-2	Diphenidine

续表

序号	中文名	英文名	CAS 号	备注
17	2-(3-氟苯基)-3-甲基吗啉	2-(3-Fluorophenyl)-3-methylmorpholine	1350768-28-3	3-FPM 3-Fluorophenmetrazine
18	依替唑仑	4-(2-Chlorophenyl)-2-ethyl-9-methyl-6H-thieno[3,2-f][1,2,4]triazolo[4,3-a][1,4]diazepine	40054-69-1	Etizolam

第三节 毒品数量、含量（纯度）问题

根据最高人民法院2023年6月印发的《全国法院毒品案件审判工作会议纪要》（以下简称《昆明会议纪要》）的精神，走私、贩卖、运输、制造、非法持有《刑法》及司法解释明确规定了定罪量刑数量标准的毒品的，按照相关标准依法定罪量刑。对于《刑法》及司法解释未规定定罪量刑数量标准的毒品，参考已有折算标准，综合考虑其毒害性、滥用情况、受管制程度、纯度及犯罪形势、交易价格等因素，依法定罪量刑。涉案毒品既无定罪量刑数量标准，亦无折算标准的，应当委托有关专业机构确定涉案毒品的致瘾癖性、毒害性、纯度等，综合考虑其滥用情况、受管制程度及犯罪形势、交易价格等因素，依法定罪量刑。

一、毒品数量如何确定

《刑法》第347条第7款规定，对多次走私、贩卖、运输、制造毒品，未经处理的，毒品数量累计。其中"多次"，是指两次以上，包括本数在内。"累计计算"，是指将犯罪分子每次未经处理的走私、贩卖、运输、制造毒品的数量相加。毒品犯罪中毒品数量的多少，直接关系到刑罚的轻重，犯罪分子为了逃避惩罚，往往采取多种对策，小额多次走私、贩卖、运输毒品就是他们经常采用的手段之一。这样规定，可以防止犯罪分子钻法律的空子，有利于更加严厉地打击毒品惯犯。需要特别注意的是，本款是基于《刑法》总则关于追诉犯罪的原则规定的，对于已过追诉时效的犯罪，毒品数量不应再累计计算。另外，对已经处理过的毒品犯罪，应视为已经结案，不应再将已经处理案件中的毒品数量与未经处理案件中的毒品数量累计相加。最高人民法院2015年印发的《全国法院毒品犯罪审判工作座谈会纪要》（以下简称《武汉会议纪要》）及2023年印发的《昆明会议纪要》对以下问题进行了阐述。[①]

[①] 本部分参见高贵君、马岩、方文军、李静然：《〈全国法院毒品犯罪审判工作座谈会纪要〉的理解与适用》，载《人民司法》2015年第13期。

（一）关于一案涉及两种以上毒品的数量认定

毒品犯罪中一案涉及两种以上毒品的情况较为普遍，如何准确认定涉案毒品总量，并在此基础上准确定罪量刑，是司法实践中比较突出的一个问题。2008年施行的《全国部分法院审理毒品犯罪案件工作座谈会纪要》（以下简称《大连会议纪要》）对被告人一人走私、贩卖、运输、制造两种以上毒品的，不实行数罪并罚，量刑时可综合考虑毒品的种类、数量及危害，依法处理。《大连会议纪要》没有明确一案涉及两种以上毒品的能否进行数量折算，也没有涉及非法持有毒品罪的问题。实践中，对一案涉及两种以上毒品的数量认定问题认识不统一。

2015年印发的《武汉会议纪要》明确了应当对不同种类毒品进行数量折算并累加数量的基本原则。这样规定的理由主要有：一是对不同种类毒品进行数量折算，有利于准确认定涉案毒品数量，科学量刑。二是在关系到能否根据折算后累加的毒品数量对被告人适用更高幅度法定刑，或者能否达到非法持有毒品罪的定罪标准的情况下，进行数量折算更有利于依法从严惩处毒品犯罪。关于折算对象，海洛因是刑法明确规定了定罪量刑数量标准的常见毒品，《非法药物折算表》也以海洛因为折算参照物，对海洛因的毒性研究相对成熟，故《武汉会议纪要》规定将其作为折算对象。关于裁判文书表述，由于刑法对不同种类毒品的数量折算没有明确规定，故在裁判文书中应当客观表述涉案毒品的种类和数量，并综合认定为数量大、数量较大或者少量毒品等，不明确表述将不同种类毒品进行折算后累加的毒品总量。

根据2023年印发的《昆明会议纪要》精神，走私、贩卖、运输、制造、非法持有两种以上毒品，《刑法》及司法解释明确规定了定罪量刑数量标准的，可以根据现有定罪量刑数量标准，将不同种类的毒品分别折算为海洛因的数量，再以折算后累加的毒品总量作为定罪量刑的根据，但在裁判文书中，应当客观表述涉案毒品的种类和数量，不表述折算后的毒品的数量；《刑法》及司法解释未规定定罪量刑数量标准的，应综合考虑相关因素来依法定罪量刑。对于含有两种以上毒品成分的混合型毒品，应当根据相关成分和含量鉴定，确定含有不同毒品的成分及比例，并根据主要毒品成分和具体形态认定毒品种类、确定名称。混合型毒品中含有海洛因或者甲基苯丙胺（冰毒）成分的，一般以海洛因或者甲基苯丙胺（冰毒）分别认定毒品种类；不含海洛因、甲基苯丙胺（冰毒）成分，或者海洛因、甲基苯丙胺（冰毒）含量极低的，可以根据混合型毒品中其他定罪量刑数量标准较低且含量较高的毒品成分认定毒品种类，并在量刑时综合考虑其他毒品的成分、含量和全案毒品数量。

（二）关于未查获实物的混合型毒品的数量认定

实践中，被告人对于未查获实物的混合型毒品，通常按照粒数供述，但量刑时考虑的是涉案毒品的实际重量。对于如何计算未查获实物的混合型毒品的数量，《大连会议纪要》没有作出规定，根据《武汉会议纪要》的规定，在未查获实物的情况下，根据在案证据证明的混合型毒品的粒数，参考本案或者本地区查获的同类毒品的平均重量计算出毒品数量，是一个便于司法操作的办法。但是，由于这种计算方法是为了方便量刑而采用的一种特殊认定方法，所以裁判文书中原则上只表述根据在案证据认定的毒品粒数。确有必要时，可以考虑用括号注明据此计算出的毒品约重。

根据《昆明会议纪要》的精神，依现有证据能够认定被告人实施了毒品犯罪，但未查获毒品实物的，应当根据在案证据依法认定毒品数量。有确实、充分的证据证实毒品交易金额和单价的，可以认定毒品数量。制造毒品的，不应单纯根据制毒原料制成毒品率估算毒品数量。无法根据现有证据认定涉案毒品具体数量的，法院可以在认定事实部分客观表述毒品交易的金额、次数或者制毒原料的数量等，表明其实施毒品犯罪的情节、危害。对于未查获实物的甲基苯丙胺片剂（俗称"麻古"等）、MDMA 片剂（俗称"摇头丸"）等混合型毒品，可以根据在案证据证明的毒品粒数，参考相关案件中查获的同类毒品的一般重量来计算毒品数量；在裁判文书中，客观表述根据在案证据认定的毒品粒数。

（三）关于有吸毒情节的贩毒人员的贩毒数量认定

针对该问题，《武汉会议纪要》对《大连会议纪要》的相关规定作了修改，加大了对吸毒者实施的贩卖毒品犯罪的处罚力度。《大连会议纪要》规定，对于以贩养吸的被告人，其被查获的毒品数量应认定为其犯罪的数量，但量刑时应考虑被告人吸食毒品的情节，酌情处理；被告人购买了一定数量的毒品后，部分已被其吸食的，应当按能够证明的贩卖数量及查获的毒品数量认定其贩毒的数量，已被吸食部分不计入在内。有意见认为，《大连会议纪要》的上述规定使有吸毒情节的贩毒人员，因为吸毒违法行为而在认定贩毒数量时获益，特别是当其购买的毒品数量大，而能够证明的贩卖及查获的毒品数量小的情况下，这种认定思路不利于有效打击吸毒者实施的毒品犯罪。

《武汉会议纪要》调整了认定思路：一是改变了适用主体，将《大连会议纪要》规定的"以贩养吸的被告人"修改为"有吸毒情节的贩毒人员"，以便于认定。二是改变了认定原则，将认定重心放在"进口"而非"出口"，即对于有吸毒情节的贩毒人员，一般应当将其购买的毒品数量全部认定为其贩卖的毒品数量，并据此确定适用的法定刑幅度，只在量刑时酌情考虑其吸食毒品的情节。三是提高了证明标准，对于不计入贩毒数量的例外情形，要求必须是"确有证据证明"，高于《大连会议纪要》要求的证明标准。但鉴于实践中情况较为复杂，《武汉会议纪要》还规定了两种例外情形：一是被告人购买的毒品数量缺乏足够证据证明的，还是要按照能够证明的贩卖数量及查获的毒品数量认定其贩卖毒品的数量。二是确有证据证明被告人购买的部分毒品并非用于贩卖的，包括已被其本人吸食、不以牟利为目的为吸食者代购或者被其赠予他人等情形，不应计入其贩卖毒品的数量。需要注意的是，不计入贩毒数量的不应包括丢失、销毁等情形，因为被告人如系以贩卖为目的购买这部分毒品，无论是否卖出，均应计入其贩卖毒品的数量。

根据《昆明会议纪要》的精神，对于有吸毒情节的贩毒人员，一般应当按照其购买的毒品数量认定其贩毒数量，量刑时酌情考虑其吸食毒品的情节；对于购买的毒品数量无法查明的，按照能够证明的贩卖数量及查获的毒品数量认定其贩毒数量；确有证据证明其购买的部分毒品并非用于贩卖的，该部分毒品不计入其贩毒数量。

（四）关于低纯度毒品的数量认定及对量刑的影响

该问题是个老问题，此前实践中各地的认识和做法很不统一。对此，《武汉会议纪要》强调，应当严格执行刑法有关毒品数量不以纯度折算的规定，一般均应将查证属实的毒品数量认定为毒品犯罪的数量，并据此确定适用的法定刑幅度。但《武汉会议纪要》

也规定了两种例外情形：一是2000年最高人民法院《关于审理毒品案件定罪量刑标准有关问题的解释》规定（已经失效），对度冷丁（杜冷丁）和盐酸二氢埃托啡针剂及片剂要按照有效药物成分的含量计算毒品数量，这属于司法解释的特殊规定。但2016年《最高人民法院关于审理毒品犯罪案件适用法律若干问题的解释》（以下简称《审理毒品犯罪案件解释》）中没有再作此特殊规定，因此《武汉会议纪要》中对度冷丁（杜冷丁）和盐酸二氢埃托啡针剂及片剂要按照有效药物成分的含量计算毒品数量的意见，不再适用。二是为了掩护运输而将毒品临时溶于液体的，可以将溶液蒸馏后得到的纯度较高的毒品数量作为量刑的依据，这也是司法实践中普遍接受的做法。

同时，考虑到不同纯度毒品的毒性和社会危害的客观差异，《武汉会议纪要》规定，涉案毒品纯度明显低于同类毒品的正常纯度的，量刑时可以酌情考虑。关于各类毒品的正常纯度，根据相关部门提供的数据，在终端消费市场，海洛因的正常纯度为5%~60%，甲基苯丙胺（冰毒）的正常纯度为50%~99%，甲基苯丙胺片剂的正常纯度为5%~30%，氯胺酮的正常纯度为60%~99%。明显低于上述纯度范围最低值的，量刑时可以酌情考虑。是否"明显低于"正常纯度，则要结合案件具体情况进行判断。此外，鉴于当前毒品犯罪的严峻形势和社会危害，对毒品含量极低的案件，尚不宜报送最高人民法院核准在法定刑以下判处刑罚。

《昆明会议纪要》认为，除司法解释另有规定或者为了逃避查缉等临时改变毒品常规形态的情形外，一般均应将查证属实的毒品数量认定为毒品犯罪的数量，涉案毒品纯度明显低于同类毒品的正常纯度的，量刑时可酌情考虑。

（五）关于制造毒品的数量认定

《大连会议纪要》对制造毒品罪的认定与处罚作了一些规定，但没有涉及制造毒品的数量认定问题。制造毒品案件中，现场遗留物的情况比较复杂，可能包括毒品成品、半成品、废液废料等，其中通常都能够检出毒品成分。如何认定制造毒品的数量，一直是困扰审判实践的难题。废液废料是指不具备进一步提取（提纯）毒品条件的固体或者液体废弃物，能够检出毒品成分但含量极低。故《武汉会议纪要》明确提出，废液废料不应计入制造毒品的数量，并原则性规定了有关废液废料的判断方法和依据。《昆明会议纪要》进一步明确，毒品成品、半成品的数量应当全部认定为制造毒品的数量，废液、废料不计入制造毒品的数量。制毒废液、废料的认定，可以根据其残存毒品成分的含量、外观形态、存放的容器和位置，结合被告人对制毒过程、查获毒品疑似物性质的供述和辩解等证据进行分析判断，必要时可以听取专业机构意见。

二、关于毒品含量的问题

根据《刑法》第357条第2款的规定，毒品的数量以查证属实的走私、贩卖、运输、制造、非法持有毒品的数量计算，不以纯度折算。但理论界大多数观点认为，毒品纯度还是会影响毒品犯罪的量刑，应当将纯度作为量刑情节在法定刑幅度内加以考虑。根据2008年施行的《大连会议纪要》第5条的规定，对可能判处被告人死刑的毒品犯罪案件，涉案毒品可能大量掺假或者系成分复杂的新类型毒品的，应当作出毒品含量鉴定。对毒品进行含量鉴定，主要理由有以下几点：（1）这是贯彻罪责刑相适应原则的必然要求。毒品含量是体现社会危害性程度的重要情节。毒品纯度的高低是毒品含有毒性成分多少的重要标志,纯度高的毒品流入社会后,其危害性必然大于纯度低的毒品。(2)有利于量刑平衡。针对毒品含量参差不齐、成分复杂的实际情况,进行毒品含量鉴定,是量刑科学化、规范化的重要保障。当毒品大量掺假、含量极低,毒品成分复杂,或者同种有毒成分因含量不同而分属于不同种类毒品时,如果不作含量鉴定,就可能造成量刑不公。(3)有利于贯彻严格控制和慎重适用死刑的政策要求,确保死刑案件的质量。①

在司法实践中,应当结合我国当前的刑事政策、毒品犯罪的态势辩证地看待含量鉴定,既不能过于苛求鉴定,也不能一概置之不理。对于毒品数量较小尤其是零包出售的毒品犯罪案件,考虑到不会适用重刑,为了诉讼经济、提高效率,只要确系毒品,可以不作毒品含量分析。对于毒品数量大,可能判处死刑的,有证据证明或现有证据不能排除大量掺假可能的,如存在从毒品性状上肉眼即可识别出与典型毒品明显不同,或者交易价格明显低于当地同类毒品价格等情形的,则应当进行定性和定量鉴定。经鉴定毒品含量极低的,在刑罚裁量时就应当酌情考虑。对于掺假后毒品数量才达到或超过判处死刑标准,没有其他从重情节的,原则上不得判处死刑。另外,对于摇头丸、K粉、麻古等新类型毒品,《刑法》及相关司法解释没有明确具体的量刑数量标准的,判处死刑要格外慎重。毒品鉴定意见中毒品品名的认定应以国家发布的《麻醉药品品种目录》《精神药品品种目录》《非药用类麻醉药品和精神药品管制品种增补目录》及历次列管增补品种为依据。对缺少作为定罪量刑重要证据的毒品含量鉴定结论的,上级法院可以部分事实不清为由,将案件发回重新审判。对毒品鉴定结论有疑义的,可以进行补充鉴定或重新鉴定。因某种原因不能作出补充或重新鉴定的,判处死刑时应特别慎重。根据《昆明会议纪要》的精神,对于查获的相关毒品,如未根据《最高人民法院、最高人民检察院、公安部办理毒品犯罪案件毒品提取、扣押、称量、取样和送检程序若干问题的规定》第33条进行鉴定的,应当要求公安机关委托鉴定机构进行含量鉴定。

对甲基苯丙胺片剂的死刑数量标准,一些地方完全按照甲基苯丙胺的数量标准掌握。但是,根据有关部门提供的数据,此类片剂中的甲基苯丙胺含量约在5%~30%,而冰毒中的甲基苯丙胺含量一般在50%~99%。在数量相同的情况下,甲基苯丙胺片剂所含的有效毒品成分和危害性要小于冰毒,故对前者应当掌握更高的死刑数量标准。经研究,《武汉会议纪要》提出,对甲基苯丙胺片剂的死刑数量标准,一般可以按照冰毒的2倍左右掌握,具体可以根据当地的毒品犯罪形势和涉案毒品含量等因素确定。例如,对于实际掌握的冰毒死刑数量标准较高、甲基苯丙胺片剂中毒品含量较高的省份,可以适当低于前述2倍标准;对于甲基苯丙胺片剂的含量较低、社会危害较小的省份,可以适当高于前述2倍标准。

综上,毒品的纯度即含量问题虽然不影响毒品犯罪起点刑的确定,但是应作为判处死刑的量刑情节予以考虑,即判处死刑的案件必须进行毒品含量鉴定,含量明显低于同类毒品的正常水平时,判处死刑应当慎重。对于《刑法》及相关司法解释未明确规定定罪量刑标准的麻醉药品及精神药品的数量认定,应根据《非法药物折算表》以海洛因为参照物进行折算。

---

① 参见高贵君、王勇、吴光侠:《〈全国部分法院审理毒品犯罪案件工作座谈会纪要〉理解与适用》,载《人民司法》2009年第3期。

附录：依赖性折算相关文件

1. 非法药物折算表（2004 年 10 月）

非法药物折算表
（本折算表药物均以纯品计）

（国家食品药品监督管理局 2004 年 10 月）

一、阿片类

（一）药物依赖性（身体依赖性和精神依赖性）很强且医疗上不准许使用的品种

序号	药物名称	相当于海洛因
1	1 克醋托啡（Acetorphine）	1 克
2	1 克乙酰阿法甲基芬太尼（Acetyl – alpha – methylfentanyl）	10 克
3	1 克阿法甲基芬太尼（Alpha – methylfentanyl）	10 克
4	1 克阿法甲基硫代芬太尼（Alpha – methylthiofentanyl）	10 克
5	1 克倍它羟基芬太尼（Beta – hydroxyfentanyl）	10 克
6	1 克倍它羟基 – 3 甲基芬太尼 Beta – hydroxy – 3 – methylfentanyl	10 克
7	1 克地索吗啡（Desomorphine）	1 克
8	1 克埃托啡（Etorphine）	100 克
9	1 克海洛因（Heroin）	1 克
10	1 克凯托米酮（Ketobemidone）	1 克
11	1 克 3 – 甲基芬太尼（3 – methylfentanyl）	10 克
12	1 克 3 – 甲基硫代芬太尼（3 – methylthiofentanyl）	10 克
13	1 克 1 – 甲基 – 4 – 苯基 – 4 – 哌啶丙盐酸 1 – methyl – 4 – phenyl – 4 – piperidinol propionate（ester），MPPP	1 克
14	1 克仲氟代芬太尼（Para – fluorofentanyl）	10 克
15	1 克 1 – 苯乙基 – 4 – 苯基 – 4 – 哌啶丙盐酸 1 – phenethyl – 4 – phenyl – 4 – piperidinol acetate（ester），PEPAP	1 克
16	1 克硫代芬太尼（Thiofentanyl）	10 克

（二）药物依赖性强，但医疗上广泛使用的品种

序号	药物名称	相当于海洛因
1	1克阿芬太尼（Alfentanil）	15 克
2	1克安那度尔（Alphaprodine）	0.05 克
3	1克二氢埃托啡（Dihydroetorphine）	50 克
4	1克芬太尼（Fentanyl）	40 克
5	1克氢可酮（Hydrocodone）	0.5 克
6	1克氢吗啡酮（Hydromorphone）	0.02 克
7	1克氢吗啡醇（Hydromorphinol）	0.02 克
8	1克左啡诺（Levorphanol）	0.2 克
9	1克美沙酮（Methadone）	0.5 克
10	1克吗啡（Morphine）	0.5 克
11	1克去甲吗啡（Normorphine）	0.02 克
12	1克阿片（Opium）	0.05 克
13	1克羟考酮（Oxycodone）	0.5 克
14	1克羟吗啡酮（Oxymorphone）	0.5 克
15	1克哌替啶（度冷丁）（Pethidine）	0.05 克
16	1克瑞芬太尼（Remifentanil）	40 克
17	1克舒芬太尼（Sufentanil）	40 克
18	1克替利定（Tilidine）	0.5 克

（三）药物依赖性相对较弱，且医疗上广泛使用的品种

序号	药物名称	相当于海洛因
1	1克醋氢可待因（Acetyldihydrocodeine）	0.02 克
2	1克布桂嗪（强痛定）（Bucinnazine）	0.005 克
3	1克丁丙诺啡（Buprenorphine）	0.01 克
4	1克布托啡诺（Butophanol）	0.005 克
5	1克可待因（Codeine）	0.02 克
6	1克右丙氧芬（Dextropropoxyphene）	0.02 克
7	1克地唑辛（Dezocine）	0.01 克
8	1克双氢可待因（Dihydrocodeine）	0.02 克
9	1克地芬诺脂（苯乙哌啶）（Diphenoxylate）	0.05 克
10	1克乙基吗啡（Ethylmorphine）	0.05 克

续表

序号	药物名称	相当于海洛因
11	1 克尼可待因（Nicocodine）	0.02 克
12	1 克尼二可待因（Nicodicodine）	0.02 克
13	1 克去甲可待因（Norcodeine）	0.02 克
14	1 克喷他佐辛（镇痛新）（Pentazocine）	0.005 克
15	1 克吗琳乙基吗啡（福尔可定）（Pholcodine）	0.02 克
16	1 克丙吡胺（Propiram）	0.02 克

二、苯丙胺类（含致幻剂）

（一）致幻型苯丙胺类、致幻剂及甲喹酮：精神依赖性很强且医疗上不准使用的品种

序号	药物名称	相当于海洛因
1	1 克布苯丙胺 Brolamfetamine（DOB）	1 克
2	1 克卡西酮（Cathinone）	1 克
3	1 克二乙基色胺（DET）	1 克
4	1 克二甲氧基安非他明（DMA）	1 克
5	1 克羟基四氢甲基二苯吡喃（DMHP）	1 克
6	1 克二甲基色胺（DMT）	1 克
7	1 克二甲氧基乙基安非他明（DOET）	1 克
8	1 克乙环利定 Eticyclidine（PCE）	1 克
9	1 克乙色胺（Etryptamine）	1 克
10	1 克麦角乙二胺（+）- Lysergide（LSD，LSD - 25）	1 克
11	1 克麦司卡林（Mescaline）	1 克
12	1 克二亚甲基双氧安非他明（MDMA）	1 克
13	1 克甲卡西酮（Methcathinone）	1 克
14	1 克甲米雷司（4 - methylaminorex）	1 克
15	1 克甲羟芬胺（MMDA）	1 克
16	1 克乙芬胺（N - ethyl，MDA）	1 克
17	1 克羟芬胺（N - hydroxy，MDA）	1 克
18	1 克六氢大麻酚（Parahexyl）	1 克

续表

序号	药物名称	相当于海洛因
19	1 克副甲氧基安非他明 Parametoxyamphetamine（PMA）	1 克
20	1 克塞洛新 Psilocine（Psilotsin）	1 克
21	1 克塞洛西宾（Psilocycbine）	1 克
22	1 克咯环利定 Rolicyclidine（PHP，PCPY）	1 克
23	1 克二甲氧基甲苯异丙胺（STP，DOM）	1 克
24	1 克替苯丙胺 Tenamfetamine（MDA）	1 克
25	1 克替诺环定 Tenocyclidine（TCP）	1 克
26	1 克四氢大麻酚（包括其同分异构物及其立体化学变体）Tetrahydrocannabinol	1 克
27	1 克三甲氧基安非他明（TMA）	1 克
28	1 克 δ-9-四氢大麻酚及其立体化学变体 Delta-9-tetrahydrocannabinol and its stereochemical variants	1 克
29	1 克 4-甲基硫基安非他明（4-methylthioamfetamine）	1 克
30	1 克甲喹酮（安眠酮）（Methaqualone）	0.007 克

（二）苯丙胺类兴奋剂及致幻型麻醉剂：精神依赖性强尚有医疗用途的品种

序号	药物名称	相当于海洛因
1	1 克苯丙胺（安非他明）（Amfetamine）	0.2 克
2	1 克苄非他明（Benzfetamine）	0.025 克
3	1 克右苯丙胺（Dexamfetamine）	0.2 克
4	1 克芬乙茶碱（Fenetylline）	0.04 克
5	1 克芬普雷司（Fenproporex）	0.025 克
6	1 克氯胺酮（Ketamine）	0.1 克
7	1 克左苯丙胺（Levamfetamine）	0.04 克
8	1 克左甲苯丙胺（Levomethamphetamine）	0.04 克
9	1 克甲氯喹酮（Mecloqualone）	0.1 克
10	1 克美芬雷司（Mefenorex）	0.025 克

续表

序号	药物名称	相当于海洛因
11	1克美索卡（Mesocarb）	0.025克
12	1克去氧麻黄碱（冰毒）（Metamfetamine）	1克
13	1克去氧麻黄碱外消旋体（Metamfetamine Racemate）	1克
14	1克哌醋甲酯（利他林）（Methylphenidate）	0.1克
15	1克苯环利定 Phencyclidine（PCP）	0.1克
16	1克苯甲曲秦（Phendimetrazine）	0.025克
17	1克芬美曲秦（苯甲吗啉）（Phenmetrazine）	0.025克
18	1克吡咯戊酮（Pyrovalerone）	0.025克
19	1克γ-羟丁酸 Hydroxyburate（GHB）	0.1克

（三）弱苯丙胺类，精神依赖性相对较弱有医疗用途的品种

序号	药物名称	相当于海洛因
1	1克安非拉酮（Amfepramone）	0.05克
2	1克去甲麻黄碱（苯丙醇胺）（Cathine）	0.025克
3	1克右旋氟苯丙胺（Dexfenfluramine）	0.05克
4	1克乙非他明（Etilamfetamine）	0.025克
5	1克氟苯丙胺（芬氟拉明）（Fenfluramine）	0.05克
6	1克马吲哚（Mazindol）	0.025克
7	1克匹莫林（Pemoline）	0.05克
8	1克芬特明（Phentermine）	0.025克

三、可卡因类

序号	药物名称	相当于海洛因
1	1克可卡因（Cocaine）	0.05克
2	1克可卡因碱（Crack）	20克

四、大麻类

序号	药物名称	相当于海洛因
1	1克大麻（Cannabis）	0.001克
2	1克大麻脂（Cannabis resin）	0.005克

五、其他兴奋剂

序号	药物名称	相当于海洛因
1	1克咖啡因（Caffeine）	0.00001克
2	1克麻黄碱（左旋右旋）（Ephedrine）	0.01克
3	1克莫达芬尼（Modafinil）	0.01克

六、苯二氮卓类镇静安眠药

序号	药物名称	相当于海洛因
1	1克溴西泮（Bromazepam）	0.0001克
2	1克溴替唑仑（Brotizolam）	0.0001克
3	1克卡马西泮（Camazepam）	0.0001克
4	1克氯硝西泮（Clonazepam）	0.0001克
5	1克氯氮卓（利眠宁）（Chlordiazepoxide）	0.0001克
6	1克地洛西泮（Delorazepam）	0.0001克
7	1克地西泮（安定）（Diazepam）	0.0001克
8	1克艾司唑仑（舒乐安定）（Estazolam）	0.0001克
9	1克氟地西泮（Fludiazepam）	0.001克
10	1克氟硝西泮（Flunitrazepam）	0.0001克
11	1克氟西泮（FlurazePam）	0.0001克
12	1克哈拉西泮（Halazepam）	0.0001克
13	1克卤恶唑仑（Haloxazolam）	0.0001克
14	1克凯他唑仑（Ketazolam）	0.0001克
15	1克氯普唑仑（Loprazolam）	0.0001克
16	1克劳拉西泮（Lorazepam）	0.0001克

续表

序号	药物名称	相当于海洛因
17	1 克氯甲西泮（Lormetazepam）	0.0001 克
18	1 克美达西泮（Medazepam）	0.0001 克
19	1 克咪达唑仑（Midazolam）	0.0001 克
20	1 克硝甲西泮（Nimetazepam）	0.0001 克
21	1 克硝西泮（硝基安定）（Nitrazepam）	0.0001 克
22	1 克去甲西泮（Nordazepam）	0.0001 克
23	1 克奥沙西泮（Oxazepam）	0.0001 克
24	1 克恶唑仑（Oxazolam）	0.0001 克
25	1 克匹那西泮（Pinazepam）	0.0001 克
26	1 克普拉西泮（Prazepam）	0.0001 克
27	1 克替马西泮（Temazepam）	0.0001 克
28	1 克四氢西泮（Tetrazepam）	0.0001 克
29	1 克三唑仑（海乐神）（Triazolam）	0.001 克
30	1 克唑吡坦（Zolpiden）	0.0001 克

七、巴比妥类

序号	药物名称	相当于海洛因
1	1 克阿洛巴比妥（Allobarbital）	0.0002 克
2	1 克异戊巴比妥（Amobarbital）	0.0002 克
3	1 克巴比妥（Barbital）	0.0002 克
4	1 克布他比妥（Butalbital）	0.0002 克
5	1 克丁巴比妥（Butobarbital）	0.0002 克
6	1 克环己巴比妥（Cyclobarbital）	0.0002 克
7	1 克甲苯巴比妥（Methylphenobarbital）	0.0002 克
8	1 克戊巴比妥（Pentobarbital）	0.0002 克
9	1 克苯巴比妥（Phenobarbital）	0.0002 克
10	1 克司可巴比妥（Secobarbital）	0.002 克

八、其他类镇静安眠药

序号	药物名称	相当于海洛因
1	1克甲丙氨酯（眠尔通）（Meprobamate）	0.0002 克
2	1克扎来普隆（Zaleplone）	0.0002 克

2. 104种非药用类麻醉药品和精神药品管制品种依赖性折算表（2016年）

国家禁毒委员会办公室
关于印发《104种非药用类麻醉药品和精神药品
管制品种依赖性折算表》的通知
（禁毒办通〔2016〕38号）

各省、自治区、直辖市禁毒委员会办公室，新疆生产建设兵团禁毒委员会办公室：

为加强对非药用类麻醉药品和精神药品的管制，防止非法生产、经营、运输、使用和进出口，遏制有关违法犯罪活动的发展蔓延，2015年9月24日，国家禁毒办联合公安部、国家食品药品监督管理总局、国家卫生和计划生育委员会共同印发了《非药用类麻醉药品和精神药品列管办法》（自2015年10月1日起正式施行），并增加列管了116种非药用类麻醉药品和精神药品。其中12种苯丙胺类非药用类麻醉药品和精神药品的定罪量刑数量标准，《最高人民法院关于审理毒品犯罪案件适用法律若干问题的解释》（法释〔2016〕8号）已作出明确规定。为进一步加大对已列管非药用类麻醉药品和精神药品违法犯罪活动的打击工作力度，我办委托国内专业研究机构对其余列管的104种非药用类麻醉药品和精神药品与海洛因或甲基苯丙胺的折算标准进行了调研、论证。经商最高人民法院、最高人民检察院、国家卫生和计划生育委员会、国家食品药品监督管理总局同意，现将折算表印发给你们，供在执法实践中参考。

此折算表在实践中的具体适用情况请及时报送我办。

特此通知。

2016年6月24日

104种非药用类麻醉药品和精神药品管制品种依赖性折算表

序号	英文名称	中文名称	折算标准（1克该物质相当于）海洛因	折算标准（1克该物质相当于）甲基苯丙胺	参照物质*	分类
1	2C－B－NBOMe	N－（2－甲氧基苄基）－2－（2,5－二甲氧基－4－溴苯基）乙胺	1克	—	2C－I	苯乙胺
2	2C－C	2,5－二甲氧基－4－氯苯乙胺	1克	—	2C－I	苯乙胺

续表

序号	英文名称	中文名称	折算标准（1克该物质相当于）海洛因	折算标准（1克该物质相当于）甲基苯丙胺	参照物质*	分类
3	2C-C-NBOMe	N-（2-甲氧基苄基）-2-（2,5-二甲氧基-4-氯苯基）乙胺	1克	—	2C-I	苯乙胺
4	2C-D	2,5-二甲氧基-4-甲基苯乙胺	1克	—	2C-I	苯乙胺
5	2C-D-NBOMe	N-（2-甲氧基苄基）-2-（2,5-二甲氧基-4-甲基苯基）乙胺	1克	—	2C-I	苯乙胺
6	2C-E	2,5-二甲氧基-4-乙基苯乙胺	1克	—	2C-I	苯乙胺
7	2C-I-NBOMe	N-（2-甲氧基苄基）-2-（2,5-二甲氧基-4-碘苯基）乙胺	16克	—	2C-I	苯乙胺
8	2C-P	2,5-二甲氧基-4-丙基苯乙胺	1克	—	2C-I	苯乙胺
9	2C-T-2	2,5-二甲氧基-4-乙硫基苯乙胺	0.73克	—	—	苯乙胺
10	2C-T-4	2,5-二甲氧基-4-异丙基硫基苯乙胺	1克	—	2C-I	苯乙胺
11	2C-T-7	2,5-二甲氧基-4-丙硫基苯乙胺	0.75克	—	—	苯乙胺
12	2-MAPB	1-（2-苯并呋喃基）-N-甲基-2-丙胺	—	1克	MA	其他
13	MPA	1-（2-噻吩基）-N-甲基-2-丙胺	—	1克	MA	其他
14	5F-ABICA	N-（1-氨甲酰基-2-甲基丙基）-1-（5-氟戊基）吲哚-3-甲酰胺	1.44克	—	AB-PINACA	合成大麻素
15	5F-AB-PINACA	N-（1-氨甲酰基-2-甲基丙基）-1-（5-氟戊基）吲唑-3-甲酰胺	1.44克	—	AB-PINACA	合成大麻素

续表

序号	英文名称	中文名称	折算标准（1克该物质相当于）海洛因	甲基苯丙胺	参照物质*	分类
16	5F-ADBICA	N-（1-氨甲酰基-2,2-二甲基丙基）-1-（5-氟戊基）吲哚-3-甲酰胺	1.44克	—	AB-PINACA	合成大麻素
17	5F-AMB	N-（1-甲氧基羰基-2-甲基丙基）-1-（5-氟戊基）吲唑-3-甲酰胺	1.44克	—	AB-PINACA	合成大麻素
18	5F-APINACA	N-（1-金刚烷基）-1-（5-氟戊基）吲唑-3-甲酰胺	3.48克	—	APINACA	合成大麻素
19	5F-PB-22	1-（5-氟戊基）吲哚-3-甲酸-8-喹啉酯	21.8克	—	—	合成大麻素
20	5F-UR-144	1-（5-氟戊基）-3-（2,2,3,3-四甲基环丙甲酰基）吲哚	1.43克	—	—	合成大麻素
21	A-796,260	1[2-（N-吗啉基）乙基]-3-（2,2,3,3-四甲基环丙甲酰基）吲哚	1.43克	—	5F-UR-144	合成大麻素
22	A-834,735	1-（4-四氢吡喃基甲基）-3-（2,2,3,3-四甲基环丙甲酰基）吲哚	1.43克	—	5F-UR-144	合成大麻素
23	AB-CHMINACA	N-（1-氨甲酰基-2-甲基丙基）-1-（环己基甲基）吲唑-3-甲酰胺	14.79克	—	—	合成大麻素
24	AB-FUBINACA	N-（1-氨甲酰基-2-甲基丙基）-1-（4-氟苄基）吲唑-3-甲酰胺	4.7克	—	—	合成大麻素
25	AB-PINACA	N-（1-氨甲酰基-2-甲基丙基）-1-戊基吲唑-3-甲酰胺	1.5克	—	—	合成大麻素
26	ADBICA	N-（1-氨甲酰基-2,2-二甲基丙基）-1-戊基吲哚-3-甲酰胺	10.5克	—	—	合成大麻素

续表

序号	英文名称	中文名称	折算标准（1克该物质相当于）海洛因	折算标准（1克该物质相当于）甲基苯丙胺	参照物质*	分类
27	ADB－PINACA	N－（1－氨甲酰基－2,2－二甲基丙基）－1－戊基吲唑－3－甲酰胺	2克	—	—	合成大麻素
28	AM－1220	1－［（N－甲基－2－哌啶基）甲基］－3－（1－萘甲酰基）吲哚	1.43克	—	5F－UR－144	合成大麻素
29	AM－1248	1－［（N－甲基－2－哌啶基）甲基］－3－（1－金刚烷基甲酰基）吲哚	1.43克	—	5F－UR－144	合成大麻素
30	AM－2233	1－［（N－甲基－2－哌啶基）甲基］－3－（2－碘苯甲酰基）吲哚	2克	—	—	合成大麻素
31	APICA	N－（1－金刚烷基）－1－戊基吲哚－3－甲酰胺	1.7克	—	—	合成大麻素
32	APINACA	N－（1－金刚烷基）－1－戊基吲唑－3－甲酰胺	4克	—	—	合成大麻素
33	CB－13	1－（1－萘甲酰基）－4－戊氧基萘	23.6克	—	—	合成大麻素
34	CUMYL－THPINACA	N－（1－甲基－1－苯基乙基）－1－（4－四氢吡喃基甲基）吲唑－3－甲酰胺	4克	—	AKB48	合成大麻素
35	EAM－2201	1－（5－氟戊基）－3－（4－乙基－1－萘甲酰基）吲哚	10克	—	JWH－210	合成大麻素
36	FUB－JWH－018	1－（4－氟苄基）－3－（1－萘甲酰基）吲哚	4克	—	JWH－007	合成大麻素
37	FUB－PB－22	1－（4－氟苄基）吲哚－3－甲酸－8－喹啉酯	2克	—	ADB－PINACA	合成大麻素

续表

序号	英文名称	中文名称	折算标准（1克该物质相当于）海洛因	甲基苯丙胺	参照物质*	分类
38	JWH－007	2－甲基－1－戊基－3－（1－萘甲酰基）吲哚	4克	—	—	合成大麻素
39	JWH－015	2－甲基－1－丙基－3－（1－萘甲酰基）吲哚	4克	—	JWH－007	合成大麻素
40	JWH－019	1－己基－3－（1－萘甲酰基）吲哚	4克	—	JWH－007	合成大麻素
41	JWH－081	1－戊基－3－（4－甲氧基－1－萘甲酰基）吲哚	34克	—	—	合成大麻素
42	JWH－122	1－戊基－3－（4－甲基－1－萘甲酰基）吲哚	3.7克	—	—	合成大麻素
43	JWH－203	1－戊基－3－（2－氯苯乙酰基）吲哚	0.37克	—	—	合成大麻素
44	JWH－210	1－戊基－3－（4－乙基－1－萘甲酰基）吲哚	10克	—	—	合成大麻素
45	JWH－370	1－戊基－2－（2－甲基苯基）－4－（1－萘甲酰基）吡咯	10克	—	JWH－210	合成大麻素
46	MAM－2201	1－（5－氟戊基）－3－（4－甲基－1－萘甲酰基）吲哚	10克	—	JWH－210	合成大麻素
47	MDMB－CHMICA	N－（1－甲氧基羰基－2,2－二甲基丙基）－1－（环己基甲基）吲哚－3－甲酰胺	10.5克	—	ADBICA	合成大麻素
48	MDMB－FUBINACA	N－（1－甲氧基羰基－2,2－二甲基丙基）－1－（4－氟苄基）吲唑－3－甲酰胺	4.7克	—	AB－FUBINACA	合成大麻素

续表

序号	英文名称	中文名称	折算标准（1克该物质相当于）海洛因	折算标准（1克该物质相当于）甲基苯丙胺	参照物质*	分类
49	PB-22	1-戊基吲哚-3-甲酸-8-喹啉酯	49克	—	—	合成大麻素
50	PX-2	N-(1-氨甲酰基-2-苯基乙基)-1-(5-氟戊基)吲唑-3-甲酰胺	1.44克	—	AB-PINACA	合成大麻素
51	RCS-4	1-戊基-3-(4-甲氧基苯甲酰基)吲哚	0.03克	—	—	合成大麻素
52	STS-135	N-(1-金刚烷基)-1-(5-氟戊基)吲哚-3-甲酰胺	19克	—	—	合成大麻素
53	UR-144	1-戊基-3-(2,2,3,3-四甲基环丙甲酰基)吲哚	0.714克	—	—	合成大麻素
54	2-FMC	2-氟甲卡西酮	0.476克	—	3-FMC	卡西酮
55	2-MMC	2-甲基甲卡西酮	—	0.3克	4-MMC	卡西酮
56	3,4-DMMC	3,4-二甲基甲卡西酮	—	0.3克	4-MMC	卡西酮
57	3-CMC	3-氯甲卡西酮	—	0.3克	4-MMC	卡西酮
58	3-MeOMC	3-甲氧基甲卡西酮	—	0.3克	4-MMC	卡西酮
59	3-MMC	3-甲基甲卡西酮	—	0.3克	4-MMC	卡西酮
60	4-BMC	4-溴甲卡西酮	—	0.14克	4-FMC	卡西酮
61	4-CMC	4-氯甲卡西酮	—	0.14克	4-FMC	卡西酮
62	4-FMC	4-氟甲卡西酮	—	0.14克		卡西酮
63	4-F-α-PVP	1-(4-氟苯基)-2-(N-吡咯烷基)-1-戊酮	—	0.4克	α-PVP	卡西酮

续表

序号	英文名称	中文名称	折算标准（1克该物质相当于）海洛因	甲基苯丙胺	参照物质*	分类
64	4-MeBP	1-（4-甲基苯基）-2-甲氨基-1-丁酮	—	0.3克	4-MMC	卡西酮
65	4-MeO-α-PVP	1-（4-甲氧基苯基）-2-（N-吡咯烷基）-1-戊酮	—	0.4克	α-PVP	卡西酮
66	Buphedrone	1-苯基-2-甲氨基-1-丁酮	—	0.3克	4-MMC	卡西酮
67	Butylone	2-甲氨基-1-［3,4-（亚甲二氧基）苯基］-1-丁酮	—	0.15克	—	卡西酮
68	Dimethylone	2-二甲氨基-1-［3,4-（亚甲二氧基）苯基］-1-丙酮	1克	—	MDPV	卡西酮
69	Ethcathinone	乙卡西酮	—	0.03克	4-MEC	卡西酮
70	Ethylone	3,4-亚甲二氧基乙卡西酮	—	0.19克	methylone	卡西酮
71	MDPBP	1-［3,4-（亚甲二氧基）苯基］-2-（N-吡咯烷基）-1-丁酮	1克	—	MDPV	卡西酮
72	MDPPP	1-［3,4-（亚甲二氧基）苯基］-2-（N-吡咯烷基）-1-丙酮	1克	—	MDPV	卡西酮
73	Methedrone	4-甲氧基甲卡西酮	—	0.3克	4-MMC	卡西酮
74	NEB	1-苯基-2-乙氨基-1-丁酮	—	0.3克	4-MMC	卡西酮
75	Pentedrone	1-苯基-2-甲氨基-1-戊酮	0.3克	—	—	卡西酮

续表

序号	英文名称	中文名称	折算标准（1克该物质相当于）海洛因	折算标准（1克该物质相当于）甲基苯丙胺	参照物质*	分类
76	α-PBP	1-苯基-2-（N-吡咯烷基）-1-丁酮	—	0.4克	α-PVP	卡西酮
77	α-PHP	1-苯基-2-（N-吡咯烷基）-1-己酮	—	0.4克	α-PVP	卡西酮
78	α-PHPP	1-苯基-2-（N-吡咯烷基）-1-庚酮	—	0.4克	α-PVP	卡西酮
79	α-PVP	1-苯基-2-（N-吡咯烷基）-1-戊酮	—	0.4克		卡西酮
80	α-PVT	1-（2-噻吩基）-2-（N-吡咯烷基）-1-戊酮	—	0.4克	α-PVP	其他
81	MXE	2-（3-甲氧基苯基）-2-乙氨基环己酮	0.025克	—	—	氯胺酮及苯环利定
82	NENK	乙基去甲氯胺酮	0.025克	—	MXE	氯胺酮及苯环利定
83	5-MeO-DALT	N,N-二烯丙基-5-甲氧基色胺	1克	—	5-MeO-DiPT	色胺
84	5-MeO-DiPT	N,N-二异丙基-5-甲氧基色胺	—	1克	—	色胺
85	5-MeO-DMT	N,N-二甲基-5-甲氧基色胺	1克	—	5-MeO-DiPT	色胺
86	5-MeO-MiPT	N-甲基-N-异丙基-5-甲氧基色胺	1克	—	5-MeO-DiPT	色胺

续表

序号	英文名称	中文名称	折算标准（1克该物质相当于）海洛因	甲基苯丙胺	参照物质*	分类
87	AMT	α-甲基色胺	0.134克	—	5-MeO-DiPT	色胺
88	DBZP	1,4-二苄基哌嗪	4克	—	mCPP	哌嗪
89	mCPP	1-（3-氯苯基）哌嗪	4克	—	—	哌嗪
90	TFMPP	1-（3-三氟甲基苯基）哌嗪	0.33克	—	—	哌嗪
91	2-AI	2-氨基茚满	1克	—	MDAI	氨基茚满
92	MDAI	5,6-亚甲二氧基-2-氨基茚满	1克	—	—	氨基茚满
93	2-DPMP	2-二苯甲基哌啶	1.165克	—	—	其他
94	3,4-CTMP	3,4-二氯哌甲酯	—	8克	—	其他
95	Acetylfentanyl	乙酰芬太尼	6克	—	—	其他（芬太尼）
96	AH-7921	3,4-二氯-N-[（1-二甲氨基环己基）甲基]苯甲酰胺	0.4克	—	—	其他
97	butyrylfentanyl	丁酰芬太尼	1.25克	—	—	其他（芬太尼）

续表

序号	英文名称	中文名称	折算标准（1克该物质相当于）海洛因	折算标准（1克该物质相当于）甲基苯丙胺	参照物质*	分类
98	Ethylphenidate	哌乙酯	—	1克	Methylphenidate	其他
99	Methoxphenidine	1－[1－（2－甲氧基苯基）－2－苯基乙基]哌啶	1.165克	—	2－DPMP	其他
100	Phenazepam	芬纳西泮	0.005克	—	—	其他
101	β－Hydroxythiofentanyl	β－羟基硫代芬太尼	40克	—	芬太尼	其他（芬太尼）
102	4－Fluorobutyrfentanyl	4－氟丁酰芬太尼	1.25克	—	Butyrylfentanyl	其他（芬太尼）
103	Isobutyrfentanyl	异丁酰芬太尼	1.25克	—	Butyrylfentanyl	其他（芬太尼）
104	Ocfentanyl	奥芬太尼	66.8克	—	—	其他（芬太尼）

*：参照物质以文献或化学结构相似程度而确定

3. 100种麻醉药品和精神药品管制品种依赖性折算表（2017年）

国家禁毒委员会办公室
关于印发《100种麻醉药品和精神药品管制品种依赖性折算表》的通知
（禁毒办通〔2017〕52号）

各省、自治区、直辖市禁毒委员会办公室，新疆生产建设兵团禁毒委员会办公室：

为进一步加大对已列管麻醉药品和精神药品违法犯罪活动的打击力度，我办委托国内专业机构对《麻醉药品和精神药品品种目录（2013年版）》中尚未明确定罪量刑数量标准的100种麻醉药品和精神药品与海洛因或甲基苯丙胺的折算标准进行了调研、论证。经商最高人民法院、最高人民检察院、国家卫生和计划生育委员会、国家食品药品监督管理总局同意，现将折算表印发给你们，供在执法实践中参考。

此折算表在实践中的具体适用情况请及时报送我办。

特此通知。

2017年10月20日

100种麻醉药品和精神药品管制品种依赖性折算表

序号	中文名称	英文名称	折算标准（1克该物质相当于）	
			海洛因	甲基苯丙胺
1	醋美沙多	Acetylmethadol	2.5 克	—
2	烯丙罗定	Allylprodine	11.5 克	—
3	阿醋美沙多	Alphacetylmethadol	2.5 克	—
4	阿法美罗定	Alphameprodine	0.46 克	—
5	阿法美沙多	Alphamethadol	2.5 克	—
6	阿尼利定	Anileridine	8.9 克	—
7	苄替啶	Benzethidine	1.84 克	—
8	苄吗啡	Benzylmorphine	85 毫克	—
9	倍醋美沙多	Betacetylmethadol	2.5 克	—
10	倍他美罗定	Betameprodine	11.5 克	—
11	倍他美沙多	Betamethadol	2.5 克	—
12	倍他罗定	Betaprodine	11.5 克	—
13	贝齐米特	Bezitramide	6.4 克	—
14	氯尼他秦	Clonitazene	1.5 克	—
15	古柯叶	Coca Leaf	2.8 毫克	—
16	可多克辛	Codoxime	1.3 克	—
17	罂粟浓缩物	Concentrate of Poppy Straw	3.38 毫克	—
18	右吗拉胺	Dextromoramide	1.5 克	—
19	地恩丙胺	Diampromide	0.5 克	—
20	二乙噻丁	Diethylthiambutene	0.85 克	—
21	地芬诺辛	Difenoxin	0.375 克	—
22	双氢吗啡	Dihydromorphine	0.6 克	—
23	地美沙多	Dimenoxadol	2.5 克	—
24	地美庚醇	Dimepheptanol	2.5 克	—
25	二甲噻丁	Dimethylthiambutene	0.85 克	—

续表

序号	中文名称	英文名称	折算标准（1 克该物质相当于）	
			海洛因	甲基苯丙胺
26	吗苯丁酯	Dioxaphetyl Butyrate	0.204 克	—
27	地匹哌酮	Dipipanone	0.258 克	—
28	羟蒂巴酚	Drotebanol	80 毫克	—
29	芽子碱	Ecgonine	88 毫克	—
30	乙甲噻丁	Ethylmethylthiambutene	0.85 克	—
31	依托尼秦	Etonitazene	30 克	—
32	依托利定	Etoxeridine	0.69 克	—
33	呋替啶	Furethidine	3.68 克	—
34	羟哌替啶	Hydroxypethidine	0.63 克	—
35	异美沙酮	Isomethadone	0.22 克	—
36	左美沙芬	Levomethorphan	2.25 克	—
37	左吗拉胺	Levomoramide	1.5 克	—
38	左芬啡烷	Levophenacylmorphan	2 克	—
39	美他佐辛	Metazocine	0.545 克	—
40	美沙酮中间体	Methadone Intermediate	0.32 克	—
41	甲地索啡	Methyldesorphine	7.5 克	—
42	甲二氢吗啡	Methyldihydromorphine	0.17 克	—
43	美托酮	Metopon	1.43 克	—
44	吗拉胺中间体	Moramide Intermediate	1.9 克	—
45	吗哌利定	Morpheridine	0.29 克	—
46	吗啡甲溴化物	Morphine Methobromide	20 毫克	—
47	吗啡-N-氧化物	Morphine-N-oxide	6 毫克	—
48	麦罗啡	Myrophine	20 毫克	—
49	尼可吗啡	Nicomorphine	0.5 克	—

续表

序号	中文名称	英文名称	折算标准（1克该物质相当于）	
			海洛因	甲基苯丙胺
50	诺美沙多	Noracymethadol	1.62 克	—
51	去甲左啡诺	Norlevorphanol	0.05 克	—
52	去甲美沙酮	Normethadone	0.05 克	—
53	诺匹哌酮	Norpipanone	0.05 克	—
54	奥列巴文	Oripavine	0.05 克	—
55	哌替啶中间体 A	Pethidine Intermediate A	0.015 克	—
56	哌替啶中间体 B	Pethidine Intermediate B	0.015 克	—
57	哌替啶中间体 C	Pethidine Intermediate C	0.015 克	—
58	苯吗庚酮	Phenadoxone	0.05 克	—
59	非那丙胺	Phenampromide	0.024 克	—
60	非那佐辛	Phenazocine	2 克	—
61	非诺啡烷	Phenomorphan	35 克	—
62	苯哌利定	Phenoperidine	5 克	—
63	匹米诺定	Piminodine	0.05 克	—
64	哌腈米特	Piritramide	0.375 克	—
65	普罗庚嗪	Proheptazine	0.05 克	—
66	丙哌利定	Properidine	0.05 克	—
67	消旋甲啡烷	Racemethorphan	0.025 克	—
68	消旋吗拉胺	Raceomoramide	0.5 克	—
69	消旋啡烷	Racemorphan	0.025 克	—
70	醋氢可酮	Thebacon	1.3 克	—
71	蒂巴因	Thebaine	0.5 克	—
72	三甲利定	Trimeperidine	0.25 克	—
73	氨奈普汀	Amineptine	0.1 毫克	—

续表

序号	中文名称	英文名称	折算标准（1克该物质相当于） 海洛因	折算标准（1克该物质相当于） 甲基苯丙胺
74	2,5-二甲氧基-4-溴苯乙胺	4-Bromo-2,5-dimethoxyphenethylamine（2C-B）	—	1克
75	齐培丙醇	Zipeprol	0.15毫克	—
76	依他喹酮	Etaqualone	0.007毫克	—
77	他喷他多	Tapentadol	0.145克	—
78	格鲁米特	Glutethimide	0.4毫克	—
79	阿米雷司	Aminorex	0.132克	—
80	氯巴占	Clobazam	0.1毫克	—
81	氯拉䓬酸	Clorazepate	0.05毫克	—
82	氯噻西泮	Clotiazepam	0.1毫克	—
83	氯䮔唑仑	Cloxazolam	0.1毫克	—
84	乙氯维诺	Ethchlorvynol	0.01毫克	—
85	炔己蚁胺	Ethinamate	0.001毫克	—
86	氯氟䓬乙酯	Ethyl Loflazepate	0.1毫克	—
87	芬坎法明	Fencamfamin	0.5克	—
88	利非他明	Lefetamine	0.5克	—
89	甲乙哌酮	Methyprylon	0.1毫克	—
90	哌苯甲醇	Pipradrol	—	0.1克
91	仲丁比妥	Secbutabarbital	0.2毫克	—
92	乙烯比妥	Vinylbital	0.2毫克	—
93	麦角胺咖啡因片	Ergotamine and Caffeine Tablet	—	0.001毫克

续表

序号	中文名称	英文名称	折算标准（1克该物质相当于）	
			海洛因	甲基苯丙胺
94	呋芬雷司	Furfenorex	—	1克
95	纳布啡及其注射剂	Nalbuphine and its injection	0.5克	—
96	氨酚氢可酮片	Paracetamol and Hydrocodone Bitartrate Tablet	0.5克	—
97	丙己君	Propylhexedrine	—	0.02克
98	佐匹克隆	Zopiclone	0.025毫克	—
99	2,5-二甲氧基苯乙胺	2,5-Dimethoxyphenethylamine	—	0.02克
100	4-甲基甲卡西酮	4-Methylmethcathinone	—	1克

4.3种合成大麻素依赖性折算表（2019年）

国家禁毒委员会办公室
关于印发《3种合成大麻素依赖性折算表》的通知
（禁毒办通〔2019〕6号）

各省、自治区、直辖市禁毒委员会办公室，新疆生产建设兵团禁毒委员会办公室：

　　为进一步加大对已列管麻醉药品和精神药品违法犯罪活动的打击力度，我办委托国内专业机构对3种合成大麻素与海洛因的依赖性折算标准进行了调研、论证。经商最高人民法院、最高人民检察院、国家药品监督管理局同意，现将折算表印发给你们，供在执法实践中参考。

　　此折算表在实践中的具体适用情况请及时报送我办。

　　特此通知。

2019年1月16日

3 种合成大麻素依赖性折算表

序号	英文名称	中文名称	折算标准（1克该物质相当于）海洛因	分类
1	AMB – FUBINACA	3－甲基－2－[1－（4－氟苄基）吲唑－3－甲酰氨基]丁酸甲酯	5.5 克	合成大麻素类
2	ADB – FUBINACA	N－（1－氨甲酰基－2,2－二甲基丙基）－1－（4－氟苄基）吲唑－3－甲酰胺	2.5 克	合成大麻素类
3	5F – ADB	3,3－二甲基－2[1－（5－氟戊基）吲唑－3－甲酰胺基]丁酸甲酯	14.0 克	合成大麻素类

第四节 相关审判依据

一、法律

1.《中华人民共和国刑法》（2020年12月26日修正）

第三百四十七条第一款、第七款 走私、贩卖、运输、制造毒品，无论数量多少，都应当追究刑事责任，予以刑事处罚。

对多次走私、贩卖、运输、制造毒品，未经处理的，毒品数量累计计算。

第三百五十七条 本法所称的毒品，是指鸦片、海洛因、甲基苯丙胺（冰毒）、吗啡、大麻、可卡因以及国家规定管制的其他能够使人形成瘾癖的麻醉药品和精神药品。

毒品的数量以查证属实的走私、贩卖、运输、制造、非法持有毒品的数量计算，不以纯度折算。

2.《中华人民共和国禁毒法》（2007年12月29日）

第二条 本法所称毒品，是指鸦片、海洛因、甲基苯丙胺（冰毒）、吗啡、大麻、可卡因，以及国家规定管制的其他能够使人形成瘾癖的麻醉药品和精神药品。

根据医疗、教学、科研的需要，依法可以生产、经营、使用、储存、运输麻醉药品和精神药品。

二、司法解释

《最高人民法院关于审理毒品犯罪案件适用法律若干问题的解释》（2016年4月6日法释〔2016〕8号）

第一条第二款 国家定点生产企业按照标准规格生产的麻醉药品或者精神药品被用

于毒品犯罪的，根据药品中毒品成分的含量认定涉案毒品数量。

三、刑事政策文件

1.《最高人民法院关于印发〈全国法院毒品犯罪审判工作座谈会纪要〉的通知》（2015年5月18日 法〔2015〕129号）

二、关于毒品犯罪法律适用的若干具体问题

（三）毒品数量认定问题

走私、贩卖、运输、制造、非法持有两种以上毒品的，可以将不同种类的毒品分别折算为海洛因的数量，以折算后累加的毒品总量作为量刑的根据。对于刑法、司法解释或者其他规范性文件明确规定了定罪量刑数量标准的毒品，应当按照该毒品与海洛因定罪量刑数量标准的比例进行折算后累加。对于刑法、司法解释及其他规范性文件没有规定定罪量刑数量标准，但《非法药物折算表》规定了与海洛因的折算比例的毒品，可以按照《非法药物折算表》折算为海洛因后进行累加。对于既未规定定罪量刑数量标准，又不具备折算条件的毒品，综合考虑其致瘾癖性、社会危害性、数量、纯度等因素依法量刑。在裁判文书中，应当客观表述涉案毒品的种类和数量，并综合认定为数量大、数量较大或者少量毒品等，不明确表述将不同种类毒品进行折算后累加的毒品总量。

对于未查获实物的甲基苯丙胺片剂（俗称"麻古"等）、MDMA片剂（俗称"摇头丸"）等混合型毒品，可以根据在案证据证明的毒品粒数，参考本案或者本地区查获的同类毒品的平均重量计算出毒品数量。在裁判文书中，应当客观表述根据在案证据认定的毒品粒数。

对于有吸毒情节的贩毒人员，一般应当按照其购买的毒品数量认定其贩卖毒品的数量，量刑时酌情考虑其吸食毒品的情节；购买的毒品数量无法查明的，按照能够证明的贩卖数量及查获的毒品数量认定其贩毒数量；确有证据证明其购买的部分毒品并非用于贩卖的，不应计入其贩毒数量。

办理毒品犯罪案件，无论毒品纯度高低，一般均应将查证属实的毒品数量认定为毒品犯罪的数量，并据此确定适用的法定刑幅度，但司法解释另有规定或者为了隐蔽运输而临时改变毒品常规形态的除外。涉案毒品纯度明显低于同类毒品的正常纯度的，量刑时可以酌情考虑。

制造毒品案件中，毒品成品、半成品的数量应当全部认定为制造毒品的数量，对于无法再加工出成品、半成品的废液、废料则不应计入制造毒品的数量。对于废液、废料的认定，可以根据其毒品成分的含量、外观形态，结合被告人对制毒过程的供述等证据进行分析判断，必要时可以听取鉴定机构的意见。

2.《最高人民法院、最高人民检察院、公安部、农业部、食品药品监管总局关于进一步加强麻黄草管理严厉打击非法买卖麻黄草等违法犯罪活动的通知》（2013年5月21日 公通字〔2013〕16号）

三、依法查处非法采挖、买卖麻黄草等犯罪行为

各地人民法院、人民检察院、公安机关要依法查处非法采挖、买卖麻黄草等犯罪行为，区别情形予以处罚：

（一）以制造毒品为目的，采挖、收购麻黄草的，依照刑法第三百四十七条的规定，

以制造毒品罪定罪处罚。

（二）以提取麻黄碱类制毒物品后进行走私或者非法贩卖为目的，采挖、收购麻黄草，涉案麻黄草所含的麻黄碱类制毒物品达到相应定罪数量标准的，依照刑法第三百五十条第一款、第三款的规定，分别以走私制毒物品罪、非法买卖制毒物品罪定罪处罚。

（三）明知他人制造毒品或者走私、非法买卖制毒物品，向其提供麻黄草或者提供运输、储存麻黄草等帮助的，分别以制造毒品罪、走私制毒物品罪、非法买卖制毒物品罪的共犯论处。

（四）违反国家规定采挖、销售、收购麻黄草，没有证据证明以制造毒品或者走私、非法买卖制毒物品为目的，依照刑法第二百二十五条的规定构成犯罪的，以非法经营罪定罪处罚。

（五）实施以上行为，以制造毒品罪、走私制毒物品罪、非法买卖制毒物品罪定罪处罚的，涉案制毒物品的数量按照三百千克麻黄草折合一千克麻黄碱计算；以制造毒品罪定罪处罚的，无论涉案麻黄草数量多少，均应追究刑事责任。

3.《最高人民检察院、公安部关于印发〈最高人民检察院、公安部关于公安机关管辖的刑事案件立案追诉标准的规定（三）〉的通知》（2012年5月16日　公通字〔2012〕26号）

第一条第一款　走私、贩卖、运输、制造毒品，无论数量多少，都应予立案追诉。

第二条第一款、第二款　明知是毒品而非法持有，涉嫌下列情形之一的，应予立案追诉：①

（一）鸦片二百克以上、海洛因、可卡因或者甲基苯丙胺十克以上；

（二）二亚甲基双氧安非他明（MDMA）等苯丙胺类毒品（甲基苯丙胺除外）、吗啡二十克以上；

（三）度冷丁（杜冷丁）五十克以上（针剂100mg/支规格的五百支以上，50mg/支规格的一千支以上；片剂25mg/片规格的二千片以上，50mg/片规格的一千片以上）；

（四）盐酸二氢埃托啡二毫克以上（针剂或者片剂20mg/支、片规格的一百支、片以上）；

（五）氯胺酮、美沙酮二百克以上；

（六）三唑仑、安眠酮十千克以上；

（七）咖啡因五十千克以上；

（八）氯氮卓、艾司唑仑、地西泮、溴西泮一百千克以上；

（九）大麻油一千克以上，大麻脂二千克以上，大麻叶及大麻烟三十千克以上；

（十）罂粟壳五十千克以上；

（十一）上述毒品以外的其他毒品数量较大的。

非法持有两种以上毒品，每种毒品均没有达到本条第一款规定的数量标准，但按前款规定的立案追诉数量比例折算成海洛因后累计相加达到十克以上的，应予立案追诉。

---

① 编者注：《审理毒品犯罪案件解释》（法释〔2016〕8号）第2条第7项、第14项，对氯胺酮、咖啡因、罂粟壳的数量标准进行了调整："走私、贩卖、运输、制造、非法持有下列毒品，应当认定为刑法第三百四十七条第三款、第三百四十八条规定的'其他毒品数量较大'：……（七）氯胺酮一百克以上不满五百克……（十四）咖啡因、罂粟壳四十千克以上不满二百千克……"

4.《最高人民法院印发〈全国部分法院审理毒品犯罪案件工作座谈会纪要〉的通知》（2008年12月1日 法〔2008〕324号）

一、毒品案件的罪名确定和数量认定问题

刑法第三百四十七条规定的走私、贩卖、运输、制造毒品罪是选择性罪名，对同一宗毒品实施了两种以上犯罪行为并有相应确凿证据的，应当按照所实施的犯罪行为的性质并列确定罪名，毒品数量不重复计算，不实行数罪并罚。对同一宗毒品可能实施了两种以上犯罪行为，但相应证据只能认定其中一种或者几种行为，认定其他行为的证据不够确实充分的，则只按照依法能够认定的行为的性质定罪。如涉嫌为贩卖而运输毒品，认定贩卖的证据不够确实充分的，则只定运输毒品罪。对不同宗毒品分别实施了不同种犯罪行为的，应对不同行为并列确定罪名，累计毒品数量，不实行数罪并罚。对被告人一人走私、贩卖、运输、制造两种以上毒品的，不实行数罪并罚，量刑时可综合考虑毒品的种类、数量及危害，依法处理。

罪名不以行为实施的先后、毒品数量或者危害大小排列，一律以刑法条文规定的顺序表述。如对同一宗毒品制造后又走私的，以走私、制造毒品罪定罪。下级法院在判决中确定罪名不准确的，上级法院可以减少选择性罪名中的部分罪名或者改动罪名顺序，在不加重原判刑罚的情况下，也可以改变罪名，但不得增加罪名。

对于吸毒者实施的毒品犯罪，在认定犯罪事实和确定罪名时要慎重。吸毒者在购买、运输、存储毒品过程中被查获的，如没有证据证明其是为了实施贩卖等其他毒品犯罪行为，毒品数量未超过刑法第三百四十八条规定的最低数量标准的，一般不定罪处罚；查获毒品数量达到较大以上的，应以其实际实施的毒品犯罪行为定罪处罚。

对于以贩养吸的被告人，其被查获的毒品数量应认定为其犯罪的数量，但量刑时应考虑被告人吸食毒品的情节，酌情处理；被告人购买了一定数量的毒品后，部分已被其吸食的，应当按能够证明的贩卖数量及查获的毒品数量认定其贩毒的数量，已被吸食部分不计入在内。

有证据证明行为人不以牟利为目的，为他人代购仅用于吸食的毒品，毒品数量超过刑法第三百四十八条规定的最低数量标准的，对托购者、代购者应以非法持有毒品罪定罪。代购者从中牟利，变相加价贩卖毒品的，对代购者应以贩卖毒品罪定罪。明知他人实施毒品犯罪而为其居间介绍、代购代卖的，无论是否牟利，都应以相关毒品犯罪的共犯论处。

盗窃、抢夺、抢劫毒品的，应当分别以盗窃罪、抢夺罪或者抢劫罪定罪，但不计犯罪数额，根据情节轻重予以定罪量刑。盗窃、抢夺、抢劫毒品后又实施其他毒品犯罪的，对盗窃罪、抢夺罪、抢劫罪和所犯的具体毒品犯罪分别定罪，依法数罪并罚。走私毒品，又走私其他物品构成犯罪的，以走私毒品罪和其所犯的其他走私罪分别定罪，依法数罪并罚。

5.《最高人民法院、最高人民检察院、公安部关于印发〈办理毒品犯罪案件适用法律若干问题的意见〉的通知》（2007年12月18日 公通字〔2007〕84号）

三、关于办理氯胺酮等毒品案件定罪量刑标准问题

（一）走私、贩卖、运输、制造、非法持有下列毒品，应当认定为刑法第三百四十七

条第二款第（一）项、第三百四十八条规定的"其他毒品数量大"：

1. 二亚甲基双氧安非他明（MDMA）等苯丙胺类毒品（甲基苯丙胺除外）100 克以上；
2. 氯胺酮、美沙酮 1 千克以上；①
3. 三唑仑、安眠酮 50 千克以上；
4. 氯氮卓、艾司唑仑、地西泮、溴西泮 500 千克以上；
5. 上述毒品以外的其他毒品数量大的。

（二）走私、贩卖、运输、制造、非法持有下列毒品，应当认定为刑法第三百四十七条第三款、第三百四十八条规定的"其他毒品数量较大"：

1. 二亚甲基双氧安非他明（MDMA）等苯丙胺类毒品（甲基苯丙胺除外）20 克以上不满 100 克的；
2. 氯胺酮、美沙酮 200 克以上不满 1 千克的；②
3. 三唑仑、安眠酮 10 千克以上不满 50 千克的；
4. 氯氮卓、艾司唑仑、地西泮、溴西泮 100 千克以上不满 500 千克的；
5. 上述毒品以外的其他毒品数量较大的。

（三）走私、贩卖、运输、制造下列毒品，应当认定为刑法第三百四十七条第四款规定的"其他少量毒品"：

1. 二亚甲基双氧安非他明（MDMA）等苯丙胺类毒品（甲基苯丙胺除外）不满 20 克的；
2. 氯胺酮、美沙酮不满 200 克的；③
3. 三唑仑、安眠酮不满 10 千克的；
4. 氯氮卓、艾司唑仑、地西泮、溴西泮不满 100 千克的；
5. 上述毒品以外的其他少量毒品的。

（四）上述毒品品种包括其盐和制剂。毒品鉴定结论中毒品品名的认定应当以国家食品药品监督管理局、公安部、卫生部最新发布的《麻醉药品品种目录》《精神药品品种目录》为依据。

四、关于死刑案件的毒品含量鉴定问题

可能判处死刑的毒品犯罪案件，毒品鉴定结论中应有含量鉴定的结论。

6.《最高人民法院研究室关于贩卖、运输经过取汁的罂粟壳废渣是否构成贩卖、运输毒品罪的答复》（2010 年 9 月 27 日　法研〔2010〕168 号）

四川省高级人民法院：

你院川高法〔2010〕438 号《关于被告人贩卖、运输经过取汁的罂粟壳是否构

---

① 编者注：《审理毒品犯罪案件解释》（法释〔2016〕8 号）第 1 条第 1 款第 7 项对氯胺酮的数量标准进行了调整："贩卖、运输、制造、非法持有下列毒品，应当认定为刑法第三百四十七条第二款第一项、第三百四十八条规定的'其他毒品数量大'：……（七）氯胺酮五百克以上……"后文载录本条时不再单独说明。

② 编者注：《审理毒品犯罪案件解释》（法释〔2016〕8 号）第 2 条第 7 项对氯胺酮的数量标准进行了调整："走私、贩卖、运输、制造、非法持有下列毒品，应当认定为刑法第三百四十七条第三款、第三百四十八条规定的'其他毒品数量较大'：……（七）氯胺酮一百克以上不满五百克……"后文载录本条时不再单独说明。

③ 编者注：《审理毒品犯罪案件解释》（法释〔2016〕8 号）第 2 条第 7 项对氯胺酮的数量标准进行了调整："走私、贩卖、运输、制造、非法持有下列毒品，应当认定为刑法第三百四十七条第三款、第三百四十八条规定的'其他毒品数量较大'：……（七）氯胺酮一百克以上不满五百克……"后文载录本条时不再单独说明。

成贩卖、运输毒品罪的请示》收悉。经研究，答复如下：

最高人民法院研究室认为，根据你院提供的情况，对本案被告人不宜以贩卖、运输毒品罪论处。主要考虑：（1）被告人贩卖、运输的是经过取汁的罂粟壳废渣，吗啡含量只有0.01%，含量极低，从技术和成本看，基本不可能用于提取吗啡；（2）国家对经过取汁的罂粟壳并无明文规定予以管制，实践中有关药厂也未按照管制药品对其进行相应处理；（3）无证据证明被告人购买、加工经过取汁的罂粟壳废渣是为了将其当作毒品出售，具有贩卖、运输毒品的故意。如果查明行为人有将罂粟壳废渣作为制售毒品原料予以利用的故意，可建议由公安机关予以治安处罚。

第五节　毒品认定审判实践中的疑难新型问题

问题1. 制毒过程中产生的毒品含量极低的液体是否应计入毒品数量

【人民司法案例】刘某某贩卖、制造毒品案[①]

[裁判要旨]

从互联网上查询制毒方法后，以含麻黄碱类物质的药品和其他化学品为原料，采用化学方法制造合成甲基苯丙胺，其行为构成制造毒品罪。制毒过程中产生的毒品含量极低的液体应认定为废液，不计入毒品数量。

[案情]

江苏省苏州市吴江区人民法院审理查明：2014年11月至12月期间，被告人刘某某在其位于苏州市吴江区盛泽镇某村的租房内，采用从网上查找资料、购买制毒原料、工具等手段，制造甲基苯丙胺（冰毒）。刘某某在盛泽镇某小区附近、许某某外科诊所附近，采用电话联系等手段，先后5次向张某某（另案处理）和徐某、谢某（均另行处理）贩卖甲基苯丙胺共计3.75克。2014年11月17日，公安人员从刘某某的租房内查获大量白色晶体和不同颜色的液体。经鉴定，从净重49.8克的白色晶体中检出甲基苯丙胺成分，其中22.8克含量为74.6%，19.5克含量为73%；从净重1326.3克的褐色液体中检出甲基苯丙胺成分，含量为0.003%；从净重572.7克的黄色液体中检出甲基苯丙胺成分，含量极低无法鉴定；从净重9428.6克的褐色液体中检出麻黄碱成分。

[审判]

苏州吴江区法院经审理作出一审判决：被告人刘某某犯贩卖、制造毒品罪，判处有期徒刑十五年，剥夺政治权利五年，并处没收财产5万元。一审宣判后，被告人刘某某未提出上诉，公诉机关亦未抗诉，判决已发生法律效力。

[评析]

一、关于制造毒品行为的认定

被告人刘某某在诉讼阶段前期曾承认制造甲基苯丙胺，但对制毒流程的供述不是特别清楚，对制毒原理也没有作出详细说明，后期则翻供否认实施制造毒品犯罪。其辩护

---

① 李静然、沈丽：《制造毒品行为及制毒数量的认定》，载《人民司法》2017年第35期。

人也提出，现有证据无法证明按照刘某某供述的方法能够制造出甲基苯丙胺。公诉机关未提供侦查实验报告等证据，证明按照刘某某供述的制毒方法确实能够制造出甲基苯丙胺。那么刘某某的行为是否构成制造毒品罪？对刘某某供述的制毒方法是否需要通过侦查实验进行核实？对此，笔者认为，依据现有证据，可以认定刘某某的行为构成制造毒品罪。理由如下：

第一，利用被告人刘某某供述的制毒原料能够制造出甲基苯丙胺（冰毒）。甲基苯丙胺，又名甲基安非他明、去氧麻黄碱，是一种无味或微有苦味的透明结晶体。甲基苯丙胺属于化学合成毒品，制造工艺相对简单。随着合成毒品消费需求在我国的增长，制造合成毒品犯罪呈上升趋势。麻黄碱类物质是制造甲基苯丙胺等苯丙胺类合成毒品的主要原料，属于《易制毒化学品管理条例》品种目录列管的第一类易制毒化学品。早期，犯罪分子利用易制毒化学品管理上存在的个别漏洞，非法获得麻黄碱、伪麻黄碱等物质后合成甲基苯丙胺。随着行政管控的进一步加强，部分犯罪分子转而利用含有麻黄碱类物质的药品加工、提炼麻黄碱、伪麻黄碱，进而制造甲基苯丙胺。随后，又逐步发展成为利用天然植物麻黄草提炼麻黄碱类物质，或者是利用溴代苯丙酮化学合成麻黄碱类物质，再制造甲基苯丙胺。其中，含有麻黄碱类物质的药品是用于治疗感冒和咳嗽的常用药，常见的如新康泰克胶囊、麻黄碱苯海拉明片、消咳宁等。通过加工、提炼等方法，可以从这类药物中提取麻黄碱类物质，因而也使之成为犯罪分子争相获取的对象。本案中，刘某某曾供述，其通过从互联网上搜索新康泰克、冰毒查询到制造甲基苯丙胺的方法，将康泰克胶囊（复方盐酸伪麻黄碱缓释胶囊）与其他化学品混合后制造甲基苯丙胺。案发后，公安人员不但从刘某某的租房内查获了甲基苯丙胺，也查获了大量含有麻黄碱成分的液体。据此，可以认定刘某某供述的利用含麻黄碱类物质的药物制造甲基苯丙胺的情况属实。

第二，根据现场查获物证情况，结合被告人刘某某供述，足以认定刘某某实施了制造毒品犯罪行为。办理制造毒品犯罪案件时，确有必要对犯罪嫌疑人、被告人制造毒品的方法、过程进行详细讯问，以查明其是否确实实施了制造毒品犯罪行为。但实践中，一些犯罪分子出于逃避罪责等考虑，并不如实供述自己制造毒品的具体方法和过程；也有一些犯罪分子受自身知识水平所限，并不了解自己制造毒品的具体技术原理，由此给司法人员查明案件相关事实带来了一定困难。那么，对于这种情况，是否都需要办案人员按照犯罪嫌疑人、被告人供述的制毒方法、过程进行侦查实验，以核实其供述的真伪，并据此认定其是否实施了制毒行为？对此，笔者认为，如果根据在案查获的制毒原料、工具、技术配方及毒品成品、半成品等情况，结合犯罪嫌疑人、被告人对基本制毒方法、原理的供述，足以认定其实施了制造毒品犯罪行为的话，则不需要通过侦查实验来进行核实验证。况且，即使侦查实验表明犯罪嫌疑人、被告人供述的制毒方法不完全真实，亦不能得出其未实施制造毒品犯罪的结论。本案中，公安人员从刘某某的租房内查获了其供述的酒精、氯化铵、含麻黄碱成分的液体等制毒原料，酒精灯、电子秤等制毒工具，以及含甲基苯丙胺成分的白色晶体、液体等毒品成品或含毒品物质。案发后，公安人员从刘某某租房内搜查到刘某某供称的记载制毒方法的笔记本，上面确实记载了甲基苯丙胺、麻黄草、红磷等字样。刘某某亦曾供认，其将康泰克胶囊与其他化学品混合、加热后制造甲基苯丙胺。结合上述证据，足以认定刘某某实施了制造毒品行为，故无须通过侦查实验进一步核实，即使其后期翻供，亦不足以推翻上述认定。

第三，被告人刘某某实施的属于利用化学方法加工、配制毒品的制造毒品行为。我国刑法没有对制造毒品犯罪的含义作出明确界定。由于犯罪分子制造毒品的手段复杂多样、不断翻新，为厘清制造毒品的概念，最高人民法院在2008年印发的《大连会议纪要》中对此作了具体规定："制造毒品不仅包括非法用毒品原植物直接提炼和用化学方法加工、配制毒品的行为，也包括以改变毒品成分和效用为目的，用混合等物理方法加工、配制毒品的行为"。本案中，刘某某曾供述，其将康泰克胶囊、酒精、氯化铵、氢氧化钠及其他化学品在铁桶内混合，进行加热、冷却，后在桶壁上提取到白色晶体（甲基苯丙胺）。虽如前分析，刘某某可能并未全部如实供述制毒原料和方法、过程，但甲基苯丙胺只能通过化学方法加工合成，不能通过物理方法制造；且刘某某供述的制毒方法，符合将不同化学品混合后使之发生化学反应的基本原理，故可以认定刘某某实施了利用化学方法加工、配制毒品的行为，其行为属于《大连会议纪要》规定的制造毒品行为。

综上，根据现有证据足以认定，被告人刘某某从互联网上查询制毒方法后，以含麻黄碱类物质的药品和其他化学品为原料，采用化学方法制造合成甲基苯丙胺，其行为构成制造毒品罪。

二、关于制造毒品的数量认定

本案中，公安机关从被告人刘某某的租房内查获40余克白色晶体和大量不同颜色的液体。其中，49.8克白色晶体经鉴定检出甲基苯丙胺成分，系甲基苯丙胺成品，应认定为刘某某贩卖、制造毒品的数量，对此不存在争议。对于9428.6克检出麻黄碱成分的褐色液体，因未检出毒品成分，故不计入毒品数量。而对于检出甲基苯丙胺成分的1326.3克褐色液体（甲基苯丙胺含量为0.003%）和572.7克黄色液体（甲基苯丙胺含量极低、无法鉴定含量）是否应当认定为刘某某制造毒品的数量，审理过程中存在一定争议。

对于制造毒品的数量认定，最高人民法院2015年印发的《武汉会议纪要》规定："制造毒品案件中，毒品成品、半成品的数量应当全部认定为制造毒品的数量，对于无法再加工出成品、半成品的废液、废料则不应计入制造毒品的数量。对于废液、废料的认定，可以根据其毒品成分的含量、外观形态，结合被告人对制毒过程的供述等证据进行分析判断，必要时可以听取鉴定机构的意见。"废液废料通常是指已经不具备进一步提取（提纯）毒品条件的固体或者液体废弃物，能够检出毒品成分但含量极低。从上述规定可以看出，废液、废料的认定对于制造毒品的数量认定较为重要。实践中，认定废液、废料的关键，在于废液废料与半成品的区分。根据《武汉会议纪要》的上述规定，对于制造毒品案件中查获的含有毒品成分但外观明显有别于成品的非常态物质，除结合被告人对制毒过程的供述、物品的外观、提取状况等进行分析外，主要应当根据其毒品含量判断属于半成品还是废液、废料，必要时可以听取鉴定机构的意见。经过一段时间的研究探索，国内有关技术专家提出，对于制造毒品现场查获的毒品含量在0.2%以下的物质，犯罪分子因受技术水平所限，通常难以再加工出毒品，且从成本角度考虑，犯罪分子也不太可能再对含量如此之低的物质进行加工、提纯，故0.2%的含量标准可以作为认定废液、废料时的参考。

根据《武汉会议纪要》上述规定，结合本案具体情况，笔者认为，对于查获的1326.3克褐色液体和572.7克黄色液体，应当认定为制毒过程中产生的废液，不应计入被告人刘某某制造毒品的数量。理由如下：

第一，上述1326.3克褐色液体的甲基苯丙胺含量极低，仅为0.003%，572.7克黄色液体甚至低至无法鉴定出准确含量。无论是从技术水平角度还是从成本角度，都很难再被用于制造毒品。

第二，根据刘某某的供述，其将买来的原料放在铁锅中加工制毒。公安人员从刘某某的租房内查获的褐色液体装在铁锅里，且甲基苯丙胺含量极低，故应系析出甲基苯丙胺后剩余的液体。

第三，查获的572.7克黄色液体的主要成分是酒精，里面含有极微量的甲基苯丙胺。根据刘某某的供述，酒精亦是他制毒的原料之一，故不排除是在制毒过程中混入了极少量的甲基苯丙胺成分。

综上，苏州吴江区法院将本案中现场查获的甲基苯丙胺含量极低的液体认定为废液，不计入被告人刘某某制造毒品的数量，符合《武汉会议纪要》的相关规定，体现了罪责刑相适应的刑法原则。

问题2. 毒品称量、取样和送检程序不合法的情况下毒品成分及数量的认定

【人民法院案例选案例】马某某贩卖毒品、柴某某容留他人吸毒案[①]

[裁判要旨]

毒品成分和数量是毒品犯罪认定和量刑的主要证据，是决定被告人刑罚轻重的重要因素之一。规范的称量、取样和送检程序是准确认定毒品数量和成分的前提。在取样送检程序不合法导致无法查明毒品的数量和成分时，对无法查明的部分不予认定。

[基本案情]

四川省雅安市雨城区人民检察院指控：2013年年初至2014年6月3日，被告人马某某先后向黄某某、王某某、李某某、唐某等人多次贩卖冰毒。2014年6月3日20时许，公安民警在其租住房处搜出甲基苯丙胺62.33克。2013年年底至2014年6月，被告人柴某某在其租住房内多次容留马某某、王某某、孟某某、李某某、"香香"、"黑巴"等人吸食毒品。公诉机关认为，被告人马某某的行为构成贩卖毒品罪，被告人柴某某的行为构成容留他人吸毒罪，提请依法判处。

被告人马某某辩称：没有贩卖过毒品，只是自己和朋友吸食；62.33克甲基苯丙胺是被告人的，构成非法持有毒品罪，不构成贩卖毒品罪。其辩护人提出，公诉机关指控的犯罪事实不清、证据不足，被告人的行为构成非法持有毒品罪，不构成贩卖毒品罪。

被告人柴某某对公诉机关指控的犯罪事实和罪名无意见。

四川省雅安市雨城区人民法院经审理认为：马某某的行为已构成贩卖毒品罪；柴某某的行为已构成容留他人吸毒罪。从马某某处查获的毒品数量应认定为马某某贩卖毒品的数量，可酌情从轻处罚。柴某某到案后如实供述自己的罪行，可从轻处罚。故判决：一、被告人马某某犯贩卖毒品罪，判处有期徒刑十五年，并处没收财产1万元。二、被告人柴某某犯容留他人吸毒罪，判处有期徒刑九个月，并处罚金3000元。

一审宣判后，被告人马某某及其辩护人提出上诉，认为：（1）查获的两袋中有一袋

[①] 黄敏：《取样送检程序不合法导致无法查明毒品的数量和成分时，对无法查明的部分不予认定——马某某贩卖毒品、柴某某容留他人吸毒案》，载最高人民法院中国应用法学研究所编：《人民法院案例选》（总第101辑），人民法院出版社2016年版，第103页。

不是毒品，毒品的数量只有46.88克；（2）只有王某某一人证词证实马某某贩毒，证据不充分；（3）公诉机关出示马某某的第二份口供是虚假的；（4）马某某自愿认罪，有悔罪表现，有吸毒情节，请求依法改判。

原审被告人柴某某对原审判决认定其容留他人吸毒的事实无异议。

检察机关出庭认为：原判定罪准确，审判程序合法，量刑适当，建议驳回上诉，维持原判。庭审中，检察机关补充出示了现场检查、称量、取样的光盘和光盘制作说明，以证明公安民警在马某某、柴某某住处进行现场检查时发现疑似毒品及进行称量和取样的过程。

经二审审理查明，2013年年初至2014年6月3日，马某某先后在名山区、雨城区向王某某、黄某某等人贩卖甲基苯丙胺。2013年年底至2014年6月，马某某和柴某某同居生活。2014年6月3日20时许，公安民警对柴某某租住的雨城区青衣江路东段285号3幢×单元×号房进行检查时，搜查出吸食毒品所用的工具，以及马某某的疑似毒品物质两袋，电子秤一个，分装袋若干。经现场拆包称量，一袋净重46.88克，另一袋净重15.45克，两袋疑似毒品物质总重62.33克。民警现场从46.88克的疑似毒品物质中提取0.28克作为检材送检。

经四川省公安厅物证鉴定中心鉴定，所送检材检出甲基苯丙胺。

柴某某在雅安市雨城区平安小区、青衣江路东段285号3幢×单元×号的租住房屋内多次容留马某某、王某某、孟某某、李某某、"香香"、"黑巴"等人吸食毒品。

[裁判结果]

四川省雅安市雨城区人民法院于2015年5月5日作出（2015）雨城刑初字第57号刑事判决，以贩卖毒品罪判处马某某有期徒刑十五年，并处没收财产1万元；以容留他人吸毒罪，判处柴某某有期徒刑九个月，并处罚金3000元。宣判后，马某某提出上诉。四川省雅安市中级人民法院于2015年8月17日作出（2015）雅刑终字第56号刑事判决，认为原判定罪准确，审判程序合法，但认定马某某贩卖毒品的数量有误，量刑不当，依法应予改判，故判决：（1）维持四川省雅安市雨城区人民法院（2015）雨城刑初字第57号刑事判决第二项，即"被告人柴某某犯容留他人吸毒罪，判处有期徒刑九个月，并处罚金3000元"；（2）撤销四川省雅安市雨城区人民法院（2015）雨城刑初字第57号刑事判决第一项，即"被告人马某某犯贩卖毒品罪，判处有期徒刑十五年，并处没收财产1万元"；（3）上诉人（原审被告人）马某某犯贩卖毒品罪，判处有期徒刑十三年六个月，并处罚金1万元。

[裁判理由]

法院生效裁判认为：上诉人（原审被告人）马某某违反国家对毒品管理的相关法律法规，非法贩卖毒品甲基苯丙胺的行为构成贩卖毒品罪；原审被告人柴某某多次容留他人吸食毒品的行为构成容留他人吸毒罪。对于从马某某住处查获的毒品数量46.88克应认定为其贩卖毒品的数量，但考虑到马某某吸食毒品的情节，可对马某某酌情从轻处罚。柴某某到案后如实供述自己的罪行，可从轻处罚。对于上诉人及其辩护人所提出"查获的两袋毒品中有一袋不是毒品，毒品的数量只有46.88克"的意见，经查，公安机关查获涉案毒品时对其中装有46.88克的一袋疑似毒品进行了取样送检，并检出甲基苯丙胺，故依法应认定为毒品；因现场未对装有15.45克的一袋疑似毒品进行取样送检，且已将两袋疑似毒品混合包装，现已失去重新鉴定的条件，认定15.45克疑似毒品内含有甲基苯丙胺的证据不足，故本案应认定的毒品数量为46.88克，对该辩解及辩护意见应予以采纳。

对上诉人及其辩护人所提"只有王某某一人证词证实马某某贩毒,证据不充分"的意见,经查,本案除了王某某的证言证实马某某贩卖毒品外,还有证人李某某、黄某某、刘某的证言、辨认笔录和照片及柴某某在公安机关的多次供述均能予以证实,且与马某某在公安机关第一、二次讯问笔录中供述自己贩卖毒品的事实能够相互印证,故对该辩解及辩护意见不予采纳。对于上诉人及其辩护人提出"公诉机关出示马某某的第二份口供虚假"的意见,经查,雅安市公安局雨城区分局于 2014 年 6 月 4 日 3 时对马某某宣布刑事拘留,于同日 6 时送至雅安市看守所,对马某某于 2014 年 6 月 4 日 3 时 48 分至 56 分在雨城分局河北派出所所作的讯问笔录并无不当,且马某某在该次讯问笔录上签字捺印,无证据或相关线索证实公安机关的此次讯问存在非法取证情形,该讯问笔录具有合法性和真实性,对该辩解及辩护意见不予采纳。对于辩护人所提"马某某自愿认罪,有悔罪表现,有吸毒情节"的意见,经查,马某某无任何认罪悔罪表现,原判已充分考虑到马某某具有吸毒情节并予以从轻处罚,故对该意见不予采纳。

[案例注解]

毒品成分和数量是毒品犯罪认定和量刑的主要证据,是决定被告人刑罚轻重的重要因素之一。在审判实践中,毒品成分和数量的认定在某种程度上取决于疑似毒品检材的称量、取样和送检程序是否合法、是否合理,鉴定机构和鉴定人员是否具有相应资质,鉴定依据是否充分等情况。也就是说,合理合法的称量方式和取样送检程序是准确认定毒品数量和成分的前提,不合法、不合理的称量方式和取样送检程序将导致不能准确认定毒品与毒品数量,给被告人留下合理怀疑的空间。在涉及甲基苯丙胺的毒品犯罪案件中,疑似毒品检材的称量方式和取样送检程序,对毒品成分和数量的认定尤为重要。甲基苯丙胺,俗称冰毒,因其原料外观为纯白结晶体,晶莹剔透,故被吸毒、贩毒者称为"冰"。由于它的毒性剧烈,人们便称之为"冰毒"。又因苯丙胺有其音译名安非他明或安非他命之称,故甲基苯丙胺也有甲基安非他明之称。此外,甲基苯丙胺是在麻黄素化学结构基础上改造而来,故又有去氧麻黄素之称。甲基苯丙胺药用为片剂,作为毒品用时多为粉末,也有液体与丸剂。受利益驱使,某些贩毒者为了追求最大利益,会在纯度很高的甲基苯丙胺中掺杂掺假,混合贩卖,将掺入的根本不含毒品成分的其他材料称为辅料,而将"冰毒"称为"肉"。

本案中,公安机关对现场查获的两袋疑似毒品,在持有人马某某和见证人的见证下,现场分别进行了称量并去皮,并全程进行录音录像,但在取样送检过程中,仅对其中装有 46.88 克的一袋疑似毒品进行了取样送检,并检出甲基苯丙胺,而对装有 15.45 克的另一袋疑似毒品未进行取样送检,其后将两袋疑似毒品混合包装。虽然在现场查获疑似毒品的过程中,被告人马某某均指认了该两袋疑似毒品为"肉",即"冰毒"。在一审庭审中,被告人马某某对起诉指控该 62.33 克毒品为甲基苯丙胺,认定 62.33 克为其贩卖毒品数量未提出异议。一审判决作出后,马某某提出上诉。在二审庭审中,马某某对取样送检并检出甲基苯丙胺的 46.88 克的一袋毒品不持异议,但对未取样送检的 15.45 克的一袋疑似毒品提出异议,认为是添加在毒品中的辅料,不含毒品成分,不应认定为其贩毒数量。而公安人员在提取检材后,已将两袋疑似毒品混合包装,认定毒品数量为 62.33 克。该取样送检程序和毒品数量认定明显不合法,也不合理。因为在涉案可疑毒品分别装有两袋的情况下,不能排除其中未取样的一袋不含甲基苯丙胺,甚至不含毒品成分的可能性。即使在外观完全相同的情况下,也不能完全排除以上合理怀疑。由于其中 15.45 克的一袋取样送检程序不合法,现已混合包装,不能重新取样送检,根据刑事诉讼证明标准的要求及存疑有利于被告人原则,该 15.45 克疑似毒品不能认定为马某某贩卖毒品数量。因此,在涉及毒品犯罪案件中,称量、取样和送检程序一定要做到以下两点:

1. 程序一定要合法。在毒品犯罪案件中,称量、取样和送检程序是否合法是毒品犯罪定罪量刑的关键。对现场查获的毒品,一定要在见证人的见证下,当场称量、取样、封存,并制作笔录经嫌疑人和见证人签字确认,整个过程还应全程录音录像。

2. 程序一定要合理。对现场查获或住处起获的疑似毒品,均应分别称量、取样、记录和封存,并送交有资质的鉴定中心鉴定,不给被告人留下合理怀疑的空间。

问题 3. 如何认定有吸毒情节的被告人贩卖毒品的数量

【刑事审判参考案例】高某贩卖毒品、宋某某非法持有毒品案[①]

一、基本案情

某县人民检察院以被告人高某犯贩卖、运输毒品罪,被告人宋某某犯运输毒品罪,向某县人民法院提起公诉。

被告人高某及其辩护人辩称,高某的行为属于代购毒品,不构成贩卖毒品罪,同城交易也不构成运输毒品罪。

被告人宋某某辩称,其行为不构成运输毒品罪。

某县人民法院经公开审理查明:

2008 年年底某日,被告人高某在一宾馆房间内,以人民币(以下币种同)6000 元的价格向王某贩卖甲基苯丙胺 11.9 克。2010 年 1 月间,高某又先后 2 次以 3000 元和 6500 元的价格向王某贩卖甲基苯丙胺 5.95 克和 11.9 克。

2010 年 3 月初的某天,高某指使被告人宋某某携带 5500 元毒资到某加油站,向高某事先联系的毒贩购买甲基苯丙胺 11.9 克,宋某某将购买的毒品送至高某居住的小区交给高某。

2010 年 3 月底的某天,高某指使宋某某携带 5500 元毒资到某酒店,向高某事先联系的毒贩购买甲基苯丙胺 11.9 克,宋某某将购买的毒品送到高某居住的小区交给高某时被当场抓获。

某县人民法院认为,被告人高某明知是毒品而予以贩卖,并以贩卖为目的购买毒品,其行为构成贩卖毒品罪。被告人宋某某明知是毒品而非法持有,数量较大,其行为构成非法持有毒品罪。高某贩卖甲基苯丙胺共计 53.55 克,数量大,应当依法惩处。鉴于宋某某认罪态度较好,可酌情从轻处罚。高某指使宋某某为其购买毒品属于同城交易,购毒地点与送货地点间距离较短,不符合运输毒品罪的构成要件。宋某某为他人代购毒品,现有证据不能证明其从中牟利,故对其应当以非法持有毒品罪追究刑事责任。对高某及其辩护人、宋某某所提不构成运输毒品罪的意见予以采纳。现有证据足以证实高某向王某贩卖毒品的事实,故对高某及其辩护人所提不构成贩卖毒品罪的意见不予采纳。据此,依照《刑法》第 347 条第 1 款、第 2 款第 1 项、第 7 款,第 348 条之规定,某县人民法院

[①] 尹晓涛撰稿,马岩审编:《高某贩卖毒品、宋某非法持有毒品案——如何认定以贩养吸的被告人贩卖毒品的数量以及为他人代购数量较大的毒品用于吸食并在同城间运送的行为如何定性(第 853 号)》,载最高人民法院刑事审判第一、二、三、四、五庭主办:《刑事审判参考》(总第 91 集),法律出版社 2014 年版,第 79~85 页。

判决如下：

1. 被告人高某犯贩卖毒品罪，判处有期徒刑十五年，并处没收个人财产 25000 元。
2. 被告人宋某某犯非法持有毒品罪，判处有期徒刑一年三个月，并处罚金 5000 元。

一审宣判后，被告人高某提出上诉。其辩护人提出以下上诉理由：一审认定事实不清、证据不足，不能排除高某为王某代购毒品的可能性；高某为他人代购及为自吸而购买毒品，应当认定为非法持有毒品罪。即使认定为贩卖毒品罪，灭失的 11.9 克甲基苯丙胺不应计入其贩卖毒品的数量；对查获的毒品在量刑时应当考虑高某吸食毒品的情节。

某市中级人民法院经审理查明：2008 年年底某日、2010 年 1 月，被告人高某先后 3 次向王某贩卖甲基苯丙胺共计 29.75 克，得款 15500 元。2010 年 3 月底某天，高某指使被告人宋某某携带 5500 元毒资到某酒店向他人购买甲基苯丙胺 11.9 克。宋某某将购得的毒品送交给高某时被当场抓获。

某市中级人民法院认为，被告人高某明知是毒品而予以贩卖，并以贩卖为目的购买毒品，其行为构成贩卖毒品罪。被告人宋某某明知是毒品而非法持有，数量较大，其行为构成非法持有毒品罪。高某先后 3 次向王某贩卖甲基苯丙胺共计 29.75 克的事实清楚，证据确实、充分，查获的 11.9 克甲基苯丙胺应当一并计入其贩毒数量。对高某及其辩护人所提一审认定事实不清、证据不足，高某为他人代购及为自吸而购买毒品，应当认定为非法持有毒品罪的上诉理由和辩护意见不予采纳。高某既贩卖又吸食毒品，其于 2010 年 3 月初购买的 11.9 克甲基苯丙胺，存在被高某自行吸食的可能性，且相关毒品已灭失，不应计入高某贩卖毒品的数量，从高某处查获的 11.9 克甲基苯丙胺虽计入其贩卖毒品的数量，但量刑时应酌情考虑高某可能吸食其中部分毒品的情节，故对高某及其辩护人所提灭失的 11.9 克甲基苯丙胺不应计入其贩毒数量，对查获的毒品在量刑时应当考虑高某吸食毒品的情节的上诉理由和辩护意见予以采纳。原判对高某贩卖毒品的数量认定不当，依法应予纠正。据此，依照《刑事诉讼法》（1996 年）第 189 条第 2 项①，《刑法》第 347 条第 3 款、第 348 条、第 56 条第 1 款、第 55 条第 1 款、第 52 条、第 53 条之规定，判决如下：

1. 撤销原判对被告人高某以贩卖毒品罪判处有期徒刑十五年，并处没收个人财产 25000 元的部分。
2. 被告人高某犯贩卖毒品罪，判处有期徒刑十一年，剥夺政治权利二年，并处罚金 20000 元。

二、主要问题

1. 如何认定以贩养吸的被告人贩卖毒品的数量？
2. 为他人代购数量较大的毒品用于吸食并在同城间运送的行为如何定性？

三、裁判理由

（一）对于以贩养吸的被告人，应当按照其卖出及查获的毒品数量认定其贩卖毒品的数量，对于查获的毒品在量刑时应当酌情考虑其吸食毒品的情节②

对于以贩养吸的被告人贩卖毒品数量的认定，是司法实践中办理此类案件的一个难

---

① 现为 2018 年《刑事诉讼法》第 236 条第 1 款第 2 项。
② 根据《昆明会议纪要》的精神，对于有吸毒情节的贩毒人员，一般应当按照其购买的毒品数量认定其贩毒数量，量刑时酌情考虑其吸食毒品的情节；购买的毒品数量无法查明的，按照能够证明的贩卖数量及查获的毒品数量认定其贩毒数量；确有证据证明其购买的部分毒品并非用于贩卖的，不计入其贩毒数量。

点。问题主要在于两个方面：一是从以贩养吸的被告人处查获的毒品是否计入其贩卖毒品的数量，在量刑时是否考虑其中部分毒品可能被吸食的情节。二是有证据证明以贩养吸的被告人购买了毒品，但没有证据证明该毒品被其贩卖，亦未被查获，该毒品是否计入其贩卖毒品的数量。实践中对上述问题存在一定分歧认识，做法也不统一。一种意见认为，只要有证据证明被告人实施了贩毒行为，可认定其购买毒品均出于贩卖目的，故应当将其购买的毒品全部计入其贩卖毒品的数量，但在量刑时酌情考虑部分毒品可能被其吸食的情节。本案中公诉机关及一审法院均持此观点。另一种意见认为，对于既吸食又贩卖毒品的被告人，其购买的毒品部分可能用于吸食，故不应将其购买的毒品全部计入其贩卖毒品的数量，而应当将有证据证明其卖出的毒品数量和实际查获的毒品数量认定为其贩毒数量，但对于实际查获的毒品在量刑时也应酌情考虑被其吸食毒品的情节。我们赞同后一种意见。

根据最高人民法院2008年印发的《大连会议纪要》的规定，对于以贩养吸的被告人，其被查获的毒品数量应当认定为其犯罪的数量，但量刑时应考虑被告人吸食毒品的情节，酌情处理；被告人购买了一定数量的毒品后，部分已被其吸食的，应当按照能够证明的贩卖数量及查获的毒品数量认定其贩毒的数量，已被吸食部分不计入在内。《大连会议纪要》的上述内容解决了实践中办理此类案件的两个难点问题：第一，查获毒品的数量认定及对量刑的影响。在办理毒品犯罪案件时，对于贩卖毒品的被告人，可以推定其被查获的毒品亦系用于贩卖，故应当将查获的毒品数量认定为其贩卖毒品的数量。但在办理以贩养吸的被告人贩卖毒品的案件时，则应视具体情况而区别处理。对于以贩养吸的被告人，其被查获的毒品数量原则上应当计入其贩毒数量，但被告人既吸食又贩卖毒品，查获的毒品中部分可能系其准备用于吸食，故从有利于被告人的角度，对于查获的这部分毒品在量刑时应当考虑被告人吸食毒品的情节，酌情予以从宽处罚。第二，可能被吸食的毒品是否计入贩卖毒品的数量。根据《大连会议纪要》精神，以贩养吸的被告人购买一定数量的毒品后，吸食掉其中一部分的，已被吸食部分不计入其贩卖毒品的数量。同样，对于有证据证明以贩养吸的被告人已经买入毒品，但没有证据证明该毒品被其贩卖，亦未被查获，如该毒品的数量在个人合理吸食量范围之内的，也存在被被告人吸食的可能性，这部分毒品不应计入其贩卖毒品的数量。

本案中，被告人高某既贩卖又吸食甲基苯丙胺，属于以贩养吸的毒品犯罪分子。关于高某贩卖毒品的数量认定，涉及三部分毒品：一是对于高某3次向王某贩卖的29.75克甲基苯丙胺，无疑应当认定为高某贩卖毒品的数量。二是对于高某于2010年3月底购买后被查获的11.9克甲基苯丙胺，应当计入高某贩卖毒品的数量，但在量刑时应当考虑高某可能吸食其中部分毒品的情节，酌情从轻处罚。三是对于有证据证实高某在2010年3月初购买但未能查获的11.9克甲基苯丙胺，一审、二审法院的认定不尽一致。二审法院不予认定的主要理由是，没有证据证明这部分毒品被高某贩卖，且这部分毒品已经灭失，毒品数量又在个人合理吸食量范围之内，存在被高某自行吸食的可能性，故对这部分毒品不应计入其贩毒数量。应当说，这种处理符合《大连会议纪要》规定的精神。但特别需要注意的是，对于个人合理吸食量的把握，既要考虑被告人购买毒品的数量，也要考虑这些毒品用于吸食的周期，不宜将毒品吸食数量标准定得过高，否则极可能造成定罪不准确，不利于有效打击毒品犯罪。

（二）不以牟利为目的，为他人代购数量较大的用于吸食的毒品并在同城内运送的行为，构成非法持有毒品罪

根据《大连会议纪要》规定，有证据证明行为人不以牟利为目的，为他人代购仅用于吸食的毒品，毒品数量超过《刑法》第 348 条规定的最低数量标准的，对托购者、代购者应当以非法持有毒品罪定罪；代购者从中牟利，变相加价贩卖毒品的，对代购者应当以贩卖毒品罪定罪；明知他人实施毒品犯罪而为其居间介绍、代购代卖的，无论是否牟利，都应当以相关毒品犯罪的共犯论处。因此，对代购毒品者认定为毒品犯罪的共犯，以明知托购者实施毒品犯罪为前提。对于确实不明知的，即使对托购者认定构成贩卖毒品罪等犯罪，对代购者也不应认定为共犯。代购者符合非法持有毒品罪、运输毒品罪等构成特征的，可以依法以非法持有毒品罪、运输毒品罪等定罪处罚。

本案中，被告人宋某某受被告人高某指使，携带高某给付的毒资，前往指定地点向高某事先联系好的贩毒人员购买毒品，属于为他人代购毒品的行为。对于宋某某的行为，一审、二审法院认定为非法持有毒品罪是正确的。主要理由在于：第一，宋某某的行为不构成贩卖毒品罪的共犯。高某既贩卖毒品又吸食毒品，但在案证据证实宋某某主观上确实不明知高某有贩毒行为，故宋某某的行为不属于明知他人贩卖毒品而为其代购毒品的情形，不具备按照贩卖毒品罪共犯论处的条件。反之，如果在案证明表明宋某某明知高某系以贩养吸的人员，其代购的毒品很可能被高某贩卖，则宋某某构成贩卖毒品罪的共犯。第二，宋某某的行为不构成贩卖毒品罪。现有证据表明，宋某某为高某代购毒品并未从中牟利，不属于变相加价贩卖毒品的行为，且宋某某知道高某系吸毒人员，自认为高某购买毒品的目的是用于吸食，故其行为不构成贩卖毒品罪。第三，宋某某的行为符合非法持有毒品罪的构成要件。宋某某不以牟利为目的，在不明知高某有贩卖毒品行为的情况下，认为高某购买毒品仅用于吸食，所代购的毒品数量超过了《刑法》第 348 条规定的最低数量标准，符合非法持有毒品罪的构成要件，应当以非法持有毒品罪定罪。另外，值得注意的是，非法持有毒品罪通常被视为一种状态犯，一般情况下，只有对被告人实际持有的毒品才能认定为非法持有毒品的数量。本案中，只能将已查获的 11.9 克甲基苯丙胺认定为宋某某非法持有毒品的数量，宋某某在 2010 年 3 月初代购的 11.9 克甲基苯丙胺去向不明，属于已经灭失的毒品，不宜计入其非法持有毒品的数量。

对于宋某某在代购毒品过程中同城内运送毒品的行为，及被告人高某指使宋某某接取、运送毒品的行为，公诉机关指控为运输毒品罪。当前，司法实践中，对于构成运输毒品罪是否有距离要求、是否应当具有获得运输报酬的目的，存在认识分歧。有观点认为，运输毒品是一种客观行为，只要行为人在我国境内通过自身或者委托、雇用他人携带、寄递、运输毒品的，不论距离长短，都构成运输毒品罪。我们认为，为防止不当扩大打击面，认定为运输毒品罪还是应当适当考虑运输距离和目的。运输毒品罪侵犯的客体是国家毒品管理制度中有关毒品运输的法律制度，其客观方面表现为通过自身或者利用他人将毒品从甲地携带、运输、邮寄、快递至乙地的行为。从犯罪构成来看，构成运输毒品罪通常要具备两个要件：主观要件必须明知是毒品，客观要件方面包括起运地和实际到达地之间有一定的空间距离。对于在不同城市之间运送毒品的，一般可以认定为运输毒品罪。但对于同城内的运送，因空间距离较短，通常不宜认定为运输毒品罪。即使特殊情况下可以认定，也应当考虑被告人是否存在通过运送毒品获得运输报酬的目的。本案中，宋某某受高某指使为其代购毒品后，携带毒品前往同城之内相距仅十分钟左右

车程的地点将毒品交给高某,运送毒品的距离较短,且没有证据证实宋某某由此赚取了运费,故不宜认定为运输毒品罪。实际上,对宋某某短距离运送购得的毒品并交给高某的行为,可视为其代购毒品行为的一部分,故无须将其代购毒品行为中的运送毒品环节割裂开来单独认定为运输毒品罪。

问题 4. 有吸毒情节的被告人短期内购入大量毒品且大部分毒品去向不明时,如何认定其贩卖毒品的数量

【刑事审判参考案例】姚某某等贩卖毒品案[①]

一、基本案情

浙江省湖州市人民检察院以被告人姚某某等犯贩卖毒品罪,向湖州市中级人民法院提起公诉。公诉机关指控被告人姚某某贩卖毒品的数量为 20.35 克。在审理过程中,湖州市中级人民法院认为起诉书遗漏重要犯罪事实,建议变更起诉。检察院经审查后变更起诉,指控姚某某贩卖毒品 205 克。

被告人姚某某及其辩护人辩护称,姚某某购买毒品并非出于贩卖目的,其购买的 205 克冰毒中,自己吸食的数量较大,贩卖的只有 20 余克。

湖州市中级人民法院经公开审理查明:

1. 2011 年 11 月,同案被告人虞某经事先联系,从杨某(另案处理)处以人民币 8000 元的价格,为被告人姚某某购入冰毒 20 克。

2. 2011 年 11 月,同案被告人虞某经事先联系,从杨某处以人民币 19000 元的价格,为被告人姚某某购入冰毒 50 克。

3. 2012 年春节前,同案被告人虞某经事先联系,从杨某处以人民币 38000 元的价格,为姚某某购入冰毒 100 克。

4. 2012 年 2 月 20 日,同案被告人毛某某携带冰毒至湖州市,同案被告人虞某遂与被告人姚某某联系,后以人民币 7000 元的价格,为姚某某购入冰毒 15 克。

5. 2012 年 2 月底 3 月初,同案被告人毛某某再次携带冰毒至湖州市,同案被告人虞某经与被告人姚某某联系,以人民币 9000 元的价格,为姚某某购入冰毒 20 克。

6. 2011 年 10 月中下旬至 2012 年 3 月 26 日,姚某某本人或者指使马某某、罗某分多次向谈某某、鲁某等人贩卖毒品共计 20.35 克。

(本案其他被告人其他事实略)

湖州市中级人民法院认为,被告人姚某某为贩卖而购入毒品,其行为构成贩卖毒品罪,应以其购入毒品的数量认定其贩卖毒品的数量。姚某某的贩毒行为持续发生于其购买毒品期间,每次购买毒品后均有贩卖行为,足以证实其购买毒品具有贩卖目的,姚某某及其辩护人提出姚某某购买毒品并非出于贩卖目的的辩护意见,与审理查明的事实不符,不予采纳。在共同犯罪中,姚某某起主要作用,系主犯。姚某某到案后如实供述自己的主要犯罪事实,坦白交代了同种较重罪行,可依法从轻处罚。姚某某具有协助抓捕

[①] 王宗冉、沈怡侃撰稿,陆建红审编:《姚某某等贩卖毒品案——被告人具有吸毒情节的,如何认定贩卖毒品数量(第 1231 号)》,载最高人民法院刑事审判第一、二、三、四、五庭主办:《刑事审判参考》(总第 112 集),法律出版社 2018 年版,第 86~93 页。

其他犯罪嫌疑人的情节,应认定为立功,可依法减轻处罚。依照《刑法》第 347 条第 1 款、第 2 款第 1 项、第 4 款、第 7 款,第 354 条,第 25 条第 1 款,第 26 条第 1 款、第 4 款,第 27 条,第 67 条第 3 款,第 68 条、第 56 条第 1 款,第 59 条、第 52 条、第 53 条、第 72 条,第 64 条之规定,以贩卖毒品罪,判处被告人姚某某有期徒刑十四年,剥夺政治权利四年,并处没收个人财产人民币八万元。

宣判后,被告人姚某某提出上诉,称其购入的但未被查获的毒品已被其吸食,其只贩卖了 20.35 克冰毒,原审认定其贩卖 205 克冰毒不符合事实。其到案后如实供述自己主要犯罪事实,坦白交代同种较重罪行,协助抓捕其他犯罪嫌疑人,有立功表现。请求撤销一审判决,对其减轻处罚。

浙江省高级人民法院认为,被告人姚某某在侦查阶段多次供述,其从虞某处购入冰毒有 80~90 克贩卖给了他人,其供述显示所购进的毒品有一半左右都用于贩卖。故其上诉提出仅贩卖 20.35 克冰毒的理由,明显与其先前的供述相矛盾。姚某某在由虞某代为购进毒品之前即有贩卖毒品的行为,其在短时间内通过虞某、毛某某多次购进大量毒品,在购进毒品后一直持续地多次贩卖,足见其购买毒品时具有明显的贩卖意图。原判以其购进毒品的数量追究其刑事责任并无不当。姚某某的上诉理由与事实不符,不予采纳。原审已经根据姚某某的犯罪情节以及立功表现、坦白情节依法从轻或减轻处罚。原判定罪及适用法律正确,量刑适当,审判程序合法。依照《刑事诉讼法》第 225 条第 1 款第 1 项①之规定,裁定驳回上诉,维持原判。

二、裁判理由

(一)已被被告人吸食的部分毒品,不应计入被告人贩卖毒品的数量,但必须"确有证据证明"该部分毒品已被被告人吸食

本案中被告人姚某某短期内购入 205 克毒品,且其贩毒行为持续发生于购毒期间。但是,有证据证明姚某某向他人贩卖毒品的数量仅为 20.35 克,姚某某辩称其余 184.65 克系自己吸食。对此,如何认定姚某某的贩卖毒品数量?审理中,有两种不同意见。

第一种意见认为,应当认定姚某某贩卖毒品的数量为 20.35 克。主要理由是:从证据角度来看,姚某某辩称其余 180 余克毒品被其吸食,在案没有证据能够反驳姚某某的辩解,因此,应当推定其辩解成立。从刑事政策角度考虑,根据《大连会议纪要》第 1 条的规定,部分已被被告人吸食的,应当按照能够证明的贩卖数量及查获的毒品数量认定其贩卖的数量,已被吸食的部分不计在内。

第二种意见认为,应当认定姚某某贩卖毒品的数量为 205 克。主要理由是:从证据角度分析,姚某某辩称被其吸食的毒品数量达 184.65 克,与在案证据不符。姚某某曾供述,毒品大部分被其卖掉,一小部分被自己吸食;同时,其从第一次购买毒品开始至最后一次购入毒品,时间仅 4 个月,自己难以吸食 184.65 克冰毒,且有证据证明其第一次购入毒品前,于 2011 年 10 月就有向他人贩卖毒品的行为,可见其购买毒品的数量实际并不止 205 克。从刑事政策角度看,已被姚某某吸食的毒品即使大部分去向不明,也应当以其购入的毒品数量认定为贩卖毒品的数量,在量刑时考虑自吸的情节。《大连会议纪要》所规定的"已被吸食部分"毒品,不能仅根据被告人口供即予认定,而应当有充分的证据证明。而《武汉会议纪要》则更加明确规定:"对于有吸毒情节的贩毒人员,一般应当按照

---

① 现为 2018 年《刑事诉讼法》第 236 条第 1 款第 1 项。

其购买的毒品数量认定其贩卖毒品的数量，量刑时酌情考虑其吸食毒品的情节……确有证据证明其购买的部分毒品并非用于贩卖的，不应计入其贩毒数量。"

我们同意第二种意见，认为应当认定姚某某贩卖毒品的数量为205克。理由如下：

1. 对具有吸毒情节的贩毒分子，已经被被告人吸食的毒品，不应计入贩卖毒品数量。

这是因为，根据刑法规定，吸毒不构成犯罪。如果对被告人已经吸食或者根据在案证据确定被告人将用于吸食的毒品计入贩卖毒品数量，等于变相对吸毒行为追究刑事责任。因此，无论是《大连会议纪要》还是《武汉会议纪要》都明确规定，已被具有吸毒情节的被告人吸食的部分，不计算在其毒品犯罪数量内。

但是，对于吸毒者持有毒品的，也不是一律不追究刑事责任。不追究其刑事责任的吸毒者持有毒品数量的最高限度是《刑法》第348条规定的非法持有毒品罪的构成最低数量，即鸦片200克，海洛因或者甲基苯丙胺10克。超过这个数量的，即使没有证据证明其是为了实施贩卖毒品等其他犯罪，也应以非法持有毒品罪或运输毒品罪等处罚。例如，《大连会议纪要》规定，吸毒者在购买、运输、存储毒品过程中被查获的，如没有证据证明其是为了实施贩卖毒品等其他犯罪行为，毒品数量未超过《刑法》第348条规定的最低数量标准的，一般不定罪处罚；查获毒品数量达到较大以上的，应当以其实际实施的毒品犯罪行为定罪处罚。《武汉会议纪要》则更加明确规定：吸毒者在购买、存储过程中被查获的，没有证据证明其是为了实施贩卖毒品等其他犯罪，毒品数量达到《刑法》第348条规定的最低数量标准的，以非法持有毒品罪定罪处罚；在运输毒品过程中被查获的，以运输毒品罪定罪处罚。

2. 认定"已经被吸食"必须有确实的证据证明，而不能仅仅依据被告人供述和辩解。

实践中，吸毒者购买了一定数量的毒品后，有证据证明已经卖出了部分毒品，又从其身边或者住处查获了部分毒品，但是，查获的毒品与贩卖的毒品数量之和明显少于其购买的毒品数量，即"购买的毒品数量＝能够证明的卖出的毒品数量＋查获的毒品数量＋去向不明的毒品数量"。从实践看，对去向不明的这部分毒品，被告人往往辩称已被自己吸食。在这种情况下，如何认定已被吸食的毒品数量？特别是，近年来我国吸毒人数不断上升，吸毒者实施的毒品犯罪也在大量增加，一些毒品犯罪分子利用其吸毒人员的身份逃避应有的惩处。为避免变相鼓励吸毒人员实施毒品犯罪活动，我们认为，应当坚持严格的证据证明规则，同时根据去向不明的毒品数量等情况，认定去向不明的毒品数量是否属于"已经被吸食的毒品"。

第一种情况：去向不明的毒品数量不是很大，被告人辩解称该部分毒品已经被其吸食，而这部分毒品没有明显超出被告人一段时期内的合理吸食量。在这种情况下，司法实践中一般采取宽松的证据标准。也就是说，没有相反证据的，认定被告人辩解成立，从而认定这部分毒品已经被被告人吸食，这是有利于被告人原则的具体体现。但是在量刑时，应当考虑被吸食的这部分毒品的因素。也就是说，在证明标准上从宽，在处罚上从严。

第二种情况：去向不明的毒品数量很大，明显超出一段时间的合理吸食量。在这种情况下，如果仍然把这部分毒品都认定为已被被告人吸食，不计入贩毒数量，明显不利于打击吸毒者实施的毒品犯罪。《大连会议纪要》虽然没有明确在这种情况下如何确定"已经被吸食的毒品数量"，但在司法实践中，一般采用严格的证明标准，即认定"已经被吸食的毒品数量"，必须有充分的证据证明，而不仅仅是被告人的供述和辩解。而《武汉会议纪要》则明确规定要"确有证据证明"被告人购买的部分毒品并非用于贩卖的,才不计入贩毒数量。实际上,"确有证据证明"的证明标准,包含了推定为贩卖毒品的意思,也具有举证责任倒置性质。也就是说,要求被告人提供确切证据证明去向不明的毒品并非用于贩卖,仅有被告人本人供述和辩解,没有其他证据印证的,不属于"确有证据证明"。这一规定实际是从证明标准方面加大了对此类犯罪的打击力度。

另外,所谓"并非用于贩卖",不仅是指已经被吸食,还包括已经消耗的,也包括查获了实物但能够甄别的,具体有以下几种情况:(1)该部分毒品已经被被告人吸食或者已经被其赠与他人吸食的;(2)查获的毒品中有少量不同种类的毒品(如主要为冰毒,少量毒品为海洛因),而被告人正是吸食此类少量不同种类毒品(海洛因);(3)不以牟利为目的为吸食者代购少量毒品的,等等。但是,有证据证明是已经丢失或者销毁的毒品,或者被盗抢的毒品,则不能简单认定为这里的"并非用于贩卖",因为被告人购买的这部分毒品虽有可能用于吸食,但也完全可能用于贩卖,故无论是否卖出,均应计入其贩卖毒品的数量。当然,如果灭失的这部分毒品数量很大,特别是占总数量的比重很大时,应在量刑时予以考虑,对死刑适用也将产生影响。

3.《武汉会议纪要》与《大连会议纪要》的总体精神是一致的,但是《武汉会议纪要》更加明确了证明要求。

根据《大连会议纪要》的规定,具有吸食毒品情节的,在计算其贩卖毒品数量时,对于已被吸食部分可不计入贩卖毒品数量。但对于如何认定吸食毒品的数量以及在证明方面的要求,《大连会议纪要》没有明确提出解决方案。为此,《武汉会议纪要》作了完善:一是对于有吸毒情节的贩毒人员,一般应当按照其购买的毒品数量认定其贩卖毒品的数量,量刑时酌情考虑其吸食毒品的情节。也就是说,在一般情况下,不考虑减去毒贩自己吸食毒品的数量,仅在量刑时予以考虑。二是购买毒品的数量无法查明的,按照能够证明的贩卖数量及查获的毒品数量认定其贩毒数量。也就是说,以购买毒品数量作为其贩毒数量的依据是原则,只有在购买毒品数量无法查明时,才按照"贩卖数量+查获数量=贩毒数量"的方式确定。三是确有证据证明其购买的毒品中有部分并非用于贩卖,而是用于吸食或者赠与他人吸食等的,不应计入其贩毒数量。

就本案而言,案件审理时,《武汉会议纪要》尚未公布,但审理法院并非机械地套用《大连会议纪要》的原则性规定,而是根据毒品案件自身的规律作出符合事实和法律精神的裁判。主要体现在以下几个方面:一是认定姚某某系具有吸毒情节的贩毒人员。二是按照姚某某购买毒品的数量作为其贩卖毒品的数量。三是认定姚某某辩解的吸毒数量不成立。四是在量刑上考虑其有吸毒情节的因素。

上述裁判认定本案中不知去向的大量毒品不是被姚某某吸食而是被其贩卖的理由是:

1. 被告人姚某某辩称其仅贩卖20余克冰毒,余下的均被其吸食,与其本人在多份讯问笔录中的供述和相关吸毒人员的证言相矛盾,不足以采信。

2. 按被告人姚某某供述称每日1克连续吸食150天(2011年11月初至2012年3月初姚某某通过虞某购买毒品的期间)的吸食量进行推算,距其通过虞某购入的205克尚有50余克的差距,更何况其曾供述在上述时间段内自己分3次从"嘉兴小金"处购买65克冰毒(公安机关未找到"嘉兴小金",因而未认定该笔数量)。因此,仅以其自称的吸食量进行推算,仍有数量较大的毒品剩余。

3. 在案证据证实,被告人姚某某在认识虞某之前就有贩卖毒品的行为,虞某本人也向其购买毒品,且其贩毒的行为一直持续发生在上述购毒期间,次数多、频率高。也可以据此认定其购买毒品是具有贩卖的目的和行为的。

4. 如果仅认定被告人姚某某贩卖 20.35 克毒品,违反了举轻以明重的刑法解释及处罚原则,进而违背《大连会议纪要》从严打击毒品犯罪的精神。该纪要规定:"有证据证明行为人不以牟利为目的,为他人代购仅用于吸食的毒品,毒品数量超过《刑法》第 348 条规定的最低数量标准的,对托购者、代购者应以非法持有毒品罪定罪。"按照该条规定,对于购毒自吸的托购者,如果其购买的毒品数量超过《刑法》第 348 条规定的最低数量标准的,对托购者以非法持有毒品罪进行处罚。而本案中,在案证据证实姚某某作为托购者还有大量的贩毒行为存在,因此对于托购自吸者的购毒行为以非法持有毒品罪进行评价,而对于托购贩毒者的购毒行为却不予评价,有违从严惩处毒品犯罪的精神。

5. 仅认定被告人姚某某贩卖 20.35 克毒品,违反了共同犯罪理论,进而导致量刑失衡,显失公平。根据《大连会议纪要》的规定,明知他人实施毒品犯罪而为其代购的,以相关毒品犯罪的共犯论处。本案中,姚某某委托虞某代为购买毒品,若仅仅对作为代购者的虞某购买毒品的行为进行评价,本身就违反了共犯理论。而对于共同犯罪,仅处罚其中的代购者,对托购者却不予以处罚,明显失当。

综上,虽然本案的一审、二审判决均在《武汉会议纪要》发布之前作出,但其裁判结果与《武汉会议纪要》的相关规定是相契合的。

(二)人民法院在审判期间,发现可能影响定罪的新的犯罪事实,可以建议公诉机关补充或变更起诉

在本案中,公诉机关起初以被告人姚某某贩卖毒品 20.35 克提起公诉。人民法院在审理期间,经审查认为,仅指控姚某某贩卖 20.35 克毒品,存在犯罪事实的重大遗漏。在此种情况下,人民法院不宜径自按照法院认定的事实进行宣判。人民法院除了可以改变起诉指控的罪名而依照法院审理认定的罪名作出判决外,并不能改变公诉机关指控的事实。人民法院经审理发现新的犯罪事实的,只能建议人民检察院补充起诉或者变更起诉。对此,《最高人民法院关于适用〈中华人民共和国刑事诉讼法〉的解释》(以下简称《刑事诉讼法解释》)第 243 条[①]有明确规定:"审判期间,人民法院发现新的事实,可能影响定罪的,可以建议人民检察院补充或者变更起诉;人民检察院不同意或者在七日内未回复意见的,人民法院应当就起诉指控的犯罪事实,依照本解释第二百四十一条的规定作出判决、裁定。"所以,在本案中,湖州市中级人民法院建议检察院变更起诉,检察院经审查后变更起诉,指控被告人姚某某贩卖毒品 205 克,法院经审查后,认定姚某某贩卖毒品的数量为 205 克,同时在量刑时考虑其吸食的情节,这一具体诉讼程序是合法的。

---

① 现对应 2021 年《刑事诉讼法解释》第 297 条。

第二章
走私、贩卖、运输、制造毒品罪

在《刑法》第六章第七节有关毒品犯罪所涉 12 个罪名中，走私、贩卖、运输、制造毒品犯罪是最主要、最复杂的毒品犯罪，办理好走私、贩卖、运输、制造毒品犯罪案件，对于打击毒品犯罪具有重要和基础性的意义。

第一节 走私、贩卖、运输、制造毒品罪概述

一、走私、贩卖、运输、制造毒品罪的概念及构成要件

走私、贩卖、运输、制造毒品罪，是指明知是毒品而故意实施走私、贩卖、运输、制造的行为。

（一）客体要件

走私、贩卖、运输、制造毒品罪侵犯的客体是国家对毒品的管理制度和人民的身心健康。走私毒品犯罪还同时侵害了国家海关管理制度。

本罪犯罪的对象是毒品。根据《禁毒法》第 2 条、《刑法》第 357 条及《审理毒品犯罪案件解释》等相关司法解释，毒品是指鸦片、海洛因、甲基苯丙胺（冰毒）、吗啡、大麻、可卡因以及国家规定管制的其他能够使人形成瘾癖的麻醉药品和精神药品；根据医疗、教学、科研的需要，依法可以生产、经营、使用、储存、运输的麻醉药品和精神药品。具体品种以《麻醉药品品种目录》《精神药品品种目录》，以及《非药用类麻醉药品和精神药品管制品种增补目录》（含新列管的芬太尼类物质，合成大麻素类物质和氟胺酮等 18 种物质，该目录持续更新）为依据。

同时，根据《刑法》第 357 条，毒品的数量以查证属实的走私、贩卖、运输、制造的数量计算，不以纯度折算。定罪量刑的毒品数量标准依据《刑法》第 347 条第 2 款、第 3 款及《审理毒品犯罪案件解释》第 2 条、第 3 条、第 4 条、第 5 条确定，其他毒品的数量可依据《非法药物折算表》折算成毒品海洛因计算。

（二）客观要件

走私、贩卖、运输、制造毒品罪的客观方面表现为行为人违反国家毒品管理制度，直接以毒品为犯罪对象，实施的毒品生产、流通活动。

1. 毒品的生产。制造毒品是将毒品原材料加工制成毒品的行为，既包括用原材料配制毒品，也包括将一种毒品变为另一种毒品，以及将粗制毒品变成精制毒品。制造毒品是毒品犯罪活动中的首要环节。

2. 毒品的流通。走私、贩卖、运输毒品属于毒品的流转和交易，是毒品到达毒品消费者手中的渠道和桥梁，是毒品犯罪活动中十分重要的一环，也是最主要的毒品犯罪活动。

（1）走私毒品。走私毒品是指非法运输、携带、邮寄毒品进出国（边）境的行为。行为方式主要是输入毒品与输出毒品，对在领海、内海运输、收购、贩卖国家禁止进出口的毒品，以及直接向走私毒品的犯罪人购买毒品的，应视为走私毒品。

（2）贩卖毒品。贩卖毒品是指有偿转让毒品或者以贩卖为目的而非法收购毒品的行为。有偿转让毒品，是指行为人将毒品交付给对方，并从对方获取物质利益。贩卖是有偿转让，但行为人交付毒品既可能是获取金钱，也可能是获取其他物质利益；既可能在交付毒品的同时获取物质利益，也可能先交付毒品后获取物质利益或者先获取物质利益后交付毒品。

（3）运输毒品。运输毒品是指采用携带、邮寄、利用他人或者使用交通工具等方法在我国领域内将毒品从此地转移到彼地的行为。

涉嫌为贩卖而自行运输毒品，由于认定贩卖毒品的证据不足，因而认定为运输毒品罪的，不同于单纯的受指使为他人运输毒品行为，其量刑标准应当与单纯的运输毒品行为有所区别。

走私、贩卖、运输、制造毒品罪属于选择性罪名，凡实施了走私、贩卖、运输、制造毒品行为之一的，即以该行为确定罪名。对同一宗毒品实施了两种以上犯罪行为，并有相应确凿证据的，应当按照所实施的犯罪行为的性质并列适用罪名，毒品数量不重复计算。对同一宗毒品可能实施了两种以上犯罪行为，但相应证据只能认定其中一种或者几种行为，认定其他行为的证据不够确实充分的，只按照依法能够认定的行为的性质适用罪名。对不同宗毒品分别实施了不同种犯罪行为的，应对不同行为并列适用罪名，累计计算毒品数量，不实行数罪并罚。对被告人一人走私、贩卖、运输、制造两种以上毒品的，不实行数罪并罚，量刑时可综合考虑毒品的种类、数量及危害，依法处理。

（三）主体要件

走私、贩卖、运输、制造毒品犯罪的主体既有一般主体，也有特殊主体，包括自然人和单位。

1. 一般主体。

（1）自然人。达到刑事责任年龄且具有刑事责任能力的自然人均可成为本罪主体。[①]

[①] 根据《刑法》第17条第2款的规定，已满14周岁不满16周岁具有刑事责任能力的人实施贩卖毒品的行为，以贩卖毒品罪论处。

不论是中国人，还是外国人、无国籍人均可构成。

（2）单位。单位主管人员和其他直接责任人员在执行职务中，以单位名义实施的依法应受刑法处罚的走私、贩卖、运输、制造毒品犯罪行为，单位可构成本罪主体。

2. 特殊主体。《刑法》第355条规定的非法提供麻醉药品、精神药品罪的主体是特殊主体，即依法从事生产、运输、管理、使用国家管制的精神药品和麻醉药品的单位和个人。上述人员或单位向走私、贩卖毒品的犯罪分子或者以牟利为目的，向吸食、注射毒品的人提供国家规定管制的能够使人形成瘾癖的麻醉药品、精神药品的，应依照走私、贩卖、运输、制造毒品罪的规定定罪处罚。

（四）主观要件

走私、贩卖、运输、制造毒品罪是故意犯罪，是指明知或推定"明知"是毒品而故意实施走私、贩卖、运输、制造毒品的行为。过失不构成本罪。走私、贩卖、运输、制造毒品行为一般以营利为目的，但也不排除行为人具有其他目的，法律没有要求构成本罪必须以营利为目的。

（五）相关认定

1. 本罪与其他犯罪的界限。行为人故意以非毒品冒充毒品或者明知是假毒品而贩卖牟利的，应认定为诈骗罪，而非贩卖毒品罪；如果行为人不明知是毒品而贩卖，由于具有贩卖毒品的主观故意，应认定为贩卖毒品罪（未遂）。行为人盗窃、抢夺或者抢劫毒品，构成盗窃罪、抢夺罪或者抢劫罪，根据情节轻重量刑。行为人在生产、销售的食品中掺入微量毒品的，应认定为生产、销售有毒、有害食品罪，不宜认定为贩卖毒品罪。行为人走私、非法经营、非法使用兴奋剂，如涉案物质属于毒品，构成有关犯罪的，依照相应毒品犯罪行为，可以走私、贩卖毒品罪等定罪处罚。

行为人在一次走私活动中，既走私毒品又走私其他货物、物品的，一般应按走私毒品罪和构成的其他走私罪，实行数罪并罚。

2. 本罪的既遂与未遂。由于毒品犯罪的特殊性，是否对毒品犯罪的既未遂问题作出明确规定存在较大争议，在毒品犯罪审判实务中也较少区分既未遂。根据审判实务中的通行观点，走私、贩卖、运输、制造毒品罪的既未遂区分标准如下。

（1）走私毒品罪的既未遂。走私毒品主要分为输入毒品与输出毒品，输入毒品分为陆路输入与海路、空路输入。陆路输入应当以越过国境线，使毒品进入国内领域为既遂标准。海路、空路输入毒品，以装载毒品的船舶到达本国港口或航空器到达本国领域内为既遂，否则为未遂。

（2）贩卖毒品罪的既未遂。贩卖毒品以进入实质交易环节作为认定既遂的标准，转移毒品后行为人是否已经获取了利益，不影响既遂的成立。毒品实际上没有转移，但已经达成交易协议，或者行为人已经获得了利益，也可认定为既遂。

（3）运输毒品罪的既未遂。行为人以将毒品从甲地运往乙地为目的开始运输毒品时，是运输毒品罪既遂，由于行为人意志以外的原因没有到达目的地，也属于犯罪既遂。毒品到达目的地后，由于其他原因而将毒品运回原地或者其他地方的，亦是犯罪既遂。采用物流寄递方式运输毒品，完成交寄手续的，可认定为运输毒品既遂。

（4）制造毒品罪的既未遂。制造毒品罪应以实际上制造出毒品（含粗制毒品或者半成品）为既遂标准，至于所制造出来的毒品数量多少、纯度高低等，都不影响既遂的成立。着手制造毒品后，没有实际制造出毒品的，是制造毒品未遂。

（5）控制下交付的既未遂。公安机关依法实施控制下交付毒品，未对毒品犯罪实施起到实质推动作用的，一般不影响毒品犯罪既遂的认定，但量刑时可酌情考虑。

3. 未成年人毒品犯罪。根据《刑法》第17条规定，犯罪时已满16周岁的未成年人实施毒品犯罪，应当负刑事责任；已满14周岁不满16周岁的未成年人犯贩卖毒品罪，应当负刑事责任。需要强调的是，该法条所称"犯贩卖毒品罪"，是指具体犯罪行为而不是确切罪名。而且已满14周岁不满16周岁的未成年人只对贩卖毒品的行为负刑事责任，对基本性质相同、危害程度相等的走私、制造、运输毒品的行为则不负刑事责任。

二、走私、贩卖、运输、制造毒品犯罪现状

多年来，走私、贩卖、运输、制造毒品犯罪作为最主要的毒品犯罪，呈现以下特征及趋势：[①]

（一）我国毒品主要来自境外，"金三角"等地仍是我国毒品的主要来源，在现阶段仍为中国毒情的主要特征

当前传统、合成、新型毒品"三代并存"格局愈加明显，麻精药品替代滥用问题不容忽视。海洛因、甲基苯丙胺、氯胺酮仍占据涉案毒品前三位，但涉甲卡西酮、γ-羟丁酸、合成大麻素、氟胺酮等新型毒品犯罪总体呈上升态势。2020年，全国缴获海洛因、冰毒、氯胺酮等主要毒品26.3吨，其中来自境外的有22.4吨，占全部主要毒品的84.9%；其中缴获来自"金三角"地区的海洛因、鸦片6.3吨，占全国总量的96.2%，冰毒、氯胺酮18.8吨，占全国总量的83.1%。该地区毒品产能巨大、供应充足，是中国毒品的主要来源地。受新冠疫情严控和边境封控限制，"金三角"地区毒品大量囤积在边境地区，价格极低，毒贩为回本牟利，伺机脱手，加紧通过多种渠道向中国和其他东南亚国家大宗贩运。一些境内外贩毒团伙盘踞西南边境，坐大成势，利用暗网勾连、移动支付、卫星定位和通信等技术手段实施犯罪，将"金三角"毒品从西南边境走私入境后，在华中地区中转集散，再销往西北、华北和东北等地区，智能化、隐蔽性强，加大了侦控打击难度。

（二）走私、贩卖、运输、制造毒品罪在全部毒品犯罪中所占比例大，其中又以走私、贩卖、运输毒品为主

2018年，全国共破获走私、贩卖、运输毒品案件7万起，抓获犯罪嫌疑人9.8万名，缴获各类毒品41.8吨；2019年，全国共破获走私、贩卖、运输毒品案件6.2万起，抓获犯罪嫌疑人9万名，缴获毒品49.1吨；2020年，全国破获走私、贩卖、运输毒品案件4.7万起，抓获犯罪嫌疑人7万余名，缴获毒品43.9吨；2021年全年破获走私、贩卖、运输毒品案件4.1万起，抓获犯罪嫌疑人6万名，缴获毒品21.4吨。虽然总体上，走私、

[①] 参见最高人民法院《党的十八大以来的人民法院禁毒工作》，载最高人民法院网，https://www.court.gov.cn/zixun/xiangqing/363391.html，2022年6月25日。相关数据来自2018年、2019年、2020年、2021年《中国毒情形势报告》，载中国禁毒网，http://www.nncc626.com/2022-02/11/c_1211566140.htm。

贩卖、运输毒品案件的数量、犯罪嫌疑人数量逐步下降，但绝对数仍处于毒品案件数的第一位且占比高。以 2020 年为例，全国共破获毒品犯罪案件 6.4 万起，抓获犯罪嫌疑人 9.2 万名，缴获毒品 55.49 吨，走私、贩卖、运输毒品案件数，犯罪嫌疑人数，缴获毒品数分别占总毒品犯罪案件数的 73.4%、77.8%、79.1%。此外，制造毒品案件数量不大，2018 年共破获国内制毒案件 412 起，2019 年共破获国内制毒案件 219 起，2020 年全国共破获国内制毒案件 249 起，总体占全部毒品案件的比例很小。

（三）随着经济社会发展和交通物流基础设施不断完善，利用互联网新技术、新模式、新业态的贩毒活动明显增多

1. "互联网＋物流寄递＋电子支付"非接触式犯罪手段逐渐成为毒品贩运的新常态。物流寄递渠道贩毒案件持续上升，例如，2020 年，全国共破获物流寄递渠道贩毒案件 3011 起，缴获毒品 4.3 吨，比上年分别上升 9.5% 和 1.1%。其中，破获物流货运渠道贩毒案件 414 起、缴获毒品 2.7 吨，邮寄快递渠道贩毒案件 2303 起、缴获毒品 1.6 吨，"大宗走物流、小宗走寄递"特点明显。网络贩毒手段多样，全国共破获网络毒品案件 4709 起、抓获犯罪嫌疑人 8506 名，缴获毒品 856.9 公斤，分别占全国总数的 7.4%、9.2% 和 1.5%。新冠疫情形势下，互联网虚拟平台、论坛、群组等成为涉毒活动聚集地。不法分子利用大众网络平台发布涉毒信息，采用数字货币支付毒资，使用邮寄、同城快递等方式或小众物流快递公司运送毒品，中途变更收货地址，交易两头不见人，加大了发现、查处、取证难度。

2. 海上走私过境大案有所发生。受新冠疫情扩散等因素影响，传统渠道贩毒活动出现变化，例如 2020 年，全国破获陆路贩毒案件 3.3 万起，同比下降 25.7%，破获航空、铁路等渠道贩毒案件明显下降；海上运输受疫情防控影响较小，大宗毒品走私过境情况突出，福建等地联合海警部门连续破获多起海上贩毒大案，缴获各类毒品近 1 吨。

3. 贩毒人员流窜境外走私毒品入境增多。外流贩毒仍是毒品走私贩运的主要方式，有的外流贩毒团伙甚至流窜至缅北地区，走私毒品入境，例如 2018 年，全年共抓获外流贩毒人员 2.44 万名。一些外流贩毒团伙已在缅北地区坐大成势，这些团伙层级多、分工细，以高额回报为诱饵，通过网络招募无案底年轻人，将其诱骗至缅北后拘禁起来，以恐吓、敲诈等手段强迫其体内藏毒或携带毒品运往国内，操纵国内大部分海洛因消费市场。受境内外毒品价差带来的暴利诱惑，境外人员携毒入境增多，2018 年共抓获外国籍贩毒人员 1268 名。

三、走私、贩卖、运输、制造毒品案件审理热点、难点问题

走私、贩卖、运输、制造毒品罪系最主要的毒品犯罪，亦是毒品审判中的重难点，具有特殊性、历史性、地域性、民族性，且与国家外交等领域密切相关，必须针对走私、贩卖、运输、制造毒品犯罪出现的新情况、新特点，有针对性地研究、分析内在规律，才能实现精准打击，对其他罪名的毒品犯罪审判起到引领作用。走私、贩卖、运输、制造毒品审判难点问题主要有以下几个方面。

（一）既遂、未遂认定难

《刑法》第 23 条明确规定，已经着手实行犯罪，由于犯罪分子意志以外的原因而未

得逞的，是犯罪未遂；对于未遂犯，可以比照既遂犯从轻或者减轻处罚。学界、审判实务中对于走私、贩卖、运输、制造毒品罪的既遂、未遂标准有多种学说，特别是对于走私、贩卖毒品犯罪既遂、未遂，在具体案件中争议较大，亦是辩护律师辩护的主要着眼点。鉴于走私、贩卖、运输、制造毒品犯罪的专业化分工程度不断提升，在大量的案件中侦查机关查获毒品大多在运输毒品途中，不可运输到目的地完成毒品交付，如机械适用既遂、未遂标准，基本上可认定为未遂，将严重影响对走私、贩卖、运输、制造毒品犯罪的打击力度。故在走私、贩卖、运输、制造毒品案件的审判实务中，不应过多纠结对既遂、未遂的认定，除特殊情形外，只要进入相应的走私、贩卖、运输、制造环节，实施了其中一个行为，就应视为毒品犯罪的既遂。

（二）犯意、数量引诱排除难

与其他刑事案件的侦查方式不同，走私、贩卖、运输、制造毒品犯罪案件的侦查分为公开查缉、秘密侦查两种方式，随着毒品犯罪专业分工的发展，秘密侦查在打击走私、贩卖、运输、制造毒品的犯罪中所起的作用越来越大，破获的案件数量占比也在逐步提高。在走私、贩卖、运输、制造毒品犯罪侦查中，侦查机关经常使用隐匿身份人员提供的线索，但这类人员本身处于毒品犯罪的灰色地带，部分隐匿身份人员往往涉案很深，隐匿身份人员与其他走私、贩卖、运输、制造毒品的犯罪嫌疑人之间是否存在毒品犯意引诱、数量引诱，一般只能依靠隐匿身份人员的证言来证实不存在犯意引诱、数量引诱，与其他犯罪嫌疑人的供述存在反差，很难排除存在犯意引诱、数量引诱的可能性。此外，虽然《刑事诉讼法》第153条规定，对涉及给付毒品等违禁品的犯罪活动，公安机关可实施控制下交付，但在少数毒品犯罪案件的控制下交付中，侦查机关可能会为保障毒品不失控，使用其他替代物实施毒品交付，在这种情况下对犯意引诱、数量引诱的认定更加困难。

（三）主观"明知"推定难

由于毒品犯罪的隐匿性，犯罪分子往往会对毒品进行伪装，并与毒品分离，以期割裂与毒品的关联。在毒品犯罪案件审理实务中，定罪量刑的最大争议往往在于被告人是否主观明知毒品的问题，被告人多以其不知道所携带的物品系毒品，辩护人亦以被告人系受蒙蔽为由，请求认定被告人无罪。虽然最高人民法院、最高人民检察院、公安部公布的《办理毒品犯罪案件适用法律若干问题的意见》（以下简称《办理毒品犯罪案件意见》）等对毒品犯罪嫌疑人、被告人主观明知的认定问题进行了规定，在《昆明会议纪要》中对主观明知的情形做了进一步扩展，但在审判实务中，上述情形的认定，除有充分证据证明的案件外，一些证据较为单薄的案件认定往往取决于侦查人员、检察官、法官的主观感受，被告人、辩护人往往对"明知"推定提出异议。对于以推断主观明知而被起诉、定罪的被告人，如"明知"推定与其他证据存在不能得到合理解释的矛盾，法院也会本着疑罪从无原则，对被告人作出有利，甚至是无罪的认定，但也会引发对毒品犯罪打击不力的质疑。

（四）地位作用区分难

随着国家打击走私、贩卖、运输、制造毒品犯罪力度的加大，毒品犯罪分子为逃避打击，已构建起毒品上下家、居间介绍者、运输者等走私、贩卖、运输、制造毒品的完整专业分工犯罪体系，案件呈现明显的分工协作、单线联系、人毒分离特点，导致侦查部门很难对走私、贩卖、运输、制造毒品犯罪进行全链条打击，在走私、贩卖、运输、制造毒品案件中抓获的大多数是实施运输毒品者，很少能抓获毒品的上下家，特别是境外毒贩，对于境外的毒品犯罪情况更难以查明。以云南省为例，近年来被抓获的运毒人员已从内地人员为主，转化为以边境地区的边民为主，且比例还在不断上升；运输毒品的边民多只是为了少量报酬，将毒品从边境运送到省内再分流到外省。被抓获的运毒人员由于在走私、贩卖、运输、制造毒品犯罪中所处层级低，对其他情况不掌握，加上走私、贩卖、运输、制造毒品案件中收集证据困难，特别是部分侦查机关未提供技侦证据或隐匿身份人员介入较深的案件，对被抓获人员的地位、作用认定成为该类案件审判的最大难点。

（五）死刑政策把握难

涉案毒品数量是毒品犯罪案件，特别是判处死刑立即执行案件最重要的量刑标准，《刑法》第347条规定，制造、贩卖、走私、运输海洛因或者甲基苯丙胺50克以上即可判处有期徒刑十五年、无期徒刑或死刑，该标准在充分给予法院自由裁量权的同时，也带来了量刑上的把握困难。近年来，随着境外毒品向我国渗透、危害加剧，国内85%以上的海洛因、80%以上的冰毒都是来自与云南省毗邻的境外地区，特别是由于新冠疫情及边境封控等原因，境外毒品大量积压、价格极低，毒贩急于出手，导致走私、贩卖、运输、制造毒品犯罪案件中涉案毒品数量均大大增加，单案万克毒品的案件数大幅上升，个别边境地区中级人民法院一审走私、贩卖、运输、制造毒品犯罪案件的案均涉案毒品数量已达万克左右。在审判中如何把握坚持从严、从重打击毒品犯罪，与坚决贯彻国家严格控制和慎重适用死刑的刑事政策，给走私、贩卖、运输、制造毒品案件的审理，特别是单纯运输毒品案件的死刑适用带来了巨大挑战，也对各级法院审判能力、政策把握水平提出了极高的要求，如何找到死刑适用的平衡点成为亟待解决的问题。

（六）审限内结案难

根据2018年新修正的《刑事诉讼法》规定及各级法院要求，对刑事案件一般要求在两个月的审限内结案，以提高审判效率，但对于走私、贩卖、运输、制造毒品案件，特别是二审的死缓、死刑案件要在两个月内完成比较困难，原因主要有以下三方面：一是走私、贩卖、运输、制造毒品案件重刑率高，证据标准要求严，二审中要求补查补正的案件多，在一定程序上延长了审理期限。二是2021年新《刑事诉讼法解释》施行以来，要求死缓案件开庭审理，二审开庭案件的数量比《刑事诉讼法》修正前增加一倍以上；同时，死缓案件均需移送省检察院阅卷，阅卷周期1个月至3个月不等，也增加了审理时限。三是根据最高人民法院的新要求，二审案件需送达后才能结案，进一步加大了在审限内结案的压力。故走私、贩卖、运输、制造毒品案件在审限内审结较为困难。

四、走私、贩卖、运输、制造毒品案件办理思路及原则①

刑事审判是打击走私、贩卖、运输、制造毒品犯罪的重要环节，依法追究毒品犯罪行为人的刑事责任能够取得惩处、遏制毒品犯罪的效果。法院审理毒品犯罪案件过程中，应当充分认识到打击走私、贩卖、运输、制造毒品犯罪在打击毒品犯罪中的基础性作用，以及审理这类案件的复杂性、政策把握的全局性，在审理过程中应遵循以下原则与要求。

（一）注重证据审查

由于走私、贩卖、运输、制造毒品犯罪的隐秘性强，加之近年来该类毒品犯罪正向集团化、专业化、智能化方向发展，且被告人如实供述及认罪认罚的比例低，致使证据的收集、调取更加困难；同时，由于在毒品侦办中，存在办理部门多、办案人员流动量大、专业程度不高等问题，致使证据质量相对低于其他刑事案件。在案件审理中，应重点审查被告人身份、主观明知、是否存在犯意引诱及数量引诱、毒品归属、毒品称量鉴定、被告人在案件中的地位和作用等关键定罪量刑证据，必须做到事实清楚，证据确实充分。

（二）把握作用、地位认定

走私、贩卖、运输、制造毒品犯罪系毒品生产与毒品消费的主要链条，涉及毒品犯罪的多个环节，需要多方协同才能完成，在走私、贩卖、运输、制造毒品中共同犯罪成为常态。在审理中，一是应注意准确认定毒品犯罪的上下家关系，对于隐匿身份人员介入的案件，还需查明是否存在犯意引诱或数量引诱，以及隐匿身份人员介入的程度；二是应注意准确认定被告人在共同犯罪中的作用和地位，不能因无法查明就对共同犯罪的被告人地位、作用不作区分，一律认定为主犯并判处重刑；三是对于单人实施的走私、贩卖、运输、制造毒品犯罪案件，也应从全局出发，准确认定被告人在整个毒品犯罪链条中的地位与作用，予以适当的量刑。

（三）区分与其他罪名的异同

在毒品犯罪的相关罪名中，走私、贩卖、运输、制造毒品罪与作为兜底罪名的非法持有毒品罪之间存在一定的重合，由于两罪之间处罚标准差距较大，被告人及辩护人多以构成非法持有毒品罪为由来争取较轻处罚。在审理中，因我国传统毒品主要来自境外，在被告人处查获的毒品一般均经过相应的位置移动，故对于除有证据证实查获的毒品系被告人用于吸食外，对于达到数量较大标准的毒品，一般应认定为系被告人走私、运输、贩卖、制造的毒品，而不认定为非法持有毒品。

（四）坚持从严惩处方针

在毒品犯罪类型上，依法严惩走私、制造、大宗贩卖毒品等源头性犯罪及具有严重情节的毒品犯罪，并加大对涉新型毒品、危害青少年、农村地区毒品犯罪的惩处力度。

---

① 参见最高人民法院《党的十八大以来的人民法院禁毒工作》，载最高人民法院网，https://www.court.gov.cn/zixun/xiangqing/363391.html，2022年6月25日。

在严惩对象上，人民法院对具有武装掩护毒品犯罪、以暴力抗拒检查、拘留、逮捕、参与有组织的国际贩毒活动等严重情节以及毒枭、职业毒犯、累犯、毒品再犯等罪行严重和主观恶性深、人身危险性大的犯罪分子，该判处重刑乃至死刑的，坚决依法判处。针对毒品问题带来的次生社会危害，还应注重依法严惩因吸毒诱发的故意杀人、故意伤害、抢劫、以危险方法危害公共安全等严重犯罪，并对利用麻精药品实施强奸、抢劫等暴力犯罪者从严惩处。同时，应紧密结合扫黑除恶专项斗争，严惩操纵、经营涉毒活动的黑恶势力、毒黑交织的制贩毒团伙，深挖涉毒黑恶势力及其"保护伞"，推动禁毒领域扫黑除恶专项斗争取得积极成效。在经济制裁方面，充分关注走私、贩卖、运输、制造毒品犯罪属于贪利性犯罪的特点，加大对被告人的经济制裁力度，依法追缴违法所得，用好罚金刑、没收财产刑并加大执行力度，确保从经济方面有效惩处犯罪并剥夺再犯的条件。

（五）贯彻宽严相济刑事政策

宽严相济是我国重要的刑事政策，在走私、贩卖、运输、制造毒品案件审理中亦应贯彻。《刑法》第 347 条明确规定，走私、贩卖、运输、制造海洛因、甲基苯丙胺等毒品 50 克以上即处十五年有期徒刑、无期徒刑或者死刑，并处没收财产，毒品数量是重要的量刑情节。在审理中，不能唯毒品数量论，一律对被告人判处重刑，而是应综合考虑"数量＋情节"，坚持辩证思维和区别对待，对被告人作出宽严相济的处罚。对于只获取少量报酬的边民，罪行原本较轻，或者具有从犯、自首、立功、如实供述、初犯偶犯、认罪认罚等法定、酌定从宽处罚情节的被告人，依法给予从宽处罚，以分化瓦解毒品犯罪分子，预防和减少毒品犯罪。

第二节　走私、贩卖、运输、制造毒品罪审判依据

走私、贩卖、运输、制造毒品罪来源于 1979 年《刑法》第 171 条，在 1997 年《刑法》中被修订为第 347 条，一直延续至今，未再修改。

一、法律

《中华人民共和国刑法》（2020 年 12 月 26 日修正）

第十七条　已满十六周岁的人犯罪，应当负刑事责任。

已满十四周岁不满十六周岁的人，犯故意杀人、故意伤害致人重伤或者死亡、强奸、抢劫、贩卖毒品、放火、爆炸、投放危险物质罪的，应当负刑事责任。

已满十二周岁不满十四周岁的人，犯故意杀人、故意伤害罪，致人死亡或者以特别残忍手段致人重伤造成严重残疾，情节恶劣，经最高人民检察院核准追诉的，应当负刑事责任。

对依照前三款规定追究刑事责任的不满十八周岁的人，应当从轻或者减轻处罚。因不满十六周岁不予刑事处罚的，责令其父母或者其他监护人加以管教；在必要的时候，

依法进行专门矫治教育。

第三百四十七条 走私、贩卖、运输、制造毒品，无论数量多少，都应当追究刑事责任，予以刑事处罚。

走私、贩卖、运输、制造毒品，有下列情形之一的，处十五年有期徒刑、无期徒刑或者死刑，并处没收财产：

（一）走私、贩卖、运输、制造鸦片一千克以上、海洛因或者甲基苯丙胺五十克以上或者其他毒品数量大的[①]；

（二）走私、贩卖、运输、制造毒品集团的首要分子；

（三）武装掩护走私、贩卖、运输、制造毒品的；

（四）以暴力抗拒检查、拘留、逮捕，情节严重的；

（五）参与有组织的国际贩毒活动的。

走私、贩卖、运输、制造鸦片二百克以上不满一千克、海洛因或者甲基苯丙胺十克以上不满五十克或者其他毒品数量较大的，处七年以上有期徒刑，并处罚金。

走私、贩卖、运输、制造鸦片不满二百克、海洛因或者甲基苯丙胺不满十克或者其他少量毒品的，处三年以下有期徒刑、拘役或者管制，并处罚金；情节严重的[②]，处三年以上七年以下有期徒刑，并处罚金。

单位犯第二款、第三款、第四款罪的，对单位判处罚金，并对其直接负责的主管人员和其他直接责任人员，依照各该款的规定处罚。

利用、教唆未成年人走私、贩卖、运输、制造毒品，或者向未成年人出售毒品的，从重处罚。

对多次走私、贩卖、运输、制造毒品，未经处理的，毒品数量累计计算。

二、司法解释

1.《最高人民法院关于审理毒品犯罪案件适用法律若干问题的解释》（2016年4月6日 法释〔2016〕8号）

为依法惩治毒品犯罪，根据《中华人民共和国刑法》的有关规定，现就审理此类刑事案件适用法律的若干问题解释如下：

第一条 走私、贩卖、运输、制造、非法持有下列毒品，应当认定为刑法第三百四十七条第二款第一项、第三百四十八条规定的"其他毒品数量大"：

（一）可卡因五十克以上；

（二）3,4-亚甲二氧基甲基苯丙胺（MDMA）[③]等苯丙胺类毒品（甲基苯丙胺除外）、吗啡一百克以上；

（三）芬太尼一百二十五克以上；

（四）甲卡西酮二百克以上；

---

① 编者注：其他毒品数量大、数量较大、少量毒品的标准还可参见《审理毒品犯罪案件解释》（法释〔2016〕8号），以及最高人民法院、最高人民检察院、公安部《办理毒品犯罪案件意见》（公通字〔2007〕84号）的规定。

② 编者注："情节严重"的标准参见最高人民法院《审理毒品犯罪案件解释》（法释〔2016〕8号）第4条的规定。

③ 编者注：即最高人民法院、最高人民检察院、公安部《办理毒品犯罪案件意见》（公通字〔2007〕84号）中的"二亚甲基双氧安非他明"。

（五）二氢埃托啡十毫克以上；

（六）哌替啶（度冷丁）二百五十克以上；

（七）氯胺酮①五百克以上；

（八）美沙酮一千克以上；

（九）曲马多、γ-羟丁酸二千克以上；

（十）大麻油五千克、大麻脂十千克、大麻叶及大麻烟一百五十千克以上；

（十一）可待因、丁丙诺啡五千克以上；

（十二）三唑仑、安眠酮五十千克以上；

（十三）阿普唑仑、恰特草一百千克以上；

（十四）咖啡因、罂粟壳二百千克以上；

（十五）巴比妥、苯巴比妥、安钠咖、尼美西泮二百五十千克以上；

（十六）氯氮卓、艾司唑仑、地西泮、溴西泮五百千克以上；

（十七）上述毒品以外的其他毒品数量大的。

国家定点生产企业按照标准规格生产的麻醉药品或者精神药品被用于毒品犯罪的，根据药品中毒品成分的含量认定涉案毒品数量。②

第二条 走私、贩卖、运输、制造、非法持有下列毒品，应当认定为刑法第三百四十七条第三款、第三百四十八条规定的"其他毒品数量较大"：

（一）可卡因十克以上不满五十克；

（二）3，4-亚甲二氧基甲基苯丙胺（MDMA）等苯丙胺类毒品（甲基苯丙胺除外）、吗啡二十克以上不满一百克；

（三）芬太尼二十五克以上不满一百二十五克；

（四）甲卡西酮四十克以上不满二百克；

（五）二氢埃托啡二毫克以上不满十毫克；

（六）哌替啶（度冷丁）五十克以上不满二百五十克；

（七）氯胺酮一百克以上不满五百克；

（八）美沙酮二百克以上不满一千克；

（九）曲马多、γ-羟丁酸四百克以上不满二千克；

（十）大麻油一千克以上不满五千克、大麻脂二千克以上不满十千克、大麻叶及大麻烟三十千克以上不满一百五十千克；

（十一）可待因、丁丙诺啡一千克以上不满五千克；

（十二）三唑仑、安眠酮十千克以上不满五十千克；

（十三）阿普唑仑、恰特草二十千克以上不满一百千克；

（十四）咖啡因、罂粟壳四十千克以上不满二百千克；

（十五）巴比妥、苯巴比妥、安钠咖、尼美西泮五十千克以上不满二百五十千克；

（十六）氯氮卓、艾司唑仑、地西泮、溴西泮一百千克以上不满五百千克；

---

① 编者注：最高人民法院、最高人民检察院、公安部《办理毒品犯罪案件意见》（公通字〔2007〕84号）中氯胺酮的定罪量刑数量标准与海洛因是20∶1，现调整为10∶1。

② 编者注：本款规定仅适用于国家定点企业生产、流入非法渠道的麻醉药品和精神药品。参见叶晓颖、马岩、方文军、李静然：《〈关于审理毒品犯罪案件适用法律若干问题的解释〉理解与适用》，载《人民司法》2016年第13期。

（十七）上述毒品以外的其他毒品数量较大的。

第三条 在实施走私、贩卖、运输、制造毒品犯罪的过程中，携带枪支、弹药或者爆炸物用于掩护的，应当认定为刑法第三百四十七条第二款第三项规定的"武装掩护走私、贩卖、运输、制造毒品"。枪支、弹药、爆炸物种类的认定，依照相关司法解释①的规定执行。

在实施走私、贩卖、运输、制造毒品犯罪的过程中，以暴力抗拒检查、拘留、逮捕，造成执法人员死亡、重伤、多人轻伤或者具有其他严重情节②的，应当认定为刑法第三百四十七条第二款第四项规定的"以暴力抗拒检查、拘留、逮捕，情节严重"。

第四条 走私、贩卖、运输、制造毒品，具有下列情形之一的，应当认定为刑法第三百四十七条第四款规定的"情节严重"：

（一）向多人贩卖毒品或者多次走私、贩卖、运输、制造毒品的；

（二）在戒毒场所、监管场所贩卖毒品的；

（三）向在校学生③贩卖毒品的；

（四）组织、利用残疾人、严重疾病患者、怀孕或者正在哺乳自己婴儿的妇女走私、贩卖、运输、制造毒品的；

（五）国家工作人员走私、贩卖、运输、制造毒品的；

（六）其他情节严重的情形。

第十四条 利用信息网络，设立用于实施传授制造毒品、非法生产制毒物品的方法，贩卖毒品，非法买卖制毒物品或者组织他人吸食、注射毒品等违法犯罪活动的网站、通讯群组，或者发布实施前述违法犯罪活动的信息，情节严重的，应当依照刑法第二百八十七条之一的规定，以非法利用信息网络罪定罪处罚。

实施刑法第二百八十七条之一、第二百八十七条之二规定的行为，同时构成贩卖毒品罪、非法买卖制毒物品罪、传授犯罪方法罪等犯罪的，依照处罚较重的规定定罪处罚。

2.《最高人民检察院关于〈非药用类麻醉药品和精神药品管制品种增补目录〉能否作为认定毒品依据的批复》（2019年4月29日　高检发释字〔2019〕2号）

河南省人民检察院：

你院《关于〈非药用类麻醉药品和精神药品管制品种增补目录〉能否作为认定毒品的依据的请示》收悉。经研究，批复如下：

根据《中华人民共和国刑法》第三百五十七条和《中华人民共和国禁毒法》第二条的规定，毒品是指鸦片、海洛因、甲基苯丙胺（冰毒）、吗啡、大麻、可卡因以及国家规定管制的其他能够使人形成瘾癖的麻醉药品和精神药品。

2015年10月1日起施行的公安部、国家食品药品监督管理总局、国家卫生和计划生育委员会、国家禁毒委员会办公室《非药用类麻醉药品和精神药品列管办法》及其附表

---

① 编者注：对于枪支、弹药、爆炸物种类的认定，参照《最高人民法院关于审理非法制造、买卖、运输枪支、弹药、爆炸物等刑事案件具体应用法律若干问题的解释》（法释〔2009〕18号）执行。

② 编者注："其他严重情节"主要是指严重程度与所列举情形相当的其他情节，如造成执法人员二人轻伤、多人轻微伤或者造成公私财产重大损失等情形。参见叶晓颖、马岩、方文军、李静然：《〈关于审理毒品犯罪案件适用法律若干问题的解释〉理解与适用》，载《人民司法》2016年第13期。

③ 编者注：这里的"在校学生"包括中小学、中等职业学校学生和普通高等学校中的本、专科学生，不包括研究生。

《非药用类麻醉药品和精神药品管制品种增补目录》，是根据国务院《麻醉药品和精神药品管理条例》第三条第二款授权制定的，《非药用类麻醉药品和精神药品管制品种增补目录》可以作为认定毒品的依据。

此复。

三、刑事政策文件

1. **《最高人民检察院、公安部关于印发〈最高人民检察院、公安部关于公安机关管辖的刑事案件立案追诉标准的规定（三）〉的通知》**（2012 年 5 月 16 日　公通字〔2012〕26 号）

第一条　走私、贩卖、运输、制造毒品，无论数量多少，都应予立案追诉。

本条规定的"走私"是指明知是毒品而非法将其运输、携带、寄递进出国（边）境的行为。直接向走私人非法收购走私进口的毒品，或者在内海、领海、界河、界湖运输、收购、贩卖毒品的，以走私毒品罪立案追诉。

本条规定的"贩卖"是指明知是毒品而非法销售或者以贩卖为目的而非法收买的行为。

有证据证明行为人以牟利为目的，为他人代购仅用于吸食、注射的毒品，对代购者以贩卖毒品罪立案追诉。不以牟利为目的，为他人代购仅用于吸食、注射的毒品，毒品数量达到本规定第二条规定的数量标准的，对托购者和代购者以非法持有毒品罪立案追诉。明知他人实施毒品犯罪而为其居间介绍、代购代卖的，无论是否牟利，都应以相关毒品犯罪的共犯立案追诉。

本条规定的"运输"是指明知是毒品而采用携带、寄递、托运、利用他人或者使用交通工具等方法非法运送毒品的行为。

本条规定的"制造"是指非法利用毒品原植物直接提炼或者用化学方法加工、配制毒品，或者以改变毒品成分和效用为目的，用混合等物理方法加工、配制毒品的行为[①]。为了便于隐蔽运输、销售、使用、欺骗购买者，或者为了增重，对毒品掺杂使假，添加或者去除其他非毒品物质，不属于制造毒品的行为。

为了制造毒品而采用生产、加工、提炼等方法非法制造易制毒化学品的，以制造毒品罪（预备）立案追诉。购进制造毒品的设备和原材料，开始着手制造毒品，尚未制造出毒品或者半成品的，以制造毒品罪（未遂）立案追诉。明知他人制造毒品而为其生产、加工、提炼、提供醋酸酐、乙醚、三氯甲烷等制毒物品的，以制造毒品罪的共犯立案追诉。

走私、贩卖、运输毒品主观故意中的"明知"，是指行为人知道或者应当知道所实施的是走私、贩卖、运输毒品行为。具有下列情形之一，结合行为人的供述和其他证据综合审查判断，可以认定其"应当知道"[②]，但有证据证明确属被蒙骗的除外：

---

①　编者注：例如，将固态海洛因制成水剂并掺入安定的，可以认定为制造毒品；用真空泵、真空干燥箱将氯胺酮针剂加工成粉末状或片状的行为。参见宋丹：《解读〈最高人民检察院、公安部关于公安机关管辖的刑事案件立案追诉标准的规定（三）〉》，载张军主编：《刑事法律文书解读》（总第 85 辑），人民法院出版社 2012 年版，第 32 页。

②　编者注：参见最高人民法院、最高人民检察院、公安部《办理毒品犯罪案件意见》（公通字〔2007〕84 号）第 2 条。

（一）执法人员在口岸、机场、车站、港口、邮局和其他检查站点检查时，要求行为人申报携带、运输、寄递的物品和其他疑似毒品物，并告知其法律责任，而行为人未如实申报，在其携带、运输、寄递的物品中查获毒品的；

（二）以伪报、藏匿、伪装等蒙蔽手段逃避海关、边防等检查，在其携带、运输、寄递的物品中查获毒品的；

（三）执法人员检查时，有逃跑、丢弃携带物品或者逃避、抗拒检查等行为，在其携带、藏匿或者丢弃的物品中查获毒品的；

（四）体内或者贴身隐秘处藏匿毒品的；

（五）为获取不同寻常的高额或者不等值的报酬为他人携带、运输、寄递、收取物品，从中查获毒品的；

（六）采用高度隐蔽的方式携带、运输物品，从中查获毒品的；

（七）采用高度隐蔽的方式交接物品，明显违背合法物品惯常交接方式，从中查获毒品的；

（八）行程路线故意绕开检查站点，在其携带、运输的物品中查获毒品的；

（九）以虚假身份、地址或者其他虚假方式办理托运、寄递手续，在托运、寄递的物品中查获毒品的；

（十）有其他证据足以证明行为人应当知道的。

制造毒品主观故意中的"明知"，是指行为人知道或者应当知道所实施的是制造毒品行为。有下列情形之一，结合行为人的供述和其他证据综合审查判断，可以认定其"应当知道"，但有证据证明确属被蒙骗的除外：

（一）购置了专门用于制造毒品的设备、工具、制毒物品或者配制方案的；

（二）为获取不同寻常的高额或者不等值的报酬为他人制造物品，经检验是毒品的；

（三）在偏远、隐蔽场所制造，或者采取对制造设备进行伪装等方式制造物品，经检验是毒品的；

（四）制造人员在执法人员检查时，有逃跑、抗拒检查等行为，在现场查获制造出的物品，经检验是毒品的；

（五）有其他证据足以证明行为人应当知道的。

走私、贩卖、运输、制造毒品罪是选择性罪名，对同一宗毒品实施了两种以上犯罪行为，并有相应确凿证据的，应当按照所实施的犯罪行为的性质并列适用罪名，毒品数量不重复计算。对同一宗毒品可能实施了两种以上犯罪行为，但相应证据只能认定其中一种或者几种行为，认定其他行为的证据不够确实充分的，只按照依法能够认定的行为的性质适用罪名。对不同宗毒品分别实施了不同种犯罪行为的，应对不同行为并列适用罪名，累计计算毒品数量。

第十三条 本规定中的毒品是指鸦片、海洛因、甲基苯丙胺（冰毒）、吗啡、大麻、可卡因以及国家规定管制的其他能够使人形成瘾癖的麻醉药品和精神药品。具体品种以国家食品药品监督管理局、公安部、卫生部发布的《麻醉药品品种目录》《精神药品品种目录》[①] 为依据。

---

① 编者注：根据最高人民检察院的批复（高检发释字〔2019〕2号），《非药用类麻醉药品和精神药品列管办法》及其附表《非药用类麻醉药品和精神药品管制品种增补目录》可作为认定毒品的依据。

本规定中的"制毒物品"是指刑法第三百五十条第一款规定的醋酸酐、乙醚、三氯甲烷或者其他用于制造毒品的原料或者配剂,具体品种范围按照国家关于易制毒化学品管理的规定确定。

第十四条 本规定中未明确立案追诉标准的毒品,有条件折算为海洛因的,参照有关麻醉药品和精神药品折算标准进行折算。

第十五条 本规定中的立案追诉标准,除法律、司法解释另有规定的以外,适用于相关的单位犯罪。

第十六条 本规定中的"以上",包括本数。

2.《最高人民法院、最高人民检察院、公安部关于印发〈办理毒品犯罪案件适用法律若干问题的意见〉的通知》(2007年12月18日 公通字〔2007〕84号)

三、关于办理氯胺酮等毒品案件定罪量刑标准问题

(一)走私、贩卖、运输、制造、非法持有下列毒品,应当认定为刑法第三百四十七条第二款第(一)项、第三百四十八条规定的"其他毒品数量大":

1. 二亚甲基双氧安非他明(MDMA)等苯丙胺类毒品(甲基苯丙胺除外)100克以上;

2. 氯胺酮、美沙酮1千克以上[①];

3. 三唑仑、安眠酮50千克以上;

4. 氯氮卓、艾司唑仑、地西泮、溴西泮500千克以上;

5. 上述毒品以外的其他毒品数量大的。

(二)走私、贩卖、运输、制造、非法持有下列毒品,应当认定为刑法第三百四十七条第三款、第三百四十八条规定的"其他毒品数量较大":

1. 二亚甲基双氧安非他明(MDMA)等苯丙胺类毒品(甲基苯丙胺除外)20克以上不满100克的;

2. 氯胺酮、美沙酮200克以上不满1千克的[②];

3. 三唑仑、安眠酮10千克以上不满50千克的;

4. 氯氮卓、艾司唑仑、地西泮、溴西泮100千克以上不满500千克的;

5. 上述毒品以外的其他毒品数量较大的。

(三)走私、贩卖、运输、制造下列毒品,应当认定为刑法第三百四十七条第四款规定的"其他少量毒品":

1. 二亚甲基双氧安非他明(MDMA)等苯丙胺类毒品(甲基苯丙胺除外)不满20克的;

2. 氯胺酮、美沙酮不满200克的;

3. 三唑仑、安眠酮不满10千克的;

4. 氯氮卓、艾司唑仑、地西泮、溴西泮不满100千克的;

5. 上述毒品以外的其他少量毒品的。

---

① 编者注:根据《审理毒品犯罪案件解释》(法释〔2016〕8号)第1条第1款第7项的规定,内容修改为氯胺酮500克以上。

② 编者注:根据《审理毒品犯罪案件解释》(法释〔2016〕8号)第2条第7项,内容修改为氯胺酮100克以上不满500克。

（四）上述毒品品种包括其盐和制剂。毒品鉴定结论中毒品品名的认定应当以国家食品药品监督管理局、公安部、卫生部最新发布的《麻醉药品品种目录》《精神药品品种目录》为依据。

四、关于死刑案件的毒品含量鉴定问题

可能判处死刑的毒品犯罪案件，毒品鉴定结论中应有含量鉴定的结论。

3.《最高人民法院、最高人民检察院印发〈关于常见犯罪的量刑指导意见（试行）〉的通知》（2021年6月16日　法发〔2021〕21号）

四、常见犯罪的量刑

（二十）走私、贩卖、运输、制造毒品罪

1. 构成走私、贩卖、运输、制造毒品罪的，根据下列情形在相应的幅度内确定量刑起点：

（1）走私、贩卖、运输、制造鸦片一千克，海洛因、甲基苯丙胺五十克或者其他毒品数量达到数量大起点的，量刑起点为十五年有期徒刑。依法应当判处无期徒刑以上刑罚的除外。

（2）走私、贩卖、运输、制造鸦片二百克，海洛因、甲基苯丙胺十克或者其他毒品数量达到数量较大起点的，在七年至八年有期徒刑幅度内确定量刑起点。

（3）走私、贩卖、运输、制造鸦片不满二百克，海洛因、甲基苯丙胺不满十克或者其他少量毒品的，可以在三年以下有期徒刑、拘役幅度内确定量刑起点；情节严重的，在三年至四年有期徒刑幅度内确定量刑起点。

2. 在量刑起点的基础上，根据毒品犯罪次数、人次、毒品数量等其他影响犯罪构成的犯罪事实增加刑罚量，确定基准刑。

3. 有下列情节之一的，增加基准刑的10%-30%：

（1）利用、教唆未成年人走私、贩卖、运输、制造毒品的；

（2）向未成年人出售毒品的；

（3）毒品再犯。

4. 有下列情节之一的，可以减少基准刑的30%以下：

（1）受雇运输毒品的；

（2）毒品含量明显偏低的；

（3）存在数量引诱情形的。

5. 构成走私、贩卖、运输、制造毒品罪的，根据走私、贩卖、运输、制造毒品的种类、数量、危害后果等犯罪情节，综合考虑被告人缴纳罚金的能力，决定罚金数额。

6. 构成走私、贩卖、运输、制造毒品罪的，综合考虑走私、贩卖、运输、制造毒品的种类、数量、危害后果等犯罪事实、量刑情节，以及被告人的主观恶性、人身危险性、认罪悔罪表现等因素，从严把握缓刑的适用。

4.《最高人民法院印发〈全国部分法院审理毒品犯罪案件工作座谈会纪要〉的通知》

(2008年12月1日 法〔2008〕324号)[①]

一、毒品案件的罪名确定和数量认定问题

刑法第三百四十七条规定的走私、贩卖、运输、制造毒品罪是选择性罪名,对同一宗毒品实施了两种以上犯罪行为并有相应确凿证据的,应当按照所实施的犯罪行为的性质并列确定罪名,毒品数量不重复计算,不实行数罪并罚。对同一宗毒品可能实施了两种以上犯罪行为,但相应证据只能认定其中一种或者几种行为,认定其他行为的证据不够确实充分的,则只按照依法能够认定的行为的性质定罪。如涉嫌为贩卖而运输毒品,认定贩卖的证据不够确实充分的,则只定运输毒品罪。对不同宗毒品分别实施了不同种犯罪行为的,应对不同行为并列确定罪名,累计毒品数量,不实行数罪并罚。对被告人一人走私、贩卖、运输、制造两种以上毒品的,不实行数罪并罚,量刑时可综合考虑毒品的种类、数量及危害,依法处理。

罪名不以行为实施的先后、毒品数量或者危害大小排列,一律以刑法条文规定的顺序表述。如对同一宗毒品制造后又走私的,以走私、制造毒品罪定罪。下级法院在判决中确定罪名不准确的,上级法院可以减少选择性罪名中的部分罪名或者改动罪名顺序,在不加重原判刑罚的情况下,也可以改变罪名,但不得增加罪名。

对于吸毒者实施的毒品犯罪,在认定犯罪事实和确定罪名时要慎重。吸毒者在购买、运输、存储毒品过程中被查获的,如没有证据证明其是为了实施贩卖等其他毒品犯罪行为,毒品数量未超过刑法第三百四十八条规定的最低数量标准的,一般不定罪处罚;查获毒品数量达到较大以上的,应以其实际实施的毒品犯罪行为定罪处罚。

对于以贩养吸的被告人,其被查获的毒品数量应认定为其犯罪的数量,但量刑时应考虑被告人吸食毒品的情节,酌情处理;被告人购买了一定数量的毒品后,部分已被其吸食的,应当按能够证明的贩卖数量及查获的毒品数量认定其贩毒的数量,已被吸食部分不计入在内。

有证据证明行为人不以牟利为目的,为他人代购仅用于吸食的毒品,毒品数量超过刑法第三百四十八条规定的最低数量标准的,对托购者、代购者应以非法持有毒品罪定罪。代购者从中牟利,变相加价贩卖毒品的,对代购者应以贩卖毒品罪定罪。明知他人实施毒品犯罪而为其居间介绍、代购代卖的,无论是否牟利,都应以相关毒品犯罪的共犯论处。

盗窃、抢夺、抢劫毒品的,应当分别以盗窃罪、抢夺罪或者抢劫罪定罪,但不计犯罪数额,根据情节轻重予以定罪量刑。盗窃、抢夺、抢劫毒品后又实施其他毒品犯罪的,对盗窃罪、抢夺罪、抢劫罪和所犯的具体毒品犯罪分别定罪,依法数罪并罚。走私毒品,又走私其他物品构成犯罪的,以走私毒品罪和其所犯的其他走私罪分别定罪,依法数罪并罚。

二、毒品犯罪的死刑适用问题

审理毒品犯罪案件,应当切实贯彻宽严相济的刑事政策,突出毒品犯罪的打击重点。必须依法严惩毒枭、职业毒犯、再犯、累犯、惯犯、主犯等主观恶性深、人身危险性大、

[①] 为了便于读者对照阅读本书案例,此处对《大连会议纪要》内容进行了部分登载,供读者参考。实务工作中应参照执行最高人民法院2023年6月印发的《昆明会议纪要》,对于《昆明会议纪要》精神的解读详见本书各章节。

危害严重的毒品犯罪分子，以及具有将毒品走私入境，多次、大量或者向多人贩卖，诱使多人吸毒，武装掩护、暴力抗拒检查、拘留或者逮捕，或者参与有组织的国际贩毒活动等情节的毒品犯罪分子。对其中罪行极其严重依法应当判处死刑的，必须坚决依法判处死刑。

毒品数量是毒品犯罪案件量刑的重要情节，但不是唯一情节。对被告人量刑时，特别是在考虑是否适用死刑时，应当综合考虑毒品数量、犯罪情节、危害后果、被告人的主观恶性、人身危险性以及当地禁毒形势等各种因素，做到区别对待。近期，审理毒品犯罪案件掌握的死刑数量标准，应当结合本地毒品犯罪的实际情况和依法惩治、预防毒品犯罪的需要，并参照最高人民法院复核的毒品死刑案件的典型案例，恰当把握。量刑既不能只片面考虑毒品数量，不考虑犯罪的其他情节，也不能只片面考虑其他情节，而忽视毒品数量。

对虽然已达到实际掌握的判处死刑的毒品数量标准，但是具有法定、酌定从宽处罚情节的被告人，可以不判处死刑；反之，对毒品数量接近实际掌握的判处死刑的数量标准，但具有从重处罚情节的被告人，也可以判处死刑。毒品数量达到实际掌握的死刑数量标准，既有从重处罚情节，又有从宽处罚情节的，应当综合考虑各方面因素决定刑罚，判处死刑立即执行应当慎重。

具有下列情形之一的，可以判处被告人死刑：（1）具有毒品犯罪集团首要分子、武装掩护毒品犯罪、暴力抗拒检查、拘留或者逮捕、参与有组织的国际贩毒活动等严重情节的；（2）毒品数量达到实际掌握的死刑数量标准，并具有毒品再犯、累犯，利用、教唆未成年人走私、贩卖、运输、制造毒品，或者向未成年人出售毒品等法定从重处罚情节的；（3）毒品数量达到实际掌握的死刑数量标准，并具有多次走私、贩卖、运输、制造毒品，向多人贩毒，在毒品犯罪中诱使、容留多人吸毒，在戒毒监管场所贩毒，国家工作人员利用职务便利实施毒品犯罪，或者职业犯、惯犯、主犯等情节的；（4）毒品数量达到实际掌握的死刑数量标准，并具有其他从重处罚情节的；（5）毒品数量超过实际掌握的死刑数量标准，且没有法定、酌定从轻处罚情节的。

毒品数量达到实际掌握的死刑数量标准，具有下列情形之一的，可以不判处被告人死刑立即执行：（1）具有自首、立功等法定从宽处罚情节的；（2）已查获的毒品数量未达到实际掌握的死刑数量标准，到案后坦白尚未被司法机关掌握的其他毒品犯罪，累计数量超过实际掌握的死刑数量标准的；（3）经鉴定毒品含量极低；掺假之后的数量才达到实际掌握的死刑数量标准的，或者有证据表明可能大量掺假但因故不能鉴定的；（4）因特情引诱毒品数量才达到实际掌握的死刑数量标准的；（5）以贩养吸的被告人，被查获的毒品数量刚达到实际掌握的死刑数量标准的；（6）毒品数量刚达到实际掌握的死刑数量标准，确属初次犯罪即被查获，未造成严重危害后果的；（7）共同犯罪毒品数量刚达到实际掌握的死刑数量标准，但各共同犯罪人作用相当，或者责任大小难以区分的；（8）家庭成员共同实施毒品犯罪，其中起主要作用的被告人已被判处死刑立即执行，其他被告人罪行相对较轻的；（9）其他不是必须判处死刑立即执行的。

有些毒品犯罪案件，往往由于毒品、毒资等证据已不存在，导致审查证据和认定事实困难。在处理这类案件时，只有被告人的口供与同案其他被告人供述吻合，并且完全排除诱供、逼供、串供等情形，被告人的口供与同案被告人的供述才可以作为定案的证据。仅有被告人口供与同案被告人供述作为定案证据的，对被告人判处死刑立即执行要特别慎重。

三、运输毒品罪的刑罚适用问题

对于运输毒品犯罪，要注意重点打击指使、雇佣他人运输毒品的犯罪分子和接应、接货的毒品所有者、买家或者卖家。对于运输毒品犯罪集团首要分子、组织、指使、雇佣他人运输毒品的主犯或者毒枭、职业毒犯、毒品再犯，以及具有武装掩护、暴力抗拒检查、拘留或者逮捕、参与有组织的国际毒品犯罪、以运输毒品为业、多次运输毒品或者其他严重情节的，应当按照刑法、有关司法解释和司法实践实际掌握的数量标准，从严惩处，依法应判处死刑的必须坚决判处死刑。

毒品犯罪中，单纯的运输毒品行为具有从属性、辅助性特点，且情况复杂多样。部分涉案人员系受指使、雇佣的贫民、边民或者无业人员，只是为了赚取少量运费而为他人运输毒品，他们不是毒品的所有者、买家或者卖家，与幕后的组织、指使、雇佣者相比，在整个毒品犯罪环节中处于从属、辅助和被支配地位，所起作用和主观恶性相对较小，社会危害性也相对较小。因此，对于运输毒品犯罪中的这部分人员，在量刑标准的把握上，应当与走私、贩卖、制造毒品和前述具有严重情节的运输毒品犯罪分子有所区别，不应单纯以涉案毒品数量的大小决定刑罚适用的轻重。

对有证据证明被告人确属受人指使、雇佣参与运输毒品犯罪，又系初犯、偶犯的，可以从轻处罚，即使毒品数量超过实际掌握的死刑数量标准，也可以不判处死刑立即执行。

毒品数量超过实际掌握的死刑数量标准，不能证明被告人系受人指使、雇佣参与运输毒品犯罪的，可以依法判处重刑直至死刑。

涉嫌为贩卖而自行运输毒品，由于认定贩卖毒品的证据不足，因而认定为运输毒品罪的，不同于单纯的受指使为他人运输毒品行为，其量刑标准应当与单纯的运输毒品行为有所区别。

四、制造毒品的认定与处罚问题

鉴于毒品犯罪分子制造毒品的手段复杂多样、不断翻新，采用物理方法加工、配制毒品的情况大量出现，有必要进一步准确界定制造毒品的行为、方法。制造毒品不仅包括非法用毒品原植物直接提炼和用化学方法加工、配制毒品的行为，也包括以改变毒品成分和效用为目的，用混合等物理方法加工、配制毒品的行为，如将甲基苯丙胺或者其他苯丙胺类毒品与其他毒品混合成麻古或者摇头丸。为便于隐蔽运输、销售、使用、欺骗购买者，或者为了增重，对毒品掺杂使假，添加或者去除其他非毒品物质，不属于制造毒品的行为。

已经制成毒品，达到实际掌握的死刑数量标准的，可以判处死刑；数量特别巨大的，应当判处死刑。已经制造出粗制毒品或者半成品的，以制造毒品罪的既遂论处。购进制造毒品的设备和原材料，开始着手制造毒品，但尚未制造出粗制毒品或者半成品的，以制造毒品罪的未遂论处。

五、毒品含量鉴定和混合型、新类型毒品案件处理问题

鉴于大量掺假毒品和成分复杂的新类型毒品不断出现，为做到罪刑相当、罚当其罪，保证毒品案件的审判质量，并考虑目前毒品鉴定的条件和现状，对可能判处被告人死刑的毒品犯罪案件，应当根据最高人民法院、最高人民检察院、公安部 2007 年 12 月颁布的《办理毒品犯罪案件适用法律若干问题的意见》，作出毒品含量鉴定；对涉案毒品可能大

量掺假或者系成分复杂的新类型毒品的，亦应当作出毒品含量鉴定。

对于含有二种以上毒品成分的毒品混合物，应进一步作成分鉴定，确定所含的不同毒品成分及比例。对于毒品中含有海洛因、甲基苯丙胺的，应以海洛因、甲基苯丙胺分别确定其毒品种类；不含海洛因、甲基苯丙胺的，应以其中毒性较大的毒品成分确定其毒品种类；如果毒性相当或者难以确定毒性大小的，以其中比例较大的毒品成分确定其毒品种类，并在量刑时综合考虑其他毒品成分、含量和全案所涉毒品数量。对于刑法、司法解释等已规定了量刑数量标准的毒品，按照刑法、司法解释等规定适用刑罚；对于刑法、司法解释等没有规定量刑数量标准的毒品，有条件折算为海洛因的，参照国家食品药品监督管理局制定的《非法药物折算表》，折算成海洛因的数量后适用刑罚。

对于国家管制的精神药品和麻醉药品，刑法、司法解释等尚未明确规定量刑数量标准，也不具备折算条件的，应由有关专业部门确定涉案毒品毒效的大小、有毒成分的多少、吸毒者对该毒品的依赖程度，综合考虑其致瘾癖性、戒断性、社会危害性等依法量刑。因条件限制不能确定的，可以参考涉案毒品非法交易的价格因素等，决定对被告人适用的刑罚，但一般不宜判处死刑立即执行。

六、特情介入案件的处理问题

运用特情侦破毒品案件，是依法打击毒品犯罪的有效手段。对特情介入侦破的毒品案件，要区别不同情形予以分别处理。

对已持有毒品待售或者有证据证明已准备实施大宗毒品犯罪者，采取特情贴靠、接洽而破获的案件，不存在犯罪引诱，应当依法处理。

行为人本没有实施毒品犯罪的主观意图，而是在特情诱惑和促成下形成犯意，进而实施毒品犯罪的，属于"犯意引诱"。对因"犯意引诱"实施毒品犯罪的被告人，根据罪刑相适应原则，应当依法从轻处罚，无论涉案毒品数量多大，都不应判处死刑立即执行。行为人在特情既为其安排上线，又提供下线的双重引诱，即"双套引诱"下实施毒品犯罪的，处刑时可予以更大幅度的从宽处罚或者依法免予刑事处罚。

行为人本来只有实施数量较小的毒品犯罪的故意，在特情引诱下实施了数量较大甚至达到实际掌握的死刑数量标准的毒品犯罪的，属于"数量引诱"。对因"数量引诱"实施毒品犯罪的被告人，应当依法从轻处罚，即使毒品数量超过实际掌握的死刑数量标准，一般也不判处死刑立即执行。

对不能排除"犯意引诱"和"数量引诱"的案件，在考虑是否对被告人判处死刑立即执行时，要留有余地。

对被告人受特情间接引诱实施毒品犯罪的，参照上述原则依法处理。

七、毒品案件的立功问题

共同犯罪中同案犯的基本情况，包括同案犯姓名、住址、体貌特征、联络方式等信息，属于被告人应当供述的范围。公安机关根据被告人供述抓获同案犯的，不应认定其有立功表现。被告人在公安机关抓获同案犯过程中确实起到协助作用的，例如，经被告人现场指认、辨认抓获了同案犯；被告人带领公安人员抓获了同案犯；被告人提供了不为有关机关掌握或者有关机关按照正常工作程序无法掌握的同案犯藏匿的线索，有关机关据此抓获了同案犯；被告人交代了与同案犯的联系方式，又按要求与对方联络，积极协助公安机关抓获了同案犯等，属于协助司法机关抓获同案犯，应认定为立功。

关于立功从宽处罚的把握，应以功是否足以抵罪为标准。在毒品共同犯罪案件中，毒枭、毒品犯罪集团首要分子、共同犯罪的主犯、职业毒犯、毒品惯犯等，由于掌握同案犯、从犯、马仔的犯罪情况和个人信息，被抓获后往往能协助抓捕同案犯，获得立功或者重大立功。对其是否从宽处罚以及从宽幅度的大小，应当主要看功是否足以抵罪，即应结合被告人罪行的严重程度、立功大小综合考虑。要充分注意毒品共同犯罪人以及上、下家之间的量刑平衡。对于毒枭等严重毒品犯罪分子立功的，从轻或者减轻处罚应当从严掌握。如果其罪行极其严重，只有一般立功表现，功不足以抵罪的，可不予从轻处罚；如果其检举、揭发的是其他犯罪案件中罪行同样严重的犯罪分子，或者协助抓获的是同案中的其他首要分子、主犯，功足以抵罪的，原则上可以从轻或者减轻处罚；如果协助抓获的只是同案中的从犯或者马仔，功不足以抵罪，或者从轻处罚后全案处刑明显失衡的，不予从轻处罚。相反，对于从犯、马仔立功，特别是协助抓获毒枭、首要分子、主犯的，应当从轻处罚，直至依法减轻或者免除处罚。

被告人亲属为了使被告人得到从轻处罚，检举、揭发他人犯罪或者协助司法机关抓捕其他犯罪人的，不能视为被告人立功。同监犯将本人或者他人尚未被司法机关掌握的犯罪事实告知被告人，由被告人检举揭发的，如经查证属实，虽可认定被告人立功，但是否从宽处罚、从宽幅度大小，应与通常的立功有所区别。通过非法手段或者非法途径获取他人犯罪信息，如从国家工作人员处贿买他人犯罪信息，通过律师、看守人员等非法途径获取他人犯罪信息，由被告人检举揭发的，不能认定为立功，也不能作为酌情从轻处罚情节。

八、毒品再犯问题

根据刑法第三百五十六条规定，只要因走私、贩卖、运输、制造、非法持有毒品罪被判过刑，不论是在刑罚执行完毕后，还是在缓刑、假释或者暂予监外执行期间，又犯刑法分则第六章第七节规定的犯罪的，都是毒品再犯，应当从重处罚。

因走私、贩卖、运输、制造、非法持有毒品罪被判刑的犯罪分子，在缓刑、假释或者暂予监外执行期间又犯刑法分则第六章第七节规定的犯罪的，应当在对其所犯新的毒品犯罪适用刑法第三百五十六条从重处罚的规定确定刑罚后，再依法数罪并罚。

对同时构成累犯和毒品再犯的被告人，应当同时引用刑法关于累犯和毒品再犯的条款从重处罚。

九、毒品案件的共同犯罪问题

毒品犯罪中，部分共同犯罪人未到案，如现有证据能够认定已到案被告人为共同犯罪，或者能够认定为主犯或者从犯的，应当依法认定。没有实施毒品犯罪的共同故意，仅在客观上为相互关联的毒品犯罪上下家，不构成共同犯罪，但为了诉讼便利可并案审理。审理毒品共同犯罪案件应当注意以下几个方面的问题：

一是要正确区分主犯和从犯。区分主犯和从犯，应当以各共同犯罪人在毒品共同犯罪中的地位和作用为根据。要从犯意提起、具体行为分工、出资和实际分得毒赃多少以及共犯之间相互关系等方面，比较各个共同犯罪人在共同犯罪中的地位和作用。在毒品共同犯罪中，为主出资者、毒品所有者或者起意、策划、纠集、组织、雇佣、指使他人参与犯罪以及其他起主要作用的是主犯；起次要或者辅助作用的是从犯。受雇佣、受指使实施毒品犯罪的，应根据其在犯罪中实际发挥的作用具体认定为主犯或者从犯。对于确有证据证明在共同犯罪中起次要或者辅助作用的，不能因为其他共同犯罪人未到案而不认定为从犯，甚至将其认定为主犯或者按主犯处罚。只要认定为从犯，无论主犯是否到案，均应依照刑法关于从犯的规定从轻、减轻或者免除处罚。

二是要正确认定共同犯罪案件中主犯和从犯的毒品犯罪数量。对于毒品犯罪集团的首要分子，应按集团毒品犯罪的总数量处罚；对一般共同犯罪的主犯，应按其所参与的或者组织、指挥的毒品犯罪数量处罚；对于从犯，应当按照其所参与的毒品犯罪的数量处罚。

三是要根据行为人在共同犯罪中的作用和罪责大小确定刑罚。不同案件不能简单类比，一个案件的从犯参与犯罪的毒品数量可能比另一案件的主犯参与犯罪的毒品数量大，但对这一案件从犯的处罚不是必然重于另一案件的主犯。共同犯罪中能分清主从犯的，不能因为涉案的毒品数量特别巨大，就不分主从犯而一律将被告人认定为主犯或者实际上都按主犯处罚，一律判处重刑甚至死刑。对于共同犯罪中有多个主犯或者共同犯罪人的，处罚上也应做到区别对待。应当全面考察各主犯或者共同犯罪人在共同犯罪中实际发挥作用的差别，主观恶性和人身危险性方面的差异，对罪责或者人身危险性更大的主犯或者共同犯罪人依法判处更重的刑罚。

十、主观明知的认定问题

毒品犯罪中，判断被告人对涉案毒品是否明知，不能仅凭被告人供述，而应当依据被告人实施毒品犯罪行为的过程、方式、毒品被查获时的情形等证据，结合被告人的年龄、阅历、智力等情况，进行综合分析判断。

具有下列情形之一，被告人不能做出合理解释的，可以认定其"明知"是毒品，但有证据证明确属被蒙骗的除外：（1）执法人员在口岸、机场、车站、港口和其他检查站点检查时，要求行为人申报为他人携带的物品和其他疑似毒品物，并告知其法律责任，而行为人未如实申报，在其携带的物品中查获毒品的；（2）以伪报、藏匿、伪装等蒙蔽手段，逃避海关、边防等检查，在其携带、运输、邮寄的物品中查获毒品的；（3）执法人员检查时，有逃跑、丢弃携带物品或者逃避、抗拒检查等行为，在其携带或者丢弃的物品中查获毒品的；（4）体内或者贴身隐秘处藏匿毒品的；（5）为获取不同寻常的高额、不等值报酬为他人携带、运输物品，从中查获毒品的；（6）采用高度隐蔽的方式携带、运输物品，从中查获毒品的；（7）采用高度隐蔽的方式交接物品，明显违背合法物品惯常交接方式，从中查获毒品的；（8）行程路线故意绕开检查站点，在其携带、运输的物品中查获毒品的；（9）以虚假身份或者地址办理托运手续，在其托运的物品中查获毒品的；（10）有其他证据足以认定行为人应当知道的。

十一、毒品案件的管辖问题

毒品犯罪的地域管辖，应当依照刑事诉讼法的有关规定，实行以犯罪地管辖为主、被告人居住地管辖为辅的原则。考虑到毒品犯罪的特殊性和毒品犯罪侦查体制，"犯罪地"不仅可以包括犯罪预谋地、毒资筹集地、交易进行地、运输途经地以及毒品生产地，也包括毒资、毒赃和毒品藏匿地、转移地、走私或者贩运毒品目的地等。"被告人居住地"，不仅包括被告人常住地和户籍所在地，也包括其临时居住地。

对于已进入审判程序的案件，被告人及其辩护人提出管辖异议，经审查异议成立的，或者受案法院发现没有管辖权，而案件由本院管辖更适宜的，受案法院应当报请与有管辖权的法院共同的上级法院依法指定本院管辖。

十二、特定人员参与毒品犯罪问题

近年来，一些毒品犯罪分子为了逃避打击，雇佣孕妇、哺乳期妇女、急性传染病人、残疾人或者未成年人等特定人员进行毒品犯罪活动，成为影响我国禁毒工作成效的突出问题。对利用、教唆特定人员进行毒品犯罪活动的组织、策划、指挥和教唆者，要依法严厉打击，该判处重刑直至死刑的，坚决依法判处重刑直至死刑。对于被利用、被诱骗参与毒品犯罪的特定人员，可以从宽处理。

要积极与检察机关、公安机关沟通协调，妥善解决涉及特定人员的案件管辖、强制措施、刑罚执行等问题。对因特殊情况依法不予羁押的，可以依法采取取保候审、监视居住等强制措施，并根据被告人具体情况和案情变化及时变更强制措施；对于被判处有期徒刑或者拘役的罪犯，符合刑事诉讼法第二百一十四条规定情形的，可以暂予监外执行。

十三、毒品案件财产刑的适用和执行问题

刑法对毒品犯罪规定了并处罚金或者没收财产刑，司法实践中应当依法充分适用。不仅要依法追缴被告人的违法所得及其收益，还要严格依法判处被告人罚金刑或者没收财产刑，不能因为被告人没有财产，或者其财产难以查清、难以分割或者难以执行，就不依法判处财产刑。

要采取有力措施，加大财产刑执行力度。要加强与公安机关、检察机关的协作，对毒品犯罪分子来源不明的巨额财产，依法及时采取查封、扣押、冻结等措施，防止犯罪分子及其亲属转移、隐匿、变卖或者洗钱，逃避依法追缴。要加强不同地区法院之间的相互协作配合。毒品犯罪分子的财产在异地的，第一审人民法院可以委托财产所在地人民法院代为执行。要落实和运用有关国际禁毒公约规定，充分利用国际刑警组织等渠道，最大限度地做好境外追赃工作。

5.《最高人民法院关于印发〈全国法院毒品犯罪审判工作座谈会纪要〉的通知》
（2015年5月18日　法〔2015〕129号）[①]

二、关于毒品犯罪法律适用的若干具体问题

会议认为，2008年印发的《全国部分法院审理毒品犯罪案件工作座谈会纪要》（以下简称《大连会议纪要》）较好地解决了办理毒品犯罪案件面临的一些突出法律适用问题，其中大部分规定在当前的审判实践中仍有指导意义，应当继续参照执行。同时，随着毒品犯罪形势的发展变化，近年来出现了一些新情况、新问题，需要加以研究解决。与会代表对审判实践中反映较为突出，但《大连会议纪要》没有作出规定，或者规定不尽完善的毒品犯罪法律适用问题进行了认真研究讨论，就下列问题取得了共识。

（一）罪名认定问题

贩毒人员被抓获后，对于从其住所、车辆等处查获的毒品，一般均应认定为其贩卖的毒品。确有证据证明查获的毒品并非贩毒人员用于贩卖，其行为另构成非法持有毒品罪、窝藏毒品罪等其他犯罪的，依法定罪处罚。

吸毒者在购买、存储毒品过程中被查获，没有证据证明其是为了实施贩卖毒品等其他犯罪，毒品数量达到刑法第三百四十八条规定的最低数量标准的，以非法持有毒品罪定罪处罚。吸毒者在运输毒品过程中被查获，没有证据证明其是为了实施贩卖毒品等其他犯罪，毒品数量达到较大以上的，以运输毒品罪定罪处罚。

[①] 为了便于读者对照阅读本书案例，此处对《武汉会议纪要》内容进行了部分登载，供读者参考。实务工作中应参照执行最高人民法院2023年6月印发的《昆明会议纪要》，对于《昆明会议纪要》精神的解读详见本书各章节。

行为人为吸毒者代购毒品，在运输过程中被查获，没有证据证明托购者、代购者是为了实施贩卖毒品等其他犯罪，毒品数量达到较大以上的，对托购者、代购者以运输毒品罪的共犯论处。行为人为他人代购仅用于吸食的毒品，在交通、食宿等必要开销之外收取"介绍费""劳务费"，或者以贩卖为目的收取部分毒品作为酬劳的，应视为从中牟利，属于变相加价贩卖毒品，以贩卖毒品罪定罪处罚。

购毒者接收贩毒者通过物流寄递方式交付的毒品，没有证据证明其是为了实施贩卖毒品等其他犯罪，毒品数量达到刑法第三百四十八条规定的最低数量标准的，一般以非法持有毒品罪定罪处罚。代收者明知是物流寄递的毒品而代购毒者接收，没有证据证明其与购毒者有实施贩卖、运输毒品等犯罪的共同故意，毒品数量达到刑法第三百四十八条规定的最低数量标准的，对代收者以非法持有毒品罪定罪处罚。

行为人利用信息网络贩卖毒品、在境内非法买卖用于制造毒品的原料或者配剂、传授制造毒品等犯罪的方法，构成贩卖毒品罪、非法买卖制毒物品罪、传授犯罪方法罪等犯罪的，依法定罪处罚。行为人开设网站、利用网络聊天室等组织他人共同吸毒，构成引诱、教唆、欺骗他人吸毒罪等犯罪的，依法定罪处罚。

（二）共同犯罪认定问题

办理贩卖毒品案件，应当准确认定居间介绍买卖毒品行为，并与居中倒卖毒品行为相区别。居间介绍者在毒品交易中处于中间人地位，发挥介绍联络作用，通常与交易一方构成共同犯罪，但不以牟利为要件；居中倒卖者属于毒品交易主体，与前后环节的交易对象是上下家关系，直接参与毒品交易并从中获利。居间介绍者受贩毒者委托，为其介绍联络购毒者的，与贩毒者构成贩卖毒品罪的共同犯罪；明知购毒者以贩卖为目的购买毒品，受委托为其介绍联络贩毒者的，与购毒者构成贩卖毒品罪的共同犯罪；受以吸食为目的的购毒者委托，为其介绍联络贩毒者，毒品数量达到刑法第三百四十八条规定的最低数量标准的，一般与购毒者构成非法持有毒品罪的共同犯罪；同时与贩毒者、购毒者共谋，联络促成双方交易的，通常认定与贩毒者构成贩卖毒品罪的共同犯罪。居间介绍者实施为毒品交易主体提供交易信息、介绍交易对象等帮助行为，对促成交易起次要、辅助作用的，应当认定为从犯；对于以居间介绍者的身份介入毒品交易，但在交易中超出居间介绍者的地位，对交易的发起和达成起重要作用的被告人，可以认定为主犯。

两人以上同行运输毒品的，应当从是否明知他人带有毒品，有无共同运输毒品的意思联络，有无实施配合、掩护他人运输毒品的行为等方面综合审查认定是否构成共同犯罪。受雇于同一雇主同行运输毒品，但受雇者之间没有共同犯罪故意，或者虽然明知他人受雇运输毒品，但各自的运输行为相对独立，既没有实施配合、掩护他人运输毒品的行为，又分别按照各自运输的毒品数量领取报酬的，不应认定为共同犯罪。受雇于同一雇主分段运输同一宗毒品，但受雇者之间没有犯罪共谋的，也不应认定为共同犯罪。雇用他人运输毒品的雇主，及其他对受雇者起到一定组织、指挥作用的人员，与各受雇者分别构成运输毒品罪的共同犯罪，对运输的全部毒品数量承担刑事责任。

（三）毒品数量认定问题

走私、贩卖、运输、制造、非法持有两种以上毒品的，可以将不同种类的毒品分别折算为海洛因的数量，以折算后累加的毒品总量作为量刑的根据。对于刑法、司法解释或者其他规范性文件明确规定了定罪量刑数量标准的毒品，应当按照该毒品与海洛因定罪量刑数量标准的比例进行折算后累加。对于刑法、司法解释及其他规范性文件没有规定定罪量刑数量标准，但《非法药物折算表》规定了与海洛因的折算比例的毒品，可以按照《非法药物折算表》折算为海洛因后进行累加。对于既未规定定罪量刑数量标准，又不具备折算条件的毒品，综合考虑其致瘾癖性、社会危害性、数量、纯度等因素依法量刑。在裁判文书中，应当客观表述涉案毒品的种类和数量，并综合认定为数量大、数量较大或者少量毒品等，不明确表述将不同种类毒品进行折算后累加的毒品总量。

对于未查获实物的甲基苯丙胺片剂（俗称"麻古"等）、MDMA片剂（俗称"摇头丸"）等混合型毒品，可以根据在案证据证明的毒品粒数，参考本案或者本地区查获的同类毒品的平均重量计算出毒品数量。在裁判文书中，应当客观表述根据在案证据认定的毒品粒数。

对于有吸毒情节的贩毒人员，一般应当按照其购买的毒品数量认定其贩卖毒品的数量，量刑时酌情考虑其吸食毒品的情节；购买的毒品数量无法查明的，按照能够证明的贩卖数量及查获的毒品数量认定其贩毒数量；确有证据证明其购买的部分毒品并非用于贩卖的，不应计入其贩毒数量。

办理毒品犯罪案件，无论毒品纯度高低，一般均应将查证属实的毒品数量认定为毒品犯罪的数量，并据此确定适用的法定刑幅度，但司法解释另有规定或者为了隐蔽运输而临时改变毒品常规形态的除外。涉案毒品纯度明显低于同类毒品的正常纯度的，量刑时可以酌情考虑。

制造毒品案件中，毒品成品、半成品的数量应当全部认定为制造毒品的数量，对于无法再加工出成品、半成品的废液、废料则不应计入制造毒品的数量。对于废液、废料的认定，可以根据其毒品成分的含量、外观形态，结合被告人对制毒过程的供述等证据进行分析判断，必要时可以听取鉴定机构的意见。

（四）死刑适用问题

当前，我国毒品犯罪形势严峻，审判工作中应当继续坚持依法从严惩处毒品犯罪的指导思想，充分发挥死刑对于预防和惩治毒品犯罪的重要作用。要继续按照《大连会议纪要》的要求，突出打击重点，对罪行极其严重、依法应当判处死刑的被告人，坚决依法判处。同时，应当全面、准确贯彻宽严相济刑事政策，体现区别对待，做到罚当其罪，量刑时综合考虑毒品数量、犯罪性质、情节、危害后果、被告人的主观恶性、人身危险性及当地的禁毒形势等因素，严格审慎地决定死刑适用，确保死刑只适用于极少数罪行极其严重的犯罪分子。

1. 运输毒品犯罪的死刑适用

对于运输毒品犯罪，应当继续按照《大连会议纪要》的有关精神，重点打击运输毒品犯罪集团首要分子，组织、指使、雇用他人运输毒品的主犯或者毒枭、职业毒犯、毒品再犯，以及具有武装掩护运输毒品、以运输毒品为业、多次运输毒品等严重情节的被告人，对其中依法应当判处死刑的，坚决依法判处。

对于受人指使、雇用参与运输毒品的被告人，应当综合考虑毒品数量、犯罪次数、犯罪的主动性和独立性、在共同犯罪中的地位作用、获利程度和方式及其主观恶性、人身危险性等因素，予以区别对待，慎重适用死刑。对于有证据证明确属受人指使、雇用运输毒品，又系初犯、偶犯的被告人，即使毒品数量超过实际掌握的死刑数量标准，也可以不判处死刑；尤其对于其中被动参与犯罪，从属性、辅助性较强，获利程度较低的被告人，一般不应当判处死刑。对于不能排除受人指使、雇用初次运输毒品的被告人，毒品数量超过实际掌握的死刑数量标准，但尚不属数量巨大的，一般也可以不判处死刑。

一案中有多人受雇运输毒品的，在决定死刑适用时，除各被告人运输毒品的数量外，还应结合其具体犯罪情节、参与犯罪程度、与雇用者关系的紧密性及其主观恶性、人身危险性等因素综合考虑，同时判处二人以上死刑要特别慎重。

2. 毒品共同犯罪、上下家犯罪的死刑适用

毒品共同犯罪案件的死刑适用应当与该案的毒品数量、社会危害及被告人的犯罪情节、主观恶性、人身危险性相适应。涉案毒品数量刚超过实际掌握的死刑数量标准，依法应当适用死刑的，要尽量区分主犯间的罪责大小，一般只对其中罪责最大的一名主犯判处死刑；各共同犯罪人地位作用相当，或者罪责大小难以区分的，可以不判处被告人死刑；二名主犯的罪责均很突出，且均具有法定从重处罚情节的，也要尽可能比较其主观恶性、人身危险性方面的差异，判处二人死刑要特别慎重。涉案毒品数量达到巨大以上，二名以上主犯的罪责均很突出，或者罪责稍次的主犯具有法定、重大酌定从重处罚情节，判处二人以上死刑符合罪刑相适应原则，并有利于全案量刑平衡的，可以依法判处。

对于部分共同犯罪人未到案的案件，在案被告人与未到案共同犯罪人均属罪行极其严重，即使共同犯罪人到案也不影响对在案被告人适用死刑的，可以依法判处在案被告人死刑；在案被告人的罪行不足以判处死刑，或者共同犯罪人归案后全案只宜判处其一人死刑的，不能因为共同犯罪人未到案而对在案被告人适用死刑；在案被告人与未到案共同犯罪人的罪责大小难以准确认定，进而影响准确适用死刑的，不应对在案被告人判处死刑。

对于贩卖毒品案件中的上下家，要结合其贩毒数量、次数及对象范围，犯罪的主动性，对促成交易所发挥的作用，犯罪行为的危害后果等因素，综合考虑其主观恶性和人身危险性，慎重、稳妥地决定死刑适用。对于买卖同宗毒品的上下家，涉案毒品数量刚超过实际掌握的死刑数量标准的，一般不能同时判处死刑；上家主动联络销售毒品，积极促成毒品交易的，通常可以判处上家死刑；下家积极筹资，主动向上家约购毒品，对促成毒品交易起更大作用的，可以考虑判处下家死刑。涉案毒品数量达到巨大以上的，也要综合上述因素决定死刑适用，同时判处上下家死刑符合罪刑相适应原则，并有利于全案量刑平衡的，可以依法判处。

一案中有多名共同犯罪人、上下家针对同宗毒品实施犯罪的，可以综合运用上述毒品共同犯罪、上下家犯罪的死刑适用原则予以处理。

办理毒品犯罪案件，应当尽量将共同犯罪案件或者密切关联的上下游案件进行并案审理；因客观原因造成分案处理的，办案时应当及时了解关联案件的审理进展和处理结果，注重量刑平衡。

3. 新类型、混合型毒品犯罪的死刑适用

甲基苯丙胺片剂（俗称"麻古"等）是以甲基苯丙胺为主要毒品成分的混合型毒品，其甲基苯丙胺含量相对较低，危害性亦有所不同。为体现罚当其罪，甲基苯丙胺片剂的死刑数量标准一般可以按照甲基苯丙胺（冰毒）的 2 倍左右掌握，具体可以根据当地的毒品犯罪形势和涉案毒品含量等因素确定。

涉案毒品为氯胺酮（俗称"K 粉"）的，结合毒品数量、犯罪性质、情节及危害后果等因素，对符合死刑适用条件的被告人可以依法判处死刑。综合考虑氯胺酮的致瘾癖性、

滥用范围和危害性等因素,其死刑数量标准一般可以按照海洛因的 10 倍掌握。

涉案毒品为其他滥用范围和危害性相对较小的新类型、混合型毒品的,一般不宜判处被告人死刑。但对于司法解释、规范性文件明确规定了定罪量刑数量标准,且涉案毒品数量特别巨大,社会危害大,不判处死刑难以体现罚当其罪的,必要时可以判处被告人死刑。

（五）缓刑、财产刑适用及减刑、假释问题

对于毒品犯罪应当从严掌握缓刑适用条件。对于毒品再犯,一般不得适用缓刑。对于不能排除多次贩毒嫌疑的零包贩毒被告人,因认定构成贩卖毒品等犯罪的证据不足而认定为非法持有毒品罪的被告人,实施引诱、教唆、欺骗、强迫他人吸毒犯罪及制毒物品犯罪的被告人,应当严格限制缓刑适用。

办理毒品犯罪案件,应当依法追缴犯罪分子的违法所得,充分发挥财产刑的作用,切实加大对犯罪分子的经济制裁力度。对查封、扣押、冻结的涉案财物及其孳息,经查确属违法所得或者依法应当追缴的其他涉案财物的,如购毒款、供犯罪所用的本人财物、毒品犯罪所得的财物及其收益等,应当判决没收,但法律另有规定的除外。判处罚金刑时,应当结合毒品犯罪的性质、情节、危害后果及被告人的获利情况、经济状况等因素合理确定罚金数额。对于决定并处没收财产的毒品犯罪,判处被告人有期徒刑的,应当按照上述确定罚金数额的原则确定没收个人部分财产的数额;判处无期徒刑的,可以并处没收个人全部财产;判处死缓或者死刑的,应当并处没收个人全部财产。

对于具有毒枭、职业毒犯、累犯、毒品再犯等情节的毒品罪犯,应当从严掌握减刑条件,适当延长减刑起始时间、间隔时间,严格控制减刑幅度,延长实际执行刑期。对于刑法未禁止假释的前述毒品罪犯,应当严格掌握假释条件

（六）累犯、毒品再犯问题

累犯、毒品再犯是法定从重处罚情节,即使本次毒品犯罪情节较轻,也要体现从严惩处的精神。尤其对于曾因实施严重暴力犯罪被判刑的累犯、刑满释放后短期内又实施毒品犯罪的再犯,以及在缓刑、假释、暂予监外执行期间又实施毒品犯罪的再犯,应当严格体现从重处罚。

对于因同一毒品犯罪前科同时构成累犯和毒品再犯的被告人,在裁判文书中应当同时引用刑法关于累犯和毒品再犯的条款,但在量刑时不得重复予以从重处罚。对于因不同犯罪前科同时构成累犯和毒品再犯的被告人,量刑时的从重处罚幅度一般应大于前述情形。

（七）非法贩卖麻醉药品、精神药品行为的定性问题

行为人向走私、贩卖毒品的犯罪分子或者吸食、注射毒品的人员贩卖国家规定管制的能够使人形成瘾癖的麻醉药品或者精神药品的,以贩卖毒品罪定罪处罚。

行为人出于医疗目的,违反有关药品管理的国家规定,非法贩卖上述麻醉药品或者精神药品,扰乱市场秩序,情节严重的,以非法经营罪定罪处罚。

6.《最高人民检察院法律政策研究室关于安定注射液是否属于刑法第三百五十五条规定的精神药品问题的答复》（2002 年 10 月 24 日　〔2002〕高检研发第 23 号）

福建省人民检察院研究室:

你院《关于安定注射液是否属于〈刑法〉第三百五十五条规定的精神药品的请示》（闽检〔2001〕6 号）收悉。经研究并征求有关部门意见,答复如下:

根据《精神药品管理办法》① 等国家有关规定，"能够使人形成瘾癖"的精神药品，是指使用后能使人的中枢神经系统兴奋或者抑制连续使用能使人产生依赖性的药品。安定注射液属于刑法第三百五十五条第一款规定的"国家规定管制的能够使人形成瘾癖的"精神药品。鉴于安定注射液属于《精神药品管理办法》规定的第二类精神药品，医疗实践中使用较多，在处理此类案件时，应当慎重掌握罪与非罪的界限。对于明知他人是吸毒人员而多次向其出售安定注射液，或者贩卖安定注射液数量较大的，可以依法追究行为人的刑事责任。

7.《公安部禁毒局关于非法制造贩卖安钠咖立案问题的答复》（2002年11月5日 公禁毒〔2002〕434号）

甘肃省公安厅禁毒处：

你处《关于非法制造贩卖安钠咖立案标准的请示》收悉，现答复如下：

安钠咖属于《刑法》规定的毒品。根据《刑法》第三百四十七条第一款的规定，贩卖、制造毒品，无论数量多少，都应当追究刑事责任，予以刑事处罚。因此，对于非法制造、贩卖安钠咖的，不论查获的数量多少，公安机关都应当按照非法制造、贩卖毒品罪立案侦查。

同时你们《请示》中涉及的案例在全国极为罕见，饭店经营者直接向顾客（主要是过往就餐的汽车司机）推销毒品，犯罪情节恶劣，严重危害社会治安，不仅可以致使顾客吸毒成瘾，而就餐的司机吸食安钠咖后驾驶汽车，其吸毒后产生的不良反应将给交通安全带来很大隐患，随时可能导致严重后果，危及人民生命财产。因此，公安机关应当依法严厉打击此类毒品犯罪活动。

8.《公安部关于在成品药中非法添加阿普唑仑和曲马多进行销售能否认定为制造贩卖毒品有关问题的批复》（2009年3月19日 公复字〔2009〕1号）

海南省公安厅：

你厅《关于在成品药中非法添加阿普唑仑和曲马多进行销售能否认定为毒品的请示》（琼公发〔2009〕2号）收悉。经商最高人民检察院有关部门，现批复如下：

一、阿普唑仑和曲马多为国家管制的二类精神药品。根据《中华人民共和国刑法》第三百五十五条的规定，如果行为人具有生产、管理、使用阿普唑仑和曲马多的资质，却将其掺加在其他药品中，违反国家规定向吸食、注射毒品的人提供的，构成非法提供精神药品罪；向走私、贩卖毒品的犯罪分子或以牟利为目的向吸食、注射毒品的人提供的，构成走私、贩卖毒品罪。根据《中华人民共和国刑法》第三百四十七条的规定，如果行为人没有生产、管理、使用阿普唑仑和曲马多的资质，而将其掺加在其他药品中予以贩卖，构成贩卖、制造毒品罪。

二、在办案中应当注意区别为治疗、戒毒依法合理使用的行为与上述犯罪行为的界限。只有违反国家规定，明知是走私、贩卖毒品的人员而向其提供阿普唑仑和曲马多，或者明知是吸毒人员而向其贩卖或超出规定的次数、数量向其提供阿普唑仑和曲马多的，才可以认定为犯罪。

---

① 《精神药品管理办法》已被2005年11月1日施行的《麻醉药品和精神药品管理条例》废止。

9. 《最高人民法院研究室关于被告人对不同种毒品实施同一犯罪行为是否按比例折算成一种毒品予以累加后量刑的答复》（2009年8月17日　法研〔2009〕146号）

四川省高级人民法院：

你院川高法〔2009〕390号《关于被告人对不同种毒品实施同一犯罪行为是否按比例折算成一种毒品予以累加后量刑的请示》收悉。经研究，答复如下：

根据《全国部分法院审理毒品犯罪案件工作座谈会纪要》的规定，对被告人一人走私、贩卖、运输、制造两种以上毒品的，不实行数罪并罚，量刑时可综合考虑毒品的种类、数量及危害，依法处理。故同意你院处理意见，即：处理该类案件应当将案件涉及的不同种毒品按一定比例折算后予以累加进行量刑。[①]

10. 《最高人民法院研究室关于贩卖、运输经过取汁的罂粟壳废渣是否构成贩卖、运输毒品罪的答复》（2010年9月27日　法研〔2010〕168号）

四川省高级人民法院：

你院川高法〔2010〕438号《关于被告人贩卖、运输经过取汁的罂粟壳废渣是否构成贩卖、运输毒品罪的请示》收悉。经研究，答复如下：

最高人民法院研究室认为，根据你院提供的情况，对本案被告人不宜以贩卖、运输毒品罪论处。主要考虑：（1）被告人贩卖、运输的是经过取汁的罂粟壳废渣，吗啡含量只有0.01%，含量极低，从技术和成本看，基本不可能用于提取吗啡；[②]（2）国家对经过取汁的罂粟壳并无明文规定予以管制，[③]实践中有关药厂也未按照管制药品对其进行相应处理；（3）无证据证明被告人购买、加工经过取汁的罂粟壳废渣是为了将其当作毒品出售，具有贩卖、运输毒品的故意。如果查明行为人有将罂粟壳废渣作为制售毒品原料予以利用的故意，可建议由公安机关予以治安处罚。

11. 《最高人民法院、最高人民检察院、公安部印发〈关于办理走私、非法买卖麻黄碱类复方制剂等刑事案件适用法律若干问题的意见〉的通知》（2012年6月18日　法发〔2012〕12号）

为从源头上打击、遏制毒品犯罪，根据刑法等有关规定，结合司法实践，现就办理走私、非法买卖麻黄碱类复方制剂等刑事案件适用法律的若干问题，提出以下意见：

一、关于走私、非法买卖麻黄碱类复方制剂等行为的定性

以加工、提炼制毒物品制造毒品为目的，购买麻黄碱类复方制剂，或者运输、携带、寄递麻黄碱类复方制剂进出境的，依照刑法第三百四十七条的规定，以制造毒品罪定罪

[①] 编者注：根据《武汉会议纪要》（法〔2015〕129号）第2条第3项，在裁判文书中，应当客观表述涉案毒品的种类和数量，并综合认定为数量大、数量较大或者少量毒品等，不明确表述将不同种类毒品进行折算后累加的毒品总量。根据《昆明会议纪要》精神，走私、贩卖、运输、制造、非法持有两种以上毒品，《刑法》及司法解释明确规定了定罪量刑数量标准的，可以根据现有标准，将不同种类的毒品分别折算为海洛因的数量，以折算后累加的毒品总量作为定罪量刑的根据，但在裁判文书中，应当客观表述涉案毒品的种类和数量，不表述折算的毒品数量；《刑法》及司法解释未规定定罪量刑数量标准的，应综合考虑相关因素，依法定罪量刑。

[②] 编者注：经过取汁的罂粟壳废渣与罂粟壳在物理属性上差异甚大，不宜认定为罂粟壳，不宜认定为毒品。参见刘涛：《〈关于贩卖、运输经过取汁的罂粟壳废渣是否构成贩卖、运输毒品罪的答复〉理解与适用》，载人民法院出版社编：《司法解释理解与适用全集·刑事卷4》，人民法院出版社2019年版，第2482~2485页。

[③] 编者注：参见原国家药品监督管理局《罂粟壳管理暂行规定》（国药管安〔1998〕127号，1999年1月1日施行）。

处罚。

以加工、提炼制毒物品为目的，购买麻黄碱类复方制剂，或者运输、携带、寄递麻黄碱类复方制剂进出境的，依照刑法第三百五十条第一款、第三款的规定，分别以非法买卖制毒物品罪、走私制毒物品罪定罪处罚。

将麻黄碱类复方制剂拆除包装、改变形态后进行走私或者非法买卖，或者明知是已拆除包装、改变形态的麻黄碱类复方制剂而进行走私或者非法买卖的，依照刑法第三百五十条第一款、第三款的规定，分别以走私制毒物品罪、非法买卖制毒物品罪定罪处罚。

非法买卖麻黄碱类复方制剂或者运输、携带、寄递麻黄碱类复方制剂进出境，没有证据证明系用于制造毒品或者走私、非法买卖制毒物品，或者未达到走私制毒物品罪、非法买卖制毒物品罪的定罪数量标准，构成非法经营罪、走私普通货物、物品罪等其他犯罪的，依法定罪处罚。

实施第一款、第二款规定的行为，同时构成其他犯罪的，依照处罚较重的规定定罪处罚。

二、关于利用麻黄碱类复方制剂加工、提炼制毒物品行为的定性

以制造毒品为目的，利用麻黄碱类复方制剂加工、提炼制毒物品的，依照刑法第三百四十七条的规定，以制造毒品罪定罪处罚。

以走私或者非法买卖为目的，利用麻黄碱类复方制剂加工、提炼制毒物品的，依照刑法第三百五十条第一款、第三款的规定，分别以走私制毒物品罪、非法买卖制毒物品罪定罪处罚。

三、关于共同犯罪的认定

明知他人利用麻黄碱类制毒物品制造毒品，向其提供麻黄碱类复方制剂，为其利用麻黄碱类复方制剂加工、提炼制毒物品，或者为其获取、利用麻黄碱类复方制剂提供其他帮助的，以制造毒品罪的共犯论处。

明知他人走私或者非法买卖麻黄碱类制毒物品，向其提供麻黄碱类复方制剂，为其利用麻黄碱类复方制剂加工、提炼制毒物品，或者为其获取、利用麻黄碱类复方制剂提供其他帮助的，分别以走私制毒物品罪、非法买卖制毒物品罪的共犯论处。

四、关于犯罪预备、未遂的认定

实施本意见规定的行为，符合犯罪预备或者未遂情形的，依照法律规定处罚。

五、关于犯罪嫌疑人、被告人主观目的与明知的认定

对于本意见规定的犯罪嫌疑人、被告人的主观目的与明知，应当根据物证、书证、证人证言以及犯罪嫌疑人、被告人供述和辩解等在案证据，结合犯罪嫌疑人、被告人的行为表现，重点考虑以下因素综合予以认定：

1. 购买、销售麻黄碱类复方制剂的价格是否明显高于市场交易价格；
2. 是否采用虚假信息、隐蔽手段运输、寄递、存储麻黄碱类复方制剂；
3. 是否采用伪报、伪装、藏匿或者绕行进出境等手段逃避海关、边防等检查；
4. 提供相关帮助行为获得的报酬是否合理；
5. 此前是否实施过同类违法犯罪行为；
6. 其他相关因素。

六、关于制毒物品数量的认定

实施本意见规定的行为，以走私制毒物品罪、非法买卖制毒物品罪定罪处罚的，应当以涉案麻黄碱类复方制剂中麻黄碱类物质的含量作为涉案制毒物品的数量。

实施本意见规定的行为，以制造毒品罪定罪处罚的，应当将涉案麻黄碱类复方制剂所含的麻黄碱类物质可以制成的毒品数量作为量刑情节考虑。

多次实施本意见规定的行为未经处理的，涉案制毒物品的数量累计计算。

七、关于定罪量刑的数量标准

实施本意见规定的行为，以走私制毒物品罪、非法买卖制毒物品罪定罪处罚的，涉案麻黄碱类复方制剂所含的麻黄碱类物质应当达到以下数量标准：麻黄碱、伪麻黄碱、消旋麻黄碱及其盐类五千克以上不满五十千克；去甲麻黄碱、甲基麻黄碱及其盐类十千克以上不满一百千克；麻黄浸膏、麻黄浸膏粉一百千克以上不满一千千克。达到上述数量标准上限的，认定为刑法第三百五十条第一款规定的"数量大"。

实施本意见规定的行为，以制造毒品罪定罪处罚的，无论涉案麻黄碱类复方制剂所含的麻黄碱类物质数量多少，都应当追究刑事责任。

八、关于麻黄碱类复方制剂的范围

本意见所称麻黄碱类复方制剂是指含有《易制毒化学品管理条例》（国务院令第445号）①品种目录所列的麻黄碱（麻黄素）、伪麻黄碱（伪麻黄素）、消旋麻黄碱（消旋麻黄素）、去甲麻黄碱（去甲麻黄素）、甲基麻黄碱（甲基麻黄素）及其盐类，或者麻黄浸膏、麻黄浸膏粉等麻黄碱类物质的药品复方制剂。

12.《最高人民法院、最高人民检察院、公安部、农业部、食品药品监管总局关于进一步加强麻黄草管理严厉打击非法买卖麻黄草等违法犯罪活动的通知》（2013年5月21日 公通字〔2013〕16号）

近年来，随着我国对麻黄碱类制毒物品及其复方制剂监管力度的不断加大，利用麻黄碱类制毒物品及其复方制剂制造冰毒的犯罪活动得到有效遏制。但是，利用麻黄草提取麻黄碱类制毒物品制造冰毒的问题日益凸显，麻黄草已成为目前国内加工制造冰毒的又一主要原料。2012年，全国共破获利用麻黄草提取麻黄碱类制毒物品制造冰毒案件46起、缴获麻黄草964.4吨，同比分别上升91.7%、115.5%。为进一步加强麻黄草管理，严厉打击非法买卖麻黄草等违法犯罪活动，根据《中华人民共和国刑法》《国务院关于禁止采集和销售发菜制止滥挖甘草和麻黄草有关问题的通知》（国发〔2000〕13号）等相关规定，现就有关要求通知如下：

三、依法查处非法采挖、买卖麻黄草等犯罪行为

各地人民法院、人民检察院、公安机关要依法查处非法采挖、买卖麻黄草等犯罪行为，区别情形予以处罚：

（一）以制造毒品为目的，采挖、收购麻黄草的，依照刑法第三百四十七条的规定，以制造毒品罪定罪处罚。

（二）以提取麻黄碱类制毒物品后进行走私或者非法贩卖为目的，采挖、收购麻黄草，涉案麻黄草所含的麻黄碱类制毒物品达到相应定罪数量标准的，依照刑法第三百五十条第一款、第三款的规定，分别以走私制毒物品罪、非法买卖制毒物品罪定罪处罚。

（三）明知他人制造毒品或者走私、非法买卖制毒物品，向其提供麻黄草或者提供运

---

① 编者注：《易制毒化学品管理条例》已根据2018年9月18日《国务院关于修改部分行政法规的决定》第三次修订。

输、储存麻黄草等帮助的，分别以制造毒品罪、走私制毒物品罪、非法买卖制毒物品罪的共犯论处。

（四）违反国家规定采挖、销售、收购麻黄草，没有证据证明以制造毒品或者走私、非法买卖制毒物品为目的，依照刑法第二百二十五条的规定构成犯罪的，以非法经营罪定罪处罚。

（五）实施以上行为，以制造毒品罪、走私制毒物品罪、非法买卖制毒物品罪定罪处罚的，涉案制毒物品的数量按照三百千克麻黄草折合一千克麻黄碱计算；以制造毒品罪定罪处罚的，无论涉案麻黄草数量多少，均应追究刑事责任。

13.《最高人民法院、最高人民检察院、公安部印发〈关于规范毒品名称表述若干问题的意见〉的通知》（2014年8月20日　法〔2014〕224号）

为进一步规范毒品犯罪案件办理工作，现对毒品犯罪案件起诉意见书、起诉书、刑事判决书、刑事裁定书中的毒品名称表述问题提出如下规范意见。

一、规范毒品名称表述的基本原则

（一）毒品名称表述应当以毒品的化学名称为依据，并与刑法、司法解释及相关规范性文件中的毒品名称保持一致。刑法、司法解释等没有规定的，可以参照《麻醉药品品种目录》《精神药品品种目录》① 中的毒品名称进行表述。

（二）对于含有二种以上毒品成分的混合型毒品，应当根据其主要毒品成分和具体形态认定毒品种类、确定名称。混合型毒品中含有海洛因、甲基苯丙胺的，一般应当以海洛因、甲基苯丙胺确定其毒品种类；不含海洛因、甲基苯丙胺，或者海洛因、甲基苯丙胺的含量极低的，可以根据其中定罪量刑数量标准较低且所占比例较大的毒品成分确定其毒品种类。混合型毒品成分复杂的，可以用括号注明其中所含的一至二种其他毒品成分。

（三）为体现与犯罪嫌疑人、被告人供述的对应性，对于犯罪嫌疑人、被告人供述的毒品常见俗称，可以在文书中第一次表述该类毒品时用括号注明。

二、几类毒品的名称表述

（一）含甲基苯丙胺成分的毒品

1. 对于含甲基苯丙胺成分的晶体状毒品，② 应当统一表述为甲基苯丙胺（冰毒），在下文中再次出现时可以直接表述为甲基苯丙胺。

2. 对于以甲基苯丙胺为主要毒品成分的片剂状毒品，应当统一表述为甲基苯丙胺片剂。如果犯罪嫌疑人、被告人供述为"麻古""麻果"或者其他俗称的，可以在文书中第一次表述该类毒品时用括号注明，如表述为甲基苯丙胺片剂（俗称"麻古"）等。

3. 对于含甲基苯丙胺成分的液体、固液混合物、粉末等，应当根据其毒品成分和具体形态进行表述，如表述为含甲基苯丙胺成分的液体、含甲基苯丙胺成分的粉末等。

---

① 编者注：还可参照《非药用类麻醉药品和精神药品管制品种增补目录》（公通字〔2015〕27号）中的毒品名称进行表述。

② 编者注：晶体状的甲基苯丙胺含量通常在50%～100%，片剂状的甲基苯丙胺含量通常在5%～25%。参见高贵君、马岩、李静然：《〈关于规范毒品名称表述若干问题的意见〉理解与适用》，载《人民法院报》2014年9月17日，第6版。

（二）含氯胺酮成分的毒品

1. 对于含氯胺酮成分的粉末状毒品，应当统一表述为氯胺酮。如果犯罪嫌疑人、被告人供述为"K粉"等俗称的，可以在文书中第一次表述该类毒品时用括号注明，如表述为氯胺酮（俗称"K粉"）等。

2. 对于以氯胺酮为主要毒品成分的片剂状毒品，应当统一表述为氯胺酮片剂。

3. 对于含氯胺酮成分的液体、固液混合物等，应当根据其毒品成分和具体形态进行表述，如表述为含氯胺酮成分的液体、含氯胺酮成分的固液混合物等。

（三）含MDMA等成分的毒品

对于以MDMA、MDA、MDEA等致幻性苯丙胺类兴奋剂为主要毒品成分的丸状、片剂状毒品，应当根据其主要毒品成分的中文化学名称和具体形态进行表述，并在文书中第一次表述该类毒品时用括号注明下文中使用的英文缩写简称，如表述为3,4-亚甲二氧基甲基苯丙胺片剂（以下简称MDMA片剂）、3,4-亚甲二氧基苯丙胺片剂（以下简称MDA片剂）、3,4-亚甲二氧基乙基苯丙胺片剂（以下简称MDEA片剂）等。如果犯罪嫌疑人、被告人供述为"摇头丸"等俗称的，可以在文书中第一次表述该类毒品时用括号注明，如表述为3,4-亚甲二氧基甲基苯丙胺片剂（以下简称MDMA片剂，俗称"摇头丸"）等。

（四）"神仙水"类毒品

对于俗称"神仙水"的液体状毒品，应当根据其主要毒品成分和具体形态进行表述。毒品成分复杂的，可以用括号注明其中所含的一至二种其他毒品成分，如表述为含氯胺酮（咖啡因、地西泮等）成分的液体等。如果犯罪嫌疑人、被告人供述为"神仙水"等俗称的，可以在文书中第一次表述该类毒品时用括号注明，如表述为含氯胺酮（咖啡因、地西泮等）成分的液体（俗称"神仙水"）等。

（五）大麻类毒品

对于含四氢大麻酚、大麻二酚、大麻酚等天然大麻素类成分的毒品，[①] 应当根据其外形特征分别表述为大麻叶、大麻脂、大麻油或者大麻烟等。

14.《公安部关于认定海洛因有关问题的批复》（2002年6月28日 公禁毒〔2002〕236号）

甘肃省公安厅：

你厅《关于海洛因认定问题的请示》（甘公禁〔2002〕27号）收悉。现批复如下：

一、海洛因是以"二乙酰吗啡"或"盐酸二乙酰吗啡"为主要成分的化学合成的精制鸦片类毒品，"单乙酰吗啡"和"单乙酰可待因"是只有在化学合成海洛因过程中才会衍生的化学物质，属于同一种类的精制鸦片类毒品。海洛因在运输、贮存过程中，因湿度、光照等因素的影响，会出现"二乙酰吗啡"自然降解为"单乙酰吗啡"的现象，即"二乙酰吗啡"含量呈下降趋势，"单乙酰吗啡"含量呈上升趋势，甚至出现只检出"单乙酰吗啡"成分而未检出"二乙酰吗啡"成分的检验结果。因此，不论是否检出"二乙酰吗啡"成分，只要检出"单乙酰吗啡"或"单乙酰吗啡和单乙酰可待因"的，根据化

---

① 编者注：《最高人民法院关于审理毒品案件定罪量刑标准有关问题的解释》（法释〔2000〕13号）对大麻油、大麻脂及大麻叶和大麻烟规定了不同的定罪量刑数量标准，但该司法解释已被2016年4月11日施行的《审理毒品犯罪案件解释》（法释〔2016〕8号）废止。

验部门出具的检验报告,均应当认定送检样品为海洛因。

二、根据海洛因的毒理作用,海洛因进入吸毒者的体内代谢后,很快由"二乙酰吗啡"转化为"单乙酰吗啡",然后再代谢为吗啡。在海洛因滥用者或中毒者的尿液或其他检材检验中,只能检出少量"单乙酰吗啡"及吗啡成分,无法检出"二乙酰吗啡"成分。因此,在尿液及其他检材中,只要检验出"单乙酰吗啡",即证明涉嫌人员服用了海洛因。

第三节 走私、贩卖、运输、制造毒品罪审判实践中的疑难新型问题

问题1. 走私毒品案件中被告人主观明知的认定

【刑事审判参考案例】巴某某二人走私毒品案①

一、基本案情

被告人巴某某,男,伊朗伊斯兰共和国国籍。2008年2月22日因涉嫌犯走私毒品罪被逮捕。

被告人木某某,男,伊朗伊斯兰共和国国籍。2008年2月22日因涉嫌犯走私毒品罪被逮捕。

某市人民检察院以巴某某、木某某犯走私毒品罪,向某市中级人民法院提起公诉。

二被告人均否认明知自己携带的公文箱夹层内藏有毒品。二被告人的辩护人均提出,指控二被告人明知所携带的公文箱内藏有毒品的证据不足,应当判决无罪。

某市中级人民法院经公开审理查明:2008年1月18日22时许,被告人巴某某、木某某未向海关申报任何物品,采取在公文箱夹层内隐藏毒品的方式,分别携带甲基苯丙胺740克(含量65%)、746克(含量61%),拟乘坐EK307航班由中华人民共和国北京首都国际机场飞往阿拉伯联合酋长国迪拜。巴某某在出境时被海关关员查获,后海关关员又将等候登机的木某某查获。上述毒品全部被起获并收缴。

某市中级人民法院认为,被告人巴某某、木某某违反我国对毒品的管理制度和海关法规,非法携带毒品甲基苯丙胺出境,其行为均构成走私毒品罪,依法应当惩处。某市人民检察院某分院指控二被告人犯走私毒品罪的事实清楚,证据确实、充分,指控的罪名成立。关于二被告人所提不知携带的公文箱内藏有毒品的辩解,以及辩护人所提认定二被告人明知所携带的物品系毒品的证据不足,应当判决无罪的辩护意见,经查,执法人员在机场口岸对巴某某、木某某进行检查时,已告知二人须申报本人或者为他人携带的违禁品,二人均未如实申报。在二人所携带的公文箱夹层内查获的毒品,系采用高度隐蔽的方式携带,且二被告人对其所携带的毒品均不能作出合理解释,故二被告人的辩

---

① 黄小明撰稿,马岩审编:《巴某某、木某某走私毒品案——走私毒品案件中被告人主观明知的认定(第954号)》,载最高人民法院刑事审判第一、二、三、四、五庭主办:《刑事审判参考》(总第96集),法律出版社2014年版,第105~110页。

解及其辩护人的前述辩护意见不能成立，不予采纳。据此，依照《刑法》第6条第1款、第347条第2款第1项、第35条、第25条第1款、第26条第1款、第59条、第61条之规定，判决如下：

1. 被告人巴某某犯走私毒品罪，判处有期徒刑十五年，并处没收个人全部财产，附加驱逐出境；

2. 被告人木某某犯走私毒品罪，判处有期徒刑十五年，并处没收个人全部财产，附加驱逐出境。

一审宣判后，二被告人均未提出上诉。

二、主要问题

走私毒品犯罪中，被告人拒不供认其主观明知是毒品的，如何根据在案证据定罪？

三、裁判理由

办理毒品犯罪案件中，对被告人主观明知的认定常有一定难度。主要原因有以下两点：一是毒品犯罪比较隐蔽，毒枭和指使者往往自己并不出面，而是通过指使、雇用"马仔"从事走私、运输等具体行为，取证工作难度较大，证据数量通常也较少。二是毒品犯罪的涉案人员往往有逃避制裁的思想准备，特别是用箱包运输毒品的被告人，即使当场在其身边查获毒品，亦往往以"为他人运输和携带，并不知道有毒品"进行辩解。有的在被查获时虽然承认明知是毒品，但到了审查起诉和审判阶段又翻供。如果仅以涉案行为人本人是否承认明知为标准，办案工作就会非常被动，相当一部分案件难以认定被告人的主观明知，影响对毒品犯罪的打击力度。

针对这种状况，为解决司法实践中毒品犯罪被告人主观明知的认定问题，最高人民法院、最高人民检察院、公安部2007年联合制定的《办理毒品犯罪案件适用法律若干问题的意见》（本案例中简称《意见》）对明知的认定作了专门的规定。根据《意见》的规定，走私、贩卖、运输、非法持有毒品犯罪主观故意中的"明知"，是指行为人知道或者应当知道所实施的行为是走私、贩卖、运输、非法持有毒品行为。具有下列情形之一，并且犯罪嫌疑人、被告人不能作出合理解释的，可以认定其"应当知道"，但有证据证明确属被蒙骗的除外：（1）执法人员在口岸、机场、车站、港口和其他检查站检查时，要求行为人申报为他人携带的物品和其他疑似毒品物，并告知其法律责任，而行为人未如实申报，在其所携带的物品内查获毒品的；（2）以伪报、藏匿、伪装等蒙蔽手段逃避海关、边防等检查，在其携带、运输、邮寄的物品中查获毒品的；（3）执法人员检查时，有逃跑、丢弃携带物品或逃避、抗拒检查等行为，在其携带或者丢弃的物品中查获毒品的；（4）体内藏匿毒品的；（5）为获取不同寻常的高额或者不等值的报酬而携带、运输毒品的；（6）采用高度隐蔽的方式携带、运输毒品的；（7）采用高度隐蔽的方式交接毒品，明显违背合法物品惯常交接方式的；（8）其他有证据足以证明行为人应当知道的。《意见》的上述规定，明确的一个认定原则就是在犯罪嫌疑人、被告人否认明知的情况下，可以通过刑事推定来认定主观明知。所谓刑事推定，是指在认定刑事案件事实的过程中，根据法律规定或者经验法则，在没有相反证据推翻的情况下，从已知的基础事实推导出另一未知事实的证明方法。近年来，刑事推定在司法实践中越来越受关注，在毒品案件审理过程中时有运用。

本案中，机场海关人员在被告人巴某某和木某某携带的手提公文箱夹层中起获了大量冰毒，但二被告人从侦查阶段到庭审中，都坚称不知所携带的手提公文箱中有夹层，更不知内中藏有毒品。除二被告人的供述外,其他证据只能证实毒品的查获过程,不能证实二被告人对其走私毒品犯罪的主观明知。以往实践中,类似案件能否定罪有较大争议,2007年《意见》公布后这种争议逐渐减少。我们认为,本案情形符合《意见》上述第六项的规定,即根据现有证据,可以认定二被告人采用高度隐蔽的方式携带、运输毒品,且未能作出合理解释,故可以认定二被告人明知所携带的手提公文箱中藏有毒品,依法构成走私毒品罪。

首先,在手提公文箱的夹层中藏匿毒品属于高度隐蔽的方式。证人刘某的证言证实,经对被告人巴某某所携行李物品进行X光机检查后,发现有夹藏嫌疑,遂立即通知现场值班副科长,经进一步查验确认在巴某某携带的手提密码箱中有夹层,找到木某某后,对两个手提密码箱开拆查验,在箱体衬板后查获白色晶体状固体各一包。这说明,二被告人所提公文箱的夹层很隐蔽,必须经过专业检测扫描仪器,在有经验的查验人员的检查下才能查出,一般开箱检查或者清晰度不高的黑白扫描检测仪器难以发现。而根据现场照片,对涉案手提箱中的夹层必须使用工具、采取破坏性手段才能打开。二被告人能顺利地将藏有毒品的公文箱从深圳运至北京首都机场,也印证了携带毒品采取的是高度隐蔽的方式。

其次,二被告人虽然否认明知手提箱中藏有毒品,但均未对其行为作出"合理解释",且存在多处矛盾。具体体现在:(1)关于手提公文箱的来源。被告人巴某某辩称公文箱是他的朋友哈某在广州去往深圳的火车上交给他并委托他带回伊朗的,公文箱从未拿进过住宿的酒店;被告人木某某辩称公文箱是巴某某在广州的市场购买后送给他的,购买后一直放在旅馆,从未有人动过。(2)关于涉案关键人物黑衣男子的情况。巴某某供称除17日晚他的朋友哈某和一友人之外,再没有人到过他们住宿的房间;木某某则称从广州下飞机到离开,从没有和第三人接触过,在酒店期间也没有任何人到过其房间。而酒店监控录像显示:1月16日巴某某和木某某在黑衣男子陪同下入住酒店;1月18日凌晨,黑衣男子和白衣男子将涉案的两个公文箱拿到住宿房间,木某某为二人开门;18日中午,巴某某和木某某在黑衣男子陪同下携涉案公文箱离开酒店。可见,对该案的核心物证手提公文箱和涉案关键人物黑衣男子,二被告人均在编造谎言,未作如实供述。(3)关于来中国的目的。巴某某供称来中国前并不认识木某某,自己到中国来是为了办理假护照,与木某某同行只是巧合;木某某则称与巴某某认识四五年之久,本次是跟随巴某某到中国考察市场和旅游。从二人的联程机票、火车票等书证来看,二人同时订票、行程完全相同,可以确定为结伴而行;从住宿期间活动情况(大部分时间都待在旅馆)、联程机票内容(没有为北京预留时间)和其随身携带货币(100美元和少量人民币)等证据看,木某某供述的二人此行目的也不能成立。(4)关于来中国的费用。巴某某供述是其朋友全额支付,木某某则称是巴某某无偿支付,即二人来中国的费用均非自己支付。以该二人分别系伊朗国内地毯市场帮工、卖瓜子小商贩的职业身份和他们随身携带的极少量货币来看,他们也无力支付此次行程的高额费用,更不可能来中国做建材贸易和旅游。(5)二人供述和辩解中的其他矛盾之处也很明显。例如,巴某某称在首都机场候机时曾有两人跟其攀谈,其去洗手间时曾委托二人帮其照看行李,进而推测是该二人将手提箱调包。但木某某则供述在首都机场他和巴某某从没分开过,巴某某去洗手间时,是由他照看行李。再如,巴某某对与木某某关系的交代、木某某对电话卡等细节问题的交代均是反复不定、自相矛盾。综上可见,二被告人对在其携带的手提公文箱夹层中查获大量毒品的事实，不但没有作出合理解释，反而是避重就轻、编造谎言。故可以认定二被告人具备犯罪的主观故意。而二被告人当庭除坚持侦查阶段的辩解外，不能提供任何证据反驳控方的指控，以证实其非明知。故本案最终认定指控罪名成立。本案宣判后，二被告人均未提出上诉，从另一个角度表明二被告人认罪服法，认同一审法院认定的故意实施走私毒品的犯罪事实。

值得注意的是，刑事推定是一种不得已的证明方法，有"末位的证明方式"之称。只有在相关事实确实难以用直接证据来证明时才允许采取这种方式进行认定。由于推定被告人明知不是以确凿证据来证明，而是根据基础事实与待证事实的常态联系，运用情理判断和逻辑推理得出的，不排除有例外情况，所以推定若运用不当，则很有可能导致错误定罪。依据《意见》的有关规定来认定毒品犯罪被告人的主观明知时，特别要注意两点：（1）判断是否明知应当以客观真实的在案证据为基础。尽管"明知"是被告人知道或者应当知道行为对象是毒品的心理状态，但判断被告人主观是否明知，不能仅凭被告人的供述，而应当综合案件中的其他证据，依据实施毒品犯罪行为的过程、行为方式、毒品被查获时的环境等证据，结合被告人的年龄、阅历、智力及掌握相关知识情况，进行综合分析判断。本案中，二被告人在广州某酒店的住宿行踪、二人的机票、火车票、出境申报单及现场照片、鉴定结论等证据，都是作出判断的重要基础，若缺乏这些证据，则很难定罪。（2）应当准许被告人提出反证，以对其行为作出合理解释或者证实其确系被蒙骗。并且，如果被告人在审判阶段只能提出相关的证据线索，无法提出具体证据，法院可以进行调查取证。如经调查核实，发现被告人提出的证据线索确实存在，被告人的辩解有事实根据或者合乎情理，足以推翻推定事实的，则不能认定其明知。本案中，二被告人未能就此提供任何证据或者证据线索，故起诉书指控二人犯走私毒品罪均成立。

问题 2. 对临时结伙贩卖、运输毒品起组织作用，但本人实际贩卖毒品数量相对较少的主犯如何量刑

【刑事审判参考案例】阿某某等犯贩卖、运输毒品案[①]

一、基本案情

某省某州人民检察院以被告人阿某某等犯贩卖、运输毒品罪，向某州中级人民法院提起公诉。

被告人阿某某及其辩护人辩称，四被告人系分工协作共同完成本案犯罪行为，阿某某仅应对其个人贩卖的毒品承担刑事责任，请求法庭对其从轻处罚。

某州中级人民法院经公开审理查明：2010 年 3 月，被告人阿某某与女友阿牛某（同案被告人，判处无期徒刑）商定共同出资人民币（以下币种同）3 万元购买 1 块海洛因。后阿布某（同案被告人，判处死刑，缓期二年执行）得知二人意图到某省购买海洛因，便主动要求出资共同购买海洛因以牟利，阿布某愿意以每块 3.6 万元的价格购买 2 块海洛因，并汇给阿某某 7.2 万元。阿布某让阿布么某（同案被告人，判处有期徒刑十五年）

---

① 郑鹏、韩景慧撰稿，姜永义审编：《阿某某等贩卖、运输毒品案——对临时结伙贩卖、运输毒品起组织作用，但本人实际贩卖毒品数量相对较少的主犯如何量刑（第 955 号）》，载最高人民法院刑事审判第一、二、三、四、五庭主办：《刑事审判参考》（总第 96 集），法律出版社 2014 年版，第 111~114 页。

随阿某某、阿牛某去某省境内将其购买的毒品运输回来,许诺事成后付给阿布么某 6000 元报酬。同月 21 日,阿某某与阿牛某、阿布么某前往云南境内购买海洛因,阿某某以 10.2 万元的价格购买了 3 块海洛因。阿某某拿了 2 块海洛因给阿布么某,另 1 块交给阿牛某藏于身上。三人在搭乘长途汽车返回途中被抓获,公安人员从阿布么某处查获 2 块海洛因,净重 693 克;从阿牛某处查获 1 块海洛因,净重 344 克。

某州中级人民法院认为,被告人阿某某与同案被告人阿牛某、阿布某、阿布么某贩卖、运输海洛因的行为已构成贩卖、运输毒品罪,且构成共同犯罪。阿某某在共同犯罪中起组织、策划的主要作用,应当对查获的毒品承担全部责任。据此,依照《刑法》第 347 条第 1 款、第 2 款第 1 项、第 25 条、第 26 条、第 27 条、第 54 条、第 57 条之规定,某州中级人民法院以被告人阿某某犯贩卖、运输毒品罪,判处死刑,剥夺政治权利终身,并处没收个人全部财产。

一审宣判后,阿某某不服,基于以下理由向某省高级人民法院提起上诉,请求从轻处罚:原审被告人阿牛某、阿布某主动出资参与贩毒,并非其游说、诱惑,故其不应对阿布某的 2 块毒品和阿牛某的部分毒品承担责任;原判认定其以每块 3 万元价格购买 2 块海洛因,并以每块 3.6 万元价格转卖给阿布某从中牟利,与查明的事实不符;本案四被告人分工协作,应当各自承担责任,其不应承担组织、策划的责任。

针对上诉人阿某某提出的上诉理由,某省高级人民法院经审理认为,在共同犯罪中,阿某某联系、邀约原审被告人阿牛某共同出资购买 1 块海洛因共 344 克用于贩卖牟利,虽然原审被告人阿布某系主动出资参与贩毒,但上诉人阿某某为阿布某提供银行卡转存毒资并帮助其取款,负责联系购买 3 块海洛因,向毒贩支付毒资和具体交易毒品,安排整个贩卖、运输毒品犯罪的路线和行程,在共同犯罪中起策划、组织、指挥的主要作用,系主犯,应当对查获的全部海洛因 1037 克承担刑事责任,故阿某某提出的相关上诉理由不能成立。同时,原判认定阿某某将 2 块海洛因加价卖给阿布某的证据不足,对阿某某的相关上诉理由予以采纳,但该事实不影响对其定罪量刑。原判认定的事实清楚,证据确实、充分,定罪准确,量刑适当,审判程序合法。据此,依照《刑事诉讼法》(1996 年)第 189 条第 1 项①之规定,某省高级人民法院裁定驳回上诉,维持原判,并依法报请最高人民法院核准。

最高人民法院经复核认为,第一审判决、第二审裁定认定的事实清楚,证据确实、充分,定罪准确,审判程序合法。鉴于该起毒品犯罪各同案被告人责任相对分散,综合全案情况,对被告人阿某某判处死刑,可不立即执行。据此,依照《刑事诉讼法》(2012 年修改后)第 235 条、第 239 条②和《刑事诉讼法解释》第 350 条第 5 项③之规定,最高人民法院裁定不核准并撤销某省高级人民法院维持第一审对被告人阿某某以贩卖、运输毒品罪判处死刑,剥夺政治权利终身,并处没收个人全部财产的刑事裁定,发回某省高级人民法院重新审判。

二、主要问题

对临时结伙贩卖、运输毒品起组织作用,但本人实际贩卖毒品数量相对较少的主犯

---

① 对应 2018 年《刑事诉讼法》第 236 条第 1 款第 1 项。
② 对应 2018 年《刑事诉讼法》第 246 条、第 250 条。
③ 对应 2021 年《刑事诉讼法解释》第 429 条第 5 项。

如何量刑？

三、裁判理由

根据刑法规定，对于毒品共同犯罪中的主犯，应当按照其所参与或者组织、指挥的全部犯罪处罚。毒品共同犯罪有一定的特点，虽然涉案毒品数量是影响量刑的主要因素，但不能唯涉案毒品数量量刑。在对主犯量刑时，既要考虑涉案毒品数量，又要考虑各被告人在共同犯罪中的地位、作用，如犯意提起、具体分工、毒资筹集、毒品实际控制等。此外，毒品是否流入社会造成实际危害等也应作为考虑情节。

本案中，被告人阿某某积极联系毒贩，向毒贩支付毒资并接收全部毒品，安排贩卖、运输毒品的路线和行程，在共同犯罪中起组织、策划作用，系主犯，应当对查获的全部1037克毒品承担刑事责任。同时，对阿某某的量刑又应考虑以下因素：

第一，现有证据不能证实阿某某邀约阿布某一起贩卖海洛因。阿某某和阿牛某供称二人与阿布某聊天时提到去云南境内贩卖海洛因，阿布某主动提出出资参与。数日后，阿布某找到二人，要求帮其购买两块海洛因。对二人上述供述内容，阿布某亦作相同供述。根据三人供述，只能认定阿布某得知阿某某和阿牛某意图贩卖海洛因而主动参与贩卖，不能认定阿某某主动邀约阿布某参与贩卖海洛因。

第二，现有证据不能证实阿某某从其为阿布某代购的2块海洛因中加价牟利。阿某某一直供称其只是帮阿布某购买2块海洛因，每块3.6万元，一共7.2万元，没有从中牟利。阿布某共汇7.2万元钱给阿某某。阿牛某和阿布么某均供称，阿某某和二人一起从银行取款后将钱款交给卖海洛因的人。上述证据证实阿某某帮阿布某购买海洛因没有赚取差价。

第三，阿布么某系受雇于阿布某运输海洛因，阿某某购买海洛因后就将帮阿布某购买的2块海洛因交给阿布么某，公安人员是在阿布么某身上查获该2块海洛因的。最高人民法院2008年12月印发的《大连会议纪要》明确要求："要从犯意提起、具体行为分工、出资和实际分得毒赃以及共犯之间相互关系等方面，比较各共同犯罪人在共同犯罪中的地位和作用。"本案中，阿某某与阿牛某合买的344克海洛因，二人出资额相同，且系共同取款，共同将款交给毒贩，二人均起主要作用，鉴于系阿某某指使阿牛某携带海洛因，故阿某某的作用略大于阿牛某。阿某某帮阿布某购买的693克毒品，阿布某主动出资让阿某某帮助购买毒品，并雇第三人直接运输毒品，阿某某没有从中加价牟利，故二人均起主要作用，但阿布某的作用要大于阿某某。

根据《大连会议纪要》的规定，对于"共同犯罪毒品数量刚达到实际掌握的死刑数量标准，但各共同犯罪人作用相当，或者责任大小难以区分的"，可不判处被告人死刑立即执行。本案中，各共同犯罪人之间存在亲属、熟人关系，因有贩卖毒品的故意而临时结伙，三名主犯均系积极主动参与犯罪，且阿某某对同案被告人和毒品的控制力较弱，在各共同犯罪人责任相对分散的情况下，考虑到阿某某系初犯，毒品未流入社会造成实际危害，根据宽严相济刑事政策精神，对阿某某判处死刑，可不立即执行。

问题 3. 为吸食者代购少量毒品的行为如何定性以及隐匿身份人员引诱情节对毒品犯罪案件的定罪量刑是否具有影响

【刑事审判参考案例】 刘某某贩卖毒品案①

一、基本案情

某省某市某区人民检察院以被告人刘某某犯贩卖毒品罪,向某市某区人民法院提起公诉。

被告人刘某某辩称,其两次提供毒品给杨某某系代购行为,第三次刚交易完毕就被侦查机关抓获。

其辩护人提出如下辩护意见:刘某某只是帮助杨某某代购毒品,且未牟利,不应以贩卖毒品罪定罪处罚;刘某某最后一次贩卖毒品是特情引诱导致的,且毒品未流入社会;刘某某系初犯,到案后认罪态度较好。

某市某区人民法院经公开审理查明:

1. 被告人刘某某于 2012 年 9 月中旬和 10 月 10 日前后,在某市某区杭州路 199 号 601 号其住处,先后两次销售给杨某某甲基苯丙胺 0.3 克、0.5 克,共获款人民币(以下币种同)650 元。

2. 被告人刘某某于 2012 年 10 月 24 日 10 时许,在某市某区杭州路 76 号灯具市场门口附近,销售给潘某某白色晶体 1 包,获款 400 元。侦查机关当场抓获刘某某,并查获其贩卖给潘某某的甲基苯丙胺 0.5 克。案发后,侦查机关从刘某某暂住处缴获净重共计 1 克的灰色粉末 1 包、白色晶体 1 包,均检出甲基苯丙胺成分。

刘某某到案后如实供述了司法机关尚未掌握的其向杨某某贩卖毒品的事实。

某市某区人民法院认为,被告人刘某某多次贩卖甲基苯丙胺不满 10 克,其行为构成贩卖毒品罪,且属情节严重,应予惩处。刘某某到案后如实供述司法机关尚未掌握的同种较重罪行,应当从轻处罚。关于刘某某及其辩护人所提刘某某只是为杨某某代购毒品的辩解、辩护意见,经查,目前没有确实充分的证据证实刘某某的行为系代购,也无法证实刘某某未从中牟利,现有证据仅证实刘某某与杨某某进行了毒品与现金的交易,应当认定其行为构成贩卖毒品罪。关于辩护人所提刘某某第三次犯罪系特情引诱、刘某某系初犯及认罪态度好等辩护意见,予以采纳,在量刑时予以从轻处罚考虑。据此,依照《刑法》第 347 条第 1 款、第 4 款、第 7 款,第 67 条第 3 款及《最高人民法院关于处理自首和立功具体应用法律若干问题的解释》第 4 条之规定,某市某区人民法院以被告人刘某某犯贩卖毒品罪,判处有期徒刑三年,并处罚金人民币 7000 元。

一审宣判后,被告人刘某某不服,向某市中级人民法院提起上诉。其上诉提出,其不知道为杨某某代购两次毒品是贩卖行为;其贩卖给潘某某毒品系被引诱,不应构成贩卖毒品罪。其辩护人提出,刘某某不以牟利为目的为杨某某代购两次毒品的行为不应认定为贩卖毒品罪;刘某某贩卖给潘某某的毒品本系用于自己吸食,潘某某被侦查机关抓获后充当特情引诱刘某某犯罪,证实刘某某此次贩卖毒品的相关证据属于非法证据,不

---

① 刘世明、丛日新、牛传勇、李静然撰稿,马岩审编:《刘某某贩买毒品案——为吸食者代购少量毒品的行为如何定性以及特情引诱情节对毒品犯罪案件的定罪量刑是否具有影响(第 1014 号)》,载最高人民法院刑事审判第一、二、三、四、五庭主办:《刑事审判参考》(总第 99 集),法律出版社 2015 年版,第 89~97 页。

应被采信。

某市中级人民法院经公开审理查明：

1. 上诉人刘某某与杨某某共同租住在某市杭州路 199 号 601 号，二人均吸食毒品。2012 年 9 月中旬和 10 月 10 日前后，刘某某应杨某某要求，两次分别以 300 元和 350 元的价格从他人处购买 0.3 克、0.5 克甲基苯丙胺给杨某某用于吸食。

2. 2012 年 10 月 23 日 9 时许，公安人员查获涉嫌吸毒违法嫌疑人潘某某。潘某某供述其曾在一名"大姐"（上诉人刘某某）处吸过毒。侦查机关认为刘某某有贩卖毒品嫌疑。潘某某主动要求配合侦查机关抓获刘某某。同月 24 日 10 时许，潘某某与刘某某约定在某市原四某区杭州路 76 号灯具市场进行毒品交易。二人在约定地点见面后，潘某某以 400 元的价格从刘某某手中购买毒品 1 包，交易后二人被当场抓获。侦查机关扣押刘某某贩卖给潘某某的甲基苯丙胺 0.5 克，从刘某某租住处查获甲基苯丙胺 1 克。

某市中级人民法院认为，上诉人刘某某违反国家对毒品的管理制度贩卖毒品，其行为构成贩卖毒品罪，依法应予惩处。其被查获的毒品应当认定为贩卖数量。刘某某贩卖毒品给潘某某的行为，因存在犯意引诱，可以酌情从轻处罚。刘某某为杨某某两次代购用以吸食的毒品的行为，因现无证据证实其从中牟利，故不应认定其构成贩卖。原审判决对该两次代购毒品行为认定为贩卖，进而认定刘某某贩卖毒品情节严重，系适用法律错误，予以纠正。刘某某及其辩护人的相关上诉理由、辩护意见成立，予以采纳。关于辩护人所提刘某某贩卖毒品给潘某某系特情引诱，属于非法证据，应予排除的辩护意见，经查，该起犯罪确实存在犯意引诱，但不影响刘某某贩卖毒品罪的成立，仅可以作为量刑情节予以考虑。原判定性准确，审判程序合法，但认定刘某某贩卖毒品的部分事实不成立，适用法律错误，量刑不当，依法予以改判。据此，依照《刑法》第 347 条第 4 款、《刑事诉讼法》第 225 条第 1 款第 2 项①之规定，某市中级人民法院判决如下：

1. 撤销原判对被告人刘某某的量刑部分。
2. 上诉人刘某某犯贩卖毒品罪，判处有期徒刑一年，罚金人民币 3000 元。

二、主要问题

1. 吸食者代购少量毒品的行为如何定性？
2. 特情引诱情节对毒品犯罪案件的定罪量刑是否具有影响？

三、裁判理由

（一）不以牟利为目的，为他人代购用于吸食的毒品，毒品数量未达到非法持有毒品罪的定罪标准的，不应认定为犯罪

本案审理过程中，对被告人刘某某为杨某某两次代购毒品的行为如何定性，存在三种意见。第一种意见认为，刘某某的行为构成贩卖毒品罪。理由是，刘某某购买毒品的上线没有到案，目前没有确实、充分的证据证实刘某某的行为系代购，也无法证实刘某某未从中牟利，现有证据仅证实刘某某与杨某某进行了毒品与现金的交易，故应当认定其行为构成贩卖毒品罪。第二种意见认为，刘某某的行为构成贩卖毒品罪。理由是，刘某某虽系为杨某某代购毒品，但现有证据证实，刘某某购买毒品的上线系其本人提供而非托购者杨某某提供，此种情况下，刘某某具有代购与居间介绍的双重身份，客观上起到了帮助其上线向杨某某贩卖毒品的作用，应当认定为贩卖毒品罪的共犯。第三种意见

---

① 对应 2018 年《刑事诉讼法》第 236 条第 1 款第 2 项。

认为，刘某某的代购行为不构成犯罪。理由是，有证据证明刘某某为吸食毒品者杨某某代购毒品，没有证据证实其在代购中牟利，且其代购毒品数量未达到非法持有毒品罪的入罪标准，故不应以犯罪论处。

我们同意第三种意见。具体理由如下：

1. 为他人代购用于吸食的毒品，且没有从中牟利的，不能认定为贩卖毒品罪。关于为吸毒者代购毒品行为的定性，2000年4月印发的《全国法院审理毒品犯罪案件工作座谈会纪要》（以下简称《南宁会议纪要》，已废止）指出："有证据证明行为人不是以营利为目的，为他人代买仅用于吸食的毒品，毒品数量超过刑法第三百四十八条规定数量最低标准，构成犯罪的，托购者、代购者均构成非法持有毒品罪。"2008年印发的《大连会议纪要》在《南宁会议纪要》的基础上，对为吸毒人员代购毒品行为的定性等问题作出了更为详细、完善的规定。《大连会议纪要》指出："有证据证明行为人不以牟利为目的，为他人代购仅用于吸食的毒品，毒品数量超过刑法第三百四十八条规定的最低数量标准的，对托购者、代购者应以非法持有毒品罪定罪。代购者从中牟利，变相加价贩卖毒品的，对代购者应以贩卖毒品罪定罪。明知他人实施毒品犯罪而为其居间介绍、代购代卖的，无论是否牟利，都应以相关毒品犯罪的共犯论处。"根据《大连会议纪要》的规定，对于为他人代购毒品的行为，不能一律认定为犯罪，构成犯罪的也不是都要按照贩卖毒品罪处理，而应当具体分析、区别对待。首先，明知他人实施毒品犯罪而为其代购毒品的，如明知他人购买毒品的目的是贩卖而帮助其联系购买毒品的，行为人主观上有为他人贩卖毒品提供帮助的共同犯罪故意，客观上有非法买卖毒品的行为，因此无论其是否从中获利，都应当按照贩卖毒品罪的共犯处理。其次，为他人代购仅用于吸食的毒品，代购者从中牟利的，实际上相当于变相加价销售毒品，且该行为与《刑法》第355条规定的以牟利为目的向吸食、注射毒品的人提供麻醉药品、精神药品的行为性质类似，对代购者应以贩卖毒品罪论处。最后，为吸毒者代购用于吸食的毒品，代购者没有从中加价牟利的，代购者购买毒品的根本目的在于满足托购者的吸食需要，代购者购买毒品的行为虽然在客观上促成了毒品交易，但其在主观上没有贩卖毒品的共同犯罪故意，故对其不能以贩卖毒品罪的共犯论处。在这种情况下，代购者代购的毒品数量未达到非法持有毒品罪的定罪标准的，不以犯罪论处；数量达到定罪标准的，对托购者、代购者均应认定为非法持有毒品罪。

上述规范性文件之所以专门对为吸毒者代购毒品行为的定性作出规定，是由于在我国吸毒行为本身以及为吸毒而购买或者持有少量毒品的行为均不构成犯罪。而不以牟利为目的，为吸毒者代购用于吸食的毒品的行为，与吸毒者自身购买用于吸食的毒品的行为在本质上相似。这种情况下，代购者只是充当了吸毒者购买毒品行为的代理人，吸毒者和代购者的目的均在于吸食和消费毒品，而不是促进毒品流通和贩卖。因此，对于为吸毒者代购毒品的行为应当结合具体情况作出处理，为他人代购仅供吸食的毒品且未牟利的，不应认定为贩卖毒品罪。由于毒品属于国家严格管制的麻醉药品和精神药品范畴，严禁个人非法持有，《刑法》第348条对此也作了明文规定，故对于托购者和代购者购买的毒品数量较大，达到非法持有毒品罪的定罪数量标准的，应当依法定罪处罚。

本案中，对于被告人刘某某两次为他人代购毒品行为的定性，主要应当从两个方面进行分析：一是刘某某为他人代购毒品的目的。现有证据证实，代购者刘某某与托购者杨某某均系吸毒人员，且二人共同租住于一套房屋内，均知道对方吸食毒品。刘某某的供述与杨某某的证言一致证实,杨某某委托刘某某代为购买毒品的目的是用于吸食而非贩卖,也没有证据证实杨某某有贩毒行为。且从二人所证实的代购毒品数量看,两次共计约 0.8 克,并没有超过正常的吸食量范围,案发后公安人员还从杨某某处查获了部分其委托刘某某代购后尚未吸食的毒品。因此,根据现有证据可以认定刘某某系为吸毒人员代购用于吸食的毒品。二是刘某某有无从中牟利。刘某某交代,其受杨某某委托向自己的上家购买毒品后如数交给杨某某,未从中赚取差价。杨某某的证言也没有提到刘某某存在加价贩卖的情节。因目前为刘某某提供毒品的上家没有到案,没有其他直接证据证实刘某某为杨某某提供的毒品系加价贩卖,从中牟利。结合其他间接证据分析,刘某某为杨某某代购毒品的价格没有明显超出当地的毒品交易价格,且刘某某第二次为杨某某代购 0.5 克甲基苯丙胺时收取 350 元,低于其向潘某某贩卖相同数量毒品的售价 400 元,亦间接显示刘某某无加价贩卖的情形。且从刘某某、杨某某的关系看,刘某某纯粹出于帮忙而代购,符合双方特殊的交往关系。综上,刘某某两次为他人代购用于吸食的毒品,没有证据证实其有加价贩卖的行为,不能认定其构成贩卖毒品犯罪,且因刘某某代购毒品的数量未达到非法持有毒品罪的定罪数量标准,故其代购行为不构成犯罪。

2. 证明行为人是否具有牟利目的的举证责任应当由公诉机关承担,举证不能的,应当依法认定行为人不具有牟利目的。本案在审理过程中,有观点认为,因没有确实、充分的证据证实被告人刘某某未从代购行为中牟利,而现有证据能够证实刘某某确与杨某某进行了毒品与现金的交易,故应当认定其行为构成贩卖毒品罪。我们认为,这种观点不能成立,不能因为无法证实刘某某是否从中牟利,就推定刘某某从中牟利,进而认定其构成贩卖毒品罪。

对于《大连会议纪要》中"有证据证明行为人不以牟利为目的"的规定,司法实践中存在两种理解:一种意见认为,行为人不以牟利为目的,要有相关的证据证明,没有证据证明的,就应当推定其以牟利为目的。另一种意见认为,以牟利为目的是代购行为构成犯罪的构成要件,属于有罪指控的内容,应当通过证据加以证明。如果不能通过证据证明的,不能认定其以牟利为目的。我们同意后一种理解。根据《刑事诉讼法》第 49 条①的规定,公诉案件中被告人有罪的举证责任由人民检察院承担。对于为吸毒者代购毒品的行为,公诉机关若要指控行为人为他人代购毒品的行为构成贩卖毒品罪,应当举证证明行为人具有牟利目的,举证不能的,不能认定其具有牟利的目的。刑事诉讼证明有时并不能证明某一待证事实确实存在,待证事实常常会处于一种模棱两可的状态,既没有确实、充分的证据证实待证事实存在,也不能明确认定待证事实不存在,在对待证事实的证明达不到要求的情况下,应由承担举证责任的一方承担举证不利的后果,也就是承担法院对待证事实不予认定的后果。

本案中,被告人刘某某为吸毒人员杨某某代购用于吸食的毒品,刘某某有无从中牟利,关系到其是否构成贩卖毒品犯罪。刘某某否认其从代购行为中获利,辩称其没有加价贩卖毒品,向刘某某提供毒品的上家没有归案,托购者杨某某也不能证实刘某某为其提供的毒品系加价贩卖,故现有证据不足以证实刘某某有以牟利为目的为他人代购毒品的行为,根据举证责任的归责原则,应当由公诉机关对该事实承担举证责任,如公诉机关提供的证据达不到确实、充分的证明标准,则公诉机关承担指控的罪名不能成立的后

---

① 对应 2018 年《刑事诉讼法》第 51 条。

果。一审法院在公诉机关提供的证实刘某某牟利的证据未达相应证明标准的情况下，以"无法证实刘某某未从中牟利"反向推定刘某某牟利，实际上是将本该由公诉机关承担的举证不能的后果，反过来由被告人承担。这种推定本质上是一种有罪推定，严重违背了刑事诉讼法关于举证责任的规定。二审法院以没有证据证实刘某某从中牟利，不应认定其代购行为构成贩卖毒品罪为由，对一审认定的事实依法改判，是正确的。

3. 应当坚持主客观相统一原则，不能因为代购者的行为客观上起到帮助上线贩卖毒品的作用，就认定其构成贩卖毒品罪。本案中，由于被告人刘某某为杨某某寻找毒品来源并帮助后者购买毒品，有意见认为刘某某的行为具有代购与居间介绍的双重性质。我们认为，这种意见不能成立，刘某某的行为属于帮助托购者寻找卖毒者的代购行为。理由是，为购毒者寻找卖毒者的居间行为与代购行为在形式上虽有相似之处，但区分两者的关键在于：居间介绍贩卖毒品的，居间介绍者在毒品交易中起到中间人的作用，不是一方交易主体，真正的交易主体是卖毒者与购毒者；代购毒品的，代购者起到的是一方代理人的作用，是实际参与毒品交易的一方主体，托购者并不参与具体的交易环节。刘某某在毒品交易过程中充当的是杨某某的代理人的角色，是直接购买毒品的一方交易主体，故对其行为应当认定为代购行为。另外，刘某某的行为虽然在客观上促成了卖毒者的贩毒活动，但其主观上并没有帮助卖毒者贩卖毒品的故意，其目的在于帮助托购者杨某某购买毒品用于吸食，故对刘某某不能以贩卖毒品罪的共犯论处。

综上，被告人刘某某两次为杨某某代购毒品的行为不构成犯罪，由此认定刘某某存在多次贩卖毒品的情节，不能成立。

（二）对于因犯意引诱而实施毒品犯罪的被告人，应当依法定罪，但在量刑时应当体现从宽处罚

本案中，相关证据证实，公诉机关指控被告人刘某某实施的第三起贩卖毒品犯罪，系刘某某在没有贩卖毒品故意的情况下，受侦查机关安排的特情引诱而产生犯意，进而实施了贩卖毒品犯罪，属于典型的犯意引诱。对于存在犯意引诱情况下的证据采信及被告人量刑问题，实践中存在两种意见：一种意见认为，在犯意引诱的情况下，行为人本无实施毒品犯罪的主观故意，系因特情引诱才产生犯罪意图，如果对此类行为定罪，容易导致对无辜者的陷害，不利于诉讼中的人权保障，此类取证手段应当视为非法取证，通过此类手段取得的证据应当认定为非法证据，被告人的行为不应作为犯罪处理。另一种意见认为，在犯意引诱的情况下，取得的证实行为人实施毒品交易的证据，只要不属于《刑事诉讼法》第 54 条①规定的非法证据，就可以作为定案的根据，证据达到确实、充分标准的，应当依法定罪，但在量刑时应当考虑犯意引诱的情节，对被告人依法从轻处罚。

我们同意后一种意见。毒品犯罪的隐蔽性和复杂性导致此类案件的取证工作难度较大，因而利用特情手段侦破毒品犯罪案件在实践中较为常见。但是，特情手段的运用也给毒品犯罪案件的处理带来一些问题，对特情介入侦破的毒品案件，要区别不同情形予以分别处理。《大连会议纪要》规定，对已持有毒品待售或者有证据证明已准备实施大宗毒品犯罪者，采取特情贴靠、接洽而破获的案件，不存在犯罪引诱，应当依法处理。行为人本没有主动实施毒品犯罪的主观意图，而是在特情诱惑和促成下形成犯意，进而实施毒品犯罪的，属于犯意引诱。对因犯意引诱实施毒品犯罪的被告人，根据罪刑相适应

---

① 对应 2018 年《刑事诉讼法》第 56 条。

原则，应当依法从轻处罚，无论涉案毒品数量多大，都不应判处死刑立即执行。《大连会议纪要》的上述规定既体现了刑法对毒品犯罪依法从严惩处的总体指导思想，又体现了对因犯意引诱而实施毒品犯罪的被告人的区别对待。概括而言，《大连会议纪要》对存在犯意引诱的毒品犯罪案件的处理原则是"定罪轻罚"。首先，由于毒品犯罪的特殊性，利用特情介入或者使用秘密侦查手段、特殊技术手段侦破案件，是打击毒品犯罪的现实需要，只要特情使用规范，不能仅以此为由否定侦查及其取证手段的合法性。如果行为人是在特情引诱包括犯意引诱下实施毒品犯罪的，尽管特情行为失范，但毕竟行为人的犯罪行为是在其主观意志支配下所为，故仍应认定其行为构成犯罪。其次，在犯意引诱情况下实施毒品犯罪的行为人，犯罪相对被动，与那些积极主动实施毒品犯罪者相比，社会危害性和主观恶性均较小，根据罪责刑相适应原则，应当从轻处罚。《最高人民法院关于常见犯罪的量刑指导意见》规定，存在数量引诱情形的，可以减少基准刑的30%以下。① 本案中，二审法院综合考虑被告人刘某某的犯罪事实与情节，在刑法规定的量刑幅度内对其判处有期徒刑一年，符合法律规定和政策精神。

问题4. 对当场查获毒品的案件，被告人拒不认罪的，如何把握有关被告人主观明知的证据要求

【刑事审判参考案例】骆某某运输毒品案②

一、基本案情

某省某市人民检察院以被告人骆某某犯运输毒品罪，向某市中级人民法院提起公诉。

被告人骆某某对公诉机关指控的事实和当庭宣读、出示的证据未提出异议，但其提出是一个叫"二哥"的人从四川租他的车到云南，在孟连县城"二哥"用过车子，返回途中从他车上查获的毒品不知从何而来。辩护人提出，毒品的外包装袋上无骆某某的指纹，骆某某主观上不明知是毒品，应当宣告其无罪。

某市中级人民法院经公开审理查明：2008年5月16日，被告人骆某某驾驶藏有毒品的车牌号为"川A5××××"的黑色长安轿车从云南省孟连县经景洪市前往四川省成都市。当日23时50分，途经普洱市思茅区刀官寨时，被公开查缉的公安民警抓获，当场从其驾驶的车辆后排两扇门夹层中查获毒品甲基苯丙胺11块，净重5589克。

某市中级人民法院认为，被告人骆某某为牟取非法利益，违反国家毒品管制法规，非法运输毒品，其行为构成运输毒品罪，依法应当惩处。骆某某利用交通工具以隐蔽方式运输大量毒品，在运输途中被公安民警查获，其提出不知车上有毒品的辩解及辩护人提出骆某某无罪的辩护意见，与事实不符，不予采纳。依照《刑法》第347条第2款第1项、第57条第1款之规定，某市中级人民法院以运输毒品罪判处骆某某死刑，剥夺政治权利终身，并处没收个人全部财产。

一审宣判后，骆某某不服，以不明知所驾驶的轿车车门夹层内藏有毒品，认定其犯

---

① 该司法指导性文件已废止，在2021年6月最高人民法院、最高人民检察院印发的《关于常见犯罪的量刑指导意见（试行）》（法发〔2021〕21号）中作了相同规定。

② 秦鹏撰稿，陆建红审编：《骆某某运输毒品案——对当场查获毒品的案件，被告人拒不认罪的，如何把握有关被告人主观明知的证据要求（第1015号）》，载最高人民法院刑事审判第一、二、三、四、五庭主办：《刑事审判参考》（总第99集），法律出版社2015年版，第98~102页。

运输毒品罪的事实不清、证据不足为由提出上诉。某省人民检察院以书面意见形式向某省高级人民法院提出，一审判决认定被告人骆某某犯运输毒品罪的事实不清，证据不足，建议将此案发回重审。

某省高级人民法院经审理认为，上诉人骆某某始终辩解不知道所驾驶的轿车车门夹层内藏有毒品，本案又无证据能够印证骆某某明知毒品而进行运输，一审判决认定被告人骆某某运输毒品甲基苯丙胺5589克的犯罪事实不清，证据不足，遂裁定撤销一审判决，发回重审。同时，指出在证据上需要补充以下问题：（1）骆某某在公安机关审讯及后来会见辩护人时称：他是受"二哥"的雇用，为"二哥"等三人开车到孟连县并住了三四天。其住在某旅馆306号房间，未用身份证登记，其间有个叫"阿信"的服务员帮骆某某买过水果。请公安机关调查该地有无该旅馆和叫"阿信"的服务员，并出示混合照片让该旅馆服务员辨认。（2）请公安机关查证骆某某的手机通话清单，以证实其是否与供述的"二哥"的手机有过通话联系。（3）二审辩护人提供了2008年5月11日，骆某某所驾驶机动车在昭待公路因超速被交警处罚的通知书及照片，从照片上大致可看出是四人乘坐该车，以印证骆某某的供述。请与该交警核实此事。（4）骆某某在二审辩护人会见时称，"二哥"住成都市资子金中路的一小区，该小区附近有一广场。"二哥"的妻子叫"娟娟"，请当地公安机关协助查找"二哥"。

某市中级人民法院重审期间，公诉机关建议延期审理，并以事实不清、证据不足两次退回公安机关补充侦查未果。2010年5月24日，某市人民检察院作出不起诉决定（存疑不诉），并于当天将骆某某释放。

二、主要问题

对当场查获毒品的案件，被告人拒不认罪的，如何把握有关被告人主观明知的证据要求？

三、裁判理由

运输毒品罪要求被告人客观上有运输毒品的行为，主观上有明知是毒品并运输的故意。对当场查获毒品的案件，要重点审查被告人的主观明知，包括对是否是毒品的明知和运输对象的明知两个方面，不能仅凭现场查获毒品就客观归罪，当然地认定被告人具有运输毒品的故意。对此，最高人民法院2008年12月1日印发的《大连会议纪要》规定："判断被告人对涉案毒品是否明知，不能仅凭被告人供述，而应当依据被告人实施毒品犯罪行为的过程、方式、毒品被查获时的情形等证据，结合被告人的年龄、阅历、智力等情况，进行综合分析判断。"

对于运输毒品罪而言，即使被告人否认自己对毒品的明知，但如果根据其行为的过程、方式、毒品被查获时的情形能够推定其主观上是明知的，也不影响定罪。其实质就是要确定犯罪人与毒品之间的一种主客观统一的对应关系，也就是人与毒的对应关系，达到真正的"人毒俱获"。对于可能判处死刑的运输毒品犯罪而言，自然也要遵循一般的死刑案件证据标准，主要体现在所有的犯罪事实必须均有证据证实，证据之间不能出现无法排除的矛盾，最终得出唯一确定的结论。反观本案，从在案证据无法认定被告人对毒品的主观明知。具体可以从以下几个方面来分析。

（一）根据在案证据，无法确立人与毒的主客观对应关系

毒品案件往往直接证据较少，尤其是在犯罪人未作有罪供述的情况下，故实践中公安机关经常以人毒俱获作为案件是否破获的标准。但"人毒俱获"并不是简单地在现场

抓获犯罪嫌疑人并从其处查获毒品,人与毒不是简单的并存关系,而是内在的主客观相统一的整体。必须要有充分证据证实犯罪人明知是毒品,明知自己实施的是毒品犯罪行为,而且客观上毒品确实是行为人实施的本次犯罪行为所获得的或者与之相关的物品。只有通过证据实现了人与毒的完全对应,才能称为"人毒俱获"。而本案中,虽然公安机关在被告人骆某某的轿车内发现了毒品,但骆某某始终否认自己明知车上装有毒品。而从骆某某行为的过程、方式以及毒品被查获时的情形分析,毒品是在其车门夹层内查获的,其又是车辆的驾驶者,车内没有其他人,其是一个人从云南省孟连县返回四川省成都市,这些情况是最有可能推定其具有主观明知的证据。但是,这些证据无法直接推定其主观上对车上藏有毒品是明知的,要准确认定骆某某主观上明知,还必须有其他具有排他性的客观性证据。但是,本案缺乏的恰恰就是这种客观性证据。首先,被查获的毒品上没有骆某某的指纹,这就无法证实其直接接触过这些毒品。其次,对于骆某某为什么会运输毒品、毒品来自何处、要运往何处以及其他相关情节等也均无证据证实。由此难以确定骆某某与毒品的关系。最后,骆某某辩称自己是被人租车,其间车还被人单独使用过,其在途中还接触过某些人等。而这些辩解如成立,则不能排除其他人在车内藏毒的可能性。这些辩解公安机关都没有核实其真伪,均无相反证据能够否定骆某某的辩解。在这种情况下,显然无法仅通过在骆某某驾驶的车内查获毒品这一客观事实就推定骆某某明知车内有毒品。因此,本案定罪的主观要件缺失。

（二）证据之间存在无法排除的矛盾

2010年6月最高人民法院、最高人民检察院、公安部、国家安全部、司法部共同制定的《关于办理死刑案件审查判断证据若干问题的规定》第5条明确规定:"办理死刑案件,对被告人犯罪事实的认定,必须达到证据确实、充分。证据确实、充分是指:（一）定罪量刑的事实都有证据证明;（二）每一个定案的证据均已经法定程序查证属实;（三）证据与证据之间、证据与案件事实之间不存在矛盾或者矛盾得以合理排除;（四）共同犯罪案件中,被告人的地位、作用均已查清;（五）根据证据认定案件事实的过程符合逻辑和经验规则,由证据得出的结论为唯一结论。办理死刑案件,对于以下事实的证明必须达到证据确实、充分:（一）被指控的犯罪事实的发生;（二）被告人实施了犯罪行为与被告人实施犯罪行为的时间、地点、手段、后果以及其他情节;（三）影响被告人定罪的身份情况;（四）被告人有刑事责任能力;（五）被告人的罪过;（六）是否共同犯罪及被告人在共同犯罪中的地位、作用;（七）对被告人从重处罚的事实。"因此,办理死刑案件,包括毒品死刑案件,必须做到证据与证据之间不存在矛盾或者矛盾得以合理排除。而本案中,指控骆某某运输毒品的主要证据是公安机关在被告人骆某某独自驾驶的车后门夹层内发现了藏匿的毒品。然而,骆某某始终供述是一个叫"二哥"的人在四川省租其车来云南省,并借用自己的车出去接过人,自己并不知道车里有毒品,自己担心家里地震情况于是先回四川省。骆某某的上述辩解符合常理,与上述客观性证据存在无法排除的矛盾。另外,骆某某因超速行驶被交警大队处罚的照片上显示车上有四人,这也与骆某某供述的当时车上有四人的情况一致;而在毒品的外包装上也确实没有提取到骆某某的指纹。该两项证据进一步加剧了证据之间的矛盾。这些矛盾无法得到合理排除,证据之间没有形成完整的定罪锁链。

（三）在案证据无法得出唯一结论

根据《关于办理死刑案件审查判断证据若干问题的规定》的上述规定,根据证据推断案件事实的过程必须符合逻辑和经验规则，由证据得出的结论必须是唯一的，不能出现其他合理的可能性。根据本案被告人骆某某的供述，当时是一个叫"二哥"的人租其车并拉了另外两个人，车内一共四人。该供述有交警大队处罚骆某某超速行驶的照片予以印证；骆某某称自己不知车上有毒品，而租车期间"二哥"又曾独立驾该车离开，故无法排除在"二哥"驾驶期间，其他人往车上藏匿毒品的可能。公安机关根据骆某某提供的线索又未能抓获"二哥"等人，也未调取骆某某与"二哥"的通话记录。另外，骆某某供述了他们所住的旅馆房间，住宿期间有一个叫"阿信"的服务员还帮他买过水果，公安机关亦未查证上述线索。由于公安机关未能将其他犯罪嫌疑人抓获，亦未查明骆某某与其他三人的联系情况，故不能完全排除"二哥"等人在车内藏匿毒品进行运输的可能。即根据本案现有证据，存在骆某某独立作案、与其他人共同参与作案、其他人独立作案三种可能。而第三种可能直接影响骆某某是否构成犯罪的问题。

综上，本案在案证据无法证实被告人骆某某对运输毒品具有主观上的明知，无法排除其他人作案的合理怀疑，不能得出骆某某运输毒品的唯一结论，因此，不能对骆某某定罪，更不能以运输毒品罪判处其死刑。

问题 5. 毒品犯罪中，有地位、作用突出的嫌疑人在逃的，是否影响对被告人死刑的适用

【刑事审判参考案例】叶某某、跑某某走私、贩卖、运输毒品案[①]

一、基本案情

某省某市人民检察院以被告人叶某某、跑某某犯走私、贩卖、运输毒品罪，向某市中级人民法院提起公诉。

被告人叶某某当庭拒不认罪。其辩护人提出，叶某某是从犯，且本案有主犯在逃，请求量刑时留有余地。

被告人跑某某当庭供认起诉书指控的事实，但辩称其是为获取报酬而参与作案，没有出资购毒。其辩护人提出，跑某某是"探路"的从犯，且本案有主犯在逃，请求从轻处罚。

某市中级人民法院经公开开庭审理查明：

1. 2011 年 1 月初，被告人叶某某、跑某某和阿某某（未抓获）在阿某某家商议出资购买毒品海洛因，跑某某又邀约被告人阿约某某出资参与贩运毒品，同时商议由叶某某在四川省西昌市将购毒款转付给缅甸毒贩。后阿某某、叶某某雇用叶布你某（未抓获）帮助运输毒品，并雇用被告人阿什某某探路。同年 1 月 12 日，阿某某、跑某某、阿约某某、阿什某某、叶布你某五人从西昌经保山市勐兴出境至缅甸红岩毒贩家准备购买毒品。1 月 14 日，阿某某通过电话安排叶某某将毒资汇入其提供的银行账户内，购得毒品海洛因 22 块。次日，阿某某、跑某某、阿约某某、阿什某某采取分段探路的方式，由叶布你某跟随其后将毒品走私入境至龙陵县与镇康县分界处的龙镇大桥附近藏匿。1 月 16 日，

[①] 杨军撰稿，陆建红审编：《叶某某、跑某某走私、贩卖、运输毒品案——毒品犯罪中，有地位、作用突出的嫌疑人在逃的，是否影响对被告人死刑的适用（第 1033 号）》，载最高人民法院刑事审判第一、二、三、四、五庭主办：《刑事审判参考》（总第 100 集），法律出版社 2015 年版，第 83~90 页。

为牟取非法利益，被告人迪某某从四川赶到保山与阿什某某取得联系帮助运输毒品。几人会合后，将藏匿于山上的毒品取出，仍然采取分段探路的方式，由迪某某携带毒品尾随其后。18 日上午，跑某某和阿约某某、阿什某某分别乘坐客运班车在前探路，迪某某携带毒品乘坐勐糯至龙陵的班车跟随在后。当日 12 时许，迪某某乘坐一辆班车（云 M1××××）途经龙陵县碧寨乡小平田路段时被凤庆县公安局缉毒民警抓获，当场从该车后备箱内的一深色双肩包内查获迪某某所携带的毒品海洛因 22 块，净重 7630 克。同日，民警在大保高速公路东门收费站抓获乘车途经该站的跑某某、阿约某某；在勐兴至保山的班车（云 N0××××）上抓获阿什某某。同日 13 时 30 分许，民警在四川省西昌市某酒店 8217 房间内抓获叶某某。

2. 2010 年 8 月间，吉某某（在逃）、叶布某、阿苦某（均已判刑）三人从西昌乘车至保山勐兴，从小路出境到缅甸红岩向毒贩购买毒品。其间，被告人叶某某在吉某某的安排下将购毒款转入毒贩所提供的银行账户。购得毒品后，三人随即携带毒品从原路返回国内，于 8 月 28 日到达龙陵，吉某某乘车先行返回西昌。8 月 29 日 14 时许，叶布某、阿苦某携带毒品搭乘保山至丽江的班车（车牌号为云 P1××××）途经永平县路段时被公安民警抓获，当场从二人携带的帆布包内查获毒品海洛因 38 块，净重 13070 克，从叶布某的内裤内查获毒品海洛因 2 块，净重 7.85 克，本案查获毒品海洛因共计净重 13077.85 克。

某市中级人民法院认为，被告人叶某某、跑某某的行为构成走私、贩卖、运输毒品罪，且毒品数量特别巨大。在共同犯罪中，叶某某、跑某某、阿约某某起主要作用，应当认定为主犯，阿什某某、迪某某起次要作用，为从犯，依法应当从轻或者减轻处罚。关于叶某某辩称"没有参与第二起（2010 年 8 月）犯罪，在第一起（2011 年 1 月）犯罪中只是帮助他人汇款"及其辩护人提出的叶某某在共同犯罪中是从犯的上诉理由和辩护意见与查明的事实不符。审理查明的犯罪事实及相应证据证明叶某某主观明知是毒品犯罪，客观上积极参与组织实施，且二次涉案，毒品海洛因数量特别巨大，其主观恶性深、社会危害性大，属于罪行极其严重的犯罪分子，虽已供述犯罪事实，但不足以减轻其罪责，依法应当予以严惩。据此，某市中级人民法院以被告人叶某某、跑某某犯走私、贩卖、运输毒品罪，分别判处死刑，剥夺政治权利终身，并处没收个人全部财产。

一审宣判后，被告人叶某某、跑某某均提出上诉。

被告人叶某某及其辩护人提出，叶某某没有参与 2010 年 8 月的犯罪，在 2011 年 1 月实施的共同犯罪中是从犯，不是出资人，且主犯在逃，到案后如实供述，原判量刑过重，请求改判。

被告人跑某某及其辩护人提出，在共同犯罪中，跑某某是从犯，未出资，且主犯在逃，原判量刑过重，请求改判。

出庭检察员认为，原判认定的事实清楚，证据确实、充分，定罪准确，量刑适当，审判程序合法。请求驳回上诉，维持原判。

某省高级人民法院经公开开庭审理认为，上诉人叶某某、跑某某无视国法，从境外购买毒品携带入境的行为构成走私、贩卖、运输毒品罪，且毒品数量特别巨大，依法应当严惩。叶某某不知悔改，在短时间内连续进行毒品犯罪，主观恶性极深。在共同犯罪中，叶某某、跑某某、阿约某某是主犯，且叶某某、跑某某积极邀约他人参与毒品犯罪，还出资购买毒品，二人的作用大于阿约某某。叶某某及其辩护人提出其没有参与 2010 年

8月的犯罪、在共同犯罪中是从犯的上诉理由和辩护意见与查明的事实不符；跑某某及其辩护人提出在共同犯罪中是从犯、未出资的上诉理由及辩护意见，经查，与在案证据证明的事实不符。因此，叶某某、跑某某及其辩护人所提从轻判处的要求，均不予采纳。据此，裁定驳回上诉，维持原判，并依法报请最高人民法院核准。

最高人民法院经复核认为，被告人叶某某、跑某某结伙走私、贩卖、运输海洛因，其行为均构成走私、贩卖、运输毒品罪。走私、贩卖、运输海洛因数量大，犯罪情节严重，社会危害大，均系共同犯罪中起主要作用的主犯，依法应当严惩。一审、二审判决认定的事实清楚，证据确实、充分，定罪准确，审判程序合法。对被告人叶某某量刑适当。鉴于跑某某在共同犯罪中的地位、作用次于叶某某，对其判处死刑，可不立即执行。据此，最高人民法院判决如下：

1. 核准某省高级人民法院对被告人叶某某维持第一审以走私、贩卖、运输毒品罪判处死刑，剥夺政治权利终身，并处没收个人全部财产部分的判决；

2. 撤销某省高级人民法院、某市中级人民法院判决中对被告人跑某某的量刑部分；

3. 被告人跑某某犯走私、贩卖、运输毒品罪，判处死刑，缓期二年执行，剥夺政治权利终身，并处没收个人全部财产。

二、主要问题

毒品犯罪中，有地位、作用突出的嫌疑人在逃的，是否影响对被告人死刑的适用？

三、裁判理由

本案被告人叶某某参与两起走私、贩卖、运输毒品犯罪，涉案海洛因数量达20.7余公斤。一审、二审法院和最高人民法院复核审理过程中，对依法严惩叶某某，均无不同意见，但对被告人跑某某是否适用死刑，存在两种意见。

一种观点认为，对被告人跑某某应当适用死刑。理由是，根据《大连会议纪要》的相关规定，跑某某并非单纯地运输毒品，而是直接出资贩卖并带人、带毒资去境外购毒、走私运毒，起到一定组织、指挥、协调作用，应当从严惩处。并非只针对7630克毒品判处二被告人死刑，叶某某还要对其所涉13077.85克海洛因负责且仅此一起就足以判处其死刑。仅就跑某某涉及走私、贩卖、运输海洛因7630克一起而言，毒品数量大、纯度高，情节严重，社会危害大；在案被告人中，跑某某是行为贯穿始终的实行犯，系主犯，地位、作用不次于叶某某，且明显大于阿约某某、阿什某某和迪某某，不判处跑某某死刑立即执行的理由不充分。

另一种观点认为，对被告人跑某某判处死刑可不立即执行。理由是，在逃的阿某某系毒品犯罪提议者，出资和筹资明显多于跑某某，且其直接与境外毒贩当面洽谈毒品交易，安排叶某某汇款，指挥毒品运输，还有证据反映其可能是第一起毒品犯罪的出资者，在共同犯罪中的地位更高，作用比跑某某更为突出。仅就跑某某涉及海洛因7630克一起而言，判处死刑的人数应当严格控制，在阿某某未归案的情况下，对跑某某要慎重适用死刑，处理要留有余地。根据《大连会议纪要》中关于"对于共同犯罪中有多个主犯或者共同犯罪人的，处罚上也应做到区别对待"的规定，对跑某某判处死刑可不立即执行。

本案死刑复核阶段，我们基于以下两点考虑，认为对被告人跑某某慎重适用死刑，改判死缓，更为妥当。

（一）对跑某某慎重适用死刑，有利于体现司法公正

根据现有证据，足以认定以下事实：

2011年1月走私、贩卖、运输7630克海洛因这一起犯罪,是以阿某某为主筹集毒资后亲自出境购毒,其女婿叶某某根据父亲叶布某留下的联系方式组织货源并在家支付毒资,翁婿两人是整起犯罪的最初造意者。

阿某某参与犯罪策划商议,筹集人民币(以下币种同)20万元参与出资购毒,纠集跑某某、阿约某某并伙同叶某某雇用叶布你某参加运毒,参与到境外购毒并负责进行交易,联系叶布你某付款,入境运输时负责探路,指挥叶某某、阿什某某,将毒品转交迪某某运输后,自己先行返回。

叶某某坐镇四川,是通盘协调者,他参与商议、联系境外毒贩、组织毒品货源,伙同阿某某雇用叶布你某,出资3.3万元购毒、筹资16.5万元、接收阿某某夫妇筹资20万元、接收跑某某和阿约某某的出资8万元,通过转账支付以上毒资,叶某某在运输途中走丢时进行联系、协调、指挥,汇去路费。

跑某某参与犯罪策划商议,纠集阿什某某参加,自己出资4万元并指使阿约某某出资4万元,将共计8万元出资交给叶某某,参与境外购毒并入境运输,负责探路,安排接应迪某某,指挥迪某某、阿什某某接取毒品并进行运输,继续负责探路,负责路费开支。

因此,阿某某、叶某某翁婿两人的行为贯穿犯罪全程,是为主出资者,毒品所有者和起意、策划、纠集、组织、雇用、指使他人参与犯罪的人,地位、作用大于跑某某。另外,有证据显示,阿某某可能还参与了2010年8月的毒品犯罪,且是出资者。

《大连会议纪要》第9条规定:"毒品犯罪中,部分共同犯罪人未到案,如现有证据能够认定已到案被告人为共同犯罪,或者能够认定为主犯或者从犯的,应当依法认定。……对于确有证据证明在共同犯罪中起次要或者辅助作用的,不能因为其他共同犯罪人未到案而不认定为从犯,甚至将其认定为主犯或者按主犯处罚。"根据上述规定,即便确有证据证明是主犯,在对其按主犯所参与的或者组织、指挥的全部犯罪处罚时,特别是适用死刑时,从"慎刑"的角度出发,也有必要和其他未到案共同犯罪人进行地位、作用的比较,以确认其是否为地位、作用最为突出的主犯,是否需要对全部罪行按照最严厉的刑罚予以惩处,甚至判处死刑。本案中,考虑到在逃的阿某某系毒品犯罪提议者,出资和筹资明显多于跑某某,直接与境外毒贩当面洽谈毒品交易,安排叶某某汇款,指挥毒品运输,在共同犯罪中的地位、作用比跑某某更为突出,在阿某某未归案的情况下,对跑某某的处理应当留有余地。

综上,我们对在案、不在案的共同犯罪人地位、作用进行了全面、细致的审查后,提出了改判被告人跑某某的意见。一方面,对已到案的跑某某依法认定主犯;另一方面,因为其他共同犯罪人未到案,对到案的主犯跑某某,也要进行地位、作用的准确认定,而不机械执行"按主犯处罚"。这种做法,首先,体现了证据裁判的原则。在复核审判中查明,有手机通话清单、查获叶某某记账所用笔记本、银行账户明细及被告人一致证实阿某某参与犯罪的供述。虽然阿某某在逃,但是,通过客观审查全案证据,全面比较评价阿某某和跑某某的地位、作用大小,准确认定案件事实。其次,体现了平等公正原则。虽然认定跑某某在共同犯罪中系主犯,但是,对于其提出还有主犯在逃、地位作用不清的辩解,也应给予充分、慎重的审查和考虑,对跑某某的地位、作用作出正确认定并据以量刑,确保其受到与其罪行、责任相适应的处罚,使其服判。据此,努力做到个案公正,确保在每一个案件中都体现出公平正义。最后,体现了司法公开的原则。对于有证据证实的在逃共同犯罪人阿某某的罪行,在公开的裁判文书中进行申明,并在此基础上依法对在案的跑某某裁判，敢于担当，勇于通过公开促进公正，彰显了司法的公信和权威。

（二）对跑某某慎重适用死刑，有利于做到区别对待

根据《大连会议纪要》第9条的规定，"对于共同犯罪中有多个主犯或者共同犯罪人的，处罚上也应做到区别对待"。当然，如前所述，我们认为，"多个主犯"包括未到案的主犯。《大连会议纪要》在"区别对待"之后随即明确规定，"应当全面考察各主犯或者共同犯罪人在共同犯罪中实际发挥作用的差别，主观恶性和人身危险性方面的差异，对罪责或者人身危险性更大的主犯或者共同犯罪人依法判处更重的刑罚"。《大连会议纪要》的这一规定，和《最高人民法院关于贯彻宽严相济刑事政策的若干意见》第1条"贯彻宽严相济刑事政策，要根据犯罪的具体情况，实行区别对待，做到该宽则宽，当严则严，宽严相济，罚当其罪"的规定是一脉相承的，体现了刑罚价值观向科学、进步的方向发展演进。传统刑法主张报应刑论，现代刑法则同时考虑了目的刑论与报应刑论，刑罚不再是出于报复和惩罚目的的一味从严，而是综合考虑惩处、改造两方面的需要，该宽则宽，当严则严。罪行本身的轻重由犯罪的主客观事实决定；刑事责任的轻重虽然主要由犯罪的主客观事实决定，但同时也要根据具体案件案情内外反映被告人人身危险性程度的事实和情节考量。

本案中，被告人跑某某参与结伙走私、贩卖、运输海洛因多达7630克，又系主犯，是否必须核准死刑？从具体案情考虑，本案具有两个显著特征：一是叶某某的行为危害性和人身危险性明显大于跑某某，叶某某连续参与了全案两起罪行，均系主犯，涉毒次数、数量，所起地位、作用都明显大于跑某某。二是地位、作用大于跑某某的阿某某在逃。因此，不能将案件简单类比，认为涉案毒品7630克数量大，就必须判处包括跑某某在内的两个被告人死刑，就不分主次而一律将认定为主犯的被告人均判处重刑甚至死刑。要实事求是地根据被告人在共同犯罪中的作用和罪责大小确定刑罚，对跑某某，既要看到其实施实行、组织、指挥、协调走私、贩卖、运输毒品的客观行为，也要看到其是在阿某某翁婿的提议、带领、指挥下实施罪行，和阿某某、叶某某相比，地位、作用较次，尚属于可以改造的犯罪分子。

综上，对被告人跑某某改判死刑，缓期二年执行，体现了慎重适用死刑、"少杀、慎杀"的刑事政策，体现了刑法宽和人道的一面。在同一个案件中，对被告人叶某某适用死刑，对跑某某改判死缓，做到区别对待，形成鲜明对比。从特别预防的角度，促使跑某某和其他同案被告人认罪服法，积极改过自新；从一般预防的角度，促使人们趋利避害，远离毒品犯罪，促使其他毒品犯罪分子适时止步，不致实施更为严重的毒品犯罪行为，取得分化瓦解之效，做到打击和孤立极少数，教育、感化和挽救大多数，最大限度减少社会对立面，促进社会和谐，维护国家长治久安。

问题6. 制造毒品案件中，缴获的毒品系液态毒品，判处死刑应当特别慎重

【刑事审判参考案例】林某某制造毒品案[1]

一、基本案情

某省某市人民检察院以被告人林某某犯制造毒品罪向某省某市中级人民法院提起公诉。

某省某市中级人民法院经公开审理查明：被告人林某某购买了用来制造甲基苯丙胺的液体，并将液体带回位于广东省惠来县东埔管区东下村的家中进行熬煮、冷却，制造甲基苯丙胺。2015年3月9日15时许，公安机关在惠来县东埔农场东埔管区东下村林某某家抓获林某某，现场查获1锅净重3.5千克的黄褐色液体（检出甲基苯丙胺成分，含量为29.55%）、1锅净重0.65千克的黄褐色液体（检出甲基苯丙胺成分，含量为37.54%）、1锅净重2.425千克的褐色液体（检出甲基苯丙胺成分，含量为14.74%）、1盒净重3.55千克的黄褐色液体（检出甲基苯丙胺成分，含量为17.63%）、1桶净重8.55千克的黑色液体（检出甲基苯丙胺成分，含量为9.15%）及煤气炉、铁盆、铁筛等制毒工具。

某市中级人民法院认为，被告人林某某非法制造毒品甲基苯丙胺，数量大，其行为已构成制造毒品罪，应依法严惩。依照《刑法》第347条第2款第1项、第57条第1款之规定，以制造毒品罪判处被告人林某某死刑，剥夺政治权利终身，并处没收个人全部财产。

一审宣判后，被告人林某某不服，提出上诉。

某省高级人民法院经审理认为，上诉人林某某制造毒品甲基苯丙胺，数量大，其行为已构成制造毒品罪，依法应予惩处。公安机关缴获的毒品为液态，经鉴定含有甲基苯丙胺成分，均应计入林某某制造毒品的数量。林某某将购买的粗制毒品进行提纯，已经制造出纯度更高的毒品，是犯罪既遂。制造毒品犯罪是毒品犯罪的源头，是我国刑法打击的重点，故林某某归案后虽能如实供述犯罪事实，但不足以抵偿其罪过。依照《刑事诉讼法》第225条第1款第1项[2]之规定，裁定驳回上诉，维持原判，并依法报请最高人民法院核准。

最高人民法院经复核认为，被告人林某某违反国家对毒品的管制法规，非法制造毒品甲基苯丙胺，其行为已构成制造毒品罪。林某某制造毒品数量大，罪行极其严重，应依法惩处。第一审判决、第二审裁定认定的事实清楚，证据确实、充分，定罪准确，审判程序合法。鉴于林某某归案后如实供述主要犯罪事实，对其依法判处死刑，可不立即执行，故裁定不核准某省高级人民法院维持第一审以制造毒品罪判处被告人林某某死刑，剥夺政治权利终身，并处没收个人全部财产的刑事裁定。

二、主要问题

制造毒品案件中，公安机关缴获的含甲基苯丙胺的液态毒品与含甲基苯丙胺的晶体

---

[1] 罗敏、罗桦撰稿，周川审编：《林某某制造毒品案——制造毒品案件中，缴获的毒品系液态毒品，判处死刑应当特别慎重（第1228号）》，载最高人民法院刑事审判第一、二、三、四、五庭主办：《刑事审判参考》（总第112集），法律出版社2018年版，第63～69页。

[2] 对应2018年《刑事诉讼法》第236条第1款第1项。

状毒品在毒品性质、毒品含量及社会危害性上均有区别,对适用死刑有无影响?

三、裁判理由

本案在审理过程中,对被告人的量刑出现分歧意见:

第一种意见认为,被告人制造毒品的数量特别巨大。本案缴获的毒品虽为液体,但根据《武汉会议纪要》,毒品成品和半成品数量应当全部认定为制造毒品的数量,即使经过折算,数量也超过了目前实际掌握的死刑数量标准,对被告人应当适用死刑立即执行。

第二种意见认为,含甲基苯丙胺的液态毒品的量刑可以参照甲基苯丙胺片剂(麻古)的量刑。因为甲基苯丙胺片剂中甲基苯丙胺的含量一般在5%~12%,纯度也不高。根据《武汉会议纪要》,甲基苯丙胺片剂的死刑数量标准一般可以按照甲基苯丙胺(冰毒)的2倍左右掌握,以本案的液体冰毒数量,也可以考虑对被告人适用死刑。

第三种意见认为,虽然在液体中检出了甲基苯丙胺即视为制毒既遂,但毕竟还是液态毒品,仍属半成品,应当与制造出毒品成品的既遂有所区别。本案缴获的毒品全是液态,被告人未能制造出甲基苯丙胺成品,行为危害性相对较小,且归案后认罪态度好,确有悔罪表现,可对被告人判处死刑缓期二年执行。

我们同意第三种意见。具体理由如下:

(一)制造毒品案件中缴获的含有甲基苯丙胺成分的液体或固液混合毒品与毒品消费、流通环节能直接吸食的成品毒品,在毒品性质上并不完全相同

我国法律对毒品的概念有明确的规定。1997年《刑法》第357条及2008年6月1日起施行的《禁毒法》规定,毒品是指鸦片、海洛因、甲基苯丙胺(冰毒)、吗啡、大麻、可卡因,以及国家规定管制的其他能够使人形成瘾癖的麻醉药品和精神药品。

1961年联合国大会通过了《麻醉品单一公约》,1971年通过了《精神药物公约》,1988年又通过了《禁止非法贩运麻醉药品和精神药物公约》,以上三个公约对毒品作出了统一释义。根据上述国际公约,所谓"毒品",是指国际公约规定的受控制的麻醉品和精神药品。我国作为以上三个公约的缔约国,刑法中的毒品概念与国际公认的毒品概念基本吻合。

2014年8月20日,最高人民法院、最高人民检察院、公安部联合印发了《关于规范毒品名称表述若干问题的意见》,其中规定:"对于含甲基苯丙胺成分的晶体状毒品,应当统一表述为甲基苯丙胺(冰毒)……对于含甲基苯丙胺成分的液体、固液混合物、粉末等,应当根据其毒品成分和具体形态进行表述,如表述为含甲基苯丙胺成分的液体、含甲基苯丙胺成分的粉末等。"市场流通环节中的冰毒,主体化学成分是甲基苯丙胺,但实质为甲基苯丙胺盐酸盐,因此冰毒并不能完全等同于甲基苯丙胺。

然而,实践中遇到的问题复杂多变。制定法律、解释法律时,立法机关、司法机关面对的多数是固体海洛因、晶体冰毒等常见形态,故而确定毒品性质时以常见形态来确定。但随着制毒技术、工艺的发展、普及,制造毒品案件出现了大量的新情况、新问题。如在制造甲基苯丙胺案件中,除查获毒品成品外,往往还会查获大量含有甲基苯丙胺成分的液体、固液混合物、块状物、粉末状物等非常态物质。这些物质通常是制毒过程中产生的半成品,甚至是废液废料,也可能是用于加工其他毒品的原料。如何认定这些半成品的物质性质,常常困扰很多办案人员。有意见认为,鉴于固态毒品与液态毒品或固液混合毒品等两类物质实际上不能等同,建议制定一个裁判规则,将制毒案件中缴获的半成品毒品与传统观念中或刑法条文规定的毒品区分认定,以减少争议。还有意见认为,

没必要纠结是液态毒品还是固态毒品,因为法律规定的是毒品,没有规定必须是固态毒品。

对此,我们的意见是,由于毒品具有滥用性、依赖性、危害性、管制性四大特征,因此,在定义毒品成品时,通常是指可以直接用于销售和滥用的毒品,而毒品半成品通常是指未制成成品前的中间产品。通过化学方法制造毒品的,一般已经全部或者部分完成化学反应,但对于以制造甲基苯丙胺为最终目的的犯罪,制成含有甲基苯丙胺成分的晶体的,才能视为制出成品,制出含甲基苯丙胺成分的液体、固液混合物等的,应视为制出半成品。

本案中,被告人林某某购买的是含有甲基苯丙胺成分的液体,不属于毒品成品。林某某对其中的部分液体进行加工后,虽然甲基苯丙胺含量有所提高,但并未结晶,仍不具有可直接被吸食和消费的属性,故其加工产物不是毒品成品,而是半成品。毒品半成品不能直接被吸食消费,销售环节中也只有那些需要继续加工的人会购买,否则销售不出去,因此不存在滥用性。而成品毒品是可以直接吸食的,容易被滥用并有明确的社会危害性。

(二)含甲基苯丙胺的液态毒品的定量(转化率)问题

1997年《刑法》第357条第2款规定,毒品的数量以查证属实的走私、贩卖、运输、制造、非法持有毒品的数量计算,不以纯度折算。2015年5月20日,最高人民法院印发的《武汉会议纪要》规定:"办理毒品犯罪案件,无论毒品纯度高低,一般均应将查证属实的毒品数量认定为毒品犯罪的数量,并据此确定适用的法定刑幅度,但司法解释另有规定或者为了隐蔽运输而临时改变毒品常规形态的除外。涉案毒品纯度明显低于同类毒品的正常纯度的,量刑时可以酌情考虑。"《武汉会议纪要》中还明确指出:"制造毒品案件中,毒品成品、半成品的数量应当全部认定为制造毒品的数量,对于无法再加工出成品、半成品的废液、废料则不应计入制造毒品的数量。对于废液、废料的认定,可以根据其毒品成分的含量、外观形态,结合被告人对制毒过程的供述等证据进行分析判断,必要时可以听取鉴定机构的意见。"关于如何认定毒品废液,根据国家毒品实验室有关专家给出的意见,对于毒品含量在0.2%以下的物质即可以视为废液、废料。

毒品的纯度大小表明了毒品内含有毒性成分的大小,吸食量和吸食效果主要取决于毒品中的有效成分,也就是毒品的含量。纯度高的毒品,流入社会后其危害性必然大于纯度低的毒品。因此,2007年12月,最高人民法院、最高人民检察院、公安部联合出台了《办理毒品犯罪案件意见》,其中规定:"可能判处死刑的毒品犯罪案件,毒品鉴定结论中应有含量鉴定的结论。"

办理制造毒品案件中如何计算液态毒品数量?实践中有用液体的重量乘以毒品含量得出一个数值来对液态毒品比照固态毒品进行定量的做法,此做法并不科学。以本案为例,根据被告人供述,其购买回一桶15公斤的"冰毒水",将其中半桶倒出加工冰毒,剩下半桶被缴获。因公安机关缴获的半桶液态冰毒经鉴定甲基苯丙胺含量为9.15%,以此推算,这15公斤甲基苯丙胺含量为9.15%的液体定量后甲基苯丙胺量为1.3725公斤(15公斤×9.15%);而被告人加入粗盐熬煮、过滤、冷却后,不仅总重量从原15公斤增加至18.675公斤,将3锅、1盒、半桶甲基苯丙胺含量不同的液体按上述计算方式计算后,甲基苯丙胺量也增加到3.042925公斤,如果据此确定被告人的制毒数量,显然是不合理的。

本案在二审期间，合议庭曾就液态毒品的定量（转化率）问题咨询有关专家。有关专家表示，用液体的重量乘以毒品含量得出一个数值来对液态毒品比照固态毒品进行定量是不妥的。因为液态毒品的转化率受很多因素影响，包括制毒原材料、制毒工艺、使用的反应釜、制毒频率等。另外，转化过程中还存在损耗问题。由于液态毒品（毒品半成品）在转化（为毒品成品）过程中受很多不确定因素的影响，因此无法定量。假设该液态毒品能够完成生产流程，如想要定量，需要搜集上述制造毒品的原材料、工艺、规律、频率甚至发货单、进货单、用电量、用水量等证据，并根据有关专业知识进行实验确定。像本案被告人这样，买回半成品，根据道听途说的制毒方法试制冰毒，但一直未能结晶的，客观上很难定量。

本案中，被告人林某某经加工，制造出 10 余千克甲基苯丙胺含量 14.74% 至 37.54% 不等的液体，对该 10 余千克含甲基苯丙胺成分的液体，应当全部认定为其制造毒品的数量。林某某对查获的另外 8.55 千克含甲基苯丙胺成分的黑色液体，虽然尚未实施加工行为，也可一并认定为其制造毒品的数量，但在量刑时应酌情考虑。至于涉案半成品最终能制造出多少成品，受诸多因素影响，目前不能根据含量简单推算。

（三）含甲基苯丙胺的液态毒品的社会危害性相对较小，对缴获的毒品均呈液态的制造毒品案件，判处死刑应当特别慎重

《大连会议纪要》规定，已经制成毒品，达到实际掌握的死刑数量标准的，可以判处死刑；数量特别巨大的，应当判处死刑。根据上述规定，在决定能否对被告人判处死刑时，制出成品的数量是更为重要的考虑因素。认定的制造毒品数量虽已达到实际掌握的死刑数量标准，但尚未制造出成品的，或者仅制造出少量成品，绝大多数为粗制毒品或者半成品的，由于其社会危害与已经制成成品待售的情形有明显不同，故一般不宜对被告人适用死刑。这样考虑的原因在于，毒品半成品因无法被直接吸食、消费，与毒品成品的危害紧迫性不一样，其客观危害没那么紧迫。

此外，毒品犯罪的数量虽然能反映毒品犯罪行为社会危害性的大小，对定罪量刑有非常重要的意义，但它仍只是依法惩处毒品犯罪的一个基础情节，而不是唯一情节。因此，在执行毒品犯罪数量标准时不能将之简单化、绝对化，特别是对被告人可能判处死刑的案件，更不能简单地将数量标准作为判处死刑的唯一尺度。是否判处死刑还必须综合考虑被告人犯罪情节、危害后果、主观恶性等多种因素。

本案中，被告人林某某购入原料即为毒品半成品，由于加工工艺等问题，林某某始终未能制出成品。从林某某的犯罪手段来看，林某某制毒所用工具均为普通家庭厨房所用，并非专门用来加工毒品的器皿，说明林某某非长期制毒人员，其应不属于制毒惯犯，且其采取的加工工艺简单，也并未实际制造出毒品成品。综合考虑被告人的犯罪情节、危害后果及主观恶性，并考虑其归案后能够如实供述主要犯罪事实，依法可以从轻处罚，故最高人民法院裁定依法不核准林某某死刑。

问题 7. 共同贩卖毒品的死刑政策如何把握

【刑事审判参考案例】陈某某、李某某贩卖、运输毒品案[①]

一、基本案情

被告人陈某某，2012 年 9 月 6 日因本案被逮捕。

被告人李某某，2003 年 12 月 17 日因犯贩卖毒品罪被判处有期徒刑八年，并处罚金人民币 3000 元，2010 年 7 月 23 日刑满释放。2012 年 9 月 6 日因本案被逮捕。

贵州省毕节市人民检察院指控被告人陈某某、李某某犯贩卖、运输毒品罪一案，向毕节市中级人民法院提起公诉。

被告人陈某某辩称，其没有和陈某 1 商量，也没有邀约陈某 2 去贩毒，公安机关缴获的毒品与陈某 1 在缅甸购买的毒品不是一批货。其辩护人提出，本案定性应为运输毒品罪，陈某某系本案从犯，买车、改装、联系买主等都是陈某 1 等人实施的，并且由陈某 1 安排同伙的行动，且陈某某所购毒品数额较少，请求从宽判处。

被告人李某某不否认起诉书指控的事实，但认为汇给陈某某的钱中有 10 万元是借给陈某某的。其辩护人提出，李某某系从犯，只对其出资 6 万元购买的毒品承担责任。

毕节市中级人民法院经审理查明：

被告人陈某某与陈某 1（在逃）共谋到云南购买毒品，并分别邀约陈某 2、李某 1（均系同案被告人，已判刑）、陈某 3（在逃）一同前往。2012 年 7 月 24 日，陈某 1、李某 1、陈某 3 驾驶比亚迪轿车、陈某某和陈某 2 驾驶丰田凯美瑞轿车先后前往云南。7 月 25 日，陈某 1、陈某 3、李某 1 到达云南省勐海县打洛镇后，陈某 1、陈某 3 偷渡到缅甸小勐拉。7 月 26 日，陈某某、陈某 2 到达打洛镇后偷渡到小勐拉与陈某 1、陈某 3 会合。陈某某、陈某 1、陈某 3、陈某 2 在入住的小勐拉凯旋宾馆内多次与货主"小龙"（在逃）等人查验毒品样品、商议购买毒品。其间，被告人李某某、张某某（另案处理）分别通过银行汇款给陈某某 16 万元和 8.5 万元购买毒品。7 月 31 日晚，陈某某、陈某 1 由缅甸返回打洛镇。8 月 1 日凌晨 1 时许，李某 1 按照陈某 1 的安排将比亚迪轿车开到事先指定的地点，送货人将毒品装入该车油箱。陈某某驾驶丰田凯美瑞轿车与陈某 1、陈某 2 在前探路，李某 1 驾驶比亚迪轿车运输毒品跟随其后。3 时 35 分至 50 分，云南省勐海县公安边防支队在云南省西双版纳州国道老路 3100 路标处先后将陈某某、陈某 2、陈某 1 和李某 1 拦下检查，发现比亚迪轿车后排座位下的油箱电泵处有改动痕迹，怀疑藏有违禁品，遂将两车带到勐海县荣光汽修厂。6 时 30 分，在荣光汽修厂专业人员的协助下，当场从比亚迪轿车油箱内查获含量为 46.88% 的毒品海洛因 2760 克，含量为 14.45% 的甲基苯丙胺片剂（俗称"麻古"）9015 克。

贵州省毕节市中级人民法院认为，被告人陈某某违反国家毒品管理法规，以牟取非法利益为目的贩卖、运输毒品甲基苯丙胺 9015 克、毒品海洛因 2760 克，毒品共计 11775 克的行为已构成贩卖、运输毒品罪。被告人李某某得知陈某某至境外购买毒品后将毒资汇至陈某某账户，要求陈某某为其代购毒品并支付相应车费的行为构成贩卖、运输毒品

[①] 薛美琴撰稿，周川审编：《陈某某、李某某贩卖、运输毒品案——共同贩卖毒品的死刑政策把握（第 1229 号）》，载最高人民法院刑事审判第一、二、三、四、五庭主办：《刑事审判参考》（总第 112 集），法律出版社 2018 年版，第 70~76 页。

罪。其中，陈某某与陈某1共谋购买毒品，与毒品上线联系，参与检验毒品样品、试货、商议毒品价格，斥巨资购买毒品，验收毒品数量，驾驶车辆行驶在运毒车辆之前探路，在犯罪中起主要作用，系主犯。李某某出资16万元请陈某某为其购买毒品，应当对其所购毒品负责，其所涉毒品数量巨大，且系毒品再犯、累犯，应从重处罚。依照《刑法》第347条第2款第1项、第356条、第48条、第57条、第65条、第25条、第26条、第27条之规定，以贩卖、运输毒品罪，分别判处被告人陈某某死刑，剥夺政治权利终身，并处没收个人全部财产；判处被告人李某某死刑，剥夺政治权利终身，并处没收个人全部财产。一审宣判后，陈某某、李某某提出上诉。

被告人陈某某上诉提出，陈某1在逃致关键事实不清，其行为应定运输毒品罪，系从犯，量刑过重。二审庭审中，陈某某对其参与贩卖、运输毒品的事实不持异议，但辩解此前未与陈某1共谋，系到云南后陈某1再三邀约才参与的。其辩护人提出，鉴于陈某1在逃，请求对陈某某作出留有余地的判决。

被告人李某某上诉提出，其仅出资6万元购买毒品，应定贩卖毒品罪。其辩护人提出，一审判决认定事实不清，证据不足，量刑过重。

贵州省高级人民法院经审理认为，原判认定上诉人陈某某、李某某犯贩卖、运输毒品罪的事实清楚。陈某某邀约陈某2贩卖、运输毒品甲基苯丙胺和海洛因，其行为均已构成贩卖、运输毒品罪。李某某贩卖毒品甲基苯丙胺和海洛因，其行为已构成贩卖毒品罪。陈某某所提"应定运输毒品罪"的上诉理由不能成立，不予采纳。李某某所提"应定贩卖毒品罪"的上诉理由成立，予以采纳。在陈某某等人贩卖、运输毒品的共同犯罪中，陈某某与陈某1等人共谋购买毒品，参与检验毒品样品、商议毒品价格、出资购买毒品，为他人代购毒品，驾驶车辆在运毒车辆之前探路，起主要作用，系本案主犯，应当按照其参与的全部犯罪处罚。其所提"系从犯，量刑过重"的上诉理由不能成立，不予采纳。上诉人李某某出资16万元通过陈某某为其购买毒品欲进行贩卖，且系毒品累犯和再犯，主观恶性极大，社会危害性特别严重，应依法从重处罚，原审法院据此对其量刑并无不当，其辩护人所提"量刑过重"的辩护意见不能成立，不予采纳。原审法院对陈某某的定罪准确，对陈某某、李某某的量刑适当，但对李某某的定罪不当，应予以改判，审判程序合法。据此，依照《刑法》第347条第2款第1项、第356条、第57条第1款、第56条第1款、第55条第1款、第65条第1款、第25条第1款、第26条第1款和第4款、第27条和《刑事诉讼法》第225条第1款第1项、第2项①之规定，判决如下：

1. 维持毕节市中级人民法院对上诉人陈某某的刑事判决；
2. 撤销毕节市中级人民法院对上诉人李某某的刑事判决，以贩卖、运输毒品罪改判李某某死刑，剥夺政治权利终身，并处没收个人全部财产。

贵州省高级人民法院依法将陈某某、李某某的死刑判决报请最高人民法院核准。

最高人民法院经复核认为，被告人陈某某违反毒品管理法规，伙同他人购买、运输毒品海洛因、甲基苯丙胺的行为已构成贩卖、运输毒品罪。被告人李某某委托陈某某代为购买毒品的行为已构成贩卖毒品罪。陈某某伙同陈某1共谋贩毒，纠集陈某2参与贩卖、运输毒品，并邀约李某某、张某某购买毒品，亲自赴境外检验毒品样品、商议毒品价格，且出资巨大，其在共同贩卖、运输毒品犯罪中起主要作用，系罪责最为严重的主

---

① 对应2018年《刑事诉讼法》第236条第1款第1项、第2项。

犯之一，应当按照其所参与的全部犯罪处罚。陈某某贩卖、运输毒品数量大，应依法惩处。一审判决、二审判决认定的事实清楚，证据确实、充分，定罪准确，对被告人陈某某量刑适当，审判程序合法。李某某受邀参与贩毒，未参与运输毒品，且归案后能如实供述罪行，对李某某判处死刑，可不立即执行。依照《刑事诉讼法》第 235 条、第 239 条①和《刑事诉讼法解释》第 352 条②之规定，判决如下：

1. 核准贵州省高级人民法院刑事判决中维持一审以贩卖、运输毒品罪判处被告人陈某某死刑，剥夺政治权利终身，并处没收个人全部财产的部分。

2. 撤销贵州省高级人民法院以贩卖、运输毒品罪判处被告人李某某死刑，剥夺政治权利终身，并处没收个人全部财产的判决部分。

3. 被告人李某某犯贩卖毒品罪，判处死刑，缓期二年执行，剥夺政治权利终身，并处没收个人全部财产。

二、主要问题

1. 共同贩卖毒品犯罪中，部分主犯在逃，能否适用死刑？
2. 如何准确认定毒品案件中代购者与托购者的罪责？

三、裁判理由

（一）共同贩卖毒品案件中死刑政策的把握

对共同犯罪案件如何把握死刑政策，现在普遍的认识和做法是，对于二人或者多人致死一人的案件，原则上只对其中罪责最为突出的被告人判处死刑。对此，《最高人民法院关于贯彻宽严相济刑事政策的若干意见》有明确的指导意见："对于多名被告人共同致死一名被害人的案件，要进一步分清各被告人的作用，准确确定各被告人的罪责，以做到区别对待；不能以分不清主次为由，简单地一律判处重刑。"当然，作为极少数例外情况，对多人致死一人的，也可能有判处二人死刑的情况。

针对毒品共同犯罪，通常也是参照上述政策精神来把握死刑适用。最高人民法院于 2008 年印发的《大连会议纪要》中明确提出：共同犯罪中能分清主从犯的，不能因为涉案的毒品数量特别巨大，就不分主从犯而一律将被告人认定为主犯或者实际上都按主犯处罚，一律判处重刑甚至死刑；对于共同犯罪中有多个主犯或者共同犯罪人的，要全面考察各主犯或者共同犯罪人在共同犯罪中实际发挥作用的差别，主观恶性和人身危险性方面的差异，对罪责或者人身危险性更大的主犯或者共同犯罪人判处更重的刑罚。如果共同犯罪毒品数量刚达到实际掌握的死刑数量标准，但各共同犯罪人作用相当，或者责任大小难以区分的，可以不判处死刑立即执行。由此可见，毒品共同犯罪中，一方面需要考虑毒品数量，另一方面需要认真审查各被告人的地位、作用，要注意从犯意的提起、与毒品源头的紧密程度、出资额、分工等方面进行审查，区分罪责大小。

同时，由毒品犯罪的特殊性所决定，在一些毒品犯罪案件中，只抓获部分涉毒人员，甚至有相当一部分案件主犯在逃。此时仍要根据在案证据比较在案被告人与在逃人员的罪责，若在案证据足以证明被告人地位、作用明显大于在逃同案犯或者地位、作用基本

---

① 对应 2018 年《刑事诉讼法》第 246 条、第 250 条。

② 2021 年《刑事诉讼法解释》已删除该条。最高人民法院认为在死刑复核程序中仍应坚持"以发回重审为原则，依法改判为例外"的原则。参见李少平主编：《最高人民法院关于适用〈中华人民共和国刑事诉讼法〉的解释理解与适用》，人民法院出版社 2021 年版，第 458 页。

相当时，仍可依法核准在案被告人死刑。最高人民法院于 2015 年印发的《武汉会议纪要》中明确指出："对于部分共同犯罪人未到案的案件，在案被告人与未到案共同犯罪人均属罪行极其严重，即使共同犯罪人到案也不影响对在案被告人适用死刑的，可以依法判处在案被告人死刑……"

具体在本案中，结合证据可以认定如下事实：第一，陈某某伙同陈某 1 共谋贩毒。陈某 1 虽未到案，但是手机通话清单、卷中其他证据材料可以证明陈某某与陈某 1 共谋到云南购买毒品。手机通话清单证实，7 月 18 日至 24 日陈某某与陈某 1 手机通话联系 34 次（24 次主叫），其中 7 月 24 日联系 19 次且陈某某主叫 13 次。结合卷中其他证据材料可以证明，陈某某与陈某 1 为购买毒品而多次预谋，陈某 1 主要负责购买包装等物，二人联系出发事宜。陈某某辩解其受陈某 1 邀请到云南帮助陈某 1 找老公，但该辩解既得不到陈某 1 供述的印证，亦与技侦转化资料内容矛盾，又不符合常情常理。第二，陈某某纠集同案犯陈某 2 参与贩卖、运输毒品。陈某 2 供述"被抓前约一个星期，陈某某打电话说最近他们准备去做一批生意（指贩毒），问我要不要去，我说可以"，该内容与在案相关证据相印证。同时，车辆行驶信息、住宿登记信息以及陈某 2 的供述证实，人驾驶陈某某的轿车，7 月 24 日出发，沿着金关—昆明—景洪—打洛镇—缅甸—打洛镇的路线贩卖、运输毒品。第三，陈某某亲自到境外查验毒品、商议毒品数量、价格。陈某 2 供述，其与陈某某到达云南勐海县打洛镇后就随同陈某某一起偷渡到了缅甸小勐拉，与陈某 1、陈某 3 会合，陈某某、陈某 3、陈某 1 联系购买毒品并商议价格。因陈某 1、陈某 3 在逃，三人的具体分工无法获知，但是陈某 2 的供述得到了卷中其他证据材料及陈某某供述的印证。且从相关证据来看，陈某某与上线联系更加紧密，尤其是"麻古"主要靠陈某某联系，交易毒品时也是陈某某在场，陈某 1 只是负责联系李某 1 运输毒品。第四，陈某某主动代张某某、李某某购买毒品，该事实有张某某、李某某的供述及手机通话清单、银行转账凭证等证据证明。综上，被告人陈某某伙同陈某 1 共谋贩毒，纠集陈某 2 参与贩卖、运输毒品，并邀约张某某、李某某购买毒品，亲自赴境外检验毒品样品、试货、商议毒品价格，且出资额巨大，其在共同贩卖、运输毒品犯罪中起主要作用，系罪责最为严重的主犯之一，应当按照其所参与的全部犯罪处罚。陈某某贩卖、运输毒品数量大，应依法惩处。虽然本案另两名主犯陈某 1、陈某 3 在逃，但是从现有证据来看，陈某某的作用比陈某 1、陈某 3 略大或者至少作用相当。故最高人民法院依法核准被告人陈某某死刑。

（二）毒品案件中代购者与托购者的罪责认定

办理毒品犯罪案件时，要注意对"居间介绍"或者"代购代卖"的准确认定。《大连会议纪要》明确指出："明知他人实施毒品犯罪而为其居间介绍、代购代卖的，无论是否牟利，都应以相关毒品犯罪的共犯论处。"一般而言，"居间者"或者"托购者"的罪责相对较小。但上述情况不是绝对的，仍要结合具体案情和证据问题具体分析。

本案中，被告人李某某的供述及手机通话清单证明，此次贩毒系陈某某主动联系李某某；李某某、陈某某、陈某 2 的供述以及卷中其他证据材料证明，李某某通过电话委托陈某某代为购买毒品；李某某的供述、李某某之妻的证言以及银行转账凭证证明李某某汇款 16 万元至陈某某指定账户；李某某购买毒品实物被公安人员查获。因此现有证据可以证明李某某委托陈某某代为购买毒品，李某某与陈某某等人构成贩卖毒品罪的共犯。但是由于各被告人供述以及卷中其他证据材料关于李某某毒资及购买毒品数量说法不一，就现有证据而言，不好确定李某某到底购买了多少毒品。

对李某某量刑时，首先需要平衡其与在案的陈某某及在逃的陈某1、陈某3的罪责大小。在案证据证明，李某某将毒资汇至陈某某指定账户，未亲自到云南或者境外购买毒品，未参与运输毒品；李某某不是幕后指挥操纵贩毒的主犯，而是在陈某某打电话告知的情况下委托陈某某代为购买，属于受邀约参与犯罪。故可以认定李某某的罪责小于陈某某以及在逃的陈某1、陈某3。同时也需要考虑，现有证据只能确定李某某出资16万元，不能确定李某某购买毒品种类和毒品数量，在作为量刑最重要标准之一的毒品数量不确定的情况下，也不宜核准李某某死刑。

综上，权衡全案事实和各被告人量刑，最高人民法院作出了核准被告人陈某某死刑，不核准被告人李某某死刑并改判李某某死刑缓期二年执行的刑事判决。

问题8. 共同犯罪中作用相对较大的主犯因具有法定从轻情节而未判处死刑的，对其他主犯能否适用死刑

【刑事审判参考案例】高某某等贩卖、运输毒品，介绍卖淫案[①]

一、基本案情

被告人高某某，男。因涉嫌犯贩卖、运输毒品罪，介绍卖淫罪，于2015年1月7日被逮捕。

被告人杨某某，男。2005年1月12日因犯挪用公款罪被判处有期徒刑十年，2010年4月9日刑满释放。因涉嫌犯贩卖、运输毒品罪，介绍卖淫罪，于2015年1月7日被逮捕。

某省某市人民检察院以被告人高某某、杨某某、曾某某犯贩卖、运输毒品罪，介绍卖淫罪，向某市中级人民法院提起公诉。

被告人高某某对起诉书指控的事实无辩解。其辩护人提出，高某某贩卖的毒品数量在500克以内，且第二次购买的毒品全部被查获，未给社会造成实质性危害；高某某参与贩毒作用相对杨某某较小；现有证据仅能证实曾某某介绍卖淫4次，其中高某某接送2次；高某某系初犯、偶犯，归案后如实供述自己的罪行，当庭自愿认罪，请求对高某某从轻处罚。

某市中级人民法院经公开审理查明：2014年11月中旬，被告人高某某与杨某某、曾某某经商议决定在浙江省温州市鹿城区贩毒，由杨某某负责向毒品上家姜某某（另案处理）购买毒品，高某某负责销售毒品，曾某某负责提供"冰妹"陪吸毒者吸毒和发生性关系。11月21日，杨某某前往江西省南昌市向姜某某购得甲基苯丙胺（冰毒）970克、甲基苯丙胺片剂（俗称"麻古"）200粒，运回某市后藏匿于某证券有限责任公司营业部的保安室内。后高某某陆续将毒品卖给他人，剩余的84.08克甲基苯丙胺、13克甲基苯丙胺片剂后被公安人员查获。其间，曾某某先后6次介绍付某某（女，未成年）等人陪吸毒者吸毒并发生性关系。后经曾某某请求，杨某某、高某某同意曾某某退出合伙。同年12月2日，杨某某、高某某一起乘坐曹某某驾驶的汽车前往某市向姜某某购买毒品。

[①] 李晓光、赵娟撰稿，马岩审编：《高某某等贩卖、运输毒品，介绍卖淫案——共同犯罪中作用相对较大的主犯因具有法定从轻情节而未判处死刑的，对其他主犯能否适用死刑（第1279号）》，载最高人民法院刑事审判第一、二、三、四、五庭主办：《刑事审判参考》（总第115集），法律出版社2019年版，第79~85页。

次日，杨某某和姜某某在南昌市某建材市场附近广场公厕旁进行毒品交易。交易完成后，杨某某、高某某乘坐上述车辆返回温州，在温州市温州西高速公路收费站处被公安人员抓获，当场查获3大包毒品疑似物及104颗毒品疑似物。经鉴定，该3大包毒品疑似物重2497.98克，均检出甲基苯丙胺，其中1000.44克甲基苯丙胺的含量为79.0%，499.50克甲基苯丙胺的含量为80.5%，998.04克甲基苯丙胺的含量为79.4%；104颗毒品疑似物重9.73克，检出甲基苯丙胺及咖啡因成分。

某市中级人民法院经审理认为，被告人高某某、杨某某、曾某某违反国家毒品管制法规，贩卖、运输毒品，其行为均已构成贩卖、运输毒品罪；高某某、杨某某、曾某某多次介绍他人卖淫，其中介绍未成年人卖淫4次，情节严重，其行为又均已构成介绍卖淫罪，公诉机关指控的罪名成立。高某某在公安机关任协警期间与杨某某、曾某某相识，案发时虽已辞职离开公安机关，但却未将该情况告知杨某某、曾某某，杨某某、曾某某供述约定分成之时已考虑高某某协警的身份。此外，高某某负责销售毒品，大量毒品经其手流入社会，行为积极，故高某某与杨某某的地位、作用基本相当。虽然高某某归案后能够如实供述主要犯罪事实，但不足以对其从轻处罚。杨某某曾因故意犯罪被判处有期徒刑以上刑罚，在刑满释放后五年内又故意犯罪，系累犯，应依法从重处罚。杨某某归案后协助公安机关抓获毒品上家姜某某，有重大立功表现，且能够如实供述主要犯罪事实，可以从轻处罚。依照《刑法》第347条第2款第1项、第359条第1款、第69条、第67条第3款、第65条第1款、第25条第1款、第26条、第48条、第57条第1款、第68条等规定，判决如下：

1. 被告人高某某犯贩卖、运输毒品罪，判处死刑，剥夺政治权利终身，并处没收个人全部财产；犯介绍卖淫罪，判处有期徒刑五年，并处罚金人民币3000元；决定执行死刑，剥夺政治权利终身，并处没收个人全部财产。

2. 被告人杨某某犯贩卖、运输毒品罪，判处死刑，缓期二年执行，剥夺政治权利终身，并处没收个人全部财产；犯介绍卖淫罪，判处有期徒刑五年，并处罚金人民币3000元；决定执行死刑，缓期二年执行，剥夺政治权利终身，并处没收个人全部财产。

一审宣判后，被告人高某某上诉提出，原判认定其在共同犯罪中的分工、分成、贩毒数量等事实有误，其销售毒品数量应在500克以内，在共同犯罪中所起作用较杨某某要小，本案所涉毒品大部分未流入社会，应对其从轻处罚。其辩护人提出，杨某某在共同犯罪中所起的作用比高某某大；第一次贩卖的毒品含量没有经过鉴定，含量应该推定为非常低；高某某曾担任过协警的身份不影响其在共同犯罪中的地位；原审量刑不平衡，应依法改判。被告人杨某某未提出上诉。

某省高级人民法院经二审审理认为，被告人高某某等人的行为均已构成贩卖、运输毒品罪，介绍卖淫罪。高某某及其辩护人所提高某某贩卖毒品数量应在500克以内、在共同犯罪中作用相较杨某某小的上诉理由及辩护意见，与查明的事实不符，不予采信。虽然第一次购进的毒品没有含量鉴定，但第二次购得的毒品含量达到80%，且两次购进毒品均来自上家姜某某，出庭检察员基于毒品来源及销售速度，提出第一批毒品质量较好，没有鉴定不影响本案定罪量刑的意见可以成立。原判定罪准确，量刑适当，审判程序合法。裁定驳回上诉，维持原判。对高某某的死刑判决依法报请最高人民法院核准。

最高人民法院经复核认为，被告人高某某伙同他人非法购买、销售毒品甲基苯丙胺和甲基苯丙胺片剂，并使用交通工具运送，其行为已构成贩卖、运输毒品罪。高某某伙同他人介绍妇女卖淫，其行为又构成介绍卖淫罪。在共同犯罪中，高某某起主要作用，系主犯，应按照其所参与的全部犯罪处罚。高某某结伙贩卖、运输毒品数量大，罪行严重，还结伙多次介绍卖淫、介绍未成年人卖淫，情节严重，应依法惩处。鉴于高某某在共同贩卖、运输毒品犯罪中所起作用略小于同案被告人杨某某，归案后始终如实供述犯罪，能够认罪、悔罪，且涉案毒品大部分已查获，未进一步流入社会造成更严重危害，依法可不判处其死刑立即执行。高某某的辩护律师所提的部分辩护意见，有事实和法律依据，予以采纳。第一审判决、第二审裁定认定的事实清楚，证据确实、充分，定罪准确，审判程序合法。裁定不核准高某某死刑，发回某省高级人民法院重新审判。

某省高级人民法院经重新审判，于 2017 年 5 月 8 日判处被告人高某某死刑，缓期二年执行。

二、主要问题

1. 如何准确区分各被告人在毒品共同犯罪中的地位、作用？
2. 在作用相对较大的主犯因具有法定从宽情节而未判处死刑的情况下，对其他主犯能否适用死刑？

三、裁判理由

（一）要从预谋、出资、分配利润、购买和出售毒品等多个角度准确区分各被告人在毒品共同犯罪中的地位、作用

准确区分行为人在共同犯罪中的地位、作用，是审理共同犯罪案件中一个非常重要的问题，因为共同犯罪中的地位、作用直接决定罪责轻重，而罪责轻重直接影响刑罚适用。《刑法》第 26 条和第 27 条分别规定了主犯、从犯及其处罚原则，即对组织、领导犯罪集团的首要分子，按照集团所犯的全部罪行处罚；对组织、领导犯罪集团的首要分子以外的其他主犯，应当按照其所参与的或者组织、指挥的全部犯罪处罚；对于从犯，应当从轻、减轻处罚或者免除处罚。共同犯罪案件中一般情况下有主犯、从犯之分，有的案件中则可能出现两名以上主犯的情形。两名以上主犯由于所处地位和所实施的犯罪行为并不完全相同，其主观恶性、人身危险性也往往存在差别，故其在共同犯罪中的作用大小及罪行严重程度并不完全相同，判处的刑罚自然也会有区别。实践中，贩卖、运输毒品共同犯罪案件往往有多人参与，从起意贩毒、纠集人员到筹集毒资、联系毒品上家、商谈交易数量和价格、确定交易地点，再到支付毒资、接取毒品、运送毒品、保管毒品、销售毒品、收取毒赃、掌管账目、利润分成，涉及众多环节。各共同犯罪人的参与程度以及所实施的具体行为也多种多样，有的参与部分环节，有的全程参与，有的幕后指挥，有的直接实施，等等。此外，出于趋利避害和侥幸心理，各共同犯罪人尤其是多名主犯对自己及其他人在毒品犯罪中具体行为的供述往往不尽一致。因此，准确区分各共同犯罪人尤其是多名主犯在共同犯罪中所处地位和所起作用是实践中比较疑难、复杂的问题，对此必须审慎地分析判断。

具体到本案，被告人高某某和杨某某均积极参与了两宗贩卖、运输毒品犯罪，在共同犯罪中均起主要作用，均系主犯。鉴于涉案甲基苯丙胺总量为 3000 余克，已达到适用死刑的数量标准，进一步区分二人罪责大小对准确量刑尤其是准确适用死刑至关重要。由于高某某、杨某某、曾某某对部分情节的供述不尽一致，加大了区分的难度，这便需要细致梳理，认真比对。首先，从犯罪预谋阶段来看，虽然根据三人的供述无法准确认定是高某某还是杨某某最先提议贩毒及贩毒利润到底如何分成，但可以认定高某某和杨

某某积极与曾某某共谋、商定利润分成及杨某某负责购进毒品、高某某负责销售毒品等事实。在此阶段，高某某和杨某某的地位、作用基本相当。其次，从犯罪实行阶段来看，根据在案证据可以认定，在第一次贩卖、运输毒品过程中，杨某某主动联系毒品上家、提供全部购毒款、亲自前往江西省南昌市购得毒品、将毒品运回浙江省温州市并保管毒品、掌控毒赃，高某某则按照分工为主销售毒品。在第二次贩卖、运输毒品过程中，杨某某和高某某分别提供了部分购毒款、一同乘坐曹某某驾驶的汽车前往南昌市购毒并运回某市。其中，杨某某出资最多，还联系毒品上家、雇佣曹某某驾车、直接与毒品上家交易毒品，高某某介绍他人出资并与曹某某驾车接应前去交易毒品的杨某某。相比较而言，在第一次犯罪中，杨某某所起作用明显大于高某某；在第二次犯罪中，杨某某所起作用也略大于高某某。据此可以认定，高某某在全案中所起作用相对小于杨某某。一审、二审法院以高某某负责销售毒品且大量毒品经其手流入社会为由，认定其与杨某某地位、作用基本相当，是不够准确的。而这正是最高人民法院不核准高某某死刑的主要理由。

（二）在毒品共同犯罪中作用相对较大的主犯因具有法定从宽情节而未判处死刑的，对其他罪责相对较小的主犯不应"升格"判处死刑

司法实践中经常遇到这样的情形，毒品共同犯罪中的某一主犯的罪行极其严重，依法应当判处死刑，但因其具有自首或者立功等法定从宽处罚情节，法院对其从宽判处死刑缓期执行，而另一名主犯所犯罪行亦很严重，但其在共同犯罪中所起作用略小于前者，对其能否判处死刑立即执行？本案就属于这种情形。被告人高某某与杨某某贩卖、运输毒品数量大，已超过适用死刑的毒品数量标准。二人在共同犯罪中均起主要作用，均系主犯，且二人积极预谋并筹集毒资，主动向毒品上家约购毒品，并前往上家所在地购买毒品，相对于毒品上家而言，对促成毒品交易起到了更大作用，杨某某又系累犯，可以说二人均属罪行极其严重。那么，本案能否同时判处两名被告人死刑，或者应当对哪一名被告人适用死刑？这就需要立足案情本身，根据罪责刑相适应原则作出稳妥裁判。

2015年印发的《武汉会议纪要》规定，"毒品共同犯罪案件的死刑适用应当与该案的毒品数量、社会危害及被告人的犯罪情节、主观恶性、人身危险性相适应。涉案毒品数量刚超过实际掌握的死刑数量标准，依法应当适用死刑的，要尽量区分主犯间的罪责大小，一般只对其中罪责最大的一名主犯判处死刑"。根据这一规定，毒品共同犯罪的死刑适用要严格贯彻罪责刑相适应原则，涉案毒品的数量不同，毒品犯罪造成的社会危害不同，适用死刑的具体情况也有所区别。对于贩卖、运输毒品共同犯罪中有两名以上主犯，涉案毒品数量刚超过实际掌握的死刑数量标准的，应当全面考察各主犯在共同犯罪中实际发挥作用的差别，一般只选择其中罪责最大的一名主犯依法判处死刑；即便两名以上主犯均具有法定从重处罚情节，也要充分比较主观恶性和人身危险性方面的差异，同时判处二人死刑应当特别慎重。换言之，即便同为罪行极其严重且依法可以判处死刑的主犯，也要注意区分彼此之间罪责大小，进一步区分出罪行最为严重者，并非一律判处死刑立即执行，更不能在罪责最为严重的主犯没有被判处死刑的情况下，对罪责稍次的主犯"升格"适用死刑。

根据以上分析，本案毒品数量近3500克，以目前实际掌握的死刑数量标准，不宜判处二人死刑立即执行。被告人杨某某归案后对公安机关抓获毒品上家起到了一定协助作用，一审法院认定其行为构成重大立功，并考虑其能够如实供述主要犯罪事实，依法对其判处死刑，缓期二年执行。在此情况下，是否要判处被告人高某某死刑呢？答案是否

定的，主要理由在于：其一，杨某某在贩卖、运输毒品共同犯罪中所起作用大于高某某，系罪行最为严重的主犯，又系累犯，论罪应依法判处死刑。在杨某某因具有重大立功表现这一法定从宽处罚情节而未被判处死刑的情况下，不宜对罪责稍次的主犯高某某"升格"判处死刑立即执行，否则，就违反了《武汉会议纪要》的相关规定。其二，毒品数量是毒品犯罪案件量刑的重要情节，但不是唯一情节，在考虑是否适用死刑时，更不能只强调毒品数量，忽视其他情节，而应当综合考虑毒品数量、犯罪情节等各种因素。高某某贩卖、运输毒品数量确实已经超过适用死刑的数量标准，但其并非罪行最严重的主犯，也不具有法定或者重大酌定从重处罚情节，而且从归案到复核提讯，始终如实供认犯罪，有悔罪表现，对公安机关抓获参与出资购买第二宗毒品的共同作案人起到积极作用。其三，第二宗毒品已全部被公安机关查获，未进一步流入社会造成严重危害，此情节在量刑时亦需酌情考虑。

综上，最高人民法院根据毒品犯罪的死刑政策和罪责刑相适应原则，依法未予核准被告人高某某死刑，将案件发回某省高级人民法院重新审判。

问题9. 对毒品共同犯罪案件如何准确把握死刑政策

【刑事审判参考案例】常某、吴某1运输毒品案[①]

[案例要旨]

运输毒品共同犯罪中，涉案毒品数量达到巨大以上，罪责稍次的主犯具有法定、重大酌定从重处罚情节，判处二人以上死刑符合罪刑相适应原则，并有利于全案量刑平衡的，可以依法判处。

一、基本案情

被告人常某，2014年5月27日因涉嫌犯运输毒品罪被逮捕。

被告人吴某1，2008年7月24日因犯盗窃罪被判处拘役六个月，并处罚金人民币2000元。2014年5月27日因涉嫌犯运输毒品罪被逮捕。

某省某自治州人民检察院以被告人常某、吴某1犯运输毒品罪，向某自治州中级人民法院提起公诉。

被告人常某辩称无罪。其辩护人提出，公诉机关指控常某犯运输毒品罪的事实不清、证据不足，请求宣告无罪。

被告人吴某1当庭否认参与运输毒品犯罪。其第一辩护人对指控的罪名无异议，但提出吴某1系受人指使，仅送他人到接取毒品的地点，系从犯，且毒品未流入社会，危害性较小，请求从轻处罚。其第二辩护人提出，指控吴某1犯运输毒品罪的事实不清、证据不足，请求宣告无罪。

某自治州中级人民法院经审理查明：被告人常某组织多人从中缅边境接取毒品并在境内运输，通过电话等方式对整个运输过程进行指挥。2014年4月19日夜间，常某安排被告人吴某1带领同案被告人吴某2、王某（均已判刑）到云南省临沧市南伞镇接取毒

[①] 崔祥莲撰稿，管应时审编：《常某、吴某1运输毒品案——对毒品共同犯罪案件如何准确把握死刑政策（第1307号）》，载最高人民法院刑事审判第一、二、三、四、五庭主办：《刑事审判参考》（总第120集），法律出版社2020年版，第49页。

品。之后，根据常某的安排，同案被告人王某某（已判刑）指挥同案被告人赵某某、赵某（均已判刑）驾驶牌照为云 AZ×××× 的大众牌迈腾轿车前往接应，并将毒品放置在该迈腾轿车内。后王某某驾驶无牌照大众牌桑塔纳轿车、吴某 2 驾驶牌照为云 3×××× 的长城牌哈弗 H3 越野车依次在前探路，赵某某、赵某、王某驾驶迈腾轿车在后运输毒品，前往某省昭通市。同月 20 日上午，行至云南省保山市昌宁县城外时，王某、赵某某将迈腾轿车上的毒品转移至王某某驾驶的桑塔纳轿车的后备厢内，王某某将该桑塔纳轿车停放在昌宁县人民医院，后各自住店休息。当日晚，公安人员将上述人员抓获，同时查获该桑塔纳轿车，从车内起获海洛因 42.52 千克、甲基苯丙胺片剂（俗称"麻古"）5.965 千克。

某自治州中级人民法院认为，被告人常某、吴某 1 伙同他人，为牟取非法利益运输毒品海洛因 42.52 千克、甲基苯丙胺 5.965 千克，其行为均已构成运输毒品罪。在共同犯罪中，常某组织、指挥毒品犯罪，起主要作用，系主犯；吴某 1 将吴某 2、王某带至中缅边境接取毒品，亦起主要作用，属主犯，应依法惩处。常某归案后拒不供述犯罪事实，但吴某 1、王某、赵某某、赵某均指证常某组织和指挥毒品犯罪，并结合收缴在案的写有毒品犯罪详细计划的笔记本及笔记本中记录的被告人电话号码、被告人绰号、笔迹鉴定、通话清单、手机中银行卡信息以及银行账户存取款大额资金凭证等证据，可以认定常某组织和指挥毒品犯罪的事实。常某及其辩护人提出其构成运输毒品罪事实不清、证据不足，请求宣告无罪的辩解及辩护意见；吴某 1 提出未参与运输毒品的辩解及其辩护人提出吴某 1 构成运输毒品罪事实不清、证据不足，请求宣告无罪的辩护意见，均无事实及法律依据，不予采纳。依照《刑法》第 347 条第 2 款第 1 项、第 25 条第 1 款、第 26 条第 3 款、第 57 条第 1 款、第 59 条之规定，对被告人常某、吴某 1 分别以运输毒品罪判处死刑，剥夺政治权利终身，并处没收个人全部财产。

一审宣判后，被告人常某上诉提出，认定其构成运输毒品罪并判处其死刑的事实不清、证据不足。被告人吴某 1 上诉提出，其在本案中受常某指挥，系从犯，原判量刑过重。

某省高级人民法院经审理认为，被告人常某、吴某 1 为牟取非法利益，运输毒品海洛因 42.52 千克、甲基苯丙胺片剂 5.965 千克的行为，均已构成运输毒品罪。运输毒品数量巨大，社会危害性极大，罪行极其严重，依法应当判处常某、吴某 1 死刑。常某及其辩护人提出认定常某构成运输毒品罪事实不清、证据不足的上诉理由及辩护意见，吴某 1 及其辩护人提出吴某 1 受常某指挥，系从犯，原判量刑过重的上诉理由及辩护意见，与查明的事实不符，均不予采纳。依照 2012 年《刑事诉讼法》第 225 条第 1 款第 1 项①之规定，裁定驳回上诉，维持原判，并依法报请最高人民法院核准。

最高人民法院经复核认为，被告人常某、吴某 1 违反国家毒品管理规定，伙同他人运输海洛因、甲基苯丙胺片剂，其行为均已构成运输毒品罪。常某、吴某 1 运输海洛因 42.52 千克、甲基苯丙胺片剂 5.965 千克，数量特别巨大，社会危害严重，应依法惩处。常某在共同犯罪中起组织、指挥作用，系地位最为突出的主犯，且到案后拒不供认犯罪；吴某 1 在共同犯罪中负责联系境外毒贩、接取毒品后交由他人运输，亦系作用突出的主犯，均应依法惩处。一审判决、二审裁定认定的事实清楚，证据确实、充分，定罪准确，

---

① 对应 2018 年《刑事诉讼法》第 236 条第 1 款第 1 项。

量刑适当，审判程序合法。依照 2012 年《刑事诉讼法》第 235 条、第 239 条[①]和《刑事诉讼法解释》第 350 条第 1 项[②]的规定，裁定核准某省高级人民法院维持一审分别对被告人常某、吴某 1 以运输毒品罪判处死刑，剥夺政治权利终身，并处没收个人全部财产的刑事裁定。

二、主要问题

1. 对毒品共同犯罪案件如何准确把握死刑政策？
2. 对被告人拒不供认的毒品犯罪案件，如何综合审查证据？

三、裁判理由

（一）判处二名以上主犯死刑符合罪刑相适应原则的，对罪责稍次的主犯亦可适用死刑

与其他类型的犯罪相比较，共同犯罪是毒品犯罪的一个显著特征。特别是在某些地区，毒品犯罪日益呈现集团化、专业化的趋势，从以往的单人贩运、售卖形式，逐渐发展为上家总销、下家贩运、马仔分售的复合形态；在毒品犯罪不同阶段，组织严密、分工明确，每一环节均由不同的人专门负责，形成相对固定的犯罪模式。对毒品共同犯罪中各犯罪人刑事责任的评价及以此为基础的量刑是一项复杂而细致的工作，对毒品共同犯罪准确把握死刑政策，有赖于对参与毒品犯罪各行为人行为性质的正确认定以及其在共同犯罪中罪责大小的准确判断。

我国《刑法》第 48 条规定"死刑只适用于罪行极其严重的犯罪分子"，这同样是司法实践中对毒品犯罪适用死刑的总体原则。根据历次毒品犯罪案件工作座谈会纪要精神，毒品共同犯罪案件的死刑适用应当与该案所涉毒品数量、社会危害性及被告人的犯罪情节、主观恶性、人身危险性相适应。综观 2000 年《南宁会议纪要》、2008 年《大连会议纪要》、2015 年《武汉会议纪要》，体现出量刑标准更加明晰、对死刑适用范围的限定更加严格的趋势。关于主犯的死刑适用问题，《南宁会议纪要》规定，"共同犯罪中能分清主从犯的，不能因为涉案的毒品数量特别巨大，就一律将被告人认定为主犯并判处重刑甚至死刑"。该规定相对笼统，标准亦较为概括，没有就如何对多名主犯适用死刑作出明确规定。《大连会议纪要》的标准则稍显具体化，规定"对于共同犯罪中有多个主犯或者共同犯罪人的，处罚上也应做到区别对待。应当全面考察各主犯或者共同犯罪人在共同犯罪中实际发挥作用的差别，主观恶性和人身危险性方面的差异，对罪责或者人身危险性更大的主犯或者共同犯罪人依法判处更重的刑罚"。《武汉会议纪要》对死刑适用范围的规定仍以主犯为基础，但对可以适用死刑的主犯范围作出了限定，即"涉案毒品数量刚超过实际掌握的死刑数量标准，依法应当适用死刑的，要尽量区分主犯间的罪责大小，一般只对其中罪责最大的一名主犯判处死刑……二名主犯的罪责均很突出，且均具有法定从重处罚情节的，也要尽可能比较其主观恶性、人身危险性方面的差异，判处二人死刑要特别慎重"。由此可见，同一案件中存在多名主犯时，对于适用死刑的范围的限定日趋严格。但同时，《武汉会议纪要》也规定："涉案毒品数量达到巨大以上，二名以上主犯的罪责均很突出，或者罪责稍次的主犯具有法定、重大酌定从重处罚情节，判处二人以上死刑符合罪刑相适应原则，并有利于全案量刑平衡的，可以依法判处。"由此，我们

---

① 对应 2018 年《刑事诉讼法》第 246 条、第 250 条。
② 对应 2021 年《刑事诉讼法解释》第 429 条第 1 项。

认为，同一案件存在多名主犯的，在适用死刑时应遵循两个基本原则：一是慎重适用死刑，在符合法律规定和政策精神的情况下，尽量只对其中罪责最大的一名主犯适用死刑；二是不存在机械的死刑适用的"人数指标"，判处二人以上死刑符合罪刑相适应原则，并有利于全案量刑平衡的，可以依法判处。

1. 对于涉案毒品数量刚超过实际掌握的死刑数量标准，依法应当适用死刑的，一般只对其中罪责最大的一名主犯适用死刑。

司法实践中，对于毒品犯罪的量刑通常遵循"数量加情节"的原则，毒品犯罪数量对毒品犯罪的定罪，特别是量刑具有重要的基础性影响，在某种意义上直接关系到对被告人能否适用死刑。当然，毒品数量并不是毒品犯罪量刑的唯一考虑因素，还要综合考虑被告人的犯罪情节、危害后果、主观恶性等多种因素。《武汉会议纪要》即体现了这一精神，依据该纪要的规定，对于涉案毒品数量刚超过实际掌握的死刑数量标准，依法应当适用死刑的，各主犯间的作用能够区分主次的，对于罪责稍次的主犯一般可不适用死刑。

2. 涉案毒品数量达到巨大以上，罪责稍次的主犯具有法定、重大酌定从重处罚情节，判处二人以上死刑符合罪刑相适应原则，并有利于全案量刑平衡的，可以依法判处。

在涉案毒品数量达到巨大以上的情况下，判处罪责稍次的主犯死刑仍需具备两个条件：一是判处二人以上死刑符合罪刑相适应原则，并有利于全案量刑平衡；二是具有法定或重大酌定从重处罚情节。关于法定或重大酌定从重处罚情节的范围，通常包括：（1）累犯、毒品再犯、毒枭、职业毒犯等主观恶性深、人身危险性大的犯罪分子；（2）属于走私、制造毒品和大宗贩卖毒品等源头性犯罪的；（3）武装掩护走私、贩卖、运输、制造毒品的，或以暴力抗拒检查、拘捕，情节严重的；（4）利用、教唆未成年人实施毒品犯罪，或者向未成年人出售毒品的；（5）其他反映被告人主观恶性深、人身危险性大的情节。

在本案中，被告人常某在共同犯罪中起组织、指挥作用，系罪责最突出的主犯；被告人吴某1虽亦系主犯，但其在常某指挥下负责具体环节的实施，地位和作用小于常某，系罪责稍次的主犯。最终核准吴某1死刑的理由主要是：（1）涉案毒品数量特别巨大。常某、吴某1伙同他人运输毒品海洛因42.52千克、甲基苯丙胺5.965千克，无论是在案发地还是全国，涉毒数量之大，均不多见，这是本案决定死刑适用的重要基础性情节。（2）本案系导致毒品入境的大宗毒品源头性犯罪。近年来境外毒源地对我国毒品渗透不断加剧，云南是缅北毒品向我国渗透的主要通道，毒品入境形势严峻，且大宗毒品犯罪案件多，必须进一步加大打击力度，以震慑毒品犯罪分子，从源头上遏制毒品犯罪。本案中，常某组织多人从中缅边境接取大宗毒品后在境内运输，吴某1直接负责安排人员接取毒品，系致使毒品入境的源头性犯罪，应从严惩处。（3）对吴某1适用死刑有利于全案量刑平衡。常某在共同运输毒品中固然居于总指挥的地位，但本案有多人参与，被告人吴某1仅是略次于常某，相对于其他同案被告人，吴某1的地位、作用更为突出；同案被告人王某某等人的地位和作用均次于吴某1，法院依法对王某某判处死刑，缓期二年执行，对吴某1适用死刑有利于全案量刑平衡。综合来看，本案涉案毒品数量特别巨大，系致使毒品入境的大宗毒品源头性犯罪，社会危害极为严重，又具有一定的经营性和组织性，系打击的重点，核准常某、吴某1二人死刑更能体现罪刑相适应。

（二）被告人拒不供认犯罪，但其他证据确实、充分的，可以依法认定相关案件事实

毒品犯罪隐蔽性极强，收集证据的难度高，很多案件的细节需要靠被告人供述来加以证实，因此被告人的供述成为毒品犯罪案件中使用率最高的证据之一。而毒品犯罪的被告人往往具有一定的反侦查能力，尤其是在可能判处死刑的案件中，被告人翻供甚至自始至终不供认犯罪的情况十分常见。对于被告人拒不供认犯罪的案件，应当结合全案证据进行综合分析，审查被告人的无罪辩解是否成立，若其他证据确实、充分，能够证明被告人有罪的，可以依法对被告人定罪处刑。

本案是一起共同犯罪案件，被告人常某通过电话联络的方式，组织、指挥被告人吴某1、吴某2、王某接取毒品，后交由王某某、赵某某、赵某等运输。常某未直接参与运输犯罪、未直接接触毒品，到案后始终拒不供认犯罪，认定常某是否参与犯罪及其在共同犯罪中的地位和作用成为本案的关键。综合现有证据，可认定常某组织、指挥他人运输毒品的犯罪事实，具体分析如下：

1. 公安人员从常某住处及车内查获手机、笔记本、存款业务凭条等证据，这是确认常某与本案有关联的基础。（1）从常某住处查获9部手机，在案发时间段分别与在案其余各被告人有数十次密集通话，其中有些通话长达一两个小时。（2）从常某住处及包内查获3个笔记本，其中绿色笔记本上所记载的多个手机号码在到案的各被告人处提取，黑色笔记本和几何作业本上记载了部分被告人的代号、运输毒品途中需经过的主要地点、距离、运输中的分工、代号和暗语。（3）从常某车内及手包内提取到吴某1、赵某某账户的存款业务凭条等书证，吴某1供述账户被常某用以支付毒资、赵某某供述按照常某的安排通过银行卡向吴某1的账户转账。

2. 有多名被告人指认常某参与犯罪，多次供述之间相互印证，高度可信。吴某1始终稳定供认系受常某指使，其余被告人均系常某组织和指挥；王某曾供称系由常某组织和指挥；赵某某供称系受常某纠集和指挥；赵某在侦查阶段曾供述经王某某介绍后帮常某运输毒品。

3. 常某之弟常某某、女友之弟吴某3均证明常某于案发时间段安排其驾车查看有无警察以探路，佐证常某参与犯罪。

4. 常某的无罪辩解与现有证据不符。（1）常某辩称提取在案的笔记本与其本人无关，其辩解与笔迹鉴定意见所证笔记本上的字迹系由常某所留相矛盾；（2）常某辩称在其住处查获的手机系捡得，其辩解与上述手机在案发时间段与其余6名被告人持有的号码均保持密集通话相矛盾；（3）常某辩称不知道存款凭证等系由何人留在其车内，其辩解与其手机内存有上述存款凭证所记载账号的短信及同案被告人吴某1、赵某某的供述相矛盾。

综上，被告人常某的无罪辩解与在案证据明显不符，不予采信；根据在常某住处及车内查获的手机、笔记本、存款凭条以及吴某1等同案被告人的有罪供述，足以认定常某组织、指挥他人运输毒品的犯罪事实。

问题 10. 纠集多人大量制造毒品，系地位和作用最为突出的主犯，罪行极其严重，且系累犯，可依法判处死刑

【典型案例】唐某某制造毒品案[①]

[案例要旨]

行为人提供制毒原料、辅料、工具、技术并负责制毒关键环节，安排他人具体操作，在共同犯罪中起主要作用，系地位和作用最为突出的主犯，制造毒品数量巨大，社会危害极大，罪行极其严重，且系累犯的，人民法院可对其依法判处死刑。

一、基本案情

被告人唐某某，2012 年 6 月 26 日因犯抢劫罪被判处有期徒刑一年六个月，并处罚金人民币 2000 元，因患病暂予监外执行，刑期至 2013 年 11 月 29 日止。

2016 年 5 月 4 日，被告人唐某某与郭某某、蔡某某（均系同案被告人，已判刑）在四川省成都市商议制毒事宜，唐某某安排郭某某协助其制造甲基苯丙胺（冰毒），蔡某某提供其在四川省资中县某村的住房作为制毒窝点并找人将制毒原料和工具送往该处。后蔡某某、郭某某分别纠集黄某某（同案被告人，已判刑）、郭某（另案处理）参与。同月 8 日，蔡某某与黄某某、郭某驾车将从唐某某处接取的制毒原料、工具等运至制毒窝点。次日，唐某某提供制毒核心技术，负责配置制毒原料等，安排郭某某、蔡某某、黄某某、郭某制造甲基苯丙胺。同月 10 日，唐某某安排郭某某、蔡某某负责后期结晶、冷却等制毒工序后，与黄某某、郭某离开制毒窝点。同月 13 日，公安人员在制毒窝点将郭某某、蔡某某抓获，当场查获甲基苯丙胺 8114 克、含有甲基苯丙胺成分的固液混合物 16970 克以及大量制毒辅料和工具，并于当晚在成都市将唐某某抓获。

二、裁判结果

本案由四川省内江市中级人民法院一审，四川省高级人民法院二审。最高人民法院对本案进行了死刑复核。

法院认为，被告人唐某某非法制造甲基苯丙胺，其行为已构成制造毒品罪。唐某某伙同他人非法制造毒品，数量巨大，社会危害极大，罪行极其严重，且其曾因犯抢劫罪被判刑，在刑罚执行完毕后五年内又犯本罪，系累犯，主观恶性深，人身危险性大，应依法从重处罚。唐某某提供制毒原料、辅料、工具、技术并负责制毒关键环节，安排他人具体操作，在共同犯罪中起主要作用，系地位和作用最为突出的主犯，应按照其所参与的全部犯罪处罚。据此，依法对被告人唐某某判处死刑，剥夺政治权利终身，并处没收个人全部财产。

罪犯唐某某已于 2021 年 5 月 24 日被依法执行死刑。

三、典型意义

近年来，我国制造甲基苯丙胺等合成毒品犯罪突出，甲基苯丙胺已成为国内滥用人数最多的毒品，防控形势严峻。本案就是一起大量制造甲基苯丙胺的典型案例。被告人唐某某纠集多人制造甲基苯丙胺，不仅是制毒原料、工具、核心技术的提供者，还是制毒关键环节的操作者，对毒品的顺利制造起着决定性作用。本案查获的甲基苯丙胺成品超过 8 千克，另查获毒品半成品近 17 千克，社会危害极大，且唐某某系累犯，主观恶性

---

① 最高人民法院发布 2021 年十大毒品（涉毒）犯罪典型案例。

深,人身危险性大。人民法院依法对唐某某判处死刑,体现了对制造类毒品犯罪的严厉惩处。

问题 11. 对于认定毒品交易上家犯罪事实的证据要求如何把握以及对于毒品来源有证据欠缺的案件应当注意哪些问题

【刑事审判参考案例】刘某某、厚某某贩卖毒品,施某某贩卖毒品、非法持有毒品案[①]

一、基本案情

被告人刘某某,男。2010 年 10 月 22 日因犯故意毁坏财物罪被判处有期徒刑七个月,2012 年 12 月 31 日因涉嫌犯贩卖毒品罪被逮捕。

同案被告人施某某,男。2010 年 12 月 23 日因犯窝藏毒品罪被判处有期徒刑一年,2013 年 2 月 18 日因涉嫌犯非法持有毒品罪被逮捕。

同案被告人厚某某,女。2012 年 12 月 31 日因涉嫌犯贩卖毒品罪被逮捕。

某市人民检察院以被告人刘某某、厚某某犯贩卖毒品罪,被告人施某某犯贩卖毒品罪、非法持有毒品罪,向某市中级人民法院提起公诉。

某市中级人民法院经公开审理查明:被告人刘某某与厚某某 2011 年在福建省福州市因吸毒相识,刘某某得知厚某某在天津市有毒品的销售渠道,提议共同到该市贩卖毒品牟利。二人商定由刘某某购买甲基苯丙胺(冰毒),厚某某负责打开销路。厚某某随即告知在天津市的张某某(另案处理)等人其有甲基苯丙胺出售。2012 年 11 月下旬,厚某某、刘某某先后到达天津市并入住滨海新区某酒店 518 室。其间,刘某某的女友颜某某亦来到天津并租住在塘沽某大厦 2823 室。据刘某某供称,施某某与喻某于 2012 年 12 月 7 日到塘沽后,两次共卖给其甲基苯丙胺 2900 克。同年 12 月 8 日 1 时许,厚某某向吸毒人员郭某某出售甲基苯丙胺 50 克,获毒资人民币(以下币种同)15000 元。同日,刘某某、厚某某向张某某出售甲基苯丙胺 30 克,获毒资 9000 元。当晚,刘某某又向张某某出售甲基苯丙胺 50 克,张某某于次日支付毒资 14000 元。同月 11 日零时许,刘某某在某大厦附近再次向张某某出售甲基苯丙胺 100 克,后在塘沽某快捷酒店门口等待收取毒资时被抓获。同日,公安机关在某酒店 518 室将厚某某抓获,当场查获甲基苯丙胺晶体、片剂、液体共 12.03 克;在某大厦 2823 室查获刘某某藏匿的甲基苯丙胺晶体、片剂共 2512.06 克。

2013 年 1 月 15 日,施某某与雷某某(另案处理)在福州市鼓楼区某酒店 722 房间吸食毒品后离开。当日,公安机关先后将雷某某、施某某抓获,从施某某随身携带的手提包及所驾驶的汽车内查获甲基苯丙胺 113.90 克、麻黄碱 4.31 克。

某市中级人民法院认为,被告人刘某某、厚某某为牟取非法利益而贩卖毒品,其行为均构成贩卖毒品罪。被告人施某某违反国家有关毒品的管理规定,非法持有毒品,其行为构成非法持有毒品罪。公诉机关对施某某犯贩卖毒品罪的指控,虽然有刘某某的供

[①] 赵丹撰稿,马岩审编:《刘某某等贩卖毒品案——对于认定毒品交易上家犯罪事实的证据要求如何把握以及对于毒品来源有证据欠缺的案件应当注意哪些问题(第 1051 号)》,载最高人民法院刑事审判第一、二、三、四、五庭主办:《刑事审判参考》(总第 101 集),法律出版社 2015 年版,第 115~120 页。类似案例可参见蔡绍刚、郗习顶撰稿,马岩审编:《圣某某走私毒品案——如何运用间接证据认定"零口供"走私毒品案(第 1193 号)》,载最高人民法院刑事审判第一、二、三、四、五庭主办:《刑事审判参考》(总第 110 集),法律出版社 2018 年版,第 1~9 页。

述证明施某某和喻某暗示其贩卖毒品并向其提供毒品,事后又催要毒资,但该事实仅有刘某某的供述,无其他证据佐证,故公诉机关指控施某某犯贩卖毒品罪证据不足,不予支持。据此,依照《刑法》第347条第2款第1项、第348条、第57条第1款、第65条第1款、第25条第1款、第26条第1款、第27条之规定,某市中级人民法院判决如下:

1. 被告人刘某某犯贩卖毒品罪,判处死刑,剥夺政治权利终身,并没收个人全部财产;

2. 被告人厚某某犯贩卖毒品罪,判处有期徒刑十五年,并处罚金人民币4万元;

3. 被告人施某某犯非法持有毒品罪,判处有期徒刑十五年,并处罚金人民币4万元。

宣判后,被告人施某某不服,向某市高级人民法院提起上诉。某市高级人民法院经公开审理认为,一审认定的事实清楚,证据确实、充分,定罪准确,量刑适当,审判程序合法,遂裁定驳回上诉,维持原判,并将被告人刘某某的死刑裁定依法报请最高人民法院核准。

最高人民法院经复核,裁定核准某市高级人民法院维持一审以贩卖毒品罪判处被告人刘某某死刑,剥夺政治权利终身,并处没收个人全部财产的刑事裁定。

二、主要问题

1. 对于认定毒品交易上家犯罪事实的证据要求如何把握?
2. 对于毒品来源有证据欠缺的案件应当注意哪些问题?

三、裁判理由

毒品犯罪隐蔽性很强,取证难度大,决定了此类案件的侦查工作相较于一般犯罪存在更大难度。如在贩卖毒品案件中,上家经常比下家更隐蔽,抓获了下家未必就能抓到上家。如果上家身在异地,侦查工作又主要围绕下家展开,就很可能导致案件出现仅能认定下家而无法认定上家的局面。即使在所谓上家也到案的案件中,也很可能因为证据不足而无法认定上家贩卖毒品的事实。对于这类毒品犯罪案件,既要注意事实认定上的细致审查、严格把关,也要注意归纳总结,为完善相关工作机制提供司法建议,进一步增强对毒品犯罪的打击力度。本案就是这种情况,下文将从两个层面对本案有关问题进行分析。

(一)对于认定毒品交易上家犯罪事实的证据要求

关于本案被告人刘某某所贩卖毒品的来源,有一定的证据显示系来自同案被告人施某某和另案处理的喻某。主要体现在:其一,刘某某始终稳定供述其毒品来源于施某某和喻某。刘某某供述的要点包括:(1)其与老乡喻某因吸食冰毒结识,喻某2007年左右开始贩毒,2012年其经喻某介绍认识了施某某。(2)2012年,其与厚某某商定到天津市贩毒,喻某和施某某即答应提供毒品。同年11月,其到天津后,施某某赠送其几十克冰毒,厚某某将该毒品送人。(3)2012年12月7日,喻某、施某某和另一男子驾驶一辆奥迪车从福建将冰毒送到天津,先后入住两家酒店,12月9日离开。喻某和施某某于12月7日给其900克冰毒,8日再给其2000克冰毒。该情节与其于8日1时开始向外出售冰毒的时间点吻合。刘某某称其接收毒品后先付款17.9万元,其中部分是现金,部分是按照施、喻二人提供的银行卡汇款,但银行卡并非施、喻二人的名字,余款准备在售出冰毒后再付。(4)喻某、施某某在天津期间,因欲监督其出售毒品的情况,曾提出要看看剩余的冰毒,刘某某为此在12月9日让女友颜某某在所租住的某大厦6楼又租了一个房间,并让颜某某将装有冰毒的纸盒拿到该房间,10日又让颜某某把6楼房间退了,其不清楚喻某、施某某是否到该房间查看。其二，被告人厚某某证实，她之前即认识喻某、施某某。二人是2012年12月8日从福州市开车到天津市，其买了零食和水送到酒店，后其在与刘某某所住的酒店看到刘某某的黑色挎包里有两大袋冰毒。其三，证人颜某某证实，12月9日刘某某让其把东西挪到其租的602房间，10日刘某某说他朋友不来了，她又把东西拿回来，印证了刘某某的相关供述。其四，施某某、喻某到案后，均承认曾到过天津与刘某某、厚某某见面。其五，施某某2010年因犯窝藏毒品罪被判刑，刘某某被查获后，施某某于2013年1月15日在外地被抓获，公安人员当场查获甲基苯丙胺113.9克，说明施某某确系涉毒人员。

综合上述情况，刘某某的毒品来源于施某某、喻某的可能性较大。但是，施某某、喻某到案后均否认曾向刘某某出售毒品。施某某对指控其犯有非法持有毒品罪无异议，但否认其犯贩卖毒品罪，辩称对刘某某和喻某交易什么不清楚，也未收到刘某某支付的毒资。喻某于2013年11月21日在福州市被抓获，辩称不知道自己为何被上网追逃，其与施某某是朋友，与刘某某是老乡，也认识厚某某。2012年11月其和施某某去天津塘沽旅游，见到了刘某某，但没有向刘某某贩卖毒品。可见，本案现有证据可以认定施某某、喻某到过天津并与刘某某见面，且结合刘某某的供述等证据，刘某某的毒品来源于施、喻的可能性较大，但双方交易毒品的事实仅有刘某某的供述证实，厚某某亦供称不知道刘某某毒品的确切来源，故认定施某某、喻某向刘某某贩卖毒品的证据没有达到"事实清楚，证据确实、充分"的有罪判决标准，依法不能认定。

（二）对于毒品来源有证据欠缺的案件应当注意的问题

从司法实践情况看，对于有一定证据指向是毒品上家的被告人，因证据不充足而导致无法认定，确实不利于打击毒品犯罪。作为审判机关，其职责是审查、裁判公诉机关指控的犯罪事实，符合定案要求的应当依法定罪处刑，但对于达不到法定证明标准的，则不能作出有罪判决。工作中对于类似本案的情况，至少要注意以下两个层面的问题：

一是对审判中发现的取证、举证不足问题要加强调查研究，并以适当形式反馈给侦查机关、检察机关，促进毒品案件取证、举证水平的提高。其中，取证工作是案件质量的基础和前提。这也是贯彻以审判为中心的刑事诉讼制度的要求。如上所述，本案有一定证据指向喻某、施某某有向刘某某贩卖毒品的可能性，从在案证据特别是刘某某的供述分析，本案实际上本有进一步侦查的空间。体现在：（1）刘某某到天津之后，其与喻某、施某某主要通过电话联络，刘某某称喻某、施某某离开天津后还频繁给其打电话催要毒资。卷宗材料也显示，在抓获刘某某和厚某某的当天，公安机关依法扣押了喻某、施某某的各两部手机。而刘某某首次供述即交代了其毒品上家，侦查机关本有条件第一时间查询双方的通话记录，以固定上家身份的相关证据。（2）刘某某供述其曾给上家汇款，但侦查机关没有及时收集银行卡的汇款记录等证据。（3）刘某某供述曾经在某大厦6楼租房间，以备上家查验销售毒品情况，公安机关也曾出具说明称某大厦是警方掌握的贩毒多发地，在确定刘某某藏匿毒品处所时，曾查看某大厦各楼层录像，但对于喻某、施某某等人是否曾到602房间一节没有作出说明。（4）刘某某供述中提到喻某、施某某来天津时还有另一男子，但侦查机关没有就此问题开展工作。上述问题待案件进入审判阶段后，已难以补查补正，由此导致难以准确认定刘某某所贩卖毒品的来源。

二是审判环节的工作方法问题。对于因证据不足不能认定毒品上家的，在认定案件事实时一般可以模糊表述被告人所贩卖毒品的来源，确有必要写明的，可以采取"据被告人供述……"的方式。例如，本案一审判决书在事实认定部分，写明"据刘某某供称，施某某与喻某于2012年12月7日到本市塘沽后，两次共给其冰毒2900克"；二审裁定对毒品来源则未予表述。这两种写法都有各自道理。另外，还要注意的是，有些毒品案件的上下家因到案时间有先后，并不在同一案件中审理。如果先审理的案件进入二审阶段，而后到案的上家或者下家刚进入一审阶段，则对两个案件审理时都要注意了解关联案件的处理情况，以便全面、准确认定犯罪事实。如果明确认定本案被告人的毒品来源于另案被告人，而审理另案被告人的法院因证据问题又不认定此人曾实施该贩毒行为，则会造成两案判决结果在事实认定上的矛盾。这是工作中要尽量避免的情况。

问题12. 对接应毒品的行为，如何结合在案证据认定毒品运输方和接应方的犯罪事实并准确定性

【刑事审判参考案例】 傅某、朱某某贩卖、运输毒品，石某某运输毒品案[①]

一、基本案情

被告人傅某，1999年6月因犯销售赃物罪被判处有期徒刑八个月；2001年11月因犯贩卖毒品罪被判处有期徒刑三年；2008年1月29日因犯贩卖毒品罪被判处有期徒刑六年十个月，2012年8月20日刑满释放；2013年3月29日因涉嫌犯非法持有毒品罪被逮捕。

被告人朱某某，2013年4月12日因涉嫌犯运输毒品罪被逮捕。

被告人石某某，2008年6月11日因犯盗窃罪被判处有期徒刑六个月；2010年8月12日因犯盗窃罪被判处有期徒刑一年九个月，2012年1月9日刑满释放；2013年3月29日因涉嫌犯非法持有毒品罪被逮捕。

某省某市人民检察院以被告人傅某、朱某某犯贩卖、运输毒品罪，被告人石某某犯运输毒品罪，向某市中级人民法院提起公诉。

被告人傅某、朱某某、石某某均对公诉机关指控的事实及罪名提出异议，请求法院宣告无罪。其中，傅某辩称，其不明知朱某某携带毒品来杭州，其从未实施贩毒行为，司法机关所查扣的毒品系其用于自吸。朱某某辩称，案发期间其不在杭州，不认识傅某等人，没有实施指控的贩卖、运输毒品行为，且司法机关在其租住处查扣的毒品并非其所有。石某某辩称，其不明知运输的物品是毒品。

某市中级人民法院经公开审理查明：

2013年2月20日，被告人朱某某携带毒品，雇人驾车从广东省东莞市前往浙江省杭州市余杭区。当日21时许，朱某某因车辆在行驶途中出现故障，给被告人傅某打电话求助。傅某明知朱某某携带毒品，仍指使被告人石某某、郭某某（另案处理）驾车接应朱某某。次日1时许，石某某、郭某某在浙江省杭新景高速公路杭州南出口附近与朱某某会合，朱某某将藏有996.8克甲基苯丙胺的红牛饮料箱交给石某某、郭某某二人后，自行驾车前往杭州市余杭区。石某某、郭某某驾车行至杭州市上城区钱江一桥附近，遇到交警检查酒驾，石某某下车逃跑，并将藏有毒品的红牛饮料箱扔在杭州武警支队三中队营地

[①] 俞振、沈励撰稿，罗国良审编：《傅某、朱某某贩卖、运输毒品，石某某运输毒品案——对接应毒品的行为，如何结合在案证据认定毒品运输方和接应方的犯罪事实并准确定性（第1053号）》，载最高人民法院刑事审判第一、二、三、四、五庭主办：《刑事审判参考》（总第101集），法律出版社2015年版，第127~133页。

内。石某某随即被交警抓获，郭某某因无酒驾嫌疑被释放。武警官兵在营地内发现毒品后送交公安机关。其间，石某某将毒品被其丢弃的情况电话告知傅某。傅某与朱某某见面后商定，由郭某某指路，傅某指使严某驾驶朱某某的汽车回到石某某丢弃毒品的地点寻找毒品。当日4时许，傅某等人下车寻找毒品时，被武警官兵及交警抓获。随后，公安机关又从傅某的租住处和暂住处查获甲基苯丙胺733.8克、海洛因22.88克，扣押电子秤1台、天平秤1台及砝码、吸毒工具等物。同年3月8日，公安机关在东莞市虎门镇某酒店908房间抓获朱某某，从朱某某的租住处查获甲基苯丙胺36.94克等物。

综上，被告人傅某贩卖甲基苯丙胺733.8克、海洛因22.8克，运输甲基苯丙胺999.6克；被告人朱某某贩卖、运输甲基苯丙胺999.6克，贩卖甲基苯丙胺36.94克；被告人石某某运输甲基苯丙胺999.6克。

某市中级人民法院认为，被告人傅某、朱某某明知是毒品而贩卖、运输，其行为均构成贩卖、运输毒品罪；被告人石某某明知是毒品而接驳转运，其行为构成运输毒品罪。三被告人提出的辩解理由均与在案证据不符，不能成立。傅某、石某某曾因犯罪被判处有期徒刑，刑满释放后五年内再犯应当判处有期徒刑以上刑罚之罪，系累犯，且傅某又系毒品再犯，依法均应从重处罚。在运输毒品共同犯罪中，石某某受指使接驳转运毒品，与朱某某、傅某相比作用略小，对其酌情从轻处罚。据此，依照《刑法》第347条第2款第1项、第356条、第48条第1款、第65条第1款、第25条第1款、第57条第1款、第64条之规定，某市中级人民法院判决如下：

1. 被告人傅某犯贩卖、运输毒品罪，判处死刑，剥夺政治权利终身，并处没收个人全部财产。

2. 被告人朱某某犯贩卖、运输毒品罪，判处死刑，缓期二年执行，剥夺政治权利终身，并处没收个人全部财产。

3. 被告人石某某犯运输毒品罪，判处无期徒刑，剥夺政治权利终身，并处没收个人全部财产。

一审宣判后，被告人傅某、朱某某、石某某均提出上诉。傅某上诉提出，其对朱某某是否携带毒品以及毒品种类、数量均不知情；从其住处查扣的毒品并非为贩卖而购入，原判定罪错误，应当认定为非法持有毒品罪；其辩护人辩称，原判认定傅某犯贩卖、运输毒品罪的证据不充分，请求依法改判。朱某某上诉提出，其不认识傅某、石某某等人，未雇人驾车携带毒品来杭州，在其租房内查扣的毒品系其朋友所有，原判认定其犯贩卖、运输毒品罪的事实不清，证据不足；其辩护人提出相同的辩护意见。被告人石某某上诉提出，其并不明知朱某某运输毒品，郭某某叫其拿着红牛饮料箱逃跑，其不知箱内有毒品，请求改判。

检察机关认为，原判认定的事实清楚，证据确实、充分，定罪准确，量刑适当，各被告人的上诉理由均不能成立，建议驳回上诉，维持原判。

某省高级人民法院经公开审理认为，上诉人傅某、朱某某明知是毒品而贩卖、运输，其行为均构成贩卖、运输毒品罪；上诉人石某某明知是毒品而接驳转运，其行为构成运输毒品罪。傅某、朱某某、石某某及其辩护人关于提出改判的理由不能成立，不予采纳。原判认定的事实清楚、证据确实、充分，定罪准确，量刑适当，审判程序合法。据此，某省高级人民法院裁定驳回三名被告人的上诉，维持原判；核准以贩卖、运输毒品罪判处被告人朱某某死刑，缓期二年执行，剥夺政治权利终身，并处没收个人全部财产的刑事判决，并将同意核准判处被告人傅某死刑的裁定依法报请最高人民法院复核。

最高人民法院经复核认为，被告人傅某伙同他人贩卖、运输甲基苯丙胺和海洛因，其行为构成贩卖、运输毒品罪。贩卖、运输毒品数量大，在共同犯罪中起主要作用，系主犯，罪行极其严重，又系毒品再犯、累犯，依法应当从重处罚。一审判决、二审裁定认定的事实清楚，证据确实、充分，定罪准确，量刑适当，审判程序合法。据此，裁定核准某省高级人民法院维持第一审以贩卖、运输毒品罪判处被告人傅某死刑，剥夺政治权利终身，并处没收个人全部财产的刑事裁定。

二、主要问题

对接应毒品的行为，如何结合在案证据认定毒品运输方和接应方的犯罪事实并准确定性？

三、裁判理由

毒品犯罪隐蔽性很强，犯罪分子通常具有较强的反侦查意识，归案后往往以主观上对涉案毒品不明知或者与案件没有关联等为由提出各种辩解，给司法机关认定犯罪事实以及准确定性带来严峻的挑战。鉴于此，司法机关要认真审查案件事实证据，依据行为人实施毒品犯罪行为的过程、方式，毒品被查获时的情形等证据，结合行为人的年龄、阅历、智力等情况，进行综合分析判断，确保认定的案件事实清楚，证据确实、充分，定性准确。

本案是交警例行设卡抽查酒驾"意外"破获的毒品案件，涉及毒品的运输方和接应方，三名被告人归案后均作无罪辩解。结合在案证据，我们认为，能够认定三名被告人的毒品犯罪事实。就该起毒品犯罪事实，结合案情和在案证据，能够区分判断各被告人的主观目的，认定被告人朱某某构成贩卖、运输毒品罪，认定被告人傅某、石某某构成运输毒品罪。

（一）对于毒品运输方将毒品交给接应方后否认涉案的情形，应当结合在案证据认定其所涉的犯罪事实并准确定性

本案中，涉案毒品的接应方被告人傅某、石某某归案后，均指证被告人朱某某是毒品的运输方，公安机关根据该线索将朱某某抓获归案。朱某某归案后辩称，案发期间其不在杭州，不认识傅某等人，没有实施指控的贩卖、运输毒品行为。

1. 我们认为，在案证据能够认定朱某某与该起毒品犯罪事实的关联。具体分析如下：

第一，傅某供称，案发当晚其接到朱某某电话称，朱某某带货从广东来到杭州，车在服务区抛锚，让傅某找人开车接应，傅某随即指使石某某、郭某某前往接应，并将朱某某的手机号码告诉石某某二人。二人接应毒品返回途中，路遇交警查酒驾，石某某将毒品扔在路边围墙内，后被警方抓获，其间石某某电话告知傅某丢弃毒品的位置等情况，傅某和严某、郭某某等人返回现场查找毒品过程中被抓获归案。傅某的供述能够直接建立朱某某与该起毒品犯罪事实的关联。傅某归案后经辨认确认朱某某的身份。

第二，石某某供述的内容与傅某的供述相符，石某某归案后辨认出朱某某，并辨认出与朱某某会合的地点和丢弃涉案毒品的具体位置。

第三，证人杨某证实，其之前为朱某某开过一次车，案发当日杨某驾车与朱某某从东莞前往杭州。当晚到达杭州，因车子跑不快，朱某某打电话让朋友帮忙，朱某某随后将一箱红牛饮料交给对方，当晚杨某和朱某某入住某宾馆，用杨某的身份证登记入住。杨某经辨认确认朱某某的身份。

第四，证人沈某某证实，案发当晚其接到朱某某电话在某宾馆见面，其到达宾馆房间后见到朱某某，看见茶几上有冰毒和吸毒工具便吸食。沈某某经辨认确认朱某某的身份。

第五，武警官兵和办案警察证实，案发当晚，石某某将装有大包白色晶体的红牛纸箱扔进武警三中队营房南门，武警官兵发现内有可疑白色晶体，交警随即将石某某抓获。武警官兵在现场守候，抓获前来寻找毒品的傅某等人。

第六，涉案毒品经鉴定重999.6克，检出甲基苯丙胺成分。

第七，旅客住宿登记表证实，2013年2月21日2时7分，杨某登记入住杭州某宾馆，2月22日22时56分离开。

第八，车辆运行轨迹及照片证实，涉案车辆在案发当日的行驶路线，与被告人傅某、石某某和证人杨某证实的情况吻合。

第九，手机通话清单证实，朱某某案发当日与傅某等人的手机联络情况。

上述证据能够证实，朱某某案发当日与杨某驾车来到杭州，与傅某联络接应后，将涉案毒品交给前来接应的石某某等人。尽管朱某某始终不认罪，但在案证据足以认定朱某某携带毒品来到杭州的犯罪事实。

2. 结合案情和在案证据能够认定朱某某主观上具有贩卖毒品的目的。具体分析如下：

关于朱某某行为的定性，是本案的争议焦点。本案毒品犯罪的客观形态停止在运输阶段，在案证据足以认定朱某某运输毒品的犯罪事实。由于朱某某否认犯罪，不承认贩毒，负责接应的傅某仅供称朱某某告知其携带毒品来杭州，不知晓涉案毒品的来源和去向。因此，没有直接证据证实朱某某对该宗毒品有贩卖的主观目的，但结合案情和在案证据，能够认定朱某某主观上具有贩卖毒品的目的，进而认定其构成贩卖、运输毒品罪。

第一，本案中有多人指证朱某某系毒贩。傅某供称，其曾向朱某某购买大量毒品，公安机关在其暂住处查获的冰毒、海洛因及麻古即是从朱某某处购买。傅某还供述其从朱某某处购买上述毒品的细节，因没有证据佐证傅某的供述，故未认定上述毒品犯罪事实。但傅某对朱某某毒贩身份的指认具有相当的可信度。同时，与朱某某熟识的广东籍吸毒人员均指证朱某某系毒贩。朱某某在广东东莞的宾馆房间内被公安机关抓获时，同时被抓获的伍某某、钱某某、杨某甲均与朱某某较为熟悉、来往频密。上述人员均证实，朱某某日常提供毒品供几人吸食；另证人伍某某证明一个重要细节，即其曾听见朱某某在接听、拨打电话时谈到贩卖毒品事宜，伍某某与朱某某无利害关系，无诬告陷害之嫌，其证言的可信度较高。

第二，根据朱某某的客观行为能够推断认定朱某某具有贩卖毒品的主观目的。本案中，朱某某携带毒品从广东前往杭州，从其运输毒品的方式，联系傅某接应毒品的过程等方面，显然不是单纯运输毒品。首先，该宗毒品数量大，达999.6克，明显超出个人在合理时段内的正常吸食量。其次，朱某某因运输毒品的车辆发生故障，随即联系傅某接应毒品，并将毒品交给傅某指派前来接应的石某某等人。如朱某某仅是负责运输毒品，在毒品交接完成后，通常会立即返回广东，但朱某某继续驱车前往余杭临平，并邀集沈某某等人在宾馆房间吸毒，反映出朱某某并非首次踏足临平，在当地已有熟悉的涉毒人员圈。再次，傅某一直供称其是接到朱某某电话才去接应毒品，现无证据证实傅某是该宗毒品的下家，也无证据显示另有他人是该宗毒品的上家。朱某某仅因运输毒品的车辆发生故障，就联系傅某等人接应，并直接让傅某派来接应的人将毒品运走，此举显然并非单纯的运输毒品者所能为之。此外，石某某受傅某指使接应毒品后返回途中被交警拦截，石某某随即向傅某报告该情况，傅某随即与朱某某通话联络，傅某甚至以身犯险从临平赶至现场寻找毒品，这反映出朱某某对该宗毒品密切关注，并始终控制傅某等人接应毒品的行为。最后，公安机关从朱某某住处查获毒品甲基苯丙胺36.94克，进一步印证傅某等人指证朱某某系毒贩的情况。

结合案情和在案证据，我们认为，可以认定朱某某不是单纯的运输毒品者，主观上具有贩卖该宗毒品的目的，对朱某某的行为应当认定为贩卖、运输毒品罪。

（二）对于毒品接应方，在没有证据证实其是毒品下家或者贩卖毒品共犯的情况下，其行为宜以运输毒品罪论处

本案中，结合案情和在案证据，足以认定被告人傅某、石某某接应运输毒品的犯罪事实。对傅某而言，如能认定其是涉案毒品的下家，或者与朱某某具有共同贩卖毒品的故意，则其行为构成贩卖、运输毒品罪。

虽然从案情分析，傅某有可能是朱某某所运毒品的下家，或者是与朱某某共同贩毒的同伙，但朱某某拒不认罪（缺乏指证傅某购买该宗毒品的直接证据），傅某、石某某等人始终供称是因朱某某的车辆发生故障而接应毒品，没有证据证实傅某是该宗毒品的下家或者傅某与朱某某共同贩卖该宗毒品，且从朱某某在当地的活动情况看，朱某某在当地并非仅认识傅某一人。因此，仅凭傅某的接应毒品行为，不能认定其构成贩卖毒品罪。当然，对公安机关从傅某身上及暂住处查获的大宗毒品甲基苯丙胺，可以认定傅某的行为构成贩卖毒品罪。

综上，结合案情和在案证据，对该宗毒品犯罪事实，认定被告人朱某某构成贩卖、运输毒品罪，认定被告人傅某、石某某构成运输毒品罪，是正确的。

问题13. 贩卖毒品案件中上下家的罪责区分及死刑适用

【刑事审判参考案例】 张某1等贩卖毒品案[①]

一、基本案情

被告人张某1，男。1996年11月因犯抢劫罪被判处有期徒刑七年；2003年9月因犯寻衅滋事罪被判处有期徒刑四年；2011年5月23日因犯贩卖毒品罪被判处有期徒刑十五年，剥夺政治权利三年，并处没收财产人民币4万元。因患重大疾病于2011年8月8日被暂予监外执行。2014年11月28日因涉嫌犯贩卖毒品罪被逮捕。

被告人贺某1，男。1998年5月11日因犯抢劫罪被判处有期徒刑十三年，2005年8月刑满释放。2013年11月15日因涉嫌犯贩卖毒品罪被逮捕。

（其他被告人洪某、匡某某、周某某的基本情况略。）

[①] 聂昭伟撰稿，马岩审编：《张某1等贩卖毒品案——贩卖毒品案件中上下家的罪责区分及死刑适用（第1194号）》，载最高人民法院刑事审判第一、二、三、四、五庭主办：《刑事审判参考》（总第110集），法律出版社2018年版，第10~17页。类似案件参见李静然、沈丽撰稿，马岩审编：《刘某某贩卖、制造毒品案——如何认定制造毒品行为以及制毒数量（第1196号）》，载最高人民法院刑事审判第一、二、三、四、五庭主办：《刑事审判参考》（总第110集），法律出版社2018年版，第23~28页；汪雷撰稿，陆建红审编：《张某、王某某、周某某贩卖、运输毒品案——重大毒品犯罪中，共同犯罪人及上下家之间如何适用刑罚（第1265号）》，载最高人民法院刑事审判第一、二、三、四、五庭主办：《刑事审判参考》（总第114集），法律出版社2019年版，第95~102页。

某省某市人民检察院以被告人张某 1、贺某 1 等五人犯贩卖毒品罪，向某市中级人民法院提起公诉。

被告人张某 1 及其辩护人提出，张某 1 购买的毒品部分被其吸食，应予扣除；其贩卖毒品的目的是治病，主观恶性不大；到案后如实供述自己罪行，请求从轻处罚。

被告人贺某 1 及其辩护人提出，指控贺某 1 先后 4 次向张某 1 贩卖甲基苯丙胺共计 3300 克的事实不清，证据不足；在共同犯罪中，贺某 1 系从犯，请求从轻处罚。

某市中级人民法院经公开审理查明：2013 年 5 月至 7 月，被告人张某 1 在被告人匡某某的参与"验货"下，在浙江省舟山市普陀区 A 酒店、B 酒店等地，先后 4 次从被告人贺某 1 处购得甲基苯丙胺（冰毒）共计约 3300 克。同年 8 月至 10 月，张某 1 在舟山市普陀区，将上述部分毒品及从他人处购得的甲基苯丙胺片剂（俗称"麻古"）共计 163 粒（约重 14.67 克），多次贩卖给匡某某、被告人周某某及张某 2、贺某 2 等人。同年 10 月 9 日，张某 1 在舟山市普陀区东港街道 C 酒店公寓 1018 室被抓获，公安人员从该室查获甲基苯丙胺 495.35 克（含量为 61.3%～62%）、含甲基苯丙胺成分的粉末 0.15 克及甲基苯丙胺片剂共计 20.836 克。

2013 年五六月的一天，被告人贺某 1 在舟山市普陀区 A 酒店 610 房间内贩卖给被告人匡某某甲基苯丙胺 10 克、贩卖给被告人洪某甲基苯丙胺 2 克。同年 10 月 9 日，贺某 1 在舟山市普陀区 A 酒店门口被抓获，公安人员从其身上查获甲基苯丙胺片剂 0.182 克。

（其他被告人的犯罪事实略。）

某省某市中级人民法院认为，被告人张某 1、贺某 1 等人明知是毒品，单独或者伙同他人进行贩卖，其行为均已构成贩卖毒品罪。公诉机关指控的事实及罪名成立。张某 1 在暂予监外执行期间又犯新罪，应对新犯的罪作出判决，把前罪没有执行的刑罚和后罪所判处的刑罚，依法予以并罚。张某 1 曾多次因犯罪被判刑，且因犯贩卖毒品罪被判刑后，在暂予监外执行期间又实施贩卖毒品犯罪，系毒品再犯，主观恶性深，应依法从重处罚。张某 1 贩毒时间长、次数多、数量大、纯度高，犯罪情节极其严重，依法应予严惩。贺某 1 贩卖毒品数量大，亦应予以严惩，根据贺某 1 的犯罪事实、情节等实际情况，对其判处死刑，可不立即执行。据此，依照《刑法》第 347 条第 1 款、第 2 款第 1 项、第 3 款、第 7 款，第 25 条第 1 款，第 26 条第 1 款、第 4 款，第 65 条第 1 款，第 71 条，第 69 条，第 57 条第 1 款之规定，判决如下：

1. 被告人张某 1 犯贩卖毒品罪，判处死刑，剥夺政治权利终身，并处没收个人全部财产，与前罪尚未执行的有期徒刑十二年二个月六日，剥夺政治权利三年，没收财产人民币 4 万元并罚，决定执行死刑，剥夺政治权利终身，并处没收个人全部财产；

2. 被告人贺某 1 犯贩卖毒品罪，判处死刑，缓期二年执行，剥夺政治权利终身，并处没收个人全部财产。

（其他被告人的判刑情况略。）

被告人张某 1 上诉及其辩护人提出，张某 1 购买的毒品部分被其吸食或者送人，该部分毒品数量应予扣除；张某 1 的毒品来源于贺某 1，贺某 1 系毒品上家，作用更大，对张某 1 的量刑不应重于贺某 1；张某 1 贩毒是为了治疗肺癌，通过自吸来缓解症状，主观恶性不大，客观危害较小；张某 1 归案后主动交代了自己的全部罪行，原判对其判处死刑过重，希望从轻改判。

被告人贺某 1 上诉及其辩护人提出，原判认定贺某 1 先后 4 次向被告人张某 1 贩卖甲基苯丙胺共计3300克的事实不清，证据不足；原判量刑过重，希望从轻改判。

某省高级人民法院经二审审理认为，上诉人张某1为实施贩毒犯罪而大肆购入毒品，并已将大量毒品贩卖给多人，原判将其所购买的毒品认定为其贩毒数量并无不当。张某1在前次尚未查出患有肺癌时即已在贩毒，在查出患病后所购买毒品的数量已经远远超过了其所称为治疗肺癌、自吸以缓解病痛的需要，其为牟利大肆购入毒品进行贩卖，毒品已大量流入社会，社会危害大。张某1贩卖毒品数量大，因贩卖毒品被判刑后又犯贩卖毒品罪，系毒品再犯，应依法从重处罚；张某1在暂予监外执行期间又犯新罪，应当对新犯的罪作出判决，把前罪没有执行的刑罚和后罪所判处的刑罚，依法予以并罚。贺某1贩卖毒品数量大，又有犯罪前科，应依法从严惩处。原判根据张某1、贺某1的罪行等具体犯罪情节，对二被告人的量刑适当，二被告人及其辩护人要求从轻改判的理由不能成立，不予采纳。原判定罪及适用法律正确，量刑适当，审判程序合法。依照《刑法》第347条第2款、第3款、第7款，第356条，第67条第3款，第65条第1款，第27条，第71条，第69条，第57条第1款，第56条第1款，第55条第1款及《刑事诉讼法》第225条第1款第1项①之规定，裁定驳回被告人张某1、贺某1的上诉，维持原判，并将对张某1的死刑判决依法报请最高人民法院核准。

最高人民法院复核认为，被告人张某1多次贩卖甲基苯丙胺等毒品，其行为已构成贩卖毒品罪。张某1贩卖毒品数量大，社会危害大，罪行极其严重，且其在共同犯罪中起主要作用，系主犯，应当按照其所参与的全部犯罪处罚。张某1曾因犯贩卖毒品罪被判刑，在暂予监外执行期间又犯贩卖毒品罪，系毒品再犯，主观恶性深，人身危险性大，应依法从重处罚，并与前罪尚未执行的刑罚并罚。一审判决、二审裁定认定的事实清楚，证据确实充分，定罪准确，量刑适当，审判程序合法。依照《刑事诉讼法》第235条、第239条②和《刑事诉讼法的解释》第350条第1项③的规定，裁定核准某省高级人民法院维持第一审对被告人张某1判处死刑的刑事裁定。

二、主要问题

贩卖毒品案件中，如何区分上下家的罪责并准确适用死刑？

三、裁判理由

在办理毒品犯罪案件过程中，为更好地区分各犯罪人在整个毒品犯罪中的地位与作用，准确认定其罪责大小，通常会将具有密切关联的上下游案件进行并案审理。对于买卖同宗毒品的上下家，由于涉案毒品总量并没有增加，毒品数量刚刚超过实际掌握的死刑数量标准的，一般不同时判处死刑。那么，应当如何对上下家准确适用死刑呢？对此，最高人民法院2015年5月18日印发的《武汉会议纪要》明确规定："对于贩卖毒品案件中的上下家，要结合其贩毒数量、次数及对象范围，犯罪的主动性，对促成交易所发挥的作用，犯罪行为的危害后果等因素，综合考虑其主观恶性和人身危险性，慎重、稳妥地决定死刑适用。对于买卖同宗毒品的上下家，涉案毒品数量刚超过实际掌握的死刑数量标准的，一般不能同时判处死刑；上家主动联络销售毒品，积极促成毒品交易的，通常可以判处上家死刑；下家积极筹资，主动向上家约购毒品，对促成毒品交易起更大作

---

① 对应2018年《刑事诉讼法》第236条第1款第1项。
② 对应2018年《刑事诉讼法》第246条、第250条。
③ 对应2021年《刑事诉讼法解释》第429条第1项。

用的,可以考虑判处下家死刑。涉案毒品数量达到巨大以上的,也要综合上述因素决定死刑适用,同时判处上下家死刑符合罪刑相适应原则,并有利于全案量刑平衡的,可以依法判处。"

本案中,被告人贺某1与被告人张某1系买卖毒品的上下家关系,且就交易的3300克甲基苯丙胺而言,二人属于买卖同宗毒品的上下家。从判决认定的贩卖毒品数量来看,贺某1与张某1二人贩毒数量基本相当,且均已达到了实际掌握的死刑数量标准,但尚未达到数量巨大的程度,故根据《武汉会议纪要》上述规定的精神,不宜对两人同时判处死刑。关于应当对上家还是下家适用死刑的问题,一审、二审及最高人民法院复核均认为,尽管张某1系毒品下家,但其在与上家贺某1的毒品交易中更为积极主动,所起的作用、主观恶性及人身危险性均大于贺某1,故最终决定判处张某1死刑立即执行。具体理由分析如下:

(一)被告人张某1贩卖毒品的数量、次数多于被告人贺某1,贩卖毒品的对象范围也大于贺某1

首先,从贩卖毒品的数量来看,判决书中认定张某1贩卖毒品的数量为3335.521克,贺某1贩卖毒品的数量为3321.182克,张某1要略多于贺某1。但从在案证据来看,张某1实际贩卖的毒品应远多于判决书中所认定的数量:一方面,从购买毒品的角度来看,张某1与同案犯匡某某在供述中均曾提到,张某1除向贺某1购买毒品外,还分别从广东毒贩"阿凯""眼镜"处购买过数千克甲基苯丙胺。公安机关抓获张某1时除查获大量甲基苯丙胺外,还查获大量甲基苯丙胺片剂,而贺某1仅贩卖甲基苯丙胺给张某1,也说明张某1确实从其他人处购买过毒品。另一方面,从贩卖毒品的角度来看,银行交易明细显示,张某1及其女友刘某某所有的两个银行账户案发前入账资金合计达80万元。张某1案发前没有任何职业,没有生活来源,上述资金应主要来源于其贩毒所得,即使按照张某1所供述的最高销售价每克200元计算,其贩卖毒品的数量也已经达到4000多克。而且张某1供称毒品交易主要采用现金方式,仅有部分购毒款打入其上述银行账户,故账户上金额仅为部分贩毒款,张某1贩卖毒品的数量也远不止根据银行账户金额推算出来的数量。

其次,从毒品贩卖的次数及对象范围来看,根据现有证据,被告人贺某1除贩卖给被告人匡某某(10克)和被告人洪某(2克)之外,另外4次都是贩卖给被告人张某1,贩卖的次数相对较少,且贩卖对象仅限于上述3人。而张某1除了贩卖毒品给同案犯匡某某、周某某之外,还大量贩卖给另案处理的张某2、贺某2、"玲玲"、"阿二"、"乌骨鸡"、"阿路"等人;从查获到案的银行卡交易明细来看,上面有多达数十人、数百起的交易记录,表明张某1曾先后向数十人贩卖过数百次的毒品。由此可见,在贩卖毒品的次数及对象范围上,张某1实际上要远远多于或大于贺某1。

(二)在毒品交易中,被告人张某1比被告人贺某1更为积极主动,对促成交易所起的作用更大

从本案中张某1与贺某1之间的毒品交易过程来看,张某1始终处于积极、主动地位,而贺某1则处于相对消极、被动的地位。尽管贺某1系毒品买卖的上家,但其并未事先购入大量毒品持毒待售,也没有积极主动联系下家张某1,向张某1推销毒品。相反,每一次毒品交易都发生在张某1手中的毒品即将贩卖完毕之际,由张某1主动打电话向贺某1约购毒品,并向贺某1提出其所需毒品的种类与数量。贺某1在手中并没有毒品的情

况下，应张某1的要求从他人处购入毒品，再由张某1携带事先筹集的购毒款，并带上验毒人员匡某某前来验货，张某1购买毒品后再将毒品带回销售给他人。可见，无论是从发起毒品交易的主动性，还是从对促成交易所发挥的作用来看，张某1明显更为积极主动，对于促成二人之间的毒品交易所发挥的作用也更大。

不仅如此，从毒品上下家之间的依赖关系来看，被告人贺某1购入的毒品除少量贩卖给被告人匡某某、洪某之外，绝大部分都贩卖给被告人张某1，张某1系其最主要的毒品下家。而证据显示，张某1除了从贺某1处购买毒品外，还分别从广东毒贩"阿凯""眼镜"处购买过大量毒品，贺某1并非其唯一的毒品上家。这就表明，即使没有贺某1，张某1也能从他人那里购买到大宗毒品，其对上家贺某1的依赖性并不强。相反，贺某1的毒品主要是贩卖给张某1，毒品的种类、数量、价格、交易时间等因素均取决于张某1的需要，如果没有张某1，其因为缺乏销路也很可能不会主动向自己的上家购入大量毒品。可见，贺某1的贩卖行为很大程度上依赖于张某1的购买行为，也说明张某1在与贺某1的毒品交易中起着主导作用，对促成毒品交易的作用更大。

（三）从实际危害后果来看，涉案毒品通过被告人张某1进一步流向社会上不特定的吸贩毒人员，张某1贩毒行为的危害后果更为直接

尽管本案毒品系从被告人贺某1处流向被告人张某1，但张某1所购买的毒品并非用于自己吸食，而是用于贩卖给人数众多的下游吸、贩毒人员。张某1并非毒品流转环节中最末端的吸食者，在与毒品吸食者的交易关系中又居于毒品上家地位。同样，贺某1在本案中虽系毒品上家，但其并非毒品的制造者或走私入境者，相对于毒品源头来说，其又处于下家的地位。可见，处于毒品交易中间环节的上下家，仅是一个相对的概念，在社会危害性上并不具有绝对的衡量价值，不能简单地认为毒品上家的地位、作用及社会危害性就一定高于毒品下家，对其量刑也并非一律要重于毒品下家，仍要坚持具体案件具体分析。在本案的毒品流转关系中，当贺某1将毒品贩卖给张某1时，毒品尚未被人数众多的吸毒者所持有和吸食，其社会危害性并未完全显现；而张某1购得毒品后再向下游贩卖的行为，使毒品流向分散的零卖者以及最终端的吸毒者，毒品犯罪的危害后果才进一步显现。故从实际危害后果来看，张某1贩毒行为的危害性较贺某1更为直接，也更大。

（四）被告人张某1的主观恶性较被告人贺某1更深，其人身危险性也明显要大于贺某1

从被告人张某1的主观恶性及人身危险性来看，其先后有三次犯罪前科，分别于1996年因犯抢劫罪、2003年因犯寻衅滋事罪被判处刑罚，2011年又因犯贩卖毒品罪被判处有期徒刑十五年。可见，张某1在本次犯罪之前不仅具有暴力犯罪前科，还曾因毒品犯罪被判处重刑，系毒品再犯，应依法从重处罚。张某1在2011年因贩卖毒品被判刑之后，因患有重大疾病（肺癌及恶性胸腺瘤）被暂予监外执行，在暂予监外执行期间，又利用其所患疾病即使被抓获亦难以羁押的条件，继续实施贩毒犯罪，可谓肆无忌惮。上述情况表明，张某1素行不良，又系职业毒犯、毒品再犯，且在暂予监外执行期间又实施毒品犯罪，主观恶性深、人身危险性大，属于应依法从严惩处的对象。与之相比，被告人贺某1在此前有一次抢劫暴力犯罪前科，虽然亦属于主观恶性较深、人身危险性较大的犯罪分子，但其前科犯罪次数少于张某1，前次犯罪也并非毒品犯罪，并不具有毒品再犯这一法定从重情节，主观恶性和人身危险性相对而言均要小于张某1。

综上，在本案被告人贺某1与被告人张某1的上下家关系中，无论是从毒品交易的数

量、次数、对象范围以及危害后果,还是从毒品交易过程中的主动性及对促成交易所发挥的作用,以及被告人的主观恶性和人身危险性来看,张某1的罪行均较贺某1更为严重,故判处下家张某1死刑立即执行是适当的。

问题14. 非法生产、经营国家管制的第二类精神药品盐酸曲马多,应如何定性

【刑事审判参考案例】 吴某1、黄某某等非法经营案[①]

一、基本案情

某省某市人民检察院以被告人吴某1犯贩卖、制造毒品罪,被告人黄某某、吴某2犯制造毒品罪,被告人陈某某犯生产假药罪,向某市中级人民法院提起公诉。

被告人吴某1、黄某某、吴某2均辩称不知道所生产的是毒品,不构成贩卖、制造毒品罪。被告人陈某某辩称不知道帮助运输的是假药,不构成生产假药罪。

某市中级人民法院经审理查明:被告人吴某1、黄某某以牟利为目的,在没有依法取得药品生产、销售许可的情况下,于2010年年底合伙生产盐酸曲马多及其他药品,二人约定共同出资,并且由吴某2负责租用生产场地、购买生产设备和原料、联系接单及销售渠道,黄某某负责调试生产设备、配制药品及日常生产管理。其后,吴某1租用陈某甲位于潮安区某村路尾的老屋作为加工场地,并雇用被告人吴某2从事生产加工,雇用被告人陈某某帮助运输原料和生产出的药品成品。吴某1还安排吴某2找个体印刷厂印刷了"天龙牌"盐酸曲马多包装盒及说明书。陈某某按照吴某1的指示,多次将加工好的盐酸曲马多药片及包装盒、说明书运送至某市潮安区潮汕公路等处交给汪某(另案处理)等人转卖。经查,2010年年底至2011年9月,吴某1共卖给汪某盐酸曲马多65件,汪某通过物流公司将盐酸曲马多等药品转至河北省石家庄市等地销售,公安机关在涉案的医疗器械经营部提取到部分违法销售的"天龙牌"盐酸曲马多。2011年9月15日,公安机关查处了吴某1等的加工场,现场扣押盐酸曲马多药片115.3千克、生产盐酸曲马多的原料1280.25千克及加工设备等。至查处为止,吴某1等生产和销售盐酸曲马多药片等假药,获取违法收入人民币50750元。

某市中级人民法院认为,被告人吴某1、黄某某、吴某2、陈某某违反药品管理法规,未经许可,合伙非法生产经营国家管制的精神药品曲马多,情节严重,其行为均已构成非法经营罪,应依法予以惩处。公诉机关指控被告人吴某1、黄某某、吴某2犯贩卖、制造毒品罪,指控被告人陈某某犯生产假药罪的理由依据不足,不予支持。被告人吴某1、黄某某共同出资生产假药,其中,被告人吴某1负责购买生产设备和联系销售,被告人黄某某负责组织生产,在共同犯罪中均起主要作用,是主犯,依法应当按照其参与的全部犯罪处罚。被告人吴某2受被告人吴某1和黄某某的雇用和指挥参与制售假药,在共同犯罪中起次要作用,系从犯,依法可从轻处罚。被告人陈某某帮助运输材料和假药,在共同犯罪中起辅助作用,系从犯,视其犯罪情节轻微,依法可免予刑事处罚。依照《刑法》

[①] 林钟彪、曹东方撰稿,陆建红审编:《吴某1、黄某某等非法经营案——非法生产、经营国家管制的第二类精神药品盐酸曲马多,应如何定性(第1057号)》,载最高人民法院刑事审判第一、二、三、四、五庭主办:《刑事审判参考》(总第102集),法律出版社2016年版,第13~20页。

第 225 条第 1 项，第 37 条，第 25 条，第 26 条第 1 款、第 4 款，第 27 条，第 67 条第 3 款，第 64 条之规定，判决如下：

1. 认定被告人吴某 1 犯非法经营罪，判处有期徒刑四年十个月，并处罚金人民币 20 万元。

2. 被告人黄某某犯非法经营罪，判处有期徒刑四年四个月，并处罚金人民币 10 万元。

3. 被告人吴某 2 犯非法经营罪，判处有期徒刑二年八个月，并处罚金人民币 5 万元。

4. 被告人陈某某犯非法经营罪，免予刑事处罚。

一审宣判后，被告人吴某 1、黄某某、吴某 2、陈某某均未提出上诉，公诉机关亦未抗诉，该判决已发生法律效力。

二、主要问题

非法生产、经营国家管制的第二类精神药品盐酸曲马多的行为，应如何定性？

三、裁判理由

本案争议焦点在于非法生产、经营国家管制的第二类精神药品盐酸曲马多的行为该如何定性。对此有三种不同意见：

第一种意见认为，被告人吴某 1 等的行为构成贩卖、制造毒品罪。根据《刑法》第 357 条和《禁毒法》的规定，盐酸曲马多系毒品，其生产、加工需要特殊的原料、设备及专门知识，可以推定吴某 1 等人明知盐酸曲马多的毒品性质，而仍然违反法律规定生产、销售，其行为依法构成贩卖、制造毒品罪。

第二种意见认为，被告人吴某 1 等的行为构成生产假药罪。吴某 1 等人是以生产药品的主观故意从事犯罪活动，而其没有生产该种药品的资质，故生产出来的药品不管有没有该药品的药效都是《药品管理法》所指的假药，吴某 1 等人的行为构成生产假药罪。

第三种意见认为，被告人吴某 1 等的行为构成非法经营罪。吴某 1 等人没有贩卖、制造毒品的故意，仅有生产、销售假药的故意，而其生产、销售国家管制的精神药品的行为同时又构成非法经营罪，生产、销售假药罪与非法经营罪发生竞合，应择一重罪处罚。比较两罪的法定刑，在没有出现致人体健康严重危害后果或其他严重情节的情况下，生产、销售假药罪的法定刑幅度较低，而且以生产、销售假药罪来定罪不能充分评价吴某 1 等人生产、销售盐酸曲马多的社会危害性，定非法经营罪更合适，能恰当地体现此类行为的本质在于违反国家禁止性管理制度。

我们同意第三种意见。本案具有一定的代表性，对于无资质的行为主体违反国家法律规定，生产、销售国家管制但临床上也在使用的精神药品的行为如何处罚，《刑法》条文没有明确规定，司法实践中又确实出现了一批这类案件。如何处理这类案件，涉及对精神药品性质的把握、罪与非罪的界限、此罪与彼罪的区分等一系列问题。具体分析如下：

（一）被告人吴某 1 等的行为不构成贩卖、制造毒品罪

曲马多（tramadol）是中枢非麻醉性镇痛药，化学名称为（±）-E-2-[（二甲氨基）甲基]-1-(3-甲氧基苯基) 环己醇，简称反胺苯环醇。临床使用的主要是其盐酸盐，故又称盐酸曲马多。曲马多 1962 年在德国问世，我国自 1994 年起在临床上逐步推广此药。有关资料显示，正常人如每天服用曲马多 200 毫克，大约半年后会产生药物依赖，而如果每天服用 300～400 毫克（6～8 颗药）甚至更多，可在短期内上瘾，长期大剂量服用可致中枢神经兴奋、呼吸抑制，并可产生耐受性和成瘾性及其他不良反应。目前世界范围内，

曲马多滥用成瘾的问题在我国比较严重。2007年，国家食品药品监督管理局、公安部、卫生部将其收录在《麻醉药品和精神药品品种目录（2007年版）》，作为第二类精神药品进行管理，国家食品药品监督管理局、卫生部还专门下发了《关于加强曲马多等麻醉药品和精神药品监管的通知》（国食药监办〔2007〕749号）。根据《刑法》第357条和《禁毒法》的规定，毒品是指鸦片、海洛因、甲基苯丙胺（冰毒）、吗啡、大麻、可卡因以及国家规定管制的其他能够使人形成瘾癖的麻醉药品和精神药品，据此，《麻醉药品和精神药品品种目录（2013年版）》中列举的121种麻醉药品和149种精神药品依法均可认定为毒品。但我们认为，临床上也在使用的精神药品，与常见的鸦片、海洛因、甲基苯丙胺等毒品还是有所不同，特别是成瘾性、危害性相对较低的第二类精神药品，其同时具有毒品和临床药品的双重性质。盐酸曲马多药片属于第二类精神药品，目前在我国市场上仍然流通，药店里也能买到，只是对其实行严格的管理。作为毒品，盐酸曲马多药片可能被吸毒者吸食，或者在缺少海洛因、甲基苯丙胺时被犯罪分子作为替代品使用，但当以医疗等目的被生产、加工、使用时，它的本质仍然是药品。故实践中对于非法生产、销售盐酸曲马多的行为如何定罪处罚还需谨慎。

根据《刑法》和已有相关司法解释的精神，我们认为，对于临床上使用的国家管制的麻醉药品、精神药品，在有证据证明确实作为毒品生产、销售的才涉嫌毒品犯罪。（1）从《刑法》第355条第1款关于贩卖毒品罪的规定来看，只有"向走私、贩卖毒品的犯罪分子或者以牟利为目的，向吸食、注射毒品的人提供国家规定管制的能够使人形成瘾癖的麻醉药品、精神药品的"才以贩卖毒品罪定罪处罚。第355条关于非法提供麻醉药品、精神药品罪的规定，要求特殊主体即依法从事生产、运输、管理、使用国家管制的麻醉药品、精神药品的人员才能构成，而贩卖毒品罪则没有要求特殊主体，不管有无生产、经营资质的人或单位，都能构成该罪。根据该条规定，无资质的行为主体单纯以生产药品供临床使用为目的，生产、经营国家管制的麻醉药品、精神药品，事实上所生产的药品也没有流向毒品市场的，就不能认定为贩卖、制造毒品罪。（2）《最高人民法院研究室关于氯胺酮能否认定为毒品问题的答复》（已失效）规定，"鉴于氯胺酮被列在第二类精神药品管制品种目录中，且实践中临床使用较多，因此，对于明知他人是吸毒人员而多次向其出售，或者贩卖氯胺酮数量较大的行为人，才能依法追究刑事责任"。当时氯胺酮还是第二类精神药品，后来调整为第一类精神药品，而且随着实践中氯胺酮逐渐成为常见类毒品，其危害性已非常明确，最高人民法院、最高人民检察院、公安部联合印发的《办理毒品犯罪案件意见》对办理氯胺酮等毒品案件的定罪量刑标准进行了明确规定，因此，《最高人民法院研究室关于氯胺酮能否认定为毒品问题的答复》已被最高人民法院清理司法解释的决定废止，但是该答复中体现出的对涉及第二类精神药品构成毒品犯罪认定所持的谨慎态度，对本案处理有参考意义。（3）《最高人民检察院法律政策研究室关于安定注射液是否属于刑法第三百五十五条规定的精神药品问题的答复》（〔2002〕高检研发第23号）规定，"鉴于安定注射液属于《精神药品管理办法》规定的第二类精神药品，医疗实践中使用较多，在处理此类案件时，应当慎重掌握罪与非罪的界限。对于明知他人是吸毒人员而多次向其出售安定注射液，或者贩卖安定注射液数量较大的，可以依法追究行为人的刑事责任"。（4）《公安部关于在成品药中非法添加阿普唑仑和曲马多进行销售能否认定为制造贩卖毒品有关问题的批复》（公复字〔2009〕1号）也延续了上述司法解释的原则，要求公安机关在办案中应当注意区别为治疗、戒毒依法合理使用的行为与犯罪行为的界限,"只有违反国家规定,明知是走私、贩卖毒品的人员而向其提供阿普唑仑和曲马多,或者明知是吸毒人员而向其贩卖或超出规定的次数、数量向其提供阿普唑仑和曲马多的,才可以认定为犯罪"。

综上,我们认为,对非法生产、销售国家管制的麻醉药品、精神药品的行为以制造、贩卖毒品罪定罪,必须同时符合以下条件:(1)被告人明知所制造、贩卖的是麻醉药品、精神药品,并且制造、贩卖的目的是将其作为毒品的替代品,而不是作为治疗所用的药品。(2)麻醉药品、精神药品的去向明确,即毒品市场或者吸食毒品群体。(3)获得了远远超出正常药品经营所能获得的利润。就本案而言,被告人吴某1等以生产药品的故意生产、销售盐酸曲马多,无证据表明生产出的盐酸曲马多流入毒品市场,故不构成贩卖、制造毒品罪。首先,吴某1等的主观犯意是将盐酸曲马多作为药品而非毒品进行生产、销售,吴某1、黄某某等人均供述其合资办厂的初衷是生产假药,不仅生产盐酸曲马多药片,还同时生产"感康片"等其他药品,事实上公安机关也查获了"感康片"等其他药品,吴某1找个体印刷厂印刷盐酸曲马多包装盒及说明书的行为也佐证了其主观上系生产假药而不是毒品的故意。其次,无证据表明生产出的盐酸曲马多流入毒品市场,反而有证据表明涉案的盐酸曲马多作为药品在市场上非法流通,公安人员在涉案的医疗器械经营部提取到违法销售的"天龙牌"盐酸曲马多,另案处理的同案人汪某也在异地被抓获,被河北司法机关以非法经营罪追究刑事责任。最后,从吴某1等人的牟利情况来看,其并没有赚取超出正常药品价格的高额利润,也表明其并不是针对吸毒分子或贩毒分子销售。综上,本案不宜定贩卖、制造毒品罪。

(二)本案被告人吴某1等的行为构成生产、销售伪劣产品罪,生产、销售假药罪和非法经营罪的竞合,应以非法经营罪定罪处罚

1. 被告人吴某1等的行为符合生产、销售假药罪的构成要件。生产、销售假药罪,是指明知是假药而进行生产、销售活动的行为。根据吴某1和黄某某的供述,其合作的目的就是制造假药,而吴某1也供述其生产的是假药,说明三被告人都具有生产假药的主观故意。根据《刑法》第141条的规定,"假药"是指依照药品管理法的规定,属于假药和按假药处理的药品、非药品。《药品管理法》第48条①规定,"有下列情形之一的,为假药:(一)药品所含成分与国家药品标准规定的成分不符的;(二)以非药品冒充药品或者以他种药品冒充此种药品的。有下列情形之一的药品,按假药论处:(一)国务院药品监督管理部门规定禁止使用的;(二)依照本法必须批准而未经批准生产、进口,或者依照本法必须检验而未经检验即销售的;(三)变质的;(四)被污染的;(五)使用依照本法必须取得批准文号而未取得批准文号的原料药生产的;(六)所标明的适应症或者功能主治超出规定范围的"。本案被告人不具有生产精神药品的资质,没有取得药品批准文号而生产精神药品,所生产的药品应认定为假药。而《最高人民法院、最高人民检察院关于办理生产、销售假药、劣药刑事案件具体应用法律若干问题的解释》(已废止)第1条规定的生产、销售假药的情形之二就包括"属于麻醉药品、精神药品的",该条规定本身就说明生产麻醉药品、精神药品的行为有可能构成生产假药罪而非制造毒品罪。

2. 被告人吴某1等违反药品管理法规,擅自生产、销售药品,以假充真,销售金额达到5万元以上,行为符合生产、销售伪劣产品罪的构成要件。

---

① 对应2019年《药品管理法》第98条。

3. 被告人吴某1等的行为还构成非法经营罪。盐酸曲马多作为国家管制的精神药品，属于非法经营罪中所指的"法律、行政法规规定的专营、专卖物品或者其他限制买卖的物品"。

《最高人民法院、最高人民检察院关于办理生产、销售假药、劣药刑事案件具体应用法律若干问题的解释》（已废止）第6条规定："实施生产、销售假药、劣药犯罪，同时构成生产、销售伪劣产品、侵犯知识产权、非法经营、非法行医、非法采供血等犯罪的，依照处罚较重的规定定罪处罚。"被告人吴某1、黄某某、吴某2的行为同时符合生产、销售假药罪，生产、销售伪劣产品罪和非法经营罪的构成要件，应在三罪中择一重罪处罚。《刑法》第141条对生产、销售假药罪的量刑规定了三个档次，其中没有"对人体健康造成严重危害或者有其他严重情节的"，"处三年以下有期徒刑或拘役，并处罚金"。《刑法》第140条对生产、销售伪劣产品罪的量刑规定了四个档次，其中"销售金额五万元以上不满二十万元的，处二年以下有期徒刑或者拘役，并处或者单处销售金额百分之五十以上二倍以下罚金"。《刑法》第225条对非法经营罪的量刑规定了两个档次，"情节严重的，处五年以下有期徒刑或者拘役，并处或者单处违法所得一倍以上五倍以下罚金；情节特别严重的，处五年以上有期徒刑，并处违法所得一倍以上五倍以下罚金或者没收财产"。根据《最高人民法院关于适用刑法第十二条几个问题的解释》的规定，如果刑法规定的某一犯罪有两个以上的法定刑幅度，法定最高刑或者最低刑是指具体犯罪行为应当适用的法定刑幅度的最高刑或者最低刑。

本案中三被告人的行为如若按生产、销售伪劣产品罪量刑，因销售数额在20万元以下，应处"二年以下有期徒刑或者拘役，并处或者单处销售金额百分之五十以上二倍以下罚金"。如若按生产、销售假药罪量刑，因没有证据表明生产的假药对人体健康造成了严重危害，且本案审判时，《最高人民法院、最高人民检察院关于办理危害药品安全刑事案件适用法律若干问题的解释》尚未出台，认定"其他严重情节"的标准尚不明确，所以应先考虑适用第一档法定刑"三年以下有期徒刑或拘役，并处罚金"。而按照非法经营罪量刑，第一档法定刑最高可以到五年有期徒刑。比较三个罪名的第一档量刑幅度，非法经营罪的法定刑最高。此外，以生产、销售假药罪来定罪处罚，不能充分体现盐酸曲马多作为国家管制精神药品，比普通假药具有更大的社会危害性，不能充分评价吴某1等人生产、销售盐酸曲马多行为的社会危害性，而定非法经营罪能恰当地体现此类行为的本质在于违反国家禁止性管理制度。

综上，某市中级人民法院对被告人吴某1、黄某某、吴某2、陈某某的行为以非法经营罪定罪处罚是适当的。

问题15. 对走私恰特草的行为如何定罪量刑

【刑事审判参考案例】 易某某走私毒品案[①]

一、基本案情

被告人易某某（英文名Ibrahim），男，埃塞俄比亚国籍。2014年2月20日因涉嫌犯

[①] 聂昭伟、刘云撰稿，马岩审编：《易某某走私毒品案——对走私恰特草的行为如何定罪量刑（第1132号）》，载最高人民法院刑事审判第一、二、三、四、五庭主办：《刑事审判参考》（总第105集），法律出版社2016年版，第103~108页。

走私毒品罪被逮捕。

某省某市人民检察院以被告人易某某犯走私毒品罪，向某市中级人民法院提起公诉。

被告人易某某辩称其不知道恰特草在中国属于违法物品，其携带恰特草入境是用于自己食用。其辩护人提出，易某某有正当职业，所带恰特草是用于自己食用，与一般的走私毒品犯罪分子相比，主观恶性明显较小；涉案毒品被当场查获，未流入社会，建议对其从轻处罚。

某市中级人民法院经公开审理查明：2013年1月6日，被告人易某某携带5.73千克恰特草入境，被杭州萧山机场入境检验检疫部门查获并没收，并被告知恰特草禁止携带进入我国境内。2014年1月13日19时许，易某某乘坐ET688航班从埃塞俄比亚首都亚的斯亚贝巴飞抵杭州萧山机场，入境时选择无申报通道入关，未向海关申报任何物品。经杭州萧山机场海关关员查验，从其随身携带的双肩包内查获用锡纸包裹的三捆疑似恰特草植株。经鉴定，该三捆植株为卫矛科巧茶属巧茶，又名恰特草等，净重630克，检出卡西酮成分。

某市中级人民法院认为，被告人易某某违反我国法律，逃避海关监管，携带毒品恰特草入境，其行为已构成走私毒品罪。关于易某某所提其不知道恰特草在中国属于违法物品，且被查获的恰特草系其用于自己食用的辩解，经查，易某某在本案发生前曾因携带恰特草入境而被我国出入境管理部门没收，其知道我国禁止恰特草入境，且其长期食用恰特草，也应当知道恰特草具有使人兴奋、易于上瘾等特性，但其此次选择无申报通道入关，再次将恰特草带入我国境内，具有走私毒品的主观故意和客观行为，其走私毒品的目的、用途不影响走私毒品罪的成立。易某某的上述辩解与事实及相关法律不符，不予采纳。易某某此次出于经商目的入境我国，根据其携带恰特草的数量，不能排除自己食用的可能性，相较于走私毒品入境贩卖牟利的犯罪分子，其主观恶性较小，且本案涉案毒品均被查获，未流入社会，故可予从轻处罚。据此，依照《刑法》第6条，第347条第1款、第4款，第357条，第52条之规定，以走私毒品罪判处被告人易某某有期徒刑七个月，并处罚金人民币3万元。

一审宣判后，被告人易某某未上诉，检察机关亦未抗诉，该判决已发生法律效力。

二、主要问题

1. 对于将恰特草走私入境我国的行为，能否认定为走私毒品罪？

2. 我国法律及相关司法解释尚未对恰特草的定罪量刑数量标准作出规定，对走私恰特草的行为应当如何量刑？

三、裁判理由

本案是一起走私新类型毒品恰特草的案件，也是恰特草在我国被作为第一类精神药品管制以来第一起被定罪判刑的案件。恰特草又称东非罂粟，俗称阿拉伯茶、巧茶，形似苋菜，广泛分布于热带非洲、阿拉伯半岛。恰特草中含有兴奋物质卡西酮，对人体中枢神经具有刺激作用，并容易成瘾，具有社会危害性。世界卫生组织将恰特草归类为Ⅱ类软性毒品，但埃塞俄比亚、也门、英国、荷兰等少数国家未将其列为毒品进行管制。恰特草不仅价格低廉，而且食用方便，在我国蔓延速度极快。据统计，仅2013年，杭州海关缉私部门查获恰特草总计达140余千克，在其他城市如广州、昆明海关也均有大量查获。但以往较长时间，恰特草在我国并未被作为精神药品进行管制，故只能将查获的恰特草没收了事。鉴于恰特草在我国有一定的滥用人群且呈蔓延趋势，国家食品药品监督管理总局、公安部、国家卫生和计划生育委员会在 2013 年 11 月 11 日新公布的《精神药品品种目录（2013 年版）》中，将恰特草作为第一类精神药品进行管制。该目录自 2014 年 1 月 1 日起施行，故此后对于非法种植、非法持有、贩卖、走私、服食恰特草的行为均可按照违法犯罪行为处理。本案发生在 2014 年 1 月，恰特草在我国刚刚被作为第一类精神药品进行管制，而在本案被告人的国籍国埃塞俄比亚，恰特草则是可以合法交易和食用的，因此需要考察行为人对其行为的社会危害性及违法性是否存在认识。同时，由于我国法律及相关司法解释尚未对恰特草的定罪量刑数量标准作出规定，如何对被告人定罪量刑亦值得探讨。

（一）对非法携带恰特草入境我国的行为，应以走私毒品罪论处

本案中，被杭州海关查获的恰特草尽管在我国已经被作为第一类精神药品进行管制，但在被告人易某某的国籍国埃塞俄比亚却未被列入毒品范畴，是可以合法交易和食用的。在这种情况下，能否将被告人携带恰特草入境我国的行为认定为走私毒品罪？我们认为，答案是肯定的。我国《刑法》在第 8 条中规定了保护管辖原则："外国人在中华人民共和国领域外对中华人民共和国国家或者公民犯罪，而按本法规定的最低刑为三年以上有期徒刑的，可以适用本法，但是按照犯罪地的法律不受处罚的除外。"该条表明，外国人在其本国针对中国国家或者公民实施的犯罪，如果根据其本国法律不作为犯罪处理的，在我国亦不得作为犯罪处理。这就意味着，针对外国人在其本国实施的行为，需要考察其国籍国是否作为犯罪处理。然而，本案的犯罪行为发生在我国境内，故不能适用保护管辖原则，而应当直接适用属地管辖原则。根据我国《刑法》第 6 条第 1 款的规定："凡在中华人民共和国领域内犯罪的，除法律有特别规定的以外，都适用本法。"这里的"犯罪"的认定依据当然是我国刑法及相关规定，而并非被告人国籍国的法律规定。因此，针对发生在我国领域内的犯罪行为，无须考察该行为在行为人的国籍国是否构成犯罪，即使在行为人国籍国不认为是犯罪，在我国仍然应当作为犯罪处理。

此外，我们还需要审查行为人是否具有违法性认识，因为这在一定程度上会影响行为人对其行为社会危害性的认识，进而影响主观故意要件的成立与否。我国《刑法》第 14 条第 1 款明确规定："明知自己的行为会发生危害社会的结果，并且希望或者放任这种结果发生，因而构成犯罪的，是故意犯罪。"据此，在我国犯罪构成主观要件中，行为人只需要认识到其行为具有社会危害性即可，并不要求其对行为的违法性有认识。具体来说，就是不需要行为人认识到自己的行为在刑法上构成犯罪，即"不知法亦不赦"。当然，对于传统自然犯来说，由于这些行为长期被作为犯罪处理，普通民众不仅能够认识到行为的社会危害性，对其刑事违法性同样也具有认识，因此无论是在社会危害性还是违法性认识上都不存在问题。但对于行政犯，由于某种行为长期以来并未被作为犯罪处理，行为人就有理由相信实施这样的行为不具有社会危害性。而随着新法的颁布，这种行为被纳入犯罪中，由于法制宣传不到位等原因，一些行为人难以很快认识到这种行为的违法性，进而会影响其对行为社会危害性的判断。因此，对于此类行为，在司法实践中有必要审查行为人是否具有违法性认识及其可能性的大小。

本案中，恰特草在我国一直未被列入毒品范畴，直到 2013 年 11 月 11 日才首次被列管，并自 2014 年 1 月 1 日开始实施。构成走私毒品罪，主观上不仅要求行为人认识到自己的行为属于走私行为，还要求行为人明知其走私的物品系毒品。本案发生在 2014 年 1 月，是恰特草在我国被作为精神药品列管后查获的第一起案件，加之恰特草在埃塞俄比

亚非常普遍，销售和使用均为合法，故被告人携带恰特草入境我国时主观上是否已经认识到恰特草是毒品，即是否具有社会危害性与违法性认识，对于认定其行为是否构成走私毒品罪尤为重要。我们认为，本案被告人知道其走私的恰特草系毒品。具体理由如下：

首先，被告人易某某曾于 2013 年 1 月 6 日从杭州萧山机场入境我国，当时即被查获并没收 5.73 千克恰特草。尽管当时恰特草尚不属于毒品，但海关人员已经明确告知易某某恰特草系违禁品，并予以没收。2014 年 1 月 13 日，易某某再度携带 630 克恰特草入境，其主观上应明知恰特草是违禁品，携带入境属于违法行为。其次，在查验行李的 X 光机前贴有《中华人民共和国禁止进境物品表》，其中第 5 条明确规定，鸦片、吗啡、海洛因、大麻以及其他能使人成瘾的麻醉品、精神药物禁止进境。海洛因、大麻等属于众人皆知的毒品，其他能使人成瘾的麻醉品、精神药物与海洛因、大麻等并列，可知这类物品也属于毒品行列。易某某自己长期食用恰特草，完全知道恰特草具有使人兴奋、易于上瘾等特性。再次，在查验行李的 X 光机前，还贴有禁止携带恰特草的标识，海关关员也数次提醒、询问易某某是否带有恰特草，易某某均予以否认。易某某被带至查验房后，还趁海关关员不备，欲将恰特草予以隐匿，其逃避惩处的意图明显。最后，易某某选择无申报通道入关，未向海关申报任何物品。综上，易某某在明知恰特草系毒品的情况下，仍意图携带入境，法院据此认定其构成走私毒品罪是正确的。

（二）对于没有定罪量刑数量标准的毒品，应综合考虑其致瘾癖性、社会危害性、数量、纯度、非法交易价格等因素依法量刑

在本案审理期间，我国法律及相关司法解释尚未对走私恰特草的定罪量刑数量标准作出规定。对尚未明确规定量刑数量标准的毒品，最高人民法院在 2008 年印发的《大连会议纪要》第 5 条中规定，"对于国家管制的精神药品和麻醉药品，刑法、司法解释等尚未明确规定量刑数量标准，也不具备折算条件的，应由有关专业部门确定涉案毒品毒效的大小、有毒成分的多少、吸毒者对该毒品的依赖程度，综合考虑其致瘾癖性、戒断性、社会危害性等依法量刑。因条件限制不能确定的，可以参考涉案毒品非法交易的价格因素等，决定对被告人适用的刑罚"。最高人民法院 2015 年印发的《武汉会议纪要》也规定："对于既未规定定罪量刑数量标准，又不具备折算条件的毒品，综合考虑其致瘾癖性、社会危害性、数量、纯度等因素依法量刑。"

在本案审理过程中，针对恰特草的毒性问题，一审法院向某省公安司法鉴定中心进行了咨询，鉴定中心的鉴定人员表示，该中心目前只能检测出恰特草所含物质，对于其具体毒性等无法测算；作为新类型毒品，1 克恰特草相当于多少大麻或者相当于多少甲基苯丙胺等，需要公安部组织专家搜集资料、研讨认证。在这种情况下，只能参考恰特草的社会危害性、数量、非法交易价格等因素，来决定对被告人适用的刑罚。本案中，630 克恰特草本身价值不高，在毒品地下交易市场价格为人民币 600 元左右，而按照被告人供述，其在埃塞俄比亚的购买价格仅为 300 埃塞俄比亚比尔，折合人民币约为 90 元。此外，恰特草作为植株形态，既可以直接像吃生菜一样嚼食，又可以将其晒干做成茶叶或者研磨成粉冲服，属于天然毒品。根据已有的定罪量刑数量标准，传统的天然毒品如罂粟壳达到 50 千克以上、大麻叶达到 30 千克以上的，才能认定为"数量较大"，而本案涉案恰特草仅 630 克。综合考虑上述因素，本案毒品数量应认定为"少量毒品"，量刑档次上应选择在三年以下有期徒刑、拘役或者管制幅度内量刑。考虑到本案被告人从埃塞俄比亚入境我国，目的是进货，携带少量恰特草主要是供自己食用，没有证据证明其有贩卖恰

特草的目的，其主观恶性小于其他走私毒品的犯罪分子；加之恰特草在被告人的国籍国属于合法物品，在我国也是 2014 年年初刚刚被列入管制范围，且涉案恰特草全部被缴获，没有流入社会，综合考虑上述因素，对被告人易某某可以从宽处罚。

值得注意的是，2016 年 4 月 11 日起施行的《审理毒品犯罪案件解释》，新规定了芬太尼等 12 类新类型毒品的定罪量刑数量标准，其中就包括恰特草。该解释第 2 条规定："走私、贩卖、运输、制造、非法持有下列毒品，应当认定为刑法第三百四十七条第三款、第三百四十八条规定的'其他毒品数量较大'：……（十三）阿普唑仑、恰特草二十千克以上不满一百千克……"本案虽然在该解释实施前审理，但判决结果和该解释的规定是一致的。

问题 16. 在毒品犯罪案件中，如何认定行为人的主观明知；对走私美沙酮片剂的犯罪行为如何适用量刑情节

【刑事审判参考案例】傅某某走私毒品案[①]

一、基本案情

被告人傅某某，男，香港特别行政区居民。

某省某市人民检察院以被告人傅某某犯走私毒品罪，向某市中级人民法院提起公诉。

被告人傅某某辩称其当时不知道携带的是毒品。傅某某的辩护人以下述情节为由请求对傅某某从轻处罚：傅某某认为美沙酮不是毒品，存在认识错误，没有走私毒品的故意；美沙酮含量少；傅某某主观恶性小，认罪态度好，无前科。

某市中级人民法院经公开审理查明：2007 年 12 月 3 日 17 时 30 分左右，被告人傅某某在香港旺角一间茶餐厅，受香港朋友"阿东"（具体情况不详）的指使，由"阿东"将一装有美沙酮药片的咖啡色皮挎包交给傅某某，让傅某某将该挎包带往深圳其住处，过关后由"阿东"打电话与傅某某联系接货，傅某某可得酬劳 300 港元。当日 19 时 35 分，傅某某持港澳居民来往内地通行证，从皇岗海关旅检大厅走无申报通道入境。经海关关员查验，在傅某某随身携带的挎包内查获美沙酮药片 2400 片、在其上衣左边口袋里发现美沙酮药片 140 片，总共 2540 片（该批药片均为药片密封包装方式，外包装呈橙色，包装背部印有"Methadone BPTablets 5：mg"字样，10 片药片为一排，共 254 排，约 14 排为一小塑料药袋包装，然后分别用 4 只白色塑料袋包装，再放入挎包内）。傅某某被皇岗海关关员当场查获。经鉴定，上述 2540 片药片为美沙酮片剂，共重 383.5 克。

某市中级人民法院认为，被告人傅某某违反国家法律法规，逃避海关监管，携带美沙酮 383.5 克入境，其行为构成走私毒品罪，应当依法惩处。公诉机关指控被告人傅某某犯走私毒品罪的事实清楚、证据确实、充分，罪名成立。依照《刑法》第 347 条第 3 款、第 357 条、第 64 条之规定，判决如下：

1. 被告人傅某某犯走私毒品罪，判处有期徒刑七年，并处罚金人民币 5000 元。
2. 扣押在案的美沙酮 383.5 克、咖啡色挎包 1 个予以没收。

[①] 陈剑、黄超荣撰稿，颜茂昆审编：《傅某某走私毒品案——在毒品犯罪案件中，如何认定行为人的主观明知？对走私美沙酮片剂的犯罪行为如何适用量刑情节（第 638 号）》，载最高人民法院刑事审判第一、二、三、四、五庭主办：《刑事审判参考》（总第 75 集），法律出版社 2011 年版，第 58~64 页。

一审宣判后，被告人傅某某未提出上诉，公诉机关未提出抗诉，本案已发生法律效力。

二、主要问题

1. 被告人傅某某拒不承认其主观上明知走私的物品系毒品，对其主观明知如何认定？
2. 被告人傅某某走私的毒品美沙酮片剂的规格和含量明确，而且含量低，能否以含量折算毒品数量？
3. 被告人傅某某走私的毒品美沙酮片剂含量低，量刑时能否酌情从轻处罚？

三、裁判理由

（一）行为人拒不承认其主观上明知走私的物品是毒品时，应当综合案件的客观实际，根据常识、常理和逻辑来分析判断其主观上是否明知

走私毒品罪是故意犯罪，要求行为人必须对犯罪对象有明确认识，即要求行为人主观上明知是毒品而走私。由于毒品犯罪隐蔽性强，有的犯罪分子具有较充分的反侦查能力和心理准备，因而在司法实践中，经常会出现行为人以其主观上不明知其携带、运输、走私的物品是毒品而辩解其行为不是犯罪或不构成毒品犯罪的情况。在行为人拒不如实供述主观明知和故意的情况下，极难取得证明其明知犯罪对象系毒品的证据，从而给毒品犯罪的认定带来困难。在这种情况下，我们认为，应当综合考虑案件中的各种客观实际情况，依据实施毒品犯罪行为的过程、行为方式、毒品被查获时的情形和环境等证据，结合被告人的年龄、阅历、智力及掌握相关知识情况，进行综合分析判断，只要能够推定行为人应当知道其携带、运输、走私的物品可能是毒品，即可认定行为人主观上明知。

联系本案，认定本案被告人傅某某主观上明知其携带的药品是毒品的理由如下：首先，傅某某是一个心智正常的成年人，而且是阅历较为丰富的中年人，应当具有正常的辨认能力。其次，傅某某供称"阿东"告诉其要带的物品是戒毒药，而且"阿东"将挎包交给他时，其看到了包内是一排排的药丸。再次，"阿东"叫傅某某帮他带一些戒毒药入境，并承诺酬劳为300港元。但"阿东"并非自己不到深圳，而是让傅某某帮其把戒毒药带到深圳后"阿东"再打电话取货，意即"阿东"自己也由香港到深圳，但是这批物品他自己不带，却花钱"雇佣"傅某某来携带。傅某某应当意识到"阿东"是在利用其持港澳居民来往内地通行证，从皇岗海关旅检大厅走无申报通道入境的便利条件，"阿东"托其带此药片的目的就是逃避海关检查，该药片必定是违禁品。最后，海关检查傅某某时，不仅从其挎包内查获了美沙酮药片，而且还在其上衣口袋发现藏有美沙酮药片。综上，虽然傅某某辩称自己不知道携带的物品系毒品，但是根据一般的常识、常理和逻辑及本案的诸多细节进行分析判断，可以认定被告人傅某某明知走私的物品美沙酮药片系毒品。

（二）被告人傅某某走私的美沙酮片剂虽然规格和含量明确，而且含量较低，但不能以含量折算毒品数量

一是刑法明确规定走私毒品的数量不以纯度折算。1990年12月《全国人民代表大会常务委员会关于禁毒的决定》（本案例中以下简称《决定》）（2008年6月1日废止）是我国第一部系统规定禁毒的法律，其中对毒品犯罪的定罪和处罚进行了系统规定，成为1997年《刑法》修订以前毒品犯罪案件刑事审判的重要依据。1994年12月印发的《最高人民法院关于执行〈全国人民代表大会常务委员会关于禁毒的决定〉的若干问题的解释》（已废止）第19条规定："海洛因的含量在25%以上的，可视为《决定》和本解释

中所指的海洛因。含量不够25%的，应当折合成含量为25%的海洛因计算数量。"应当说，当时的法律和司法解释规定毒品的数量应当以含量进行折算。但是1997年《刑法》对全国人大常委会《决定》中关于毒品犯罪的内容予以了吸收，在保留全国人大常委会《决定》主要条款的基础上，在第357条第2款中规定："毒品的数量以查证属实的走私、贩卖、运输、制造、非法持有毒品的数量计算，不以纯度折算。"立法上由规定毒品数量以含量折算到不以含量折算毒品数量，发生了巨大转变。究其原因，一般认为系因为毒品犯罪日益猖獗，出于严厉打击毒品犯罪的目的，也便于司法机关调查取证，操作起来简便易行。

二是美沙酮片剂不能参照执行度冷丁（杜冷丁）、盐酸二氢埃托啡的针剂和片剂以含量折算后确定数量的特殊规则。

2000年4月20日发布的《最高人民法院关于审理毒品案件定罪量刑标准有关问题的解释》（已废止）规定，度冷丁、盐酸二氢埃托啡的针剂和片剂均是以含量折算后确定数量。对这两类毒品的针剂、片剂要折算含量的原因在于：第一，毒品案件中度冷丁和盐酸二氢埃托啡绝大部分是从药品生产、使用单位流入非法渠道的针剂和片剂，而针剂、片剂中度冷丁或盐酸二氢埃托啡的含量很小，总重量中其他成分（如淀粉、蒸馏水）及针剂的容器占了相当的比重，因此，如果规定以总重量为毒品数量，势必同度冷丁和盐酸二氢埃托啡的实际数量有明显差距。第二，在生产度冷丁和盐酸二氢埃托啡的针剂、片剂时，这两种物质的含量是有严格标准的，对其他成分的量则没有严格的要求。司法实践中可能出现总重量相同而毒品含量不同，或是总重量不同而含量相同的情况。如以查获毒品的总重量作为数量标准，则无论出现上述任何一种情况都可能造成量刑失衡。第三，对这两种毒品规定以含量为毒品数量，并不会涉及毒品的鉴定问题，因而也就不会给司法实践带来操作上的困难。由于度冷丁和盐酸二氢埃托啡的规格是确定的，根据规格很容易计算出度冷丁和盐酸二氢埃托啡的含量。[①]

但美沙酮片剂却不可参照执行上述规定，原因在于：美沙酮是一种人工合成的麻醉药品。美沙酮替代疗法在海洛因开始泛滥的时期，成为戒毒脱瘾治疗的一种治疗模式，是阿片类依赖的主要脱瘾治疗和维持治疗方法。虽然本案中美沙酮药片的规格和含量是确定的，但是并非所有美沙酮制剂的规格和含量都是固定的，而是不同的美沙酮制剂有着不同的规格和含量，与度冷丁和盐酸二氢埃托啡的以上三种特殊情况并不相同。

三是司法解释对美沙酮毒品犯罪的量刑规定了明确的标准。最高人民法院、最高人民检察院、公安部2007年12月18日印发的《办理毒品犯罪案件意见》第3条第2项规定美沙酮200克以上不满1千克属"毒品数量较大"，第4项规定"上述毒品品种包括盐和制剂"。可见，司法解释明确规定，对美沙酮片剂的数量是不以含量折算的。

综上所述，被告人傅某某走私的毒品美沙酮片剂虽然规格和含量固定，而且根据规格计算含量为3.33%，含量较低，但不能以含量折算毒品数量。

（三）被告人傅某某走私的毒品美沙酮片剂含量低，量刑时可以酌情从轻处罚

虽然《刑法》明确规定"毒品的数量以查证属实的走私、贩卖、运输、制造、非法持有毒品的数量计算，不以纯度折算"，但是毒品纯度却是一项重要的量刑情节，这是不

[①] 本段引自最高人民法院刑一庭编：《现行刑事法律司法解释及其理解与适用》（2007年修订本），中国民主法制出版社2007年版，第521~522页。

同纯度毒品社会危害性差异的要求,更是罪责刑相适应原则的要求。

一是不同纯度毒品社会危害性差异的要求。一般认为,纯度高的毒品社会危害性大,而纯度低的毒品社会危害性相对较小。首先,毒品的纯度越高,其毒理作用越强,对人体的危害越严重。其次,高纯度的毒品易稀释成低纯度的毒品。一份高纯度的毒品,经过简单加工就可以稀释成几十份低纯度的毒品,数量呈几十倍增长,流入社会面更广,危害性更大。最后,纯度的高低反映了距离毒品源的远近。一般而言,距离毒品源越近,毒品的纯度越高。毒品犯罪分子为获取更大的经济利益,不断稀释或掺假,毒品源越往下层发展毒品的纯度越低,最后到达吸毒人员手中供直接吸食的毒品纯度则十分低了。由此可见,毒品纯度的不同反映出距离毒品源远近的不同,进而反映出其社会危害性的不同。

二是罪责刑相适应原则的要求。罪责刑相适应原则是刑法的一项基本原则。《刑法》第5条明确规定:"刑罚的轻重,应当与犯罪分子所犯罪行和承担的刑事责任相适应。"如前所述,不同纯度的毒品社会危害性从多个角度而言均大不一样。如果仅仅以毒品的绝对重量来确定刑罚,完全不考虑毒品的纯度问题则势必导致量刑的不均衡,与罪责刑相适应原则背道而驰。

本案中,被告人傅某某走私的毒品美沙酮片剂一般作为"戒毒替代药",其社会危害性较单纯用于吸食的毒品要低;而且药片的规格和含量也是确定的,根据本案涉案毒品美沙酮片剂的规格,计算出美沙酮含量约为3.33%,含量较低,因此,对被告人傅某某量刑时可以酌情从轻处罚。被告人傅某某走私毒品美沙酮383.5克,根据《办理毒品犯罪案件意见》第3条第2项的规定,美沙酮200克以上不满1千克属"毒品数量较大",依法应判处七年以上有期徒刑,并处罚金。一审法院对其酌情从轻处罚,以走私毒品罪判处其有期徒刑七年,并处罚金人民币5000元,充分体现了罪责刑相适应原则。

问题17. 麻醉药品制剂和精神药品制剂类毒品量刑时宜以含量作为考量情节

【人民法院案例选案例】 龙某贩卖毒品案[①]

[裁判要旨]

我国毒品犯罪的数量不宜以纯度折算,但对于包含美沙酮在内的、属于国家定点生产企业标准规格生产的麻醉药品制剂和精神药品制剂的毒品,应当按照麻醉药品制剂和精神药品制剂中该类毒品成分的含量认定涉案毒品的含量。

[基本案情]

重庆市某区人民检察院指控:被告人龙某犯贩卖毒品罪。

被告人龙某对公诉机关指控的事实和罪名无异议,但表示自己在贩卖的美沙酮中加入了大约100毫升的水,实际美沙酮只有约120毫升。

法院经审理查明:被告人龙某系吸毒人员,在重庆市某区保险公司接受免费的美沙酮维持治疗。其在喝美沙酮的过程中,采取喝一半、留一半在嘴里的方式,将美沙酮带出并吐入随身携带的容器中。2015年8月3日14时许,被告人龙某经电话联系后,在某

---

① 杜伟:《龙某贩卖毒品案——麻醉药品制剂和精神药品制剂类毒品量刑时宜以含量作为考量情节》,载最高人民法院中国应用法学研究所编:《人民法院案例选》(总第146辑),人民法院出版社2020年版。

市某区天生街道某医院后门过道处,将多次积攒的 1 小瓶毒品美沙酮贩卖给唐某某。被告人龙某收取唐某某毒资人民币 300 元后,被公安民警当场抓获,公安民警从唐某某处查获疑似毒品美沙酮 1 小瓶(净重 211.55 克、净体积 215 毫升);从被告人龙某处查获毒资人民币 300 元。被告人龙某到案后如实供述了上述犯罪事实。

经某市公安局毒品检测中心鉴定:从查获的疑似毒品中检出美沙酮成分。经某市食品药品检验检测研究院检验:从查获的疑似毒品中测得盐酸美沙酮的含量为 0.42 毫克/毫升。另查明,北碚区美沙酮维持治疗门诊由北碚区精神卫生中心承办,设立固定门诊一个、流动门诊一个,流动门诊停靠点为北碚区某保险公司和东阳镇某处,所使用的药品均由西南药业股份有限公司提供,规格为 10 毫升含 10 毫克美沙酮。

[裁判结果]

重庆市某区人民法院于 2015 年 11 月 17 日作出(2015)碚法刑初字第 00601 号刑事判决:(1)被告人龙某犯贩卖毒品罪,判处有期徒刑一年零七个月,并处罚金人民币 2000 元。(2)对扣押在案的毒品美沙酮依法予以没收。

宣判后,被告人龙某不服,提起上诉。重庆市第一中级人民法院于 2016 年 3 月 14 日作出(2016)渝 01 刑终 1 号刑事裁定:驳回上诉,维持原判。

[裁判理由]

法院生效裁判认为:被告人龙某贩卖毒品美沙酮给他人,其行为构成贩卖毒品罪。被告人龙某到案后,如实供述自己的罪行,可依法从轻处罚。原审判决根据被告人龙某犯贩卖毒品罪的事实、情节,对其判处刑罚适当。被告人龙某关于原审判决对其量刑过重的上诉理由不成立。重庆市人民检察院第一分院建议驳回上诉,维持原判的意见成立,予以支持。原审判决认定事实和适用法律正确,量刑适当,审判程序合法。裁定驳回上诉,维持原判。

[案例注解]

该案例涉及两个问题:一是贩卖麻醉、精神药品制剂类毒品时,对其毒品的数量认定是以制剂总量认定数量,还是以制剂中麻醉、精神药品的含量来认定数量的问题;二是对制剂掺假、掺杂后的毒品数量认定的问题。

我国《刑法》规定对毒品的数量不宜以纯度折算,但司法解释及其他规定都认定对麻醉、精神药品制剂的需要以制剂中麻醉、精神药品的含量来计算数量。

《最高人民法院关于审理毒品案件定罪量刑标准有关问题的解释》① 第 1 条、第 2 条以括号标注的形式表述了麻醉药品制剂和精神药品制剂的含量认定问题:"度冷丁(杜冷丁)二百五十克以上(针剂 100mg/支规格的二千五百支以上,50mg/支规格的五千支以上;片剂 25mg/片规格的一万片以上,50mg/片规格的五千片以上)""盐酸二氢埃托啡十毫克以上(针剂或者片剂 20μg/支、片规格的五百支、片以上)。"《最高人民法院、最高人民检察院、公安部关于办理走私、非法买卖麻黄碱类复方制剂等刑事案件适用法律若干问题的意见》第 6 条第 1 款规定:"实施本意见规定的行为,以走私制毒物品罪、非法买卖制毒物品罪定罪处罚的,应当以涉案麻黄碱类复方制剂中麻黄碱类物质的含量作为

---

① 该司法解释已被 2016 年 4 月 6 日公布的《审理毒品犯罪案件解释》废止。新司法解释在第 1 条第 2 款中规定:"国家定点生产企业按照标准规格生产的麻醉药品或者精神药品被用于毒品犯罪的,根据药品中毒品成分含量认定涉案毒品数量。"

涉案制毒物品的数量。"

目前司法实践中，对毒品中的麻醉药品制剂和精神药品制剂大多数按照制剂重量来认定数量，少数在考虑到量刑畸重的情况下，采用模糊或者另辟蹊径的做法，尽量做到罪刑均衡。因此，有必要对我国麻醉药品制剂和精神药品制剂的含量作统一认定。另外，司法实践中存在大量掺假、掺杂的毒品，其含量往往极低，"不以纯度折算"从社会危害性角度以及违背《刑法》第13条的精神等角度会受到质疑，并可能造成量刑畸重的情况。因此，对掺假、掺杂情况下的毒品含量的认定仍需要直观面对并进行认真分析。

一、两组概念的厘清

在贩卖毒品犯罪的司法实践中，存在精神药品制剂、麻醉药品制剂与毒品，精神药品制剂、麻醉药品制剂的重量与毒品含量两组概念混淆的情况。

《刑法》第357条第1款明确规定了毒品的概念："本法所称的毒品，是指鸦片、海洛因、甲基苯丙胺（冰毒）、吗啡、大麻、可卡因以及国家规定管制的其他能够使人形成瘾癖的麻醉药品和精神药品。"可以看出，我国是采取列举加兜底的方式明确了毒品的概念。毒品实质上是因其药理作用而作为麻醉药品和精神药品，但同时又因这种药理作用滥用而致的社会危害性被规定为毒品，具有一体两面的效果。所谓制剂是指为适应治疗或者预防的需要，按照一定的剂型要求所制成的，可以最终提供给用药对象使用的药品。而麻醉药品制剂与精神药物制剂，国际公约对此作了解释。根据《1961年麻醉药品公约》的解释，麻醉药品制剂是指含有麻醉品的固体或者液体混合剂。根据《1971年精神药物公约》的规定，精神药物制剂是指任何无论其物理状态而含有一种或者多种精神药物之混合物或者溶剂，或已成剂型之一种或者多种精神药物。由此可见，麻醉药品制剂和精神药品制剂是含有毒品成分的制剂，比如，含有可卡因成分的制剂，全球很多国家法律都有相关的规定。可以说，由于毒品与精神药品制剂、麻醉药品制剂二者的成瘾性、危害性不同，等级归类也不同。

麻醉药品制剂和精神药品制剂重量，一般是指麻醉药品制剂和精神药品制剂（一般指针剂、片剂）的总重量，包含盐分、水分、淀粉、糖分、色素等成分，而含量是指有效药品的含量，即麻醉药品制剂和精神药品制剂的含量。计算麻醉药品制剂和精神药品制剂的含量还会用到两个概念：体积与浓度规格。体积一般是指麻醉药品制剂和精神药品制剂总体积，麻醉药品制剂和精神药品制剂都会明确规定浓度规格，体积乘以美沙酮的浓度规格即得出纯美沙酮的含量。

二、精神药品制剂、麻醉药品制剂宜以含量认定数量

毒品犯罪中，对属于国家管制的精神药品制剂、麻醉药品制剂应当按其含量计算贩卖数量。具体理由如下：

从精神药品制剂、麻醉药品制剂本身性状来说，一是精神药品制剂、麻醉药品制剂中盐分、水分、淀粉、糖分、色素等成分占有相当大的比重，毒品成分的含量较低。根据精神药品制剂、麻醉药品制剂的总重量认定涉案毒品的数量，势必同毒品成分的实际数量有明显差距，难以体现罚当其罪。二是对不同厂家生产或者同一厂家生产的不同规格的同类精神药品制剂、麻醉药品制剂，在总重量相同的情况下，其毒品成分的含量却有可能有较大差异。根据精神药品制剂、麻醉药品制剂的总重量认定涉案毒品的数量，难以实现量刑平衡。三是正规生产、使用单位的精神药品制剂、麻醉药品制剂，毒品成分的含量是有严格标准的，不涉及毒品含量的鉴定问题，因此不会给司法实践带来困难。

四是精神药品制剂、麻醉药品制剂作为毒品,其毒效、药效、吸毒者对该毒品的依赖程度,都是根据该精神药品制剂、麻醉药品制剂的毒品成分的大小和多少确定的,即其规格含量,医疗行业中也是根据精神药品制剂、麻醉药品制剂毒品成分的重量来计算其规格含量,而不是根据精神药品制剂、麻醉药品制剂的净重来计算其数量。

从精神药品制剂、麻醉药品制剂的含量规定适用范围来说,很多国家和地区都对毒品成分在麻醉药品制剂和精神药品制剂中的含量进行了规定,如美国、澳大利亚、新西兰、马来西亚。我国港澳台地区也有关于麻醉药品制剂和精神药品制剂毒品含量的定量规定,如澳门特别行政区的阿片或者吗啡制剂,所含吗啡以无水吗啡碱计算不超过0.2%;我国台湾地区的可待因制剂,其可待因含量每100毫升(或者100公克)1公克以上不超过5公克[①]。

这些定量规定使得毒品含量趋向精密化、准确化,在实践当中也易于操作,切实可行。

从刑法条文文字表述精简角度来看,《最高人民法院关于审理毒品案件定罪量刑标准有关问题的解释》通过括号标注的方式规定,对杜冷丁和盐酸二氢埃托啡针剂及片剂,要按照麻醉药品制剂和精神药品制剂中所含该类毒品成分的数量认定涉案毒品数量。鉴于毒品犯罪案件中还有一些涉案毒品也属于流入非法渠道的正规药品,也应当采用这样的毒品数量认定方法,而逐一采用括号标注的方式较为烦琐,故需统一作出规定。

从毒品犯罪司法精神角度来说,根据2008年《大连会议纪要》第5条"对于国家管制的精神药品和麻醉药品,刑法、司法解释等尚未明确规定量刑数量标准,也不具备折算条件的,应由有关专业部门确定涉案毒品毒效的大小、有毒成分的多少、吸毒者对该毒品的依赖程度,综合考虑其致瘾癖性、戒断性、社会危害性等依法量刑"的规定,可以得出对国家管制的麻醉药品制剂和精神药品制剂亦应当计算其含量以确定贩卖的数量。

三、掺假、掺杂的毒品不应以纯度折算

既然麻醉药品制剂和精神药品制剂要按照含量计算其数量,那么,是否对所有的毒品都应该按照含量计算其数量,更为甚者,对于掺假、掺杂的毒品,是否也应去掉所含杂质的量来认定毒品的数量呢?笔者认为,掺假、掺杂的毒品不宜以纯度折算。

按照美沙酮制剂中美沙酮的含量来计算其数量与除去行为人自己所掺杂质后的总量来认定数量,两种行为方式不同,得出的结论也不相同。前者是指要计算出包含杂质的麻醉药品制剂和精神药品制剂的总量,然后根据浓度来计算毒品含量;后者是通过排除行为人自己所掺的杂质的量,然后根据所剩的毒品的重量或者含量来计算贩毒的数量。前者不管贩毒者掺假、掺杂的行为,只以掺假、掺杂后的麻醉药品制剂和精神药品制剂总重量中的含量来计算数量;而后者排除了杂质的重量后,或按原麻醉药品制剂和精神药品制剂的总重量来认定毒品的数量,或按原麻醉药品制剂和精神药品制剂的含量来认定毒品的数量。

对于以去除所兑的水后再认定麻醉药品制剂和精神药品制剂的数量这种方式而言,既然要去掉毒品所兑水分的重量,相当于一次去除杂质的行为,为什么不索性计算药品中的含量,把杂质全部去除?为什么只去除行为人自己所掺的杂质,不去除麻醉药品制剂和精神药品制剂自身所带的盐分、糖分、淀粉、色素等杂质?对于毒品而言,其他与

---

① 杨洁:《毒品目录与分级制度的比较研究》,昆明理工大学2013年硕士学位论文。

其不同的应该都是杂质。所以这种计算方式前后矛盾。

本案是在美沙酮维持治疗法（MMT）已经在全球范围内广泛应用的背景下的特殊产物，关键在于掺水后美沙酮数量认定的问题，涉及四种认定数量的方法：（1）按兑水后美沙酮的重量来认定数量；（2）按兑水后美沙酮的含量来计算数量；（3）按去掉所兑水后的美沙酮的重量来计算；（4）按去掉兑水后的美沙酮的含量来计算数量。这四种方法又可以分为两个方面的问题：一是美沙酮制剂的含量问题，二是兑水后美沙酮数量的认定问题，二者不能等同。一审考虑到被告人龙某是从美沙酮维持治疗门诊盗取规格为10毫升含10毫克盐酸美沙酮贩卖，而实际查获的盐酸美沙酮规格经鉴定为0.42毫克/毫升，由此认定最终查实的美沙酮的含量是90毫克，最终认定对被告人龙某在三年以下量刑幅度内量刑。二审阶段虽然对一审的认定方式持保留态度，但综合考虑适用法律正确、量刑合理以及被告人龙某是初犯等因素，维持原判。该案例从立法本意出发，结合我国毒品犯罪宽严相济的刑事政策，以美沙酮制剂中美沙酮的含量来认定贩卖的数量，同时，不考虑被告人龙某兑水的情节，充分保证该类案件的公正性、客观性，减少此类案件量刑的随意性。

问题18. 批量制造含有国家列管精神药品 γ-羟丁酸成分的饮料并销售的，应认定为贩卖、制造毒品罪

【典型案例】王某贩卖、制造毒品案[①]

[案例要旨]

行为人批量制造含有国家列管精神药品 γ-羟丁酸成分的饮料，大量销往全国多地娱乐场所，其行为构成贩卖、制造毒品罪。

一、基本案情

被告人王某，男，成都某贸易有限公司法定代表人。

2013年7月，被告人王某注册成立某贸易有限公司并担任法定代表人。2016年开始，王某多次以某贸易有限公司名义购买 γ-丁内酯，将 γ-丁内酯与香精混合，命名为"香精CD123"。2016年5月，王某在隐瞒"香精CD123"含 γ-丁内酯成分的情况下，委托广东某食品实业有限公司为"香精CD123"粘贴"果味香精CD123"商品标签，委托某食品饮料有限公司按照其提供的配方和技术标准，将水和其他辅料加入"果味香精CD123"，制成"咔哇氿"饮料。后王某将"咔哇氿"饮料出售给总经销商四川某酒业有限公司，由该公司销往深圳、贵阳、广州等地的娱乐场所，各级经销商亦自行销售。至2017年8月，王某购买 γ-丁内酯共计3575千克，某食品饮料有限公司收到"果味香精CD123"共计1853千克，王某销售"咔哇氿"饮料共计52355件（24瓶/件，275ml/瓶），销售金额11587040元。

2017年9月9日，公安人员将被告人王某抓获，从其家中及某贸易有限公司租用的仓库查获"咔哇氿"饮料共计723件25瓶。各地亦陆续召回"咔哇氿"饮料18505件。经鉴定，从某食品饮料有限公司提供的"果味香精CD123"、在王某家中和仓库查获的以及召回的"咔哇氿"饮料中检出含量为80.3μg/ml至44000μg/ml不等的 γ-羟丁酸成分。

[①] 最高人民法院发布2021年十大毒品（涉毒）犯罪典型案例。

二、裁判结果

本案由四川省成都市青羊区人民法院一审,成都市中级人民法院二审。

法院认为,被告人王某制造毒品 γ-羟丁酸并销售,其行为已构成贩卖、制造毒品罪。王某明知使用 γ-丁内酯作为生产原料会产生毒品 γ-羟丁酸成分,购买并使用 γ-丁内酯调制成混合原料,委托他人采用其指定的工艺和配比,加工制成含有 γ-羟丁酸成分的饮料并对外销售,贩卖、制造毒品数量大,社会危害大。据此,依法对被告人王某判处有期徒刑十五年,并处没收个人财产人民币 427 万元。

上述裁判已于 2020 年 9 月 28 日发生法律效力。

三、典型意义

近年来,新型毒品犯罪呈上升趋势,与传统毒品犯罪相互交织。新型毒品形态各异,往往被伪装成饮料、饼干等形式,极具隐蔽性和迷惑性,易在青少年中传播。本案就是一起制造、贩卖新型毒品的典型案例。被告人王某批量制造含有国家列管精神药品 γ-羟丁酸成分的饮料,大量销往全国多地娱乐场所,社会危害大。人民法院根据王某的犯罪事实、性质、情节和对社会的危害程度,依法对其判处了刑罚。

问题 19. 行为人共谋制造芬太尼等毒品并贩卖,构成贩卖、制造毒品罪

【典型案例】 刘某等贩卖、制造毒品案[①]

[案例要旨]

行为人共谋制造芬太尼等毒品并贩卖,构成贩卖、制造毒品罪。国家相关部门在以往明确管控 25 种芬太尼类物质的基础上,又将芬太尼类物质列入《非药用类麻醉药品和精神药品管制品种增补目录》进行整类列管。本案系芬太尼类物质犯罪案件,人民法院根据涉案毒品的种类、数量、危害和行为人犯罪的具体情节,依法从严惩处。

一、基本案情

被告人刘某,男,公司经营者。

被告人蒋某某,女,微商。

被告人王某某,男,公司经营者。

被告人夏某某,男,公司经营者。

被告人杨某甲,男,无业。

被告人杨某某等四人,均系被告人王某某、夏某某经营公司的业务员。

2017 年 5 月,被告人刘某、蒋某某共谋由刘某制造芬太尼等毒品,由蒋某某联系客户贩卖,后蒋某某为刘某提供部分资金。同年 10 月,蒋某某向被告人王某某销售刘某制造的芬太尼 285.08 克。同年 12 月 5 日,公安人员抓获刘某,后从刘某省常州市租用的实验室查获芬太尼 5017.8 克、去甲西泮 3383.16 克、地西泮 41.9 克、阿普唑仑 5012.96 克等毒品及制毒设备、原料,从刘某位于上海市的租住处查获芬太尼 6554.6 克及其他化学品、原料。

2016 年 11 月以来,被告人王某某、夏某某成立公司并招聘被告人杨某某、张某某、梁某某、于某等人为业务员,通过互联网发布信息贩卖毒品。王某某先后从被告人蒋某

[①] 最高人民法院发布 2020 年十大毒品(涉毒)犯罪典型案例。

某处购买前述 285.08 克芬太尼,从被告人杨某甲处购买阿普唑仑 991.2 克,并从其他地方购买呋喃芬太尼等毒品。案发后,公安机关查获王某某拟通过快递寄给买家的芬太尼 211.69 克、呋喃芬太尼 25.3 克、阿普唑仑 991.2 克;从杨某某处查获王某某存放的芬太尼 73.39 克、呋喃芬太尼 14.23 克、4-氯甲卡西酮 8.33 克、3,4-亚甲二氧基乙卡西酮 1920.12 克;从杨某甲住处查获阿普唑仑 6717.4 克。

二、裁判结果

本案由河北省邢台市中级人民法院一审,河北省高级人民法院二审。

法院认为,被告人刘某、蒋某某共谋制造芬太尼等毒品并贩卖,其行为均已构成贩卖、制造毒品罪。被告人王某某、夏某某、杨某、杨某某、张某某、梁某某、于某明知是毒品而贩卖或帮助贩卖,其行为均已构成贩卖毒品罪。刘某、蒋某某制造、贩卖芬太尼等毒品数量大,且在共同犯罪中均系主犯。刘某所犯罪行极其严重,根据其犯罪的事实、性质和具体情节,对其判处死刑,缓期二年执行,剥夺政治权利终身,并处没收个人全部财产;蒋某某作用相对小于刘某,对其判处无期徒刑,剥夺政治权利终身,并处没收个人全部财产。王某某、夏某某共同贩卖芬太尼等毒品数量大,王某某系主犯,但具有如实供述、立功情节,对其判处无期徒刑,剥夺政治权利终身,并处没收个人全部财产;夏某某系从犯,对其判处有期徒刑十年,并处罚金人民币 10 万元。杨某甲贩卖少量毒品,对其判处有期徒刑二年,并处罚金人民币 6 万元。杨某某、张某某、梁某某、于某参与少量毒品犯罪,且均系从犯,对四人分别判处有期徒刑一年八个月、一年六个月、一年四个月、六个月,并处罚金。

上述裁判已于 2020 年 6 月 17 日发生法律效力。

三、典型意义

芬太尼类物质滥用当前正成为国际社会面临的新毒品问题,此类犯罪在我国也有所发生。为防范芬太尼类物质犯罪发展蔓延,国家相关部门在以往明确管控 25 种芬太尼类物质的基础上,又于 2019 年 5 月 1 日将芬太尼类物质列入《非药用类麻醉药品和精神药品管制品种增补目录》进行整类列管。本案系国内第一起有影响的芬太尼类物质犯罪案件,涉及芬太尼、呋喃芬太尼、阿普唑仑、去甲西泮、4-氯甲卡西酮、3,4-亚甲二氧基乙卡西酮等多种新型毒品,部分属于新精神活性物质。人民法院根据涉案毒品的种类、数量、危害和被告人刘某、蒋某某、王某某、夏某某犯罪的具体情节,依法对四人从严惩处,特别是对刘某判处死刑缓期执行,充分体现了对此类犯罪的有力惩处。

问题 20. 组织多人制造新型毒品甲卡西酮,向社会大肆贩卖,应依法严惩

【典型案例】严某贩卖、制造毒品,董某 1 贩卖、运输毒品案[①]

一、基本案情

被告人严某,2002 年 4 月 2 日因犯合同诈骗罪被判处有期徒刑十二年,2009 年 7 月 1 日刑满释放。

2016 年春节后,被告人严某、董某 1 密谋由严某制造甲卡西酮,董某 1 负责收购。严某将制毒工艺流程交予潘某(同案被告人,已判刑),指使潘某制造甲卡西酮。潘某与

[①] 最高人民法院 2023 年 6 月 26 日公布的 10 起依法严惩毒品犯罪和涉毒次生犯罪典型案例。

谭某、王某（均系同案被告人，已判刑）等人试验后成功制出甲卡西酮。同年10月初，潘某与李某（同案被告人，已判刑）商定在河南省新野县歪子镇李某处制造甲卡西酮。同年12月底，李某等人将制毒地点转移至该镇另一处所，直至2017年3月9日案发。制毒期间，严某提供主要原料，李某购买辅料并负责日常管理，谭某、王某指导工人制毒。严某等人共制造甲卡西酮5126.4千克，其中451.4千克被公安机关在制毒现场查获。

2016年10月13日至2017年3月9日，被告人严某联系潘某，将制造的甲卡西酮贩卖给被告人董某19次，共计4675千克。毒品交易期间，董某1指使何某（同案被告人，已判刑）向严某支付毒资，指使何某、侯某（同案被告人，已判刑）等人驾驶车辆接运毒品，后由董某1之弟董某2（同案被告人，已判刑）安排董某3、葛某（均系同案被告人，已判刑）将毒品转卖给他人。2017年3月9日，最后一次交易的1000千克甲卡西酮被当场查获。

二、裁判结果

本案由河南省南阳市中级人民法院一审，河南省高级人民法院二审。最高人民法院对本案进行了死刑复核。

法院认为，被告人严某明知甲卡西酮是毒品而制造并出售，其行为已构成贩卖、制造毒品罪。被告人董某1明知甲卡西酮是毒品而贩卖、运输，其行为已构成贩卖、运输毒品罪。严某提起犯意，组织他人制造毒品并提供主要原料，负责贩卖制出的毒品，董某1指挥他人支付毒资、接运并销售毒品，二人在各自参与的共同犯罪中均起主要作用，均系罪责最为突出的主犯，应按照二人各自所参与和组织、指挥的全部犯罪处罚。严某制造、贩卖、董某1贩卖、运输毒品数量巨大，犯罪情节严重，社会危害大，罪行极其严重，应依法惩处。据此，依法对被告人严某、董某1均判处并核准死刑，剥夺政治权利终身，并处没收个人全部财产。

罪犯严某、董某1已于2022年8月19日被依法执行死刑。

三、典型意义

甲卡西酮于2005年在我国被列为第一类精神药品进行管制，但在国内不存在合法生产、经营，也没有任何合法用途。甲卡西酮作为新型毒品，对人体健康可产生较为严重的伤害，能导致急性健康问题和毒品依赖，过量使用易造成不可逆的永久脑部损伤甚至死亡。本案是一起大量制造、贩卖甲卡西酮的典型案例。被告人严某组织多人大量制造甲卡西酮，不仅提供制毒工艺和主要原料，还负责贩卖；被告人董某1出资购毒，指挥多人接运和交易毒品，并组织向外贩卖。二人在毒品制售链条中处于核心地位、发挥关键作用，致使3600余千克毒品流入社会，另查获甲卡西酮1400余千克，具有严重的社会危害。制造毒品和大宗贩卖毒品属于源头性毒品犯罪，历来是我国禁毒斗争的打击重点。人民法院依法对严某、董某1判处死刑，体现了对性质严重、情节恶劣、社会危害大的新型毒品犯罪惩处力度的不断加大。

问题 21. 伪造资质骗购大量麻醉药品出售给贩毒人员的认定

【典型案例】 马某等贩卖毒品案[①]

一、基本案情

2017 年 2 月,被告人马某经与贩毒人员共谋,通过伪造癌症病人住院病案首页、身份证件等资料,在多家医院办理多张麻醉卡。马某持麻醉卡以每片 0.4 元的价格从医院骗购哌替啶片(度冷丁),再以每片 13 元的价格出售给贩毒人员,并以给予一定报酬为诱惑,将麻醉卡提供给被告人段某,让段某为其到医院骗购哌替啶片及发展下线。2017 年 2 月至 2018 年 9 月,马某及其直接或间接发展的下线被告人段某、石某、方某、沈某,多次采用同样手段从医院骗购哌替啶片,均被马某加价出售给贩毒人员。各被告人贩卖哌替啶的数量分别为:马某 744 克、段某 328.4 克、石某 124.6 克、方某 36.7 克、沈某 26 克。

二、裁判结果

本案由甘肃省合水县人民法院一审,甘肃省庆阳市中级人民法院二审。

法院认为,被告人马某、段某、石某、方某、沈某明知哌替啶是国家规定管制的能够使人形成瘾癖的麻醉药品,而骗购获取后出售给贩毒人员,其行为均已构成贩卖毒品罪。马某、段某贩卖毒品数量大,石某贩卖毒品数量较大;方某、沈某多次贩卖毒品,情节严重。在共同犯罪中,马某与贩毒人员共谋,伪造资料办理麻醉卡从医院骗购哌替啶片,积极发展、指使下线使用其提供的麻醉卡从医院骗购哌替啶片,并出售给贩毒人员牟利,起主要作用,系主犯,应按照其所参与和组织、指挥的全部犯罪处罚;段某、石某、方某、沈某直接或间接受马某指使从医院骗购哌替啶片,起次要作用,系从犯,应依法从轻或减轻处罚。段某、方某有自首情节,可依法从轻处罚。段某、方某、沈某认罪认罚,可依法从宽处理。方某、沈某积极退赃,酌情从轻处罚。据此,依法对被告人马某判处有期徒刑十五年,并处没收财产人民币 2 万元;对被告人段某、石某、方某、沈某分别判处有期徒刑十年、七年、二年、一年九个月,并处数额不等罚金。

庆阳市中级人民法院于 2022 年 10 月 17 日作出二审刑事裁定,现已发生法律效力。

三、典型意义

近年来,一些犯罪分子通过伪造患者病历资料从医院套取国家管制的麻精药品并贩卖牟利的情况时有发生。本案系一起持伪造资料办理麻醉卡从医院骗购哌替啶出售给贩毒人员牟利的典型案例。被告人马某经与贩毒人员共谋,伪造多份癌症患者资料,在多家医院办理麻醉卡骗购麻醉药品,发展多名下线采用同样手段实施犯罪,并将骗购的麻醉药品加价数倍出售给贩毒人员牟利,不但导致大量医疗用麻醉药品流入涉毒渠道,还严重扰乱了药品经营管理秩序。人民法院一体打击骗购麻精药品并向贩毒人员出售的犯罪团伙,认定马某为团伙主犯并依法判处十五年有期徒刑,体现了严惩此类犯罪及其中起组织、指挥作用的主犯的坚定态度;同时,对本案中具有从犯、自首、认罪认罚、积极退赃等法定、酌定从宽处罚情节的其他被告人依法从轻或减轻处罚,体现了区别对待、宽以济严。

[①] 最高人民法院 2023 年 6 月 26 日公布的 10 起依法严惩毒品犯罪和涉毒次生犯罪典型案例。

问题 22. 医务人员多次向吸贩毒人员贩卖精神药品牟利的认定

【典型案例】 夏某贩卖毒品案①

一、基本案情

被告人夏某，医务人员。

被告人夏某系重庆市某营利性戒毒医院医生，具有开具国家管制的第一类精神药品盐酸丁丙诺啡舌下片处方资格。2020 年 7 月至 2021 年 5 月，夏某冒用他人名义开具虚假处方，以每盒 170 元的价格从医院骗购盐酸丁丙诺啡舌下片，明知购买者系吸贩毒人员，仍多次以每盒 350 元至 450 元不等的价格向多人贩卖，且均未开具相应处方，共计出售 422 盒（10 片/盒）。

二、裁判结果

本案由重庆市万州区人民法院一审，重庆市第二中级人民法院二审。

法院认为，被告人夏某身为依法从事管理、使用国家管制的精神药品的人员，向贩卖毒品的犯罪分子或者以牟利为目的向吸食、注射毒品的人提供国家规定管制的能够使人形成瘾癖的精神药品，其行为已构成贩卖毒品罪。夏某为牟取非法利益，多次向多名吸贩毒人员贩卖盐酸丁丙诺啡舌下片，情节严重。据此，依法对被告人夏某判处有期徒刑六年，并处罚金人民币 12 万元。

重庆市第二中级人民法院于 2022 年 12 月 26 日作出二审刑事裁定，现已发生法律效力。

三、典型意义

近年来，随着我国对毒品犯罪的打击力度持续加强，部分常见毒品逐渐较难获得，一些吸毒人员转而通过非法手段获取医疗用麻精药品作为替代物滥用，以满足吸毒瘾癖，具有医疗用途的麻精药品流入非法渠道的情况时有发生。本案系一起戒毒医院医生向吸贩毒人员贩卖国家管制的精神药品牟利的典型案例。盐酸丁丙诺啡舌下片属于国家管制的第一类精神药品，具有医疗用途，但被滥用极易形成瘾癖，兼具药品与毒品双重属性。被告人夏某身为戒毒医院执业医师，利用职业便利，冒用患者名义虚开处方套取盐酸丁丙诺啡舌下片，多次加价贩卖给多名吸贩毒人员牟利，犯罪情节严重。"医乃仁术，无德不立。"夏某的行为违背职业操守，扰乱正常医疗秩序，导致医疗用精神药品流入涉毒渠道，社会危害大。人民法院依法对夏某以贩卖毒品罪定罪处刑，并处以高额罚金，彰显了严惩此类犯罪的严正立场。对于推动强化麻精药品源头管控，促进加强相关机构和人员管理，严防医疗用麻精药品流入涉毒渠道具有积极意义。

问题 23. 违规购买精神药品出售给吸毒人员的认定

【典型案例】 纪某贩卖毒品案②

一、基本案情

2020 年至 2021 年，被告人纪某在辽宁省辽阳市某医院使用多人多张就诊卡购买阿普唑

---

① 最高人民法院 2023 年 6 月 26 日公布的 10 起依法严惩毒品犯罪和涉毒次生犯罪典型案例。
② 最高人民法院 2023 年 6 月 26 日公布的 10 起依法严惩毒品犯罪和涉毒次生犯罪典型案例。

仑片。2021年11月17日11时许,纪某在该医院以11元的价格购买1盒阿普唑仑片后,明知陈某某系吸毒人员,仍以100元的价格出售给陈某某,被公安人员当场抓获,阿普唑仑片1盒(40片/盒)被查获。公安人员另从纪某身上查扣阿普唑仑片1盒和就诊卡12张。

二、裁判结果

本案由辽宁省辽阳市白塔区人民法院审理。

法院认为,被告人纪某明知阿普唑仑是国家规定管制的能够使人形成瘾癖的精神药品仍贩卖给吸毒人员,其行为已构成贩卖毒品罪。纪某到案后如实供述自己的罪行,可依法从轻处罚;自愿认罪认罚,可依法从宽处理。据此,依法对被告人纪某判处有期徒刑六个月,并处罚金人民币5000元。

辽阳市白塔区人民法院于2023年2月17日作出刑事判决。宣判后,在法定期限内没有上诉、抗诉。判决现已发生法律效力。

三、典型意义

阿普唑仑是国家管制的第二类精神药品,直接作用于神经系统,长期服用易成瘾,突然减药或停用易出现戒断反应,严重时可危及生命。一些犯罪分子以牟利为目的,明知他人为滥用而购买,仍套购此类药品非法出售。本案是一起违规购买阿普唑仑后贩卖给吸毒人员的典型案例。被告人纪某明知阿普唑仑是国家规定管制的精神药品,且他人购买系作为毒品滥用,仍加价近10倍向吸毒人员出售,应认定为贩卖毒品罪。在案证据显示,纪某还曾使用多人多张就诊卡违规购买阿普唑仑片。纪某的行为不仅违反了国家关于麻精药品的管理规定,还干扰、破坏了正常的医疗秩序,依法应予严惩。人民法院根据纪某犯罪的事实、性质、情节和对于社会的危害程度,对其定罪处刑,体现了"涉毒必惩"的态度立场。同时,提醒广大公众切勿随意将自己的就诊凭证借予他人,防止被他人违法利用。

问题24. 对于居间介绍买卖毒品与居中倒卖毒品行为的区分,以及居间介绍买卖毒品共同犯罪的认定与处罚

【刑事审判参考案例】陈某某、庄某某贩卖毒品案[①]

一、基本案情

某省某市人民检察院以被告人陈某某、庄某某犯贩卖毒品罪,向某市中级人民法院提起公诉。

被告人陈某某及其辩护人辩称,陈某某并非涉案毒品的所有者,只是交易的中间人;本案属于特情引诱,并存在数量引诱。

被告人庄某某及其辩护人辩称,庄某某没有参与毒品交易,是为一点酬劳才帮忙介绍陈某某和罗某某认识,仅起到居间介绍的辅助作用,是从犯。

某市中级人民法院经审理查明:2013年7月4日,公安特情人员罗某某经被告人庄某某介绍与被告人陈某某商议购买毒品事宜。双方商定,陈某某以22万元的价格贩卖

[①] 胡晓明撰稿,马岩审编:《陈某某、庄某某贩卖毒品案——如何准确认定居间介绍买卖毒品行为(第1179号)》,载最高人民法院刑事审判第一、二、三、四、五庭主办:《刑事审判参考》(总第108集),法律出版社2017年版,第100~105页。

3000 克甲基苯丙胺给罗某某介绍的买家。次日 2 时许，陈某某、庄某某与罗某某会合，到广州市天河区天河公园附近等候他人送来毒品。7 时许，经陈某某联系，由他人开车前来交给陈某某一袋毒品。随后，罗某某、庄某某、陈某某一同前往广州市某酒店。到达酒店门口后，庄某某在车上等候；陈某某手持装有毒品的塑料袋和罗某某上到酒店一房间与罗某某介绍的买家进行交易。当陈某某与买家交接毒品、点验货款时，被事先埋伏的公安人员当场抓获。公安人员从陈某某带来的塑料袋中缴获甲基苯丙胺 3 包，共计净重 2479 克。同时，其他事先埋伏的公安人员在酒店门前将庄某某抓获。

某市中级人民法院认为，被告人陈某某、庄某某结伙贩卖甲基苯丙胺，数量大，其行为均已构成贩卖毒品罪。在共同犯罪中，陈某某是主犯，应当按照其所参与的全部犯罪处罚；庄某某起次要作用，是从犯，依法可予以减轻处罚。依照《刑法》第 347 条第 2 款第 1 项、第 25 条、第 26 条第 3 款、第 27 条、第 48 条第 1 款、第 57 条第 1 款、第 53 条的规定，判决如下：

1. 被告人陈某某犯贩卖毒品罪，判处死刑，缓期二年执行，剥夺政治权利终身，并处没收个人全部财产；

2. 被告人庄某某犯贩卖毒品罪，判处有期徒刑十三年，并处罚金人民币 5 万元。

一审宣判后，被告人陈某某、庄某某均提出上诉。陈某某及其辩护人提出，陈某某没有与买家进行一手交钱一手交货的交易；本案是引诱犯罪，陈某某没有贩毒的主观故意，不构成贩卖毒品罪。庄某某提出，原判量刑过重。

某省高级人民法院经二审审理认为，被告人陈某某、庄某某结伙贩卖甲基苯丙胺，数量大，其行为均已构成贩卖毒品罪。本案确系在公安机关特情人员介入之下侦破，但陈某某在公安机关安排的线人提出购买毒品后，为牟利而联系毒品货源，并携带毒品到预先商定好的交易现场，其主观上具有贩卖毒品的故意。陈某某经庄某某介绍认识罗某某以后，三人协商毒品的交易数量、价格以及交易方式等，陈某某还联系毒品来源并携带毒品到现场，在共同犯罪中起主要作用，系主犯，应当按照其所参与的全部犯罪处罚。庄某某介绍罗某某与陈某某交易毒品，并参与毒品交易的整个过程，在共同犯罪中起次要作用，系从犯，可以减轻处罚。鉴于本案是在公安机关的监控下实施的毒品交易，社会危害较小，对各被告人可酌情从轻处罚。原审判决认定的事实清楚，证据确实、充分，定罪准确，量刑适当，审判程序合法。据此，裁定驳回上诉，维持原判，并核准对陈某某的死缓判决。

二、主要问题

1. 对居间介绍买卖、居中倒卖毒品的行为如何进行区分？
2. 对居间介绍买卖毒品的共同犯罪如何认定？
3. 对在公安特情参与下的居间介绍、居中倒卖者如何量刑？

三、裁判理由

（一）被告人陈某某、庄某某在毒品交易中地位、作用的认定

毒品交易是典型的买卖对合犯罪，一宗非法的毒品交易，除毒品买方与卖方之外，现实中常见多层级的毒品交易上下家，以及处于毒品买方与卖方之间形形色色的"中间人"。其中，既有居间介绍者，也有居中倒卖者。对于毒品交易的居间介绍者，早在 1994 年最高人民法院印发的《关于适用〈全国人民代表大会常务委员会关于禁毒的决定〉的若干问题的解释》（已废止）中便作了初步规定。该解释第 2 条第 4 款规定："居间介绍

买卖毒品的,无论是否获利,均以贩卖毒品罪的共犯论处。"2008年最高人民法院印发的《大连会议纪要》从行为人是否牟利、主观上是否明知他人实施毒品犯罪两方面,进一步对居间介绍行为的性质认定作出规定:"明知他人实施毒品犯罪而为其居间介绍、代购代卖的,无论是否牟利,都应以相关毒品犯罪的共犯论处。"

司法实践中,相当一部分贩毒者尤其是一些毒品倒卖者,为获取较轻的刑事处罚,到案后往往辩称自己是居间介绍者,将居间介绍买卖毒品和直接贩卖毒品混淆起来。2015年最高人民法院印发的《武汉会议纪要》针对这一实践问题,在总结以往经验的基础上指出,办理贩卖毒品案件,应当准确认定居间介绍买卖毒品行为,并与居中倒卖毒品行为相区别。关于居间介绍与居中倒卖的区分,《武汉会议纪要》提出可从以下几个方面进行:(1)交易地位与作用。居间介绍者在毒品交易中处于中间人地位,发挥介绍联络作用;居中倒卖者属于毒品交易主体,直接参与毒品交易,对交易的发起和达成起决定作用。(2)共同犯罪形式。居间介绍者通常与交易一方构成共同犯罪,居中倒卖者与前后环节的交易对象是上下家关系。(3)是否牟利。居间介绍者不以牟利为要件,居中倒卖者直接在毒品交易中获利。这些具体规定有助于司法实践中准确认定居间介绍行为。

本案中,特情人员罗某某以毒品买家代理人的身份出现,其首先联系的是被告人庄某某,还将准备用于交易的现金、银行取款回执的照片发送给庄某某。从形式上看,庄某某似乎是罗某某的直接交易对象。但本案证据证实,真正与罗某某交易的是被告人陈某某。在庄某某介绍罗某某与陈某某认识后,陈某某、罗某某见面商谈交易细节,虽有庄某某的介入,但确定交易毒品的种类、数量、价格的仍是陈某某、罗某某二人。陈某某、罗某某也均明知交易的对象并非庄某某。公安机关提取的手机短信息显示,庄某某并不从本次交易中赚取差价,而是想通过介绍交易获得5000元的好处费。显然,庄某某并不是本次毒品交易中独立的一方主体,而是陈某某、罗某某之间的居间介绍人。

被告人陈某某与罗某某确定交易毒品时,尚没有直接控制用于交易的毒品。陈某某在与罗某某交易的当日凌晨,才由他人将该批毒品送至陈某某处。陈某某与他人交接毒品的情节,陈某某、庄某某、罗某某均予证实。从表面上看,陈某某似乎仅是交易的中间人,而不是交易的一方主体。因此,陈某某是独立的毒品交易主体,还是上下家之间的中介人,是本案另一个审查认定的重点。在案证据显示,陈某某虽然没有详细供述毒品来源,但其曾供认联系毒品提供者的情节,供认过毒品提供者同意赊账向其提供毒品,确定交易金额为21万元。结合陈某某以自己的名义与罗某某进行交易,且其向罗某某贩卖毒品的价格高于其所供的向毒品提供者购买毒品的金额,故能认定陈某某是毒品交易链中单独的一环,其获利方式是通过在上下家之间转卖获得差价。故陈某某在毒品交易中具有独立主体地位,应认定其属于在本案中居中倒卖毒品。

(二)对被告人陈某某、庄某某共同犯罪及主从犯的认定

《武汉会议纪要》对于居间介绍者共同犯罪的认定,作了如下规定:"居间介绍者受贩毒者委托,为其介绍联络购毒者的,与贩毒者构成贩卖毒品罪的共同犯罪;明知购毒者以贩卖为目的购买毒品,受委托为其介绍联络贩毒者的,与购毒者构成贩卖毒品罪的共同犯罪;受以吸食为目的的购毒者委托,为其介绍联络贩毒者,毒品数量达到刑法第三百四十八条规定的最低数量标准的,一般与购毒者构成非法持有毒品罪的共同犯罪;同时与贩毒者、购毒者共谋,联络促成双方交易的,通常认定与贩毒者构成贩卖毒品罪的共同犯罪。"这一规定依据我国刑法共同犯罪理论,对司法实践中典型的居间介绍买卖毒品

行为的共同犯罪认定予以规范,体现出居间介绍人并不具有独立地位,在犯意和犯罪行为上依附于交易一方的本质特征。无论居间介绍者与购毒者还是贩毒者构成共同犯罪,其实质在于与另一方比较,居间介绍者与其中一方更具有共同的犯罪故意和共同的犯罪行为。

本案中,被告人庄某某、陈某某系同乡、朋友关系,此前庄某某就知道陈某某贩卖甲基苯丙胺;而庄某某与罗某某经他人介绍,认识不久。虽然庄某某是在罗某某提出购买毒品的要求后,才介绍陈某某与罗某某联系,似乎是为罗某某介绍贩毒者。但是,在案证据证实,庄某某与陈某某关系密切,庄某某不仅受罗某某所托向其介绍了陈某某,而且直接在罗某某与陈某某之间就交易的核心内容联络沟通,推动双方达成金额22万元的交易。此外,庄某某还陪同陈某某从上家处接收毒品,并与陈某某共同前往交易地点。显然,庄某某与陈某某之间具有密切的犯意联络,形成了贩卖毒品的共同故意,并一起实施了贩卖毒品的共同行为,两人也因此构成贩卖毒品的共同犯罪。这一认定,符合前述《武汉会议纪要》中"同时与贩毒者、购毒者共谋,联络促成双方交易的,通常认定与贩毒者构成贩卖毒品罪的共同犯罪"的精神。由于陈某某是独立的一方交易主体,其与上家之间并不存在共同犯罪的认定问题。

在主从犯认定上,《武汉会议纪要》规定:"居间介绍者实施为毒品交易主体提供交易信息、介绍交易对象等帮助行为,对促成交易起次要、辅助作用的,应当认定为从犯;对于以居间介绍者的身份介入毒品交易,但在交易中超出居间介绍者的地位,对交易的发起和达成起重要作用的被告人,可以认定为主犯。"本案中,被告人庄某某的作用主要体现在为双方牵线介绍,虽然介入到交易的具体过程之中,但其作用在根本上仍属于帮助性质,故本案将其认定为从犯,予以减轻处罚。被告人陈某某作为一方独立的交易主体,对交易达成起主要作用,应认定为主犯。

(三)特情介入情节对本案定罪量刑的影响

特情介入侦破案件,是办理毒品犯罪案件过程中常见的侦查手段。《大连会议纪要》对特情介入案件的处理作了较为详细的规定,明确了犯意引诱的基本特征,以及该情节对量刑尤其是死刑适用的影响。《大连会议纪要》规定:"行为人本没有实施毒品犯罪的主观意图,而是在特情诱惑和促成下形成犯意,进而实施毒品犯罪的,属于'犯意引诱'。对因'犯意引诱'实施毒品犯罪的被告人,根据罪刑相适应原则,应当依法从轻处罚,无论涉案毒品数量多大,都不应判处死刑立即执行。"但"对已持有毒品待售或者有证据证明已准备实施大宗毒品犯罪者,采取特情贴靠、接洽而破获的案件,不存在犯罪引诱,应当依法处理"。

本案中,被告人庄某某供认,此前就知道被告人陈某某贩卖甲基苯丙胺,虽然陈某某对此不予供认,但陈某某在短时间内即能联络到毒品货源,并提供大量甲基苯丙胺用于交易,且经鉴定用于交易的甲基苯丙胺含量达到76.6%,表明陈某某并非临时四处寻购毒品,也并非靠掺杂使假的方法增加毒品数量,而是具有大量贩卖毒品的能力和意愿,有稳定可靠的甲基苯丙胺来源。因此,对于陈某某这种随时具有实施大宗毒品犯罪的能力,且有一定证据显示其曾经贩卖毒品的犯罪分子,公安机关实际是运用了特情接洽的方式抓获贩毒分子,并缴获大量毒品,故不属于犯意引诱。但考虑到陈某某、庄某某的贩卖毒品行为处于特情人员及其他公安人员密切监控之下,其行为的社会危害性被限制在特定范围之内,故在量刑上对两人均予以从宽处罚,未对实施大量贩卖毒品行为的陈某某判处死刑立即执行,是适当的。

【实务专论】[①]

居间介绍买卖毒品是指行为人为毒品交易双方提供交易信息、介绍交易对象、协调交易价格数量，或者提供其他帮助，促成交易的行为。具体包括为贩毒者介绍联络购毒者的行为，为购毒者介绍联络贩毒者的行为，以及同时为毒品买卖双方牵线搭桥，促成毒品交易的行为。在贩卖毒品犯罪中，居间介绍买卖毒品行为较为常见，且对促成毒品交易发挥着重要的帮助作用，然而在办理具体案件的过程中，对于居间介绍买卖毒品与居中倒卖毒品行为的区分，以及居间介绍买卖毒品的共同犯罪认定与处罚还存在一些模糊认识。

一、居间介绍买卖毒品与居中倒卖毒品的区分

对于居间介绍买卖毒品与居中倒卖毒品的区分的问题，《武汉会议纪要》作了专门规定，单纯从概念角度，上述两类行为似乎很容易区分。但由于毒品犯罪的表现形式比较复杂，在实际认定中往往容易发生混淆，尤其是一些居中倒卖毒品的被告人，到案后往往辩称自己是居间介绍者，不是购毒者或者贩毒者。试图以此减轻罪责，给司法上的准确认定带来一定困难，区分居间介绍买卖毒品与居中倒卖毒品行为，不但关系到对案件事实的准确认定，也影响对被告人犯罪地位的恰当区分。

具体来看，居间介绍买卖毒品行为与居中倒卖毒品行为的区别主要在于：

1. 在毒品交易中的地位、作用不同。居间介绍者不是毒品交易的一方主体，在交易中处于中间人地位，对促成毒品交易起帮助作用。居中倒卖者虽然处于毒品交易链条的中间环节，但在每一个具体的交易环节中都是一方交易主体，在上一交易环节其扮演下家的角色，在下一交易环节其又扮演上家角色，对交易的发起和达成起决定作用。

2. 是否成立共同犯罪不同。居间介绍者对毒品交易主体的买卖毒品行为起帮助作用，在处理上往往认定为交易一方的共犯。居中倒卖者与前后环节的毒品交易主体不是共犯关系，而是上下家关系，对于上家而言是下家，对于下家而言是上家。

3. 有无获利及获利方式不同。居间介绍者不以牟利为要件。获得的报酬也不是通过吃差价来实现，而是来自交易一方或者双方支付的酬劳。居中倒卖者必然要从毒品交易中获利，而且是通过低价买进、高价卖出，吃差价来实现牟利。

二、居间介绍买卖毒品的共同犯罪认定与处罚

实践中，对居间介绍买卖毒品者与交易的哪一方构成共同犯罪，应当认定为主犯还是从犯等问题，存在一定争议。

1. 居间介绍买卖毒品的共犯认定。1994年最高人民法院《关于执行〈全国人民代表大会常务委员会关于禁毒的决定〉的若干问题的解释》（已失效）第2条第4款规定："居间介绍买卖毒品的，无论是否获利，均以贩卖毒品罪的共犯论处。"然而对于以吸食毒品为目的的购毒者居间介绍购买毒品的行为，如果也一律认定为贩毒者的共犯，似乎有违共同犯罪构成理论。2008年印发的《大连会议纪要》规定，明知他人实施毒品犯罪而为其居间介绍代购代买的，无论是否牟利，都应以相关毒品犯罪的共犯论处。《大连会议纪要》对居间介绍者行为性质的认定，虽然在表述上有一定变化，但仍未明确区分居间介绍以吸食毒品为目的的购毒者购买毒品行为的性质，导致各地对此类案件的处理不甚统一。

[①] 李静然：《居间介绍买卖毒品的认定与处罚》，载《人民司法》2016年第17期。

准确认定居间介绍者与毒品交易的哪一方构成共同犯罪，不仅关系到其行为性质的认定，有时也影响其量刑轻重。为规范法律适用，2015年印发的《武汉会议纪要》区分不同情况，对该问题作了较为详细的规定。对于《武汉会议纪要》的规定，主要可以从以下几个方面理解：第一，居间介绍买卖毒品必然要在买卖双方之间牵线搭桥。原则上居间介绍者受哪一方交易主体委托，与哪一方存在犯罪共谋，并有更加积极密切的联络交易行为，就认定其与哪一方构成共同犯罪。居间介绍者受贩毒者委托，为其介绍联络购毒者的，与贩毒者构成贩卖毒品罪的共同犯罪。居间介绍者明知购毒者以贩卖为目的购买毒品，受委托为其介绍联络贩毒者的，与购毒者构成贩卖毒品罪的共同犯罪。第二，居间介绍者受以吸食毒品为目的的购毒者委托，为其介绍贩毒者的，不能因为其行为客观上促进了贩毒者的贩卖行为而简单认定为贩毒者的共犯，一般仍要认定为购毒者的共犯。毒品数量达到较大以上的，居间介绍者与购毒者构成非法持有毒品罪的共犯。如果对提出购买要求、出资和实际拥有毒品者的购毒者，因其购买的毒品仅供吸食而认定为非法持有毒品罪，对受委托帮助其购买仅供吸食的毒品的居间介绍者认定为贩卖毒品罪，则容易造成处罚失衡。第三，对于同时受贩毒者、购毒者双方委托为其联络、促成交易，与双方关系都非常密切的，为了便于司法认定和处理，一般认定与贩毒者构成共同犯罪。但为了从严惩处毒品犯罪，如果居间介绍者与以贩卖毒品为目的的购毒者关系更为紧密，且购毒者为促进毒品交易起到更大作用的，可以认定居间介绍者与购毒者构成共犯。

2. 居间介绍买卖毒品者的主从犯认定与处罚。居间介绍者不是毒品交易的一方主体，其对能否达成交易没有决定权，在共同犯罪中处于帮助犯地位，通常应当认定为从犯。但行为人对毒品交易的发起和达成起到重要作用，已经超出居间介绍者的地位的，如教唆他人实施贩卖毒品犯罪的，或者直接介入、积极促成交易，成为起主要作用的共同实行犯的，实际上已不属于居间介绍者，对其可以认定为主犯。

问题25. 如何认定制造毒品行为以及制毒数量

【刑事审判参考案例】 刘某某贩卖、制造毒品案[①]

一、基本案情

某省某市某区人民检察院以被告人刘某某犯贩卖、制造毒品罪，向某市某区人民法院提起公诉。

被告人刘某某辩称，公安人员对其刑讯逼供，在某市某区某村租房查扣的东西并非其所有，其不构成制造毒品罪。其辩护人提出，现有证据无法证明用查扣的原料和设备，按照被告人刘某某供述的制毒方法可以制造出高纯度的甲基苯丙胺，故认定刘某某犯制造毒品罪的证据不足。

某市某区人民法院经公开审理查明：2014年11月至12月，被告人刘某某在其位于某市某区某村的租房内，采用从网上查找资料、购买制毒原料、工具等手段，制造甲基苯丙胺（冰毒）。刘某某在某小区附近、许某某外科诊所附近，采用电话联系等手段，先

[①] 李静然、沈丽撰稿，马岩审编：《刘某某贩卖、制造毒品案——如何认定制造毒品行为以及制毒数量（第1196号）》，载最高人民法院刑事审判第一、二、三、四、五庭主办：《刑事审判参考》（总第110集），法律出版社2018年版，第23~28页。

后 5 次向张某某、徐某、谢某贩卖甲基苯丙胺共计 3.75 克。同年 11 月 17 日，公安人员从刘某某的租房内查获大量白色晶体和不同颜色的液体。经鉴定，净重 49.8 克的白色晶体中检出甲基苯丙胺成分，其中 22.8 克含量为 74.6%，19.5 克含量为 73%；净重 1326.3 克的褐色液体中检出甲基苯丙胺成分，含量为 0.03%；净重 572.7 克的黄色液体中检出甲基苯丙胺成分，含量极低无法鉴定；净重 9428.6 克的褐色液体中检出麻黄碱成分。

某市某区人民法院认为，被告人刘某某贩卖、制造甲基苯丙胺共计 53.55 克，其行为已构成贩卖、制造毒品罪。关于刘某某提出的其没有制造毒品、公安人员对其刑讯逼供的辩解及辩护人提出的相关辩护意见，经查，公安人员接到线索后在某村一号楼 433 房间抓获了刘某某，并在现场扣押毒品、制毒原料、工具及吸毒工具，证人朱某某指认刘某某就是向其租住上述房间的男子；刘某某对自己制造毒品的犯罪行为作过多次有罪供述，且刘某某被收押时，内外科检查均无异常，故对刘某某的辩解及辩护人的辩护意见不予采纳。刘某某对贩卖毒品事实当庭自愿认罪，酌情从轻处罚。据此，依照《刑法》第 347 条第 1 款、第 2 款第 1 项、第 7 款，第 55 条第 1 款，第 56 条第 1 款，第 59 条之规定，判决如下：

被告人刘某某犯贩卖、制造毒品罪，判处有期徒刑十五年，剥夺政治权利五年，并处没收财产人民币 5 万元。

宣判后，被告人刘某某未提出上诉，公诉机关亦未抗诉，判决已发生法律效力。

二、主要问题

如何认定制造毒品行为以及制毒数量？

三、裁判理由

（一）关于制造毒品行为的认定

本案中，被告人刘某某在诉讼阶段前期曾承认制造甲基苯丙胺，但对制毒流程的供述不是特别清楚，对制毒原理也没有作出详细说明，后期则翻供否认实施制造毒品犯罪。其辩护人也提出，现有证据无法证明按照刘某某供述的方法能够制造出甲基苯丙胺。另外，公诉机关未提供侦查实验报告等证据证明按照刘某某供述的制毒方法确实能够制造出甲基苯丙胺。那么，刘某某的行为是否构成制造毒品罪？对刘某某供述的制毒方法是否需要通过侦查实验进行核实？

对此，我们认为，依据现有证据可以认定刘某某的行为构成制造毒品罪。理由如下：

第一，利用被告人刘某某供述的制毒"原料"能够制造出甲基苯丙胺（冰毒）。甲基苯丙胺，又名甲基安非他明、去氧麻黄碱，是一种无味或微有苦味的透明结晶体。甲基苯丙胺属于化学合成毒品，制造工艺相对简单。制造合成毒品犯罪呈上升趋势。麻黄碱类物质是制造甲基苯丙胺等苯丙胺类合成毒品的主要原料，属于《易制毒化学品管理条例》品种目录列管的第一类易制毒化学品。早期，犯罪分子利用易制毒化学品管理上存在的个别漏洞，非法获得麻黄碱、伪麻黄碱等物质后合成甲基苯丙胺。随着行政管控的进一步加强，部分犯罪分子转而利用含有麻黄碱类物质的药品加工、提炼麻黄碱、伪麻黄碱，进而制造甲基苯丙胺。随后，又逐步发展成为利用天然植物麻黄草提炼麻黄碱类物质，或者是利用溴代苯丙酮化学合成麻黄碱类物质，再制造甲基苯丙胺。其中，含有麻黄碱类物质的药品是用于治疗感冒和咳嗽的常用药，常见的如新康泰克胶囊、麻黄碱苯海拉明片、消咳宁等。通过加工、提炼等方法，可以从这类药物中提取麻黄碱类物质，因而也使之成为犯罪分子争相获取的对象。本案中，刘某某曾供述，其通过从互联网上搜索"新康泰克""冰毒"查询到制造甲基苯丙胺的方法，将康泰克胶囊（复方盐酸伪麻黄碱缓释胶囊）与其他化学品混合后制造甲基苯丙胺，案发后公安人员不但从刘某某的租房内查获了甲基苯丙胺，也查获了大量含有麻黄碱成分的液体。据此，可以认定刘某某供述的利用含麻黄碱类物质的药物制造甲基苯丙胺的情况属实。

第二，根据现场查获物证情况，结合被告人刘某某供述，足以认定刘某某实施了制造毒品犯罪行为。办理制造毒品犯罪案件时，确有必要对犯罪嫌疑人、被告人制造毒品的方法、过程进行详细讯问，以查明其是否确实实施了制造毒品犯罪行为。但实践中，一些犯罪分子出于逃避罪责等考虑，并不如实供述自己制造毒品的具体方法和过程；也有一些犯罪分子受自身知识水平所限，并不了解也难以表述清楚自己制造毒品的具体技术原理，由此给司法人员查明案件相关事实带来了一定困难。那么，对于这种情况，是否都需要办案人员按照犯罪嫌疑人、被告人供述的制毒方法、过程进行侦查实验，以核实其供述的真伪，并据此认定其是否实施了制毒行为？

我们认为，如果根据在案查获的制毒原料、工具、技术配方及毒品成品、半成品等情况，结合犯罪嫌疑人、被告人对基本制毒方法、原理的供述，足以认定其实施了制造毒品犯罪行为的话，则不需要通过侦查实验来进行核实验证。况且，即使侦查实验表明犯罪嫌疑人、被告人供述的制毒方法不完全真实，亦不能得出其未实施制造毒品犯罪的结论。本案中，公安人员从刘某某的租房内查获了其供述的酒精、氯化铵、含麻黄碱成分的液体等制毒原料，酒精灯、电子秤等制毒工具，以及含甲基苯丙胺成分的白色晶体、液体等毒品成品或含毒品物质。案发后，公安人员从刘某某租房内搜查到刘某某供称的记载制毒方法的笔记本，上面确实记载了"甲基苯丙胺""麻黄草""红磷"等字样。刘某某亦曾供认，其将康泰克胶囊与其他化学品混合、加热后制造甲基苯丙胺。结合上述证据，足以认定刘某某实施了制造毒品行为，故无须通过侦查实验进一步核实，并且，即使被告人后期翻供，亦不足以推翻上述认定。

第三，被告人刘某某实施的行为属于利用化学方法加工、配制毒品的制造毒品行为。我国刑法没有对制造毒品犯罪的含义作出明确界定。由于犯罪分子制造毒品的手段复杂多样、不断翻新，为厘清制造毒品的概念，最高人民法院在2008年印发的《大连会谈纪要》中对此作了具体规定："制造毒品不仅包括非法用毒品原植物直接提炼和用化学方法加工、配制毒品的行为，也包括以改变毒品成分和效用为目的，用混合等物理方法加工、配制毒品的行为。"本案中，刘某某曾供述，其将康泰克胶囊、酒精、氯化铵、氢氧化钠及其他化学品在铁桶内混合，进行加热、冷却，后在桶壁上提取到白色晶体（甲基苯丙胺）。虽如前分析，刘某某可能并未全部如实供述制毒原料和方法、过程，但甲基苯丙胺只能通过化学方法加工合成，不能通过物理方法制造；且刘某某供述的制毒方法，符合将不同化学品混合后使之发生化学反应的基本原理。故可以认定刘某某实施了利用化学方法加工、配制毒品的行为，其行为属于《大连会谈纪要》规定的制造毒品行为。

综上，根据现有证据足以认定被告人刘某某从互联网上查询制毒方法后，以含麻黄碱类物质的药品和其他化学品为原料，采用化学方法制造合成甲基苯丙胺，其行为构成制造毒品罪。

（二）关于制造毒品的数量认定

本案中，公安机关从被告人刘某某的租房内查获40余克白色晶体和大量不同颜色的液体。其中，49.8克白色晶体经鉴定检出甲基苯丙胺成分，系甲基苯丙胺成品，应认定为刘某某贩卖、制造毒品的数量，对此不存在争议。对于9428.6克检出麻黄碱成分的褐色液体，因未检出毒品成分，故不计入毒品数量。而对于检出甲基苯丙胺成分的 1326.3 克褐色液体（甲基苯丙胺含量为 0.003%）和 572.7 克黄色液体（甲基苯丙胺含量极低、无法鉴定含量）是否应当认定为刘某某制造毒品的数量，审理过程中存在一定争议。

对于制造毒品的数量认定，最高人民法院 2015 年印发的《武汉会议纪要》规定："制造毒品案件中，毒品成品、半成品的数量应当全部认定为制造毒品的数量，对于无法再加工出成品、半成品的废液、废料则不应计入制造毒品的数量。对于废液、废料的认定，可以根据其毒品成分的含量、外观形态，结合被告人对制毒过程的供述等证据进行分析判断，必要时可以听取鉴定机构的意见。"

废液、废料通常是指已经不具备进一步提取（提纯）毒品条件的固体或者液体废弃物，能够检出毒品成分但含量极低。从上述规定可以看出，废液、废料的认定对于制造毒品的数量认定较为重要。实践中，认定废液、废料的关键在废液废料与半成品的区分。根据《武汉会议纪要》的上述规定，对于制造毒品案件中查获的含有毒品成分，但外观明显有别于成品的非常态物质，除结合被告人对制毒过程的供述、物品的外观、提取状况等进行分析外，主要根据其毒品含量判断属于半成品还是废液、废料，必要时可以听取鉴定机构的意见。而国内有关技术专家提出，对于制造毒品现场查获的毒品含量在 0.2% 以下的物质，犯罪分子因受技术水平所限，通常难以再加工出毒品，且从成本角度考虑，犯罪分子也不太可能再对含量如此之低的物质进行加工、提纯，故 0.2% 的含量标准可以作为认定废液、废料时的参考。

根据有关法律规定及通常做法，结合本案具体情况，我们认为，对于查获的 1326.3 克褐色液体和 572.7 克黄色液体，应当认定为制毒过程中产生的废液，不应计入被告人刘某某制造毒品的数量。理由如下：第一，上述 1326.3 克褐色液体的甲基苯丙胺含量极低，仅为 0.003%，572.7 克黄色液体甚至低至无法鉴定出准确含量。无论是从技术水平角度还是从成本角度，都很难再被用于制造毒品。第二，根据刘某某的供述，其将买来的"原料"加水后放在铁锅铁桶里煮，煮到沸腾之后再冷却，锅（桶）壁上就结了和冰毒一样的东西。公安人员从刘某某的租房内查获的褐色液体装在铁锅里，且甲基苯丙胺含量极低，故应系析出甲基苯丙胺后剩余的液体。第三，查获的 572.7 克黄色液体的主要成分是酒精，里面含有极微量的甲基苯丙胺。根据刘某某的供述，酒精亦是他制毒的"原料"之一，故不排除是在制毒过程中混入了极少量的甲基苯丙胺成分。

综上，某市吴兴区人民法院将本案中现场查获的甲基苯丙胺含量极低的液体认定为废液，不计入被告刘某某制造毒品的数量，符合《武汉会议纪要》的相关规定，体现了罪责刑相适应的刑法原则，是合理的。

问题26. 为索要债务而唆使他人贩卖毒品的行为如何定性

【刑事审判参考案例】 章某贩卖毒品、容留他人吸毒案[①]

一、基本案情

被告人章某，男。1996 年 12 月 21 日因犯盗窃罪、故意伤害罪被判处有期徒刑十五年，剥夺政治权利二年，2010 年 1 月 1 日刑满释放。2014 年 12 月 13 日因涉嫌犯贩卖毒品罪被逮捕。

某省某市某区人民检察院以被告人章某犯贩卖毒品罪、容留他人吸毒罪，向某区人民法院提起公诉。

某区人民法院经公开审理查明：2012 年，邵某欠被告人章某车辆维修费一直未还。2014 年 11 月 3 日晚，章某找到邵某后将其带至某区某宾馆 8806 房间内索要欠款，邵某无钱偿还债务，章某提出不管用什么方法都要还钱，并安排潘某、李某某跟着邵某；11 月 4 日至 5 日，邵某在某宾馆房间内电话联系多名吸毒人员贩卖毒品，并将贩毒所得 1000 余元交给章某；其间，章某在 8806 房间容留邵某、潘某、李某某多次吸食毒品；11 月 5 日 18 时许，公安机关在某宾馆门口将邵某及李某某抓获，从邵某身上查获甲基苯丙胺片剂（俗称"麻古"）6 粒共计 0.6 克，随后在 8806 房间抓获章某、潘某，在房间内当场查获甲基苯丙胺（冰毒）3 袋共计 38.6 克、含海洛因成分的黄色粉末 1 袋共计 1 克、含咖啡因成分的红色药丸 127 粒共计 13.3 克。

某区人民法院认为，被告人章某容留他人吸食毒品，其行为已构成容留他人吸毒罪。公诉机关指控章某犯贩卖毒品罪，证据不足，不能成立。章某曾因故意犯罪被判处有期徒刑刑罚，刑满释放后五年内再次犯罪，构成累犯，依法应从重处罚。依照《刑法》第 354 条、第 65 条第 1 款、第 52 条、第 53 条之规定，判决被告人章某犯容留他人吸毒罪，判处有期徒刑一年三个月，并处罚金人民币 8000 元。

宣判后，被告人章某未上诉。某区人民检察院提出抗诉，具体理由：一是章某明知邵某系贩毒人员而唆使其贩卖毒品偿还债务，二人构成贩卖毒品罪的共犯，一审判决认定章某不构成贩卖毒品罪属于法律认识错误；二是查获的毒品所有权不能确定并不意味着章某对其房间的毒品不承担刑事责任，建议二审法院认定章某犯贩卖毒品罪。

某市中级人民法院经审理查明：2012 年 3 月，邵某（另案处理）因租用车辆发生车祸，欠下被告人章某修车费没有偿还。2014 年 11 月 3 日晚，章某指使他人将邵某带至某区某宾馆由章某登记入住的 8806 房间，向邵某索要欠款未果，章某又喊来潘某、李某某（另案处理）帮助控制邵某，后与邵某达成合意：由邵某通过贩卖毒品偿还债务；11 月 4 日至 5 日，邵某在 8806 房间内打电话联系多名吸毒人员贩卖毒品，章某均派潘某、李某某跟随邵某前去交易，共贩卖甲基苯丙胺 10 余克，收取毒资 1000 余元。其间，章某多次在 8806 房间容留邵某、潘某、李某某吸食毒品。11 月 5 日 18 时许，公安机关在某宾馆门口将邵某及李某某抓获，从邵某身上查获甲基苯丙胺片剂 6 粒共计 0.6 克，随后在 8806 房间抓获章某、潘某，在房间内当场查获甲基苯丙胺 3 袋共计 38.6 克、含海洛因成

[①] 李沈岐撰稿，陆建红审编：《章某贩卖毒品、容留他人吸毒案——为索要债务而唆使他人贩卖毒品的行为如何定性（第 1197 号）》，载最高人民法院刑事审判第一、二、三、四、五庭主办：《刑事审判参考》（总第 110 集），法律出版社 2018 年版，第 29~33 页。

分的黄色粉末 1 袋共计 1 克、含咖啡因成分的红色药丸 127 粒共计 13.3 克。

某市中级人民法院认为，原审被告人章某与他人合谋并实施贩卖毒品的活动，获取利益，其行为已构成贩卖毒品罪。章某容留他人吸食毒品，其行为又构成容留他人吸毒罪。章某犯数罪，依法应予并罚。章某曾因故意犯罪被判处有期徒刑刑罚，刑满释放后五年内再次犯罪，构成累犯，依法应从重处罚。原审判决对指控的容留他人吸毒罪认定事实清楚，适用法律正确，量刑适当，审判程序合法，但对指控的贩卖毒品罪认定事实不清。依照《刑法》第 347 条第 3 款、第 354 条、第 25 条第 1 款、第 29 条第 1 款、第 65 条第 1 款、第 69 条以及《刑事诉讼法》第 225 条第 1 款第 3 项之规定，判决如下：

1. 撤销某市某区人民法院（2015）××××初字第 00151 号刑事判决；

2. 原审被告人章某犯贩卖毒品罪，判处有期徒刑七年，并处罚金人民币 1 万元；犯容留他人吸毒罪，判处有期徒刑一年三个月，并处罚金人民币 8000 元；决定执行有期徒刑八年，并处罚金人民币 18000 元。

二、主要问题

1. 明知债务人系贩毒分子而唆使其贩卖毒品以偿还债务，是否构成犯罪？
2. 在贩毒人员居住地查获毒品的所有不能查明时如何确定被告人的刑事责任？

三、裁判理由

（一）明知债务人系贩毒分子而唆使其贩卖毒品以偿还债务，应当以贩卖毒品罪的教唆犯定罪处罚

本案审理过程中，对被告人章某唆使邵某贩卖毒品用来偿还债务的行为如何定性，存在两种不同意见：第一种意见认为，章某的主观故意是索要个人合法债务，至于邵某以何种方式偿还债务，章某不仅无法决定，而且对他人的犯罪行为不负有特定的制止义务，因此，章某不构成犯罪。第二种意见认为，章某明知邵某系贩毒人员，而唆使、控制其实施贩毒行为，构成贩卖毒品罪的教唆犯。

我们赞同第二种意见。本案涉及教唆犯的认定问题，根据刑法理论和《刑法》第 29 条的规定，教唆犯是故意唆使他人实行犯罪的人。构成教唆犯，需要具备两个条件：一是主观方面必须有教唆他人犯罪的故意。教唆的故意，也包括认识因素与意志因素两个方面，即认识到自己的教唆行为会使被教唆人产生犯罪意图进而实施犯罪，以及被教唆人的犯罪行为会发生危害社会的结果，希望或者放任被教唆人实施犯罪行为及其危害结果的发生。二是客观方面必须有教唆他人犯罪的行为。教唆行为必须引起他人实施犯罪行为的意思，进而使之实行犯罪。教唆行为的方式没有限制，既可以是口头的，也可以是书面的，还可以是暗示性的眼色、手势等动作。教唆的方法也是多种多样的，如劝告、请求、指示、怂恿、命令、胁迫等。具体到本案，被告人章某故意教唆、控制他人实施贩卖毒品的活动，应以贩卖毒品罪的教唆犯论处，理由如下：

第一，被告人章某怂恿、控制他人贩卖毒品，收取毒赃以抵销债务，具有唆使他人贩卖毒品的客观行为和主观故意。

被告人章某指使李某某、潘某将邵某带到宾馆逼要债务，并限制其人身自由。章某索债未果，便怂恿邵某贩卖毒品"赚"钱还债，并安排李某某、潘某跟随、控制邵某多次实施贩卖毒品的活动，收取毒赃归其所有。章某的行为客观上使他人产生了实施毒品犯罪的故意，并实施了毒品犯罪行为，造成了相应的社会危害。主观上，章某以怂恿、胁迫的方式唆使邵某实施贩卖毒品活动，其应当认识到自己的教唆行为会使他人产生贩

卖毒品的犯罪意图进而实施犯罪，同时亦认识到贩卖毒品行为会发生危害社会的结果，但对他人实施贩卖毒品行为及该行为产生的社会危害结果持希望或放任的态度，能够认定章某主观上具有教唆他人犯罪的故意。综上，章某具有唆使他人贩卖毒品的客观行为和主观故意，构成贩卖毒品罪的教唆犯。

第二，索要合法债务的犯罪动机，不影响对被告人章某贩卖毒品罪的认定。

在我国的刑事立法和司法实践中，犯罪动机不属于犯罪构成的要件，而是量刑时考虑的重要因素。本案中，被告人章某的犯罪动机虽然是向邵某索要个人合法债务，但其明知债务人贩卖毒品，却唆使其通过贩卖毒品获利来偿还债务并对其贩卖毒品的过程实施监控，获取收益，其主观上虽然没有一般毒品犯罪牟取非法利益的目的，但仍然具有通过实施毒品犯罪获取非法利益来实现其债权的目的，与牟取非法利益的贩卖毒品行为没有本质上的区别。

第三，被告人章某教唆债务人贩卖毒品，对章某应当依照贩卖毒品罪的教唆犯量刑。

被告人章某虽未直接实施贩卖毒品的行为，但其教唆邵某贩卖毒品，因此，章某系邵某贩卖毒品的共同犯罪人，并构成教唆犯，应当依照《刑法》第29第1款关于"教唆他人犯罪的，应当按照他在共同犯罪中所起的作用处罚"的规定量刑。邵某贩卖甲基苯丙胺的数量是10余克，对章某的教唆行为应当根据《刑法》第347条第3款的规定，依法在七年以上有期徒刑的幅度内量刑。章某具有累犯的从重处罚情节，依法应当从重处罚。章某教唆邵某贩卖毒品的动机是实现自身的合法债务，这与一般贩卖毒品系为了获取暴利的动机有所区别，与一般贩卖毒品犯罪的主观恶性相比较轻。综合考虑上述情况，二审法院对章某的教唆贩卖毒品行为处以七年有期徒刑并处1万元罚金是适当的。

（二）涉案毒品的所有人不能确定，不影响本案的定性

本案中，被告人章某与邵某均供述涉案毒品系对方所有，证人李某某、潘某根据推测判断查获的毒品系章某所有；由于缺少宾馆监控视频、指纹痕迹鉴定等客观证据，根据本案现有证据难以确定查获的毒品是章某的还是邵某的。根据最高人民法院2015年5月印发的《武汉会议纪要》的规定，对于从贩毒人员住所查获的毒品，一般均应认定为其贩卖的毒品。基于章某、邵某具有共同贩卖毒品的主观故意和客观行为，即便不能确认涉案毒品的所有人，也不影响章某的行为构成贩卖毒品罪。当然，在量刑时可结合毒品数量与情节予以适当考虑。

问题27. 在毒品犯罪案件中，如何区别侦查机关的"犯意引诱"和"数量引诱"；对不能排除"数量引诱"的毒品犯罪案件能否适用死刑立即执行

【刑事审判参考案例】包某某贩卖毒品案[①]

一、基本案情

被告人包某某，1999年3月17日因犯贩卖毒品罪被判处有期徒刑九年，2005年11月19日刑满释放；2007年12月14日因涉嫌贩卖毒品罪被逮捕。

[①] 王亚凯撰稿，陈学勇审编：《包某某贩卖毒品案——在毒品犯罪案件中，如何区别侦查机关的"犯意引诱"和"数量引诱"？对不能排除"数量引诱"的毒品犯罪案件能否适用死刑立即执行（第639号）》，载最高人民法院刑事审判第一、二、三、四、五庭主办：《刑事审判参考》（总第75集），法律出版社2011年版，第65~71页。

甘肃省兰州市人民检察院以被告人包某某犯贩卖毒品罪，向兰州市中级人民法院提起公诉。

被告人包某某辩称其贩卖毒品的行为系侦查引诱犯罪。包某某的辩护人提出：包某某未发生贩卖毒品的交易行为，不构成贩卖毒品罪；包某某系从犯；本案存在犯意引诱及数量引诱；本案涉案毒品未流入社会，社会危害性较小。

兰州市中级人民法院经公开审理查明：2007年11月9日10时30分许，翟某某（同案被告人，已判刑）打电话商定由被告人包某某送300克毒品到甘肃省兰州市城关区某路641号翟某某的住处交易。当日12时许，包某某携带毒品赶至该641号单元楼下，侦查人员将包某某当场抓获，从包某某骑的摩托车脚踏板上查获毒品海洛因300.7克。经鉴定，海洛因含量为92.77%。

兰州市中级人民法院认为，被告人包某某的行为构成贩卖毒品罪，且毒品数量大，罪行极其严重，应依法惩处。包某某系毒品再犯，又系累犯，依法应从重处罚。依照《刑法》第347条第2款第1项、第356条、第65条第1款、第57条第1款之规定，判决如下：

被告人包某某犯贩卖毒品罪，判处死刑，剥夺政治权利终身，并处没收个人全部财产。

一审宣判后，被告人包某某提出上诉。

甘肃省高级人民法院经审理认为，被告人包某某的行为构成贩卖毒品罪。翟某某被抓获后，打电话向包某某要毒品，包某某随即将毒品送至翟某某家楼下被抓获，同时在包某某租住处查获用于贩毒的戥子等物品，包某某贩卖毒品的主观故意明显，属持毒待售，不存在犯意引诱和数量引诱的情节。包某某贩卖毒品数量大，系毒品再犯，又系累犯，且查获的毒品海洛因含量达92.77%，依法应从重处罚。原判认定事实清楚，证据确实、充分，定罪准确，量刑适当，审判程序合法。依照《刑事诉讼法》第189条第1项①之规定，裁定驳回上诉，维持原判，并依法报请最高人民法院核准。

最高人民法院经复核认为，被告人包某某为牟取非法利益，向他人出售毒品海洛因300.7克，其行为构成贩卖毒品罪，且毒品数量大，应依法惩处。包某某系毒品再犯，且系累犯，依法应从重处罚。但鉴于包某某认罪态度较好，其贩卖毒品行为系在侦查人员控制下实施，毒品尚未流入社会，社会危害性相对较小，故对包某某可不判处死刑立即执行。依照《刑事诉讼法》第199条②和《最高人民法院关于复核死刑案件若干问题的规定》第4条③之规定，裁定如下：

1. 不核准甘肃省高级人民法院（2009）甘刑二终字第70号维持第一审以贩卖毒品罪判处被告人包某某死刑，剥夺政治权利终身，并处没收个人全部财产的刑事裁定。

2. 撤销甘肃省高级人民法院（2009）甘刑二终字第70号维持第一审以贩卖毒品罪判处被告人包某某死刑，剥夺政治权利终身，并处没收个人全部财产的刑事裁定。

3. 发回甘肃省高级人民法院重新审判。

---

① 对应2018年《刑事诉讼法》第236条第1款第1项。
② 对应2018年《刑事诉讼法》第246条。
③ 该司法解释已失效。相关规定见2018年《刑事诉讼法》第250条。

二、主要问题

1. 购毒者在侦查人员控制下,以非真实交易意思,明显超出其往常交易数额向贩毒者示意购买毒品,属于"犯意引诱"还是"数量引诱"?

2. 对不能排除"犯意引诱"或者"数量引诱"的毒品犯罪案件,能否适用死刑立即执行?

三、裁判理由

(一)购毒者在侦查人员控制下,以非真实交易意思,明显超出其往常交易数额向贩毒者示意购买毒品,属于数量引诱

毒品犯罪具有较强的隐蔽性,且犯罪手段不断翻新,调查取证难度较大。针对毒品犯罪的特点和现实状况,世界各国普遍采用了特情侦破毒品案件的有效手段。实践中许多毒品案件的侦破,均存在不同程度的特情介入因素。从最高人民法院2008年12月印发的《大连会议纪要》有关"特情介入案件"的内容看,特情介入有三种情况:一是对已持有毒品待售或者有证据证明已准备实施大宗毒品犯罪者,采取特情贴靠、接洽而破获的案件的情形。这就是通常所说的"机会引诱"。二是"犯意引诱",行为人本没有实施毒品犯罪的主观意图,而是在特情诱惑和促成下形成犯意,进而实施毒品犯罪。《大连会议纪要》中所说的"双套引诱"属于"犯意引诱"的一种特殊形式,是指行为人在特情既为其安排上线,又提供下线的双重引诱的情况下实施的毒品犯罪。三是"数量引诱",行为人本来只有实施数量较小的毒品犯罪的故意,在特情引诱下实施了数量较大甚至达到实际掌握的死刑数量标准的毒品犯罪。"机会引诱"与"犯意引诱""数量引诱"不同,"机会引诱"仅为毒品犯罪行为人提供一个实施毒品犯罪的机会,不存在实质性犯罪引诱,原则上不属于特情引诱,而"犯意引诱"和"数量引诱"均存在实质性引诱,属于特情引诱的两种情形。

区分"机会引诱"与"犯意引诱"的关键在于特情介入之前行为人是否已经具有实施毒品犯罪的主观意图。如果行为人在特情介入之前就已经具有实施毒品犯罪的主观意图,且已持有毒品待售或者有证据证明已准备实施大宗毒品犯罪,即可认定为"机会引诱";反之,如果行为人的犯意是在特情诱惑和促成下形成的,并在这个犯意下实施了毒品犯罪,就可认定为"犯意引诱"。

如何认定行为人在实施毒品犯罪前就具有毒品犯罪的故意,是审判实践当中的难点。对于有相关证据直接表明行为人具有毒品犯罪的主观故意的,如行为人持有毒品待售,可以直接认定行为人具有毒品犯罪的故意。但对于那些没有直接证据表明行为人具有毒品犯罪故意的,要综合行为人与具体案情予以分析判断认定。结合有关理论和司法实践,我们认为,可以从以下几方面进行综合分析认定:(1)行为人在特情介入而实施犯罪前是否有毒品犯罪行为,据以初步判断其是否有实施毒品犯罪的意图和倾向;(2)侦查机关在特情介入前,是否有足够的线索或合理的理由确信行为人有正在实施或即将、可能实施毒品犯罪的迹象,从而对其采用特情介入手段;(3)行为人实施毒品、犯罪的犯意系出自其本意、自发地产生,还是侦查机关刻意地诱惑、促成的。

"数量引诱"系行为人在特情引诱之前就已经具有实施毒品犯罪的主观故意,这种故意是一种概括性的故意,无论最终交易的毒品数量是多少,都没有超出行为人的故意范畴。在该情形下,"特情引诱"不是使行为人产生新的犯意,只是使其犯意暴露出来。"数量引诱"与"犯意引诱"的根本区别在于:"数量引诱"系行为人在特情介入之前就

已经具有毒品犯罪的主观故意，而"犯意引诱"系行为人在特情介入之前没有实施毒品犯罪的主观意图。"数量引诱"与"机会引诱"的相同点是在特情介入之前行为人已经具有实施毒品犯罪的主观故意；区别在于，"机会引诱"只是提供机会，不存在实质性引诱，而"数量引诱"不仅提供机会，而且在毒品数量上还存在从小到大的实质性引诱。

本案系侦查机关利用翟某某作为特情介入破获的案件。同案被告人翟某某因贩卖毒品被侦查人员抓获后，供述了毒品的来源，并配合侦查机关抓获被告人包某某。翟某某在侦查机关控制下给包某某打电话，称要大量毒品，越多越好。在接到翟某某电话约一个半小时后，包某某携带大量毒品至约定地点，被侦查人员抓获，且在包某某家中搜出0.7克小包海洛因、戥子以及64万元现金等物。从具体情况分析，本案不属于"机会引诱"，也不存在"犯意引诱"，但不能排除"数量引诱"的可能性，主要理由是：第一，被告人包某某此前因犯贩卖毒品罪于1999年3月17日被判处有期徒刑九年，具有毒品犯罪前科，系毒品再犯，具有毒品交易的倾向性。第二，根据翟某某的供述，其之前曾从包某某处多次购买毒品，且供述非常稳定，由此证明包某某之前曾有贩卖毒品的行为。第三，包某某在接到翟某某电话约一个半小时后，携带大量毒品至约定地点进行交易。在这么短的时间内提供大量毒品进行交易，说明包某某有毒品待售或者有毒品来源渠道（包某某供述从一名为马某某的人那里购得毒品），其贩卖毒品的行为是十分积极的。第四，包某某被抓获后，侦查人员在包某某家中搜出0.7克小包海洛因、戥子以及64万元现金等物。根据审判实践经验，无论包某某是持毒待售还是临时从第三人处购得毒品进行贩卖，均可以由此认定包某某本来就有贩卖毒品的故意。第五，根据包某某和翟某某的供述，翟某某供称其之前经常多次通过电话联系，从包某某处购买毒品，每次数量从10克到50克不等，但均未超过50克。但这次翟某某跟包某某说要多一些毒品，越多越好。包某某供称翟某某在电话中明确要购买300克毒品。从现有证据看，一方面，由于包某某所供毒品来源未查清，不能证明包某某持有这300克毒品待售；另一方面，也没有证据证明包某某已准备实施大宗毒品犯罪，因此，本案不属于"机会引诱"的情形。从包某某的供述看，翟某某要求购买300克毒品的数量是确定的，但翟某某这次购买毒品的数量远远超过其所供之前经常从包某某处购买的数量，不能排除翟某某为了立功而要求购买毒品越多越好的可能性，包某某是在翟某某的要求下才贩卖了数量如此之大的毒品，故本案不能排除存在"数量引诱"。

本案在讨论过程中，有观点认为，就包某某本次毒品犯罪而言，并非被告人主动而为，其犯意是因为翟某某要求购买毒品而产生的，属于"犯意引诱"。这种观点孤立地分析被告人的犯意，不符合认定毒品犯罪的实践经验和一般规律。毒品犯罪不同于一般的犯罪，犯意的产生往往有一个持续的过程，要结合行为人本身的情况以及案件的具体情况予以综合分析认定。

（二）对被告人是否判处死刑立即执行，应当充分考虑"数量引诱"的因素

《大连会议纪要》强调，毒品数量是毒品犯罪案件量刑的重要情节，但不是唯一情节。对被告人量刑时，特别是在考虑是否适用死刑时，应当综合考虑毒品数量、犯罪情节、危害后果、被告人的主观恶性、人身危险性以及当地禁毒形势等各种因素，做到区别对待。对虽然已达到实际掌握的判处死刑的毒品数量标准，但是具有法定、酌定从宽处罚情节的被告人，可以不判处死刑；反之，对毒品数量接近实际掌握的判处死刑的数量标准，但具有从重处罚情节的被告人，也可以判处死刑。毒品数量达到实际掌握的死

刑数量标准,既有从重处罚情节,又有从宽处罚情节的,应当综合考虑各方面因素决定是否判处死刑立即执行。

特情介入是影响量刑的重要因素。根据《大连会议纪要》的规定,对于特情介入侦破的案件,应当区别不同情形予以分别处理。对因"机会引诱"实施毒品犯罪的被告人,不存在犯罪引诱的因素,应当依法处理;对因"犯意引诱"实施毒品犯罪的被告人,根据罪责刑相适应原则,应当依法从轻处罚,无论涉案毒品数量多大,都不应判处死刑立即执行。对因"数量引诱"实施毒品犯罪的被告人,应当依法从轻处罚,即使毒品数量超过实际掌握的死刑数量标准,一般也不判处死刑立即执行。对不能排除"数量引诱"的案件,在考虑是否对被告人判处死刑立即执行时,要留有余地。

本案中,被告人包某某所贩卖毒品数量为300.7克,已达到判处死刑的数量标准,且包某某系毒品再犯,又系累犯,依法应从重处罚,论罪可判处死刑立即执行。但根据《大连会议纪要》的规定,考虑本案由于特情介入,存在"数量引诱"的因素,且毒品交易系在侦查机关控制下进行,毒品尚未流入社会,社会危害性相对较低,故可以从轻处罚,对被告人包某某判处死刑,可不立即执行。一审、二审判处被告人包某某死刑立即执行不当,不予核准。

问题28. 明知他人从事贩卖毒品活动而代为保管甲基苯丙胺的行为如何定性

【刑事审判参考案例】蒋某某贩卖毒品、窝藏毒品案[①]

一、基本案情

某省某市某区人民检察院以被告人蒋某某犯贩卖毒品罪和窝藏毒品罪,向某市惠山区人民法院提起公诉。

某市某区人民法院经审理查明:被告人蒋某某于2010年9月间,先后两次将吴某(另案处理)用于贩卖的262克甲基苯丙胺放在家中窝藏,后将其中的95克贩卖给吸毒人员"阿虎",得款人民币(以下币种均为人民币)35000元。

蒋某某还于2010年8月至9月,先后4次将2.8克甲基苯丙胺贩卖给吸毒人员祖某某,得款500元。

2010年9月24日晚,蒋某某在其居住地被公安机关抓获,公安机关查获甲基苯丙胺30克、氯胺酮8.01克等。

某市某区人民法院认为,被告人蒋某某明知是毒品甲基苯丙胺而予以贩卖,其行为构成贩卖毒品罪,且数量在50克以上,其中向"阿虎"贩卖95克甲基苯丙胺的行为属共同犯罪;蒋某某为他人窝藏毒品甲基苯丙胺177克,其行为还构成窝藏毒品罪,且属情节严重,应当实行数罪并罚。依据《刑法》第347条第1款、第2款、第7款,第349条第1款,第25条第1款,第56条第1款,第69条之规定,某市某区人民法院以被告人蒋某某犯贩卖毒品罪,判处有期徒刑十五年,剥夺政治权利五年,并处没收个人财产5万元;犯窝藏毒品罪,判处有期徒刑三年六个月;决定执行有期徒刑十六年六个月,剥夺

[①] 徐振华、朱荩、蒋璟撰稿,陆建红审编:《蒋某某贩卖毒品案——明知他人从事贩卖毒品活动而代为保管甲基苯丙胺的行为如何定性(第767号)》,载最高人民法院刑事审判第一、二、三、四、五庭主办:《刑事审判参考》(总第85集),法律出版社2012年版,第71~75页。

政治权利五年，并处没收个人财产5万元。

宣判后，被告人蒋某某不服，以认定其贩卖95克甲基苯丙胺给"阿虎"的证据不足为由，提出上诉。

其辩护人提出的主要辩护理由和意见是：上诉人蒋某某为吴某保管毒品的行为不能单独构成窝藏毒品罪，而系吴某实施贩卖毒品犯罪行为的从犯。

出庭支持公诉的检察员提出的意见是：上诉人蒋某某明知吴某贩卖毒品，仍代为保管262克甲基苯丙胺，该行为与吴某的贩卖毒品犯罪行为构成共犯关系，蒋某某在共同犯罪中起辅助作用，系从犯。蒋某某的行为应当以贩卖毒品罪一罪追究刑事责任，建议二审予以改判。

某市中级人民法院经二审审理认为，上诉人蒋某某明知他人贩卖毒品，代为保管甲基苯丙胺50克以上，蒋某某还单独贩卖少量毒品，其行为均构成贩卖毒品罪。蒋某某在共同犯罪中起辅助作用，系从犯。原判认定蒋某某将代为保管的95克甲基苯丙胺贩卖给"阿虎"的事实，仅有蒋某某本人的供述而无其他证据印证，本院不予认定。蒋某某的行为应当以贩卖毒品罪一罪论处。原审判决适用法律错误，量刑不当，应予改判。鉴于蒋某某在贩卖毒品犯罪中仅起辅助作用，可以对其予以较大幅度的减轻处罚。依照《刑事诉讼法》第189条第2项[1]、《刑法》第347条第2款第1项、第25条第1款、第27条、第56条第1款之规定，某市中级人民法院撤销某市某区人民法院（2011）××初字第47号刑事判决，以上诉人蒋某某犯贩卖毒品罪，判处有期徒刑八年，剥夺政治权利二年，并处罚金2万元。

二、主要问题

明知他人从事贩卖毒品活动而代为保管甲基苯丙胺的行为如何定性？

三、裁判理由

在本案审理过程中，关于蒋某某明知他人从事贩卖毒品活动，仍代为保管甲基苯丙胺的行为，如何定性，存在三种不同的意见。

第一种意见认为，蒋某某的行为构成非法持有毒品罪。蒋某某主观上明知是毒品，客观上在一定时间内非法持续占有262克毒品，在案证据无法证实其具有将该部分毒品进行走私、贩卖、运输的故意和行为，因此应当构成非法持有毒品罪。

第二种意见认为，蒋某某的行为构成窝藏毒品罪。蒋某某明知吴某放在其家中保管的是毒品甲基苯丙胺，还代为保管50克以上，其行为严重妨碍司法机关对吴某贩毒行为的缉查，应当构成窝藏毒品罪，且属情节严重。

第三种意见认为，蒋某某的保管行为系他人实施贩卖毒品活动的一个部分或者一个环节。蒋某某明知吴某系贩毒分子，仍应其要求先后两次代为保管262克甲基苯丙胺，实际上对吴某的犯罪行为起到了配合、帮助作用，据此应当认定蒋某某与吴某形成毒品犯罪的共犯关系，应当以贩卖毒品罪追究其刑事责任。

我们同意第三种意见。窝藏毒品罪和非法持有毒品罪的客观方面都可以表现为对毒品的非法持有，贩卖毒品罪的客观方面也往往包含非法持有毒品的行为表现。对于替他人藏匿毒品的行为，不能一概认定为窝藏毒品罪或非法持有毒品罪，而应当根据具体情况分析被告人的主观意图，准确适用法律。

---

[1] 对应2018年《刑事诉讼法》第236条第1款第2项。

（一）蒋某某的行为不构成非法持有毒品罪

非法持有毒品罪，是指明知是毒品而无合法根据的持有，并且没有证据证明其具有其他毒品犯罪目的的行为。我们认为，对于在贩卖毒品过程中的非法持有毒品行为，不能认定为非法持有毒品罪。因为贩卖毒品行为往往包含持有毒品的行为表现，持有行为被贩卖行为吸收，应当以吸收之罪（贩卖毒品罪）论处。如果非法持有毒品的目的是帮助他人贩卖毒品，应当构成贩卖毒品罪的共犯；如果非法持有（藏匿）毒品的目的是帮助他人逃避司法机关的追查，则应构成窝藏毒品罪；依照《刑法》第349条第3款的规定，犯窝藏毒品罪，事先与贩毒分子通谋的，以贩卖毒品罪的共犯论处。

本案中，无论是从被告人蒋某某藏匿毒品的时间，还是从藏匿毒品时主观明知分析，其藏匿毒品不是为了帮助吴某逃避司法机关的追查，而是为吴某顺利实施贩卖毒品的行为提供帮助，这种对毒品的持有被贩卖毒品行为所包含吸收，依照刑法有关规定，应当以贩卖毒品罪论处。

综上，本案被告人蒋某某客观上实施了贩卖毒品的帮助行为，主观上具有帮助他人贩卖毒品的故意，不构成非法持有毒品罪，应当以贩卖毒品罪的共犯论处。

（二）蒋某某的行为不构成窝藏毒品罪

窝藏毒品罪是明知是走私、贩卖、运输、制造毒品的犯罪分子的毒品而加以窝藏的行为。窝藏毒品罪属于赃物犯罪，与掩饰、隐瞒犯罪所得、犯罪所得收益罪之间属于特殊法与一般法的关系，窝藏毒品罪的主观目的是帮助走私、贩卖、运输、制造毒品的犯罪分子逃避司法机关的查处。贩卖毒品罪的帮助犯也可能通过实施窝藏毒品的行为，帮助主犯顺利实施贩卖毒品的行为。区分窝藏毒品罪与贩卖毒品罪的关键在于行为人主观目的的认定。如果行为人是为了帮助贩毒分子顺利实施贩毒行为，则其行为构成贩卖毒品罪的共犯；如果行为人是为了帮助犯罪分子逃避司法机关的处罚，则其行为构成窝藏毒品罪。

在具体案件中，对行为人主观目的的认定非常复杂，一般是通过行为人与贩毒分子有无通谋进行判断。实践中，窝藏毒品的行为人与贩毒分子有无通谋，很难从行为人与贩毒分子的口供中得到印证。鉴于通谋既可以体现为口头上的相互联络，也可以体现为彼此默契的配合行为，我们认为，判断行为人与贩毒分子有无通谋，一般需要综合参考以下因素：

1. 藏匿毒品的时间。窝藏毒品罪的藏匿行为一般发生在贩毒分子已经察觉司法机关对贩毒行为开始追查之后。如果贩毒分子未察觉司法机关已对贩毒行为开始追查，或者未将其察觉告知藏匿行为人，藏匿行为人不是为了帮助贩毒分子逃避司法机关的追查而藏匿毒品的，则应认定藏匿行为人是为了帮助贩毒分子顺利实施贩毒行为，二者构成贩卖毒品罪的共犯。如果司法机关未对贩毒行为开始追查，但贩毒分子怀疑司法机关已开始追查，且将这一怀疑告知藏匿行为人，窝藏行为人是为了帮助贩毒分子逃避追查而藏匿毒品的，则藏匿行为与贩毒行为不构成共犯，藏匿行为仅构成窝藏毒品罪。但如果藏匿行为人后来知晓贩毒分子继续实施贩毒行为，仍帮助贩毒分子藏匿毒品的，则藏匿行为与贩毒行为形成共犯关系。本案中，蒋某某为吴某保管毒品的行为发生在吴某实施贩毒行为的过程中，当时公安机关还没有对吴某的贩毒行为进行立案侦查，吴某本人也不是因为怀疑公安机关已经发现其贩毒而让蒋某某为其藏匿毒品，而是为了顺利完成贩毒行为让蒋某某帮其藏匿毒品。蒋某某明知吴某贩卖毒品，在一周左右的时间内，先后两次应吴某请求代为保管262克甲基苯丙胺,为吴某贩卖毒品的行为提供了便利条件,与吴某构成贩卖毒品罪的共犯。

2. 窝藏毒品的主观状态。一是要求藏匿行为人的主观明知。这种明知包括明知藏匿的是毒品,明知该毒品是他人贩卖的毒品,这是构成贩卖毒品罪的共犯和窝藏毒品罪都必须具备的条件。二是要求藏匿行为人的主观目的。即必须是帮助贩毒分子逃避司法监管。藏匿行为人如果明知公安机关已经对贩毒分子进行追查,而为贩毒分子藏匿毒品的,从常识、常情判断,将藏匿行为人的主观目的认定为帮助毒贩分子逃避处罚更为符合客观实际。本案被告人蒋某某既明知吴某是贩毒分子,又明知公安机关尚未就该批毒品进行追查,而应吴某的请求代为藏匿毒品,主观上明显不是为了帮助吴某逃避司法机关的处罚,因此其行为不能认定为窝藏毒品罪。

问题29. 拒不供认毒品来源,又不能证明系受人指使、雇用运输毒品的,如何处理

【刑事审判参考案例】 王某运输毒品案[①]

一、基本案情

某省某自治州人民检察院以被告人王某犯运输毒品罪,向某自治州中级人民法院提起公诉。

被告人王某辩称,不知自己驾驶的汽车内藏有毒品,不是毒品的所有者。其辩护人提出,认定王某明知是毒品而运输的证据不足,请求对王某公正处理。

某自治州中级人民法院经公开审理查明:2009年4月29日,被告人王某将毒品藏匿于云K59×××号桑塔纳轿车内,驾车从云南省江城哈尼族彝族自治县前往元阳县。当日14时40分许,当王某驾车行至云南省绿春县公安边防大队岩甲检查站时被拦下检查,公安边防人员从轿车变速箱挡板下当场查获甲基苯丙胺2287克。

某自治州中级人民法院认为,被告人王某非法运输毒品甲基苯丙胺2287克,其行为构成运输毒品罪。王某运输毒品数量巨大,罪行极其严重,且拒不供述犯罪事实,主观恶性极深,依法应予严惩。公诉机关指控的罪名成立。在案证据能够充分证明王某将毒品藏匿于车内隐蔽部位予以运输,被查获后又企图逃跑,关于未运输毒品的辩解以及辩护人关于本案事实不清、证据不足的辩护意见与事实不符,不予采纳。据此,某自治州中级人民法院依法以被告人王某犯运输毒品罪,判处死刑,剥夺政治权利终身,并处没收个人全部财产。

一审宣判后,被告人王某提出上诉。王某及其辩护人提出,王某不明知车内有毒品,一审量刑过重,请求改判。

某省高级人民法院经公开审理认为,王某的行为构成运输毒品罪。王某运输毒品数量巨大,罪行极其严重,依法应予严惩。王某从省外千里迢迢远赴云南边疆地区,为运输毒品购买车辆,后又独自驾车选择较为隐秘的路线长途运输毒品,全过程均系其独立

---

① 汪斌、杨军撰稿,陆建红审编:《王某运输毒品案——拒不供认毒品来源,又不能证明系受人指使、雇用运输毒品的,如何处理(第782号)》,载最高人民法院刑事审判第一、二、三、四、五庭主办:《刑事审判参考》(总第86集),法律出版社2013年版,第65~69页。

完成。王某及其辩护人所提王某不明知其所驾车内藏有毒品、原判认定王某运输毒品的事实不清的上诉理由和辩护意见与审理查明的事实不符，不予采纳。王某及其辩护人认为原判对王某量刑过重、请求改判的上诉理由和辩护意见不能成立，亦不予采纳。原判定罪准确，量刑适当，审判程序合法。据此，某省高级人民法院裁定驳回上诉，维持原判，并依法报请最高人民法院核准。

最高人民法院经复核认为，被告人王某违反国家毒品管制法规，明知是甲基苯丙胺而运输，其行为构成运输毒品罪。第一审判决、第二审裁定认定的事实清楚，证据确实、充分，定罪准确，量刑适当，审判程序合法。据此，最高人民法院裁定核准某省高级人民法院维持第一审对被告人王某以运输毒品罪判处死刑，剥夺政治权利终身，并处没收个人全部财产的刑事裁定。

二、主要问题

被告人拒不供认毒品来源，又不能证明其系受人指使、雇用参与运输毒品犯罪的，如何处理？

三、裁判理由

（一）根据案件具体情况准确认定被告人的主观明知

运输毒品罪是一种故意犯罪。就本罪而言，行为人要认识到自己行为会发生危害社会的结果，必须首先认识到自己运输的对象是毒品。司法实践中，被告人常以不明知行为对象是毒品为由进行辩解，对此审查认定往往成为定案关键。最高人民法院、最高人民检察院、公安部2007年联合发布的《办理毒品犯罪案件意见》列举了7种具体情形，最高人民法院2008年印发《大连会议纪要》列举了9种具体情形，对上述16种情形，被告人不能作出合理解释，且没有证据证实确属被蒙骗的，可以认定被告人主观上明知是毒品。如果有其他证据足以认定被告人应当知道的，可以认定被告人主观上明知。

本案中，被告人王某辩称不知道自己驾驶的轿车内有毒品，又无同案犯供述或者其他证据直接证实其主观上明知。但是，根据本案的具体情形，足以认定其明知运输的是毒品：第一，王某独自驾驶变速箱挡板内藏匿有毒品甲基苯丙胺（"麻古"）的轿车，选择县际公路、避开高速公路和地州城市，从云南省西双版纳州边境向内地行驶；绿春县公安边防检查站缉查盘问时，王某称没有携带违禁物，但神情慌张；边防武警检查车辆查获毒品时，王某便意欲逃跑。从这些情形足以推定其主观上明知。第二，公安边检站证实：之所以严格盘查王某，是因为在其车内闻到疑似"麻古"的香味；车内查获的三包毒品中，在两包最内层透明塑料包装袋上提取到王某的指纹，说明王某直接接触过毒品内包装。从王某的嗅觉、视觉能力分析，参照正常人的常识、心智判断，王某应当知道其接触的是毒品。第三，案发时途经检查站的两位群众证实，王某被查获后想逃跑，被抓住后不停地大哭，说明其对运输毒品的行为及严重法律后果是有认识的，该表现也有助于推定其主观上明知。

（二）运输毒品，拒不供认毒品来源，不能证明系受人指使、雇用参与运输毒品的，应予严惩

被告人王某归案后，拒不供述毒品来源。审理过程中形成两种意见：第一种意见认为，本案毒品来源不明，不排除王某受他人指使、雇用运输毒品的可能性，王某没有走私、贩卖毒品或者再犯、累犯等情节，可以不核准死刑。第二种意见认为，王某从四川到云南边境地区购买了作案所用的轿车，拆开车内挡板藏匿毒品，选择隐蔽路线，独立

长途驾驶运输，拒不供述毒品、毒资来源和归属，所持银行卡有大额资金流动，并非单纯运输毒品者，应当核准王某死刑。

我们认为，第二种意见既体现了刑法严厉打击毒品犯罪的精神，又体现了在运输毒品犯罪案件中应当区别不同情形适用宽严相济刑事政策的导向，是可取的。

《刑法》第347条将运输毒品和走私、贩卖、制造毒品相并列，设置同一幅度的法定刑，表明刑法对这四种行为的危害性作等量评价。原因在于，运输毒品罪的"运输"行为是毒品从生产、制造领域或者走私、贩卖等源头，进入国内毒品市场或者流通领域的枢纽环节，对促进毒品在国内非法流通、交易起到重要作用。就该类犯罪的社会危害而言，一般不次于其他毒品犯罪。因此，刑法对运输毒品罪在罪状描述、法定刑设置两方面均体现了严厉打击的态度。在罪状表述上，《刑法》第347条第1款特别提示，运输毒品"无论数量多少，都应当追究刑事责任"；在法定刑设置上，配置了严厉的、最高直至死刑的法定刑。

就个案来说，具体的运输毒品犯罪行为社会危害性差异悬殊，行为人的主观恶性也差异较大，因而对运输毒品犯罪行为不能不加区分一概从严处罚，特别是在判处死刑的问题上要区别对待。根据《大连会议纪要》精神，对两种运输毒品的情形要区别对待，不能一概从严。一是确实不进入流通环节的运输毒品行为，不以运输毒品罪论处。对于吸毒者在购买、运输、存储毒品过程中被查获的，如果没有证据证实其是为了实施贩卖等其他毒品犯罪行为，毒品数量也未超过非法持有毒品罪的最低数量标准的，一般不定罪处罚。另外，对于以贩养吸的涉毒犯罪，已被吸食的部分不计入毒品犯罪数额；有证据证明不以牟利为目的，为他人代购仅用于吸食的毒品，数量达到非法持有毒品罪标准的，以非法持有毒品定罪。上述规定说明，运输毒品罪针对的是客观上可能导致毒品流向社会的运输行为，对有证据足以认定所运输的毒品不会进入贩卖、流通领域的，不能作为本罪惩处、打击的对象。二是对有证据证明确属受人指使、雇用参与运输毒品犯罪，又系初犯、偶犯的，可以从轻处罚。这类单纯的运输毒品行为多系走私、贩卖、制造毒品等严重犯罪的从属行为，具有从属性、辅助性的特点，行为人受雇用从事运输行为，不直接连接毒品的源头和流通环节，其社会危害性比在毒品犯罪上下游之间起居间作用的运输毒品行为要轻。实践中，对运输毒品犯罪，同样坚持贯彻宽严相济刑事政策，根据犯罪的具体情况，区别对待，做到该宽则宽，当严则严，宽严相济，罚当其罪，打击和孤立极少数，教育、感化和挽救大多数。

单纯的运输毒品行为，是指"有证据证明确属受人指使、雇用参与运输毒品犯罪，又系初犯、偶犯"。单纯的运输毒品行为，其行为人不是毒品的所有者、买家或卖家，不少是贫困边民、下岗工人或者无业人员等弱势人群，只为赚取少量运费而为他人运输毒品，这些人的社会危害性和人身危险性相对不大，如果对该类行为主体不加区别一律与走私、贩卖、制造毒品的行为主体同样处刑，就违背了罪责刑相适应原则，也与宽严相济刑事政策不符。

对并非上述单纯的运输毒品的行为，实践中体现出从严打击的精神，也即对于运输毒品数量超过实际掌握的死刑数量标准，又不能证明系受人指使、雇用参与运输毒品的，可以判处重刑直至死刑。这种判罚完全符合立法严惩毒品犯罪的目的，也符合打击该类犯罪的司法实践需要。运输毒品犯罪具有隐蔽性、中转性、跨地域性的特征，司法实践中很多案件只能查获"掐头去尾"的运输毒品这一环节，如果被告人不如实供述毒品、毒资的来源和归属，则难以查获毒品从源头到市场的整条犯罪产业链，也难以查明被告人在产业链中的地位和作用。一些被告人试图借此避重就轻、逃避打击。因此，在确定运输毒品犯罪分子的量刑时，应当区分单纯运输毒品的案件和仅因证据不够充分而就低认定为运输毒品的案件，确保对运输毒品罪的量刑不枉不纵。

本案被告人王某从四川省到云南边境地区长期活动，专门购买车辆并拆开车内挡板，将毒品包装后藏匿于挡板内，选择隐蔽路线，独立长途驾车运输，充分表明其行为独立、积极、主动；其拒不供述毒品、毒资来源和归属，所持银行卡有大额资金流动，说明其并非单纯运输毒品者，不排除王某自行贩卖毒品的可能性；王某运输毒品的数量是实际掌握适用死刑数量标准的数倍以上，且没有法定、酌定从轻处罚情节，对其适用死刑，符合宽严相济刑事政策的精神。

问题30. 如何认定毒品共犯的地位、作用以及"制造"毒品行为

【刑事审判参考案例】 凌某某、刘某某贩卖毒品案[①]

一、基本案情

被告人凌某某，2009年2月19日因本案被逮捕。

被告人刘某某，2007年12月29日因犯贩卖毒品罪被判处有期徒刑十一个月，2008年1月11日刑满释放，2009年2月19日，因本案被逮捕。

某省人民检察院某某分院以被告人凌某某犯贩卖毒品罪、非法持有枪支罪，被告人刘某某犯贩卖毒品罪、非法买卖枪支罪、非法持有枪支罪，向某省某中级人民法院提起公诉。

某省某中级人民法院经公开审理查明：

2008年2月至2009年1月，被告人刘某某、凌某某共谋从广东省深圳市购买毒品运到惠州市贩卖牟利，并雇用同案犯邓某某、周某某（均另案处理，已判刑）将从深圳市刘某甲、江某某（均另案处理）、"顶哥"（在逃）等处购买的"冰毒"（甲基苯丙胺）、"麻古"（甲基苯丙胺）、"摇头丸"（亚甲二氧基甲基苯丙胺）、"K粉"（氯胺酮）、"Y仔"（硝甲西泮）等毒品运到惠州市出售给同案犯张某1、张某2（均另案处理，已判刑）等人。

2008年12月，刘某某、凌某某与"阿发"（在逃）共谋加工"咖啡"贩卖牟利，由"阿发"提供配方，刘某某、凌某某提供加工"咖啡"的毒品原料和加工场所。刘某某、凌某某先后租用深圳市某楼5D房间、惠州市某大厦16楼B室、某小区605房间、某宾馆1306房间和1401房间存放毒品和加工"咖啡"。刘某某指使同案犯周某某在某大厦16楼B室，按配方将"摇头丸""Y仔"碾成粉末并与"K粉"混合后送到某小区605房间，由"阿发"雇用的同案犯马某1、马某2、黄某某（均另案处理，已判刑）加入袋装"雀巢"咖啡内，并用封口机封口，以每包人民币80元的价格贩卖给附近的娱乐场所和吸毒人员。

[①] 李俊、曹东方撰稿，陆建红审编：《凌某某、刘某某贩卖、制造毒品案——如何认定毒品共犯的地位、作用以及"制造"毒品行为（第800号）》，载最高人民法院刑事审判第一、二、三、四、五庭主办：《刑事审判参考》（总第87集），法律出版社2013年版，第74~79页。

2008年12月30日至2009年1月20日，公安机关先后在湖北省蕲春县张某1家中，同案犯马某1、马某2、黄某某所住的惠州市某小区605房间，周某某租住的深圳市某楼5D房间、刘某某、凌某某所住某宾馆1401、1306房间以及张某2租住的广东省东莞市某栋4楼，共查获刘某某、凌某某共同贩卖的"冰毒"459.0238克，"麻古"866.6369克，"摇头丸"6306.8713克，"K粉"2914.9859克，"Y仔"1390.2204克，亚甲二氧基甲基苯丙胺、氯胺酮、硝甲西泮混合物311.1667克、咖啡因173.8892克、麻黄素0.2472克、含有氯胺酮成分的"咖啡"8909.7646克，含有氯胺酮和咖啡因混合成分的"咖啡"1058.5856克及含有亚甲二氧基甲基苯丙胺、咖啡因、氯胺酮混合成分的"咖啡"40.5098克。

（非法买卖枪支、弹药，非法持有枪支、弹药事实略。）

某省某中级人民法院认为，被告人凌某某、刘某某明知是毒品，而伙同他人贩卖，并制造毒品"咖啡"其行为构成贩卖、制造毒品罪。（刘某某、凌某某非法持有枪支、弹药等犯罪略。）对凌某某、刘某某数罪并罚。凌某某、刘某某是所涉毒品的出资者、所有者，系毒品犯罪的主犯。据此，某省某中级人民法院对被告人凌某某以贩卖、制造毒品罪，判处死刑，剥夺政治权利终身，并处没收个人全部财产；以非法持有枪支、弹药罪，判处有期徒刑一年；数罪并罚，决定执行死刑，剥夺政治权利终身，并处没收个人全部财产。对被告人刘某某以贩卖、制造毒品罪，判处死刑，剥夺政治权利终身，并处没收个人全部财产；以非法买卖枪支、弹药罪，判处有期徒刑六年，以非法持有枪支、弹药罪，判处有期徒刑一年；数罪并罚，决定执行死刑，剥夺政治权利终身，并处没收个人全部财产。

一审宣判后，被告人凌某某、刘某某不服，提出上诉。

某省高级人民法院经审理认为，被告人凌某某、刘某某贩卖、制造毒品的事实清楚，证据确实、充分。凌某某、刘某某均积极主动与毒品上、下线联系，共同出资，共同获利，起组织、指挥作用，均系主犯，依法应当按其所组织、指挥的全部犯罪处罚。刘某某曾因犯贩卖毒品罪被判过刑又犯贩卖、制造毒品罪，属毒品再犯，依法应当从重处罚。凌某某、刘某某贩卖、制造的毒品数量巨大，情节恶劣，罪行极其严重，社会危害性极大，且归案后又拒不认罪，认罪态度差，对凌某某可以酌情从重处罚；刘某某所检举他人犯罪线索对公安机关侦破案件虽然具有一定的帮助作用，但不足以对其从轻处罚。据此，依照《刑事诉讼法》第189条第1项[①]之规定，某省高级人民法院裁定驳回上诉，维持原判，并依法报请最高人民法院核准。

最高人民法院经复核认为，被告人刘某某、凌某某为谋取非法利益，纠集他人贩卖甲基苯丙胺、亚甲二氧基甲基苯丙胺、氯胺酮、咖啡因、麻黄素、硝甲西泮等毒品，二被告人的行为均构成贩卖毒品罪；刘某某非法买卖枪支和子弹，其行为还构成非法买卖枪支、弹药罪；刘某某、凌某某非法持有枪支和子弹，二被告人的行为均构成非法持有枪支、弹药罪，依法应当数罪并罚。刘某某、凌某某在共同犯罪中起组织、指挥作用，均系主犯，且贩卖毒品种类多、数量大，社会危害大，依法应予严惩。刘某某系累犯和毒品再犯，主观恶性深，依法应当从重处罚。刘某某、凌某某等人将"摇头丸""Y仔"与"K粉"混合后加入袋装"雀巢"咖啡内贩卖，不属于制造毒品，仍属于贩卖毒品的

---

① 对应2018年《刑事诉讼法》第236条第1款第1项。

行为，不应当认定为制造毒品罪。一审判决、二审裁定认定的事实清楚，证据确实、充分，审判程序合法。对刘某某的量刑适当，但部分定罪不准确，予以纠正。鉴于凌某某在贩卖毒品共同犯罪中的地位、作用次于刘某某，对凌某某判处死刑，可不立即执行。依照《刑事诉讼法》第 199 条①，《最高人民法院关于复核死刑案件若干问题的规定》第 7 条②和《刑法》第 347 条第 2 款第 1 项，第 128 条第 1 款，第 25 条第 1 款，第 26 条第 1 款、第 4 款，第 48 条第 1 款，第 57 条第 1 款，第 59 条第 1 款，第 69 条之规定，最高人民法院裁定如下：

1. 核准某省高级人民法院（2010）×××终字第 69 号刑事裁定中维持第一审对被告人刘某某以贩卖毒品罪判处死刑，剥夺政治权利终身，并处没收个人全部财产；以非法买卖枪支、弹药罪判处有期徒刑六年；以非法持有枪支、弹药罪判处有期徒刑一年；决定执行死刑，剥夺政治权利终身，并处没收个人全部财产的部分。

2. 撤销某省高级人民法院（2010）×××终字第 69 号刑事裁定和某中级人民法院（2009）×××刑初字第 5 号刑事判决书中对被告人刘某某制造毒品的定罪部分和被告人凌某某贩卖、制造毒品的定罪量刑及决定执行刑罚部分。

3. 被告人凌某某犯贩卖毒品罪判处死刑，缓期二年执行，剥夺政治权利终身，并处没收个人全部财产；犯非法持有枪支、弹药罪判处有期徒刑一年；决定执行死刑，缓期二年执行，剥夺政治权利终身，并处没收个人全部财产。

二、主要问题

1. 如何认定毒品共犯的地位、作用？
2. 在毒品中添加非毒品物质的行为能否认定为制造毒品罪？

三、裁判理由

（一）毒品共犯地位、作用的认定

毒品共同犯罪的社会危害比个人犯罪更大，表现为贩运的数量更大，有明确的分工合作，更容易逃避侦查，毒品更容易流入社会，且在被发现后共犯之间容易订立攻守同盟，所以对毒品共犯要坚持从严打击的方针，特别是对于贩卖毒品罪的主犯，依法应当判处死刑的，要坚决判处死刑。当然，对毒品共犯的处理也要严格贯彻宽严相济刑事政策，在存在多名主犯的犯罪案件中，要准确认定共犯的地位和作用，确定罪责轻重。对于地位和作用相对较小，属于可杀可不杀的，对其判处死刑可不立即执行。

本案中，合议庭对被告人刘某某的量刑意见基本一致。刘某某供述其本人系出资人，并有下线供认的资金往来及银行查询情况相印证，并且刘某某积极联系毒品上、下线，通过"马仔"贩卖毒品，是共同犯罪中地位、作用最为突出的主犯。刘某某曾因犯贩卖毒品罪被判刑，属毒品再犯，且系累犯，依法应当从重处罚，因此，适用死刑是适当的。

然而，对于被告人凌某某是否适用死刑，存在不同意见。凌某某与刘某某共同策划、组织、实施贩卖毒品，在共同犯罪中均系主犯，但凌某某始终辩解在贩毒过程中没有出资行为。我们认为，由于凌某某归案后一直拒不认罪，导致对其地位、作用层次的认定

---

① 对应 2018 年《刑事诉讼法》第 246 条。
② 该司法解释已废止。最高人民法院认为在死刑复核程序中仍应坚持"以发回重审为原则，依法改判为例外"的原则，故在 2021 年《刑事诉讼法解释》中未保留相关内容。参见李少平主编：《最高人民法院关于适用〈中华人民共和国刑事诉讼法〉的解释理解与适用》，人民法院出版社 2021 年版，第 458 页。

存在一定困难，但通过下线、"马仔"的供述，结合刘某某的供述及案件事实的分析，凌某某在贩卖毒品共同犯罪中的地位、作用应当次于刘某某。具体理由分析如下：（1）从共同出资情况分析。关于共同出资只有刘某某的供述，凌某某始终辩解没有出资，而刘某某也称一直没有获取分配收益。复核阶段，公安机关出具"情况说明"称，目前无法获取更多证据证实凌某某、刘某某共同贩卖毒品最初毒资的来源，故认定凌某某出资的依据不够充分。（2）从财产情况对比分析。刘某某有车辆、会开车，另有住房，且住房中摆放大量毒品。而凌某某既没有车，又要租房住。（3）毒品下线及"马仔"的供述等证实，凌某某与刘某某是同学、老乡关系，在刘某某前罪刑满释放后参与了刘某某的贩毒活动，一开始跟着刘某某贩毒并亲自运送毒品，在与刘某某一起雇用周某某、邓某某作为"马仔"之后，在共同犯罪中的地位不断提升，逐渐不再亲自运送毒品，不再在自己住处大量藏匿毒品。（4）刘某某系毒品再犯及累犯。

由于没有充分证据证实凌某某与刘某某系共同出资，结合毒品下线及"马仔"的供述，可以认定凌某某地位、作用小于刘某某。本案查获的毒品数量折算后为1500余克，在同一起犯罪中应当严格控制死刑，在判处地位、作用更大的刘某某立即执行死刑的基础上，对同案犯凌某某判处死刑，可不立即执行。

（二）在毒品中添加非毒品物质不构成制造毒品罪

本案在审理过程中，关于被告人在毒品中添加非毒品物质——咖啡的行为是否构成制造毒品罪的定性，形成两种意见。一种意见认为，刘某某等人把毒品"麻古""摇头丸""Y仔"等混合的行为构成制造毒品罪；另一种意见认为，刘某某等人把毒品"麻古""摇头丸""Y仔"等混合的行为，不是为了制造出一类新毒品，也没有制造出新毒品，其目的是混合后加入咖啡中以便于贩卖，因此不属于制造毒品。我们赞同被告人的行为不构成制造毒品罪的意见。

《大连会议纪要》第4条规定："……制造毒品不仅包括非法用毒品原植物直接提炼和用化学方法加工、配置毒品的行为，也包括以改变毒品成分和效用为目的，用混合等物理方法加工、配制毒品的行为，如将甲基苯丙胺或者其他苯丙胺类毒品与其他毒品混合成麻古或者摇头丸……"主张本案被告人的行为构成制造毒品罪的观点，主要是根据该条规定。然而，我们认为，《大连会议纪要》提到的物理方法制造毒品有明确的指向，即制造"麻古""摇头丸"等成分相对固定、毒品性能有所变化的新型毒品。本案中，刘某某、凌某某等人将"摇头丸""Y仔"与"K粉"混合后加入袋装"雀巢"咖啡内贩卖，主观目的并不是制造出一种新类型的毒品，而是通过这种混合的形式达到表面上似乎是贩卖咖啡以掩人耳目的目的，其主观目的是贩卖毒品。在客观行为上，这种物理混合的方式只是简单地把一些毒品和咖啡掺杂起来，既没有严格的比例配制规范要求，也没有专业化的配比工艺程序，还不足以达到改变毒品成分和效用的程度，没有形成新的混合型毒品，不属于制造毒品的行为。对被告人的这种行为以贩卖毒品罪论处，既符合客观事实，也符合其主观意愿，因此，一审、二审将其认定为制造毒品罪不准确，最高人民法院经复核后予以纠正。

问题31. 吸毒人员在运输毒品过程中被查获的，如何定性

【刑事审判参考案例】 张某某运输毒品案[①]

一、基本案情

浙江省杭州市人民检察院以被告人张某某犯运输毒品罪，向杭州市中级人民法院提起公诉。

被告人张某某对指控其携带毒品乘坐大客车从广东省东莞市到浙江省杭州市的事实无异议，但辩称查获的毒品系为自吸而购入，其不构成运输毒品罪，应认定为非法持有毒品罪，且毒品未流入社会，请求从轻处罚。

杭州市中级人民法院经审理查明：2013年12月3日，被告人张某某在广东省东莞市常平镇携带藏有冰毒的"王老吉"润喉糖外包装盒，乘坐长途大客车从东莞市前往浙江省杭州市。次日10时许，该大客车驶入杭州市下沙高速服务区，张某某见公安人员准备上车检查，便将藏有冰毒的"王老吉"润喉糖外包装盒丢弃于座位上，下车后即被抓获。公安人员从该大客车靠车门侧第三排座位上查获"王老吉"润喉糖外包装盒一个，内有黑色塑料袋一个，藏有两包白色可疑晶体。经鉴定，该两包白色可疑晶体分别净重180.33克、68.86克，均检出甲基苯丙胺成分。

杭州市中级人民法院认为，被告人张某某明知是毒品而随身携带，乘坐长途客车将毒品从东莞市运输至杭州市，其行为已构成运输毒品罪，且运输毒品数量大。公诉机关指控的罪名成立。张某某所提其行为应当构成非法持有毒品罪的意见与查证的事实及相关法律规定不符，不予采纳。鉴于涉案毒品全部被查获等情节，酌情对其从轻处罚。据此，依照《刑法》第347条第2款第1项、第57条第1款之规定，以运输毒品罪，判处被告人张某某无期徒刑，剥夺政治权利终身，并处没收个人全部财产。

一审宣判后，被告人张某某不服，以原判定性不当，应当改判为非法持有毒品罪为由，提出上诉。

浙江省高级人民法院二审查明的事实与一审一致，认为原判定罪及适用法律正确，量刑适当，审判程序合法。据此，裁定驳回上诉，维持原判。

二、主要问题

吸毒者在运输毒品途中被查获，没有证据证明其是为了实施贩卖毒品等其他犯罪，且毒品数量达到较大以上的，能否认定为运输毒品罪？

三、裁判理由

运输毒品必然要持有毒品，而就非法持有毒品而言，"持有"既可以是静态的，也可以是移动状态的。当持有毒品属于动态时，如何区分运输毒品罪与非法持有毒品罪，在实践中一直存在争议。本案即是如此。被告人张某某系吸毒人员，其所携带的毒品在运输途中被查获，没有证据证明其是为了实施贩卖毒品等其他犯罪，且毒品数量达到较大以上的，究竟是认定为非法持有毒品罪还是运输毒品罪？对其行为如何定性形成了三种意见：第一种意见认为，运输毒品罪的构成不仅要求行为人主观上明知是毒品，而且还

[①] 聂昭伟撰稿，马岩审编：《张某某运输毒品案——吸毒人员在运输毒品过程中被查获的，如何定性（第1069号）》，载最高人民法院刑事审判第一、二、三、四、五庭主办：《刑事审判参考》（总第102集），法律出版社2016年版，第86~91页。

要求必须有证据证明其具有实施走私、贩卖、运输、制造毒品等目的，否则只能认定为非法持有毒品罪。第二种意见认为，吸毒者运输毒品的行为能否认定为运输毒品罪，取决于被查获的毒品数量是否明显超出其在合理时段内的正常吸食量，超出合理时段内正常吸食量的，以运输毒品罪定罪处罚；反之，以非法持有毒品罪定罪处罚。第三种意见认为，对吸毒者运输毒品的行为不应以合理吸食量而应以数量较大作为区分标准，吸食者在运输毒品过程中被查获，没有证据证明其是为了实施贩卖毒品等其他犯罪，但只要数量达到较大以上的，一律以运输毒品罪定罪处罚。

我们同意第三种意见，对被告人张某某的行为应当认定为运输毒品罪，理由如下：

（一）从严厉打击毒品犯罪的刑事政策来看，为了有效打击毒品的流转与扩散行为，在运输毒品犯罪中不应人为地设置主观目的要件

传统观点认为，我国《刑法》将运输毒品罪作为与走私、贩卖、制造毒品罪并列的选择性罪名而设置于同一个条文中，在该罪的构成上没有数量的限制，且在刑罚的设置上最高可至死刑，由此表明，运输毒品罪所表现出来的社会危害性与走私、贩卖、制造毒品罪是相当的，其只有作为制造、走私、贩卖毒品当中的一个环节，即为了制造、走私、贩卖而运输时，才能认定为运输毒品罪。反之，如果无法查清毒品的来源和去向，又没有确凿证据证明行为人实施了走私、贩卖、制造毒品等犯罪行为的，即使数量大，也只能认定为非法持有毒品罪。对此，2000年印发的《南宁会议纪要》（已废止）规定，吸毒者在购买、运输、存储毒品过程中被抓获的，如没有证据证明其实施了其他毒品犯罪行为，查获的毒品数量较大的，应当以非法持有毒品罪定罪。然而，从实践情况来看，有相当一部分从事运输毒品的行为人对整个毒品犯罪不甚知情，到案后能够提供的抓获上下家的线索非常有限，导致运送毒品行为人被抓获后很难再抓获其上下家。在上下家未到案的情况下，如果要求证明毒品的来源、去向，要求证明行为人系为了制造、走私、贩卖或者为了获取高额利益而运输的，将造成大量运毒案件无法定案，与当前从严打击毒品犯罪的刑事政策不符。

众所周知，制造毒品是毒品的生产环节，贩卖则是毒品流向不特定消费者的终端环节，而在其中起承上启下作用的是毒品运输行为，正是运输毒品的犯罪活动将毒品由生产领域向消费终端作出了实质性推进。为此，打击毒品犯罪不仅需要打击毒品源头，也需要切断由生产到消费之间的流转环节。司法实践中，运输者在运输毒品过程中一旦被查获，往往会辩称其系吸毒者，所运输的毒品系用于吸食，由于毒品上、下家很难抓获归案，无法证实运输者还有贩卖毒品等其他目的，故只能认定为非法持有毒品罪。可见，正是由于运输毒品目的性要求的设置，导致司法实践中有些案件的被告人携带大量毒品被抓获，也只能认定为非法持有毒品罪。这在无形之中降低了毒品运输的风险成本，加快了毒品的流转与扩散。从当前毒品犯罪的严峻形势以及严厉打击毒品犯罪的刑事政策需要来看，应当避免在运输毒品构成要件之外再设置主观目的要件。

（二）对吸毒者在运输数量较大毒品过程中被查获的情形，认定为运输毒品罪符合"运输"的本义

运输毒品目的性要件的设置，不仅容易导致放纵犯罪现象的发生，同时也与运输毒品罪的构成要件不符。所谓运输毒品，是指明知是毒品而采用携带、邮寄、利用他人或者使用交通工具等方法非法运送毒品的行为。故只要行为人主观上明知是毒品，客观上实施了携带毒品，利用交通工具运载、邮寄等行为的，就构成运输毒品罪，犯罪动机和

目的并不是构成运输毒品罪主观方面的必备条件。根据我国刑法理论,在由故意形态构成的犯罪中,除赌博罪与制作、复制、出版、贩卖、传播淫秽物品牟利罪等少数几种犯罪主观上需要具备特定的营利或牟利目的外,其他犯罪不论出于何种动机、目的,均可以构成。尽管运输毒品的行为人一般都具有贪利性目的,出于贪图高额报酬而替他人运输毒品,或者其本身就是为贩卖毒品而进行运输,但这种目的并不是运输毒品罪成立的必要条件,即使是出于为亲属、朋友帮忙而无偿进行运输,只要明知所运输的是毒品,就不影响运输毒品罪的成立。

此外,将运输数量较大毒品的行为一律认定为运输毒品罪,也符合司法实践中的常态。从生活经验来看,运输毒品过程中落网的犯罪分子往往都是为了赚取高额报酬而铤而走险的人,或者其本身就是毒品贩卖、走私、制造者。上述人员为了将毒品从生产环节推向终端消费市场,需要通过流通环节进行运输。反之,作为终端消费者的毒品吸食人员在购得毒品之后,往往会将毒品置于家中或其他住处,故其对毒品的持有更多地表现为一种静止状态或短距离运输。尽管司法实践中确实存在吸毒人员长途运输用于自己吸食的毒品的情况,但这毕竟是少数。考虑到毒品犯罪的隐蔽性强、取证难度大,根据毒品的运输状态直接认定为运输毒品罪,更有利于打击猖獗的毒品犯罪。

(三)将吸毒者运输毒品的行为认定为运输毒品罪,符合最新司法文件的精神

在司法实践中,吸毒者实施毒品犯罪的情况大量存在,若对吸毒者购买、存储、运输较大数量毒品的行为一律以非法持有毒品罪处理,无疑会放纵吸毒者实施的毒品犯罪,削弱惩治毒品犯罪的力度。在执行《南宁会议纪要》相关规定的过程中,就屡屡出现吸毒者运输千克以上海洛因或冰毒的情形,由于无法证明其具有实施其他毒品犯罪的目的与行为,只能按照非法持有毒品罪定罪处罚,这在一定程度上导致对吸毒人员实施的毒品犯罪打击力度不够。鉴于此,2008年印发的《大连会议纪要》对《南宁会议纪要》的相关规定作出了修正,规定吸毒者在购买、运输、存储毒品过程中被查获的,如没有证据证明其是为了实施贩卖等其他毒品犯罪行为,查获的毒品数量达到较大以上的,应以其实际实施的毒品犯罪行为定罪处罚。

然而,由于《大连会议纪要》的上述规定仍然过于原则,实践中对于何为"实际实施的毒品犯罪行为"一直存在意见分歧:一种观点认为,吸毒者在购买、存储等静态持有数量较大毒品的过程中被查获的,应当以非法持有毒品罪定罪处罚;在运输过程中被查获的,应当以运输毒品罪定罪处罚。另一种观点则认为,吸毒者在购买、运输、存储毒品过程中被查获,毒品数量较大但尚未超出其个人正常吸食量的,应当以非法持有毒品罪定罪处罚;吸毒者在运输毒品过程中被查获,毒品数量大且明显超出其个人正常吸食量的,推定为具有实施其他毒品犯罪的目的,应当以运输毒品罪定罪处罚。

我们认为,上述第一种观点更为妥当。主要理由是:第一,刑法在设置非法持有毒品罪的定罪标准时,实际考虑了吸毒者合理吸食量的因素,故可以把数量较大视为合理吸食量的界限,超过数量较大标准的应视为超出了合理吸食量。吸毒者在运输毒品过程中被当场抓获,毒品数量达到较大以上的,如没有证据证明其是为了实施贩卖毒品等其他犯罪,可以根据其客观行为状态认定为运输毒品罪。第二,我国吸毒人员数量庞大,仅登记在册的吸毒人员就达到近300万人,而隐性未登记的吸毒人员更多。如此庞大的吸毒人群是毒品犯罪的重要诱因。为从源头上遏制毒品犯罪,减少毒品的流通,应当加大

对吸毒者实施的毒品犯罪的打击力度。在数量较大标准之上设定更高的合理吸食量标准，虽然有一定的合理性，但容易轻纵吸毒者实施的毒品犯罪。第三，"合理时段内的正常吸食量"难以界定，容易造成实践认定标准的不统一，而直接以毒品数量较大作为区分标准更便于操作。也正是考虑到上述问题，2015年5月18日印发的《武汉会议纪要》明确规定："吸毒者在运输毒品过程中被查获，没有证据证明其是为了实施贩卖毒品等其他犯罪，毒品数量达到较大以上的，以运输毒品罪定罪处罚。"据此规定，只要吸毒者运输毒品达到较大以上，就构成运输毒品罪，而无须在数量较大之上再考虑是否超过合理吸食量的问题。

本案中，被告人张某某在运输毒品过程中被当场抓获，尽管其系吸毒人员，且现有证据无法证明其具有实施走私、贩卖、制造毒品等目的，亦无法证实其具有为他人运输的目的，但由于被查获的毒品处于运输状态之中，且数量达到较大以上，故法院直接认定其行为构成运输毒品罪。本案的裁判虽然发生在《武汉会议纪要》印发之前，但裁判结果完全符合该纪要的规定。

问题32. 如何区分毒品代购与加价贩卖

【刑事审判参考案例】 齐某某贩卖、运输毒品案①

[案例要旨]

狭义的毒品代购，是指行为人受吸毒者委托无偿为吸毒者代为购买仅用于吸食的毒品。广义的毒品代购，既包括狭义的毒品代购，也包括明知他人实施毒品犯罪而为其代购毒品以及介绍毒品买卖等情形。如果代购毒品在运输途中被查获，且没有证据证明托购者、代购者是为了实施贩卖毒品等其他犯罪，毒品数量达较大以上的，对托购者、代购者以运输毒品罪的共犯论处；如果代购者从中牟利的，对代购者以贩卖毒品罪定罪处罚。

一、基本案情

被告人齐某某，男。1993年9月25日因犯敲诈勒索罪被判处有期徒刑二年，缓刑二年；2009年10月23日因犯盗窃罪被判处有期徒刑一年；2011年3月30日因犯盗窃罪被判处有期徒刑二年六个月，2012年8月31日刑满释放。2015年6月19日因本案被逮捕。

辽宁省营口市人民检察院指控被告人齐某某犯贩卖、运输毒品罪，向营口市中级人民法院提起公诉。

被告人齐某某辩称，自己购买的近3公斤甲基苯丙胺（冰毒）是为了吸食，没有贩卖过毒品。被抓时才知道同案被告人信某1、信某2的4公斤甲基苯丙胺也在其车上。其辩护人提出，齐某某是代购代买，在贩卖毒品共同犯罪中是从犯。

营口市中级人民法院经审理查明：2015年5月初，被告人齐某某与信某1（同案被告人，已判刑）一起吸食毒品后，提及自己可买到低价甲基苯丙胺，信某1与其哥哥信某2（同案被告人，已判刑）即欲购买。同月9日，齐某某乘火车到广东省陆丰市，与毒品上

---

① 曾广东、郭艳地撰稿，周峰审编：《齐某某贩卖、运输毒品案——如何区分毒品代购与加价贩卖（第1385号）》，载最高人民法院刑事审判第一、二、三、四、五庭主办：《刑事审判参考》（总第124集），法律出版社2020年版，第149页。

家商定取货每克40元，送货每克80元。齐某某遂电话告知信某1每克80元，信某1与信某2商议后，决定购买甲基苯丙胺4000克，先汇购毒款22万元，尾款收货时付清。后信某1、信某2先后向齐某某汇款15万元、7万元。齐某某到广东省东莞市购买银色福特轿车一辆，以备运输毒品之用。同月14日，齐某某从上家购买甲基苯丙胺7包，并驾车运往辽宁省。16日15时许，齐某某在京沈高速公路塔山服务区被抓获，公安人员当场从其所驾车辆备胎存放处查获甲基苯丙胺3包（2973克）、从后备厢矿泉水箱底部查获甲基苯丙胺4包（4001.8克），共计6974.8克。

营口市中级人民法院认为，被告人齐某某违反国家毒品管理法规，贩卖、运输甲基苯丙胺，其行为已构成贩卖、运输毒品罪。检察机关指控的事实清楚，证据确实、充分，指控的罪名成立。齐某某跨省运输甲基苯丙胺6974.8克，其中明知购毒者以贩卖为目的，而帮其代买甲基苯丙胺4001.8克，构成贩卖毒品罪共犯，齐某某是毒品主要联络者、实际交易者，系主犯。齐某某贩卖甲基苯丙胺数量特别巨大，社会危害性极大，罪行极其严重，且系累犯，应从重处罚。依照《刑法》第347条、第25条、第26条第1款、第4款、第48条、第57条第1款、第64条、第65条第1款之规定，判决如下：判决被告人齐某某犯贩卖、运输毒品罪，判处死刑，剥夺政治权利终身，并处没收个人全部财产。

一审宣判后，被告人齐某某上诉提出，其购买的3000克毒品用于吸食，对将信某1、信某2购买的4000克冰毒运输回来并不知情。其辩护人提出，齐某某属代购代买，应认定为从犯；自愿认罪，具有坦白情节；涉案毒品被全部查获，未流入社会，未造成较大危害。

辽宁省高级人民法院经审理认为，被告人齐某某赴南方购回大量甲基苯丙胺，将其中4000余克以每克80元送货价转卖给信某1、信某2，系与信某1、信某2的实际交易人，应认定为独立毒品上线，原判认定齐某某为信某1、信某2代购毒品，系共犯不妥，应予纠正。齐某某贩卖、运输毒品数量巨大，罪行极其严重，又系累犯，依法应当判处死刑。归案后虽能积极认罪，但不足以从轻处罚。据此，判决驳回被告人齐某某的上诉，维持原判。并依法报请最高人民法院核准。

最高人民法院经复核认为，被告人齐某某违反国家毒品管制法规，贩卖、运输甲基苯丙胺，其行为已构成贩卖、运输毒品罪。其贩卖、运输毒品数量大，社会危害大，且曾多次犯罪被判刑，又系累犯，依法应从重处罚。依照《刑事诉讼法》第235条、第239条[①]和《刑事诉讼法解释》第250条第1项[②]的规定，裁定如下：

核准辽宁省高级人民法院（2016）辽刑终315号维持第一审以贩卖、运输毒品罪判处被告人齐某某死刑，剥夺政治权利终身，并处没收个人全部财产的刑事判决。

二、主要问题

被告人齐某某为同案被告人信某1、信某2购买的4001.8克甲基苯丙胺是代购还是加价贩卖？

三、裁判理由

本案审理过程中，对被告人齐某某为同案被告人信某1、信某2购买的4000余克毒

[①] 对应2018年《刑事诉讼法》第246条、第250条。
[②] 对应2021年《刑事诉讼法解释》第429条第1项。

品如何定性，有两种不同观点：

第一种观点认为，现有证据只能证明信某1、信某2共给被告人齐某某汇款22万元，因毒品上家"阿日"并未到案，齐某某从上家购买的单价、支付毒资等均无充分证据证明，认定齐某某牟利的证据不足。但现有证据足以证实齐某某明知信某1、信某2贩毒，仍为二人代买毒品，构成贩卖毒品罪的共犯。

第二种观点认为，被告人齐某某独自前往广东与上家交易，其与上家约定是每克40元，而告知信某1、信某2的交易价格是每克80元，信某1、信某2据此先行汇款22万元，并准备在接货时支付另外8万元。齐某某供称已向上家付款27万元，尚欠17万元，齐某某所付的27万元与当面交易价格每克40元（7000克）最为接近。齐某某供述已与上家交易完，上家已将其联系的电话卡销毁。广东与辽宁相距甚远，如失去联络，所欠17万元尾款恐很难收回，齐某某被抓时又在其车上搜出全部6974.8克毒品，可推定齐某某与上家钱货两清。齐某某是信某1、信某2的上家，而非共犯关系。

我们同意第二种观点。具体理由如下：

1. 被告人齐某某不属于狭义的毒品代购。毒品"代购"一词始于2000年4月印发的《南宁会议纪要》（已废止）的规定："有证据证明行为人不是以营利为目的，为他人代买仅用于吸食的毒品，毒品数量超过刑法第三百四十八条规定数量最低标准，构成犯罪的，托购者、代购者均构成非法持有毒品罪。"2008年12月印发的《大连会议纪要》对此予以完善："有证据证明行为人不以牟利为目的，为他人代购仅用于吸食的毒品，毒品数量超过刑法第三百四十八条规定的最低数量标准的，对托购者、代购者应以非法持有毒品罪定罪。代购者从中牟利，变相加价贩卖毒品的，对代购者应以贩卖毒品罪定罪。明知他人实施毒品犯罪而为其居间介绍、代购代卖的，无论是否牟利，都应以相关毒品犯罪的共犯论处。"2015年5月印发的《武汉会议纪要》在《大连会议纪要》的基础上进一步补充规定："行为人为吸毒者代购毒品，在运输过程中被查获，没有证据证明托购者、代购者是为了实施贩卖毒品等其他犯罪，毒品数量达到较大以上的，对托购者、代购者以运输毒品罪的共犯论处。行为人为他人代购仅用于吸食的毒品，在交通、食宿等必要开销之外收取'介绍费''劳务费'，或者以贩卖为目的收取部分毒品作为酬劳的，应视为从中牟利，属于变相加价贩卖毒品，以贩卖毒品罪定罪处罚。"根据以上规定，毒品代购有广义和狭义之分。狭义的毒品代购，是指行为人受吸毒者委托无偿为吸毒者代为购买仅用于吸食的毒品。广义的毒品代购，既包括狭义的毒品代购，也包括明知他人实施毒品犯罪而为其代购毒品以及介绍毒品买卖等情形。在狭义的毒品代购中，如果代购毒品数量超过《刑法》第348条规定的最低数量标准的，对托购者、代购者均应以非法持有毒品罪定罪处罚；如果代购毒品在运输途中被查获，且没有证据证明托购者、代购者是为了实施贩卖毒品等其他犯罪，毒品数量达较大以上的，对托购者、代购者以运输毒品罪的共犯论处；如果代购者从中牟利的，对代购者以贩卖毒品罪定罪处罚。具体到本案中，对被告人齐某某的行为显然不能用狭义的毒品代购来评价，理由如下：第一，狭义的毒品代购要求委托者须是吸毒者，且其购买毒品的目的仅为吸食。本案中，信某1、信某2购买毒品数量达4000余克，显然超出了正常吸食量，且被告人齐某某明知信某1、信某2是贩毒者而不是单纯的吸毒者，其二人购买毒品的目的是贩卖而非吸食。第二，狭义的毒品代购一般要求代购者代购毒品是无偿的，只有在无偿且构成犯罪的前提下，代购者与托购者才构成非法持有毒品罪或者运输毒品罪的共犯。但被告人齐某某关于其未牟利的辩解明显不成立。其一，从齐某某与信某1、信某2的关系看，齐某某与信某2只是普通的狱友，信某1是信某2的哥哥，之前与齐某某无任何交往，双方之间的关系密切度较低，与代购并长途运输大量毒品的巨大风险不相称。其二，根据齐某某、信某2供述，齐某某先要求信某1、信某2最低购买5公斤毒品，信某1、信某2因钱不够，说只能买3公斤，齐某某不同意，二人才答应借钱买4公斤。此节充分说明，齐某某对毒品数量与信某1、信某2进行了协商，不符合代购中被代购者确定购买量的常理。其三，从银行账户明细看，信某2、信某1先后共向齐某某汇款22万元，公安机关抓获信某1后，从信某1处扣押其准备从齐某某处接收毒品时支付的尚欠毒资8万元，信某1、信某2共应向齐某某支付30万元，二人购买毒品的价格接近每克80元。齐某某供称其已向上家支付毒资27万元（交易期间，齐某某银行卡共支出29.9万元，抓获齐某某时从其身上扣押现金2万元），从其车上共查获毒品约7公斤，可印证其供述从上家购买毒品价格是每克40元的细节。齐某某供上门取货是每克40元，上家送货是每克80元。则信某1、信某2以每克80元的价格买进毒品，必须上家送货。而本案所涉毒品全部从齐某某所驾汽车上查获，且除齐某某外，再无其他人同行，齐某某明显是送货人。齐某某以每克40元的价格从上家购买，再以每克80元的价格卖给信某1、信某2，每克赚取差价40元，其辩解未牟利不能成立。

2. 被告人齐某某的行为亦不属于广义的毒品代购。《大连会议纪要》规定，明知他人实施毒品犯罪而为其居间介绍、代购代卖的，无论是否牟利，都应以其实施的毒品犯罪的共犯论处。那么，本案能否以此为依据，从广义的毒品代购角度来认定齐某某与信某1、信某2是贩卖毒品罪的共犯？我们持否定意见。主要理由如下：

第一，被告人齐某某不属于居间介绍。居间介绍一般是指居间人按照自己的意愿为贩毒者、购毒者提供交易信息或介绍交易对象等帮助行为，积极促成贩毒者与购毒者达成毒品交易。在交易过程中，居间介绍人只是中间人，并不是一方交易主体，实际的交易主体仍然是贩毒者与购毒者。《武汉会议纪要》规定，居间介绍者受贩毒者委托，为其介绍联络购毒者的，与贩毒者构成贩卖毒品罪的共同犯罪；明知购毒者以贩卖为目的购买毒品，受委托为其介绍联络贩毒者的，与购毒者构成贩卖毒品罪的共同犯罪；同时与贩毒者、购毒者共谋，联络促成双方交易的，通常认定与贩毒者构成贩卖毒品罪的共同犯罪。因为上述情形下，居间人主观上有共同犯罪的故意，客观上有贩卖毒品或者为毒品犯罪分子提供信息帮助的行为，故不论其是否获利，都可以构成贩卖毒品罪的共犯。本案中，齐某某主观上与贩毒者及购毒者信某1、信某2均无共同的犯罪故意，客观上也不是为贩毒者与信某1、信某2提供交易机会，以促成贩毒者与信某1、信某2达成毒品交易，而是其本人实际参与交易，即先作为下家与贩毒者达成交易，再作为上家与购毒者信某1、信某2达成交易，其与前后环节的交易对象都是上下家关系，显然不属于居间介绍。

第二，被告人齐某某亦不属代购代买。司法实践中，为他人代购毒品一般可分两种情况：一种情况是托购者自己直接或者间接与贩毒者进行联系，但因为时间、地点或其他一些特殊原因，托购者无法或不愿亲自前往，即委托代购者向贩毒者代为购买指定数量、品种或者价格等相对固定的毒品。此种情形下，代购者主观上有帮助托购者购买毒品的故意，客观上充当了托购者的工具，替代托购者去购买了毒品，如果其明知托购者是为贩卖而代购，不论其是否牟利，当然与托购者构成贩卖毒品罪的共犯。另一种情况是托购者不知购毒渠道，但知道代购者有毒品来源，即委托代购者代为购买。此种情形下，虽然代购者并未将毒品买卖双方介绍到一起，看似是一种为他人代买的行为，但此时代购者因为自己认识和熟悉贩毒者，在得知托购者有购毒需求后，即通过自己的撮合让托购者实现了其购毒的需求，也帮助贩毒者顺利找到了买家，故其实质上仍然是一种具有居间性质的行为。如果代购者明知托购者购买毒品的目的是贩卖，则与托购者构成贩卖毒品罪的共犯。本案中，齐某某的行为显然不属于第一种情形，虽接近第二种情形但仍有区别。因为，第二种情形下的代购实质仍为居间介绍，且第二种情形下的毒品代购，托购者与代购者之间也需以存在委托关系为前提，即代购者必须是受托购者的委托而代为购买毒品。在委托关系中，托购者与代购者必须事先对代为购买毒品的数量、种类、价格、代购者是否获利及获利多少、获利方式等均须有明确约定。如果双方事先没有约定，事后代购者向托购者隐瞒重要价格信息等从中牟利，实质上即相当于变相加价贩卖，代购者即成为托购者的实际上家，而不再是居间介绍人。本案中，从三人供述看，信某1、信某2与齐某某对双方是委托关系还是上下家关系并不明确，此时即需要结合毒品的实际交易过程来分析。在案证据显示，信某1、信某2与齐某某事先对齐某某是否获利，获利多少、获利方式等均无约定，但在实际交易时，齐某某先以每克40元的价格与贩毒者完成交易，而后对信某1、信某2隐瞒该重要价格信息，再以每克80元的价格卖与信某1、信某2，此时，齐某某实际上已经是信某1、信某2的上家而非共犯，故齐某某与信某1、信某2不构成贩卖毒品罪的共犯。综上，二审法院认定被告人齐某某为独立毒品上线，不属于毒品代购是正确的。法院以贩卖、运输毒品罪判处被告人死刑，剥夺政治权利终身，并处没收个人全部财产是适当的。

问题33. 认罪认罚案件被告人以量刑过重为由提起上诉的，是否影响对原认罪认罚情节的认定

【刑事审判参考案例】杨某某贩卖毒品案[①]

［案例要旨］

二审终审制是我国《刑事诉讼法》的基本制度，被告人的上诉权应当受到尊重和保障，被告人仅以量刑过重为由提出上诉的，二审法院应当坚持全面审查原则，案件可以不开庭审理。

一、基本案情

北京市朝阳区人民检察院指控被告人杨某某犯贩卖毒品罪，向北京市朝阳区人民法院提起公诉，并建议对被告人杨某某判处有期徒刑九个月至一年，并处罚金。

被告人杨某某自愿认罪认罚，审查起诉阶段在律师在场的情况下，签署认罪认罚具结书。

北京市朝阳区人民法院依法适用速裁程序，公开开庭审理了本案。经审理查明：被告人杨某某于2019年5月14日23时许，在北京市朝阳区建国门外某小区北侧停车场，

[①] 魏彤撰稿，杨立新审编：《杨某某贩卖毒品案——认罪认罚案件被告人以量刑过重为由提起上诉，是否影响对原认罪认罚情节的认定（第1412号）》，载最高人民法院刑事审判第一、二、三、四、五庭主办：《刑事审判参考》（总第127集），法律出版社2021年版，第40页。

以人民币5400元的价格向董某某（男，25岁，吉林省人）出售白色晶体5包（约重3.09克），经鉴定均检出甲基苯丙胺，已收缴。被告人杨某某后被民警抓获归案。审判人员告知被告人杨某某认罪认罚的法律规定，释明认罪认罚的性质及后果，对杨某某认罪认罚的情况进行了审查，确认其签署认罪认罚具结书的自愿性及真实性。被告人杨某某及其辩护人在开庭审理过程中对公诉机关指控事实、罪名、量刑建议均无异议。

北京市朝阳区人民法院经审理认为，公诉机关指控的罪名成立且量刑建议适当，依照《刑法》第347条第1款和第4款、第61条、第67条第3款、第45条、第47条、第52条、第53条、第64条及《刑事诉讼法》第15条的规定，判决如下：

被告人杨某某犯贩卖毒品罪，判处有期徒刑十个月，并处罚金人民币1万元。

宣判后，被告人杨某某不服，向北京市第三中级人民法院提起上诉。其上诉理由主要是：一审判决量刑过重。

北京市朝阳区人民检察院提出抗诉。抗诉机关的抗诉理由主要是：杨某某上诉表明其认罪动机不纯，一审认罪认罚从宽处理不应再适用，应对杨某某处以更重的刑罚。

二审审理过程中，上诉人杨某某申请撤回上诉，出庭履行职务的北京市人民检察院第三分院申请撤回抗诉。

北京市第三中级人民法院审理认为，原判认定事实和适用法律正确，量刑适当，上诉人杨某某撤回上诉的申请以及检察机关撤回抗诉的申请，符合法律规定，应予准许。据此，依照《刑事诉讼法解释》第305条第1款、第307条、第308条①之规定，裁定：（1）准许上诉人杨某某撤回上诉；（2）准许北京市人民检察院第三分院撤回抗诉。

该裁定为终审裁定。

二、主要问题

认罪认罚案件被告人以量刑过重为由上诉的，二审法院应如何处理。

三、裁判理由

（一）要正确对待认罪认罚案件被告人的上诉权

认罪认罚案件被告人的上诉权要不要限制的问题，2014年速裁程序试点时，曾有过讨论。当时的速裁程序适用于可能判处一年以下刑罚的案件，且仅限于危险驾驶罪、交通肇事罪、盗窃罪、诈骗罪、抢夺罪、伤害罪、寻衅滋事罪、非法拘禁罪、毒品犯罪、行贿犯罪等11个罪名，适用速裁程序的主要目的在于分流提速，因此，当时对是否限制被告人上诉权的讨论有其必要性。但在2016年认罪认罚从宽制度试点时，速裁程序的适用范围已扩大到三年有期徒刑以下刑罚的案件，近几年该部分案件占到全部刑事案件的80%，且认罪认罚从宽制度的适用并没有罪名和可能判处刑罚的限制，因此，无论是《中央全面深化改革领导小组关于认罪认罚从宽制度改革试点方案》还是《最高人民法院、最高人民检察院、公安部、国家安全部、司法部关于在部分地区开展刑事案件认罪认罚从宽制度试点工作的办法》，均未对被告人的上诉权作出限制。2018年修改《刑事诉讼法》增加规定认罪认罚从宽制度和速裁程序，并未对认罪认罚案件中被告人的上诉权进行限制，因此，被告人的上诉权应当受到尊重和保障，二审终审制仍然是我国刑事诉讼法的基本制度。

---

① 对应2021年《刑事诉讼法解释》第383条第2款、第385条、第386条。

（二）被告人以量刑过重为由上诉的，二审法院应坚持全面审查和依法裁判原则

实践中，被告人以量刑过重为由上诉的，不能因此否定一审对认罪认罚情节的认定。要注意到审查起诉阶段控辩协商不充分、有效法律帮助难以保障甚至一审法院对自愿性及量刑建议审查不严的现象不同程度地存在。因此，被告人仅以量刑过重为由提出上诉的，二审法院应当坚持全面审查原则，案件可以不开庭审理。发现原判量刑过重的，应当依法改判。原判量刑适当的，应当依法驳回上诉，维持原判，切实发挥二审的救济和纠错功能，依法保障被告人的合法权益。

（三）检察机关因被告人上诉而提起抗诉的，二审法院要坚持全面审查和依法裁判原则

实践中，被告人认罪认罚，人民法院依法采纳检察机关量刑建议，被告人以量刑过重为由上诉，检察机关因被告人上诉而抗诉的，二审法院应坚持全面审查和依法裁判原则。审理后发现一审裁判认定事实、证据采信、适用法律和量刑均无错误的情况下，应当依法驳回上诉、抗诉，维持原判。不能仅因被告人就量刑提出上诉就简单否定认罪认罚情节，也不能仅因检察机关抗诉就一律加重被告人刑罚。二审法院应注重发挥纠错功能，确保认罪认罚案件的公正处理和法律的统一适用。

本案中，被告人杨某某在审查起诉阶段自愿签署认罪认罚具结书，同意检察机关的量刑和程序适用建议。一审法院经审查决定适用速裁程序，公开开庭审理中，告知被告人认罪认罚的法律规定，释明认罪认罚的性质和后果，重点审查了被告人认罪认罚的自愿性，确认被告人签署具结书系自愿、合法，且具有事实基础。公诉机关指控的事实清楚，证据确实、充分，指控罪名准确，量刑建议适当，一审法院依法予以采纳。二审审理认为，一审法院作出的裁判在事实认定、证据采纳、定罪量刑以及程序适用上没有错误，故依法作出裁定准许被告人撤回上诉，检察机关撤回抗诉。

问题34. 认定贩卖毒品罪的既遂，宜采取"进入实质交易环节"的标准

【刑事审判参考案例】 唐某某、蔡某某贩卖毒品案[①]

[案例要旨]

认定贩卖毒品罪的既遂，应以毒品是否进入交易环节为准，至于是否实际交付毒品，均不影响犯罪既遂的成立；对于贩卖毒品案件中的上下家，结合其贩毒数量、次数及对象范围，犯罪的主动性，对促成交易所发挥的作用，犯罪行为的危害后果等因素，综合考虑其主观恶性和人身危险性，慎重、稳妥地决定死刑适用。对于买卖同宗毒品的上下家，涉案毒品数量刚超过实际掌握的死刑数量标准的，一般不能同时判处死刑；上家主动联络销售毒品，积极促成毒品交易的，通常可以判处上家死刑；下家积极筹资，主动向上家约购毒品，对促成交易起更大作用的，可以考虑判处下家死刑。涉案毒品数量达到巨大以上的，也要综合上述因素决定死刑适用，同时判处上下家死刑符合罪刑相适应原则，并有利于全案量刑平衡的，可以依法判处。

[①] 李晓光、赵娟撰稿，马岩审编：《唐某某、蔡某某贩卖毒品案——如何把握贩卖毒品罪的既遂未遂标准与毒品犯罪上下家的死刑适用标准（第1290号）》，载最高人民法院刑事审判第一、二、三、四、五庭主办：《刑事审判参考》（总第117集），法律出版社2019年版，第49页。

一、基本案情

被告人蔡某某,1991年3月14日因犯抢劫罪被判处有期徒刑三年。因本案于2011年12月23日被逮捕。

被告人唐某某,2011年12月23日被逮捕。

(其他被告人情况略。)

某省某市人民检察院以被告人唐某某、蔡某某犯贩卖毒品罪,向某市中级人民法院提起公诉。

被告人唐某某及其辩护人提出,公诉机关指控的第一起贩毒事实证据不足;第二起贩毒的毒品未流入社会,社会危害不大,请求对唐某某从轻处罚。

被告人蔡某某及其辩护人提出,蔡某某为吸食而购买毒品,公诉机关指控蔡某某购买毒品系为贩卖的证据不足,且第二起贩毒的毒品未转移给蔡某某,蔡某某购买毒品的行为并未完成,不能定罪。

某市中级人民法院经公开审理查明:

2011年间,被告人蔡某某从天津市来到湖南省郴州市,认识了被告人廖某1(同案被告人,已判刑)。经廖某1介绍,蔡某某从被告人唐某某处购买毒品,带回天津市用于自己吸食和贩卖。蔡某某驾驶一辆东南牌小轿车到郴州购买毒品,并雇请雷某某(另案处理)驾驶一辆骐达牌小轿车在郴州市区内接送。具体犯罪事实如下:

1. 2011年7月,被告人蔡某某从天津市来到郴州市找到廖某1,欲购买毒品。廖某1找到被告人唐某某,唐某某即从"阿英"(在逃)处购进冰毒100克,在郴州市某医院家属区廖某1家中卖给蔡某某。之后,蔡某某将毒品带回天津市用于自己吸食和贩卖。

2. 2011年10月底,被告人蔡某某联系廖某1,欲购买2000多克冰毒。廖某1将该信息告诉被告人唐某某。唐某某遂找到彭某某(同案被告人,已判刑)商议购买毒品卖给蔡某某。同年11月15日,蔡某某携带60.3万元毒资,驾驶东南牌小轿车从天津市来到郴州市,住在廖某1的妹妹廖某2家中。同月16日,彭某某在广东省陆丰市从"阿高"(在逃)处以每克220元的价格购进冰毒2000余克。同月17日下午,彭某某将冰毒带回郴州,同日18时许,唐某某购买了电子秤并与彭某某接应,将蔡某某约至郴州市春天公寓进行交易。三人会合后,蔡某某对毒品验货、称重,并与唐某某、彭某某议定购买该批冰毒的价格为每克260元。其间,唐某某另将300粒"麻古"以1万元的价格卖给蔡某某。唐某某与蔡某某因此次毒品交易系廖某1从中介绍,商定各出5000元给廖某1作为好处费,并当场打电话告知廖某1。唐某某、彭某某、蔡某某将毒品包装好,准备出门前往廖某1住处取毒资时,被公安人员抓获。公安人员当场缴获白色晶体5包,红色药丸2包,经鉴定,白色晶体净重2227克,甲基苯丙胺含量为57.8%;红色药丸净重30.3389克,从中检出甲基苯丙胺和咖啡因成分。随后,公安机关从廖某1家卧室衣柜边查获蔡某某藏匿的毒资60.3万元,从蔡某某驾驶的东南牌小轿车中查获"麻古"337粒,净重26.2208克。

某市中级人民法院认为,被告人唐某某、蔡某某违反国家对毒品的管制法规,明知冰毒、"麻古"系毒品而予以贩卖,二人的行为均构成贩卖毒品罪。唐某某共贩卖毒品两次,其中冰毒2327克,"麻古"30.3389克;蔡某某共贩卖毒品两次,其中冰毒2327克,"麻古"56.5597克。蔡某某向唐某某购买100克冰毒用于吸食、贩卖的事实有唐某某、蔡某某、雷某某在侦查阶段的供述相互印证,且公安机关在侦查阶段的审讯均合法有效,足以认定。蔡某某一次性向唐某某购买价值60多万元的冰毒全部用于自己吸食,不符合常理,况且此前其已有过贩毒行为,蔡某某、雷某某在侦查阶段的供述亦证实蔡某某购买毒品除自己吸食外还用于贩卖,故蔡某某及其辩护人所提蔡某某购买毒品用于吸食的辩解和辩护意见不能成立。第二次贩毒中,唐某某从廖某1处获悉蔡某某欲购买大量毒品后,主动联系彭某某商量贩毒牟利,并指使彭某某寻找、购买毒品,打电话与蔡某某商谈毒品交易价格和安排交易地点,在彭某某买到毒品后又接应彭某某一同前往由其选定的交易地点与蔡某某进行交易,系该起毒品犯罪的犯意提起、组织策划、具体实施者。蔡某某应唐某某之约进入毒品交易现场,双方谈妥了毒品交易价格,并对毒品进行了查验和称重,准备赶往另一地点交付购毒款,故该起犯罪已经既遂。依照《刑法》第347条第2款第1项,第25条第1款,第26条第1款、第4款,第48条第1款,第57条第1款等规定,判决如下:被告人唐某某犯贩卖毒品罪,判处死刑,剥夺政治权利终身,并处没收个人全部财产;被告人蔡某某犯贩卖毒品罪,判处死刑,剥夺政治权利终身,并处没收个人全部财产。

一审宣判后,被告人唐某某、蔡某某提出上诉。唐某某及其辩护人提出,一审认定第一起贩毒事实的证据不足;第二起贩毒系未遂,毒品未流入社会造成更大危害;唐某某归案后认罪态度好,一审对其量刑过重。蔡某某及其辩护人提出,第一起贩毒中蔡某某仅购买60克冰毒用于吸食;第二起贩毒系未遂,一审对其量刑过重。

某省高级人民法院经二审审理认为,第一起贩毒事实有依法取得的唐某某、蔡某某和雷某某的供述证实,足以认定;第二起毒品交易是公安机关通过侦查掌握各被告人交易毒品的情况后布控破案,该起毒品没有流入社会,且唐某某、蔡某某到案后如实供述自己的犯罪事实,但二人涉案毒品数量均多达2000余克,社会危害大,不足以对二人从轻处罚。原审认定的事实清楚,证据确实、充分,定罪准确,量刑适当,审判程序合法。依照《刑事诉讼法》(2012年修正,下同)第225条第1款第1项[①]等规定,裁定驳回上诉,维持原判,并依照《刑事诉讼法》第236条第2款[②]之规定,对唐某某、蔡某某的死刑判决依法报请最高人民法院核准。

最高人民法院经复核认为,被告人蔡某某以贩卖为目的,伙同他人非法购买甲基苯丙胺并销售,单独或伙同他人非法购买甲基苯丙胺片剂,其行为已构成贩卖毒品罪。被告人唐某某以贩卖为目的,非法购买毒甲基苯丙胺和甲基苯丙胺片剂并销售,其行为已构成贩卖毒品罪。蔡某某提出购买毒品犯意,委托廖某1联系购买毒品,雇请雷某某驾车接应,直接交易、销售毒品,在共同贩卖毒犯罪中起主要作用,系主犯,应当按照其所参与的全部犯罪处罚。蔡某某曾因犯抢劫罪被判处刑罚,本案中又系犯罪的诱发者,行为更为积极、主动,对促成毒品交易所起作用更大,且跨省贩卖毒品数量大,主观恶性深,人身危险性和社会危害性大,罪行极其严重,应依法惩处。唐某某贩卖毒品数量大,社会危害性大,但在本案中的罪责相对小于蔡某某,依法对其判处死刑,可不立即执行。第一审判决、第二审裁定认定的事实清楚,证据确实、充分,定罪准确,审判程序合法,对蔡某某量刑适当。依照《刑法》第347条第2款第1项、第7款,第26条第1款、第

[①] 对应2018年《刑事诉讼法》第236条第1款第1项。
[②] 对应2018年《刑事诉讼法》第247条。

4款、第48条第1款、第57条第1款；《刑事诉讼法》第235条、第239条①和《刑事诉讼法解释》第352条②的规定，核准蔡某某死刑，改判唐某某死刑，缓期二年执行。

二、主要问题

1. 如何准确把握贩卖毒品罪的既遂与未遂标准？
2. 如何准确把握贩卖毒品案件中的上下家的死刑适用标准？

三、裁判理由

（一）认定贩卖毒品罪的既遂，宜采取"进入实质交易环节"的标准

司法实践中，贩卖毒品情形复杂多样，有的毒品和毒资均已转移给对方，有的支付了毒资、尚未收到毒品，有的双方已进入交易现场并实施了一定交易行为，有的则刚刚着手进行交易，等等。对于这些贩卖毒品案件，既遂与未遂一直是控辩双方关注的重要问题，因为该问题直接关乎被告人的刑罚轻重，甚至影响是否对被告人适用死刑。长期以来，理论上对贩卖毒品罪既遂标准的认定问题一直存在争议，有"契约说""实际交付说""进入交易说""成交说""出卖说""买入说"等多种观点，实践中对该问题的认识和把握也不尽一致，影响了部分毒品案件的处理，需要加以规范和统一。如前所述，本案第二起贩卖毒品行为就涉及既遂与未遂的认定问题。法院在审理过程中，对被告人唐某某属于犯罪既遂认识一致，即唐某某应被告人蔡某某的请求而购买毒品，系为卖出而买入毒品，与毒品上家的交易行为已经完成。但是，对于蔡某某是否成立犯罪既遂，则有不同意见。一种意见认为，应以毒品上家实际交付毒品作为犯罪既遂标准，只要毒品下家未实际收到毒品，便不成立既遂。蔡某某因没有支付毒资而未实际控制毒品，在准备取毒资时被公安人员抓获，属于因意志以外的原因无法完成毒品交易，成立犯罪未遂。另一种意见认为，应以毒品是否进入交易环节为准，至于是否实际交付毒品，均不影响犯罪既遂的成立。唐某某与蔡某某进入毒品交易现场，谈妥了交易价格，对带到现场的毒品进行了查验和称重，虽然还没有交付毒资和毒品，亦可以认定为犯罪既遂。

我们认为，就本案而言，第二种意见是可取的。主要理由是，这种意见既符合司法实践中比较普遍采取的"进入实质交易环节"的既遂认定标准，也符合当前禁毒形势的客观需要，有利于打击与遏制毒品犯罪。我国经过连续多年开展禁毒人民战争，在一定程度上遏制了毒品快速蔓延的势头，但由于受国际毒潮泛滥和国内多种因素影响，我国仍处于毒品问题蔓延期、毒品犯罪高发期和毒品治理攻坚期，大宗制毒、贩毒、运毒犯罪活动多发，青少年吸毒人数增长迅猛，禁毒斗争形势严峻复杂，禁毒工作任务依然十分艰巨。

面对如此严峻的毒品犯罪形势，坚持依法从严惩处毒品犯罪，无疑是治理毒品犯罪的重要手段。实践中，由于毒品犯罪具有高度隐蔽性，侦查难度大，一旦毒品交易行为已完成就难以被查缉，故"人毒俱获"成为侦破毒品犯罪案件的重要特征。本案毒品交易完成之前，公安人员即采取收网行动，将各被告人抓获并查获了被告人蔡某某的毒品，毒品上下家已经进入毒品交易现场并实施了验货、谈价、称重等实际交易行为。仅差支

---

① 对应2018年《刑事诉讼法》第246条、第250条。

② 2021年《刑事诉讼法解释》已删除该条。最高人民法院认为在死刑复核程序中仍应坚持"以发回重审为原则，依法改判为例外"的原则。参见李少平主编：《最高人民法院关于适用〈中华人民共和国刑事诉讼法〉的解释理解与适用》，人民法院出版社2021年版，第458页。

付毒资后交付毒品的环节未完成。如果以毒品是否实际交付给下家为标准来认定犯罪既遂与否，则会使一部分毒品犯罪案件作未遂处理，不利于对毒品犯罪的打击。因此，在毒品犯罪既遂与未遂的认定上，应当充分考虑有利于依法严惩毒品犯罪的原则，以是否进入实质交易环节作为判断犯罪既遂与未遂的标准。

但需要说明的是，本案的情况具有一定特殊性，看起来被告人蔡某某作为买家尚未拿到毒品，似乎存在认定为犯罪未遂的余地，但由于其已经完成验货、称量等重要交易行为，蔡某某也把购毒款带在身边准备支付，如果不是公安机关此时进行抓捕，双方则必然完成本次交易。故不能简单以公安机关抓捕时间的早晚来认定是否既遂。当然，对毒品犯罪也并非完全不区分既遂与未遂，对于实践中典型的犯罪未遂，如买方尚未达到交易地点，或者买到的是假毒品等情形，可以认定为犯罪未遂。审判中对"进入实质交易环节"的把握也不能太宽，以免把一些本应认定为犯罪未遂的情形作为既遂处理，失之过严。

（二）要根据"数量+其他情节"的原则，准确把握贩卖毒品案件中的上下家的死刑适用标准

贩卖毒品案件中的上下家的死刑适用问题，一直是审判实践中的难题。在以往一段时期内，存在对毒品上家判处死刑、对下家判处死缓的思路和做法。因为毒品上家掌握毒品来源，系毒品源头或者更接近毒源，相较于下家，社会危害更大，罪责更重。但2015年最高人民法院印发的《武汉会议纪要》出台后，对以往的做法有所调整。《武汉会议纪要》首次对毒品犯罪上下家的死刑适用问题作出规定，即对于贩卖毒品案件中的上下家，结合其贩毒数量、次数及对象范围，犯罪的主动性，对促成交易所发挥的作用，犯罪行为的危害后果等因素，综合考虑其主观恶性和人身危险性，慎重、稳妥地决定死刑适用。对于买卖同宗毒品的上下家，涉案毒品数量刚超过实际掌握的死刑数量标准的，一般不能同时判处死刑；上家主动联络销售毒品，积极促成毒品交易的，通常可以判处上家死刑；下家积极筹资，主动向上家约购毒品，对促成交易起更大作用的，可以考虑判处下家死刑。涉案毒品数量达到巨大以上的，也要综合上述因素决定死刑适用，同时判处上下家死刑符合罪刑相适应原则，并有利于全案量刑平衡的，可以依法判处。上述规定，对于处理贩卖毒品案件中的上下家死刑适用问题具有重要指导意义。

本案中，被告人蔡某某除了向被告人唐某某购买甲基苯丙胺2327克、甲基苯丙胺片剂30.3389克外，另外向他人购买甲基苯丙胺片剂26.2208克。该二人贩卖毒品数量大，社会危害性大，罪行极其严重，依法可以判处死刑。但是，根据《武汉会议纪要》的上述规定，唐某某、蔡某某所贩卖毒品中的绝大部分系同宗毒品，二人涉案毒品数量相当，虽然已超过判处死刑的数量标准，但尚不属于数量巨大，只能判处其中一人死刑。因此，需要仔细区分唐某某、蔡某某对促成毒品所起作用大小、社会危害程度及主观恶性人身危险性等因素，准确决定刑罚。最高人民法院复核后核准蔡某某死刑，改判唐某某死缓的主要理由如下：

第一，被告人蔡某某对促成毒品交易所起作用更大。从具体行为看，蔡某某在毒品犯罪中的主动性大于被告人唐某某。虽然唐某某是蔡某某的上家，但其并非囤毒待售，而是应蔡某某的要求向他人购入毒品，然后再加价卖给蔡某某。蔡某某向唐某某求购毒品，先后两次驾车携带购毒款从天津到湖南进行毒品交易，且被告人廖某1、彭某某和雷某某均系因蔡某某而参与到毒品犯罪当中。因此，蔡某某是本案的诱发者，行为更积极、

主动,对促成毒品交易所起作用大于唐某某。

第二,被告人蔡某某贩毒行为的社会危害性更大。蔡某某先后两次从天津前往湖南向被告人唐某某购买毒品,系跨省长途贩卖毒品。第一次所购甲基苯丙胺除蔡某某自己吸食外,还在天津贩卖给他人;第二次购毒,系蔡某某约购毒品,唐某某请求彭某某联系购买毒品,随后彭某某从广东购来毒品,且该批毒品数量大,已远远超出蔡某某个人正常吸食量,如果不是被公安机关及时查获,定会被蔡某某运回天津出售给他人。此外,蔡某某还从他人处购买了甲基苯丙胺片剂。因此,蔡某某的购毒行为导致毒品从毒源地向外扩散,促进了毒品的进一步流转和消费,具有更大的社会危害性。

第三,被告人蔡某某的人身危险性更大。蔡某某曾因犯抢劫罪被判处有期徒刑三年,刑满释放后却不知悔改,本次又实施贩卖毒品犯罪,虽然不构成累犯,但也反映出其主观恶性深,人身危险性大。此外,蔡某某供述,其向被告人唐某某购买毒品之前,曾向他人购买过甲基苯丙胺用于吸食和贩卖牟利。而侦查机关并未查实唐某某在本次犯罪之前实施过其他违法或者犯罪行为,其人身危险性相对小于蔡某某。

最高人民法院对本案的复核结果体现了对毒品犯罪上下家适用死刑的把握思路。需要说明的是,近年来涉案毒品数量巨大的案件时有出现,毒品数量越大,意味着可以判处二人以上死刑的根据也越充分,但对毒品犯罪案件始终需要贯彻执行"严格控制、慎重适用"的死刑政策,不能简单以涉案毒品数量巨大为由就不区分上下家的罪责大小。对于能够区分罪责大小的,不能仅因为数量巨大就同时判处二人以上死刑。

问题35. 贩卖毒品罪既未遂的认定

【人民法院案例选案例】陈某某贩卖毒品案[①]

[裁判要旨]

被告人和买家事先商定毒品交易细节,就毒品数量、价格达成合意,在携带毒品到达交易现场,实施交易行为时被当场抓获的,应当认定为贩卖毒品罪既遂。

[基本案情]

公诉机关厦门市翔安区人民检察院以被告人陈某某犯贩卖毒品罪,向厦门市翔安区人民法院提起公诉。

法院经审理查明:2016年12月至2017年1月,被告人陈某某经与王某事先电话约定,两次在福建省石狮市某国际酒店内,每次均以人民币(币种下同)1000元的价格将1小包的毒品氯胺酮(俗称K粉)贩卖给王某。2017年3月10日,被告人陈某某与王某电话联系,约定以9000元的价格将10小包毒品氯胺酮贩卖给王某,并约在厦门市翔安区沈海高速马巷收费站出口交易。次日0时许,被告人陈某某携带10小包毒品自福建省石狮市打车至上述交易地点,见公安机关抓捕,遂欲逃离,并把携带的毒品丢弃在路边的草丛中。公安机关即时抓获被告人陈某某,并在被告人陈某某周边现场查获其丢弃的1个红色塑料袋包裹的10小包白色粉末,从陈某某身上缴获作案工具苹果7手机一部。经依法鉴定,现场查获的10小包白色粉末中均检出氯胺酮成分,净重共计43.3克。经现场检

[①] 郑锋:《陈某某贩卖毒品案——贩卖毒品罪既未遂的认定》,载最高人民法院中国应用法学研究所编:《人民法院案例选》(总第128辑),人民法院出版社2019年版,第45页。

测，被告人陈某某的尿样氯胺酮定性检测结果为阳性。被告人陈某某到案后在侦查阶段对其犯罪行为供认不讳，在审查起诉阶段未能如实供述其犯罪事实，在庭审中如实供述并自愿认罪。

[裁判结果]

厦门市翔安区人民法院于2017年10月27日作出（2017）闽0213刑初425号刑事判决：一、被告人陈某某犯贩卖毒品罪，判处有期徒刑三年，并处罚金人民币3000元。二、扣押在案的作案工具苹果7手机一部，予以没收。宣判后，被告人陈某某提出上诉。厦门市中级人民法院于2017年12月5日作出（2017）闽02刑终774号刑事裁定：驳回上诉，维持原判。

[裁判理由]

法院生效裁判认为：2016年12月至2017年1月陈某某向王某两次贩卖毒品的事实，有证人王某的证言、辨认笔录和陈某某的供述等证据证实，且交易的时间、地点、方式和毒品的种类、数量、价格均能印证一致，陈某某的翻供无其他证据支持，不足以采信。辩护人辩称：本案系特情介入下的犯意引诱，被告人实施的第三起贩卖毒品行为系犯罪未遂，应当依法从轻处罚。经查，陈某某的供述等证据证实，2017年3月10日王某向其提出购买毒品时，陈某某已持有毒品待售，故本案依法不应认定为犯意引诱。贩卖毒品罪在犯罪形态上系行为犯，在案证据证实，陈某某和买家事先商定毒品交易细节，就毒品数量、价格达成了合意，在携带毒品到达交易现场，实施交易行为时被当场抓获，其已经实施了刑法所规定的贩卖毒品行为，依法应当认定为贩卖毒品罪的既遂。

[案例注解]

关于贩卖毒品罪的既遂与未遂的标准问题，我国刑法学界目前主要有以下几种观点：有学者主张契约说，即贩卖毒品的双方当事人就毒品交易事项达成一致便构成既遂，与毒品是否交付无关。有学者认为，应以毒品实际交付为既遂标准。即使达成了买卖协议，只要尚未实际交付毒品，就不构成既遂；即使交易款尚未支付，只要毒品已交付即构成既遂。有学者认为，贩卖毒品行为通常包括两个阶段：第一阶段为购买毒品即先低价买入毒品，第二阶段为将低价买入的毒品高价抛出，从中获利。因此，无论买入还是卖出，只要买或卖的行为实施完毕，二者只居其一就构成本罪既遂。还有学者主张应以毒品是否进入交易为准，是否实际成交、是否获利，不影响既遂的成立。

贩卖毒品罪的既遂与未遂的标准问题，在实践中显得较为复杂。笔者同意进入交易说的主张，即贩卖毒品的既遂与否，应以毒品是否进入交易环节为准，而不论行为人是否已将毒品卖出获利或是否已经实际转移毒品。如果因行为人意志以外的原因而未进行实质性的毒品交易行为，则属于贩卖毒品罪未遂。无论购买还是卖出，只要行为人实施了其中一个行为，就应视为贩卖毒品罪既遂。采用这一标准来界定贩卖毒品罪的既遂与未遂，具有以下意义：

首先，贩卖毒品行为通常始于购买，购买毒品行为具有双重的社会危害性。一方面，行为人从其"上线"处购买毒品，这一购买行为本身就已经造成了毒品的非法流通与运转；另一方面，购买毒品行为本身就意味着可能出售毒品，是实施新的卖出毒品行为的起点或必要前提，因而购买毒品行为同时包含了进一步危害社会的现实危险性。

其次，在实际破获的贩卖毒品案件中，大量被抓获的毒品犯罪人均停留在购买了毒品尚未卖出，或者正在进行毒品交易而人赃并获的阶段，真正能够将毒品从卖方转移到买方手上,在毒品交易全部完成以后被抓获的情形属于少数。如果以毒品是否实际交付为标准来判断贩卖毒品罪的既遂与否,则必然使大量的毒品案件作未遂处理,反而会放纵毒品犯罪分子,不利于对毒品犯罪的打击。

本案中,罪犯陈某某和买家事先商定毒品交易细节,就毒品数量、价格达成了合意,携带毒品到达交易现场,实施交易行为时被当场抓获,其已经实施了刑法所规定的贩卖毒品行为,依法应当认定为贩卖毒品罪的既遂。

问题36. 毒品灭失的情况下如何认定贩卖毒品

【人民法院案例选案例】李某某贩卖毒品案[①]

[裁判要旨]

1. 在毒品灭失的情况下,被告人口供与同案犯供述或购毒人证言能够相互印证,并且完全排除诱供、逼供、串供的情形的,可以认定被告人构成贩卖毒品罪。

2. 在毒品灭失,贩卖毒品的数量无法查证时,可以查实毒品买卖的时间、地点、金额等基本情节的,可以认定贩卖毒品的犯罪事实,但不予认定具体数量。

[基本案情]

被告人李某某(女,17岁)于2015年1月7日17时许,安排胡某某(另案处理)在本市朝阳区某小区门口等待,其间胡某某欲以600元的价格向郭某(男,26岁)出售毒品甲基苯丙胺(冰毒)1.7克,后胡某某被当场抓获。涉案毒品已经鉴定并收缴。2015年1月11日15时许,被告人李某某再次在本市朝阳区某小区门口,以400元的价格向刘某某(男,25岁)出售毒品1包。被告人李某某后被抓获归案。现从李某某处起获苹果牌5S型移动电话机1部在案。

[裁判结果]

北京市朝阳区人民法院于2015年5月19日作出(2015)朝少刑初字第1165号刑事判决:(1)被告人李某某犯贩卖毒品罪,判处有期徒刑八个月,罚金人民币1000元;(2)在案之苹果牌5S型移动电话机一部,予以没收。

宣判后,被告人李某某表示服从判决,未提出上诉,公诉机关亦未提出抗诉,判决已经发生法律效力。

[裁判理由]

法院生效裁判认为:(1)毒品虽然已灭失,但是从在案被告人的供述、证人证言等证据上可以认定被告人明知毒品而贩卖,进而可确定交易物品的毒品性质。(2)参照《大连会议纪要》第2条之规定,在毒品、毒资等证据已不存在情况下,可以通过合法取得并印证一致的被告人供述与购毒人证言来定案。(3)毒品即已灭失,毒品数量通过在案证据也无法查证时,可以降低认定基本事实的门槛,不予认定毒品数量。因此,法院生效判决认定被告人李某某无视国法,为牟取私利出售毒品,其行为触犯了刑律,已构成贩卖毒品罪,依法应予惩处。某市某区人民检察院指控被告人李某某犯贩卖毒品罪的事实清楚,证据确实、充分,指控罪名成立。鉴于被告人犯罪时尚未成年,当庭自愿认

[①] 刘佳:《李某某贩卖毒品案——毒品灭失的情况下如何认定贩卖毒品》,载最高人民法院中国应用法学研究所编:《人民法院案例选》(总第106辑),人民法院出版社2017年版,第77页。

罪并如实供述所犯罪行，法院对其所犯罪行依法从轻处罚。扣押在案之苹果牌 5S 型移动电话机 1 部，系被告人李某某联系贩卖毒品之工具，依法应予没收。综上，根据被告人李某某犯罪的事实、性质、情节以及对于社会的危害程度和悔罪表现，法院依照《刑法》第 347 条第 4 款，第 17 条第 1 款、第 3 款，第 67 条第 3 款，第 52 条，第 53 条，第 64 条及第 61 条之规定作出判决。

[案例注解]

本案争议的焦点在于对第二起犯罪的认定，主要涉及三个问题：（1）毒品灭失或未查获实物，能否认定物品的毒品性质。（2）毒品灭失或未查获实物，如何认定毒品犯罪的事实。（3）毒品灭失或未查获实物，如何认定毒品犯罪的数量。

一、毒品灭失或未查获实物，能否认定交易物品的毒品性质

毒品作为载体，是办理毒品案件的核心，也是定罪量刑的主要依据。而实践中，由于毒品的特殊性质，存在被销毁、吸食、转卖等情况，而导致物证灭失。在此种情况下，如何认定涉案物品的毒品性质，规范性文件中并未作出明确规定。本案指控的第二起犯罪系被告人在被抓获后供述的，所涉毒品早已被购毒人吸食。对能否认定涉案物品的性质，存在两种不同意见：一种意见认为，指控的物品是否为毒品，必须经过鉴定才能认定，毒品检验报告是证明贩卖毒品证据链的重要一环，否则即便存在交易，也无法确定为贩卖毒品；另一种意见认为，如果有充分的证据证明行为人在主观上明知是毒品，且进行了交易，就可以认定贩卖物品的毒品性质。至于贩卖的是否真的为毒品，属于贩卖毒品罪的既未遂问题。合议庭采用第二种意见，因为如果只要没有实物就一律不认定为毒品的话，实践中有大批涉毒案件将无法追究，不利于打击毒品犯罪。对是否为毒品，可以用主观明知来间接证明。而对如何认定行为人主观明知是毒品，可参照《大连会议纪要》第 10 条的规定。本案指控的第二起犯罪，有足够的证据证实被告人在主观上明知为毒品，且完成了交易，故可以认定交易物品的毒品性质。

二、毒品灭失或未查获实物，如何认定毒品犯罪的事实

《大连会议纪要》第 2 条毒品犯罪的死刑适用问题中规定："有些毒品犯罪案件，往往由于毒品、毒资等证据已不存在，导致审查证据和认定事实困难。在处理这类案件时，只有被告人的口供与同案其他被告人供述吻合，并且完全排除诱供、逼供、串供等情形，被告人的口供与同案被告人的供述才可以作为定案的证据。仅有被告人口供与同案被告人供述作为定案证据的，对被告人判处死刑立即执行要特别慎重。"

对上述规定的理解：（1）这条虽然是慎用死刑的规定，但是明确提出了在毒品客观不存在时定案的证据标准：①有言词证据互相印证；②言词证据合法取得。（2）实践中有的案件不存在同案犯或同案犯未到案，被告人的口供与购毒人证言吻合，并且完全排除诱供、逼供、串供等情形，是否可作为定案证据？又如，购毒人亦未到案，被告人的口供与其他见证人证言吻合，并且完全排除诱供、逼供、串供等情形，可否作为定案证据？探寻该条规定的本意，即是在缺少实物证据的情况下，需用相互印证的言词证据来证明被告人贩卖故意与行为。此间言词证据的范围，《大连会议纪要》中只提到了被告人与同案其他被告人的供述。而相对于被告人与同案犯之间，参与毒品交易的上下家更直接指向交易，其相互印证的证据之证明力更强。因此，举轻以明重，如果上下家证词吻合，则符合这一规定的精神，应当作为定案证据。至于见证人，由于各案情况不同，见证人证言的证明力也各不相同，应当不可统一扩大解释。

就本案而言，被告人供述和购毒人的证言稳定，双方在毒品买卖的时间、地点、方式、金额等情节上相互印证，且无诱供、逼供、串供的情形，合议庭基于对《大连会议纪要》有关规定的理解，认为本案可以认定第二起贩卖毒品的犯罪事实。

三、毒品灭失或未查获实物，如何认定毒品犯罪的数量

毒品数量是毒品犯罪案件量刑的重要情节。在毒品灭失或未查获实物的情况下，对毒品犯罪的数量认定只能依靠在案的言词证据。这样就存在以下问题：一是言词证据不一，如何认定数量；二是能否以孤证认定数量；三是数量无法查证，还可否认定犯罪事实。

对前两个问题，我们认为：在毒品灭失的情况下，如果被告人供述与购毒人证言仅在毒品数量上供证不一，而交易的时间、地点、价格、人员等其他方面完全吻合的，可以按照"就低不就高"的原则认定毒品数量；如果被告人翻供，但不能作出合理解释，也提供不了新证据，且其之前多次供述与购毒人证言一致时，也可以认定毒品数量；如果被告人供述与其他证言一致性不高，即使在个别细节上有相似性，或是只有一方孤证，无其他证据印证，均不能认定毒品数量。

对第三个问题，存在不同的意见。一种意见认为，毒品数量对定罪有重要的制约作用。按照我国《刑法》对毒品犯罪的规定，对涉案毒品进行准确定量是正确定罪量刑的基础。因此，对于无法查证毒品数量的，不能认定犯罪事实。另一种意见认为，《刑法》第347条第1款规定："走私、贩卖、运输、制造毒品，无论数量多少，都应当追究刑事责任，予以刑事处罚。"如果案件供证吻合，完全排除诱供、逼供、串供等情形，即使无法查证毒品数量，也可以认定犯罪事实。

本案指控的第二起犯罪，被告人供述和购毒人证言均提到了交易"一包"毒品，但均无数量陈述，且在案无其他证据对"一包"进行定量佐证，合议庭认为应当采用上述第二种意见，认定该起贩卖毒品犯罪事实，但不予认定具体数量。主要基于以下几点考虑：（1）虽然不予认定毒品数量，不利于严厉打击毒品犯罪，但毒品犯罪的数量标准，相对于普通犯罪的数额标准而言，由于分界区间要窄得多，因此查证时要求更为精确与严格。（2）本案公诉机关还指控了其他犯罪，且亦未指控该起毒品的数量。因此，不认定这一起案件的毒品数量这一具体事实，并不影响案件的整体认定。（3）贩卖毒品的次数也是影响量刑的重要情节，对认定该起犯罪事实对本案的量刑具有重要意义。

综上，我们认为本案第二起犯罪，虽然毒品已灭失，但是在案言词证据取得合法且相互印证，可以据此认定贩卖毒品的犯罪事实；单个数量无法查证的，不影响贩卖毒品事实的认定。

问题37. 如何判断被告人对其运输的毒品是否存在主观明知

【人民法院案例选案例】陆某某运输毒品案[①]

［裁判要旨］

在运输毒品犯罪案件中，被告人辩称不明知其所运输的货物为毒品的，应当参照

---

① 欧阳杰：《陆某某运输毒品案——判断被告人对其运输的毒品是否存在主观明知的方法》，载最高人民法院中国应用法学研究所编：《人民法院案例选》（总第110辑），人民法院出版社2017年版。

《大连会议纪要》，依据被告人实施毒品犯罪行为的过程、方式、毒品被查获时的情形、被告人被抓获时的情形等证据，结合被告人的年龄、阅历、智力、对毒品的熟悉程度、毒品犯罪前科等情况，进行综合分析判断。被告人存在《大连会议纪要》中所描述的情形，又不能作出合理解释的，在排除其受他人蒙骗的可能性后，可认定被告人对其运输的毒品存在主观明知。

[基本案情]

广西壮族自治区南宁市人民检察院指控：2014年7月12日2时许，被告人陆某某驾驶车牌号为桂A8××××的吉利牌汽车搭载黄某某、黄某从宾阳县出发，途经贵港市、玉林市、广东省罗定县、云浮市前往某市。同日10时许，陆某某等人到达广州市白云区水沥村后，遂通过电话与一名绰号"阿水"的男子联系。随后，"阿水"驾驶摩托车将陆某某等人带到宾馆休息。次日14时许，陆某某经电话与"阿水"联系后，遂驾驶车辆在公路旁收到了"阿水"送来的一个黑色拉杆箱，陆某某等人将该箱子放入车辆后备厢后，便驾驶车辆从广州市沿原路返回广西宾阳县。同日24时许，陆某某驾驶车辆至宾阳县G72高速公路宾阳收费站时，被公安人员抓获，公安人员同时从其携带的挎包内查获毒品可疑物3包（净重23.76克），从车尾箱的拉杆箱内查获毒品可疑物6包（净重5549克）。经鉴定，从上述毒品可疑物中检出甲基苯丙胺。

被告人陆某某辩称，其并不明知拉杆箱内藏有毒品，其没有运输毒品的行为，而是非法持有毒品，请求从轻处罚。辩护人提出的辩护意见是：（1）起诉指控陆某某明知是毒品而故意非法进行运输，没有充足的证据予以证实；（2）对陆某某挎包内查获的23.76克毒品，因这些毒品系陆某某用于自己吸食的毒品，所以不应计算到其运输毒品的总数量中；（3）陆某某是初犯、偶犯，且毒品已被查获没有流入社会，未造成重大危害后果。综上，请求法院对被告人陆某某从轻处罚。

法院经审理查明：2014年7月12日2时许，被告人陆某某驾驶车牌号为桂A8××××的吉利牌轿车搭载黄某某、黄某（均另案处理）从广西壮族自治区宾阳县出发，于当日到达广东省广州市。次日下午，陆某某经与"阿水"（在逃，身份不详）电话联系，驾车至一公路旁从"阿水"处取得一拉杆箱放进后备厢，并与黄某某、黄某原路返回。车行至宾阳县G72高速公路宾阳收费站时被截获，公安人员当场从陆某某驾驶的轿车后备厢拉杆箱内查获甲基苯丙胺5549克，并从陆某某携带的挎包内查获甲基苯丙胺23.76克。

[裁判结果]

广西壮族自治区南宁市中级人民法院于2015年3月10日作出（2014）南市刑一初字第104号刑事判决：被告人陆某某犯运输毒品罪，判处死刑，剥夺政治权利终身，并处没收个人全部财产；对公安机关扣押的供被告人陆某某犯罪所用的吉利牌轿车（车牌号桂A8××××），NOKIA牌手机1台、电子秤1台、银行卡1张，依法予以没收。

宣判后，被告人陆某某以其没有打开拉杆箱，对拉杆箱内装有毒品不知情，其没有得5000元的高额报酬，一审对其行为定性不准、量刑过重为由提出上诉。

广西壮族自治区高级人民法院于2015年11月16日作出（2015）桂刑三终字第60号刑事裁定，驳回被告人陆某某的上诉，维持原判。并依法将本案报请最高人民法院复核。

最高人民法院经复核，于2016年4月22日作出（2015）刑四复41304251号刑事裁定，核准广西壮族自治区高级人民法院（2015）桂刑三终字第60号维持第一审以运输毒品罪判处被告人陆某某死刑，剥夺政治权利终身，并处没收个人全部财产的刑事裁定。

[裁判理由]

法院生效裁判认为，被告人陆某某违反国家毒品管制法规，运输甲基苯丙胺，其行为已构成运输毒品罪。运输毒品数量大，社会危害严重，应依法惩处。

关于被告人陆某某庭上提出"其并不明知拉杆箱内装有毒品，其没有运输毒品的行为"辩解及辩护人提出的"起诉指控陆某某明知是毒品而故意非法运输，没有充足的证据予以证实"辩护意见，经查，本案公安机关除在陆某某所驾驶的轿车后备厢的拉杆箱内查获到 6 包冰毒及 1 台电子秤外，还从陆某某随身携带的挎包内查获到 3 小包共 23.76 克冰毒。虽然在案证据已证实，陆某某直到驾车回到 G72 高速公路宾阳收费站被公安人员查获时，都没有打开过该拉杆箱，但被告人陆某某的供述，证人黄某某、黄某的证词以及公安机关出具的到案经过，都证实陆某某对拉杆箱内装有毒品冰毒是明知的：（1）陆某某多次供述均承认其和"阿水"相互熟悉，因此知道"阿水"送来的拉杆箱内装有毒品，其之所以帮助"阿水"将毒品冰毒运输回宾阳，是因为"阿水"曾承诺给其 5000 元报酬，且当天"阿水"已给其 3000 元，余款 2000 元待运回宾阳后，由接货人给付。陆某某供述承认得到的高额报酬，符合《办理毒品犯罪案件意见》规定的行为人"为获取不同寻常的高额或不等值的报酬而携带、运输毒品"，从中查获毒品的推定"明知"标准。（2）在广州交接毒品时，陆某某和"阿水"分别驾驶车辆先在路上多次兜圈，后才在公路边交接毒品，以及陆某某交代黄某某、黄某藏匿装有毒品的拉杆箱的异常方式，符合《办理毒品犯罪案件意见》规定的"行为人采用高度隐蔽方式交接毒品，明显违背合法物品惯常交接方式的"推定"明知"标准。（3）公安机关在抓获陆某某时，陆某某的表现为神色慌张，且关闭车门、车窗拒绝配合检查等，陆某某抗拒检查等异常行为，符合《办理毒品犯罪案件意见》规定的"行为人在执法人员检查时，抗拒检查的"推定"明知"标准。故对陆某某庭上所提辩解及辩护人提出的辩护意见，不予采纳。

第一审判决、第二审裁定认定的事实清楚，证据确实、充分，定罪准确，量刑适当，审判程序合法。因此，最高人民法院裁定核准广西壮族自治区高级人民法院（2015）桂刑三终字第 60 号维持第一审以运输毒品罪判处被告人陆某某死刑，剥夺政治权利终身，并处没收个人全部财产的刑事裁定。

[案例注解]

在运输毒品犯罪案件中，被告人的行为要成立运输毒品罪，须被告人主观上明知其所运输、携带、邮寄的是毒品。就毒品犯罪案件而言，主观明知是指被告人知道或者应当知道其所贩卖、运输、制造、走私的是毒品。所谓"知道"是指被告人明确供认其所贩卖、运输、制造、走私的是毒品。而"应当知道"是指通过在案证据以及查获毒品时的情形推断被告人主观上知道其所贩卖、运输、制造、走私的是毒品。司法实践中，就运输毒品案件而言，被告人虽实施了运输毒品的行为，但为了逃避刑事制裁，常对其所运输、携带、邮寄的毒品作种种辩解，辩称对所运输的毒品不知情，否认其主观上明知运输、携带、邮寄的是毒品。为有效打击毒品犯罪，避免放纵犯罪和冤假错案的发生，应正确认定毒品犯罪案件中被告人的主观明知。

毒品犯罪案件中，判断被告人对涉案毒品是否明知，不能仅凭被告人的供述，而应依据被告人实施毒品犯罪行为的过程、方式、毒品被查获时的情形、被告人被抓获时的情形等证据，结合被告人的年龄、阅历、智力、对毒品的熟悉程度、毒品犯罪前科等情况，进行综合分析判断。为指导毒品案件办理工作，正确认定被告人的主观明知，《大连会议纪要》中明确规定了十种在被告人不能作出合理解释时可认定其主观明知的情形：（1）执法人员在口岸、机场、车站、港口和其他检查站点检查时，要求被告人申报为他人携带的物品和其他疑似毒品物，并告知其法律责任，而被告人未如实申报，在其携带的物品中查获毒品的；（2）以伪报、藏匿、伪装等蒙蔽手段，逃避海关、边防等检查，在其携带、运输、邮寄的物品中查获毒品的；（3）执法人员检查时，有逃跑、丢弃携带物品或者逃避、抗拒检查等行为，在其携带或者丢弃携带物品中查获毒品的；（4）体内或者贴身隐秘处藏匿毒品的；（5）为获取不同寻常的高额、不等值报酬为他人携带、运输物品，从中查获毒品的；（6）采用高度隐蔽的方式携带、运输物品，从中查获毒品的；（7）采用高度隐蔽的方式交接物品，明显违背合法物品惯常交接方式，从中查获毒品的；（8）行程路线故意绕开检查站点，在其携带、运输的物品中查获毒品的；（9）以虚假身份或者地址办理托运手续，在其托运的物品中查获毒品的；（10）有其他证据足以认定被告人应当知道的。被告人虽具有前述"主观明知"情形，但能作出合理解释或者有证据证明其确属被蒙骗的，也不能认定其主观明知。

本案中，被告人陆某某在一审庭审中辩称其并不明知拉杆箱内装有毒品，其没有运输毒品的行为，即其对运输毒品主观上不明知，其辩护人也提出相同的辩护意见。但从本案证据分析，并结合被告人的年龄、阅历和智力等情况，足以证实被告人陆某某对其运输的毒品主观上是明知的。（1）被告人陆某某在侦查阶段曾供述承认，其和"阿水"相互熟悉，其去广东省广州市的目的是帮助"阿水"将毒品冰毒从某省某市运回广西宾阳。即被告人在侦查阶段曾明确供称其知道"阿水"送来的拉杆箱内装有毒品。一审庭审中，被告人陆某某翻供称其不明知运输的拉杆箱内装有毒品，但被告人及其辩护人在庭审中并未提及侦查人员在讯问被告人陆某某时存在刑讯逼供或者非法取证的情形，陆某某对其当庭翻供亦未能作出合理解释。因此，被告人陆某某在侦查阶段所作的关于知道帮助"阿水"送来的拉杆箱内装有毒品的供述应予采纳。（2）被告人陆某某曾供称，其之所以帮助"阿水"将毒品冰毒从广东省广州市运回广西宾阳，是因为"阿水"曾承诺给其5000元的报酬，且当天"阿水"已给付其3000元现金，余款2000元待运回宾阳后，由接货人给付。被告人陆某某帮助"阿水"将一个普通拉杆箱从广东省广州市运回广西宾阳即得5000元的报酬，明显属于为获取不同寻常的高额、不等值的报酬而为他人携带、运输物品的情形，符合《大连会议纪要》规定的"被告人为获取不同寻常的高额、不等值报酬为他人携带、运输物品，从中查获毒品的"情形。（3）在案证据证实，在广州市交接毒品时，陆某某和"阿水"各驾驶车辆先在路上多次兜圈，后在公路边交接毒品，接收到藏匿有毒品的拉杆箱后，陆某某不是直接打开车尾箱将拉杆箱放置后备厢，而是交代黄某某、黄某将车辆后排位置放倒，将拉杆推进后备厢，陆某某和"阿水"交接毒品高度隐蔽、方式异常，明显违背合法物品的惯常交接方式，符合《大连会议纪要》规定的"采用高度隐蔽的方式交接物品，明显违背合法物品惯常交接方式，从中查获毒品的"情形。（4）视频资料证实，公安机关民警在广西宾阳县收费站抓获被告人陆某某时，陆某某的表现为神色慌张，且关闭车门、车窗拒绝配合公安机关的检查，经民警敲碎车窗后才将陆某某等人抓获归案，其实属路遇执法人员检查时抗拒检查的行为，符合《大连会议纪要》规定的"行为人执法人员检查时，有逃跑、丢弃携带物品或者逃避、抗拒检查等行为，在其携带或丢弃携带物品中查获毒品的"情形。（5）陆某某本人吸食毒品冰毒，且民警还从陆某某随身携带的挎包内查获冰毒23.76克，陆某某运输的亦属同种类的毒品冰毒，其对毒品冰毒较常人更为熟悉，并且，陆某某系心智健全的成年人，亦无证据证实其有受他人蒙骗的事实，排除其被蒙骗帮"阿水"运输毒品的可能性。综上，本案没有证据证实陆某某运输内装毒品的拉杆箱是受人蒙骗所为，且陆某某对存在前述可认定为主观明知的情形亦不能作出合理解释，依据被告人陆某某的供述、证人证言、视听资料等证据，再结合被告人陆某某的年龄、阅历、智力、对毒品的熟悉程度，足以证实陆某某对其运输的毒品主观上是明知的。

被告人陆某某明知是毒品甲基苯丙胺仍非法运输，其行为已构成运输毒品罪，运输毒品数量大，社会危害严重，故法院依法以运输毒品罪判处其死刑，剥夺政治权利终身，并处没收个人全部财产。

问题38. 毒品犯罪案件行为人主观明知的认定

【人民法院案例选案例】 王某某运输毒品案①

[裁判要旨]

毒品犯罪案件中，在被告人拒不认罪的情况下，对被告人"主观明知"的认定可运用事实推定的方式进行判断，但这种事实推定是可以通过被告人的反证被推翻的。当被告人对涉案毒品不明知的抗辩具有高度可能性，且公诉机关不能进一步举证证实被告人对毒品主观明知且达到事实清楚，证据确实、充分的标准时，不能认定被告人有罪。

[基本案情]

广东省广州市人民检察院指控：2014年8月16日12时许，被告人王某某到广东省广州市白云区广州白云国际机场，拟乘坐CZ352航班前往沈阳再转机至境外。过安检通道时，安检员从被告人王某某随身携带的双肩背包夹层内查获甲基苯丙胺（冰毒）一包（经鉴定，净重1101克，检出甲基苯丙胺成分，含量为63.6%），遂将被告人王某某抓获。

公诉机关认为被告人王某某运输毒品甲基苯丙胺，数量大，其行为触犯了《刑法》第347条第2款第1项，应当以运输毒品罪追究其刑事责任。

被告人王某某辩称其不知道携带的背包里藏有毒品，该背包是一名黑人男子通过快递公司交给他的，其是遭到了陷害。

辩护人的辩护意见认为：公诉机关指控被告人王某某犯运输毒品罪的证据不足，不能排除合理怀疑，应当作出无罪判决。

广东省广州市中级人民法院经审理查明：2013年4月起，非洲电信诈骗人员通过手机短信及电子邮件与被告人王某某频繁联系，以任命王某某为联合国加纳难民大使、联合国已通过外国银行向其发放巨额款项以及款项发放、审批通关过程中出现阻碍需要支付手续费等各种名义，连续不断地诱骗王某某向境外汇款。王某某对上述骗局深信不疑，不仅按对方要求源源不断地向境外汇款，而且还为此不惜反复向亲友借钱，即使已被提醒过遭遇骗局也执迷不悟。

2014年8月，非洲诈骗人员预订了境外—广州—沈阳—境外的机票和酒店，以到广

---

① 黄坚、李晓虹：《王某某运输毒品案——毒品犯罪案件行为人主观明知的认定》，载最高人民法院中国应用法学研究所编：《人民法院案例选》（总第152辑），人民法院出版社2021年版。

州接见外交官接收文件以及见投资人等名义，指使被告人王某某于 8 月 14 日乘飞机抵达广州并入住广州市某商务酒店。王某某在酒店房间内久等及经多次短信催促后，都不见非洲诈骗人员所称的"外交官"出现，就发短信询问诈骗人员外交官是否可以给其发送文件以及给其去日本东京的费用。15 日 18 时许，自称"外交官"的诈骗人员发短信向王某某索要了酒店地址和房间号，王某某也告知对方其第二天中午前往沈阳的行程并希望对方能在第二天 10 时前送文件并给其一些钱。随后，广州物流公司的工作人员与王某某取得联系，并答应第二天 8～9 时取到文件后就直接拿给王某某。

2014 年 8 月 16 日 10 时许，非洲诈骗人员发短信让被告人王某某一旦收到清关证书就立即通知他；提醒其他的清关证书将会在日本签发给王某某；还叮嘱王某某在收到文件后要放进那个袋子里面好好保管，未抵达日本之前不要拿出来，以免损坏。10 时 30 分许，王某某在酒店内接收了快递员送来装有文件的双肩背包并当面打开查看，又用电话向快递公司的工作人员询问了快递物品里是否有钱。随后，王某某带上双肩背包及行李乘出租车赶往广州白云国际机场，拟乘坐 CZ352 航班前往沈阳。13 时许，在经过机场安检通道时，安检人员从王某某随身携带的双肩背包的夹层内查获了毒品甲基苯丙胺（俗称冰毒）一包（净重 1101 克，含量为 63.6%），遂抓捕了王某某。

［裁判结果］

广东省广州市中级人民法院于 2016 年 9 月 14 日作出（2015）穗中法刑一初字第 220 号刑事判决：被告人王某某犯走私毒品罪，判处无期徒刑，剥夺政治权利终身，并处没收个人全部财产。广东省高级人民法院于 2017 年 7 月 24 日作出（2017）粤刑终 26 号刑事裁定：以原审判决事实不清、证据不足为由撤销广东省广州市中级人民法院（2015）穗中法刑一初字第 220 号刑事判决，将案件发回广东省广州市中级人民法院重新审判。广东省广州市中级人民法院于 2018 年 8 月 2 日作出（2017）粤 01 刑初 335 号刑事判决：被告人王某某无罪。宣判后，原公诉机关广东省广州市人民检察院以广东省广州市人民法院（2017）粤 01 刑初 335 号刑事判决认定事实和适用法律确有错误，应认定原审被告人王某某的行为构成运输毒品罪为由提出抗诉。在广东省高级人民法院审理过程中，广东省人民检察院认为广东省广州市人民检察院抗诉不当，决定撤回抗诉。广东省高级人民法院于 2018 年 12 月 28 日作出（2018）粤刑终 1363 号裁定：准许广东省人民检察院撤回抗诉。

［裁判理由］

法院生效裁判认为：现有证据不足以认定王某某主观上具有运输毒品的犯罪故意，理由如下：

一、现有证据证实被告人王某某是受骗来广州处理事务

1. 手机短信、机票订单以及被告人王某某背包内的文件证实，从 2013 年 4 月至案发前的一年多时间里，非洲诈骗团伙就一直通过手机短信以及电子邮件与被告人王某某密切联系，致使其相信自己已被任命为联合国加纳难民大使且联合国已通过国外银行向其发放巨额款项，再以汇款审批、发放过程中出现各种阻碍需要支付手续费等名义，连续不断地骗取其金钱。而王某某不仅对上述电信诈骗的骗局一直深信不疑，不断按要求向境外汇款，而且自己亦以诈骗团伙所编的理由反复向亲友借钱用于支付被骗汇款，甚至不惜为此大量举债，其间，即使有朋友提醒王某某是遭遇国际诈骗甚至王某某自己也因伪造官方文件被判入狱且失信于亲友，王某某仍顽固不化、执迷不悟，继续上当受骗，

而且还接受对方指令及安排前来广州办理"放款"手续等事宜,甚至还要被安排去日本东京。由此可见,从一年多前直至案发,王某某从境外到广州都处于被非洲团伙连续诈骗的过程当中,其本次前来广州办理"放款手续"的行程与其此前在境外被骗的情节环环相扣,自然连贯,不可能是王某某为了实施毒品犯罪而故意铺垫安排、制造假象。

2. 手机短信和查获的银行汇款单证实,被告人王某某相信境外对其过亿元的放款骗局,其与诈骗团伙联系的内容也是围绕上述"巨额放款",双方通信记录中并未提及其他关于托运物品及报酬,而且,王某某在境外期间就长期有不断向国外诈骗人员汇款的行为,仅本案查获的汇款单就反映其案发前两个月就曾共计汇款 1065 美元。另外,王某某收到的 200 美元是其被骗到广州后,因诈骗团伙还要让其到日本办"放款手续",其基于经济拮据才要求诈骗团伙给点途中花费,不能排除是诈骗团伙为了稳住王某某才给其 200 美元。更何况,高风险的毒品走私却仅获得 200 美元报酬也与常理不符。从上述倒贴汇款而非获取报酬的行为可见,王某某并不具有为获得巨大利益而帮非洲犯罪团伙运输毒品的主观故意。

3. 手机短信证实,被告人王某某来到广州后的两天内,联系的仍是之前就对其实施诈骗的"Alex"等非洲人员,所谈"银行放款"及索要证明文件等内容均与其在境外一直被骗的内容紧密相关,其中并无提及任何与毒品或托运物品有关的内容。且王某某是按要求在广州酒店等候却不见诈骗人员所称的"外交官"前来,并经多次催问未果的情况下才要求对方将涉"银行放款"文件快递给他,目的是自己以后(包括再前往日本东京)交涉办理"银行放款"事宜时能够出示有力证明。另外,证人马某某和曾某某的证言也证实涉案藏匿有毒品的双肩包确实是诈骗人员借上述理由用来装着文件快递送给王某某的。综上可见,王某某接收藏有毒品双肩包的过程与其受蒙骗而要求对方送文件的辩解自然吻合,其相信对方送给他的只是用背包装的文件而非其他非法物品或托带物品符合一般普通人的常规判断。

4. 被告人王某某入境广州时即在白云机场购买新手机卡,是旅客为避免拨打国际长途而节省手机话费的惯常行为,不足以证实是逃避犯罪侦查行为。另外,手机短信及通话清单证实王某某到广州后,虽曾通过电话联系一名沈阳人"薛某",但通过短信记录能反映王某某与"薛某"联系是为了通知"薛某"其已到广州,告知对方自己所住酒店的具体房间以及具体行程,并让对方有空与其联系。从上述内容及表达方式可见,如果"薛某"也是受安排在沈阳接收毒品的同伙,则王某某告诉对方自己的具体行程就显得多此一举,相反,王某某辩解因本次行程要途经沈阳才联系之前来中国大陆时就相识的东北人"薛某",则符合其一人前来大陆且经济上处于窘境、需要与认识的朋友联络并希望获得朋友帮助的现实境况,因而,短信中王某某才会客气地让对方"有空与其联系"。另外,在王某某被捕后,还有自称为"牛某某"的中国朋友发短信问王某某"还在广州嘛",这也反映出王某某同样有将行程告诉过其他朋友。因此,王某某与"薛某"的联系并不足以推定就是为了交接毒品。

二、现有证据不能证明被告人王某某明知其包内有毒品

1. 现场检测报告书证实被告人王某某并不吸毒,在案证据不足以证实王某某能够认知毒品。

2. 证人曾某某的证言和被告人王某某的供述证实王某某收到黑人男子快递给他的背包后,还毫无顾忌地在公开的酒店大堂并当着快递人员的面打开过背包,上述行为与明

知背包内藏有毒品所应有的谨慎和警惕行为并不相符。另外，涉案毒品被压得较为扁平并藏在背包有较硬背部隔板的夹层内，不知情的人不剪开夹层一般不能直接通过触摸而发现其中藏有毒品，因此，王某某没能发现他人送来背包内藏有的毒品合乎情理。

3. 虽然被告人王某某供认黑人男子给其装文件的背包中还有新衬衣和小黑包等物品，但在案证据证实王某某此行被骗来广州除了机票和住宿由非洲犯罪团伙承担外，其还要向亲友借钱支付自己本次旅程的其他花销，甚至拮据到要发短信向非洲犯罪团伙要求"外交官"给点钱，因此，背包中的新衬衣和小黑包等物品不排除和给200美元一样，也是非洲犯罪团伙用以临时接济王某某的生活用品，目的是稳住王某某并让王某某继续听任其摆布。因而，上述情节并不足以据此推定王某某明知涉案背包及其中物品是他人让其托带的毒品。

4. 背包内的200美元是放在装文件的大信封中的小信封内，快递员送达时已经超过了与王某某约定的时间。王某某收件后由于要赶乘飞机时间仓促，并无充足时间对大信封内物品作仔细检查，况且，快递公司的证人马某某反映，王某某在收到快递后曾电话问过其货物内是否有钱的事，也证实王某某当时确实没有找到装在背包中大信封里小信封内的钱。因此，王某某供称事前不知信封内有钱与客观状况及证据相符，并不足以用作推定其是在故意隐瞒。

三、现有证据不能排除被告人王某某认为自己携带的是合法物品的可能性

1. 虽然证人王某（机场安检员）的证言反映其用工具打开背包夹层发现了一包物品后再问被告人王某某，王某某仍坚持说是文件。但是，由于背包是之前诈骗团伙用来装文件送给王某某的，王某某根据其过往经历而推断回答背包里面的东西同样也是别人给他的文件自然合理，况且，毒品的外包装与快递件极为相似，也容易造成误判。

2. 在案证据证明王某某接收背包是为了拿到属于自己的文件，不是帮助他人托带的不明物品。涉案背包在王某某看来只是装文件的工具，并非他人托带的物品，况且，涉案毒品被隐藏在背包的夹层内，王某某接收到背包后即使已尽到当着快递员的面翻看的注意义务，但因毒品藏匿巧妙而不可能被其通过常规方法发现。另外，快递员送达背包时已超过了约定时间，王某某接收到背包后必须立即赶往机场乘飞机，时间上并不容许其对文件、背包的事宜作过多的思考分析及处理。因此，王某某认为其没有携带违禁品及没有申报他人托带物品而选择走无申报通道属自然合理。

3. 证人李某某和王某的证言证实被告人王某某在机场被检查并发现毒品时，仍然神情镇定及配合检查的冷静行为表现，与明知背包内藏有毒品被发现及可能被审判而应有的慌张、逃跑表现截然相反，上述行为表现不仅不能证明王某某对毒品明知，相反，其不明知才会无知无畏，坦荡镇静。

4. 被告人王某某受过高等教育并多次乘机往返过国内与境外，有着丰富的社会阅历，因此，王某某对背包内藏匿毒品过机场安检会被发现以及从事毒品犯罪将会被判重刑等常识应当明知，但本案却并无证据证明其明知是危险而不惜以身犯险的合理理由。相反，现有证据足以证实非洲诈骗团伙向王某某编造巨额"银行放款"的骗局诱惑，才使王某某愿意盲目接受该团伙的安排。

综上，现有证据证实被告人王某某是受蒙骗而为他人运输毒品。公诉机关认定王某某明知毒品而运输的证据不足，指控罪名不能成立。

[案例注解]

在审理毒品犯罪过程中,坚持主客观相统一的基本原则是界定被告人罪与非罪及准确定性的前提。本案被告人王某某在机场安检时,在其随身携带的背包中查获毒品,对于其有实施运输毒品客观行为的基础事实可以基本确定,故本案争议的焦点在于其对背包中的毒品是否主观明知,若王某某对涉案毒品并不主观明知则不能认定其有罪。在本案审理过程中形成了以下两种观点:第一种观点认为,被告人王某某无法对自己所称的荒诞行程作出合理解释,且其采用高度隐蔽的背包夹藏方式携带毒品从广州乘飞机前往沈阳,依法应推定其具有毒品犯罪的主观故意。第二种观点认为,被告人王某某是被诈骗人员安排前来办理"银行放款"手续等;公诉机关认定王某某明知毒品而运输的证据不足,指控罪名不能成立,应依法宣告其无罪。笔者同意第二种观点,理由如下。

一、对毒品犯罪行为人的主观明知可适用事实推定

事实推定是指在刑事诉讼过程中,法庭依照法律规定的程序,根据经验法则或者法律规定,从已查明的事实推断另一个事实存在,并允许被告人举证反驳的证明方法。[①]

司法实践中,行为人对涉案毒品主观明知是毒品犯罪认定的构成要件之一,但因主观明知要素属行为人内心活动,且毒品犯罪场所和方式具有隐蔽性,犯罪结果发生具有滞后性等特点,导致在审理毒品犯罪案件中对于行为人对毒品是否主观明知很难精准把握,特别是在被告人拒不认罪且缺乏其他直接证据的情况下,往往陷入基于证据不足不起诉或宣判无罪的困境。因此,在审理毒品犯罪案件时,引入事实推定规则,在查明的基础事实与推定事实之间通过逻辑推理构建常态化、经验性的联系,在一定程度上可替代司法证明,降低司法机关对行为人主观要素的证明难度,突破司法证明困境,为毒品犯罪的主观要素证明困难构建一条较为合理的出路。

《办理毒品犯罪案件意见》作了专门的规定,即具有下列情形之一,并且犯罪嫌疑人、被告人不能作出合理解释的,可以认定其"应当知道",但有证据证明确属被蒙骗的除外:(1)执法人员在口岸、机场、车站、港口和其他检查站检查时,要求行为人申报为他人携带的物品和其他疑似毒品物,并告知其法律责任,而行为人未如实申报,在其所携带的物品内查获毒品的;(2)以伪报、藏匿、伪装等蒙蔽手段逃避海关、边防等检查,在其携带、运输、邮寄的物品中查获毒品的;(3)执法人员检查时,有逃跑、丢弃携带物品或逃避、抗拒检查等行为,在其携带或丢弃的物品中查获毒品的;(4)体内藏匿毒品的;(5)为获取不同寻常的高额或不等值的报酬而携带、运输毒品的;(6)采用高度隐蔽的方式携带、运输毒品的;(7)采用高度隐蔽的方式交接毒品,明显违背合法物品惯常交接方式的;(8)其他有证据足以证明行为人应当知道的。上述规定通过界定行为人在特定场所实施特定行为来判断其对毒品是否主观明知,体现了我国司法机关在办理毒品犯罪案件中对行为人的"主观明知"要素的认定可适用事实推定规则。

二、推定事实是可以被推翻的

推定事实的成立是在基础事实上基于经验法则进行的逻辑推定,必然受到基础事实的真实性、推定依据的可靠性、推定方法合理性等因素影响,因此,对于明知因素的推定事实,是可被推翻的事实,在存在相反事实成立的情况下,推定事实就将被推翻,相

---

① 南英、高憬宏主编:《刑事审判方法》(第2版),法律出版社2015年版,第297页。

反的事实也就得到证明。①

2008 年最高人民法院印发的《大连会议纪要》中明确，对于毒品犯罪中的"主观明知的认定问题"，要"判断被告人对涉案毒品是否明知，不能仅凭被告人供述，而应当依据被告人实施毒品犯罪行为的过程、方式、毒品被查获时的情形等证据，结合被告人的年龄、阅历、智力等情况，进行综合分析判断"。此外，《办理毒品犯罪案件意见》中对于推定被告人的主观明知因素也作出了"但书"规定"……被告人不能做出合理解释的，可以认定其'应当知道'，但有证据证明确属被蒙骗的除外"。由此可见，审理毒品犯罪案件时，对于事实推定规则并不是硬性僵化适用，而是要求结合经验法则对行为人客观情况、实施行为、案发场所进行综合性分析，而推定事实也不能转化成为不可推翻的客观事实②。

本案一审阶段仅对被告人王某某在机场被查获毒品的事实予以认定，但对于有手机短信证明王某某案发前已被诈骗以及如何取得涉案背包的过程并未进行进一步的查明认定，影响了对本案的综合分析和判断，从而忽略了"有证据证明确属被蒙骗的"这一合理怀疑，导致在一审阶段本案事实未能查清。重审一审阶段通过查明手机短信中的内容，补充查明被告人王某某从 2013 年 4 月至案发近一年被非洲犯罪团伙诈骗过程的事实并予以认定，并从王某某是否受骗、对涉案毒品是否能够知情及其对涉案毒品不明知的辩解是否合理或有证据支持的三个角度进行分析评判，层层递进，是在查明的基础事实上，结合王某某的人生经历、社会经验、所处环境等，运用人性心理及经验法则来推导出王某某案发时的主观心态，从而推断被告人王某某提出自己无罪的辩解是具有高度可能性、合理性的，遂推翻了公诉机关对王某某对携带毒品主观明知的指控。

三、被告方、公诉方的举证证明标准应有所区别

公诉机关在刑事公诉案件中始终承担证明被告人犯其指控之罪的责任。根据我国《刑事诉讼法》的规定，法院对案件进行判决需要达到"案件事实清楚，证据确实、充分"，法院方可判决被告人有罪，因此，公诉人的举证标准也始终应该达到最高证明标准，使其指控的被害人罪行达到"事实清楚，证据确实、充分"的程度。虽然通过事实推定规则使公诉机关可以在一定程度上绕过司法证明，直接推定特定犯罪构成要件，使证明责任向被告人转移，但当被告人的辩解或提供证据可证明推定事实不成立时，证明责任会再次向公诉机关转移。故公诉机关需要对被告人提出的辩解及证据予以证伪来证明被告人的抗辩不能成立，或提出更有力的证据证明被告人有罪，从而支持其对被告人的有罪指控。

但需要注意的是，被告人举证的证明标准应低于公诉机关承担的证明责任的证明标准，被告人对推定事实的证伪或者对相反事实的证明，最多达到高度可能性的程度就可以了。③

这是因为被告人在诉讼过程中的诉讼地位与取证能力均相对弱势，不宜对其设定与公诉机关一样的证明标准。对于被告人举证的证明标准，只要达到高度可能性，即指被

---

① 被告方可以通过主张或举证证明基础事实不真实、推定依据不可靠或者推定运用不合理，从而推翻推定的事实。陈瑞华：《刑事证据法学》（第 2 版），北京大学出版社 2014 年版，第 336 页。
② 南英、高憬宏主编：《刑事审判方法》（第 2 版），法律出版社 2015 年版，第 302 页。
③ 陈瑞华：《刑事证据法学》（第 2 版），北京大学出版社 2014 年版，第 349 页。

告方对于与推定事实相反的事实的真实性,只要证明到令法官产生高度的可信性即可,而法官对推定事实的可靠性产生合理的怀疑,就可以认定推定事实不成立。

但公诉机关无论是对被告人提出有罪指控,还是对被告人提出的抗辩及证据的证伪,始终应达到"事实清楚,证据确实、充分"之标准。否则,因为案件无法排除合理怀疑,根据无罪推定原则,对于事实不清、证据不清的指控,法官只能作出有利于被告人的裁判。①

回归本案,本案在案证据所证实的基础事实仅是王某某在案发当天携带毒品在机场进行安检并被当场查获的客观事实,且王某某主张其被诈骗集团利用运输毒品,经综合审查全案证据,可判断其对涉案毒品并不主观明知的辩解具有高度可能性,使得根据《办理毒品犯罪案件意见》对王某某对涉案毒品"应当知道"的事实推定不能成立。这时公诉机关就需要对王某某对毒品的主观明知进行进一步的证明,从而形成完整的证据链,实现主客观相统一,以排除本案的合理怀疑,使全案证据达到事实清楚,证据确实、充分的程度。但因公诉机关在审理过程中未能提交证据充分证明王某某对涉案毒品主观明知,对于王某某的有罪指控缺乏主观要件的证据,因此,根据疑罪从无原则宣告王某某无罪符合法律规定。

综上,事实推定虽然不同于证据证明的事实认定方法,但始终贯穿于刑事证明过程中。在办理毒品犯罪案件中,应坚持主客观相统一的基本原则,正确适用事实推定法则,在已经查明的基础事实上对被告人的主观意志进行合法、合理及合乎逻辑和经验法则的推定,准确把握被告人的主观明知要素,使案件事实清楚,证据确实、充分,从而更好地在司法实践中实现正义与公平。

问题 39. 纠集多人制造毒品数量特别巨大,罪行极其严重,两名以上主犯均可判处死刑

【典型案例】 施某某、林某某制造毒品案②

一、基本案情

2015 年 6 月,被告人施某某、林某某密谋合伙制造甲基苯丙胺(冰毒),商定施某某出资 8 万元,负责购买主要制毒原料及设备等,林某某出资 20 万元,负责租赁场地和管理资金。同年 7 月,施某某纠集郑某某、刘某、柯某(均系同案被告人,已判刑)参与制毒。郑某某提出参股,后通过施某某交给林某某 42 万元。施某某自行或安排郑某某购入部分制毒原料、工具。林某某租下广东省揭阳市揭东区锡场镇的一处厂房作为制毒工场,纠集林某甲、黄某某(均系同案被告人,已判刑)协助制毒,并购入部分制毒配料、工具。同月 20 日晚,施某某以每袋 7.8 万元的价格向吴某某、俞某某(均系同案被告人,已判刑)购买 10 袋麻黄素,并通知林某某到场支付 40 万元现金作为预付款。林某某将麻黄素运至上述制毒工场后,施某某、林某某组织、指挥郑某某、刘某、柯某、林某甲、黄某某制造甲基苯丙胺。同月 23 日 23 时许,公安人员抓获正在制毒的施某某、林某某等七人,当场查获甲基苯丙胺约 149 千克,含甲基苯丙胺成分的固液混合物和液体共计约

---

① 陈瑞华:《刑事证据法学》(第 2 版),北京大学出版社 2014 年版,第 340 页。
② 最高人民法院发布的 2019 年十大毒品(涉毒)犯罪典型案例。

621千克，以及一批制毒原料和工具。

二、裁判结果

本案由广东省揭阳市中级人民法院一审，广东省高级人民法院二审。最高人民法院对本案进行了死刑复核。

法院认为，被告人施某某、林某某结伙制造甲基苯丙胺，其行为均已构成制造毒品罪。施某某、林某某分别纠集人员共同制造甲基苯丙胺，数量特别巨大，社会危害极大，罪行极其严重，且二人在共同犯罪中均起主要作用，系主犯，均应按照其所组织、指挥和参与的全部犯罪处罚。据此，依法对被告人施某某、林某某均判处并核准死刑，剥夺政治权利终身，并处没收个人全部财产。

罪犯施某某、林某某已于2018年12月13日被依法执行死刑。

三、典型意义

据统计，甲基苯丙胺已取代海洛因成为我国滥用人数最多的毒品种类，国内制造甲基苯丙胺等毒品的犯罪形势也较为严峻，在部分地方尤为突出。本案就是一起典型的大量制造甲基苯丙胺犯罪案件。被告人施某某、林某某分别纠集人员共同制造甲基苯丙胺，专门租赁场地作为制毒场所，大量购置麻黄素等制毒原料及各种制毒设备、工具，公安人员在制毒场所查获成品甲基苯丙胺约149千克，另查获含甲基苯丙胺成分的液体和固液混合物约621千克，所制造的毒品数量特别巨大。制造毒品犯罪属于刑事政策上应予严惩的重点类型，人民法院根据二被告人犯罪的事实、性质和具体情节，依法对二人均判处死刑，体现了对源头性毒品犯罪的严厉惩处，充分发挥了刑罚的威慑作用。

问题40. 跨省贩卖、运输毒品数量巨大，罪行极其严重，应依法严惩

【典型案例】 赵某某贩卖、运输毒品案[①]

一、基本案情

被告人赵某某，1981年10月因犯盗窃罪被判处有期徒刑二年；1996年5月因犯贩卖毒品罪被判处有期徒刑一年；2005年3月7日因犯贩卖毒品罪被判处有期徒刑十五年，剥夺政治权利五年，并处没收财产人民币2万元，2015年11月28日刑满释放。

2016年11月24日早晨，陆某某（同案被告人，已判刑）雇车与被告人赵某某一起从上海市出发前往广东省。赵某某与严某某（在逃）联系后，严某1及其子严某2（同案被告人，已判刑）驾车在广东省粤东高速公路普宁市池尾出口接应赵某某等人。同月25日上午，赵某某、陆某某分别让他人向陆某某的银行卡汇款32万元、5万元。陆某某从银行取款后，赵某某、陆某某将筹集的现金共计40万元交给严某1父子。后严某2搭乘赵某某等人的车，指挥司机驶入返回上海市的高速公路。途中，严某2让司机在高速公路某处应急车道停车，事先在该处附近等待的严某1将2个装有毒品的黑色皮包交给赵某某、陆某某。当日23时30分许，赵某某等人驾车行至福建省武平县闽粤高速检查站入闽卡口处时，例行检查的公安人员从该车后排的2个黑色皮包中查获甲基苯丙胺（冰毒）11袋，净重10002.6克，赵某某、陆某某被当场抓获。

---

① 最高人民法院发布的2019年十大毒品（涉毒）犯罪典型案例。

二、裁判结果

本案由福建省龙岩市中级人民法院一审,福建省高级人民法院二审。最高人民法院对本案进行了死刑复核。

法院认为,被告人赵某某以贩卖为目的,伙同他人非法购买并运输甲基苯丙胺,其行为已构成贩卖、运输毒品罪。在共同犯罪中,赵某某联系毒品上家,积极筹集毒资且为主出资,参与支付购毒款、交接和运输毒品,起主要作用,系罪责最为严重的主犯,应当按照其所参与的全部犯罪处罚。赵某某伙同他人跨省贩卖、运输甲基苯丙胺10余千克,毒品数量巨大,罪行极其严重,且其曾两次因犯贩卖毒品罪被判处有期徒刑以上刑罚,在刑罚执行完毕后不足一年又犯贩卖、运输毒品罪,系累犯和毒品再犯,主观恶性深,人身危险性大,应依法从重处罚。据此,依法对被告人赵某某判处并核准死刑,剥夺政治权利终身,并处没收个人全部财产。

罪犯赵某某已于2019年2月22日被依法执行死刑。

三、典型意义

近年来,其他省份的犯罪分子前往广东省购买毒品后运回当地进行贩卖,已成为我国毒品犯罪的一个重要特点。与此同时,公安机关加大了执法查缉力度,一些案件得以在运输途中被破获。本案就是一起典型的犯罪分子驾车从外省前往广东省购买毒品,携毒返程途中被查获的案件。被告人赵某某伙同他人跨省贩卖、运输甲基苯丙胺数量巨大,社会危害极大,且系共同犯罪中罪责最重的主犯,又系累犯和毒品再犯,主观恶性和人身危险性大。人民法院根据赵某某犯罪的事实、性质和具体情节,依法对其判处死刑,体现了对此类毒品犯罪的严惩。

问题41. 大量贩卖、运输新精神活性物质,应依法从严惩处

【典型案例】杨某某贩卖、运输毒品、赵某某贩卖毒品案[①]

一、基本案情

被告人杨某某(个体经营者)、赵某某(公司法定代表人)长期从事化学品研制、生产、销售及化学品出口贸易工作。2015年4月,杨某某租用江苏省宜兴市某药化技术有限公司的设备、场地进行化学品的研制、生产及销售。其间,杨某某雇用他人生产包括N-(1-甲氧基羰基-2-甲基丙基)-1-(5-氟戊基)吲唑-3-甲酰胺(简称5F-AMB)在内的大量化工产品并进行销售。同年10月1日,5F-AMB被国家相关部门列入《非药用类麻醉药品和精神药品管制品种增补目录》,禁止任何单位和个人生产、买卖、运输、使用、储存和进出口。2016年1月,赵某某与杨某某在明知5F-AMB已被国家相关部门列管的情况下,仍商定杨某某以每千克2200元左右的价格向赵某某贩卖150千克5F-AMB。同月22日,杨某某根据赵某某的要求,安排他人将约150千克5F-AMB从宜兴市运送至浙江省义乌市,后赵某某将钱款汇给杨某某。

2016年3月28日,被告人杨某某用约1千克5F-AMB冒充MMBC贩卖给李某某(另案处理),后在李某某安排他人寄出的邮包中查获477.79克5F-AMB。

2016年8月和9月,被告人杨某某、赵某某先后被抓获。公安人员从杨某某租用的

[①] 最高人民法院发布的2019年十大毒品(涉毒)犯罪典型案例。

某药化技术有限公司冷库内查获 33.92 千克 5F-AMB。

二、裁判结果

本案由江苏省南京市中级人民法院一审,江苏省高级人民法院二审。

法院认为,被告人杨某某明知 5F-AMB 被国家列入毒品管制仍予以贩卖、运输,其行为已构成贩卖、运输毒品罪。被告人赵某某明知 5F-AMB 被国家列入毒品管制仍大量购买,其行为已构成贩卖毒品罪。杨某某贩卖、运输 5F-AMB 约 184 千克,赵某某贩卖 5F-AMB 约 150 千克,均属贩卖毒品数量大,应依法惩处。据此,依法对被告人杨某某、赵某某均判处死刑,缓期二年执行,剥夺政治权利终身,并处没收个人全部财产。

上述裁判已于 2019 年 2 月 22 日发生法律效力。

三、典型意义

新精神活性物质通常是不法分子为逃避法律管制,修改被管制毒品的化学结构而得到的毒品类似物,具有与管制毒品相似或更强的兴奋、致幻、麻醉等效果,被联合国毒品与犯罪问题办公室确定为继海洛因、甲基苯丙胺之后的第三代毒品,对人体健康危害很大。本案所涉毒品 5F-AMB 属于合成大麻素类新精神活性物质,于 2015 年 10 月 1 日被国家相关部门列入《非药用类麻醉药品和精神药品管制品种增补目录》。人民法院根据涉案新精神活性物质的种类、数量、危害和被告人杨某某、赵某某犯罪的具体情节,依法对二被告人均判处死刑缓期二年执行,体现了对此类犯罪的从严惩处。

问题 42. 利用网络向外籍人员贩卖大麻,应依法惩处

【典型案例】 李某贩卖毒品案[①]

一、基本案情

被告人李某起意贩卖大麻后,在社交网络上发布大麻图片,吸引他人购买。浙江省苍南县某英语培训机构的一名外籍教员在社交网络上看到李某发布的大麻照片后点赞,李某便询问其是否需要,后二人互加微信,并联系大麻交易事宜。2017 年 11 月至 2018 年 10 月,李某先后 31 次卖给对方共计 141 克大麻,得款 1.7 万余元。经鉴定,查获的检材中检出四氢大麻酚、大麻二酚、大麻酚成分。

二、裁判结果

本案由浙江省平阳县人民法院审理。

法院认为,被告人李某明知大麻是毒品而贩卖,其行为已构成贩卖毒品罪,且多次贩卖,属情节严重,应依法惩处。鉴于李某归案后能如实供述自己的罪行,可从轻处罚。据此,依法对被告人李某判处有期徒刑四年,并处罚金人民币 16000 元。

宣判后,在法定期限内没有上诉、抗诉,上述裁判已于 2019 年 4 月 9 日发生法律效力。

三、典型意义

大麻属于传统毒品,我国对大麻类毒品犯罪的打击和惩处从未放松。但目前,一些国家推行所谓大麻"合法化",这一定程度对现有国际禁毒政策产生冲击,也容易让部分外籍人员对我国的全面禁毒政策产生某种误解。本案就是一起通过网络向国内的外籍务

---

① 最高人民法院发布的 2019 年十大毒品(涉毒)犯罪典型案例。

工人员贩卖大麻的典型案件。被告人李某在社交网络上发布大麻照片吸引买家,而购毒人员系外籍教员。在案证据显示,此人称在其本国吸食大麻并不违法。但李某明知大麻在中国系禁止贩卖、吸食的毒品,仍通过网络出售给他人,已构成贩卖毒品罪,且属情节严重,人民法院对其依法判处了刑罚。此类案件对在中国境内的留学生、外籍务工人员以及赴外留学的中国青年学生都有警示作用。

问题43. 为抗拒缉毒警察抓捕,驾车肆意冲撞,危害公共安全的,应认定为以危险方法危害公共安全罪

【典型案例】陈某某等贩卖毒品、以危险方法危害公共安全案[①]

[案例要旨]

毒品犯罪人员为逃避制裁,在公共场所驾驶机动车肆意冲撞,造成多名缉毒民警受伤,多名群众受到惊吓、财产遭受损失的,其行为构成以危险方法危害公共安全罪。

一、基本案情

被告人陈某某,2002年11月18日至2017年3月1日因犯贩卖毒品罪、故意伤害罪、容留他人吸毒罪、非法持有毒品罪,先后6次被判处有期徒刑六个月至四年不等的刑罚,2018年12月31日刑满释放。

被告人李某,2013年5月20日因犯抢劫罪被判处有期徒刑三年,并处罚金人民币1000元;2018年9月25日因犯容留他人吸毒罪,被判处有期徒刑六个月,并处罚金人民币1000元,2018年12月12日刑满释放。

2019年6月至7月,被告人陈某某四次向他人贩卖甲基苯丙胺5克、甲基苯丙胺片剂17颗。被告人李某明知陈某某贩卖毒品,仍两次驾车陪同陈某某贩卖。

同年7月22日12时许,被告人陈某某乘坐被告人李某驾驶的车辆行至湖南省沅陵县沅陵镇某街道时,被前来抓捕的公安人员拦截。公安人员出示警官证,要求二人停车。陈某某指挥李某倒车逃避抓捕,与其后方的出租车相撞。公安人员上前制止,陈某某、李某拒绝停车,不顾周围群众安全多次冲撞,致3名公安人员轻微伤,并致一辆摩托车以及两户居民楼大门损坏,损失共计3189元。后公安人员抓获二人,当场从陈某某身上查获甲基苯丙胺片剂0.5克,从其所乘车上查获甲基苯丙胺0.2克。

二、裁判结果

本案由湖南省沅陵县人民法院审理。

法院认为,被告人陈某某、李某贩卖甲基苯丙胺、甲基苯丙胺片剂,其行为均已构成贩卖毒品罪;陈某某、李某为逃避抓捕,驾驶机动车在公共场所肆意冲撞,危害公共安全,其行为均又构成以危险方法危害公共安全罪。对二人所犯数罪,均应依法并罚。陈某某在贩卖毒品、以危险方法危害公共安全共同犯罪中,均起主要作用,系主犯,李某在贩卖毒品共同犯罪中系从犯,在以危险方法危害公共安全共同犯罪中系主犯,应按照二人所参与的犯罪处罚。陈某某多次贩卖毒品,情节严重,且系累犯、毒品再犯,李某系累犯,均应依法从重处罚。二人均如实供述犯罪事实,具有坦白情节,可从轻处罚。据此,依法对被告人陈某某以贩卖毒品罪判处有期徒刑四年,并处罚金人民币5000元,

---

[①] 最高人民法院发布的2021年十大毒品(涉毒)犯罪典型案例。

以以危险方法危害公共安全罪判处有期徒刑三年,决定执行有期徒刑六年,并处罚金人民币5000元;对被告人李某以贩卖毒品罪判处有期徒刑二年,并处罚金人民币2000元,以以危险方法危害公共安全罪判处有期徒刑三年,决定执行有期徒刑四年,并处罚金人民币2000元。

宣判后,在法定期限内没有上诉、抗诉。上述判决已于2020年9月15日发生法律效力。

三、典型意义

一些毒品犯罪分子为逃避法律制裁,不惜铤而走险,暴力抗拒抓捕,既增加了缉毒工作风险,也严重威胁人民群众生命财产安全。本案就是一起毒贩为抗拒抓捕而驾车冲撞,危害公共安全的典型案例。被告人陈某某、李某为逃避制裁,在公共场所驾驶机动车肆意冲撞,造成多名缉毒民警受伤,多名群众受到惊吓、财产遭受损失,社会影响恶劣。人民法院依法对二人进行了惩处。

问题44. 伙同他人制造甲基苯丙胺,并将制出的毒品予以运输、贩卖,构成贩卖、运输、制造毒品罪

【典型案例】 吴某1、吴某2贩卖、运输、制造毒品案[①]

[案例要旨]

伙同他人制造甲基苯丙胺,并将制出的毒品予以运输、贩卖,构成贩卖、运输、制造毒品罪。行为人犯罪所涉毒品数量特别巨大,社会危害极大,罪行极其严重,人民法院依法对二人均判处死刑。

一、基本案情

2015年11月,被告人吴某1、吴某2与吴某甲(在逃)、张某某(同案被告人,已判刑)等在广东省陆丰市预谋共同出资制造甲基苯丙胺(冰毒),吴某甲纠集陈某某、吴某2(均系同案被告人,已判刑)参与。后吴某1等人租下广东省四会市的一处厂房作为制毒工场,并将制毒原料、工人从陆丰市运到该处,开始制造甲基苯丙胺。

同年12月5日凌晨,被告人吴某1、吴某2和吴某甲指使张某某、陈某某驾车将制出的24箱甲基苯丙胺运往高速公路入口处,将车交给吴某3开往广东省惠来县。吴某2、陈某某与吴某1、吴某甲分别驾车在前探路。后吴某2指使吴某3在惠来县隆江镇卸下7箱毒品交给他人贩卖,另转移4箱毒品到自己车上。吴某3将车开到陆丰市甲子镇,吴某乙(另案处理)取走该车上剩余的13箱毒品用于贩卖。

同月10日,被告人吴某1经与吴某甲、吴某乙等密谋后,由张某某从制毒工场装载7箱甲基苯丙胺前往广东省东莞市,将毒品交给吴某乙联系的买家派来的接货人刘某某、张某2(均另案处理)。次日零时许,刘某某、张某2二人驾车行至广州市被截获,公安人员当场从车内查获上述7箱甲基苯丙胺,共约192千克。

同月10日左右,被告人吴某2在陆丰市甲子镇经林某某(同案被告人,已判刑)介绍,与纪某某(在逃)商定交易550千克甲基苯丙胺,并收取定金20万港元。同月16日22时许,吴某2、林某某、纪某某等在广东省肇庆市经"验货"确定交易后,陈某某

[①] 最高人民法院发布的2020年十大毒品(涉毒)犯罪典型案例。

驾驶纪某某的车到制毒工场装载甲基苯丙胺,后将车停放在某市某酒店停车场。次日凌晨,公安人员在四会市某高速公路桥底处抓获吴某1等人,在制毒工场抓获吴某2等人。公安人员在上述酒店停车场纪某某的车内查获15箱甲基苯丙胺,在制毒工场的汽车内查获6箱和3编织袋甲基苯丙胺,上述甲基苯丙胺共约830千克。公安人员另在制毒工场内查获约882千克含甲基苯丙胺成分的灰白色固液混合物及若干制毒原料、制毒工具。

二、裁判结果

本案由广东省肇庆市中级人民法院一审,广东省高级人民法院二审。最高人民法院对本案进行了死刑复核。

法院认为,被告人吴某1、吴某2伙同他人制造甲基苯丙胺,并将制出的毒品予以运输、贩卖,其行为均已构成贩卖、运输、制造毒品罪。吴某1、吴某2纠集多人制造、运输、贩卖毒品,数量特别巨大,社会危害极大,罪行极其严重。在共同犯罪中,二被告人均系罪责最为突出的主犯,应当按照其所组织、指挥和参与的全部犯罪处罚。据此,依法对被告人吴某1、吴某2均判处并核准死刑,剥夺政治权利终身,并处没收个人全部财产。

罪犯吴某1、吴某2已于2020年6月15日被依法执行死刑。

三、典型意义

近年来,我国面临境外毒品渗透和国内制毒犯罪蔓延的双重压力,特别是制造毒品犯罪形势严峻,在个别地区尤为突出。本案就是一起大量制造甲基苯丙胺后予以运输、贩卖的典型案例。被告人吴某1、吴某2纠集多人参与犯罪,在选定的制毒工场制出毒品后组织运输、联系贩卖,形成"产供销一条龙"式犯罪链条。吴某1、吴某2犯罪所涉毒品数量特别巨大,仅查获的甲基苯丙胺成品即达1吨多,另查获800余千克毒品半成品,还有大量毒品已流入社会,社会危害极大,罪行极其严重。人民法院依法对二人均判处死刑,体现了对制造毒品类源头性犯罪的严惩立场。

问题45. 专门购车运毒,出境查验非法运输甲基苯丙胺片剂,构成运输毒品罪

【典型案例】周某某运输毒品案①

[案例要旨]

行为人伙同他人专门购车用于运毒、专门租房用于藏毒、出境查验毒品、联系上家接取毒品,涉案毒品数量特别巨大,且其曾因犯罪被判处重刑,假释期满后又迅即实施毒品犯罪,系累犯,主观恶性深,被判处死刑。

一、基本案情

被告人周某某,2005年6月28日因犯盗窃罪、非法持有枪支罪被判处有期徒刑十四年,并处罚金人民币13万元,2012年10月30日被假释,假释考验期至2015年7月3日止。

2015年7月12日,被告人周某某与刘某某(同案被告人,已判刑)在云南省景洪市某小区租房用于藏匿毒品。同年8月,周某某经与毒品上家联系,伙同刘某某前往缅甸小

---

① 最高人民法院发布的2020年十大毒品(涉毒)犯罪典型案例。

勐拉"验货",后二人两次驾驶事先专门购买的两辆汽车前往景洪市嘎洒镇附近接取毒品,运至上述租房藏匿。同月10日,公安人员在该租房内查获甲基苯丙胺片剂(俗称"麻古")40490克,并于次日抓获周某某、刘某某二人。

二、裁判结果

本案由云南省保山市中级人民法院一审,云南省高级人民法院二审。最高人民法院对本案进行了死刑复核。

法院认为,被告人周某某非法运输甲基苯丙胺片剂,其行为已构成运输毒品罪。周某某纠集同案被告人刘某某共同购买运毒车辆、租用房屋,共同前往境外查验毒品并接取、藏匿毒品,单独与上家联系,系主犯,且在共同犯罪中罪责更大,应当按照其所参与的全部犯罪处罚。周某某运输毒品数量特别巨大,社会危害极大,罪行极其严重,且其曾因犯罪被判处有期徒刑以上刑罚,在假释考验期满的当月再犯应当判处有期徒刑以上刑罚之罪,系累犯,主观恶性深,人身危险性大,应依法从重处罚。据此,依法对被告人周某某判处并核准死刑,剥夺政治权利终身,并处没收个人全部财产。

罪犯周某某已于2020年4月21日被依法执行死刑。

三、典型意义

西南地区临近"金三角",一直是我国严防境外毒品输入、渗透的重点地区,从云南走私毒品入境并往内地省份扩散是该地区毒品犯罪的重要方式,也是历来重点打击的源头性毒品犯罪。本案就是一起境外"验货"、境内运输并藏匿毒品的典型案例。被告人周某某伙同他人专门购车用于运毒、专门租房用于藏毒、出境查验毒品、联系上家接取毒品,涉案毒品数量特别巨大,且其曾因犯罪被判处重刑,假释期满后又迅即实施毒品犯罪,系累犯,主观恶性深,不堪改造。根据在案证据,周某某涉嫌为贩卖而运输毒品,这种情形不同于单纯受指使、雇用为他人运输毒品,量刑时应体现从严。

问题46. 通过手机网络接受他人雇用,走私、运输毒品数量大,构成走私、运输毒品罪

【典型案例】祝某走私、运输毒品案[①]

[案例要旨]

行为人为获取高额报酬,在网络上接受他人雇用走私、运输毒品,构成走私、运输毒品罪。

一、基本案情

2018年12月,被告人祝某因欠外债使用手机上网求职,在搜索到"送货"可以获得高额报酬的信息后,主动联系对方并同意"送货"。后祝某按照对方安排,从四川省成都市经云南省昆明市来到云南省孟连傣族拉祜族佤族自治县,乘坐充气皮艇偷渡出境抵达缅甸。

2019年1月下旬,被告人祝某从对方接取一个拉杆箱,在对方安排下回到国内,经多次换乘交通工具返回昆明市,并乘坐G286次列车前往山东省济南市。同月27日18时许,公安人员在列车上抓获祝某,当场从其携带的拉杆箱底部夹层内查获海洛因2包,净

[①] 最高人民法院发布的2020年十大毒品(涉毒)犯罪典型案例。

重 2063.99 克。

二、裁判结果

本案由济南铁路运输中级法院一审，山东省高级人民法院二审。

法院认为，被告人祝某将毒品从缅甸携带至我国境内并进行运输，其行为已构成走私、运输毒品罪。祝某对接受雇用后偷渡到缅甸等待一月之久、仅携带一个装有衣物的拉杆箱即可获取高额报酬、途中多次更换交通工具、大多选择行走山路等行为不能作出合理解释，毒品又系从其携带的拉杆箱夹层中查获，可以认定其明知是毒品而走私、运输。祝某实施犯罪所涉毒品数量大，鉴于其系接受他人雇佣走私、运输毒品，且具有初犯、偶犯等酌予从宽处罚情节，可从轻处罚。据此，依法对被告人祝某判处无期徒刑，剥夺政治权利终身，并处没收个人全部财产。

上述裁判已于 2020 年 3 月 19 日发生法律效力。

三、典型意义

毒品犯罪分子为逃避处罚，以高额回报为诱饵，通过网络招募无案底的年轻人从境外将毒品运回内地，此类案件近年来时有发生，已成为我国毒品犯罪的一个新动向。本案就是一起典型的无案底年轻人通过手机网络接受他人雇用走私、运输毒品的案例。被告人祝某为获取高额报酬，在网络上接受他人雇用走私、运输毒品，犯下严重罪行。祝某归案后辩解其不知晓携带的拉杆箱内藏有毒品，与在案证据证实的情况不符。人民法院根据祝某犯罪的事实、性质和具体情节，依法对其判处无期徒刑，体现了对毒品犯罪的严惩。

问题 47. 国家工作人员贩卖少量毒品，属情节严重，依法严惩

【典型案例】 刘某某贩卖毒品案[①]

［案例要旨］

明知是毒品而进行贩卖，构成贩卖毒品罪。身为国家工作人员贩卖少量毒品，属情节严重。

一、基本案情

2019 年八九月的一天晚上，被告人刘某某在江苏省灌云县某村卖给王某某甲基苯丙胺（冰毒）约 0.5 克。同年 10 月，刘某某又在该县某供电公司门口卖给周某甲基苯丙胺约 0.3 克。

二、裁判结果

本案由江苏省灌云县人民法院审理。

法院认为，被告人刘某某明知是毒品而进行贩卖，其行为已构成贩卖毒品罪。刘某某身为国家工作人员贩卖少量毒品，属情节严重。鉴于其有如实供述、认罪认罚等情节，可从轻处罚。据此，对被告人刘某某判处有期徒刑三年，并处罚金人民币 1 万元。

宣判后，在法定期限内没有上诉、抗诉，上述裁判已于 2020 年 3 月 28 日发生法律效力。

---

① 最高人民法院发布的 2020 年十大毒品（涉毒）犯罪典型案例。

三、典型意义

国家工作人员本应更加自觉地抵制毒品，积极与毒品违法犯罪作斗争，但近年来出现了一些国家工作人员涉足毒品违法犯罪的情况，造成了不良社会影响。本案被告人刘某某系某县自然资源和规划局下属事业单位职工，具有国家工作人员身份，根据最高人民法院《审理毒品犯罪案件解释》第4条的规定，其属贩卖少量毒品"情节严重"。人民法院对刘某某依法判处三年有期徒刑，体现了对此类犯罪的严惩。

问题48. 贩毒网络中的共犯形式和罪责如何区分

【人民司法案例】吴某等人贩卖毒品案①

[要点提示]

贩毒网络中各被告人之间往往存在多种共犯形式。正确区分各被告人的刑事责任并裁量刑罚，首先要查明共犯形式和各被告人之间的关系，再综合考量各被告人的贩毒数额及在贩毒网络中的地位、作用等情节决定刑罚。对被告人适用死刑应特别慎重，毒品犯罪数额不是量刑的唯一依据。对于贩卖毒品数量巨大但有特定的酌定从轻情节的贩毒分子，可以考虑从轻处罚，最终保证法律效果和社会效果的统一。

[案情]

2003年10月和2004年2月至7月，被告人吴某先后4次向云南省孟连傣族拉祜族佤族自治县某村村民张某某购买海洛因4650克，通过邮政汇款的方式共支付毒资40余万元。张某某先后4次将吴某所购海洛因做好标记，混入其他货物中，到昆明市通过火车托运的方式运到湖南省怀化市，由吴某接收。吴某于2003年10月至2004年9月，在怀化市将所购上述海洛因先后多次加价贩卖给被告人常某某等人。

2003年10月至2004年9月22日，被告人常某某在怀化市区、溆浦县黄茅园镇等地，先后多次向被告人吴某购买海洛因共计2830克，并将所购的2630克海洛因分别加价卖给被告人信某某、缪某某、杨某某以及其他贩毒或吸毒人员。其中，于2003年10月至11月，将10克海洛因拆成零包加价卖给刘某某等吸毒人员；于2003年11月至2004年春节期间，先后多次在怀化市新街路口、河西明珠大酒店、嫩溪垅市场等地向缪某某贩卖海洛因计400克；于2003年12月至2004年春节期间，先后多次在怀化市工程公司二分公司门口、新街、湖天桥等地向信某某贩卖海洛因计220克；于2004年春节后至2004年9月22日，分别在怀化市洪江区和洪江市安江镇、黔城镇等地多次向信某某贩卖海洛因计1200克，2次向缪某某贩卖海洛因计100克，5次向杨某某贩卖海洛因计40克。所购的另外200克海洛因被常某某藏匿在谢某某家中，后又指使谢某某销毁。杨某某将从常某某处购买的40克海洛因全部加价贩卖给被告人王某某、张某某夫妇，王某某、张某某二人又将其中30克海洛因加价贩卖给其他吸毒人员。

2003年11月至2004年春节期间，被告人信某某和缪某某共谋贩卖海洛因，并由缪某某负责在怀化市新街路口等处多次向被告人常某某购买海洛因共计400克，再交给信某某到洪江市安江镇等地加价贩卖给被告人陈某2等人。2003年12月至2004年9月，信某某多次单独在怀化市等地从被告人常某某手中购买海洛因共计1420克，并分别在洪江市

---

① 黄鹏：《贩毒网络中的共犯形式和罪责区分》，载《人民司法》2009年第8期。

安江镇等地多次加价贩卖给缪某某、陈某2、芦某某、邓某某、段某等贩毒或吸毒人员。其中,贩卖给缪某某海洛因计400克,贩卖给陈某2海洛因计310克,贩卖给芦某某海洛因计42克,贩卖给邓某某海洛因计40克,贩卖给段某海洛因计36克。陈某2、芦某某、邓某某、段某分别将自己购买的部分海洛因加价贩卖给其他吸毒人员,其中,陈某2贩卖共计160克,芦某某贩卖计32克,邓某某贩卖共计15.6克。

2004年3月,被告人缪某某将从常某某处购得的海洛因100克,分别在洪江市安江镇安江大桥下加价卖给被告人陈某1等人。同年7月至9月,缪某某将从信某某处购买的400克海洛因,分别在怀化市城区和洪江市安江镇等地加价贩卖给陈某1和申某某、贺某某、刘某某等贩毒或者吸毒人员,其中,贩卖给陈某1海洛因计240克,贩卖给申群生海洛因计20克。陈某1将其中105克海洛因贩卖给被告人梁某某,梁某某又将80克海洛因贩卖给其他吸毒人员。

2004年9月22日晚,被告人常某某租乘出租车从怀化市洪江区到溆浦县黄茅园镇找被告人吴某购买海洛因790余克,被告人谢某某与其同行。交易后不久,吴某被公安人员盘查,侥幸逃脱后打电话通知常某某。常某某得知后立即让谢某某把所购海洛因扔下车,后又和谢某某下车把海洛因找回并藏到黄茅园镇与铁坡乡交界处的一根电线杆下,并将藏匿地点告知吴某。次日6时许,吴某让妻子吴小某把常某某藏在路旁的海洛因取回,又交给吴小某4万元毒资,让吴小某送到妹妹家,由妹妹的丈夫李某某帮助藏匿。李某某在明知是海洛因和毒赃的情况下,仍帮助予以藏匿。后吴某和吴小某潜逃,吴某将3.4万元毒资交给吴小某保管。同月29日12时左右,吴某约常某某在怀化大酒店会面,后二人一起租乘出租车前往黄茅园镇取藏在李某某家的海洛因。当日16时许,李某某按吴某要求将藏匿的海洛因送到活田村交给吴某,吴某把海洛因转交常某某。随后,吴某、常某某分别被公安人员抓获,当场从常某某处查获海洛因790余克。其他被告人亦先后被抓获。

综上,被告人吴某贩卖海洛因4650克;被告人常某某贩卖海洛因3620余克,其中790余克被公安人员缴获,200克被被告人谢某某销毁;被告人信某某贩卖海洛因1820余克,其中与被告人缪某某共同贩卖海洛因400克;缪某某贩卖海洛因900克,其中与信某某共同贩卖海洛因400克;被告人陈某1贩卖海洛因240克;被告人陈某2贩卖海洛因160克;被告人梁某某贩卖海洛因80克;被告人杨某某贩卖海洛因40克;被告人王某某、张某某共同贩卖海洛因30克;被告人芦某某贩卖海洛因32克;被告人邓某某贩卖海洛因15.6克。

[审判]

湖南省怀化市中级人民法院经审理认为,被告人吴某、常某某、信某某、缪某某、陈某1、陈某2、杨某某、梁某某、芦某某、张某某、王某某、邓某某贩卖海洛因的行为均构成贩卖毒品罪。其中,吴某、常某某、信某某、缪某某贩卖毒品数量巨大,且所贩毒品大都流入社会,严重危害社会,后果特别严重;陈某1贩卖海洛因数量大,且所贩毒品均已流入社会,严重危害社会,后果严重;陈某2贩卖海洛因数量大,且所贩毒品均已流入社会,具有较大的社会危害性;杨某某、梁某某、芦某某、张某某、王某某、邓某某贩卖毒品均应依法惩处。被告人谢某某明知常某某系贩卖毒品的犯罪分子,而帮助常某某销毁海洛因200克,其行为已构成包庇毒品犯罪分子罪;其帮助常某某将所购790余克海洛因窝藏,又构成窝藏毒品罪,应予并罚。被告人李某某明知吴某系贩毒犯罪分子而帮助吴某窝藏海洛因790余克,其行为已构成窝藏毒品罪。被告人吴小某明知吴某系贩毒犯罪分子仍然帮助其窝藏、转移海洛因790余克、毒赃74000元,情节严重,已构成窝藏、转移毒品、毒赃罪。判决:

1. 被告人吴某犯贩卖毒品罪,判处死刑,剥夺政治权利终身,并处没收个人全部财产;

2. 被告人常某某犯贩卖毒品罪,判处死刑,剥夺政治权利终身,并处没收个人全部财产;

3. 被告人信某某犯贩卖毒品罪,判处死刑,剥夺政治权利终身,并处没收个人全部财产;

4. 被告人缪某某犯贩卖毒品罪,判处死刑,剥夺政治权利终身,并处没收个人全部财产;

被告人陈某1、陈某2、杨某某、梁某某、芦某某、张某某、王某某、邓某某均犯贩卖毒品罪,分别被判处无期徒刑、有期徒刑;被告人谢某某犯包庇毒品犯罪分子罪、窝藏毒品罪,被告人李某某犯窝藏毒品罪,被告人吴小某犯窝藏、转移毒品、毒赃罪,分别被判处有期徒刑。

一审宣判后,被告人吴某、常某某、信某某、缪某某分别提出上诉。

湖南省高级人民法院经审理认为,上诉人吴某、常某某、信某某的行为均已构成贩卖毒品罪。信某某在与缪某某共同贩卖海洛因400克的犯罪中起主要作用,是主犯。吴某、常某某、信某某单独或者共同贩卖海洛因数量大,且绝大部分已流入社会,危害特别严重,均属罪行极其严重的犯罪分子,依法均应当判处死刑。但鉴于缪某某贩卖海洛因的数量最少,可以不立即执行。故吴某、常某某、信某某上诉及其辩护人提出请求从轻处罚或者量刑过重的理由和意见均不予采纳。原审判决认定的基本犯罪事实清楚,证据确实、充分,定罪准确,对吴某、常某某、信某某、陈某1、陈某2、杨某某、谢某某、李某某、吴小某的量刑适当,全案审判程序合法。判决:

1. 驳回上诉人吴某、常某某、信某某的上诉和上诉人缪某某的部分上诉,维持湖南省怀化市中级人民法院(2007)怀中刑一初字第11号刑事判决书中第一、二、三项和第五至十五项,即对上诉人吴某、常某某、信某某和原审被告人陈某1、陈某2、杨某某、梁某某、王某某、张某某、芦某某、邓某某、谢某某、李某某、吴小某的判决部分。

2. 撤销湖南省怀化市中级人民法院(2007)怀中刑一初字第11号刑事判决书中第四项,即对上诉人缪某某的判决部分。

3. 上诉人缪某某犯贩卖毒品罪,判处死刑,缓期二年执行,剥夺政治权利终身。

宣判后,湖南省高级人民法院将本案依法报请最高人民法院核准。

最高人民法院认为,被告人吴某、常某某、信某某以贩卖为目的而非法购买海洛因和非法销售海洛因的行为均已构成贩卖毒品罪。吴某出资购买海洛因,贩卖毒品数量巨大,又系跨省贩卖,为当地毒品源头之一,社会危害性极大,罪行极其严重;信某某贩卖毒品数量巨大、次数多,既伙同他人贩卖,又单独进行贩卖,毒品通过其直接流入社会,社会危害性极大,罪行极其严重;常某某多次贩卖毒品、数量巨大,涉案毒品通过其向社会扩散,社会危害性极大,罪行极其严重,均应依法惩处。鉴于常某某认罪、悔罪,归案后主动交代犯罪事实,对全案破获起到积极作用,对其判处死刑,可不立即执行。第二审判决认定的事实清楚,证据确实、充分,定罪准确,审判程序合法,对吴某、信某某量刑适当，对常某某量刑不当。判决核准湖南省高级人民法院维持第一审对被告人吴某、信某某以贩卖毒品罪均判处死刑，剥夺政治权利终身，并处没收个人全部财产的部分；撤销一、二审判决书中对被告人常某某的量刑部分，改判被告人常某某犯贩卖毒品罪，判处死刑，缓期二年执行，剥夺政治权利终身，并处没收个人全部财产。

[评析]

一、贩毒网络中共犯形式的特点

贩毒网络中各被告人的罪责区分，首先要涉及共同犯罪和共犯形式的问题。我国刑法规定，共同犯罪是指二人以上共同故意犯罪。我国刑法理论一般认为，成立共同犯罪必须具备三个条件：其一，犯罪主体必须是二人以上，具有相应的刑事责任能力；其二，客观上，各行为人之间必须有共同的犯罪行为；其三，主观上，各行为人之间必须有共同的犯罪故意。关于共同犯罪的形式，按照不同的标准可以进行多种分类，如以犯罪能否任意形成为标准，可以分为任意的共同犯罪和必要的共同犯罪，后者又包括对向犯、聚众共同犯罪和集团犯罪。共同犯罪是一种复杂的犯罪，犯罪分子对共同犯罪的参与程度与范围不同，在共同犯罪中的地位和作用就不可能完全相同，因而必须正确区分各共同犯罪人的刑事责任。共犯形式问题是量刑时要考虑的基本因素之一。笔者认为，贩毒网络中的共犯形式与一般的暴力型、财产型犯罪网络中的共犯形式有所不同，具有以下特点：其一，贩毒网络中一般存在多个层次的贩卖环节，即存在多重对向犯。所谓对向犯，是指存在二人以上相互对向的行为为要件的犯罪。贩毒网络都存在多个毒品买卖环节，每个毒品交易环节必然以存在买卖双方为前提，故贩卖毒品属于对向犯，既包括贩毒人员之间的毒品贩卖，也包括贩毒人员向吸毒人员的贩卖。但是，贩卖毒品的对向犯并非对整体的贩卖行为共同承担责任，而是对自己一方的毒品买卖行为承担责任。其二，贩毒网络一般具有人数众多、人员较为固定的特点，但不必然包含集团犯罪。所谓集团犯罪，是指三人以上有组织地实施共同犯罪，具有人数众多、组织严密、目标明确等特点。贩毒网络中，各贩卖毒品的被告人之间往往仅存在不同层级的买卖关系，毒品源头的犯罪分子仅与毒品"批发商"有联系，而与毒品的"零售商"没有直接联系，即毒品源头的犯罪分子与毒品的"零售商"之间不构成共同犯罪。因此，毒品源头的犯罪分子不必然对整个贩毒网络的犯罪行为承担刑事责任。其三，贩毒网络中一般存在多种或多层次的贩卖行为，但涉案毒品往往是同宗毒品，即犯罪对象是同一的或重合的，对各被告人量刑时应当慎重考虑这一特点。

本案中破获摧毁了湖南省怀化市的一个贩毒网络，被告人达15人之多，涉毒4600余克。毒品来源主要是吴某从云南通过张某某大量购买，然后主要以批发形式贩卖给常某某等人。常某某将从吴某手中购买的海洛因以批发或零售的形式贩卖给信某某、缪某某等人。信某某、缪某某共同或者分别将从常某某手中购买的海洛因，主要以零售形式贩卖给陈某2、芦某某等被告人及其他贩毒或吸毒人员。陈某2、芦某某等人再将从信某某、缪某某手中购买的海洛因加价贩卖。该贩毒网络是一个比较复杂的共同犯罪网络，主要有两个特点：首先，吴某是湖南省的一个毒品源头，但其只与常某某直接联系，与其他贩毒人员没有直接联系，也没有共同的目的和严密的从属关系，其他贩毒分子之间也没有共同的目的和严密的组织关系，故本案不属于集团犯罪。其次，本案中既存在普通的共犯结合，如信某某、缪某某之间共同贩卖毒品，王某某、张某某夫妇共同贩卖毒品，均为毒品买或卖的同一方，相互配合，互有分工；也存在不同层面的对向的共犯结合，如常某某与信某某、缪某某之间，缪某某与陈某1之间，互为贩卖毒品的买卖双方。量刑时应区别对待，分清罪责。

二、贩毒网络中各被告人刑事责任的具体划分

贩毒网络中各被告人的罪责区分，根本上是要依法区分贩毒行为的主客观社会危害性，并结合各被告人在贩毒网络中的地位、作用和具体情节决定刑罚。

首先，我国《刑法》第5条规定：刑罚的轻重，应当与犯罪分子所犯罪行和承担的刑事责任相适应。第61条规定：对于犯罪分子决定刑罚的时候，应当根据犯罪的事实、犯罪的性质、情节和对于社会的危害程度，依照本法的有关规定判处。第一，确定毒品犯罪分子的刑事责任和犯罪行为的危害程度，前提是分清各被告人罪行的性质。就本案而言，吴某等12名被告人均系犯贩卖毒品罪，属于严重的毒品犯罪，而李某某属于犯窝藏毒品罪，吴小某属于犯窝藏、转移毒品、毒赃罪。第二，罪行性质相同的毒品犯罪分子的刑事责任和犯罪行为的危害程度，最直观地体现在毒品犯罪的数量上，毒品犯罪数量对毒品犯罪的量刑具有重要作用。从本案各被告人的涉毒数量看，吴某多次贩毒共计4600余克，常某某多次贩毒共计3600余克，信某某多次单独或者伙同他人多次贩毒共计1800余克，三被告人均贩毒数量巨大；缪某某多次单独或者伙同他人多次贩毒共计900余克，贩毒数量大；而其他被告人贩毒数量均在300克以下，贩毒数量相对小，而且大多存在以贩养吸的情况，计算贩毒数量时应将其已经吸食的数量扣除。第三，罪行性质相同的毒品犯罪分子的犯罪行为的危害程度和刑事责任，还体现在贩毒分子在贩毒网络中的地位和作用上。从本案各被告人的地位和作用看，吴某从云南大量购买毒品到湖南怀化，系当地的毒品源头之一，涉案毒品绝大多数由其提供；吴某将大部分毒品贩卖给常某某，常某某实际上起到"一级批发商"的作用，毒品通过其进一步扩散；常某某将大部分毒品贩卖给信某某、缪某某，信某某、缪某某再将毒品批发或零售给其他贩毒或吸毒人员，实际上兼具有"批发商"和"大零售商"的作用，大量的毒品通过二人直接流入社会；而其他被告人基本属于零星贩卖毒品，有的是以贩养吸。综合分析吴某等贩毒人员的刑事责任和犯罪行为的危害程度，吴某、常某某、信某某、缪某某4人贩卖毒品数量大、次数多，在整个贩毒网络中处于关键环节，罪行的危害程度和刑事责任明显重于其他贩毒人员。

其次，死刑只适用于罪行极其严重的犯罪分子。对于应当判处死刑的犯罪分子，如果不是必须立即执行的，可以判处死刑同时宣告缓期二年执行。也就是说，对于罪行极其严重应判处死刑的贩毒分子，也要具体区分各自的刑事责任和犯罪行为的危害程度，对于可以不立即执行的，应当判处死缓。第一，要正确认识同宗毒品的问题。对同宗毒品而言，即便数量大，也不是必须将全部涉案数量大的贩毒分子全部判处死刑立即执行，还要综合考虑各被告人之间具体情况的差异以及被告人之间的量刑均衡，正确贯彻宽严相济和慎杀的刑事政策。第二，要正确认识毒品数量的问题。毒品数量只是依法惩处毒品犯罪的一个重要情节，而不是全部情节，执行量刑的数量标准不能简单化，特别是对被告人可能判处死刑的案件，确定刑罚必须综合考虑被告人的犯罪情节、危害后果、主观恶性等多种因素。第三，要正确认识毒品犯罪中的酌定量刑情节。酌定量刑情节对正确认识犯罪行为的社会危害性和犯罪分子的人身危险性具有重要意义，对于正确裁量刑罚而言，其重要性也不可忽视。对于毒品犯罪分子具有明显酌定从轻处罚情节的，量刑时要适当予以考虑，不能因其涉毒数量大、罪行极其严重而忽视。第四，要正确认识案

件处理的社会效果。即便犯罪分子罪行极其严重，对其是否立即执行的问题也应当考虑人民群众的一般感受，对于犯罪分子本身具有特殊的可宽宥因素，不立即执行人民群众能够理解和支持的，原则上应当适用死缓，否则应当立即执行，实现法律效果和社会效果的统一。

就本案而言，吴某、常某某、信某某和缪某某分别处于同一贩毒网络的不同层级，其贩卖的毒品本质上系同宗毒品，4被告人贩卖毒品数量、情节差别较大，不应当均判处死刑。具体而言，吴某、信某某贩卖毒品数量巨大，分别是贩毒网络的源头和毒品直接向社会扩散的关键环节，且二人均无法定或酌定从轻处罚情节，应判处死刑并立即执行。缪某某贩卖毒品共计900余克，数量大，但明显少于吴某、常某某、信某某，而其在贩毒网络中的地位和作用并不大于其他3被告人，因此，对缪某某可以判处死刑，但不需要立即执行。常某某贩卖毒品共计3600余克，数量巨大，贩毒数量明显大于信某某，但常某某本身具有一些可以从轻处罚的情节，特别是本案的侦查机关曾出具情况说明和报告，证明常某某归案后主动交代贩毒事实和同案犯，其中部分重要犯罪事实为尚未掌握的线索，其对整个毒品案件犯罪事实的查实和重要证据的固定起了重大作用，为体现刑事政策和在以后侦查过程中分化、瓦解犯罪分子，请求对常某某从轻处罚。综合考虑，一方面，常某某坦白部分司法机关尚未掌握的同种罪行，如实供认犯罪事实，有认罪、悔罪表现，人身危险性有所降低，刑事责任相应小于信某某，且对本案侦破起到一定的积极作用，按照1998年《最高人民法院关于处理自首和立功具体应用法律若干问题的解释》第4条的规定，犯罪嫌疑人如实供述司法机关尚未掌握的同种罪行的，可以酌情从轻处罚；另一方面，常某某双手先天残疾是本案的特殊情节之一，其本身属于社会弱势人员，走向贩毒的道路是多种因素造成的，如对其适用死缓，能够得到大多数群众的支持，更能发挥刑罚的教育、感化功能。因此，对常某某可以判处死刑，但不需要立即执行。综上，对缪某某、常某某判处死缓，均实现了法律效果与社会效果的有机统一。

问题49. 有吸毒情节贩毒人员的贩毒数量认定

【实务专论】[①]

被告人潘某某、高某贩卖毒品一案，主要涉及两个法律适用问题：一是有吸毒情节的贩毒人员的贩毒数量认定问题，二是从贩毒人员住所等处查获毒品的性质认定问题。下面结合《武汉会议纪要》的相关规定，谈一谈对这两个问题的认识。

一、有吸毒情节的贩毒人员的贩毒数量认定

对于该问题，《大连会议纪要》专门作了规定。《大连会议纪要》的规定主要有两层含义：第一，虽然将从以贩养吸的被告人处查获的毒品数量认定为其贩卖毒品的数量，但量刑时应酌情考虑查获的部分毒品可能系其准备用于吸食的情节。第二，以贩养吸的被告人已吸食的毒品数量不计入其贩卖毒品的数量，仅按照能够证明的贩卖数量及查获的毒品数量认定其贩毒数量。应当说，这是针对以贩养吸的被告人，综合考虑其吸食毒品的情节，在认定其贩毒数量时作出的一种有利于被告人的特别规定。

《大连会议纪要》的上述规定在执行中暴露出一些问题：第一，以贩养吸被告人的认

[①] 李静然：《有吸毒情节贩毒人员的贩毒数量认定》，载《人民司法》2016年第17期。

定存在扩大化倾向。一些地方将有吸毒情节的贩毒人员一律认定为以贩养吸，并根据《大连会议纪要》的规定，在认定其贩毒数量时作有利于被告人的处理。第二，对被告人吸食毒品数量的认定标准不严。对于被告人购买一定数量的毒品后，被查获时其中部分毒品去向不明，也没有证据证明这部分毒品是被其贩卖的，往往仅凭被告人的辩解即认定去向不明的毒品是被其吸食，并从其贩毒数量中扣除。第三，按照能够证明的贩卖数量认定不能够完整评价被告人的罪行。实践中，被告人实际贩卖的毒品数量有时远远大于能够证明的贩卖数量，仅按照能够证明的贩卖数量认定其卖出毒品的数量，并不足以完整评价被告人的罪行。因此，有意见认为，《大连会议纪要》的上述规定使有吸毒情节的贩毒人员，因为吸毒违法行为而在认定贩毒数量时获益，这种认定思路不利于有效打击吸毒者实施的毒品犯罪。

为加大对吸毒者实施的贩卖毒品犯罪的处罚力度，《武汉会议纪要》对《大连会议纪要》的上述规定作了修改和突破：一是改变了适用主体，将《大连会议纪要》规定的"以贩养吸的被告人"修改为"有吸毒情节的贩毒人员"，以便于认定。二是改变了认定原则，将认定重心放在"进口"而非"出口"，即对于有吸毒情节的贩毒人员，一般应当将其购买的毒品数量全部认定为其贩卖的毒品数量，并据此确定适用的法定刑幅度，只在量刑时酌情考虑其吸食毒品的情节。三是提高了证明标准，对于不计入贩毒数量的例外情形，要求必须是"确有证据证明"，高于执行《大连会议纪要》过程中实际掌握的证明标准，不再仅凭被告人的辩解就认定去向不明的毒品被其吸食。

此外，考虑到实践情况的复杂性，《武汉会议纪要》还规定了两种例外情形：第一，当被告人购买的毒品数量缺乏足够证据证明时，还是要按照能够证明的贩卖数量及查获的毒品数量认定其贩卖毒品的数量。第二，确有证据证明被告人购买的部分毒品并非用于贩卖的，不应计入其贩卖毒品的数量。主要是指，确有证据证明被告人购买的部分毒品已被其本人吸食，或者系其不以牟利为目的为吸食者代购，又或者系被其赠予他人的，不计入其贩卖毒品的数量。

二、从贩毒人员住所等处查获毒品的性质认定

从贩毒人员住所等处查获毒品的性质认定问题是一个司法实践中长期存在的老问题。如前所述，《大连会议纪要》规定，对于以贩养吸的被告人，其被查获的毒品数量应认定为其犯罪的数量。《武汉会议纪要》进一步明确，从贩毒人员住所等处查获的毒品一般均应认定为其贩卖的毒品；确有证据证明查获的毒品并非贩毒人员用于贩卖，其行为另构成其他犯罪的，依法定罪处罚。

《武汉会议纪要》的规定实际上包含两层含义：一是运用事实推定认定从贩毒人员住所等处查获的毒品系用于贩卖；二是贩毒人员可以提出反证推翻推定。之所以运用事实推定认定从贩毒人员住所等处查获的毒品系用于贩卖，主要是考虑到毒品犯罪隐蔽性强、取证难度大的现实情况，尤其是有吸毒情节的贩毒人员，对于从其住所等处查获的毒品通常辩称系用于吸食。采用事实推定的方法认定从贩毒人员住所等处查获的毒品系用于贩卖，有利于降低此类案件司法认定的难度，并有效打击毒品犯罪。根据《武汉会议纪要》的规定，可以根据贩毒人员贩卖毒品和从其住所等处查获毒品的基础事实，运用经验法则和常识，推定查获的毒品系其用于贩卖。

推定应当允许当事人提出反证加以推翻。当事人既可以就基础事实提出反证，也可以就推定事实提出反证。在从贩毒人员住所等处查获的毒品的性质认定问题上，贩毒人

员既可以提出反证推翻基础事实，如其没有实施贩卖毒品犯罪，或者毒品不是从其住所、车辆等处搜出；也可以提出反证推翻推定事实，即查获的毒品确实不是用于贩卖。《武汉会议纪要》规定的"确有证据证明查获的毒品并非贩毒人员用于贩卖"的情形，主要包括贩毒人员为他人保管用于吸食的毒品，为走私、贩卖、运输、制造毒品的犯罪分子窝藏毒品，持有祖传、捡拾、用于治病的毒品等。如果贩毒人员能够提出反证证明查获的毒品系其为他人保管的用于吸食的毒品，则不能将该部分毒品一并认定为其贩卖的毒品，查获毒品数量达到较大以上的，应以非法持有毒品罪定罪处罚。贩毒人员的行为同时构成贩卖毒品罪的，依法数罪并罚。如果贩毒人员能够提出反证证明查获的毒品系其为其他毒品犯罪分子所窝藏，应以窝藏毒品罪定罪处罚。贩毒人员的行为同时构成贩卖毒品罪的，依法数罪并罚。

问题 50. 犯罪集团首要分子组织、指挥数十人走私、运输毒品，罪行极其严重的如何认定

【典型案例】 张某走私、运输毒品案①

一、基本案情

2018 年 10 月至 2019 年 7 月，以被告人张某为首，田某某、易某某（均系同案被告人，已判刑）等为骨干，多人参与的毒品犯罪集团盘踞在境外。该犯罪集团通过网络招募数十名人员，采取统一安排食宿、拍摄自愿运毒视频等方式控制其人身自由，组织、指挥上述人员走私毒品入境后，采用乘车携带、物流寄递等方式，运往重庆市、辽宁省鞍山市、四川省遂宁市及云南省普洱市、昭通市等地，共计实施犯罪十余次。公安机关共计查获涉案甲基苯丙胺片剂（俗称"麻古"，下同）58694.14 克、甲基苯丙胺（冰毒，下同）7473.14 克、海洛因 7423.40 克。

二、裁判结果

本案由昆明铁路运输中级法院一审，云南省高级人民法院二审。最高人民法院对本案进行了死刑复核。

法院认为，被告人张某组织、指挥他人走私、运输毒品，其行为已构成走私、运输毒品罪。张某组织、领导多名骨干分子和一般成员走私、运输毒品，通过网络招募数十名人员，控制其人身自由，指挥、安排上述人员探路、邮寄或携带运输毒品，系毒品犯罪集团的首要分子，应按照集团所犯的全部罪行处罚。张某组织、指挥他人走私、运输毒品数量巨大，社会危害极大，罪行极其严重，应依法惩处。张某协助公安机关抓捕一名运毒人员，提供线索使得公安机关查获甲基苯丙胺片剂 2593 克，均已构成一般立功。虽然张某归案后如实供述所犯罪行，且有立功情节，但根据其犯罪的事实、性质、情节和对于社会的危害程度，不足以从轻处罚。据此，依法对被告人张某判处并核准死刑，剥夺政治权利终身，并处没收个人全部财产。

罪犯张某已于 2022 年 4 月 19 日被依法执行死刑。

三、典型意义

走私毒品属于源头性毒品犯罪，人民法院在审理此类案件时始终严格贯彻从严惩处

---

① 最高人民法院 2023 年 6 月 26 日公布的 10 起依法严惩毒品犯罪和涉毒次生犯罪典型案例。

的政策要求，并将走私毒品犯罪集团中的首要分子、骨干成员作为严惩重点，对于其中符合判处死刑条件的，坚决依法判处。本案是一起典型的犯罪集团将大量毒品走私入境的跨国毒品犯罪案件。该案参与人员众多，涉案毒品数量巨大，仅查获在案的甲基苯丙胺片剂就达数万克、甲基苯丙胺和海洛因均达数千克。以被告人张某为首要分子的毒品犯罪集团盘踞在境外，以高额回报为诱饵，通过网络招募人员，组织、指挥数十人将大量、多种毒品走私入境后运往全国多个省份。虽然张某具有坦白、一般立功情节，但根据其犯罪性质、具体情节、危害后果、毒品数量及主观恶性、人身危险性，结合立功的类型、价值大小等因素综合考量，其功不足以抵罪，故依法不予从宽。人民法院对张某判处死刑，体现了对走私毒品犯罪集团首要分子的严厉惩治，充分发挥了刑罚的威慑作用。同时，提醒社会公众特别是年轻人群体，不要为挣"快钱""大钱"铤而走险，应通过正规招聘渠道求职，自觉增强防范意识。

问题51. 利用、教唆未成年人贩卖毒品，如何认定

【典型案例】阮某1贩卖、运输毒品案[①]

一、基本案情

被告人阮某1，2007年8月7日因犯抢劫罪被判处有期徒刑十三年，剥夺政治权利三年，并处罚金人民币1万元，2016年2月4日刑满释放。

2019年2月，吴某（同案被告人，已判刑）经他人介绍，得知被告人阮某1有低价甲基苯丙胺出售及阮某1的联系方式，遂将上述信息告诉唐某某（同案被告人，已判刑）。后阮某1与吴某、唐某某约定交易甲基苯丙胺1000克，唐某某向阮某1微信转账5000元。同月18日，阮某1将藏有约1000克甲基苯丙胺的包裹从云南省瑞丽市邮寄至湖南省平江县虹桥镇一超市，并通知吴某领取。同月21日，吴某伙同他人前往签收包裹并送至唐某某处，后吴、唐二人向阮某1支付部分购毒款。

2019年3月下旬，被告人阮某1与吴某、唐某某再次约定交易甲基苯丙胺，唐某某等人向阮某1支付定金2万元。同年4月22日，阮某1将藏有甲基苯丙胺的包裹从瑞丽市邮寄至江西省修水县一小区侧门商铺。同月24日、25日，阮某1多次通过微信、电话联系阮某2（时年17岁，另案处理）代收上述毒品，并让阮某2准备透明塑料袋、电子秤分装毒品。后因阮某2未买到上述物品，阮某1安排吴某前去取货。同月26日上午，唐某某伙同他人来到修水县城，在该县一宾馆房间与吴某及其同伙会合。阮某1指使阮某2到该宾馆，对当日进出人员进行拍照、录像以确认毒品买家情况。当日11时许，吴某与唐某某到快递点签收包裹时被抓获，公安人员当场从包裹内查获甲基苯丙胺1992.19克。同年8月18日，阮某某被抓获。

二、裁判结果

本案由江西省九江市中级人民法院一审，江西省高级人民法院二审。最高人民法院对本案进行了死刑复核。

法院认为，被告人阮某1明知甲基苯丙胺是毒品而贩卖、运输，其行为已构成贩卖、运输毒品罪。阮某1采用物流寄递方式跨省贩运甲基苯丙胺，并指使他人进行监视，在共

[①] 最高人民法院2023年6月26日公布的10起依法严惩毒品犯罪和涉毒次生犯罪典型案例。

同犯罪中起主要作用，系主犯，应按照其所参与的全部犯罪处罚。阮某1贩卖、运输甲基苯丙胺近3000克，社会危害大，罪行极其严重。阮某1利用、教唆未成年人贩卖毒品，且曾因犯抢劫罪被判处有期徒刑，刑罚执行完毕后五年内又实施本案犯罪，系累犯，应依法从重处罚。据此，依法对被告人阮某1判处并核准死刑，剥夺政治权利终身，并处没收个人全部财产。

罪犯阮某1已于2022年10月28日被依法执行死刑。

三、典型意义

未成年人心智不够成熟，分辨是非能力较弱，好奇心强，容易受到不良周边环境的影响，被不法分子利用、教唆参与毒品犯罪，或者成为被引诱、教唆、欺骗吸食毒品以及出售毒品的对象。本案是一起利用、教唆未成年人参与贩卖毒品的典型案例。被告人阮某1指使未成年人阮某2代收毒品、准备工具分装毒品未果，后又指使阮某2到宾馆拍照、录像确认毒品买家情况，将阮某2引上歧途。阮某1曾因严重暴力犯罪被判处重刑，刑满释放之后五年内又实施严重毒品犯罪，系累犯，主观恶性深，人身危险性大。人民法院对阮某1依法从重处罚并适用死刑，突出了对毒品犯罪的打击重点，亦较好地体现了对未成年人的特殊保护。

问题52. 积极响应敦促投案自首通告，主动自境外回国自首，可依法从轻处罚

【典型案例】蔡某、林某贩卖、运输毒品案①

一、基本案情

2017年5月，游某某（已另案判刑）联系被告人林某购买毒品，林某联系被告人蔡某，约定由蔡某向游某某提供甲基苯丙胺20千克。后游某某伙同李某、徐某（均已另案判刑）来到广东省陆丰市，与林某、蔡某商谈毒品交易事宜。同月27日上午，蔡某驾驶装有毒品的车辆与林某到游某某所住酒店房间，蔡某将补齐重量的149.3克甲基苯丙胺交给游某某、李某。后林某驾驶上述车辆与李某、徐某在高速公路服务区交接毒品。游某某确认毒品交接完成后，将60万元毒资交付给蔡某。当日20时，游某某、李某、徐某在福建省泉州市一酒店房间被抓获，公安人员从游某某所租车辆后备厢及后备厢左侧夹层内查获甲基苯丙胺共计20.02千克。蔡某、林某案发后潜逃境外，后于2020年12月1日主动到云南省孟连县孟连口岸向陆丰市公安局投案，到案后如实供述犯罪事实。

二、裁判结果

本案由广东省汕尾市中级人民法院一审，广东省高级人民法院二审。

法院认为，被告人蔡某、林某结伙贩卖、运输甲基苯丙胺，其行为均已构成贩卖、运输毒品罪。蔡某、林某贩卖、运输毒品数量巨大，罪行严重。在共同犯罪中，蔡某是毒品卖主，决定毒品交易的价格、方式，收取毒资；林某在毒品交易、运输过程中行为积极，二人均起主要作用，均系主犯，应按照其所参与的全部犯罪处罚，林某的作用相对小于蔡某。二人从境外自动回国投案，如实供述主要罪行，系自首，可依法从轻处罚，对蔡某判处死刑可不立即执行，对林某的量刑应与蔡某有所区别。据此，依法对被告人

---

① 最高人民法院2023年6月26日公布的10起依法严惩毒品犯罪和涉毒次生犯罪典型案例。

蔡某判处死刑，缓期二年执行，剥夺政治权利终身，并处没收个人全部财产；对被告人林某判处无期徒刑，剥夺政治权利终身，并处没收个人全部财产。

广东省高级人民法院于2022年11月14日作出二审刑事判决，现已发生法律效力。

三、典型意义

宽严相济是我国的基本刑事政策。人民法院在坚持整体从严惩处毒品犯罪、突出打击重点的同时，也注重全面、准确贯彻宽严相济刑事政策，做到以严为主、宽以济严、罚当其罪。对于罪行较轻，或者具有从犯、自首、立功、初犯等法定、酌定从宽处罚情节的毒品犯罪分子，体现区别对待，依法给予从宽处罚，以达到分化瓦解毒品犯罪分子、预防和减少毒品犯罪的效果。本案是一起犯罪分子自境外回国投案构成自首的重大毒品案件。二被告人系当地公检法三机关联合向社会发布的《关于敦促涉毒在逃人员投案自首的通告》中所列在逃犯罪嫌疑人，在境外看到该追逃通告后通过亲属与当地公安机关联系，主动要求投案，并在投案过程中克服地域、语言、交通等困难，投案意愿坚定，反映其良好的认罪悔罪态度，也节约了司法资源。人民法院充分考虑二被告人积极响应司法机关发布的敦促投案自首通告，主动自境外回国投案，并如实供述主要犯罪事实的情节，对二人予以从宽处罚，对其他在逃人员具有示范感召意义，实现了政治效果、社会效果、法律效果的有机统一。

问题53. 采用非接触式手段走私、贩运精神药品，情节严重；利用精神药品迷奸他人，应依法数罪并罚

【典型案例】 韩某走私、贩卖、运输毒品，强奸，传授犯罪方法；张某走私毒品、强奸案[①]

一、基本案情

被告人韩某，男，2012年1月12日因犯盗窃罪被判处有期徒刑四年六个月，并处罚金人民币一万元，2015年4月28日刑满释放。

被告人张某，男。

2021年7月至10月，被告人韩某明知三唑仑、溴替唑仑、咪达唑仑等为国家管制的精神药品，且他人系出于犯罪目的而购买，仍通过互联网联系境外卖家购买，通过支付宝转账或网络虚拟货币等方式支付钱款，采用改换包装等手段从境外寄递入境贩卖给全国多地买家，其中部分系韩某收取后又联系他人在境内邮寄贩卖。韩某走私、贩卖、运输精神药品20余次，共计三唑仑150片、溴替唑仑120片、咪达唑仑针剂92支。韩某还以微信聊天、发送视频等方式，向买家传授使用上述精神药品致人昏迷的具体操作方法，以及迷奸过程中的注意事项等内容。

被告人张某明知上述精神药品系从境外发货，仍向被告人韩某购买，并提供境内收货地址，共计走私溴替唑仑20片、咪达唑仑针剂15支。张某购买三唑仑等后，欲对被害人梁某实施迷奸，于2021年10月9日欺骗梁某喝下溶解有三唑仑的奶茶，但梁某未完全昏迷。韩某明知张某正在实施强奸行为，仍实时指导张某如何使用相关精神药品，张某根据韩某的指导再次欺骗梁某服用三唑仑、注射咪达唑仑等，致梁某失去意识，进而对

[①] 最高人民法院2023年6月26日公布的10起依法严惩毒品犯罪和涉毒次生犯罪典型案例。

梁某实施奸淫。次日，张某与他人经预谋，欺骗被害人于某某服下三唑仑，又对失去意识的于某某注射咪达唑仑，后张某等二人轮流对于某某实施奸淫。

二、裁判结果

本案由江苏省苏州市中级人民法院审理。

法院认为，被告人韩某明知是毒品而从境外购买并走私入境后贩卖、运输给他人，其行为已构成走私、贩卖、运输毒品罪；通过网络向他人传授犯罪方法，其行为已构成传授犯罪方法罪；明知他人正在实施强奸犯罪，仍实时传授迷奸手段提供帮助，其行为已构成强奸罪。被告人张某明知是毒品而走私，其行为已构成走私毒品罪；采用药物迷晕方式，违背妇女意志实施奸淫，其行为已构成强奸罪，且具有轮奸情节。对韩某、张某所犯数罪，均应依法并罚。韩某多次走私毒品入境并向多人贩卖，情节严重。韩某有故意犯罪前科，酌情从重处罚。在强奸共同犯罪中，张某起主要作用，系主犯，应按照其所参与的全部犯罪处罚；韩某起辅助作用，系从犯，应依法减轻处罚。韩某、张某到案后均能如实供述所犯罪行，可依法从轻处罚；自愿认罪认罚，可依法从宽处理。据此，依法对被告人韩某以走私、贩卖、运输毒品罪判处有期徒刑五年七个月，并处罚金人民币4万元，以强奸罪判处有期徒刑一年七个月，以传授犯罪方法罪判处有期徒刑二年五个月，决定执行有期徒刑七年，并处罚金人民币4万元；对被告人张某以走私毒品罪判处有期徒刑十一个月，并处罚金人民币5000元，以强奸罪判处有期徒刑十一年九个月，剥夺政治权利三年，决定执行有期徒刑十二年，剥夺政治权利三年，并处罚金人民币5000元。

苏州市中级人民法院于2023年4月12日作出刑事判决。宣判后，在法定期限内没有上诉、抗诉。现已发生法律效力。

三、典型意义

三唑仑、溴替唑仑、咪达唑仑均系国家管制的精神药品，具有镇静催眠等作用，长期服用易产生身体和心理依赖，在被作为成瘾替代物滥用或者被用于实施抢劫、强奸等犯罪时，均应认定为毒品。近年来，一些犯罪分子利用三唑仑等物质的催眠作用，诱骗女性服用，趁女性昏迷之际实施奸淫。因国内严管，犯罪分子难以购得，遂通过互联网联络境外卖家购买，经电子支付手段或者利用虚拟货币付款，伪装后利用国际快递走私入境并在境内贩卖扩散，有的引发严重次生犯罪。本案是一起利用走私入境的精神药品迷奸他人的典型案例。被告人韩某以"迷奸药"作为售卖宣传点，采用"互联网+物流寄递+电子支付"手段实施走私、贩卖、运输毒品犯罪20余次，贩卖对象涉及全国多个省份，向买家传授具体使用方法，甚至实时指导他人用药实施迷奸，犯罪情节恶劣，社会危害大。被告人张某购买走私入境的毒品，并用于实施迷奸，其强奸二人且有轮奸情节，犯罪性质恶劣，情节严重。本案表明，毒品不仅给吸食者本人带来严重危害，还可能危及他人人身安全，影响社会和谐稳定。人民法院对本案被告人依法严惩，彰显了坚决打击此类涉麻精药品犯罪和涉毒次生犯罪的严正立场。同时，提醒社会公众增强自我保护意识，对于不熟识的人给予的食品、饮品等应提高警惕。

第三章
非法持有毒品罪

第一节 非法持有毒品罪概述

一、非法持有毒品罪概念及构成要件

非法持有毒品罪，是指明知是毒品而非法持有且数量较大的行为。联合国 1961 年《麻醉品单一公约》第 36 条第 1 款第 1 项将"持有"毒品与"种植、生产、制造、贩卖、运输"毒品等行为并列，并要求各缔约国采取措施，对故意持有毒品且情节重大者处以适当的刑罚。不少国家根据这一公约的精神，通过专门立法或者修改刑法，单独规定了非法持有毒品罪。

我国 1979 年《刑法》未规定本罪，但为了维护国家对毒品的管制，保护人民群众的身体健康，有必要对非法持有毒品的行为予以惩处。因此，1990 年 12 月 28 日公布的《全国人民代表大会常务委员会关于禁毒的决定》（以下简称《禁毒决定》）第 3 条规定了非法持有毒品罪。1997 年《刑法》修订时承袭了《禁毒决定》中的规定。

非法持有毒品罪的构成要件如下。

（一）本罪侵犯的客体是国家对毒品的管理制度

犯罪对象是国家禁止个人非法持有的毒品。

我国对毒品采取严格管制的立场，先后颁布了《药品管理法》《麻醉药品管理办法》和《精神药品管理办法》，对毒品的制造、运输、使用、管理都作了明确严格的规定，任何单位和个人未经主管部门批准或许可，持有、保存毒品的行为都违反了国家对毒品的管理规定。

（二）本罪在客观上表现为行为人实施了非法持有毒品且数量较大的行为

在审判实务中，可从以下几个方面进行把握：

第一，持有行为的非法性。非法持有毒品是指除国家许可生产、管理、运输、使用毒品以外持有毒品的行为,如果行为人是基于法律法规的规定而持有毒品,则不构成犯罪。

第二,持有行为的本质。所谓持有是指行为人对毒品事实上的支配。持有具体表现为直接占有、携有、藏有或以其他方法支配毒品。持有不要求物理上的握有,不要求行为人时时刻刻将毒品握在手中、放在身上和装在口袋里,只要行为人认识到它的存在,能够对之进行管理或者支配,就是持有。① 毒品的来源不影响本罪的成立,持有时不要求行为人是毒品的"所有人""占有人",只要毒品事实上处于行为人的支配控制之下,行为人即持有毒品。交予第三人保管,第三人知情的,行为人和第三人都是该毒品的持有人。持有可以是单独持有,也可以是共同持有。持有毒品必须不以进行其他犯罪为目的或作为其他犯罪的延续。② 需要注意的是,持有具有持续性,如果持有时间过短,不足以说明行为人事实上支配毒品的,则不成立持有。

第三,持有的毒品必须达到一定的数量。根据我国《刑法》第 348 条的规定,行为人非法持有鸦片 200 克以上、海洛因或者甲基苯丙胺 10 克以上或者其他毒品数量较大的,成立犯罪。也就是说,非法持有鸦片不满 200 克、海洛因或者甲基苯丙胺不满 10 克或者其他少量毒品的,不构成犯罪。如果非法持有两种以上毒品,虽然每种毒品均没有达到《刑法》第 348 条规定的数量标准,但按前款规定的立案追诉数量比例折算成海洛因后累计相加达到 10 克以上的,可构成犯罪。

(三)本罪的主体为一般主体

达到法定刑事责任年龄、具有刑事责任能力的自然人为本罪的主体。

(四)本罪的主观方面表现为故意(包括直接故意和间接故意)

作为认定犯罪故意成立的前提,行为人需要明知或应当明知持有的对象为毒品,至于毒品的具体种类,则不属于本罪的认识内容。对于没有认识到是毒品而持有的,不能认定为本罪。由于非法持有毒品行为人的动机、目的多种多样,因此非法持有的动机和目的不影响犯罪的成立。③

二、非法持有毒品案件审理情况

从最高人民法院通报 2015 年至 2019 年毒品犯罪的数据来看,走私、贩卖、运输、制造毒品罪始终占据主导地位,容留他人吸毒罪次之,非法持有毒品罪位列第三,在 2020 年非法种植毒品原植物罪案件量超过非法持有毒品罪位列第三。④ 从部分毒品犯罪较为高发的省份来看,以广东、云南为例,2019 年至 2021 年毒品案件数中非法持有毒品罪始终占比靠前,均排名第二位,占比分别为 5.3%、8.36%。因此,非法持有毒品罪也属于目

---

① 参见张明楷:《刑法学》(第 6 版),法律出版社 2021 年版,第 1519 页。
② 参见王作富主编:《刑法分则实务研究》(下),中国方正出版社 2001 年版,第 1527 页。
③ 有人认为非法持有毒品罪的行为人主观上必须具有走私、贩卖、运输、制造毒品的意图才构成犯罪。我们认为非法持有毒品罪是针对那些当场查获非法持有数量较大的毒品,行为人拒不说明持有的目的、来源,又没有足够证据证明其犯有走私、贩卖、运输、制造毒品的行为或窝藏毒品的行为,所以非法持有毒品罪定罪量刑。如果司法机关能够查明行为人具有走私、贩卖、运输、制造毒品的目的,则构成走私、贩卖、运输、制造毒品罪。
④ 参见最高人民法院刑五庭:《发挥刑事审判职能作用 推动法院禁毒工作实现高质量发展》,载《人民法院报》2021 年 9 月 23 日,第 5 版。

前较为突出的毒品犯罪形态。此外，根据《人民法院禁毒工作白皮书（2012—2017）》的披露，受毒品消费市场持续膨胀影响，零包贩卖毒品（一般指涉案毒品 10 克以下的贩毒案件）、容留他人吸毒、非法持有毒品等末端毒品犯罪增长迅速，危害不容忽视。[①]

三、非法持有毒品案件审理热点、难点问题

（一）罪与非罪的认定

1. 主观明知的认定。构成本罪要求行为人明知是毒品而非法持有，但在审判实践中，毒品持有人常以主观不明知是毒品进行辩解。2007 年最高人民法院、最高人民检察院、公安部《办理毒品犯罪案件意见》规定，走私、贩卖、运输、非法持有毒品主观故意中的明知，是指行为人知道或者应当知道所实施的行为是走私、贩卖、运输、非法持有毒品行为。对于犯罪嫌疑人、被告人拒不供述的，可以推定"应当知道"。根据《昆明会议纪要》的精神，被告人到案后否认明知是毒品，应当运用在案证据加以证明，综合在案证据能够证明被告人明知是毒品的，可以依法认定，必要时可以要求检察机关补充提供相关证据。针对被告人到案后否认明知是毒品，又缺乏其他证据证明其明知的，可以根据其实施毒品犯罪的方式、过程及毒品被查获时的情形，结合其年龄、文化程度、生活状况、职业背景、是否有毒品违法犯罪经历及与共同犯罪人之间的关系等情况，综合分析判断。与此同时，应当认真审查被告人的辩解是否有事实依据、解释是否合理、是否存在被蒙骗的可能等，防止认定错误。具有下列情形之一，且被告人不能作出合理解释的，可以认定其明知走私、贩卖、运输、非法持有的是毒品：（1）执法人员在口岸、机场、车站、港口、邮局、快递站点等场所检查时，要求申报为他人运输、携带、寄递的物品和其他毒品疑似物，并告知法律责任，但被告人未如实申报，在其运输、携带、寄递的物品中查获毒品的；（2）以伪报、藏匿、伪装等蒙蔽手段逃避海关、边防等检查，或者行程路线故意绕开检查站点，在其运输、携带、寄递的物品中查获毒品的；（3）在执法人员检查时有逃跑、藏匿、丢弃、试图销毁其携带的物品、弃车逃离或者其他逃避、抗拒检查行为，在其携带的物品或者遗弃的车辆中查获毒品的；（4）采用高度隐蔽方式运输、携带、交接物品，明显违背合法物品的惯常运输、携带、交接方式，从中查获毒品的；（5）以虚假的身份、地址或者物品名称办理托运、寄递手续，从托运、寄递的物品中查获毒品的；（6）采用隐匿真实身份、支付不等值报酬等不合理方式，指使、雇用他人运输、携带、寄递物品或者代为接收物流寄递的物品，从中查获毒品的；（7）为获取不同寻常的高额、不等值报酬，为他人运输、携带、寄递物品或者接收物流寄递的物品，从中查获毒品的；（8）其他可以认定被告人明知的情形。具有以上 8 种情形之一，但有证据证明其确实不知情或者确系被蒙骗的除外。

2. 吸毒者的入罪标准。吸毒者在购买、运输、存储毒品过程中被查获的，如果没有证据证明其是为了实施贩卖等其他毒品犯罪行为，毒品数量未达到《刑法》第 348 条非法持有毒品罪规定的最低数量标准的，不以非法持有毒品罪论处。

3. 祖辈遗留毒品的处理。在一些边远地区，交通不便，卫生条件落后的地方，一些

[①] 参见《人民法院禁毒工作白皮书（2012—2017）》，载最高人民法院网，https：//www.court.gov.cn/shenpan/xiangqing/81372.html，2018 年 2 月 12 日。

农民家庭还储存或留有祖辈遗留下来的一些鸦片，对这类持有毒品的行为一般不宜追究行为人的刑事责任，应对其进行教育，讲清国家法律，责令其交出毒品，予以收缴，如果国家明令通知之后，又经教育，仍拒不交出的，应追究其刑事责任。[①]

（二）本罪与他罪的区分

1. 本罪与走私、贩卖、运输、制造毒品罪的区分。一般意义上，两者的主要区别在于：（1）主观故意的内容不同。非法持有毒品的"故意"内容具有多样性、不确定性。可能是为了个人消费，也可能是为了其他无法查证的目的。而走私、贩卖、运输、制造毒品犯罪的"故意"内容是获取非法利益，"故意"的内容十分明确。（2）行为表现形式不同。非法持有毒品的行为表现为将毒品藏于身上、家中或者其他隐蔽的地方，简单地控制和支配。而走私、贩卖、运输、制造毒品的行为人除非法持有毒品外，还实施了联系买主、协商价款等一系列的积极行为，其持有的毒品是为了后续毒品犯罪服务。[②]

走私、贩卖、运输、窝藏毒品犯罪中，有时也包括持有毒品的行为。此时，行为人持有毒品行为往往不具有独立性，而是与走私、贩卖、运输、窝藏毒品等行为相联系，是走私、贩卖、运输、窝藏毒品等行为的前提或后续环节。此时非法持有行为成为走私、贩卖、运输、制造、窝藏行为的有机组成部分，二者之间形成法条竞合关系，因此应适用法条竞合理论"整体法优于部分法"的原则，按走私、贩卖、运输、制造、窝藏毒品行为定罪处罚。

综上，非法持有毒品罪只是针对那些当场查获非法持有数量较大的毒品，行为人又拒不说明持有毒品的目的、来源，同时没有足够证据证明其犯有走私、贩卖、运输、制造毒品罪中任何一种罪时，才以非法持有毒品罪定罪处罚。

在本罪与走私、贩卖、运输、制造毒品罪的区分中还要注意下列问题：

（1）从贩毒人员住所等处查获毒品的性质认定。毒品犯罪隐蔽性强，取证难度大，而且审判实践中从贩毒人员住所等处查获的毒品多系用于贩卖，为严厉打击毒品犯罪、降低证明难度，采用了事实推定的证明方法。对于从贩毒人员住所、车辆等处查获的毒品，一般应认定为其贩卖的毒品。根据推定规则，推定后应当允许当事人提出反证。确有证据证明查获的毒品并非贩毒人员用于贩卖，其行为另构成非法持有毒品罪、窝藏毒品罪等其他犯罪的，依法定罪处罚。

（2）吸毒者实施毒品犯罪的性质认定。吸毒者在购买、存储毒品过程中被查获，没有证据证明其是为了实施贩卖毒品等其他犯罪，毒品数量达到《刑法》第348条非法持有毒品罪规定的最低数量标准的，以非法持有毒品罪定罪处罚。吸毒者在运输毒品过程中被查获，没有证据证明其是为了实施贩卖毒品等其他犯罪，毒品数量达到上述最低数量标准的，一般以运输毒品罪定罪处罚。《武汉会议纪要》作出如此规定是针对没有证据证实吸毒者犯有其他毒品犯罪，只能从轻认定为非法持有毒品罪的情形。如果有证据证实吸毒者有运输毒品行为的，仍然可以认定构成运输毒品罪，也就是说，即使本案被告人已经将毒品运回家中，只要现有证据能认定其有运输毒品行为，仍然可以认定其构成

[①] 参见张军主编：《刑法〔分则〕及配套规定新释新解》（第9版），人民法院出版社2016年版，第1783页。
[②] 参见高贵君主编：《毒品犯罪审判理论与实务》，人民法院出版社2009年版，第262页。

运输毒品罪。[1]

（3）为吸毒者代购毒品的认定。没有证据证明代购者明知他人实施毒品犯罪而为其代购毒品，代购者亦未从中牟利，代购毒品数量达到《刑法》第348条非法持有毒品罪规定的最低数量标准，代购者因购买、存储毒品被查获的，以非法持有毒品罪定罪处罚；因运输毒品被查获的，一般以运输毒品罪定罪处罚。

（4）受以吸食为目的的购毒者委托，为其提供购毒信息或者介绍认识毒贩的认定。受以吸食为目的的购毒者委托，为其提供购毒信息或者介绍认识贩毒者，毒品数量达到《刑法》第348条非法持有毒品罪规定的最低数量标准的，一般与购毒者构成非法持有毒品共同犯罪；同时与贩毒者、购毒者共谋，联络促成双方交易的，与贩毒者构成贩卖毒品共同犯罪。

（5）关于购毒者、代收者接收物流寄递毒品行为的认定。购毒者单纯接收贩毒者通过物流寄递方式交付的毒品，又没有证据证明其是为了实施贩卖毒品等其他犯罪，毒品数量达到较大以上的，对购毒者一般应当以非法持有毒品罪定罪处罚。但在个别情况下，购毒者对贩毒者交付运输毒品的行为起支配作用或者与贩毒者共同交付运输毒品，购毒者、贩毒者符合认定为运输毒品罪共犯的条件的，可以依法认定。代收者明知是物流寄递的毒品而代购毒者接收，没有证据证明其与购毒者有实施贩卖、运输毒品等犯罪的共同故意，毒品数量达到较大以上的，对代收者一般以非法持有毒品罪定罪处罚。

（6）短距离运输毒品行为的认定。对于被告人短距离运输毒品的行为，应当结合毒品的数量及运输距离、目的、有无牟利性等因素，综合认定构成运输毒品罪还是非法持有毒品罪。被告人短距离运输毒品，具有下列情形之一的，应当以运输毒品罪定罪处罚：①意图长距离运输毒品，刚起运即被查获的；②为实现绕关、躲避检查等特定目的而短距离运输毒品的；③以牟利为目的专门运输毒品的；④以走私、贩卖毒品为目的短距离运输毒品的。[2]

2. 本罪与窝藏、转移、隐瞒毒品、毒赃罪的区分。

（1）主观方面不同。非法持有毒品罪的主观方面是明知是毒品而非法持有，行为人的动机是自己吸食、注射或者其他难以查明、证实的意图。窝藏、转移、隐瞒毒品、毒赃罪的主观方面是故意为毒品犯罪分子窝藏、转移、隐瞒毒品、毒赃，达到帮助犯罪分子逃避司法机关法律制裁的目的，这是两者最主要的区别。如果能够查证属于走私、贩卖、运输、制造毒品犯罪分子的毒品的，且持有者和上述犯罪分子事先没有通谋的，成立窝藏毒品罪而不是非法持有毒品罪。

（2）犯罪客体不同。非法持有毒品罪侵犯的客体是国家对毒品的管理制度，窝藏、转移、隐瞒毒品、毒赃罪侵犯的客体是国家对毒品的管理制度和正常的司法秩序。

（3）入罪标准不同。窝藏、转移、隐瞒毒品、毒赃罪没有数额规定，而非法持有毒品罪规定了必须非法持有鸦片达到200克以上，海洛因、甲基苯丙胺（冰毒）10克以上或者其他毒品数量较大的，才构成非法持有毒品罪。

---

[1] 参见最高人民法院第二巡回法庭2019年第15次法官会议纪要，载贺小荣主编：《最高人民法院第二巡回法庭法官会议纪要·第一辑》，人民法院出版社2019年版，第408页。

[2] 参见李静然：《非法持有毒品罪的司法疑难问题探析》，载最高人民法院刑事审判第一、二、三、四、五庭主办：《刑事审判参考》（总第100集），法律出版社2015年版，第268~280页。

3. 本罪与盗窃、抢夺、抢劫罪的区别。盗窃、抢夺、抢劫毒品的，应当分别以盗窃罪、抢夺罪或者抢劫罪定罪，但不计犯罪数额，根据情节轻重予以定罪量刑。盗窃、抢夺、抢劫毒品后又实施其他毒品犯罪的，对盗窃罪、抢夺罪、抢劫罪和所犯的具体毒品犯罪分别定罪，依法数罪并罚。但也有观点认为，行为人在实施盗窃、抢夺、抢劫他人财物时附带获取毒品的，如果来不及清理赃物或不知犯罪所得中有毒品的，应按盗窃罪、抢夺罪或抢劫罪定罪处罚；如果明知获取的赃物中有毒品而非法持有的，应按盗窃罪、抢夺罪或盗窃罪和非法持有毒品罪实行数罪并罚。如果事先明知他人有毒品，而实施盗窃、抢夺、抢劫行为，得手后又非法持有的，应以非法持有毒品罪定罪处罚。[1]

（三）犯罪形态的问题

行为人将假毒品误认为是真毒品而加以非法持有的行为，属于对象认识错误，对于对象认识错误，不影响定罪，仍可构成非法持有毒品罪。有观点认为，行为人通过购买、接受赠与、捡拾等方式获得假毒品后，误当作真毒品持有的，由于其不具有持有真正毒品的可能性和危险性，一般不应作为犯罪处理。但是，对于侦查机关出于严密布控、防止毒品流入社会的考虑，将尚在运输途中的真毒品替换为假毒品后，行为人实际接收到装有假毒品的包裹的，若没有充分证据证明行为人有实施其他毒品犯罪的故意，毒品数量达到较大以上的，可以认定为非法持有毒品犯罪未遂。[2]

四、非法持有毒品案件办理思路及原则

（一）贯彻立法原意，准确认定罪名

全国人大常委会法工委在对《禁毒决定》释义时指出："应当注意的是，在执行中，对被查获非法持有毒品的人应首先调查犯罪事实，对以走私、贩卖毒品而非法持有毒品，并查证属实的，应当以走私、贩卖罪定罪处罚，而不能以本条规定的处罚来代替必要的侦查，致使犯罪分子逃避应得的惩罚。只有对确实难以查实走私、贩卖毒品的证据的非法持有毒品的罪犯才能适用本条处罚。"[3] 据此，非法持有毒品罪是对那些被查获的行为人，因非法持有数量较大的毒品，但又没有足够证据证明其犯有其他毒品犯罪而设的罪名。故对于被查获的非法持有毒品者，首先应当尽力调查犯罪事实，如果经查证是以走私、贩卖毒品为目的而非法持有毒品的，应当以走私、贩卖毒品罪定罪量刑。只有在确实难以查实犯罪分子走私、贩卖毒品证据的情况下，才能适用非法持有毒品罪。

（二）坚持宽严相济，严格缓刑适用

贯彻宽严相济的刑事政策，做到该宽则宽，当严则严，宽严相济，罚当其罪。依法从严惩处累犯和毒品再犯，凡是依法构成累犯和毒品再犯的，即使本次毒品犯罪情节较轻，也应体现从严惩处的精神。严格掌握缓刑的适用，对于毒品再犯，一般不得适用缓

---

[1] 参见李少平等主编：《中华人民共和国刑法案典》（下），人民法院出版社2016年版，第1946页。
[2] 参见李静然：《非法持有毒品罪的司法疑难问题探析》，载最高人民法院刑事审判第一、二、三、四、五庭主办：《刑事审判参考》（总第100集），法律出版社2015年版，第268~280页。
[3] 全国人大常委会法制工作委员会刑法室主编：《关于禁毒的决定和关于惩治走私、制作、贩卖淫秽物品犯罪分子的决定释义》，法律出版社1991年版，第21页。

刑，对不能排除多次贩毒嫌疑的零包贩毒被告人，因认定构成贩卖毒品等犯罪证据不足而认定为非法持有毒品罪的被告人，应当严格限制缓刑适用。本罪的法定最高刑为无期徒刑，因法定最高刑是立法机关根据某种犯罪的社会危害性的最大程度确定的，因此，在审判实践中，应慎重适用本罪的法定最高刑。

（三）正确运用基础事实进行推定，准确处理罪与非罪、此罪与彼罪问题

在进行主观明知的推定时，应当允许被告人提出反证，在反证成立或者难以通过基础事实进行主观明知的推定时，应认定行为人不构成犯罪。从吸毒人员处查获毒品后，应根据行为人贩卖毒品及从其住所等处查获毒品的事实，推定查获的毒品是用于贩卖，但被告人提出反证时，对查获的毒品实施的行为构成非法持有毒品罪、窝藏毒品罪等其他犯罪的，应依法予以认定。在没有证据证明吸毒者是为了实施贩卖毒品等其他犯罪的情况下，对其购买、运输、存储毒品的行为，直接以毒品数量是否达到《刑法》第348条非法持有毒品罪规定的最低数量标准作为区分罪与非罪的标准。

第二节　非法持有毒品罪审判依据

非法持有毒品罪，系1997年《刑法》修订时增设的罪名，此后的历次修正案没有对其进行过修改。

一、法律

《中华人民共和国刑法》（2020年12月26日修正）

第三百四十八条　非法持有鸦片一千克以上、海洛因或者甲基苯丙胺五十克以上或者其他毒品数量大的，处七年以上有期徒刑或者无期徒刑，并处罚金；非法持有鸦片二百克以上不满一千克、海洛因或者甲基苯丙胺十克以上不满五十克或者其他毒品数量较大的，处三年以下有期徒刑、拘役或者管制，并处罚金；情节严重的，处三年以上七年以下有期徒刑，并处罚金。

二、司法解释

《最高人民法院关于审理毒品犯罪案件适用法律若干问题的解释》（2016年4月6日法释〔2016〕8号）

为依法惩治毒品犯罪，根据《中华人民共和国刑法》的有关规定，现就审理此类刑事案件适用法律的若干问题解释如下：

第一条　走私、贩卖、运输、制造、非法持有下列毒品，应当认定为刑法第三百四十七条第二款第一项、第三百四十八条规定的"其他毒品数量大"：

（一）可卡因五十克以上；

（二）3，4-亚甲二氧基甲基苯丙胺（MDMA）等苯丙胺类毒品（甲基苯丙胺除外）、

吗啡一百克以上；

（三）芬太尼一百二十五克以上；

（四）甲卡西酮二百克以上；

（五）二氢埃托啡十毫克以上；

（六）哌替啶（度冷丁）二百五十克以上；

（七）氯胺酮五百克以上；

（八）美沙酮一千克以上；

（九）曲马多、γ-羟丁酸二千克以上；

（十）大麻油五千克、大麻脂十千克、大麻叶及大麻烟一百五十千克以上；

（十一）可待因、丁丙诺啡五千克以上；

（十二）三唑仑、安眠酮五十千克以上；

（十三）阿普唑仑、恰特草一百千克以上；

（十四）咖啡因、罂粟壳二百千克以上；

（十五）巴比妥、苯巴比妥、安钠咖、尼美西泮二百五十千克以上；

（十六）氯氮䓬、艾司唑仑、地西泮、溴西泮五百千克以上；

（十七）上述毒品以外的其他毒品数量大的。

国家定点生产企业按照标准规格生产的麻醉药品或者精神药品被用于毒品犯罪的，根据药品中毒品成分的含量认定涉案毒品数量。

第二条 走私、贩卖、运输、制造、非法持有下列毒品，应当认定为刑法第三百四十七条第三款、第三百四十八条规定的"其他毒品数量较大"：

（一）可卡因十克以上不满五十克；

（二）3，4-亚甲二氧基甲基苯丙胺（MDMA）等苯丙胺类毒品（甲基苯丙胺除外）、吗啡二十克以上不满一百克；

（三）芬太尼二十五克以上不满一百二十五克；

（四）甲卡西酮四十克以上不满二百克；

（五）二氢埃托啡二毫克以上不满十毫克；

（六）哌替啶（度冷丁）五十克以上不满二百五十克；

（七）氯胺酮一百克以上不满五百克；

（八）美沙酮二百克以上不满一千克；

（九）曲马多、γ-羟丁酸四百克以上不满二千克；

（十）大麻油一千克以上不满五千克、大麻脂二千克以上不满十千克、大麻叶及大麻烟三十千克以上不满一百五十千克；

（十一）可待因、丁丙诺啡一千克以上不满五千克；

（十二）三唑仑、安眠酮十千克以上不满五十千克；

（十三）阿普唑仑、恰特草二十千克以上不满一百千克；

（十四）咖啡因、罂粟壳四十千克以上不满二百千克；

（十五）巴比妥、苯巴比妥、安钠咖、尼美西泮五十千克以上不满二百五十千克；

（十六）氯氮䓬、艾司唑仑、地西泮、溴西泮一百千克以上不满五百千克；

（十七）上述毒品以外的其他毒品数量较大的。

第五条 非法持有毒品达到刑法第三百四十八条或者本解释第二条规定的"数量较

大"标准,且具有下列情形之一的,应当认定为刑法第三百四十八条规定的"情节严重":

(一)在戒毒场所、监管场所非法持有毒品的;
(二)利用、教唆未成年人非法持有毒品的;
(三)国家工作人员非法持有毒品的;
(四)其他情节严重的情形。

三、刑事政策文件

1. 《最高人民法院、最高人民检察院印发〈关于常见犯罪的量刑指导意见(试行)〉的通知》(2021年6月16日 法发〔2021〕21号)

(二十一)非法持有毒品罪

1. 构成非法持有毒品罪的,根据下列情形在相应的幅度内确定量刑起点:

(1)非法持有鸦片一千克以上、海洛因或者甲基苯丙胺五十克以上或者其他毒品数量大的,在七年至九年有期徒刑幅度内确定量刑起点。依法应当判处无期徒刑的除外。

(2)非法持有毒品情节严重的,在三年至四年有期徒刑幅度内确定量刑起点。

(3)非法持有鸦片二百克、海洛因或者甲基苯丙胺十克或者其他毒品数量较大的,可以在一年以下有期徒刑、拘役幅度内确定量刑起点。

2. 在量刑起点的基础上,根据毒品数量等其他影响犯罪构成的犯罪事实增加刑罚量,确定基准刑。

3. 构成非法持有毒品罪的,根据非法持有毒品的种类、数量等犯罪情节,综合考虑被告人缴纳罚金的能力,决定罚金数额。

4. 构成非法持有毒品罪的,综合考虑非法持有毒品的种类、数量等犯罪事实、量刑情节,以及被告人主观恶性、人身危险性、认罪悔罪表现等因素,从严把握缓刑的适用。

2. 《最高人民法院关于印发〈全国法院毒品犯罪审判工作座谈会纪要〉的通知》(2015年5月18日 法〔2015〕129号)[①]

二、关于毒品犯罪法律适用的若干具体问题
……

(一)罪名认定问题

贩毒人员被抓获后,对于从其住所、车辆等处查获的毒品,一般均应认定为其贩卖的毒品。确有证据证明查获的毒品并非贩毒人员用于贩卖,其行为另构成非法持有毒品罪、窝藏毒品罪等其他犯罪的,依法定罪处罚。

吸毒者在购买、存储毒品过程中被查获,没有证据证明其是为了实施贩卖毒品等其他犯罪,毒品数量达到刑法第三百四十八条规定的最低数量标准的,以非法持有毒品罪定罪处罚。吸毒者在运输毒品过程中被查获,没有证据证明其是为了实施贩卖毒品等其他犯罪,毒品数量达到较大以上的,以运输毒品罪定罪处罚。

行为人为吸毒者代购毒品,在运输过程中被查获,没有证据证明托购者、代购者是

---

① 为了便于读者对照阅读本书案例,此处对《武汉会议纪要》内容进行了部分登载,供读者参考。实务工作中应参照执行最高人民法院2023年6月印发的《昆明会议纪要》,对于《昆明会议纪要》精神的解读详见本书各章节。

为了实施贩卖毒品等其他犯罪,毒品数量达到较大以上的,对托购者、代购者以运输毒品罪的共犯论处。行为人为他人代购仅用于吸食的毒品,在交通、食宿等必要开销之外收取"介绍费""劳务费",或者以贩卖为目的收取部分毒品作为酬劳的,应视为从中牟利,属于变相加价贩卖毒品,以贩卖毒品罪定罪处罚。

购毒者接收贩毒者通过物流寄递方式交付的毒品,没有证据证明其是为了实施贩卖毒品等其他犯罪,毒品数量达到刑法第三百四十八条规定的最低数量标准的,一般以非法持有毒品罪定罪处罚。代收者明知是物流寄递的毒品而代购毒者接收,没有证据证明其与购毒者有实施贩卖、运输毒品等犯罪的共同故意,毒品数量达到刑法第三百四十八条规定的最低数量标准的,对代收者以非法持有毒品罪定罪处罚。

……

(五)缓刑、财产刑适用及减刑、假释问题

对于毒品犯罪应当从严掌握缓刑适用条件。对于毒品再犯,一般不得适用缓刑。对于不能排除多次贩毒嫌疑的零包贩毒被告人,因认定构成贩卖毒品等犯罪的证据不足而认定为非法持有毒品罪的被告人,实施引诱、教唆、欺骗、强迫他人吸毒犯罪及制毒物品犯罪的被告人,应当严格限制缓刑适用。

……

3.《最高人民法院印发〈全国部分法院审理毒品犯罪案件工作座谈会纪要〉的通知》
(2008年12月1日 法〔2008〕324号)[①]

一、毒品案件的罪名确定和数量认定问题

……

有证据证明行为人不以牟利为目的,为他人代购仅用于吸食的毒品,毒品数量超过刑法第三百四十八条规定的最低数量标准的,对托购者、代购者应以非法持有毒品罪定罪……

……

八、毒品再犯问题

根据刑法第三百五十六条规定,只要因走私、贩卖、运输、制造、非法持有毒品罪被判过刑,不论是在刑罚执行完毕后,还是在缓刑、假释或者暂予监外执行期间,又犯刑法分则第六章第七节规定的犯罪的,都是毒品再犯,应当从重处罚。

因走私、贩卖、运输、制造、非法持有毒品罪被判刑的犯罪分子,在缓刑、假释或者暂予监外执行期间又犯刑法分则第六章第七节规定的犯罪的,应当在对其所犯新的毒品犯罪适用刑法第三百五十六条从重处罚的规定确定刑罚后,再依法数罪并罚。

对同时构成累犯和毒品再犯的被告人,应当同时引用刑法关于累犯和毒品再犯的条款从重处罚。

十、主观明知的认定问题

毒品犯罪中,判断被告人对涉案毒品是否明知,不能仅凭被告人供述,而应当依据被告人实施毒品犯罪行为的过程、方式、毒品被查获时的情形等证据,结合被告人的年

[①] 为了便于读者对照阅读本书案例,此处对《大连会议纪要》内容进行了部分登载,供读者参考。实务工作中应参照执行最高人民法院2023年6月印发的《昆明会议纪要》,对于《昆明会议纪要》精神的解读详见本书各章节。

龄、阅历、智力等情况，进行综合分析判断。

具有下列情形之一，被告人不能作出合理解释的，可以认定其"明知"是毒品，但有证据证明确属蒙骗的除外：（1）执法人员在口岸、机场、车站、港口和其他检查站检查时，要求行为人申报为他人携带的物品和其他疑似毒品物，并告知其法律责任，而行为人未如实申报，在其所携带的物品内查获毒品的；（2）以伪报、藏匿、伪装等蒙蔽手段逃避海关、边防等检查，在其携带、运输、邮寄的物品中查获毒品的；（3）执法人员检查时，有逃跑、丢弃携带物品或者逃避、抗拒检查等行为，在其携带或者丢弃的物品中查获毒品的；（4）体内或者贴身隐秘处藏匿毒品的；（5）为获取不同寻常的高额、不等值的报酬为他人携带、运输物品，从中查获毒品的；（6）采用高度隐蔽的方式携带、运输物品，从中查获毒品的；（7）采用高度隐蔽的方式交接物品，明显违背合法物品惯常交接方式，从中查获毒品的；（8）行程路线故意绕开检查站点，在其携带、运输的物品中查获毒品的；（9）以虚假身份或者地址办理托运手续，在其托运的物品中查获毒品的；（10）其他有证据足以认定行为人应当知道的。

4.《最高人民检察院公诉厅毒品犯罪案件公诉证据标准指导意见（试行）》（2005年4月25日　〔2005〕高检诉发第32号）

二、特殊证据标准
……
（四）毒品犯罪再犯的特殊证据

刑法第356条规定，因走私、贩卖、运输、制造、非法持有毒品罪被判过刑，又犯本节规定之罪的，从重处罚。毒品犯罪再犯的特殊证据主要是证明犯罪嫌疑人、被告人具有走私、贩卖、运输、制造毒品罪、非法持有毒品罪前科的生效判决和裁定。

收集、审查、判断这类证据需要注意以下问题：

1. 毒品再犯前科的罪名仅指走私、贩卖、运输、制造毒品罪和非法持有毒品罪；

2. 对于同时构成毒品再犯和刑法总则规定累犯的犯罪嫌疑人、被告人，一律适用刑法分则第356条关于毒品再犯的从重处罚规定，不再援引刑法总则中关于累犯的规定。

5.《最高人民法院、最高人民检察院、公安部关于印发〈办理毒品犯罪案件适用法律若干问题的意见〉的通知》（2007年12月18日　公通字〔2007〕84号）

二、关于毒品犯罪嫌疑人、被告人主观明知的认定问题

走私、贩卖、运输、非法持有毒品主观故意中的"明知"，是指行为人知道或者应当知道所实施的行为是走私、贩卖、运输、非法持有毒品行为。具有下列情形之一，并且犯罪嫌疑人、被告人不能做出合理解释的，可以认定其"应当知道"，但有证据证明确属被蒙骗的除外：

（一）执法人员在口岸、机场、车站、港口和其他检查站检查时，要求行为人申报为他人携带的物品和其他疑似毒品物，并告知其法律责任，而行为人未如实申报，在其所携带的物品内查获毒品的；

（二）以伪报、藏匿、伪装等蒙蔽手段逃避海关、边防等检查，在其携带、运输、邮寄的物品中查获毒品的；

（三）执法人员检查时，有逃跑、丢弃携带物品或逃避、抗拒检查等行为，在其携带

或丢弃的物品中查获毒品的;

（四）体内藏匿毒品的;

（五）为获取不同寻常的高额或不等值的报酬而携带、运输毒品的;

（六）采用高度隐蔽的方式携带、运输毒品的;

（七）采用高度隐蔽的方式交接毒品，明显违背合法物品惯常交接方式的;

（八）其他有证据足以证明行为人应当知道的。

三、关于办理氯胺酮等毒品案件定罪量刑标准问题

（一）走私、贩卖、运输、制造、非法持有下列毒品，应当认定为刑法第三百四十七条第二款第（一）项、第三百四十八条规定的"其他毒品数量大"：

1. 二亚甲基双氧安非他明（MDMA）等苯丙胺类毒品（甲基苯丙胺除外）100克以上;

2. 氯胺酮、美沙酮1千克以上;

3. 三唑仑、安眠酮50千克以上;

4. 氯氮卓、艾司唑仑、地西泮、溴西泮500千克以上;

5. 上述毒品以外的其他毒品数量大的。

（二）走私、贩卖、运输、制造、非法持有下列毒品，应当认定为刑法第三百四十七条第三款、第三百四十八条规定的"其他毒品数量较大"：

1. 二亚甲基双氧安非他明（MDMA）等苯丙胺类毒品（甲基苯丙胺除外）20克以上不满100克的;

2. 氯胺酮、美沙酮200克以上不满1千克的;

3. 三唑仑、安眠酮10千克以上不满50千克的;

4. 氯氮卓、艾司唑仑、地西泮、溴西泮100千克以上不满500千克的;

5. 上述毒品以外的其他毒品数量较大的。

（三）走私、贩卖、运输、制造下列毒品，应当认定为刑法第三百四十七条第四款规定的"其他少量毒品"：

1. 二亚甲基双氧安非他明（MDMA）等苯丙胺类毒品（甲基苯丙胺除外）不满20克的;

2. 氯胺酮、美沙酮不满200克的;

3. 三唑仑、安眠酮不满10千克的;

4. 氯氮卓、艾司唑仑、地西泮、溴西泮不满100千克的;

5. 上述毒品以外的其他少量毒品的。

（四）上述毒品品种包括其盐和制剂。毒品鉴定结论中毒品品名的认定应当以国家食品药品监督管理局、公安部、卫生部最新发布的《麻醉药品品种目录》《精神药品品种目录》为依据。

四、关于死刑案件的毒品含量鉴定问题

可能判处死刑的毒品犯罪案件，毒品鉴定结论中应有含量鉴定的结论。

6. 《最高人民检察院、公安部关于印发〈最高人民检察院、公安部关于公安机关管辖的刑事案件立案追诉标准的规定（三）〉的通知》（2012年5月16日 公通字〔2012〕26号）

第二条 明知是毒品而非法持有，涉嫌下列情形之一的，应予立案追诉：
（一）鸦片二百克以上、海洛因、可卡因或者甲基苯丙胺十克以上；
（二）二亚甲基双氧安非他明（MDMA）等苯丙胺类毒品（甲基苯丙胺除外）、吗啡二十克以上；
（三）度冷丁（杜冷丁）五十克以上（针剂100mg/支规格的五百支以上，50mg/支规格的一千支以上；片剂25mg/片规格的二千片以上，50mg/片规格的一千片以上）；
（四）盐酸二氢埃托啡二毫克以上（针剂或者片剂20mg/支、片规格的一百支、片以上）；
（五）氯胺酮、美沙酮二百克以上；
（六）三唑仑、安眠酮十千克以上；
（七）咖啡因五十千克以上；
（八）氯氮䓬、艾司唑仑、地西泮、溴西泮一百千克以上；
（九）大麻油一千克以上，大麻脂二千克以上，大麻叶及大麻烟三十千克以上；
（十）罂粟壳五十千克以上；
（十一）上述毒品以外的其他毒品数量较大的。

非法持有两种以上毒品，每种毒品均没有达到本条第一款规定的数量标准，但按前款规定的立案追诉数量比例折算成海洛因后累计相加达到十克以上的，应予立案追诉。

本条规定的"非法持有"，是指违反国家法律和国家主管部门的规定，占有、携带、藏有或者以其他方式持有毒品。

非法持有毒品主观故意中的"明知"，依照本规定第一条第八款的有关规定予以认定。

第三节 非法持有毒品罪审判实践中的疑难新型问题

问题1. 从吸毒人员住处查获数量较大的毒品，但认定其曾贩卖毒品的证据不足的，是认定为贩卖毒品罪还是非法持有毒品罪

【刑事审判参考案例】欧阳某1非法持有毒品案[①]

一、基本案情
广东省佛山市顺德区人民检察院以被告人欧阳某1犯贩卖毒品罪，向顺德区人民法院提起公诉。

———————
[①] 古加锦撰稿，马岩审编：《欧阳某1非法持有毒品案——从吸毒人员住处查获数量较大的毒品，但认定其曾贩卖毒品的证据不足的，是认定为贩卖毒品罪还是非法持有毒品罪（第1070号）》，载最高人民法院刑事审判第一、二、三、四、五庭主办：《刑事审判参考》（总第102集），法律出版社2016年版，第92~96页。

公诉机关指控,被告人欧阳某1贩卖25.81克甲基苯丙胺等毒品,其行为已构成贩卖毒品罪。

被告人欧阳某1辩称,其是吸毒人员,没有贩卖毒品,公安人员从其住处查获的毒品是其自吸的。

佛山市顺德区人民法院经公开审理查明:2014年5月20日下午,欧阳某2请求被告人欧阳某1代购甲基苯丙胺用于吸食,欧阳某1代其联系贩毒人员"一万"(在逃)未果。当日23时许,应欧阳某2的要求,欧阳某1在其位于佛山市顺德区的住宅内,从其持有的毒品中拿出净重0.51克的一小包甲基苯丙胺交给欧阳某2,欧阳某2支付现金人民币(以下币种同)200元。后公安人员抓获欧阳某1并当场在其住宅大厅内查获涉毒物品57份、带吸管的塑料瓶2个等物品。公安人员从欧阳某2处查获涉毒物品1份(净重0.51克的一小包甲基苯丙胺)。经鉴定,上述58份涉毒物品中,有30份检出甲基苯丙胺成分,共净重25.81克;有11份检出四氢大麻酚和大麻酚成分,共净重30.7克;有3份检出氯胺酮和3,4-亚甲基二氧基甲基安非他命成分,共净重1.1克;有5份检出氯胺酮成分,共净重2.8克;有3份检出尼美西泮成分,共净重0.78克;有1份检出麻黄素成分,净重0.58克;另有5份未检出毒品成分。

佛山市顺德区人民法院认为,被告人欧阳某1非法贩卖毒品,其行为构成贩卖毒品罪。根据相关法律规定,被告人有贩卖毒品行为的,被查获的毒品均计入贩卖毒品的数量。据此,依照《刑法》第347条第3款、第52条、第53条之规定,顺德区人民法院以被告人欧阳某1犯贩卖毒品罪,判处有期徒刑八年,并处罚金人民币8万元。

一审宣判后,被告人欧阳某1以其没有贩卖毒品,公安人员从其住处查获的毒品是用于吸食的,原判量刑过重为由,提出上诉。

佛山市中级人民法院经公开审理认为,认定上诉人欧阳某1的行为构成贩卖毒品罪的证据不足。欧阳某1非法持有25.81克甲基苯丙胺等毒品,数量较大,其行为构成非法持有毒品罪。据此,依照《刑事诉讼法》第225条第1款第2项①,《刑法》第348条、第47条、第52条、第53条之规定,佛山市中级人民法院改判被告人欧阳某1犯非法持有毒品罪,判处有期徒刑二年,并处罚金人民币2万元。

二、主要问题

从吸毒人员住处查获数量较大的毒品,但认定其曾贩卖毒品的证据不足的,是认定为贩卖毒品罪还是非法持有毒品罪?

三、裁判理由

根据行为人持有毒品的目的不同,认定其行为触犯的罪名也不同。如果行为人持有毒品是为了贩卖,其行为构成贩卖毒品罪;如果是为了自己吸食或者不能证实其有实施贩卖、运输、走私等其他犯罪的故意,毒品数量达到较大以上的,其行为构成非法持有毒品罪。故行为人持有毒品的主观目的,是区分贩卖毒品罪与非法持有毒品罪的重要标准。如何准确认定行为人的主观目的,是实践中的难题。如果行为人承认其具有贩卖毒品的目的,通常可以据此直接认定其持有毒品的行为构成贩卖毒品罪。但现实中持有毒品的行为人一般不会承认其有贩卖毒品的主观故意,而往往辩解是出于吸食毒品的目的而持有毒品或者是帮他人保管毒品,这时就需要分析行为人的客观行为表现,以认定其

---

① 对应2018年《刑事诉讼法》第236条第1款第2项。

主观目的。

本案中,从一审判决认定的事实来看,被告人欧阳某1的行为是,其向证人欧阳某2贩卖0.51克甲基苯丙胺后随即被查获,公安人员从其住处又查获了数量较大的毒品。对于这种情形如何认定,最高人民法院2008年印发的《大连会议纪要》没有作出明确规定,实践中一般采取推定贩卖的方法予以认定。这种事实推定所遵循的认定逻辑是,当某种基础事实存在时,便可以推定另一种事实也存在。例如,行为人曾经实施贩卖毒品的行为或者正在实施贩卖毒品的行为,后从其身上或者住处查获毒品,一般便可以认定行为人对从其身上或者住处查获的毒品也具有贩卖的故意,从而一并计入贩卖毒品的数量之中。2015年5月18日印发的《武汉会议纪要》在总结实践经验的基础上,认可了这种推定方法,明确规定:"贩毒人员被抓获后,对于从其住所、车辆等处查获的毒品,一般均应认定为其贩卖的毒品。确有证据证明查获的毒品并非贩毒人员用于贩卖,其行为另构成非法持有毒品罪、窝藏毒品罪等其他犯罪的,依法定罪处罚。"

对这一指导性文件的理解要注意两点:一是允许被告人提出反证。因为基础事实与推定事实之间只是常态联系,而不是必然联系,如果被告人的辩解成立,则推定不成立,故在运用推定的方法认定行为人是否具有贩卖毒品的故意时,应当细致审查被告人的辩解和理由。二是要准确查明据以推定的基础事实。如果认定被告人曾经贩卖毒品或者正在贩卖毒品的基础事实存在诸多疑点,证据没有达到确实、充分的程度,且现有证据不能排除被告人提出的被查获的毒品是其准备用于自己吸食的辩解的真实性和合理性的,就不能推定被告人对其被查获的毒品存在贩卖的故意。在此情况下,如果没有证据证实被告人对其被查获的毒品具有实施走私、贩卖、运输等其他犯罪故意的情况下,对被告人持有该部分毒品的行为应当认定为非法持有毒品罪。

本案中,公诉机关与原审法院均认定被告人欧阳某1实施了贩卖0.51克甲基苯丙胺给证人欧阳某2的行为,从而认定欧阳某1具有贩卖毒品的故意,进而将公安人员从其住处查获的25.3克甲基苯丙胺等毒品也计入其贩卖毒品的数量之中。但仔细分析本案的案情与证据,就会发现上述认定难以成立:

其一,被告人欧阳某1从其持有的毒品中拿出0.51克甲基苯丙胺给证人欧阳某2,完全是受欧阳某2的引诱行为所导致。案发当天下午,欧阳某2请求欧阳某1代购7克毒品用于吸食,欧阳某1在欧阳某2的频繁电话催促下最终答应帮她向贩毒人员"一万"询问有否毒品出售,但"一万"一直没有回复欧阳某1。后欧阳某2仍然不断打电话给欧阳某1催促购买毒品事宜,而欧阳某1则一直称贩毒人员"一万"还没有回复,所以无法帮她购毒。到了当日23时许,欧阳某2还是不停地打电话给欧阳某1,并最后要求欧阳某1从其自己吸食的毒品中让出1克毒品给她吸食,欧阳某1不堪欧阳某2频繁的电话纠缠,只好答应从其自己持有的毒品中拿出0.51克甲基苯丙胺给欧阳某2吸食,欧阳某2便在报警后来到欧阳某1的住处收取该0.51克甲基苯丙胺,欧阳某1刚将0.51克甲基苯丙胺交给欧阳某2,便被预伏的公安人员抓获。从上述事实可以看出,欧阳某1只有帮欧阳某2联系其他贩毒人员代购毒品用于吸食的故意,但其自己没有直接贩卖毒品给欧阳某2的故意,而现有证据不能证实欧阳某1帮欧阳某2代购毒品是出于牟利目的,故对其代购行为不能认定为贩卖毒品罪。而且,公诉机关也没有指控其代购行为构成贩卖毒品罪。至于欧阳某1之所以会在案发当天23时许从其自己持有的毒品中拿出0.51克甲基苯丙胺给证人欧阳某2吸食,完全是由于欧阳某2为了协助公安人员抓捕欧阳某1而不断使用电话骚扰欧阳某1的引诱行为所致，不能据此认定欧阳某1具有贩卖毒品的故意。

其二，认定涉案200元现金是证人欧阳某2向被告人欧阳某1购买0.51克甲基苯丙胺的交易对价款，证据不足。欧阳某2称其于案发当天23时许交给欧阳某1的200元现金是她向欧阳某1购买0.51克甲基苯丙胺的毒资，但欧阳某1称该200元现金是欧阳某2归还给其的欠款，而欧阳某1与欧阳某2相识且交往多年，欧阳某2的证言和欧阳某1的供述均证实欧阳某1在案发之前的确借过钱给欧阳某2及她的丈夫，且尚未归还。另外，公安人员并没有在欧阳某1处查获该200元现金，欧阳某1如果是为了逃避侦查，他完全可以称案发当天23时许并没有收取过证人欧阳某2给付的200元现金，而欧阳某1却一直没有否认收取该200元现金的事实。从这些情况分析，不能排除欧阳某1所提出的案发当晚他收取欧阳某2给付的200元现金，是她归还给其的欠款的辩解意见的真实性，故认定该200元现金属于本案毒资的证据不足。

其三，认定被告人欧阳某1具有贩毒故意，存在不合理性。如果被告人欧阳某1具有贩毒的故意，其完全没有必要为贩卖0.51克甲基苯丙胺而与证人欧阳某2在案发当天通话20多次，欧阳某1完全可以一口答应交付毒品给欧阳某2，从而免于承受欧阳某2频繁的电话骚扰。而且，欧阳某1既然持有25.81克甲基苯丙胺等涉案毒品，其也完全没有必要在欧阳某2要求购买7克毒品的情况下最后才答应贩卖0.51克毒品给欧阳某2，欧阳某1完全可以满足欧阳某2购买7克毒品的愿望，从而赚取更多的毒资。可见，如果认定欧阳某1具有贩卖毒品的故意，便无法合理地解释欧阳某1在本案中的上述种种表现，故认定欧阳某1具有贩卖毒品的故意无法排除合理怀疑。

综上所述，现有证据不足以证实被告人欧阳某1具有贩卖毒品的行为和故意，从而也就不能简单推定欧阳某1对公安人员在其住处查获的涉案毒品存在贩卖的故意。而欧阳某1的确是吸毒人员，根据现有的证据情况，公安人员从欧阳某1住处查获的毒品是欧阳某1用于吸食的可能性很大，故认定欧阳某1的行为构成贩卖毒品罪的证据不足。但欧阳某1非法持有25.81克甲基苯丙胺等涉案毒品，数量较大，其行为构成非法持有毒品罪。二审法院的依法改判是正确的，符合证据裁判原则特别是"事实存疑时作有利于被告人的处理"原则。

问题2. 非法持有毒品者主动向公安机关上交毒品的，如何量刑

【刑事审判参考案例】周某非法持有毒品案[①]

一、基本案情

被告人周某，2000年4月因犯贩卖毒品罪被判处拘役四个月；2002年1月因犯贩卖毒品罪被判处有期徒刑十个月；2009年10月因犯贩卖毒品罪被判处有期徒刑六个月，2010年1月29日刑满释放。2013年9月30日因涉嫌犯非法持有毒品罪被逮捕。

上海市浦东新区人民检察院以被告人周某犯非法持有毒品罪，向浦东新区人民法院提起公诉。

[①] 余剑、吴炯撰稿，马岩审编：《周某非法持有毒品案——非法持有毒品者主动向公安机关上交毒品的，如何量刑（第1084号）》，载最高人民法院刑事审判第一、二、三、四、五庭主办：《刑事审判参考》（总第103集），法律出版社2016年版，第71~74页。

浦东新区人民法院经公开审理查明：2013年9月9日，被告人周某主动到公安机关投案，将其藏匿于上海市浦东新区家中的3包白色晶体上交。经鉴定，3包白色晶体共重113.63克，从中检出甲基苯丙胺成分。

浦东新区人民法院认为，被告人周某明知甲基苯丙胺是毒品而非法持有，数量达113.63克，其行为已构成非法持有毒品罪。周某曾数次因犯贩卖毒品罪被判刑，系累犯和毒品再犯，依法应从重处罚。鉴于周某在公安机关没有掌握其犯罪事实的情况下，主动投案自首并上交毒品，当庭又自愿认罪，可见其确有悔改的意愿和实际表现，综合考量上述情节，依法对周某予以减轻处罚。据此，依照《刑法》第348条、第356条、第65条、第67条第1款、第55条、第56条、第53条之规定，浦东新区人民法院以非法持有毒品罪，判处被告人周某有期徒刑六年，剥夺政治权利一年，并处罚金人民币12000千元。

一审宣判后，被告人周某提出上诉称：一审对其量刑过重。因其未私下销毁毒品而是选择上交，既是向年迈的母亲表示与毒品彻底决裂的决心，也是想给自己施加压力，坚定永不触碰毒品的信念。其愿意接受刑事处罚，但希望尽快服刑完毕回家照顾老母。

上海市第一中级人民法院经二审审理认为，被告人周某非法持有甲基苯丙胺100余克，其行为构成非法持有毒品罪。一审法院认定周某具有自首情节，并依法对其减轻处罚，但量刑时仍未充分考虑本案的特殊性，尚不足以体现刑法的罪刑相适应原则，应予调整。《刑法》第67条第1款规定："……对于自首的犯罪分子，可以从轻或者减轻处罚。其中，犯罪较轻的，可以免除处罚。"评价毒品犯罪的轻重时，除考虑犯罪数量外，还应当根据犯罪的社会危害性和犯罪人的人身危险性进行综合考量。周某主动将非法持有的毒品上交公安机关，其行为已将非法持有毒品的社会危害性极大降低，且其系出于与毒品决裂、尽心赡养老母的动机上交毒品，虽系毒品再犯，但其行为说明其确有悔改诚意，其人身危险性与一般毒品再犯明显不同。此外，对周某最大限度地予以从宽处罚，也有利于准确贯彻宽严相济刑事政策，分化瓦解毒品犯罪分子，鼓励毒品犯罪分子主动与毒品决裂。故综合本案情况，可以认定周某的行为属于"犯罪较轻"，对其可免除处罚。据此，依照《刑法》第67条第1款、《刑事诉讼法》第225条第1款第2项之规定[1]，上海市第一中级人民法院以非法持有毒品罪，判处被告人周某免予刑事处罚。

二、主要问题

1. 非法持有毒品者主动向公安机关上交毒品的，是构成犯罪中止还是自首？
2. 如何认定自首条款中的"犯罪较轻"？

三、裁判理由

（一）非法持有毒品者主动向公安机关上交毒品的，构成自首

本案中，被告人周某向公安机关上交其非法持有的毒品，对其行为应认定为犯罪中止还是自首，审理过程中存在两种意见：一种意见认为，行为人一旦持有毒品，持有状态即已形成，构成非法持有毒品罪。但持有是一个持续的过程，当持有仅存在对社会的潜在威胁时，行为人可以通过主动上交毒品的方式彻底消除该潜在威胁，有效防止危害结果的发生，根据《刑法》第24条的规定，周某的行为属于犯罪中止。因其行为未对社会造成损害，故应当免除处罚。另一种意见认为，非法持有毒品者主动上交毒品的行为

---

[1] 对应2018年《刑事诉讼法》第236条第1款第2项。

只能认定为自首，不属于非法持有毒品罪的犯罪中止。因为行为人持有毒品已经成为事实，其行为已构成犯罪既遂，不具备成立犯罪中止的条件。其上交毒品的行为，依法可认定为自首。

上述两种意见的争议焦点在于，被告人周某主动上交其非法持有的毒品，是否构成非法持有毒品罪的犯罪中止？进言之，持有型犯罪是否存在犯罪中止形态？刑法理论通说认为，持有型犯罪在犯罪形态方面的特点是一经持有即达成既遂，即行为人实施持有行为、犯罪进入实行阶段后，持有状态即形成，持有犯罪便已达成既遂形态，不可能再向另外一种停止形态，即犯罪中止形态逆向转化，其持有行为是否发生实际的危害结果，不影响持有犯罪既遂的成立。在持有犯罪行为实施时，因不存在明显的行为终了与犯罪既遂之间的时间间隔，故不具备形成犯罪中止的时间条件；同理，持有行为实施后也不太可能再出现未遂等未完成形态。若对该问题作进一步探讨，持有型犯罪在预备阶段可能因行为人自动停止，不再着手实施犯罪，从而构成预备阶段的犯罪中止，如行为人为了实施非法持有毒品犯罪购买保险柜、包装袋、电子秤等物品后，在接取毒品前主动放弃犯罪，不再着手实施持有毒品行为。本案中，周某主动上交所藏毒品时，其非法持有毒品已有一定的时间，非法持有毒品罪已构成既遂，不宜认定构成犯罪中止，应当以自首论处。

（二）被告人虽系毒品再犯，但结合具体案情可认定其真诚悔罪，犯罪行为无实质危害的，属于自首条款中的"犯罪较轻"，对其可免除处罚

《刑法》第67条第1款规定："……对于自首的犯罪分子，可以从轻或者减轻处罚。其中，犯罪较轻的，可以免除处罚。"在常见的毒品案件中，对非法持有甲基苯丙胺（冰毒）100多克的犯罪确实无法作出"犯罪较轻"的认定，但本案的具体情节确实较为特殊，需与一般案件区别对待。本案中，被告人周某在公安机关事先完全不掌握其犯罪线索的情况下主动上交其非法持有的毒品，这种做法在司法实践中比较罕见。第一，从客观上看，其上交毒品的行为使其非法持有毒品行为的社会危害性明显低于一般的同类犯罪，其犯罪行为对社会也没有造成任何实质危害，并且极大节约了司法资源，对其行为多方面的积极意义应在量刑时予以充分考虑。第二，从主观上看，周某投案的动机是与毒品决裂，痛改前非，尽心赡养老母。在公安机关未掌握其犯罪线索的情况下，其完全可以采取私下销毁毒品等方式，既实现自己的目的，又逃避法律制裁，但为表示真诚悔改的态度，其将毒品上交公安机关，愿意接受刑事处罚，说明其悔罪态度真诚、坚决，再次实施毒品犯罪的可能性很小。周某虽系毒品再犯，但其人身危险性明显不同于一般的毒品犯罪分子。第三，对周某给予最大限度的从宽处罚，对教育、感化毒品犯罪分子，鼓励涉毒人员主动远离毒品具有良好的示范效应。因此，综合上述三方面因素分析，对周某的非法持有毒品行为认定为"犯罪较轻"，进而对其免除处罚，符合罪刑相适应原则。二审法院综合考量犯罪行为具体的社会危害性和犯罪人的人身危险程度，灵活适用量刑规范化规定，改判周某犯非法持有毒品罪，免予刑事处罚，定罪准确，量刑适当，取得了良好的法律效果和社会效果。

值得注意的是，一审、二审在被告人周某是否构成累犯问题上作出了不同的处理，产生分歧的原因是一审、二审对周某所犯非法持有毒品罪判处刑罚不同。一审法院认为对周某应以非法持有毒品罪判处有期徒刑，后罪符合《刑法》第65条规定的"应当判处有期徒刑以上刑罚"的刑度条件，故认定周某构成累犯。二审法院认为根据其所犯罪行，

不必判处有期徒刑以上刑罚，故未认定周某构成累犯。

问题3. 非法持有毒品罪与运输毒品罪如何区分

【实务专论】①

非法持有毒品既包括静态的持有也包括动态的持有，运输毒品必然要持有毒品，动态持有毒品与运输毒品存在形式上的重合。因此，特定情形下运输毒品罪与非法持有毒品罪的区分一直是实践中争议的难题。

一、吸毒者运输毒品行为的定性

2000年印发的《南宁会议纪要》②与2008年印发的《大连会议纪要》均规定，对于吸毒者实施的毒品犯罪，在认定犯罪事实和确定罪名时要慎重。这主要是考虑到在我国吸毒行为本身并不构成犯罪，故对吸毒者以吸食为目的而少量购买、存储及携带毒品进行运输的行为亦不应以犯罪论处。但是，实践中吸毒者实施毒品犯罪的情况大量存在，若对吸毒者购买、存储、运输毒品的行为一律不作为犯罪处理，无疑会放纵吸毒者实施毒品犯罪，削弱惩治毒品犯罪的力度。鉴于此，上述两个文件都对吸毒者实施毒品犯罪的认定作出了规定。《南宁会议纪要》规定，吸毒者在购买、运输、存储毒品过程中被抓获的，如没有证据证明被告人实施了其他毒品犯罪行为，查获的毒品数量大的，应当以非法持有毒品罪定罪。由于实践情况较为复杂，在执行上述规定的过程中，出现了吸毒者运输千克以上海洛因仍按照非法持有毒品罪定罪处罚的案件，并由此引发了一定争议。《大连会议纪要》对此作出修正，规定吸毒者在购买、运输、存储毒品过程中被查获的，如没有证据证明其是为了实施贩卖等其他毒品犯罪行为，查获的毒品数量达到较大以上的，应当以其实际实施的毒品犯罪行为定罪处罚。

然而，由于《大连会议纪要》的上述规定过于原则性，实践中对"实际实施的毒品犯罪行为"应当如何理解，一直存在不同意见。一种观点认为，吸毒者在购买、存储等静态持有毒品的过程中被查获的，应当以非法持有毒品罪定罪处罚；在运输毒品过程中被查获的，应当以运输毒品罪定罪处罚。另一种观点认为，吸毒者在购买、运输、存储毒品过程中被查获，毒品数量较大，但尚未超出其个人正常吸食量的，应当以非法持有毒品罪定罪处罚；吸毒者在运输毒品过程中被查获，毒品数量大，明显超出其个人正常吸食量的，应当以运输毒品罪定罪处罚。对此，我们赞同后一种观点。首先，毒品的持有状态并不是区分非法持有毒品罪与运输毒品罪的关键，持有毒品原本就包括静态和动态的持有，不能因为吸毒者在运输毒品过程中被查获就一律以运输毒品罪定罪处罚。其次，运输毒品罪的认定，应当适度考虑运输行为的目的。在我国，吸毒行为本身并不构成犯罪，吸毒人员运输毒品的不能完全排除是供自己吸食，实践中若不考虑该事实，将该情形下吸毒人员运输毒品的一概认定为运输毒品罪，则与我国刑法不处罚吸毒的客观事实相违背。③因此，若有证据证明吸毒者意图通过运输毒品行为达到保有、吸食毒品目

---

① 参见李静然：《非法持有毒品罪的司法疑难问题探析》，载最高人民法院刑事审判第一、二、三、四、五庭主办：《刑事审判参考》（总第100集），法律出版社2015年版，第268~280页。
② 该司法文件已于2013年2月26日废止，其内容被2008年印发的《大连会议纪要》代替。
③ 参见何荣功：《运输毒品认定中的疑难问题再研究》，载《法学评论》2011年第2期。

的的，应当适当考虑其目的，作为例外情形对待。其中，毒品数量是否超过行为人的正常吸食量，是一个重要的判断因素。最后，刑法将运输毒品罪与走私、贩卖、制造毒品罪并列规定，并确定了相同的量刑标准和法定刑幅度。因此，作为犯罪的"运输毒品"是具有特定意义和含义的，即它应当与"走私毒品""贩卖毒品"以及"制造毒品"具有同等的社会危害性。而吸毒者以吸食为目的携带毒品进行运输的行为，达不到这样的社会危害性要求，按照运输毒品罪处罚难以实现罪刑均衡。吸毒者以吸食毒品为目的携带一定毒品进行运输的，与吸毒者以吸食为目的购买、存储毒品的行为在本质上是相同的，对两者应当给予同样的刑事处罚。

根据上述分析，吸毒者运输毒品数量是否超过其个人正常吸食量，是判断其是否以吸食为目的运输毒品的重要因素。但把握上存在一定难度，工作中要注意以下两个问题：第一，合理确定吸食量。毒品吸食量的个体差异较大，且存在随着耐受力增强不断增加用量的情况。据有关专家介绍，海洛因的单次用量通常为 0.05～0.08 克，致死量为 0.75～1.2 克；甲基苯丙胺的单次用量通常为 0.02～0.03 克，致死量为 1.2～1.5 克（以上均以纯品计）。因此，应当结合毒品种类、纯度及吸毒者的吸毒时间长短、瘾癖程度等因素，合理确定其单日吸食量大小，并根据毒品价格、紧俏程度及吸毒者的经济状况、在途时间等因素，判断其有关购买后用于一段时间内吸食的辩解是否合理。第二，结合其他因素综合判定吸毒者运输毒品的目的。实践中，单纯依据毒品数量判断吸毒者是否以吸食为目的而运输毒品虽然便于操作，但有时过于绝对。对于吸毒者运输毒品的行为，还应结合其吸食毒品种类与查获毒品种类是否相同，有无采用特定方式、路线运输毒品，以及其职业、经济状况、违法犯罪经历等情节综合判定其运输目的。如有证据证明吸毒者系受雇运输毒品、职业运输毒品的，应当以运输毒品罪定罪处罚；有证据证明吸毒者以实施走私、贩卖毒品等犯罪为目的而运输毒品的，依法定罪处罚。

二、短距离运输毒品行为的定性

构成运输毒品罪是否有距离要求，一直是实践中争议较大的问题。一种观点认为，构成运输毒品罪没有距离要求，无论距离长短，只要通过运输行为使毒品发生了空间位移，就应当认定为运输毒品罪。另一种观点认为，构成运输毒品罪应当有距离要求，短距离运输毒品的，如同城运输的，一般不应认定为运输毒品罪，宜认定为非法持有毒品罪。对此，我们认为，应当综合、辩证地看待以上两种观点。首先，运输距离的长短并不是判断是否构成运输毒品罪的关键。无论运输毒品距离长短，都侵害了国家对毒品的运输管理秩序，无实质性区别。如甲明知是毒品而受乙雇用，为乙将毒品从检查站一端运输至百米外检查站另一端的，虽然运输距离较短，但甲、乙仍构成运输毒品罪。其次，运输毒品的距离是判断运输行为性质的重要因素之一。如丙将 10 克海洛因从其住处运输至同城其另一住房后被查获的，结合丙运输毒品的数量、距离、起始地点等因素分析，丙有关为便于吸食而将毒品转移至其另一住房的辩解较为合理，应当认定丙构成非法持有毒品罪。又如，丁将千余克海洛因从云南中缅边境运输至武汉，没有证据证明丁有实施走私、贩卖毒品等犯罪的故意的，应当认定丁构成运输毒品罪；如果有证据证明丁是以贩卖为目的而购买该毒品并进行运输的，应当认定丁构成贩卖、运输毒品罪。

综上，对于被告人短距离运输毒品的行为，应当结合毒品的数量及运输距离、目的、有无牟利性等因素，综合认定其是构成运输毒品罪还是非法持有毒品罪。我们认为，被告人短距离运输毒品，具有下列情形之一的，应当以运输毒品罪定罪处罚：（1）意图长距离运输毒品,刚起运即被查获的;(2)为实现绕关、躲避检查等特定目的而短距离运输毒品的;(3)以牟利为目的专门运输毒品的;(4)以走私、贩卖毒品为目的短距离运输毒品的。

三、接收邮寄、快递毒品行为的定性

随着物流寄递行业的发展,毒品交易过程中通过邮寄、快递方式交付及接收毒品的情况较为常见。购毒者本人接收邮寄、快递的毒品,在没有证据证明其有实施走私、贩卖毒品等犯罪的故意的情况下,应认定为运输毒品罪还是非法持有毒品罪,存在不同意见。一种观点认为,贩毒者邮寄、快递毒品的行为因购毒者的购买、送货要求而发生,购毒者有与贩毒者通过邮寄、快递方式运输毒品的共同故意,应当认定为运输毒品罪的共犯。另一种观点认为,贩毒者通过邮寄、快递方式运输毒品的行为应视为其毒品交付行为的组成部分,对购毒者不应再认定为运输毒品罪;购毒者接收邮寄、快递的毒品,没有证据证明其有实施走私、贩卖毒品等犯罪的故意,毒品数量较大的,应当认定为非法持有毒品罪。我们赞同后一种观点。首先,无论贩毒者通过邮寄、快递方式还是其他方式交付毒品,运输毒品行为都要在购毒者与贩毒者的联络、配合之下完成,如果因此而要求购毒者对运输毒品行为承担刑事责任,则不仅是接收邮寄、快递毒品的购毒者,其他所有等待接收毒品的购毒者(包括因吸食而少量购买毒品者)都将构成运输毒品罪,无疑会导致打击面过大。其次,贩毒者通过邮寄、快递等方式向购毒者交付毒品的行为属于其贩卖毒品行为的组成部分,该运输毒品行为通常由贩毒者主导实施,购毒者原则上不应就毒品交付前的运输行为承担责任。最后,在没有证据证明购毒者有实施走私、贩卖毒品等犯罪的故意,尤其是不能排除购毒者是以吸食为目的购买毒品的情况下,购毒者接收邮寄、快递的毒品,数量达到较大以上的,应当以非法持有毒品罪定罪处罚。贩毒者通过邮寄、快递方式将毒品交付给购毒者的,应当以贩卖、运输毒品罪定罪处罚。

实践中,真正的购毒者往往委托、雇用他人代为接收邮寄、快递的毒品。在代收者没有实施其他毒品犯罪的故意的情况下,其只是代替购毒者实际占有该毒品,让购毒者通过其代收行为实现对毒品的间接控制。我们认为,对于代收者与购毒者,可以分为以下两种情形进行处理:一是代收者代购毒者接收邮寄、快递的毒品,没有证据证明购毒者有实施走私、贩卖毒品等犯罪的故意,毒品数量达到较大以上的,对代收者与购毒者应当按照非法持有毒品罪的共犯论处。二是没有证据证实代收者明知购毒者有实施走私、贩卖毒品等犯罪的故意,毒品数量达到较大以上的,对代收者应当以非法持有毒品罪定罪处罚,对购毒者以其实际实施的犯罪行为定罪处罚。这种情况下,购毒者与代收者不属于共同犯罪。

四、为他人代购并运输毒品行为的定性

对于为他人代购并运输仅供吸食的毒品的行为,应当如何定性,实践中则存在不同认识。我们认为,由于多数情况下代购者需要通过运输方式将代购的毒品交付给托购者,对此类运输毒品行为的定性,要结合代购毒品的目的和用途加以认定。如确有证据证明行为人没有从代购及运输毒品行为中牟利,代购的毒品仅用于吸食,且系为了向托购者交付毒品而运输的,由于其运输毒品的最终目的是帮助他人获取毒品以供吸食,而吸毒行为本身不构成犯罪,故对无偿帮助吸毒人员获得毒品的行为,亦不应以贩卖或者运输毒品罪定罪处罚。这种情况下,如代购者运输毒品的数量达到较大以上的,应当按照非法持有毒品罪定罪处罚。需要注意的是,对于代购的毒品是否仅用于吸食,一般应当以

相关证据证明的代购者的认知程度为依据，不能单纯根据毒品的数量大小作出判断，这种情况与根据吸食量判断吸毒者本人运输毒品的目的是不同的。但毒品数量大，明显不可能全部用于吸食的，如果没有证据证明托购者、代购者有实施走私、贩卖毒品等犯罪的共同故意，对托购者、代购者可以按照运输毒品罪的共犯处罚。

问题4. 非法持有毒品罪与贩卖毒品罪如何区分

【实务专论】①

单从犯罪构成要件看，非法持有毒品罪与贩卖毒品罪的区分难度不大。但在处理具体案件时，对某一行为应认定为非法持有毒品罪还是贩卖毒品罪，涉及事实认定、证明标准把握及惩治毒品犯罪的需要等多方面因素。这里主要对以下两个问题进行探讨。

一、从贩毒人员住所等处查获毒品的认定

当前，司法实践中通常将从贩毒人员住所等处查获的毒品一并认定为其贩卖的毒品。《大连会议纪要》也规定，对于以贩养吸的被告人，其被查获的毒品数量应认定为其犯罪的数量，但量刑时应考虑被告人吸食毒品的情节，酌情处理。这一做法受到一定质疑。有观点认为，对于从贩毒人员住所等处查获的毒品，只有在有证据证明系其以贩卖为目的而购买或者准备用于贩卖的情况下，才能够认定为其贩卖的毒品，否则应当认定为其非法持有的毒品。我们认为，将从贩毒人员住所等处查获的毒品一并认定为其贩卖的毒品，具有合理性。这种认定方法实际上是一种事实推定。事实推定是根据已知的基础事实，根据经验法则和常识，推断未知的推定事实存在，并允许当事人提出反证加以推翻的证明方法。②推定是认定案件事实的有效、便捷方法，严谨、规范地运用推定认定案件事实通常能够达到与运用证据证明几乎同样的效果。毒品犯罪隐蔽性强，犯罪分子往往具有较强的反侦查意识，尤其是以贩养吸人员，对于从其住所等处查获的毒品通常辩称系用于吸食。如果严格按照普通刑事案件的证明方法及要求，运用在案证据证明从贩毒人员住所等处查获的毒品系用于贩卖，往往会因为无法收集到足够的证据而出现举证困难或举证不能的现象，不利于有效打击毒品犯罪。出于有效惩治毒品犯罪的需要，采用事实推定方法来认定从贩毒人员住所等处查获的毒品系用于贩卖，有利于降低此类案件司法认定的难度，克服隐蔽事实证明上的困难，保证诉讼活动的经济性、高效性。

这种情况下，事实推定包括以下两方面内容：一是根据行为人实施贩卖毒品犯罪且并非吸毒人员的基础事实，推定从其住所等处查获的毒品系其以贩卖为目的而购买或者准备用于贩卖；或者根据吸毒人员实施贩卖毒品犯罪且从其住所等处查获的毒品不可能全部用于吸食的基础事实，推定从其住所等处查获的毒品系其以贩卖为目的而购买或者准备用于贩卖。二是在行为人不能提出反证推翻推定事实，即不能证明该部分毒品并非用于贩卖或者并非其所有的情况下，认定从贩毒人员住所等处查获的毒品系其用于贩卖。在运用事实推定时，有以下几个需要注意的问题：第一，在运用在案证据难以直接证明

---

① 参见李静然：《非法持有毒品罪的司法疑难问题探析》，载最高人民法院刑事审判第一、二、三、四、五庭主办：《刑事审判参考》（总第100集），法律出版社2015年版，第268～280页。

② 2015年印发的《武汉会议纪要》已明确规定该认定标准。

待证事实时才可以运用推定。运用在案证据证明待证事实是认定案件事实最稳妥、可靠的方法，只有在运用在案证据难以直接证明待证事实的情况下，才可以运用已知事实间接推断待证事实。在贩卖毒品案件中，贩毒人员通常不承认从其住所等处查获的毒品系用于贩卖，而毒品犯罪隐蔽性强，犯罪分子的主观目的往往很难通过其他客观证据加以证明，因而有必要运用推定。第二，用作推定前提的基础事实必须有确凿的证据证明。基础事实成立是运用推定法则的前提。在推定从贩毒人员住所等处查获的毒品系其用于贩卖时，基础事实应当包括行为人实施了贩卖毒品犯罪且从其住所等处查获了毒品，还应当包括行为人不属于吸毒人员或者虽系吸毒人员但从其住所等处查获的毒品远远超过正常吸食量。上述基础事实均应有确实、充分的证据加以证明。第三，推定应当允许当事人提出反证加以推翻。推定是根据基础事实与待证事实之间高概率的常态联系，运用经验法则推理得出的，其结论不具有唯一性，故应当允许当事人提出反证加以推翻。当事人既可以就基础事实提出反证，也可以就推定事实提出反证。当事人就基础事实提出的反证成立即动摇了推定事实成立的前提，当事人就推定事实提出的反证成立则直接推翻推定事实，导致推定不成立。如果被告人提出反证证实从其住所等处查获的毒品并非其所有，或者证实该部分毒品确实并非用于贩卖的，应当将该部分毒品认定为被告人非法持有的毒品，对其以贩卖毒品罪和非法持有毒品罪数罪并罚。

二、大量持有毒品行为的性质认定

实践中争议较大的另一个问题是，行为人大量持有毒品，而直接证实其贩卖毒品的证据不足的，应当认定为非法持有毒品罪还是贩卖毒品罪。一种观点认为，非法持有毒品罪是在没有证据证实行为人有实施其他毒品犯罪故意的情况下，发挥兜底作用的一个罪名。如果没有证据证明行为人持有的大量毒品系用于贩卖，就应当认定其构成非法持有毒品罪，而不能仅因为行为人持有毒品数量大就认定其有贩卖毒品的故意，否则非法持有毒品罪将失去其设立意义。另一种观点认为，吸毒人员持有的毒品数量明显超出其一段时间内的正常吸食量，或者非吸毒人员持有毒品数量大的，可以认定行为人有贩卖毒品的故意，按照贩卖毒品罪定罪处罚，否则不利于有效打击此类犯罪。上述两种观点，前一种是目前实践中的惯常做法，后一种则具有一定突破性，值得探讨。

吸毒人员持有的毒品数量明显超出其一段时间内的正常吸食量，或者非吸毒人员持有毒品数量大的，从实际情况看多数确系用于贩卖。因证据问题而对此类人员按照非法持有毒品罪定罪处罚，也确实在一定程度上影响了打击毒品犯罪的效果。但是，上述后一种观点在操作层面存在以下障碍：首先，当前我国刑事立法并没有就构成非法持有毒品罪规定毒品数量上限，非法持有毒品罪与贩卖毒品罪的划分依据不是毒品数量，单纯根据持有毒品数量认定行为人是否构成贩卖毒品罪缺乏法律依据。其次，认定行为人构成贩卖毒品罪，需要有证据证明其有贩卖毒品的故意，并实施了以贩卖为目的购买或者销售毒品的行为，不符合上述构成要件的，不能认定为贩卖毒品罪。再次，认定行为人构成贩卖毒品罪不能回避贩卖毒品事实及数量的认定，如没有证据证实行为人实施了购买或者销售毒品的行为，如何认定其贩毒事实及数量，是否适宜直接认定行为人以贩卖为目的而购买毒品，并将其持有的全部毒品认定为其贩卖毒品的数量，这些问题都值得研究。最后，划分非法持有毒品罪与贩卖毒品罪的毒品数量标准应当如何确定，怎样能够既保证不放纵犯罪，又不会导致打击面扩大，是一个比较难以把握的问题。

需要注意的是，大量持有毒品的情形与前述运用事实推定认定从贩毒人员住所等处查获的毒品系用于贩卖的情形不同。区别有两点：一是前者缺乏运用推定认定贩卖毒品事实的前提条件。运用事实推定认定从贩毒人员住所等处查获毒品的用途时，有确凿证据证明行为人实施了贩卖毒品犯罪这一关键的基础事实；而前者情形下仅有行为人大量持有毒品的基础事实存在，没有任何证据证明行为人实施了贩卖毒品行为，用于推定的基础事实不充分。二是前者情形下基础事实与推定事实之间并不存在必然联系。单纯根据吸毒人员持有的毒品数量明显超出其一段时间内的正常吸食量，或者非吸毒人员持有毒品数量大的事实，并不必然得出其以贩卖为目的购买毒品或者向他人销售毒品的结论。实践中还存在行为人代他人保管毒品，接受赠与、祖辈流传、捡拾的毒品及为了治病等用途而大量持有毒品的可能性。

当然，在无法运用事实推定认定大量持有毒品者构成贩卖毒品罪的情况下，如果立法上明确作出了有关适用法律推定的规定，也可以据此认定。此时，法律推定是法律明文规定的推定。具体是指，当某法律规定的要件事实（甲）有待证明时，立法者为避免举证困难或举证不能的现象发生，乃明文规定只需就较易证明的其他事实（乙）获得证明时，如无相反的证明（甲事实不存在），则认为甲事实因其他法律规范的规定而获得证明。[①] 例如，我国澳门特别行政区的法律就以持有的毒品数量作为区分非法持有毒品罪与贩毒罪的界限标准。《澳门特别行政区禁毒法令第5－91－M号》第2章第9条（少量之贩卖）第3款明确规定："为本条规定之效力，'少量'即指违法者支配之物质或制剂之总量，不超过个人三日内所需之吸食量。"按照上述规定，在澳门，如果在某人的身边或住处查获了大量毒品，当犯罪嫌疑人辩称这些毒品只是供自己吸食而非为了贩卖时，只需扣除该人在三日内的吸食量，对其余毒品则结合全案其他证据，可推定是为了贩卖。[②] 但是，在我国刑事立法尚未作出类似规定的情况下，不宜在司法实践中直接以毒品数量作为划分非法持有毒品罪与贩卖毒品罪的界限。

综上，我们认为，单纯根据行为人持有大量毒品的情节认定其构成贩卖毒品罪的思路欠缺可操作性。吸毒者持有的毒品数量明显超出其一段时间内的正常吸食量，或者非吸毒者持有毒品数量大的，不能因此认定其构成贩卖毒品罪，但可以结合毒品数量及在案的其他证据，综合分析认定行为人是否存在贩卖毒品的犯罪故意。若无充分证据证明行为人有实施贩卖毒品罪的故意的，应当以非法持有毒品罪定罪处罚，但考虑到在行为人大量持有毒品的情况下，毒品流入社会的风险加大、潜在的社会危害加剧，量刑时可酌情从重处罚。

---

① 参见姜伟主编：《证据法学》，法律出版社1999年版，第131页。
② 参见高珊琦：《论吸毒者持有毒品行为之定性与定量》，载《法律科学》2006年第6期。

问题 5. 即将持有毒品但尚未实际持有的情形能否认定为非法持有毒品犯罪未遂

【实务专论】①

实践中存在这样一类案件,行为人在接取毒品的途中,或者在收货现场尚未实际接触到毒品时即被抓获。因行为人坚称其接取的毒品系自购用于吸食,或者辩称系受他人指使单纯帮助接取毒品,不知道毒品的具体用途,加之缺少认定行为人有实施其他毒品犯罪故意的证据,故无法认定为走私、贩卖毒品等犯罪。如前所述,毒品交付前的运输行为应当视为贩毒者交付毒品行为的组成部分,不应由购毒者承担责任,而且这种情况下行为人尚未实际接触到毒品,没有实施后续的运输行为,故亦不宜认定为运输毒品罪。但是,对于此类案件,如果行为人接取毒品数量大或者有一定证据显示其有贩卖毒品可能性的,仅因受证据制约和客观行为所限而对其不以犯罪论处,则难以达到好的处理效果。因而,出于严厉打击毒品犯罪的需要,一些司法机关为了追究行为人的刑事责任而将其认定为非法持有毒品犯罪未遂。我们认为,根据上述对持有行为性质的分析,这种情形下行为人不构成非法持有毒品犯罪未遂,但在一定条件下对行为人可以按照非法持有毒品犯罪既遂处理。持有是指行为人对毒品存在事实上的支配关系,只要毒品在行为人的支配或者控制范围之内即可,并不要求行为人实际接触或直接持有毒品。我们认为,下列情形可视为行为人已实际持有毒品,认定为犯罪既遂:(1)进入收货现场,并出示身份证件,即将拿到毒品的;(2)持有取货凭证,并已前往收取毒品的;(3)物流寄递人员送货至指定地点,并已打电话确认收货者身份,即将交付毒品的。

问题 6. 误将假毒品当作真毒品而持有的情形能否认定为非法持有毒品犯罪未遂

【实务专论】②

对于行为人误将假毒品当作真毒品而持有的情形,能否以非法持有毒品犯罪未遂论处,主要有两种不同看法:一种观点认为,此类行为不构成犯罪,行为人误将假毒品当作真毒品而持有的,作为犯罪对象的毒品不存在,其行为对法益的现实侵害不存在,可罚性依据也就不存在。另一种观点认为,行为人误将假毒品当作真毒品而持有,且数量较大的,应当以非法持有毒品罪定罪处罚,属于对象不能犯的犯罪未遂。

我们认为,以上两种观点均有一定道理,应当综合考虑。有学者提出,为了实现法益保护目的,同时保障行为人的人权,必须贯彻客观的未遂论。只有当行为人主观上具有故意,客观上实施的行为具有侵害法益的紧迫危险时,才能认定为犯罪未遂;行为人主观上具有犯意,其客观行为没有侵害法益的任何危险时,就应认定为不可罚的不能犯,不以犯罪论处。因此,在行为人实际并未持有真正的毒品,对法益没有造成现实侵害或

---

① 参见李静然:《非法持有毒品罪的司法疑难问题探析》,载最高人民法院刑事审判第一、二、三、四、五庭主办:《刑事审判参考》(总第 100 集),法律出版社 2015 年版,第 268~280 页。
② 参见李静然:《非法持有毒品罪的司法疑难问题探析》,载最高人民法院刑事审判第一、二、三、四、五庭主办:《刑事审判参考》(总第 100 集),法律出版社 2015 年版,第 268~280 页。

侵害危险时，不能仅因其主观上有非法持有毒品的犯罪故意，就对其以非法持有毒品罪定罪处罚。实践中，行为人通过购买、接受赠与、捡拾等方式获得假毒品后，误当作真毒品持有的，由于其不具有持有真正毒品的可能性和危险性，一般不应作为犯罪处理。但是，对于侦查机关出于严密布控、防止毒品流入社会的考虑，将尚在运输途中的真毒品替换为假毒品后，行为人实际接收到装有假毒品的包裹的，若没有充分证据证明行为人有实施其他毒品犯罪的故意，毒品数量达到较大以上的，可以认定为非法持有毒品犯罪未遂。主要考虑是，这种情况下，行为人购得的是真正的毒品，若没有侦查机关的介入及更换毒品的行为，其将实际持有毒品，故其行为侵害法益的现实威胁是存在的，具有可罚性；而鉴于行为人因意志以外的原因并没有实际持有毒品，故可以按照非法持有毒品犯罪未遂论处。

第四章

包庇毒品犯罪分子罪，窝藏、转移、隐瞒毒品、毒赃罪

第一节 包庇毒品犯罪分子罪，窝藏、转移、隐瞒毒品、毒赃罪概述

一、包庇毒品犯罪分子罪，窝藏、转移、隐瞒毒品、毒赃罪概念及构成要件

（一）包庇毒品犯罪分子罪，窝藏、转移、隐瞒毒品、毒赃罪的概念

包庇毒品犯罪分子罪，是指包庇走私、贩卖、运输、制造毒品的犯罪分子的行为。窝藏、转移、隐瞒毒品、毒赃罪，是指为走私、贩卖、运输、制造毒品的犯罪分子窝藏、转移、隐瞒毒品或者犯罪所得的财物的行为。

本罪是走私、贩卖、运输、制造毒品罪的下游犯罪，最早出现在自1990年12月28日起施行的全国人民代表大会常务委员会《禁毒决定》[①]。该决定第4条规定，包庇走私、贩卖、运输、制造毒品的犯罪分子的，为犯罪分子窝藏、转移、隐瞒毒品或者犯罪所得的财物的，掩饰、隐瞒出售毒品获得财物的非法性质和来源的，处七年以下有期徒刑、拘役或者管制，可以并处罚金。犯前款罪事先通谋的，以走私、贩卖、运输、制造毒品罪的共犯论处。自《禁毒决定》施行始，将上述行为从窝藏、包庇罪中划分出来。1994年12月20日最高人民法院印发《关于执行〈全国人民代表大会常务委员会关于禁毒的决定〉的若干问题的解释》[②]，该司法解释第4条、第5条规定，包庇毒品犯罪分子罪，是指明知是走私、贩卖、运输、制造毒品的犯罪分子，而向司法机关作假证明掩盖其罪行，或者帮助其湮灭罪证，以使其逃避法律制裁的行为。窝藏毒品、毒赃罪，是指明知是毒品或者毒品犯罪所得的财物而为犯罪分子窝藏、转移、隐瞒的行为。《禁毒决定》中

---

① 本篇法规已被2007年12月29日发布，自2008年6月1日起施行的《禁毒法》废止。
② 该司法解释已被2013年1月14日《最高人民法院关于废止1980年1月1日至1997年6月30日期间发布的部分司法解释和司法解释性质文件（第九批）的决定》废止。

关于包庇毒品犯罪分子罪，窝藏毒品、毒赃罪的规定，是对 1979 年《刑法》第 162 条①、第 172 条②的补充。因此，对于包庇走私、贩卖、运输、制造毒品犯罪分子的，窝藏走私、贩卖、运输、制造毒品犯罪分子的，窝藏毒品、毒赃的，均应当依照《禁毒决定》第 4 条第 1 款的规定定罪处刑。1997 年新修订的《刑法》第 349 条吸收了《禁毒决定》第 4 条的内容，明确规定了本罪。

（二）包庇毒品犯罪分子罪的构成要件

1. 客体要件。本罪侵犯的客体是司法机关同毒品犯罪分子做斗争的正常活动。包庇毒品犯罪分子的社会危害性就在于不仅妨碍了司法机关对毒品犯罪分子的及时惩办，而且这种行为帮助毒品犯罪分子逍遥法外，逃避法律的制裁、继续作恶，危害社会，因此，对包庇毒品犯罪分子的犯罪予以惩处是十分必要的。

本罪的犯罪对象，必须是走私、贩卖、运输、制造毒品的犯罪分子，无论判处何种刑罚，都不影响包庇毒品犯罪分子罪的成立。如果行为人包庇的是除走私、贩卖、运输、制造毒品的犯罪分子之外的其他毒品犯罪分子或者其他普通刑事犯罪，均不构成本罪，而是构成《刑法》第 310 条规定的包庇罪。

2. 客观要件。本罪在客观方面表现为行为人必须具有对走私、贩卖、运输、制造毒品罪的犯罪分子给予包庇，使其逃避法律制裁的行为。这些犯罪分子既包括尚未被抓获而潜逃在外的犯罪分子，也包括已被抓获的已决犯和未决犯。所谓"包庇"，是指向司法机关作假证明掩盖走私、贩卖、运输、制造毒品的犯罪分子罪行，或者帮助其毁灭罪证，以使其逃避法律制裁的行为。实践中，如果明知某人是公安机关正在追捕的走私、贩卖、运输、制造毒品的犯罪嫌疑人，而仍向其提供资助或者交通工具，帮助该案犯潜逃的，或者帮助毒品犯罪分子毁灭罪迹，隐匿、转移、销毁罪证等，也都是包庇毒品犯罪分子的行为。尽管包庇毒品犯罪分子的手段多种多样，但目的只有一个，即帮助毒品犯罪分子逃避法律的制裁。另外，包庇毒品犯罪分子的行为，只能发生在被包庇者实施犯罪之后，并且事先没有通谋。如果事前或事中与毒品犯罪分子有通谋的，事后又包庇的，则属于帮助犯，以共同犯罪论处。

3. 主体要件。本罪的主体为一般主体，即凡达到刑事责任年龄，并具有刑事责任能力，实施了包庇毒品犯罪分子的人，均可构成本罪，未满 16 周岁的人包庇毒品犯罪分子不构成犯罪。国家机关工作人员包庇毒品犯罪分子应从重处罚。

4. 主观要件。本罪在主观方面表现为故意，过失不构成本罪。行为人的动机多种多样，有的出于亲友之情，有的出于哥们义气，有的出于贪图钱物等，但无论出于何种动机，只要明知是走私、贩卖、运输、制造毒品的犯罪分子而予以包庇的，均构成本罪。如果行为人不知道对方是毒品犯罪分子，而提供了帮助，如住所、钱财、交通便利等，不构成犯罪。

---

① 1979 年《刑法》第 162 条规定："窝藏或者作假证明包庇反革命分子的，处三年以下有期徒刑、拘役或者管制；情节严重的，处三年以上十年以下有期徒刑。窝藏或者作假证明包庇其他犯罪分子的，处二年以下有期徒刑、拘役或者管制；情节严重的，处二年以上七年以下有期徒刑。犯前款罪，事前通谋的，以共同犯罪论处。"

② 1979 年《刑法》第 172 条规定："明知是犯罪所得的赃物而予以窝藏或者代为销售的，处三年以下有期徒刑、拘役或者管制，可以并处或者单处罚金。"

（三）窝藏、转移、隐瞒毒品、毒赃罪的构成要件

1. 客体要件。本罪侵犯的客体是国家对毒品的管制和国家司法机关的正常活动。窝藏毒品、毒赃的行为，不仅帮助犯罪分子隐匿罪证，妨碍司法机关的调查取证，使犯罪分子逃避法律的制裁，而且为毒品犯罪分子继续犯罪提供物质条件，这些毒品可以随时流入社会，危害他人的身心健康。因此，窝藏毒品、毒赃的犯罪行为具有严重的社会危害性，应依法予以惩处。

本罪的犯罪对象是犯罪分子用作犯罪的毒品、毒赃。毒品是指鸦片、海洛因、甲基苯丙胺（冰毒）、吗啡、大麻、可卡因以及国家规定能够使人形成瘾癖的麻醉药品和精神药品。毒赃是指犯罪分子进行毒品犯罪所得财物，以及由非法所得获取的收益。非法所得获取的收益是指利用毒品违法犯罪所得的财物及孳息或者经营活动所获取的财物，以及有关财产方面的利益，包括金钱、物品、股票、利息、股息、红利、用毒品犯罪所得购置的房地产、经营的工厂、公司等。这些财物必须是毒品犯罪分子进行毒品犯罪所得，如果是其他犯罪所得，可构成掩饰、隐瞒犯罪所得、犯罪所得收益罪或洗钱罪。

2. 客观要件。本罪在客观方面表现为行为人为走私、贩卖、运输、制造毒品的犯罪分子窝藏、转移、隐瞒毒品、毒赃的行为。窝藏是指将犯罪分子的毒品、毒赃窝藏在自己的住所或者其他隐蔽的场所，以逃避司法机关的追查。转移是指将犯罪分子的毒品、毒赃从一地转移到另一地，以抗拒司法机关对毒品、毒赃的追缴，帮助犯罪分子逃避法律的制裁，或者便于犯罪分子进行毒品交易等犯罪活动。隐瞒是指在司法机关询问调查有关犯罪分子的情况时，自己明知犯罪分子的毒品、毒赃藏在何处，而有意对司法机关进行隐瞒。只要行为人实施了其中任一行为，就构成本罪。窝藏的毒品、毒赃，必须是走私、贩卖、运输、制造毒品的犯罪分子的毒品、毒赃。

3. 主体要件。本罪的主体是一般主体，即任何具有刑事责任能力、达到刑事责任年龄、实施了窝藏、转移、隐瞒毒品、毒赃行为的自然人，都有可能构成本罪。

4. 主观要件。本罪在主观方面表现为故意，即行为人明知是用于走私、贩卖、运输、制造的毒品、毒赃而故意予以窝藏、转移、隐瞒，这是区分罪与非罪的标志之一。如果行为人不知是毒品、毒赃而代为保管、收藏的，不构成本罪。如果窝藏、转移、隐瞒毒品、毒赃的行为人事前与走私、贩卖、运输、制造毒品的犯罪分子有通谋的，属于共同犯罪中的帮助犯，应以共犯论处。

（四）包庇毒品犯罪分子罪与窝藏、转移、隐瞒毒品、毒赃罪的界限

1. 犯罪对象不同。前者的对象是人，即包庇的是走私、贩卖、运输、制造毒品的犯罪分子。而后者窝藏、转移、隐瞒的是毒品、毒赃。

2. 客观行为方式不同。前者表现为对走私、贩卖、运输、制造毒品犯罪分子给予包庇，提供假证明，帮助犯罪分子潜逃等行为。后者表现为对毒品、毒赃的窝藏、转移、隐瞒行为。

二、包庇毒品犯罪分子，窝藏、转移、隐瞒毒品、毒赃案件审理情况

在党中央的高度重视和坚强领导下，各地区各有关部门通力协作深入推进禁毒斗争，

我国禁毒工作取得了阶段性成效，有效遏制了毒品问题快速发展蔓延的势头，有力扭转了一些地方毒品问题严重的状况。2021年至2025年，是第五轮禁毒人民战争。随着禁毒专项行动的展开，全方位多举措打击毒品违法犯罪，加之人民群众防毒意识不断提升，毒品犯罪案件呈下降趋势，但仍处于高位。在毒品犯罪案件类型方面，中国司法大数据研究院2018年发布的《司法大数据专题报告之毒品犯罪》显示，2016年至2017年，毒品犯罪案件罪名集中于"走私、贩卖、运输、制造毒品罪""容留他人吸毒罪""非法持有毒品罪"三种，共计占比98.38%，其中，走私、贩卖、运输、制造毒品罪占比最高，达64.78%。[1] 包庇毒品犯罪分子罪，窝藏、转移、隐瞒毒品、毒赃罪案件数量占比非常少，发生重刑、重特大案件概率非常小。以云南省为例，近三年审理的包庇毒品犯罪分子罪，窝藏、转移、隐瞒毒品、毒赃罪案件数仅4件。但是，包庇毒品犯罪分子罪，窝藏、转移、隐瞒毒品、毒赃罪属于妨害禁毒型的毒品犯罪，不仅侵犯了国家对毒品的管制和国家司法机关的正常活动，还妨碍司法机关的调查取证，帮助犯罪分子逃避法律的制裁，为毒品犯罪分子继续犯罪提供物质条件，使毒品可以随时流入社会，危害他人的身心健康。因此，此类犯罪具有严重的社会危害性，应依法予以惩处。

三、包庇毒品犯罪分子，窝藏、转移、隐瞒毒品、毒赃案件审理难点问题

（一）包庇毒品犯罪分子罪审理难点问题

1. 罪与非罪的界限。对包庇毒品犯罪分子的犯罪应综合全案各种情况具体分析，如果被包庇的毒品犯罪分子所进行的毒品犯罪情节轻微，毒品数量很小，受刑罚处罚较轻，或不需要追究刑事责任，而且包庇毒品犯罪的犯罪分子主观恶性也比较小，那么包庇行为本身社会危害性就小，一般不作为犯罪处罚。在实践中要注意正确区分本罪与知情不举行为的界限。知情不举是指明知是毒品犯罪分子，而不向司法机关检举揭发，但也没有向司法机关作虚假证明，对犯罪分子也不提供积极帮助，表现为消极不作为。由于我国法律没有规定知情不举应追究刑事责任，因此该行为不构成包庇毒品犯罪分子罪。[2]

2. 包庇毒品犯罪分子罪的罪数。行为人多次包庇走私、贩卖、运输、制造毒品犯罪分子的，应当按连续犯处理。[3] 行为人一次包庇两个或两个以上的毒品犯罪分子，其中既有走私、贩卖、运输、制造毒品犯罪分子，又有其他毒品犯罪分子的，这一包庇行为既触犯了包庇毒品犯罪分子罪，又触犯了窝藏、包庇罪，这种情形属于想象竞合犯，应按从一重罪处断原则，以包庇毒品犯罪分子罪处罚。[4] 如果行为人多次实施包庇行为，既包庇走私、贩卖、运输、制造毒品的犯罪分子，又包庇其他毒品犯罪分子的，前者构成包庇毒品犯罪分子罪，后者构成包庇罪，应当实行数罪并罚。[5]

3. 包庇毒品犯罪分子罪的犯罪对象。由于《刑法》分则第六章第七节规定的类罪是

---

[1] 《司法大数据专题报告之毒品犯罪》，载最高人民法院网，https://www.court.gov.cn/fabu/xiangqing/119891.html，2018年9月19日。

[2] 李少平等主编：《中华人民共和国刑法案典》（下），人民法院出版社2016年版，第1952页。

[3] 王作富主编：《刑法分则实务研究》（下），中国方正出版社2003年版，第1787页。

[4] 李希慧主编：《妨害社会管理秩序罪新论》，武汉大学出版社2001年版，第653页。

[5] 王作富主编：《刑法分则实务研究》（下），中国方正出版社2003年版，第1788页；李希慧主编：《妨害社会管理秩序罪新论》，武汉大学出版社2001年版，第653页。

"走私、贩卖、运输、制造毒品罪",该类罪包括的具体罪名除走私、贩卖、运输、制造毒品罪外,还有非法持有毒品罪、强迫他人吸毒罪等多个罪名,而该类罪包括的具体罪名之一的包庇毒品犯罪分子罪在罪状中规定"包庇走私、贩卖、运输、制造毒品的犯罪分子的……"由此引发争议,到底包庇毒品犯罪分子罪的犯罪对象是仅指具体罪名走私、贩卖、运输、制造毒品罪的犯罪分子,还是类罪"走私、贩卖、运输、制造毒品罪"所包括的全部具体犯罪的犯罪分子?一般认为,该罪的犯罪对象仅指《刑法》第347条规定的犯罪与犯罪分子,而不是泛指所有的毒品犯罪与毒品犯罪分子。①

(二)窝藏、转移、隐瞒毒品、毒赃罪审理难点问题

1. 罪与非罪的问题。对本罪没有"数额"和"情节严重"的具体规定,从原则上说,窝藏、转移、隐瞒毒品、毒赃的行为都可构成犯罪,但根据《刑法》的规定,如果数额较小,情节显著轻微,危害不大的,不认为是犯罪。司法实践中,要综合全案情况具体分析,不能把一切窝藏、转移、隐瞒毒品、毒赃的行为认定为犯罪,如果被窝藏、转移、隐瞒的毒品、毒赃数量很小,又是初犯、偶犯等,主观恶性比较小,一般不作为犯罪处罚。②

2. 窝藏、转移、隐瞒毒品、毒赃罪的罪数问题③。本罪系行为方式、犯罪对象双重选择性的罪名,因此当行为人在一起犯罪中同时实施了窝藏、转移、隐瞒三种行为,或者实施任意两种行为,不实行数罪并罚,而是根据行为人实施的具体行为确定罪名。同理,行为人同时窝藏毒品、毒赃的,也仅是一个罪名,而不能实行数罪并罚。④

如果行为人在藏匿毒品犯罪分子同时又一并替犯罪分子藏匿毒品的。有观点认为,对于这类行为应按想象竞合犯从一重罪处断原则处理。从表面上看,该类行为似乎只有一个窝藏行为,但行为人实施窝藏毒品、毒赃的行为与藏匿毒品犯罪分子的行为并非完全重合的,故无法成立想象竞合犯。根据走私罪的相关司法解释,行为人在走私普通货物过程中走私毒品等特定物品的,也是进行数罪并罚,应当说,这和本类行为类似,因此,对于行为人在藏匿毒品犯罪分子同时又一并替罪犯藏匿毒品的,应当以包庇毒品犯罪分子罪和窝藏毒品罪进行数罪并罚。如果穿插实施包庇毒品犯罪分子行为和窝藏毒品行为,应分别定罪,实行数罪并罚;如果行为人分别实施的窝藏毒品和窝藏赃物行为之间不存在任何联系,而是属于实施完一个行为以后另起犯意的,则分别构成窝藏毒品罪和窝藏毒赃罪。

如果行为人既窝藏毒品、毒赃,又窝藏一般赃物的。有观点认为,应当按照想象竞合犯,从一重处罚,原因在于"从社会生活的意义上或是从自然意义上说,如果行为人在整个犯罪过程中只实施了一个窝藏行为,若他窝藏的对象中既有毒品、毒赃,又有其他犯罪所得的财物,那么该行为属于想象竞合犯,即一行为触犯数罪名的犯罪形态"⑤。而有观点则认为,应当具体分析行为的情况,然后再区别不同情况进行处理,在犯罪分子将毒赃和其他赃物一次交由行为人收藏,行为人明知这些财物为犯罪所获,而一并予

---

① 李少平等主编:《中华人民共和国刑法案典》(下),人民法院出版社2016年版,第1952页。
② 张军主编:《刑法[分则]及配套规定新释新解》(第9版),人民法院出版社2016年版,第1783页。
③ 张洪成、黄瑛琦:《毒品犯罪法律适用问题研究》,中国政法大学出版社2013年版,第210页。
④ 李少平等主编:《中华人民共和国刑法案典》(下),人民法院出版社2016年版,第1954页。
⑤ 郦毓贝主编:《毒品犯罪司法适用》,法律出版社2005年版,第100页。

以窝藏的，以其所触犯的较重罪名，即窝藏毒赃罪论处。如果行为人分别为犯罪分子收藏毒赃、赃物，应以窝藏毒赃罪和掩饰犯罪所得罪两罪并罚。我们认为，虽然在该行为中好像只有一个窝藏行为，但实际上，如果行为人明知是两类不同的赃物，应当分别定罪，进行数罪并罚；如果以为都是毒赃，结果也可以按照窝藏毒赃罪与掩饰、隐瞒犯罪所得罪分别定罪；如果认为都是一般的赃物，则以掩饰、隐瞒犯罪所得罪定罪即可。

在司法实践中，有的行为人以代为销售的目的故意藏匿走私、贩卖、运输、制造毒品罪的犯罪分子的毒品，对此，有论者指出，"在通常情况下，窝藏与贩卖毒品之间不具有牵连关系，对行为人应以窝藏毒品罪和贩卖毒品罪分别定罪量刑，实行并罚。因为行为人实施的窝藏毒品的行为，并不是作为贩卖毒品的手段行为，而是替毒品犯罪分子隐匿毒品。如果窝藏毒品后毒品犯罪分子又让行为人代为销售或是自己想代为销售，并付诸实施的，则是另起犯意的行为。前罪与后罪之间属于数罪的关系。但是，如果行为人以代为销售的目的而接受毒品，在寻找购买者期间藏匿毒品的，窝藏仅是贩卖的手段行为，则两者存在牵连关系，应按贩卖毒品罪论处"①。应当说，上述论断基本上是正确的，在一般观念下，先窝藏毒品，然后再贩卖的行为，显然属于两个犯意和两个犯罪行为，实行数罪并罚是没有疑问的；如果行为人以代为销售为目的而接受毒品进行藏匿，那么就应当具体分析，如果行为人开始具有与走私、贩卖、运输、制造毒品罪的犯罪分子共同的犯罪故意，那么可以构成走私、贩卖、运输、制造毒品罪的共同犯罪，如果没有共谋，可以认为属于牵连犯，按贩卖毒品罪论处；如果行为人窝藏时没有贩卖目的，而后生此故意，则以窝藏毒品罪和贩卖毒品罪，实行数罪并罚。

3. 窝藏、转移、隐瞒毒品、毒赃罪的犯罪对象问题。窝藏、转移、隐瞒毒品、毒赃罪的犯罪对象具有特定性，只能是走私、贩卖、运输、制造毒品的犯罪分子的毒品及其犯罪所得的财物。对于其他毒品犯罪的毒品、所得的财物，或者其他非毒品犯罪的所得及其收益，行为人予以窝藏、转移、隐瞒的，可能构成掩饰、隐瞒犯罪所得、犯罪所得收益罪或者洗钱罪。应当注意的是，这里的毒品、毒赃必须为他人所有，行为人不具有所有权。对于自己走私、贩卖、运输、制造的毒品或者其产生的收益进行藏匿的，有论者认为，"如果行为人藏匿的是祖存的毒品或者藏匿自己通过走私、贩卖、运输、制造获取的毒品，构成非法持有毒品罪，而不构成窝藏、转移、隐瞒毒品、毒赃罪"②。此种定性基本正确，对于行为人藏匿自己走私、贩卖、运输、制造毒品的行为，我们倾向于用牵连犯或者事后不可罚的行为理论来解释，而没有必要认定为窝藏毒品罪而进行数罪并罚。③

四、包庇毒品犯罪分子，窝藏、转移、隐瞒毒品、毒赃案件办理思路及原则

法院审理过程中，应当充分认识到本罪的复杂性和社会危害性，并遵循以下原则与思路：

一是准确理解本罪概念，坚持罪刑法定原则。例如，关于本罪的概念，刑法学界争议的焦点在于如何界定本罪的犯罪对象。有观点认为，包庇毒品犯罪分子罪的犯罪对象

---

① 郦毓贝主编：《毒品犯罪司法适用》，法律出版社 2005 年版，第 101~102 页。
② 王作富主编：《刑法分则实务研究》（下），中国方正出版社 2003 年版，第 1789 页。
③ 参见张洪成、黄瑛琦：《毒品犯罪法律适用问题研究》，中国政法大学出版社 2013 年版，第 199 页。

应包含《刑法》分则第六章第七节规定的所有毒品犯罪分子。从刑法条文的文理解释看，本罪的犯罪对象已经明确，即包庇毒品犯罪分子罪与窝藏、转移、隐瞒毒品、毒赃罪的上游犯罪都仅限于走私、贩卖、运输、制造毒品罪。从刑法条文的体系解释看，如果将窝藏、转移、隐瞒毒品、毒赃罪的上游犯罪扩大到所有的毒品犯罪，势必影响罪刑均衡甚至可能导致本末倒置。因此，准确理解本罪概念，必须坚持罪刑法定原则，对法条的法律解释必须在法律用语的逻辑含义之内展开，不能任意超越。

二是准确厘清罪与非罪，坚持证据裁判原则。对包庇毒品犯罪分子和窝藏、转移、隐瞒毒品、毒赃的犯罪应综合全案证据来认定，如果所进行的毒品犯罪情节轻微，毒品数量很小，受刑罚处罚较轻，或不需要追究刑事责任，一般不作为犯罪处罚。如果在案证据证明行为人的认识发生错误，不明知对方是走私、贩卖、运输、制造毒品的犯罪分子而予以包庇的或者不明知是走私、贩卖、运输、制造的毒品、毒赃而窝藏、转移、隐瞒的均不构成本罪。证据裁判原则在《刑事诉讼法》第55条已有明确规定，在司法实践中，要牢固树立证据裁判意识，坚持事实清楚、证据确实充分的原则。对于事实不清、证据不足的案件，属罪与非罪之疑的，要坚决依法宣告无罪。

三是准确把握量刑情节，坚持宽严相济原则。《刑法》第349条未对"情节严重"的具体情形作出规定。最高人民法院《审理毒品犯罪案件解释》第6条第1款、第2款就此问题作出具体规定。第3款还规定了实施《刑法》第349条规定的犯罪，可以免予刑事处罚的特定情形。在司法实践中，贯彻执行最高人民法院《关于贯彻宽严相济刑事政策的若干意见》是充分发挥刑事审判职能、化解社会矛盾的法律适用操作细则，用好宽严相济刑事政策，更有利于打击毒品犯罪，加强源头治理，兼顾打击与防范、惩治与教育、治标与治本，实现政治效果、法律效果和社会效果有机统一。

第二节　包庇毒品犯罪分子罪，窝藏、转移、隐瞒毒品、毒赃罪审判依据

一、法律

1.《中华人民共和国刑法》（2020年12月26日修正）

第三百四十九条　包庇走私、贩卖、运输、制造毒品的犯罪分子的，为犯罪分子窝藏、转移、隐瞒毒品或者犯罪所得的财物的，处三年以下有期徒刑、拘役或者管制；情节严重的，处三年以上十年以下有期徒刑。

缉毒人员或者其他国家机关工作人员掩护、包庇走私、贩卖、运输、制造毒品的犯罪分子的，依照前款的规定从重处罚。

犯前两款罪，事先通谋的，以走私、贩卖、运输、制造毒品罪的共犯论处。

2.《中华人民共和国禁毒法》（2007年12月29日）

第六十条　有下列行为之一，构成犯罪的，依法追究刑事责任；尚不构成犯罪的，

依法给予治安管理处罚：

（一）包庇走私、贩卖、运输、制造毒品的犯罪分子，以及为犯罪分子窝藏、转移、隐瞒毒品或者犯罪所得财物的；

（二）在公安机关查处毒品违法犯罪活动时为违法犯罪行为人通风报信的；

（三）阻碍依法进行毒品检查的；

（四）隐藏、转移、变卖或者损毁司法机关、行政执法机关依法扣押、查封、冻结的涉及毒品违法犯罪活动的财物的。

第六十九条　公安机关、司法行政部门或者其他有关主管部门的工作人员在禁毒工作中有下列行为之一，构成犯罪的，依法追究刑事责任；尚不构成犯罪的，依法给予处分：

（一）包庇、纵容毒品违法犯罪人员的；

（二）对戒毒人员有体罚、虐待、侮辱等行为的；

（三）挪用、截留、克扣禁毒经费的；

（四）擅自处分查获的毒品和扣押、查封、冻结的涉及毒品违法犯罪活动的财物的。

3.《中华人民共和国治安管理处罚法》（2012 年 10 月 26 日修正）

第六十条　有下列行为之一的，处五日以上十日以下拘留，并处二百元以上五百元以下罚款：

（一）隐藏、转移、变卖或者损毁行政执法机关依法扣押、查封、冻结的财物的；

（二）伪造、隐匿、毁灭证据或者提供虚假证言、谎报案情，影响行政执法机关依法办案的；

（三）明知是赃物而窝藏、转移或者代为销售的；

（四）被依法执行管制、剥夺政治权利或者在缓刑、暂予监外执行中的罪犯或者被依法采取刑事强制措施的人，有违反法律、行政法规或者国务院有关部门的监督管理规定的行为。

二、司法解释

1.《最高人民法院关于审理毒品犯罪案件适用法律若干问题的解释》（2016 年 4 月 6 日　法释〔2016〕8 号）

第六条　包庇走私、贩卖、运输、制造毒品的犯罪分子，具有下列情形之一的，应当认定为刑法第三百四十九条第一款规定的"情节严重"：

（一）被包庇的犯罪分子依法应当判处十五年有期徒刑以上刑罚的；

（二）包庇多名或者多次包庇走私、贩卖、运输、制造毒品的犯罪分子的；

（三）严重妨害司法机关对被包庇的犯罪分子实施的毒品犯罪进行追究的；

（四）其他情节严重的情形。

为走私、贩卖、运输、制造毒品的犯罪分子窝藏、转移、隐瞒毒品或者毒品犯罪所得的财物，具有下列情形之一的，应当认定为刑法第三百四十九条第一款规定的"情节严重"：

（一）为犯罪分子窝藏、转移、隐瞒毒品达到刑法第三百四十七条第二款第一项或者本解释第一条第一款规定的"数量大"标准的；

（二）为犯罪分子窝藏、转移、隐瞒毒品犯罪所得的财物价值达到五万元以上的；

（三）为多人或者多次为他人窝藏、转移、隐瞒毒品或者毒品犯罪所得的财物的；

（四）严重妨害司法机关对该犯罪分子实施的毒品犯罪进行追究的；

（五）其他情节严重的情形。

包庇走私、贩卖、运输、制造毒品的近亲属，或者为其窝藏、转移、隐瞒毒品或者毒品犯罪所得的财物，不具有本条前两款规定的"情节严重"情形，归案后认罪、悔罪、积极退赃，且系初犯、偶犯，犯罪情节轻微不需要判处刑罚的，可以免予刑事处罚。

2. 《最高人民法院关于审理洗钱等刑事案件具体应用法律若干问题的解释》（2009年11月4日　法释〔2009〕15号）

第三条　明知是犯罪所得及其产生的收益而予以掩饰、隐瞒，构成刑法第三百一十二条规定的犯罪，同时又构成刑法第一百九十一条或者第三百四十九条规定的犯罪的，依照处罚较重的规定定罪处罚。

第四条　刑法第一百九十一条、第三百一十二条、第三百四十九条规定的犯罪，应当以上游犯罪事实成立为认定前提。上游犯罪尚未依法裁判，但查证属实的，不影响刑法第一百九十一条、第三百一十二条、第三百四十九条规定的犯罪的审判。

上游犯罪事实可以确认，因行为人死亡等原因依法不予追究刑事责任的，不影响刑法第一百九十一条、第三百一十二条、第三百四十九条规定的犯罪的认定。

上游犯罪事实可以确认，依法以其他罪名定罪处罚的，不影响刑法第一百九十一条、第三百一十二条、第三百四十九条规定的犯罪的认定。

本条所称"上游犯罪"，是指产生刑法第一百九十一条、第三百一十二条、第三百四十九条规定的犯罪所得及其收益的各种犯罪行为。

三、刑事政策文件

《最高人民检察院、公安部关于印发〈最高人民检察院、公安部关于公安机关管辖的刑事案件立案追诉标准的规定（三）〉的通知》（2012年5月16日　公通字〔2012〕26号）

第三条　包庇走私、贩卖、运输、制造毒品的犯罪分子，涉嫌下列情形之一的，应予立案追诉：

（一）作虚假证明，帮助掩盖罪行的；

（二）帮助隐藏、转移或者毁灭证据的；

（三）帮助取得虚假身份或者身份证件的；

（四）以其他方式包庇犯罪分子的。

实施前款规定的行为，事先通谋的，以走私、贩卖、运输、制造毒品罪的共犯立案追诉。

第四条　为走私、贩卖、运输、制造毒品的犯罪分子窝藏、转移、隐瞒毒品或者犯罪所得的财物的，应予立案追诉。

实施前款规定的行为，事先通谋的，以走私、贩卖、运输、制造毒品罪的共犯立案追诉。

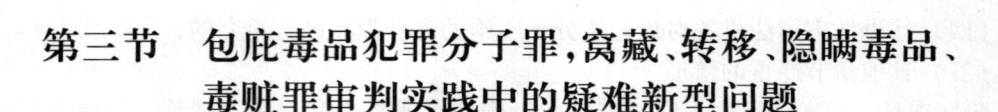

第三节 包庇毒品犯罪分子罪,窝藏、转移、隐瞒毒品、毒赃罪审判实践中的疑难新型问题

问题 1. 被告人曾参与贩卖毒品,后又单方面帮助他人窝藏、转移毒品的,如何定罪

【刑事审判参考案例】智某某、蒋某某贩卖、窝藏、转移毒品案[①]

一、基本案情

被告人智某某与被告人蒋某某系夫妻关系,但因关系不融洽分居生活。智某某及其子女住在江苏省无锡市区的家中,蒋某某住在江阴市的家中,双方平时不常来往。2008年10月至11月,智某某先后5次单独向黄某贩卖海洛因共计3.05克。蒋某某得知后,征得智某某同意,先后2次从智某某处取得海洛因并向苗某贩卖共计1.4克,还单独先后2次向苗某贩卖海洛因共计2克。

同年11月5日晚,公安机关在无锡市风雷立交桥附近将被告人智某某抓获,查获海洛因0.4克。同月8日上午,被告人蒋某某获悉智某某被抓后,遂骑摩托车到智某某的住处将智某某的4包粉末(同月4日智某某单独从上海购买)取出离开。后因交通违章,蒋某某在无锡市通江大道被民警拦下检查,4包粉末被查获。经鉴定,其中88.5克黄色粉末中含有海洛因成分,含量为0.04%。被告人智某某贩卖海洛因93.35克;被告人蒋某某贩卖海洛因3.4克,窝藏、转移海洛因88.5克。

本案经无锡市崇安区人民法院一审。法院认为,被告人智某某单独或伙同被告人蒋某某贩卖海洛因,二人的行为均已构成贩卖毒品罪。蒋某某为智某某窝藏、转移海洛因,其行为还构成窝藏、转移毒品罪,且情节严重。公诉机关指控智某某、蒋某某向他人贩卖海洛因的犯罪事实清楚,证据确实、充分,但将从蒋某某处查获的88.5克海洛因指控为其贩卖毒品的数量不当。经查,蒋某某在得知智某某被抓后,为不让智某某藏于家中的毒品被查获,将毒品转移到他处隐藏,其行为不构成贩卖毒品罪,而构成窝藏、转移毒品罪。鉴于智某某属于以贩养吸,且认罪态度较好,可从轻处罚。蒋某某被抓获后,主动交代了公安机关尚未掌握的贩卖毒品罪行,对其所犯贩卖毒品罪以自首论,可依法减轻处罚。对智某某、蒋某某的辩解及其辩护人所提辩护意见予以采纳。被告人智某某犯贩卖毒品罪,判处有期徒刑十五年,剥夺政治权利五年,并处没收个人财产人民币3万元;被告人蒋某某犯贩卖毒品罪,判处有期徒刑二年,并处罚金人民币2000元;犯窝藏、转移毒品罪,判处有期徒刑四年,决定执行有期徒刑五年六个月,并处罚金人民币2000元。

一审宣判后,被告人智某某、蒋某某未上诉,检察机关亦未抗诉,判决已发生法律

[①] 徐振华、韩锋、蒋璟撰稿,吴光侠审编:《智某某、蒋某某贩卖、窝藏、转移毒品案——被告人曾参与贩卖毒品,后又单方面帮助他人窝藏、转移毒品的,如何定罪(第617号)》,载最高人民法院刑事审判第一、二、三、四、五庭主办:《刑事审判参考》(总第73集),法律出版社2010年版,第65~69页。

效力。

二、主要问题

被告人蒋某某从被告人智某某住处取走 88.5 克海洛因的行为,应如何定罪处罚?

三、裁判理由

根据最高人民法院 2008 年印发的《大连会议纪要》中"对于以贩养吸的被告人,其被查获的毒品数量应认定为其犯罪的数量"的规定,被告人蒋某某从被告人智某某住处取走的 88.5 克海洛因,应当计入智某某贩卖毒品的数量。这一点没有争议。但是,对于应否将该 88.5 克海洛因认定为蒋某某贩卖毒品的数量,存在一定争议。一种意见认为,对以贩养吸的贩毒人员尚且要将查获的毒品认定为其贩卖毒品的数量,对于本身不吸毒却贩毒的人员,更应将查获的毒品认定为其贩卖毒品的数量,故应将蒋某某取走的 88.5 克海洛因也认定为贩卖毒品罪。另一种意见认为,蒋某某在智某某被抓获后,从智某某的住处取走 88.5 克海洛因,目的是防止被公安机关查获,以减轻智某某的罪责,完全符合窝藏、转移毒品罪的构成要件,应认定为窝藏、转移毒品罪。

我们同意后一种意见,即被告人蒋某某取走 88.5 克海洛因的行为,不构成贩卖毒品罪,而构成窝藏、转移毒品罪。具体分析如下:

首先,被告人蒋某某取走 88.5 克海洛因的行为不构成贩卖毒品罪。蒋某某的犯罪事实有一定特殊性,其曾经从被告人智某某处拿取少量毒品进行贩卖。这对于认定其携带 88.5 克海洛因行为的性质有一定影响。客观地说,如不被查获,不能排除蒋某某今后可能将这些海洛因予以出售牟利。但是,犯罪是主客观相统一的整体,对行为性质的认定应以有确切证据证明的事实为根据,不能因蒋某某曾经从智某某处拿取少量海洛因进行贩卖,就推定其取走 88.5 克海洛因必然也用于贩卖。在案证据表明,被查获的 88.5 克海洛因系智某某被抓获前一天独自从上海购进的,现无证据证明智某某和蒋某某事先对这 88.5 克海洛因的处理有过通谋。《刑法》第 349 条也规定,为犯罪分子窝藏、转移、隐瞒毒品或者犯罪所得的财物,事先通谋的,以走私、贩卖、运输、制造毒品罪的共犯论处。这说明,如果被告人没有事先通谋,则不构成共同犯罪。从二人分居两地且往来较少的情况看,二人未事先通谋也符合情理,故对于蒋某某取走 88.5 克海洛因的行为,不能认定为贩卖毒品的共同犯罪行为。同时,也没有证据证实蒋某某是在他人表示希望购买毒品后才去取这些毒品的。相反,蒋某某被查获后始终辩称,其取走毒品的目的或是扔掉或是隐藏,以帮助智某某减轻罪责,而从未承认过是准备供自己日后贩卖。这种辩解具有一定合理性,在案证据无法推翻这种辩解。在此情况下,对蒋某某取走 88.5 克海洛因的行为不能认定为贩卖毒品罪。

其次,被告人蒋某某取走 88.5 克海洛因的行为符合窝藏、转移毒品罪的构成要件,且属于情节严重。《刑法》第 349 条第 1 款规定,为犯罪分子窝藏、转移、隐瞒毒品或者犯罪所得的财物的,处三年以下有期徒刑、拘役或者管制;情节严重的,处三年以上十年以下有期徒刑。这表明,窝藏、转移毒品罪是行为犯,对行为人窝藏、转移的毒品没有数量上的要求,只要实施了窝藏、转移毒品行为的,就构成该罪。根据《审理毒品犯罪案件解释》第 6 条第 2 款的规定,对于具有窝藏、转移毒品数量大(如海洛因 50 克以上)、多次窝藏、转移毒品等情形的,可以认定为窝藏、转移毒品"情节严重"。本案中,被告人蒋某某获悉被告人智某某被抓获后,为防止智某某藏于家中的毒品被查获而受到更重处罚,前往智某某住处转移毒品,其行为完全符合窝藏、转移毒品罪的构成要件,应认定构成窝藏、转移毒品罪。同时,其窝藏、转移的海洛因达 88.5 克,数量大,可以认定为窝藏、转移毒品"情节严重",应在三年至十年的法定刑幅度内量刑。一审法院对蒋某某以窝藏、转移毒品罪判处有期徒刑四年,定罪准确,量刑适当。

上述分析表明,审判工作中遇到案件有定性分歧,而不同罪名的法定刑差别很大时,准确定罪十分重要。对被告人蒋某某被查获携带 88.5 克海洛因,如果认定为贩卖毒品罪,则对应的法定刑为十五年以上有期徒刑、无期徒刑或者死刑。虽然这些海洛因的含量极低,仅为 0.04%,但刑法规定对走私、贩卖、运输、制造、非法持有毒品罪的毒品数量,不以纯度折算,故即使适当考虑毒品纯度极低的因素,量刑也不能低于十五年有期徒刑。反之,如果认定为窝藏、转移毒品罪,即使情节严重,对应的法定刑也才三年至十年有期徒刑,处罚明显较轻。在这种情况下,根据案件的具体事实,准确认定被告人蒋某某犯罪的性质,将直接决定其所受处罚的公正性与合理性,对于有效发挥刑罚的惩罚和教育功能,有积极的现实意义。

问题 2. 接受以毒品抵债的行为如何定性

【典型案例】 林某、詹某窝藏毒品案[①]

一、基本案情

1996 年 4 月,林某的姐夫李某在居间介绍买卖毒品的过程中,将毒贩宋某某的一袋 340 克的"白粉"送至林某家中隐藏。后来由于李某贩卖的另一袋宋某某的"白粉"被认为纯度不高,是假的,卖不出去,李某被宋某某追要此前承诺的货款,于是在 1997 年 7 月李某将藏匿于林某家中的那袋"白粉"退还给宋某某,宋某某立即将该袋"白粉"转放到詹某家,抵押其欠詹某的 200 元。1998 年 2 月案发后,经辽宁省公安厅刑事技术处检验,报告结果表明,从詹某处收缴的 340 克白色粉末中未检出可疑药物成分。

辽宁省辽阳市白塔区人民法院经审理后认为:被告人林某、詹某明知是毒品而予以窝藏,其行为均已构成窝藏毒品罪,本应依法从重处罚,但经鉴定系假毒品,可按未遂减轻处罚。从而判决林某犯窝藏毒品罪,判处拘役三个月;詹某犯窝藏毒品罪,判处拘役三个月。

二、主要问题

詹某接受以毒品抵债的行为,应如何定罪处罚?

三、裁判理由

法院经审理后认为,林某、詹某明知是毒品而予以窝藏,其行为均已构成窝藏毒品罪。对于接受以毒品抵债的行为如何定性的问题,我们认为,主要看毒品的去向,如果接受人明知道用于抵债的毒品是用于走私、贩卖等毒品犯罪活动的,应当以窝藏毒品罪定罪处罚。如果接受人不知道或者不应当知道用于抵债的毒品是用于走私、贩卖等毒品犯罪活动,而且持有数量较大的,则应当对接受人以非法持有毒品罪定罪处罚。债务人将非法持有的毒品用于抵债,如果用于抵债的毒品数量较大的,接受毒品抵债的行为人也应定非法持有毒品罪。

---

① 李少平等主编:《中华人民共和国刑法案典》(下),人民法院出版社 2016 年版,第 1954 页。

问题 3. 包庇毒品犯罪分子罪与其他犯罪之区别

【实务专论】[①]

一、包庇毒品犯罪分子罪与徇私枉法罪的界限

徇私枉法罪，是指国家司法工作人员利用司法职权徇私舞弊，对明知是无罪的人而故意使受追诉或者对明知是有罪的人而故意包庇使他不受追诉，或者故意违背事实和法律作枉法裁判的行为。两罪都是对明知有罪的人而故意包庇的行为，但二者又是性质不同的犯罪。其区别主要是：

1. 犯罪的主体不同。包庇毒品犯罪分子罪是一般主体，而后罪的主体为司法工作人员。

2. 犯罪的手段不同。包庇毒品犯罪分子行为手段形式可以是多种多样的，目的是为其掩盖罪行，而后罪的行为人只能是利用司法职务上的便利，对明知是有罪的人而故意包庇使他不受追诉。

3. 实施的时间要求不同。包庇毒品犯罪分子罪，包庇行为可以在任何时候发生，而后罪的实施一般只能在被包庇的犯罪分子被判决之前，最晚到判决为止。

4. 对象不同。包庇毒品犯罪分子罪的对象仅限于走私、贩卖、运输、制造毒品的犯罪分子，而后罪的对象没有限制。对于司法工作人员，没有利用职权，实施了包庇走私、贩卖、运输、制造毒品的犯罪分子的行为，只能定包庇毒品犯罪分子罪，对于利用职权，包庇以上犯罪分子的行为，只能按《刑法》第 399 条徇私枉法罪定罪量刑。

二、包庇毒品犯罪分子罪与伪证罪的界限

伪证罪是指在刑事诉讼中，证人、鉴定人、记录人、翻译人对与案件有重要关系的情节，故意作虚假证明、鉴定、记录、翻译，意图陷害他人或者隐匿罪证的行为。从定义中可以看出伪证罪中的故意作虚假证明，为犯罪分子隐匿罪证的行为与包庇毒品犯罪分子罪的行为相似。二者区别主要是：

1. 主体要件不同。包庇毒品犯罪分子罪是一般主体，而伪证罪的主体为特殊主体，它只限于证人、鉴定人、记录人、翻译人。

2. 实施犯罪行为的时间和条件不同。包庇毒品犯罪分子的行为人实施的犯罪行为，可以在毒品犯罪分子被逮捕、关押之前，也可以在被逮捕、关押判刑之后，而伪证罪的行为人实施的犯罪行为，则只能在侦查、审判阶段。

3. 实施犯罪行为的内容和对象不同。包庇毒品犯罪分子的行为人，掩盖的是犯罪分子的全部罪行或重要犯罪事实。包庇毒品犯罪分子罪的对象，可以是未经逮捕或者判刑的，也可以是已经判决的犯罪分子。而伪证罪的行为人则必须是在侦查、起诉、审判中对与案件有重要关系的情节作虚假的陈述或隐匿罪证。伪证罪的对象只能是正在侦查或审判中的未决犯。

[①] 张军主编：《刑法 [分则] 及配套规定新释新解》（第 9 版），人民法院出版社 2016 年版，第 1782～1783 页。

问题 4. 窝藏、转移、隐瞒毒品、毒赃罪与非法持有毒品罪的区别

【实务专论】

非法持有毒品罪,是指明知是鸦片、海洛因、甲基苯丙胺或者其他毒品,而非法持有且数量较大的行为。二者的区别主要是:

1. 犯罪动机不同。① 非法持有毒品罪的主观故意是明知是鸦片、海洛因、甲基苯丙胺或者其他毒品而非法持有。窝藏、转移、隐瞒毒品、毒赃罪的主观故意是故意为毒品犯罪分子窝藏、转移、隐瞒毒品、毒赃,达到逃避司法机关法律制裁的目的。

2. 数额规定不同。窝藏、转移、隐瞒毒品、毒赃罪没有数额规定。而非法持有毒品罪规定了必须非法持有鸦片达到 200 克以上,海洛因、甲基苯丙胺 10 克以上或者其他毒品数量较大的,才构成非法持有毒品罪。

3. 客观方面不同。② 窝藏毒品罪侵犯的是国家惩治毒品犯罪的正常活动,而非法持有毒品罪侵犯的是国家对毒品的管制秩序。窝藏毒品罪的犯罪对象是其他毒品犯罪分子的毒品,目的在于逃避司法机关的追查;而非法持有毒品罪的犯罪对象是行为人所持有的一切毒品,不管毒品的"所有人"是谁。

在某些情况下,两罪会发生交叉,即行为人既触犯窝藏毒品罪,也触犯非法持有毒品罪,二者属于法条竞合关系。窝藏毒品的行为必然也是非法持有的行为,但窝藏毒品的行为人在持有行为外,主观上还有为其他犯罪分子窝藏毒品的心理,故在此处适用法条竞合"特殊法优于普通法"的原则,按窝藏毒品罪定罪处罚。

问题 5. 窝藏、转移、隐瞒毒品、毒赃罪与洗钱罪的界限

【实务专论】③

洗钱罪,是指明知是毒品犯罪、黑社会性质的组织犯罪、恐怖活动犯罪、走私犯罪、贪污贿赂犯罪、破坏金融管理秩序犯罪、金融诈骗犯罪的所得及其产生的收益,为掩饰、隐瞒其来源与性质,而提供资金账户,将财产转换为现金、金融票据、有价证券,通过转账或者其他支付结算方式转移资金,跨境转移资产,或者以其他方法掩饰、隐瞒犯罪所得及其收益的来源和性质的行为。二者区别主要是:

1. 侵犯的客体不同。窝藏、转移、隐瞒毒品、毒赃罪侵犯的是单一客体,即社会管理秩序。洗钱罪侵犯的是双重客体,其中主要是金融管理秩序。

2. 行为的对象不同。窝藏、转移、隐瞒毒品、毒赃罪特指走私、贩卖、运输、制造毒品罪的毒品和毒赃。洗钱罪指七类上游犯罪的赃款、赃物或者其收益。

3. 行为方式不同。窝藏、转移、隐瞒毒品、毒赃罪指行为人为走私、贩卖、运输、制造毒品罪的犯罪分子窝藏、转移、隐瞒毒品或者犯罪所得的财物,是属于广义上的"洗钱"行为。洗钱罪指行为人通过中介机构将有关违法所得及其产生的收益的来源和性

---

① 张军主编:《刑法[分则]及配套规定新释新解》(第 9 版),人民法院出版社 2016 年版,第 1784 页。
② 李少平等主编:《中华人民共和国刑法案典》(下),人民法院出版社 2016 年版,第 1954 页。
③ 张军主编:《刑法[分则]及配套规定新释新解》(第 9 版),人民法院出版社 2016 年版,第 683 页、第 686~687 页。

质加以隐瞒和掩饰，是属于狭义上的"洗钱"行为。

根据《最高人民法院关于审理洗钱等刑事案件具体应用法律若干问题的解释》的规定，明知是犯罪所得及其产生的收益而予以掩饰、隐瞒，构成《刑法》第 312 条（掩饰、隐瞒犯罪所得、犯罪所得收益罪）规定的犯罪，同时又构成《刑法》第 191 条（洗钱罪）或者第 349 条（窝藏、转移、隐瞒毒品、毒赃罪）规定的犯罪的，依照处罚较重的规定定罪处罚。

第五章
非法生产、买卖、运输制毒物品、走私制毒物品罪

第一节 非法生产、买卖、运输制毒物品、走私制毒物品罪概述

1997年修订的《刑法》第350条增设走私制毒物品罪、非法买卖制毒物品罪。1997年12月，最高人民法院、最高人民检察院对《刑法》第350条第1款确定罪名时，规定了"走私制毒物品罪"和"非法买卖制毒物品罪"两个罪名，从而在法律和司法解释层面明确了"制毒物品"的概念。2015年8月29日《刑法修正案（九）》第41条对《刑法》第350条第1款、第2款进行了修改，增设了非法生产、运输制毒物品罪，并对该罪的入罪情节和量刑标准作出了修改，按照情节较重、情节严重、情节特别严重三个档次重新设置了法定刑。2015年10月30日，《最高人民法院、最高人民检察院关于执行〈中华人民共和国刑法〉确定罪名的补充规定（六）》将该条的相关罪名修改为"非法生产、买卖、运输制毒物品、走私制毒物品罪"。

一、非法生产、买卖、运输制毒物品、走私制毒物品罪概念及构成要件

非法生产、买卖、运输制毒物品、走私制毒物品罪，是指违反国家规定，非法生产、买卖、运输醋酸酐、乙醚、三氯甲烷或者其他用于制造毒品的原料、配剂，或者携带上述物品进出境，情节较重的行为。①

涉及制毒物品的犯罪与走私、贩卖、运输、制造毒品罪和促进他人消费毒品的犯罪（如引诱、教唆、欺骗他人吸毒罪，强迫他人吸毒罪，容留他人吸毒罪，非法提供麻醉药品、精神药品罪等）以及持有、包庇型毒品犯罪（如非法持有毒品罪、包庇毒品犯罪分子罪，窝藏、转移、隐瞒毒品、毒赃罪等）共同构成了涉毒品犯罪的刑法体系。本罪属

---

① 参见高铭暄、马克昌主编：《刑法学》（第10版），北京大学出版社2022年版，第610页。

于涉及制毒物品①的犯罪，需要注意的是，该类型罪名还包括非法种植毒品原植物罪和非法买卖、运输、携带、持有毒品原植物种子、幼苗罪。

非法生产、买卖、运输制毒物品、走私制毒物品罪的构成要件如下：

1. 本罪侵犯的客体是国家对醋酸酐、乙醚、三氯甲烷或者其他用于制造毒品的原料或者配剂的管制和国家对外贸易监管制度，属于复杂客体。我国对制毒化学物品实行由国家统一归口管理的制度，严禁任何单位和个人非法生产、买卖、运输、携带制毒物品进出国（边）境。该罪的犯罪对象为国家统一管制的醋酸酐、乙醚、三氯甲烷或者其他用于制造毒品的原料或配剂。原料是制毒物品的主要成分，配剂是制毒物品的辅助成分，二者对毒品的生成缺一不可。该罪名属于选择性罪名，走私制毒物品罪是可选择罪名之一。

2. 本罪在客观方面表现为违反国家制毒物品管理法规和海关法规，非法实施了生产、买卖、运输、走私醋酸酐、乙醚、三氯甲烷或者其他用于制造毒品的原料或者配剂的行为。违反国家规定，是指行为违反了国家制毒物品管理法规和海关法规等。如果没有违反上述法规，而是经国家有关部门审核批准，在国家严格限制的范围内进行生产、买卖、运输等的，属于合法行为，不构成犯罪。

3. 本罪的主体为一般主体，即凡是达到刑事责任年龄具有刑事责任能力，实施了非法生产、买卖、运输、走私制毒物品的人，均可构成本罪。单位也可成为本罪的主体。

4. 本罪在主观方面表现为故意，即行为人明知是国家管制的用于制造毒品的原料或者配剂，而实施了非法生产、买卖、运输、走私行为。如果明知他人制造毒品，而故意为其生产、买卖、运输、走私制毒物品的，则应以制造毒品罪的共犯处罚。明知他人实施走私或者非法买卖制毒物品犯罪，而为其运输、储存、代理进出口或者以其他方式提供便利的，以走私或者非法买卖制毒物品罪的共犯论处。

司法实践中需要注意区别制毒物品、毒品、易制毒化学品、兴奋剂、药品、毒药、毒物等概念之间的区别和联系。如《刑法》第125条第2款规定"非法制造、买卖、运输、储存毒害性、放射性、传染病病原体等物质，危害公共安全的，依照前款的规定处罚"，该条文的定罪罪名为非法制造、买卖、运输、储存危险物质罪，其中的毒害性物质主要包括毒鼠强、氟乙酰胺、氟乙酸钠、毒鼠硅、甘氟的原粉、原液、制剂等，不同于制毒物品。

二、非法生产、买卖、运输制毒物品、走私制毒物品案件审理情况

以2016年到2017年为例，两年间全国法院审理的毒品犯罪案件罪名集中于走私、贩卖、运输、制造毒品罪，容留他人吸毒罪和非法持有毒品罪三个罪名，共计占比98.38%，其余9个罪名占比仅1.62%。2016年、2017年新收案件分别为11.58万件、11.12万件，如果以涉制毒物品罪占比9个罪名中1/10进行大致估算，两年内全国审理案件量分别为187件、180件，平均每个高级人民法院辖区年度审理案件数量在10件以内。以云南省为例，2017年到2021年新收非法生产、买卖、运输制毒物品、走私制毒物

---

① 广义的制毒物应当包括制毒物品、制毒设备器材和毒品原植物及其种子、幼苗等，而狭义的制毒物则仅指《刑法》规定的制毒物品。

品罪的案件数量分别为2件、11件、6件、8件、8件,总体数量较少,大致符合上述估算的情况。这说明司法实践中各有关部门对该类违法犯罪的规制远远不够,其中原因包括但不限于生产经营管理存在漏洞、查缉困难、鉴定困难、宣传力度不够等。因此,对该类违法犯罪行为的规制和惩处力度亟须进一步加大。

虽然涉制毒物品犯罪的案件总体数量在涉毒品犯罪案件之中属于"小众型"罪名,但是涉制毒物品罪属于源头性毒品犯罪,对其采取高压严打态势对控制毒品违法犯罪的蔓延具有不可忽视的重要作用,对该类案件的侦查、起诉和审判工作也决不能放松,惩处标准也理应从严掌握。

根据最高人民法院2018年发布的毒品犯罪司法大数据,当前,毒品走私入境,制造毒品,大宗贩卖毒品,非法生产、买卖制毒物品等源头性毒品犯罪和"零包"贩卖、容留吸毒等末端毒品犯罪多发;涉案毒品种类多样化,初步呈现海洛因、冰毒、新精神活性物质等毒品"三代并存"的态势;广东、四川、湖南、云南等多个省份毒品犯罪数量相对较多。面对严峻的毒品犯罪形势,人民法院始终坚持依法从严惩处毒品犯罪,重点严惩走私毒品、制造毒品、大宗贩卖毒品等严重毒品犯罪,并加大对制毒物品犯罪、多次"零包"贩卖毒品、引诱、教唆、欺骗、强迫他人吸毒及非法持有毒品等犯罪的惩处力度。

2021年6月23日,在第34个"6·26"国际禁毒日来临之际,云南省高级人民法院发布自第四轮禁毒人民战争以来云南法院毒品案件审判工作情况,指出"下一阶段,云南法院将加大对制毒物品犯罪的打击,重点防止制毒物品走私出境,从源头上减少毒品"。近几年,公安机关仍时常破获大宗涉制毒物品案件。如2020年10月20日,犯罪嫌疑人王某在云南省沧源县拟以边民互市渠道的方式将铁桶、塑料桶、方便面、快餐盒等货物申报出境。海关关员依法对王某驾驶的车辆开展检查,在该车车厢内检查发现除载运申报的物品外,还夹藏有未申报的蓝色铁桶及蓝色塑料桶装物共80桶。经鉴定,为国家管制的易制毒化学品甲苯,共10.91吨。该案件分别被海关总署、云南省高级人民法院、云南省人民检察院列为年度十大典型案例。又如2021年,经云南省永德县人民法院一审作出(2021)云0923刑初62号判决、临沧市中级人民法院二审作出(2021)云09刑终165号裁定维持原判,以犯非法运输、走私制毒物品罪分别判处被告人陈某某、赵某某、邓某某等8名被告人十三年至四年有期徒刑不等刑罚。经称量、鉴定,查获在案的制毒物品二氯乙烷净重29162.835千克,甲苯111桶、净重20004.42千克,乙酸乙酯1821桶、净重100440.725千克,氯化亚砜87桶、净重25873.8千克。

2022年1月19日,公安部召开新闻发布会通报2021年禁毒成果。通报指出"严控制毒要素、防范制毒物品非法流失迈出新步伐。坚持源头管控、打防结合,持续推进制毒物品清理整顿,从源头上防控流失风险、遏制制毒活动。新增列管6种易制毒化学品,强化可疑交易核查、制毒原料来源倒查,共查获制毒物品1282吨,同比下降45%。全国易制毒化学品管理信息系统上线运行,为20多万家相关企业提供免费服务,推进了销售核验、购买运输核销、跨省运输协查、异地存储监管和最终用户审核等措施落实。严格管理向特定国家出口化学品"。"严厉打击境外制毒工厂。统筹境内和境外两个战场,按梯次组织开展境外'清源'一号、二号、三号行动。与相关国家合作打掉境外毒品加工厂4个、毒品仓库5个、易制毒化学品仓库15个,抓获境内外毒品犯罪嫌疑人162名,缴获各类毒品15.48吨、制毒物品223吨、枪支17支、子弹2010发。其中,云南省临沧市侦破的'12·30'部级目标案件一案就捣毁境外制毒工厂 2 个、毒品和制毒物品仓库 5 个,抓获境内外犯罪嫌疑人 52 名,缴获各类毒品 8.67 吨、制毒物品 110 余吨、枪支 12 支、子弹 1220 发,刷新了我国个案跨境缴毒数第一、境外缉毒缴枪数第一、捣毁境外制毒加工厂和仓库数第一的纪录。"

三、非法生产、买卖、运输制毒物品、走私制毒物品案件审理热点、难点问题

结合司法实际,此类案件的审理难点主要有三个方面:

一是罪与非罪的区分问题,主要涉及入罪门槛和例外规定的把握。该罪不同于《刑法》关于走私、贩卖、运输、制造毒品罪中"无论数量多少,都应当追究刑事责任,予以刑事处罚"的规定,其具有"情节较重"的入罪门槛和"情节严重""情节特别严重"共计三个量刑档次。《刑法修正案(九)》在入罪条件中增加了"情节较重"的规定,目的就是把握罪与非罪的界限,并不是出现了生产、买卖、运输制毒物品的行为,就必然要追究刑事责任。实践中,有些易制毒化学品一般同时具有正常的生产、生活、医药等用途,对于为生产、生活所需要,但在生产、运输等过程中违反有关规定的,如具有生产药用麻黄素资质的合法企业,未按照要求履行批准手续,或者超过批准数量、品种要求而生产的,个人未办理许可证明或者备案证明而购买高锰酸钾等易制毒化学品的等,在追究责任的过程中,需要划清罪与非罪的界限。2016 年最高人民法院《审理毒品犯罪案件解释》中规定,易制毒化学品生产、经营、购买、运输单位或者个人未办理许可证明或者备案证明,生产、销售、购买、运输易制毒化学品,确实用于合法生产、生活需要的,不以制毒物品犯罪论处。应当注意,根据上述司法解释规定以及 2009 年《最高人民法院、最高人民检察院、公安部关于办理制毒物品犯罪案件适用法律若干问题的意见》的规定,该款规定仅适用于非法制造、买卖、运输制毒物品行为,对于走私易制毒化学品的行为,即使确有证据证明用于生产、生活需要,也可能构成走私制毒物品罪。

二是此罪与彼罪的区分问题,主要涉及在案违禁品的鉴定、认定问题以及与毒品等的区别,如关于本罪与走私、贩卖、运输、制造毒品罪的区分。实践中,有些制毒原料本身就是毒品,如提炼海洛因的鸦片、黄皮、吗啡,如果非法生产、买卖、运输、携带进出境的是这些本身属于毒品的原料,则应当以走私、贩卖、运输、制造毒品罪定罪处罚。又如,司法解释明文规定的可卡因、大麻油、大麻脂、大麻叶、大麻烟、咖啡因、罂粟壳等,即属于毒品范畴而非制毒物品范畴。根据最高人民法院研究室 2010 年《关于贩卖、运输经过取汁的罂粟壳废渣是否构成贩卖、运输毒品罪的答复》的规定,由于查获在案的是经过取汁的罂粟壳废渣,吗啡含量只有 0.01%,含量极低,从技术和成本看,基本不可能用于提取吗啡。对该案被告人不宜以贩卖、运输毒品罪论处,如查明行为人有将罂粟壳废渣作为制售毒品原料予以利用的故意,可建议由公安机关予以治安处罚。再如,司法实践中出现的各类新型毒品,如冠以"止咳水""神仙水""开心水""跳跳糖""迷幻蘑菇""笑气""浴盐"等名称,往往含有一种或者多种毒品成分,大多数被直接认定为毒品而非制毒物品,原因主要有以下几点:第一,该类物品往往是以最终消费而非待加工品、半成品的状态出现,一般均系直接投入市场供终端消费;第二,该类物品虽形态各异,但经鉴定往往直接具备一种或者多种普通毒品的成分;第三,该类物品一般不具备再行加工的可能性和必要性;第四,该类物品一般不包含在《易制毒化

学品管理条例》中。还如，近几年司法实践中常见的"鸦片水"或者"鸦片溶液"案件，根据案件实际情况，有的法院依据2008年最高人民法院《大连会议纪要》规定"购进制造毒品的设备和原材料，开始着手制造毒品，但尚未制造出粗制毒品或者半成品的，以制造毒品罪的未遂论处"，认定为制造毒品罪未遂；有的法院根据侦查机关将鸦片水根据一定方法蒸干后的数量进行计算；有的法院将鸦片水根据一定比率折算成认定的毒品数量；有的法院将"鸦片水"直接认定为毒品。该问题现在尚未有定论，但根据罪责刑相适应的原则和案件实际情况作出一定的折中判断从而实体公正量刑可能更为符合实际情况。

三是关于主观明知的判断标准和与制造毒品等罪犯罪故意的区别问题。根据司法解释规定，如果明知他人制造毒品，而故意为其生产、买卖、运输、走私制毒物品的，则应以制造毒品罪的共犯处罚。明知他人实施走私或者非法买卖制毒物品犯罪，而为其运输、储存、代理进出口或者以其他方式提供便利的，以走私或者非法买卖制毒物品罪的共犯论处。以加工、提炼制毒物品制造毒品为目的，购买麻黄碱类复方制剂，或者运输、携带、寄递麻黄碱类复方制剂进出境的，以制造毒品罪定罪处罚。以加工、提炼制毒物品为目的，购买麻黄碱类复方制剂，或者运输、携带、寄递麻黄碱类复方制剂进出境的，分别以非法买卖制毒物品罪、走私制毒物品罪定罪处罚。将麻黄碱类复方制剂拆除包装、改变形态后进行走私或者非法买卖，或者明知是已拆除包装、改变形态的麻黄碱类复方制剂而进行走私或者非法买卖的，分别以走私制毒物品罪、非法买卖制毒物品罪定罪处罚。非法买卖麻黄碱类复方制剂或者运输、携带、寄递麻黄碱类复方制剂进出境，没有证据证明系用于制造毒品或者走私、非法买卖制毒物品，或者未达到走私制毒物品罪、非法买卖制毒物品罪的定罪数量标准，构成非法经营罪、走私普通货物、物品罪等其他犯罪的，依法定罪处罚。

2009年《最高人民法院、最高人民检察院、公安部关于办理制毒物品犯罪案件适用法律若干问题的意见》对于走私或者非法买卖制毒物品行为，规定了七种在查获了易制毒化学品的前提下，结合犯罪嫌疑人、被告人的供述和其他证据，经综合审查判断，可以认定其"明知"是制毒物品而走私或者非法买卖的情形（对该规定当然解释可扩大适用至非法制造、运输行为中），但有证据证明确属被蒙骗的除外。

四、非法生产、买卖、运输制毒物品、走私制毒物品案件办理思路及原则

非法生产、买卖、运输制毒物品、走私制毒物品罪在司法实践中适用的频率相对较低，属于一个相对生僻的罪名。办理此类案件时，应当充分认识到本罪的特殊性，并遵循以下原则与思路：

第一，准确把握罪与非罪的界定。要依法认定罪与非罪问题，绝不是出现了生产、买卖、运输制毒物品的行为，就必然要追究刑事责任，而要根据案件实际情况准确把握和界定。

第二，准确认定罪名，做到宽严相济、罪责刑相适应。本罪的犯罪方式和形态多样，需要根据不同的行为方式分别认定，因此，这就需要全面收集、固定、审查和认定证据，准确查明犯罪事实，立足行为人实施的具体行为来对其行为方式进行认定，从而准确适用罪名。《审理毒品犯罪案件解释》第7条、第8条就此问题作出了具体规定，其中第7

条第 3 款还规定了不以制毒物品犯罪论处的情形。该规定充分体现了宽严相济刑事政策的要求，在司法实践中，还应充分贯彻执行《最高人民法院关于贯彻宽严相济刑事政策的若干意见》，充分发挥刑事审判职能化解社会矛盾的作用。用好宽严相济刑事政策，更有利于打击毒品犯罪，加强源头治理，兼顾打击与防范、惩治与教育、治标与治本，实现政治效果、法律效果和社会效果有机统一。

第三，科学掌握主观明知的判断标准。认定行为人是否明知不能仅根据行为人是否供认进行判断，而应综合考虑案件中的各种情况，包括行为人的供述和其他证据，依据实施制毒物品犯罪的行为过程、行为方式、易制毒化学品被查获时的情况、行为人的反应和供述等情况，结合行为人的年龄、阅历及掌握的相关知识，进行综合分析判断。

第二节　非法生产、买卖、运输制毒物品、走私制毒物品罪审判依据

一、法律

1. 《中华人民共和国刑法》（2020 年 12 月 26 日修正）

第三百五十条　违反国家规定，非法生产、买卖、运输醋酸酐、乙醚、三氯甲烷或者其他用于制造毒品的原料、配剂，或者携带上述物品进出境，情节较重的，处三年以下有期徒刑、拘役或者管制，并处罚金；情节严重的，处三年以上七年以下有期徒刑，并处罚金；情节特别严重的，处七年以上有期徒刑，并处罚金或者没收财产。

明知他人制造毒品而为其生产、买卖、运输前款规定的物品的，以制造毒品罪的共犯论处。

单位犯前两款罪的，对单位判处罚金，并对其直接负责的主管人员和其他直接责任人员，依照前两款的规定处罚。

2. 《中华人民共和国禁毒法》（2007 年 12 月 29 日）

第二十一条　国家对麻醉药品和精神药品实行管制，对麻醉药品和精神药品的实验研究、生产、经营、使用、储存、运输实行许可和查验制度。

国家对易制毒化学品的生产、经营、购买、运输实行许可制度。

禁止非法生产、买卖、运输、储存、提供、持有、使用麻醉药品、精神药品和易制毒化学品。

第二十二条　国家对麻醉药品、精神药品和易制毒化学品的进口、出口实行许可制度。国务院有关部门应当按照规定的职责，对进口、出口麻醉药品、精神药品和易制毒化学品依法进行管理。禁止走私麻醉药品、精神药品和易制毒化学品。

第二十三条　发生麻醉药品、精神药品和易制毒化学品被盗、被抢、丢失或者其他流入非法渠道的情形，案发单位应当立即采取必要的控制措施，并立即向公安机关报告，同时依照规定向有关主管部门报告。

公安机关接到报告后，或者有证据证明麻醉药品、精神药品和易制毒化学品可能流入非法渠道的，应当及时开展调查，并可以对相关单位采取必要的控制措施。药品监督管理部门、卫生行政部门以及其他有关部门应当配合公安机关开展工作。

第六十三条 在麻醉药品、精神药品的实验研究、生产、经营、使用、储存、运输、进口、出口以及麻醉药品药用原植物种植活动中，违反国家规定，致使麻醉药品、精神药品或者麻醉药品药用原植物流入非法渠道，构成犯罪的，依法追究刑事责任；尚不构成犯罪的，依照有关法律、行政法规的规定给予处罚。

第六十四条 在易制毒化学品的生产、经营、购买、运输或者进口、出口活动中，违反国家规定，致使易制毒化学品流入非法渠道，构成犯罪的，依法追究刑事责任；尚不构成犯罪的，依照有关法律、行政法规的规定给予处罚。

二、行政法规

《易制毒化学品管理条例》（2018年9月18日修订　国务院令第703号）

第一章　总　则

第一条 为了加强易制毒化学品管理，规范易制毒化学品的生产、经营、购买、运输和进口、出口行为，防止易制毒化学品被用于制造毒品，维护经济和社会秩序，制定本条例。

第二条 国家对易制毒化学品的生产、经营、购买、运输和进口、出口实行分类管理和许可制度。

易制毒化学品分为三类。第一类是可以用于制毒的主要原料，第二类、第三类是可以用于制毒的化学配剂。易制毒化学品的具体分类和品种，由本条例附表列示。

易制毒化学品的分类和品种需要调整的，由国务院公安部门会同国务院药品监督管理部门、安全生产监督管理部门、商务主管部门、卫生主管部门和海关总署提出方案，报国务院批准。

省、自治区、直辖市人民政府认为有必要在本行政区域内调整分类或者增加本条例规定以外的品种的，应当向国务院公安部门提出，由国务院公安部门会同国务院有关行政主管部门提出方案，报国务院批准。

第三条 国务院公安部门、药品监督管理部门、安全生产监督管理部门、商务主管部门、卫生主管部门、海关总署、价格主管部门、铁路主管部门、交通主管部门、市场监督管理部门、生态环境主管部门在各自的职责范围内，负责全国的易制毒化学品有关管理工作；县级以上地方各级人民政府有关行政主管部门在各自的职责范围内，负责本行政区域内的易制毒化学品有关管理工作。

县级以上地方各级人民政府应当加强对易制毒化学品管理工作的领导，及时协调解决易制毒化学品管理工作中的问题。

第四条 易制毒化学品的产品包装和使用说明书，应当标明产品的名称（含学名和通用名）、化学分子式和成分。

第五条 易制毒化学品的生产、经营、购买、运输和进口、出口，除应当遵守本条例的规定外，属于药品和危险化学品的，还应当遵守法律、其他行政法规对药品和危险化学品的有关规定。

禁止走私或者非法生产、经营、购买、转让、运输易制毒化学品。

禁止使用现金或者实物进行易制毒化学品交易。但是，个人合法购买第一类中的药品类易制毒化学品药品制剂和第三类易制毒化学品的除外。

生产、经营、购买、运输和进口、出口易制毒化学品的单位，应当建立单位内部易制毒化学品管理制度。

第六条 国家鼓励向公安机关等有关行政主管部门举报涉及易制毒化学品的违法行为。接到举报的部门应当为举报者保密。对举报属实的，县级以上人民政府及有关行政主管部门应当给予奖励。

第二章 生产、经营管理

第七条 申请生产第一类易制毒化学品，应当具备下列条件，并经本条例第八条规定的行政主管部门审批，取得生产许可证后，方可进行生产：

（一）属依法登记的化工产品生产企业或者药品生产企业；

（二）有符合国家标准的生产设备、仓储设施和污染物处理设施；

（三）有严格的安全生产管理制度和环境突发事件应急预案；

（四）企业法定代表人和技术、管理人员具有安全生产和易制毒化学品的有关知识，无毒品犯罪记录；

（五）法律、法规、规章规定的其他条件。

申请生产第一类中的药品类易制毒化学品，还应当在仓储场所等重点区域设置电视监控设施以及与公安机关联网的报警装置。

第八条 申请生产第一类中的药品类易制毒化学品的，由省、自治区、直辖市人民政府药品监督管理部门审批；申请生产第一类中的非药品类易制毒化学品的，由省、自治区、直辖市人民政府安全生产监督管理部门审批。

前款规定的行政主管部门应当自收到申请之日起60日内，对申请人提交的申请材料进行审查。对符合规定的，发给生产许可证，或者在企业已经取得的有关生产许可证件上标注；不予许可的，应当书面说明理由。

审查第一类易制毒化学品生产许可申请材料时，根据需要，可以进行实地核查和专家评审。

第九条 申请经营第一类易制毒化学品，应当具备下列条件，并经本条例第十条规定的行政主管部门审批，取得经营许可证后，方可进行经营：

（一）属依法登记的化工产品经营企业或者药品经营企业；

（二）有符合国家规定的经营场所，需要储存、保管易制毒化学品的，还应当有符合国家技术标准的仓储设施；

（三）有易制毒化学品的经营管理制度和健全的销售网络；

（四）企业法定代表人和销售、管理人员具有易制毒化学品的有关知识，无毒品犯罪记录；

（五）法律、法规、规章规定的其他条件。

第十条 申请经营第一类中的药品类易制毒化学品的，由省、自治区、直辖市人民政府药品监督管理部门审批；申请经营第一类中的非药品类易制毒化学品的，由省、自治区、直辖市人民政府安全生产监督管理部门审批。

前款规定的行政主管部门应当自收到申请之日起30日内，对申请人提交的申请材料进行审查。对符合规定的，发给经营许可证，或者在企业已经取得的有关经营许可证件上标注；不予许可的，应当书面说明理由。

审查第一类易制毒化学品经营许可申请材料时，根据需要，可以进行实地核查。

第十一条 取得第一类易制毒化学品生产许可或者依照本条例第十三条第一款规定已经履行第二类、第三类易制毒化学品备案手续的生产企业，可以经销自产的易制毒化学品。但是，在厂外设立销售网点经销第一类易制毒化学品的，应当依照本条例的规定取得经营许可。

第一类中的药品类易制毒化学品药品单方制剂，由麻醉药品定点经营企业经销，且不得零售。

第十二条 取得第一类易制毒化学品生产、经营许可的企业，应当凭生产、经营许可证到市场监督管理部门办理经营范围变更登记。未经变更登记，不得进行第一类易制毒化学品的生产、经营。

第一类易制毒化学品生产、经营许可证被依法吊销的，行政主管部门应当自作出吊销决定之日起5日内通知市场监督管理部门；被吊销许可证的企业，应当及时到市场监督管理部门办理经营范围变更或者企业注销登记。

第十三条 生产第二类、第三类易制毒化学品的，应当自生产之日起30日内，将生产的品种、数量等情况，向所在地的设区的市级人民政府安全生产监督管理部门备案。

经营第二类易制毒化学品的，应当自经营之日起30日内，将经营的品种、数量、主要流向等情况，向所在地的设区的市级人民政府安全生产监督管理部门备案；经营第三类易制毒化学品的，应当自经营之日起30日内，将经营的品种、数量、主要流向等情况，向所在地的县级人民政府安全生产监督管理部门备案。

前两款规定的行政主管部门应当于收到备案材料的当日发给备案证明。

第三章 购买管理

第十四条 申请购买第一类易制毒化学品，应当提交下列证件，经本条例第十五条规定的行政主管部门审批，取得购买许可证：

（一）经营企业提交企业营业执照和合法使用需要证明；

（二）其他组织提交登记证书（成立批准文件）和合法使用需要证明。

第十五条 申请购买第一类中的药品类易制毒化学品的，由所在地的省、自治区、直辖市人民政府药品监督管理部门审批；申请购买第一类中的非药品类易制毒化学品的，由所在地的省、自治区、直辖市人民政府公安机关审批。

前款规定的行政主管部门应当自收到申请之日起10日内，对申请人提交的申请材料和证件进行审查。对符合规定的，发给购买许可证；不予许可的，应当书面说明理由。

审查第一类易制毒化学品购买许可申请材料时，根据需要，可以进行实地核查。

第十六条 持有麻醉药品、第一类精神药品购买印鉴卡的医疗机构购买第一类中的药品类易制毒化学品的，无须申请第一类易制毒化学品购买许可证。

个人不得购买第一类、第二类易制毒化学品。

第十七条 购买第二类、第三类易制毒化学品的，应当在购买前将所需购买的品种、数量，向所在地的县级人民政府公安机关备案。个人自用购买少量高锰酸钾的，无须备案。

第十八条 经营单位销售第一类易制毒化学品时，应当查验购买许可证和经办人的身份证明。对委托代购的，还应当查验购买人持有的委托文书。

经营单位在查验无误、留存上述证明材料的复印件后，方可出售第一类易制毒化学品；发现可疑情况的，应当立即向当地公安机关报告。

第十九条 经营单位应当建立易制毒化学品销售台账，如实记录销售的品种、数量、日期、购买方等情况。销售台账和证明材料复印件应当保存2年备查。

第一类易制毒化学品的销售情况，应当自销售之日起5日内报当地公安机关备案；第一类易制毒化学品的使用单位，应当建立使用台账，并保存2年备查。

第二类、第三类易制毒化学品的销售情况，应当自销售之日起30日内报当地公安机关备案。

第四章 运输管理

第二十条 跨设区的市级行政区域（直辖市为跨市界）或者在国务院公安部门确定的禁毒形势严峻的重点地区跨县级行政区域运输第一类易制毒化学品的，由运出地的设区的市级人民政府公安机关审批；运输第二类易制毒化学品的，由运出地的县级人民政府公安机关审批。经审批取得易制毒化学品运输许可证后，方可运输。

运输第三类易制毒化学品的，应当在运输前向运出地的县级人民政府公安机关备案。公安机关应当于收到备案材料的当日发给备案证明。

第二十一条 申请易制毒化学品运输许可，应当提交易制毒化学品的购销合同，货主是企业的，应当提交营业执照；货主是其他组织的，应当提交登记证书（成立批准文件）；货主是个人的，应当提交其个人身份证明。经办人还应当提交本人的身份证明。

公安机关应当自收到第一类易制毒化学品运输许可申请之日起10日内，收到第二类易制毒化学品运输许可申请之日起3日内，对申请人提交的申请材料进行审查。对符合规定的，发给运输许可证；不予许可的，应当书面说明理由。

审查第一类易制毒化学品运输许可申请材料时，根据需要，可以进行实地核查。

第二十二条 对许可运输第一类易制毒化学品的，发给一次有效的运输许可证。

对许可运输第二类易制毒化学品的，发给3个月有效的运输许可证；6个月内运输安全状况良好的，发给12个月有效的运输许可证。

易制毒化学品运输许可证应当载明拟运输的易制毒化学品的品种、数量、运入地、货主及收货人、承运人情况以及运输许可证种类。

第二十三条 运输供教学、科研使用的100克以下的麻黄素样品和供医疗机构制剂配方使用的小包装麻黄素以及医疗机构或者麻醉药品经营企业购买麻黄素片剂6万片以下、注射剂1.5万支以下，货主或者承运人持有依法取得的购买许可证明或者麻醉药品调拨单的，无须申请易制毒化学品运输许可。

第二十四条 接受货主委托运输的，承运人应当查验货主提供的运输许可证或者备案证明，并查验所运货物与运输许可证或者备案证明载明的易制毒化学品品种等情况是否相符；不相符的，不得承运。

运输易制毒化学品，运输人员应当自启运起全程携带运输许可证或者备案证明。公安机关应当在易制毒化学品的运输过程中进行检查。

运输易制毒化学品，应当遵守国家有关货物运输的规定。

第二十五条 因治疗疾病需要，患者、患者近亲属或者患者委托的人凭医疗机构出具的医疗诊断书和本人的身份证明，可以随身携带第一类中的药品类易制毒化学品药品制剂，但是不得超过医用单张处方的最大剂量。

医用单张处方最大剂量，由国务院卫生主管部门规定、公布。

第五章 进口、出口管理

第二十六条 申请进口或者出口易制毒化学品，应当提交下列材料，经国务院商务主管部门或者其委托的省、自治区、直辖市人民政府商务主管部门审批，取得进口或者出口许可证后，方可从事进口、出口活动：

（一）对外贸易经营者备案登记证明复印件；

（二）营业执照副本；

（三）易制毒化学品生产、经营、购买许可证或者备案证明；

（四）进口或者出口合同（协议）副本；

（五）经办人的身份证明。

申请易制毒化学品出口许可的，还应当提交进口方政府主管部门出具的合法使用易制毒化学品的证明或者进口方合法使用的保证文件。

第二十七条 受理易制毒化学品进口、出口申请的商务主管部门应当自收到申请材料之日起20日内，对申请材料进行审查，必要时可以进行实地核查。对符合规定的，发给进口或者出口许可证；不予许可的，应当书面说明理由。

对进口第一类中的药品类易制毒化学品的，有关的商务主管部门在作出许可决定前，应当征得国务院药品监督管理部门的同意。

第二十八条 麻黄素等属于重点监控物品范围的易制毒化学品，由国务院商务主管部门会同国务院有关部门核定的企业进口、出口。

第二十九条 国家对易制毒化学品的进口、出口实行国际核查制度。易制毒化学品国际核查目录及核查的具体办法，由国务院商务主管部门会同国务院公安部门规定、公布。

国际核查所用时间不计算在许可期限之内。

对向毒品制造、贩运情形严重的国家或者地区出口易制毒化学品以及本条例规定品种以外的化学品的，可以在国际核查措施以外实施其他管制措施，具体办法由国务院商务主管部门会同国务院公安部门、海关总署等有关部门规定、公布。

第三十条 进口、出口或者过境、转运、通运易制毒化学品的，应当如实向海关申报，并提交进口或者出口许可证。海关凭许可证办理通关手续。

易制毒化学品在境外与保税区、出口加工区等海关特殊监管区域、保税场所之间进出的，适用前款规定。

易制毒化学品在境内与保税区、出口加工区等海关特殊监管区域、保税场所之间进出的，或者在上述海关特殊监管区域、保税场所之间进出的，无须申请易制毒化学品进口或者出口许可证。

进口第一类中的药品类易制毒化学品，还应当提交药品监督管理部门出具的进口药品通关单。

第三十一条 进出境人员随身携带第一类中的药品类易制毒化学品药品制剂和高锰酸钾，应当以自用且数量合理为限，并接受海关监管。

进出境人员不得随身携带前款规定以外的易制毒化学品。

第六章 监督检查

第三十二条 县级以上人民政府公安机关、负责药品监督管理的部门、安全生产监督管理部门、商务主管部门、卫生主管部门、价格主管部门、铁路主管部门、交通主管部门、市场监督管理部门、生态环境主管部门和海关，应当依照本条例和有关法律、行政法规的规定，在各自的职责范围内，加强对易制毒化学品生产、经营、购买、运输、价格以及进口、出口的监督检查；对非法生产、经营、购买、运输易制毒化学品，或者走私易制毒化学品的行为，依法予以查处。

前款规定的行政主管部门在进行易制毒化学品监督检查时，可以依法查看现场、查阅和复制有关资料、记录有关情况、扣押相关的证据材料和违法物品；必要时，可以临时查封有关场所。

被检查的单位或者个人应当如实提供有关情况和材料、物品，不得拒绝或者隐匿。

第三十三条 对依法收缴、查获的易制毒化学品，应当在省、自治区、直辖市或者设区的市级人民政府公安机关、海关或者生态环境主管部门的监督下，区别易制毒化学品的不同情况进行保管、回收，或者依照环境保护法律、行政法规的有关规定，由有资质的单位在生态环境主管部门的监督下销毁。其中，对收缴、查获的第一类中的药品类易制毒化学品，一律销毁。

易制毒化学品违法单位或者个人无力提供保管、回收或者销毁费用的，保管、回收或者销毁的费用在回收所得中开支，或者在有关行政主管部门的禁毒经费中列支。

第三十四条 易制毒化学品丢失、被盗、被抢的，发案单位应当立即向当地公安机关报告，并同时报告当地的县级人民政府负责药品监督管理的部门、安全生产监督管理部门、商务主管部门或者卫生主管部门。接到报案的公安机关应当及时立案查处，并向上级公安机关报告；有关行政主管部门应当逐级上报并配合公安机关的查处。

第三十五条 有关行政主管部门应当将易制毒化学品许可以及依法吊销许可的情况通报有关公安机关和市场监督管理部门；市场监督管理部门应当将生产、经营易制毒化学品企业依法变更或者注销登记的情况通报有关公安机关和行政主管部门。

第三十六条 生产、经营、购买、运输或者进口、出口易制毒化学品的单位，应当于每年3月31日前向许可或者备案的行政主管部门和公安机关报告本单位上年度易制毒化学品的生产、经营、购买、运输或者进口、出口情况；有条件的生产、经营、购买、运输或者进口、出口单位，可以与有关行政主管部门建立计算机联网，及时通报有关经营情况。

第三十七条 县级以上人民政府有关行政主管部门应当加强协调合作，建立易制毒化学品管理情况、监督检查情况以及案件处理情况的通报、交流机制。

第七章 法律责任

第三十八条 违反本条例规定，未经许可或者备案擅自生产、经营、购买、运输易制毒化学品，伪造申请材料骗取易制毒化学品生产、经营、购买或者运输许可证，使用他人的或者伪造、变造、失效的许可证生产、经营、购买、运输易制毒化学品的，由公安机关没收非法生产、经营、购买或者运输的易制毒化学品、用于非法生产易制毒化学品的原料以及非法生产、经营、购买或者运输易制毒化学品的设备、工具，处非法生产、经营、购买或者运输的易制毒化学品货值10倍以上20倍以下的罚款，货值的20倍不足1万元的，按1万元罚款；有违法所得的，没收违法所得；有营业执照的，由市场监督管理部门吊销营业执照；构成犯罪的，依法追究刑事责任。

对有前款规定违法行为的单位或者个人，有关行政主管部门可以自作出行政处罚决定之日起3年内，停止受理其易制毒化学品生产、经营、购买、运输或者进口、出口许可申请。

第三十九条 违反本条例规定，走私易制毒化学品的，由海关没收走私的易制毒化学品；有违法所得的，没收违法所得，并依照海关法律、行政法规给予行政处罚；构成犯罪的，依法追究刑事责任。

第四十条 违反本条例规定，有下列行为之一的，由负有监督管理职责的行政主管部门给予警告，责令限期改正，处1万元以上5万元以下的罚款；对违反规定生产、经营、购买的易制毒化学品可以予以没收；逾期不改正的，责令限期停产停业整顿；逾期整顿不合格的，吊销相应的许可证：

（一）易制毒化学品生产、经营、购买、运输或者进口、出口单位未按规定建立安全管理制度的；

（二）将许可证或者备案证明转借他人使用的；

（三）超出许可的品种、数量生产、经营、购买易制毒化学品的；

（四）生产、经营、购买单位不记录或者不如实记录交易情况、不按规定保存交易记录或者不如实、不及时向公安机关和有关行政主管部门备案销售情况的；

（五）易制毒化学品丢失、被盗、被抢后未及时报告，造成严重后果的；

（六）除个人合法购买第一类中的药品类易制毒化学品药品制剂以及第三类易制毒化学品外，使用现金或者实物进行易制毒化学品交易的；

（七）易制毒化学品的产品包装和使用说明书不符合本条例规定要求的；

（八）生产、经营易制毒化学品的单位不如实或者不按时向有关行政主管部门和公安机关报告年度生产、经销和库存等情况的。

企业的易制毒化学品生产经营许可被依法吊销后，未及时到市场监督管理部门办理经营范围变更或者企业注销登记的，依照前款规定，对易制毒化学品予以没收，并处罚款。

第四十一条 运输的易制毒化学品与易制毒化学品运输许可证或者备案证明载明的品种、数量、运入地、货主及收货人、承运人等情况不符，运输许可证种类不当，或者运输人员未全程携带运输许可证或者备案证明的，由公安机关责令停运整改，处5000元以上5万元以下的罚款；有危险物品运输资质的，运输主管部门可以依法吊销其运输资质。

个人携带易制毒化学品不符合品种、数量规定的，没收易制毒化学品，处1000元以上5000元以下的罚款。

第四十二条 生产、经营、购买、运输或者进口、出口易制毒化学品的单位或者个人拒不接受有关行政主管部门监督检查的，由负有监督管理职责的行政主管部门责令改正，对直接负责的主管人员以及其他直接责任人员给予警告；情节严重的，对单位处1万元以上5万元以下的罚款，对直接负责的主管人员以及其他直接责任人员处1000元以上5000元以下的罚款；有违反治安管理行为的，依法给予治安管理处罚；构成犯罪的，依法追究刑事责任。

第四十三条 易制毒化学品行政主管部门工作人员在管理工作中有应当许可而不许

可、不应当许可而滥许可，不依法受理备案，以及其他滥用职权、玩忽职守、徇私舞弊行为的，依法给予行政处分；构成犯罪的，依法追究刑事责任。

第八章 附 则

第四十四条 易制毒化学品生产、经营、购买、运输和进口、出口许可证，由国务院有关行政主管部门根据各自的职责规定式样并监制。

第四十五条 本条例自 2005 年 11 月 1 日起施行。

本条例施行前已经从事易制毒化学品生产、经营、购买、运输或者进口、出口业务的，应当自本条例施行之日起 6 个月内，依照本条例的规定重新申请许可。

附表

易制毒化学品的分类和品种目录

第一类	1.1－苯基－2－丙酮；2.3，4－亚甲基二氧苯基－2－丙酮；3. 胡椒醛；4. 黄樟素；5. 黄樟油；6. 异黄樟素；7. N－乙酰邻氨基苯酸；8. 邻氨基苯甲酸；9. 麦角酸*；10. 麦角胺*；11. 麦角新碱*12. 麻黄素、伪麻黄素、消旋麻黄素、去甲麻黄素、甲基麻黄素、麻黄浸膏、麻黄浸膏粉等麻黄素类物质*
第二类	1. 苯乙酸；2. 醋酸酐；3. 三氯甲烷；4. 乙醚；5. 哌啶
第三类	1. 甲苯；2. 丙酮；3. 甲基乙基酮；4. 高锰酸钾；5. 硫酸；6. 盐酸
说明	一、第一类、第二类所列物质可能存在的盐类，也纳入管制。二、带有＊标记的品种为第一类中的药品类易制毒化学品，第一类中的药品类易制毒化学品包括原料药及其单方制剂。

注：为方便阅读，本书对该附表的样式有调整，内容未变更。

三、司法解释

1.《最高人民法院关于审理毒品犯罪案件适用法律若干问题的解释》（2016 年 4 月 6 日 法释〔2016〕8 号）

第七条 违反国家规定，非法生产、买卖、运输制毒物品、走私制毒物品，达到下列数量标准的，应当认定为刑法第三百五十条第一款规定的"情节较重"：

（一）麻黄碱（麻黄素）、伪麻黄碱（伪麻黄素）、消旋麻黄碱（消旋麻黄素）一千克以上不满五千克；

（二）1－苯基－2－丙酮、1－苯基－2－溴－1－丙酮、3，4－亚甲基二氧苯基－2－丙酮、羟亚胺二千克以上不满十千克；

（三）3－氧－2－苯基丁腈、邻氯苯基环戊酮、去甲麻黄碱（去甲麻黄素）、甲基麻黄碱（甲基麻黄素）四千克以上不满二十千克；

（四）醋酸酐十千克以上不满五十千克；

（五）麻黄浸膏、麻黄浸膏粉、胡椒醛、黄樟素、黄樟油、异黄樟素、麦角酸、麦角胺、麦角新碱、苯乙酸二十千克以上不满一百千克；

（六）N－乙酰邻氨基苯酸、邻氨基苯甲酸、三氯甲烷、乙醚、哌啶五十千克以上不满二百五十千克；

（七）甲苯、丙酮、甲基乙基酮、高锰酸钾、硫酸、盐酸一百千克以上不满五百

千克;

（八）其他制毒物品数量相当的。

违反国家规定，非法生产、买卖、运输制毒物品、走私制毒物品，达到前款规定的数量标准最低值的百分之五十，且具有下列情形之一的，应当认定为刑法第三百五十条第一款规定的"情节较重"：

（一）曾因非法生产、买卖、运输制毒物品、走私制毒物品受过刑事处罚的；

（二）二年内曾因非法生产、买卖、运输制毒物品、走私制毒物品受过行政处罚的；

（三）一次组织五人以上或者多次非法生产、买卖、运输制毒物品、走私制毒物品，或者在多个地点非法生产制毒物品的；

（四）利用、教唆未成年人非法生产、买卖、运输制毒物品、走私制毒物品的；

（五）国家工作人员非法生产、买卖、运输制毒物品、走私制毒物品的；

（六）严重影响群众正常生产、生活秩序的；

（七）其他情节较重的情形。

易制毒化学品生产、经营、购买、运输单位或者个人未办理许可证明或者备案证明，生产、销售、购买、运输易制毒化学品，确实用于合法生产、生活需要的，不以制毒物品犯罪论处。

第八条 违反国家规定，非法生产、买卖、运输制毒物品、走私制毒物品，具有下列情形之一的，应当认定为刑法第三百五十条第一款规定的"情节严重"：

（一）制毒物品数量在本解释第七条第一款规定的最高数量标准以上，不满最高数量标准五倍的；

（二）达到本解释第七条第一款规定的数量标准，且具有本解释第七条第二款第三项至第六项规定的情形之一的；

（三）其他情节严重的情形。

违反国家规定，非法生产、买卖、运输制毒物品、走私制毒物品，具有下列情形之一的，应当认定为刑法第三百五十条第一款规定的"情节特别严重"：

（一）制毒物品数量在本解释第七条第一款规定的最高数量标准五倍以上的；

（二）达到前款第一项规定的数量标准，且具有本解释第七条第二款第三项至第六项规定的情形之一的；

（三）其他情节特别严重的情形。

第十四条 利用信息网络，设立用于实施传授制造毒品、非法生产制毒物品的方法，贩卖毒品，非法买卖制毒物品或者组织他人吸食、注射毒品等违法犯罪活动的网站、通讯群组，或者发布实施前述违法犯罪活动的信息，情节严重的，应当依照刑法第二百八十七条之一的规定，以非法利用信息网络罪定罪处罚。

实施刑法第二百八十七条之一、第二百八十七条之二规定的行为，同时构成贩卖毒品罪、非法买卖制毒物品罪、传授犯罪方法罪等犯罪的，依照处罚较重的规定定罪处罚。

2.《最高人民法院、最高人民检察院关于办理走私刑事案件适用法律若干问题的解释》（2014年8月12日 法释〔2014〕10号）

第二十条 直接向走私人非法收购走私进口的货物、物品，在内海、领海、界河、界湖运输、收购、贩卖国家禁止进出口的物品，或者没有合法证明，在内海、领海、界河、界湖运输、收购、贩卖国家限制进出口的货物、物品，构成犯罪的，应当按照走私货物、物品的种类，分别依照刑法第一百五十一条、第一百五十二条、第一百五十三条、第三百四十七条、第三百五十条的规定定罪处罚。

刑法第一百五十五条第二项规定的"内海"，包括内河的入海口水域。

第二十二条 在走私的货物、物品中藏匿刑法第一百五十一条、第一百五十二条、第三百四十七条、第三百五十条规定的货物、物品，构成犯罪的，以实际走私的货物、物品定罪处罚；构成数罪的，实行数罪并罚。

四、刑事政策文件

1.《最高人民法院关于印发〈全国法院毒品犯罪审判工作座谈会纪要〉的通知》（2015年5月18日　法〔2015〕129号）[①]

二、关于毒品犯罪法律适用的若干具体问题

……

（一）罪名认定问题

……

行为人利用信息网络贩卖毒品、在境内非法买卖用于制造毒品的原料或者配剂、传授制造毒品等犯罪的方法，构成贩卖毒品罪、非法买卖制毒物品罪、传授犯罪方法罪等犯罪的，依法定罪处罚。行为人开设网站、利用网络聊天室等组织他人共同吸毒，构成引诱、教唆、欺骗他人吸毒罪等犯罪的，依法定罪处罚。[②]

……

（五）缓刑、财产刑适用及减刑、假释问题

对于毒品犯罪应当从严掌握缓刑适用条件。对于毒品再犯，一般不得适用缓刑。对于不能排除多次贩毒嫌疑的零包贩毒被告人，因认定构成贩卖毒品等犯罪的证据不足而认定为非法持有毒品罪的被告人，实施引诱、教唆、欺骗、强迫他人吸毒犯罪及制毒物品犯罪的被告人，应当严格限制缓刑适用。

……

2.《最高人民法院、最高人民检察院、公安部关于办理制毒物品犯罪案件适用法律若干问题的意见》（2009年6月23日　公通字〔2009〕33号）

一、关于制毒物品犯罪的认定

（一）本意见中的"制毒物品"，是指刑法第三百五十条第一款规定的醋酸酐、乙醚、三氯甲烷或者其他用于制造毒品的原料或者配剂，具体品种范围按照国家关于易制毒化学品管理的规定确定。

[①] 为了便于读者对照阅读本书案例，此处对《武汉会议纪要》内容进行了部分登载，供读者参考。实务工作中应参照执行最高人民法院2023年6月印发的《昆明会议纪要》，对于《昆明会议纪要》精神的解读详见本书各章节。

[②] 编者注：根据《昆明会议纪要》的精神，利用信息网络，设立用于实施贩卖毒品，非法买卖制毒物品，引诱、教唆、欺骗他人吸毒或者传授制造毒品、非法生产制毒物品的方法等违法犯罪活动的网站、通讯群组，或者发布实施上述违法犯罪活动的信息，情节严重的，以非法利用信息网络罪定罪处罚。实施上述行为，同时构成贩卖毒品罪，非法买卖制毒物品罪，引诱、教唆、欺骗他人吸毒罪，传授犯罪方法罪等的，依照处罚较重的规定定罪处罚。利用信息网络，组织他人吸毒，构成引诱、教唆、欺骗他人吸毒罪等犯罪的，依法定罪处罚。

（二）违反国家规定，实施下列行为之一的，认定为刑法第三百五十条规定的非法买卖制毒物品行为：

1. 未经许可或者备案，擅自购买、销售易制毒化学品的；
2. 超出许可证明或者备案证明的品种、数量范围购买、销售易制毒化学品的；
3. 使用他人的或者伪造、变造、失效的许可证明或者备案证明购买、销售易制毒化学品的；
4. 经营单位违反规定，向无购买许可证明、备案证明的单位、个人销售易制毒化学品的，或者明知购买者使用他人的或者伪造、变造、失效的购买许可证明、备案证明，向其销售易制毒化学品的；
5. 以其他方式非法买卖易制毒化学品的。

（三）易制毒化学品生产、经营、使用单位或者个人未办理许可证明或者备案证明，购买、销售易制毒化学品，如果有证据证明确实用于合法生产、生活需要，依法能够办理只是未及时办理许可证明或者备案证明，且未造成严重社会危害的，可不以非法买卖制毒物品罪论处。

（四）为了制造毒品或者走私、非法买卖制毒物品犯罪而采用生产、加工、提炼等方法非法制造易制毒化学品的，根据刑法第二十二条的规定，按照其制造易制毒化学品的不同目的，分别以制造毒品、走私制毒物品、非法买卖制毒物品的预备行为论处。

（五）明知他人实施走私或者非法买卖制毒物品犯罪，而为其运输、储存、代理进出口或者以其他方式提供便利的，以走私或者非法买卖制毒物品罪的共犯论处。

（六）走私、非法买卖制毒物品行为同时构成其他犯罪的，依照处罚较重的规定定罪处罚。

二、关于制毒物品犯罪嫌疑人、被告人主观明知的认定

对于走私或者非法买卖制毒物品行为，有下列情形之一，且查获了易制毒化学品，结合犯罪嫌疑人、被告人的供述和其他证据，经综合审查判断，可以认定其"明知"是制毒物品而走私或者非法买卖，但有证据证明确属被蒙骗的除外：

1. 改变产品形状、包装或者使用虚假标签、商标等产品标志的；
2. 以藏匿、夹带或者其他隐蔽方式运输、携带易制毒化学品逃避检查的；
3. 抗拒检查或者在检查时丢弃货物逃跑的；
4. 以伪报、藏匿、伪装等蒙蔽手段逃避海关、边防等检查的；
5. 选择不设海关或者边防检查站的路段绕行出入境的；
6. 以虚假身份、地址办理托运、邮寄手续的；
7. 以其他方法隐瞒真相，逃避对易制毒化学品依法监管的。

3.《最高人民法院、最高人民检察院、公安部印发〈关于办理走私、非法买卖麻黄碱类复方制剂等刑事案件适用法律若干问题的意见〉的通知》（2012年6月18日　法发〔2012〕12号）

一、关于走私、非法买卖麻黄碱类复方制剂等行为的定性

以加工、提炼制毒物品制造毒品为目的，购买麻黄碱类复方制剂，或者运输、携带、寄递麻黄碱类复方制剂进出境的，依照刑法第三百四十七条的规定，以制造毒品罪定罪处罚。

以加工、提炼制毒物品为目的，购买麻黄碱类复方制剂，或者运输、携带、寄递麻黄碱类复方制剂进出境的，依照刑法第三百五十条第一款、第三款的规定，分别以非法买卖制毒物品罪、走私制毒物品罪定罪处罚。

将麻黄碱类复方制剂拆除包装、改变形态后进行走私或者非法买卖，或者明知是已拆除包装、改变形态的麻黄碱类复方制剂而进行走私或者非法买卖的，依照刑法第三百五十条第一款、第三款的规定，分别以走私制毒物品罪、非法买卖制毒物品罪定罪处罚。

非法买卖麻黄碱类复方制剂或者运输、携带、寄递麻黄碱类复方制剂进出境，没有证据证明系用于制造毒品或者走私、非法买卖制毒物品，或者未达到走私制毒物品罪、非法买卖制毒物品罪的定罪数量标准，构成非法经营罪、走私普通货物、物品罪等其他犯罪的，依法定罪处罚。

实施第一款、第二款规定的行为，同时构成其他犯罪的，依照处罚较重的规定定罪处罚。

二、关于利用麻黄碱类复方制剂加工、提炼制毒物品行为的定性

以制造毒品为目的，利用麻黄碱类复方制剂加工、提炼制毒物品的，依照刑法第三百四十七条的规定，以制造毒品罪定罪处罚。

以走私或者非法买卖为目的，利用麻黄碱类复方制剂加工、提炼制毒物品的，依照刑法第三百五十条第一款、第三款的规定，分别以走私制毒物品罪、非法买卖制毒物品罪定罪处罚。

三、关于共同犯罪的认定

明知他人利用麻黄碱类制毒物品制造毒品，向其提供麻黄碱类复方制剂，为其利用麻黄碱类复方制剂加工、提炼制毒物品，或者为其获取、利用麻黄碱类复方制剂提供其他帮助的，以制造毒品罪的共犯论处。

明知他人走私或者非法买卖麻黄碱类制毒物品，向其提供麻黄碱类复方制剂，为其利用麻黄碱类复方制剂加工、提炼制毒物品，或者为其获取、利用麻黄碱类复方制剂提供其他帮助的，分别以走私制毒物品罪、非法买卖制毒物品罪的共犯论处。

四、关于犯罪预备、未遂的认定

实施本意见规定的行为，符合犯罪预备或者未遂情形的，依照法律规定处罚。

五、关于犯罪嫌疑人、被告人主观目的与明知的认定

对于本意见规定的犯罪嫌疑人、被告人的主观目的与明知，应当根据物证、书证、证人证言以及犯罪嫌疑人、被告人供述和辩解等在案证据，结合犯罪嫌疑人、被告人的行为表现，重点考虑以下因素综合予以认定：

1. 购买、销售麻黄碱类复方制剂的价格是否明显高于市场交易价格；
2. 是否采用虚假信息、隐蔽手段运输、寄递、存储麻黄碱类复方制剂；
3. 是否采用伪报、伪装、藏匿或者绕行进出境等手段逃避海关、边防等检查；
4. 提供相关帮助行为获得的报酬是否合理；
5. 此前是否实施过同类违法犯罪行为；
6. 其他相关因素。

六、关于制毒物品数量的认定

实施本意见规定的行为，以走私制毒物品罪、非法买卖制毒物品罪定罪处罚的，应当以涉案麻黄碱类复方制剂中麻黄碱类物质的含量作为涉案制毒物品的数量。

实施本意见规定的行为，以制造毒品罪定罪处罚的，应当将涉案麻黄碱类复方制剂所含的麻黄碱类物质可以制成的毒品数量作为量刑情节考虑。

多次实施本意见规定的行为未经处理的，涉案制毒物品的数量累计计算。

七、关于定罪量刑的数量标准

实施本意见规定的行为，以走私制毒物品罪、非法买卖制毒物品罪定罪处罚的，涉案麻黄碱类复方制剂所含的麻黄碱类物质应当达到以下数量标准（略）。①

实施本意见规定的行为，以制造毒品罪定罪处罚的，无论涉案麻黄碱类复方制剂所含的麻黄碱类物质数量多少，都应当追究刑事责任。

八、关于麻黄碱类复方制剂的范围

本意见所称麻黄碱类复方制剂是指含有《易制毒化学品管理条例》（国务院令第445号）品种目录所列的麻黄碱（麻黄素）、伪麻黄碱（伪麻黄素）、消旋麻黄碱（消旋麻黄素）、去甲麻黄碱（去甲麻黄素）、甲基麻黄碱（甲基麻黄素）及其盐类，或者麻黄浸膏、麻黄浸膏粉等麻黄碱类物质的药品复方制剂。

4.《最高人民法院、最高人民检察院、公安部、农业部、食品药品监督管理总局关于进一步加强麻黄草管理严厉打击非法买卖麻黄草等违法犯罪活动的通知》（2013年5月21日　公通字〔2013〕16号）

三、依法查处非法采挖、买卖麻黄草等犯罪行为

各地人民法院、人民检察院、公安机关要依法查处非法采挖、买卖麻黄草等犯罪行为，区别情形予以处罚：

（一）以制造毒品为目的，采挖、收购麻黄草的，依照刑法第三百四十七条的规定，以制造毒品罪定罪处罚。

（二）以提取麻黄碱类制毒物品后进行走私或者非法贩卖为目的，采挖、收购麻黄草，涉案麻黄草所含的麻黄碱类制毒物品达到相应定罪数量标准的，依照刑法第三百五十条第一款、第三款的规定，分别以走私制毒物品罪、非法买卖制毒物品罪定罪处罚。

（三）明知他人制造毒品或者走私、非法买卖制毒物品，向其提供麻黄草或者提供运输、储存麻黄草等帮助的，分别以制造毒品罪、走私制毒物品罪、非法买卖制毒物品罪的共犯论处。

（四）违反国家规定采挖、销售、收购麻黄草，没有证据证明以制造毒品或者走私、非法买卖制毒物品为目的，依照刑法第二百二十五条的规定构成犯罪的，以非法经营罪定罪处罚。

（五）实施以上行为，以制造毒品罪、走私制毒物品罪、非法买卖制毒物品罪定罪处罚的，涉案制毒物品的数量按照三百千克麻黄草折合一千克麻黄碱计算；以制造毒品罪定罪处罚的，无论涉案麻黄草数量多少，均应追究刑事责任。

---

① 由于《刑法》的修改［《刑法修正案（九）》，自2015年11月1日起施行］和最高人民法院《审理毒品犯罪案件解释》（法释〔2016〕8号，自2016年4月11日起施行）的发布，本数量标准已不再适用，本书予以删节。现行量刑数量标准以本节前文所载录《审理毒品犯罪案件解释》第7条、第8条的规定为准。

5. **《最高人民检察院、公安部关于印发〈最高人民检察院、公安部关于公安机关管辖的刑事案件立案追诉标准的规定（三）〉的通知》**（2012年5月16日 公通字〔2012〕26号）

第五条 违反国家规定，非法运输、携带制毒物品进出国（边）境，涉嫌下列情形之一的，应予立案追诉：

（一）~（七）略①

（八）其他用于制造毒品的原料或者配剂相当数量的。

非法运输、携带两种以上制毒物品进出国（边）境，每种制毒物品均没有达到本条第一款规定的数量标准，但按前款规定的立案追诉数量比例折算成一种制毒物品后累计相加达到上述数量标准的，应予立案追诉。

为了走私制毒物品而采用生产、加工、提炼等方法非法制造易制毒化学品的，以走私制毒物品罪（预备）立案追诉。

实施走私制毒物品行为，有下列情形之一，且查获了易制毒化学品，结合行为人的供述和其他证据综合审查判断，可以认定其"明知"是制毒物品而走私或者非法买卖，但有证据证明确属被蒙骗的除外：

（一）改变产品形状、包装或者使用虚假标签、商标等产品标志的；

（二）以藏匿、夹带、伪装或者其他隐蔽方式运输、携带易制毒化学品逃避检查的；

（三）抗拒检查或者在检查时丢弃货物逃跑的；

（四）以伪报、藏匿、伪装等蒙蔽手段逃避海关、边防等检查的；

（五）选择不设海关或者边防检查站的路段绕行出入境的；

（六）以虚假身份、地址或者其他虚假方式办理托运、寄递手续的；

（七）以其他方法隐瞒真相，逃避对易制毒化学品依法监管的。

明知他人实施走私制毒物品犯罪，而为其运输、储存、代理进出口或者以其他方式提供便利的，以走私制毒物品罪的共犯立案追诉。

第六条 违反国家规定，在境内非法买卖制毒物品，数量达到本规定第五条第一款规定情形之一的，应予立案追诉。

非法买卖两种以上制毒物品，每种制毒物品均没有达到本条第一款规定的数量标准，但按前款规定的立案追诉数量比例折算成一种制毒物品后累计相加达到上述数量标准的，应予立案追诉。

违反国家规定，实施下列行为之一的，认定为本条规定的非法买卖制毒物品行为：

（一）未经许可或者备案，擅自购买、销售易制毒化学品的；

（二）超出许可证明或者备案证明的品种、数量范围购买、销售易制毒化学品的；

（三）使用他人的或者伪造、变造、失效的许可证明或者备案证明购买、销售易制毒化学品的；

（四）经营单位违反规定，向无购买许可证明、备案证明的单位、个人销售易制毒化学品的，或者明知购买者使用他人的或者伪造、变造、失效的许可证明或者备案证明，

---

① 由于《刑法》的修改［《刑法修正案（九）》，自2015年11月1日起施行］和最高人民法院《审理毒品犯罪案件解释》（法释〔2016〕8号，自2016年4月11日起施行）的发布，本数量标准已不再适用，本书予以删节。现行量刑数量标准以本节前文所载录《审理毒品犯罪案件解释》第7条、第8条的规定为准。

向其销售易制毒化学品的；

（五）以其他方式非法买卖易制毒化学品的。易制毒化学品生产、经营、使用单位或者个人未办理许可证明或者备案证明，购买、销售易制毒化学品，如果有证据证明确实用于合法生产、生活需要，依法能够办理只是未及时办理许可证明或者备案证明，且未造成严重社会危害的，可不以非法买卖制毒物品罪立案追诉。

为了非法买卖制毒物品而采用生产、加工、提炼等方法非法制造易制毒化学品的，以非法买卖制毒物品罪（预备）立案追诉。

非法买卖制毒物品主观故意中的"明知"，依照本规定第五条第四款的有关规定予以认定。

明知他人实施非法买卖制毒物品犯罪，而为其运输、储存、代理进出口或者以其他方式提供便利的，以非法买卖制毒物品罪的共犯立案追诉。

6.《中央宣传部、中央网信办、最高人民法院、最高人民检察院、公安部、工业和信息化部、国家工商行政管理总局、国家邮政局、国家禁毒委办公室关于印发〈关于加强互联网禁毒工作的意见〉的通知》（2015年4月14日　禁毒办通〔2015〕32号）

四、坚决依法打击
……

15. 严厉打击网络毒品犯罪……对于利用互联网贩卖毒品，或者在境内非法买卖用于制造毒品的原料、配剂构成犯罪的，分别以贩卖毒品罪、非法买卖制毒物品罪定罪处罚……

7.《公安部关于无运输备案证明承运易制毒化学品如何适用法律问题的批复》（2007年11月19日　公复字〔2007〕6号）

一、《易制毒化学品购销和运输管理办法》第十八条规定："运输易制毒化学品，应当由货主向公安机关申请运输许可证或者进行备案。"这里所称的"货主"指货物的所有权人。

二、对无运输备案证明承运易制毒化学品的，应当分别情况作出如下处理：

（一）对经过许可或者备案货主委托承运人运输易制毒化学品，而承运人未全程携带许可证或者备案证明的，根据《易制毒化学品管理条例》第四十一条对承运人进行处罚。

（二）对未经许可或者备案擅自运输易制毒化学品的，根据《易制毒化学品管理条例》第三十八条对货主进行处罚；根据《易制毒化学品管理条例》第四十一条对承运人进行处罚。

8.《国家禁毒委员会办公室关于防范非药用类麻醉药品和精神药品及制毒物品违法犯罪的通告》（2019年8月1日）

一、根据《中华人民共和国刑法》第350条之规定，严禁任何组织和个人非法生产、买卖、运输醋酸酐、乙醚、三氯甲烷或者其他用于制造毒品的原料、配剂，或者携带上述物品进出境。严禁任何组织和个人明知他人制造毒品而为其生产、买卖、运输前款规定的物品。

五、根据《易制毒化学品管理条例》第5条之规定，严禁任何组织和个人走私或者非法生产、经营、购买、转让、运输易制毒化学品。严禁使用现金或者实物进行易制毒化学品交易。严禁个人携带易制毒化学品进出境，个人合理自用的药品类复方制剂和高锰酸钾除外。

六、根据《易制毒化学品进出口管理规定》第47条之规定，严禁任何组织和个人未经许可或超出许可范围进出口易制毒化学品，严禁个人携带易制毒化学品进出境，个人合理自用的药品类复方制剂和高锰酸钾除外。

第三节 非法生产、买卖、运输制毒物品、走私制毒物品罪审判实践中的疑难新型问题

问题1. 如何认定非法买卖制毒物品罪行为人对制毒物品的"明知"及如何把握量刑标准

【刑事审判参考案例】房某某、许某某非法买卖制毒物品案[①]

一、基本案情

某自治区某市人民检察院以被告人房某某、许某某犯非法买卖制毒物品罪向某市中级人民法院提起公诉。

某市中级人民法院经公开审理查明：2003年2月，被告人房某某通过他人介绍认识了被告人许某某。2006年6月，房某某让许某某联系卖麻黄素事宜，并与许某某约定六四分成。许某某同意并联系了买主。2006年7月至8月，房某某经许某某介绍，分两次将3吨（3000千克）盐酸伪麻黄碱（右旋麻黄素）运往深圳，分别出售给香港特别行政区居民黄某某和台湾地区居民叶某，非法获利1060万元。房某某分得640万元，许某某分得420万元。

某市中级人民法院认为，被告人房某某、许某某违反国家规定，在境内非法买卖用于可制造毒品的原料，数量大，其行为均已构成非法买卖制毒物品罪，社会危害极大，依法应予严惩。依照《刑法》第350条第1款、第25条第1款、第64条之规定，判决如下：

1. 被告人房某某犯非法买卖制毒物品罪，判处有期徒刑九年，并处罚金人民币50万元。

2. 被告人许某某犯非法买卖制毒物品罪，判处有期徒刑九年，并处罚金人民币40万元。

一审宣判后，被告人房某某、许某某均提出上诉。房某某的上诉理由是：（1）房某某在企业面临破产，无力支撑的情况下才出卖麻黄素的，未对社会造成危害；（2）房某某归案后能如实供述所犯罪行，积极退赃，并协助公安机关抓获许某某，一审量刑过重。许某某的上诉理由是：（1）原判认定事实不清，证据不足；（2）许某某在本案中起次要、

[①] 潘洁撰稿，陆建红审编：《房某某、许某某非法买卖制毒物品案——如何认定非法买卖制毒物品罪（第606号）》，载最高人民法院刑事审判第一、二、三、四、五庭主办：《刑事审判参考》（总第72集），法律出版社2010年版，第67~73页。

辅助作用，系从犯，一审判决未能体现出对从犯从轻处罚的原则，量刑过重。

某自治区高级人民法院经二审审理认为，一审判决认定房某某、许某某非法买卖制毒物品罪的事实清楚，证据确实、充分。房某某明知麻黄素是制毒原料，非经批准不得擅自买卖，但仍为获取暴利伙同许某某将3吨麻黄素非法卖出。许某某在房某某提出让其联系贩卖麻黄素事宜后，明知麻黄素是制毒原料，非经批准不得擅自买卖，但仍为获取暴利积极寻找买主，联系买卖双方，将麻黄素卖给他人。两被告人在共同犯罪中均起积极作用，均系主犯。一审判决已充分考虑了房某某归案后能如实供述所犯罪行，具有悔罪表现等情节，对其量刑并无不当。对许某某的量刑亦无不当。依法裁定：驳回上诉，维持原判。

二、主要问题

1. 如何认定非法买卖制毒物品罪行为人对制毒物品的明知？
2. 非法买卖制毒物品中的居间行为性质如何认定？
3. 如何把握非法买卖制毒物品罪的量刑标准？

三、裁判理由

（一）行为人是否明知制毒物品，应当结合具体案情、综合审查各方面证据后予以认定

根据刑法规定，涉及买卖制毒物品的犯罪有两类。一类是直接以制造毒品为目的的犯罪，包括自己制造毒品而购买制毒物品，以及明知他人制造毒品而为其提供制毒物品两种情况，这两种情况下的行为人对制毒物品的明知比较好认定，因为其犯罪目的就是自己制造毒品或为他人制造毒品提供帮助。另一类是不以制造毒品为目的，纯粹以获取利益为目的，违反国家规定，非法买卖制毒物品的行为，在证明这类犯罪行为人主观明知非法买卖的对象是制毒物品上具有一定复杂性。

一般情况下，行为人是否明知买卖的对象是制毒物品，可以根据行为人的口供，结合案件其他证据分析认定。但在相当多的情况下，行为人不承认其非法买卖制毒物品的犯罪行为，往往以正常买卖为辩解理由。而正当、合法买卖该类物品，是不受刑罚追究的，如经许可购买、销售易制毒化学品。因此，行为人是否"明知"是制毒物品而非法买卖，成为认定行为人买卖行为罪与非罪的界限。毒品犯罪中的"明知"一直是一个理论争论比较多、司法认定比较复杂的问题。我们认为，对行为人主观明知的认定，不能仅凭被告人的口供，而应当结合具体案情、综合审查各方面证据。如果基于一定的客观事实，根据行为人的认知水平、文化程度、社会阅历能够认识到的，一般可以推定主观上具有"明知"。对此，2009年6月26日，最高人民法院、最高人民检察院、公安部联合颁布的《关于办理制毒物品犯罪案件适用法律若干问题的意见》（本案例以下简称《意见》）第2条规定了七种明显不正常、意图掩盖其行为或逃避监管的情形，对具有该七种情形之一，且查获了易制毒化学品的，再结合被告人供述和其他证据，一般可认定"明知"是制毒物品而走私或者非法买卖，但有证据证明确属被蒙骗的除外。而考察这七种情形，均有一个共同特征，就是在买卖过程中故意采取一定欺骗手段隐瞒真相，逃避对易制毒物品的监管。

本案中，被告人房某某系某自治区某工贸公司的法人代表。2000年经有关部门核准，某工贸公司承包了某制药厂的麻黄素车间。2002年8月，因资金短缺，经某自治区食品、药品监督管理局批准，房某某以公司名义用3吨麻黄素为抵押，向某粮油医保公司借款

80万元。后某粮油医保公司多次催还，房某某无力偿还，遂萌生了将抵押的3吨麻黄素卖掉以归还借款之念。但由于正规化学品市场上麻黄素的价格很低，房某某找到被告人许某某联系非法渠道的买主。经许某某联络，2006年7月、8月分别卖给香港特别行政区居民黄某某1吨麻黄素、卖给台湾地区居民叶某2吨麻黄素。房某某作为从事麻黄素生产的专业人员，对麻黄素属于国家限制流通物，经营麻黄素应当查验购买许可证并到相关部门备案应当是知晓的，但其却为牟取暴利、非法出售数量巨大的麻黄素。从房某某两次运输麻黄素的手段看，卖给香港特别行政区居民黄某某的1吨麻黄素是以化工原料的名义运输的，卖给台湾地区居民叶某的2吨麻黄素是掺杂到事先准备好的8吨玉米蛋白精和淀粉中、以饲料的名义托运的。以上事实足以证明房某某对非法买卖制毒物品主观上是明知的。至于被告人许某某，其虽一直辩称未参与房某某与黄某某、叶某商谈交易，且其以为该两笔交易都在商谈办理准购证手续。但从其两次为房某某介绍来历不明的非法的麻黄素买家，且房某某也未供述两笔交易中谈及准购证事宜与之印证，其从中获得巨额报酬的事实也可以认定许某某对其居间介绍的非法的麻黄素交易是明知的。

需要说明的是，本案涉案人员黄某某与叶某通过非法交易从二被告人处巨资购买数量巨大的制毒物品麻黄素，该批麻黄素流入非法渠道没有追回、用于制造毒品或走私的可能性是很大的。但由于房某某、许某某均不承认知晓黄某某与叶某购买制毒物品的目的，亦无其他证据能够证实二被告人"明知他人制造毒品"，加之黄某某与叶某均未归案，其购买制毒物品的具体目的现已无法查清。特别是房某某，其之前与黄某某、叶某不相识，对该二人背景、职业等不了解，其非法出售麻黄素的动因是正规市场价格太低，其对购买人是否用于制造毒品或其他目的不关心且不知晓是合理、正常的。因此，在无法认定房某某、许某某明知他人购买毒品的确切目的的情况下，应以非法买卖制毒物品罪追究其刑事责任。

（二）非法买卖制毒物品交易中起居间作用的应当认定为非法买卖制毒物品罪的共犯

毒品犯罪中，常常在购买人和出售者之间有居间人的存在，在毒品买卖双方之间介绍、撮合，促成毒品交易。这种居间介绍行为与一般的共同犯罪表面上有区别，但从实质看并无不同，属于毒品交易的帮助行为，居间人是非法交易的共犯。《意见》针对为走私或者非法买卖易制毒化学品犯罪提供便利的行为作了专门规定，即明知他人实施走私或者非法买卖易制毒化学品犯罪，而为其运输、储存、代理进出口或者以其他方式提供便利的，以走私或者非法买卖制毒物品罪的共犯论处。因为居间介绍人所实施的中介犯罪行为在整个犯罪中起着重要作用，积极促成毒品交易的完成，处于"承上启下"的地位，并起着不可替代的重要作用，是毒品犯罪中不可缺少的环节，因此居间人在毒品犯罪中一般应认定为主犯。

本案中许某某及其辩护人一直辩称许某某起次要、辅助作用，系从犯。我们认为，许某某在本案中起主要作用，应为主犯，主要理由是：许某某两次为房某某联系非法出售麻黄素，积极安排房某某与非法买主黄某某、叶某会面。无论是房某某与黄某某、叶某商谈非法交易、房某某送麻黄素样品给叶某，还是黄某某、叶某给付货款给房某某，许某某均在场。甚至连黄某某的预付款都是通过许某某交给房某某的。许某某在整个制毒物品交易中积极参与，并起着不可或缺的作用。若不是许某某的居间行为，则本案的非法麻黄素交易无法进行。另外，从房某某与许某某六四分成赃款也可见许某某在本案的非法制毒物品交易中的地位之突出、作用之大，认定为主犯是正确的。

（三）本案对被告人房某某、许某某均判处有期徒刑九年量刑适当

《刑法》第 350 条未规定构成非法买卖制毒物品罪的数量标准，但这不意味着一经实施非法买卖制毒物品的行为即构成犯罪。非法买卖制毒物品必须达到一定的数量才能构成犯罪，这与刑法规定的走私、贩卖、运输、制造毒品罪不论数量多少，都应当追究刑事责任是有区别的。这种区别的主要原因在于毒品属于国家禁止流通物，其危害性是现实存在的；而制毒物品属于国家限制流通物，具有易制毒及一般化学原料的双重属性，其危害性是潜在的、不确定的。很多制毒物品既可以作为毒品制造原料，但同时又是一般工农业生产和科研常用的化学原料。比如，本案非法买卖的麻黄碱，既是制造"冰"毒的主要原料，同时又是医药上常用的支气管扩张剂（咳嗽药）。非法买卖制毒物品最终可能流入毒品加工、制造渠道，也可能仅仅成为普通的化工原料。另外，一些在日常生产、生活中应用广泛的易制毒化学品，或者属于制造毒品配剂的化学品，若只是少量非法交易，尚未达到严重社会危害程度的，属于情节显著轻微，危害不大，可不认为是犯罪。

由于《刑法》第 350 条未规定非法买卖制毒物品罪定罪、量刑的具体数额，为统一规范有关制毒犯罪惩治标准，2000 年《最高人民法院关于审理毒品案件定罪量刑标准有关问题的解释》专门规定了麻黄素、醋酸酐、乙醚、三氯甲烷四种易制毒化学品犯罪的定罪量刑标准。2009 年 6 月 26 日出台的《意见》对除麻黄素、醋酸酐、乙醚、三氯甲烷以外、国务院《易制毒化学品管理条例》规定的其他易制毒化学品的定罪量刑标准作出了规定。这些都是制毒物品类案件法律适用的重要依据。根据以上规定，麻黄碱、伪麻黄碱及其盐类和单方制剂 5 千克以上不满 50 千克的，处三年以下有期徒刑、拘役或者管制，并处罚金；超过 50 千克的，处三年以上十年以下有期徒刑。

本案中，房某某与许某某非法买卖盐酸伪麻黄碱的数量达到 3000 千克，远远高于上述解释对《刑法》第 350 条第 1 款规定的"数量大"规定的标准，另外考虑到 3000 千克制毒物品均已流入非法渠道无法追回，极有可能被用于毒品制造，潜在的社会危害性极大，且二被告人在共同犯罪中均起主要作用，法院据此以非法买卖制毒物品罪均判处房某某、许某某有期徒刑九年，量刑适当。

问题 2. 利用麻黄碱类复方制剂加工、提炼制毒物品并非法贩卖的，如何定性

【刑事审判参考案例】王某 1、杨某某等非法买卖制毒物品案[①]

一、基本案情

被告人王某 1，2003 年 9 月 30 日因犯非法经营罪被判处有期徒刑六个月，2010 年 4 月 16 日因涉嫌犯非法买卖制毒物品罪被逮捕。

四川省成都市人民检察院以九名被告人犯制造毒品罪，向成都市中级人民法院提起公诉。

被告人王某 1、杨某某等九人及其辩护人均辩称，各被告人的行为构成非法买卖制毒

[①] 李静然、奉钦撰稿，马岩审编：《王某 1、杨某某等非法买卖制毒物品案——利用麻黄碱类复方制剂加工、提炼制毒物品并非法贩卖的，如何定性（第 802 号）》，载最高人民法院刑事审判第一、二、三、四、五庭主办：《刑事审判参考》（总第 87 集），法律出版社 2013 年版，第 87~93 页。

物品罪，不构成制造毒品罪。

成都市中级人民法院经公开审理查明：

2009年4月，被告人杨某某为贩卖麻黄碱牟利，租用四川省双流县一废弃厂房，雇用被告人曾某某、刘某1、刘某2等人，利用其非法购得的复方茶碱麻黄碱片提炼麻黄碱。其中，曾某某负责生产，并与刘某1分别驾车运送物资，刘某2参与加工制造。2010年3月9日，杨某某将提炼出的250千克麻黄碱贩卖给被告人王某1。同月12日，公安人员在上述加工厂内查获一批生产设备和配剂，从厂内水池中查获含有麻黄碱成分的液体，另从杨某某的办公室查获其指使曾某某存放的28.38余千克的麻黄碱。

2010年1月至3月，王某1多次从杨某某等人处购买麻黄碱，先后4次分别组织或者伙同被告人王某2、张某、王某3、王某4等人驾车将共计475余千克麻黄碱从四川省运输至广东省贩卖给他人。其中，王某2参与4次，张某参与3次（共计425千克），王某3参与2次（共计75千克），王某4参与1次（25千克）。

成都市中级人民法院认为，被告人王某1、王某2、张某、王某3、王某4非法买卖国家管制的制毒物品麻黄碱，其行为均构成非法买卖制毒物品罪。被告人杨某某、曾某某、刘某1、刘某2违反国家规定，大量非法制造国家管制的制毒物品麻黄碱，并出售牟利，其行为均构成非法买卖制毒物品罪。公诉机关指控王某1等人构成制造毒品罪的罪名不成立。在共同犯罪中，王某1、杨某某均系主犯，应当分别按照其所参与的全部犯罪处罚；王某2、张某、王某3、王某4与曾某某、刘某1、刘某2均系从犯，依法均应当从轻或者减轻处罚。据此，依照《刑法》第350条第1款，第25条第1款，第26条第1款、第4款，第27条，第52条之规定，成都市中级人民法院判决如下：

被告人王某1犯非法买卖制毒物品罪，判处有期徒刑十年，并处罚金人民币500万元。（其他被告人的判决情况略。）

一审宣判后，被告人王某1、杨某某、王某2、王某3、王某4、曾某某均提出上诉。

四川省高级人民法院经审理认为，原判对上诉人王某1、王某2、王某3、王某4、曾某某以及原审被告人张某、刘某1、刘某2定罪准确，量刑适当，审判程序合法，应予维持。但原判认定上诉人杨某某贩卖麻黄碱的数量不准确。经查，王某1供述其所贩卖的250千克麻黄碱系来源于杨某某处，但送货人曾某某的供述证实当天仅送货8袋，按其通常交易每袋25千克计算，共计200千克，故本次交易麻黄碱的数量应当认定为200千克，杨某某贩卖麻黄碱共计228千克。据此，依照1996年《刑事诉讼法》第189条第3项①和《刑法》第350条第1款，第25条第1款，第26条第1款、第4款，第27条，第52条之规定，四川省高级人民法院判决如下：

1. 维持原审对上诉人王某1、王某2、张某、王某3、王某4、曾某某，原审被告人刘某1、刘某2的判决。

2. 上诉人杨某某犯非法买卖制毒物品罪，判处有期徒刑八年六个月，并处罚金人民币400万元。

二、主要问题

1. 以非法贩卖为目的，利用麻黄碱类复方制剂加工、提炼制毒物品的行为，如何定性？

---

① 对应2018年《刑事诉讼法》第236条第1款第3项。

2. 向他人贩卖制毒物品的,应当认定为非法买卖制毒物品罪还是以制造毒品罪的共犯论处?

三、裁判理由

(一)以非法贩卖为目的,利用麻黄碱类复方制剂加工、提炼制毒物品的,应当认定为非法买卖制毒物品罪

麻黄碱类物质是制造甲基苯丙胺等苯丙胺类合成毒品的主要原料,属于《易制毒化学品管理条例》品种目录列管的第一类易制毒化学品,即刑法中规定的制毒物品。麻黄碱类复方制剂是含有麻黄碱类物质和其他药物成分的药品复方制剂,常见的如新康泰克胶囊、麻黄碱苯海拉明片等。通过加工、提炼甚至手工分离的方法,就可以从麻黄碱类复方制剂中提取麻黄碱类物质。近年来,制造甲基苯丙胺等合成毒品犯罪在我国迅速蔓延,由于麻黄碱类物质及其单方制剂在我国被作为易制毒化学品进行严格管控,犯罪分子难以获得,于是转而寻求相对易于获取的麻黄碱类复方制剂作为制毒原料。据统计,我国查获的制造甲基苯丙胺犯罪中的制毒原料一半以上是麻黄碱类复方制剂,部分地区已形成"非法买卖麻黄碱类复方制剂→加工、提炼麻黄碱类物质→制造甲基苯丙胺"的产业链。同时,随着司法机关对制造毒品犯罪打击力度的加大,也有部分犯罪分子不再直接制造毒品,而是利用麻黄碱类复方制剂加工、提炼出麻黄碱类物质后进行走私、非法贩卖。利用麻黄碱类复方制剂加工、提炼制毒物品,实际上是一种非法制造制毒物品的行为。实践中,此类行为已成为关联上游走私、非法买卖麻黄碱类复方制剂和下游制造毒品、走私、非法买卖制毒物品犯罪的关键环节,必须依法惩治。然而,《刑法》第350条规定了走私制毒物品罪和非法买卖制毒物品罪,没有将非法制造制毒物品的行为规定为犯罪。因此,对于行为人尚未实施或者没有证据证明其实施走私、非法买卖制毒物品或者制造毒品犯罪的情形中利用麻黄碱类复方制剂加工、提炼制毒物品的行为定性,一度是困扰办案人员的一个难题。

麻黄碱类物质的性质特殊,仅限于以下三种特定用途:一是制药;二是制造苯丙胺类毒品;三是作为化工生产中的一种拆分剂(此类用途少之又少)。利用麻黄碱类复方制剂提炼出麻黄碱类物质后,再用于制药或者工业生产不但有悖常理,而且成本过高,目前,实践中还不存在这样的个案。根据实践情况分析,利用麻黄碱类复方制剂加工、提炼麻黄碱类物质,其目的通常有三个:一是制造毒品;二是非法买卖制毒物品;三是走私制毒物品。行为人或是为本人制造毒品、走私、非法买卖制毒物品创造条件,或者是为他人制造毒品、走私、非法买卖制毒物品提供帮助。由于《刑法》未将非法制造制毒物品的行为规定为犯罪,对于利用麻黄碱类复方制剂加工、提炼制毒物品的行为,应当立足现有法律规定,根据行为人实施加工、提炼行为的具体目的,从该行为与制造毒品或者制毒物品犯罪的关系来认定。根据2012年6月18日最高人民法院、最高人民检察院、公安部联合发布的《关于办理走私、非法买卖麻黄碱类复方制剂等刑事案件适用法律若干问题的意见》的规定,以制造毒品或者走私、非法买卖制毒物品为目的,利用麻黄碱类复方制剂加工、提炼制毒物品的,分别按照制造毒品罪、走私制毒物品罪或者非法买卖制毒物品罪定罪处罚;明知他人制造毒品或者走私、非法买卖制毒物品,为其利用麻黄碱类复方制剂加工、提炼制毒物品的,分别以制造毒品罪、走私制毒物品罪或者非法买卖制毒物品罪的共犯论处。

本案中,复方茶碱麻黄碱片属于麻黄碱类复方制剂,是一种止咳平喘的常用药品,

其中所含盐酸麻黄碱是国家列管的麻黄碱类制毒物品。被告人杨某某以非法贩卖麻黄碱类制毒物品为目的，购买复方茶碱麻黄碱片后，租用厂房，雇用人员为其加工、提炼麻黄碱，并贩卖牟利。其行为包括非法制造制毒物品和非法贩卖制毒物品两部分。由于《刑法》未规定非法制造制毒物品罪，对非法制造制毒物品的行为，要结合行为人的目的来定性。综合在案证据分析，杨某某制造制毒物品的目的是用于贩卖，故对其制造制毒物品的行为应当认定为非法买卖制毒物品罪。被告人曾某某、刘某1、刘某2虽未直接实施非法买卖制毒物品犯罪，但三被告人明知杨某某非法贩卖麻黄碱类制毒物品牟利，而为其利用麻黄碱类复方制剂加工、提炼制毒物品或者为其提供其他帮助，应当以非法买卖制毒物品罪的共犯论处。鉴于三被告人均受杨某某雇用而参与犯罪，起次要作用，依法可以认定为从犯。在三被告人中，曾某某的作用相对大于刘某1和刘某2。

（二）向他人贩卖制毒物品，没有证据证实行为人明知他人用于制造毒品的，不应认定为制造毒品罪的共犯

本案中，杨某某制造出麻黄碱后贩卖给王某1，王某1又倒卖给他人。对于杨某某、王某1等人的行为，公诉机关指控构成制造毒品罪的主要理由是，麻黄碱系制毒物品已为公众知悉，杨某某、王某1等人非法贩卖麻黄碱，销售价格高于市场合法交易价格数十倍，购买者不可能再用于制药，各被告人对其生产、贩卖的麻黄碱必将被他人用于制造毒品应当明知，属于明知他人制造毒品而为其生产、买卖、运输制毒物品，依法应当按照制造毒品罪的共犯论处。但在犯罪形态上，由于未实际查获毒品，可认定为犯罪预备。

我们认为，对此类非法买卖制毒物品的行为应当以非法买卖制毒物品罪定罪处罚。主要理由有以下两点：

第一，王某1等人的行为不符合按照制造毒品罪共犯论处的条件。根据共同犯罪理论，构成共同犯罪必须具备共同的犯罪故意和共同的犯罪行为。共同的犯罪故意要求各共同犯罪人之间有"意思联络"，即共同犯罪人在犯意上相互沟通。共同的犯罪行为包括实行行为、组织行为、教唆行为、帮助行为。《刑法》第350条第2款规定："明知他人制造毒品而为其提供前款规定的物品的，以制造毒品罪的共犯论处。"可见，适用该款规定，应当同时具备主客观两个要件。主观要件方面，行为人应当明知他人实施制造毒品犯罪。这里的"明知"是指"确切地知道"，"他人"是指"相对确定的某人"，即要求行为人具有与相对确定的他人制造毒品的共同犯罪故意，即有与相对确定的他人共同实施制造毒品犯罪的意思联络。客观要件方面，行为人应当有为制毒人员实施制造毒品犯罪提供制毒原料的帮助行为。例如，向制毒人员贩卖制毒物品；向制毒人员提供制毒物品交换毒品或者抵账；以提供制毒物品作为出资形式参与制造毒品共同犯罪等。本案中，没有证据证实王某1、杨某某等人具有与相对确定的他人制造毒品的共同犯罪故意，也没有证据证实王某1、杨某某等人实施了向制毒人员贩卖制毒物品的行为。据查，直接或者间接从王某1等人处购买制毒物品的人员均系非法买卖制毒物品的犯罪分子，并非制毒人员。如果将处在中间环节倒卖制毒物品的人员都认定为制造毒品罪，既不符合《刑法》的规定，也会导致打击面过大。因此，本案各被告人的行为不应认定构成制造毒品罪的共犯。当然，如果王某1等人的直接"下家"在购买这些制毒物品后用于制造毒品，且王某1等人对此明知，则可以认定王某1等人为制造毒品罪的共犯。

第二，各被告人的行为符合非法买卖制毒物品罪的构成条件。根据《刑法》第350条第1款的规定，违反国家规定，在境内非法买卖醋酸酐、乙醚、三氯甲烷或者其他用于制造

毒品的原料或者配剂的，构成非法买卖制毒物品罪。其中的"国家规定"主要是指国务院 2005 年发布的《易制毒化学品管理条例》。该条例所附《易制毒化学品的分类和品种目录》将麻黄碱、伪麻黄碱、消旋麻黄碱、去甲麻黄碱、甲基麻黄碱及其盐类和麻黄浸膏、麻黄浸膏粉（包括原料药及其单方制剂）等 7 类麻黄碱类物质列为第一类易制毒化学品进行严格管控。麻黄碱类物质属于相关国家规定明确列管的制毒物品，国家对上述物质生产、经营、购买、运输和进出口实行分类管理和许可制度。如前所述，杨某某雇用曾某某、刘某 1、刘某 2 等人生产麻黄碱，并贩卖给王某 1，王某 1 又多次组织王某 2、张某、王某 3、王某 4 等人进行倒卖，数量均远远超过《最高人民法院关于审理毒品案件定罪量刑标准有关问题的解释》和《关于办理走私、非法买卖麻黄碱类复方制剂等刑事案件适用法律若干问题的意见》规定的非法买卖制毒物品"数量大"的标准，依法应当以非法买卖制毒物品罪定罪处罚。

问题 3. 非法买卖麻黄碱类复方制剂以及将麻黄碱类复方制剂拆改包装后进行贩卖的，如何定性

【刑事审判参考案例】解某某等非法买卖制毒物品、张某某等非法经营案[①]

一、基本案情

北京市昌平区人民检察院以被告人解某某、梁某、解某犯非法买卖制毒物品罪，被告人张某某、田某某、王某某犯非法经营罪，向北京市昌平区人民法院提起公诉。

上述六名被告人对公诉机关指控的事实及罪名均未提出异议。

被告人解某某的辩护人提出，解某某实际销售康泰克数量为 180 袋，不属于非法买卖制毒物品数量大，且认罪态度好，有明显悔罪表现，请求对其判处三年以下有期徒刑，并适用缓刑。

被告人梁某的辩护人提出，梁某系从犯，有犯罪未遂情节，请求对其判处三年以下有期徒刑。

被告人解某的辩护人提出，解某的行为没有造成严重后果，社会危害性较小，且在共同犯罪中系从犯，又系初犯，主观恶性不大，请求对其从轻处罚。

被告人张某某的辩护人提出，起诉书指控张某某销售新康泰克的数量应当为 577 箱，张某某认罪态度好，对案件侦破起了重要作用，且非法获利很少，又系初犯，请求对其减轻或免除处罚。

被告人田某某的辩护人提出，田某某销售给张某某的新康泰克数量应当为 250 箱，销售行为未对社会造成实际损害，未取得暴利，且认罪态度好，又系初犯，请求对其从轻处罚。

被告人王某某的辩护人提出，王某某的行为社会危害性较小，获利小，且认罪态度好，又系初犯，请求对其从轻处罚。

北京市昌平区人民法院经公开审理查明：

[①] 胡爱军、杜金星撰稿，马岩审编：《解某某等非法买卖制毒物品、张某某等非法经营案——非法买卖麻黄碱类复方制剂以及将麻黄碱类复方制剂拆改包装后进行贩卖的，如何定性（第 803 号）》，载最高人民法院刑事审判第一、二、三、四、五庭主办：《刑事审判参考》（总第 87 集），法律出版社 2013 年版，第 94~101 页。

1. 2006年年底至2007年，被告人解某、梁某先后两次从没有经营资质的被告人张某某处购买新康泰克75箱，二人将药品拆封后，将胶囊内的康泰克粉末装入塑料袋向外出售。75箱新康泰克胶囊中含盐酸伪麻黄碱13500克。解某、梁某从中非法获利人民币（以下币种同）150余万元。

2. 2009年9月至2010年1月，解某某、梁某先后从没有经营资质的张某某处购买新康泰克共计620余箱。二人雇人将药品拆封后，将胶囊内粉末装入塑料袋内，将其中200袋康泰克粉末出售给李某（在逃），其余的426箱外加50盒新康泰克被查获。被查获的新康泰克胶囊中含有盐酸伪麻黄碱76680克，贩卖给李某的新康泰克胶囊中含有盐酸伪麻黄碱36000克。

被告人张某某先后向被告人解某某、梁某、解某非法销售新康泰克共计700余箱，非法经营数额共计137万余元，非法获利21万余元。解某某、梁某从中非法获利300余万元。

3. 2009年2月至10月，被告人田某某冒用北京A医药科技开发中心、北京市B医药公司销售代表的名义从北京C医药销售有限公司购买新康泰克206箱，冒用北京A医药科技开发中心的名义从北京市B医药公司购买新康泰克331箱。田某某将其中的300箱新康泰克销售给张某某。田某某非法经营数额共计105万余元，从中非法获利5000余元。

4. 2009年8月至2010年1月，被告人王某某以哈尔滨D医药公司的名义从F集团医药有限公司G药品分公司业务员杨某某处购买新康泰克350箱，后通过杨某某以黑龙江省H医药有限公司的名义从黑龙江省I医药有限责任公司购进新康泰克500箱。王某某将其中327箱新康泰克从黑龙江省、河北省送至北京市销售给张某某，其异地非法经营数额共计63万余元，从中非法获利2000余元。

北京市昌平区人民法院认为，被告人解某某、梁某、解某违反国家规定非法买卖制造毒品的原料，其行为均构成非法买卖制毒物品罪，且解某某、梁某非法买卖制造毒品原料数量大。被告人张某某、田某某、王某某违反国家规定非法经营药品，扰乱市场秩序，情节严重，其行为均构成非法经营罪。鉴于六被告人能够坦白犯罪事实，均可以酌情从轻处罚。对各辩护人所提辩护意见，部分予以采纳。据此，依照《刑法》第350条第1款、第225条第1项、第52条、第53条、第25条第1款、第67条第3款之规定，北京市昌平区人民法院判决如下：

被告人梁某犯非法买卖制毒物品罪，判处有期徒刑四年，并处罚金200万元。（其他被告人的判决情况略。）

一审宣判后，六名被告人均未提出上诉，检察机关亦未抗诉，判决已发生法律效力。

二、主要问题

1. 将麻黄碱类复方制剂拆解成粉末后进行非法买卖的，如何定性？

2. 非法买卖麻黄碱类复方制剂，没有证据证明系用于非法买卖制毒物品的，如何定性？

3. 对非法买卖麻黄碱类复方制剂构成非法买卖制毒物品罪的，如何认定制毒物品的数量？

三、裁判理由

近年来，随着甲基苯丙胺等苯丙胺类合成毒品在我国的蔓延，特别是制造甲基苯丙胺犯罪的迅猛增长，麻黄碱类原料成为毒品犯罪分子争相获取的对象。由于我国将麻黄碱类物质及其单方制剂作为易制毒化学品进行严格管控，毒品犯罪分子转而寻求相对易于获取的麻黄碱类复方制剂（如新康泰克胶囊），导致麻黄碱类复方制剂流入非法渠道被用于加工、提炼制毒物品进而制造毒品的情况较为严重。为进一步从源头上惩治毒品犯罪，遏制麻黄碱类复方制剂流入非法渠道被用于制造毒品，最高人民法院会同最高人民检察院、公安部于2012年6月18日发布了《关于办理走私、非法买卖麻黄碱类复方制剂等刑事案件适用法律若干问题的意见》（本案例以下简称《意见》）。本案的审判发生在《意见》出台之前，但裁判结果与《意见》的精神相符，现就本案所涉主要法律适用问题进行如下分析。

（一）将麻黄碱类复方制剂拆解成粉末进行买卖的，应当认定为非法买卖制毒物品罪

根据《刑法》第350条的规定，非法买卖制毒物品罪，是指违反国家规定在境内非法买卖醋酸酐、乙醚、三氯甲烷或者其他用于制造毒品的原料或者配剂的行为。我国对制毒物品实行列管模式，国务院2005年发布的《易制毒化学品管理条例》所附《易制毒化学品的分类和品种目录》共列举了23种制毒物品。其中，麻黄碱（亦称麻黄素）、伪麻黄碱、消旋麻黄碱、去甲麻黄碱、甲基麻黄碱、麻黄浸膏、麻黄浸膏粉等（包括盐类、原料药及其单方制剂）均系列管的制毒物品。国家对这些易制毒化学品进行严格控制，对它们的生产、经营、购买、运输、进出口实行分类管理和许可制度，禁止使用现金或实物进行交易。

麻黄碱类复方制剂是含有麻黄碱类物质和其他药物成分的药品复方制剂，是用于治疗感冒和咳嗽的常用药品，除新康泰克外，常见的还有白加黑感冒片、麻黄碱苯海拉明片、消咳宁等。麻黄碱类复方制剂具有双重属性：一方面，为日常生活中的常用药品，且大多为非处方药，故不属于国家列管的制毒物品范围。对于非法买卖麻黄碱类复方制剂的，不能直接将其作为非法买卖易制毒化学品的行为来处理。另一方面，通过物理提炼甚至手工分离的方法，可以从麻黄碱类复方制剂中提炼出麻黄碱类物质，而麻黄碱类物质是当前境内制造甲基苯丙胺等苯丙胺类合成毒品的主要原料。将麻黄碱类物质从复方制剂中剥离出来，改变了麻黄碱类复方制剂的药品属性，可以作为制毒物品处理。

本案中麻黄碱类复方制剂是新康泰克，通用名称为复方盐酸伪麻黄碱缓释胶囊，其主要成分为盐酸伪麻黄碱，可用于制造冰毒。被告人解某某、梁某、解某明知新康泰克胶囊中所含盐酸伪麻黄碱系国家列管的易制毒化学品，为获取非法利益，雇人将所购新康泰克药品拆封，并将胶囊内的粉末装入塑料袋后向外非法出售，其行为改变了新康泰克胶囊的药品属性，即解某某、梁某、解某所贩卖的不再是药品，而是制剂内的麻黄碱类物质。从所获高额利润分析，解某某、梁某、解某已明知其未将新康泰克作为日常用药来出售，而是作为制毒物品出售。根据《意见》第1条第3款的规定，将麻黄碱类复方制剂拆除包装、改变形态后进行走私或者非法买卖，或者明知是已拆除包装、改变形态的麻黄碱类复方制剂而进行走私或者非法买卖的，依照《刑法》第350条第1款、第3款的规定，分别以走私制毒物品罪、非法买卖制毒物品罪定罪处罚。解某某、梁某、解某的行为属于将麻黄碱类复方制剂拆改包装、改变形态后进行非法买卖的情形，故其行为构成非法买卖制毒物品罪。

（二）非法买卖麻黄碱类复方制剂，没有证据证明系用于非法买卖制毒物品的，不应认定为非法买卖制毒物品罪

本案被告人田某某、王某某通过熟人介绍，从国内一些大型医药公司大批购入新康

泰克卖给被告人张某某，张某某再倒手卖给梁某等人。本案在审理过程中，对田某某、王某某、张某某三人的行为如何定性，形成两种意见：一种意见认为，对此三人的行为可以非法买卖制毒物品罪的共犯论处。另一种意见认为，此三人均属于在没有药品经营许可证的情况下经营药品，且经营数额在5万元以上，故其行为均构成非法经营罪。

我们赞同后一种意见。主要理由如下：

第一，麻黄碱类复方制剂本身不属于列管的易制毒物品，对买卖麻黄碱类复方制剂的，不能直接依据《刑法》第350条定罪处罚。田某某、王某某系医药公司的业务员，二人违规购买新康泰克后，将部分卖给张某某，张某某又转而卖给解某某等三人，田某某、王某某、张某某三人未改变新康泰克的药品属性，贩卖目的在于通过差价获取利润，故不能将其行为认定为非法买卖制毒物品罪，否则就等于将新康泰克等同于制毒物品，不符合法律规定。同时，没有具体证据证明张某某明知解某某等人将所购新康泰克胶囊拆解后作为制毒物品出售。尽管客观上张某某的行为为解某某等人贩卖制毒物品提供了帮助，但因缺乏共同犯罪的故意，故不能对张某某、田某某、王某某以非法买卖制毒物品罪的共犯论处。

第二，田某某、王某某、张某某的行为符合非法经营罪的犯罪构成。根据《刑法》第225条第1项，违反国家规定，未经许可经营法律、行政法规规定的专营、专卖物品或者其他限制买卖的物品，扰乱市场秩序，情节严重的，构成非法经营罪。国家对新康泰克实行经营管制，消费者每人每次最多购买5个最小包装。除个人合法购买外，禁止使用现金进行含麻黄碱类复方制剂交易。同时，相关法律法规规定，药品生产、经营企业不得在药品监督管理部门核准的地址以外的场所储存或者现货销售药品；药品生产、经营企业或者委派的药品销售人员，在没有签订药品销售合同的情况下，带药品现货以流动的方式在其他地区向药品经营、使用单位或者病患者、消费者销售药品的，视为异地经营，按无证经营处理。本案中，张某某、田某某的行为属于无证经营；王某某虽有证据表明其有经营许可证及委托函，但其携带药品现货在药品监督管理部门核准地址以外的场所向个人出售，视为异地经营，按无证经营处理。其中，张某某非法经营数额为137万余元，田某某非法经营数额为105万余元，王某某的异地非法经营数额为63万余元，均属于扰乱市场秩序情节严重，应当以非法经营罪论处。这样处理也符合《意见》的规定。《意见》第1条第4款规定，非法买卖麻黄碱类复方制剂，没有证据证明系用于非法买卖制毒物品，构成非法经营罪等其他犯罪的，依法定罪处罚。

（三）对于非法买卖麻黄碱类复方制剂构成非法买卖制毒物品罪的，如何认定制毒物品的数量

对此，有观点认为，既然刑法规定对毒品数量不以纯度折算，为从严惩处制毒物品犯罪，对非法买卖麻黄碱类复方制剂构成制毒物品犯罪的，也可不以纯度折算，而以查获的复方制剂的数量计算。我们认为，麻黄碱类复方制剂是由麻黄碱类物质和其他成分混合而成的药品制剂，其中的麻黄碱类物质才是制毒物品，直接按照涉案麻黄碱类复方制剂数量定罪量刑缺乏科学性，也会导致处罚过于严厉，有违罪刑相适应原则。因此，在对相关行为以走私或者非法买卖制毒物品罪定罪处罚时，应当将涉案麻黄碱类复方制剂所含麻黄碱类物质的数量认定为制毒物品的数量。《意见》第6条第1款规定："实施本意见规定的行为，以走私制毒物品罪、非法买卖制毒物品罪定罪处罚的，应当以涉案麻黄碱类复方制剂中麻黄碱类物质的含量作为涉案制毒物品的数量。"实践中，关于数量

计算方法,对于正规厂家出产的成品药剂,可以按照其药品批准证明文件中列明的成分、含量进行计算;对于已拆除包装、改变形态的麻黄碱类复方制剂,则需要进行含量鉴定。

本案中,每粒感冒药新康泰克含有 90 毫克盐酸伪麻黄碱。被告人解某非法买卖的 75 箱新康泰克,其中所含盐酸伪麻黄碱的数量为:75×200 盒×10 粒×0.09 克 = 13.5 千克。据此计算方法,被告人解某某非法买卖的新康泰克中所含盐酸伪麻黄碱的数量至少为 111.6 千克,被告人梁某非法买卖的数量至少为 125.1 千克。依照《最高人民法院关于审理毒品案件定罪量刑标准有关问题的解释》和《意见》的相关规定,非法买卖麻黄碱、伪麻黄碱及其盐类和单方制剂 5 千克以上不满 50 千克的,构成非法买卖制毒物品罪,处三年以下有期徒刑、拘役或者管制,并处罚金;达到 50 千克以上的,为数量大,处三年以上十年以下有期徒刑,并处罚金。据此,北京市昌平区人民法院对解某、解某某、梁某以非法买卖制毒物品罪定罪处罚,对张某某、田某某和王某某以非法经营罪定罪处罚是正确的。

问题 4. 非法生产、买卖邻酮,数量特别巨大,如何惩处

【典型案例】 李某某非法生产、买卖制毒物品案[①]

一、基本案情

2015 年冬天,边某某(已另案判刑)与王某某结识并商定非法生产制毒物品邻氯苯基环戊酮(本案例以下简称邻酮),王某某负责提供部分原料、指导设备安装及生产、联系买家等,边某某负责提供厂房、设备、资金、组织人员生产等。2016 年 3 月,边某某纠集被告人李某某等人租用山东省惠民县胡集镇一闲置厂房开始承建化工厂。其间,边某某与李某某商定,由李某某出资建厂生产,后期双方分红。同年 3 月至 6 月,李某某陆续出资 25 万余元,多次到工厂查看进度,并前往江苏省盐城市接送王某某。同年 6 月,李某某将生产出的 800 千克邻酮运至山东省淄博市临淄区,由边某某等人通过物流发往河北省石家庄市,后边某某给李某某 25.5 万元现金。同年 7 月 12 日,公安人员在上述工厂附近隐藏的车辆上查获邻酮 373 千克。

二、裁判结果

本案由山东省惠民县人民法院一审,山东省滨州市中级人民法院二审。

法院认为,被告人李某某非法生产、买卖制毒物品邻酮的行为已构成非法生产、买卖制毒物品罪。李某某明知他人非法生产、买卖邻酮而积极参与投资建厂、接送人员等,生产、买卖邻酮共计约 1173 千克,情节特别严重,应依法惩处。据此,依法对被告人李某某判处有期徒刑八年,并处罚金人民币 8 万元。

上述裁判已于 2018 年 11 月 15 日发生法律效力。

三、典型意义

近年来,受制造毒品犯罪影响,我国制毒物品犯罪问题也较为突出。为遏制制毒物品犯罪的蔓延,增强对源头性毒品犯罪的打击力度,自 2015 年 11 月 1 日起施行的《刑法修正案(九)》完善了制毒物品犯罪的规定,增设了非法生产、运输制毒物品罪。本案是一起比较典型的非法生产、买卖邻酮的案件。邻酮是合成羟亚胺的重要原料,而羟亚胺

[①] 最高人民法院发布 2019 年十大毒品(涉毒)犯罪典型案例。

可用于制造毒品氯胺酮。本案被告人李某某犯罪所涉邻酮数量特别巨大，根据《审理毒品犯罪案件解释》第 8 条的规定，其犯罪行为属情节特别严重。人民法院根据李某某犯罪的事实、性质和具体情节依法判处刑罚，体现了对源头性毒品犯罪的坚决打击。

问题 5. 非法生产、买卖、运输制毒物品，情节特别严重，如何惩处

【典型案例】马某某等非法生产、买卖、运输制毒物品案①

一、基本案情

被告人马某某，1992 年 9 月 5 日因犯盗窃罪被判处死刑，缓期二年执行，剥夺政治权利终身，2007 年 1 月 30 日被假释，假释考验期至 2008 年 6 月 20 日止。

2019 年三四月，被告人马某某、胡某某共谋出资生产制毒物品盐酸羟亚胺。马某某委托被告人李某某寻找场地并负责生产，聘请被告人许某某作为技术员指导生产，胡某某负责提供生产工艺图纸。后李某某租用山西省介休市一公司作为生产窝点，与许某某等人组织工人生产盐酸羟亚胺。同年 12 月，马某某、胡某某从被告人刘某某处购买易制毒化学品溴素 5010 千克及甲苯 12000 千克，运至上述窝点。马某某等人生产盐酸羟亚胺共计 2723.67 千克，出售 1470 千克，其中，马某某 15 次参与出售 1470 千克，胡某某 6 次参与出售 630 千克，李某某 7 次参与出售 900 千克，被告人周某某 4 次参与出售 615 千克，被告人王某某 4 次参与出售 300 千克，被告人祁某某 2 次参与出售 100 千克，马某某、胡某某、李某某、周某某、王某某还参与运输了盐酸羟亚胺。

2020 年 6 月 15 日，公安人员在江苏省建湖县马某某岳父家查获马某某、胡某某藏匿的盐酸羟亚胺 1253.67 千克、含有羟亚胺和邻氯苯基环戊酮成分的固液混合物 260.69 千克。

二、裁判结果

本案由江苏省盐城市亭湖区人民法院审理。

法院认为，被告人马某某、胡某某、李某某非法生产、买卖、运输制毒物品，情节特别严重，其行为均已构成非法生产、买卖、运输制毒物品罪。被告人许某某非法生产制毒物品，情节特别严重，其行为已构成非法生产制毒物品罪。被告人周某某、王某某非法买卖、运输制毒物品，情节特别严重，其行为均已构成非法买卖、运输制毒物品罪。被告人刘某某、祁某某非法买卖制毒物品，情节特别严重，其行为均已构成非法买卖制毒物品罪。在共同犯罪中，马某某、胡某某、李某某均系主犯，应按照其参与的全部犯罪处罚，许某某、周某某、王某某、祁某某系从犯，应依法从轻或者减轻处罚。刘某某系累犯，应依法从重处罚。八人均如实供述犯罪事实，可从轻处罚。除刘某某外，其余七人均退缴违法所得，可酌情从轻处罚。据此，依法对被告人马某某判处有期徒刑十二年，并处罚金人民币 100 万元；对被告人刘某某判处有期徒刑九年，并处罚金人民币 40 万元；对被告人胡某某、李某某、许某某、周某某、王某某、祁某某分别判处有期徒刑十年六个月至五年不等的刑罚，并处罚金。

宣判后，在法定期限内没有上诉、抗诉。上述判决已于 2021 年 2 月 11 日发生法律效力。

---

① 最高人民法院发布的 2021 年十大毒品（涉毒）犯罪典型案例。

三、典型意义

近年来,受制造毒品犯罪增长影响,制毒物品流入非法渠道的形势十分严峻。本案就是一起非法生产、买卖、运输制毒物品的典型案例。溴素、甲苯可用于制造盐酸羟亚胺,盐酸羟亚胺可用于制造毒品氯胺酮,均是国家严格管控的易制毒化学品。根据《审理毒品犯罪案件解释》第8条的规定,被告人马某某等八人实施制毒物品犯罪均属情节特别严重,人民法院依法判处相应刑罚,体现了对源头性毒品犯罪的坚决惩处。

第六章
非法种植毒品原植物罪

第一节 非法种植毒品原植物罪概述

一、非法种植毒品原植物罪概念及构成要件

严禁非法种植罂粟是我国政府的一贯立场,各级政法机关历来采取有效措施,坚决禁止种植罂粟的现象。1990年以前由于1979年《刑法》等法律对非法种植罂粟行为缺少具体规定,难以对之以犯罪论处,所以对非法种植罂粟者,一般只由公安机关予以治安处罚,这在一定程度上轻纵了非法种植罂粟者,不利于禁绝种植罂粟行为。1990年12月28日,第七届全国人大常委会第十七次会议通过了《禁毒决定》。《禁毒决定》第6条明确规定了非法种植毒品原植物罪,为打击非法种植罂粟等毒品原植物的行为提供了法律依据。根据1997年《刑法》,《禁毒决定》予以保留,其中有关行政处罚和行政措施的规定继续有效;有关刑事责任的规定纳入《刑法》。

根据《刑法》第351条的规定,非法种植毒品原植物罪是指非法种植罂粟、大麻等毒品原植物,情节严重的行为。

具体来讲,非法种植毒品原植物罪的犯罪构成如下。

(一)客体要件

本罪的客体是国家对毒品原植物种植的管制。本罪的犯罪对象应当是用于提炼能够使人形成瘾癖的麻醉药品和精神药品的罂粟、大麻等毒品原植物。常见的毒品原植物有以下五种:

1. 罂粟。罂粟原产南欧、印度等地,在缅甸、老挝及泰国北部也会有栽培,目前在我国也有合法种植,但除用于有关药物研究或药品制作外,一律禁种。罂粟的蒴果球形或长圆状椭圆形,长4~7厘米,直径4~5厘米,无毛,成熟时褐色。种子多数,黑色或深灰色,表面呈蜂窝状。罂粟果实中有乳汁,将未成熟的罂粟果割出一道道的刀口,果中浆汁渗出,并凝结成黏稠物,这就是生鸦片。长期吸食容易成瘾,慢性中毒,严重危

害身体，严重时还会因呼吸困难而死亡。

2. 大麻。大麻原产锡金、不丹、印度和中亚细亚，现各国均有野生或栽培。在我国甘肃、新疆、云南等地都有野生类大麻。长期吸食大麻可引起精神及身体变化，如情绪烦躁，判断力和记忆力减退，工作能力下降，妄想、幻觉，对光反应迟钝、言语不清和痴呆，免疫力与抵抗力下降，对时间、距离判断失真，控制平衡能力下降等，对驾车和复杂技术操作容易造成意外事故。成瘾后，能使人失去记忆，出现幻觉，时而还会促使发生残暴攻击行为。

3. 恰特草（巧茶）。恰特草，英文 Catha edulis，又名阿拉伯茶、也门茶、埃塞俄比亚茶、巧茶，是一种卫矛科巧茶属的植物，分布在热带非洲、埃塞俄比亚、阿拉伯半岛以及我国的海南、广西等地。恰特草酷似市场上常见的苋菜，吸毒者可以直接像吃生菜一样嚼食，如果将恰特草晒干，外形又像茶叶一样，但无论是生吃还是晒干磨粉冲服，服食后的效果与海洛因相差无几，毒效惊人且成瘾性大。

4. 迷幻蘑菇。迷幻蘑菇又称"神奇蘑菇"，是一种非食用毒蕈（xùn）。外形与普通菇相似，茎粗，顶部亦尖长且细小，在一些地方被加工成粉末食用，味苦，让人神经麻痹出现幻觉，因而得名。迷幻蘑菇中含有一种被称为裸盖菇素（Psilocybin）的物质，这种物质是一种血清素受体激动剂。在血清素缺席的场合，它能够刺激一些受体，使人产生做梦一样的感受。它能导致神经系统的紊乱和兴奋，人的言行会失去控制。

5. 古柯。古柯原产南美洲高山地区，属于当地的一大特产，可以制作成医用局部麻醉剂。古柯叶味较涩、微苦，它是一种兴奋剂和强壮剂，能够用来解除疲劳。古柯叶能够提取出的古柯碱（Cocaine），主要用于制造毒品可卡因。古柯碱（可卡因）是从古柯树叶中分离出来的一种最主要的生物碱，属于中枢神经兴奋剂，其盐类呈白色晶体状，无气味，味略苦而麻，易溶于水和酒精，兴奋作用强，也是一种局部麻醉剂。吸食可卡因可产生很强的心理依赖性，长期吸食可导致精神障碍，也称可卡因精神病。易产生触幻觉与嗅幻觉，最典型的是皮下虫行蚁走感，奇痒难忍，造成严重抓伤甚至断肢自残，情绪不稳定，容易引发暴力或攻击行为。

（二）客观要件

本罪的客观方面表现为实施了非法种植毒品原植物，情节严重的行为。根据国务院《麻醉药品和精神药品管理条例》等有关法规的规定，种植麻醉药品原植物必须经过政府有关部门的审查批准，指定单位严格按照批准的种植计划，限定数量进行种植。所谓"非法"，是指行为人违反了国家《麻醉药品管理办法》《精神药品管理办法》等有关法规的规定，擅自种植毒品原植物，包括未获批准而种植与超计划种植。所谓"种植"，是指为了获得毒品原植物而进行的播种、培植、施肥、灌溉等农作活动。"情节严重"具体包括下列情形：

第一，非法种植毒品原植物，并且达到数额较大的程度。刑法对非法种植罂粟构成犯罪的数额作了具体而明确的规定，以 500 株作为数额"较大"构成犯罪的起点。值得注意的是，刑法规定了种植罂粟的量刑数量标准，而对于其他毒品原植物量刑标准只规定了"数量较大"。这样规定是由于在我国境内出现的非法种植毒品原植物的情况中，主要是罂粟；另外，由于其他毒品原植物的情况各不相同，相当复杂，也难以在法律中都规定具体数量。

第二，经公安机关处理后又种植罂粟等毒品原植物的，毒品原植物数量不受上述标准的限制。"公安机关处理"是指曾经因为非法种植毒品原植物被公安机关给予治安处罚或强制铲除。

第三，如果有抗拒铲除的行为，非法种植毒品原植物构成犯罪就不受数量的限制。"抗拒铲除"是指使用暴力殴打、捆绑以及以杀害、伤害、毁灭财产、损害名誉相威胁，或聚众阻挠、围攻谩骂执法人员，或实施故意设置障碍，使铲除工作受阻的行为。抗拒铲除是指抗拒国家机关或者基层组织（如村民委员会、居民委员会）的铲除行为，拒绝亲属、邻居铲除行为的，不宜认定为抗拒铲除行为。抗拒铲除行为同时触犯妨害公务罪的，属于想象竞合犯，从一重罪论处。

《刑法》第351条第3款规定，非法种植罂粟或其他毒品原植物，在收获前自动铲除的，可以免除刑事责任，但必须具备三个条件：（1）铲除毒品原植物的行为必须发生在植物成熟收获以前，在植物成熟后铲除的，仍构成犯罪；（2）铲除毒品原植物必须出于种植者的自愿，包括在他人劝说下主动铲除，而不是被强制铲除；（3）对毒品原植物的铲除必须彻底。如果只是部分铲除，或铲除后又重新种植毒品原植物的，仍然构成犯罪。"可以免除处罚"是指对自动铲除非法种植毒品原植物的人，一般可免除处罚，对于非法种植毒品原植物情节很严重，确需处罚的，也可酌情给予适当的处罚。需要特别强调的是，如果行为人在铲除后利用被铲除的毒品原植物制造毒品的，则不能适用该款的规定。

（三）主观要件

本罪的主观方面必须是故意，即行为人明知是毒品原植物而非法种植，这种故意包括直接故意和间接故意，过失不构成本罪。如行为人不知道是罂粟种子而种植，出苗至收获前主动铲除的，不构成犯罪。非法种植毒品原植物的目的有多种，有的是为了出售牟利，有的是为了制造毒品，有的是为了为人畜治病，甚至有的是为了观赏，但不论什么动机或目的，只要达到法定的数额或情节，就构成犯罪。

（四）主体要件

本罪主体是一般主体，即凡已满16周岁具有刑事责任能力的人，均可成为本罪的主体。值得注意的是，在农村，非法种植毒品原植物往往是整个家庭的集体行为，那么，是不是对所有参与种植毒品原植物、年满16周岁的家庭成员都追究刑事责任？从理论上讲，所有家庭成员都实行了犯罪行为，但并不意味着都要追究刑事责任，都要判刑。本着打击重点犯罪，稳定社会，从教育和挽救有轻微犯罪行为的人的基点出发，我们认为，应只对家庭成员中对非法种植毒品原植物行为负主要责任的人追究刑事责任，一般参与者不应以犯罪论处。

二、非法种植毒品原植物案件审理情况

我国北回归线以南部分地区属亚热带气候，高温多雨，适于罂粟生长，如云南省普洱市是历史上著名的鸦片产区。中华人民共和国成立以后，各级人民政府坚决贯彻执行政务院《关于严禁鸦片烟毒的通令》，开展了大规模的禁烟运动，坚决取缔种植罂粟的现象。到1953年年底，种植罂粟的现象已基本消除。进入20世纪80年代以后，随着世界毒品市场对毒品需求量的增多，毒品价格猛涨，国际贩毒活动日趋活跃，一些国际贩毒

集团和贩毒分子假道我国贩运毒品。特别是我国云南省与越南、老挝、缅甸三国接壤，是通向东南亚的门户，过境贩毒之害首当其冲。一些贩毒分子利用云南省与世界最大的鸦片类毒品产地"金三角"毗邻，陆地边境线长，进出境通道多，难以完全控制等条件，将大量毒品走私入境，假道云南销往港澳、欧美等地。在日益严重的过境贩毒影响下，禁绝多年的种植罂粟现象又在一些边远农村死灰复燃。

1990年12月28日，全国人大常委会通过了《禁毒决定》，其中第6条明确规定了非法种植毒品原植物罪，为打击非法种植罂粟等毒品原植物行为提供了法律依据。全国各级政法机关通过各种途径，利用各种形式，大力宣传上述决定，使广大人民群众认识到种植罂粟是一种犯罪行为。随着人民群众法律意识的增强，种植罂粟现象大为减少。

2008年9月24日，时任最高人民法院副院长的张军同志在全国部分法院审理毒品犯罪案件工作座谈会上指出，由于种种原因，特别是受毒品全球化气候的影响，我国禁毒工作所面临的形势仍然十分严峻，毒品问题短期内还难以彻底解决，禁毒斗争形势依旧不容乐观……西南境外"金三角"地区巩固罂粟禁种的基础仍很薄弱……西北境外"金新月"地区鸦片产量屡创新高，海洛因产量也不断增加……非法种植毒品原植物活动顽固性、反复性很强，个别地区出现非法种植罂粟问题的可能性依然较大。根据《2015年中国毒品形势报告》，我国非法零星种植罂粟问题屡禁不止。2015年，全国共破获非法种植毒品原植物违法犯罪案件6169起，查处违法犯罪人员6549名，共发现并铲除非法种植的罂粟289亩、306.1万株，同比分别下降53.3%和29.9%，发现并铲除大麻1882亩、148万株，同比分别上升882%和87.9%。一些地方零星非法种植罂粟问题仍较突出，非法种植大麻问题呈增多趋势，已形成非法种植、土法加工、销售滥用的犯罪链条，个别地方出现室内或大棚种植大麻活动。2016年，中国国家禁毒委员会办公室运用卫星遥感和无人机等科技手段，组织实施"天目—16"铲毒行动，加大发现铲除和打击处理力度，共破获非法种植毒品原植物案件5578起，抓获违法犯罪嫌疑人5345名；发现铲除非法种植罂粟84亩、116万株，同比分别下降70.9%和62%；发现铲除非法种植大麻147亩、139万株，同比分别下降92%和6%。《2016年中国毒品形势报告》显示，国内大面积非法种植毒品原植物基本禁绝，部分地区存在零星非法种植问题。

2019年1月1日至2021年12月31日，在中国裁判文书网上的云南省一审刑事判决书中，毒品类案件数量排名前三位的案由及占比分别为走私、贩卖、运输、制造毒品罪（6118件，占比88.19%），非法持有毒品罪（580件，占比8.36%）、非法种植毒品原植物罪（225件，占比3.24%）。非法种植毒品原植物案件中，涉及毒品种类罂粟植株和种子的共计188例，其中种植罂粟的数量集中在500~3000株的案件最多，种植罂粟数量在3000株以上的案件，宣告刑不乏有期徒刑五年，且有案例因自首等情节减轻处罚，最终判处有期徒刑三年［（2019）云0425刑初84号］。整体而言，非法种植毒品原植物罪的量刑并不重。

值得注意的是，受国际国内多种因素影响，近年来我国毒品形势、特点发生复杂深刻变化。根据最高人民法院统计，非法种植毒品原植物罪呈逐年增长态势，2020年较2015年增长了2.27倍，案件量在2020年已超过此前排在第三位的非法持有毒品罪[①]。

[①] 参见最高人民法院刑五庭：《发挥刑事审判职能作用 推动法院禁毒工作实现高质量发展》，载《人民法院报》2021年9月23日，第5版。

三、非法种植毒品原植物案件审理热点、难点问题

（一）如何把握本罪与制造毒品罪的界限

1. 对割浆行为的定性。非法种植毒品原植物是指种植毒品原植物的行为，制造毒品是指将毒品原植物进行加工、提炼、制造毒品的行为。非法持有毒品原植物种子，其目的有可能是为了种植，也有可能用于贩卖；其来源有可能是他人送与、购买等，也可能是自己种植后收获的。对于自种罂粟后制造成鸦片的行为，究竟是构成非法种植毒品原植物罪还是制造毒品罪，审判实践中往往不太容易界定，其主要争议的焦点就在于对成熟罂粟的"割取津液"行为，是种植的结束还是制造的开始，比较难以把握。

一种意见认为，我国过去已有法律对此专门作出了规定。早在1990年7月9日，最高人民法院和最高人民检察院联合制定了《关于非法种植罂粟构成犯罪的以制造毒品罪论处的规定》，明确规定"非法种植罂粟500株以上不满3000株的，依照刑法第一百七十一条第一款规定，以制造毒品罪论处；非法种植3000株以上的，依照刑法第一百七十一条第二款规定惩处"。这是根据非法种植的数量来进行认定。而1990年12月28日公布的全国人民代表大会常务委员会《禁毒决定》第6条和1994年12月20日公布的《最高人民法院关于执行〈全国人民代表大会常务委员会关于禁毒的决定〉的若干问题的解释》第8条第4款、第5款规定："非法种植毒品原植物数量较大，又以其为原料制造毒品的，应当以制造毒品罪从重论处。非法种植毒品原植物数量较大，又实施其他制造毒品行为的，应当分别定非法种植毒品原植物罪和制造毒品罪，实行并罚。"这是根据行为和结果来进行认定。由此不难看出，非法种植毒品原植物罪与制造毒品罪在某些方面有着很密切的联系，这种联系不是指作为两种单独罪的联系，而是指种植与制造作为一个整体过程而言，种植是为制造作准备，为制造提供原材料，种植罂粟成熟后摘取罂粟果为种植阶段的完成，只要对罂粟果进行了加工割浆，哪怕只是用简单的自制工具让罂粟果内的津液流出而没有采取其他手段加工的行为，仍然构成制造毒品罪。因而立法机关对此作出了以制造毒品罪吸收非法种植毒品原植物罪的规定。

另一种意见认为，按有些法学教材上所讲，"割取津液"是种植中的一个程序，应该为种植阶段的行为。在罂粟果实即将成熟时，用刀或竹片将其割破，白色浆液就缓缓凝结在割口下端，将此刮下即为生产鸦片。一般而言，割浆收获鸦片标志着种植罂粟行为的完结，种植若不包括收获这一环节，其本身就失去了完整的意义。因此，割浆行为理应属于"种植"的范畴。但是割浆行为又必然会产生一个更为严重的后果——生产出鸦片，从这个意义上说，割浆行为又属于制造毒品的范畴。对割浆行为定性为"种植"还是"制造"，将直接影响到行为人所触犯的罪名和承担的刑事责任，不可小视。

我们认为，割浆行为应属于种植行为中的"收获"行为。如果将其视为"制造"行为，那么，只要在收获前没有自动铲除的，都应以制造毒品罪论处；而只要在收获前自动铲除的，都可以免除处罚。倘如此，新刑法也就没有必要把非法种植毒品原植物行为从制造毒品罪中分离出来规定为独立的犯罪。在法律已经明确规定了非法种植毒品原植物罪的前提下，这样理解显然是不合时宜的。因此，割浆行为应属于"种植"的范畴，只有在生鸦片的基础上进行加工、提炼的行为才属于"制造"的范畴。如果行为人没有一般的种植行为，而只是对自然生长的或他人种植的罂粟进行割浆以获取鸦片，则应以

制造毒品罪论处。

2. 对于既非法种植毒品原植物，又制造毒品的处理。在审判实务中可分为两种情况：一是行为人为制造毒品而非法种植毒品原植物。这种情形属于牵连犯，其手段行为和目的行为分别触犯了非法种植毒品原植物罪和制造毒品罪，按"从一重处断"原则，应以制造毒品罪论处。二是行为人非法种植毒品原植物的行为和制造毒品的行为之间并无实质联系，如自己非法种植罂粟同时又帮他人制造毒品。在这种情形下，由于行为人出于两个不同的故意，实施了两个不同的行为，分别构成非法种植毒品原植物罪和制造毒品罪，应实行数罪并罚。

（二）如何把握本罪与妨害公务罪、故意伤害或杀人罪的界限

因抗拒铲除而构成的非法种植毒品原植物罪与妨害公务罪、故意伤害或杀人罪之间常存在竞合的情形。抗拒铲除本身就是妨害执行公务的一种表现形式，以暴力抗拒铲除的，还可能造成他人重伤或死亡。因此，审判实践中应注意区分以下几种情况，分别处理：

1. 没有参与种植毒品原植物，但参与了抗拒铲除且采取的是暴力、威胁的方法，由于行为人没有非法种植毒品原植物罪的构成要件行为，同时也不符合抗拒铲除者必须是非法种植者本人的要求，对其不能以非法种植毒品原植物罪的共犯论处，而应定妨害公务罪。因抗拒铲除而造成他人重伤、死亡的，是妨害公务罪与故意伤害罪或故意杀人罪的想象竞合犯，应按重罪吸收轻罪的原则，以故意伤害罪或故意杀人罪论处。

2. 非法种植毒品原植物数量较小，但在抗拒铲除时造成他人重伤、死亡的，属于非法种植毒品原植物罪与故意伤害罪或故意杀人罪的想象竞合犯，应以二者中处罚较重的犯罪论处。

3. 非法种植毒品原植物数量较大又抗拒铲除的，这里的抗拒铲除已经是犯罪构成要件以外的行为，视其情节轻重又可分为三种情形：（1）只有纠缠、谩骂等轻微抗拒行为的，仍定非法种植毒品原植物罪，可以酌情从重处罚；（2）以暴力、威胁方法抗拒铲除的，按非法种植毒品原植物罪和妨害公务罪实行并罚；（3）因抗拒铲除致人重伤或死亡的，应以非法种植毒品原植物罪和故意伤害罪或故意杀人罪实行并罚。

（三）如何区分本罪既遂与未遂的标准

关于本罪既遂与未遂相区分的标准，理论上有"播种说""出苗说""收获说"等多种主张，我们认为"出苗说"较为可取，应以是否发芽成苗为标准。立法在规定本罪时确立了数量标准，即使具有法定的其他严重情节，也不能完全不考虑非法种植的数量。如果只是播下种子尚未出苗，则无法计算非法种植毒品原植物的数量，而且播下的毒品原植物种子还不是真正意义上的毒品原植物，只有出苗后才具有此种意义。再者，从立法原意来看，法律规定对于"非法种植罂粟、大麻等毒品原植物的，一律强制铲除"，如果种子尚未发芽成苗，又怎有铲除之说？因此，以是否播下种子作为区分本罪既遂与未遂的标准并不妥当。因而"播种说"作为认定本罪着手的标准似乎更恰当，只要行为人将毒品原植物种子播种到地里，即视为着手，而在此之前的购买种子、选址、平整土地等行为都属犯罪预备行为。若采"收获说"，则实践中很多非法种植毒品原植物行为只能作为犯罪未遂处理，不符合罪责刑相适应原则。

（四）主观明知的认定

此问题分为两种情况：（1）行为人误将毒品原植物种子当作其他植物种子种植。在这种情况下，由于行为人主观上没有非法种植毒品原植物的故意，根据主客观相统一原则，即使数量较大，也不构成犯罪。但是，在行为人知道或者应当知道所种植的是毒品原植物后，未在收获前自动铲除的，应以非法种植毒品原植物罪论处。（2）行为人误将其他植物种子当作毒品原植物种子种植，或者明知是受潮霉变的毒品原植物种子，但仍然相信其能够成活而决意种植。在这种情况下，行为人主观上具有非法种植毒品原植物的故意，客观上实施了非法种植的行为，但由于种子本身的特质决定了其行为不可能达到既遂，只能构成非法种植毒品原植物罪的未遂。[1]

四、非法种植毒品原植物案件办理思路及原则

（一）办案思路

人民法院高度重视并持续加强禁毒工作，将深入贯彻落实习近平总书记重要指示精神和中央禁毒决策部署作为重要政治任务，坚持以人民为中心的发展思想，充分发挥刑事审判职能作用，依法从严惩处毒品犯罪，大力加强禁毒法治建设，积极参与禁毒综合治理，为推动禁毒工作向纵深发展、创造安全稳定的社会环境提供有力司法保障。[2]

一是严格案件证据标准。认真执行新刑事诉讼法司法解释，严格落实有关毒品犯罪证据收集审查的相关要求，进一步树牢证据意识，完善证据审查认定规则，提高审查运用证据的能力，确保案件证据质量。

二是严格规范刑罚适用与执行。针对毒品犯罪的贪利性特点，更加注重运用经济制裁手段，充分适用财产刑并加大执行力度，剥夺犯罪分子再犯的经济能力。

严格规范和限制对毒品犯罪的缓刑适用，对于毒品再犯，一般不适用缓刑，对于部分犯罪情节、性质特殊的轻罪被告人，严格限制缓刑适用。

三是不断提高审判专业化、规范化水平。近年来，最高人民法院单独或者会同有关部门制定了《审理毒品犯罪案件解释》《昆明会议纪要》等多部司法解释、规范性文件，逐步形成了较为完备的禁毒司法规范体系，对统一法律适用、促进规范司法、确保依法从严惩处毒品犯罪起到了重要作用。审判中要准确理解和规范适用上述文件，不断加强审判规范化建设，切实提高办案质量。

四是坚持打防并举、综合施治。不断创新人民法院参加禁毒综合治理工作的方式，积极配合禁毒重点整治，推进市域毒品治理现代化，围绕乡村振兴强化农村毒品治理，为推进毒品治理体系和治理能力现代化提供有力的司法服务和保障。

（二）办案原则

通过案件分析，总结出此类案件在审理过程中呈现三个特点：一是犯罪主体呈现

---

[1] 参见邹世发：《论非法种植毒品原植物罪——从"冰岛罂粟花是不是毒品"谈起》，载《贵州警官职业学院学报》2003年第3期。

[2] 参见最高人民法院刑五庭：《发挥刑事审判职能作用　推动法院禁毒工作实现高质量发展》，载《人民法院报》2021年9月23日，第5版。

"一高两低"特点，即受教育程度低、收入低、年龄高。二是刑罚执行困难，判决警示及社会效果发挥不佳。由于大多数被告人年龄较大及身体状况普遍较差，非法种植毒品原植物罪案件移送法院时多数为非羁押状态，公安机关对法院受理后决定的逮捕执行不力，且被告人多为经济条件较差的贫困户，罚金执行到位率较低，案件的审理及执行均呈现被动局面，导致刑罚的警示及威慑作用发挥不佳。三是被告人大多对非法种植罂粟存在错误认识，认罪态度较差。在法庭审理中发现，大多数被告人认为其只是在非法种植毒品原植物出苗后供食用或者药用，没有认识到罂粟对国家、对家庭、对个人的危害，对其已涉嫌犯罪持有置之不理或侥幸的态度，对刑罚执行的抵触情绪较重。对此，审理非法种植毒品原植物犯罪案件应当坚持以下原则：

一是继续坚持依法从严惩处毒品犯罪。要树立对毒品犯罪依法从严惩处的指导思想。毒品问题的发展蔓延，不仅直接危害吸毒人员的身心健康和家庭幸福，给国家和人民群众造成巨大的经济损失，而且导致诱发犯罪、传播疾病等一系列社会问题。事实证明，毒品泛滥往往是一个国家、一个地区犯罪多发、社会动荡的重要根源。必须树立依法从严惩处毒品犯罪的指导思想，用好用足刑罚武器，有效打击、震慑和预防毒品犯罪。

二是认真贯彻宽严相济刑事政策，坚持区别对待。宽严相济是我国的基本刑事政策，是惩办与宽大相结合政策在新时期的继承、发展与完善。正确贯彻这一刑事政策，核心是实行区别对待，关键是做到该严则严，当宽则宽，宽严适度，效果良好。深刻理解宽严相济刑事政策的科学内涵，把这一政策正确贯彻到毒品犯罪案件的审判工作中，全面衡量从宽与从严情节，正确把握宽严尺度，做到因时而异，因地而异，因案而异，确保罚当其罪，罚当其人，实现刑罚目的。对种植数量大、割取罂粟津液、多次种植以及公安铲除时有抗拒行为等情形的依照法律规定从重处罚，且慎用、禁用缓刑。对行为人利用自己种植的毒品原植物制造毒品的，应以制造毒品罪定罪处罚。对种植数量较小，自动铲除，被告人年龄较大、身患疾病等具有法定、酌定从轻情节的，可依照法律规定从轻处罚。

三是要以贯彻《禁毒法》为重点，紧密结合审判活动，进一步做好禁毒综合治理工作。《禁毒法》是国家第一部全面规范禁毒工作的重要法律。学习好、宣传好、实施好《禁毒法》，对全面推进禁毒工作具有重要意义。在近年来做好禁毒综合治理工作的基础上，围绕《禁毒法》的贯彻实施，进一步加大工作力度。加强领导，精心组织，采取多种有效形式，开展《禁毒法》的宣传活动，探索行之有效的判后帮扶工作机制，帮助被判刑的吸毒人员认真接受戒毒治疗和教育改造，早日实现生理戒毒、心理脱毒，重新做人。

四是要继续加强毒品犯罪案件的审判指导与协调。由于毒品犯罪新情况、新问题不断出现，审判中仍存在一些需要进一步研究解决的法律适用和政策把握问题。为此，要结合当地毒品犯罪案件的特点，继续加强调研工作，努力解决实践中出现的问题。上级法院要加大审判指导力度。

第二节　非法种植毒品原植物罪审判依据

　　1997 年《刑法》吸收《禁毒决定》的内容，将非法种植毒品原植物行为规定为犯罪后，我国相继出台《最高人民法院关于审理毒品案件定罪量刑标准有关问题的解释》、《最高人民检察院、公安部关于公安机关管辖的刑事案件立案追诉标准的规定（三）》[以下简称《立案追诉标准（三）》]、最高人民法院《审理毒品犯罪案件解释》等司法解释和司法文件，对本罪的定罪量刑标准、立案追诉标准、适用法律等问题作出解释性规定。

一、法律

1.《中华人民共和国刑法》（2020 年 12 月 26 日修正）

第三百五十一条　非法种植罂粟、大麻等毒品原植物的，一律强制铲除。有下列情形之一的，处五年以下有期徒刑、拘役或者管制，并处罚金：

（一）种植罂粟五百株以上不满三千株或者其他毒品原植物数量较大的；

（二）经公安机关处理后又种植的；

（三）抗拒铲除的。

非法种植罂粟三千株以上或者其他毒品原植物数量大的，处五年以上有期徒刑，并处罚金或者没收财产。

非法种植罂粟或者其他毒品原植物，在收获前自动铲除的，可以免除处罚。

2.《中华人民共和国治安管理处罚法》（2012 年 10 月 26 日修正）

第七十一条　有下列行为之一的，处十日以上十五日以下拘留，可以并处三千元以下罚款；情节较轻的，处五日以下拘留或者五百元以下罚款：

（一）非法种植罂粟不满五百株或者其他少量毒品原植物的；

（二）非法买卖、运输、携带、持有少量未经灭活的罂粟等毒品原植物种子或者幼苗的；

（三）非法运输、买卖、储存、使用少量罂粟壳的。

有前款第一项行为，在成熟前自行铲除的，不予处罚。

3.《中华人民共和国禁毒法》（2007 年 12 月 29 日）

第十九条　国家对麻醉药品药用原植物种植实行管制。禁止非法种植罂粟、古柯植物、大麻植物以及国家规定管制的可以用于提炼加工毒品的其他原植物。禁止走私或者非法买卖、运输、携带、持有未经灭活的毒品原植物种子或者幼苗。

地方各级人民政府发现非法种植毒品原植物的，应当立即采取措施予以制止、铲除。村民委员会、居民委员会发现非法种植毒品原植物的，应当及时予以制止、铲除，并向当地公安机关报告。

第二十条　国家确定的麻醉药品药用原植物种植企业，必须按照国家有关规定种植麻醉药品药用原植物。

国家确定的麻醉药品药用原植物种植企业的提取加工场所,以及国家设立的麻醉药品储存仓库,列为国家重点警戒目标。

第六十三条 在麻醉药品、精神药品的实验研究、生产、经营、使用、储存、运输、进口、出口以及麻醉药品药用原植物种植活动中,违反国家规定,致使麻醉药品、精神药品或者麻醉药品药用原植物流入非法渠道,构成犯罪的,依法追究刑事责任;尚不构成犯罪的,依照有关法律、行政法规的规定给予处罚。

二、行政法规

《麻醉药品和精神药品管理条例》(2016年2月6日修订　国务院令第666号)

第八条 麻醉药品药用原植物种植企业应当根据年度种植计划,种植麻醉药品药用原植物。

麻醉药品药用原植物种植企业应当向国务院药品监督管理部门和国务院农业主管部门定期报告种植情况。

第九条 麻醉药品药用原植物种植企业由国务院药品监督管理部门和国务院农业主管部门共同确定,其他单位和个人不得种植麻醉药品药用原植物。

三、司法解释

《最高人民法院关于审理毒品犯罪案件适用法律若干问题的解释》(2016年4月6日　法释〔2016〕8号)

第九条 非法种植毒品原植物,具有下列情形之一的,应当认定为刑法第三百五十一条第一款第一项规定的"数量较大":

(一)非法种植大麻五千株以上不满三万株的;

(二)非法种植罂粟二百平方米以上不满一千二百平方米、大麻二千平方米以上不满一万二千平方米,尚未出苗的;

(三)非法种植其他毒品原植物数量较大的。

非法种植毒品原植物,达到前款规定的最高数量标准的,应当认定为刑法第三百五十一条第二款规定的"数量大"。

四、刑事政策文件

《最高人民检察院、公安部关于印发〈最高人民检察院、公安部关于公安机关管辖的刑事案件立案追诉标准的规定(三)〉的通知》(2012年5月16日　公通字〔2012〕26号)

第七条 非法种植罂粟、大麻等毒品原植物,涉嫌下列情形之一的,应予立案追诉:

(一)非法种植罂粟五百株以上的;

(二)非法种植大麻五千株以上的;

(三)非法种植其他毒品原植物数量较大的;

(四)非法种植罂粟二百平方米以上、大麻二千平方米以上或者其他毒品原植物面积较大,尚未出苗的;

（五）经公安机关处理后又种植的；

（六）抗拒铲除的。

本条所规定的"种植"，是指播种、育苗、移栽、插苗、施肥、灌溉、割取津液或者收取种子等行为。非法种植毒品原植物的株数一般应以实际查获的数量为准。因种植面积较大，难以逐株清点数目的，可以抽样测算每平方米平均株数后按实际种植面积测算出种植总株数。

非法种植罂粟或者其他毒品原植物，在收获前自动铲除的，可以不予立案追诉。

第三节　非法种植毒品原植物罪审判实践中的疑难新型问题

问题1. 非法种植毒品原植物的动机和目的是否影响犯罪认定

【地方参考案例】罗某某非法种植毒品原植物案[①]

［裁判要旨］

行为人为给牲畜治病而违反国家毒品原植物种植的管理法规，种植毒品原植物罂粟，种植数量大的，其行为构成非法种植毒品原植物罪。

［基本案情］

2013年11月13日，四川省盐边县公安局红格派出所民警在工作中发现罗某某在种植罂粟。民警当即赶到种植地，并铲除罂粟4368株。随后，民警通过村干部电话联系了罗某某，罗某某即回到家中向民警如实供述自己的罪行。据其讲述，她于2013年10月初从云南带回罂粟种子，在自家的田地内种植罂粟。罗某某称，种罂粟的目的主要用来喂猪，因为这可以治疗猪拉稀的毛病。无知的她还说，不知道种植罂粟是违法犯罪行为。因涉嫌非法种植毒品原植物罪，2014年3月20日，罗某某被盐边县公安局取保候审，同年7月15日经盐边县人民法院决定逮捕。

［法院认为］

盐边县人民法院审理后认为，被告人罗某某明知种植的是毒品原植物罂粟，违反国家毒品原植物种植的管理法规，非法种植罂粟4368株，其行为已构成非法种植毒品原植物罪。被告人罗某某经公安机关口头传唤，即主动到案如实供述自己的犯罪行为，是自首。鉴于被告人罗某某非法种植毒品原植物的犯罪目的不是用于营利，社会危害后果较轻，且被告人罗某某归案后认罪态度较好，当庭自愿认罪，有悔罪表现，对被告人罗某某予以减轻处罚，判决：被告人罗某某犯非法种植毒品原植物罪，判处有期徒刑三年六个月，并处罚金10000元。

一审宣判后，罗某某不服，提出"系初犯、偶犯，平时表现较好，有自首情节，认罪态度较好，具有悔罪表现，种植罂粟的目的不是用于营利，而是给牲口治病，社会危害后果较轻；家有残疾老人和儿童，属低保生活，家庭生活困难；原判量刑过重，请求

---

① 四川省盐边县人民法院（2014）盐边刑初字第74号。

二审从轻判处缓刑"的上诉理由。

攀枝花市中级人民法院审理后认为，原判认定事实清楚，证据充分，定性准确，审判程序合法。鉴于上诉人罗某某有自首情节，其非法种植毒品原植物的犯罪目的不是用于营利，社会危害后果较轻，有悔罪表现。根据案件的犯罪事实、情节、对社会的危害程度以及家庭具体情况，对上诉人罗某某适用缓刑不至于危害社会，依法予以改判缓刑，实行社区矫正。

［裁判结果］

攀枝花市中级人民法院根据相关规定，作出终审判决，撤销原判；判决上诉人罗某某犯非法种植毒品原植物罪，判处有期徒刑三年，缓刑四年，并处罚金5000元。

问题2. 对非法种植毒品原植物主观明知如何认定

【地方参考案例】倪某某非法种植毒品原植物案①

［裁判要旨］

行为人将罂粟果播种在菜地中，为避免他人发现，使用工具对菜地加以遮掩，说明其主观上知道种植罂粟是非法的，具备非法种植毒品原植物罪的犯罪故意。

［基本案情］

2012年12月，被告人倪某某拾得罂粟果后，将其种子播撒在本县某镇某村某号东南侧的约二平方米的菜地里，后施肥一次。2013年5月上旬，为避免他人发现，其用遮阳网将该菜地围住。同月23日，公安人员获悉上述地点有人种植罂粟后赶至现场，后在他人见证下对罂粟进行现场铲除，经清点，上述地点共植有罂粟502株。

［法院认为］

被告人倪某某明知罂粟为毒品原植物仍非法种植，数量达502株，其行为已构成非法种植毒品原植物罪，依法应予惩处。公诉机关的指控事实清楚，证据确实、充分，指控的罪名成立，法院予以支持。被告人倪某某到案后，如实供述了上述犯罪事实，依法可以从轻处罚。

［裁判结果］

被告人倪某某犯非法种植毒品原植物罪，判处拘役三个月，宣告缓刑三个月，并处罚金人民币1000元。

问题3. 对非法种植毒品原植物罪的帮助犯如何认定

【地方参考案例】张某某、黄某某、祁某某、高某某、唐某某、李某某非法种植毒品原植物案②

［裁判要旨］

明知他人非法种植数量较大的毒品原植物罂粟并予以帮助的，构成非法种植毒品原植物罪。行为人非法种植毒品原植物罂粟，数量大，其行为构成非法种植毒品原植物罪。

---

① 上海市崇明县人民法院（2013）崇刑初字第227号。
② 陕西省富县人民法院（2015）富刑初字第00087号。

其余五行为人帮助他人收获毒品原植物罂粟津液，其行为均构成非法种植毒品原植物罪。在共同犯罪中，一人非法种植毒品原植物，又约请他人帮助其收获毒品原植物罂粟津液，起主要作用，属主犯；其余四人起辅助作用，系从犯，依法应当对其从轻处罚。

[基本案情]

时年已经78岁的张某某在以前打工时，获得工友给予的罂粟种子，平时也抽大烟的他，便将这些种子进行播种，收获的果实一部分用于自己吸食，另一部分出售牟利。2015年，张某某在富县张家湾镇自己所住院子周围六处地块非法种植罂粟10983株。同年6月底罂粟收获期间，张某某先后约请黄某某、祁某某、唐某某、高某某、李某某帮自己收割罂粟。收割过程中，张某某、祁某某主要负责用自制小刀割开罂粟壳；黄某某、高某某、唐某某、李某某负责用一个铁质圆筒盒子收集罂粟壳内流出的白色液体。其中，黄某某帮忙四天，唐某某、祁某某、高某某、李某某各帮忙两天。黄某某、祁某某、李某某各帮忙割取罂粟2000余株、1600余株和1000余株，高某某、唐某某各收集罂粟汁液1000余株。又查明，张某某已年满75周岁，其非法种植的毒品原植物罂粟已被公安机关铲除、销毁。被告人李某某主动投案，如实供述自己的犯罪事实。

[法院认为]

法院经审理后认为，被告人张某某非法种植毒品原植物罂粟，数量大，其行为已构成非法种植毒品原植物罪，被告人黄某某、祁某某、高某某、唐某某、李某某帮助被告人张某某收获毒品原植物罂粟津液，其行为均已构成非法种植毒品原植物罪。在共同犯罪中，被告人张某某非法种植毒品原植物，又约请他人帮助其收获毒品原植物罂粟津液，起主要作用，属主犯；被告人黄某某、祁某某、高某某、唐某某、李某某明知被告人张某某种植的是毒品原植物罂粟，仍帮助其收获，起辅助作用，系从犯，依法应当对其从轻处罚；被告人张某某年满75周岁，依法可对其从轻处罚；被告人李某某主动投案，如实供述自己的犯罪事实，属自首，依法可对其从轻处罚；被告人张某某、黄某某、祁某某、高某某、唐某某到案后，能如实供述自己的犯罪事实，依法可对其从轻处罚。

[裁判结果]

依照《刑法》《刑事诉讼法》相关规定，以非法种植毒品原植物罪判处被告人张某某有期徒刑五年，并处罚金2万元。以非法种植毒品原植物罪分别判处其余五人二年至一年不等的有期徒刑，宣告缓刑，并处罚金。

问题4. 毒品原植物被铲除后又长出新苗如何处理

【地方参考案例】冯某1非法种植毒品原植物案[①]

[裁判要旨]

种植毒品原植物罪中，毒品原植物被铲除后公安机关发现又长出新苗的，司法机关有责任责令被告人铲除新苗，只有在被告人抗拒铲除的情形下才能就新苗数量对被告人进行定罪科刑。

---

① 参见黄跃平：《冯某1非法种植毒品原植物案》，载国家法官学院、中国人民大学法学院编：《中国审判案例要览·2010年刑事审判案例卷》，中国人民大学出版社2012年版。

[基本案情]

2008年9月,被告人冯某1与冯某2(另案处理)经密谋后,携带罂粟种子到某农场,一边务工,一边在农场生态公益林区一偏僻山垅非法开荒种植罂粟,面积达1.8亩。同年11月29日,种下的罂粟长出部分幼苗被他人发现,二人闻讯潜回家乡。12月初,被告人冯某1打电话给同在农场做工的妹夫,请其代为铲除罂粟苗,即铲除幼苗,并对种植地块重新耕耘。但2008年12月22日、2009年3月10日和11日,经光泽县公安局对种植罂粟的地块进行勘查并清点,被告人冯某1的妹夫铲除的罂粟苗为1034株,该地块先后又长出罂粟幼苗共计5127株。直至4月12日,才在农艺师的指导下,由农场职工将上述罂粟苗彻底清除。

[法院认为]

行为人为牟取非法利益而违反国家对毒品原植物的管制规定,非法种植罂粟数量较大,其行为构成非法种植毒品原植物罪。本案中被告人就电话委托他人对已生长出的罂粟幼苗进行铲除,后因气候、土壤以及缺乏科学的铲除方法等因素,该田地里先后又长出的幼苗在农艺师的指导下才由农场职工彻底清除,完全出于被告人的意志之外。因此,本案只能认定第一次铲除的数量,后期长出的不应计算在量刑的数量中。理由是,我国刑法并未规定自动铲除的不构成犯罪,而以后公安机关发现又长出的,司法机关有责任依法责令被告人铲除剩余的幼苗,只有在被告人抗拒铲除的情形下,才能就又长出的数量对被告人进行认罪科刑。本案公安机关发现又长出的罂粟幼苗后未通知被告人铲除,虽然长出罂粟苗与被告人非法种植罂粟有直接关系,但被告人铲除后主观上已经自动放弃以种植罂粟牟取非法利益的意识,再以罂粟获取利益的主观意识已经不存在。故又长出的5127株数不应计入犯罪数量。

[裁判结果]

合议庭综合本案的性质、后果、社会危害性等情节,认定本案被告人冯某1的犯罪数量为1034株,依照《刑法》第351条第1款判处有期徒刑一年。

问题5. 非法种植毒品原植物被公安机关处理后再次非法种植的,是否一律构成本罪,量刑档次如何掌握

【地方参考案例】吴某、金某非法种植毒品原植物案[①]

[裁判要旨]

非法种植毒品原植物被公安部门处理后再次种植,属于情节严重的情形,构成非法种植毒品原植物罪。

[基本案情]

2005年年初,被告人金某非法种植罂粟200株,被公安部门发现后铲除并作了罚款处理。同年年底,金某得知被告人吴某非法购买了罂粟种子,即向吴某索要。吴某送给金某一部分罂粟种子,随后,二人分别将罂粟种子种在荒山坡上。几个月之后,公安部门发现吴某、金某非法种植罂粟,铲除了吴某种植的罂粟2500余株,铲除了金某种植的

[①] 参见《吴某、金某非法种植毒品原植物案》,载"法信"类案检索:https://wenshu.faxin.cn/wenshu/v2/#/detail?uniqid=C675590,2022年3月24日访问。

罂粟 100 余株。

[法院认为]

本案争议的焦点问题是被告人吴某、金某是否构成非法种植毒品原植物罪，对此有两种不同的意见：

第一种意见认为，吴某种植罂粟 2500 余株，数量较大，构成非法种植毒品原植物罪；而金某仅种植 100 余株，数量较小，则不构成非法种植毒品原植物罪。

第二种意见认为，吴某种植罂粟数量较大，已构成非法种植毒品原植物罪；金某曾因非法种植罂粟被公安机关处罚，其不思悔改，再次非法种植罂粟，其行为亦构成非法种植毒品原植物罪，对二人均应予处罚。法院认为，吴某种植罂粟 2500 株，数量较大，已构成非法种植毒品原植物罪；金某曾因非法种植罂粟被公安机关处罚，仍不思悔改，再次非法种植罂粟，已属于情节严重的情形，其行为亦构成非法种植毒品原植物罪。

[裁判结果]

非法种植毒品原植物被公安部门处理后再次种植，属于情节严重的情形，构成非法种植毒品原植物罪。

第七章

非法买卖、运输、携带、持有毒品原植物种子、幼苗罪

中华人民共和国成立后,中央政府对毒品原植物种子及幼苗始终保持严格管控的态度,如1952年的《惩治毒犯条例(草案)》,对种植毒品的地主、流氓分子以及武装种植毒品的组织者或者主谋者、雇人入山种植毒品或者诱惑农民种植毒品的地主、流氓分子,以及武装种植毒品的参与者,处以重刑。1978年的《麻醉药品管理条例》规定,如发现私自种植罂粟等违法犯罪行为的,要严肃处理。1988年公安部、卫生部又发布了《关于严禁非法种植罂粟的通知》。1990年全国人大常委会的《禁毒决定》将非法种植毒品原植物的行为作为一个单独罪名予以规定。考虑到此类行为对其他毒品犯罪具有的根源性,1997年我国立法机关在认真总结我国以及世界各国禁毒实践经验,借鉴国际禁毒条约和其他国家、地区禁毒立法成果的基础上,有选择地采纳了法学界与司法实践部门提出的立法建议,除全面吸收1990年《禁毒决定》中的规定外,还作了进一步的完善,在修订后的《刑法》第352条明确规定了非法买卖、运输、携带、持有毒品原植物种子、幼苗罪。修订后的《刑法》对非法买卖、运输、携带、持有毒品原植物种子、幼苗罪的明确,既体现了从严惩毒的立法精神,也便利了司法实务部门操作运用。

第一节 非法买卖、运输、携带、持有毒品原植物种子、幼苗罪概述

一、非法买卖、运输、携带、持有毒品原植物种子、幼苗罪概念及构成要件

非法买卖、运输、携带、持有毒品原植物种子、幼苗罪是指违反国家规定,非法买卖、运输、携带、持有未经灭活的罂粟等毒品原植物种子或者幼苗,数量较大的行为。

(一)客体要件

本罪的客体是国家对毒品原植物种子、幼苗的管理制度,犯罪对象是未经灭活的罂粟等毒品原植物种子和幼苗。毒品原植物是指可以通过加工从中提取毒品的植物,诸如

鸦片罂粟、古柯植物、大麻植物、恰特草等。所谓种子，是指"种子植物的胚珠经受精后长成的结构，一般由胚、种皮、胚芽等组成部分。胚是种子中最主要的部分，包括胚芽、胚根、胚轴和子叶，萌发后能长成新的个体"。① 幼苗是指毒品原植物已经发芽、尚未成熟的个体，通常可进一步栽培。②

"灭活"不同于"死亡"，"死亡"是植物种子和幼苗生命的终止，而"灭活"只是造成植物种子和幼苗死亡的手段。因此，"未经灭活"是指罂粟等毒品原植物种子没有使用物理或者化学等方法杀灭植物生长细胞，还能继续繁殖、发芽。通常来说，"灭活"是导致"死亡"的手段，但"灭活"只是手段之一，植物不经灭活，也可能"死亡"。因此，"未经灭活"，不仅要看有没有经过人为的灭活处理，更重要的是看毒品原植物种子或者幼苗是否死亡。如果行为人进行了灭活，但毒品原植物种子和幼苗尚未死亡的，不影响本罪的成立。如果毒品原植物种子和幼苗未经灭活，但已实际死亡的，可以构成本罪，③ 但量刑时应加以考虑。

（二）客观要件

本罪的客观方面表现为行为人违反国家有关规定，非法买卖、运输、携带、持有未经灭活的罂粟等毒品原植物种子、幼苗，数量较大的行为。买卖是指以金钱或者实物作价非法购买或者出售未经灭活的毒品原植物种子、幼苗，包括非法倒卖、自产自销、出卖祖传的种子或盗窃别人所有的种子、幼苗出售等。④

运输是指用携带或邮寄等方式将毒品由一地运往另一地的行为，可以是在境内异地之间进行运输，也可以是由国内运出国（边）境或者由国外运进国（边）境的跨境运输。⑤ 因此，行为人走私毒品原植物种子、幼苗的行为应定为非法运输毒品原植物种子、幼苗罪。

携带是指随身带着。携带并不一定带在身上，也可以放在随身或随行的行李物品之中。⑥ 携带的本质特征在于毒品原植物种子、幼苗与行为人空间位移的同步性。⑦

持有是指实际控制或者支配未经灭活的毒品原植物种子或者幼苗。持有不要求物理上握有，不要求行为人时时刻刻将毒品原植物种子、幼苗握在手中、放在身上和装在口袋里，只要行为人意识到它的存在，能够对之进行管理和支配，就是持有。持有时并不要求行为人对毒品原植物种子、幼苗具有所有权，所有权虽属他人，但事实上置于行为人支配之下时，行为人即持有毒品原植物种子、幼苗，行为人是否知道自己具有所有权、所有权人是谁，都不影响持有的成立。此外，持有不要求直接持有，介入第三人时，也不影响持有的成立。如行为人认为自己管理毒品原植物种子、幼苗不安全，将毒品原植物种子、幼苗委托给第三者保管时，行为人与第三者持有该毒品原植物种子、幼苗。持有是一种持续行为，只有当毒品原植物种子、幼苗在一定时间内处于行为人支配时，才

---

① 《辞海》，上海辞书出版社1980年版，第1743页。
② 参见张洪成、黄英琦主编：《毒品犯罪法律适用问题研究》，中国政法大学出版社2013年版，第243页。
③ 参见高铭暄、马克昌主编：《中国刑法解释》，中国社会科学出版社2005年版，第2469~2470页。
④ 参见邱创教主编：《毒品犯罪惩治与防范全书》，中国法制出版社1998年版，第153页。
⑤ 参见《新刑法全书》，中国人民公安大学出版社1997年版，第1178页。
⑥ 参见《新刑法全书》，中国人民公安大学出版社1997年版，第1178页。
⑦ 参见《毒品犯罪》，中国人民公安大学出版社1998年版，第300页。

构成持有，至于时间的长短，则不影响持有的成立，但如果时间过短，不足以说明行为人事实上支配着毒品原植物种子、幼苗时，则不能认为是持有。[①]

（三）主体要件

本罪的主体是一般主体。凡是已满 16 周岁且具有刑事责任能力的自然人，均可以成为本罪的主体。

（四）主观要件

本罪的主观方面为故意，过失不构成本罪，即明知是未经灭活的罂粟等毒品原植物种子、幼苗而非法买卖、运输、携带、持有，无论其目的是贩卖还是个人享用，均构成本罪。如果行为人确实不知道是毒品原植物种子、幼苗而予以买卖、运输、携带、持有的，则不构成本罪。

二、非法买卖、运输、携带、持有毒品原植物种子、幼苗案件审理热点、难点问题

结合目前的审判实践，此类案件的审理难点主要有以下六个方面：

一是行为人的主观明知认定难。在审判实践中，行为人为逃避法律制裁，往往以种种借口辩称自己"不知道"是毒品原植物种子、幼苗。因此，判断被告人是否明知，不能仅凭被告人供述和辩解，应当综合被告人供述，相关证人证言，从涉毒场所、物品上提取的痕迹、生物检材，从被告人贴身隐秘处查获的毒品，从被告人体表、随身物品上提取毒品残留物，以及调取的物流寄递单据、资金交易记录、通信记录、行程轨迹信息等证据加以证明，还可以根据被告人实施犯罪行为的过程、方式、犯罪对象被查获时的情形，结合被告人的年龄、文化程度、阅历、智力、是否有毒品违法犯罪经历及与共同犯罪人之间的关系等情况，综合分析判断。具体如何认定可以依据最高人民法院 2008 年《大连会议纪要》及 2023 年《昆明会议纪要》关于主观明知的认定。

二是运输、携带、持有三种行为方式区分难。运输是指把毒品原植物种子、幼苗从一地运往另一地，携带是指随身带着毒品原植物种子、幼苗，而持有强调的是对毒品原植物种子、幼苗的控制。三种行为方式的侧重点不同，审判实践中可从以下几方面来区分：第一，从动、静态来区分。运输、携带是动态的，强调犯罪对象物理上的位置变化；持有是静态的，强调的是行为人对犯罪对象的控制。第二，从犯罪对象的数量上来看。运输、持有原植物种子、幼苗的数量通常较大；而携带原植物种子、幼苗的数量则不能太大。第三，从犯罪对象位置上的变化来看。携带原植物种子、幼苗移动的距离不能过远，如果过远，则考虑定性为运输。第四，从行为人是否盈利来看，如果行为人为了获取利益，携带毒品原植物种子、幼苗，即使距离较近，也可考虑为运输。第五，从行为人与犯罪对象是否分离来看。运输、持有不要求行为人随身带着毒品原植物种子、幼苗，而携带则通常是行为人随身带着。当然，对于行为人的行为如何定性，不能仅从某一方面来考虑，要从以上几个方面对行为人的行为进行综合分析。

[①] 参见刘家琛主编：《刑法［分则］及配套规定新释新解》（下），人民法院出版社 2002 年版，第 2385 页。

三是本罪既遂与未遂认定。对于本罪而言，既遂、未遂的认定应该依照四种不同的行为方式分别认定，具体情况具体分析。对于买卖行为而言，买卖双方达成买卖毒品原植物种子、幼苗的合意，买方实际控制毒品原植物种子、幼苗，或者卖方收到价款即为既遂，不要求买方实际控制毒品原植物种子、幼苗，且卖方收到价款。对于运输行为而言，只要行为人携带毒品原植物种子、幼苗产生了物理上的位移即为既遂，不要求到达行为人预想中的目的地。例如，使用交通工具运输毒品原植物种子、幼苗的，只要将毒品原植物种子、幼苗置于交通工具之内，交通工具也已经离开原地的，即为既遂。对于携带行为而言，由于非法携带毒品原植物种子、幼苗罪是行为犯，实施即为既遂。对于持有行为而言，由于非法持有毒品原植物种子、幼苗罪是继续犯，一旦行为人实现支配和控制原植物种子、幼苗，即为既遂。

四是毒品原植物种子和幼苗的认定需要经过鉴定或检验。在案件办理过程中，必须委托具备相应资质的鉴定机构对行为人买卖、运输、携带、持有的毒品原植物种子及幼苗进行鉴定；当地没有具备相应资质的鉴定机构的，可以委托侦办案件的公安机关所在地的县级以上农牧、林业行政主管部门，或者设立农林相关专业的普通高等学校、科研院所出具检验报告。

五是准确理解"数量较大"。在过去的审判实践中，曾有以罂粟籽的重量乘以发芽率计算未经灭活种子数量的观点，但最高人民法院《审理毒品犯罪案件解释》第10条明确规定，"数量较大"是指罂粟种子50克以上、罂粟幼苗5000株以上的；大麻种子50千克以上、大麻幼苗50000株以上的；以及其他毒品原植物种子或者幼苗数量较大的。因此，在判断是否"数量较大"时，应综合考虑毒品原植物种子的重量、幼苗数等各方面的情况来作出判断。对于符合《刑法》第13条规定的"情节显著轻微危害不大的"，不认为是犯罪。[①] 行为人买卖、运输、携带、持有的毒品原植物种子、幼苗数量刚刚达到入罪标准，虽然未经灭活，但毒品原植物种子、幼苗确已死亡的，综合案件实际情况，可以适用《刑法》第13条的规定。

六是非法买卖、运输、携带、持有毒品原植物种子、幼苗又种植的如何处理？应区分不同的情况进行处理：第一，如果行为人为了种植毒品原植物而非法买卖、运输、携带、持有毒品原植物种子和幼苗，行为人为牵连犯，以非法种植毒品原植物罪定罪处罚；如果行为人还没有来得及将种子、幼苗种植即被抓获的，可以非法持有毒品原植物种子、幼苗罪和非法种植毒品原植物罪的未遂，择一重处罚。[②] 第二，如果行为人不以种植为目的而非法买卖毒品原植物种子和幼苗，而后另起犯意予以种植，以非法买卖毒品原植物种子、幼苗罪和非法种植毒品原植物罪数罪并罚。第三，如果行为人明知他人想种植毒品原植物，而将毒品原植物种子、幼苗有偿提供给他人，以非法买卖毒品原植物种子、幼苗罪定罪；无偿提供给他人予以种植的，以非法种植毒品原植物罪的共犯论处。

三、非法买卖、运输、携带、持有毒品原植物种子、幼苗案件办理思路及原则

法院审理过程中，应当充分认识到非法买卖、运输、携带、持有毒品原植物种子、幼苗案件的特殊性，并遵循以下原则和要求进行处理。

---

① 参见李少平等主编：《中华人民共和国刑法案典》（下），人民法院出版社2016年版，第1971页。
② 参见张洪成、黄瑛琦：《毒品犯罪法律适用问题研究》，中国政法大学出版社2013年版，第248页。

（一）慎重适用"推定明知"，防范冤错案件

最高人民法院、最高人民检察院、公安部《办理毒品犯罪案件意见》以及最高人民法院《大连会议纪要》及《昆明会议纪要》都对推定明知的情形进行了规定，但是推定明知系根据基础事实和待证事实之间的常态联系，运用情理判断和逻辑推理得出结论，因此，有可能出现例外情况。《最高人民检察院公诉厅毒品犯罪案件公诉证据标准指导意见（试行）》就规定，推定明知应当慎重适用。在审判实践中，判断是否明知，应当注意以下三个问题：一是判断是否明知应该以客观实际情况为依据。尽管明知是行为人知道或应当知道行为对象是毒品的心理状态，但判断被告人是否明知，不能仅凭被告人是否承认，而应当综合考虑案件中的各种实际情况，依据实施犯罪行为的过程、行为方式、毒品被查获的情形和环境等证据，结合被告人的年龄、阅历、智力及掌握相关知识情况，进行综合分析判断。二是用作推定前提的基础事实必须有确凿的证据予以证明。三是依照上述规定认定的明知，允许行为人提出反证加以推翻。如果行为人能作出合理解释，有证据证明确实受蒙骗，其辩解有事实依据或者合乎情理，就不能认定其明知。[①]

（二）查清犯罪事实，准确认定罪名

查清犯罪事实，是准确认定罪名的基础条件。非法买卖、运输、携带、持有毒品原植物种子、幼苗罪有四种行为方式，由于四种行为方式的区分有一定难度，需要根据不同的行为方式予以认定，因此，这就需要全面收集、固定、审查和认定证据，准确查明犯罪事实，立足行为人实施的具体行为来对其行为方式进行认定，从而准确适用罪名。

（三）通过速裁程序的适用，推动案件繁简分流，节约司法资源

基层法院案多人少的矛盾突出，如何优化司法资源，促进审判质效提升是基层法院面临的难题。《刑事诉讼法》规定，基层人民法院管辖的可能判处三年有期徒刑以下刑罚的案件，案件事实清楚，证据确实、充分，被告人认罪认罚的，可以适用速裁程序，由审判员一人独任审判。而非法买卖、运输、携带、持有毒品原植物种子、幼苗罪的最高法定刑为三年有期徒刑，如果犯罪嫌疑人、被告人认罪认罚并同意适用速裁程序，无疑可大大提高办案效率，节约司法资源，减轻司法负担，一定程度上化解基层法院"案多人少"的矛盾。

第二节 非法买卖、运输、携带、持有毒品原植物种子、幼苗罪审判依据

非法买卖、运输、携带、持有毒品原植物种子、幼苗罪是1997年《刑法》修订时增

[①] 参见高贵君、王勇、吴光侠、王光坤：《〈关于办理制毒物品犯罪案件适用法律若干问题的意见〉的理解与适用》，载《人民司法》2009年第15期。

设的罪名，此后历次修正案没有对其进行过修改。

一、法律

1. 《中华人民共和国刑法》（2020 年 12 月 26 日修正）

第三百五十二条 非法买卖、运输、携带、持有未经灭活的罂粟等毒品原植物种子或者幼苗，数量较大的，处三年以下有期徒刑、拘役或者管制，并处或者单处罚金。

2. 《中华人民共和国禁毒法》（2007 年 12 月 29 日）

第十九条 国家对麻醉药品药用原植物种植实行管制。禁止非法种植罂粟、古柯植物、大麻植物以及国家规定管制的可以用于提炼加工毒品的其他原植物。禁止走私或者非法买卖、运输、携带、持有未经灭活的毒品原植物种子或者幼苗。

地方各级人民政府发现非法种植毒品原植物的，应当立即采取措施予以制止、铲除。村民委员会、居民委员会发现非法种植毒品原植物的，应当及时予以制止、铲除，并向当地公安机关报告。

第五十九条 有下列行为之一，构成犯罪的，依法追究刑事责任；尚不构成犯罪的，依法给予治安管理处罚：

（一）走私、贩卖、运输、制造毒品的；

（二）非法持有毒品的；

（三）非法种植毒品原植物的；

（四）非法买卖、运输、携带、持有未经灭活的毒品原植物种子或者幼苗的；

（五）非法传授麻醉药品、精神药品或者易制毒化学品制造方法的；

（六）强迫、引诱、教唆、欺骗他人吸食、注射毒品的；

（七）向他人提供毒品的。

3. 《中华人民共和国治安管理处罚法》（2012 年 10 月 26 日修正）

第七十一条 有下列行为之一的，处十日以上十五日以下拘留，可以并处三千元以下罚款；情节较轻的，处五日以下拘留或者五百元以下罚款：

（1）非法种植罂粟不满五百株或者其他少量毒品原植物的；

（2）非法买卖、运输、携带、持有少量未经灭活的罂粟等毒品原植物种子或者幼苗的；

（3）非法运输、买卖、储存、使用少量罂粟壳的。

有前款第一项行为，在成熟前自行铲除的，不予处罚。

二、司法解释

《最高人民法院关于审理毒品犯罪案件适用法律若干问题的解释》（2016 年 4 月 6 日法释〔2016〕8 号）

第十条 非法买卖、运输、携带、持有未经灭活的毒品原植物种子或者幼苗，具有下列情形之一的，应当认定为刑法第三百五十二条规定的"数量较大"：

（一）罂粟种子五十克以上、罂粟幼苗五千株以上的；

（二）大麻种子五十千克以上、大麻幼苗五万株以上的；

（三）其他毒品原植物种子或者幼苗数量较大的。

第十四条 利用信息网络，设立用于实施传授制造毒品、非法生产制毒物品的方法，贩卖毒品，非法买卖制毒物品或者组织他人吸食、注射毒品等违法犯罪活动的网站、通讯群组，或者发布实施前述违法犯罪活动的信息，情节严重的，应当依照刑法第二百八十七条之一的规定，以非法利用信息网络罪定罪处罚。

实施刑法第二百八十七条之一、第二百八十七条之二规定的行为，同时构成贩卖毒品罪、非法买卖制毒物品罪、传授犯罪方法罪等犯罪的，依照处罚较重的规定定罪处罚。

三、刑事政策文件

1. **《最高人民法院印发〈全国部分法院审理毒品犯罪案件工作座谈会纪要〉的通知》**（2008年12月1日　法〔2008〕324号）[①]

十、主观明知的认定问题

毒品犯罪中，判断被告人对涉案毒品是否明知，不能仅凭被告人供述，而应当依据被告人实施毒品犯罪行为的过程、方式、毒品被查获时的情形等证据，结合被告人的年龄、阅历、智力等情况，进行综合分析判断。

具有下列情形之一，被告人不能做出合理解释的，可以认定其"明知"是毒品，但有证据证明确属被蒙骗的除外：（1）执法人员在口岸、机场、车站、港口和其他检查站点检查时，要求行为人申报为他人携带的物品和其他疑似毒品物，并告知其法律责任，而行为人未如实申报，在其携带的物品中查获毒品的；（2）以伪报、藏匿、伪装等蒙蔽手段，逃避海关、边防等检查，在其携带、运输、邮寄的物品中查获毒品的；（3）执法人员检查时，有逃跑、丢弃携带物品或者逃避、抗拒检查等行为，在其携带或者丢弃的物品中查获毒品的；（4）体内或者贴身隐秘处藏匿毒品的；（5）为获取不同寻常的高额、不等值报酬为他人携带、运输物品，从中查获毒品的；（6）采用高度隐蔽的方式携带、运输物品，从中查获毒品的；（7）采用高度隐蔽的方式交接物品，明显违背合法物品惯常交接方式，从中查获毒品的；（8）行程路线故意绕开检查站点，在其携带、运输的物品中查获毒品的；（9）以虚假身份或者地址办理托运手续，在其托运的物品中查获毒品的；（10）有其他证据足以认定行为人应当知道的。

2. **《最高人民检察院公诉厅毒品犯罪案件公诉证据标准指导意见（试行）》**（2005年4月25日　〔2005〕高检诉发第32号）

一、一般证据标准

……

（三）关于犯罪客观方面的证据

……

收集、审查、判断上述证据需要注意的问题：

1. 毒品犯罪案件中所涉及的毒品、制毒物品，以及毒品原植物、种子、幼苗，都必须属于刑法规定的范围。

---

① 为了便于读者对照阅读本书案例，此处对《大连会议纪要》内容进行了部分登载，供读者参考。实务工作中应参照执行最高人民法院2023年6月印发的《昆明会议纪要》，对于《昆明会议纪要》精神的解读详见本书各章节。

......

3.《最高人民检察院、公安部关于印发〈最高人民检察院、公安部关于公安机关管辖的刑事案件立案追诉标准的规定（三）〉的通知》（2012年5月16日 公通字〔2012〕26号）

第八条 非法买卖、运输、携带、持有未经灭活的罂粟等毒品原植物种子或者幼苗，涉嫌下列情形之一的，应予立案追诉：

（一）罂粟种子五十克以上、罂粟幼苗五千株以上；

（二）大麻种子五十千克以上、大麻幼苗五万株以上；

（三）其他毒品原植物种子、幼苗数量较大的。

4.《最高人民法院、最高人民检察院、公安部关于印发〈办理毒品犯罪案件适用法律若干问题的意见〉的通知》（2007年12月18日 公通字〔2007〕84号）

二、关于毒品犯罪嫌疑人、被告人主观明知的认定问题

走私、贩卖、运输、非法持有毒品主观故意中的"明知"，是指行为人知道或者应当知道所实施的行为是走私、贩卖、运输、非法持有毒品行为。具有下列情形之一，并且犯罪嫌疑人、被告人不能做出合理解释的，可以认定其"应当知道"，但有证据证明确属被蒙骗的除外：

（一）执法人员在口岸、机场、车站、港口和其他检查站检查时，要求行为人申报为他人携带的物品和其他疑似毒品物，并告知其法律责任，而行为人未如实申报，在其所携带的物品内查获毒品的；

（二）以伪报、藏匿、伪装等蒙蔽手段逃避海关、边防等检查，在其携带、运输、邮寄的物品中查获毒品的；

（三）执法人员检查时，有逃跑、丢弃携带物品或逃避、抗拒检查等行为，在其携带或丢弃的物品中查获毒品的；

（四）体内藏匿毒品的；

（五）为获取不同寻常的高额或不等值的报酬而携带、运输毒品的；

（六）采用高度隐蔽的方式携带、运输毒品的；

（七）采用高度隐蔽的方式交接毒品，明显违背合法物品惯常交接方式的；

（八）其他有证据足以证明行为人应当知道的。

5.《最高人民法院、最高人民检察院、公安部关于印发〈办理毒品犯罪案件毒品提取、扣押、称量、取样和送检程序若干问题的规定〉的通知》（2016年5月24日 公禁毒〔2016〕511号）

第三十四条 对毒品原植物及其种子、幼苗，应当委托具备相应资质的鉴定机构进行鉴定。当地没有具备相应资质的鉴定机构的，可以委托侦办案件的公安机关所在地的县级以上农牧、林业行政主管部门，或者设立农林相关专业的普通高等学校、科研院所出具检验报告。

第三十五条第二款 毒品犯罪案件中查获的其他物品，如制毒物品及其半成品、含有制毒物品成分的物质、毒品原植物及其种子和幼苗的提取、扣押、称量、取样和送检程序，参照本规定执行。

第八章
引诱、教唆、欺骗他人吸毒罪，强迫他人吸毒罪

第一节 引诱、教唆、欺骗他人吸毒罪，强迫他人吸毒罪概述

本罪来源于1990年12月28日第七届全国人民代表大会常务委员会第十七次会议通过的《禁毒决定》第7条，1997年3月14日第八届全国人民代表大会第五次会议修订《刑法》时，直接将该罪名吸收进《刑法》，之后数次《刑法》修正对该条款都未作修改。

一、引诱、教唆、欺骗他人吸毒罪，强迫他人吸毒罪概念及构成要件

引诱、教唆、欺骗他人吸毒罪，是指通过向他人宣扬吸食、注射毒品后的感受等方法，诱使、唆使他人吸食、注射毒品的行为或者用隐瞒事实真相或者用制造假象等方法使他人吸食、注射毒品的行为。强迫他人吸毒罪，是指违背他人意志，使用暴力、胁迫或者其他强制手段迫使他人吸食、注射毒品的行为。引诱、教唆、欺骗和强迫，都是行为人用来促使他人吸毒的手段。

（一）客体要件

引诱、教唆、欺骗他人吸毒罪，强迫他人吸毒罪侵犯的客体是复杂客体，不仅侵犯社会治安管理秩序，而且还侵犯了他人的身心健康。犯罪的对象是未染上吸毒恶习或者虽染上吸毒恶习但已经戒除的人。

吸食、注射毒品对人的健康所造成的危害众所周知，引诱、教唆、欺骗、强迫他人吸毒，往往使人染上毒瘾，成为吸毒者，使吸毒者身体虚弱、智能减退、人格扭曲，而且吸毒还是艾滋病传播的途径之一，容易引发诸多社会问题。同时，吸毒还会诱发盗窃、抢劫、赌博、卖淫等其他违法犯罪活动，严重危害社会治安。因此，对引诱、教唆、欺骗、强迫他人吸毒的犯罪分子予以惩处十分必要。

（二）客观要件

1. 引诱、教唆、欺骗他人吸毒罪在客观方面表现为引诱、教唆、欺骗他人吸食、注射毒品的行为。

"引诱"，是指以金钱、物质及其他利益诱导、拉拢原本没有意愿吸毒的人吸食、注射毒品的行为；"教唆"，是指以劝说、授意、怂恿等手段，鼓动、唆使原本没有毒品意愿的人吸食、注射毒品的行为；"欺骗"，是指用隐瞒事实真相或者制造假象等方法，使原本没有吸毒意愿的人上当吸食、注射毒品。如暗地里在香烟中掺入毒品，或在药品中掺入毒品供人吸食和使用，使他人在不知不觉中染上毒瘾。"吸食、注射毒品"，是指用口吸、鼻吸、吞服、饮用、皮下注射或静脉注射等方法使用毒品。行为人开设网站、利用微信、抖音等网络通信方式引诱、教唆、欺骗他人吸毒的，应以本罪论处。至于被引诱、教唆、欺骗者是否因此成瘾，不是构成本罪的必要条件，但可以作为量刑情节予以考虑。对引诱、教唆、欺骗未成年人吸食、注射毒品的，从重处罚。

在食品中掺入罂粟壳属于欺骗他人吸毒的行为。罂粟壳俗称大烟壳，含有吗啡等物质，易使人体产生瘾癖，对人体肝脏、心脏有毒害作用。罂粟壳属国家管制的毒品，[①] 国家法律对罂粟壳管理使用有明确规定，禁止非法供应、运输、使用，但个别商贩店主利欲熏心，置国家法律、法规和人民群众的身体健康于不顾，在食品中掺用罂粟壳来招揽顾客、吸引回头客，扩大生意。在审判实践中，公安机关查获在食品中非法掺用罂粟壳的违法犯罪活动时有发生，对这种行为应该如何定性？1993年公安部在《关于坚决制止、查处在食品中掺用罂粟壳违法犯罪行为的通知》中指出：由于顾客都是在不知道的情况下被骗食用的，因而这种行为属于欺骗他人吸食毒品的违法犯罪行为。对曾使用、现自行停止并表示悔改的，可不予追究；对继续使用的，要依据有关法规严厉惩处。虽然这里"有关法规"语焉不详，且该通知已经失效，但我们认为实践中对此类情形仍可参照处理。

引诱、教唆、欺骗他人吸毒罪是选择性罪名，三种行为并不要求同时具备，只要行为人实施其中之一的，即可构成犯罪。

根据2016年4月6日最高人民法院《审理毒品犯罪案件解释》第11条的规定，引诱、教唆、欺骗他人吸食、注射毒品，具有下列情形之一的，应当认定为《刑法》第353条第1款规定的"情节严重"：（1）引诱、教唆、欺骗多人或者多次引诱、教唆、欺骗他人吸食、注射毒品的；（2）对他人身体健康造成严重危害的；（3）导致他人实施故意杀人、故意伤害、交通肇事等犯罪行为的；（4）国家工作人员引诱、教唆、欺骗他人吸食、注射毒品的；（5）其他情节严重的情形。

2. 强迫他人吸毒罪在客观方面表现为行为人使用暴力、威胁等生理强制或心理强制方法，迫使他人吸食、注射毒品的行为。

所谓"暴力"是指犯罪分子对被害人身体实施强制，排除被害人的抵抗，迫使其违背自己的意志吸食、注射毒品。所谓"胁迫"是指犯罪分子以实施暴力相威胁，实行精神强制，使被害人产生恐惧不敢抗拒而吸食、注射毒品。所谓"其他强制方法"是指除

[①] 参见公安部《关于坚决制止、查处在食品中掺用罂粟壳违法犯罪行为的通知》（1993年7月24日，公通字〔1993〕70号）。

暴力或胁迫方法外，与暴力、胁迫方法相当的，如酒醉、麻醉药麻醉等方法，使被害人不知抗拒而吸食和注射毒品的行为。采用某种方法使他人暂时丧失知觉或者利用他人暂时丧失知觉的状态，给他人注射毒品的，应认定为强迫他人吸毒罪。

强迫他人吸毒的手段多种多样，但无论采取什么手段，客观上行为人只要实施了强迫他人吸毒的行为，就构成本罪，至于被强迫者是否因此成瘾，不是构成本罪的必要条件。

（三）主体要件

引诱、教唆、欺骗他人吸毒罪，强迫他人吸毒罪的主体为一般主体，即凡是达到刑事责任年龄具有刑事责任能力的人，均可构成本罪。

（四）主观要件

1. 引诱、教唆、欺骗他人吸毒罪在主观方面表现为故意，过失不构成本罪。引诱、教唆、欺骗他人吸毒的目的和动机多种多样，有的是为了贩卖推销毒品；有的是为了报复或者逃避法律制裁；有的出于控制他人的目的，如犯罪团伙中，吸毒者一旦上瘾，便心甘情愿地受人指使，成为违法犯罪的帮凶；有的是为了长期奸淫妇女，而使其吸毒，达到长期控制的目的等。不论行为人出于何种动机和目的，都可构成本罪。

2. 强迫他人吸毒罪在主观方面表现为故意，过失不构成本罪。即行为人明知是毒品，而故意强迫他人吸毒。强迫他人吸毒的目的和动机多种多样，有的是为了牟利而强迫他人吸毒，有的出于报复，不论行为人的动机如何，只要故意实施了强迫他人吸毒的行为，就可构成犯罪。

二、引诱、教唆、欺骗他人吸毒，强迫他人吸毒案件审理情况

从近年来的司法统计数据来看，毒品类犯罪的案由主要还是集中在走私、贩卖、运输、制造毒品罪，容留他人吸毒罪，非法持有毒品罪等罪名。2016年至2017年，前述三类毒品犯罪占比达98.38%，相比较而言，包括引诱、教唆、欺骗他人吸毒罪、强迫他人吸毒罪在内的其他类仅占1.19%。

三、引诱、教唆、欺骗他人吸毒，强迫他人吸毒案件审理热点、难点问题

（一）教唆他人吸毒罪与一般教唆犯罪的界限

二者的某些行为方式相同，但有本质区别，主要表现在：

1. 侵犯的客体不同。前者侵犯的客体是复杂客体，既侵害了社会治安管理秩序，又侵害了他人的身体健康。而后者侵犯的客体，则取决于所教唆犯罪的客体，如教唆杀人罪侵犯的客体是他人的生命权利。

2. 罪名不同。前者是一个独立罪名，吸毒行为法律上没有规定为犯罪，而教唆他人吸毒的行为，法律上规定为独立犯罪。而后者则不是独立罪名，对于教唆犯，要按照他所教唆的犯罪来确定罪名，教唆犯属于共同犯罪。

（二）引诱、教唆、欺骗、强迫他人吸毒致人重伤、死亡的处理

海洛因等危险性极大的毒品，一旦用量过大，通常会引起他人死亡和严重伤残，实践中此类案件较多，但对此定性认识不一，我们认为，如果具有杀人或伤害的故意，那么就应该构成故意杀人罪和故意伤害罪，因为引诱、教唆、欺骗、强迫他人吸食、注射毒品的行为仅是杀人和伤害的手段而已。如果因过失致人死亡、伤残的，应构成过失致人死亡罪、过失致人重伤罪和引诱、教唆、欺骗他人吸毒罪，鉴于二罪存在想象竞合关系，应择一重罪处罚。如果行为人在引诱、教唆、欺骗、强迫他人吸毒后，为逃避责任或基于其他原因而杀人，由于行为人具有两个犯罪故意和两个犯罪行为，符合两个犯罪构成，应以故意杀人罪与引诱、教唆、欺骗他人吸毒罪、强迫他人吸毒罪实行数罪并罚。

行为人采用暴力手段强迫他人吸毒，如果致人轻伤的，按强迫他人吸毒罪从重处罚。如果暴力行为致人重伤或死亡，行为人对重伤或死亡具有希望或放任心理态度的，应按故意伤害或故意杀人罪处罚。如果行为人具有过失的心理态度，应构成过失重伤罪或过失致人死亡罪与强迫他人吸毒罪的想象竞合犯，应择一重罪处罚。

也有观点认为，引诱、教唆、欺骗他人吸毒罪存在结果加重犯。行为人引诱、教唆、欺骗他人吸食、注射毒品，导致被害人重伤或死亡的，无论行为人对被害人重伤、死亡后果有无过失，均应直接按照《刑法》第353条第1款的"情节严重"的情形处理，没有必要按照想象竞合犯处理。实际上，《刑法》第353条第1款"情节严重"的法定刑中，其主刑比《刑法》第235条规定的过失致人重伤罪重，与《刑法》第233条规定的过失致人死亡罪的主刑相同，但《刑法》第353条第1款还规定了附加刑。因此，相比之下，《刑法》第353条第1款的法定刑更重，处罚力度更大，也更有利于惩治犯罪。就实际处理效果而言，即便按照想象竞合犯处理，其结果也只能是定引诱、教唆、欺骗他人吸毒罪。

（三）强迫他人吸毒罪与引诱、教唆、欺骗他人吸毒罪的界限

强迫他人吸毒与引诱、教唆、欺骗他人吸毒在主体、客体、主观方面相同，明显的区别在于客观表现上的不同，前者为采取暴力、胁迫等强制性的手段，后者则是采用引诱、教唆、欺骗等手段。此外，从犯罪对象上看，前者是在暴力、胁迫下违心地吸毒，后者是在引诱、教唆、欺骗下，由不愿到情愿吸毒。二者在法定刑上也是不同的，要严格加以区分，否则会造成重罪轻判或轻罪重判的现象。

引诱、教唆、欺骗和强迫，都是行为人用来促使他人吸毒的手段，司法实践中，往往会发生行为人交替使用这些手段的案件。对此，应当注意区分不同的情况作出不同的处理：如果行为人对同一被害人交替使用各种手段的，原则上按照吸收犯论处，即按照较重的强迫他人吸毒罪定罪，不实行数罪并罚。当然，在各种手段的使用上，还要求具有连续性，不能间隔时间过长。参照我国《刑法》关于走私罪的司法解释，这一时间间隔不宜超过一年，否则就应当分别定罪，实行数罪并罚。如果行为人对不同的被害人使用了不同的手段的，如教唆甲吸食毒品，而强迫乙吸食毒品的，则分别构成教唆他人吸毒罪与强迫他人吸毒罪，实行数罪并罚。

（四）引诱、教唆、欺骗、强迫他人吸毒罪的处罚

根据《刑法》第353条的规定，犯引诱、教唆、欺骗他人吸毒罪的，处三年以下有期徒刑、拘役或者管制，并处罚金；情节严重的，处三年以上七年以下有期徒刑，并处罚金。引诱、教唆、欺骗未成年人吸食、注射毒品的，从重处罚。犯强迫他人吸毒罪的，处三年以上十年以下有期徒刑，并处罚金。强迫未成年人吸食、注射毒品的，从重处罚。

《刑法》第353条第3款是对引诱、教唆、欺骗或者强迫未成年人吸食、注射毒品的行为从重处罚的规定。这里的"未成年人"是指不满十八周岁的人。未成年人也正处于世界观、人生观、价值观形成的关键时期，不能认识或者不能正确认识毒品的危害性，比成年人更容易被引诱、教唆或者欺骗而吸食毒品，并且未成年人正处在身体成长时期，吸食、注射毒品对他们的身心健康将带来极大的危害，给他们正常学习和生活带来极大的负面影响，影响其成长和成才，这在将来也可能会成为社会的不稳定因素。因此，《刑法》第353条第3款规定，引诱、教唆、欺骗或者强迫未成年人吸食、注射毒品的，从重处罚。

四、引诱、教唆、欺骗他人吸毒，强迫他人吸毒案件办理思路及原则

引诱、教唆、欺骗他人吸毒罪、强迫他人吸毒罪在司法实践中适用的频率较低，属于一个相对生僻的罪名。办理此类案件时，要注意把握以下两个原则：

第一，准确把握罪与非罪的界定，对该罪构成要件的确切含义、行为方式的外延有正确的认识。引诱、教唆、欺骗他人吸毒罪对犯罪没有规定"情节严重"作为必要条件，也就是说只要有引诱、教唆、欺骗他人吸食、注射毒品的行为，即使被引诱、教唆、欺骗者没有吸毒成瘾，或没有吸毒，均可构成本罪，这只是作为量刑情节考虑。但在司法实践中，并不是对任何具有引诱、教唆、欺骗他人吸毒的行为都认定为犯罪，应综合全案各种情况，如果情节轻微，危害不大的，可不认为是犯罪，但可以给予治安处罚。

第二，做到罪责刑相适应。比如，强迫他人吸毒中的强迫，一般属于间接强迫，表现为逼迫被害人自己吸毒；在少数情况下，强迫亦可表现为行为人自己动手，强行给被害人注射吗啡等毒品，或者在锡箔上点燃海洛因以后，强行让被害人嗅吸等，可以称为直接强迫。从二者的表现方式来看，直接强迫的社会危害性更大，在量刑时必须予以充分的注意。

第二节 引诱、教唆、欺骗他人吸毒罪，强迫他人吸毒罪审判依据

1997年《刑法》对引诱、教唆、欺骗他人吸毒罪，强迫他人吸毒罪的构成要件及刑罚作出规定。2012年5月16日公布的《立案追诉标准（三）》对引诱、教唆、欺骗他人吸毒罪，强迫他人吸毒罪立案标准作出规定。2015年5月18日最高人民法院印发的《武汉会议纪要》要求对实施引诱、教唆、欺骗、强迫他人吸毒犯罪及制毒物品犯罪的被告人缓刑适用作出限制，从严掌握减刑条件。2016年4月11日最高人民法院《审理毒品犯

罪案件解释》对引诱、教唆、欺骗他人吸食、注射毒品罪的"情节严重"认定标准予以明确。

一、法律

《中华人民共和国刑法》（2020年12月26日修正）

第三百五十三条 引诱、教唆、欺骗他人吸食、注射毒品的，处三年以下有期徒刑、拘役或者管制，并处罚金；情节严重的，处三年以上七年以下有期徒刑，并处罚金。

强迫他人吸食、注射毒品的，处三年以上十年以下有期徒刑，并处罚金。

引诱、教唆、欺骗或者强迫未成年人吸食、注射毒品的，从重处罚。

二、司法解释

《最高人民法院关于审理毒品犯罪案件适用法律若干问题的解释》（2016年4月6日 法释〔2016〕8号）

第十一条 引诱、教唆、欺骗他人吸食、注射毒品，具有下列情形之一的，应当认定为刑法第三百五十三条第一款规定的"情节严重"：

（一）引诱、教唆、欺骗多人或者多次引诱、教唆、欺骗他人吸食、注射毒品的；
（二）对他人身体健康造成严重危害的；
（三）导致他人实施故意杀人、故意伤害、交通肇事等犯罪行为的；
（四）国家工作人员引诱、教唆、欺骗他人吸食、注射毒品的；
（五）其他情节严重的情形。

三、刑事政策文件

1. **《最高人民法院关于印发〈全国法院毒品犯罪审判工作座谈会纪要〉的通知》**（2015年5月18日 法〔2015〕129号）[①]

二、关于毒品犯罪法律适用的若干具体问题
（五）缓刑、财产刑适用及减刑、假释问题

对于毒品犯罪应当从严掌握缓刑适用条件。对于毒品再犯，一般不得适用缓刑。对于不能排除多次贩毒嫌疑的零包贩毒被告人，因认定构成贩卖毒品等犯罪的证据不足而认定为非法持有毒品罪的被告人，实施引诱、教唆、欺骗、强迫他人吸毒犯罪及制毒物品犯罪的被告人，应当严格限制缓刑适用。

办理毒品犯罪案件，应当依法追缴犯罪分子的违法所得，充分发挥财产刑的作用，切实加大对犯罪分子的经济制裁力度。对查封、扣押、冻结的涉案财物及其孳息，经查确属违法所得或者依法应当追缴的其他涉案财物的，如购毒款、供犯罪所用的本人财物、毒品犯罪所得的财物及其收益等，应当判决没收，但法律另有规定的除外。判处罚金刑时，应当结合毒品犯罪的性质、情节、危害后果及被告人的获利情况、经济状况等因素合理确定罚金数额。对于决定并处没收财产的毒品犯罪，判处被告人有期徒刑的，应当

[①] 为了便于读者对照阅读本书案例，此处对《武汉会议纪要》内容进行了部分登载，供读者参考。实务工作中应参照执行最高人民法院2023年6月印发的《昆明会议纪要》，对于《昆明会议纪要》精神的解读详见本书各章节。

按照上述确定罚金数额的原则确定没收个人部分财产的数额；判处无期徒刑的，可以并处没收个人全部财产；判处死缓或者死刑的，应当并处没收个人全部财产。

对于具有毒枭、职业毒犯、累犯、毒品再犯等情节的毒品罪犯，应当从严掌握减刑条件，适当延长减刑起始时间、间隔时间，严格控制减刑幅度，延长实际执行刑期。对于刑法未禁止假释的前述毒品罪犯，应当严格掌握假释条件。

（六）累犯、毒品再犯问题

累犯、毒品再犯是法定从重处罚情节，即使本次毒品犯罪情节较轻，也要体现从严惩处的精神。尤其对于曾因实施严重暴力犯罪被判刑的累犯、刑满释放后短期内又实施毒品犯罪的再犯，以及在缓刑、假释、暂予监外执行期间又实施毒品犯罪的再犯，应当严格体现从重处罚。

对于因同一毒品犯罪前科同时构成累犯和毒品再犯的被告人，在裁判文书中应当同时引用刑法关于累犯和毒品再犯的条款，但在量刑时不得重复予以从重处罚。对于因不同犯罪前科同时构成累犯和毒品再犯的被告人，量刑时的从重处罚幅度一般应大于前述情形。

2.《最高人民检察院、公安部关于印发〈最高人民检察院、公安部关于公安机关管辖的刑事案件立案追诉标准的规定（三）〉的通知》（2012年5月16日　公通字〔2012〕26号）

第九条　引诱、教唆、欺骗他人吸食、注射毒品的，应予立案追诉。

第十条　违背他人意志，以暴力、胁迫或者其他强制手段，迫使他人吸食、注射毒品的，应予立案追诉。

第三节　引诱、教唆、欺骗他人吸毒罪，强迫他人吸毒罪审判实践中的疑难新型问题

问题1.　引诱、教唆、欺骗他人吸毒罪的入罪标准如何把握；怎样对该罪"情节严重"中"对他人身体健康造成严重危害"进行认定

【实务专论】[①]

《刑法》和最高人民检察院、公安部《立案追诉标准（三）》均没有对引诱、教唆、欺骗他人吸毒罪设定入罪条件，故实施此类行为的一般均应追究刑事责任。《审理毒品犯罪案件解释》第11条规定了引诱、教唆、欺骗他人吸毒罪的"情节严重"认定标准问题，分别从犯罪情节、危害后果、犯罪主体等角度作出规定。该条第2项中"对他人身体健康造成严重危害"的认定，可以参照最高人民法院、最高人民检察院2014年制定的

[①] 叶晓颖、马岩、方文军、李静然：《〈关于审理毒品犯罪案件适用法律若干问题的解释〉的理解与适用》，载最高人民法院刑事审判第一、二、三、四、五庭主办：《刑事审判参考》（总第105集），法律出版社2016年版，第153页。

《关于办理危害药品安全刑事案件适用法律若干问题的解释》第 2 条[1]的规定执行，也包括引诱、教唆、欺骗他人吸食、注射毒品，导致其实施自伤、自残行为，对身体健康造成严重危害的情形。需要说明的是，行为人对上述结果的发生应属过失心态，如果故意通过引诱、教唆、欺骗他人吸毒的手段实施伤害、杀人行为，构成故意伤害罪、故意杀人罪的，应依法定罪处罚。

问题 2. 强迫吸毒人员吸毒，是否构成强迫吸毒罪

【人民法院报案例】 张某某强迫他人吸毒案[2]

［裁判要旨］

犯罪嫌疑人违背吸毒人员意志，采用暴力、胁迫等手段强迫吸毒人员吸毒的，仍构成强迫他人吸毒罪。

［案情］

2014 年 10 月 9 日 18 时许，被告人张某某因债务纠纷将受害人刘某胁迫至其家中，用电警棍对刘某进行电击和殴打，而后强迫刘某吸食毒品。当晚 22 时许，被告人张某某又驾车将刘某带至刘某的家中进行控制，其间张某某间断地用电警棍对刘某进行电击和殴打，并强迫其吸食毒品。

［裁判］

河南省洛阳市瀍河回族区人民法院经审理认为，被告人张某某强迫他人吸食毒品，其行为已构成强迫他人吸毒罪。张某某在刑罚执行完毕五年以内再犯应当判处有期徒刑以上刑罚之罪，系累犯，应当从重处罚。故以强迫他人吸毒罪判处被告人张某某有期徒刑四年，并处罚金 5000 元。

一审宣判后，被告人张某某没有上诉，检察机关没有抗诉，判决发生法律效力。

［评析］

本案中争议的焦点为被害人刘某本身就是吸毒人员，对毒品有依赖，强迫吸毒人员吸毒，能否构成强迫他人吸毒罪。对此，存在两种不同意见：一种意见认为，只要是违背他人意志，强迫他人吸食毒品的，不论被害人是否为吸毒人员，均应构成强迫他人吸毒罪。另一种观点认为，被害人本身就是吸毒人员，对毒品有依赖，即使被告人不予强迫，被害人仍然会吸食毒品，因此，不能认定强迫他人吸毒。

笔者同意第一种意见。强迫他人吸毒罪是指违背他人意志，使用暴力、胁迫或者其他强制手段迫使他人吸食、注射毒品的行为。对该罪的犯罪构成应从以下几个方面进行把握：

首先，本罪的客体是复杂客体，包括社会治安管理秩序和他人的身体健康。不论强迫何种人员吸毒，对社会治安管理秩序均造成了侵害。而对于他人的身体健康来说，虽然吸毒人员主动吸食毒品已经对其自身的身体健康权造成了一定程度的损害，但这不能成为别人强

---

[1] 《最高人民法院、最高人民检察院关于办理危害药品安全刑事案件适用法律若干问题的解释》（2022 年 3 月 3 日，高检发释字〔2022〕1 号）第 2 条吸收了该条中"对人体健康造成严重危害"规定的内容。

[2] 张琦：《强迫吸毒人员吸毒仍构成强迫他人吸毒罪——河南洛阳瀍河法院判决张某某强迫他人吸毒案》，载《人民法院报》2015 年 6 月 25 日，第 6 版。

迫被害人损害其身体健康的理由。吸毒人员可以选择损害自己的身体健康与否，但这种选择应当在其自由意志的控制之下，违背其自由意志而伤害其身体健康的行为就是对其身体健康的损害，侵犯了他人的身体健康这一客体。

其次，本罪的客观方面表现为违背他人意志迫使他人吸食、注射毒品。这里的"违背他人意志"应当强调时效性，即发生在被告人实施强迫被害人吸食或注射毒品的那个时间节点。只要被害人在这个节点上没有吸食、注射毒品的意愿，即使在强迫行为过后，被害人因毒瘾发作而产生吸食、注射毒品的要求，也不影响被告人行为时"违背他人意志"条件的成立。本案中，虽然被害人刘某是吸毒人员，即使被告人不强迫其吸食毒品，在其毒瘾发作时，也会主动吸食毒品，但在被告人行为的节点上，刘某的毒瘾并未发作，没有吸食毒品的主观意愿，在这种情况下强迫其吸食毒品，就是违背了刘某的意志。

同时，"违背他人意志"不以被害人是否反抗为必要条件。由于每个被害人的个体差异，行为人对被害人的强制程度等原因，被害人对强制的反抗形式和程度也不相同。有的可能不顾一切地剧烈反抗，有的可能仅仅是挣扎或者哀求，有的可能没有明显的反抗行为。但只要是在被害人没有主动、自愿的吸食毒品意志情况下强迫其吸食毒品的，均应当认定为"违背他人意志"。

再次，本罪的客观方面中的行为要件要求采取暴力、胁迫或者其他强制手段。本案中被告人张某某采取了电击和殴打等明显的暴力手段，同时还采取了非法拘禁的强制手段。不论采取何种手段，只要足以使被害人违背其意志吸食毒品，均符合强迫他人吸毒罪的客观方面要件。

最后，本罪的主观方面表现为故意，即明知是毒品而强迫他人吸食，但动机和目的并不影响本罪的构成。本案中，虽然被告人强迫被害人吸毒是为了索取合法债务，但这不能成为强迫他人吸毒的理由和借口，不影响强迫他人吸毒罪的认定。

问题3. 针对未成年人实施引诱、教唆、欺骗、强迫吸毒犯罪的，应当贯彻宽严相济刑事政策，从严处罚

【典型案例】林某某强奸、引诱他人吸毒，容留他人吸毒案[①]

一、基本案情

被告人林某某，1996年2月9日因犯流氓罪被判处有期徒刑五年；2000年4月20日因犯盗窃罪被判处有期徒刑三年，合并余刑，决定执行有期徒刑四年六个月。

2016年上半年的一天，被告人林某某将同村的被害人林某（女，时年10岁）带至家中，诱骗林某吸食甲基苯丙胺。林某吸食后感觉不适，林某某让林某躺到床上休息，后不顾林某反抗，强行对林某实施奸淫。林某某威胁林某不许将此事告知家人，并要求林某每星期来其家一次。后林某某多次叫林某来其家中吸食毒品，并与林某发生性关系。林某吸毒上瘾后，也多次主动找林某某吸毒，并与林某某发生性关系。2019年10月1日，林某某被公安人员抓获。

另查明，2016年年初至2019年6月，被告人林某某多次在家中等地容留多人吸食甲基苯丙胺。

---

① 最高人民法院发布的2021年十大毒品（涉毒）犯罪典型案例。

二、裁判结果

本案由湖南省邵阳市中级人民法院一审,湖南省高级人民法院二审。

法院认为,被告人林某某引诱他人吸食甲基苯丙胺,其行为已构成引诱他人吸毒罪;林某某利用幼女吸毒后无力反抗及毒品上瘾,与之发生性关系,其行为又构成强奸罪;林某某多次容留他人吸食甲基苯丙胺,其行为还构成容留他人吸毒罪。林某某引诱幼女吸毒,并长期奸淫幼女,情节恶劣,应依法从重处罚。对其所犯数罪,应依法并罚。据此,对被告人林某某以强奸罪判处无期徒刑,剥夺政治权利终身;以引诱他人吸毒罪判处有期徒刑三年,并处罚金人民币1万元;以容留他人吸毒罪判处有期徒刑二年,并处罚金人民币1万元,决定执行无期徒刑,剥夺政治权利终身,并处罚金人民币2万元。

上述裁判已于2021年1月21日发生法律效力。

三、典型意义

成瘾性是毒品最基本的特征。吸食者一旦产生依赖,容易遭受侵害。尤其是未成年人,心智发育尚不成熟,自我保护能力欠缺,更易遭受毒品危害。本案就是一起引诱留守女童吸食毒品后实施强奸犯罪的典型案例。被告人林某某引诱年仅10岁的幼女吸食甲基苯丙胺并成瘾,以此长期控制、奸淫幼女,还多次容留他人吸毒,社会危害大。人民法院依法判处林某某无期徒刑,体现了对侵害未成年人犯罪予以严惩的坚定立场。

问题4. 强迫幼童吸食毒品,应依法严惩

【地方参考案例】 伍某某强迫他人吸毒、猥亵儿童案[①]

一、基本案情

2018年8月13日,被告人伍某某驾驶摩托车行驶在永桑公路塔卧镇茶林村路段时发现被害人杨某某,便将杨某某拐带至永顺县灵溪镇,目的是向其家长要酬谢费。同月13日至17日,被告人伍某某将杨某某非法拘禁在自己身边,并对杨某某进行殴打、猥亵,致使杨某某生殖器、肛门等多处受伤。经湘西州天顺司法鉴定中心鉴定,被害人杨某某的伤为轻伤二级。15日晚,伍某某因没有地方睡觉,便带着杨某某在永顺县人民医院一空闲的病房内休息。其间,强迫杨某某吸食毒品海洛因,并用手机拍摄视频。

二、裁判结果

法院认为,被告人伍某某在非法拘禁被害人杨某某的过程中,实施猥亵,并强迫杨某某吸食毒品,其行为构成猥亵儿童罪、强迫他人吸毒罪,应从重处罚。伍某某曾因故意犯罪被判处有期徒刑,在刑罚执行完毕后五年以内再犯应当判处有期徒刑以上刑罚之罪,系累犯,依法应当从重处罚。被告人伍某某曾因贩卖毒品罪被判过刑,现又犯强迫他人吸毒罪,系毒品犯罪的再犯,依法应当从重处罚。被告人伍某某曾因犯罪被判处刑罚,在判决宣告以后,刑罚执行完毕以前,发现漏罪,且此次犯两罪,依法应当数罪并罚。据此,人民法院依法以强迫他人吸毒罪、猥亵儿童罪、盗窃罪、非法拘禁罪、寻衅滋事罪对伍某某数罪并罚,对伍某某合并执行有期徒刑十五年,并处罚金人民币12000元。

三、典型意义

本案是湘西自治州辖区内近几年来首例强迫未成年人吸毒案件。因被害人系不满五

[①] 湖南省高级人民法院发布的毒品犯罪审判十大典型案例(2020年6月24日)。

周岁的幼童，且被告人作案手法较为残忍，作案后将被害人吸毒后的状态拍成视频后让他人观看，案发时一度成为社会热点，在当地影响比较恶劣。伍某某于2011年因犯贩卖毒品罪被判处有期徒刑七年，刑满释放后多次因吸食毒品被公安机关行政拘留并强制戒毒两年，因犯盗窃罪被判刑。伍某某主观恶性极深，是累犯，毒品再犯，依法应从重处罚。其出于邪念，强迫一个不满五周岁的幼童吸食毒品海洛因，严重危害了未成年人身心健康，依法应当从重处罚。

第九章
容留他人吸毒罪

1979年《刑法》没有规定容留他人吸毒罪,最早关于此罪的规定见于1988年7月13日公安部发布的《关于毒品案件立案标准的通知》。该通知明确规定"提供场所和毒品,容留他人吸食,从中牟利的,以贩卖毒品罪立案"。

1990年12月28日全国人大常委会通过的《禁毒决定》,首次将容留他人吸毒并出售毒品的行为规定为犯罪,其中第9条规定了"容留他人吸食、注射毒品并出售毒品的,依照第二条的规定处罚"。(《禁毒决定》第2条为走私、贩卖、运输、制造毒品罪的相关内容。)

最高人民法院于1991年12月17日发布的《关于十二省、自治区法院审理毒品犯罪案件工作会议纪要》,明确根据《禁毒决定》第9条规定,容留他人吸食、注射毒品并出售毒品的,应以贩卖毒品罪论处,不再单列罪名。

1997年修订《刑法》时,吸收了《禁毒决定》中的规定,在《刑法》第354条专门规定了容留他人吸毒罪,并对罪状进行了修改。

第一节　容留他人吸毒罪概述

一、容留他人吸毒罪概念及构成要件

容留他人吸毒罪,是指提供场所,供他人吸食、注射毒品的行为。

(一) 客体要件

本罪侵犯的客体是社会的正常管理秩序和人们的身体健康。容留他人吸毒,主要指的是开设地下烟馆或变相烟馆的行为。近年来,某些宾馆、饭店、舞厅也成为吸食、注射毒品的场所,导致吸毒人数上升,因此,必须对为他人吸毒提供场所的行为予以严惩。

(二) 客观要件

本罪在客观方面表现为行为人实施了容留他人吸食、注射毒品的行为。所谓容留他

人吸食、注射毒品,是指给吸毒者提供吸食、注射毒品的场所,既可以是行为人主动提供,也可以是在毒品吸食、注射者的要求或主动前来时被动提供,既可以是有偿提供,也可以是无偿提供;提供的地点既可以是自己的住所,也可以是其亲戚朋友或由其指定的其他隐蔽的场所,如利用住宅、居所或租赁他人房屋让他人吸食、注射毒品。饭店、旅馆、咖啡馆、酒吧、舞厅等营业性场所的经营、服务人员利用经营性场所容留他人吸毒,航空器、轮船、火车、汽车的司机管理人员利用交通工具让他人吸食、注射毒品等的,也以本罪论处。

(三) 主体要件

本罪的主体是已满 16 周岁且具有刑事责任能力的自然人。

(四) 主观要件

本罪在主观方面表现为故意,过失不构成本罪。即行为人明知容留他人吸食、注射毒品的行为是危害社会的行为而故意为之。在审判实务中,特别要注意掌握好罪与非罪的界限,旅馆等场所不知是吸毒人员为其提供住宿,而吸毒人在其场所内吸毒的,不应按犯罪处理。

二、容留他人吸毒案件审理热点、难点问题

(一) 关于场所的界定问题

"场所",是容留他人吸毒罪的核心问题之一,要求行为人对空间有一定控制权。但行为人对空间的占有、支配到何种程度才能视为"控制"?在审判实务中,对于相对长期固定的住房或其他场所没有争议,但对于行为人临时取得使用权或支配权的空间是否属于本罪的"场所"则存在争议。

一种观点认为,刑法之所以将容留他人吸毒行为规定为独立犯罪并予以惩处,是为了打击地下烟馆、变相地下烟馆以及某些宾馆、饭店、娱乐场所利用场所方便吸毒以招揽生意的行为。只有那些为吸毒者准备的比较固定的空间才符合容留他人吸毒罪中"场所"的构成要件,而临时取得使用权或支配权的空间则不属于本罪中的场所,否则会造成现实中这类案件数量的不断攀升,给司法资源造成巨大压力。

另一种观点则认为,本罪的保护客体是国家对毒品的管理制度和公民的健康权利,临时租用包厢容留他人吸毒,同样侵害了刑法保护的客体,从法理上讲,宾馆娱乐包间的临时性管理使用权归属于出资包房者,其他人的吸毒行为得益于出资包房者对包间区域内的可控性,因此,应从广义上理解容留他人吸毒的"场所",临时租用的交通工具、娱乐场所包厢也是本罪的"场所"。审判实务中大多持第二种观点。

只要行为人提供的空间能够给吸毒者一定的隐蔽和方便,使得吸毒者能比较放心地吸食毒品,即对人的身心健康和社会管理秩序造成了侵害,就足以构成"场所"。因此,场所并不一定要求是比较固定的或具有规模性的,行为人临时取得控制权的包厢或汽车等,也可以构成本罪的"场所"。

（二）关于容留吸毒与共同吸毒行为的区分

两者的区分要牢牢把握"为他人提供场所"这一核心概念。由于刑法惩治的是实质行为，因此本罪的"提供"者应限定为场所费用的实际出资者，而非提供身份证预订包厢的人。如果吸毒人员在场所的费用分配上是 AA 制，则应视为吸毒人员只为自己吸毒支付了场所费用，不存在为他人提供场所的情形，不宜追究各吸毒人员的刑事责任，否则，有将吸毒行为犯罪化之嫌，有违刑法谦抑原则。但吸毒人提供场所并邀请他人进行吸毒的，达到构罪条件的，应予定罪处罚。

（三）关于毒品提供者的刑事责任

这里仅限于无偿提供毒品，有偿提供毒品则构成贩卖毒品罪。当毒品提供者与场所提供者不一致时，毒品提供者是否承担刑事责任的关键在于其是否构成共同犯罪的帮助犯。就容留他人吸毒罪而言，提供场所的行为是实行行为，提供便利条件是以提供场所为前提的，只有与"提供场所"相结合的"提供便利"的行为，才属于帮助行为，才能构成容留他人吸毒罪。因此，就本罪而言，是否追究毒品无偿提供者的刑事责任，关键在于其是否实施了对"提供场所"有客观帮助的行为。仅是无偿提供毒品不属于对"提供场所"有客观帮助，不构成容留他人吸毒罪的共犯。

（四）容留未成年人吸毒是否需要明知

容留未成年人吸毒是否需要明知，在审判实践中存在很大争议，可参考《最高人民法院、最高人民检察院、公安部、司法部关于办理性侵害未成年人刑事案件的意见》第 17 条中"明知幼女"的处理规则进行处理，对不满 12 周岁的未成年人，应当认定为"明知"对方是未成年人；对已满 12 周岁不满 18 周岁的未成年人，从其身体发育状况、言谈举止、衣着特征、生活作息规律等观察可能是未成年人，而实施了容留其吸毒的，应当认定行为人"明知"对方是未成年人。

三、容留他人吸毒案件办理思路及原则

（一）罪与非罪的界限[1]

本罪属于行为犯，原则上只要行为人实施了容留他人吸食、注射毒品的行为，便成立本罪。在实践中，如果行为人犯罪情节显著轻微，危害不大，依据《刑法》第 13 条"但书"的规定，不作为犯罪处理。行为人将某地有无人看管的空闲房屋的信息告诉给吸毒者的，不属于容留他人吸毒。房主出租房屋后，发现他人在房屋内吸食、注射毒品的，

---

[1] 《刑法》第 354 条并没有为容留他人吸毒罪设定入罪条件。但《禁毒法》第 61 条规定，容留他人吸食、注射毒品，尚不构成犯罪的，可以由公安机关给予拘留、罚款等行政处罚。为给行政执法保留一定空间，2012 年最高人民检察院、公安部《立案追诉标准（三）》第 11 条为容留他人吸毒罪设定了立案追诉标准，对该罪的定罪处罚起到一定规范作用。但近年来的实践情况表明，《立案追诉标准（三）》为容留他人吸毒罪设定的部分入罪条件偏低，加之一些地方机械执行这一标准，导致一些不完全符合该罪犯罪构成要件的行为，以及一些原本可以通过行政处罚手段处理的容留他人吸毒行为，也被按照刑事犯罪处理。2016 年最高人民法院《审理毒品犯罪案件解释》第 12 条吸收了《立案追诉标准（三）》的部分合理内容，也结合司法实践情况，完善了容留他人吸毒罪的定罪标准。

不成立本罪。酒吧、歌厅的服务员发现顾客在包间吸毒不予制止和举报的，不成立本罪。吸毒者唆使他人为自己提供吸毒场所的，不成立本罪的教唆犯。

根据最高人民法院《审理毒品犯罪案件解释》的规定，容留他人吸食、注射毒品，具有下列情形之一的，应当以容留他人吸毒罪定罪处罚：（1）一次容留多人吸食、注射毒品的；（2）二年内多次容留他人吸食、注射毒品的；（3）二年内曾因容留他人吸食、注射毒品受过行政处罚的；（4）容留未成年人吸食、注射毒品的；（5）以牟利为目的容留他人吸食、注射毒品的；（6）容留他人吸食、注射毒品造成严重后果的；（7）其他应当追究刑事责任的情形。

《审理毒品犯罪案件解释》第12条第1款第1项保留了《立案追诉标准（三）》中"一次容留三人以上吸食、注射毒品"的规定，在表述上将"三人以上"调整为"多人"。第2项对《立案追诉标准（三）》中"容留他人吸食、注射毒品两次以上"的规定作了修改，增加了"二年内"的时间限制，并要求是多次容留他人吸食、注射毒品的才入罪，即二年内第三次容留他人吸食、注射毒品的才作为犯罪处理。第3项在《立案追诉标准（三）》原有规定的基础上增加了"二年内"的时间限制。第4项、第5项、第6项保留了《立案追诉标准（三）》的原有规定，因这三项均属于社会危害大、应予追究刑事责任的情形，故未在时间、人数、次数上设定条件。

需要说明的是，《审理毒品犯罪案件解释》第12条第1款第5项中的"以牟利为目的"主要是指为赚取场所使用费或者为了招揽生意而容留他人吸食、注射毒品的情形，如专门开设地下烟馆容留他人吸食、注射毒品并收取场地使用费，或者娱乐场所经营者、管理者为招揽生意而容许顾客在场所内吸食、注射毒品的。需要特别说明的是，在审判实务中，可以将行为人"曾因容留他人吸食、注射毒品受过刑事处罚的"认定为该条第1款第7项中"其他应当追究刑事责任的情形"。如果行为人不构成累犯的，依法定罪处罚；行为人构成累犯的，可以认定累犯但不予从重处罚，以免违反"禁止重复评价"原则。

《审理毒品犯罪案件解释》第12条第3款规定了容留近亲属吸食、注射毒品行为的处理原则。对于容留近亲属吸食、注射毒品的，实践中普遍认为具有可宽宥性。主要考虑，吸毒是违法行为而不是犯罪行为，容留近亲属吸食、注射毒品的多系不得已而为之，吸毒者的近亲属在某种程度上也是受害人，对此类情形从宽处罚，既能够彰显司法的人性化，也符合宽严相济刑事政策。因此，对于情节显著轻微危害不大的，不作为犯罪处理。如父母二年内多次在自己家中容留已单独居住的成年子女吸食毒品的，或者同胞姐姐在自己家中容留未成年弟弟吸食毒品的，一般可认定为"情节显著轻微危害不大"，不作为犯罪处理。容留近亲属吸食、注射毒品，确实需要追究刑事责任的，除极少数情节恶劣的情形外，一般也应酌情从宽处罚。

需要注意的是，构成容留他人吸毒罪仅限于容留者拥有对场所的支配、控制权，而被容留者未经容留者允许，不享有场所使用权的情形。此外，对场所有共同居住、使用权的一方放任另一方在共同的住所内容留他人吸食、注射毒品的，因放任者不符合认定为犯罪的条件，对其亦不应以容留他人吸毒罪定罪处罚。

（二）本罪与贩卖毒品罪的区别

两罪的客观方面表现形式是完全不同的。贩卖毒品罪的客观方面表现为交易毒品，目的多为牟取利益，而容留他人吸毒罪客观方面表现为为他人吸毒提供场所，而不问是否牟利。这是二罪的根本区别。实践中，有些行为人为共同吸毒，不仅提供场所、吸毒器具，还提供毒品，但只要与其他吸毒人员之间没有毒品交易行为，就不构成贩卖毒品罪。根据《审理毒品犯罪案件解释》第12条第2款的规定，向他人贩卖毒品后又容留其吸食、注射毒品，或者容留他人吸食、注射毒品并向其贩卖毒品，符合前款规定的容留他人吸毒罪的定罪条件的，以贩卖毒品罪和容留他人吸毒罪数罪并罚。但如果多次让他人在相关场所"试吸"毒品后又向其贩卖毒品的，因让他人"试吸"毒品的行为属于贩卖毒品的手段行为，故不宜认定为容留他人吸毒罪并数罪并罚。

（三）本罪与引诱、教唆、欺骗他人吸毒罪的区别

本罪的吸毒者在主观上是自愿的，行为人只是为自愿吸食、注射毒品的人提供场所，而后者是行为人通过引诱、教唆、欺骗的手段使原本没有吸食、注射毒品意愿的人产生吸毒念头并吸食毒品。

（四）本罪的量刑

容留他人吸食、注射毒品的，处三年以下有期徒刑、拘役或者管制，并处罚金。量刑时，应注意适用《刑法》第356条关于毒品再犯从重处罚的规定。

第二节　容留他人吸毒罪审判依据

一、法律

1.《中华人民共和国刑法》（2020年12月26日修正）

第三百五十四条　容留他人吸食、注射毒品的，处三年以下有期徒刑、拘役或者管制，并处罚金。

2.《中华人民共和国治安管理处罚法》（2012年10月26日修正）

第二条　扰乱公共秩序，妨害公共安全，侵犯人身权利、财产权利，妨害社会管理，具有社会危害性，依照《中华人民共和国刑法》的规定构成犯罪的，依法追究刑事责任；尚不够刑事处罚的，由公安机关依照本法给予治安管理处罚。

第七十四条　旅馆业、饮食服务业、文化娱乐业、出租汽车业等单位的人员，在公安机关查处吸毒、赌博、卖淫、嫖娼活动时，为违法犯罪行为人通风报信的，处十日以上十五日以下拘留。

3.《中华人民共和国禁毒法》（2007年12月29日）

第六十一条　容留他人吸食、注射毒品或者介绍买卖毒品，构成犯罪的，依法追究刑事责任；尚不构成犯罪的，由公安机关处十日以上十五日以下拘留，可以并处三千元以下罚款；情节较轻的，处五日以下拘留或者五百元以下罚款。

第六十五条 娱乐场所及其从业人员实施毒品违法犯罪行为，或者为进入娱乐场所的人员实施毒品违法犯罪行为提供条件，构成犯罪的，依法追究刑事责任；尚不构成犯罪的，依照有关法律、行政法规的规定给予处罚。

娱乐场所经营管理人员明知场所内发生聚众吸食、注射毒品或者贩毒活动，不向公安机关报告的，依照前款的规定给予处罚。

二、司法解释

《最高人民法院关于审理毒品犯罪案件适用法律若干问题的解释》（2016年4月6日法释〔2016〕8号）

第十二条 容留他人吸食、注射毒品，具有下列情形之一的，应当依照刑法第三百五十四条的规定，以容留他人吸毒罪定罪处罚：

（一）一次容留多人吸食、注射毒品的；
（二）二年内多次容留他人吸食、注射毒品的；
（三）二年内曾因容留他人吸食、注射毒品受过行政处罚的；
（四）容留未成年人吸食、注射毒品的；
（五）以牟利为目的容留他人吸食、注射毒品的；
（六）容留他人吸食、注射毒品造成严重后果的；
（七）其他应当追究刑事责任的情形。

向他人贩卖毒品后又容留其吸食、注射毒品，或者容留他人吸食、注射毒品并向其贩卖毒品，符合前款规定的容留他人吸毒罪的定罪条件的，以贩卖毒品罪和容留他人吸毒罪数罪并罚。

容留近亲属吸食、注射毒品，情节显著轻微危害不大的，不作为犯罪处理；需要追究刑事责任的，可以酌情从宽处罚。

第十五条 本解释自2016年4月11日起施行。《最高人民法院关于审理毒品案件定罪量刑标准有关问题的解释》（法释〔2000〕13号）同时废止；之前发布的司法解释和规范性文件与本解释不一致的，以本解释为准。

三、刑事政策文件

《最高人民检察院、公安部关于印发〈最高人民检察院、公安部关于公安机关管辖的刑事案件立案追诉标准的规定（三）〉的通知》（2012年5月16日 公通字〔2012〕26号）

第十一条 提供场所，容留他人吸食、注射毒品，涉嫌下列情形之一的，应予立案追诉：

（一）容留他人吸食、注射毒品两次以上的；
（二）一次容留三人以上吸食、注射毒品的；
（三）因容留他人吸食、注射毒品被行政处罚，又容留他人吸食、注射毒品的；
（四）容留未成年人吸食、注射毒品的；
（五）以牟利为目的容留他人吸食、注射毒品的；
（六）容留他人吸食、注射毒品造成严重后果或者其他情节严重的。

第三节　容留他人吸毒罪审判实践中的疑难新型问题

- 问题1. 旅馆经营者发现客人在房间内吸毒不予制止，是否构成容留他人吸毒罪

【刑事审判参考案例】聂某某容留他人吸毒案[①]

一、基本案情

被告人聂某某，旅馆经营者。2013年9月29日因涉嫌犯容留他人吸毒罪被逮捕。

广东省四会市人民检察院以被告人聂某某犯容留他人吸毒罪，向四会市人民法院提起公诉。

被告人聂某某对指控事实和罪名没有异议。

四会市人民法院经审理查明：2013年2月至8月，吸毒人员宋某、张某、池某、江某（未成年人）、易某先后入住被告人聂某某在广东省肇庆市大旺区某村经营的某旅馆吸食毒品。聂某某在送毛巾等物品到上述人员入住的房间时，看见他们吸食毒品未予制止。

四会市人民法院认为，被告人聂某某无视国家法律，容留他人吸食毒品，其行为构成容留他人吸毒罪。聂某某到案后能如实供述自己罪行，可以从轻处罚。据此，依照《刑法》第354条、第67条第3款、第52条、第53条之规定，四会市人民法院以被告人聂某某犯容留他人吸毒罪，判处拘役五个月，并处罚金人民币1000元。

一审宣判后，被告人聂某某未提起上诉，检察机关亦未抗诉，该判决已经发生法律效力。

二、主要问题

旅馆经营者发现客人在房间内吸毒不予制止，是否构成容留他人吸毒罪？

三、裁判理由

近年来，随着禁毒工作的深入开展和禁毒综合治理的不断强化，我国禁毒工作取得了一定成效。但受国际毒潮持续泛滥和国内多种因素影响，我国面临的禁毒形势依然严峻复杂，毒品问题仍呈发展蔓延态势。全国法院近年来审结的毒品犯罪案件数、判决发生法律效力的毒品犯罪分子人数都在持续增长。这一现象与吸毒人员的持续增长密切相关。据统计，截至2014年4月底，全国登记在册的吸毒人员已达258万人，比2009年年底的133万人增长了近1倍，而实际吸食人数远不止于此。与此同时，受毒品消费市场持续膨胀影响，零包贩卖毒品、容留他人吸毒等毒品等末端犯罪也增长迅速。人民法院审结的容留他人吸毒案件数量从2007年的878件增至2013年的12320件，增长了13倍。为加强禁毒工作成效，需要采取切实措施遏制毒品消费，对毒品末端犯罪予以严厉打击。需要进一步加大对涉毒娱乐场所和宾馆、网吧、出租屋等其他涉毒公共场所的查处力度，

[①] 吴笛撰稿，马岩审编：《聂某某容留他人吸毒案——旅馆经营者发现客人在房间内吸毒不予制止，是否构成容留他人吸毒罪（第1032号）》，载最高人民法院刑事审判第一、二、三、四、五庭主办：《刑事审判参考》（总第100集），法律出版社2015年版，第78~82页。

依法惩处经营者和相关涉毒人员，以遏制吸毒行为的发生。

本案是一起旅馆经营者容留他人吸毒的典型案例。被告人聂某某系旅馆经营者，其多次发现入住客人在房间内吸食毒品，但未予制止，也未向公安机关报告，后被检察机关以容留他人吸毒罪提起公诉。在案件处理过程中，围绕聂某某的行为是否构成容留他人吸毒罪，形成两种意见：一种意见认为，聂某某事先并不明知客人前来登记入住是为吸食毒品，也未从入住客人处收取除应收房费外的其他费用，其行为不同于主动为吸毒人员提供场所甚至以此非法获利的情形，聂某某对入住客人的吸毒行为也没有义务制止或者报告公安机关，故其行为不构成容留他人吸毒罪。另一种意见认为，聂某某发现入住客人吸食毒品后不予制止，其行为属于放任他人吸毒，且聂某某对于入住客人的吸毒行为有义务制止或者报告公安机关，对聂某某应以容留他人吸毒罪论处。

我们同意后一种意见。具体理由分析如下：

（一）容留他人吸毒罪的主观方面包括间接故意

根据《刑法》第354条的规定，容留他人吸毒罪是指容留他人吸食、注射毒品的行为。对于此处的容留，应当理解为允许他人在自己管理的场所吸食、注射毒品或者为他人吸食、注射毒品提供场所的行为。容留他人吸毒罪属于行为犯，主观方面只能由故意构成，但对于是否包括间接故意，即放任型的容留他人吸毒行为是否构成本罪，则有不同看法。一种意见认为，容留他人吸毒罪的主观方面必须出于直接故意。理由是，容留他人吸毒罪是指行为人明知他人吸食、注射毒品仍然提供场所，表明行为人主动、积极地实现犯罪目的，追求结果的发生，其主观上不存在放任危害结果发生的可能性。另一种意见认为，容留他人吸毒罪的主观方面包括间接故意。理由是，犯罪故意包括直接故意和间接故意，从刑法对该罪的罪状规定来看，并未排斥间接故意构成本罪的情形；如果将放任型的容留他人吸毒行为排除在本罪范围之外，不利于对容留他人吸毒行为的有效打击，有违立法原意。我们赞同后一种意见，即容留他人吸毒罪的主观方面包括间接故意。直接故意与间接故意虽然存在区别，但二者并非对立关系，而是具有统一性。在《刑法》分则中，凡是由故意构成的犯罪，《刑法》分则条文均未排除间接故意。在适用法律时，一般不宜将间接故意排除在某一故意犯罪的构成要件之外。具体到本罪，立法原意旨在打击为他人吸食、注射毒品提供场所的行为，实质是处罚吸毒违法行为的"帮助犯"，以最大限度地遏制吸毒行为的发生。因此，容留他人吸毒罪的主观方面包括间接故意，这样的理解既不违反立法原意和刑法理论，也符合我国厉行禁毒的一贯立场和坚决主张。换言之，容留他人吸毒行为，既可以主动实施，也可以被动实施。

需要说明的是，虽然容留他人吸毒罪的主观方面包括间接故意，但并非对于所有放任型的容留他人吸毒行为都要追究刑事责任。在个案处理上，要根据案件的具体情况区别对待。例如，房主出租房屋后，偶然发现他人在房屋内吸食、注射毒品未予制止或者报案的，一般不成立本罪；行为人放任共同生活的家庭成员在自家住所吸食、注射毒品的，一般也不成立本罪。根据2012年最高人民检察院、公安部联合制定的《立案追诉标准（三）》，并非对所有容留他人吸毒行为都要追究刑事责任。该规定第11条规定了容留他人吸毒案件的立案追诉标准，具体内容是：提供场所，容留他人吸食、注射毒品，涉嫌下列情形之一的，应予立案追诉：（1）容留他人吸食、注射毒品2次以上的；（2）一次容留3人以上吸食、注射毒品的；（3）因容留他人吸食、注射毒品被行政处罚，又容留他人吸食、注射毒品的；（4）容留未成年人吸食、注射毒品的；（5）以牟利为目的容留他人吸食、注射毒品的；（6）容留他人吸食、注射毒品造成严重后果或者其他情节严重的。在最高人民法院出台容留他人吸毒案件的定罪量刑标准之前，审理此类案件时可以参照该立案追诉标准。①

（二）旅馆经营者对于入住客人的吸毒行为有义务制止或者向公安机关报告

根据《禁毒法》第 15 条的规定，飞机场、火车站、长途汽车站、码头以及旅店、娱乐场所等公共场所的经营者、管理者，负责本场所的禁毒宣传教育，落实禁毒防范措施，预防毒品违法犯罪行为在本场所内发生。根据《治安管理处罚法》第 56 条的规定，旅馆业的工作人员对住宿的旅客不按规定登记姓名、身份证件种类和号码的，或者明知住宿的旅客将危险物质带入旅馆，不予制止的，处 200 元以上 500 元以下罚款。经国务院批准，公安部发布的《旅馆业治安管理办法》第 9 条规定，旅馆工作人员发现违法犯罪分子、形迹可疑的人员和被公安机关通缉的罪犯，应当立即向当地公安机关报告，不得知情不报或隐瞒包庇。该办法第 12 条规定，旅馆内严禁卖淫、嫖宿、赌博、吸毒、传播淫秽物品等违法犯罪活动。由此可见，依照相关法律法规的规定，旅馆经营者对于入住客人在房间内的吸毒行为，有义务予以制止或者向公安机关报告。

本案中，被告人聂某某作为案发旅馆的实际经营者，其对于旅馆房间拥有场所上的管理权和支配权。5 名吸毒人员（含 1 名未成年人）先后入住聂某某经营的旅馆，并在房间内吸食毒品。尽管聂某某事先并不明知该 5 名客人入住的真实目的是吸食毒品，但其在到房间送毛巾等物品时，发现这 5 名客人吸食毒品的行为后，既未作制止，也未向公安机关报告，放任吸毒行为的继续发生，其行为客观上为他人吸食毒品提供了场所，符合容留他人吸毒罪的构成要件。参照上述立案追诉标准，本案同时具有容留他人吸食毒品 2 次以上、容留未成年人吸食毒品等情形，依法应当追究刑事责任。

需要说明的是，对于旅馆经营者发现入住客人在房间内吸食毒品不予制止的，尽管可以以容留他人吸毒罪追究刑事责任，但此种情形毕竟不同于事先明知他人吸食毒品而提供场所的行为，旅馆经营者也没有从吸毒人员处收取除应收房费外的其他费用，故量刑时可以酌情从轻处罚。这也是贯彻执行宽严相济刑事政策的必然要求。

四会市人民法院根据本案事实，结合被告人聂某某的坦白情节，以容留他人吸毒罪判处其拘役五个月，并处罚金人民币 1000 元，定罪准确，量刑适当。

---

① 2016 年 4 月 6 日最高人民法院公布《审理毒品犯罪案件解释》，在第 12 条对《立案追诉标准（三）》第 11 条内容进行了吸收和修改，规定："容留他人吸食、注射毒品，具有下列情形之一的，应当依照刑法第三百五十四条的规定，以容留他人吸毒罪定罪处罚：（一）一次容留多人吸食、注射毒品的；（二）二年内多次容留他人吸食、注射毒品的；（三）二年内曾因容留他人吸食、注射毒品受过行政处罚的；（四）容留未成年人吸食、注射毒品的；（五）以牟利为目的容留他人吸食、注射毒品的；（六）容留他人吸食、注射毒品造成严重后果的；（七）其他应当追究刑事责任的情形。向他人贩卖毒品后又容留其吸食、注射毒品，或者容留他人吸食、注射毒品并向其贩卖毒品，符合前款规定的容留他人吸毒罪的定罪条件的，以贩卖毒品罪和容留他人吸毒罪数罪并罚。容留近亲属吸食、注射毒品，情节显著轻微危害不大的，不作为犯罪处理；需要追究刑事责任的，可以酌情从宽处罚。"

问题2. 娱乐场所管理者容留多人吸食毒品，应依法严惩

【典型案例】 高某容留他人吸毒案[①]

一、基本案情

被告人高某，广东省珠海市某会所经理。

2014年10月16日，被告人高某应聘到珠海市某会所任经理，负责会所的经营、订房等全面工作。同年12月1日0时许，高某在明知有客人要在该会所内吸毒的情况下，仍然将两个房间提供给客人娱乐消费。当日3时许，公安人员在该会所的两个房间内查获55名吸毒人员。当日16时许，高某被抓获归案。

二、裁判结果

本案由广东省珠海市香洲区人民法院一审，珠海市中级人民法院二审。

法院认为，被告人高某容留他人吸食毒品，其行为已构成容留他人吸毒罪。高某归案后如实供述自己的罪行，认罪态度较好，依法可以从轻处罚。据此，依法对被告人高某判处有期徒刑二年，并处罚金人民币5万元。

上述裁判已于2015年6月26日发生法律效力。

三、典型意义

近年来，容留他人吸毒犯罪案件增长迅速。其中，一些娱乐场所的经营者、管理者为招揽生意而容留他人吸毒的案件时有发生。本案就是一起娱乐场所管理者容留多人吸毒的典型案例。被告人高某作为涉案娱乐场所的管理者，明知有顾客要在其会所包房内吸食毒品，但其为了增加营业收入，仍为他人提供吸食毒品的场所，且一次性容留55人吸毒，犯罪情节恶劣。人民法院根据其犯罪性质、情节、后果，依法对其从严惩处。该案例告诫娱乐场所的经营者、管理者，应当认真遵守国家禁毒法律法规，严格落实禁毒防范措施，预防毒品违法犯罪在本场所内发生，发现娱乐场所内有毒品违法犯罪活动的，应立即向公安机关报告，绝不能为了招揽生意或者碍于情面而容留他人吸毒。禁绝毒品，人人有责，作为公共场所的经营者、管理者，更应提高防毒拒毒的责任意识。

问题3. 行为人为赚取利润租赁KTV包房容留他人吸毒，并向吸毒人员提供服务的，构成容留他人吸毒罪

【典型案例】 利某某等容留他人吸毒案[②]

一、基本案情

被告人利某某，2005年11月29日因犯聚众扰乱社会秩序罪被判处有期徒刑一年，2006年8月18日刑满释放。

被告人蔡某某，男，无业。

被告人邬某某，男，农民。

2016年1月，被告人利某某、蔡某某等人出资租赁广东省东莞市某镇一KTV的2间包房用于容留他人吸毒，被告人邬某某等人负责包房的收费、记账等工作。同年2月29

[①] 2016年最高人民法院公布的毒品犯罪及吸毒诱发次生犯罪十大典型案例。
[②] 2017年最高人民法院公布的毒品犯罪及吸毒诱发次生犯罪十大典型案例。

日 18 时许，陈某等数人来到上述包房吸食氯胺酮（俗称"K 粉"），次日 19 时许公安人员到场抓获利某某、蔡某某、邬某某、陈某等十余人，当场缴获氯胺酮 0.58 克。经现场检测，利某某、蔡某某、陈某等 15 人均吸食了毒品。至案发时，上述 2 间包房营业约 15 天，收入约 8 万元。

二、裁判结果

本案由广东省东莞市第二人民法院审理。

法院认为，被告人利某某、蔡某某、邬某某结伙容留他人吸毒，其行为均已构成容留他人吸毒罪。利某某、蔡某某伙同他人出资租赁包房，负责经营管理，在共同犯罪中起主要作用，均系主犯，应当按照其二人参与的全部犯罪处罚。邬某某在共同犯罪中起次要作用，系从犯，依法应当从轻处罚。三被告人为牟取非法利益，利用娱乐场所容留他人吸毒，人数众多，可酌情从重处罚。蔡某某、邬某某归案后如实供述自己的罪行，认罪态度较好，依法可以从轻处罚；利某某当庭如实供述自己的罪行，可以酌情从轻处罚。据此，依法对被告人利某某、蔡某某和邬某某分别判处有期徒刑一年十个月、一年八个月和一年，并处罚金人民币 1 万元、1 万元和 3000 元。

宣判后，在法定期限内没有上诉、抗诉，上述裁判已于 2017 年 2 月 21 日发生法律效力。

三、典型意义

聚众吸毒是当前毒品滥用方面较为突出的一种现象。娱乐场所的经营者、管理者为招揽生意而容留他人吸毒的案件时有发生，一些不法分子为牟取利益而将娱乐场所专门用于容留他人吸毒甚至聚众吸毒，犯罪性质较一般的容留吸毒行为更为严重。本案就是一起利用娱乐场所容留他人吸毒以牟取非法利益的案例。被告人利某某等人为容留他人吸毒赚取利润而租赁 KTV 的 2 间包房，安排人员为吸毒者提供服务，容留行为持续时间长，案发时一次性容留十余人吸毒，犯罪情节恶劣。人民法院根据利某某等人犯罪的事实、性质和具体情节，依法判处了刑罚。

问题 4. 共同居住人能否构成容留他人吸毒罪的共犯

【人民法院报案例】卫某等贩卖毒品、非法持有毒品、容留他人吸毒案[①]

一、基本案情

被告人卫某原户籍在上海市徐汇区，后来办理了前往香港特别行政区的单程通行证，但一直没有去香港特别行政区，在内地的户籍已被注销。2011 年年底，卫某与被告人刘某某同居，后以刘某某的名义承租了广东省广州市海珠区××街×号×房，租金每月1800 元，由卫某每月通过银行转账方式交纳房租。

2012 年 6 月至 8 月，二被告人以该租住地作为据点贩卖毒品，并多次在该房内容留吸毒人员赖某某、李某某、赵某、王某某、白某等人吸食毒品。2012 年 7 月底，卫某在其住处广州市海珠区××街×号×房内先后贩卖 0.5 克冰毒给王某某，贩卖 1 克冰毒给赵某。2012 年 8 月 1 日 17 时许，卫某在广州市海珠区××街×号大院门口被抓获。20 时 40

---

① 黄威：《共同居住人可构成容留他人吸毒罪的共犯——广东广州中院判决卫某等贩卖毒品、非法持有毒品、容留他人吸毒罪案》，载《人民法院报》2014 年 6 月 26 日，第 6 版。

分许,在上址×号房门口抓获刘某某,在刘某某身上缴获含甲基苯丙胺成分的毒品共计8.95克,并在×号房缴获红色"麻果"颗粒和粉末115.4克、含甲基苯丙胺成分的白色晶体47.93克。

二、裁判结果

广东省广州市中级人民法院经审理认为,被告人卫某向他人贩卖毒品并容留他人吸毒,其行为分别构成贩卖毒品罪、容留他人吸毒罪。被告人刘某某非法持有毒品,数量大,且容留他人吸毒,其行为分别构成非法持有毒品罪、容留他人吸毒罪。卫某归案后,协助司法机关抓获其他同案人,构成重大立功,对卫某依法可减轻处罚。刘某某既是广州市海珠区××街×号×房的承租人,又是卫某的男朋友,与卫某在上述房屋内共同居住并均有吸毒行为,刘某某对涉案毒品的存在是明知的,且对该屋及物品均有一定的支配权。故刘某某亦应对房屋内缴获的毒品与卫某共同承担刑事责任。依法判决如下:被告人卫某犯贩卖毒品罪,判处有期徒刑十三年,并处没收个人财产人民币5万元;犯容留他人吸毒罪,判处有期徒刑一年,并处罚金人民币1万元,决定执行有期徒刑十三年六个月,并处没收个人财产人民币5万元,罚金1万元。被告人刘某某犯非法持有毒品罪,判处有期徒刑八年,并处罚金人民币2万元;犯容留他人吸毒罪,判处有期徒刑一年六个月,并处罚金1万元,决定执行有期徒刑九年,并处罚金人民币3万元。

一审判决后,两被告人未上诉,检察机关未抗诉。原判于上诉期满后生效。

三、裁判理由

本案争议的焦点在于:被告人刘某某能否构成容留他人吸毒罪的共犯?笔者认为,刘某某构成容留他人吸毒罪的共犯。

容留他人吸毒罪侵犯的客体是国家对社会的正常管理秩序和公民的身体健康。犯罪对象是自愿吸食、注射毒品的人。本罪客观方面表现为容留他人吸食、注射毒品。容留行为既可以是主动实施的,也可以是被动实施的;既可以是有偿的,也可以是无偿的。行为人主观上是故意,即明知他人吸食、注射毒品而容留,犯罪动机一般是为了牟取非法利益。实践中,本罪多发生在旅馆、饭店、歌舞厅等休闲娱乐场所,也常见于行为人的住所。行为人多为了招揽生意或者牟取非法利益而容留他人吸毒。本罪还常见于贩毒人员在自己管理的场所贩卖毒品后,允许购毒人员就地吸食毒品。

根据刑法规定,允许他人在自己管理的场所内吸食、注射毒品的行为也构成容留他人吸毒罪。由此可以得出以下结论:本罪的主观方面是由故意构成,即不需要主动提供吸毒场所或者明示,默许他人在自己管理的场所吸食、注射毒品的也不影响本罪的构成。

本案中,多名吸毒人员均指认在涉案房屋内向被告人卫某购买冰毒并吸食,房东的证言也证实卫某通过自己的银行账户定期缴付房租,可见卫某在共同犯罪中是该房屋的主要使用者。被告人刘某某以自己的名义与房东签订了租房协议,其作为卫某的同居男朋友,共同在涉案房屋内居住生活,对于该房屋及屋内物品享有一定的支配、控制权,本案证据还证实刘某某系吸毒人员,曾经在上述房屋内吸食过冰毒,刘某某对毒品具有明确的认知。虽然没有充分证据证实刘某某主动实施了容留吸毒人员到其住处吸食毒品的行为,但其至少对他人在其与卫某共同居住的房屋内吸食毒品持允许的态度,属于明知自己和他人的行为会侵犯国家毒品管制制度和他人的身心健康,并希望(至少是放任)这种结果发生的心理状态,其行为也构成容留他人吸毒罪。

此外,行为人向吸毒人员贩卖毒品后,允许吸毒人员在其管理的场所内吸毒的,应以贩卖毒品罪和容留他人吸毒罪数罪并罚。因为在此种情形下，贩卖毒品行为与容留吸毒行为之间没有内在联系，行为人贩卖毒品行为与容留他人吸毒行为应分别评价。故一审法院分别以贩卖毒品罪和容留他人吸毒罪对被告人卫某数罪并罚，以非法持有毒品罪和容留他人吸毒罪对被告人刘某某数罪并罚。

问题5. 容留他人吸毒罪中的场所如何理解；吸毒种类是否对量刑产生影响

【人民司法案例】任某某容留他人吸毒案[①]

一、基本案情

2006年11月16日晚至次日凌晨1时许，被告人任某某包租南京市六合区某茶社209房间，与姚某某、王某、祖某某、苏某某、徐甲、徐乙等人共同吸食由其本人提供的毒品氯胺酮，后被公安人员当场查获，并缴获其随身携带的79.563克毒品氯胺酮。

南京市六合区人民法院审理认为，被告人任某某容留他人吸食毒品氯胺酮，其行为已构成容留他人吸毒罪，应依法予以惩处。被告人任某某系累犯，依法从重处罚；其归案后认罪态度较好，决定对其酌情从轻处罚。依据《刑法》第354条、第65条第1款、第52条之规定，以被告人任某某犯容留他人吸毒罪，判处有期徒刑一年九个月，罚金人民币1000元。

一审宣判后，被告人任某某不服，提出上诉。其上诉理由是，原审法院量刑过重，请求二审法院依法从轻处罚。

南京市中级人民法院经二审审理后认为，上诉人任某某在茶社包租房间容留他人吸食毒品氯胺酮，其行为已构成容留他人吸毒罪。原审人民法院认定的事实清楚，证据确实、充分，定性准确，量刑并无不当，审判程序合法，裁定驳回上诉，维持原判。

二、主要问题

对于"场所"应如何理解？容留他人吸毒罪中毒品的种类是否对量刑产生影响？

三、裁判理由

本案的争议焦点有二：（1）任某某的行为是否构成犯罪；（2）在容留他人吸毒罪中，毒品的种类是否对量刑产生影响？

（一）任某某的行为是否构成犯罪

容留他人吸毒罪的客观方面表现为，行为人实施了为他人吸食、注射毒品提供场所的行为。对本罪中"场所"的不同理解，会导致罪与非罪的不同认识。在本案中，第一种观点认为，被告人任某某的行为不构成容留他人吸毒罪，依法应宣告被告人任某某无罪。其理由是，容留他人吸毒罪中的"场所"应当指住宅、出租屋或者具有管理权的其他场所。"场所"，最常见的有以下几种情况：一是以自己的或借用、租用的住所供他人吸毒；二是以自己开设的饮食、浴室、美容、按摩等营业场所为他人吸毒提供场所；三是利用工作之便，将自己看管、工作的地方提供给他人吸毒。换言之，对本罪中的"场所"应作严格限制解释，即行为人必须对其所提供的场所有完全的管理权，否则应作无罪处理。本案中任某某所提供的吸毒场所只是某茶社的一个包间，其对该场所既无所有权也无管理权，而且服务人员可以经常出入该场所，因而该场所

[①] 任志中、黄伟峰：《吸毒场所与毒品种类在容留他人吸毒罪中之认定》，载《人民司法》2007年第18期。

并不符合容留他人吸毒罪中所要求的"场所"的要求,任某某的行为不构成犯罪。第二种观点认为,被告人任某某的行为已经构成容留他人吸毒罪。其理由是,容留他人吸毒罪中的"场所"应作广义解释,它泛指一切可以供吸毒的空间,如住宅、旅店、办公室、娱乐场所等,该场所既可以是行为人自己的场所,也可以是他人的场所。本案中,任某某为他人吸食毒品而提供了场所,其行为符合《刑法》第354条的规定,应当认定为容留他人吸毒罪。

　　上述观点争议的焦点在于对本罪中行为人所提供的场所如何理解的问题。笔者认为,本罪中任某某的行为已经构成容留他人吸毒罪,但是对"场所"既不能作毫无限制的广义理解,也不能作十分严格的狭义解释。坚持前一种观点会导致打击面过宽、甚至出现不可思议的结论,例如行为人把毒品吸食者领入一个废弃的公共厕所并替吸食者望风,将这种行为也认定为容留他人吸毒罪显然是不合适的,因为它违背了刑法的谦抑原则。坚持后一种观点会导致放纵罪犯、对犯罪打击不力的结果,因为许多容留他人吸毒的犯罪行为均发生在娱乐、餐饮、茶社等场所的包间内,如果过分强调行为人对其所提供的场所的完全管理性,则行为人提供上述场所供他人吸食毒品的行为就得不到打击。笔者认为,本罪中"场所"应当是相对固定的、封闭的,而且行为人对该场所有一定程度的管理或控制权利。否定完全管理权,强调一定程度的管理、控制权利,就可以有力打击发生在娱乐、餐饮、茶社等场所包间内的容留他人吸食毒品犯罪行为,避免打击"死角"的出现。本案中,按照消费惯例,任某某租用茶社包间,就对该包间享有一定的管理权或控制权,具体表现在他可以要求服务员或者其他人员在一定时间段内不得出入该场所,不得打扰其消费活动,且该包间被租用之后就处于一种较高程度的封闭状态。笔者认为,任某某为他人吸食毒品而提供的茶社包间符合本罪中"场所"的要求,所以其行为已经构成容留他人吸毒罪。

　　(二)在容留他人吸毒罪中毒品的种类是否对量刑产生影响

　　容留他人吸食毒品罪中,行为人主观方面只要明知他人是吸食、注射毒品而又有意地提供场所即可,不要求行为人对毒品种类的明知。一种观点认为,本罪是对行为人明知他人吸食毒品而提供场所的容留行为之否定,毒品种类不是犯罪构成的要素,毒品种类之不同对本罪的量刑不产生任何影响,因此,在本案中任某某容留他人吸食之毒品虽系毒性相对较小的氯胺酮,但不能因氯胺酮的毒性相对较小而对其酌情从轻处罚。另一种观点认为,毒品种类不同对人体健康的危害程度也不一样,据此提出在本罪中毒品种类(毒品的毒性大小)应对行为人的刑事责任大小产生影响力,换言之,毒品种类可以对量刑产生一定的影响。本案中任某某容留他人吸食的毒品系氯胺酮,该毒品的毒性较之海洛因、苯丙胺等毒品明显要小得多,因此,考虑到他人吸食的毒品的毒性较小,可以对任某某酌情从轻处罚。笔者认为,上述两种观点均值得商榷。量刑是指刑罚裁量,即在定罪以后,对犯罪人裁量适用刑罚的活动,它首先应当遵循罪责刑相适应的刑法基本原则。《刑法》第5条明确规定了罪责刑相适应的原则,即刑罚的轻重应当与犯罪分子所犯罪行和承担的刑事责任相适应;换言之,对犯罪分子所判处的刑罚,必须同犯罪人的刑事责任相均衡。犯罪行为的社会危害性和犯罪人的人身危险性,决定刑事责任的有无及其轻重程度;犯罪分子应负刑事责任的大小,决定对其是否适用刑罚及处罚宽严。虽然,容留他人吸食毒品罪之客观行为方面不要求行为人对他人吸食毒品的种类的明知,即毒品的种类不是本罪犯罪构成的要素,但是,在行为人对他人吸食的毒品种类确实明知的情况下，毒品种类不同的确可以反映出行为人的主观恶性的大小。因为，毒品种类不同对人体健康的危害程度也不一样，行为人如果对他人吸食毒品的毒性大小有明确的认识，此时就反映出行为人的主观恶性大小之不同。据此，笔者认为，上述第一种观点只着眼于犯罪构成的客观行为方面，没有关注行为人的主观恶性，这种观点是片面的、不可取的。第二种观点也存有一定的缺陷，它没有区分行为人是否对毒品种类的明知，即在没有区分行为人的主观恶性不同的情况下，作出同样的处理。笔者认为，在行为人对他人吸食的毒品种类没有明确认识的情况下，由于他人吸食的毒品种类不是本罪的犯罪构成要素，所以客观存在的他人吸食的毒品毒性大小不能影响行为人的刑事责任，即它对本罪的量刑不产生影响。

综上所述，笔者认为，当行为人对他人吸食的毒品种类明知时，毒品的毒性大小可以对量刑产生影响；当行为人对他人吸食的毒品种类不明知时，尽管客观上他人吸食的毒品存在毒性大小的差异，也不能因为毒品种类的不同而对本罪的量刑产生影响。所以，在本案中，任某某明知是毒品氯胺酮而提供场所供他人吸食，由于氯胺酮的毒性相对较小，可以对任某某酌情从轻处罚。需要说明的是，相对于行为人容留他人吸食毒品的次数和人数而言，毒品种类的情节对量刑所产生的影响要小得多。

第十章
非法提供麻醉药品、精神药品罪，妨害兴奋剂管理罪

第一节 非法提供麻醉药品、精神药品罪概述

一、非法提供麻醉药品、精神药品罪概念及构成要件

非法提供麻醉药品、精神药品罪是指依法从事生产、运输、管理、使用国家管制的麻醉药品、精神药品的人员与单位违反国家规定，向吸食、注射毒品的人提供国家规定管制的能够使人形成瘾癖的麻醉药品或者精神药品的行为。

（一）犯罪客体

本罪侵犯的是国家对麻醉药品、精神药品的管理制度，其犯罪对象是国家管制的麻醉药品和精神药品。麻醉药品，一般是指具有依赖性潜力的药品，连续使用、滥用或不合理使用，易产生身体依赖性和精神依赖性，能成瘾的药品。精神药品，一般是指直接作用于中枢神经系统，使之兴奋或抑制，连续使用能产生依赖性的药品。

（二）犯罪客观方面

本罪客观方面表现为违反国家规定，向吸食、注射毒品的人提供国家规定管制的能够使人形成瘾癖的麻醉药品或者精神药品。"提供"不以有偿为条件，包括对使用者而言是有偿使用，但对行为人而言是无偿提供的情况。例如，医院的医生明知他人吸食、注射毒品，但在处方中提供某种麻醉药品或精神药品。[①] 在吸毒者未能戒毒，毒瘾发作时如

[①] 安定注射液属于"国家规定管制的能够使人形成瘾癖的"精神药品。鉴于安定注射液属于《精神药品管理办法》规定的第二类精神药品，医疗实践中使用较多，在处理此类案件时，应当慎重掌握罪与非罪的界限，对于明知他人是吸毒人员而多次向其出售安定注射液或者贩卖安定注射液数量较大的，可以依法追究行为人的刑事责任。参见2002年10月24日《最高人民检察院法律政策研究室关于安定注射液是否属于刑法第三百五十五条规定的精神药品问题的答复》（〔2002〕高检研发第23号）。

不提供必要毒品会导致伤亡的情况下，对其提供必要毒品的，阻却违法性。① 如果是向走私、贩卖毒品的犯罪分子提供，或者以牟利为目的向吸毒者提供，则依照《刑法》第347条的规定，以"走私毒品罪"或"贩卖毒品罪"定罪处罚。

需要特别注意的是，对于以牟利为目的，虽然违反国家规定向他人提供国家管制的麻醉药品和精神药品，但用于医疗、教学、科研的，不能适用《刑法》第355条的规定，而应依照其他有关法律追究责任。②

（三）犯罪主体

本罪主体是特殊主体，即依法从事生产、运输、管理、使用国家管制的麻醉药品、精神药品的人员与单位。"生产"是指依照国家医药监督管理部门的指定，种植用于加工提炼麻醉药品的原植物，制造或者试制麻醉药品、精神药品的成品、半成品和制剂。"运输"是指将国家管制的麻醉药品和精神药品通过陆路、水路或者空中，由一地运往另一地，包括进出口。"管理"是指对国家管制的麻醉药品和精神药品存放的保管以及批发、调拨、供应等。"使用"是指有关人员依照国家有关规定将国家管制的麻醉药品和精神药品用于医疗、教学、科研的行为，如医生为癌症病人开具吗啡、杜冷丁用药处方等。③ 单位也可以成为本罪的主体，单位包括生产厂家以及销售、运输、管理、教学科研、医疗等部门。单位犯本罪的，对单位判处罚金，并对其直接负责的主管人员和其他直接责任人员，依照相关规定处罚。

（四）犯罪主观方面

本罪主观方面为故意，要求行为人有下列三个方面的明知：（1）明知提供毒品的对象是吸食、注射毒品的人。（2）明知对方是用于吸食或注射。（3）明知自己所提供的是毒品。本罪不要求具有牟利目的。如果行为人因过失而将毒品提供给他人，造成严重后果的，应以医疗事故罪等追究刑事责任。

二、非法提供麻醉药品、精神药品案件审理热点、难点问题

（一）走私、贩卖毒品罪的适用

根据《刑法》第355条第1款的规定，以牟利为目的，向吸食、注射毒品的人有偿提供麻醉药品或者精神药品的，应认定为贩卖毒品罪；明知是走私、贩卖毒品的犯罪人，而向其提供上述麻醉药品或者精神药品的，无论是有偿提供还是无偿提供，均应认定为走私、贩卖毒品罪。但是，根据共犯从属性的原理，如果接受提供的人仅实施了走私、贩卖毒品的预备行为，则提供者的行为既是走私、贩卖毒品罪的预备犯，也是非法提供麻醉药品、精神药品罪的既遂犯，宜从一重罪处罚。如果接受提供的人已经着手实行走私、贩卖毒品行为而未得逞，则提供者的行为既是走私、贩卖毒品罪的未遂犯，也是非

---

① 参见张明楷：《刑法学》（第6版），法律出版社2021年版，第1526页。
② 参见全国人民代表大会常务委员会法制工作委员会编：《中华人民共和国刑法释义》，法律出版社2011年版，第618页。
③ 参见冯江：《刑法全厚细》（第6版），中国法制出版社2021年版，第1583页。

法提供麻醉药品、精神药品罪的既遂犯，宜从一重罪处罚。①

根据《昆明会议纪要》的相关精神，走私、贩卖、运输、制造国家规定管制的、没有医疗等合法用途的麻醉药品、精神药品的，一般以走私、贩卖、运输、制造毒品罪定罪处罚。确有证据证明出于治疗疾病等目的，违反药品管理法规，未取得药品相关批准证明文件，生产国家规定管制的麻醉药品、精神药品，进口在境外也未合法上市的国家规定管制的麻醉药品、精神药品，或者明知是上述未经批准生产、进口的国家规定管制的麻醉药品、精神药品而予以销售，构成妨害药品管理罪的，依法定罪处罚。明知是走私、贩卖毒品的犯罪分子或者吸毒人员，而向其贩卖国家规定管制的、具有医疗等合法用途的麻醉药品、精神药品的，以贩卖毒品罪定罪处罚。依法从事生产、运输、管理、使用国家规定管制的麻醉药品、精神药品的人员，实施《刑法》第355条规定的行为的，区分不同情形，分别以非法提供麻醉药品、精神药品罪或者贩卖毒品罪定罪处罚。确有证据证明出于治疗疾病等相关目的，违反有关药品管理的国家规定，未经许可经营国家规定管制的、具有医疗等合法用途的麻醉药品、精神药品的，不以毒品犯罪论处；情节严重，构成其他犯罪的，依法处理。但实施带有自救、互助性质的上述行为，一般可不作为犯罪处理；确须追究刑事责任的，应依法充分体现从宽。因治疗疾病需要，在自用、合理数量范围内携带、寄递国家规定管制的、具有医疗等合法用途的麻醉药品、精神药品进出境的，不构成犯罪。明知他人利用麻醉药品、精神药品实施抢劫、强奸等犯罪仍向其贩卖，同时构成贩卖毒品罪和抢劫罪、强奸罪等犯罪的，依照处罚较重的规定定罪处罚。案件存在其他情形，符合数罪并罚条件的，依法定罪处罚。

（二）非法经营罪的适用

值得注意的是，由于麻醉药品和精神药品具有双重属性，既可能作为毒品被滥用，也可能属于在临床上具有医疗用途的药品，故对相关犯罪行为的定性不能一概以毒品犯罪论处。对于本身属于正规药企生产的药品，无论通过合法渠道销售还是非法渠道流通，只要被患者正常使用发挥治疗作用的，就属于药品；只有脱离管制被吸毒人员滥用的，才属于毒品。考虑到这一问题，最高人民法院在《武汉会议纪要》中规定，行为人出于医疗目的，违反有关药品管理的国家规定，非法贩卖国家规定管制的能够使人形成瘾癖的麻醉药品或者精神药品，扰乱市场秩序情节严重的，以非法经营罪定罪处罚。根据这一规定，对于出于医疗目的，违反《药品管理法》的相关规定，向无资质的药品经营人员、私立医院、诊所、药店或者病人非法贩卖正规厂家生产的具有医疗作用的麻醉药品和精神药品的，侵犯的是国家对药品的正常经营管理秩序，故不应认定为贩卖毒品罪，符合非法经营罪的定罪条件的，依法定罪处罚。②

三、非法提供麻醉药品、精神药品案件办理思路及原则

（一）非法提供麻醉药品、精神药品的量刑标准

根据最高人民法院《审理毒品犯罪案件解释》第13条第1款的规定，具有下列情形

---

① 参见张明楷：《刑法学》（第6版），法律出版社2021年版，第1526~1627页。
② 参见马岩、王优美主编：《新精神活性物质办案实用手册》，法律出版社2019年版，第440~441页。

之一的，应当以非法提供麻醉药品、精神药品罪定罪处罚：（1）非法提供麻醉药品、精神药品达到《刑法》第 347 条第 3 款或者《审理毒品犯罪案件解释》第 2 条规定的"数量较大"标准最低值的 50%，不满"数量较大"标准的；（2）二年内曾因非法提供麻醉药品、精神药品受过行政处罚的；（3）向多人或者多次非法提供麻醉药品、精神药品的；（4）向吸食、注射毒品的未成年人非法提供麻醉药品、精神药品的；（5）非法提供麻醉药品、精神药品造成严重后果的；（6）其他应当追究刑事责任的情形。[①]

本罪量刑时，还要注意适用《刑法》第 356 条关于毒品犯罪再犯从重处罚的规定。

根据《昆明会议纪要》的精神，涉案毒品为《刑法》及司法解释未规定定罪量刑数量标准的新类型毒品的，一般不判处被告人死刑。对于《刑法》及司法解释规定了定罪量刑数量标准的新类型毒品，实施走私、制造或者大宗贩卖等源头性毒品犯罪，毒品数量远超过实际掌握的死刑适用数量标准，被告人系犯罪集团首要分子、其他罪责更为突出的主犯，或者具有法定从重处罚情节，不判处死刑难以体现罚当其罪的，可以判处死刑。

（二）非法提供麻醉药品、精神药品的定罪量刑数量标准

《审理毒品犯罪案件解释》规定了 28 类毒品"数量大"和"数量较大"的标准，对司法解释没有规定的麻醉药品、精神药品，如何确定其定罪量刑数量标准？首先，可以参照适用已经正式印发的毒品依赖性折算表。截至 2019 年 8 月，这种正式印发的依赖性折算表共 4 份。第一份是国家食品药品监督管理局 2004 年 10 月印发的《非法药物折算表》。第二份是 2016 年 6 月国家禁毒办印发的《104 种非药用类麻醉药品和精神药品管制品种依赖性折算表》（禁毒办通〔2016〕38 号），这是针对 2015 年 9 印发的《非药用类麻醉药品和精神药品列管办法》所附增补目录而制定的。第三份折算表是 2017 年 10 月国家禁毒办印发的《100 种麻醉药品和精神药品管制品种依赖性折算表》，该折算表对 2013 年版《麻醉药品品种目录》和《精神药品品种目录》中尚未明确定罪量刑数量标准的 100 种麻醉药品和精神药品明确了与海洛因或者甲基苯丙胺的折算标准。第四份折算表是 2019 年 1 月国家禁毒办印发的《3 种合成大麻素依赖性折算表》，对 AMB－FUBINACA、ADB－FUBINACA、5F－ADB 三种合成大麻素的依赖性折算标准作出了规定，它们与海洛因的折算标准比例分别为 1∶5.5，1∶2.5、1∶14。

《昆明会议纪要》认为，甲基苯丙胺片剂中的甲基苯丙胺含量相对较低，危害性亦有所不同，其死刑适用数量标准可以按照甲基苯丙胺的 2 倍左右掌握。综合考虑致瘾癖性、毒害性、滥用范围和犯罪形势等因素，氯胺酮（俗称"K粉"）的死刑适用数量标准可以按照海洛因的 10 倍以上掌握。走私、贩卖、制造氯胺酮，数量超过上述标准，且犯罪情节严重、社会危害大，或者具有法定从重处罚情节的，可以判处死刑。

（三）犯罪嫌疑人、被告人主观明知的认定

司法实践中，行为人到案后辩称不知道查获的物品是毒品的情况时有发生。如果涉案的是新类型毒品，行为人否认明知的情况就更容易出现。这种辩解，或者是进行整体否定，辩称不知有何物或者不知是何物，不知道查获的物品是麻醉药品或者精神药品；

[①] 参见张明楷：《刑法学》（第 6 版），法律出版社 2021 年版，第 1527 页。

或者是从违法性上进行否认，辩称自己知道是药品甚至知道是麻醉药品或者精神药品，但不知道已经被国家管制；还有的辩称知道是违禁药，但不知道是毒品。

对于主观明知的认定，近年来司法实践中已经形成了一些相对明确的规定。例如，最高人民法院、最高人民检察院、公安部2007年制定的《办理毒品犯罪案件意见》，最高人民法院2008年印发的《大连会议纪要》和最高人民检察院、公安部2012年制定的《立案追诉标准（三）》都在这方面作了一些规定。这些规定对于办理案件中犯罪嫌疑人、被告人主观明知的认定具有参考价值。工作中要注意以下三方面问题：

其一，对于供认自己知道被查获的物品属于麻醉药品或者精神药品，但辩称不明知这些物品已被国家管制的，一般适用"不知法律不免责"原则。即遵守法律是每个公民的基本义务，行为人要在法的特别规制领域从事活动时，没有努力收集相关法律信息的，其违法性的错误原则上属于可能避免的错误，不阻却责任。麻醉药品、精神药品对于多数公众而言虽然较为陌生，但对于走私、贩卖、运输、制造这类物质的人而言，因其进入了该特殊领域，需要更加谨慎行事，故而了解这些物质是否被国家管制就属于其应当注意的义务。对于辩解不明知的人，如果没有提供足以引起"合理怀疑"的相应证据，就不能轻易采信其辩解，否则，很多犯罪都将因行为人辩解不明知法律规定而不能追究刑事责任，这显然不符合现代法治社会的治理规则。

同时，值得注意的是，"不知法律不免责"不是一项绝对的原则，由于麻醉药品、精神药品种类繁多，国家相关职能部门主要通过制定规范性文件进行列管，而这些规范性文件发布后，如果通过互联网等途径无法查询到，犯罪嫌疑人、被告人也能证明其事先确实做了大量查询工作，努力尽到注意义务，但因误认为涉案物质未被国家管制而实施走私、贩卖、运输、制造、非法持有等行为的，则不能简单认定其主观上具备明知的条件。

其二，对明知的认定，证明优先于推定。证明和推定都是认定事实的方式，前者依靠"确实、充分"的证据来实现，是认定事实的基本或者常规方式，而后者一定程度降低了控方的证明责任，属于认定事实的特殊或者例外方式。为准确认定案件事实，对于行为人可能否认明知的案件，侦查阶段应尽可能全面收集各类证据，运用确实、充分的证据来证明行为人主观上明知。例如，有的案件中有同案犯罪嫌疑人的供述或者相关证人证言直接证明行为人明知犯罪对象是国家管制的麻醉药品、精神药品，有的案件中有技术侦查证据或者电子数据证明行为人明知，有的案件中还有指纹、掌纹、脱落细胞或相关书证印证其明知。只要能够通过证据"证明"行为人明知，就要尽量避免运用"推定"来认定明知的做法。

其三，推定明知的运用。有一些案件，犯罪嫌疑人、被告人到案后否认明知是毒品，又缺乏其他证据直接证明其明知，这种情况下不是直接认定其不明知，而是可以根据其实施毒品犯罪的方式、过程、毒品被查获时的情形，结合其年龄、文化程度、生活状况、职业背景、是否有毒品违法犯罪经历以及与同案犯罪嫌疑人、被告人之间的关系等情况，综合分析认定其是否明知是毒品。即根据基础事实来推定明知。不过，由于运用推定方式认定明知降低了控方的证明责任，一定程度地存在冤及无辜的风险，故需要慎重使用，并且，要尽可能多地收集背景证据。对于犯罪嫌疑人、被告人始终提出不明知是毒品的辩解，应认真审查其理由是否合理、可信。对于辩解合乎情理、有事实依据的，不能无视其辩解而简单地推定其主观上明知是毒品。

《昆明会议纪要》认为，具有8种情形之一，被告人若不能作出合理解释的，可以认定其明知走私、贩卖、运输、非法持有的是毒品，但有证据证明其确实不知情或者确系被蒙骗的除外：（1）执法人员在口岸、机场等场所检查时，要求申报为他人运输、携带、寄递的物品和其他毒品疑似物，并告知法律责任，但被告人未如实申报，在其运输、携带、寄递的物品中查获毒品的；（2）以伪报、藏匿、伪装等蒙蔽手段逃避海关、边防等检查，或者行程路线故意绕开检查站点，在其运输、携带、寄递的物品中查获毒品的；（3）在执法人员检查时有逃跑、藏匿、丢弃、试图销毁其携带的物品、弃车逃离或者其他逃避、抗拒检查行为，在其携带的物品或者遗弃的车辆中查获毒品的；（4）采用高度隐蔽方式运输、携带、交接物品，明显违背合法物品的惯常运输、携带、交接方式，从中查获毒品的；（5）以虚假的身份、地址或者物品名称办理托运、寄递手续，从托运、寄递的物品中查获毒品的；（6）采用隐匿真实身份、支付不等值报酬等不合理方式，指使、雇用他人运输、携带、寄递物品或者代为接收物流寄递的物品，从中查获毒品的；（7）为获取不同寻常的高额、不等值报酬，为他人运输、携带、寄递物品或者接收物流寄递的物品，从中查获毒品的；（8）其他可以认定被告人明知的情形。

第二节 妨害兴奋剂管理罪概述

兴奋剂在英语中称"Dope"，原义为"供赛马使用的一种鸦片麻醉混合剂"。早期，运动员为提高体育成绩而使用物质大多属于刺激剂，后来也使用并不具有兴奋性（如利尿剂）甚至具有抑制性（如β-阻断剂）的物质。因此，通常所说的兴奋剂不单指起兴奋作用的物质，还包括其他类型的禁用物质以及禁用方法（如血液回输）。

20世纪60年代，国际奥委会率先在奥林匹克运动中开展反兴奋剂行动。国际社会的反兴奋剂行动大体包括三个阶段：第一阶段是从1960年至1988年，主要是国际奥委会的行动。第二阶段是从1988年至1998年，各国政府开始参与反兴奋剂斗争。第三阶段是从1999年至今，形成了世界反兴奋剂机构领导下的全球反兴奋剂新格局。1999年11月，世界反兴奋剂机构（WADA）正式成立，独立于国际奥委会之外自主负责全球反兴奋剂工作。国际组织开展反兴奋剂行动的同时，美国、俄罗斯、德国、法国、意大利等体育发达国家还颁布实施了反兴奋剂相关法律法规。自20世纪80年代起，随着我国对外体育交流的增多，兴奋剂问题开始波及我国，严重危害我国体育事业的健康发展，并且向学生、残疾人等群体蔓延。中国政府和中国奥委会始终旗帜鲜明地反对使用兴奋剂，坚持"严令禁止、严格检查、严肃处理"的方针和"零容忍"的态度，并形成了我国反兴奋剂制度体系。

一、妨害兴奋剂管理罪概念及构成要件

妨害兴奋剂管理罪，是指引诱、教唆、欺骗运动员使用兴奋剂参加国内、国际重大体育竞赛，或者明知运动员参加上述竞赛而向其提供兴奋剂，情节严重的行为。本罪名由《最高人民法院、最高人民检察院关于执行〈中华人民共和国刑法〉确定罪名的补充规定（七）》（法释〔2021〕2号）依据《刑法修正案（十一）》内容增设，自2021年3

月 1 日起施行。根据《刑法》第 355 条之一的规定，犯本罪的，处三年以下有期徒刑或者拘役，并处罚金。组织、强迫运动员使用兴奋剂参加国内、国际重大体育竞赛的，依照上述规定从重处罚。实施本罪行为同时触犯引诱、教唆、欺骗他人吸毒罪的，从一重罪处罚。

（一）犯罪客体

妨害兴奋剂管理罪的客体是兴奋剂管理秩序。"兴奋剂"，是指国家体育管理等部门于每一年度发布的《兴奋剂目录》所列的禁用物质。《2023 年兴奋剂目录》由国家体育总局、商务部、国家卫生健康委员会、海关总署、国家药品监督管理局 2021 年 12 月 30 日第 61 号公告发布，自 2023 年 1 月 1 日起执行。兴奋剂的使用侵犯体育竞赛的纯洁性，也可能对运动员身心健康造成伤害，甚至损害国家形象。

（二）犯罪客观方面

妨害兴奋剂管理罪的客观方面主要有三种形式：（1）引诱、教唆、欺骗运动员使用兴奋剂参加国内、国际重大体育竞赛；（2）明知运动员参加上述竞赛而向其提供兴奋剂；（3）组织、强迫运动员使用兴奋剂参加国内、国际重大体育竞赛。

根据国家体育总局 2020 年 12 月公布的《反兴奋剂规则》第 6 条的规定，"运动员"包括：（1）在全国性体育社会团体及其会员单位注册的运动员；（2）参加国际或国家级比赛的运动员；（3）参加全国性体育社会团体及其会员单位举办或授权举办的其他比赛的运动员；（4）参加其他政府资助的比赛的运动员；（5）不专门从事体育训练和比赛的普通体育运动参加者，即大众运动员；（6）体育社会团体及其会员单位管理的其他运动员；（7）其他所有反兴奋剂中心依照《世界反兴奋剂条例》的有关规定行使管辖权的运动员，包括所有具有中国国籍的、居住在中国的、持有中国证件的、属于中国各级各类体育组织成员的、在中国境内的，以及参加中国国家级比赛或赛事的运动员。"引诱"，是指以各种利益，如金钱等，诱使运动员使用兴奋剂。"教唆"，是指唆使运动员使用兴奋剂。"欺骗"，是指虚构、捏造兴奋剂的性质或者作用等方式，使运动员在不知情的情况下使用兴奋剂。"重大体育竞赛"，由国家体育总局公布。"组织"是指使多名运动员有组织地使用兴奋剂。"强迫"是指迫使运动员违背本人意愿使用兴奋剂。

（三）犯罪主体

妨害兴奋剂管理罪的主体为一般主体，主要是运动员辅助人员，即教练员、队医、领队、科研人员等为运动员参加体育竞赛提供帮助、指导的人员，以及体育社会团体、运动员管理单位等组织中负有责任的主管人员和其他直接责任人员。

使用兴奋剂的运动员本人，通常不是本罪的犯罪主体。这是因为：（1）与国务院《反兴奋剂条例》等规定衔接。《反兴奋剂条例》第 39 条、第 40 条规定了刑事责任衔接条款，其主体主要是运动员辅助人员、体育社会团体、运动员管理单位负有责任的主管人员和其他直接责任人员。（2）符合实际情况。运动员辅助人员，虽然不直接参加比赛，但是能够从体育竞赛中获得利益。运动员竞技成绩越好，运动员辅助人员等的利益就越大。运动员辅助人员等与运动员朝夕相处，具有特殊的优势地位和身份，许多运动员对运动员辅助人员等的信任、依赖、服从非常强烈，在一些情况下，如运动员是未成年人等，运动员辅助人员等甚至可能具有绝对权威，运动员对他们言听计从。实际上，受专业能力限制，运动员独立获取、使用兴奋剂是比较困难的，大多是在运动员辅助人员等的推动下进行。因此，打击兴奋剂犯罪，重点是打击运动员辅助人员等人员，而非运动员本人。另外，现有的行业处分、行政处罚等措施，如禁赛、取消成绩等，足以对使用兴奋剂的运动员本人形成有效威慑。（3）国际上普遍不对使用兴奋剂的运动员本人进行刑事处罚。例如，2021年《世界反兴奋剂条例》就指出，参与对运动员使用兴奋剂或包庇使用兴奋剂的人员，应当受到比兴奋剂检查结果呈阳性的运动员更为严厉的处罚，因此把这些辅助人员通报给主管部门（从而给予更为严厉的处罚），是遏制使用兴奋剂的重要措施。

（四）犯罪主观方面

妨害兴奋剂管理罪的主观方面是故意。

二、妨害兴奋剂管理案件审理热点、难点问题

（一）虐待被监护、看护人罪的适用

《最高人民法院关于审理走私、非法经营、非法使用兴奋剂刑事案件适用法律若干问题的解释》（以下简称《兴奋剂犯罪解释》）第3条规定："对未成年人、残疾人负有监护、看护职责的人组织未成年人、残疾人在体育运动中非法使用兴奋剂，具有下列情形之一的，应当认定为刑法第二百六十条之一规定的'情节恶劣'，以虐待被监护、看护人罪定罪处罚：（一）强迫未成年人、残疾人使用的；（二）引诱、欺骗未成年人、残疾人长期使用的；（三）其他严重损害未成年人、残疾人身心健康的情形。"对于既符合妨害兴奋剂管理罪，又符合虐待被监护、看护人罪犯罪构成的，应择一重罪处罚。

（二）组织考试作弊罪的适用

《兴奋剂犯罪解释》第4条规定："在普通高等学校招生、公务员录用等法律规定的国家考试涉及的体育、体能测试等体育运动中，组织考生非法使用兴奋剂的，应当依照刑法第二百八十四条之一的规定，以组织考试作弊罪定罪处罚。明知他人实施前款犯罪而为其提供兴奋剂的，依照前款的规定定罪处罚。"

（三）兴奋剂等专门性问题的认定程序

根据《反兴奋剂条例》第36条第1款"受检样本由国务院体育主管部门确定的符合兴奋剂检测条件的检测机构检测"的规定，《兴奋剂犯罪解释》第8条规定："对于是否属于本解释规定的'兴奋剂''兴奋剂目录所列物质''体育运动''国内、国际重大体育竞赛'等专门性问题，应当依据《中华人民共和国体育法》《反兴奋剂条例》等法律法规，结合国务院体育主管部门出具的认定意见等证据材料作出认定。"据此，兴奋剂等专门性问题的认定，需要由国家体育总局出具认定意见。

第三节　非法提供麻醉药品、精神药品罪，妨害兴奋剂管理罪审判依据

一、法律

1.《中华人民共和国刑法》（2020年12月26日修正）

第三百五十五条　依法从事生产、运输、管理、使用国家管制的麻醉药品、精神药品的人员，违反国家规定，向吸食、注射毒品的人提供国家规定管制的能够使人形成瘾癖的麻醉药品、精神药品的，处三年以下有期徒刑或者拘役，并处罚金；情节严重的，处三年以上七年以下有期徒刑，并处罚金。向走私、贩卖毒品的犯罪分子或者以牟利为目的，向吸食、注射毒品的人提供国家规定管制的能够使人形成瘾癖的麻醉药品、精神药品的，依照本法第三百四十七条的规定定罪处罚。

单位犯前款罪的，对单位判处罚金，并对其直接负责的主管人员和其他直接责任人员，依照前款的规定处罚。

第三百五十五条之一　引诱、教唆、欺骗运动员使用兴奋剂参加国内、国际重大体育竞赛，或者明知运动员参加上述竞赛而向其提供兴奋剂，情节严重的，处三年以下有期徒刑或者拘役，并处罚金。

组织、强迫运动员使用兴奋剂参加国内、国际重大体育竞赛的，依照前款的规定从重处罚。

2.《中华人民共和国治安管理处罚法》（2012年10月26日修正）

第七十二条第四项　有下列行为之一的，处十日以上十五日以下拘留，可以并处二千元以下罚款；情节较轻的，处五日以下拘留或者五百元以下罚款：

……

（四）胁迫、欺骗医务人员开具麻醉药品、精神药品的。

二、行政法规

《反兴奋剂条例》（2018年9月18日修术　国务院令第703号）

第二条　本条例所称兴奋剂，是指兴奋剂目录所列的禁用物质等。兴奋剂目录由国务院体育主管部门会同国务院药品监督管理部门、国务院卫生主管部门、国务院商务主管部门和海关总署制定、调整并公布。

第三十九条第一款　体育社会团体、运动员管理单位向运动员提供兴奋剂或者组织、强迫、欺骗运动员在体育运动中使用兴奋剂的，由国务院体育主管部门或者省、自治区、直辖市人民政府体育主管部门收缴非法持有的兴奋剂；负有责任的主管人员和其他直接责任人员4年内不得从事体育管理工作和运动员辅助工作；情节严重的，终身不得从事体育管理工作和运动员辅助工作；造成运动员人身损害的，依法承担民事赔偿责任；构成

犯罪的，依法追究刑事责任。

第四十条　运动员辅助人员组织、强迫、欺骗、教唆运动员在体育运动中使用兴奋剂的，由国务院体育主管部门或者省、自治区、直辖市人民政府体育主管部门收缴非法持有的兴奋剂；4年内不得从事运动员辅助工作和体育管理工作；情节严重的，终身不得从事运动员辅助工作和体育管理工作；造成运动员人身损害的，依法承担民事赔偿责任；构成犯罪的，依法追究刑事责任。

运动员辅助人员向运动员提供兴奋剂，或者协助运动员在体育运动中使用兴奋剂，或者实施影响采样结果行为的，由国务院体育主管部门或者省、自治区、直辖市人民政府体育主管部门收缴非法持有的兴奋剂；2年内不得从事运动员辅助工作和体育管理工作；情节严重的，终身不得从事运动员辅助工作和体育管理工作；造成运动员人身损害的，依法承担民事赔偿责任；构成犯罪的，依法追究刑事责任。

三、部门规章

《反兴奋剂管理办法》（2021年7月20日　国家体育总局令第27号）

第二条第一款　本办法所称兴奋剂，是指年度《兴奋剂目录》所列的禁用物质和禁用方法。

第四十八条　运动员管理单位应当加强对运动员治疗用药的管理，指定专门机构或者人员负责管理药品和医疗器械。运动员因医疗目的确需使用含有《兴奋剂目录》所列禁用物质的药物或者禁用方法时，应按照运动员治疗用药豁免的有关规定使用。

四、司法解释

1.《最高人民法院关于审理毒品犯罪案件适用法律若干问题的解释》（2016年4月6日　法释〔2016〕8号）

第十三条　依法从事生产、运输、管理、使用国家管制的麻醉药品、精神药品的人员，违反国家规定，向吸食、注射毒品的人提供国家规定管制的能够使人形成瘾癖的麻醉药品、精神药品，具有下列情形之一的，应当依照刑法第三百五十五条第一款的规定，以非法提供麻醉药品、精神药品罪定罪处罚：

（一）非法提供麻醉药品、精神药品达到刑法第三百四十七条第三款或者本解释第二条规定的"数量较大"标准最低值百分之五十，不满"数量较大"标准的；

（二）二年内曾因非法提供麻醉药品、精神药品受过行政处罚的；

（三）向多人或者多次非法提供麻醉药品、精神药品的；

（四）向吸食、注射毒品的未成年人非法提供麻醉药品、精神药品的；

（五）非法提供麻醉药品、精神药品造成严重后果的；

（六）其他应当追究刑事责任的情形。

具有下列情形之一的，应当认定为刑法第三百五十五条第一款规定的"情节严重"：

（一）非法提供麻醉药品、精神药品达到刑法第三百四十七条第三款或者本解释第二条规定的"数量较大"标准的；

（二）非法提供麻醉药品、精神药品达到前款第一项规定的数量标准，且具有前款第三项至第五项规定的情形之一的；

(三) 其他情节严重的情形。

2.《最高人民法院关于审理走私、非法经营、非法使用兴奋剂刑事案件适用法律若干问题的解释》(2019年11月18日 法释〔2019〕16号)

第三条 对未成年人、残疾人负有监护、看护职责的人组织未成年人、残疾人在体育运动中非法使用兴奋剂,具有下列情形之一的,应当认定为刑法第二百六十条之一规定的"情节恶劣",以虐待被监护、看护人罪定罪处罚:
(一) 强迫未成年人、残疾人使用的;
(二) 引诱、欺骗未成年人、残疾人长期使用的;
(三) 其他严重损害未成年人、残疾人身心健康的情形。①

第七条 实施本解释规定的行为,涉案物质属于毒品、制毒物品等,构成有关犯罪的,依照相应犯罪定罪处罚。

第八条 对于是否属于本解释规定的"兴奋剂""兴奋剂目录所列物质""体育运动""国内、国际重大体育竞赛"等专门性问题,应当依据《中华人民共和国体育法》《反兴奋剂条例》等法律法规,结合国务院体育主管部门出具的认定意见等证据材料作出认定。

五、刑事政策文件

1.《最高人民检察院法律政策研究室关于安定注射液是否属于刑法第三百五十五条规定的精神药品问题的答复》(2002年10月24日 〔2002〕高检研发第23号)

根据《精神药品管理办法》等国家有关规定,"能够使人形成瘾癖"的精神药品,是指使用后能使人的中枢神经系统兴奋或者抑制连续使用能使人产生依赖性的药品。安定注射液属于刑法第三百五十五条第一款规定的"国家规定管制的能够使人形成瘾癖的"精神药品。鉴于安定注射液属于《精神药品管理方法》规定的第二类精神药品,医疗实践中使用较多,在处理此类案件时,应当慎重掌握罪与非罪的界限。对于明知他人是吸毒人员而多次向其出售安定注射液,或者贩卖安定注射液数量较大的,可以依法追究行为人的刑事责任。

2.《公安部关于在成品药中非法添加阿普唑仑和曲马多进行销售能否认定为制造贩卖毒品有关问题的批复》(2009年3月19日 公复字〔2009〕1号)

一、阿普唑仑和曲马多为国家管制的二类精神药品。根据《中华人民共和国刑法》第三百五十五条的规定,如果行为人具有生产、管理、使用阿普唑仑和曲马多的资质,却将其掺加在其他药品中,违反国家规定向吸食、注射毒品的人提供的,构成非法提供精神药品罪;向走私、贩卖毒品的犯罪分子或以牟利为目的向吸食、注射毒品的人提供的,构成走私、贩卖毒品罪。根据《中华人民共和国刑法》第三百四十七条的规定,如果行为人没有生产、管理、使用阿普唑仑和曲马多的资质,而将其掺加在其他药品中予以贩卖,构成贩卖、制造毒品罪。

二、在办案中应当注意区别为治疗、戒毒依法合理使用的行为与上述犯罪行为的界

---

① 编者注:在国内外重大体育竞赛中实施本条所列行为,应当适用《刑法》第355条之一的规定。

限。只有违反国家规定，明知是走私、贩卖毒品的人员而向其提供阿普唑仑和曲马多，或者明知是吸毒人员而向其贩卖或超出规定的次数、数量向其提供阿普唑仑和曲马多的，才可以认定为犯罪。

3.《最高人民法院关于印发〈全国法院毒品犯罪审判工作座谈会纪要〉的通知》（2015 年 5 月 18 日　法〔2015〕129 号）①

二、关于毒品犯罪法律适用的若干具体问题

（七）非法贩卖麻醉药品、精神药品行为的定性问题

行为人向走私、贩卖毒品的犯罪分子或者吸食、注射毒品的人员贩卖国家规定管制的能够使人形成瘾癖的麻醉药品或者精神药品的，以贩卖毒品罪定罪处罚。

行为人出于医疗目的，违反有关药品管理的国家规定，非法贩卖上述麻醉药品或者精神药品，扰乱市场秩序，情节严重的，以非法经营罪定罪处罚。

4.《最高人民检察院公诉厅毒品犯罪案件公诉证据标准指导意见（试行）》（2005 年 4 月 25 日　〔2005〕高检诉发第 32 号）

二、特殊证据标准

（二）特殊主体的特殊证据

刑法第 355 条规定的非法提供麻醉药品、精神药品罪的主体是特殊主体，即依法从事生产、运输、管理、使用国家管制的精神药品和麻醉药品的单位和个人。该罪的特殊证据主要参考以下内容：

1. 国家主管部门颁发的生产、运输、管理、使用国家管制的精神药品、麻醉药品的"许可证"；
2. 有关单位对国家管制的精神药品和麻醉药品的来源、批号的证明及管理规定；
3. 特殊行业专营证；
4. 有关批文；
5. 有关个人的工作证、职称证明、授权书、职务任命书。

通过上述证据证明犯罪主体具有从事生产、运输、管理、使用国家管制的麻醉药品、精神药品的权力和职能。

5.《最高人民检察院、公安部关于印发〈最高人民检察院、公安部关于公安机关管辖的刑事案件立案追诉标准的规定（三）〉的通知》（2012 年 5 月 16 日　公通字〔2012〕26 号）

第十二条　依法从事生产、运输、管理、使用国家管制的麻醉药品、精神药品的个人或者单位，违反国家规定，向吸食、注射毒品的人员提供国家规定管制的能够使人形成瘾癖的麻醉药品、精神药品，涉嫌下列情形之一的，应予立案追诉：

（一）非法提供鸦片二十克以上、吗啡二克以上、度冷丁（杜冷丁）五克以上（针剂 100mg/支规格的五十支以上，50mg/支规格的一百支以上；片剂 25mg/片规格的二百片以上，50mg/片规格的一百片以上）、盐酸二氢埃托啡零点二毫克以上（针剂或者片剂

---

① 为了便于读者对照阅读本书案例，此处对《武汉会议纪要》内容进行了部分登载，供读者参考。实务工作中应参照执行最高人民法院 2023 年 6 月印发的《昆明会议纪要》，对于《昆明会议纪要》精神的解读详见本书各章节。

20mg/支、片规格的十支、片以上)、氯胺酮、美沙酮二十克以上、三唑仑、安眠酮一千克以上、咖啡因五千克以上、氯氮卓、艾司唑仑、地西泮、溴西泮十千克以上，以及其他麻醉药品和精神药品数量较大的；①

（二）虽未达到上述数量标准，但非法提供麻醉药品、精神药品两次以上，数量累计达到前项规定的数量标准百分之八十以上的；

（三）因非法提供麻醉药品、精神药品被行政处罚，又非法提供麻醉药品、精神药品的；

（四）向吸食、注射毒品的未成年人提供麻醉药品、精神药品的；

（五）造成严重后果或者其他情节严重的。依法从事生产、运输、管理、使用国家管制的麻醉药品、精神药品的人员或者单位，违反国家规定，向走私、贩卖毒品的犯罪分子提供国家规定管制的能够使人形成瘾癖的麻醉药品、精神药品的，或者以牟利为目的，向吸食、注射毒品的人提供国家规定管制的能够使人形成瘾癖的麻醉药品、精神药品的，以走私、贩卖毒品罪立案追诉。

---

① 编者注：《审理毒品犯罪案件解释》（法释〔2016〕8号）第2条第7项、第14项，对氯胺酮、咖啡因的数量标准进行了调整："走私、贩卖、运输、制造、非法持有下列毒品，应当认定为刑法第三百四十七条第三款、第三百四十八条规定的'其他毒品数量较大'：……（七）氯胺酮一百克以上不满五百克……（十四）咖啡因、罂粟壳四十千克以上不满二百千克……"

第十一章

毒品再犯

第一节 毒品再犯概述

一、毒品再犯的概念及其构成

毒品犯罪的再犯，是指因走私、贩卖、运输、制造、非法持有毒品罪被判过刑，又犯《刑法》第6章第7节规定之罪的情形。

毒品再犯的构成条件包括以下几方面。

（一）罪质条件

要求前后罪均应为毒品犯罪，且前罪仅限定于《刑法》第347条（走私、贩卖、运输、制造毒品罪）和第348条（非法持有毒品罪）这两个条款所规定的两个罪名五种毒品犯罪行为，而后罪则较为广泛，可以是《刑法》分则第6章第7节的任一罪名。

（二）前提条件

前罪必须"被判过刑"，即被告人因犯走私、贩卖、运输、制造、非法持有毒品罪已被人民法院依法定罪判刑且该裁判已经生效。"被判过刑"既可以是被判过实刑，也可以是被判过缓刑；既可以是无期徒刑、死刑缓期二年执行，也可以是有期徒刑、拘役和管制，甚至可以是仅判处罚金等附加刑。因此，如下情形不属于"被判过刑"：（1）被告人曾犯走私、贩卖、运输、制造、非法持有毒品罪，但被人民检察院依法不起诉或者被人民法院判决有罪但依法免予刑罚的；（2）前罪判决为一审判决，在法定上诉期内或者在二审期间，被告人又犯毒品犯罪的。

（三）时间条件

毒品再犯前后罪的时间间隔并无限制，《刑法》第356条对后罪的发生时间规定为在前罪"被判过刑"后，即前罪判决生效之日起任何时候再实施毒品犯罪的，均成立毒品再犯。

（四）主体条件

毒品再犯的主体既可以是达到刑事责任年龄、具备刑事责任能力的自然人，也可以是单位。这是因为《刑法》第 356 条前罪中的走私、贩卖、运输、制造毒品罪及其他一些毒品犯罪是可以由单位实施的。[1]

二、毒品再犯与一般累犯的区别

（一）前罪与后罪的时间间隔不同

毒品再犯没有时间的限制，只要因走私、贩卖、运输、制造、非法持有毒品罪被判过刑，又犯毒品犯罪的，就构成再犯。而一般累犯是刑罚执行完毕五年之内再犯应当判处有期徒刑之上刑罚的，才构成累犯。

（二）前罪与后罪的罪名限制不同

毒品再犯要求前后罪均属于毒品犯罪，而一般累犯在前罪与后罪触犯的罪名上无特别的要求。

（三）前罪与后罪的刑罚要求不同

毒品再犯没有刑种的限制，只要因走私、贩卖、运输、制造、非法持有毒品罪被判过刑，又犯毒品犯罪的，就构成再犯。而一般累犯要求前后罪均被判处有期徒刑以上刑罚。

三、毒品再犯与特别累犯的区别

（一）前罪与后罪的罪名限制不同

毒品再犯只针对毒品犯罪，前罪的罪名只能是走私、贩卖、运输、制造、非法持有毒品罪，后罪的罪名则包括所有毒品犯罪。而特别累犯，前罪与后罪的罪名一致，均为危害国家安全犯罪、恐怖活动犯罪、黑社会性质的组织犯罪。

（二）前罪与后罪的刑罚要求不同

毒品再犯的成立只要求被判过刑，不要求刑罚执行完毕或者赦免。而特别累犯的成立，要求前罪的刑罚已经执行完毕或者赦免。

四、毒品再犯认定中的热点、难点问题

（一）毒品再犯的认定

对因走私、贩卖、运输、制造、非法持有毒品罪被判过刑的犯罪分子，在缓刑、假

---

[1] 参见李少平等主编：《中华人民共和国刑法案典》，人民法院出版社 2016 年版，第 1984 页。

释或者暂予监外执行期间又犯《刑法》第 6 章第 7 节规定的毒品犯罪的，除依法数罪并罚外，是否还应适用《刑法》第 365 条认定为毒品再犯，司法实践中存在争议。有的观点认为，此种情形不宜认定为毒品再犯，应依照《刑法》第 71 条和第 69 条的规定数罪并罚。就此问题，最高人民法院于 2007 年作出批复，应认定为毒品再犯。之所以这样规定，主要基于两点理由：首先，《刑法》第 365 条规定的毒品再犯不是累犯的特殊形式，而是对毒品犯罪再犯从重处罚的特别规定。只要曾因犯该条所列的毒品犯罪被判过刑，无论何时（也不论刑罚是否执行完毕）再犯，均应适用该条从重处罚。其次，将判过刑理解为包括刑罚未执行或者未执行完毕的情形，符合严惩毒品再犯的目的。对于判过刑的理解，应当是指前罪判决已生效，而不论是否已经服刑完毕。毒品再犯不要求前罪的刑罚已经执行完毕或者赦免，也不要求本次犯罪与前次犯罪之间有确定的时间间隔。犯罪分子因毒品犯罪被判刑后，在缓刑、假释或者暂予监外执行期间再次实施毒品犯罪，说明其不思悔改，主观恶性较深，人身危险性较大，理应从重处罚。[①]

（二）同时构成累犯和毒品再犯的法律适用

同时构成累犯和毒品再犯的被告人，是否需要同时引用累犯和毒品再犯的条款？对此问题，2008 年 12 月最高人民法院印发了《大连会议纪要》，规定对此情形应当同时引用《刑法》关于累犯和毒品再犯的条款从重处罚，主要是考虑到这样规定符合《刑法》的规定，体现了从严惩治毒品犯罪的立法精神和刑事政策，而且有利于羁押部门掌握罪犯的情况，从而避免对同时构成累犯和毒品再犯的罪犯适用缓刑、假释的情况发生。

最高人民法院于 2015 年 5 月 18 日印发的《武汉会议纪要》，对《大连会议纪要》进行了补充和完善。第一，《武汉会议纪要》进一步明确了累犯、毒品再犯情节对毒品犯罪案件量刑的影响，强调要根据宽严相济刑事政策的要求，对累犯、毒品再犯依法从严惩处，并具体规定了其中几类严惩的重点。第二，《武汉会议纪要》规定了同时具有累犯、毒品再犯情节的刑罚适用及法条引用问题。《大连会议纪要》规定，对同时构成累犯和毒品再犯的被告人，应当同时引用《刑法》关于累犯和毒品再犯的条款从重处罚。对此类被告人是否要重复予以从重处罚，实践中有不同认识。《武汉会议纪要》对《大连会议纪要》的上述规定加以完善，区分两种情形作出规定：一是对于因同一毒品犯罪前科同时构成累犯和毒品再犯的被告人，在裁判文书中应当同时引用《刑法》关于累犯和毒品再犯的条款，但在量刑时不得重复予以从重处罚；二是对于因不同犯罪前科同时构成累犯和毒品再犯的被告人，一般情况下，从重处罚幅度要大于前述情形。

[①] 参见高贵君、王勇、吴光侠：《〈全国部分法院审理毒品犯罪案件工作座谈会纪要〉的理解与适用》，载《人民司法》2009 年第 3 期；高贵君、马岩、方文军、李静然：《〈全国法院毒品犯罪审判工作座谈会纪要〉的理解与适用》，载《人民司法》2015 年第 13 期。

第二节 毒品再犯审判依据

一、法律

《中华人民共和国刑法》（2020 年 12 月 26 日修正）

第三百五十六条 因走私、贩卖、运输、制造、非法持有毒品罪被判过刑，又犯本节规定之罪的，从重处罚。

二、刑事政策文件

1. **《最高人民法院印发〈全国部分法院审理毒品犯罪案件工作座谈会纪要〉的通知》**（2008 年 12 月 1 日　法〔2008〕324 号）[①]

八、毒品再犯问题

根据刑法第三百五十六条规定，只要因走私、贩卖、运输、制造、非法持有毒品罪被判过刑，不论是在刑罚执行完毕后，还是在缓刑、假释或者暂予监外执行期间，又犯刑法分则第六章第七节规定的犯罪的，都是毒品再犯，应当从重处罚。

因走私、贩卖、运输、制造、非法持有毒品罪被判刑的犯罪分子，在缓刑、假释或者暂予监外执行期间又犯刑法分则第六章第七节规定的犯罪的，应当在对其所犯新的毒品犯罪适用刑法第三百五十六条从重处罚的规定确定刑罚后，再依法数罪并罚。

对同时构成累犯和毒品再犯的被告人，应当同时引用刑法关于累犯和毒品再犯的条款从重处罚。

2. **《最高人民法院关于印发〈全国法院毒品犯罪审判工作座谈会纪要〉的通知》**（2015 年 5 月 18 日　法〔2015〕129 号）[②]

二、关于毒品犯罪法律适用的若干具体问题

（六）累犯、毒品再犯问题

累犯、毒品再犯是法定从重处罚情节，即使本次毒品犯罪情节较轻，也要体现从严惩处的精神。尤其对于曾因实施严重暴力犯罪被判刑的累犯、刑满释放后短期内又实施毒品犯罪的再犯，以及在缓刑、假释、暂予监外执行期间又实施毒品犯罪的再犯，应当严格体现从重处罚。

对于因同一毒品犯罪前科同时构成累犯和毒品再犯的被告人，在裁判文书中应当同时引用刑法关于累犯和毒品再犯的条款，但在量刑时不得重复予以从重处罚。对于因不同犯罪前科同时构成累犯和毒品再犯的被告人，量刑时的从重处罚幅度一般应大于前述

[①] 为了便于读者对照阅读本书案例，此处对《大连会议纪要》内容进行了部分登载，供读者参考。实务工作中应参照执行最高人民法院 2023 年 6 月印发的《昆明会议纪要》，对于《昆明会议纪要》精神的解读详见本书各章节。

[②] 为了便于读者对照阅读本书案例，此处对《武汉会议纪要》内容进行了部分登载，供读者参考。实务工作中应参照执行最高人民法院 2023 年 6 月印发的《昆明会议纪要》，对于《昆明会议纪要》精神的解读详见本书各章节。

情形。

第三节　毒品再犯审判实践中的疑难新型问题

问题1. 被告人未满十八周岁时曾因毒品犯罪被判刑，在《刑法修正案（八）》实施后是否构成毒品再犯

【刑事审判参考案例】李某1等贩卖、运输毒品案[①]

一、基本案情

被告人李某1，1992年2月15日因犯运输毒品罪（犯罪时未满十八周岁）被判处死刑，缓期二年执行，剥夺政治权利终身，经减刑于2006年10月20日释放，2010年4月2日因涉嫌贩卖、运输毒品罪被逮捕。

云南省大理白族自治州人民检察院以被告人李某1犯贩卖、运输毒品罪，向大理白族自治州中级人民法院提起公诉。

被告人李某1对公诉机关指控的犯罪事实及罪名不持异议。其辩护人辩称，李某1归案后能如实供述司法机关尚未掌握的同种其他犯罪事实，认罪态度好，有悔罪表现，建议对其从轻处罚。

云南省大理白族自治州中级人民法院经公开审理查明：2009年12月，被告人李某1与同案被告人鲁某某先后两次在云南省耿马傣族佤族自治县孟定河外购得海洛因400克和700克，并由鲁某某雇用同案被告人黄某某探路，二人将海洛因运至云南省巍山彝族回族自治县，贩卖给李某1联系的买主马某某。

2010年1月，李某1与鲁某某在耿马傣族佤族自治县孟定河外购得海洛因1740克，鲁某某再次雇用黄某某探路，二人将海洛因运至巍山彝族回族自治县永建镇李某2家。因李某2未联系到买主，李某1将海洛因带至昆明市贩卖给他人。

2010年2月24日，李某1与鲁某某在耿马傣族佤族自治县孟定河外购得海洛因。次日，鲁某某继续雇用黄某某在前探路，二人将海洛因运至云南省南涧彝族自治县。2月26日，李某1与李某2商定毒品交易事宜后，李某2安排同案被告人张某到南涧彝族自治县接取海洛因。李某1与张某见面后，将海洛因放入张某驾驶的车牌号为云L9××××的微型车上，由鲁某某骑车牌号为云SH××××的摩托车在前探路，张某驾驶微型车携带海洛因跟随其后前往巍山彝族回族自治县。当日20时许，三人行至巍南公路洗澡塘路段时被公安人员相继抓获，当场从微型车后排座位下查获海洛因1737克。

大理白族自治州中级人民法院认为，被告人李某1违反国家毒品管制法规，结伙贩卖、运输海洛因，其行为构成贩卖、运输毒品罪。李某1归案后能如实供述司法机关尚未掌握的另三次贩卖、运输海洛因的事实，认罪态度好，但其多次贩卖、运输海洛因，数

[①] 汪斌、李伟撰稿，陆建红审编：《李某1等贩卖、运输毒品案——被告人未满十八周岁时曾因毒品犯罪被判刑，在刑法修正案（八）实施后是否构成毒品再犯（第839号）》，载最高人民法院刑事审判第一、二、三、四、五庭主办：《刑事审判参考》（总第90集），法律出版社2013年版，第96~100页。

量大,且系主犯,又系毒品再犯、累犯,应当从重处罚。据此,大理白族自治州中级人民法院以被告人李某1犯贩卖、运输毒品罪,判处死刑,剥夺政治权利终身,并处没收个人全部财产。

一审宣判后,被告人李某1以其属于从犯,原判量刑过重为由,向云南省高级人民法院提出上诉。

云南省高级人民法院经审理认为,上诉人李某1伙同鲁某某贩卖、运输海洛因的行为构成贩卖、运输毒品罪。在共同犯罪中,李某1与鲁某某积极联系购买和运输毒品,均系主犯,应当依法惩处。李某1到案后虽然坦白司法机关尚未掌握的贩卖、运输毒品海洛因的犯罪事实,但李某1系累犯、毒品再犯,应当从重处罚。一审判决认定的事实清楚,证据确实、充分,定罪准确,量刑适当,审判程序合法。据此,云南省高级人民法院依照《刑事诉讼法》(1996年)第189条第1项①之规定,裁定驳回上诉,维持原判,并依法报请最高人民法院核准。

最高人民法院经复核认为,被告人李某1结伙贩卖、运输海洛因,其行为构成贩卖、运输毒品罪,且系共同犯罪,同时贩卖、运输毒品数量大,社会危害严重。被告人李某1系在共同犯罪中起主要作用的主犯,又系毒品再犯,主观恶性深,依法应当从重处罚。李某1归案后虽然主动交代公安机关尚未掌握的同种罪行,但其所犯罪行极其严重,不足以从轻处罚。第一审判决、第二审裁定认定的事实清楚,证据确实、充分,定罪准确,量刑适当,审判程序合法。遂依照《刑事诉讼法》(1996年)第199条②和《最高人民法院关于复核死刑案件若干问题的规定》第2条第1款③之规定,裁定核准云南省高级人民法院维持第一审对被告人李某1以贩卖、运输毒品罪判处死刑,剥夺政治权利终身,并处没收个人全部财产的刑事裁定。

二、主要问题

被告人未满十八周岁时曾因毒品犯罪被判刑,在《刑法修正案(八)》实施后是否构成毒品再犯?

三、裁判理由

《刑法修正案(八)》第6条对《刑法》第65条第1款作了较大修改,此次修改明确将不满十八周岁的人犯罪排除在累犯之外。本案被告人李某1前次犯罪时未满十八周岁,本案一审、二审的审理发生于《刑法修正案(八)》生效之前,故一审、二审认定李某1系累犯、毒品再犯不存在法律适用争议,但本案在最高人民法院复核期间,《刑法修正案(八)》已经生效,因此审理过程中对李某1是否构成毒品再犯,形成两种意见:

一种意见认为,《刑法修正案(八)》仅规定不满十八周岁的人犯罪不构成累犯,并未涉及毒品再犯。毒品再犯制度是我国刑法针对毒品犯罪的特殊规定,与累犯制度有所区别。被告人李某1符合现行法律规定的构成毒品再犯的情形,依法应当构成毒品再犯。

另一种意见认为,累犯和再犯均属依法从重处罚的情形。《刑法修正案(八)》第6条规定不满十八周岁的人犯罪不构成累犯,其立法旨意在于落实宽严相济的刑事政策,对未成年人犯罪体现以教育挽救为主的方针,以更好地保护未成年人的权益。按照这一

---

① 对应2018年《刑事诉讼法》第236条第1款第1项。
② 对应2018年《刑事诉讼法》第246条。
③ 该司法解释已失效。该内容被2021年《刑事诉讼法解释》第428条第1款第1项吸收。

立法精神，未成年人犯罪不构成累犯，亦不应构成毒品再犯。

我们同意前一种意见，即被告人李某1构成毒品再犯。具体理由如下：

（一）《刑法修正案（八）》第6条并未涉及毒品再犯的修改规定，认定被告人李某1系毒品再犯符合现行刑法规定

《刑法修正案（八）》施行后，普通累犯的构成要件相应修改为：（1）前罪和后罪都是年满十八周岁以上的人所犯；（2）前罪和后罪都是故意犯罪；（3）前罪被判处的刑罚和后罪应当判处的刑罚都是有期徒刑以上的刑罚；（4）后罪发生在前罪刑罚执行完毕或者赦免以后五年内。

累犯和再犯是两个虽有关联，却又不同的量刑情节。《刑法》第356条规定："因走私、贩卖、运输、制造、非法持有毒品罪被判过刑，又犯本节规定之罪的，从重处罚。"这是刑法对毒品再犯的规定。毒品再犯的上位概念是再犯，再犯是理论上的概念。从逻辑上讲，累犯属于再犯的一种，但累犯又具有自己的特质，二者存在以下区别：（1）罪质不同。毒品再犯的前罪与后罪仅限于毒品犯罪，累犯的前罪与后罪只需故意犯罪即可。（2）时限不同。毒品再犯的前后罪没有时间限制，而累犯要求必须是在前罪刑罚执行完毕或者赦免后的法定期限内实施。（3）后果不同。对于毒品再犯，刑法要求从重处罚，但可以使用缓刑、假释。累犯则不得适用缓刑与假释。故毒品再犯与累犯虽然同源于再犯且存在竞合，但在我国现行刑法规定中，毒品再犯已经是独立于累犯制度的一种特殊规定，二者不存在隶属关系，那种认为毒品再犯是一种特殊累犯的观点，已经与现行刑法立法相违背，缺乏法律基础与理论依据。因此，2008年12月1日最高人民法院发布的《大连会议纪要》规定："对同时构成累犯和毒品再犯的被告人，应当同时引用刑法关于累犯和毒品再犯的条款从重处罚。"由此在一定角度表明《刑法修正案（八）》对累犯规定的修改，其效力不能当然适用于毒品再犯。

（二）认定被告人李某1构成毒品再犯符合宽严相济刑事政策

毒品再犯与累犯虽然不是同一概念，但是二者所体现的价值取向具有相似性，都体现出行为人主观恶性较深、人身危险性较大，具有从严惩治的必要性，应当贯彻宽严相济刑事政策从严的精神。《刑法修正案（八）》是立法机关在新形势下，基于进一步落实宽严相济刑事政策的需要，充分衡量"宽""严"情节，对刑法作出的重大修改。虽然《刑法修正案（八）》基于更好地使未成年人接受改造、融入社会的考虑，将"不满十八周岁的人"排除在累犯之外，但并未对毒品再犯也作出与累犯同步的修改。毒品犯罪是当前最严重的犯罪之一，不仅严重危及人民群众的生命与健康，造成社会财富的巨大损失，并引发日益严重的治安问题和广泛的社会问题，严重破坏社会管理、经济秩序的稳定，其危害之深、影响之广，是其他普通犯罪无法比拟的。立法机关对毒品再犯未作修改，表明立法者基于对毒品再犯主观恶性和人身危险性的考虑，对毒品再犯从严惩处的态度没有改变，反映刑事立法对宽严相济刑事政策把握的度在毒品再犯方面没有改变。因此，根据《刑法修正案（八）》的规定，李某1虽然在未满十八周岁时犯运输毒品罪不能认定为累犯，但是不能由此推论得出李某1也不构成毒品再犯的论断，否则既没有法律依据，也不符合立法者对宽严相济刑事政策的把握。

问题 2. 被告人在假释考验期内大量贩卖毒品，系毒品再犯，应依法从重处罚，并撤销假释

【典型案例】舒某某贩卖毒品案[①]

一、基本案情

被告人舒某某，2000 年 4 月 17 日因犯贩卖毒品罪被判处无期徒刑，剥夺政治权利终身，并处没收财产，2011 年 10 月 12 日被假释，假释考验期至 2014 年 9 月 4 日。

2014 年 2 月 22 日，被告人舒某某在云南省寻甸回族彝族自治县倘甸镇的租住房内，向从贵州省贵阳市来向其购买海洛因的杨某、罗某某（均系同案被告人，已判刑）贩卖毒品。其中，杨某出资购买 600 克海洛因，罗某某出资购买 400 克海洛因，舒某某还委托二人将 200 克海洛因运回贵阳市代其贩卖。2 月 23 日，杨某、罗某某携带海洛因返回贵阳市，于当日 19 时 30 分许在贵阳市云岩区金关收费站被抓获，公安人员当场从罗某某的提包中查获 1194 克海洛因。2 月 28 日，公安人员在云南省昆明市某村将舒某某抓获，当场从其家中查获 1050.4 克海洛因。

二、主要问题

被告人在假释考验期内大量贩卖毒品，系毒品再犯，如何认定社会危害极大，罪行极其严重？

三、裁判理由

本案由贵州省贵阳市中级人民法院一审，贵州省高级人民法院二审。最高人民法院对本案进行了死刑复核。

法院认为，被告人舒某某贩卖海洛因，其行为已构成贩卖毒品罪。舒某某贩卖毒品数量大，社会危害大，罪行极其严重，应依法惩处。舒某某曾因犯贩卖毒品罪被判处无期徒刑，在假释考验期内又犯贩卖毒品罪，系毒品再犯，应依法从重处罚，并应撤销假释，与前罪没有执行完毕的刑罚并罚。据此，依法对被告人舒某某判处并核准死刑，剥夺政治权利终身，并处没收个人全部财产。

---

① 最高人民法院发布的 2021 年十大毒品（涉毒）犯罪典型案例。

第十二章
毒品共同犯罪的认定与处理

第一节 毒品共同犯罪的构成

由于共同犯罪比单独犯罪具有更大的社会危害性，在各国刑法中对共同犯罪的处罚均较单独犯罪严厉。因此，在毒品犯罪中对共同犯罪进行准确认定和处罚，无疑也是从严惩处毒品犯罪的客观需要和必然要求。针对目前司法实务中存在的诸多问题，在毒品共同犯罪的认定中，应注意以下几方面的问题。

一、共同犯罪人是否全部到案不影响毒品共同犯罪的成立

不可否认，只有在全部共同犯罪人都归案的情况下，才能更好地查明案件的共同犯罪事实，并进而对各共同犯罪人准确定罪量刑。因此，共同犯罪人并未全部归案的，可能会导致共同犯罪事实难以或无法完全查明，从而影响到案共同犯罪人刑事责任的确定，但如果共同犯罪人未全部归案就否定共同犯罪并不具有合理性和妥当性。

首先，这种处理方式试图通过缩小证明对象的范围放弃部分案件事实的证明，其实质是一种牺牲公正以实现效率的不当行为。其次，这种处理方式可能会导致刑事责任转嫁的恶果。例如，毒贩某甲指使某乙运输毒品，后某乙被抓获，而某甲由于身居境外未能抓获。如果将本案认定为单独犯罪，自然不需要查明某甲与某乙之间的共同犯罪事实，也无须细致地甄别二共同犯罪人地位、作用的差异。但这样一来，由某甲承担的刑事责任可能会全部或部分由某乙来承担，从而导致了罪刑的失衡。最后，无论其他共同犯罪人是否归案均肯定共同犯罪成立的，虽然并不能解决共同犯罪事实查明难的问题，但无疑可以充分实现刑法的人权保障功能。对于共同犯罪事实难以或无法查明的，可以通过"存疑有利于被告人"的基本原则来解决。对于刑事责任转嫁的问题，可以通过主从犯的划分，或虽不区分主从犯但根据地位、作用区别对待，或通过判处极刑时留有余地等方式来缓和。

因此，毒品共同犯罪的成立，不应以案发后全部共同犯罪人的归案为条件，无论各共同犯罪人是否悉数归案，均应依照《刑法》和司法解释的规定及相关刑法理论，并结

合案件证据来认定毒品共同犯罪的成立。

二、充分认识意思联络的相对性

各共同犯罪人虽然客观上实施了共同的犯罪行为，主观上形成了共同的犯罪故意，但共同犯罪人之间还需要存在意思联络，才能成立共同犯罪。所谓意思联络，是"共同犯罪人双方在犯罪意思上互相沟通"。[1] 共同犯罪与单独犯罪的不同，就在于各共同犯罪人之间存在意思联络，但这种意思联络不是绝对的，而是相对的。共同犯罪中的意思联络是以实行犯为中心形成的树状结构，实行犯类似树干，而组织犯、教唆犯、帮助犯类似枝叶，枝叶必须与树干紧密联系，而枝叶之间却可以保持一定的独立性。质言之，"它（意思联络）可能存在于组织犯与实行犯之间、教唆犯与实行犯之间或者帮助犯与实行犯之间，而不要求所有共同犯罪人之间都必须存在意思联络，如组织犯、教唆犯、帮助犯相互间即使没有意思联络，也不影响共同犯罪的成立"。[2] 例如，某甲指使某乙走私毒品，某乙找了某丙带路，为增加机动性又向某丁借了摩托车。即使某甲、某丙、某丁之间没有意思联络，也不影响共同犯罪的成立。

在数个实行犯之间、组织犯之间，或教唆犯之间，或帮助犯之间，是否也需要存在意思联络？在共同实行、共同组织，或共同教唆，或共同帮助的场合，实行犯与实行犯、组织犯与组织犯、教唆犯与教唆犯、帮助犯与帮助犯之间通常是存在意思联络的。因此，应以共同犯罪论处，但也不排除不存在意思联络的情形。当不存在意思联络时，是否成立共同犯罪需要进行具体的判断。

在共同实行但没有意思联络的场合，数共同实行人为同时犯，即同时实行的单独犯，不成立共同犯罪。在共同组织的场合，由于数组织犯和实行犯同时存在意思联络，可以分别与实行犯形成共同犯罪。因此，雇用他人运输毒品的雇主，及其他对受雇者起到一定组织、指挥作用的人员，与各受雇者分别构成运输毒品罪的共同犯罪。在共同教唆、共同帮助的场合，如果均与实行犯成立共同犯罪更有利于各共同犯罪人定罪量刑的，可以只成立一个共同犯罪。反之，则应与实行犯分别成立共同犯罪。

三、重视共同犯罪故意中对毒品及数量的认识

犯罪故意是认识因素与意志因素的统一，欲成立犯罪故意，犯罪人首先需要对自己实施的构成要件行为有所认识。因此，"行为人对自己行为的认识，并不只是对外部行为的物理性质的认识，而是必须认识到行为的社会意义"，[3] 否则便是一般生活意义上的故意，而非犯罪的故意。而"对行为内容与社会意义的认识，实际上是对刑法所欲禁止的实体的认识"，[4] 因此，在毒品犯罪中，犯罪人对构成要件行为的认识，就是对毒品的认识。只有认识到自己的犯罪对象是毒品，才能认为行为人对行为内容和社会意义有认识，至于毒品的具体种类、名称、化学成分、效用等并不需要犯罪人有明确的认识。有鉴于此，只要各共同犯罪人对毒品有明确认识，即使在毒品的具体种类等上存在不同认识的，

---

[1] 高铭暄、马克昌主编：《刑法学》（第7版），北京大学出版社2016年版，第166页。
[2] 高铭暄、马克昌主编：《刑法学》（第7版），北京大学出版社2016年版，第166页。
[3] 张明楷：《刑法学》（第5版），法律出版社2016年版，第257页。
[4] 张明楷：《刑法学》（第5版），法律出版社2016年版，第257页。

也不影响毒品共同犯罪的成立。例如，某甲指使某乙运输毒品海洛因，见某乙有所犹豫便欺骗某乙运输的是毒品鸦片。由于某乙对犯罪对象是毒品具有确定的认识，理应与某甲成立运输毒品罪的共同犯罪。需要注意的是，根据法定符合说，当犯罪人对毒品种类发生错误认识时，虽然不影响犯罪的成立，但对量刑可能会产生影响。

各共同犯罪人只对共同犯罪故意确定的毒品数量承担刑事责任，对于实行犯过限行为，其他共同犯罪人一般不承担刑事责任。例如，某甲与某乙事先形成合意，某甲借用某乙的车辆从境外走私毒品海洛因100克入境，但某甲到达境外后，又自行购买了毒品甲基苯丙胺50克进行走私。虽然某甲与某乙应成立走私毒品的共同犯罪，但对于某甲自行购买的毒品甲基苯丙胺50克，由于已经超出了二共同犯罪人共同故意确定的范围，某乙不应承担刑事责任。但如果共同犯罪故意对于毒品数量是一种不确定的概括认识的，应根据查获的实际毒品数量确定各共同犯罪人的刑事责任。例如，某甲安排某乙运输混杂在普通货物中的毒品，双方仅仅约定了酬劳而未明确毒品的种类和数量。由于某甲和某乙对于毒品数量存在概括认识，应对查获的实际毒品数量成立共同犯罪。

四、以认识为主、实行为辅的原则认定共同犯罪

在毒品共同犯罪中，特别是各共同犯罪人分工协作共同完成犯罪，但分别触犯不同罪名的场合，为对共同犯罪的性质、危害结果等进行全面评价，准确确定各共同犯罪人的刑事责任，应采用认识为主、实行为辅的原则认定共同犯罪的成立范围。例如，某甲、某乙、某丙共同实施毒品犯罪，其中某甲负责制造毒品，某乙进行运输，某丙进行贩卖。虽然某甲、某乙、某丙仅只实施了部分犯罪行为，但如果明确知道各共同犯罪人分担了不同的实行行为，并且通过相互协力，相互补充，相互配合的方式，来完成整个犯罪活动的，从主客观相一致原则出发，应根据各共同犯罪人对其他共同犯罪人犯罪行为性质的认识，来认定共同犯罪的成立。因此，某甲、某乙、某丙应成立贩卖、运输、制造毒品罪的共同犯罪。

如果各共同犯罪人针对同一宗毒品，分工协作共同完成犯罪，分别触犯不同罪名的，例如，某甲针对同一宗毒品，组织某乙进行走私、某丙运输、某丁贩卖。如果某乙、某丙、某丁相互之间均知悉各自犯罪行为的，应与某甲构成走私、贩卖、运输毒品罪的共同犯罪。但由于只涉及一宗毒品，如此认定显然过于复杂和烦琐。而且由于走私、贩卖、运输、制造毒品为选择性罪名，实施了数犯罪行为的，虽然构成数罪却不实行并罚。因此，即使不认定数罪也并不会轻纵罪犯。相反，如果要认定数罪，需要证实各共同犯罪人间的意思联络和主观上的明知，在刑事诉讼中徒添了证明对象，无端地增加了证明难度。质言之，当根据各共同犯罪人对其他共同犯罪人犯罪行为性质的认识来认定共同犯罪，可能会导致共同犯罪认定的琐碎化和诉讼证明的复杂化时，可以根据各共同犯罪人实施的犯罪行为，来确定共同犯罪的成立范围。因此，某甲分别与某乙、某丙、某丁构成走私毒品、运输毒品、贩卖毒品的共同犯罪，而某乙、某丙、某丁只在各自的犯罪行为范围内与某甲构成共同犯罪。

五、认真研究毒品犯罪的法律特征

毒品犯罪作为一种犯罪类型，在刑法规范中必然具有与之相对应的法律特征。因此，应结合毒品犯罪的法律特征来处理毒品共同犯罪中的相关问题。走私、贩卖、运输、制

造毒品罪的法律特征之一，就是其为典型的选择性罪名。所谓选择性罪名，亦称选择罪名，是指所包含的犯罪构成的具体内容复杂，反映出多种行为类型，既可概括使用，也可分解拆开使用的罪名。① 在处理毒品犯罪共犯与错误问题时，就需要充分注意选择性罪名的特性。例如，某甲谎称其系前往接取毒品进行运输，诱骗某乙帮其放风，而某甲实为前往贩卖毒品。当各共同犯罪人对犯罪行为的性质存在认识错误时，能否成立共同犯罪？

按照我国刑法理论，构成共同犯罪必须二人以上具有共同的犯罪行为，而共同的犯罪行为需要指向同一犯罪。② 如果贩卖毒品罪和运输毒品罪为单一罪名，显然不能构成共同犯罪，但走私、贩卖、运输、制造毒品罪为选择性罪名，能否成立共同犯罪需要结合选择性罪名的特性进行研究。由于选择性罪名既可概括使用，也可分解拆开使用。当概括使用时，虽然认定为数罪却不并罚，因此，选择性罪名其实质为形式的数罪，法定的一罪。③ 选择性罪名的"一罪"性质，说明分解拆开使用的各罪名性质类同，连续触犯其中两个或两个以上罪名的，可以作为连续犯论处。④ 同理，各共同犯罪人在共同的犯罪故意支配下触犯选择性罪名中不同罪名的，自然也应成立共同犯罪。因此，某甲和某乙应成立共同犯罪，但在触犯的具体罪名上尚有区别，即某甲认定构成贩卖毒品罪（主犯），而某乙构成运输毒品罪（从犯）。⑤

第二节　主犯与从犯的区分和处罚

一、主犯与从犯的区分

毒品共同犯罪中主从犯的认定历来是司法实务中的重点和难点，根据《刑法》和司法解释的规定并结合刑法相关理论和司法实际，可以从形式和实质两方面进行有效区分。

首先，应从形式上进行分析，即通过共同犯罪人在共同犯罪中的分工与作用之间的对应关系来区分主从犯。根据各国刑法中关于共同犯罪的立法例，对共同犯罪人的分类通常有两种标准，即分工分类法和作用分类法。分工分类法是以共同犯罪人在共同犯罪活动中的分工为标准，对共同犯罪人进行的分类。具体有二分法（正犯和共犯）、三分法（实行犯、教唆犯和帮助犯）和四分法（实行犯、组织犯、教唆犯和帮助犯）。作用分类法是以共同犯罪人在共同犯罪活动中所起的作用为标准，对共同犯罪人进行的分类。具体有二分法（主犯和从犯）和三分法（首要、从犯和胁从）。⑥ 两种分类方法虽各有利弊，但并非截然对立，而且各共同犯罪人的分工与其所起的作用之间还存在一定的客观

---

① 参见张明楷：《刑法学》（第5版），法律出版社2016年版，第668页。
② 参见高铭暄、马克昌主编：《刑法学》（第7版），北京大学出版社2016年版，第164页。
③ 参见周岸崟：《毒品犯罪中选择性罪名的适用》，载《中国审判》2019年第14期。
④ 参见顾肖荣：《刑法中的一罪与数罪问题》，上海学林出版社1986年版，第104页。
⑤ 此种情形下，如果某乙不与某甲成立共同犯罪，将面临有罪不能罚的尴尬局面。参见周岸崟：《毒品犯罪中选择性罪名的适用》，载《中国审判》2019年第14期。
⑥ 参见高铭暄、马克昌主编：《刑法学》（第7版），北京大学出版社2016年版，第172页。

联系，因此，可从这种客观联系出发，借助组织犯、教唆犯、帮助犯、实行犯和主犯、从犯之间的对应关系，来进行主从犯的判断。

依照《刑法》的规定，在犯罪集团中的组织犯因其组织、领导犯罪集团进行犯罪活动，被直接规定为主犯，而在一般共同犯罪中的组织犯，因其直接策划、安排、指挥实行犯实施了犯罪活动，所起到的也是主要作用，也应认定为主犯。因此，组织犯与主犯存在对应关系。教唆犯通常作为主犯处罚，除了教唆他人帮助别人犯罪的情形以外，教唆犯与主犯也存在对应关系。帮助犯在共同犯罪中通常起辅助作用，因此，与从犯存在对应关系。实行犯的情形要复杂一些，实行犯究竟与主犯还是从犯存在对应关系，并不能一概而论。从国外的立法例，特别是大陆法系各国的立法例来看，我国的主犯等同于国外的实行犯，但实行犯却不完全等同于我国的主犯，因为实行犯也可能构成从犯。详言之，可以把实行犯细分为主要实行犯、次要实行犯和胁迫实行犯，主要实行犯与主犯存在对应关系，次要实行犯与从犯存在对应关系，而胁迫实行犯则与胁从犯存在对应关系。

其次，当无法通过共同犯罪人的分工来区分主从犯时，[1] 就需要采用实质判断的方法来区分主从犯。除了组织、领导犯罪集团进行犯罪活动的犯罪分子，即犯罪集团的首要分子外，主犯通常是指在共同犯罪中起主要作用的犯罪分子。所谓"起主要作用"，通常认为应从两方面进行分析判断：一方面要分析犯罪人实施了哪些具体犯罪行为，对结果的发生起什么作用；另一方面要分析犯罪人对其他共犯人的支配作用。[2] 换言之，可以通过各共同犯罪人犯罪行为对危害结果的原因力和对其他共同犯罪人的支配力两方面来进行分析判断。

具体而言，如果共同犯罪人的犯罪行为直接导致了危害结果[3]的发生，或者虽然并未直接导致危害结果，但其行为积极，成为危害结果发生的必要条件或起关键作用的，或者其犯罪行为的社会危害性较大或具有特别严重情节的，应认为该共同犯罪人的犯罪行为对于危害结果的发生具有较高的原因力，[4] 可以认定为主犯。例如，毒品犯罪的犯意提起者可以认定为主犯。虽然起意者未必就是具体犯罪行为的实施者，但正是由其首起犯意，其他犯罪人才在该犯意的促使下形成共同犯罪故意，并进而实施了毒品共同犯罪。如果不是其提起犯意，也就不会有该毒品共同犯罪的发生，因此起意者不仅行为积极，而且对危害结果发生起的是关键作用，可以认定为主犯。

如果共同犯罪人对其他共同犯罪人具有较高的支配力，也可以认定起的是主要作用。这种支配力可以表现为指使、策划或管理、安排等，也可以表现为在共同犯罪中具有一定的优势地位。例如，在贩卖毒品中，由于毒资、毒品系毒品交易必不可少的要素，尽管作为主出资者、毒品所有者可能并未直接参与毒品交易，但由于其在共同犯罪中具有优势地位，可以认为对其他共同犯罪人具有支配力，应当构成主犯。共同犯罪中对犯罪

---

[1] 共同犯罪人并无分工时就无法通过分工来区分主从犯，而且主要实行犯中的"主要"和次要实行犯中的"次要"，也无法通过分工来区分。

[2] 参见张明楷：《刑法学》（第5版），法律出版社2016年版，第450~451页。

[3] 虽然毒品犯罪是典型的行为犯，不要求出现法定的危害后果，但毒品犯罪并非没有危害结果，例如，走私毒品犯罪中毒品被走私进入我国，贩卖毒品中毒品被贩卖到吸毒人员手中，等等。因此，此处的危害结果为广义的危害结果。

[4] 需要注意的是，虽然共同犯罪人的犯罪行为直接导致了危害结果的发生，但该共同犯罪人系在胁迫之下实施犯罪行为的，或者其从属、依附于其他共同犯罪人而实施犯罪的，不应认为具有较高的原因力。

所得的分配情况也是衡量支配力大小的标准,分配标准的制定者以及分配所占比例较大者,显然对于其他共同犯罪人具有较高的支配力,也可以认定为主犯。

需要注意的是,原因力和支配力判断并不需要二者兼具,无论是根据原因力还是支配力判断标准得出起主要作用的结论后,均可认定为主犯。例如,某甲在前探路,某乙携带毒品在后进行运输。某甲的犯罪行为并未直接导致危害结果的发生,其必须借助于某乙的犯罪行为才能导致危害结果的发生,因此,某甲的探路行为对于危害结果的发生仅具有较低的原因力,根据原因力判断标准,某甲应为从犯。但如果某甲探路、某乙运输系出自某甲的策划与安排,那么某甲因对某乙具有较高的支配力,可以认定为主犯。

最后,当通过形式分析方法得出的结论,与通过实质判断方法得出的结论不一致时,可以采用后者的结论对前者进行修正。例如,对于受雇用或者受指使实施毒品犯罪的,由于具体的毒品犯罪行为为受雇用者或受指使者所实施,根据形式分析方法受雇用者或受指使者为实行犯。因此,受雇用者或受指使者通常应为主犯。但如果雇用者或指使者在原因力或支配力方面较为突出,而受雇用者或受指使者依附性、从属性、被动性、受支配性明显,[①] 根据实质判断方法,可以认定为从犯的。为实现罪责刑相适应,突出打击重点,实现区别对待,可以采纳通过实质判断方法得出的结论。

二、毒品共同犯罪的处罚

如果成立毒品共同犯罪的,需要根据"部分行为全部责任"的原则进行处罚。全部共同犯罪人都应对共同犯罪的毒品总数量承担刑事责任,而不能仅就各共同犯罪人直接参与的毒品数量承担刑事责任。例如,某甲、某乙、某丙共谋运输毒品,即使各共同犯罪人只对部分毒品实施了运输,但均应对全部运输的毒品承担刑事责任。具体而言,对于毒品犯罪集团的首要分子,应按集团犯罪的毒品总数量处罚;对于一般共同犯罪的主犯,应按其组织、指挥的毒品数量处罚;对于从犯和胁从犯,也应按其参与共同犯罪的毒品总数量处罚。

虽然成立共同犯罪,各共同犯罪人均要对毒品总数量承担刑事责任,但仍需要对各共同犯罪人在共同犯罪中的地位、作用大小进行区分,以确定各共同犯罪人刑事责任的大小。由于毒品数量是毒品犯罪案件量刑的重要情节,而不是唯一情节。因此,在毒品共同犯罪的量刑中,由于毒品数量通常较单独犯罪巨大,尤其要避免量刑情节的唯数量论,尤其是在毒品共同犯罪达到判处死刑的毒品数量标准时,不能将各犯罪人悉数判处死刑,也不能为了避免死刑数量过多而否定毒品共同犯罪的成立。相反,应重视宽严相济刑事政策对量刑的指导和制约。详言之,应在毒品数量的基础上,综合考虑犯罪性质、情节、危害后果、各犯罪人的主观恶性、人身危险性及犯罪地的禁毒形势等因素,根据宽严相济刑事政策的基本要求,分别确定各共同犯罪人应承担的罪责,予以区别对待。特别是对于从犯和胁从犯,由于从犯在共同犯罪中起次要或辅助作用,而胁从犯是被胁迫参加犯罪的。因此,即使毒品数量已达相当巨大的程度,也应对从犯从轻、减轻或免除处罚,对胁从犯减轻或免除处罚。

对于确有证据证明在共同犯罪中为从犯或胁从犯的,不能因为其他共同犯罪人未归案而认定为主犯,或虽然认定为从犯,但实际上仍按主犯处理(从犯的主犯化)。对于确

---

① 这种从属性、依附性、被动性、受支配性未达胁迫的程度,否则就是胁从犯而非从犯。

有证据证明为主犯的，也不能因为其他共同犯罪人未归案，而降格为从犯或按从犯处理（主犯的从犯化）。此外，还要重视胁从犯的转化问题。例如，某甲胁迫某乙运输毒品。如果自始至终某乙均在某甲的控制和胁迫之中，自然应认定为胁从犯。如果某乙虽然起先确系没有犯意，受某甲利诱或威逼而实施了运输毒品的犯罪行为，但在随后实施的犯罪中逐渐确立犯意，并打算坚决实施的，则应当转化为主犯或从犯。

第三节　贩卖毒品犯罪中共同犯罪的认定和处理

一、上下家的认定和处理

在司法实务中，毒品的提供者通常称为上家，毒品的接收者称为下家。因此，在贩卖毒品的犯罪中，上家也就是毒品的贩卖者，而下家则是毒品的购买者。贩毒者固然构成贩卖毒品罪，但购毒者并不必然构成贩卖毒品罪。

以能否任意形成共同犯罪为标准，可以将共同犯罪区分为任意共同犯罪和必要共同犯罪。必要共同犯罪又分为三种情形，即对向犯、聚众共同犯罪和集团共同犯罪。[①] 所谓对向犯，也称对行犯、会合犯和对立性犯罪，[②] 是以存在二人以上的行为人互相对向的行为为要件的犯罪。[③] 贩卖毒品犯罪中的上下家，即贩毒者与购毒者就属于典型的对向犯。对向犯有三种类型：一是双方的罪名与法定刑相同；二是双方的罪名与法定刑都不同；三是只处罚一方的行为（片面的对向犯）。[④] 由于贩卖毒品罪既可由有偿转让毒品的行为构成，也可由非法收购毒品的行为构成，为了对刑事处罚范围进行限制，在由非法收购毒品构成的贩卖毒品罪中必须具有卖出的目的。因此，对贩卖毒品罪中购毒者的处理，上述三种类型都存在。如果购毒者以卖出为目的进行购买的，构成贩卖毒品罪，与贩毒者的罪名和法定刑相同；如果购毒者以吸食为目的进行购买，且达到非法持有毒品罪的入罪数量标准的，构成非法持有毒品罪，与贩毒者的罪名和法定刑都不同；如果购毒者以吸食为目的进行购买，但尚未达到非法持有毒品罪的入罪数量标准的，不构成犯罪。

在购毒者不构成犯罪时，能否根据《刑法》总则的规定将购毒者作为贩毒者的共犯（教唆犯或帮助犯）处罚？对此，理论上有不同的学说。立法者意思说认为，在对向犯中只设置处罚一方行为的场合，立法者的旨趣恐怕就是不处罚另一方的行为，依据这样的"立法者意思"，就能否定此时适用共犯的规定。[⑤] 实质说主张个别地、实质地说明片面的对向犯的参与行为的不可罚性。实质的根据在于，当处罚规定以保护实施参与行为的被害人为目的时，由于参与行为缺乏违法性而不可罚，或者是参与者没有责任的情形。可罚的规范目的说认为，不处罚片面的对向犯的一方的参与行为，是基于犯罪论上的实质

[①] 参见张明楷：《刑法学》（第5版），法律出版社2016年版，第386～389页。
[②] 参见［日］木村龟二主编：《刑法学词典》，顾肖荣、郑树周等译，上海翻译出版公司1991年版，第345页。
[③] 参见［日］大塚仁：《刑法概说（总论）》（第3版），冯军译，中国人民大学出版社2002年版，第270页。
[④] 参见张明楷：《刑法学》（第5版），法律出版社2016年版，第386页。
[⑤] 参见［日］山口厚：《刑法总论》（第2版），付立庆译，中国人民大学出版社2011年版，第341页。

理由与处罚的必要性意义上的政策判断。① 总的来说，立法者意思说的观点较为合理和妥当，"对必要的共同犯罪，根据刑法分则规定的有关犯罪的条文处理，不必适用刑法总则规定的共同犯罪的条款"②。因此，在购毒者不构成犯罪时，不能作为贩毒者的共犯处罚。当然，如果购毒者在非法持有毒品的行政违法之外，还实施了其他教唆或帮助贩毒者的行为的，则可以教唆犯或帮助犯论处。

虽然以卖出为目的的购毒者也构成贩卖毒品罪，但并不与贩毒者构成共同犯罪。这里不构成共同犯罪，并非贩毒者与购毒者没有共同犯罪故意和共同犯罪行为，而是因为售卖与购买为对向行为，从一开始就不能构成共同犯罪。对向犯不能构成共同犯罪，主要基于以下考虑：其一，贩毒者的目标是售卖毒品，而购毒者的目标是购买毒品，二者的犯罪故意和犯罪行为均围绕不同的目标展开，而售卖与购买为一体两面、相互依存的关系，如果认定为共同犯罪将导致共同犯罪认定的复杂和混乱。其二，售卖与购买是两种不同的行为，其对刑法所保护法益的侵害在程度上是有差异的，因此，所产生的社会危害性是不同的。其三，如果购毒者与贩毒者形成共同犯罪，购毒者便不需要具有特定的目的，也不需要考虑毒品的数量。而无论贩毒者基于什么目的和毒品数量均构成贩卖毒品共同犯罪的话，不仅不利于罪刑均衡的实现，而且不当地扩大了刑法处罚的范围。

虽然贩毒者与购毒者并不构成共同犯罪，但并不必然需要分案诉讼，为了诉讼便利可以并案审理。考虑到毒品的售卖行为和购买行为在法益侵害程度上的差异，裁量刑罚时，在相同的毒品数量下，对于购毒者的处罚应轻于贩毒者。但如果购毒者在贩卖毒品中行为较为积极，主动向贩毒者约购毒品，对于促成毒品交易起到较大作用的，可以与贩毒者判处相同的刑罚；如果对于促成毒品交易起到重要作用的，甚至可以判处比贩毒者更重的刑罚。对贩毒者和购毒者进行教唆和帮助的（居间介绍者除外），分别与贩毒者和购毒者构成共同犯罪。

二、居间介绍行为的认定和处理

在经济活动中，居间介绍是居间人在委托人和第三人之间，通过牵线搭桥的媒介作用，促使双方成交并获得佣金的一种经纪活动。在贩卖毒品的犯罪活动中，如果不考虑毒品为禁止流通物，毒品买卖也可以视为一种特殊商品的交易行为。因此，贩卖毒品中居间介绍行为具有如下特点：（1）违法性。由于交易的对象为毒品，而毒品的违法性决定了居间介绍的违法性。（2）参与交易的非主体性。居间介绍不是交易行为本身，而且毒品交易的实现并不都存在居间介绍行为。（3）中介性。居中介绍作为中介服务的一种形式，只包括提供交易信息、介绍交易对象等行为。（4）有偿性。委托人通常需要对居中介绍的中介服务支付相应的报酬。

居间介绍与居间倒卖具有显著的区别，居间倒卖虽然也有"居间"的一面，但其本质特征却是"倒卖"。所谓"倒卖"，是指低价买进后高价卖出。③ 因此，居间倒卖除违法性与居间介绍相同外，居间介绍的参与交易非主体性、中介性和有偿性都不具备。首

---

① 参见张明楷编：《外国刑法纲要》（第2版），清华大学出版社2007年版，第299页。
② 高铭暄、马克昌主编：《刑法学》（第7版），北京大学出版社2016年版，第168页。
③ 参见中国社会科学院语言研究所词典编辑室编：《现代汉语词典》（第6版），商务印书馆2012年版，第265页。

先，居间倒卖本身就是交易行为。居间倒卖以独立交易主体的角色介入买卖双方的交易，而且在交易中以自己的名义进行独立的意思表示。其次，居间倒卖不是中介行为。居间倒卖并不向买卖双方提供交易信息、介绍交易对象等服务，而是利用居间地位掌握的信息和情报，通过买卖双方信息的不对称进行虚拟交易。最后，居间倒卖具有赚取买卖双方交易的差额利润，牟取较大利益的目的。居间介绍只是基于其提供的中介服务收取相应的报酬，而居间倒卖显然并不满足于此，因此，居间倒卖所谋取的利益要远远超过居间介绍获得的报酬。

对于居间倒卖者，由于其属于毒品交易主体，与前后环节的交易对象是上下家关系，直接参与毒品交易并从中获利，故不与毒品交易的上家或下家成立共同犯罪，而是独立对参与的毒品犯罪承担刑事责任。虽然居间倒卖者以牟取较大利益作为犯罪目的，但是否实际牟取到利益不影响犯罪的成立。在裁量刑罚时，考虑到居间倒卖者并非真正的毒品交易主体，其在毒品交易中只实施了赚取差价的行为，并未真正实现对毒品的占有和支配，应根据查获的毒品数量，并结合牟取较大利益的具体情况，比照贩毒者和购毒者的刑罚从轻处罚。如果对居间倒卖者进行教唆或帮助的，可以与居间倒卖者成立共同犯罪。

由于居间介绍者在毒品交易中处于中间人地位，发挥介绍联络作用，通常与交易一方构成共同犯罪。另外，居间介绍者系接受委托人的委托，为其寻找第三人进行交易。因此，居间介绍者应与委托人构成共同犯罪。此外，由于购毒者在购买毒品目的上的不同，可能会触犯不同的罪名。因此，当居间介绍者缺乏购毒者购买毒品的目的时，是否与购毒者构成共同犯罪？在身份问题上，"目的"之类的主观因素是否也能包含在身份之中是存在争议的。在日本刑法中，有学者认为身份是以一定的继续性为前提的概念，所以，"目的"之类的并不具有继续性特征的、暂时性的主观情况，不应包括在身份当中（反对说）。日本最高法院1967年3月7日曾作出过判决，认为走私麻药罪中的"营利目的"也是"地位或者状态"，属于身份。日本很多学者赞成日本最高法院的判决意见，认为虽说目的是暂时性的东西，但由于其是和犯罪行为相关的、表明人的关系的特殊状态，因此，不仅和成立犯罪相关的"目的"，就是与刑罚轻重有关的"营利目的"也应包含在身份当中（赞成说）。[①] 我国虽然并未明确犯罪目的是否应当作为身份，但大体上采纳的是赞成说的观点，"事实上，除了身份以外，对其他特定的主观要素与共同犯罪的关系，也应按上述结论（共犯与身份处理原则）处理"[②]。因此，按照无身份者帮助有身份者实施真正身份犯时，可构成共同犯罪的原则，即使居间介绍者欠缺购买毒品的目的时，也能与购毒者构成共同犯罪。

综上所述，居间介绍者受贩毒者委托，为其介绍联络购毒者的，与贩毒者构成贩卖毒品罪的共同犯罪；明知购毒者以贩卖为目的购买毒品，受委托为其介绍联络贩毒者的，与购毒者构成贩卖毒品罪的共同犯罪；受以吸食为目的的购毒者委托，为其介绍联络贩毒者，毒品数量达到非法持有毒品罪的最低数量标准的，与购毒者构成非法持有毒品罪的共同犯罪。如果居间介绍者同时与贩毒者、购毒者共谋，联络促成双方交易的，通常

---

① 参见黎宏：《日本刑法精义》（第2版），法律出版社2008年版，第100页。
② 张明楷：《刑法学》（第5版），法律出版社2016年版，第443页。

认定与贩毒者构成贩卖毒品罪的共同犯罪。[1]

如果购毒者与居间介绍者在购买毒品的目的上存在不同认识的，例如，购毒者谎称购买毒品进行吸食，委托居间介绍者联络贩毒者，而其实际上购买毒品系用于贩卖的，应如何处理？根据部分犯罪共同说，二人以上虽然共同实施了不同的犯罪，但当这些不同的犯罪之间具有重合的性质时，则在重合的限度内成立共同犯罪。例如，甲以杀人的故意、乙以伤害的故意共同加害于丙时，只在故意伤害罪的范围内成立共犯。[2] 贩卖毒品罪与非法持有毒品罪侵犯的客体相同，而且通常来说，贩卖毒品犯罪的实施需要以非法持有毒品作为前提。因此，可以认为贩卖毒品罪与非法持有毒品罪存在重合关系。详言之，购毒者与居间介绍者在非法持有毒品罪的范围内成立共同犯罪，居间介绍者构成非法持有毒品罪，购毒者由于购买毒品用于贩卖，还构成贩卖毒品罪，二罪为想象竞合关系，根据择重罪论处的原则，购毒者成立贩卖毒品罪。如果购毒者谎称购买毒品进行贩卖，委托居间介绍者联络贩毒者，而其实际上购买毒品系用于吸食的。对于购毒者无疑应构成非法持有毒品罪。对于居间介绍者，由于其与购毒者形成的贩卖故意中也包含了非法持有毒品的故意，因此，与购毒者在非法持有毒品罪的范围内成立共同犯罪。此外，由于其对于购毒者的贩卖目的存在认识，理应成立贩卖毒品罪，但鉴于购毒者的真实目的是吸食毒品，在贩卖毒品缺乏正犯的情况下，其共犯行为应不可罚。因此，居间介绍者仍只构成非法持有毒品罪。

在居间介绍者构成的共同犯罪中，由于居间介绍者并不能主导整个毒品交易，多处于中间人的地位，实施的也多是为毒品交易主体提供交易信息、介绍交易对象等帮助行为，对促成交易起次要、辅助作用，应当认定为从犯。对于以居间介绍者的身份介入毒品交易，但在交易中超出居间介绍者的地位，对交易的发起和达成起重要作用的，[3] 可以认定为主犯。

三、代卖者、代购者、代收者的认定和处理

在司法实务中，通常把代替贩毒者、购毒者售卖、购买毒品，代替贩毒者、购毒者接收毒品的人，简称为代卖者、代购者、代收者。

对于代卖者，作为贩卖毒品罪的共犯论处。对于代购者，未从中牟利的，以相关毒品犯罪的共犯论处。详言之，如果托购者的目的是贩卖，代购者作为贩卖毒品罪的共犯论处；如果托购者的目的是吸食，代购者不构成贩卖毒品罪，而构成非法持有毒品罪的共犯；因运输毒品被查获的，构成运输毒品罪的共犯。代购者加价或者变相加价从中牟利的，以贩卖毒品罪定罪处罚。代购者收取、私自截留部分购毒款、毒品，或者通过在交通、食宿等开销之外收取"介绍费""劳务费"等方式从中牟利的，属于变相加价贩卖毒品的行为，如果代购用于吸食的毒品时，代购者构成贩卖毒品罪；如果代购用于贩卖

---

[1] 这种情形在司法实务中非常罕见。首先，居间介绍者不可能同时分别与贩毒者、购毒者实现共谋，总有个时间上的先后顺序；其次，如果贩毒者与购毒者实现了共谋的，通常就不需要居间介绍者了；最后，如果居间介绍者为数人，分别同时与贩毒者、购毒者实现共谋，没有必要将居间介绍的数人作为整体予以考虑，分别与贩毒者、购毒者构成共同犯罪即可。

[2] 参见张明楷编著：《外国刑法纲要》（第2版），清华大学出版社2007年版，第306页。

[3] 例如，积极劝说交易双方进行交易的，在毒品交易中作出独立意思表示的，所获报酬超过正常范围的，等等。

的毒品时，因其已作为独立的交易主体存在于毒品交易中，不再与购毒者成立共同犯罪，而构成独立的贩卖毒品罪。但代购者从托购者事先联系的贩毒者处，为托购者购买仅用于吸食的毒品，并收取、私自截留少量毒品供自己吸食的，一般不以贩卖毒品罪论处。

如果代购者与托购者在购买毒品的目的上存在不同认识的，例如，托购者谎称购买毒品进行吸食，请求代购者代购毒品的，而其实际上购买毒品系用于贩卖的，应如何处理？根据部分犯罪共同说，代购者和托购者在非法持有毒品罪的范围内成立共同犯罪。因此，代购者成立非法持有毒品罪，托购者利用了代购者有故意而无目的的行为，成立贩卖毒品罪的间接正犯。托购者触犯的非法持有毒品罪和贩卖毒品罪为想象竞合关系，根据择重罪论处的原则，托购者最终构成贩卖毒品罪。如果托购者谎称购买毒品进行贩卖，请求代购者代购毒品，而其实际上购买毒品系用于吸食的，由于托购者利用了代购者有故意而无目的的行为，成立非法持有毒品罪的间接正犯。代购者虽然与托购者在非法持有毒品罪的范围内成立共同犯罪，但由于对于托购者的贩卖目的存在认识，代购者还构成贩卖毒品罪。代购者触犯的非法持有毒品罪和贩卖毒品罪为想象竞合关系，根据想象竞合关系的处断原则，应构成贩卖毒品罪。但由于托购者的真实目的是吸食，代购者认识到的贩卖目的无法实现，致使犯罪因代购者意志以外的原因而未得逞，因此，代购者构成贩卖毒品罪的未遂。

对于代收者，如果与购毒者有实施贩卖毒品等其他犯罪的故意，构成贩卖毒品罪等的共犯；如果与购毒者没有实施贩卖毒品等其他犯罪的故意，且毒品数量达到非法持有毒品罪入罪数量标准的，构成非法持有毒品罪。需要注意的是，如果代收者明知是走私、贩卖、运输、制造毒品的犯罪分子的毒品，而接收为之藏匿的，则应构成窝藏毒品罪。

第四节　运输毒品犯罪中共同犯罪的认定和处理

一、人体运毒者共同犯罪的认定和处理

以人体方式运输毒品的犯罪，由于毒品藏匿于犯罪人体内，肉眼无法进行分辨，隐蔽性远高于在体外运毒的情况，而且目前在机场、码头、车站、检查哨卡等还未完全配备 X 光透视设备，同时这些地点人流量大而警力有限，致使该犯罪较易得手。因此，以人体方式来运输毒品一直都是运输毒品犯罪中的主要形式。以人体方式运输毒品的犯罪人与指使者或雇用者之间构成共同犯罪没有什么争议，但以人体方式运输毒品的犯罪人之间是否构成共同犯罪及如何对查获的毒品承担刑事责任则有很大争议。

在司法实务中存在两种处理意见：其一，否认以人体方式运输毒品的犯罪人之间构成共同犯罪，各犯罪人对自己运输的毒品承担刑事责任；其二，虽然承认以人体方式运输毒品的犯罪人之间构成共同犯罪，但各犯罪人仍然只对各自运输的毒品承担刑事责任。

如欲构成共同犯罪，需要各共同犯罪人具有共同犯罪故意和共同犯罪行为。如果以人体方式运输毒品的犯罪人相互都知道对方以人体运毒的事实，而且还商议一起上路相互配合、相互掩护，通过相互帮助共同完成运输毒品的犯罪，那么就应该构成共同犯罪。因此，一概地否定以人体方式运输毒品的犯罪人之间能够构成共同犯罪的第一种处理意

见是不恰当的。

第二种处理意见虽然认可以人体方式运输毒品的犯罪人之间能够构成共同犯罪，但也有不妥之处，既然可以构成共同犯罪，又为何只对各自运输的毒品承担刑事责任？这跟单独犯的场合有何差别？实际上，这种处理方式只是在表面上承认以人体方式运输毒品的犯罪人之间能够构成共同犯罪，但在确定刑事责任时仍按照单独犯的原则来进行处理。因此，这种处理方式也存在不合理性。例如，某甲体内藏匿毒品欲从 A 地前往 B 地，某乙知道这一情况后因其对 A、B 两地都很熟，便带领某甲穿小道避开检查哨所由 A 地到达 B 地，将二人抓获后某乙显然也构成犯罪，而且要对某甲体内藏匿的毒品承担帮助犯的刑事责任。如果某乙的行为不变只是体内和某甲一样也藏匿了毒品，如果按照第二种处理方法，某乙只对自己运输的毒品承担刑事责任显然是有问题的，为什么某乙对某甲体内藏匿毒品承担的帮助犯的刑事责任就不予追究呢？而且，按照刑法的规定，如果某甲体内藏匿的毒品数量较大，而某乙体内藏匿的毒品数量较小，那么在某乙体内没有藏匿毒品的情形下，其和某甲共同对数量较大的毒品承担刑事责任，但在其体内藏匿毒品的情形下，反而只对数量较小的毒品承担刑事责任。某乙不仅对某甲有帮助行为而且自己体内也藏匿了毒品，其刑事责任反而比仅仅对某甲有帮助行为的场合要轻许多，显然有违罪责刑相适应的刑法基本原则，而且有悖于情理，难免会导致轻纵罪犯的结果。

因此，以人体方式运输毒品的犯罪人之间的共同犯罪问题，还是应当根据《刑法》和司法解释的规定并结合刑法相关理论和司法实际，重点对是否明知他人带有毒品，有无共同运输毒品的意思联络，有无实施配合、掩护他人运输毒品的行为等几方面进行审查，针对不同的情形作出不同的处理：

（1）各犯罪人虽在同一地点接到毒品甚至藏入体内，但藏匿好毒品后即各自上路相互之间并不联系也不知道相互行走路线，而且按照各自运输的毒品数量领取报酬的，不构成共同犯罪，各犯罪人对各自运输的毒品承担刑事责任。

（2）各犯罪人相互散开各走不同路线但偶然同乘一班飞机或班车、渡轮等，相互之间并不交谈佯作不认识也没有实施相互配合、掩护运输毒品行为，且按照各自运输的毒品数量领取报酬的，一般不构成共同犯罪。

（3）各犯罪人约定一起出发同乘一班飞机或班车、渡轮等，相互之间佯作不认识也没有任何共同行为的，即使按照各自运输的毒品数量领取报酬的，也构成共同犯罪。这是因为"从帮助行为的方式来分，可以分为物质性的帮助行为与精神性的帮助行为……精神性的帮助行为是指精神上与心理上的帮助，这种帮助是无形的，因此又可以称为无形的帮助"[①]，因此，各犯罪人共同对运输的全部毒品承担刑事责任。

（4）各犯罪人约定一起出发并在运输过程相互配合、相互掩护、相互帮助，即使按照各自运输的毒品数量领取报酬的，也构成共同犯罪。

（5）各犯罪人约定通过各自身体分批分次运输毒品的，无论各犯罪人是一起出发还是分开行进，都构成共同犯罪，共同对运输的全部毒品承担刑事责任。

需要注意的是，虽然第3、4、5种情形都规定各犯罪人共同对运输的全部毒品承担刑事责任，但具体处罚时又有所不同。详言之，第5种情形各犯罪人为共同正犯，按照"部分行为全部责任"的原则处罚，各犯罪人对各自运输的毒品进行累加后共同承担刑事

---

① 陈兴良：《刑法适用总论》（上卷），法律出版社1999年版，第482~483页。

责任。而第 3、4 种情形，各犯罪人约定一起出发并有物质性帮助行为或精神性帮助行为的，虽然各犯罪人对全部毒品共同承担刑事责任，但各犯罪人对自己体内的毒品承担的是实行犯的刑事责任，而对其他犯罪人体内的毒品承担的则是帮助犯的刑事责任。

二、分段运输者和中转者共同犯罪的认定和处理

面对毒品的泛滥和毒品犯罪的猖獗，各地公安机关不断加大打击的强度和侦破的力度，毒品犯罪分子也相应地不断变换手法躲避侦查，司法实务中的主要表现就是将毒品运输线路逐级细化进行分段运输，由最初的一人完成分解为多人相互交接各走一段。

对于分段运输犯罪人，与指使者或雇用者毫无疑问可以构成共同犯罪，但分段运输犯罪人之间却未必构成共同犯罪。在司法实务中，各犯罪人是可能具有认识到他们共同犯罪行为和行为会发生的危害结果，并希望或放任这种结果发生的心理态度的。因此，各犯罪人之间能否成立共同犯罪，关键就在于各犯罪人之间是否存在意思联络。通常来说，这种意思联络很难存在，因为指使者或雇佣者为了确保毒品的运输安全，作为反侦查的必要手段，都会极力避免和阻挠各犯罪人在犯罪之前见面或进行联系等。因此，受雇于同一雇主分段运输同一宗毒品的犯罪人之间并不构成共同犯罪。当然，如果事先有意思联络，并进行了犯罪共谋的，应当构成共同犯罪。如果各犯罪人之间只具有单方面的认识，即片面实行犯的场合，由于各犯罪人已经针对毒品实施了运输行为，定罪量刑的诸要素均已具备，并不像片面帮助犯那样需要借助正犯实现处罚的可能性。因此，没有必要承认分段运输犯罪人之间存在片面实行犯现象。

对于处在分段运输犯罪人之间的中转犯罪人，其行为多为静态的接收和转交毒品，在司法实务中有两种处理方式：其一，因为此类犯罪人多为等待其他犯罪人来送或取毒品，其本人仅仅实施了非法持有毒品的行为，而且其与来送或取毒品进行运输的犯罪人往往并不认识。因此，中转犯罪人与运输毒品的犯罪人并不构成共同犯罪，而是独立构成非法持有毒品罪；其二，虽然中转犯罪人并没有运输的具体行为，但考虑到其主观上知晓来送或取毒品的犯罪人已经或将要实施的是运输毒品的行为，因此应认定与来送或取毒品进行运输的犯罪人之间构成运输毒品罪的共同犯罪。

毒品犯罪相较于其他犯罪而言，最大的特点就在于毒品的所有者和具体犯罪行为的实施者通常都是相分离的，很多实施走私、贩卖、运输、制造毒品的犯罪人不是毒品的所有者，而是处在毒品所有者或其他人的组织、指使之下。因此，第一种处理方式显然忽略了毒品犯罪的这一特点，割裂了中转犯罪人和组织、指使者间的共同犯罪关系，而且一概认定为非法持有毒品罪，难免轻纵罪犯。第二种处理方式虽然考虑到了毒品犯罪的这一特点，但忽视了中转犯罪人和毒品运输人之间的意思联络，难以一概认定与运输人成立共同犯罪。

综上所述，中转犯罪人在主观上可能的确明知来送或取毒品的犯罪人，已经或将要对毒品实施运输行为，但即使中转犯罪人和毒品运输人存在共同犯罪故意，如果没有意思联络仍然不能成立共同犯罪。因此，由于中转犯罪人与毒品运输人通常都没有意思联络，因此不构成共同犯罪，但由于与组织、指使者之间存在意思联络，因此，可以和组织、指使者成立运输毒品罪的共同犯罪。[①] 如果与毒品运输人存在意思联络

[①] 如果和组织、指使者的共同犯罪故意为贩卖毒品故意的，应成立贩卖毒品罪的共同犯罪。

的，与组织、指使者及毒品运输人成立运输毒品罪的共同犯罪。由于中转犯罪人毕竟没有对毒品实施运输行为，在共同犯罪中不能认定为主犯，其所起到的多为辅助作用，只能认定为从犯。

第十三章
毒品犯罪的选择性罪名研究

所谓选择性罪名，亦称选择罪名，是指所包含的犯罪构成的具体内容复杂，反映出多种行为类型，既可概括使用，也可分解拆开使用的罪名。[1] 由于选择性罪名能够有效地简化法典条文、优化法典结构，[2] 因此在刑法典中得到了广泛采用。对比1979年《刑法》和1997年《刑法》及之后通过的刑法修正案，可以发现选择性罪名有逐渐增多的趋势，[3] 截止到《刑法修正案（十）》选择性罪名大约占全部罪名的1/3。为了实现选择性罪名的准确适用，在毒品犯罪特别是在《刑法》第347条规定的走私、贩卖、运输、制造毒品罪的审判中需要注意以下几方面的问题。

第一节 正确认定罪数形态

根据我国刑法理论，选择性罪名是相对于单一罪名和概括罪名而存在的。所谓单一罪名，强调的是犯罪构成具体内容的单一，因此只能反映一个犯罪行为。概括罪名则和选择性罪名一样，都是犯罪构成包含的具体内容复杂，能反映出多种具体行为类型，但二者的区别也较为明显，即前者只能概括使用而不能分解拆开使用，而后者既可以概括使用也可以分解拆开使用。[4]

从可以分解拆开使用这一点来分析，选择性罪名实际上应为数罪，但由于其反映出的多种具体行为类型存在密切联系或是侵犯了同一法益，如果分别规定为数个法条，必然导致刑法典语言繁复、结构烦琐，忽视法条间的有机联系，破坏简洁、概括的法典结

---

[1] 张明楷：《刑法学》（第5版），法律出版社2016年版，第668页。
[2] 《刑法》第125条第1款规定的非法制造、买卖、运输、邮寄、储存枪支、弹药、爆炸物罪，可以拆解分成147个具体罪名，由此可见选择性罪名在简化条文、优化法典结构方面的重要意义。参见胡云腾：《论社会发展与罪名变迁——兼论选择型罪名的文书引用》，载《东方法学》2008年第2期。
[3] 参见胡云腾：《论社会发展与罪名变迁——兼论选择型罪名的文书引用》，载《东方法学》2008年第2期。
[4] 参见张明楷：《刑法学》（第5版），法律出版社2016年版，第668页。

构,同时,还会引起刑法的重复评价,从而导致刑罚过于严厉,[1] 或者引起刑法的评价不足,导致刑罚偏轻,[2] 不仅违反罪刑均衡原则,也不利于刑罚预防犯罪目的的实现。

因此,选择性罪名应该是立法机关基于现实考虑和利益权衡,将数罪加以合并规定为一个犯罪构成而产生的。从这个意义上说,选择性罪名并非实质一罪,否则就难以解释为何既可概括使用也可以分解拆开使用。质言之,选择性罪名应为形式的数罪,法定的一罪。因此,选择性罪名本身并不存在罪数形态问题,有观点认为,选择性罪名有利于解决罪数与并罚问题,[3] 显然并不妥当。但需要注意的是,在司法实践中选择性罪名仍然会存在罪数问题。

在走私、贩卖、运输、制造毒品罪中,如果行为人对同一宗毒品实施了两种以上犯罪行为的,按照所实施的犯罪行为的性质并列确定罪名,毒品数量不重复计算,不实行数罪并罚。

如果行为人对不同宗毒品,实施了四种行为中某一种犯罪行为的,按照所实施的犯罪行为的性质确定罪名,不实行数罪并罚,毒品数量累计计算。[4]

如果行为人对不同宗毒品实施了不同的犯罪行为,按照所实施的犯罪行为的性质并列确定罪名,不实行数罪并罚,毒品数量累计计算。

如果行为人对同一宗毒品实施了走私、贩卖、运输、制造毒品行为后又实施了其他犯罪行为的,有些情况下可以分别定罪,进行数罪并罚。例如,行为人向他人贩卖毒品后又容留其吸食、注射毒品的,以贩卖毒品罪和容留他人吸毒罪数罪并罚。再如,行为人在走私毒品的同时还走私了其他普通货物、物品的,按走私毒品和走私普通货物、物品罪进行数罪并罚。有些情况下则不成立数罪,也不进行并罚,而是从一重处罚。例如,利用信息网络设立用于贩卖毒品等违法犯罪活动的网站、通讯群组或者发布实施前述违法犯罪活动信息,情节严重的,以非法利用信息网络罪定罪处罚。如果同时构成贩卖毒品罪,依照处罚较重的规定定罪处罚。

如果行为人对不同宗毒品实施了走私、贩卖、运输、制造毒品行为和其他犯罪行为的,应分别定罪,进行数罪并罚。

---

[1] 在走私、贩卖、运输、制造毒品中,刑罚的过于严厉出现在针对同一宗毒品实施不同犯罪行为的场合。例如,某甲对20克毒品海洛因实施了走私、贩卖和运输行为。如果某甲不成立数罪,只在七年至十五年有期徒刑中裁量刑罚;而如果某甲成立数罪,则需要在七年至二十一年有期徒刑中裁量刑罚,显然刑罚过于严厉。

[2] 刑罚的偏轻出现在针对不同宗毒品实施不同犯罪行为的场合。例如,某甲对50克毒品海洛因实施了走私行为,对50克毒品甲基苯丙胺实施了贩卖行为,对1000克毒品鸦片实施了运输行为。假定走私、贩卖、运输、制造100克毒品海洛因即可判处死刑,那么如果某甲不成立数罪,最高刑可判处死刑;而如果某甲成立数罪,最高刑不能超过二十五年,显然刑罚偏轻,可能放纵了罪犯。

[3] 参见张亚平、王东风:《论选择性罪名的适用》,载《天中学刊》2004年第1期。

[4] 从严格意义上来说,如果行为人基于同一或者概括的犯罪故意,对不同宗毒品,连续实施了四种行为中某一种犯罪行为的,应成立连续犯。而行为人非基于同一或者概括的犯罪故意,对不同宗毒品实施了四种行为中某一种犯罪行为的,应构成同种数罪。但在同种数罪不并罚的情况下,区分连续犯和同种数罪并不具有现实意义,因为不管是成立连续犯还是同种数罪,都按一罪处断,毒品数量累计计算。参见张明楷:《刑法学》(第5版),法律出版社2016年版,第479页。

第二节　按照所实施犯罪行为的性质并列确定罪名

选择性罪名包括行为选择、对象选择、行为与对象同时选择三种类型,[1] 走私、贩卖、运输、制造毒品罪属于行为选择类型,当犯罪对象是其他受国家管制的物品时,构成其他犯罪,例如,走私枪支、弹药的,构成走私武器、弹药罪,贩卖、运输、制造枪支、弹药的,构成非法制造、买卖、运输枪支、弹药罪。当行为人实施走私、贩卖、运输、制造毒品罪的全部犯罪行为的,直接按走私、贩卖、运输、制造毒品罪定罪处罚;如果行为人仅实施其中部分犯罪行为的,则根据其所实施的犯罪行为性质来确定相对应的分解罪名。

由于选择性罪名是形式的数罪,法定的一罪。因此,当行为人对同一宗毒品实施了走私、贩卖、运输、制造毒品罪中两种或两种以上犯罪行为时,不实行数罪并罚,毒品数量也不重复计算。这样就导致司法实践中很多司法人员不太重视按照行为人所实施犯罪行为的性质并列确定罪名。

因为这种情况不进行数罪并罚,毒品数量也只按照查获的毒品数量来计算,所以在通常情况下,特别是在单独犯的场合,究竟认定行为人实施了走私、贩卖、运输、制造毒品罪中的一犯罪行为还是数犯罪行为,在量刑上的区别并不突出。但是,需要注意的是,虽然刑法所规定的法律后果主要体现在判处的刑罚上,但准确定罪并非不重要。这是因为刑事法律后果不同于其他的法律后果,其实质是对犯罪行为的否定评价与对犯罪人的谴责。[2] 此处"对犯罪行为的否定评价"显然是指所触犯罪名的确定,否则仅仅宣告行为人的行为构成犯罪而不判处刑罚,就不能成为让犯罪人对其犯罪行为承担刑事法律后果的一种形式。

此外,在共同犯罪的场合,构成一罪还是数罪对共同犯罪人所接受谴责(主从犯的认定)的确定会有影响。例如,某甲欲购买毒品进行贩卖,遂委托某乙联系毒贩,与毒贩交易完成后,某甲又雇用某乙驾驶车辆将其和毒品送往外地进行贩卖。

在这个案例中,如果认为某甲和某乙仅构成运输毒品罪,显然对二行为人行为的否定评价不全面,与二行为人行为产生的法益侵害程度也不相符;如果认为某甲和某乙仅构成贩卖毒品罪,那么某乙的毒品运输行为只能认定为系对某甲毒品贩卖行为的帮助行为,即便其联系了毒贩,但这种联系行为仍然是对贩卖行为的帮助行为。鉴于此,在某甲、某乙贩卖毒品罪的共同犯罪中,某乙应当认定为从犯。

但将某乙认定为从犯显然有违刑法的公平正义。如果上述案例中的毒品数量为海洛因 50 克,那么将某乙认定为从犯,就应当在有期徒刑十五年以下裁量刑罚。如果某乙只是受某甲雇用单独一人运输毒品,那么某乙就是运输毒品的实行犯,应当在有期徒刑十五年以上裁量刑罚。某乙在两个案例中的行为几乎一样,但面临的刑罚却极大的不同,显然违背了罪责刑相适应的刑法基本原则。

---

[1] 参见张明楷:《刑法学》(第 5 版),法律出版社 2016 年版,第 668 页。
[2] 参见张明楷:《刑法学》(第 5 版),法律出版社 2016 年版,第 501 页。

因此，在毒品犯罪选择性罪名的适用中，只要对同一宗毒品实施了两种以上犯罪行为并有相应确凿证据的，尽管毒品数量不重复计算，不实行数罪并罚，仍应当严格按照所实施的犯罪行为的性质并列确定罪名。

第三节　在量刑上需要将走私毒品和运输毒品进行区别

严格意义上说，把走私、贩卖、运输、制造毒品罪作为选择性罪名是不妥当的。

首先，走私毒品行为在性质上与贩卖、运输和制造毒品行为具有显著的差异。这种差异可以在《刑法》对走私、贩卖、运输和制造枪支行为的不同处理中略见一斑。走私枪支行为构成走私武器罪，而贩卖、运输和制造枪支构成非法制造、买卖、运输枪支罪。如果犯罪对象同为以火药为动力发射枪弹的（非军用）枪支 1 支的，在走私武器罪中法定刑幅度为七年以上十五年以下有期徒刑，并处罚金或者没收财产；在非法制造、买卖、运输枪支罪中法定刑幅度为三年以上十年以下有期徒刑。这说明在刑法规范的评价中，走私犯罪行为不同于贩卖、运输和制造犯罪行为。

一般来说，贩卖、运输、制造行为都是发生于一国境内的行为，而走私行为是跨越两国界线的行为。因此，在犯罪行为侵害的法益上，走私犯罪行为要重于贩卖、运输和制造犯罪行为，这就是走私犯罪行为与贩卖、运输和制造犯罪行为具有显著的差异的原因所在。就走私毒品行为和贩卖、运输、制造毒品行为而言，贩卖、运输、制造行为侵害的法益是国家对毒品的管理制度，而走私毒品行为侵害的法益除了国家对毒品的管理制度之外，还应当包括国家对外贸易中的监管制度。质言之，走私毒品行为对法益的侵害程度要远高于贩卖、运输、制造毒品行为。相应地，在法定刑的设置上走私毒品行为需要重于贩卖、运输、制造毒品行为。因此，走私毒品的行为和贩卖、运输、制造毒品的行为并不能成立选择性罪名。

其次，就运输毒品行为而言，其对于走私、贩卖、制造毒品行为的依附性较强，呈现从属性和辅助性的特点。这主要是因为我国不是毒品的原产地，而且一直对毒品的非法生产、制造呈现高压监管、严厉惩处的态势，从而导致我国境内的毒品基本为在境外生产、制造，然后经走私进入我国。因此，毒品入境后需要通过运输环节进入消费市场，进而逐步扩散，流入吸毒人员手中。

在这个意义上说，运输毒品行为所产生的法益侵害程度远不及贩卖、制造毒品行为。相应地，在法定刑的设置上运输毒品行为需要轻于贩卖、制造毒品行为。这种认识在毒品犯罪死刑的判处标准上得到了体现，例如，对于受人指使、雇用参与运输毒品犯罪，又系初犯、偶犯的，即使毒品数量超过实际掌握的死刑数量标准，也可以不判处死刑立即执行。尤其对于被动参与犯罪，从属性、辅助性较强，获利程度较低的，一般不应当判处死刑。再如，一案中有多人受雇运输毒品的，同时判处二人以上死刑要特别慎重。

综上所述，不宜将走私、贩卖、运输、制造毒品罪作为选择性罪名。从罪责刑相适应的角度来说，在立法上应将走私、贩卖、运输、制造毒品罪进行拆分，确定走私毒品罪、贩卖和制造毒品罪、运输毒品罪三个梯度的法定刑设置。在立法没有调整的情况下，在司法实践中需要将三者在刑罚裁量中加以区别。具体而言，在相同的毒品数量下，走私毒品行为的量刑应重于贩卖和制造毒品行为，而运输毒品行为则应轻于贩卖和制造毒品行为。这种刑罚裁量的轻与重不应只体现在死刑案件的裁判中，而应该在所有毒品案件中均有所体现。

第四节 正确认定犯罪既遂及停止形态

如果行为人实施了走私、贩卖、运输、制造毒品行为中的数个行为，很可能有的犯罪行为已经既遂，有的犯罪行为却是未遂，甚至有的犯罪行为还可能是预备。有观点认为，行为人为贩卖毒品而运输，即使运输毒品完成，而贩卖未遂，也应视整个运输、贩卖毒品罪未遂。[1] 还有观点认为，在选择性罪名中，行为人实施数个行为如果其中某一犯罪行为已经既遂，而其他行为处于未遂形态，那么，就可以只对既遂行为进行定罪，即在罪名的认定上以此既遂行为作为评价的对象，而其他未遂行为作为一个量刑情节予以考虑。[2]

这两种观点都有待商榷，首先是混淆了定罪和量刑。将未遂行为作为量刑情节予以考虑，和将该未遂行为定罪并没有必然联系，换言之，即使将该未遂行为定罪，也可以作为量刑情节予以考虑。此外，既然行为人实施了两个犯罪行为，尽管其中一个犯罪行为未遂，为什么不进行否定性法律评价（定罪）？明显有违确立选择性罪名的立法旨趣。

其次，如果行为人仅实施了运输毒品行为，而该运输行为已经既遂，那么行为人就应该承担运输毒品罪既遂的刑事责任。如果行为人除了实施运输毒品行为外，还实施了贩卖毒品行为，尽管贩卖毒品行为为未遂，但足以说明行为人的主观恶性和行为的客观危害，远较实施了单一运输毒品行为的行为人要严重，结果反而只能认定为未遂，或虽不认定为未遂但可作为量刑情节予以考虑。行为人实施了更多的犯罪行为，刑事责任反而下降了，明显违反了罪责刑相适应原则，有损刑法的公平正义。

最后，如果这种认识贯彻到司法实践中，可能会导致通过刑罚预防毒品犯罪目的的空置和宽严相济刑事政策在毒品犯罪中的失灵。

综上所述，在行为人实施某一犯罪的过程中，若兼有各种选择事项，只要其中的一个事项完成时，整个选择犯便已既遂，尽管某一选择事项未完成，也不构成未完成的犯罪形态。[3] 质言之，在走私、贩卖、运输、制造毒品罪中，对于实施了数种犯罪行为，且各犯罪行为既未遂形态不一时，根据罪刑均衡的刑法基本原则并结合相关刑法理论，应当按照犯罪既遂吸收犯罪未遂或犯罪预备、犯罪未遂吸收犯罪预备的原则来确定既未遂形态。

例如，某甲欲将毒品走私入境后进行贩卖，结果入境后尚未找寻到毒品买主进行交易即被抓获。某甲显然应该构成走私、贩卖毒品罪，但其走私毒品为既遂，贩卖毒品为

---

[1] 参见张亚平、王东凤：《论选择性罪名的适用》，载《天中学刊》2004 年第 1 期。
[2] 参见唐仲江：《选择性罪名司法适用问题研究》，载《中山大学法律评论》第 15 卷第 2 辑。
[3] 参见姜伟：《犯罪形态通论》，法律出版社 1994 年版，第 316 页。

未遂。根据犯罪既遂吸收犯罪未遂的原则，某甲应该构成走私、贩卖毒品罪的既遂。再如，某甲误将面粉当成毒品贩卖给毒品买主后，又受毒品买主雇用将毒品运输至异地，结果尚未出发即被抓获。某甲贩卖毒品应为未遂，运输毒品尚处于预备之中，根据犯罪未遂吸收犯罪预备的原则，某甲应该构成贩卖、运输毒品罪的未遂。

如果行为人有的犯罪行为为既遂或未遂，有的犯罪行为却是中止。例如，某甲将毒品走私入境进行贩卖，结果在毒品入境后幡然悔悟，主动中止了贩卖毒品行为。虽然某甲走私毒品行为已经既遂，但不能简单认为某甲应该构成走私、贩卖毒品罪的既遂。虽然刑法理论一般认为犯罪既遂之后，不能再成立犯罪中止，但对于选择性罪名，至少在走私、贩卖、运输、制造毒品罪中应该作为例外。

首先，既然实施了走私、贩卖、运输、制造毒品行为中一行为的构成一罪，而实施了数行为的也只构成一罪，那么就应该承认在犯罪既遂之后，应该存在再成立犯罪中止的可能，只有这样才能实现犯罪中止的立法目的和意旨。这是因为，一旦犯罪分子实施了某个选择性罪名中一个犯罪行为足以判处法定最高刑时，就极有可能放纵实施该选择性罪名中的其他犯罪行为，因为此时再实施该选择性罪名中的其他行为无须付出相应的刑罚代价。① 因此，为了实现犯罪中止搭建"黄金桥"的目的，使行为人能够自犯罪途中退却，避免变相鼓励行为人恣意实施该选择性罪名中的其他犯罪行为，应该拓宽犯罪中止的成立范围。

其次，我国《刑法》中规定对于中止犯，没有造成损害的，应当免除处罚；造成损害的，应当减轻处罚。这样规定的目的，主要的考虑是，中止犯的违法性与有责性均有减少，仅此便能够减轻处罚。由于中止犯自动回到合法性的立场，导致特殊预防必要性的丧失，所以对中止犯应当免除处罚。② 因此，在走私、贩卖、运输、制造毒品中，行为人在一犯罪行为既遂之后，中止了其他犯罪行为的，说明行为人犯罪行为的法益侵害程度减弱，与法秩序公然对抗的态度开始转变，随着人身危险性的降低，刑罚特殊预防的必要性和程度有所动摇。

最后，犯罪中止与犯罪未遂、犯罪预备存在质的区别。犯罪预备中尚未着手犯罪实行行为及犯罪未遂中犯罪未完成，都是行为人意志以外的原因所导致的。而犯罪中止强调的是行为人出于自己的意志而放弃了自认为本可以继续实施和完成的犯罪。因此，对于犯罪预备和犯罪未遂，我国刑法中采纳的是得减免制，而对于犯罪中止采纳的却是必减免制度。质言之，对于犯罪中止和犯罪既遂或犯罪未遂并存的，不能沿袭犯罪既遂吸收犯罪未遂或犯罪预备、犯罪未遂吸收犯罪预备的路径来处理。

综上所述，某甲虽然走私毒品行为已经既遂，但鉴于其主动中止了贩卖毒品行为，应构成走私、贩卖毒品罪的犯罪中止。虽然毒品犯罪保护的法益是抽象的国家对毒品的管理制度，但不能认为毒品未实际流入社会，对保护法益的侵害没有产生危害结果。虽然只有毒品实际流入社会，才能产生具体的实害（物质性结果），但刑法中的危害后果，并不只限于物质性结果，也包括非物质性结果。因此，某甲的中止行为虽然应当予以认定，但尚属于造成损害的情形，不能免除处罚，只能减轻处罚。

---

① 参见黄京平、彭辅顺：《论选择性罪名》，载《山东公安专科学校学报》2004年第2期。
② 参见张明楷：《刑法学》（第5版），法律出版社2016年版，第364页。

第五节　正确处理共犯与认识错误问题

　　行为人间对于走私、贩卖、运输、制造毒品罪中的不同犯罪行为存在认识错误时，是否成立共同犯罪？例如，某甲谎称其系前往接取毒品进行运输，诱骗某乙帮其放风，而某甲实为前往贩卖毒品。按照我国刑法理论，共同犯罪必须是数人共同实行特定的犯罪，或者说二人以上只能就完全相同的犯罪成立共同犯罪。① 因此，如果贩卖毒品罪和运输毒品罪为单一罪名，那么显然不能构成共同犯罪。

　　但走私、贩卖、运输、制造毒品罪为选择性罪名，实施一犯罪行为的认定为一罪，实施了数犯罪行为的同样只能认定为一罪。因此，对同一批毒品既走私又贩卖的，定走私、贩卖毒品罪但不并罚，这是因为选择性罪名中之数行为具有同一性，即走私、贩卖对客体造成侵害的，在行为的评价上实为同一，所以连续实施数次触犯选择性罪名而每一次具体罪名都不同的，可构成连续犯。② 既然连续实施触犯选择性罪名中不同罪名的，可构成连续犯，为什么各行为人在共同的犯罪故意支配下触犯选择性罪名中不同罪名的，不能构成共同犯罪？

　　另外，有观点认为，因选择性罪名有其特殊性，如果教唆者所教唆的行为与被教唆者实施的另一行为虽然同属于一个犯罪构成要件，但教唆者教唆的某一构成要件行为构成相应的分解罪名，而被教唆者实施的另一构成要件行为又构成另一分解罪名的，不能认定教唆者与被教唆者构成共同犯罪，而应分别单独定罪。③ 这种观点也是值得商榷的。

　　如果在这种情况下不认定构成共同犯罪，可能会存在刑事处罚的间隙，从而导致放纵罪犯。如果是在教唆犯和实行犯的场合，这一问题可能还不突出，因为根据我国刑法理论，教唆犯具有二重属性，如果被教唆人没有犯被教唆之罪的，对于教唆犯仍然应定罪处罚，只是可以从轻或减轻处罚。

　　但在帮助犯和实行犯的场合，虽然我国刑法理论中并未明确采纳共犯从属性理论，但如果脱离共犯从属性理论，将面临无法裁量刑罚的难题。例如，某甲谎称入室盗窃，诱骗某乙帮其放风，而某甲实为入室杀人。如果不考虑共犯从属性理论，某乙可以认定构成盗窃罪，在正犯没有实施盗窃罪实行行为的情况下，如何对帮助犯进行刑罚裁量？因此，除法律有明确规定之外，④ 应认为帮助犯仍受限于共犯从属性理论。帮助犯的成

---

① 参见张明楷：《刑法学》（第5版），法律出版社2016年版，第393页。
② 参见陈兴良：《刑法适用总论》，法律出版社1999年版，第694页。
③ 参见唐仲江：《选择性罪名司法适用问题研究》，载《中山大学法律评论》第15卷第2辑。
④ 例如，在2017年《最高人民法院、最高人民检察院关于办理组织、利用邪教组织破坏法律实施等刑事案件适用法律若干问题的解释》第11条中明确规定："组织、利用邪教组织，制造、散布迷信邪说，组织、策划、煽动、胁迫、教唆、帮助其成员或者他人实施自杀、自伤的，依照刑法第二百三十二条、第二百三十四条的规定，以故意杀人罪或者故意伤害罪定罪处罚。"但需要注意的是，在1999年发布现已废止的《最高人民法院、最高人民检察院关于办理组织和利用邪教组织犯罪案件具体应用法律若干问题的解释》第4条中只是规定："组织和利用邪教组织制造、散布迷信邪说，指使、胁迫其成员或者其他人实施自杀、自伤行为的，分别依照刑法第二百三十二条、第二百三十四条的规定，以故意杀人罪或者故意伤害罪定罪处罚。"这说明"两高"在制定司法解释的过程中，对共犯从属性理论还是有所考虑的。

立，除要求有帮助的行为与帮助的故意外，还要求被帮助者实行了犯罪。

而如果肯定了帮助犯的共犯从属性，那么在上诉案例中如果认定某甲和某乙不构成共同犯罪，而要分开定罪，则会导致某乙的量刑不能，难免轻纵罪犯。因此，鉴于选择性罪名法定一罪的特性，某甲和某乙成立共同犯罪，但在确定的具体罪名上尚有区别，即某甲认定构成贩卖毒品罪（主犯），而某乙构成运输毒品罪（从犯）。

如果对于毒品数量某甲和某乙已形成确定的认识，例如，某甲谎称接取用于运输的毒品为 10 克毒品海洛因，而实际上其贩卖的是毒品海洛因 50 克。那么某甲对贩卖毒品海洛因 50 克承担刑事责任，某乙对运输海洛因 10 克承担刑事责任；如果某甲和某乙并未形成确定的认识，而是一种概括的认识，则以实际查获的毒品数量确定刑事责任。

第十四章
毒品犯罪证据的收集与审查

从理论上说,"除被告人公正审判权问题以外,审判中最重要的问题就是证据问题"[1],在审判实践中"证据质量是案件质量的基础"[2]。因此,在毒品犯罪的刑法规制中,欲达准确认定犯罪并从严惩处之目的,必须重视毒品犯罪证据的收集与审查。在犯罪证据的收集与审查方面,毒品犯罪与其他犯罪既具有相同的共性问题,也具有体现毒品犯罪特点的特殊问题。下面将从存在的问题、收集与审查的要点、相关法律解释、具体问题与解答等几方面展开讨论和介绍。

第一节 存在的主要问题

一、刑事司法理念不新、偏离证据裁判原则

在审判实践中,刑事司法理念陈旧的主要表现就是司法人员对证据裁判原则的贯彻尺度和执行力度不够,特别是对证据裁判原则的局限性认识不足。

证据裁判原则,也称证据裁判主义,是指对于案件争议事实的认定,应当依据证据。证据裁判原则的基本要求是,裁判所认定的案件事实必须以证据为依据;裁判所依据的证据是具有证据能力的证据;作为综合裁判所依据的证据,必须达到法律规定的证明标准。[3] 但在司法人员中,还一定程度上存在以经验替代证据进行判断、不重视证据能力的审查、忽视证明标准对案件事实认定的制约等问题。

证据裁判原则的确立,无疑是人类刑事司法史上的一次伟大飞跃和进步,但由于证据与犯罪事实之间存在的征表关系,使证据裁判原则在审判实践中存在一定的局限性:存在犯罪事实但没有证据或证据不足;不存在犯罪事实却存在"证据"。因此,在现代刑事诉讼中,有效防范和避免冤错案件的同时,需要容忍事实有罪的犯罪分子被认定为法律无罪。

---

[1] 易延友:《刑事诉讼法:规则 原理 应用》(第5版),法律出版社2019年版,第215页。
[2] 马岩、王优美主编:《新精神活性物质办案实用手册》,法律出版社2019年版,第445页。
[3] 参见陈光中主编:《刑事诉讼法》(第6版),北京大学出版社2016年版,第167页。

鉴于此，司法人员需要在认真贯彻和执行证据裁判原则的同时，充分认识其局限性，及时更新和确立刑事司法的新理念。虽然通过证据裁判原则对犯罪事实进行查明并不是犯罪控制的最佳手段，但"证据是正义的基础，排除证据就等于排除了正义"[①]。因此，在强调程序正义[②]的刑事诉讼价值取向之下，不能允许脱离证据裁判原则对犯罪事实进行认定并对犯罪人进行惩罚。质言之，需要从刑事诉讼的目的和价值出发，对司法机关行使司法职权实现刑事诉讼任务的行为进行限制和约束。[③]

综上所述，在以人权保障为基底和核心的刑事诉讼价值体系中，[④] 一方面，要重视程序的独立价值，实体公正和程序公正发生矛盾时，应当采取程序优先的原则，由过去的"重实体、轻程序"转变为"程序公正先于实体公正"；[⑤] 另一方面，要重视证据能力的审查、证据规则[⑥]的使用，由过去的"重证据真实性、轻证据合法性"转变为"证据合法性先于证据真实性"，由"重证明力、轻证据能力"转变为"证据能力先于证明力"，在严格遵守法定程序的前提下收集、审查和运用证据认定案件事实，为准确定罪量刑提供事实和逻辑保障。

二、证据意识不足、补正认识不强

证据，是指可以用于证明案件事实的材料。英美法系国家强调证据的关联性与可采性，大陆法系国家通常用证据能力和证明力来说明证据的属性，我国的传统观点则认为证据的属性为"三性"，即客观性、关联性和合法性。实际上，证据能力、证明力和客观性、关联性、合法性的观点并不冲突，客观性和关联性大体相当于证据的证明力，而证据能力与合法性近似。[⑦] 由于"证据的合法性是证据的客观性与关联性的法律保障，对确保办案质量、体现诉讼正义价值意义重大"[⑧]，因此，在证据收集与审查中重视证据能力的认识和观念就被称为证据意识。在目前的审判实践中，司法人员对于证据能力的重视

---

① Bentham, Rationale of Judicial Evidence, Part Ⅲ, Chapter Ⅰ. 转引自易延友：《刑事诉讼法：规则 原理 应用》（第5版），法律出版社2019年版，第394页。

② 程序正义有五个要素，其中第四个要素是程序理性原则。美国学者富勒指出，程序理性原则要求法官在审判过程中必须做到仔细地收集证据并对各项论点进行考虑；仔细地对这些证据和论点进行衡量；冷静而详细地对案件作出评议；公正而无偏私地解决问题并以事实为根据；对判决和决定提供充足的理由。参见易延友：《刑事诉讼法：规则 原理 应用》（第5版），法律出版社2019年版，第72页。

③ 因为刑事诉讼法的主要目的在于保障人权，所以其规范的核心也在于对警察权力进行约束。参见易延友：《刑事诉讼法：规则 原理 应用》（第5版），法律出版社2019年版，第215页。不仅公安机关的侦查权，从保障人权的角度出发，人民检察院的起诉权、人民法院的审判权都应受到约束。

④ 人权保障作为刑事诉讼价值体系的基底和核心，说明其在与刑事诉讼的其他价值，例如查明犯罪事实、惩罚犯罪分子发生冲突时，具有优先性。但需要注意的是，当人权保障与查明犯罪事实、惩罚犯罪分子并无冲突时，人权保障并不具有优先性。例如，当犯罪事实不清、证据不足时，应先积极依法进行查证或补证，只有无法进行查证或补证，或者进行查证、补证后仍然存疑的，才能根据人权保障的要求，作出有利于被告人的推定。质言之，疑点利益归于被告人原则在适用时，必须注意适用的前提条件。

⑤ 程序优先并不是绝对的，在某些情况下，可以采取实体优先的原则。例如，由于错误认定事实或适用法律，造成错判错杀，冤枉无辜的，一旦发现，就必须纠错平反，并且给予国家赔偿，而不受终局程序和任何诉讼时限的限制。参见陈光中主编：《刑事诉讼法》（第6版），北京大学出版社2016年版，第14页。

⑥ 这里的证据规则既包括收集、固定证据的规则，也包括证据资格也就是证据可采性规则，还包括有关证据审查判断的规则也就是证明力规则。参见易延友：《刑事诉讼法：规则 原理 应用》（第5版），法律出版社2019年版，第215页。

⑦ 参见陈光中主编：《刑事诉讼法》（第6版），北京大学出版社2016年版，第164~165页。

⑧ 陈光中主编：《刑事诉讼法》（第6版），北京大学出版社2016年版，第166页。

程度还不够，对于非法证据和瑕疵证据的区别、排除与补正程序、法律后果等也存在一定的认识误区。

在我国，非法证据可以分为非法言词证据和非法实物证据。采用刑讯逼供等非法方法收集的犯罪嫌疑人、被告人供述和采用暴力、威胁等非法方法收集的证人证言、被害人陈述，是非法言词证据。收集物证、书证不符合法定程序，可能严重影响司法公正，且不能补正或者作出合理解释的，是非法实物证据。①

对于非法证据，审判人员应当依职权启动对证据收集合法性的法庭调查程序，当事人及其辩护人、诉讼代理人也有权向人民法院提出申请，启动对以非法方法收集的证据予以排除的程序。② 经法庭审理后，确认系以非法方法收集的证据，或现有证据不能排除以非法方法收集证据的，应对该证据予以排除，一经排除后不得宣读、质证，不得作为定案的根据。③ 非法证据被排除后并不必然导致无罪判决，如果排除后案件事实清楚，证据确实、充分，依据法律认定被告人有罪的，应当作出有罪判决；只有证据不足，不能认定被告人有罪的，才应当作出无罪判决。

由于"物证、书证本身是客观证据，取证程序的违法一般不影响证据的可信度。而且许多物证、书证具有唯一性，一旦被排除就不可能再次取得"④，因此，不同于对言词证据采用严格排除的立场，实物证据采取的是有条件予以排除的原则，即只有不能补正或者作出合理解释⑤的非法实物证据，才应予以排除。

如果在收集言词证据的过程中出现了程序瑕疵，例如，存在讯问笔录制作不完善、缺少讯问人签名等情况的，该言词证据不属于非法证据而是瑕疵证据。⑥ 瑕疵证据的处理方式与非法实物证据的有条件予以排除原则相似，在进行了相应的补正或者作出合理解释后，可以作为定案的根据。只有该瑕疵足以影响证据的客观性和关联性，且不能补正

---

① 参见《刑事诉讼法》第56条。在审判实践中，有观点认为，鉴定机构不具备法定资质、鉴定程序违法等形成的鉴定意见等也是非法证据。在我国刑事诉讼语境中，非法证据并不是指所有不合法的证据，其认定具有"法定性"，即只有言词证据、物证和书证，才存在非法证据的认定和排除问题。在这个意义上也可以说，前者所有不合法的证据是广义的非法证据，后者是狭义的非法证据，而我国刑事诉讼法律中的"非法证据"是在狭义上使用的。当然，鉴定意见如果存在鉴定机构不具备法定资质、鉴定程序违反法律规定等问题的，不得作为定案的根据，但并不需要通过启动排除非法证据程序来予以排除。
② 参见《刑事诉讼法》第58条。排除非法证据的具体程序可参见《最高人民法院、最高人民检察院、公安部、国家安全部、司法部〈关于办理刑事案件严格排除非法证据若干问题的规定〉》《最高人民法院〈人民法院办理刑事案件排除非法证据规程（试行）〉》《刑事诉讼法解释》第4章第9节等。
③ 需要注意的是，根据《最高人民法院、最高人民检察院、公安部、国家安全部、司法部〈关于办理刑事案件严格排除非法证据若干问题的规定〉》第33条的规定，不仅是在排除后，在法庭作出是否排除有关证据的决定前，也不得对有关证据宣读、质证。
④ 郎胜主编：《中华人民共和国刑事诉讼法修改与适用》，新华出版社2012年版，第124页。
⑤ 根据2012年修订的最高人民检察院《人民检察院刑事诉讼规则（试行）》第66条的规定，补正是指对取证程序上的非实质性瑕疵进行补救；合理解释是指对取证程序的瑕疵作出符合常理及逻辑的解释。虽然在2019年12月30日施行的最高人民检察院《人民检察院刑事诉讼规则》中以上内容已被删除，但审判实践中仍可将能否排除取证时程序违法对证据客观性、关联性造成影响的合理怀疑，作为"解释"是否"合理"的参考标准。
⑥ 瑕疵证据的本质特征乃是其在违法情节的轻微性，这种轻微性使瑕疵证据具有了法政策上的可容忍性，只要通过一定的补救方式即可使其具备证据能力。参见万毅：《微观刑事诉讼法学——法解释学视野下的〈刑事诉讼法修正案〉》，中国检察出版社2012年版，第174页。

或者作出合理解释的，才需要予以排除。①

三、证据收集全面性与规范性不够

侦查机关要全面收集能够证实犯罪嫌疑人有罪或者无罪、犯罪情节轻重的各种证据。在毒品犯罪有罪证据的收集中，收集的范围不能局限于犯罪嫌疑人的供述和毒品本身，而应对毒品犯罪所涉及的诸多细节进行全面调查，例如，除重点收集与犯罪相关的直接证据外，侦查机关还要收集犯罪嫌疑人的活动轨迹、手机通话记录、短信、微信、QQ聊天记录、转账及支付记录、银行账户开户及交易流水、监控录像、车辆租赁合同、车船票、机票等证据。其中特别要注意收集与审查毒品物证证据链的完整性，具体而言，在一个完整的毒品物证证据链中，应该包括毒品的提取、扣押、封装、称量、取样、鉴定、移交保管等证据。在目前的审判实践中，没有现场勘验及毒品提取、封装等证据的情况较为常见。例如，对于不具备现场称量条件的，应对毒品及包装物封装后，带至公安机关办案场所或者其他适当的场所进行称量，但在很多非现场称量的案件中，侦查机关都未进行封装并记录在笔录中。

在规范收集证据方面，虽然《刑事诉讼法》及《刑事诉讼法解释》《最高人民法院、最高人民检察院、公安部〈办理毒品犯罪案件毒品提取、扣押、称量、取样和送检程序若干问题的规定〉》《公安机关办理刑事案件程序规定》等法律、法律解释及有关文件已经作出了较为明确的规定，但在审判实践中仍有不遵照执行的现象存在。例如，侦查人员虽然进行了封装，但未按规定的要求进行封装，有的案件中称量方法不恰当、取样太随意等。

第二节　证据收集与审查的重点和要点

一、全面、规范收集与审查毒品相关证据

司法机关需要依法全面收集与审查毒品相关证据，以形成完整的毒品物证证据链。在证据链各节点应注意如下要点：②

1. 现场勘验、检查或者搜查时，应当对查获毒品的原始状态拍照或者录像，提取、扣押时不得将不同包装物内的毒品混合；毒品的提取、扣押情况应制作笔录，并当场开具扣押清单；应根据查获位置对毒品分组并编号或命名；体内藏毒案件要注意排毒前透视固定证据。

---

① 从证据能力上来看，非法证据被排除是因其合法性被直接否定故而不具有证据能力；而瑕疵证据则处在证据能力待定的裁量态势——如果可补救的话则其具有证据能力，不可补救则其如同非法证据一般丧失证据能力。参见李学军、刘静：《瑕疵证据及其补救规则的适用》，载《清华法学》2020年第5期。因此，从证据能力待定和可补救性来看，也可将非法实物证据视为瑕疵证据，但在收集程序的违法程度上二者存在差异，而且瑕疵证据的"瑕疵"并不必然表现为收集程序的瑕疵。

② 参见《最高人民法院、最高人民检察院、公安部〈办理毒品犯罪案件毒品提取、扣押、称量、取样和送检程序若干问题的规定〉》。

2. 现场提取、扣押完成后要对毒品及包装物封装，并记录在笔录中；应使用封装袋封装毒品并加密封口，或使用封条贴封包装，作好标记和编号，并在封口处、贴封处或者指定位置签名及签署封装日期；无法现场封装的可到办案场所等封装。

3. 尽量在查获毒品的现场进行称量，不具备现场称量条件的，应封装后带至办案场所等称量，称量时需要制作称量笔录；称量应使用适当精度和称量范围的衡器，要注意针对毒品的不同形态和包装选择不同的称量方法。

4. 称量结束后要进行毒品的取样，不具备取样条件的，应封装后送鉴定机构进行取样，取样时需要制作取样笔录；要注意针对毒品的不同形态选择不同的取样方法和检材数量；取样后应使用封装袋封装检材；剩余毒品及包装物封装后及时送毒品保管场所进行妥善保管。①

5. 检材应由两名以上侦查人员自毒品被查获之日起 3 日内，送鉴定机构进行鉴定，案情复杂的送检时限可延长至 7 日。

6. 鉴定时，在进行定性鉴定（毒品种类鉴定）的同时，符合规定的应增加定量鉴定（毒品含量鉴定）。

收集与审查毒品证据时，要注意不同笔录中对毒品的编号、名称、数量、位置以及包装、颜色、形态等外观特征的描述是否一致，否则，可能会引起对毒品同一性的质疑。此外，还要注意审查毒品数量的变与不变。例如，称量笔录中的毒品数量与称量视频、照片中的数量是否一致，毒品取样份数、数量与取样视频、照片中的份数、数量及鉴定意见中的送检份数、数量是否一致，称量笔录中的毒品数量与取样后移交保管的剩余毒品数量是否不一致等。

由于毒品物证证据链不完整，导致针对毒品同一性的合理怀疑不能排除，而且不能进行补正或合理解释的，不能作为定案的根据。

二、重视主观明知证据的收集与审查

毒品犯罪作为典型的故意犯罪，行为人主观罪过形式为过失的不构成犯罪。但"因毒品犯罪属于隐秘性强、非法利润高的犯罪，同时又没有直接的受害者，交易的双方也不会彼此告发，而且行为人归案后又均以不知是毒品进行辩解，让人真假难辨"②，因此，在审判实践中可使用经验规则，根据基础事实，通过推定"应当知道"的方法来认定犯罪嫌疑人、被告人的主观明知，具体而言，可从犯罪嫌疑人、被告人是否如实申报、是否使用蒙蔽手段逃避检查、检查时是否逃跑、是否身体隐秘处藏毒、报酬是否高额或不等值、运输方式、交接方式是否高度隐蔽、行程路线是否绕开检查站点、是否以虚假身份办理托运等经验规则③进行推定。相应地，就需要全面收集与认真审查用于推定的基础事实证据，例如，对携带物品的申报情况、毒品被查获时的藏匿位置、行车轨迹、接受检查时的表现、银行账户的交易流水、办理货物托运的单据、犯罪嫌疑人、被告人关于交接方式、酬劳等的相关供述和辩解等。

---

① 毒品保管的具体规定可参见《公安机关缴获毒品管理规定》等。
② 周岸崇：《浅谈运输毒品犯罪中主观明知的认定》，载《法学评论》2012 年第 1 期。
③ 参见《最高人民法院、最高人民检察院、公安部〈办理毒品犯罪案件适用法律若干问题的意见〉》第 2 条、《大连会议纪要》第 10 部分以及《昆明会议纪要》相关内容。

在进行毒品犯罪主观明知的推定时还需要注意以下问题:

1. 由于"使用经验规则进行主观明知的推定时,存在这样一个前提,即是从常人的角度来讨论适用经验规则的,而所谓常人是指达到一定年龄,受到一定的教育并精神正常具有理性的人"①,因此,推定时需要结合犯罪嫌疑人、被告人的年龄、阅历、智力等情况,进行综合分析判断。

2. 应坚持使用多项经验规则进行推定,通过单一经验规则推定主观明知时要审慎。这主要是因为"当我们在案件中发现并使用的行为人不合乎常理的经验规则越多的话,那么我们进行的推定就越接近它的真实状态"②,例如,犯罪嫌疑人虽然在行程路线中故意绕开检查站点,但如果在犯罪嫌疑人驾驶的车辆上除了在夹层中查获毒品外,还查获几名外国籍偷渡人员时,犯罪嫌疑人也可能是因为运送偷渡人员而故意绕开检查站点。

3. 充分听取犯罪嫌疑人、被告人的辩解和解释。"推定事实应该允许因推定而处于不利的辩护方进行反驳"③,如果犯罪嫌疑人、被告人提出的辩解和解释合理可信,或者根据在案其他证据、常情常理、经验逻辑等难以排除犯罪嫌疑人、被告人辩解和解释合理性的,推定主观明知不能成立。此外,存在反证的情况下,例如,确有证据证实行为人系被蒙骗的,推定主观明知也不能成立。

三、物证、书证重点审查来源与去向

对物证、书证应重点审查来源与去向。④ 首先,收集程序、方式是否符合法律和有关规定。侦查机关可通过对与犯罪有关的场所、物品进行勘验来收集痕迹、物证,通过对犯罪嫌疑人人身的检查来收集指纹等人体生物识别信息、血液、尿液等生物样本,⑤ 通过对犯罪嫌疑人以及可能隐藏罪犯或者犯罪证据的人的身体、物品、住处和其他有关的地方进行搜查来收集物证、书证等。⑥⑦ 通过搜查获取物证、书证的,应当向被搜查人出示搜查证。⑧ 在勘验、检查、搜查过程中提取、扣押的物证、书证等,未附笔录或清单,不能证明物证来源的,不能作为定案的根据。⑨ 其次,物证、书证是否进行了全面收集。例

---

① 周岸崇:《浅谈运输毒品犯罪中主观明知的认定》,载《法学评论》2012 年第 1 期。
② 周岸崇:《浅谈运输毒品犯罪中主观明知的认定》,载《法学评论》2012 年第 1 期。
③ 周岸崇:《浅谈运输毒品犯罪中主观明知的认定》,载《法学评论》2012 年第 1 期。
④ 参见《刑事诉讼法解释》第 82 条。
⑤ 勘验、检查的程序规定详见《刑事诉讼法》第 128~134 条、《刑事诉讼法解释》第 102~103 条、《公安机关办理刑事案件程序规定》第 213~220 条等。根据《刑事诉讼法》第 130 条的规定,侦查人员执行勘验、检查,必须持有人民检察院或者公安机关的证明文件。《公安机关办理刑事案件程序规定》第 214 条规定,勘查现场,应当持有刑事犯罪现场勘查证。2012 年修订的《最高人民检察院〈人民检察院刑事诉讼规则(试行)〉》第 210 条规定,进行勘验、检查,应当持有检察长签发的勘查证。但在 2019 年 12 月 30 日施行的《最高人民检察院〈人民检察院刑事诉讼规则〉》中相关内容已被删除。
⑥ 搜查的程序规定详见《刑事诉讼法》第 136~140 条、《公安机关办理刑事案件程序规定》第 222~226 条等。
⑦ 根据《人民警察法》第 9 条的规定,为维护社会治安秩序,人民警察对有违法犯罪嫌疑的人员,经出示相应证件,可以当场盘问、检查。如果经盘问和检查发现有被指控有犯罪行为等的,还可以留置进行继续盘问。因此,人民警察在检查时查获毒品、毒赃、车船票等物证、书证,或者犯罪嫌疑人在留置期间在其体内查获毒品等的,根据《刑事诉讼法》第 54 条的规定,可以在刑事诉讼中作为证据使用。
⑧ 参见《刑事诉讼法》第 138 条。如果在执行逮捕、拘留的时候,遇有紧急情况,不另用搜查证也可以进行搜查。紧急情况的认定参见《公安机关办理刑事案件程序规定》第 224 条。
⑨ 参见《刑事诉讼法解释》第 86 条。有观点认为,当其他证据同样可以证明争议物证、书证的来源,足以保障争议物证、书证的可靠性时,即便移送争议物证、书证时未按照规定附有笔录或清单,也无须排除证据。参见纵博:《刑事证据规则的解释原理与路径》,载《法学》2022 年第 3 期。

如，犯罪嫌疑人包裹毒品的包装物、藏匿毒品的箱包等，犯罪嫌疑人随身携带的票据、手机、使用的车辆等都应进行提取和扣押。再次，物证、书证是否被查封、扣押，① 并得到妥善保管。最后，物证、书证是否得到辨认②和鉴定，收集、保管、鉴定过程中是否受损或改变。

此外，还要注意以下问题：

1. 同一物证、书证在不同笔录中记录是否一致，例如，提取笔录与扣押笔录中的手机在颜色、品牌、型号、串号（IMEL）等方面是否相同。记录不一致的将影响物证、书证同一性的判断。

2. 当事人对物证、书证进行辨认时，其辨认出的物证、书证与提取、扣押的物证、书证是否一致。在审判实践中，有的物证、书证被犯罪嫌疑人辨认出后，侦查机关会忽略对辨认出的物证、书证与提取、扣押的物证、书证的同一性进行描述。

3. 查封、扣押机关是否履行妥善保管义务的审查，应以是否存在未履行妥善保管义务的合理怀疑作为依据。③ 审查时，应注意审查查封、扣押机关是否设置专门保管场所进行保管、保管场所是否具备保管条件、是否采取措施防止物证变质、泄漏、遗失、损毁、受到污染等、管理过程中是否出现突发事件等足以对保管的物证、书证产生影响、物证、书证是否受损或改变等综合进行判断。

4. 审查书证的制作主体和制作过程，有无伪造、变造的情形，内容是否是制作人真实意思的表示，与其他证据是否存在矛盾等。

5. 物证、书证应当提取而没有提取，应当鉴定没有鉴定，应当移送鉴定意见而没有移送的，导致案件事实存疑的，人民法院应通知人民检察院依法补充收集、调取和移送。④

四、审查物证的照片、录像、复制品，书证的副本、复制件的重点和要点

"如果你要证明文书的内容，就必须提供文书本身"⑤，因此，根据最佳证据规则，文书证据应当提供原件。但《刑事诉讼法解释》第 83 条、第 84 条除规定据以定案的书证应当是原件外，还规定据以定案的物证也应当是原物。⑥ 鉴于此，在我国最佳证据规则既适用于书证，也适用于物证。但当原物不便搬运、不易保存、依法应当返还或者依法应当由有关部门保管、处理时，可以拍摄、制作足以反映原物外形和特征的照片、录像、复制品；当取得原件确有困难时，可以使用副本、复制件。

由于物证的照片、录像、复制品，书证的副本、复制件，经与原件核对无误、经鉴定或者以其他方式确认真实的，才可以作为定案的根据。因此，首先应进行形式审查，

---

① 查封、扣押的程序规定详见《刑事诉讼法》第 141～145 条、《公安机关办理刑事案件程序规定》第 227～236 条等。

② 辨认的程序规定详见《刑事诉讼法解释》第 104～105 条、《公安机关办理刑事案件程序规定》第 258～262 条等。

③ 在审判实践中，有观点以保管时间过长为由对查封、扣押机关的妥善保管义务进行质疑。保管时间的长短与查封、扣押机关的妥善保管义务并无必然联系，因此，保管时间过长仅只是对是否履行妥善保管义务的怀疑，而不是合理怀疑。此外，对查封、扣押机关的妥善保管义务提出合理怀疑的，应提供相关线索或者材料。

④ 参见《刑事诉讼法解释》第 85 条。

⑤ ［美］约翰·W. 斯特龙主编：《麦考密克论证据》，汤维建译，中国政法大学出版社 2004 年版，第 464 页。

⑥ 《公安机关办理刑事案件程序规定》第 64 条、第 65 条也有类似规定。

即物证的照片、录像、复制品，书证的副本、复制件是否与原物、原件相符，是否由二人以上制作，有无制作人关于制作过程以及原物、原件存放于何处的文字说明和签名。如果侦查机关仅提供了物证的照片、录像、复制品，书证的副本、复制件，而无文字说明和签名的，应要求侦查机关进行补正或者作出合理解释。不能作出合理解释，致使物证、书证的来源、收集程序有疑问的，不得作为定案的根据。① 其次，还要进行实质审查，即物证的照片、录像、复制品是否反映原物的外形和特征；书证的副本、复制件是否反映原件及其内容。对于不能反映原物的外形和特征的物证照片、录像、复制品，不能反映原件及其内容的书证副本、复制件，不得作为定案的根据。

五、审查言词类证据②的重点和要点

言词类证据重点审查收集程序，如果侦查机关采用刑讯逼供、暴力、威胁等非法方法收集言词证据的，应启动排除非法证据程序予以处理。除此之外，在收集程序及其他方面还有以下问题需要注意：③

1. 讯问犯罪嫌疑人，询问证人、被害人的方式和过程、笔录制作等是否符合法律及有关规定。需要重点审查讯问的时间、地点，讯问人的身份、人数及讯问方式，是否出示传唤证，是否告知犯罪嫌疑人诉讼权利义务等；证人是否具备资格，④ 询问的地点、方式，是否出示询问通知书，是否告知证人、被害人诉讼权利义务等。⑤ 在笔录中要审查侦查人员是否如实记录、是否签名、涂改过的地方是否由犯罪嫌疑人、证人、被害人捺指印确认，⑥ 必要时可以通过同步录音录像对记录内容进行核实。

2. 讯问外国籍犯罪嫌疑人，询问外国籍证人、被害人时是否提供外国语翻译。在审判实践中，对于通晓我国语言文字的外国籍犯罪嫌疑人、证人、被害人，侦查机关往往会忽略提供翻译，但使用本国语言文字进行诉讼是外国籍犯罪嫌疑人、证人、被害人的诉讼权利，侦查机关有义务为他们提供翻译。因此，无论外国籍犯罪嫌疑人、证人、被害人是否通晓汉语，均应在讯问、询问时为其提供翻译。当然，如果外国籍犯罪嫌疑人、证人、被害人通晓汉语，拒绝他人翻译，并出具书面声明的，可以不再为其提供翻译。⑦

3. 讯问少数民族犯罪嫌疑人，询问少数民族证人、被害人时是否配备少数民族语翻译。对于通晓当地通用语言文字的少数民族犯罪嫌疑人、证人、被害人，侦查机关在讯问、询问时可以不配备翻译，但我国各民族公民都有用本民族语言文字进行诉讼的权利。

---

① 参见《刑事诉讼法解释》第 82 条、第 86 条。
② 此处的言词类证据包括犯罪嫌疑人、被告人供述和辩解、证人证言和被害人陈述。
③ 参见《刑事诉讼法解释》第 93～96 条、第 87～92 条。
④ 参见《刑事诉讼法》第 62 条。有观点认为，该条不是证人资格而是作证能力的规定，因此，如果一个精神上、生理上有缺陷或者年幼的人作证之后，法庭经过考察，认为此人既能够辨别是非，又能够正确表达，则其证言仍然可以作为定案的根据。参见易延友：《刑事诉讼法：规则 原理 应用》（第 5 版），法律出版社 2019 年版，第 236 页。
⑤ 需要注意的是，《公安机关办理刑事案件程序规定》中对询问证人、被害人的询问人人数没有规定，《刑事诉讼法解释》中也未作出要求，但最高人民检察院《人民检察院刑事诉讼规则》第 192 条有明确规定："询问证人，应当由检察人员负责进行。询问时，检察人员或者检察人员和书记员不得少于二人。"
⑥ 讯问、询问的程序规定详见《公安机关办理刑事案件程序规定》第 198～207 条、第 210～212 条。
⑦ 参见《公安机关办理刑事案件程序规定》第 362 条。《公安机关办理刑事案件程序规定》中未规定询问外国籍证人、被害人时是否需要提供翻译，但《刑事诉讼法解释》第 89 条规定，询问不通晓当地通用语言、文字的证人，应当提供翻译人员而未提供的，不得作为定案的根据。因此，侦查机关在询问外国籍证人、被害人时符合应当提供翻译情形的，也应提供翻译。

因此，如果少数民族犯罪嫌疑人、证人、被害人要求使用本民族语言进行诉讼或者不通晓当地语言文字的，侦查机关在讯问、询问时应为其配备翻译。①

4. 讯问聋、哑犯罪嫌疑人，询问聋、哑证人、被害人时是否有通晓聋、哑手势的人参加。②

5. 讯问未成年犯罪嫌疑人，询问未成年证人、被害人时是否通知法定代理人或合适成年人到场。③ 法定代理人与学校、单位、居住地基层组织或者未成年人保护组织的代表都可以在讯问、询问时到场的，根据亲权优先的原则，应优先通知法定代理人到场。④

6. 被告人的供述和辩解是否全部随案移送、辩解内容是否符合案情和常情常理等、存在矛盾的能否得到合理解释、与同案被告人的供述和辩解以及其他证据能否相互印证、存在矛盾的能否得到合理解释等；证人证言、被害人陈述之间以及与其他证据之间能否相互印证、存在矛盾的能否得到合理解释等。

7. 对于可能判处无期徒刑、死刑的案件或者其他重大犯罪案件，侦查机关是否对讯问过程进行录音或者录像。⑤ 需要注意的是，侦查机关收集犯罪嫌疑人供述和辩解时应全程同步录音录像而未进行录音录像的，不能据此认为该犯罪嫌疑人供述和辩解为非法证据。⑥ 全程同步录音录像未随案移送的，必要时，人民法院可以通知人民检察院移送，人民检察院未移送，导致不能排除属于以非法方法收集证据情形的，应依法予以排除；导致有关证据的真实性无法确认的，不得作为定案的根据。⑦

8. 通过证人、被害人的理解能力、感知能力、记忆能力、表达能力、利害关系等对

---

① 《公安机关办理刑事案件程序规定》中未规定询问少数民族证人、被害人时是否需要配备翻译，但《刑事诉讼法解释》第89条规定，询问不通晓当地通用语言、文字的证人，应当提供翻译人员而未提供的，不得作为定案的根据。因此，侦查机关在询问少数民族证人、被害人时符合应当配备翻译情形的，也应配备翻译。

② 《公安机关办理刑事案件程序规定》中未规定询问聋、哑证人和被害人时应当有通晓聋、哑手势的人参加，但《刑事诉讼法解释》第89条规定，询问聋、哑人，应当提供通晓聋、哑手势的人员而未提供的，不得作为定案的根据。因此，侦查机关在询问聋、哑证人和被害人时应当有通晓聋、哑手势的人参加。

③ 参见《刑事诉讼法》第281条、《公安机关办理刑事案件程序规定》第323条、第326条。讯问、询问未成年人时未通知法定代理人或合适成年人到场的，作为有效补正的方式，应要求侦查机关通知法定代理人或合适成年人到场后重新进行讯问、询问，或者法庭审理时，在法定代理人或合适成年人到场的情况下当庭收集被告人供述与辩解、证人证言和被害人陈述。讯问外国籍或少数民族犯罪嫌疑人，询问外国籍或少数民族证人、被害人，应提供、聘请翻译而没有提供、聘请翻译的，以及讯问聋、哑犯罪嫌疑人，询问聋、哑证人和被害人时没有通晓聋、哑手势的人参加的，也应按此原则处理。还需要注意的是，根据《公安机关办理刑事案件程序规定》第324条、第326条的规定，讯问女性未成年犯罪嫌疑人，询问女性未成年证人和被害人，应当有女工作人员在场。

④ 这主要是因为，首先，《刑事诉讼法》第281条规定应当通知法定代理人到场，只有在法定代理人不能到场或者法定代理人是共犯的，才可以通知合适成年人到场。因此，合适成年人到场仅是法定代理人不能到场的替代措施。其次，虽然合适成年人到场后认为办案人员在讯问、询问中侵犯了未成年人合法权益的，可以提出意见，但无法行使未成年人在刑事诉讼中的诉讼权利，而法定代理人到场后除了可以对办案人员侵犯未成年人合法权益的行为提出意见外，还可行使未成年人的诉讼权利，显然可以更好地维护未成年人的合法权益和诉讼权利。最后，法定代理人在场能有效缓解未成年人的恐惧、焦虑、紧张、害怕等情绪，显然更有利于言词证据的收集。

⑤ 参见《刑事诉讼法》第123条。《公安机关办理刑事案件程序规定》第208条对"可能判处无期徒刑、死刑的案件""其他重大犯罪案件"进行了明确。

⑥ 这是因为"刑事诉讼法规定讯问全程同步录音录像制度的目的是确保口供的客观性、真实性和合法性，要确保口供的客观性、真实性和合法性，并不局限于全程同步录音录像制度这一种方式，通过其他证据的佐证或印证，能够确保口供的客观性、真实性和合法性的，刑事诉讼法第123条的立法目的仍然可以得到实现"。参见万毅：《刑事诉讼证据制度若干问题研究——以最高法关于适用刑事诉讼法的解释为切入》，载《人民检察》2021年第19期。

⑦ 参见《刑事诉讼法解释》第74条。因未进行全程同步录音录像导致不能排除属于以非法方法收集证据情形的，或者导致有关证据的真实性无法确认的，也应按此原则处理。

证人证言、被害人陈述进行审查和认定,即证人、被害人作证、陈述时的年龄、认知、记忆和表达能力,生理和精神状态是否影响作证、称述;证人、被害人与案件当事人、案件处理结果有无利害关系;处于明显醉酒、中毒或者麻醉等状态,不能正常感知或者正确表达的证人、被害人所提供的证言、陈述,不得作为证据使用。

9. 证言、陈述的内容不能为证人、被害人直接感知的,不得作为证据使用。根据意见证据规则,证人、被害人的猜测性、评论性、推断性的证言、称述,不得作为证据使用,但根据一般生活经验判断符合事实的除外。

10. 证人、被害人没有正当理由拒绝出庭或者出庭后拒绝作证、陈述,法庭对其证言、陈述的真实性无法确认的,该证人证言、被害人称述不得作为定案的根据。

11. 行政机关在行政执法和查办案件过程中收集的证据,只有物证、书证、视听资料、电子数据等证据材料,可以在刑事诉讼中作为证据使用。① 因此,行政机关在行政执法和查办案件过程中收集的犯罪嫌疑人、被告人供述和辩解、证人证言、被害人称述等,不能在刑事诉讼中作为证据使用。②

六、审查鉴定意见的重点和要点

对鉴定意见首先要审查鉴定机构和鉴定人是否具有法定资质、检材的来源等是否符合法律及有关规定。其次,要审查鉴定意见的形式要件是否完备、鉴定程序是否符合法律及有关规定、鉴定的过程和方式是否符合相关专业的规范要求、鉴定意见是否明确。最后,要审查鉴定意见与案件事实是否有关联、与勘验等其他证据是否矛盾、是否依法及时告知相关人员等。③ 除此之外,还有如下问题需要注意。

(一)鉴定机构的鉴定资质

在 2005 年《公安机关鉴定机构登记管理办法》中,对地市级以上公安机关鉴定机构及县级公安机关鉴定机构可以申报登记开展的检验鉴定项目作了区分,其中毒品等的理化检验鉴定只能由地市级以上公安机关鉴定机构开展检验鉴定,④ 但该管理办法于 2019 年进行了修订,并于 2020 年 5 月 1 日起施行,在修订后的《公安机关鉴定机构登记管理办法》中上述条款已被删去。因此,对于鉴定机构可开展的检验鉴定项目,应收集鉴定机构的《鉴定机构资格证书》进行审查。

(二)鉴定人的签名与盖章

根据《刑事诉讼法》第 147 条的规定,鉴定人进行鉴定后,应当写出鉴定意见,并

---

① 参见《刑事诉讼法》第 54 条。
② 有观点认为,行政机关在行政执法和查办案件过程中收集的证据都应当具有可采性。参见易延友:《刑事诉讼法:规则 原理 应用》(第 5 版),法律出版社 2019 年版,第 227~228 页。
③ 参见《刑事诉讼法解释》第 97~98 条、《公安机关办理刑事案件程序规定》第 248~257 条等。在审判实践中,有观点认为,侦查机关未将鉴定意见及时告知相关人员的,该鉴定意见不得作为定案的根据。侦查机关之所以需要将鉴定意见及时告知相关人员,其目的是及时查明案情和保障相关人员申请补充鉴定和重新鉴定的权利。因此,虽然侦查机关未将鉴定意见及时告知相关人员,但确实保障了相关人员申请补充鉴定和重新鉴定权利的,应认为该告知程序上的瑕疵对鉴定意见的合法性并无影响。
④ 参见 2005 年《公安机关鉴定机构登记管理办法》第 12 条、第 13 条。

且签名。《公安机关办理刑事案件程序规定》和《公安机关鉴定规则》中也有类似的规定，[1] 但 2007 年《司法鉴定程序通则》第 35 条规定，司法鉴定文书应当由司法鉴定人员签名或者盖章。因此，在审判实践中，鉴定人能否以盖章代替签名存在一定的争议。但《司法鉴定程序通则》于 2015 年进行了修订，并于 2016 年 5 月 1 日起施行，修订后的《司法鉴定程序通则》第 37 条规定，司法鉴定意见书应当由司法鉴定人签名。鉴于此，鉴定机构此后出具的鉴定意见不能再以盖章代替签名。

（三）鉴定专用章的位置与数量

司法鉴定工作完成后，需要在鉴定意见书中加盖司法鉴定机构的司法鉴定专用章。《司法鉴定程序通则》未对鉴定专用章的位置与数量作出明确规定，但《公安机关鉴定规则》第 47 条作了明确规定，鉴定文书正文使用打印文稿，并在首页唯一性编号和末页成文日期上加盖鉴定专用章。鉴定文书内页纸张两页以上的，应当在内页纸张正面右侧边缘中部骑缝加盖鉴定专用章。

（四）送检及鉴定的时限

《公安机关办理刑事案件程序规定》中未规定送检的时限，但最高人民法院、最高人民检察院、公安部《办理毒品犯罪案件毒品提取、扣押、称量、取样和送检程序若干问题的规定》第 30 条规定，对查获的全部毒品或者从查获的毒品中选取或者随机抽取的检材，应当由两名以上侦查人员自毒品被查获之日起 3 日以内，送至鉴定机构进行鉴定。具有案情复杂、查获毒品数量较多、异地办案、在交通不便地区办案等情形的，送检时限可以延长至 7 日。

公安部在 1980 年《刑事技术鉴定规则》中对鉴定的时限未作规定。2008 年《公安机关鉴定规则》第 34 条规定，鉴定机构应当在受理鉴定委托之日起 7 日内作出鉴定意见。2017 年修订后的《公安机关鉴定规则》第 33 条将 7 日调整为 15 日，并规定如果法律法规、技术规程另有规定，或者侦查破案、诉讼活动有特别需要，或者鉴定内容复杂、疑难及检材数量较大的，鉴定机构可以与委托鉴定单位另行约定鉴定时限。《司法鉴定程序通则》第 28 条规定，司法鉴定机构应当自司法鉴定委托书生效之日起 30 个工作日内完成鉴定。鉴定事项涉及复杂、疑难、特殊技术问题或者鉴定过程需要较长时间的，经本机构负责人批准，完成鉴定的时限可以延长，延长时限一般不得超过 30 个工作日。[2]

（五）对意见矛盾的鉴定意见的审查

由于各鉴定机构之间没有隶属关系，[3] 存在多份意见相互矛盾的鉴定意见时，不能通过鉴定机构的层级进行选择，层级较高的鉴定机构出具的鉴定意见并不必然具有较高的

---

[1] 参见《公安机关办理刑事案件程序规定》第 251 条、《公安机关鉴定规则》第 45 条。
[2] 在审判实践中，有观点认为毒品送检时间、鉴定时间超过送检时限、鉴定时限的，鉴定意见不能作为定案的根据。毒品送检时间、鉴定时间超过送检时限、鉴定时限的，与鉴定意见的客观性、关联性并无必然的联系，法律解释和有关规定中对送检时限、鉴定时限作出规定，其着眼点在于提高司法效率、避免案件办理中的拖延。因此，对于毒品送检时间、鉴定时间超过送检时限、鉴定时限的，如果鉴定机构和鉴定人的法定资质、检材的来源、鉴定意见的形式要件、鉴定程序、过程和方式等均符合法律及有关规定的，与案件事实具有关联性，和其他证据也没有矛盾等的，该鉴定意见可以作为定案的根据。
[3] 参见《全国人民代表大会常务委员会关于司法鉴定管理问题的决定》第 8 条。

客观性。因此,为查明案件事实,调查、核实证据,人民法院可以通知鉴定人、有专门知识的人出庭,对检材的取得、鉴定程序、鉴定的过程和方法以及鉴定的原理、鉴定意见的形成、存在的问题等进行说明,以便人民法院对意见矛盾的鉴定意见进行采纳。需要注意的是,经人民法院通知,鉴定人拒不出庭作证的,鉴定意见不得作为定案的根据。①

（六）行政机关收集的鉴定意见的审查

行政机关在行政执法和查办案件过程中收集的鉴定意见以及勘验、检查笔录等证据材料是否可以作为证据在刑事诉讼中使用,在审判实践中存在争议。但"完全否定这些证据的刑事证据资格,不符合刑事诉讼法第五十四条之立法目的和要求。因为,上述这些证据材料能否得到有效检验和质证,实际上关系到其能否作为定案根据的问题,而与其能否具备刑事证据资格无关"②,因此,行政机关收集的鉴定意见以及勘验、检查笔录等客观证据材料,经法庭查证属实,且收集程序符合有关法律、行政法规规定的,可以作为定案的根据。③

（七）对专门性问题的报告

因无鉴定机构,或者根据法律、司法解释的规定,指派、聘请有专门知识的人就案件的专门性问题出具的报告,可以作为证据使用。有关部门对事故进行调查形成的报告,在刑事诉讼中可以作为证据使用;报告中涉及专门性问题的意见,经法庭查证属实,且调查程序符合法律、有关规定的,可以作为定案的根据。④

七、审查视听资料、电子数据的重点和要点

视听资料,是指"载有能够证明有关案件事实的内容的录音带、录像带、电影胶片、电子计算机的磁盘等,以其所载的音响、活动影像和图像,以及电子计算机所存储的资料等来证明案件事实的证据"。⑤视听资料首先要审查是否附有提取过程的说明、是否为原件、制作过程中是否存在威胁、引诱等违反法律、有关规定的情形。其次,审查是否写明制作人、持有人的身份,制作的时间、地点等,内容和制作过程是否真实。最后,审查内容与案件事实有无关联。对视听资料有疑问的,应当进行鉴定。视听资料系篡改、伪造或者无法确定真伪的,或者制作、取得的时间、地点、方式等有疑问,不能作出合理解释的,不能作为定案的根据。⑥

电子数据,是指以电子形式存在的、用作证据使用的一切材料及其派生物。具体来说,电子邮件、电子数据交换、网上聊天记录、网络博客、手机短信、电子签名、域名、

---

① 参见《刑事诉讼法解释》第99条。
② 参见万毅:《刑事诉讼证据制度若干问题研究——以最高法关于适用刑事诉讼法的解释为切入》,载《人民检察》2021年第19期。
③ 参见《刑事诉讼法解释》第75条。需要注意的是,《公安机关办理刑事案件程序规定》第63条已经明确规定鉴定意见、勘验笔录、检查笔录等证据材料,经公安机关审查符合法定要求的,可以作为证据使用。
④ 参见《刑事诉讼法解释》第100~101条。
⑤ 陈光中主编:《刑事诉讼法》(第6版),北京大学出版社2016年版,第219页。
⑥ 参见《刑事诉讼法解释》第108条、第109条。

电子公告牌记录、电子资金划拨记录、网页等文件均属于电子数据。① 电子数据首先要审查取证程序的合法性，调查人员的人数是否符合规定，收集的方法是否符合相关技术标准，是否附有笔录、清单，是否经过批准手续，检查程序是否符合有关规定。其次，通过审查原始存储介质、数字签名、数字证书等特殊标识、完整性等判断电子数据的真实性，其中完整性的审查有详细的规定。因此，电子数据真实性审查的关键点在于电子数据的完整性。最后，电子数据和视听资料一样，还要审查是否移送文字抄清材料以及对绰号、暗语、俗语、方言等不易理解内容的说明。②

八、审查技术调查、技术侦查证据的重点和要点

依法采取技术调查、技术侦查措施收集的材料在刑事诉讼中是可以作为证据使用的，③ 由于此类证据可能危及有关人员的人身安全，或者产生其他严重的后果，因此，为了保护有关人员的安全，避免犯罪分子增强反侦查能力，可以采用隐去有关人员的个人信息、隐去有关技术设备和技术方法等保护措施，④ 特别是审判人员在裁判文书中不能表述有关人员身份和技术调查、技术侦查措施使用的技术设备、技术方法等。⑤

技术调查、技术侦查证据收集与审查的要点首先是取证程序的合法性，主要审查技术调查、技术侦查措施的种类、适用对象和适用期限是否符合法律规定、是否符合批准范围等。其次，审查是否附有相关法律文书、材料清单和有关说明材料。最后，审查技术调查、技术侦查证据与其他证据是否矛盾以及矛盾是否得到合理解释等。⑥

采取技术调查、技术侦查措施收集的证据材料，应当经过当庭出示、辨认、质证等法庭调查程序查证。⑦ 因此，技术调查、技术侦查证据和其他证据一样，必须经过查证属实，才能作为定案的根据。经过法庭调查后，如果对技术调查、技术侦查证据的合法性、客观性等还存在疑问的，在确有必要的情况下，可以采取庭外核实的方式进一步核实相关情况。因此，庭外核实并不是法庭调查技术调查、技术侦查证据的替代程序。⑧

人民法院认为应当移送的技术调查、侦查证据材料未随案移送的，应当通知人民检察院在指定时间内移送。人民检察院未移送的，人民法院应当根据在案证据对案件事实作出认定。⑨

---

① 参见陈光中主编：《刑事诉讼法》（第6版），北京大学出版社2016年版，第220页。
② 参见《刑事诉讼法解释》第110～115条、《公安机关办理刑事案件程序规定》第66条。电子数据的收集与审查具体可详见《最高人民法院、最高人民检察院、公安部〈关于办理刑事案件收集提取和审查判断电子数据若干问题的规定〉》《公安机关办理刑事案件电子数据取证规则》等。
③ 参见《刑事诉讼法》第150条、《刑事诉讼法解释》第116条。
④ 参见《刑事诉讼法》第154条、《刑事诉讼法解释》第117条。
⑤ 参见《刑事诉讼法解释》第121条。
⑥ 参见《刑事诉讼法》第151～152条、《刑事诉讼法解释》第118～119条、《公安机关办理刑事案件程序规定》第263～270条等。
⑦ 参见《刑事诉讼法解释》第120条。
⑧ 需要注意的是，《刑事诉讼法解释》第120条规定，庭外核实由审判人员进行。但为了充分保障辩护人行使辩护权，根据最高人民法院《关于全面推进以审判为中心的刑事诉讼制度改革的实施意见》第13条和最高人民法院《人民法院办理刑事案件第一审普通程序法庭调查规程（试行）》第35条的规定，法庭决定在庭外对技术侦查证据进行核实的，可以通知辩护律师到场。
⑨ 参见《刑事诉讼法的解释》第122条。

九、审查境外证据的重点和要点

对于人民检察院随案移送的境外证据材料,应重点审查材料来源、提供人、提取人、提取时间等情况。[①] 由于"侦查权的合目的性客观上导致侦查权更注重达到侦查破案的目的,而忽视达到这一目的的过程合法性"[②],因此,"侦查机关收集的证据必须在证据主体、形式以及收集、提取证据的程序和手段等方面都符合法律的规定,才能被采纳为诉讼中的证据,不具备证据资格的,不得采纳作为诉讼证据"[③]。鉴于此,对于通过警务合作所获得的境外证据材料,由于证据材料收集主体为外国警察机关,在审判活动的质证环节显然无法用我国法律进行证据资格的质证,基于司法主权的考虑,也不可能用外国法律进行质证。而根据刑事司法协助取得的境外证据材料,由于被请求国在接受请求后系按其国内法律对证据进行收集,并对移交证据的证据资格进行了法律监督和审查,在我国法庭审理的质证环节可以只进行证明力的质证。[④] 因此,一般而言,只有通过刑事司法协助获得的境外证据材料才能在刑事诉讼中作为证据使用。[⑤]

对于当事人及其辩护人、诉讼代理人提供来自境外的证据材料的,应审查是否进行了"双认证",即该证据材料经所在国公证机关证明后,是否经所在国中央外交主管机关或者其授权机关认证,是否经我国驻该国使领馆认证。

十、证据收集与审查中的其他问题

(一)重视对案件管辖类证据的收集与审查

在审判实践中,有相当数量的毒品犯罪案件都是由异地侦查机关进行侦查的,从"正确、合理地确定刑事案件的管辖,有助于诉讼活动的顺利进行,保证案件得到正确、及时的处理"[⑥] 的角度出发,司法机关应该重视案件管辖类证据的收集与审查工作。

[①] 参见《刑事诉讼法的解释》第 77 条。
[②] 陈卫东:《刑事诉讼法学研究》,中国人民大学出版社 2008 年版,第 362~363 页。
[③] 周岸崟:《我国与周边国家刑事司法协助问题研究——以我国陆疆省区的司法实践为研究路径》,载《刑法论丛》第 59 卷,法律出版社 2020 年版,第 543 页。
[④] 参见周岸崟:《我国与周边国家刑事司法协助问题研究——以我国陆疆省区的司法实践为研究路径》,载《刑法论丛》第 59 卷,法律出版社 2020 年版,第 547 页。刑事司法协助和警务合作的区别参见周岸崟:《我国与周边国家刑事司法协助问题研究——以我国陆疆省区的司法实践为研究路径》,载《刑法论丛》第 59 卷,法律出版社 2020 年版,第 538~541 页。
[⑤] 虽然《刑事诉讼法解释》第 77 条并未对通过警务合作和刑事司法协助获得的境外证据材料进行区分,但该法条规定,经人民法院审查,相关证据材料能够证明案件事实且符合刑事诉讼法规定的,可以作为证据使用。此处"符合刑事诉讼法规定",应理解为符合《刑事诉讼法》第 18 条的规定。例如,根据《反恐怖主义法》第 68 条、第 69 条、第 72 条的规定,虽然国务院有关部门也可以代表中国政府与外国政府和有关国际组织开展反恐怖主义政策对话、情报信息交流、执法合作和国际资金监管合作。在不违背我国法律的前提下,边境地区的县级以上地方人民政府及其主管部门,经国务院或者中央有关部门批准,也可以与相邻国家或者地区开展反恐怖主义情报信息交流、执法合作和国际资金监管合作。但只有我国根据缔结或者参加的国际条约,或者按照平等互惠原则,与其他国家、地区、国际组织开展反恐怖主义合作取得的材料才可以在刑事诉讼中作为证据使用。因此,通过刑事司法协助取得的境外证据材料可以作为刑事诉讼证据使用,而通过警务合作取得的境外证据材料不宜作为刑事诉讼证据使用。但对于我国公安机关直接赴境外收集的证据材料应针对不同的情况作出不同的处理,不能一概予以否定。详见周岸崟:《我国与周边国家刑事司法协助问题研究——以我国陆疆省区的司法实践为研究路径》,载《刑法论丛》第 59 卷,法律出版社 2020 年版,第 545~548 页。
[⑥] 陈光中主编:《刑事诉讼法》(第 6 版),北京大学出版社 2016 年版,第 116 页。

毒品犯罪的管辖原则是"犯罪地管辖为主、居住地管辖为辅",考虑到毒品犯罪的特殊性和毒品犯罪侦查体制,"犯罪地"不仅可以包括犯罪预谋地、毒资筹集地、交易进行地、毒品制造地,也包括毒品和毒资、毒赃的藏匿地、转移地,走私或者贩运毒品的途经地、目的地等"被告人居住地",不仅包括被告人常住地和户籍所在地,也包括其临时居住地。[1] 因此,在确定侦查机关的管辖问题时,应认真研究案件事实和在案证据,特别要注意审查犯罪嫌疑人、被告人的供述和辩解,准确处理案件的管辖问题。

对于既非犯罪地也非居住地的侦查机关进行管辖的,应注意收集与审查指定管辖函等相关法律文书。[2] 人民检察院对于公安机关移送审查起诉的案件,被告人及其辩护人提出管辖异议或者办案单位发现没有管辖权的,受案人民检察院经审查可以依法报请上级人民检察院指定管辖。对于已进入审判程序的案件,被告人及其辩护人提出管辖异议,经审查异议成立的,或者受案法院发现没有管辖权,而案件由本院管辖更适宜的,受案法院应当报请与有管辖权的法院共同的上级法院依法指定本院管辖。

(二)重视对外国籍犯罪嫌疑人、被告人国籍证据的收集与审查

外国籍犯罪嫌疑人、被告人的国籍,首先,应收集与审查入境时持用的有效证件来予以确认。入境有效证件并不限于护照,外国人持国际旅行证件、签证,或者其他入境许可证明[3],经查验准许后均可入境。[4] 收集与审查时要注意入境证件为有效证件即可,并不要求必须是合法证件。[5] 其次,国籍不明的,可收集与审查公安机关或者有关国家驻华使领馆出具的证明来予以确认。[6] 最后,由于"外国人国籍的认定是外国主管机关的职责,不是我国司法机关的职责,对于国籍不明的被告人,的确应该去'查',但并不需要达到'明'的要求"[7],因此,经协查后国籍仍然无法查明的,以无国籍人对待即可。[8]

(三)重视见证人资格证据的收集与审查

为保证勘验、检查、搜查、查封、扣押、辨认等的客观性和合法性,我国刑事诉讼

---

[1] 参见《办理毒品犯罪案件意见》第1条、《大连会议纪要》第11部分,以及《昆明会议纪要》相关内容。此外,根据《昆明会议纪要》精神,主要利用计算机网络实施的毒品犯罪,犯罪地还包括用于实施犯罪行为的网络服务使用的服务器所在地,网络服务提供者所在地,犯罪过程中被告人、被害人使用的信息网络系统所在地等。

[2] 在审判实践中,有观点认为如果侦查机关在侦查活动开始后甚至侦查活动结束后才获得指定管辖的,其之前所收集的证据应予以排除。我们认为,侦查机关在侦查活动开始后才获得指定管辖的,并不能以此为由否定侦查机关先前侦查活动的合法性,因为侦查机关虽然缺乏侦查行为的形式合法性,但其具有进行侦查活动的资格、能力和工作条件等实质合法性。因此,侦查机关在管辖问题上的瑕疵进行补正后即可。

[3] 边境通行证就属于其他入境许可证明。在我国和缅甸等国接壤的云南省等地,基于历史的原因,为便于公务及边民往来,各国均简化了入境程序,持双方认可的证件(边境通行证)即可在双方的边境地区停留一定的期间。例如,根据《中华人民共和国政府和缅甸联邦政府关于中缅边境管理与合作的协定》,双方同意边境地区执行公务人员和边民在出入国境时,可持双方商定的出入境通行证,通过双方规定的口岸和/或临时通道出入国境。

[4] 参见《出入境管理法》第24条。

[5] 对有效证件的审查一定程度上也包含了合法性的判断,但这里的合法性只是形式合法性,与强调实质合法性的合法证件不同。入境证件为外国主管机关颁发和管理,查证和检验入境证件的实质合法性自然也是外国主管机关的权利和责任,并不是我国边境管理部门的义务。因此,对入境有效证件的审查达到有效(形式合法)即可。

[6] 因此,外国人国籍的查证是公安机关出入境管理部门的专有职责,不能委托其他机关例如政府外事部门等去进行查证。

[7] 周岸崇:《我国与周边国家刑事司法协助问题研究——以我国陆疆省区的司法实践为研究路径》,载《刑法论丛》第59卷,法律出版社2020年版,第529页。

[8] 参见《刑事诉讼法解释》第477条、《公安机关办理刑事案件程序规定》第359条。

法中规定了见证人制度。为了确保见证人制度能发挥作用，生理上、精神上有缺陷或者年幼，不具有相应辨别能力或者不能正确表达的人；犯罪嫌疑人的近亲属，被引诱、教唆、欺骗、强迫吸毒的被害人及其近亲属，以及其他与案件有利害关系，可能影响案件公正处理的人；办理该毒品犯罪案件的公安机关、人民检察院、人民法院的工作人员、实习人员或者其聘用的协勤、文职、清洁、保安等人员不能担任见证人。因此，为了确保见证人具备进行见证的资格，应在相关笔录中载明见证人的姓名、身份证件号码、联系方式等，并注意收集与审查常住人口信息登记表等证据。由于客观原因无法由符合条件的人员担任见证人，应当在笔录材料中注明情况，并对相关活动进行全程录音录像。[①]

（四）重视毒品称量衡器计量检定证书的收集与审查

毒品称量所使用的衡器应当经过法定计量检定机构检定并在有效期内，因此，毒品称量使用衡器的计量检定证书，作为证实毒品称量客观性和合法性的重要证据，应将其复印件归入证据材料卷并随案移送。[②] 审查时首先要注意复印件上是否有相关文字说明和签名，复印件是否反映原件及其内容等。其次要审查复印件与毒品称量衡器的对应关系，因此，侦查机关在称量活动中需要注明称量所使用衡器的品牌名称、型号等，审查时要注意是否和复印件中的品牌名称、型号等一致。

（五）重视认定吸毒成瘾的检测人资格证据的收集与审查

由于吸毒者身份在毒品犯罪中具有定罪和量刑意义，[③] 因此，在重点收集证实犯罪嫌疑人、被告人吸毒成瘾的检测证据的同时，也要注意收集检测人的资格证据。由于"不能仅凭尿检结果就认定被检测人为吸毒人员，而需要结合违法嫌疑人供述以及其他证人证言等材料综合分析，必要时还需进行血液检测分析"[④]，因此，通过尿液检测发现犯罪嫌疑人、被告人呈毒品阳性时，只能证实犯罪嫌疑人、被告人可能吸食过毒品，有鉴于此，对于尿液检测的检测人就没有检测资格的特别要求，即公安机关采集、送检、检测尿液样本，由两名以上工作人员进行即可。[⑤] 相应地，对于认定吸毒成瘾的检测人就有检测资格上的特别要求，即公安机关承担吸毒成瘾认定工作的人民警察，应当同时具备以下条件：具有二级警员以上警衔及两年以上相关执法工作经历；经省级公安机关、卫生行政部门组织培训并考核合格。[⑥] 因此，对于认定吸毒成瘾的检测证据，需要收集与审查检测人的检测资格证据。

（六）情况说明的审查重点和要点

在目前的审判实践中，侦查机关对侦查过程中出现的问题大量使用情况说明的方式

---

① 参见《刑事诉讼法解释》第80条、《办理毒品犯罪案件毒品提取、扣押、称量、取样和送检程序若干问题的规定》第38条。
② 参见《办理毒品犯罪案件毒品提取、扣押、称量、取样和送检程序若干问题的规定》第14条。
③ 参见《大连会议纪要》第1、2部分、《武汉会议纪要》第2部分，以及《昆明会议纪要》相关内容。
④ 刘家琛主编：《治安管理处罚法条文释义》，人民法院出版社2006年版，第488页。
⑤ 参见《吸毒检测程序规定》第4条、第8条。
⑥ 参见《吸毒成瘾认定办法》第6条、第10条。

补正和进行解释。对于情况说明，首先，应审查情况说明中进行说明的问题是否能够使用"情况说明"来进行补正和解释，对于应当收集、移交证据进行补正和解释的，不能以情况说明进行替代。其次，审查侦查人员是否签名，侦查机关是否加盖单位印章。① 再次，审查出具主体是否适格，例如，对鉴定中出现的问题进行说明的，只能由鉴定机构出具情况说明，而不能由侦查机关代为出具。最后，审查情况说明是否符合案件事实、常情常理、经验逻辑等、与在案其他证据是否有矛盾、存在矛盾的能否得到合理解释等。

（七）通过隐匿身份人员实施侦查诱使他人犯罪收集到的证据审查问题

为了查明案情，在必要的时候，经公安机关负责人决定，可以由有关人员隐匿其身份实施侦查。因此，秘密侦查作为一种合法的侦查手段在毒品犯罪中被大量使用，隐匿身份人员在侦查活动中违反刑事诉讼法等相关规定，诱使本无犯意的人实施毒品犯罪的，属于"犯意引诱"。在犯意引诱中，隐匿身份人员向被引诱者提供毒品或者毒资、购毒渠道的，其所提供的毒品、毒资、被引诱人从其提供的渠道购买的毒品及其证实被引诱人实施毒品犯罪的证据材料，不得作为认定被引诱人实施毒品犯罪的证据。排除上述证据后，在案证据达不到认定被引诱人有罪的证明标准的，应当依法作出证据不足、指控的犯罪不能成立的无罪判决。

（八）重视涉案财物权属证据的收集与审查

犯罪分子违法所得的一切财物，应当予以追缴或者责令退赔；对被害人的合法财产，应当及时返还；违禁品和供犯罪所用的本人财物，应当予以没收。② 因此，对于不属于被害人合法财产的违法所得才可以追缴或责令退赔，违禁品及犯罪分子所有的用于犯罪的财物才可以没收。鉴于此，为保障民事主体的财产权利，③ 在审判实践中，需要重视违法所得及用于犯罪财物的权属证据的收集与审查。

毒品作为违禁品理应没收。对于查获的现金、存款等需要收集转账、支付、提取、扣押等证据，并结合犯罪嫌疑人、被告人的供述和辩解以及其他在案证据来进行性质和权属的认定。如果能认定为毒赃、毒资的，按违法所得或供犯罪所用的本人财物予以没收。不能认定为毒赃、毒资的，如果系犯罪嫌疑人、被告人合法财产的，应予返还，但宜在财产刑执行完毕后处理；如果系无主财产或所有人不明的，按民事诉讼法的有关规定处理。④

动产物权的设立和转让，自交付时发生效力。⑤ 因此，对于手机等用于犯罪的财物一般可通过持有即所有的方式，并结合手机的使用情况，如手机通讯录、通话记录、短信记录、照片、备忘录、存储的文件及微信、QQ 等内置 App 等的使用情况加以认定。

机动车等的物权设立、变更、转让和消灭以登记为准。⑥ 因此，对于机动车等用于犯罪的财物应注意收集与审查行车证等经登记形成的证据，以及登记所有权人的证言等。

---

① 参见《刑事诉讼法解释》第 135 条、《关于办理刑事案件排除非法证据若干问题的规定》第 7 条等。
② 参见《刑法》第 64 条。
③ 参见《民法典》第 3 条。
④ 参见《民事诉讼法》第 198~200 条。
⑤ 参见《民法典》224 条。
⑥ 参见《民法典》第 225 条。

需要注意的是，犯罪嫌疑人、被告人使用的机动车是否作为犯罪工具予以没收，需要考虑比例原则①的要求。

案外人认为刑事裁判中对涉案财物是否属于赃款赃物认定错误或者应予认定而未认定的，应向执行法院提出书面异议并按相关法律规定处理。② 案外人对被执行财产提出权属异议的，人民法院应当审查并参照民事法律的有关规定处理。③

（九）人民法院应全面审查证据材料

基于证据收集全面性的要求，侦查机关对能够证明犯罪嫌疑人有罪或者无罪、犯罪情节轻重的各种证据都会进行收集。而在程序正义的要求下，法官在刑事诉讼中应该中立。所谓法官中立，"指的是法官必须是一个不偏不倚的裁判者，他必须不受偏见、利益、不适当的动机等的影响，而且必须效忠于法律之下的平等原则"④。因此，对提起公诉的案件，人民法院应当审查证明被告人有罪、无罪、罪重、罪轻的证据材料是否全部随案移送；未随案移送的，应当通知人民检察院在指定时间内移送。人民检察院未移送的，人民法院应当根据在案证据对案件事实作出认定。⑤ 需要注意的是，如果因为人民检察院未移送证据而导致案件事实存在疑问的，应按照疑点利益归于被告人的原则处理。

第三节 毒品犯罪证据收集与审查的法律依据

毒品犯罪证据收集与审查法律依据与其他犯罪并无不同，散见于《刑事诉讼法》及相关法律解释、司法文件中，因篇幅所限无法一一列举，但为规范毒品的提取、扣押、称量、取样和送检程序，提高办理毒品犯罪案件的质量和效率，最高人民法院、最高人民检察院、公安部 2016 年 5 月 24 日联合下发了《办理毒品犯罪案件毒品提取、扣押、称量、取样和送检程序若干问题的规定》。

《最高人民法院、最高人民检察院、公安部关于印发〈办理毒品犯罪案件毒品提取、扣押、称量、取样和送检程序若干问题的规定〉的通知》（2016 年 5 月 24 日 公禁毒〔2016〕511 号）

各省、自治区、直辖市高级人民法院，人民检察院，公安厅、局，新疆维吾尔自治区高级人民法院生产建设兵团分院，新疆生产建设兵团人民检察院、公安局：

为进一步规范毒品犯罪案件中毒品的提取、扣押、称量、取样和送检工作，最高人民法院、最高人民检察院、公安部制定了《办理毒品犯罪案件毒品提取、扣押、称量、取样和送检程序若干问题的规定》。现印发给你们，请认真贯彻执行。执行中遇到的问

---

① 所谓比例原则，是指如果犯罪行为侵害的财物数额较小，或者犯罪情节轻微等，但是犯罪嫌疑人、被告人用于犯罪的本人财物数额较大，二者明显不成比例的，视案件的具体情节也可不将犯罪嫌疑人、被告人用于犯罪的财物没收。
② 参见《最高人民法院关于刑事裁判涉财产部分执行的若干规定》第 15 条。
③ 参见《最高人民法院关于财产刑执行问题的若干规定》。
④ 参见易延友：《刑事诉讼法：规则 原理 应用》（第 5 版），法律出版社 2019 年版，第 71 页。
⑤ 参见《刑事诉讼法解释》第 73 条。

题，请及时分别层报最高人民法院、最高人民检察院、公安部。

第一章 总 则

第一条 为规范毒品的提取、扣押、称量、取样和送检程序，提高办理毒品犯罪案件的质量和效率，根据《中华人民共和国刑事诉讼法》《最高人民法院关于适用〈中华人民共和国刑事诉讼法〉的解释》《人民检察院刑事诉讼规则（试行）》《公安机关办理刑事案件程序规定》等有关规定，结合办案工作实际，制定本规定。

第二条 公安机关对于毒品的提取、扣押、称量、取样和送检工作，应当遵循依法、客观、准确、公正、科学和安全的原则，确保毒品实物证据的收集、固定和保管工作严格依法进行。

第三条 人民检察院、人民法院办理毒品犯罪案件，应当审查公安机关对毒品的提取、扣押、称量、取样、送检程序以及相关证据的合法性。

毒品的提取、扣押、称量、取样、送检程序存在瑕疵，可能严重影响司法公正的，人民检察院、人民法院应当要求公安机关予以补正或者作出合理解释。经公安机关补正或者作出合理解释的，可以采用相关证据；不能补正或者作出合理解释的，对相关证据应当依法予以排除，不得作为批准逮捕、提起公诉或者判决的依据。

第二章 提取、扣押

第四条 侦查人员应当对毒品犯罪案件有关的场所、物品、人身进行勘验、检查或者搜查，及时准确地发现、固定、提取、采集毒品及内外包装物上的痕迹、生物样本等物证，依法予以扣押。必要时，可以指派或者聘请具有专门知识的人，在侦查人员的主持下进行勘验、检查。

侦查人员对制造毒品、非法生产制毒物品犯罪案件的现场进行勘验、检查或者搜查时，应当提取并当场扣押制造毒品、非法生产制毒物品的原料、配剂、成品、半成品和工具、容器、包装物以及上述物品附着的痕迹、生物样本等物证。

提取、扣押时，不得将不同包装物内的毒品混合。

现场勘验、检查或者搜查时，应当对查获毒品的原始状态拍照或者录像，采取措施防止犯罪嫌疑人及其他无关人员接触毒品及包装物。

第五条 毒品的扣押应当在有犯罪嫌疑人在场并有见证人的情况下，由两名以上侦查人员执行。

毒品的提取、扣押情况应当制作笔录，并当场开具扣押清单。

笔录和扣押清单应当由侦查人员、犯罪嫌疑人和见证人签名。犯罪嫌疑人拒绝签名的，应当在笔录和扣押清单中注明。

第六条 对同一案件在不同位置查获的两个以上包装的毒品，应当根据不同的查获位置进行分组。

对同一位置查获的两个以上包装的毒品，应当按照以下方法进行分组：

（一）毒品或者包装物的外观特征不一致的，根据毒品及包装物的外观特征进行分组；

（二）毒品及包装物的外观特征一致，但犯罪嫌疑人供述非同一批次毒品的，根据犯罪嫌疑人供述的不同批次进行分组；

（三）毒品及包装物的外观特征一致，但犯罪嫌疑人辩称其中部分不是毒品或者不知是否为毒品的，对犯罪嫌疑人辩解的部分疑似毒品单独分组。

第七条 对查获的毒品应当按其独立最小包装逐一编号或者命名，并将毒品的编号、名称、数量、查获位置以及包装、颜色、形态等外观特征记录在笔录或者扣押清单中。

在毒品的称量、取样、送检等环节，毒品的编号、名称以及对毒品外观特征的描述应当与笔录和扣押清单保持一致；不一致的，应当作出书面说明。

第八条 对体内藏毒的案件，公安机关应当监控犯罪嫌疑人排出体内的毒品，及时提取、扣押并制作笔录。笔录应当由侦查人员和犯罪嫌疑人签名；犯罪嫌疑人拒绝签名的，应当在笔录中注明。在保障犯罪嫌疑人隐私权和人格尊严的情况下，可以对排毒的主要过程进行拍照或者录像。

必要时，可以在排毒前对犯罪嫌疑人体内藏毒情况进行透视检验并以透视影像的形式固定证据。

体内藏毒的犯罪嫌疑人为女性的，应当由女性工作人员或者医师检查其身体，并由女性工作人员监控其排毒。

第九条 现场提取、扣押等工作完成后，一般应当由两名以上侦查人员对提取、扣押的毒品及包装物进行现场封装，并记录在笔录中。

封装应当在有犯罪嫌疑人在场并有见证人的情况下进行；应当使用封装袋封装毒品并加密封口，或者使用封条贴封包装，作好标记和编号，由侦查人员、犯罪嫌疑人和见证人在封口处、贴封处或者指定位置签名并签署封装日期。犯罪嫌疑人拒绝签名的，侦查人员应当注明。

确因情况紧急、现场环境复杂等客观原因无法在现场实施封装的，经公安机关办案部门负责人批准，可以及时将毒品带至公安机关办案场所或者其他适当的场所进行封装，并对毒品移动前后的状态进行拍照固定，作出书面说明。

封装时，不得将不同包装内的毒品混合。对不同组的毒品，应当分别独立封装，封装后可以统一签名。

第十条 必要时，侦查人员应当对提取、扣押和封装的主要过程进行拍照或者录像。

照片和录像资料应当反映提取、扣押和封装活动的主要过程以及毒品的原始位置、存放状态和变动情况。照片应当附有相应的文字说明，文字说明应当与照片反映的情况相对应。

第十一条 公安机关应当设置专门的毒品保管场所或者涉案财物管理场所，指定专人保管封装后的毒品及包装物，并采取措施防止毒品发生变质、泄漏、遗失、损毁或者受到污染等。

对易燃、易爆、具有毒害性以及对保管条件、保管场所有特殊要求的毒品，在处理前应当存放在符合条件的专门场所。公安机关没有具备保管条件的场所的，可以借用其他单位符合条件的场所进行保管。

第三章 称 量

第十二条 毒品的称量一般应当由两名以上侦查人员在查获毒品的现场完成。

不具备现场称量条件的，应当按照本规定第九条的规定对毒品及包装物封装后，带至公安机关办案场所或者其他适当的场所进行称量。

第十三条 称量应当在有犯罪嫌疑人在场并有见证人的情况下进行，并制作称量笔录。

对已经封装的毒品进行称量前，应当在有犯罪嫌疑人在场并有见证人的情况下拆封，并记录在称量笔录中。

称量笔录应当由称量人、犯罪嫌疑人和见证人签名。犯罪嫌疑人拒绝签名的，应当在称量笔录中注明。

第十四条 称量应当使用适当精度和称量范围的衡器。称量的毒品质量不足一百克的，衡器的分度值应当达到零点零一克；一百克以上且不足一千克的，分度值应当达到零点一克；一千克以上且不足十千克的，分度值应当达到一克；十千克以上且不足一百千克的，分度值应当达到十克；一百千克以上且不足一吨的，分度值应当达到一百克；一吨以上的，分度值应当达到一千克。

称量前，称量人应当将衡器示数归零，并确保其处于正常的工作状态。

称量所使用的衡器应当经过法定计量检定机构检定并在有效期内，一般不得随意搬动。

法定计量检定机构出具的计量检定证书复印件应当归入证据材料卷，并随案移送。

第十五条 对两个以上包装的毒品，应当分别称量，并统一制作称量笔录，不得混合后称量。

对同一组内的多个包装的毒品，可以采取全部毒品及包装物总质量减去包装物质量的方式确定毒品的净质量；称量时，不同包装物内的毒品不得混合。

第十六条 多个包装的毒品系包装完好、标识清晰完整的麻醉药品、精神药品制剂的，可以按照其包装、标识或者说明书上标注的麻醉药品、精神药品成分的含量计算全部毒品的质量，或者从相同批号的药品制剂中随机抽取三个包装进行称量后，根据麻醉药品、精神药品成分的含量计算全部毒品的质量。

第十七条 对体内藏毒的案件，应当将犯罪嫌疑人排出体外的毒品逐一称量，统一制作称量笔录。

犯罪嫌疑人供述所排出的毒品系同一批次或者毒品及包装物的外观特征相似的，可以按照本规定第十五条第二款规定的方法进行称量。

第十八条 对同一容器内的液态毒品或者固液混合状态毒品，应当采用拍照或者录像等方式对其原始状态进行固定，再统一称量。必要时，可以对其原始状态固定后，再进行固液分离并分别称量。

第十九条 现场称量后将毒品带回公安机关办案场所或者送至鉴定机构取样的，应当按照本规定第九条的规定对毒品及包装物进行封装。

第二十条 侦查人员应当对称量的主要过程进行拍照或者录像。

照片和录像资料应当清晰显示毒品的外观特征、衡器示数和犯罪嫌疑人对称量结果的指认情况。

第四章 取 样

第二十一条 毒品的取样一般应当在称量工作完成后，由两名以上侦查人员在查获毒品的现场或者公安机关办案场所完成。必要时，可以指派或者聘请具有专门知识的人进行取样。

在现场或者公安机关办案场所不具备取样条件的，应当按照本规定第九条的规定对毒品及包装物进行封装后，将其送至鉴定机构并委托鉴定机构进行取样。

第二十二条 在查获毒品的现场或者公安机关办案场所取样的，应当在有犯罪嫌疑人在场并有见证人的情况下进行，并制作取样笔录。

对已经封装的毒品进行取样前，应当在有犯罪嫌疑人在场并有见证人的情况下拆封，并记录在取样笔录中。

取样笔录应当由取样人、犯罪嫌疑人和见证人签名。犯罪嫌疑人拒绝签名的，应当在取样笔录中注明。

必要时，侦查人员应当对拆封和取样的主要过程进行拍照或者录像。

第二十三条 委托鉴定机构进行取样的，对毒品的取样方法、过程、结果等情况应当制作取样笔录，但鉴定意见包含取样方法的除外。

取样笔录应当由侦查人员和取样人签名，并随案移送。

第二十四条 对单个包装的毒品，应当按照下列方法选取或者随机抽取检材：

（一）粉状。将毒品混合均匀，并随机抽取约一克作为检材；不足一克的全部取作检材。

（二）颗粒状、块状。随机选择三个以上不同的部位，各抽取一部分混合作为检材，混合后的检材质量不少于一克；不足一克的全部取作检材。

（三）膏状、胶状。随机选择三个以上不同的部位，各抽取一部分混合作为检材，混合后的检材质量不少于三克；不足三克的全部取作检材。

（四）胶囊状、片剂状。先根据形状、颜色、大小、标识等外观特征进行分组；对于外观特征相似的一组，从中随机抽取三粒作为检材，不足三粒的全部取作检材。

（五）液态。将毒品混合均匀，并随机抽取约二十毫升作为检材；不足二十毫升的全部取作检材。

（六）固液混合状态。按照本款以上各项规定的方法，分别对固态毒品和液态毒品取样；能够混合均匀成溶液的，可以将其混合均匀后按照本款第五项规定的方法取样。

对其他形态毒品的取样，参照前款规定的取样方法进行。

第二十五条 对同一组内两个以上包装的毒品，应当按照下列标准确定选取或者随机抽取独立最小包装的数量，再根据本规定第二十四条规定的取样方法从单个包装中选取或者随机抽取检材：

（一）少于十个包装的，应当选取所有的包装；

（二）十个以上包装且少于一百个包装的，应当随机抽取其中的十个包装；

（三）一百个以上包装的，应当随机抽取与包装总数的平方根数值最接近的整数个包装。

对选取或者随机抽取的多份检材，应当逐一编号或者命名，且检材的编号、名称应当与其他笔录和扣押清单保持一致。

第二十六条 多个包装的毒品系包装完好、标识清晰完整的麻醉药品、精神药品制剂的，可以从相同批号的药品制剂中随机抽取三个包装，再根据本规定第二十四条规定的取样方法从单个包装中选取或者随机抽取检材。

第二十七条 在查获毒品的现场或者公安机关办案场所取样的，应当使用封装袋封装检材并加密封口，作好标记和编号，由取样人、犯罪嫌疑人和见证人在封口处或者指定位置签名并签署封装日期。犯罪嫌疑人拒绝签名的，侦查人员应当注明。

从不同包装中选取或者随机抽取的检材应当分别独立封装，不得混合。

对取样后剩余的毒品及包装物，应当按照本规定第九条的规定进行封装。选取或者随机抽取的检材应当由专人负责保管。在检材保管和送检过程中，应当采取妥善措施防止其发生变质、泄漏、遗失、损毁或者受到污染等。

第二十八条 委托鉴定机构进行取样的，应当使用封装袋封装取样后剩余的毒品及包装物并加密封口，作好标记和编号，由侦查人员和取样人在封口处签名并签署封装日期。

第二十九条 对取样后剩余的毒品及包装物，应当及时送至公安机关毒品保管场所或者涉案财物管理场所进行妥善保管。

对需要作为证据使用的毒品，不起诉决定或者判决、裁定（含死刑复核判决、裁定）发生法律效力后方可处理。

第五章 送 检

第三十条 对查获的全部毒品或者从查获的毒品中选取或者随机抽取的检材，应当由两名以上侦查人员自毒品被查获之日起三日以内，送至鉴定机构进行鉴定。

具有案情复杂、查获毒品数量较多、异地办案、在交通不便地区办案等情形的，送检时限可以延长至七日。

公安机关应当向鉴定机构提供真实、完整、充分的鉴定材料，并对鉴定材料的真实性、合法性负责。

第三十一条 侦查人员送检时，应当持本人工作证件、鉴定聘请书等材料，并提供鉴定事项相关的鉴定资料；需要复核、补充或者重新鉴定的，还应当持原鉴定意见复印件。

第三十二条 送检的侦查人员应当配合鉴定机构核对鉴定材料的完整性、有效性，并检查鉴定材料是否满足鉴定需要。

公安机关鉴定机构应当在收到鉴定材料的当日作出是否受理的决定，决定受理的，应当与公安机关办案部门签订鉴定委托书；不予受理的，应当退还鉴定材料并说明理由。

第三十三条 具有下列情形之一的，公安机关应当委托鉴定机构对查获的毒品进行含量鉴定：

（一）犯罪嫌疑人、被告人可能被判处死刑的；

（二）查获的毒品系液态、固液混合物或者系毒品半成品的；

（三）查获的毒品可能大量掺假的；

（四）查获的毒品系成分复杂的新类型毒品，且犯罪嫌疑人、被告人可能被判处七年以上有期徒刑的；

（五）人民检察院、人民法院认为含量鉴定对定罪量刑有重大影响而书面要求进行含量鉴定的。

进行含量鉴定的检材应当与进行成分鉴定的检材来源一致，且一一对应。

第三十四条 对毒品原植物及其种子、幼苗，应当委托具备相应资质的鉴定机构进行鉴定。当地没有具备相应资质的鉴定机构的，可以委托侦办案件的公安机关所在地的县级以上农牧、林业行政主管部门，或者设立农林相关专业的普通高等学校、科研院所出具检验报告。

第六章 附 则

第三十五条 本规定所称的毒品，包括毒品的成品、半成品、疑似物以及含有毒品成分的物质。

毒品犯罪案件中查获的其他物品，如制毒物品及其半成品、含有制毒物品成分的物质、毒品原植物及其种子和幼苗的提取、扣押、称量、取样和送检程序，参照本规定执行。

第三十六条 本规定所称的"以上""以内"包括本数，"日"是指工作日。

第三十七条 扣押、封装、称量或者在公安机关办案场所取样时，无法确定犯罪嫌疑人、犯罪嫌疑人在逃或者犯罪嫌疑人在异地被抓获且无法及时到场的，应当在有见证人的情况下进行，并在相关笔录、扣押清单中注明。

犯罪嫌疑人到案后，公安机关应当以告知书的形式告知其扣押、称量、取样的过程、结果。犯罪嫌疑人拒绝在告知书上签名的，应当将告知情况形成笔录，一并附卷；犯罪嫌疑人对称量结果有异议，有条件重新称量的，可以重新称量，并制作称量笔录。

第三十八条 毒品的提取、扣押、封装、称量、取样活动有见证人的，笔录材料中应当写明见证人的姓名、身份证件种类及号码和联系方式，并附其常住人口信息登记表等材料。

下列人员不得担任见证人：

（一）生理上、精神上有缺陷或者年幼，不具有相应辨别能力或者不能正确表达的人；

（二）犯罪嫌疑人的近亲属，被引诱、教唆、欺骗、强迫吸毒的被害人及其近亲属，以及其他与案件有利害关系并可能影响案件公正处理的人；

（三）办理该毒品犯罪案件的公安机关、人民检察院、人民法院的工作人员、实习人员或者其聘用的协勤、文职、清洁、保安等人员。

由于客观原因无法由符合条件的人员担任见证人或者见证人不愿签名的，应当在笔录材料中注明情况，并对相关活动进行拍照并录像。

第三十九条 本规定自 2016 年 7 月 1 日起施行。

第四节 毒品犯罪证据收集与审查审判实践中的疑难新型问题

问题1. 如何审查判断是否存在刑讯逼供等非法方法收集证据的情形以及审查起诉阶段未审查排除侦查阶段刑讯逼供取得的有罪供述，继续获取的不稳定有罪供述是否应当排除

【刑事审判参考案例】文某非法持有毒品案[①]

一、基本案情

被告人文某，2013 年 2 月 21 日因吸食毒品被送戒毒所行政拘留 15 日（未执行完

---

① 参见刘晓虎：《文某非法持有毒品案——如何审查判断是否存在刑讯逼供等非法方法收集证据的情形以及审查起诉阶段未审查排除侦查阶段刑讯逼供取得的有罪供述，继续获取的不稳定有罪供述是否应当排除（第 1038 号）》，载最高人民法院刑事审判第一、二、三、四、五庭主办：《刑事审判参考》（总第 101 集），法律出版社 2015 年版，第 1～10 页。

毕），同年 3 月 8 日因涉嫌犯运输毒品罪被逮捕。

某区人民检察院以被告人文某犯运输毒品罪，向某区人民法院提起公诉。

被告人文某辩称，其在侦查阶段的有罪供述系侦查机关刑讯逼供的结果，其行为不构成运输毒品罪。

辩护人基于以下理由提出被告人文某的行为不构成运输毒品罪：（1）本案言词证据存在矛盾；（2）本案存在特情引诱；（3）侦查人员实施了刑讯逼供取证行为，公诉机关提供的相关证据应当作为非法证据予以排除。

某区人民法院经公开审理查明：

1. 关于审判前供述取得合法性的审查

被告人文某在公安机关共作出四份有罪供述，分别是 2013 年 2 月 20 日、21 日在某派出所两份，2 月 26 日、4 月 10 日在某看守所两份。

文某及其辩护人提出相关供述系侦查人员刑讯逼供所致，并提供如下材料、线索：（1）提交的照片显示文某进看守所时脸有浮肿、眼睛青紫；（2）看守所出具的健康检查笔录，载明文某入所时"双眼青紫，左头部痛，自述系在派出所被刑讯所致"；（3）文某曾于 2013 年 2 月 22 日、26 日两次到当地某医院就诊，其中 2 月 22 日的病历载明患者"头部外伤后头痛 3 天，约 3 天前头部撞伤"。

经庭审先行调查，公诉人当庭宣读和出示了下列证据：

（1）某医院的两份病历。该两份病历证明，2013 年 2 月 22 日、26 日文某确有至某医院就诊的事实，其中 2 月 22 日的病历载明文某头部外伤后头痛 3 天，约 3 天前头部撞伤。

（2）戒毒所提供的健康检查表、派出所提供的谈话笔录、文某亲笔说明。某戒毒所出具的健康检查表载明，文某于 2013 年 2 月 21 日入所时"双眼有青紫，有情况说明"；文某自书情况说明一份，载明"本人文某眼睛伤系正常的碰撞，自己撞到的，脚有痛风"；某派出所出具的谈话笔录证明，文某在戒毒所期间未受到打骂、体罚等。

（3）公安机关出具的情况说明。该情况说明载明：2013 年 2 月 19 日晚，民警抓获文某，因天色已晚在现场未发现文某眼部有伤。后将文某带至某派出所审查，发现眼部有伤。文某当时自称是同月 18 日自己撞到眼部所致。2 月 21 日文某因吸毒被送至戒毒所执行行政拘留。入所检查时，戒毒所民警发现文某眼部有伤，遂询问其伤情原因。文某依然称是自己撞到眼部所致，并亲笔写下情况说明。

（4）公安机关出具的另一份情况说明。该情况说明载明：侦查人员就本案审讯过程制作过全程同步录音录像，但因主办人员于 2013 年 4 月调离且其电脑已报废，故该录音录像资料灭失。

（5）公诉机关分别于 2013 年 3 月 4 日、6 日和 5 月 7 日对文某所做的三份讯问笔录。其中 3 月 6 日的笔录内容证明文某向公诉机关反映被刑讯逼供的情形，其余两份内容为有罪供述。

在对上述证据当庭质证过程中，被告人文某及其辩护人提出，文某的亲笔说明系因被逼迫所写，且根据上述证据不能排除文某被刑讯逼供的可能。而公诉机关认为，根据文某本人所写情况说明，结合其他证据，可以证明文某的外伤与刑讯逼供无关；按照法律规定，文某所犯罪行尚未达到必须要进行全程录音录像的条件，且目前该录像已灭失；文某在审查起诉阶段的有罪供述能够证明其运输毒品犯罪事实。

2. 非法持有毒品事实

2013 年 2 月 19 日晚,文某在某小区某号楼门前被公安机关抓获,其随身携带的 2 小包毒品及身边雪地上的 2 大包毒品被查获。经鉴定,4 包毒品均含有甲基苯丙胺成分,经称重,4 包毒品分别为 0.29 克、0.14 克、25.06 克、25.05 克,合计 50.54 克。

某区人民法院认为:(1)关于审判前供述取得合法性的审查。首先,关于文某在侦查机关所作的有罪供述的合法性审查。文某自 2013 年 2 月 19 日被抓获至同月 26 日进入看守所期间,多份证据证明其有眼睛青紫,面部肿胀的外伤。文某在入所体检及公诉机关提审时均进行了反映,而公诉机关为论证侦查机关证据收集的合法性仅提供了文某自书的情况说明、侦查机关出具的情况说明,未能提供同步录音录像等更有力的客观证据。根据现有的证据及线索,不能排除文某的伤情系侦查人员刑讯逼供所致的可能,故对文某在侦查机关所作的供述笔录应当依法予以排除。其次,关于文某在公诉机关三份有罪供述笔录的合法性审查。文某在侦查、审查起诉阶段的有罪供述具有连贯性,既然侦查阶段的有罪供述应当依法予以排除,那么公诉机关在审查起诉阶段的取证亦应依法予以排除。更何况文某在审查起诉阶段亦未形成多次稳定的供述,且文某当庭供述的犯罪事实与审查起诉阶段的供述存在反复,其关于其在审查起诉阶段所作有罪供述笔录系在害怕打击报复且未细看的情况下完成的辩解,具有一定合理性,故其在审判前的所有供述都应依法予以排除。(2)关于文某非法持有毒品的事实部分。文某非法持有甲基苯丙胺 50 克以上,其行为构成非法持有毒品罪。首先,公诉机关指控文某犯运输毒品罪,在排除了文某庭前供述后,剩余证据尚无法形成证据锁链证明文某运输毒品的犯罪事实,故指控文某犯运输毒品罪的证据不足,不予采纳。其次,文某作为吸毒人员被公安机关抓获时现场查获毒品甲基苯丙胺 50 克以上,有文某当庭的供述及公安机关的扣押物品、文件清单,称量记录,物证检验报告,毒品照片等证据相互印证。现有证据尚无法证明涉案的 50.54 克冰毒是用于贩卖或者是自己吸食,故对文某的行为应当以非法持有毒品罪论处。(3)关于本案可能存在特情引诱辩护意见的审查。根据公安机关提供的情况说明,证人陈某并非特情人员,且本案是否存在特情,与定罪量刑并无直接关系。该辩护意见与事实和法律不符,故不予采纳。据此,依照《刑法》第 348 条、《刑事诉讼法》第 54 条①之规定,某区人民法院以被告人文某犯非法持有毒品罪,判处有期徒刑七年,并处罚金人民币 10000 元。

一审宣判后,被告人文某未提起上诉,检察院亦未抗诉,该判决已发生法律效力。

二、主要问题

1. 如何审查判断是否存在刑讯逼供等非法方法收集证据的情形?

2. 审查起诉阶段未审查排除侦查阶段刑讯逼供取得的有罪供述,继续获取的不稳定有罪供述是否应当排除?

三、裁判理由

在立法、司法政策理念大转型的环境下,司法实践中,辩方提出非法证据排除申请的案件日益增加。但由于涉及深层次体制及非法证据排除规则自身设计等因素,证据经法院审查或者调查后被作为非法证据排除的案件相对较少,经非法证据排除后影响定罪量刑的案件更是少之又少。本案系人民法院依法办理的一起非法证据排除案件,庭审过

---

① 对应 2018 年《刑事诉讼法》第 56 条。

程中切实严格贯彻体现了"六刑会"关于"以庭审为中心""以审判为中心"的政策精神，对进一步改进和完善非法证据排除制度，推进防范冤错案件机制制度建设具有重要意义。下文围绕以下两个主要问题展开分析论述。

（一）不能排除以非法方法收集的证据应当坚决依法排除

1. 辩方能够提供涉嫌非法取证的线索或者材料的，可以依法申请启动非法证据排除程序。《刑事诉讼法》第58条第2款规定："当事人及其辩护人、诉讼代理人有权申请人民法院对以非法方法收集的证据依法予以排除。申请排除以非法方法收集的证据的，应当提供相关线索或者材料。"《刑事诉讼法解释》第127条进一步明确了当事人申请所需提供的线索、材料包括涉嫌非法取证的人员、时间、地点、方式、内容等。其中所谓"材料"是指被告人出示的血衣、伤痕、伤痕照片、医疗证明、伤残证明、同监人证言等能够证明存在刑讯逼供等非法取证事实的证据材料；所谓"线索"是指可以显示刑讯逼供等非法取证事实确实存在的比较具体的事实，如关于刑讯逼供的时间、地点、方式、人员等信息。本案辩方即提供了伤痕照片、医疗证明及入所健康检查笔录等线索材料，用以证明其在公安机关侦查阶段受到打、踢、反剪双手等方式逼取供述。根据《刑事诉讼法》第58条的规定，法庭审理过程中，根据辩方提供的线索材料，审判人员认为可能存在以非法方法收集证据情形的，应当对证据收集的合法性进行法庭调查。本案中，法院在辩方提供上述线索后，即产生了对证据收集合法性的怀疑，并开庭专门就该事项进行了法庭调查。

2. 法院经审查对证据收集合法性有疑问的应当进行调查，不能排除存在以刑讯逼供等非法方法收集证据情形的，应当将该证据依法予以排除。根据《刑事诉讼法》第59条、第60条的规定，证据收集合法性的证明责任在于公诉机关，如果证据不能达到确实、充分的程度标准，不能排除非法取证合理怀疑的，对相关证据应当依法予以排除。

本案被告人文某于2012年2月19日被抓获，20日因涉嫌运输毒品犯罪被立案，21日因吸毒被送戒毒所行政拘留，26日被送看守所执行刑事拘留。在此期间，对证据收集合法性问题的反向证据有：（1）伤痕照片。案卷材料中，拍摄的当时作为犯罪嫌疑人的文某三面免冠照片，能看到其脸部、眼角等处有明显瘀青痕迹。（2）医院急诊病历。2月22日上午10时30分，文某被送医院就诊，病历载明："头部外伤后头痛3天，伤者约3天前头部撞伤"。而3天前即抓捕当天2月19日。医院的体征查体为"双眼睑肿胀青紫"，诊治项目为"螺旋CT平扫（头颅）"，后配药氯霉素滴眼液。2月26日下午3时许，文某因高血压被送医院进行常规心电图检查。（3）健康检查表。2月21日某戒毒所出具的健康检查表载明文某"双眼青紫"，2月26日某看守所出具的健康检查表载明文某"双眼青紫，左头部痛，自述在派出所被吊飞机和被按在地上所致"。（4）文某的辩解。在审查起诉阶段，其于3月6日向公诉机关反映，其被抓获当晚及次日，被公安人员打耳光等，并描述了两位侦查人员的体貌特征。在庭审中，文某再次反映了挨耳光等受刑讯逼供的情形，并反映自书说明是在侦查人员恐吓环境下所写，在审查起诉阶段其仍害怕公安人员报复，以及2月26日其系因看守所不收押才去医院就诊的。

2010年最高人民法院、最高人民检察院、公安部、国家安全部、司法部联合制定的《关于办理刑事案件排除非法证据若干问题的规定》第11条规定："对被告人审判前供述的合法性，公诉人不提供证据加以证明，或者已提供的证据不够确实、充分的，该供述不能作为定案的根据。"对照该规定，公诉机关证明取证合法性的证明标准，必须达到

"确实、充分",而本案公诉机关提供的证明取证合法性的正向证据,无法达到"确实、充分"的标准:(1)文某进入某戒毒所时的自书情况说明。该说明载明"本人文某眼睛伤系正常的碰撞,自己撞到的,脚有痛风"。该情况说明系在某戒毒所体检发现文某双眼青紫后所作。从形式看,系在同一张纸上先由侦查人员书写"文某眼睛红肿,其本人称是于2013年2月18日自己不小心撞到的,眼睛无大碍",再由文某另起一行书写;从内容看,文字明显不通顺,不排除外部因素干扰;从理由看,将自己撞伤尤其是双眼撞伤不尽合理;从主体看,与取证合法性关系较为疏远的戒毒所尚且因被拘留人员有外伤痕迹而要求有书面说明,而与本案关系更为密切的侦查机关却从未有该方面的要求。(2)侦查机关关于伤势原因的情况说明。该情况说明载明2月19日晚将文某抓获带至某派出所时才发现其有伤,文某自称是18日自己撞到眼部所致。将其送至戒毒所执行行政拘留,其在回答伤势原因时也称是自己所撞。然而,关于文某自称眼部受伤系自身所致的内容,并未在任何一次讯问笔录中得到体现。(3)侦查机关关于录音录像资料的情况说明。该情况说明仅载明侦查人员就本案审讯过程制作过全程同步录音录像,但因主办人员于2013年4月调离且其电脑已报废,故该录音录像资料已灭失。由于案发地公安机关有对所有刑事案件全程同步录音录像的惯例,只是区分是否属于大要案而决定是否另行刻录光盘。该情况说明以主办人员调离、电脑报废作为录音录像资料灭失的理由难以令人信服。(4)戒毒所出所谈话笔录。该笔录只能证明文某于2月21日至26日在某戒毒所期间未受到戒毒所民警的打骂、体罚,并不能排除侦查期间受侦查人员的刑讯逼供。

综上分析,本案在被告人文某能够提供确切伤情的证据,且提出其有罪供述系侦查人员刑讯逼供所致的情况下,公诉机关未能提供确实、充分的证据证明侦查机关取证的合法性,不能排除侦查机关系以刑讯逼供的方法获取被告人有罪供述的合理怀疑,故该有罪供述应当依法予以排除。

值得注意的是,根据《刑事诉讼法解释》第135条的规定,公诉机关提交的取证过程合法的说明材料不能单独作为证明取证过程合法的根据。因此,实践中,为了证明取证的合法性,公诉机关、侦查机关除了提交取证过程合法的材料之外,一般还会提供被告人自己所作有罪供述过程的说明材料,如被告人自己书写的有关伤势形成的解释性说明。在此情况下,能否认定取证过程的合法性,我们认为,需要根据庭审具体情况,依法审查被告人自书的解释性说明在内容上是否符合常理,形成的时间、环境以及内容是否一贯、稳定。本案中,文某较早时间段自书的伤势情况说明(第一份材料),与其在脱离办案单位即将进入监管场所时所作的说明并不一致。然而,根据后一份自书伤势情况说明,文某在监管场所这一办案民警、监管民警多人在场的复杂环境体检时,其自述伤势系遭刑讯逼供所致。显然,文某就伤势形成原因前后矛盾的解释,不能作为侦查机关、公诉机关取证过程合法性的辅证材料。同时,因为文某不具有取证合法性的证明义务,故不能基于其对伤势形成原因解释不清就作出对其不利的判断。

(二)审查起诉阶段未审查排除侦查阶段刑讯逼供取得的有罪供述,继续获取的不稳定有罪供述亦应依法予以排除

对于被告人在侦查、审查批捕、审查起诉各阶段所作的多次有罪供述,如果前一阶段的有罪供述被作为非法证据排除后,后一阶段的有罪供述是否一并排除,理论界和实务界主要存在分阶段排除和一体化排除两种意见。分阶段排除意见认为,检察机关与公安机关系不同主体,且法律赋予了检察机关调查取证权,因此,即使在侦查阶段被告人

的有罪供述系侦查人员逼供所致，只要在审查起诉阶段不存在刑讯逼供等非法取证行为，则审查起诉阶段取得的被告人供述的效力不应受到公安机关刑讯逼供的影响，不应当一并排除。一体化排除意见认为，根据现实国情，不能认为犯罪嫌疑人、被告人能准确区分侦查人员和公诉人员，其在遭受刑讯逼供后，可能会对所有司法人员产生惧怕心理，从而违背意愿作出有罪供述。因此，如果公安机关刑讯逼供在先，则检察机关所取得的被告人的有罪供述亦应一并排除。

我们认为，是分阶段排除还是一体化排除，不能"一刀切"，而应结合案情视具体分析而定。判断后一阶段的有罪供述是否具有可采性，应当以刑讯逼供等非法方法对被告人所造成的心理影响是否得到一定程度的消除为标准。如果辩方提出被告人在后一阶段的有罪供述系因侦查机关在前一阶段实施刑讯逼供而导致其害怕后一阶段被继续刑讯逼供的，公诉机关应当提供前一阶段的刑讯逼供对被告人造成的心理影响在后一阶段各次讯问中已经消除的证据。对公诉机关不能提供证据证明前一阶段的刑讯逼供对被告人造成的心理影响在后一阶段各次讯问中已经消除的，后一阶段的有罪供述亦应当依法排除。具体理由分析如下：

1. 从法律评价分析，对同一主观心理支配下的行为内容应当作相同评价。这种情形类似于基于同一主观故意支配下实施相同行为，在刑法上作同一评价。被告人基于同一肉体或者精神折磨等原因作出的重复性有罪供述，亦应作相同的性质评价。侦查阶段有罪供述被判定为非法证据，性质相同的重复有罪供述也应判定为非法证据。

2. 从行为人的心理分析，不消除恐惧心理影响继续取证实质上是侵犯基本人权的延续。尤其是行为人在向检察机关反映其被刑讯逼供的痛苦遭遇后，非但未获得检察机关的积极回应，反而继续让其作有罪供述，一定程度上让行为人感觉公诉机关与侦查机关是同一条战线的，其心理包袱不是减轻了而是加重了。

3. 从相关规定分析，后一阶段的有罪供述应当作为非法证据予以排除。公检法分工负责、相互制约是《刑事诉讼法》的基本原则。根据《刑事诉讼法》第 56 条第 2 款、第 57 条关于检察机关审查起诉或者接到控告举报时应当调查核实的规定，无论是基于诉讼职能，还是基于法律监督职能，检察机关都有义务进行非法证据的核查。根据《刑事诉讼法解释》第 138 条第 1 项的规定，一审法院对辩方提出的排除非法证据请求没有审查，且以该证据作为定案根据的，二审法院应当对证据收集的合法性进行审查并作出排除或者不排除的处理。由此规定可知，如果不能排除证据收集的非法性，对相关证据的证明资格、证明力亦应当予以否定。另从《国家赔偿法》第 21 条关于刑事赔偿义务机关的规定分析，对于侦查、审查批捕、审查起诉、庭审等各阶段，总是由最后作出错误司法行为的司法机关承担赔偿责任。因此，后一阶段（最终生效）司法机关有义务、有责任承担证据审查义务。在被告人提出前一阶段存在刑讯逼供的情况下，后一阶段的司法主体不但有义务审查相关证据，而且在继续实施讯问之前有义务审查被告人是否消除恐惧心理。

被告人是否消除侦查人员刑讯逼供所造成的恐惧心理，是非常复杂的判断过程。司法实践中，司法主体往往借助以下程序性的行为进行分析认定：

（1）排除非法证据申请权利的告知。如根据《刑事诉讼法解释》第 128 条的规定，人民法院向被告人及其辩护人送达起诉书副本时，应当告知其有权申请排除非法证据。

（2）排除非法证据程序启动的告知。在辩方提供线索材料后，承办人对取证合法性产生疑问进而启动调查程序时，可以通过书面、口头方式告知犯罪嫌疑人（被告人）。尤其是对于履行诉讼监督职能的检察机关而言，给予控告举报人回复是必要的程序环节。（3）排除非法证据结果的告知。根据《刑事诉讼法解释》第132条、第102条第2款的规定，法庭经审查对证据收集合法性没有疑问的，应当当庭说明情况和理由；法院对证据收集合法性进行调查后，应当将调查结论告知控辩双方。结果告知的程序要求也应当适用于审查起诉阶段。

《刑事诉讼法》规定，采用刑讯逼供等非法方法收集的犯罪嫌疑人、被告人供述，应当予以排除。在侦查、审查起诉、审判时发现有应当排除的证据的，应当依法予以排除，不得作为起诉意见、起诉决定和判决依据。本案中，被告人文某在审查起诉阶段即向公诉机关反映被刑讯逼供的情形，公诉机关对此未予依法审查，而是继续对被告人进行了三次讯问。且之后三次供述不稳定，在审查起诉阶段形成的两份有罪供述笔录与庭审供述存在矛盾。人民法院综合审查判断相关取证过程证据，认为不能排除文某在侦查、审查起诉阶段的认罪供述系以非法方法收集，故依法予以排除。

值得强调的是，人民法院在依法排除非法证据后，应当综合其他证据就被告人的行为定性以及处罚进行审查判断。本案中，被告人文某系吸毒人员，在依法排除文某的有罪供述后，现有证据尚无法证明涉案的50.54克甲基苯丙胺是出于贩卖的唯一目的，故某区人民法院结合其庭审有效供述和其他扣押清单等间接证据，以非法持有毒品罪定罪处罚是正确的。

问题2. 对于认定毒品交易上家犯罪事实的证据要求如何把握以及对于毒品来源有证据欠缺的案件应当注意哪些问题

【刑事审判参考案例】 刘某某等贩卖毒品案[①]

一、基本案情

被告人刘某某，2010年10月22日因犯故意毁坏财物罪被判处有期徒刑七个月，2012年12月31日因涉嫌犯贩卖毒品罪被逮捕。

同案被告人施某某，2010年12月23日因犯窝藏毒品罪被判处有期徒刑一年，2013年2月18日因涉嫌犯非法持有毒品罪被逮捕。

同案被告人厚某某，2012年12月31日因涉嫌犯贩卖毒品罪被逮捕。

天津市人民检察院第二分院以被告人刘某某、厚某某犯贩卖毒品罪，被告人施某某犯贩卖毒品罪、非法持有毒品罪，向天津市第二中级人民法院提起公诉。

天津市第二中级人民法院经公开审理查明：

被告人刘某某与厚某某2011年在福建省福州市因吸毒相识，刘某某得知厚某某在天津市有毒品的销售渠道，提议共同到该市贩卖毒品牟利。二人商定由刘某某购买甲基苯丙胺（冰毒），厚某某负责打开销路。厚某某随即告知在天津市的张某某（另案处理）等人其有甲基苯丙胺出售。2012年11月下旬，厚某某、刘某某先后到达天津市并入住滨海

[①] 参见赵丹撰稿，马岩审编：《刘某某等贩卖毒品案——对于认定毒品交易上家犯罪事实的证据要求如何把握以及对于毒品来源有证据欠缺的案件应当注意哪些问题（第1051号）》，载最高人民法院刑事审判第一、二、三、四、五庭主办：《刑事审判参考》（总第101集），法律出版社2015年版，第115~120页。

新区某商务酒店 518 室。其间，刘某某的女友颜某某亦来到天津并租住在塘沽某大厦 2823 室。据刘某某供称，施某某与喻某于 2012 年 12 月 7 日到塘沽后，两次共卖给其甲基苯丙胺 2900 克。同年 12 月 8 日 1 时许，厚某某向吸毒人员郭某某出售甲基苯丙胺 50 克，获毒资人民币（以下币种同）15000 元。同日，刘某某、厚某某向张某某出售甲基苯丙胺 30 克，获毒资 9000 元。当晚，刘某某又向张某某出售甲基苯丙胺 50 克，张某某于次日支付毒资 14000 元。同月 11 日零时许，刘某某在时代大厦附近再次向张某某出售甲基苯丙胺 100 克，后在塘沽某快捷酒店门口等待收取毒资时被抓获。同日，公安机关在某商务酒店 518 室将厚某某抓获，当场查获甲基苯丙胺晶体、片剂、液体共 12.03 克；在某大厦 2823 室查获刘某某藏匿的甲基苯丙胺晶体、片剂共 2512.06 克。

2013 年 1 月 15 日，施某某与雷某某（另案处理）在福州市鼓楼区某酒店 722 房间吸食毒品后离开。当日，公安机关先后将雷某某、施某某抓获，从施某某随身携带的手提包及所驾驶的汽车内查获甲基苯丙胺 113.90 克、麻黄碱 4.31 克。

天津市第二中级人民法院认为，被告人刘某某、厚某某为牟取非法利益而贩卖毒品，其行为均构成贩卖毒品罪。被告人施某某违反国家有关毒品的管理规定，非法持有毒品，其行为构成非法持有毒品罪。公诉机关对施某某犯贩卖毒品罪的指控，虽然有刘某某的供述证明施某某和喻某暗示其贩卖毒品并向其提供毒品，事后又催要毒资，但该事实仅有刘某某的供述，无其他证据佐证，故公诉机关指控施某某犯贩卖毒品罪证据不足，不予支持。据此，依照《刑法》第 347 条第 2 款第 1 项、第 348 条、第 57 条第 1 款、第 65 条第 1 款、第 25 条第 1 款、第 26 条第 1 款、第 27 条之规定，天津市第二中级人民法院判决如下：

1. 被告人刘某某犯贩卖毒品罪，判处死刑，剥夺政治权利终身，并没收个人全部财产；

2. 被告人厚某某犯贩卖毒品罪，判处有期徒刑十五年，并处罚金人民币 40000 元；

3. 被告人施某某犯非法持有毒品罪，判处有期徒刑十五年，并处罚金人民币 40000 元。

宣判后，被告人施某某不服，向天津市高级人民法院提起上诉。天津市高级人民法院经公开审理认为，一审认定的事实清楚，证据确实、充分，定罪准确，量刑适当，审判程序合法，遂裁定驳回上诉，维持原判，并将被告人刘某某的死刑裁定依法报请最高人民法院核准。

最高人民法院经复核，裁定核准天津市高级人民法院维持第一审以贩卖毒品罪判处被告人刘某某死刑，剥夺政治权利终身，并处没收个人全部财产的刑事裁定。

二、主要问题

1. 对于认定毒品交易上家犯罪事实的证据要求如何把握？
2. 对于毒品来源有证据欠缺的案件应当注意哪些问题？

三、裁判理由

毒品犯罪隐蔽性很强，取证难度大，决定了此类案件的侦查工作相较于一般犯罪存在更大难度。如在贩卖毒品案件中，上家经常比下家更隐蔽，抓获了下家未必就能抓到上家。如果上家身在异地，侦查工作又主要围绕下家展开，就很可能导致案件出现仅能认定下家而无法认定上家的局面。即使在所谓上家也到案的案件中，也很可能因为证据不足而无法认定上家贩卖毒品的事实。对于这类毒品犯罪案件，既要注意事实认定上的细致审查、严格把关,也要注意归纳总结,为完善相关工作机制提供司法建议,进一步增强对毒品犯罪的打击力度。本案就是这种情况,下文将从两个层面对本案有关问题进行分析。

(一)对于认定毒品交易上家犯罪事实的证据要求

关于本案被告人刘某某所贩卖毒品的来源,有一定的证据显示系来自同案被告人施某某和另案处理的喻某。主要体现在:其一,刘某某始终稳定供述其毒品来源于施某某和喻某。刘某某供述的要点包括:(1)其与老乡喻某因吸食冰毒结识,喻某 2007 年左右开始贩毒,2012 年其经喻某介绍识了施某某。(2)2012 年,其与厚某某商定到天津市贩毒,喻某和施某某即答应提供毒品。同年 11 月,其到天津后,施某某赠送其几十克冰毒,厚某某将该毒品送人。(3)2012 年 12 月 7 日,喻某、施某某和另一男子驾驶一辆奥迪车从福建将冰毒送到天津,先后入住某某酒店、某酒店,12 月 9 日离开。喻某和施某某于 12 月 7 日给其 900 克冰毒,8 日再给其 2 000 克冰毒。该情节与其于 8 日 1 时开始向外出售冰毒的时间点吻合。刘某某称其接收毒品后先付款 17.9 万元,其中部分是现金,部分是按照施、喻二人提供的银行卡汇款,但银行卡并非施、喻二人的名字,余款准备在售出冰毒后再付。(4)喻某、施某某在天津期间,因欲监督其出售毒品的情况,曾提出要看看剩余的冰毒,刘某某为此在 12 月 9 日让女友颜某某在所租住的某大厦 6 楼又租了一个房间,并让颜某某将装有冰毒的纸盒拿到该房间,10 日又让颜某某把 6 楼房间退了,其不清楚喻某、施某某是否到该房间查看。其二,被告人厚某某证实,她之前即认识喻某、施某某。二人是 2012 年 12 月 8 日从福州市开车到天津市,其买了零食和水送到酒店,后其在与刘某某所住的酒店看到刘某某的黑色拷包里有两大袋冰毒。其三,证人颜某某证实,12 月 9 日刘某某让其把东西挪到其租的 602 房间,10 日刘某某说他朋友不来了,她又把东西拿回来,印证了刘某某的相关供述。其四,施某某、喻某到案后,均承认曾到过天津与刘某某、厚某某见面。其五,施某某 2010 年因犯窝藏毒品罪被判刑,刘某某被查获后,施某某于 2013 年 1 月 15 日在外地被抓获,公安人员当场查获甲基苯丙胺 113.9 克,说明施某某确系涉毒人员。

综合上述情况,刘某某的毒品源于施某某、喻某的可能性较大。但是,施某某、喻某到案后均否认曾向刘某某出售毒品。施某某对指控其犯有非法持有毒品罪无异议,但否认其犯有贩卖毒品罪,辩称对刘某某和喻某交易什么不清楚,也未收到刘某某支付的毒资。喻某于 2013 年 11 月 21 日在福州市被抓获,辩称不知道自己为何被上网追逃,其与施某某是朋友,与刘某某是老乡,也认识厚某某。2012 年 11 月其和施某某去天津塘沽旅游,见到了刘某某,但没有向刘某某贩卖毒品。可见,本案现有证据可以认定施某某、喻某到过天津并与刘某某见面,且结合刘某某的供述等证据,刘某某的毒品源于施、喻的可能性较大,但双方交易毒品的事实仅有刘某某的供述证实,厚某某亦供称不知道刘某某毒品的确切来源,故认定施某某、喻某向刘某某贩卖毒品的证据没有达到"事实清楚,证据确实、充分"的有罪判决标准,依法不能认定。

(二)对于毒品来源有证据欠缺的案件应当注意的问题

从司法实践情况看,对于有一定证据指向是毒品上家的被告人,因证据不充足而导致无法认定,确实不利于打击毒品犯罪。作为审判机关,其职责是审查、裁判公诉机关指控的犯罪事实,符合定案要求的应当依法定罪处刑,但对于达不到法定证明标准的,则不能作出有罪判决。工作中对于类似本案的情况,至少要注意以下两个层面的问题:

一是对审判中发现的取证、举证不足问题要加强调查研究，并以适当形式反馈给侦查机关、检察机关，促进毒品案件取证、举证水平的提高。其中，取证工作是案件质量的基础和前提。这也是贯彻以审判为中心的刑事诉讼制度的要求。如上所述，本案有一定证据指向喻某、施某某有向刘某某贩卖毒品的可能性，从在案证据特别是刘某某的供述分析，本案实际上本有进一步侦查的空间。体现在：（1）刘某某到天津之后，其与喻某、施某某主要通过电话联络，刘称喻某、施某某离开天津后还频繁给其打电话催要毒资。卷宗材料也显示，在抓获刘某某和厚某某的当天，公安机关依法扣押了喻某、施某某的各两部手机。而刘某某首次供述即交代了其毒品上家，侦查机关本有条件第一时间查询双方的通话记录，以固定上家身份的相关证据。（2）刘某某供述其曾给上家汇款，但侦查机关没有及时收集银行卡的汇款记录等证据。（3）刘某某供述曾经在某大厦6楼租房间，以备上家查验销售毒品情况，公安机关也曾出具说明称某大厦是警方掌握的贩毒多发地，在确定刘某某藏匿毒品处所时，曾查看某大厦各楼层录像，但对于喻某、施某某等人是否曾到602房间一节没有作出说明。（4）刘某某供述中提到喻某、施某某来天津时还有另一男子，但侦查机关没有就此问题开展工作。上述问题待案件进入审判阶段后，已难以补查补正，由此导致难以准确认定刘某某所贩卖毒品的来源。

二是审判环节的工作方法问题。对于因证据不足不能认定毒品上家的，在认定案件事实时一般可以模糊表述被告人所贩卖毒品的来源，确有必要写明的，可以采取"据被告人供述……"的方式。例如，本案一审判决书在事实认定部分，写明"据刘某某供称，施某某与喻某于2012年12月7日到本市塘沽后，两次共给其冰毒2900克"；二审裁定对毒品来源则未予表述。这两种写法都有各自道理。另外，还要注意的是，有些毒品案件的上下家因到案时间有先后，并不在同一案件中审理。如果先审理的案件进入二审阶段，而后到案的上家或者下家刚进入一审阶段，则对两个案件审理时都要注意了解关联案件的处理情况，以便全面、准确认定犯罪事实。如果明确认定本案被告人的毒品源于另案被告人，而审理另案被告人的法院因证据问题又不认定此人曾实施该贩毒行为，则会造成两案判决结果在事实认定上的矛盾。这是工作中要尽量避免的情况。

问题3. 二审法院经审查认为原判据以定案的证据系非法证据，依法排除有关证据后应当如何处理

【刑事审判参考案例】黄某某等贩卖、运输毒品案[①]

一、基本案情

被告人黄某某，男。2004年11月11日因犯故意伤害罪被判处有期徒刑四年零六个月，2008年2月28日刑满释放。2011年9月23日因涉嫌犯贩卖毒品罪被逮捕。

被告人卢某某，男。2002年5月28日因犯故意伤害罪被判处拘役五个月。2005年6月20日因犯抢劫罪、敲诈勒索罪被判处有期徒刑四年，并处罚金人民币6000元，2008年5月1日刑满释放。2011年9月23日因涉嫌犯贩卖毒品罪被逮捕。

---

① 参见刘静坤、温小洁撰稿，罗国良审编：《黄某某等贩卖、运输毒品案——二审法院经审查认为原判据以定案的证据系非法证据，依法排除有关证据后应当如何处理（第1167号）》，载最高人民法院刑事审判第一、二、三、四、五庭主办：《刑事审判参考》（总第108集），法律出版社2017年版，第18~25页。

被告人陈某,男。2011年9月23日因涉嫌犯贩卖毒品罪被逮捕。

江西省南昌市人民检察院指控被告人黄某某犯贩卖、运输毒品罪,被告人卢某某、陈某犯贩卖毒品罪,向南昌市中级人民法院提起公诉。

被告人黄某某及其辩护人提出,黄某某在侦查机关所作的有罪供述系刑讯逼供所得,起诉书指控贩卖、运输毒品的证据不足。

被告人卢某某及其辩护人提出,卢某某在侦查阶段所作的有罪供述系刑讯逼供所得,起诉书指控的毒品不能认定系卢某某伙同他人贩卖,在卢某某租住处查获的毒品应认定为非法持有,且卢某某有坦白情节。

被告人陈某及其辩护人提出,陈某在侦查机关所作的被告人黄某某、卢某某参与贩卖毒品的有罪供述系刑讯逼供所得,起诉书指控陈某与卢某某贩卖100粒麻古的事实证据不足。

江西省南昌市中级人民法院经审理查明:2011年五六月,被告人黄某某、卢某某开始合伙贩毒,同年7月中旬租用江西省南昌市上沙窝某号102室储藏间作为贩毒窝点,后黄某某指使被告人陈某到南昌市参与贩毒,多次从江西省抚州地区购买毒品运输至南昌市,由卢某某和陈某在南昌市贩卖,其中卢某某负责联系毒品买家,陈某负责送货。

2011年8月17日左右,被告人卢某某、陈某在南昌市省委加油站附近以29元一粒的价格将100粒麻古卖给付某某(另案处理)。

2011年8月19日上午,被告人黄某某独自驾车至江西省新干县,从"新干人"(另案处理)处购买42000粒麻古,后驾车返回其在江西省崇仁县的住处。当日13时许,黄某某携带上述毒品驾车前往南昌市。当日15时许,黄某某在被告人陈某租住的南昌市海棠明月小区附近与陈某联系,指使陈某将上述毒品取走。陈某取走毒品后,前往南昌市上沙窝某号102室储藏间存放毒品。同时,黄某某驾车前往被告人卢某某租住的南昌市东湖区银色星座小区某栋205房间和卢某某会面。随后,公安机关在南昌市上沙窝路97号附近将已存放好毒品准备离开的陈某抓获,并从储藏间内查获大量可疑白色结晶状物以及大量可疑圆形片剂状物;在卢某某租住处将黄某某和卢某某抓获,当场查获卢某某另行购买的可疑圆形片剂状物若干和少量可疑白色结晶状物。经鉴定,从上沙窝某号102室储藏间内查获的可疑白色结晶状物总计3029.5973克,查获的可疑圆形片剂状物总计6658.6127克,均含甲基苯丙胺成分。从卢某某租住的南昌市东湖区银色星座小区某栋205房间查获的可疑圆形片剂状物总计103.3507克,查获的可疑白色结晶状物总计2.6044克,均含甲基苯丙胺成分。

南昌市中级人民法院认为,被告人黄某某单独或伙同他人贩卖、运输甲基苯丙胺类毒品9688.2100克、麻古100粒,其行为已构成贩卖、运输毒品罪。被告人卢某某伙同他人贩卖甲基苯丙胺类毒品9794.1651克、麻古100粒;被告人陈某伙同他人贩卖甲基苯丙胺类毒品9688.2100克、麻古100粒,其行为均已构成贩卖毒品罪。黄某某、卢某某系累犯,且利用未成年人贩毒,应从重处罚。黄某某、卢某某均系主犯。卢某某在共同犯罪中的作用与黄某某相比略小,有部分坦白情节,对其判处死刑,可不立即执行。陈某系从犯,犯罪时未满十六周岁,应减轻处罚。依照《刑法》第347条第1款、第2款第1项、第6款、第7款、第17条第2款、第3款、第25条第1款、第26条、第27条、第48条第1款、第57条第1款、第65条第1款、第67条第3款之规定,南昌市中级人民法院对被告人黄某某以贩卖、运输毒品罪判处死刑,剥夺政治权利终身,并处没收个人全部财产；对被告人卢某某以贩卖毒品罪判处死刑，缓期二年执行，剥夺政治权利终身，并处没收个人全部财产；对被告人陈某以贩卖毒品罪判处有期徒刑十年，并处罚金人民币5万元。

一审宣判后，被告人黄某某、卢某某、陈某均不服，提出上诉。

被告人黄某某上诉提出：第一，原判认定其参与贩卖、运输毒品的事实不清，证据不足。第二，一审审判程序违法。一是其多次申请对其被刑讯逼供的事实进行调查，并排除其因刑讯逼供所作的有罪供述，但一审法院未依法启动证据收集合法性调查程序；二是其进入看守所时曾向体检医生刘某某反映其伤是刑讯逼供所致，但一审法院未依法通知刘某某出庭作证。综上，请求二审法院查明事实，撤销一审判决，改判其无罪。被告人黄某某的辩护人提出：第一，黄某某的有罪供述系侦查机关刑讯逼供所得，属非法证据，不得作为定案根据。第二，手机通话记录、手机短信、银行卡存取款记录与本案无关，不能据此认定黄某某与卢某某、陈某共同贩卖毒品。第三，原判对证人张某某证明黄某某有罪证言的认定违反法律规定。第四，储藏间查获的9000余克毒品与黄某某无关。综上，请求二审法院改判上诉人黄某某无罪。

被告人卢某某上诉提出：第一，原判认定其伙同他人贩卖麻古的证据不足。第二，原判认定在储藏间查获的冰毒及麻古系其伙同他人贩卖的证据不足。第三，在其住处查获的麻古应认定非法持有毒品，该毒品是其自购自吸，与被告人黄某某、陈某无关。第四，陈某受黄某某直接指使和安排，其主要是帮助黄某某贩卖毒品，其和陈某同由黄某某控制与指挥，不能认定其具有利用未成年人贩毒的情节。第五，其认罪供述系刑讯逼供所得，请求二审法院启动证据收集合法性调查程序。综上，请求撤销原判，以非法持有毒品罪对其定罪量刑。被告人卢某某的辩护人另提出：第一，没有证据证实卢某某与黄某某共同贩卖毒品。第二，卢某某在一审庭审时反映其被侦查人员逼供，侦查人员取来黄某某的材料，让卢某某照着黄某某的材料供述。第三，办案机关违反法律规定，对卢某某羁押超过48小时。对侦查人员违反法定程序取得的供述，依法应予排除。第四，卢某某持有的毒品没有流入社会造成危害。综上，卢某某构成非法持有毒品罪，且应减轻处罚。

被告人陈某上诉提出：其在侦查机关所作的认罪供述是被逼作出的虚假供述。侦查人员对其讯问期间曾将其带到讯问被告人黄某某的讯问室，黄某某请求其指控给了黄某某42000粒麻古。被告人陈某的辩护人提出：第一，陈某是受黄某某指使藏匿毒品，其不参与分配贩毒所得，系从犯。第二，三名被告人是在藏匿毒品途中被抓获，贩卖毒品的行为尚未完成，系犯罪未遂。第三，陈某系未成年人，没有前科。综上，请求二审法院再予减轻处罚。

江西省高级人民法院经审理认为，原判认定事实的证据不足。依照《刑事诉讼法》第225条第1款第3项①之规定，裁定撤销原判，发回重审。

二、主要问题

二审法院经审查认为原判据以定案的证据系非法证据，依法排除有关证据后应当如何处理？

---

① 对应2018年《刑事诉讼法》第236条第1款第3项。

三、裁判理由

（一）被告方不服原判对排除非法证据申请的处理结果，在上诉中再次申请排除非法证据的，二审法院应当对证据收集的合法性进行审查

根据 2012 年《刑事诉讼法》及相关司法解释的规定，对证据收集合法性的审查应当贯穿刑事诉讼的始终。控辩双方不服第一审人民法院作出的有关证据收集合法性的调查结论，提出抗诉、上诉的，第二审人民法院应当进行审查，并依法作出处理。[①]

本案中，三名被告人及其辩护人在一审程序中均提出认罪供述系刑讯逼供所得，申请排除非法证据，并提供了身体存在损伤、办案人员非法取证的相关线索。一审法院对证据收集的合法性进行了审查，公诉机关提交了讯问录音录像、入所健康检查登记表和办案机关情况说明等证据材料。一审法院认为，讯问录音录像并非讯问时制作，不能证明取证过程的合法性，但办案单位情况说明和入所健康检查登记表证明对被告人卢某某、陈某的讯问合法；被告人黄某某入所时虽然身体有伤，但办案单位情况说明及刘某某的证言等证明对黄某某的讯问合法，最终采信了三名被告人的有罪供述，进而结合其他证据认定三名被告人有罪。

三名被告人对一审判决不服，在上诉中再次提出排除非法证据申请，并提供了相关的线索。二审法院对证据收集的合法性进行了审查，发现取证程序存在以下问题：

一是关于讯问录音录像的制作问题。办案单位先后出具了多份说明材料，但办案单位有关讯问录音录像的制作说明与讯问笔录的记载内容以及光盘制作时间不一致，不具有真实可靠性。被告人黄某某在二审庭审中辩称，讯问录音录像系作假，讯问过程没有同步录音录像。经查，黄某某的讯问录音录像时长 10 分 43 秒，黄某某的 12 次讯问笔录中只有第二次是认罪供述，但第二次讯问笔录记载的讯问时长为 1 小时 22 分，与讯问录音录像的时长不一致，且录音录像内容与第二次讯问笔录差异极大。被告人卢某某在二审庭审中辩称，办案单位对其讯问过程没有做过录像，录像是其被送交看守所收押前按侦查人员的要求做的，录像时没有做笔录。经查，卢某某的讯问录音录像时长为 21 分 8 秒，而其当日讯问笔录记载的讯问时长为 2 小时 4 分，与讯问录音录像的时长不一致，且该次讯问笔录记载的内容与讯问录音录像完全不符。被告人陈某在二审庭审中辩称，对其讯问过程的同步录音录像系作假，录像时侦查人员让其按照做好的笔录照着念。经查，陈某的讯问录音录像时长 21 分 43 秒，而讯问笔录记载的讯问时长 1 小时，与讯问录音录像的时长不一致，且讯问录音录像的内容与各次讯问笔录差异极大；讯问录音录像中可明显看到陈某手中持有一叠材料，回答问题非常书面化，陈述作案过程或内容较多时有低头动作，头部、眼睛反复从左至右来回移动，陈述完即抬头看着讯问人员，大段内容一气呵成，顺畅、完整，回答简单问题时始终抬头看着讯问人员，回答时常不顺畅、不连续。综上，办案单位提交的三名被告人讯问过程录音录像并非对实际讯问过程的录音录像，不排除系事后补录，不能作为证明讯问程序合法的证据。

二是关于被告人黄某某身体损伤的成因问题。在押人员入所健康检查登记表及伤情照片显示，黄某某入所时头脸、手、脚有擦伤，左、右上臂外侧有多条长条形伤痕，头

[①] 对此，2017 年最高人民法院、最高人民检察院、公安部、国家安全部、司法部联合出台的《关于办理刑事案件严格排除非法证据若干问题的规定》第 38 条第 1 款规定："人民检察院、被告人及其法定代理人提出抗诉、上诉，对第一审人民法院有关证据收集合法性的审查、调查结论提出异议的，第二审人民法院应当审查。"

额、下唇、右前肩胛区有多处伤痕。黄某某入监时的亲笔字条写明："有些是打的，头部、手、脚，有些是摔的，左脚膝盖、右脚膝盖"，押送民警熊某、朱某某在该字条上签字并附警号。二审庭审中，黄某某辩称损伤是在刑侦队审讯室讯问过程中被讯问人员殴打造成的，摔伤是其在被告人卢某某租住处被抓时摔倒造成的。对此，办案单位出具情况说明称黄某某的身体损伤系其脱逃被抓捕时扭打造成的。经查，看守所医生刘某某的证言证明黄某某的伤是擦伤，"是很轻微的体表伤"，但刘某某并未出庭作证；而黄某某同监室的胡某、李某的证言则证明，"看到黄某某手、脚都肿了"；看守所协防员汪某、李某的证言证明黄某某在讯问中脱逃，在被抓捕过程中受伤，但办案单位并未提供该时段的监控录像，因此，证明黄某某的身体损伤系脱逃被抓捕时扭打所形成的相关证据关联性、真实性均存疑。

综上，对于三名被告人提出的排除非法证据申请，检察机关并未提供有效的证据证明取证合法性，二审法院经审查认为，现有证据材料不能排除刑讯逼供的可能性。根据法律规定，对于不能排除采用刑讯逼供等非法方法收集情形的，有关证据应当依法予以排除。

此外，被告人陈某系未成年人，办案单位对其讯问时未通知法定代理人或其他成年亲属到场，讯问程序违反法律规定，尽管这并不属于法律规定的采用刑讯逼供等非法方法收集证据的情形，但上述违反法定程序取得的供述因客观真实性无法保障，亦不能作为定案的根据。

（二）二审法院经审查认为原判据以定案的证据系非法证据应当予以排除的，需要区分情形对案件作出处理

被告人在上诉中提出排除非法证据申请，二审法院经审查认为原判据以定案的证据系非法证据，依法应当予以排除的，应当区分情形对案件作出相应的处理：①

一种情形是被告方在一审程序中提出排除非法证据申请，但一审法院未予审查，径行驳回被告方的申请。如果被告方申请排除的证据系关键定案证据，而一审法院对该申请未予审查，并以有关证据作为定案根据，可能影响公正审判的，二审法院可以将其作为违反法律规定的诉讼程序的情形，裁定撤销原判，发回重审。

另一种情形是被告方在一审程序中提出排除非法证据申请，一审法院经过审查后对证据收集合法性进行调查，最终认定取证合法，进而驳回被告方的申请。如果二审法院经审查认为，一审法院有关证据收集合法性的处理结果并不准确，有关证据应当作为非法证据予以排除的，则需要进一步区分案件情况作出处理：排除有关证据后其他证据仍然能够证明被告人有罪的，二审法院可以依法排除有关证据，并在认定被告人有罪的基础上维持原判；排除有关证据后，案件事实不清，证据不足的，二审法院可以裁定撤销原判，发回重审。

---

① 对此，2017年最高人民法院、最高人民检察院、公安部、国家安全部、司法部联合出台的《关于办理刑事案件严格排除非法证据若干问题的规定》第40条规定："第一审人民法院对被告人及其辩护人排除非法证据的申请未予审查，并以有关证据作为定案根据，可能影响公正审判的，第二审人民法院可以裁定撤销原判，发回原审人民法院重新审判。第一审人民法院对依法应当排除的非法证据未予排除的，第二审人民法院可以依法排除非法证据。排除非法证据后，原判决认定事实和适用法律正确、量刑适当的，应当裁定驳回上诉或者抗诉，维持原判；原判决认定事实没有错误，但适用法律有错误，或者量刑不当的，应当改判；原判决事实不清楚或者证据不足的，可以裁定撤销原判，发回原审人民法院重新审判。"

本案中，被告方在一审期间申请排除非法证据，一审法院经过审查后对证据收集合法性进行调查，认定取证合法，驳回了被告方的申请。被告方在上诉中再次提出排除非法证据申请，二审法院经审查认为，对有关证据应当予以排除，而排除有关证据后，其他证据不足以认定案件事实，且办案单位获取本案线索、锁定三名被告人的证据材料以及办案场所的监控录像等关键证据有待进一步查证，故裁定撤销原判，发回重审。

需要指出的是，为了强化裁判说理，二审法院对于证据收集合法性的审查处理结果，以及案件的最终处理结果，都应当充分说明理由。

问题4. 被告人在一审庭审中认罪并对其庭前有罪供述不持异议，二审期间提出受到非法取证的，如何审查与处理

【刑事审判参考案例】 李某某等贩卖、运输毒品案[①]

一、基本案情

安徽省阜阳市人民检察院以被告人李某某犯贩卖毒品罪，被告人彭某某、杨某某犯运输毒品罪，向阜阳市中级人民法院提起公诉。

阜阳市中级人民法院经审理查明：被告人李某某、彭某某与吕某（另案处理）系狱友。2016年11月某日，吕某与李某某电话约定由其向李某某提供海洛因700克用于贩卖，每克价格330元。同年11月26日，吕某联系彭某某，让其帮助运输毒品至安徽省临泉县交给李某某，彭某某表示同意，吕某向彭的银行卡转账1000元。次日，吕某购买了机票并安排被告人杨某某乘坐飞机，将装有毒品的行李箱从昆明带到合肥新桥机场，交给彭某某。当日12时许，彭某某乘车将毒品送至临泉县城，与李某某见面后，二人在前往李某某家时，被民警当场抓获，民警从彭某某携带的行李箱中查获海洛因703.4克。

阜阳市中级人民法院认为，被告人李某某违反国家毒品管理规定，为贩卖而购买海洛因703.4克，构成贩卖毒品罪。被告人彭某某、杨忠违反国家毒品管理规定，运输海洛因703.4克，构成运输毒品罪。李某某系累犯、毒品再犯；彭某某系累犯；彭某某、杨某某属运输毒品罪的从犯；杨某某有自首情节；李某某、彭某某有坦白情节。根据李某某、彭某某、杨某某的犯罪事实、性质、情节和社会危害程度，依照《刑法》第347条第1款、第2款第1项、第25条第1款、第27条、第48条第1款、第57条第1款、第59条、第64条、第65条、第67条第1款、第3款、第356条的规定，以贩卖毒品罪判处被告人李某某死刑，缓期二年执行，剥夺政治权利终身，并处没收个人全部财产。以运输毒品罪判处被告人彭某某无期徒刑，剥夺政治权利终身，并处没收个人财产20万元；判处被告人杨某某有期徒刑十年，并处罚金十万元。扣押在案的毒品海洛因703.4克，作案工具蓝色手提箱1个，予以没收。

被告人李某某不服一审判决，上诉提出被抓获后遭到侦查人员刑讯逼供，其为吕某代卖毒品，系共同犯罪中的从犯及原判量刑过重等理由，请求从轻改判。

安徽省高级人民法院二审审理查明的事实及采信的证据与一审相同。并查明：一审

[①] 参见陈吉双撰稿、韩维中审编：《李某某等贩卖、运输毒品案——被告人在一审庭审中认罪并对其庭前有罪供述不持异议，二审期间提出受到非法取证的，如何审查与处理（第1249号）》，载最高人民法院刑事审判第一、二、三、四、五庭主办：《刑事审判参考》（总第113集），法律出版社2019年版，第89~95页。

庭审过程中，审判人员明确告知了李某某有申请排除非法证据的权利，李某某及其辩护人没有申请排除非法证据；对公诉人一审当庭所举其侦查期间的五次供述，均确认没有客观性及合法性异议；二审期间虽然提出受到刑讯逼供，但对原判采信的其本人供述的真实性予以确认，也没有申请非法证据排除。

安徽省高级人民法院认为，根据《刑事诉讼法》（2012年）第56条①的规定，排除非法证据不仅是当事人的诉讼权利，也是司法机关依法必须履行的职责。虽然李某某及其辩护人一审、二审期间均没有申请排除非法证据，仍应当依职权审查原判所采信供述的合法性，这一职责的履行不以诉讼参与人申请为前提。二审期间，证据合法性审查的对象应当是原审作为定案根据的证据。原判采信的李某某供述如系侦查期间获取，则应当对相关侦查取证行为进行合法性审查；否则其提出的侦查阶段受到刑讯逼供问题与原判采信证据的合法性无关，不属于本案二审证据审查的范围，不需要适用非法证据排除规则。本案中，无论李某某侦查阶段是否受到刑讯逼供，但在一审庭审时其应当享有的诉讼权利被明确告知并得到充分保障，其本人对自己行为的法律后果也能够正确认识。相应地，其所作的供述已属于任意性供述，对侦查阶段供述真实性的确认亦属于自愿确认。由此所形成的有罪供述，虽然属于侦查阶段供述的重复性供述，但显然已不受先前获取有罪供述的侦查行为影响，不再是侦查阶段有罪供述，而是由其转化而来的独立的当庭有罪供述。因此，原判采信的被告人李某某有罪供述不再是侦查阶段获取的供述，不需要适用非法证据排除规则。李某某二审期间提出的受到侦查人员殴打逼供的情况与本案二审证据审查无关，应当视为对侦查人员违法行为的控告，由有管辖权的机关处理。李某某无论是否为他人代买毒品，但其准备加价出售从中牟利，已经属于独立的贩卖毒品行为。李某某所提其属从犯、社会危害性小等上诉理由不能成立。原判认定事实清楚，适用法律正确，审判程序合法。依照《刑事诉讼法》第225条②第1款第1项的规定，裁定驳回上诉，维持原判。

二、主要问题

被告人在一审庭审认罪，并对公诉机关出示的其庭前有罪供述不持异议，二审时提出其在侦查阶段遭受了刑讯逼供，对此法庭如何审查与处理？

三、裁判理由

本案中，被告人李某某二审提出侦查人员刑讯逼供问题，涉及证据合法性审查范围、庭前有罪供述转化为当庭重复性供述的条件及其标准、刑讯逼供行为的审查与处理等。人民法院应当依法正确行使审判职权，在区分问题性质的基础上，作出正确处理。

（一）证据合法性审查的范围与方式

证据的合法性审查是人民法院审理案件采信证据从而查明事实的重要活动。对于经审查确认为非法证据的，应当依法予以排除，不得在法庭上宣读出示，作为定案的根据。本案中，被告人李某某及其辩护人一审、二审期间均没有申请排除非法证据，但在二审中明确提出被告人在侦查期间受到刑讯逼供，因此，是否需要对其相关供述进行合法性审查，适用非法证据排除程序，是首先需要解决的问题。对此，需要明确两个方面：一是证据合法性审查的范围，即必须是用于定案的证据才需要进行合法性审查。在一审中

---

① 对应2018年《刑事诉讼法》第58条。
② 对应2018年《刑事诉讼法》第236条。

表现为控辩双方向法庭所举，用于证明案件事实的证据，不包括虽然作为侦查或者审查起诉活动依据，但未向法院移送、出示作为指控犯罪依据的相关证据。二审期间，证据合法性审查的对象应当是一审作为定案根据的证据和拟作为二审定案根据的证据。因此，与人民法院审判职权行使无关的证据，尽管可能发生在刑事诉讼过程中，并作为其他司法机关实施刑事诉讼活动的依据，但只要不用于案件审判，就不需要法院进行合法性审查。二是证据的合法性审查并非仅是依申请进行的司法行为，而是人民法院的职权或者职责行为，即无论被告人是否申请排除非法证据，人民法院均应依职权对证据的合法性进行审查，对判决采信证据的合法性承担责任。有观点认为，排除非法证据属于被告人、辩护人等诉讼参与人的诉讼权利，相关诉讼参与人没有申请，应视为对权利的放弃，人民法院因此不需要进行证据的合法性审查。我们不认同此观点。《刑事诉讼法》第56条[①]除了规定"当事人及其辩护人、诉讼代理人有权申请人民法院对以非法方法收集的证据依法予以排除"外，还规定了"法庭审理过程中，审判人员认为可能存在本法第五十四条[②]规定的以非法方法收集证据情形的，应当对证据收集的合法性进行法庭调查"。根据此规定，排除非法证据不仅是当事人的诉讼权利，也是司法机关依法应当履行的职责，这一职责的履行没有一审、二审的区分，也不以诉讼参与人申请为必要前提。

《刑事诉讼法解释》第103条[③]规定："具有下列情形之一的，第二审人民法院应当对证据收集的合法性进行审查，并根据刑事诉讼法和本解释的有关规定作出处理：（一）第一审人民法院对当事人及其辩护人、诉讼代理人排除非法证据的申请没有审查，且以该证据作为定案根据的；（二）人民检察院或者被告人、自诉人及其法定代理人不服第一审人民法院作出的有关证据收集合法性的调查结论，提出抗诉、上诉的；（三）当事人及其辩护人、诉讼代理人在第一审结束后才发现相关线索或者材料，申请人民法院排除非法证据的。"该规定对二审法院应当进行证据合法性审查的情况进行了列举，应当认为此项规定为提示性规定，而非限制性规定，即在符合所列条件的情况下，二审法院应当进行证据的合法性审查；对于不符合相关条件的，因证据合法性问题已在一审解决等，为诉讼效率考虑，一般情况下二审不需要主动审查，但并非二审不能或不应当再进行证据的合法性审查。前述观点把被告人及其辩护人申请作为法院进行证据合法性审查的必备条件，显然是不够全面和准确的。本案中，虽然李某某及其辩护人在一审、二审期间均没有申请排除非法证据，但其提出的刑讯逼供问题如与证据的合法性审查有关，即原判采信的李某某供述如系侦查期间获取，则二审仍应当依职权对相关侦查取证行为进行合法性审查。

（二）被告人庭前供述转化为当庭供述的条件及合法性审查的标准

犯罪嫌疑人、被告人供述与辩解是我国刑事诉讼中法定的证据种类，根据所在阶段不同区分为庭前侦查、审查起诉阶段的犯罪嫌疑人供述与审判阶段的被告人供述。前两者为庭前供述，后者一般指被告人在法庭上所作的当庭供述。人民法院仅需就拟作为定案根据的供述的合法性即获取该供述的司法行为的合法性进行审查。对于庭前供述与当庭供述不一致的，法院采信何种供述往往会在裁判文书中明确表述。但对于两者一致的，

[①] 对应2018年《刑事诉讼法》第58条。
[②] 对应2018年《刑事诉讼法》第56条。
[③] 对应2021年《刑事诉讼法解释》第138条。

采信的是庭前供述还是当庭供述，需要考察分析庭前供述是否转化为当庭供述。

被告人当庭供述包括两种情况：一是被告人当庭对案件事实进行完整供述，尽管供述的内容与庭前供述具有实质的一致性，但该供述的来源与庭前供述没有联系，属于独立完整的当庭供述；二是被告人当庭对庭前供述予以确认而转化成当庭供述，在实践中主要表现为公诉人宣读完起诉书后，被告人表示认罪，对起诉书指控的事实无异议，法庭为诉讼效率考虑，采用简易程序或者简化审程序，在法庭陈述阶段不再对被告人详细讯问或者发问，在法庭质证阶段对其庭前供述的主要内容进行宣读，被告人对供述内容的真实性予以确认。此种情形下，被告人当庭不再就指控的犯罪事实进行详细供述，而以其在侦查阶段的供述内容代替。因此，被告人当庭供述的内容不完整，需要结合庭前供述笔录的内容才能形成完整的供述。与庭前供述相比，此种情形下转化的被告人当庭供述具有两方面的特点，即供述的独立性与内容的承继性。供述的独立性指供述源于法庭审判行为而非庭前的侦查或者审查起诉行为，即供述由被告人接受法庭讯问发问而进行的法庭陈述及发表的质证意见形成。内容的承继性主要指当庭陈述的内容与庭前供述具有实质的一致性，属于庭前供述的重复性供述，但并非通过庭审对全部犯罪事实全面重复陈述，而是通过庭审中的承继性行为，即对庭前供述内容的真实性予以确认形成。因此，庭前供述转化为当庭供述需要具备两个方面条件，即当庭陈述行为与对庭前供述内容的确认。只要具备上述两个条件，庭前供述即可转化为当庭供述。无论控辩双方有无以庭前供述作为定案证据的意图，人民法院均应当根据直接言词原则，以当庭供述作为定案根据。本案中，被告人李某某当庭认罪，对公诉人所举其侦查期间的五次供述，均没有提出客观性及合法性异议，确认了供述内容的真实性，则其庭前供述已经转化为当庭供述。尽管原审判决书中没有明确写明采信的李某某的供述是当庭供述，但根据直接言词原则，应当认定采信了当庭供述。

对于庭前供述转化的当庭供述，因其供述内容具有承继性，因此其合法性审查标准应当是当庭供述的自愿性，重点考虑是否切断了庭前侦查行为的影响。根据最高人民法院、最高人民检察院、公安部、国家安全部、司法部2017年发布的《关于办理刑事案件严格排除非法证据若干问题的规定》第5条第2项的规定，审查逮捕、审查起诉和审判期间，检察人员、审判人员讯问时告知诉讼权利和认罪的法律后果，犯罪嫌疑人、被告人自愿供述的，不受之前刑讯逼供的影响。该条规定并非提出判断供述合法性的新标准，而是对于当庭供述的自愿性的判断进行提示，即庭前受到刑讯逼供，如果当庭告知诉讼权利及认罪的法律后果后，仍然作出重复性供述的，其当庭供述独立于庭前供述，属于自愿供述。在此种情况下，其当庭供述不受之前刑讯逼供的影响，两者之间的联系被阻断。因此，只要被告人自愿确认侦查期间的供述，即使属于庭前供述的重复性供述，所转化形成的当庭供述也不存在合法性问题。本案中，被告人李某某在一审庭审过程中被告知了申请排除非法证据的权利和其他诉讼权利，也获得了律师帮助，其认罪及确认侦查阶段有罪供述真实性出于自愿，不受先前的侦查行为的影响，由此形成的当庭供述应具有合法性。

（三）与证据合法性审查无关的刑讯逼供问题处理

证据合法性审查与刑讯逼供问题相关但并非同一。人民法院是国家的审判机关而非法律监督机关，在刑事诉讼中仅能对涉及证据合法性审查的刑讯逼供等非法取证行为进行调查、确认并对相关证据的效力予以否定。就本案而言，对被告人李某某供述的合法性进行审查是人民法院行使审判职权的重要内容,由此不可避免地需要对获取其供述的司法行为的合法性进行评价。由于原判采信的是被告人李某某侦查阶段供述转化形成的当庭供述,合法性审查的内容应当是当庭供述的合法性,而不是侦查阶段供述的合法性,即人民法院既无必要也无职权对侦查阶段获取供述的合法性进行独立审查。因此,李某某上诉提出的侦查阶段受到刑讯逼供问题,独立于被告人供述的合法性审查,不属于人民法院二审证据合法性审查范围,与人民法院证据合法性审查无关。人民法院无权也不宜对侦查人员的刑讯逼供行为进行调查及评价。

《刑事诉讼法》第14条明确规定,诉讼参与人对于审判人员、检察人员和侦查人员侵犯公民诉讼权利和人身侮辱的行为,有权提出控告。李某某二审提出的侦查人员对其刑讯逼供的问题应视为对相关侦查人员的控告。但国家工作人员违法犯罪行为的调查处理不属于人民法院的职权范围,对此类问题,应当由人民法院根据《刑事诉讼法》第110条的规定,移送主管机关处理,并且通知报案人、控告人、举报人。故二审法院将刑讯逼供问题线索依法移交给了相关机关处理。

问题5. 对取证瑕疵能够作出合理解释的,可以依法采纳相关证据

【典型案例】 李某贩卖毒品案[①]

(一)基本案情

被告人李某,2013年1月16日因犯寻衅滋事罪被判处有期徒刑一年,同年5月13日刑满释放。

2017年4月5日、7日,被告人李某通过微信等方式与吸毒人员林某某商谈毒品交易事宜后,在福建省霞浦县一小区先后两次向林某某出售甲基苯丙胺(冰毒)各1包,收取毒资250元。同月8日12时许,李某在霞浦县松港街道欲再次向林某某出售甲基苯丙胺时被当场抓获。公安人员从李某身上查获2小包甲基苯丙胺,重1.59克,从李某住处卧室床头柜的抽屉内查获10小包甲基苯丙胺,共计重约28.07克。

(二)裁判结果

本案由福建省霞浦县人民法院一审,福建省宁德市中级人民法院二审。

法院在审理中发现本案取证程序存在一定问题,如侦查人员搜查现场时未出示搜查证,现场勘查笔录和扣押物品清单对毒品包数和位置的记载不一致。对此,公安机关出具了工作说明,并有相关侦查人员当庭作出合理解释,再结合本案视听资料及搜查时在场的两名证人的证言,相关证据可以采纳。法院认为,被告人李某明知是毒品而贩卖,其行为已构成贩卖毒品罪。李某多次贩卖甲基苯丙胺共计约30克,且其曾因犯寻衅滋事罪被判处有期徒刑以上刑罚,在刑罚执行完毕后五年内又犯应当判处有期徒刑以上刑罚之罪,系累犯,应依法从重处罚。据此,依法对被告人李某判处有期徒刑十一年九个月,并处罚金人民币5000元。

上述裁判已于2018年10月8日发生法律效力。

(三)典型意义

依法全面、规范地收集、提取证据,确保案件证据质量,是有力打击毒品犯罪的基

[①] 参见最高人民法院发布的2019年十大毒品(涉毒)犯罪典型案例。

础和前提。毒品犯罪隐蔽性较强，证据收集工作有一定特殊性，对于不属于非法取证情形的证据瑕疵，通过补查补正或者作出合理解释，可以依法采纳相关证据。本案侦查人员在搜查时未出示搜查证，现场勘查笔录与扣押清单中对毒品包数和查获毒品位置的记载不完全一致，但通过侦查机关出具说明、调取在场证人的证言、侦查人员出庭作证等方式，使证据瑕疵得到合理解释，能够确认相关证据的真实性，体现了审判阶段对取证规范性的严格要求，有利于确保毒品犯罪案件的证据质量。

问题6. "零口供"案件中如何贯彻证据裁判原则，准确认定犯罪事实

【刑事审判参考案例】刘某某制造毒品，周某某制造毒品、非法持有枪支案①

一、基本案情

辽宁省丹东市人民检察院以被告人刘某某犯制造毒品罪，被告人周某某犯制造毒品罪、非法持有枪支罪，向丹东市中级人民法院提起公诉。

丹东市中级人民法院经公开审理查明：2012年春节前，被告人周某某请被告人刘某某帮忙研制甲基苯丙胺（冰毒）的配方工艺，刘某某应允。后由周某某提供资金，刘某某单独或者伙同周某某购买了烧杯、加热套、乙醚、乙腈、甲胺水溶液、氯化苄等仪器设备与化学品，用于制造冰毒。同年6月，刘某某试制毒品成功。二人为购买制毒原料和运送毒品方便，由周某某出资人民币（以下币种同）11500元购买了一辆微型面包车。后经刘某某妻子于某某联系，周某某出资1万元，租用马某某位于东港市黑沟镇果园的住房，用作制毒地点。后二人又雇用于某帮助制造毒品。刘某某制造出的毒品均交由周某某保管。同年9月21日晚，周某某报警称其与他人有经济纠纷，公安机关介入后，周某某又提出刘某某吸毒并制造毒品。在周某某的带领下，公安机关于9月22日0时许在周某某母亲赵某某家中搜出周藏匿的白色粉末9袋共计102.24克（甲基苯丙胺含量为67%）；同日2时许，在果园租住房搜出烧杯装白色粉末202.45克（含量为35.7%）及制毒过程中产生的废液若干。同日，公安机关将刘某某抓获，刘供述了伙同周某某制造毒品的事实，周某某亦被抓获。（周某某非法持有枪支的事实略）

丹东市中级人民法院认为，被告人刘某某、周某某合谋制造毒品，周负责出资，刘负责制造，所制毒品数量大，其行为均构成制造毒品罪，且系共同犯罪。周某某还构成非法持有枪支罪，应予数罪并罚。刘某某揭发周某某犯非法持有枪支罪，构成立功，且能如实供述制造毒品的罪行，依法对其可以从轻处罚。据此，依照《刑法》第347条第2款第1项、第7款，第128条第1款，第25条第1款，第69条，第67条第3款，第68条，第57条第1款之规定，丹东市中级人民法院判决如下：

1. 被告人刘某某犯制造毒品罪，判处无期徒刑，剥夺政治权利终身，并处没收个人全部财产；

2. 被告人周某某犯制造毒品罪，判处无期徒刑，剥夺政治权利终身，并处没收个人全部财产；犯非法持有枪支罪，判处有期徒刑一年；决定执行无期徒刑，剥夺政治权利

---

① 参见吴言军、赵丹撰稿，马岩审编：《刘某某制造毒品，周某某制造毒品、非法持有枪支案——"零口供"案件中如何贯彻证据裁判原则，准确认定犯罪事实（第1052号）》，载最高人民法院刑事审判第一、二、三、四、五庭主办：《刑事审判参考》（总第101集），法律出版社2015年版，第121~126页。

终身，并处没收个人全部财产。

一审宣判后，被告人刘某某、周某某均不服，向辽宁省高级人民法院提起上诉。刘某某及其辩护人提出，一审量刑过重。周某某提出，一审判决事实不清，证据不足。其是借钱给刘某某而不是出资制造毒品；其报案检举刘某某制造毒品，并协助办案单位抓捕刘某某，有立功情节，一审法院未予认定。其辩护人提出，指控周某某非法制造毒品的事实不清、证据不足，应当认定周某某犯非法持有毒品罪；周某某有重大立功情节，依法应当从轻处罚。

辽宁省高级人民法院经公开审理认为，一审认定上诉人刘某某、周某某制造毒品的犯罪事实清楚，证据确实、充分。关于周某某及其辩护人所提周未参与制造毒品的辩解及辩护意见，经查，刘某某多次稳定供述其与周某某共谋制造毒品以及周某某出资、其出技术并制造毒品的合作模式，其所制造的甲基苯丙胺亦交由周某某保管。刘某某的供述与相关证人证言、物证等吻合。特别是刘某某的供述与证人宋某某的证言均证实刘某某在购买制毒原材料过程中有提成 5000 元的情节，能够佐证系周某某出资。同时，在案其他证据能够充分证实周某某提供资金租用制毒场所、购买原材料和面包车、雇用工人、保管毒品等行为。关于周某某辩解二人之间系借贷关系一节，经查，周某某自身经济能力困窘，与刘某某仅系普通朋友，却在极短时间内出借 20 万元左右给刘某某，且对借款的准确数额不能确定，亦不能提供证据证明，明显有悖常理。关于周某某及其辩护人提出周某某有立功情节的上诉理由及辩护意见，经查，周某某与刘某某系共同制造毒品，其供述刘某某相关犯罪并配合公安机关查获制毒地点及毒品的行为均属供述共同犯罪行为，不属立功，故对该意见不予采纳。综上，原判认定事实和适用法律正确，量刑适当，诉讼程序合法。据此，依照《刑事诉讼法》第 223 条第 2 款①、第 235 条第 1 款第 1 项②之规定，辽宁省高级人民法院裁定驳回上诉，维持原判。

二、主要问题

对于"零口供"的案件，如何贯彻证据裁判原则，准确认定犯罪事实？

三、裁判理由

刑事案件的审判是一个回溯性的刑事证明过程，即充分运用证据认定案件事实的诉讼活动，亦是一个逻辑思维的思辨过程。根据我国《刑事诉讼法》确立的证据裁判原则，对被告人定罪必须有充分的证据支持，可采证据必须经过查证属实，且单个证据与待证事实具有关联性，通过审查判断证据和综合运用证据的证明过程，形成完整的刑事证明体系，排除一切合理怀疑，得出唯一结论，从而达到"犯罪事实清楚，证据确实、充分"的刑事证明标准。证据是整个诉讼活动的基础，对于案件承办法官而言，通常会注重对单个证据的审查判断，并通过综合考量在案所有证据得出结论，但可能忽视如何更好地运用证据建构有效的证明体系。而缜密、科学地排列、架构证据，相对于简单、无序地罗列证据，对增强证据的证明力会起到事半功倍的效果。对于"零口供"刑事案件审判，更有必要在裁判文书中对证据进行科学的"排兵布阵"，根据证据的种类特性及证明逻辑方式恰当地运用刑事证据规则，通过多层次的证据架构，形成严密完整的证明体系，完成刑事证明过程，以最大限度提升裁判文书论理性，增强审判公信力。

---

① 对应 2018 年《刑事诉讼法》第 234 条第 2 款。
② 对应 2018 年《刑事诉讼法》第 236 条第 1 款第 1 项。

本案的刑事证明过程有一定难度，主要在于：（1）本案被告人周某某在侦查、起诉、审判三个刑事诉讼阶段均系"零口供"，始终对参与制毒犯罪行为予以否认；（2）其参与制毒共同犯罪的方式较为隐蔽，主要表现为出资行为；（3）案发系周某某本人对刘某某的制毒行为向公安机关进行举报，并带领公安机关到制毒现场查获毒品，按照常理，其不会举报自己参与的共同犯罪。虽有刘某某供述证实，周某某系因不满刘提出不再继续制造毒品才向公安机关报案，但在此情况下，要认定周某某参与犯罪，则更加需要扎实的证据和充分的论证。故本案二审期间，在做好证据真实性、合法性、关联性的基础审查判断外，将工作重点放在如何进行证据体系建构、如何运用证据规则，形成严密的证据体系，最终完成刑事诉讼证明过程。

通过对本案现有证据情况进行分析，因被告人刘某某制造毒品的证据充分，且其本人亦稳定供认，故证明重点放在被告人周某某共同制毒的事实认定上。二审主要通过"两个面、双向度"的证据架构模式对此进行论证。"两个面"是指两个层面：第一层面是总体布局，将本案五个关键事实进行分解论证，包括证实周某某出资租用制毒场所、出资购买运输车辆、出资购买制毒原材料、雇用工人、保管制成毒品的相关证据。第二层面是对每个事实点通过证据组的形式进行论证，在每一组证据中，均将相关证据组合在一起，合力形成对待证事实的论证。刘某某作为同案犯，其供述是周某某犯罪的最直接证据，可以贯穿于论证始终。但因供述系言词证据，根据证据补强规则，每个事实点的证明均有刘某某供述，同时以在案其他证人证言、书证、物证等予以补强，形成每个事实点的完整证据链条。"双向度"是指既从正面证实周某某有犯罪行为，同时又要对其无罪辩解进行有层次的研判和驳斥。"零口供"不代表被告人没有任何供述内容和辩解，故在单个事实点的证据组中同时对周某某的相关辩解予以说明，与其他物证、书证、证人证言等所证内容进行对比分析，通过正反两面论证得出唯一有罪结论，更具说服性。同时，"两个面"和"双向度"是相辅相成的："两个面"侧重于证据的总体排列顺序与排列组合，"双向度"对每组证据从正反两个方面进行分析说明，"双向度"的论证思路需始终贯穿于"两个面"的证据布局之中。对本案的证据体系具体分析如下：

其一，关于租用制毒场所的证据组中，被告人刘某某供述通过妻子于某某联系租用马某某的房子，并由周某某出资1万元作为房租；被告人周某某供认租房时在场，但辩解租金系刘某某所出；证人于某某证实帮助联系租住马某某的房屋；证人马某某证实，经于某某介绍，刘某某和周某某共同租住其房屋称合伙生产药物，且由周某某支付1万元房租，案发后马某某对周某某进行了辨认。可以认定刘某某的供述与二份证言所证吻合；周某某也承认租房时在场，与其他证据所证一致，但辩解租金系刘某某所出明显与房主证言相悖。综上，能够证实周某某出资租房的事实。

其二，关于购买车辆用于制毒的证据组中，刘某某供述买车是其与周某某一起商量在制毒过程中使用，由周某某联系购买事宜，包括给车主打电话、与车主签订协议并出资；周某某亦供认以其名义买车的事实，但辩解因刘某某说没带身份证，才用其名字，且出资系借款；车主方某某证实，其将一辆长安微型面包车以11500元的价格卖给周某某，并对周某某进行了辨认；车辆转让协议书所载与方某某证言吻合。故能够认定系周某某出资购买车辆用于制毒。

其三，关于购买制毒原材料的证据组中，刘某某供述由周某某出资，且陪同其一起购买过；周某某供述与刘某某一同去购买化工原料三四次，其中一次以矿山老板儿子名义支付 1 万元货款；售货人宋某某证实，多次将乙醚等易制毒化学品卖给刘某某，周某某曾支付 1 万元，且刘某某曾用周姓银行卡付账并提成 5000 元；购货明细清单及宋某某开具的 1 万元收条可证实上述情况。故能够认定系周某某出资购买制毒原材料。

其四，关于雇用工人参与制毒的证据组中，刘某某供述与受雇人于某证言一致，均证实刘某某和周某某合伙生产药物，周某某让于某来干活并许诺给予工资；周某某供述知道于某受雇干活的事实，但否认系其雇用。故能够认定周某某、刘某某二人共同雇用工人制毒的事实。

其五，关于保管制成毒品的证据组中，刘某某供述生产出的毒品均交给周某某；公安机关从刘某某包中扣押的香烟包装纸片上刘某某记载了给周某某送毒品的次数、数量及周某某给刘某某提供费用的部分花销情况，所载毒品数量与公安机关在周某某处所扣押毒品数量基本一致；提取笔录及扣押物品、文件清单证实公安机关在周某某母亲赵某某家提取、扣押毒品情况；证人赵某某证实，2012 年 8 月、9 月间，刘某某多次到家里，称与周某某一起研究买卖，后公安机关在其家搜缴 9 袋冰毒的事实；周某某对持有毒品一节事实予以供认。综上，能够认定周某某保管制成毒品的事实。

由上可见，对于本案事实方面的五个关键环节，都可以根据在案证据，从"两个面"进行"双向度"的分析论证，得出周某某参与犯罪的结论，从而准确认定其参与实施共同制造毒品的事实。"零口供"现象在毒品犯罪案件中较为常见，只要侦查取证工作基础扎实，审判环节又能进行全面分析，则不会因为被告人到案后"零口供"而放纵犯罪。

问题 7. 如何运用间接证据认定"零口供"走私毒品案

【刑事审判参考案例】 圣某某走私毒品案[①]

一、基本案情

被告人圣某某（别名 Micheal），尼日利亚联邦共和国国籍。因涉嫌犯走私毒品罪，于 2013 年 3 月 29 日被中华人民共和国苏州海关缉私分局逮捕。

江苏省苏州市人民检察院以被告人圣某某犯走私、运输毒品罪，向苏州市中级人民法院提起公诉。

苏州市中级人民法院经公开审理查明：被告人圣某某与他人合谋，由他人以联系业务为名与江苏省张家港友诚科技机电有限公司（以下简称友诚科技公司）员工张某取得联系，并以邮寄样品为名，将毒品藏在其中走私入境。2013 年 1 月 16 日，藏有可卡因的样品包裹（邮单号 C××××R，可卡因藏在包裹内的菜谱中）从巴西联邦共和国被邮寄给张某。同年 2 月 7 日，该包裹被苏州海关驻邮局办事处查获，从菜谱中查获可卡因 318 克。后圣某某与张某联系，让张某将该菜谱寄往广东省广州市越秀区麓景西路××号。张某根据民警的指示将毒品替代物邮寄至上述地址。2 月 22 日，圣某某在该地签收邮件后，被民警当场抓获。

苏州市中级人民法院认为，根据《刑法》第 6 条第 1 款之规定，凡在中华人民共和

[①] 参见蔡绍刚、郇习顶撰稿，马岩审编：《圣某某走私毒品案——如何运用间接证据认定"零口供"走私毒品案（第 1193 号）》，载最高人民法院刑事审判第一、二、三、四、五庭主办：《刑事审判参考》（总第 110 集），法律出版社 2018 年版，第 1~9 页。

国领域内犯罪的，除法律有特别规定的以外，都适用该法。被告人圣某某在中华人民共和国领域内伙同他人违反毒品管制法规，将可卡因 318 克以邮件方式走私入境，其行为已构成走私毒品罪，应依照《刑法》追究其刑事责任。圣某某伙同他人走私毒品，在共同犯罪中起主要作用，系主犯。据此，依照《刑法》第 347 条第 1 款、第 2 款第 1 项，第 25 条第 1 款，第 26 条第 1 款、第 4 款之规定，判决：被告人圣某某犯走私毒品罪，判处无期徒刑，并处没收个人全部财产；随案扣押的手机等物品予以没收，上缴国库。

一审宣判后，圣某某不服，向江苏省高级人民法院提出上诉。其上诉理由主要是：其没有参与走私毒品犯罪；是其朋友 AKIM 让其代收包裹，且只有这一次；是其朋友 AKIM、SUNDAY 让其汇款 200 元；其对笔记本电脑内查询快递的记录不知情；号码为 158×××××19 的手机系案发前一天晚上 AKIM 给其的，此前没有使用过，请求改判无罪。其辩护人提出，圣某某主观上不明知包裹内藏有毒品；现有证据不能证明圣某某就是包裹的所有人或接收人；原审判决事实不清，证据不足，量刑过重，建议将本案发回重审。

江苏省高级人民法院二审经公开审理查明的事实、证据与一审相同。另查明：2013 年 1 月 6 日至 2 月 22 日，上诉人圣某某收取"收件地址广东省广州市越秀区麓景西路××号、收件人 Micheal，联系电话 158×××××19"的快件共计 7 次。

江苏省高级人民法院认为，上诉人圣某某在中华人民共和国领域内伙同他人采用隐匿手段从境外邮寄毒品可卡因 318 克入境，其行为已构成走私毒品罪。上诉人及其辩护人所提相关辩解和辩护意见不能成立，不予采信。原审判决认定事实清楚，证据确实、充分，定性准确，审判程序合法。依照《刑事诉讼法》第 225 条第 1 款第 1 项①之规定，裁定驳回上诉，维持原判。

二、主要问题

如何运用间接证据认定"零口供"的走私毒品案件？

三、裁判理由

毒品犯罪案件中被告人到案后常提出自己对毒品不知情、被他人蒙骗的辩解，司法人员在无法利用被告人的有罪供述、相关证人证言等直接证据的情况下，如何利用被告人实施的客观行为推定其主观故意，准确认定其主观明知，就十分重要。本案是一起被告人以定制电子产品为名，利用制造商转寄毒品方式走私毒品的案件。被告人归案后"零口供"，始终作无罪辩解，其辩护人亦提出无罪辩护意见。法院依据查证属实的间接证据，最终认定了被告人主观上明知是毒品而伙同他人将毒品走私进入我国境内的事实。现具体分析如下。

（一）本案证据体系的特点

第一，缺少能够直接认定被告人圣某某伙同 James 走私毒品的直接证据。本案中，从巴西联邦共和国（以下简称巴西）发货的上家包括 James 在内均未归案，圣某某归案后始终辩解系受朋友 AKIM 之托代为收取包裹，主观上不知道是毒品，更没有参与走私毒品。证人张某在案发之前对 James 以邮寄样品为名走私毒品的事实也不知情。两名证人即快递员证实圣某某以本案的同一收件地址、收件人、联系电话收取了若干个包裹，但两名证人对包裹的内容不知情。因此，能够直接证明圣某某伙同 James 走私毒品的直接证据

---

① 对应 2018 年《刑事诉讼法》第 236 条第 1 款第 1 项。

既无圣某某的有罪供述，又无知悉走私毒品经过的证人证言及上下家的证言等直接证据。

第二，间接证据较多。包括：（1）证实被告人圣某某与证人张某电话联系转寄特定包裹以及包裹中像书一样的物品的证据。有手机通话记录、手机短信、顺丰快递邮寄单、汇款凭证等证据。（2）圣某某在收取包裹后被抓获，并当场查获了特定包裹。（3）在圣某某住处搜查到的笔记本电脑内查获查询本案快递单号的上网记录，查询单号为20××××××××5邮件的记录在2013年2月21日有10次，22日有3次。查询过单号为C×××××××××R邮件的记录有2013年2月17日21时01分1次、18日10时25分1次。在圣某某住处搜查到的硬面笔记本内有圣某某自己书写的友诚科技公司的名称、张某联系地址和电话。（4）圣某某的号码为158×××××40的手机内留存有2013年1月2日向vitorg gvolvo发送的内容为友诚科技公司的地址、电话、联系人张某的短信；2013年1月17日向Sunday 95 two发送的内容为"cp 298700481 br ems"的短信。以上这些证据均为间接证据，不能仅凭单个间接证据直接认定圣某某伙同上家James分工配合实施了走私毒品进境的犯罪事实。

第三，被告人圣某某始终"零口供"，辩称其朋友AKIM让其代收包裹，且只有这一次；AKIM让其汇款200元；其对笔记本电脑内查询快递的记录不知情；其号码为158××××19的手机系案发前一天晚上AKIM给其的，在此之前没有使用过。其辩护人提出圣某某主观上不明知包裹内藏有毒品；现有证据不能证明圣某某就是包裹的所有人或接收人。概言之，圣某某及其辩护人均主张圣某某无罪。

出于对本案证据体系的不同认识，本案在处理过程中也出现了分歧意见：一种意见认为，现有证据无法证明被告人圣某某主观上明知在涉案包裹内藏有毒品，认定圣某某具有犯罪故意的证据不足。另一种意见则认为，尽管缺少直接证据，但根据圣某某已经实施的客观行为蕴含圣某某的主观故意，可以认定圣某某伙同他人以邮寄方式走私毒品进境。可见，本案是运用间接证据认定毒品犯罪案件中明知问题较为典型的案例，有必要对本案的司法证明过程及依据作深入分析。

（二）如何运用间接证据构建案件主要事实

直接证据能够直接证明案件的主要事实，即何人实施了何种犯罪行为。间接证据虽不能直接证明案件的主要事实，但能够直接证明案件主要事实的某些环节，裁判者借助逻辑推理，整合、构建出案件主要事实，达到证明案件主要事实成立的诉讼目的。相对于运用直接证据证明案件事实而言，依靠间接证据认定案件事实是一个缜密的推理过程。裁判者在对每一个间接证据查证属实、确认其真实性的基础上，挖掘、评判每一个间接证据与案件事实存在的关联性，是使间接证据具有证明力的关键。而对间接证据关联性的评判主要指间接证据所包含的事实信息与案件主要事实之间的关联性。

本案中，以案发时间为序，存在如下间接事实：（1）被告人圣某某与证人张某联系邮寄特定的包裹、特定的物品。2013年2月17日，James通过网络告知张某，Micheal会与张某联系，Micheal的手机号码为158×××××19。30分钟后，张某收到号码为158××××××19手机的来电，来电者自称Micheal，并让张某尽快转寄James的包裹（包裹内的一本菜谱中藏有可卡因318克），在张某提出需要邮费200元后圣某某立即汇款，并马上给张某发送了"收件地址广东省广州市越秀区麓景西路××号、收件人Micheal，联系电话158×××××19"的短信。另一名证人即快递员郭某某证实其2013年1月6日至2月22日向Micheal即圣某某派送邮件7次，每次都事先与号码为158××××××

19 的手机联系，都是圣某某接电话并接收包裹。（2）2013 年 2 月 22 日，圣某某收取特定的包裹，并被当场抓获。（3）圣某某跟踪查询本案快递的流程信息，自己在笔记本上写了友诚科技公司和张某的联系地址及电话。2 月 21 日，查询单号为 20×××5 邮件的记录有 10 次，22 日有 3 次；2 月 17 日至 18 日，查询过单号为 C××××R 邮件的记录各 1 次。（4）圣某某在给张某汇出邮费 200 元后，马上将银行汇款凭证通过网络发给了 James，James 又通过网络转发给了张某。（5）圣某某在本案邮包从巴西寄出之前（1 月 2 日，该邮包于 1 月 16 日在巴西交邮），已经掌握国内收件单位友诚科技公司的地址和联系人张某的电话；本案邮包从巴西寄出之次日（1 月 17 日）圣某某即掌握了邮包的跟单号码"cp 298700481 br ems"。

　　以上事实信息紧紧围绕从巴西邮寄的包裹中藏匿毒品的菜谱而展开，该菜谱因 James 欲邮寄产品样品而从巴西寄出，被告人圣某某因 James 推介而与张某取得联系，为转寄菜谱而支付邮费，因收取包含菜谱在内的特定包裹而被抓获。事实信息之间的关联性显而易见，并已形成环环相扣的证据锁链。但是，从如何证明圣某某与 James 合谋的方面来看，这一证据锁链可能无法作出令人信服的解释。但其一，上家 James 告知张某，Micheal 会与张某联系，而圣某某很快就与张某进行电话联系。其二，圣某某支付邮费后将汇款凭证发送给 James，James 又将汇款凭证发给了张某。从源头来看，张某只是把本公司的名称、联系地址以及个人联系电话告知 James，而圣某某的手机在 2013 年 1 月 2 日就收到了该信息；在涉案包裹从巴西寄出的次日（2013 年 1 月 17 日）就收到了该包裹的跟单号码。因此，如果说仅仅依据前面的事实信息尚不能完全证实圣某某与 James 合谋，但加上后两条事实信息，就可以把圣某某与 James 共同犯罪的事实确定下来。

　　（三）如何根据行为人的客观行为推定主观要素

　　毒品犯罪属于故意犯罪，行为人主观上应当明知是毒品，而行为人是否明知，属于其认识问题，最有效的证明方法是取得行为人的供述。但在行为人否认明知或者不予供认的情况下，很难通过其他证据直接证明。最高人民法院 2008 年印发的《全国部分法院审理毒品犯罪案件工作座谈会纪要》采用了推定的方法来代替直接证明。推定是在基础事实得到充分证明的基础上，根据经验和逻辑直接认定推定事实的成立；在证明客观行为的基础上，根据行为人的某些客观行为直接认定行为人的主观心态。推定是证据裁判原则的一个特例。因本案被告人圣某某始终"零口供"，无法依据其供述认定其主观明知，只有从其已经实施的客观行为中推定其主观上明知是毒品。

　　被告人圣某某在本案藏匿毒品的邮包尚未从巴西邮寄之前即已掌握国内收件人张某的相关信息，在该包裹从巴西邮寄后的第二天即掌握邮单号码，在该邮包进入我国后的第一时间即与张某联系，并要求张某尽快转寄像书一样的物品菜谱（其中藏有可卡因 318 克），多次催促张某将邮包中像书一样的物品转寄到广州市其提供的地址，在张某提出要求其支付远高出正常邮费的汇款要求后当即应允，圣某某在转寄后第二天即进行多次跟踪查询。根据这些基础事实，圣某某要求张某转寄从巴西邮寄来的一本普通菜谱，该菜谱既非急需用品，又非值得支付高额邮费通过他人费时周折转寄的贵重物品，更非有纪念价值的特定物品（圣某某始终没有作此供述），而圣某某在获悉张某将邮包寄出后非常关注该邮包进程，并急于收取该邮包，在案发后却极力开脱与该邮包的关系。从圣某某实施的以上行为来看，依据经验法则和逻辑法则，圣某某主观上对单号为 C××××R 的邮件中藏匿毒品系明知，具有走私毒品的犯罪故意。这是本案以客观行为推定行为人主观故意的过程。

（四）完善间接证据体系——行为人无辜的排除

运用间接证据认定毒品案件事实，在证明犯罪客观要素和主观要素之外，对行为人的辩解须给予足够重视，即还应当能够排除行为人的无辜辩解。在司法实践中，行为人的辩解主要集中于其客观行为之上，因此对行为人辩解的认定至关重要。运用推定方法认定行为人主观故意需要严格遵守无罪推定原则。行为人犯罪时的主观心态隐藏于行为人之内心，通过客观行为推定行为人的主观心态时必然受到司法人员的认识能力、经验、社会阅历等条件的限制，如果结论不是唯一的，就要依照疑罪从无和有利于被告人的原则作出认定。并且，行为人"不能作出合理解释，不能举出反证"在证明力上仅仅起到增强审判者内心确信、排除行为人遭受蒙骗被他人利用实施毒品犯罪这一合理怀疑的作用。真正能够证明行为人实施毒品犯罪的证据在于行为人自己实施的一系列客观行为，真正推定行为人主观故意的基础事实是行为人实施的客观行为，而非不合理的解释或者没有举出反证。司法工作中对这一点应当予以高度重视。

本案中，被告人圣某某提出系其朋友 AKIM 让其收取包裹且只有一次，是 AKIM 等人让其汇款 200 元。经审理查明，2013 年 2 月 20 日，证人张某系应 Micheal 的要求从张家港市寄出邮包，不是应 AKIM 的要求，邮包载明的收件人 Micheal 即为圣某某；圣某某在邮包寄出后即通过网络查询邮件进程 10 余次，首次查询时间为 2 月 21 日 5 时 59 分，早于其供述的 AKIM 于 2 月 21 日晚上要其代收该邮包的时间。依据其辩解，AKIM 于 2 月 21 日晚上才要其代收邮包，故圣某某在此日之前无法了解邮包的存在以及邮包的邮单号，更无法查询该邮件的进程。2013 年 2 月 18 日 12 时 25 分，圣某某向张某账户存款 200 元，该 200 元在张某提出要求后即汇出，而依据圣某某在侦查阶段的稳定供述，AKIM 等人当日均不在广州市，也没有证据证明在圣某某答应汇款要求后，圣某某与 AKIM 联系协商汇款事宜。况且，侦查机关根据圣某某提供的线索也没有查找到 AKIM 等相关人员。故行为人圣某某提出系 AKIM 让其代收包裹、AKIM 等人让其汇款 200 元的辩解无证据支持。

被告人圣某某还提出其对笔记本电脑中查询快递信息的事情不知情，系其朋友或邻居查询的；号码为 158×××××19 的手机系 AKIM 于 2013 年 2 月 21 日晚上所给，其此前没有使用过该手机。经审理查明，圣某某使用的笔记本电脑内关于快递单号 20×××5 的查询记录在 2013 年 2 月 21 日有 10 次，首次查寻时间为 5 时 59 分，22 日有 3 次，其中一次为 0 时 31 分。根据生活常识，通过网络查询快递流程需依据快递单号才能进行，而本案无证据证明圣某某的朋友或邻居知悉该快递单号，且其朋友或邻居在凌晨到其住处查询快递跟单信息有违常理。快递员郭某某的证言证明，郭某某每次向 Micheal，即圣某某派送邮件时都事先与号码为 158×××××19 的手机联系。郭某某的手机号码与号码为 158×××××19 手机的通话记录显示，2013 年 1 月 6 日至 2 月 22 日，两部手机通话 14 次。证人张某的证言、短信记录、通话记录等证据证明，2013 年 2 月 18 日至 20 日，Micheal 一直使用号码为 158×××××19 的手机与张某进行联系。故圣某某即为收件人 Micheal。圣某某提出的号码为 158×××××19 的手机系 AKIM 于 2013 年 2 月 21 日晚上给其，在此之前没有使用该手机的辩解与事实不符，不能成立。

根据以上分析，被告人圣某某的辩解不足采信。之所以在间接证据体系中还应当存在能够排除行为人无辜辩解的证据，主要目的在于排除行为人没有实施犯罪事实的可能性，验证各项间接证据之间、间接证据与案件事实之间是否存在矛盾，以及矛盾是否得到了合理排除，最终认定全案证据指向同一案件事实，在本案中即为得出圣某某伙同他人实施了走私毒品犯罪行为的唯一结论。

问题8. 毒品共同犯罪案件中被告人先后翻供的，如何认定案件事实

【刑事审判参考案例】 谢某某等贩卖、运输毒品案[①]

一、基本案情

重庆市人民检察院第一分院以被告人谢某某犯贩卖、运输毒品罪，私藏枪支、弹药罪，被告人田某、谢某犯运输毒品罪，向重庆市第一中级人民法院提起公诉。

被告人谢某某辩称，其未与田某、谢某商定运输海洛因回重庆，从机油壶中查获的3724.2克海洛因与其无关；从其家中查获海洛因336克应认定为非法持有毒品罪；其主动交出仿制式手枪一支，请求从轻处罚。

被告人田某、谢某均辩称，未与谢某某商定运输海洛因回重庆，查获的3724.2克海洛因不知从何而来。

重庆市第一中级人民法院经公开审理查明：

被告人谢某系被告人谢某某的堂弟、被告人田某的表弟。谢某某与他人共谋到云南省购买海洛因回重庆市贩卖后，于2008年2月10日在谢某家中与谢某、田某商定，由二人以正常货运为掩护，帮谢某某从云南省瑞丽市运输毒品回重庆市，谢某某向其二人支付报酬。同月20日16时许，谢某、田某与周某某（受雇驾驶员）驾驶田某的货车（牌号为"渝CD×××8"）到达云南省瑞丽市。谢某某通知他人将一个装有海洛因的机油壶交给田某，田某、谢某将该机油壶藏匿于货车车厢与驾驶室之间的排方架上。同月24日21时许，田某、谢某驾驶该车途经云南省昆明市西收费站时被截获，公安人员从货车排方架上查获该机油壶，内有海洛因3724.2克。

当日23时许，公安人员在重庆市沙坪坝区汉渝路某号谢某某租住处将其抓获，从该租住处查获海洛因336克、仿制式手枪一支及制式手枪弹9发。同年3月21日，谢某某带领公安人员从沙坪坝区某宾馆102房间查获其藏匿的另一支仿制式手枪。

重庆市第一中级人民法院认为，被告人谢某某以贩卖为目的指使被告人谢某、田某运输海洛因3724.2克，被抓获后又从其租住处查获海洛因336克，其行为已构成贩卖、运输毒品罪，且贩卖、运输毒品数量特别巨大，罪行极其严重，应依法严惩。同时，谢某某非法持有以火药为动力发射枪弹的仿制式手枪2支、子弹9发，其行为又构成非法持有枪支、弹药罪，且情节严重，鉴于其主动交出其中一支仿制式手枪，对其所犯非法持有枪支、弹药罪酌情从轻处罚。对谢某某所犯数罪，应依法并罚。被告人田某、谢某受谢某某邀约，为谢某某运输海洛因3724.2克，其行为均已构成运输毒品罪。田某所犯罪行严重，根据本案的具体情况，对其判处死刑，可不立即执行。依照《刑法》第347条第2款第1项、第128条第1款、第25条第1款、第69条第1款、第48条第1款、第57条第1款、第64条、《最高人民法院关于审理非法制造、买卖、运输枪支、弹药、爆

[①] 参见方文军撰稿、王勇审编：《谢某某等贩卖、运输毒品案——毒品共同犯罪案件中被告人先后翻供的，如何认定案件事实（第605号）》，载最高人民法院刑事审判第一、二、三、四、五庭主办：《刑事审判参考》（总第72集），法律出版社2010年版，第59～66页。

炸物等刑事案件具体应用法律若干问题的解释》第 5 条第 2 款第 2 项的规定，判决如下：

1. 被告人谢某某犯贩卖、运输毒品罪，判处死刑，剥夺政治权利终身，并处没收个人全部财产；犯非法持有枪支、弹药罪，判处有期徒刑三年零六个月，决定执行死刑，剥夺政治权利终身，并处没收个人全部财产。

2. 被告人田某犯运输毒品罪，判处死刑，缓期二年执行，剥夺政治权利终身，并处没收个人全部财产。

3. 被告人谢某犯运输毒品罪，判处无期徒刑，剥夺政治权利终身，并处没收个人全部财产。

一审宣判后，谢某某、田某、谢某均向重庆市高级人民法院提出上诉。

重庆市高级人民法院经二审审理认为，原审判决认定的事实清楚，证据确实、充分，适用法律正确，量刑适当，审判程序合法。依照《刑事诉讼法》第 189 条第 1 项①的规定，裁定：驳回上诉，维持原判。

宣判后，重庆市高级人民法院依法将本案报送最高人民法院核准。

最高人民法院经复核认为，被告人谢某某以贩卖为目的，雇用他人运输海洛因 3724.2 克，并从其租住处查获海洛因 336 克，其行为已构成贩卖、运输毒品罪。谢某某在共同犯罪中起组织、指挥作用，系主犯，应当按照其组织、指挥的全部犯罪处罚。其贩卖、运输海洛因数量巨大，又系跨省长途贩运毒品，社会危害性大，罪行极其严重，且认罪态度差，主观恶性深，人身危险性大，应依法惩处。谢某某非法持有以火药为动力发射枪弹的仿制式手枪及制式手枪弹，其行为又构成非法持有枪支、弹药罪，且情节严重，鉴于其主动交出其中一支仿制式手枪，对其所犯非法持有枪支、弹药罪可酌情从轻处罚。对谢某某所犯数罪，应依法予以并罚。第一审判决、第二审裁定认定的事实清楚，证据确实、充分，定罪准确，量刑适当。审判程序合法。依照《刑事诉讼法》第 199 条②和《最高人民法院关于复核死刑案件若干问题的规定》第 2 条第 1 款③的规定，裁定如下：

核准重庆市高级人民法院（2008）渝高法刑终字第 252 号维持第一审对被告人谢某某以贩卖、运输毒品罪判处死刑，剥夺政治权利终身，并处没收个人全部财产；以非法持有枪支、弹药罪判处有期徒刑三年零六个月，决定执行死刑，剥夺政治权利终身，并处没收个人全部财产的刑事裁定。

二、主要问题

本案系一起毒品共同犯罪案件，一名被告人始终不认罪，另两名被告人先后翻供的，如何审查判断证据进而确认案件事实？

三、裁判理由

毒品犯罪隐蔽性强，一般没有目击证人，也没有类似于故意杀人、抢劫等案件中遗留作案痕迹的犯罪现场，取证工作有一定特殊性，且难度较大。同时，毒品犯罪分子到案后不认罪或者翻供的现象在司法实践中较为常见，特别是在幕后起组织、指挥作用的毒品犯罪分子，由于不直接出现在毒品交易地点或运输途中，到案后不认罪的情况非常

---

① 对应 2018 年《刑事诉讼法》第 236 条第 1 款第 1 项。
② 对应 2018 年《刑事诉讼法》第 246 条。
③ 对应 2021 年《刑事诉讼法解释》第 429 条第 1 项。

普遍。为避免因犯罪分子不认罪或者翻供而导致定罪证据不足的现象，对犯罪分子在交易或者运输毒品过程中及时进行抓捕，即"人赃俱获"，对于依法有力打击毒品犯罪十分重要。但是，即使是"人赃俱获"的案件，犯罪分子也可能不认罪或者翻供以逃避罪责。对于被告人翻供的，既不能无视其翻供内容，一律采信其以往所作有罪或者罪重供述，也不能遇翻供就生疑，认为前供一律被否定，从而得出案件没有有罪供述乃至事实不清的结论。对于翻供案件，应当结合全案证据进行综合分析，审查被告人的翻供理由是否成立，内容是否可信，进而确认有罪事实是否成立。

本案是一起共同犯罪案件，被告人田某、谢某受谢某某雇用，为其从云南运输海洛因到重庆，谢某某在幕后进行组织、指挥。证据上，有"人赃俱获"的特点，即公安人员从田某、谢某驾驶的货车上当场查获了一个机油壶，内有海洛因3724.2克，另有手机通话清单、谢某某给田某汇款的记录、同车驾驶员周某某的证言等若干辅助性证据。但是，田某到案后一直不认罪，称公安人员查获的装有海洛因的机油壶并非其车上的；谢某某从侦查阶段后期开始翻供，仅承认公安人员从其暂住处查获336克海洛因、一支手枪、9发子弹和从某宾馆查获另一支手枪是事实，不承认此前所供雇用田某、谢某从云南运输毒品回重庆的事实；而谢某在侦查期间虽供认与田某一起为谢某某运输海洛因，但也自一审庭审开始翻供。因此，对三被告人翻供的审查和判定，成为认定本案犯罪事实的关键。

我们认为，据现有证据，可认定公安机关查获的3724.2克海洛因系谢某某雇用田某、谢某所运输的毒品，而谢某某、谢某的翻供均不成立。具体分析如下：

（1）公安人员从田某、谢某驾驶的货车上当场查获了用机油壶装着的海洛因3724.2克。这是本案最重要的客观性证据，确认此点是认定田某、谢某二人运输毒品的基础。但田某、谢某在一审、二审期间均提出被抓获时未查出毒品，系人、车分离后的次日上午才查获毒品的，以此否认毒品来自他们车上。对此，公安机关出具书面说明称，公安人员在昆明拦截田某、谢某驾驶的货车并抓获二人时，天色已晚，不利于收集证据，故未对该货车作详细检查；次日上午，公安人员当着谢某、田某的面对该货车展开详细检查，从车上查获了装有海洛因的机油壶。公安机关的这种说明具有合理性，因为抓获田某、谢某二人时是2月的晚上21时许，天色较黑，而装有毒品的机油壶藏在驾驶室与车厢之间的排方架上，在此处放置物品须先将车头翘起，有一定隐蔽性，天黑时更不容易发现。同车驾驶员周某某也证实，当天中午他在修理水管时曾看到排方架上有个绿色机油壶。这证明装有毒品的机油壶在货车被公安人员截获之前已经藏在车上。因此，田某、谢某的辩解虽表明本案的"人赃俱获"有一定特殊性，但不能由此否认所查获的毒品并非来自二人所驾驶的货车。

（2）谢某某和谢某在侦查期间均供认系谢某某雇用田某、谢某以正常货运为掩护从云南运输毒品到重庆，二人所供内容详细、自然，能相互印证，并与其他证据吻合，高度可信。同时，谢某的供述披露了一些重要细节，如在重庆联系货源时摔伤了，谢某某改让田某联系去云南的货源；从云南动身返回重庆时他与田某均给谢某某打电话，但谢某某关机，遂打电话给谢某某的堂弟张某，由张某转告。特别是，谢某在被抓获的次日上午即主动供述了2007年9月、10月和2008年1月还曾与田某三次为谢某某从云南运输毒品回重庆的情况。虽然这三起犯罪因证据不足，检察机关未予指控，但这是谢某先于谢某某供述出来的，公安机关事先并不掌握。此点高度表明谢某在侦查阶段的供述真实可信。而谢某某供述的有些内容系在谢某供述之后，但也供述了谢某、田某未供的一些情况。例如，田某到云南后买了一张云南手机卡，并用该号码拨打谢"158"开头的手机，此情节与通话清单显示的2008年2月20日傍晚该两个手机号码之间有3次通话记录的情况相符。特别是谢某某在进入戒毒所被强制戒毒后，仍作了有罪供述，并主动带领公安人员至某宾馆搜出其藏匿的另一支手枪，表明其当时有认罪态度，这也可在一定程度上印证其以往有罪供述的自愿性和真实性。此外，被告人田某虽不认罪，但其所供部分内容，如到云南瑞丽后的活动情况、用谢某和自己的手机给谢某某打电话、让谢某某汇款等，与谢某某、谢某的供述一致。按照谢某某、谢某的有罪供述，加上田某供述的部分内容及周某某的证言、通话清单、汇款记录等证据所形成的犯罪事实，完整、自然，可以确认。

（3）谢某某、谢某的翻供内容及田某的辩解均有明显矛盾之处，且在一些关键问题上不能作出合理解释，不足以推翻前供。

首先，三被告人不能合理解释田某、谢某到云南之后与谢某某之间有频繁电话联系的问题。通话清单证实，谢某的手机与谢某某的手机之间，在2008年2月20日（到达云南之日）有5次通话，22日有5次通话，23日有4次通话，24日有3次通话；田某的手机与谢某某的手机之间，在24日凌晨4时和上午9时共有2次通话记录。对此，田某辩称谢某的手机是包月的，故常用谢某的手机打电话。谢某某在二审期间称"过年通话十分正常"，复核提讯时称打电话是让谢某、田某从云南带红牛饮料、给他们汇钱。谢某在二审庭审中称，因红牛饮料"没有货，所以打了几次电话"。但这种辩解并不能合理解释在谢某、田某已经远在云南的情况下还有如此频繁的电话联系，特别是24日凌晨4时许谢某某的手机与谢某、田某的手机之间各有一次通话记录，极为反常，不合常理。相反，按照谢某某、谢某的有罪供述，不仅能合理解释他们三人之间频繁通电话的必要性，也与所供内容完全印证。

其次，三被告人不能合理解释谢某某所汇6000元的性质。汇款单据证实，田某、谢某到达云南之后的2月22日，谢某某往谢某的农业银行卡中存入6000元。对此，田某称是借款，谢某某与谢某翻供后亦称是借款。本来，谢某某与田某熟识，偶尔借款给田某作运费亦合理。但证人周某某证实，其此前同谢某、田某前往云南跑货运时，谢某某也曾汇钱给谢某、田某。该证言增加了"借款"辩解的可疑性。田某、谢某系长期从事长途货运之人，不应多次出现所备运费不足而需向谢某某借款的现象。相反，从本案其他证据看，谢某某、谢某作有罪供述时称该款系谢某某汇给谢某、田某二人作为运输毒品费用的说法更为合理。因此，谢某某汇款6000元，可以起到印证其雇用谢某、田某二人为其运输毒品的作用。

再次，谢某某对从其住处查获的336克海洛因来源的说明前后矛盾。谢某某在到案后的第一次供述中称是以前从一个朋友手中买的，在第四次供述称是2007年9月伙同"梁某某"购买并由田某、谢某运回重庆的1400克海洛因中未卖出的剩余部分，第十次供述称是赌博时捡的，一审、二审庭审和复核提讯时则均称是开茶馆时捡的。这表明，谢某某的此节供述极不稳定，且前后矛盾，"捡到"一说难以令人信服，而所供系以往卖剩下的，既与其他证据相印证，也较合理。

最后，谢某某与其妻子均无业，没有稳定收入来源，而谢某某有一辆小轿车，还要负担妻子、孩子和张某的生活费用，收入来源可疑。谢某某在第二次预审供述时供称靠赌博赢钱来维持生活，显不合常理，翻供后称靠做小生意、开茶馆来赚钱，虽然合理，但表明其没有如实供述。

综上，虽然谢某某在侦查阶段后期翻供，谢某在审判阶段翻供，但没有证据证实二人以前所作有罪供述违背其自愿性，翻供内容的合理性不足，不足以推翻有罪前供。根据谢某某、谢某的有罪供述和在案的其他证据，可以认定谢某某雇用田某、谢某从云南运输海洛因3724.2克的事实，法院据此以毒品犯罪追究三被告人的刑事责任是正确的。

问题9. 监听录音的文字摘录件不能替代录音原始件作为定罪量刑的证据

【人民法院案例选案例】詹某某、周某某等贩卖、运输毒品案[①]

[裁判要旨]

侦查机关仅提供采取技术侦查手段获取的监听录音的文字摘录，而不提供监听录音的原始件，致使监听录音原始件未经当庭播放、质证的，不能作为定罪量刑的证据。

[基本案情]

公诉机关浙江省宁波市人民检察院以被告人詹某某、周某某、罗某某犯贩卖毒品罪，向浙江省宁波市中级人民法院提起公诉。

法院经审理查明：2014年12月下旬，被告人周某某、罗某某经商议，决定由周某某筹集资金，罗某某前往广东省向被告人詹某某购买毒品用于贩卖。之后，罗某某前往广东省惠来县，将其本人银行卡交予詹某某，并告知其密码。12月底左右，周某某向多方筹集毒资，并指使他人将毒资汇至交由詹某某保管的罗某某的银行卡账号上，向詹某某购买毒品，詹某某遂将毒品交予罗某某。2015年1月上旬，罗某某将购买的毒品运至浙江省象山县。同月8日，周某某在象山县丹西街道将上述毒品中的300余克甲基苯丙胺贩卖给洪某。

2015年1月中旬，罗某某再次前往广东省惠来县，将其母亲的银行卡交予詹某某，并告知其密码。后周某某又将筹集的毒资存入该银行卡，向詹某某购买毒品。之后，罗某某将购买的毒品运至浙江省象山县。

2015年1月23日，公安机关从洪某租住的租房内查获甲基苯丙胺6包，共计重296.5277克；从周某某租住的租房内查获甲基苯丙胺5包，共计重347.5327克，海洛因1包，重9.3498克，从罗某某租住的租房内查获甲基苯丙胺4包，共计重116.3149克，海洛因1包，重2.6202克。

综上所述，被告人詹某某贩卖甲基苯丙胺共计763余克；被告人周某某贩卖、运输甲基苯丙胺共计763余克、海洛因共计11.97克；被告人罗某某贩卖、运输甲基苯丙胺763余克、海洛因共计11.97克。

被告人詹某某、周某某、罗某某对起诉指控的事实和罪名均予以否认。

[裁判结果]

浙江省宁波市中级人民法院2016年4月28日作出（2016）浙02刑初00011号刑事判决：一、被告人周某某犯贩卖、运输毒品罪，判处死刑，缓期二年执行，剥夺政治权

[①] 袁玮玮：《詹某某、周某某等贩卖、运输毒品案——监听录音的文字摘录件不能替代录音原始件作为定罪量刑的证据》，载最高人民法院中国应用法学研究所编：《人民法院案例选》（总第107辑），人民法院出版社2017年版。

利终身，并处没收个人全部财产；二、被告人詹某某犯贩卖毒品罪，判处无期徒刑，剥夺政治权利终身，并处没收个人全部财产；三、被告人罗某某犯贩卖、运输毒品罪，判处无期徒刑，剥夺政治权利终身，并处没收个人全部财产；四、查处的毒品和犯罪工具，均予以没收。

一审宣判后，被告人詹某某、罗某某分别以詹某某没有贩卖毒品，罗某某行为构成非法持有毒品罪提出上诉，公诉机关未提起抗诉。

浙江省高级人民法院经复核认为，原判定罪和适用法律正确，量刑适当，遂于2016年11月14日作出（2016）浙刑终第245号刑事裁定：核准死缓判决。

[裁判理由]

法院生效裁判认为：被告人詹某某违反国家对毒品的管理制度，明知是毒品而出售给他人，其行为已构成贩卖毒品罪。被告人周某某、罗某某违反国家对毒品的管理制度，明知是毒品而予以贩卖、运输，其行为均已构成贩卖、运输毒品罪，且系共同犯罪。公诉机关指控的罪名成立。本案的关键证据技侦材料（监听录音）原始件未能在庭审中当庭播放，被告人及其辩护人不能辨认和质证，致使公诉机关指控被告人詹某某贩卖甲基苯丙胺7000克、被告人周某某、罗某某贩卖、运输甲基苯丙胺7000克的证据不足，不予认定。被告人周某某系累犯和毒品再犯，被告人罗某某系毒品再犯，均应予从重处罚。

[案例注解]

本案审理中的争议问题在于：公诉机关指控被告人周某某、罗某某共同在2014年12月下旬以及2015年1月中旬，分别向詹某某购买毒品冰毒4000克、3000克的犯罪事实，因詹某某、周某某、罗某某均予以否认，公诉机关在提供了相关电话通话记录清单、银行交易记录、证人证言等证据后，依然无法证实该两笔毒品犯罪的确切犯罪数量。而对于公诉机关出示的监听录音的文字摘录件，被告人及辩护人均予以否认，并申请对监听录音进行当庭播放质证，但公安机关仍坚持不提供本案的关键证据监听录音的原始件。法院最终认为侦查机关仅提供采取技术侦查手段获取的监听录音的文字摘录，而不提供监听录音的原始件，致使监听录音原始件未经当庭播放、质证，该文字摘录件不能作为定罪量刑的证据，综合本案其他证据无法认定三被告人7000克冰毒贩卖、运输事实，只能就低认定三被告人贩卖毒品冰毒700余克的事实。笔者认为，法院的认定符合以审判为中心的刑事诉讼制度改革下证据采信规则的要求，具体理由如下。

一、监听侦查行为应受《刑事诉讼法》的规制，监听录音文字转化件的证据效力须经庭审审查——强化侦查权的监督与规制

《刑事诉讼法》在侦查一章中单独设立"技术侦查措施"一节，将监听这一侦查行为纳入《刑事诉讼法》的规制，监听录音原始件及其文字摘录件的证据效力审查必须首先建立在监听行为的合法性审查基础上。从本案监听行为程序合法性审查分析，庭审中公诉机关出具了侦查机关严格履行审批手续、严格依法实施监听，监听适用的也是法律限定的特定犯罪行为的相关证据，经庭审查监听侦查行为的合法性得到确认。但是，公安机关不提供监听录音的原始件，仅提交了监听录音的文字转化件，使得法庭无从审查监听录音的原始件与监听录音的文字转化件之间的客观联系性。特别是在本案中，在公诉机关庭审宣读监听录音的文字转化件时，被告人当庭提出了异议，认为其没有说过文字转化件反映的内容，并要求播放监听录音进行当庭质证的情形下，监听录音的文字转化件的客观性、关联性、合法性都受到了被告人一方的质疑，需要提交监听录音的原始

件才能进行进一步审查认定。在本案公安机关坚持不提交监听录音的原始件的情况下，监听录音文字转化件的三种特性无法得到进一步的庭审审查，因而不能认定该文字转化件的证据效力。

二、采取技术侦查措施收集的监听录音原始件，经庭审质证、查证属实，方可作为定案的根据——强化辩护权的实现和保障

就本案而言，监听录音是本案的关键证据。本案两件重要犯罪事实的毒品交易人、毒资汇入人、毒品数量、交易方式等事实的明确，几乎全部来源和依靠监听录音予以证实。根据《刑事诉讼法解释》第107条第1款规定："采取技术侦查措施收集的证据材料，经当庭出示、辨认、质证等法庭调查程序查证属实的，可以作为定案的根据。"① 最高人民法院、最高人民检察院、公安部、国家安全部、司法部《关于办理死刑案件审查判断证据若干问题的规定》第4条规定："经过当庭出示、辨认、质证等法庭调查程序查证属实的证据，才能作为定罪量刑的根据。"本案由于监听录音的原始件未能当庭播放，被告人及其辩护人客观上不能进行辨认和质证，而对被告人及其辩护人提出的未曾说过文字转化件的辩解意见，法院也无法审查，监听录音的客观性、关联性、合法性都存疑。换言之，本案的技侦证据原件未经庭审质证、查证属实，不能转化为庭审证据，不能作为定案的根据。

三、庭审对监听录音原始件进行质证，暴露的是侦查结果，而不是侦查技术

监听作为一种侦查技术，该技术的具体使用过程以及监听录音的获取收集过程，确实有可能涉及一些技术秘密事项，正因如此，最高人民法院、最高人民检察院、公安部、国家安全部、司法部《关于办理死刑案件审查判断证据若干问题的规定》第35条第2款规定："法庭依法不公开特殊侦查措施的过程及方法。"但是当庭播放监听录音原始件，不会暴露侦查技术，暴露的只是技术侦查结果，既没有公开监听技术措施的具体实施过程，也没有公开监听技术的实施方法。首先，监听作为技侦手段早已被《刑事诉讼法》公开，并非秘密，实际上犯罪分子大都也已了解到此种手段，采用频繁更换手机号或使用"黑话"来逃避侦查。其次，庭审播放监听录音，没有公布监听的实施过程，不会涉及监听侦查人员的具体信息，不会造成侦查措施的过程及方法的外泄。最后，播放监听录音原始件，暴露的只是侦查结果而非侦查技术，庭审中被告人及辩护人只是对被告人的作案通话实录进行质证，不会泄露侦查技术本身的技术秘密性。

四、以审判为中心的刑事诉讼制度改革下证据采信要求的深度转变

在以侦查为中心的刑事诉讼制度向以审判为中心的刑事诉讼制度转变的过程中，发挥好审判特别是庭审在查明事实、认定证据中的重要作用至为关键，通过法庭审判的程序公正实现案件裁判的实体公正，防范冤错案件的发生，才能真正促进司法公正。刑事错案的发生不仅侵犯被告人的合法权益甚至生命权，更破坏民众的安全感和对司法的信任。审判程序对侦查、起诉程序应具有的审查和纠错功能应该通过庭审审查这一关键程序得以实现。证据的原始性决定了证据的客观性，严格执行证据采信庭审实质化标准，是切实发挥法庭审判应有的终局裁断功能及其对审前程序的制约引导功能的前提。诉讼活动本身是否具有程序公正性的属性以及体现这一程序公正性的诉讼法律规范、证据采信规则是否得到了确立和遵循，才是以审判为中心的刑事诉讼制度改革要实现的最终

---

① 该条在2021年《刑事诉讼法解释》中已删除，可见第71条。

目标。

问题 10. 侦查人员出庭作证的范围和程序

【刑事审判参考案例】 王某某、陈某运输毒品案①

一、基本案情

上海市人民检察院第一分院以被告人王某某犯贩卖、运输毒品罪,被告人陈某犯运输毒品罪,向上海市第一中级人民法院提起公诉。

上海市第一中级人民法院经公开审理查明:2007年12月18日,被告人王某某指使被告人陈某从上海乘飞机前往四川省成都市某酒店与其会面,王某某将装有毒品的纸袋交给陈某。次日,陈某按王某某的要求携带毒品乘坐K292次列车回沪。12月21日上午6时许,二人在上海市某饭店2420房间交接毒品时被侦查人员抓获,当场查获装在纸袋内的大量白色晶体。此后,侦查人员又在王某某驾驶的牌号为苏AC×××汽车内查获大量灰色及红色药片,从王某某入住的某饭店1317房间内查获少量淡黄色晶体、白色晶体。经上海市毒品检验中心鉴定,纸袋中的白色晶体净重4496.8克,甲基苯丙胺含量为78.39%;汽车内查获的灰色药片净重300.18克,二亚甲基双氧安非他明(MDMA)含量为27.90%,红色药片净重176.17克,甲基苯丙胺含量为11.07%;1317房间内查获的淡黄色晶体净重5.63克、白色晶体净重2.23克,均检出甲基苯丙胺成分。

上海市第一中级人民法院认为,被告人王某某指使被告人陈某运输毒品甲基苯丙胺4496.8克,两人的行为均构成运输毒品罪。被告人王某某还非法持有毒品甲基苯丙胺184.03克、二亚甲基双氧安非他明(MDMA)300.18克,其行为还构成非法持有毒品罪。公诉机关提供的证据尚不能证明王某某有贩卖毒品甲基苯丙胺4680.83克、二亚甲基双氧安非他明(MDMA)300.18克的行为,王某某的辩护人关于起诉指控被告人王某某贩卖毒品证据不足的辩护意见,予以采纳。王某某雇用他人运输毒品数量特别巨大,依法应予严惩。陈某系受他人雇用运输毒品,且到案后认罪态度较好,有悔罪表现,依法可酌情从轻处罚。依照《刑法》第347条第1款、第2款第1项,第25条第1款,第348条,第357条,第57条第1款,第64条,第69条之规定,判决如下:

被告人王某某犯运输毒品罪,判处死刑,剥夺政治权利终身,并处没收个人全部财产;犯非法持有毒品罪,判处有期徒刑十二年,剥夺政治权利三年,并处罚金人民币24000元;决定执行死刑,剥夺政治权利终身,并处没收个人全部财产。被告人陈某犯运输毒品罪,判处无期徒刑,剥夺政治权利终身,并处没收个人财产人民币50000元;查获的毒品、毒资等予以没收。

一审宣判后,被告人王某某不服,向上海市高级人民法院提出上诉。二审法院经过审理后,裁定驳回上诉人王某某的上诉,维持原判,并依法报请最高人民法院核准。最高人民法院经复核后,裁定核准上海市高级人民法院维持一审判决的刑事裁定。

---

① 参见余剑撰稿,逄锦温审编:《王某某、陈某运输毒品案——侦查人员出庭作证的范围和程序(第721号)》,载最高人民法院刑事审判第一、二、三、四、五庭主办:《刑事审判参考》(总第81集),法律出版社2012年版,第41~48页。

二、主要问题

1. 侦查人员出庭作证是否具有法律依据？
2. 侦查人员出庭作证的范围应当如何界定？
3. 侦查人员出庭作证的程序应当如何操作？

三、裁判理由

本案系一起重大的毒品共同犯罪案件，涉毒数量高达 4000 余克，且系"零口供"案件。被告人王某某到案后始终否认实施毒品犯罪行为，辩护人亦作无罪辩护。为准确查明案件事实，依法保障被告人的诉讼权利，一审法院在庭审中依法通知负责抓捕王某某的侦查人员出庭作证，并为保护侦查人员的安全，采用视频屏蔽方式作证。本案的审理和判决，明确了侦查人员出庭的法律依据，并对侦查人员出庭作证的范围和程序进行了有益的探索。

（一）侦查人员出庭作证的法律依据

本案一审法院应公诉机关的申请，通知负责抓捕被告人王某某的缉毒队侦查人员出庭作证。王某某的辩护人在庭审中对侦查人员出庭作证提出质疑。辩护人认为，侦查人员出庭作证没有法律上的依据，而且有法律上的障碍，即《刑事诉讼法》第 28 条第 3 项①规定，担任过本案证人的侦查人员应当回避。对于侦查人员出庭的法律依据，在诉讼理论界也存在一定的争议。我们认为，侦查人员出庭作证符合刑事诉讼法的规定和立法精神，具有充分的法律依据：

1. 《刑事诉讼法》第 48 条②规定，凡是知道案件情况的人，都有作证的义务。生理上、精神上有缺陷或者年幼，不能辨别是非、不能正确表达的人，不能作证人。该条虽没有从文字上直接表述侦查人员可以出庭作证，但其规定的"知道案件情况的人"，无论从文义解释还是从立法精神来理解，均应当包括案发过程中和案发之后了解案件情况的人。侦查人员在执行职务过程中，无论是在案发时抓捕嫌犯，还是案发后进行勘查、检验、讯问等侦查活动，均属于"知道案件情况的人"，在必要时均可以出庭作证。《最高人民法院关于执行〈中华人民共和国刑事诉讼法〉若干问题的解释》第 139 条规定，公诉人可以提请勘验、检查笔录的制作人员出庭作证，而实践中勘验、检查笔录的制作人员均是侦查人员。最高人民检察院印发的《人民检察院刑事诉讼规则》第 343 条则更明确规定，公诉人对于搜查、勘验、检查等活动中形成的笔录在庭审中有争议，需要负责侦查的人员出庭陈述情况的，可以建议合议庭通知其出庭。由此可见，侦查人员出庭作证是符合刑事诉讼法及相关司法解释的规定的。③

---

① 对应 2018 年《刑事诉讼法》第 29 条第 3 项。
② 对应 2018 年《刑事诉讼法》第 62 条。
③ 2010 年最高人民法院、最高人民检察院、公安部等印发的《关于办理刑事案件排除非法证据若干问题的规定》第 7 条第 1 款、第 2 款规定："经审查，法庭对被告人审判前供述取得的合法性有疑问的，公诉人应当向法庭提供讯问笔录、原始的讯问过程录音录像或者其他证据，提请法庭通知讯问时其他在场人员或者其他证人出庭作证，仍不能排除刑讯逼供嫌疑的，提请法庭通知讯问人员出庭作证，对该供述取得的合法性予以证明。公诉人当庭不能举证的，可以根据刑事诉讼法第一百六十五条的规定，建议法庭延期审理。经依法通知，讯问人员或者其他人员应当出庭作证。" 2018 年修正的《刑事诉讼法》第 59 条规定："在对证据收集的合法性进行法庭调查的过程中，人民检察院应当对证据收集的合法性加以证明。现有证据材料不能证明证据收集的合法性的，人民检察院可以提请人民法院通知有关侦查人员或者其他人员出庭说明情况；人民法院可以通知有关侦查人员或者其他人员出庭说明情况。有关侦查人员或者其他人员也可以要求出庭说明情况。经人民法院通知，有关人员应当出庭"；第 192 条第 2 款规定："人民警察就其执行职务时目击的犯罪情况作为证人出庭作证，适用前款规定"。

2. 《刑事诉讼法》第 28 条第 3 项①关于担任过本案证人的侦查人员应当回避的规定，成为理论界和实践中侦查人员出庭作证没有法律依据观点的主要论据。我们认为，该回避规定针对的是非因侦查人员身份而接触到案情，需要作为证人的人，不应再担任该案的侦查人员。该条规定同样适用于检察人员和审判人员，但对于因侦查工作而接触案情的侦查人员，其出庭作证则不能适用该条回避规定，否则即会排除所有侦查人员出庭作证的情形。有论者认为，该条规定排除侦查人员作为证人，是因为侦查人员具有追查犯罪的职责，其作为证人出庭会造成诉讼角色的冲突。我们认为，该种理解失之偏颇。众所周知，证人本身就可以分为控方证人和辩方证人。证人出庭作证并非因为证人均具有中立性，而是要通过控辩双方交叉询问，质证证人证言的真实性。因为侦查人员易有倾向性而否定其出庭作证资格的观点，显然难以成立。

3. 侦查人员出庭作证符合刑事诉讼法的立法精神，具有重要的实践意义。侦查人员出庭作证，体现了审判公开原则和直接言词原则的要求，符合刑事诉讼法的立法精神。从实践来看，侦查人员出庭作证，不仅可以进一步推进以审判为中心的诉讼理念的确立，而且对于查明案件事实真相、规范侦查活动、保障被告人诉讼权利也具有重要的实践意义。从近期实践中暴露出的一些刑事冤错案件来看，相当一部分案件出现偏差的原因，与侦查人员在侦查活动中违反相关程序规定有关。如果这些案件的侦查人员能够出庭接受控辩双方的质询，使审判人员能够充分审查证据，很可能就会避免严重后果的发生。而且，侦查人员出庭作证制度本身，对于遏制侦查人员的非法取证行为，也会起到重要的警示作用。基于此，最高人民法院会同有关部门联合出台的《关于办理刑事案件排除非法证据若干问题的规定》对侦查人员出庭作证进行了明确规定，进一步表明侦查人员出庭作证具有合法性和必要性。

（二）侦查人员出庭作证范围的界定

侦查人员出庭作证具有法律依据，但并非所有案件的侦查人员均应当出庭作证。构建我国侦查人员出庭作证制度，应当充分考虑我国现行的诉讼模式和诉讼资源现状，不宜盲目照搬西方国家的警察出庭作证制度。对于侦查人员出庭作证的范围，在我国目前阶段应当有所限制。

我们认为，限定我国侦查人员出庭作证的范围应当考虑两方面的因素：一是该侦查人员出庭有利于查清案件事实；二是该侦查人员出庭为保障被告人诉讼权利所必需。这就要求侦查人员出庭作证的案件首先是被告人对公诉机关的指控有实质性异议的案件。如果被告人对指控的犯罪事实没有异议，则没必要让侦查人员出庭。其次，出庭作证的侦查人员所陈述的情况应当对证明案件事实具有重要作用。如果该侦查人员陈述的情况对案件事实的证明作用不大，或者所证明的不是案件中影响定罪量刑的主要事实，则没必要让其出庭。

侦查人员出庭作证的范围，除应当从以上两个方面进行限制外，还应当从证明对象的范围上进行规范。总体来说，侦查人员出庭，应当是就其在执行职务过程中感知和了解的案件情况进行说明。具体来说，需要侦查人员出庭说明的情况一般包括以下三方面内容：一是侦查人员在对犯罪嫌疑人进行抓捕的过程中经历和了解的案件事实情况；二是侦查人员在实施搜查、扣押、辨认、讯问、询问等侦查活动中了解的案件事实情况和

---

① 对应 2018 年《刑事诉讼法》第 29 条第 3 项。

与实施侦查活动本身的合法性相关的情况；三是侦查人员在接受犯罪嫌疑人投案或者对犯罪嫌疑人提供的立功线索进行查证等活动中了解的案件事实情况。侦查人员在其执行职务过程中感知和了解的案件情况，通常以勘验、检查等笔录和破案经过、抓获说明等文字形式出现。如果对上述文字记载的内容或相关侦查活动的合法性有争议，相关侦查人员可以出庭作证。

本案在第一次庭审中，被告人王某某坚称没有实施毒品犯罪行为，其辩护人提出本案起诉指控王犯罪的事实不清、证据不足，其理由主要是认为本案指控王某某指使陈某输在某饭店2420房间查获的4496.8克甲基苯丙胺的证据，只有同案犯陈某的供述，没有其他证据印证。侦查机关出具的《案发经过》称，侦查人员在抓捕王某某时，王某某正手提一个黑红相间的纸袋从2420房间开门出来。侦查人员在抓获王某某后，当场在该纸袋内发现涉案毒品。公诉人认为该份证据对认定王某某实施毒品犯罪行为具有重要的证明作用。而辩护人则当庭提出，该《案发经过》作为关键证据，在形式和内容上均存在瑕疵，无法确认该证据的真实性，且陈某当庭也称并没有看见王某某手提纸袋出门。在此情况下，当时负责抓捕王某某的侦查人员在实施抓捕行为时所目睹的情况，对于本案指控事实的认定，无疑具有至关重要的作用。因此，本案一审决定再次开庭，依公诉方申请通知该侦查人员出庭作证，并在经过控辩双方充分质证的基础上，依法采纳了该侦查人员当庭陈述的证言作为定案依据，确保了案件事实认定的准确性和程序的公开性。

（三）侦查人员出庭作证的程序和安全保护

对于出庭作证的侦查人员是否属于证人，其当庭说明的情况是否属于证人证言，在诉讼实务界一直存在争议。我们认为，从目前我国刑事诉讼法关于证据种类的规定来看，应当将出庭作证的侦查人员归入证人的范畴。但应当明确的是，侦查人员是一种特殊的证人，与普通证人有所区别，主要表现在：首先，侦查人员出庭作证的内容是其在履行职务过程中获知的案件事实，而普通证人作证的内容通常是在案件发生过程中亲身经历或感知的案件事实。如果侦查人员不是以职务身份获悉案件事实，则只能作为普通证人出庭作证。其次，侦查人员出庭作证也是其依法履行职务的过程。如果侦查人员当庭虚假陈述，导致出入罪的，应当作为职务犯罪追究刑事责任。而普通证人如果当庭提供虚假证言，则应当追究伪证的法律责任。同时，侦查人员出庭作证，也不应当要求法庭给予经济上的补偿，其出庭的相关费用应当由其所在的侦查机关予以支付和补偿。最后，法庭传唤侦查人员出庭，其主要目的在于让侦查人员当庭说明其所了解的案件事实情况，使法庭能够通过庭审，解决因相关侦查工作笔录记载不清或理解歧义带来的争议，消除对侦查活动是否合法的疑虑，查明案件的实体和程序事实。而法庭让普通证人出庭作证的主要目的则要在于通过控辩双方的交叉询问，查明其陈述事实的真实性。[①]

此外，对出庭作证的侦查人员也应注重保护，特别是对于从事缉毒、反恐、扫黑等

---

① 2021年《刑事诉讼法解释》第136条规定："控辩双方申请法庭通知调查人员、侦查人员或者其他人员出庭说明情况，法庭认为有必要的，应当通知有关人员出庭。根据案件情况，法庭可以依职权通知调查人员、侦查人员或者其他人员出庭说明情况。调查人员、侦查人员或者其他人员出庭的，应当向法庭说明证据收集过程，并就相关情况接受控辩双方和法庭的询问。"第258条规定："证人出庭的，法庭应当核实其身份、与当事人以及本案的关系，并告知其有关权利义务和法律责任。证人应保证向法庭如实提供证言，并在保证书上签名。"第259条规定："证人出庭后，一般先向法庭陈述证言；其后，经审判长许可，由申请通知证人出庭的一方发问，发问完毕后，对方也可以发问。法庭依职权通知证人出庭的，发问顺序由审判长根据案件情况确定。"第260条规定："鉴定人、有专门知识的人、调查人员、侦查人员或者其他人员出庭的，参照适用前两条规定。"

特殊任务的侦查人员，在必要时可以以视频屏蔽方式出庭作证。本案一审法院传唤负责缉毒的侦查人员出庭，即采用了法院自行研制开发的视频屏蔽作证系统，对出庭作证的侦查人员进行保护。在该种方式下，出庭作证的侦查人员不出现在法庭上，而是在特定的证人作证室内，通过视频方式作证。在侦查人员作证的视频和音频信号传送到法庭时，技术人员可以通过后台编辑功能，同步处理该侦查人员的头像信号，使法庭内的人员在法庭的显示屏上看到的是隐藏了侦查人员面部特征的图像。在必要的情况下，技术人员还可以对侦查人员的声音进行处理，使法庭内的人员听不到该侦查人员的真实声音。采用视频屏蔽作证方式，有利于充分保护出庭作证的侦查人员的安全，打消侦查人员出庭的顾虑，对于推动侦查人员出庭作证的实践，具有重要的探索价值。

问题 11. 复勘查获毒品的认定、从被告人实际控制的场所查获毒品的认定、毒品犯罪案件中被告人主观明知的认定

【实务专论】 毒品犯罪案件中的证据认定与隐匿身份人员引诱[①]

一、关于复勘查获毒品的认定

毒品犯罪的隐蔽性较强，一些犯罪分子为规避风险、提高犯罪成功率，想方设法增强其犯罪的隐蔽性。在利用车辆运输毒品的案件中，行为人常把毒品藏在汽车的隐蔽部位，有的甚至对车辆进行改装。因此，如果事先不掌握具体情报，仅依靠临时检查，有时即使车上藏有毒品也未必能发现。有的案件中，经初次勘查，或者未能查获毒品或者仅查获部分毒品，而在犯罪嫌疑人供述藏匿毒品的具体位置后进行再次勘查，才能找到所藏匿的其他毒品。由于经复勘查获毒品不是侦查工作的常规状态，故对于复勘的必要性和程序合法性都需要比初次勘查给予更多关注。《刑事诉讼法》第 54 条[②]规定，收集物证、书证不符合法定程序，可能严重影响司法公正，不能补正或者作出合理解释的，对该证据应当予以排除。《刑事诉讼法解释》第 73 条[③]规定，对物证、书证的来源、收集程序有疑问，不能作出合理解释的，该物证、书证不得作为定案的根据。据此，如果侦查机关不能合理说明复勘的必要性，且复勘程序存在明显瑕疵甚至违法，导致毒品的来源存在疑问的，查获的毒品就不能作为定案的根据。

实践中有意见认为，毒品犯罪案件较为特殊，从有利于打击毒品犯罪出发，对毒品犯罪案件的取证程序应当适当降低要求。这种意见对毒品犯罪案件特殊性的强调，在近年来的司法实践中已经有所体现。例如，毒品犯罪案件很少进行现场勘查，常以搜查笔录代替现场勘查笔录；毒品本身是重要定案证据，但对未查获毒品实物的案件如果其他证据确实充分的，也可以依法认定；被告人到案后否认明知的情形很常见，为减轻控方的证明责任，对被告人的主观明知可以运用推定方式进行认定；等等。这些做法都体现了对毒品犯罪案件的特殊考虑。但是，采取特殊做法不能没有限度，不能违反法律和司法解释的明文规定，也不能违反逻辑法则和生活常理。例如，在定案标准上，包括毒品犯罪在内的任何刑事案件都应当执行事实清楚、证据确实充分这一法定证明标准，对于

---

① 参见方文军：《毒品犯罪案件中的证据认定与特情引诱》，载《人民司法》2017 年第 17 期。
② 对应 2018 年《刑事诉讼法》第 56 条。
③ 对应 2021 年《刑事诉讼法解释》第 86 条。

不能排除合理怀疑的事实依法不能予以认定；在取证程序上，所有刑事案件都应当执行刑事诉讼法、相关司法解释和规范性指导文件的规定，明显违反取证程序的，应当承担相应的后果。

本期刊登的李某某、文某某运输毒品案，公安机关查获二人运输毒品的当日（2013年8月15日凌晨），从二人所驾驶车辆的后备箱内查获"麻古"4440克，却在时隔半年后（2014年2月19日）的第二次检查中又从该车后排座的坐垫下查获"麻古"3303克。如果侦查机关对该情况能够作出合理解释，且复勘程序符合法律和司法解释的有关规定，则查获的证据可以作为定案的根据。但问题在于，第二次查获毒品并不是因为获得新的线索后有针对性地进行复勘，而是在所谓安全检查或者全面检查工作中偶然发现的，发现的过程既无被告人和见证人在场，也没有当场制作勘验检查笔录，而是在检查发现毒品后为弥补程序上的瑕疵，再次进行勘查并制作勘查笔录、照片。根据《刑事诉讼法》的相关规定，进行勘验、检查或者搜查，都应当有见证人在场；而根据《刑事诉讼法解释》第67条①规定，没有见证人的，应当对相关活动进行录像。两相对照，第二次查获毒品的程序显然存在问题。同时，根据现场勘查照片和实地走访，公安机关保管涉案车辆的场地属于半开放性现场，无专门人员看管，除民警外其他人员也可以从该现场进出甚至接触涉案车辆，而二被告人到案后始终不承认从涉案轿车后排坐垫下查获的毒品系其所运。严格说来，因第二次查获毒品的程序存在明显问题，能否认定第二次查获的毒品来自二被告人的车辆，也存在疑问。因此，根据现有证据不足以认定第二次查获的毒品就是二被告人存放于涉案车辆之内的。二审法院经审理后对第二次查获的毒品不予认定，符合《刑事诉讼法》和司法解释的相关规定，也是在办理毒品犯罪案件中贯彻证据裁判原则的体现。

二、关于从被告人实际控制的场所查获毒品的认定

在毒品犯罪案件中，抓获犯罪嫌疑人后又从其住处、车辆或者其他场所查获毒品的情况很常见。由于当场查获的毒品数量常常较少而后续查获的毒品数量往往更大，犯罪嫌疑人、被告人为减轻罪责，经常辩称后续查获的毒品并非其所有。2015年最高人民法院印发的《武汉会议纪要》规定："贩毒人员被抓获后，对于从其住所、车辆等处查获的毒品，一般均应认定为其贩卖的毒品。确有证据证明查获的毒品并非贩毒人员用于贩卖，其行为另构成非法持有毒品罪、窝藏毒品罪等其他犯罪的，依法定罪处罚。"这一指导意见虽然是从罪名认定的角度作出规定的，但包含了事实认定规则，即对于从犯罪嫌疑人、被告人的住所、车辆等由其直接控制的场所查获的毒品通常可认定为其所有，除非确有相反证据否定这一推定。也就是说，适用这一规则时，对于犯罪嫌疑人、被告人提出的否认查获的毒品系其所有的辩解，需要综合分析认定。其辩解自相矛盾，又没有具体证据支持，明显不成立的，不予采信；反之，其辩解具有合理性，且有证据支持，难以否定的，则应按照"疑问时有利于被告人"的原则作出认定，即或者认定系其他人所有或持有（与被告人无关），或者认定系被告人持有或窝藏（非所有）。

本期刊登的王某贩卖毒品案，公安机关在酒店房间抓获被告人王某时，从其身上、租住处和两辆汽车内均查获了数量不等的毒品，其中，从其停放在被抓获酒店楼下的汽车后备厢内查获冰毒5850克，是认定其毒品犯罪数量中的主要部分。王某到案后对从其

---

① 对应2021年《刑事诉讼法解释》第80条。

他场所查获的毒品均予认可，唯独否认从停放于酒店楼下车场的汽车后备厢里查获的5850克毒品系其所有。对该辩解，相关法院从两个层面进行了分析。首先，根据在案证据，可以认定藏有毒品的汽车案发时由王某控制、使用，王某本人也承认该车当时由其驾驶。这便将王某同查获的毒品紧密联系起来。其次，通过分析否定了王某关于该毒品可能另有来源的辩解。王某辩称，该车辆案发前由"阿林"借用，查获的毒品可能系"阿林"所有，但王某却无法提供"阿林"的任何具体身份信息甚至手机号码，并且关于"阿林"归还该车的时间前后矛盾，显然是试图通过虚构毒品另有其主的情节来掩盖毒品为其自己所有的真相。这种情形在毒品犯罪司法实践中较为常见，对此要认真审查，不能简单采信其辩解。类似王某这种没有具体证据予以支持的辩解，显然不足以影响司法者确信查获的毒品系其所有。

值得注意的是，本案在审理过程中，一审法院采信了公安机关提取的一枚指纹，以证实王某接触了查获毒品的包装袋。二审法院经审理认为，本案发现5850克冰毒的车辆是重要现场，公安机关本应对发现、提取指纹的过程作出详细记载以固定为证据，但却没有对之进行勘验、检查，只在搜查笔录中笼统地记载了冰毒的发现情况，而没有提及指纹的发现、提取情况；公安机关对指纹的来源虽然出具了工作说明，但这种说明不具有代替法定证据的效力，况且该说明既不能反映提取指纹的时间、地点、环境和指纹所处位置，也不能反映现场人员、见证人员，甚至无法说明在哪个包装袋上提取，无法排除破案后因指认物证等原因留下指纹等情形，故对该指纹不予采信。笔者认为，二审法院对该指纹证据的排除具有很好的借鉴意义，也是办理毒品犯罪案件中需要认真关注的问题。有的案件中，侦查人员因办案经验不足，在抓获犯罪嫌疑人时让其取出查获的毒品，这极可能在毒品包装物上留下指纹，而该指纹显然不能作为证据使用。本案的特殊之处在于，排除该指纹证据后仍可以认定查获的5850克毒品系王某所有，如果该指纹证据对于认定毒品的归属具有关键作用，则会对案件处理产生重大不利影响。

三、关于毒品犯罪案件中被告人主观明知的认定

主观明知的认定，是毒品犯罪司法实践中的重要问题，在走私、运输毒品案件中尤为突出。鉴于毒品犯罪隐蔽性较强，取证工作有特殊性，为有效打击毒品犯罪，近年来司法实践中对被告人主观明知的认定问题不断总结经验，包括推定方法在内的认定规则得到检验并正进一步完善。目前，规定了明知认定问题的规范性指导文件，主要是最高人民法院、最高人民检察院、公安部2007年制定的《办理毒品犯罪案件适用法律若干问题的意见》和最高人民法院2008年印发的《大连会议纪要》。其中，后者结合司法实践经验，列举了九种可以认定被告人主观明知的具体情形。

运用推定方式认定被告人的主观明知，需要注意以下问题：其一，判断是否明知应当以客观实际情况为依据。明知是行为人知道或者应当知道行为对象是毒品的心理状态，判断被告人主观是否明知，应当综合考虑案件中的各种客观实际情况，依据实施毒品犯罪行为的过程、行为方式、毒品被查获时的情形和环境等证据，结合被告人的年龄、职业、生活状况、阅历、智力及其掌握相关知识等情况，进行综合分析判断。即使被告人到案后否认明知，如果其行为符合《大连会议纪要》规定的推定明知情形，原则上就可以认定其主观上明知行为对象是毒品。其二，用作推定前提的基础事实必须有确凿的证据证明。例如，要查明行为人携带、运输的物品确实是毒品（需要进行鉴定），在"人货分离"的情况下要确认查获的毒品确为行为人所持有或者实际控制，同时，行为人还要

有《大连会议纪要》等文件明确列举的反常行为表现。其三，运用推定方式认定明知，应当允许行为人提出反证加以推翻。推定明知不是以确凿证据证明的，而是根据基础事实与待证事实的常态（高概率）联系，运用社会生活经验、情理判断和逻辑推理得出的，故有可能出现例外情况。如果行为人能作出合理解释，能够提供一定证据证明其确实受到蒙骗或者不知情，就不能认定其明知是毒品。在这一判断过程中，既要防止强人所难，也要避免轻信被告人的辩解。

本期刊登的圣某某走私毒品案，是一起采取邮寄方式将毒品从巴西走私入境，并利用不知情的第三人（章某）将毒品从入境地苏州转寄到广州的案件。被告人圣某某到案后辩称不明知包裹内藏有毒品，是阿酷让其代收包裹，其没有参与走私毒品。由于本案没有能直接证明圣某某明知包裹内藏有毒品的证据，审理中主要根据圣某某实施的一系列反常行为，并分析确认其辩解不真实，最终认定其明知是毒品而伙同他人共同走私。这一明知认定过程总体上也属于推定方式，但比通常的推定情形作了更多的细致分析，因而裁判结论较为稳妥。

问题 12. 跨国犯罪案件如何确定管辖权和进行证据审查

【刑事审判参考案例】 邵某 1 制造毒品案[①]

一、基本案情

福建省泉州市人民检察院以被告人邵某 1 犯制造毒品罪，向泉州市中级人民法院提起公诉。

被告人邵某 1 辩称：没有参与指控的前四起制造毒品行为；第五起即 2006 年这起事实，其是受他人雇用购买设备、化学配剂，指使黄某某招集制毒人员的，后再未实施其他犯罪活动，请求从轻判处。其辩护人还提出：第五起制毒行为发生在菲律宾，该国刑法并无死刑规定；毒品已被缴获销毁，没有造成具体危害后果；毒品重量及性质均由菲律宾警方鉴定，其结论的真实性和科学性未经有资质的国际机构认证，应慎重采用并在量刑时酌情从轻处罚。

泉州市中级人民法院经公开审理查明：

2004 年上半年，被告人邵某 1 与"阿览"（在逃）预谋在菲律宾合伙制造甲基苯丙胺，约定由邵某 1 负责制毒技术、采购制毒化学配剂及设备，"阿览"负责在菲律宾租赁厂房及购买麻黄素。同年三四月间，邵某 1 从中国境内购买了旋转蒸发器等制毒设备以及 4 吨三氯甲烷、3 吨丙酮、4 吨无水乙醇等制毒化学配剂，并采用伪报、混装方式通关运抵菲律宾。十一二月间，邵某 1 在菲律宾纳卯市和马尼拉市筹备好两处制毒厂房及制毒原料麻黄素后，回到中国境内纠集同案被告人吴某某、邵某 3 （均已判刑）及邵某 2 （已死亡）等人先后前往菲律宾参与制造毒品。当年 12 月 31 日，菲律宾警方查获纳卯市的制毒厂房，击毙了邵某 2 等数人，并当场缴获 129.994 千克甲基苯丙胺和 270 千克麻黄素。

2006 年，被告人邵某 1 又在菲律宾马尼拉市与"大股"（在逃）预谋合伙制造甲基

[①] 参见王军强、冯姗撰稿，党建军审编：《邵某1制造毒品案——跨国犯罪案件如何确定管辖权和进行证据审查（第 640 号）》，载最高人民法院刑事审判第一、二、三、四、五庭主办：《刑事审判参考》（总第 75 集），法律出版社 2011 年版，第 72~79 页。

苯丙胺，约定由邵某1负责购买制毒化学配剂及设备、召集工人及提供制毒技术，"大股"负责提供麻黄素、选定厂址以及毒品销售。同年1月至8月，邵某1先后在中国境内购买制毒设备以及9吨三氯甲烷、8吨丙酮、10吨乙醇、800千克吡啶、1600千克氯化亚砜等制毒化学配剂，采用伪报方式通关运抵菲律宾。后邵某1和"大股"商定在菲律宾武六干省马卡图尔路某号设厂制毒，邵某1另授意同案被告人黄某某（已判刑）招募工人前往菲律宾制毒，并将制毒技术传授给吴某某，让吴参与制毒技术指导。12月5日，所建制毒工厂开始加工生产甲基苯丙胺。当月19日，中菲两国警方联合行动查获了该工厂，当场缴获甲基苯丙胺30千克、液态甲基苯丙胺200升。后邵某1在我国境内被抓获。

泉州市中级人民法院认为，被告人邵某1结伙非法制造甲基苯丙胺数量大，其行为构成制造毒品罪。邵某1在制毒共同犯罪中起组织、领导作用，系主犯。鉴于大部分毒品尚未流入社会即被扣缴，危害后果相对较小，对邵某1判处死刑，可不立即执行。依照《刑法》第347条第1款、第2款第1项、第7款，第48条第1款，第25条第1款，第26条第1款、第4款，第57条第1款，第64条之规定，以制造毒品罪判处被告人邵某1死刑，缓期二年执行，剥夺政治权利终身，并处没收个人全部财产。

一审宣判后，被告人邵某1提出上诉，泉州市人民检察院提起抗诉。

被告人邵某1上诉称：（1）本案证据只能证明其在马尼拉设工厂，不能认定其实施了制毒行为且已制造甲基苯丙胺；（2）没有证据证实制毒系由其发起、出资与选址，认定其为主犯没有事实依据。其辩护人提出：（1）认定邵某1于2004年在马尼拉制毒的事实不清，证据不充分；（2）邵某1的制毒行为发生在菲律宾，该国无死刑规定；（3）制成的甲基苯丙胺30千克、液态甲基苯丙胺200千克已被缴获销毁，没有造成具体的危害后果；（4）毒品重量及性质均由菲警方鉴定，其结论的真实性和科学性未经有资格的国际机构认证，应慎重采用并在量刑时酌情从轻处罚；（5）2004年在菲律宾纳卯市以及2006年制造的毒品均被缴获，不存在获利问题，判决没收个人全部财产不当，请求改判没收个人部分财产。

泉州市人民检察院抗诉称：（1）应认定第二节制毒犯罪事实，一审仅因邵某1在庭审时翻供而不认定邵某1在马尼拉制毒厂制造100千克甲基苯丙胺属明显错误；（2）本案系跨国有组织制毒案件，邵某1多次组织多人到菲律宾，制造甲基苯丙胺数量大并从中获利，社会危害性极大，主观恶性深，且造成严重的国际影响，罪行极其严重；（3）邵某1归案后认罪态度不好，没有悔罪表现，也没有任何法定或酌定从轻处罚情节，依法应判处死刑立即执行。

福建省高级人民法院经审理认为，被告人邵某1使用麻黄素加工生产甲基苯丙胺，其行为构成制造毒品罪。邵某1在共同犯罪中起组织、指挥作用，系主犯，应对其组织、指挥实施的全部制毒犯罪承担责任。检察机关所提邵某1制造毒品数量大并从中获利，社会危害性极大，主观恶性深，且造成严重的国际影响，罪行极其严重，依法应判处死刑立即执行的抗诉理由，予以采纳。依照《刑事诉讼法》第189条第2项[①]、第190条[②]和《刑法》第347条第1款、第2款第1项、第7款，第48条第1款，第25条第1款，第26条第1款、第4款，第57条第1款，第64条之规定，以制造毒品罪改判被告人邵某1

---

① 对应2018年《刑事诉讼法》第236条第1款第2项。
② 对应2018年《刑事诉讼法》第237条。

死刑，剥夺政治权利终身，并处没收个人全部财产，并依法报请最高人民法院核准。

最高人民法院经复核认为，被告人邵某1组织、指挥他人使用麻黄素加工制造甲基苯丙胺的行为构成制造毒品罪。邵某1两次有组织实施跨国制毒犯罪，制造毒品数量大，在共同犯罪中起组织、指挥作用，系主犯，主观恶性深，罪行极其严重，应依法严惩。一审、二审判决认定的事实清楚，证据确实、充分，定罪准确，审判程序合法，第二审判决量刑适当。依照《刑事诉讼法》第199条①和《最高人民法院关于复核死刑案件若干问题的规定》第2条第1款②之规定，裁定核准福建省高级人民法院对被告人邵某1以制造毒品罪判处死刑，剥夺政治权利终身，并处没收个人全部财产的刑事判决。

二、主要问题

1. 跨国犯罪案件如何确定管辖权？
2. 跨国犯罪案件如何审查证据？

三、裁判理由

（一）依据刑事管辖权相关原则，我国对本案有管辖权

刑事管辖权是国家主权的重要组成部分。世界各国在刑事管辖权问题上的规定，归纳起来主要有属地原则、属人原则、保护原则、普遍管辖原则等几种。除受到国际法和国际条约的限制外，每一国家有权采用其认为最合适的原则来行使刑事管辖权。我国刑法采用的是以属地原则为基础，兼采属人原则、保护原则和普遍管辖原则。据此，我国对本案均有管辖权。

1. 根据属地原则，我国对本案有管辖权。属地原则是指凡是发生在一国领土内的一切犯罪活动，均适用该国刑法。我国《刑法》第6条第1款规定："凡在中华人民共和国领域内犯罪的，除法律有特别规定的以外，都适用本法。"该条第3款还对"在中华人民共和国领域内犯罪"作了解释，即"犯罪的行为或者结果有一项发生在中华人民共和国领域内的，就认为是在中华人民共和国领域内犯罪"。这里的"犯罪的行为"可以是犯罪行为一部分，也可以是全部，而且犯罪行为并不以实行行为为限，可以包括犯罪的预备、教唆、帮助等行为。同理，"犯罪的结果"也不以犯罪的全部结果为限，有部分结果即可，而且犯罪结果也不限于犯罪行为实际造成的危害结果。本案中，被告人邵某1从我国境内购买制毒所用设备、化学配剂，还从我国召集工人参与制造毒品，由于这些犯罪行为发生在我国境内，我国当然对此案有管辖权。

2. 根据属人原则，我国对本案亦有管辖权。属人原则是指凡是具有一国国籍的公民在国外犯罪的，均适用该国刑法。我国《刑法》第7条第1款规定："中华人民共和国公民在中华人民共和国领域外犯本法规定之罪的，适用本法，但是按本法规定的最高刑为三年以下有期徒刑的，可以不予追究。"本案中，被告人邵某1是中国公民，其所实施制造毒品犯罪依法不属于"最高刑为三年以下有期徒刑，可以不予追究的"的情况，因此，本案应适用我国刑法。

3. 根据普遍管辖原则，我国对本案同样有管辖权。普遍管辖原则是指对于国际犯罪，无论是否发生在本国领域内，犯罪人是否是本国公民，也无论是否侵害本国或本国公民的利益，每个主权国家均可行使管辖权。所谓"国际犯罪"，是指国际条约规定的危害国

---

① 对应2018年《刑事诉讼法》第246条。
② 对应2021年《刑事诉讼法解释》第429条第1项。

际社会共同利益的犯罪,主要包括战争罪、侵略罪、灭绝种族罪、海盗罪、劫持航空器罪以及毒品犯罪等。我国《刑法》第9条体现了普遍管辖原则,即"对于中华人民共和国缔结或者参加的国际条约所规定的罪行,中华人民共和国在所承担条约义务的范围内行使刑事管辖权的,适用本法"。我国加入的国际禁毒条约主要有《1961年麻醉品单一公约》《1971年精神药物公约》《联合国禁止非法贩运麻醉药品和精神药物公约》等。根据上述条约,对于毒品犯罪,犯罪发生地国、罪犯国籍国、犯罪目的所在地国等国家均有权行使管辖权。综上,我国作为毒品犯罪发生地国、罪犯国籍国对本案享有管辖权。

(二)刑事管辖权冲突的解决

虽然大多数国家对刑事管辖权大都采用属地、属人、保护、普遍管辖等原则,但由于各国规定不一,且具体犯罪涉及犯罪人、犯罪行为地、犯罪结果地、受害人等多个要素,因此,出现两个或者多个主权国依据本国法律或相关国际条约对同一跨国犯罪都享有管辖权的情况是不可避免的。如前所述,就本案而言,我国享有管辖权,但由于制造毒品犯罪的部分行为发生在菲律宾境内,菲律宾对本案亦享有管辖权。这就产生了刑事管辖权冲突。

由于跨国犯罪的复杂性,要完全消除刑事管辖权的冲突是极其困难的。广为国际刑法学者认同的管辖权排序方案是国际刑法学权威巴西奥尼在《国际刑法典草案》中提出的构想,即"对本法(分则)确认的任何国际犯罪的诉讼和惩罚管辖按下列顺序授予:1.犯罪全部或局部发生在其领土内的缔约当事国;2.被告为其国民的缔约当事国;3.受害者为其国民的缔约当事国;4.在其领土内发现被告的其他缔约当事国"。我国学者也主张,刑事管辖权应当按照下列顺序确定:(1)犯罪地国;(2)犯罪人国;(3)受害国;(4)在其领土内发现被指控的犯罪嫌疑人的其他国家。然而,依据此排序,部分犯罪行为或结果发生在一国境内、部分犯罪行为或结果发生在另一国境内的跨国犯罪,仍然会存在管辖权冲突的情况,因此,依靠这几项原则适用的先后顺序不能完全解决跨国犯罪的管辖权问题。

妥善解决刑事管辖权冲突,是为了有效惩治、防范跨国犯罪,顺利进行司法协助,避免造成国家间争端。在遵循属地、属人等相关原则的基础上,解决管辖权冲突还应当考虑方便诉讼原则,即以有利于证据的收集、犯罪的侦查以及惩治、改造犯罪分子为原则。同时,案件的优先受理、犯罪嫌疑人的实际控制等特定事实对确定管辖权也起到一定作用。同时,当两国或多国对同一案件都主张管辖权或放弃管辖权时,应当通过平等协商来解决,这应是国际公约确定的首选解决方式。

具体到本案,虽然依据属地原则,我国与菲律宾都有管辖权,但考虑到以下几方面情况,本案应由我国管辖:第一,邵某1是我国公民。第二,我国警方最先受理本案。2006年8月2日我国警方对邵某1涉嫌跨国制造毒品一案进行立案侦查,并在同年12月18日到达马尼拉,与菲律宾警方一起查获制毒工厂、缴获毒品及制毒设备等。我国公安人员除在我国境内收集邵某1犯罪的证据外,还参与了在菲律宾的侦查工作,因而由我国管辖更有利于调查取证工作的实施。第三,邵某1在我国境内被抓获,已被我国公安机关实际控制。

(三)跨国犯罪案件证据的审查

就跨国犯罪案件而言,有些证据、证人可能在一国境外,因此在调查取证中需要相关国家给予司法协助,包括代为询问证人、被害人、鉴定人及其他犯罪嫌疑人,代为进行搜查、扣押、勘验、检查，代为送达诉讼文书，移交物证、书证及赃款赃物等活动。此外，还包括为侦破跨国犯罪进行的联合调查、执法合作等措施。我国《刑事诉讼法》第 17 条①规定："根据中华人民共和国缔结或者参加的国际条约，或者按照互惠原则，我国司法机关和外国司法机关可以相互请求刑事司法协助。"有关反腐败、毒品犯罪、跨国有组织犯罪的国际公约均对相互法律协助、加强国际合作作了规定，我国也与包括菲律宾在内的多个国家签订了刑事司法协助条约。

在司法实践中，对跨国犯罪案件的证据，要重点审查证据的来源是否正当、合法，尤其是相关国家提供的证据材料。对于通过司法协助渠道由被请求国提供的证据材料，可以作为定案的证据使用。本案中，一部分证据包括证人证言、书证、被告人供述等是在我国境内由我国司法机关收集的，而查获的物品清单、毒品性质鉴定等部分证据则由菲律宾警方提供。根据菲律宾毒品法执行署向我国公安部禁毒局、福建省公安厅出具的函件，这部分证据材料是菲律宾警方应我国公安部禁毒局去函提供的，而我国公安机关也出具材料证实，这些材料是菲律宾毒品法执行署当场交付我国公安人员的。事实表明，这些证据材料来源正当、合法，可以作为本案的证据使用。

顺便指出，被告人邵某 1 系在我国境内被抓获，本起跨国犯罪由我国管辖并应适用我国法律，因此不涉及引渡问题。

问题 13. 涉外毒品犯罪刑事案件如何进行证据调查

【人民司法案例】糯某犯罪集团故意杀人、运输毒品、劫持船只、绑架案②

一、基本案情

上诉人（原审被告人）糯某（音译），男，1969 年生，缅甸联邦共和国国籍，掸族。

上诉人（原审被告人）桑某（音译），男，1951 年生，泰王国国籍，掸族。

上诉人（原审被告人）依某（音译），男，1957 年生，国籍不明，泰仂族。

上诉人（原审被告人）扎某 1（音译）男，28 岁，拉祜族。

上诉人（原审被告人）扎某 2（音译）又名扎某 2 古、扎某 2 怪，男，35 岁，拉祜族。

上诉人（原审被告人）扎某 3（音译），男，30 岁，拉祜族。

原审判决认定：

（一）2011 年 9 月底至 10 月初，长期盘踞在湄公河流域"散布岛"一带的糯某犯罪集团，为报复中国船只被缅甸军队征用清剿该组织，同时为获取不法泰国军人的支持，被告人糯某先后与被告人桑某、依某、翁某（另案处理）、弄某（另案处理）策划劫持中国船只、杀害中国船员，并在船上放置毒品栽赃陷害船员。按照糯某的安排，依某在湄公河沿岸布置眼线、选定停船杀人地点，并和弄某与不法泰国军人具体策划栽赃查船等事宜。

2011 年 10 月 5 日早，根据糯某的授意，在桑某的指挥下，翁某带领温某、碗某、岩

---

① 对应 2018 年《刑事诉讼法》第 18 条。
② 参见云南省昆明市中级人民法院课题组：《涉外刑事案件证据调查探析——以湄公河"10·5"中国船员遇害案的审判为基础展开》，载《人民司法》2013 年第 7 期。

某1、岩某2等人（均另案处理），携带枪支驾乘快艇，在湄公河"梭崩"与"散布岛"之间的"弄要"附近，劫持了中国船只"玉兴8号""华平号"，捆绑控制了船员，并将事先准备的毒品分别放置两艘船上。被告人扎某1、扎某2、扎某3接到翁某等人通知后赶到"弄要"参与武装劫船。两船被劫至泰王国清莱府清盛县央区清盛－湄赛路1组湄公河岸边一鸡素果树处停靠，翁某、扎某1、扎某2等人在船上迅即向中国船员开枪射击后驾乘快艇逃离。按照与依某、弄某的约定，在岸边等候的不法泰国军人随即向两艘中国船只开枪射击，尔后登船继续射击，并将中国船员尸体抛入湄公河。

案发当天经现场勘查，在"玉兴8号"驾驶室发现被害人杨某1尸体，在"玉兴8号"、"华平号"上共查获919600粒毒品可疑物。2011年10月7日至11日，在泰王国清盛港附近陆续打捞出被蒙眼、蒙嘴、捆绑双手的被害人黄某、王某1、邱某某、蔡某某、杨某2、李某、杨某某、文某某、王某2、曾某某、何某某、陈某某等12具中国船员尸体。经鉴定，被害的13名中国船员均为枪弹伤导致死亡，查获的毒品可疑物系甲基苯丙胺，净重84516.01克。

（二）糯某犯罪集团长期在湄公河流域非法拦截、检查来往船只、强取财物。2011年4月2日，被告人桑某、扎某1、扎某2及犯罪嫌疑人翁某等人，在湄公河"挡石栏"滩头，将中国货船"渝西3号"船长冉某某和老挝金木棉公司客船"金木棉3号"船长罗某某劫持为人质。4月3日，又在"孟巴里奥"附近水域将中国货船"正鑫1号""中油1号""渝西3号"劫持至"三颗石"附近，并将张某等15名中国船员扣押为人质。之后，"正鑫1号"船长钟某某被强行带走，遭到捆绑、殴打，被迫与老挝金木棉公司和"正鑫1号"出资人于某某联系交钱赎人。经于某某与被告人糯某的代表弄某谈判，4月6日下午，弄某将收到的赎金2500万泰铢交付给被告人依某后，罗某某、冉某某、钟某某获释。三艘中国货船及船员被缅甸政府解救。

二、案例分析

备受关注的湄公河"10·5"中国船员遇害案的侦查和审判在我国涉外刑事诉讼上创造了首次采取将代为调查、域外调查以及联合调查有机结合的侦查模式、首次对犯罪地在国外并且所有被告人均是外国人的跨国刑事案件行使管辖权、外国警察和证人首次组团到中国出庭作证、首次对所有外籍证人均采取保护措施等多个"第一"。[1] 在对糯某犯罪集团的侦查和审判过程中，中、老、缅、泰之所以能够密切合作，老挝、缅甸、泰国警方收集的证据之所以能够转化并在中国的法庭上使用，主要得益于我国与这些国家间签订的刑事司法协助条约和国际警务合作的结果，得益于近年来我国不断增强的综合国力和国际影响力。不过，从我国缔结或参加的国际条约和协定看，对跨国调查、跨国作证等事项的规定比较原则或笼统，可操作性不强，为确保国际司法合作、国际警务合作常态化并有法可依，有必要借鉴湄公河"10·5"案件的侦查和审判的相关经验，本着平等自愿、协商一致的原则，在我国与相关国家之间缔结或进一步完善相关条约和协定。本文拟对湄公河"10·5"案件中外国警务人员收集的证据的转化运用和外国证人出庭作证的实践探索进行总结，并对涉外刑事案件证据的代为调查、域外调查、联合调查、庭审调查等方面作深入探讨，以期对推进相关合作机制的进一步完善有所裨益。

---

[1] 《湄公河惨案审理实现多个第一次》，载人民网，http://legal.people.com.cn/n/2012/0922/c42510-19078411-2.html。

（一）湄公河"10·5"案件对外国警方收集证据的转化运用

1. 泰国、老挝警方提取的证据的交换和转化运用。湄公河"10·5"案件是外国人在中国境外对中国公民和财产进行的犯罪，被告人犯罪的证据基本在国外。案件发生后，犯罪发生地国泰国、老挝警方收集、提取了大量证据，这些证据对于指控和证明糯某等被告人勾结泰国不法军人，劫持中国船只，绑架、杀害中国船员，嫁祸中国船员运输毒品等犯罪事实起到关键性作用。在案件侦办过程中，根据我国和泰国、老挝签署的刑事司法协助条约，双方之间交换了大量证据，根据双方约定，我国司法部和泰国检察总长及其指定人员、老挝司法部之间进行了对接，泰国检察总长及其指定人员对于泰国警方提取的中国船员被害现场的大量证据进行审定并移交我国，我国公安机关接收后进行翻译并核对，转化为符合我国刑事诉讼法规定的证据。老挝警方收集的证据亦进行同样操作。在案件庭审过程中，昆明市中级人民法院着重审查了转化过来的证据是否符合刑事司法协助条约规定的途径，是否符合刑事诉讼法的相关规定，证据是否具有证据能力和证明力，有无非法证据排除的情形，能否证明所要证实的案件事实，所有证据都经过庭审公开举证、质证、认证，才作为定案依据予以采信。

2. 外国证人出庭作证及保护。"10·5"案件所涉证人均为外国人，出庭作证的泰国和老挝警务人员，有的参加了案发现场的勘验，有的是痕迹物证鉴定人，有的亲自参与了抓捕被告人，为充分证明被告人实施的犯罪行为，贯彻证据裁判原则和直接言词原则，使本案审判经得起法律、历史和人民的检验，依照双方国家签订的司法协助条约，可以互相请求对方的证人前往本国出庭作证。我国检察机关据此向泰国、老挝司法部提出证人出庭请求，得到了两国司法部的积极支持，并提供了证人名单且附证人的身份证明材料，昆明中院经过对证人名单和材料的审查，同意其出庭作证，并在开庭前向证人送达出庭通知，由公安机关负责将外国证人安全接送至法庭。老挝、泰国警务人员在中国的法庭上出庭作证，并接受控辩双方的质询，直接证明了糯某犯罪集团的犯罪事实。3名老挝证人证实了抓获犯罪集团首要分子糯某的整个过程，使得在庭审刚开始时对所犯罪行全盘否认的糯某，在其后的庭审中不得不低头认罪；10名泰国证人在犯罪涉及的毒品方面、尸检方面、武器方面和事发现场的目击过程方面证词，以及向109名证人调查收集的证词，有力地证实了糯某犯罪集团勾结泰国不法军人实施劫持中国船只、杀害中国船员、用毒品嫁祸被害船员、绑架中国船员收取巨额赎金等犯罪事实，最终使被告人糯某不得不承认组织、策划、指挥实施了惨无人道的"10·5"惨案。可以说，外国证人出庭作证对于昆明中院依法审判"10·5"案件起到了至关重要的作用，同时也表明多国司法机关联合调查取证，外国警务人员出庭作证，是对国际司法合作机制的有益实践和共同打击跨国犯罪的有效措施。

外国警务人员在中国的刑事审判中出庭作证尚属首次，其作证的程序目前我国刑事诉讼法中没有明确规定。基于这些证人均向法庭提出保护请求，为保护外国证人的人身安全，昆明中院根据新修改的《刑事诉讼法》和相关司法解释、条约等的规定，认真研究拟定了本案审理时外国证人出庭作证的相关程序操作规范，使本案中外国证人当庭作证取得良好效果：一是法庭以不公开的方式对证人的身份进行审查核实并依法确定其作证资格，对证人的身份情况严加保密；二是隐去证人姓名，对证人进行编号，在法庭审理中将证人称为"一号证人""二号证人"等等；三是专门设置证人室进行视频作证，对于抓捕糯某的老挝警务人员，为避免其在法庭上与被告人等直接见面，由其在证人室作证,通过视频信号将其证言和模糊影像传输到法庭的多媒体系统上进行质证,接受控辩双方询问;四是在对庭审进行电视直播时对作证的证人采用磨砂玻璃遮挡,不出现证人面部相貌电视画面。通过这些措施,使外国证人消除了后顾之忧,在法庭上坦然如实作证,最终使6名被告人受到应有的惩罚。

(二) 涉外刑事案件的证据调查

湄公河"10·5"案件的圆满审结,是中、老、泰等国国际司法合作的成功范例,泰国、老挝将其收集、提取、制作的主要证据向中国做了交换,并安排本国证人到中国出庭作证,对涉外刑事案件的证据调查起到了示范效果。以该案的实践探索为基础,对于涉外刑事案件的证据调查,可以根据不同案件的实际需要,采取以下不同的方法:

1. 代为调查。在涉外刑事案件中,根据传统国家主权原则,相关国家的办案机关及其工作人员只能在本国主权管辖范围内从事诉讼活动,至于涉及他国主权的事项,则只能按照共同缔结或参加的国际条约或各种协定、平等互利原则向其他国家提出代为实施诉讼行为或给予协助的请求,其他国家的办案机关及其工作人员也只能在本国领域内以各自的本国法为根据从事诉讼活动,换言之,在跨国刑事司法领域,相关国家只是协助关系,这在湄公河"10·5"案件中体现较为明显。正因为如此,涉及前述事项的行为或制度往往都被冠以"刑事司法协助"之名。本文之所以把由证据所在国根据办案国的请求代为取证这一传统协助取证手段称为代为调查或协助调查,也正是基于同样的缘由。

(1) 代为调查的含义。所谓代为调查,又称代为取证或委托调查,简言之,是指一国的主管机关根据另一国相关机关的请求,在本国领域内以本国国内法为根据代为调查收集证据材料的司法协助行为。在涉外刑事诉讼中,代为调查具有极其重要的意义,因为在此类诉讼中,证人、被害人等往往身处国外并且居无定所,物证、书证、视听资料等实物证据也往往散落各地,由对案件有管辖权的国家派遣办案人员到国外收集这些证据材料不但可能事倍功半,甚至往往会危及他国司法主权,因此,由证人、被害人、物证、书证、视听资料所在国的相关国家机关根据对本案有管辖权国家的相关机关的请求代为采取调查取证措施,不但可以节约诉讼成本、提高诉讼效率,还可以确保他国主权免受侵犯。

(2) 代为调查的审查和操作。为最大限度地减少他国在代为调查取证过程中可能遇到的困难,请求代为调查取证的办案国应该在取证请求书中具体写明调查对象、调查目的、特别要求等事项:①调查取证的对象是证人、被害人的,应详细写明姓名、年龄、国籍、住址、工作单位等情况以及调查提纲等,即使调查对象或目的不够明确,也应写明调查的大概内容和范围,以便被请求国的相关机关及时确定取证对象,此外,如果对取证方式有特殊要求,如不能采取威胁、引诱、欺骗等手段以及需要在询问过程中同步录音、录像或由被取证人亲笔书写所要陈述的内容,也应在请求书中写明;[①] ②就鉴定请求而言,除向被请求国提供鉴定人进行鉴定所必需的原始材料和需要了解的案件情况外,还应明确提出需要通过鉴定解决的专门性问题,并且如果对鉴定人在人数、职称等方面有特殊要求或者要求由特定的鉴定人进行鉴定,还应写明鉴定人的人数、职称或特定鉴定人的姓名、年龄、国籍、住址、工作单位等事项;③对物证、书证、视听资料、电子数据等实物证据的收集请求,应写明实物证据的名称、数量、存放地点、持有人等事项,

---

[①] 齐文远、刘代华:《国际犯罪与跨国犯罪研究》,北京大学出版社2004年版,第224~225页。

如果前述情况无法明确，可以概括地写明调查内容和范围，此外，如果对取证手段有特殊要求，如需要勘验、检查、侦查实验以及采取秘密侦查、技术侦查等措施，也应在请求书中予以明确。

对于他国提交的代为取证请求书，被请求国应当以双方共同缔结或参加的国际条约、协定以及本国国内法为根据及时进行审查，当然，在刑事司法协助实践中，不排除一些国家在审查时还会考虑双方的外交关系和相关政治因素。① 经审查，被请求国如果认为请求符合相关规定，原则上应当受理并交由有管辖权的机关办理。虽然请求国对于取证手段可以提出一些特殊要求，但被请求国的相关机关不受此约束，因为代为调查取证本质上是一种国内侦查行为，② 无论是询问证人、被害人还是勘验、检查、搜查、扣押、查封、查询、冻结、鉴定、侦查实验抑或采取技术侦查、秘密侦查等特殊侦查手段，被请求国的相关机关都必须以本国国内法为根据，并且要遵循本国国内法规定的程序。当然，如果请求国的要求不符合被请求国国内法的规定但并不违背被请求国的基本法治原则的，基于内外政策的考量也可以予以认可。

2. 域外调查。虽然委托他国代为调查收集证据具有节约诉讼成本、提高诉讼效率、避免侵犯他国司法主权等优点，但如果被请求国存在取证技术落后、取证程序不规范等现象，通过这种途径获取的大量证据材料就必然会在请求国丧失证据资格，即使在请求国并未因此丧失证据能力的证据材料，其证明力也必然会大打折扣，导致请求国通过代为调查有效打击犯罪的目的很难得到实现。正是基于代为调查在某些情况下存在不利于有效打击犯罪的不足，近年来出现了不少由办案国派遣本国调查人员到证据所在国收集证据材料的现象。③

（1）域外调查与代为调查的不同。代为调查和域外调查在适用条件上存在不少相似之处，如都要求具有犯罪行为在国外实施、犯罪结果在国外发生、本国公民犯罪后逃往国外、犯罪的外国人居住在国外、犯罪案件的知情人居住在国外、证据遗留在国外、赃物或赃物被转移到国外、有共犯逃往国外等情形之一。④ 尽管如此，代为调查和域外调查仍然存在不少差异：首先，就具体从事调查取证活动的主体而言，前者是犯罪人、被害人、证人、赃款、赃物以及各种证据材料所在国的办案机关，后者则是对本案行使管辖权国家的相关机关；其次，就证据所在国与办案国的关系而言，前者体现的是代为取证这一积极协助关系，后者体现的是同意、不制造障碍等消极协助关系；再次，就调查取证过程所要遵循的法律规定而言，前者受证据所在国法律的约束，而后者往往要受证据所在国法律和办案国法律的双重规制；最后，就对相关国家产生的影响而言，前者有利于证据所在国的司法主权不受任何侵犯，但可能导致某些材料在请求国丧失证据能力和证明力，进而给办案国的刑事诉讼带来不利影响，后者可以确保相关证据材料的证据能力和证明力在办案国的刑事诉讼中得到最大限度的实现，但有侵犯他国司法主权的重大嫌疑。

（2）域外调查的不足及其应对。从理论上讲，域外调查有利于办案国有效打击犯罪，

---

① 齐文远、刘代华：《国际犯罪与跨国犯罪研究》，北京大学出版社2004年版，第210~211页。
② 赵永琛：《涉外刑事案件侦查中的几个问题》，载《中国人民公安大学学报》1994年第3期。
③ 成良文：《刑事司法协助》，法律出版社2003年版，第113~114页。
④ 赵永琛：《涉外刑事案件侦查中的几个问题》，载《中国人民公安大学学报》1994年第3期。

但在具体的司法实践中，该项工作必然会在外交、法律等方面遇到一系列不易解决甚至难以克服的难题：首先，能否到他国调查取证不是办案国一厢情愿的事，几乎完全取决于证据所在国是否同意，如果事先不征得其同意或不顾其反对，必然会引发外交纷争；其次，即使证据所在国同意，由于办案国的调查人员往往不熟悉证据所在国的法律，因此，在调查取证过程中可能会出现一些违反证据所在国法律的现象；最后，办案国的调查取证人员常常对证据所在国的地理环境、风俗习惯等情况不是很了解，加上语言障碍，域外调查取证的难度远远超过代为调查取证。

对于域外调查所面临的诸多难题，可以采取以下措施解决：①从严控制适用域外调查的案件范围，要求必须同时满足犯罪人是本国或第三国公民、其犯罪行为直接严重危及本国国家或公民利益、该案已经引起国际社会的关注、相关国家当局不愿过多介入或调查取证能力有限、本国相关机关认为只有通过这种途径才能有效打击犯罪等条件。②派遣办案人员到他国调查取证必须以双方缔结或共同参加的条约或协定为根据，或者本着互惠原则与相关国家协商并获得许可，以避免引发外交冲突。③对于拟派遣到外国取证的调查人员，不但要求熟悉案情、具有较强的办案能力，还特别要求对他国的语言、风俗习惯、地理环境、气候条件、法律制度等情况有较为充分的了解，必要时还需事先对其进行培训。④办案人员在域外调查过程中必须遵守所在国的法律，通常只能采取询问、由证据持有人自愿提供证据材料等不具有强制性的调查手段，如果需要采取搜查、扣押、查询、查封、冻结、拘留、逮捕等强制性侦查措施，则必须事先由办案人员所属国的主管机关与调查地国的相应部门协商，并征得其同意，再由调查地国相关机关按照本国相关法律规定实施前述强制取证行为，并主动或根据办案国的请求邀请办案国的相关人员到场。

3. 联合调查。近年来，贩毒、洗钱、绑架、拐卖人口、伪造货币、恐怖主义等同时针对多个或不特定国家或者直接指向不同国家国民的跨国犯罪日趋增多，并且该种犯罪的组织化程度越来越高、对抗侦查的能力越来越强，而因受主权原则、语言、技术等诸多因素的影响，以某一特定国家为主的代为调查和域外调查显然无法有效打击此类犯罪，联合调查因此在跨国刑事司法实践中逐渐崭露头角。所谓联合调查，通常又被称为联合侦查，是指两个或两个以上的国家，基于有效打击相关国家依法同时都享有刑事司法管辖权的特定跨国犯罪的目的，而临时采取的组建联合调查机构、共同调查收集证据、缉捕犯罪嫌疑人等措施。① 实际上，湄公河"10·5"案件就是在国际警务合作机制下我国公安机关与泰国、老挝警方共同成功破获的，老挝警方在中国警方的请求下将其抓获的犯罪嫌疑人糯某移交给中国进行审判。

（1）联合调查的特殊性。虽然代为调查、域外调查、联合调查都牵涉两个以上国家，都要遵循主权原则、互惠原则和法治原则，但相对于代为调查和域外调查，联合调查具有自身的特殊性：①联合调查常常适用于同时危及两个或两个以上甚至不特定国家的利益，并且有两个以上的国家均拟行使管辖权的跨国刑事案件，而代为调查、域外调查往往适用于仅危及某一特定国家或特定国家国民的刑事案件。②在联合调查模式下，各当事国之间是合作关系，依法均享有独立的调查取证权，而在代为调查和域外调查模式下，各当事国之间是协助关系，调查取证工作主要由其中某一当事国的相关机关完成。③联

---

① 刘仁文、崔家国：《论跨国犯罪的联合侦查》，载《江西警察学院学报》2012年第1期。

合调查的方式比较灵活，既可以由各当事国的相关机关根据各方事先共同协商确定的计划或分工各自在本国领域内分别进行，也可以由各当事国派遣办案人员组成联合调查组并确定计划和分工，同时或先后在各当事国领域内调查取证，无论采取何种方式，各当事国之间都须随时通报案情。而代为调查和域外调查的方式比较单一，前者主要由被请求国根据请求国的请求独立制定调查计划并在本国领域内独立调查，不需要征得请求国的同意，无须随时向请求国通报案情，后者主要由请求国制定调查计划并在被请求国领域内进行调查，但须事先征得被请求国的同意。④联合调查往往要涉及多个国家的法律，而代为调查和域外调查主要涉及某一国家的法律。

（2）联合调查的优越性。联合调查是由两个或两个以上国家先后或同时展开的联合行动，其具有代为调查和域外调查无法比拟的优越性。①跨国犯罪的活动区域跨越国界，证据材料往往分散在不同国家，如果由各个国家"各自为战"，必然会出现大量重复取证的现象，浪费诉讼资源，而联合调查模式可以避免重复取证，进而降低诉讼成本、提高诉讼效率。②跨国犯罪组织化程度比较高，犯罪成员往往来自不同国家且行踪不定，如果由某一个国家"单打独斗"，不但会使办案人员疲于奔命，而且很难将全部犯罪人缉捕归案，而联合调查模式可以使各个国家的办案人员分工协作，进而使缉捕工作的难度大幅度降低。③跨国犯罪的跨国性使相关国家对案件依法都享有管辖权，如果相关国家"单打独斗"或"各自为战"，必然会出现互相扯皮甚至故意制造障碍的情况，而联合调查模式不但可以最大限度减少这些现象的发生，而且可以使各个国家取长补短。正是基于联合调查具有代为调查、域外调查无可比拟的优势，一些国际公约、条约和协定对其作了明文规定。可以预见，随着国家之间联系紧密程度增强，对联合调查作出明确规定的国际公约、条约、协定必然会越来越多，其在跨国刑事司法实践中的适用也必然会越来越多，甚至可能最终发展成为打击跨国犯罪的常规手段，湄公河"10·5"案件无疑就是一个明证。

（3）对联合调查的规制。联合调查虽具有诸多优点但并非"有百利而无一害"，调查过程中稍有不慎就会导致合作失败甚至引发外交纷争。为确保联合调查最大限度取得"多赢"效果，必须对其适用条件和程序进行严格规制：①联合调查指向的对象通常必须是参与各方均认为构成犯罪并均主张行使管辖权的跨国刑事案件，理论界通常将之分别称为"双重犯罪"和"双重管辖"标准，① 否则，联合调查就会因相关各国缺乏迫切的合作意愿而丧失存在的基础。②相关各国以各方缔结或共同参加的国际条约、公约、协定，或者本着平等互惠的原则事先就联合调查的方式、临时机构的组建与分工、职责与纪律、活动区域、案情通报、信息共享等事项共同达成协议。③联合调查可以分别同时或先后在参与各方的境内进行，非来自调查地国的调查组成员在调查地不但可以采取不带有强制性的任意调查措施，甚至可以根据授权使用某些强制性侦查手段或者执行某些特殊任务，当然，无论调查组成员来自何方，所有调查活动都必须遵守调查地国家的法律。② ④各方在联合调查过程中应根据事先达成的协议互相通报犯罪情报和侦查进展情

---

① 任学强：《论职务犯罪跨国联合侦查机制的构建》，载《河南师范大学学报（哲学社会科学版）》2010年第1期。
② 黄风：《国际刑事司法协助制度的若干新发展》，载《当代法学》2007年第6期。

况，适时提醒对方采取某些措施，以提高诉讼效率、降低诉讼成本。[①]

4. 庭审调查。代为调查、域外调查和联合调查均为案件侦查阶段的调查，其是法庭审理的基础，庭审调查主要围绕控方调查收集的证据展开，未经审判不得认定任何人有罪，控方审前调查获取的任何证据材料都必须在法庭上公开出示并听取对方的意见，未经质证、认证，不得作为对被告人定罪量刑的证据。由于涉外刑事案件具有"涉外"因素，很多证据系在国外取得或由外国警务人员调查取得，因而其庭审调查的范围和程序相对于普通刑事案件要复杂得多，庭审调查的重点主要应当围绕非法证据排除和证人出庭作证展开。

当今世界各国都强调依法取证、严禁违法取证，并且多数国家都规定了非法言词证据排除规则，但基于不同的价值取向，各国对非法实物证据排除规则的适用范围存在较大的差异，是否将形形色色的非法证据特别是在域外获取的非法证据纳入涉外刑事诉讼庭审调查的范围就必然会成为各国首先要面对的问题。关于法庭审理中能否使用或采纳在国外通过非法手段取得的证据材料的问题，不但与有无条约或协定、本国侦查人员是否参与、是否违反取证国法律等情况有着直接联系，还牵涉国家关系、国家主权等问题。

为确保庭审实质化和公正审判，当今世界各国，无论采取的是当事人主义还是职权主义抑或混合式诉讼模式，均分别从传闻证据规则、交叉询问规则、直接言词原则等不同角度要求证人、被害人、鉴定人、勘验检查活动的主持人以及相关笔录的制作人甚至警察出庭作证。湄公河"10·5"案件中13名泰国、老挝警察出庭作证，就是对在国外收集的证据严格依法进行审查评判的绝好实证。不过，与国内普通刑事案件相比，传闻证据规则、交叉询问规则、直接言词原则等在涉外刑事案件中得到执行的难度要大得多，因为不同国家对作证资格、作证人员的权利义务等所作的规定不尽相同，加上涉外刑事案件中的不少知情人员均身处国外，基本不受审判地国法律的约束，因此，是否到审判地国出庭作证在很大程度上取决于身处国外的前述人员是否自愿，而且即使其同意到审判地国出庭作证，还会涉及一系列复杂的法律问题甚至外交关系。为了降低诉讼成本、提高诉讼效率，消除需要到他国作证人员的顾虑，世界各国通过制定国内法、缔结或参加国际条约和协定等方式对跨国作证的条件和方式、相关人员的权利和义务等均作了规定。(1) 就跨国作证的前提而言，必须同时满足相关知情人员的陈述对定罪量刑等实体问题起着决定性作用、被告人一方强烈要求与知情人对质、审判地国向知情人所在地国提出请求、知情人自愿同意出国作证等条件。(2) 就跨国作证的方式而言，大致分为知情人直接到案件审判地国的法庭作证和在所在地国通过通信卫星等电子传送和视像播放系统向审判地国的法庭作证（远程视频作证）两种。(3) 出国作证涉及的事项较多，主要有出国手续的办理、到国外的差旅费和食宿费的补偿、审判地国对前来作证的知情人的豁免承诺和安全保护措施等。(4) 远程视频作证涉及的事项相对简单，大致有知情人在所在地国为视频作证而支付的差旅费和食宿费的补偿、所在地国对视频作证人员的安全保护、远程视频作证所需的设备和技术以及相关费用的分摊等。[②]

[①] 赵永琛：《涉外刑事案件侦查中的几个问题》，载《中国人民公安大学学报》1994年第3期。
[②] 黄风：《国际刑事司法协助制度的若干新发展》，载《当代法学》2007年第6期。

第十五章
毒品犯罪审判实践中的其他疑难新型问题

问题 1. 提供线索并协助查获大量案外毒品,但无法查明毒品持有人的,是否构成立功

【刑事审判参考案例】魏某某等走私运输毒品案①

一、基本案情

被告人魏某某,缅甸国果敢县人。因涉嫌走私、运输毒品罪于 2009 年 9 月 8 日被逮捕。

云南省保山市人民检察院以被告人魏某某犯走私、运输毒品罪,向保山市中级人民法院提起公诉。

被告人魏某某对公诉书指控的事实不持异议。其辩护人提出,魏某某具有自首和重大立功情节,且不是毒品的出资者,主观恶性小,系从犯,建议法院对其从轻处罚。

保山市中级人民法院经依法审理查明:2009 年 7 月初,同案被告人王某某(已判刑)到缅甸国与吴某 1 (另案处理)商定购买毒品后,吴某 1 找到被告人魏某某、同案被告人吴某 2 (已判刑)运送毒品。同年 8 月 1 日,魏某某、吴某 2 携毒品到达云南省施甸县旧城勐菠萝河时被民警例行盘查,二人主动承认携带的黑色拎包内装有毒品。民警当场从该包内查获毒品甲基苯丙胺 14 包,重 2712 克。同月 2 日,在保山市隆阳区河图镇田心王村村口,魏某某协助民警将准备接应毒品的王某某抓获。同年 12 月 4 日,魏某某提供线索并协助民警在云南省镇康县南伞镇中缅边境我国一侧 125 号界桩附近的石滑坪山腰一山洞内查获甲基苯丙胺一包,重 9643 克。

保山市中级人民法院认为,被告人魏某某明知是毒品甲基苯丙胺还从缅甸国携带进入我国云南边境,其行为构成走私、运输毒品罪。魏某某专为运输毒品事先探路,运输过程中又负责向境外毒贩吴某 1 电话汇报走私、运输毒品的情况,魏某某与吴某 2 构成共同犯罪。在共同犯罪中魏某某起主要作用,系主犯。魏某某被公安机关例行盘问时能如实交代自己的罪行,构成自首;被抓获后又能协助公安机关抓获同案犯王某某,并向公

---

① 参见丁友保撰稿,陆建红审编:《魏某某等走私运输毒品案——提供线索并协助查获大量案外毒品,但无法查明毒品持有人的,是否构成立功(第 753 号)》,载最高人民法院刑事审判第一、二、三、四、五庭主办:《刑事审判参考》(总第 84 集),法律出版社 2012 年版,第 54~58 页。

安机关提供线索协助查获甲基苯丙胺 9643 克，构成重大立功。依照《刑法》第 347 条第 2 款第 1 项，第 25 条第 1 款，第 26 条第 1 款、第 4 款，第 27 条，第 48 条第 1 款，第 67 条第 1 款，第 68 条第 2 款，第 57 条第 1 款，第 64 条之规定，判决如下：

被告人魏某某犯走私、运输毒品罪，判处有期徒刑十年，并处罚金人民币 10 万元。

一审宣判后被告人魏某某未提出上诉，同案被告人王某某提出上诉。

云南省高级人民法院经审理认为，原判认定的事实清楚，证据确实、充分，定罪准确，量刑适当，审判程序合法，依法裁定驳回上诉，维持原判。

二、主要问题

犯罪分子到案后提供线索，协助公安机关查获大量案外毒品，但无法查明毒品持有人的，是否构成立功？

三、裁判理由

本案在审理过程中，对被告人魏某某构成自首没有异议，对魏某某协助抓获同案被告人王某某的行为构成重大立功也没有异议。争议的焦点是，魏某某提供线索并协助公安机关查获案外 9643 克毒品的行为如何定性。根据魏某某交代，该批毒品的藏匿地点是一杨姓男子告诉他并带他前往的，准备安排他运到保山，但他并未表示愿意运输该批毒品，在案的其他证据也无法证实魏某某准备运输该批毒品。因此，对魏某某的上述行为如何定性形成两种意见：

一种意见认为，魏某某虽然提供线索并协助公安机关查获 9643 克毒品，但因不能提供该批毒品持有人的详细信息，不属于《最高人民法院关于处理自首和立功具体应用法律若干问题的解释》（本案中以下简称《自首和立功解释》）第 5 条所列举的构成立功的几种情形。魏某某的行为既不构成自首，也不构成立功，只能在量刑时作为酌定从轻处罚情节予以考虑。

另一种意见认为，魏某某提供线索协助公安机关缴获数量巨大的毒品，虽未能查获该批毒品的持有人，但毕竟使数量巨大的毒品及时被缴获，没有流入社会，因此魏某某的行为属于有利于国家和社会的行为。根据《自首和立功解释》第 5 条的规定，应当认定为"具有其他有利于国家和社会的突出表现"，构成重大立功。

我们同意后一种意见，魏某某的行为构成重大立功。具体理由如下：

（一）魏某某的行为符合立功的本质特征和成立条件

1979 年《刑法》第 63 条规定："犯罪以后自首的，可以从轻处罚。其中，犯罪较轻的，可以减轻或者免除处罚；犯罪较重的，如果有立功表现，也可以减轻或者免除处罚。"可见，在 1997 年修订《刑法》颁布前，立功制度是附属于自首制度的。1997 年《刑法》修订后，立功被单独规定在一条，自此立功制度成为与自首制度同等地位的一项制度。

现行《刑法》第 68 条规定："犯罪分子有揭发他人犯罪行为，查证属实的，或者提供重要线索，从而得以侦破其他案件等立功表现的，可以从轻处罚或者减轻处罚；有重大立功表现的，可以减轻或者免除处罚。"从这一规定出发，理论界和实务部门有观点认为，立功仅限于《刑法》第 68 条规定的两种情形：（1）揭发他人的犯罪行为；（2）提供其他案件的重要线索。但也有观点认为，除《刑法》第 68 条列举的两种立功表现外，下列情形也应视为立功：（1）协助司法机关缉捕其他罪犯；（2）犯罪人遇有其他在押犯自杀、脱逃或者其他严重破坏监规行为，及时向看守人员报告；（3）遇有自然灾害、意外事故奋不顾身加以排除等。鉴于存在上述争议，1998年最高人民法院在出台的《自首和立功解释》第5条规定："根据刑法第六十八条第一款的规定，犯罪分子到案后有检举、揭发他人犯罪行为，包括共同犯罪案件中的犯罪分子揭发同案犯共同犯罪以外的其他犯罪，经查证属实；提供侦破其他案件的重要线索，经查证属实；阻止他人犯罪活动；协助司法机关抓捕其他犯罪嫌疑人（包括同案犯）；具有其他有利于国家和社会的突出表现的，应当认定为有立功表现。"《自首和立功解释》第5条不但将"阻止他人犯罪活动"列入"立功表现"，而且将"其他有利于国家和社会的突出表现"增加为兜底项，大大拓宽了实践中立功表现的范围。

立功制度是我国一项重要的刑罚制度，其实质是基于宽严相济刑事政策，从惩办与宽大相结合的角度出发，鼓励犯罪分子改恶从善，同时提高司法机关破案率，节约司法资源。准确理解和把握立功制度的政策精神，依法适用《刑法》和相关司法解释关于立功的规定，对于分化瓦解犯罪分子，及时侦破案件，有效打击犯罪，具有十分重要的意义。在司法实践中，既要防止把不构成立功的行为认定为立功，又要避免把构成立功的行为不认定为立功。要做到这一点，必须明确把握立功的成立要件。当前，理论界对立功成立的条件没有形成一致观点，从实践的角度把握，我们认为，立功的成立要件主要包括以下四个方面：一是立功的主体是实施了犯罪行为的犯罪人本人，其他任何人都不能取代；二是在时间上具有特定性，立功是犯罪人实施犯罪行为后的行为；三是立功的内容必须是真实有效的；四是立功必须具备实质要件，即对国家和社会的有益性，且该有益性应当是突出的，而不是任何有益于国家和社会的行为均能达到构成立功的程度。基于上述分析，不难得出如下结论：立功主要表现为协助查获案件、抓获犯罪人、阻止他人犯罪，但并不限于查获案件、抓获犯罪嫌疑人和阻止他人犯罪，而是包括其他有利于国家和社会的突出表现。

关于"有利于国家和社会的突出表现"的认定，需要从两个方面分析：一是从行为性质上看，是"有利于国家和社会的"；二是从行为的程度上看，是"突出表现"，而不是一般的表现。我们认为，虽然行为不属于《自首和立功解释》第5条规定的前四种立功情形，但只要是属于有利于国家和社会的突出表现，就可以认定为《自首和立功解释》第5条规定的第五种立功情形。这类情形的立功行为既可以是与刑事案件有关的行为，也可以是与刑事案件无关的行为。前者如在羁押期间及时报告其他在押罪犯预谋脱逃的，后者如在生产中有发明创造、重大技术革新、并取得重大成果的。

就本案而言，被告人魏某某实施了走私、运输毒品犯罪行为，在犯罪后提供线索并协助公安机关查获了9643克毒品。现有证据无法证实该批毒品的实际控制主体，也无法证实魏某某对该批毒品是否具有犯意，即如能够证实魏某某对该批毒品具有犯意，也无法证实其究竟是具有贩卖、走私、运输哪种犯意，因此，魏某某提供该批毒品线索的行为显然不属于供述自己的罪行。

关于魏某某提供9643克毒品线索的行为是否构成立功，在本案审理过程中存在分歧。有观点认为，魏某某的行为不构成立功，但可作为酌情从轻处罚情节。我们认为，魏某某提供的线索，内容真实有效，而该行为虽然只协助查获毒品，并未抓获毒品的实际控制人，但魏某某的这一行为应该认定为有益于国家和社会的突出行为，体现在两个方面：一是有效防止了该批数量巨大的毒品流入社会、危害社会；二是从源头上阻止了该批毒品的实际控制人继续实施以该批毒品为对象的犯罪的可能性。因此，魏某某提供9643克毒品线索的行为完全符合立功的成立要件，应当构成立功。

（二）魏某某的行为属于"对国家和社会有其他重大贡献"，构成重大立功

根据《自首和立功解释》第7条的规定，构成重大立功，一般是实施了协助查获重大案件、抓获重大案件的犯罪嫌疑人或者阻止他人重大犯罪活动。而重大犯罪、重大案件、重大犯罪嫌疑人的标准，一般是指犯罪嫌疑人、被告人可能被判处无期徒刑以上的刑罚或者案件在本省、自治区、直辖市或在全国范围内有较大影响等情形。然而，对于对国家和社会有其他重大贡献等表现的情形，如何认定重大立功，目前尚无相关司法解释予以明确，实践中也未形成统一的认定标准，只能具体情况具体分析。就本案而言，魏某某协助查获的毒品达9643克，贩卖运输如此巨大数量的毒品完全可能被判处无期徒刑以上的刑罚，有效防止如此数量之大的毒品流入社会，从源头上阻止了该批毒品的实际控制人继续实施以该批毒品为对象的犯罪的可能性。我们认为，魏某某的行为应当认定构成重大立功。

综上，本案一审、二审认定魏某某的行为构成重大立功，既符合相关法律、司法解释的规定，也符合刑法设立立功制度的本意。

问题2. 毒品犯罪案件中如何具体认定立功情节以及如何把握基于立功情节对被告人从轻处罚的界限

【刑事审判参考案例】胡某1走私、贩卖、运输毒品，走私武器、弹药案[①]

一、基本案情

被告人胡某1，1991年6月17日因犯故意伤害罪、盗窃罪被判处无期徒刑，1993年6月30日至1997年6月10日经三次减刑减为有期徒刑十七年，剥夺政治权利八年，2000年7月7日因患病被暂予监外执行，2009年4月20日因本案被逮捕。

云南省普洱市人民检察院以被告人胡某1犯走私、贩卖、运输毒品罪，走私武器、弹药罪，向普洱市中级人民法院提起公诉。

被告人胡某1当庭否认起诉书指控的犯罪事实，称其是为讨账前往缅甸。辩护人提出，公诉机关认定胡某1犯罪的证据不足。

普洱市中级人民法院经公开审理查明：2009年2月底，被告人胡某1纠集、指挥同案被告人杨某、陈某、刘某、付某、李某某（均已判刑）到缅甸购买毒品走私入境贩卖。同月27日，胡某1和陈某从四川省成都市乘飞机到达云南省景洪市，杨某、刘某、付某、李某某根据胡某1的安排驾驶川M5×××马自达牌轿车、川A3×××现代牌越野车随后来到景洪市，6人先后偷渡至缅甸小勐拉会合。胡某1联系好甲基苯丙胺、海洛因后，指使杨某、陈某于3月11日到缅甸邦康市接取上述毒品以及枪支、弹药进行重新包装，从云南省孟连傣族拉祜族佤族自治县勐马镇陇海渡口携带入境后，藏入刘某开来的川M5×××马自达牌轿车车门的夹层内。而后，胡某1等6人在孟连县嘉兴宾馆会合。3月13日零时许，胡某1与付某、李某某驾驶川A3×××现代牌越野车在前探路，杨

[①] 参见汪斌、杨军撰稿，陆建红审编：《胡某1走私、贩卖、运输毒品，走私武器、弹药案——毒品犯罪案件中如何具体认定立功情节以及如何把握基于立功情节对被告人从轻处罚的界限（第801号）》，载最高人民法院刑事审判第一、二、三、四、五庭主办：《刑事审判参考》（总第87集），法律出版社2013年版，第1~8页。

某、陈某、刘某驾驶藏有毒品、枪支的川 M5×××马自达牌轿车跟随其后往云南省澜沧县方向行驶。途中胡某1、付某、李某某、陈某、刘某被公安人员抓获。公安人员当场从川 M5×××马自达牌轿车车门的夹层内查获甲基苯丙胺24205克、海洛因350克、手枪2支、子弹24发。3月22日，胡某1协助公安机关在湖北省武汉市抓获前来提取毒品的同案被告人胡某2（已判刑）。

另查明，2009年1月24日胡某1、杨某、刘某在浙江省宁波市某酒店，将从缅甸走私入境的1支手枪送给王某1（另案处理）。次日16时许，王某1因与王某2、葛某某发生纠纷，持该枪在某酒店将王某2、葛某某打伤。经鉴定，王某2构成重伤。

普洱市中级人民法院认为，被告人胡某1的行为构成走私、贩卖、运输毒品罪和走私枪支、弹药罪。公诉机关指控的罪名成立。胡某1辩解及辩护人提出的意见与案件审理查明事实不符，不予采纳。在走私、贩卖、运输毒品共同犯罪中，胡某1起主要作用，是主犯；杨某、陈某、刘某、付某、李某某起次要作用，是从犯。在走私武器、弹药共同犯罪中，胡某1起主要作用，是主犯；杨某、陈某起次要作用，是从犯。胡某1配合侦查机关到武汉抓获毒贩胡某2，有立功表现，但鉴于胡某1罪行极其严重，对其不予从轻处罚。据此，普洱市中级人民法院依法判决如下：

被告人胡某1犯走私、贩卖、运输毒品罪，判处死刑，剥夺政治权利终身，并处没收个人全部财产；犯走私武器、弹药罪，判处死刑，缓期二年执行，剥夺政治权利终身，并处没收个人全部财产；决定执行死刑，剥夺政治权利终身，并处没收个人全部财产。

一审宣判后，被告人胡某1提出上诉。除了一审当庭辩解的意见，胡某1还提出其协助公安机关抓获胡某2，向重庆市警方提供唐某、唐某某非法持有手枪一支的线索，在看守所内检举同监犯王某3所说的结伙贩运"麻古"犯罪事实等行为均构成立功，请求从轻处罚。其辩护人提出，胡某1具有重大立功表现，请求从轻处罚。

云南省高级人民法院经公开审理查明：2008年1月，胡某1指使唐某、唐某某将20余万颗毒品和1支手枪从缅甸运输到成都，后胡某1将四五万颗毒品和手枪交由唐某某保管。此后，唐某、唐某某二人将毒品和手枪偷走，胡某1多次到重庆市查找二人下落未果。重庆市警方根据胡某1提供的线索，将唐某、唐某某抓获，并在唐某家中将该枪支查获。胡某1上述提供线索的行为构成立功。胡某1在被抓获后，前往武汉协助公安机关抓获胡某2的行为构成立功。胡某1检举同监犯王某3所讲述的犯罪事实的行为仅属于有积极表现，不构成立功。云南省高级人民法院认为，上诉人胡某1虽然具有两次立功表现，但其罪行极其严重，功不足以抵罪，不予从轻处罚。对胡某1及其辩护人所提胡某1具有重大立功表现，请求从轻处罚的上诉理由及辩护意见不予采纳。原判定罪准确，量刑适当，审判程序合法。据此，云南省高级人民法院裁定驳回上诉，维持原判，并依法报请最高人民法院核准。

最高人民法院经复核认为，被告人胡某1纠集多人从境外非法运输甲基苯丙胺、海洛因入境贩卖，其行为构成走私、贩卖、运输毒品罪；其走私手枪、子弹入境的行为，还构成走私武器、弹药罪，依法应当并罚。胡某1走私、贩卖、运输毒品数量大，社会危害大，且系主犯，主观恶性大，人身危险性大，依法应当严惩。胡某1归案后虽有协助抓捕胡某2的立功表现，但其罪行极其严重，不足以从轻处罚。第一审判决、第二审裁定认定的事实清楚，证据确实、充分，定罪准确，量刑适当，审判程序合法。据此，最高人民法院裁定核准云南省高级人民法院维持第一审对被告人胡某1以走私、贩卖、运输毒品罪判处死刑，剥夺政治权利终身，并处没收个人全部财产；以走私武器、弹药罪判处死刑，缓期二年执行，剥夺政治权利终身，并处没收个人全部财产的刑事裁定；与前罪没有执行的刑罚并罚，决定执行死刑，剥夺政治权利终身，并处没收个人全部财产。

二、主要问题

毒品犯罪案件中如何具体认定立功情节以及如何把握基于立功情节对被告人从轻处罚的界限？

三、裁判理由

（一）公安机关根据被告人供述抓获共同犯罪同案犯的，不应认定被告人有立功表现

被告人胡某1在二审期间检举称，别人帮其"带来"4万多颗毒品和一支9毫米口径手枪、12发子弹，唐某某偷走手枪和子弹，带至重庆市，可能和重庆"3·19案"有关。"3·19案"是2009年3月19日重庆发生的恶性案件，案发后警方广泛悬赏征集线索，至今案件未破。重庆警方高度重视胡某1的检举，经认真核查，查明2008年胡某1带"马仔"唐某、唐某某从缅甸贩卖20万颗"麻古"和一支9毫米口径手枪到成都，"二唐"偷走4万颗"麻古"和该枪后，胡某1一直怀恨在心。重庆警方抓获"二唐"后，未发现"二唐"涉"3·19案"，故以涉嫌非法持有枪支罪将"二唐"移送起诉。本案二审法院认为，胡某1的行为构成立功，但最高人民法院经审查认为，胡某1检举唐某、唐某某非法持有枪支的行为不构成立功。

胡某1供述"二唐""偷走"自己的枪支，前提是承认自己"带来"毒品和枪支。经重庆警方查证，又进一步查明该枪系胡某1伙同"二唐"走私入境的。根据《最高人民法院关于处理自首和立功若干具体问题的意见》（本案例中以下简称《意见》）第3条第2款的规定，被告人如实供述本人其他罪行是否与司法机关已掌握的罪行属同种罪行，一般应当以罪名区分。如实供述的其他犯罪与司法机关已掌握的犯罪属选择性罪名或者在法律、事实上密切关联，应当认定为同种罪行。虽然胡某1如实供述的这一罪行暂未被查清和指控，基于"不告不理"的诉讼原则，本案二审法院对该起犯罪事实未予审理查明。但很明显胡某1如实供述的罪行与司法机关已掌握的其先后实施的一系列走私、贩卖、运输毒品，走私武器、弹药犯罪在法律、事实上密切关联，应当认定为同种罪行。换言之，胡某1在供述其犯罪事实的过程中，理应如实供述同案犯及涉案毒品和枪支的去向。胡某1检举揭发"二唐"与重庆"3·19案"有关，经查不属实。胡某1并未揭发同案犯在共同犯罪以及关联犯罪之外的其他犯罪线索，故其揭发行为不构成立功。

在毒品犯罪中，走私、贩卖、运输、制造行为往往形成多人协同、上下家衔接作案的非法产业网络、链条，其成员经常还涉及其他犯罪行为。其中，犯罪团伙、犯罪集团的首要分子、共同犯罪的主犯、职业毒贩、毒品再犯等，往往掌握同案犯等涉案人员的个人信息和犯罪情况，其供述他人罪行的动机错综复杂，是否构成立功情节要特别慎重把握，审判实践中，我们应当注意以下三点：第一，审查被告人自身是否参与其供述的罪行，甄别其供述的是共同犯罪的事实还是他人犯罪行为，或者同案犯共同犯罪抑或关联犯罪以外的其他犯罪。第二，审查检举的罪行是否查证属实。根据《意见》第6条的规定，侦查机关出具材料，表明在三个月内还不能查证并抓获被检举的人，或者不能查实的，人民法院审理案件可不再等待查证结果。根据被告人检举破获的他人犯罪案件，如果已有审判结果，应当依据判决确认的事实认定是否查证属实；如果被检举的他人犯罪案件尚未进入审判程序，可以依据侦查机关提供的书面查证情况认定是否查证属实。

第三，审查供述线索来源是否合法。根据《意见》第 4 条第 1 款的规定，犯罪分子通过贿买、暴力、胁迫等非法手段获取他人犯罪线索并检举揭发的，不能认定为有立功表现。刑法设立立功制度的本意是要求被告人检举时具有真诚悔悟、弃恶从善的积极心态，而非利用非法手段获取线索后和司法机关讨价还价，换取从宽处罚。从本案看，"二唐"所持有的枪支来源于胡某 1 和"二唐"的共同运输枪支犯罪行为，与胡某 1 所犯之罪紧密关联。胡某 1 在一审被判处死刑之后才交代"二唐"的犯罪线索，体现出其具有避重就轻的主观心态，且无真诚悔罪、弃恶从善的积极表现，认定其立功与立法本意不符。

（二）被告人如实供述并协助抓获上、下家，应当认定被告人有立功表现

被告人胡某 1 到案后，供述其欲将毒品运往湖北省武汉市贩卖。公安人员押解胡某 1 前往武汉市，由胡某 1 打电话联系下家约定交易，在武汉市某饭店抓获前来接取毒品的胡某 2。普洱市中级人民法院经审理认为，胡某 1 协助公安机关抓获胡某 2 的行为构成立功。

在毒品犯罪案件中，司法机关根据被告人的供述和通过被告人的协助抓捕毒品犯罪上、下家，是打击毒品犯罪活动中特有而常见的侦破案件手段。被告人协助延伸侦查的行为，有助于司法机关打击毒品犯罪产业窝点、链条，反映出被告人具有真诚悔罪的心态。这种行为应当构成立功。在具体案件中，要特别注意区分被告人供述其本人实施的犯罪涉及的上、下家和供述上、下家实施其他犯罪两种情形。如果被告人供述的上、下家罪行，经审查，与被告人所犯之罪并无关联，则属于检举他人犯罪行为的立功表现。如果仅如实供述上、下家涉案人员个人信息和涉及本案的犯罪情况，而没有协助抓获的行为，不属于立功表现。毒品犯罪上、下家所处毒品产业链条地位、作用不同，相互之间没有实施同一毒品罪行的共同故意，具体实施的罪行也不尽相同，各自的罪名（如有的主体可能构成走私制毒物品罪、非法买卖制毒物品罪等）和法定刑都可能不同，不构成共同犯罪。被告人到案后供述上、下家的犯罪行为，从字面理解似乎属于"检举、揭发'他人'犯罪行为"。但是，被告人及其上、下家所实施的罪行客观上相互关联，具有对合关系，即共同促进毒品犯罪行为的完成，缺少一方的犯罪行为，其他方的犯罪行为就无法实施或者完成。对任何一个环节的行为人而言，其罪行的实施或者完成，以其上、下家对应行为的实施和完成为必要条件，其所实施或者完成的罪行必然涉及上、下家的犯罪行为，检举上、下家的犯罪行为，也就不超出其如实供述的犯罪事实范围，因此，仅有供述行为并不构成立功情节。只有被告人协助司法机关抓获上、下家时，才能依法认定为立功。

（三）对被告人的立功行为是否从宽处罚，应当根据"功是否足以抵罪"的情况而定

刑法对立功情节作出从宽处理的原则性规定。然而，在毒品犯罪案件中，由于被告人处于毒品犯罪产业网络链条之中，和其他类型的犯罪分子比较，具备掌握其他涉案人员情况和罪行的天然优势，即可能通过举报一些从犯、"马仔"的犯罪事实获取立功机会，争取从宽处理的结果。这种举报行为并未体现出行为人真诚悔罪，也不意味行为人的人身危险性、主观恶性有所减小。对于毒品犯罪，犯罪行为人的立功行为是否足以从宽处罚，《大连会议纪要》规定了"功是否足以抵罪"的标准。根据《大连会议纪要》的规定，如果行为人的罪行极其严重，但只有一般立功表现的，可不予从轻处罚；如果行为人检举、揭发的是其他犯罪案件中罪行同样严重的犯罪分子，或者协助抓获的是同案中的其他首要分子、主犯，原则上可以从轻或者减轻处罚；如果协助抓获的只是同案

中的从犯或者"马仔",功不足以抵罪,或者从轻处罚后全案处刑明显失衡的,不予从轻处罚;对于从犯、"马仔"立功,特别是协助抓获毒枭、首要分子、主犯的,应当从轻处罚。

我们认为,本案被告人胡某1属于"功不足以抵罪"情形。理由如下:

1. 胡某1供述"二唐"非法持有枪支的行为不构成立功;其如实供述的罪行与公安机关已掌握的其先后实施的一系列走私、贩卖、运输毒品,走私武器、弹药犯罪在法律、事实上密切关联,应当认定为同种罪行,因此仅属有积极表现,不构成立功;其协助公安机关抓获胡某2的行为构成立功。

2. 胡某1在被判处重刑暂予监外执行(保外就医)期间从事毒品犯罪,是共同犯罪的主犯和毒品惯犯;归案后长期拒不如实供述自己的罪行,除拨打电话联系下家派遣胡某2接取毒品外,拒不如实供述毒品的来源和下家主犯;其不但走私、贩卖、运输毒品2万余克而且走私枪支、弹药,罪行极其严重,协助抓获的只是下家的"马仔",功不足以抵罪,如从轻处罚,将会造成全案处刑明显失衡。

3. 从侦查经过分析,胡某1归案后在最初三次被讯问时均拒不供认罪行,认罪后亦不供述武汉市下家主犯的真实情况,通过打电话联系下家派人接取毒品抓获胡某2后又翻供,拒不认罪,称毒品是公安人员逼着让指认和承认的,胡某2是公安让帮忙抓的。胡某1在一审被判处死刑之后才交代"二唐"实施犯罪的线索,且在供述时避重就轻,体现出其借检举、揭发逃避罪责的主观心态。

综上所述,本案在审理过程中,三级法院均对胡某1的三种行为表现是否构成立功情节进行了认真审查,并对其中构成立功的情节,在量刑时予以了充分考虑并在裁判文书中予以释明。全案处理合法、适当,说理充分、有力,有利于被告人认罪服法,取得了良好的社会效果和法律效果。

问题3. 贩卖毒品案件中"形迹可疑"型自首的正确认定

【人民法院案例选案例】王某某贩卖毒品案[①]

[裁判要旨]

判断行为人是否构成"形迹可疑"型自首,关键是看司法机关能否根据现有证据特别是客观性证据在行为人与具体案件之间建立起直接、明确、紧密的联系,并且依据当时的证据,行为人作案的可能性是否已经大大提高而达到了被确定为"犯罪嫌疑人"的程度。能建立起这种联系的,行为人就属于犯罪嫌疑人;建立不起这种联系的,而主要是凭经验、直觉认为行为人有作案可能的,行为人就属于"形迹可疑"。行为人在因"形迹可疑"受到盘问、教育时主动交代自己所犯罪行的,应当认定为自动投案,构成自首。

[基本案情]

公诉机关淄博市张店区人民检察院指控称:2015年11月,在淄博市张店区某洗浴附近,被告人王某某以500元的价格向张某出售甲基苯丙胺(冰毒)0.5克;2015年11月,在淄博市张店区某宾馆附近,被告人王某某以500元的价格向张某出售甲基苯丙胺

[①] 荣明潇、刘海红:《王某某贩卖毒品案——"形迹可疑"型自首的正确认定》,载最高人民法院中国应用法学研究所编:《人民法院案例选》(总第118辑),人民法院出版社2018年版。

0.5 克；2015 年 12 月 23 日，张某联系被告人王某某购买 500 元的甲基苯丙胺，二人约定在张店区某洗浴附近交易，被告人张某取甲基苯丙胺时被民警抓获。被告人王某某多次向他人出售甲基苯丙胺（冰毒），其行为已构成贩卖毒品罪，请法院依法判处。

被告人王某某对公诉机关指控的犯罪事实及罪名无异议，无辩解意见。

法院经审理查明：2015 年 11 月某日，在淄博市张店区某洗浴附近，被告人王某某以 500 元的价格向张某出售甲基苯丙胺（冰毒）0.5 克；2015 年 11 月某日，在淄博市张店区某宾馆附近，被告人王某某以 500 元的价格向张某出售甲基苯丙胺 0.5 克；2015 年 12 月 23 日，张某联系被告人王某某购买 500 元的甲基苯丙胺，二人约定在张店区某洗浴附近交易，被告人王某某在等待交易时因形迹可疑，被公安机关盘查时逃跑，被抓获后如实供述公安机关尚未掌握的犯罪事实。被告人王某某在一审开庭审理过程中对上述事实无异议。

[裁判结果]

山东省淄博市张店区人民法院于 2016 年 9 月 23 日作出（2016）鲁 0303 刑初 371 号刑事判决：被告人王某某犯贩卖毒品罪，判处有期徒刑三年，并处罚金人民币 1 万元。王某某不服一审判决，向山东省淄博市中级人民法院提起上诉，其辩护人在二审中主张王某某具有自首情节，一审判决量刑偏重。山东省淄博市中级人民法院于 2016 年 12 月 22 日作出（2016）鲁 03 刑终 305 号刑事判决：（1）维持山东省淄博市张店区人民法院（2016）鲁 0303 刑初 371 号刑事判决对被告人王某某的定罪部分，即被告人王某某犯贩卖毒品罪；（2）撤销山东省淄博市张店区人民法院（2016）鲁 0303 刑初 371 号刑事判决对被告人王某某的量刑部分，即判处被告人王某某有期徒刑三年，并处罚金人民币 1 万元；（3）上诉人王某某犯贩卖毒品罪，判处有期徒刑二年六个月，并处罚金人民币 8000 元。

[裁判理由]

法院生效裁判认为：被告人王某某明知是毒品而多次贩卖，情节严重，其行为构成贩卖毒品罪。被告人王某某多次贩卖毒品，应认定为情节严重。被告人王某某在 2015 年 12 月 23 日向张某贩卖毒品，系犯罪未遂，可以比照既遂犯从轻处罚。王某某因形迹可疑，被公安机关盘查时逃跑，被抓获后如实供述公安机关尚未掌握的犯罪事实，依法构成自首。考虑到其有自首情节，系初犯，综合其犯罪情节、悔罪表现，可对其减轻处罚，在三年以下有期徒刑范围内量刑。

[案例注解]

本案争议的焦点问题在于能否认定被告人王某某构成自首，从而从轻或减轻处罚，而这主要涉及对"形迹可疑"型自首的司法认定问题。

根据我国《刑法》第 67 条的规定，构成自首须同时具备自动投案和如实供述罪行两个条件。对于"自动投案"，《最高人民法院关于处理自首和立功具体应用法律若干问题的解释》（本案例中以下简称《自首和立功解释》）第 1 条作出了规定："自动投案，是指犯罪事实或者犯罪嫌疑人未被司法机关发觉，或者虽被发觉，但犯罪嫌疑人尚未受到讯问、未被采取强制措施时，主动、直接向公安机关、人民检察院或者人民法院投案。"《自首和立功解释》具体列举了属于"自动投案"的数种情形，其中，对于"罪行尚未被司法机关发觉，仅因形迹可疑被有关组织或者司法机关盘问、教育后，主动交代自己的罪行的"，也规定为"应当视为自动投案"。如何理解这里的"形迹可疑"，是本案中判断被告人是否具有自首情节的关键。

从司法实践看,"形迹可疑"有两种常见情形:一是司法机关或有关组织尚未掌握行为人犯罪的任何线索、证据,而是根据行为人当时不正常的衣着、举止、言语、神态等情况判断行为人可能存在违法犯罪行为。这种情形的特点是,"可疑"是非具体的、泛化的、无客观依据的,无法将行为人同某一具体犯罪案件联系起来,而只是有关人员根据经验和直觉来作出判断。在公路、铁路、水路、民航等部门的日常检查中,常能发现这种"形迹可疑"的人,不少案件也是通过这种检查、盘问而破获的。行为人若在接受这种检查时主动供述所犯罪行的,当然构成自首。二是某一犯罪案件发生后,司法机关或有关组织已经掌握了一定的证据或线索,明确了侦查方向,圈定了排查范围,在排查或者调查过程中发现行为人的表现或者反应不正常,引人生疑,但尚不足以通过现有证据确定其为犯罪嫌疑人。这种情形的特点是,"可疑"具有一定的针对性,能够将行为人同具体案件联系起来,但这种联系仍不够明确和具有较强的把握,还不能达到将行为人锁定为犯罪嫌疑人进而采取强制措施的程度。这时,行为人主动供述所犯罪行的,仍应认定为自首。但是,如果有侦查人员从行为人身边或者住处找到客观性证据,如赃物、作案工具、带血的衣物等,或者有目击证人直接指认行为人为作案人,从而在行为人与具体犯罪案件建立起直接、明确、紧密的联系时,由于当时已有一定的证据指向行为人,其具有较其他排查对象更高的作案嫌疑,则行为人就"升级"为犯罪嫌疑人,而不再仅仅是"形迹可疑"了。因为,对于侦查机关来讲,案件侦查到这个程度,就可以对其采取一定强制措施或者进行传讯了。也就是说,判断行为人是否属于"形迹可疑",关键就是看司法机关能否根据现有证据特别是客观性证据在行为人与具体案件之间建立起直接、明确、紧密的联系,并且依据当时的证据,行为人作案的可能性是否已经大大提高而达到了被确定为"犯罪嫌疑人"的程度。能建立起这种联系的,行为人就属于犯罪嫌疑人;建立不起这种联系的,而主要是凭经验、直觉认为行为人有作案可能的,行为人就属于"形迹可疑"。行为人在因"形迹可疑"受到盘问、教育时主动交代自己所犯罪行的,应当认定为自动投案,构成自首。

因此,就"形迹可疑"的具体表现而言,需要公安机关、人民检察院或其他侦查机关在没有掌握犯罪的基本事实(何人在何时何地实施了何种犯罪)或者足以断定某人实施了某种犯罪的重要证据之时,仅凭工作经验或个别线索对被怀疑对象进行询问或调查。也就是说,在盘问、教育行为人时,有关组织或者司法机关没有发现犯罪事实;或者虽然已经发现犯罪事实,但是尚未确定犯罪嫌疑人;或者既发现了犯罪事实,也确定了犯罪嫌疑人,但是尚未确定该受到盘问、教育的行为人就是此犯罪嫌疑人。这里的"形迹可疑",可以理解为一种侦查人员的判断,而这种判断具有以下特点:(1)是基于某些表象而作出的,是一种"没有根据的怀疑";(2)判断不是也不需要以确切的事实证据为依据;(3)判断是基于侦查人员的长期办案经验、社会生活的常识,甚至是侦查人员的第六感觉而产生;(4)判断是一种概括性的怀疑,并没有任何针对性。这种怀疑可以是行为人可疑的表象同某具体犯罪毫无联系,亦可以是行为人可疑的表象同某具体犯罪有相连的疑点而被盘问。但该疑点只是初步证据,而不是犯罪证据,该疑点作为证据是无法证明该人就是犯罪嫌疑人。故在形迹可疑者不如实交代犯罪情况则司法机关无从侦破案件的情况下,可疑人如实交代则应当认定为自首。

关于"罪行是否被司法机关掌握"问题。一般自首中的司法机关,应理解为犯罪嫌疑人归案时的司法机关；准自首中的司法机关，应理解为犯罪嫌疑人如实供述被掌握的犯罪事实时所在的司法机关。此外，对于公安机关在计算机网络上向全国公布的逃犯信息予以追捕的情形，自动投案和自首的认定也要遵照上述理解予以把握。即只要在逃犯主动如实供述自己的罪行时所在的司法机关并未发觉和掌握其犯罪事实的，都应为投案自首。因形迹可疑上前盘问的司法机关工作人员在盘问时没有怀疑眼前被盘问的人就是在逃犯，这时被盘问的人主动交代自己的罪行，那么就应被视为自动投案。如果公安人员看到眼前这个人的长相和网上追捕的逃犯相似，怀疑其就是在逃犯，遂上前盘问，该在逃犯交代自己的罪行的，则应视为被司法机关发觉，而不能认定是自动投案。此处司法机关已经掌握的罪行，应当理解为根据有关法律规定，足以对嫌疑人定罪量刑的犯罪行为，如果司法机关只是掌握了部分事实，但根据法律规定，还不足以对其定罪量刑，那实际上是没有掌握其犯罪事实，则应以自首处理。

当然由于司法实践中具体情况的复杂性，对于何为"形迹可疑"提出一个明确统一的标准是不现实的，应当具体情况具体分析并予以综合认定。具体来说，可以从以下几个方面进行判断：

第一，司法机关已掌握线索的最低量的要求。关于司法机关已掌握线索的最低量的要求，其涉及的主要问题在于，在司法机关已发觉犯罪嫌疑人部分犯罪事实，掌握了一定线索的情况下，这部分犯罪事实或线索，在何种程度以下，才可以认为犯罪尚未被司法机关发觉？因为，一定量的犯罪事实被司法机关掌握后，司法机关的侦查行为已不再是"仅因犯罪嫌疑人形迹可疑"而进行侦查，此种情况下，犯罪嫌疑人的供述是被动的，缺乏主动性。

我国《刑事诉讼法》第 110 条[①]规定："人民法院、人民检察院或者公安机关对于报案、控告、举报和自首的材料，应当按照管辖范围，迅速进行审查，认为有犯罪事实需要追究刑事责任的时候，应当立案；认为没有犯罪事实，或者犯罪事实显著轻微，不需要追究刑事责任的时候，不予立案，并且将不立案的原因通知控告人。控告人如果不服，可以申请复议。"根据这一规定，立案必须同时具备两个条件：一是有犯罪事实；二是需要追究刑事责任。有犯罪事实是立案的首要条件。有犯罪事实即要有一定的证据材料证明犯罪事实确已发生。在立案阶段不必要也不可能掌握证实犯罪事实和犯罪嫌疑人的全部证据，只要掌握了足以证明犯罪事实已经发生的一定的证据材料就可以了。至于整个犯罪的过程、犯罪的具体情节、犯罪人是谁等等，并不要求在立案时就全部查清。这些问题应当通过立案后的侦查或审理活动来解决。

确定司法机关已掌握线索的最低量可以参照该罪行的最低立案标准，也就是说，如果司法机关掌握犯罪嫌疑人的部分犯罪事实已符合立案最低要求的，就可以认为罪行已被司法机关发觉，犯罪嫌疑人此时被盘问而主动供述犯罪事实的，不能认定其系"形迹可疑型"自首，反之，则可以认定其为自首。比如，公安机关只掌握了王某盗窃 200 元的违法行为的事实，在一次巡查中，发现其形迹可疑，对其进行盘问，王某即主动交代了包括 200 元犯罪事实在内的四次作案盗窃 15000 元的犯罪事实，由于已掌握或发觉的盗窃 200 元的事实尚未达到立案标准，故应认为司法机关尚未发觉其罪行，认定王某成立自首。

---

① 对应 2018 年《刑事诉讼法》第 112 条。

携带赃物或作案工具而受到公安机关盘问，仍应以司法机关掌握的情况是否达到立案的最低要求来判定。如果公安机关根据时间、地点、有关报案材料以及其携带物品的性能、特征，足以认定其犯有某种罪行，即已经达到立案的标准时，应当视为司法机关已经发觉了犯罪，行为人供述犯罪事实的行为就不能认定为自首。如果行为人身上的可疑点不足以判定行为人存在犯罪事实，即不能达到立案的最低标准时，行为人的主动供述应认定为自首。例如，行为人身上存在极少量的血迹，通过这些血迹不足以判断行为人已经犯了伤害或者杀人罪，这时，公安机关看其神态慌张，形迹可疑，对其进行盘问，行为人即主动供述故意杀人的犯罪事实，应当认定成立自首。

第二，犯罪嫌疑人的供述是否具有主动性，这是认定"形迹可疑型"自首的关键。"形迹可疑型"自首的犯罪嫌疑人的归案客观上是偶然的，并有一定的被动性，只是具备了法律规定的一些条件之后才将其视为自动投案。所以此种情形下自首的认定应联系其供述是否具有主动性。例如，公安机关在对摩托车进行例行检查时，发现某甲所骑摩托车车驾号已被磨去且无牌照，要求其到派出所说清来源时，某甲企图逃走，后被抓获，在盘问时供述了盗窃摩托车的犯罪事实。在这种情况下，某甲供述的被动性多于主动性，因此，不应认定为自首。

"盘问"的含义分析。盘问是否包括"继续盘问"？实践中犯罪嫌疑人的初次供述都是记录在继续盘问笔录中的，对此能否认为"继续盘问"也属于该规定中的盘问？"盘问"和"继续盘问"是两个法律概念，《人民警察法》第9条规定："为维护社会治安秩序，公安机关的人民警察对有违法犯罪嫌疑的人员，经出示相应证件，可以当场盘问、检查；经盘问、检查，有下列情形之一的，可以将其带至公安机关，经该公安机关批准，对其继续盘问……"从这条规定可以看出，到公安机关做的笔录都是"继续盘问笔录"，与盘问的性质是一样的。认定"形迹可疑型"自首的成立与否不在于盘问的形式，而在于判定行为人的罪行是否已被司法机关发觉，行为人的供述是否具有主动性。

就本案而言，本案中上诉人王某某因形迹可疑而在被公安机关盘查时逃跑。表面上看其罪行貌似已被公安机关发觉，但是作为犯罪嫌疑人的王某某在归案时，公安机关其实并未掌握其罪行。也就是说，公安机关在对王某某进行盘查时其虽然逃跑，但公安机关这时不能就此判定被盘查的人就一定存在犯罪行为。因此，应理解为此时其罪行未被司法机关发觉。而且如果王某某在归案后不主动交代其贩卖毒品的罪行，公安机关也无其他证据证实其存在贩卖毒品的罪行。因此，根据上述分析，公安机关仅因王某某形迹可疑而对其进行盘查，其虽然逃跑，但其在被抓获后如实供述了公安机关尚未掌握的其犯罪事实，其行为根据《自首和立功解释》第1条之规定，应认定为自首。一审法院未认定被告人王某某构成自首显然不当，而二审法院根据本案事实证据情况依法认定被告人王某某构成自首无疑是正确的。尽管就"形迹可疑型"自首的认定，审判实践中仍有一定争议，但正如前述分析所言，只要严格把握《自首和立功解释》第1条中"罪行尚未被司法机关发觉"和"形迹可疑"的条件，就不会造成认定"形迹可疑型"自首的宽泛化，亦不会因此而放纵犯罪。

问题 4. 司法机关查获部分毒品后,被告人主动交代了实际贩毒数量,并达到死刑数量标准的,如何量刑

【刑事审判参考案例】 古某 1 贩卖毒品案[①]

一、基本案情

被告人古某 1,1997 年 3 月 18 日因犯贩卖毒品罪被判处有期徒刑二年,并处罚金人民币(以下币种均为人民币)1500 元,1999 年 1 月 12 日刑满释放。因涉嫌犯贩卖毒品罪于 2007 年 7 月 17 日被逮捕。

江苏省常州市人民检察院以被告人古某 1 犯贩卖毒品罪,向常州市中级人民法院提起公诉。

被告人古某 1 对公诉机关指控的犯罪事实无异议。其辩护人提出,古某 1 认罪态度较好,请求对其从轻处罚。

常州市中级人民法院经审理查明:2007 年 6 月 8 日下午,被告人古某 1 伙同米某某(同案被告人,已判刑)携带 415 克海洛因,从广东省广州市到达江苏省常州市,在该市某大酒店 315 房间,以每克 210 元的价格将海洛因卖给古某 2(同案被告人,已判刑)。次日下午,古某 2 指使哈某某(同案被告人,已判刑)向他人贩卖海洛因时被抓获,公安人员当场从哈某某身上查获海洛因 19.6 克,从古某 2 身上查获海洛因 3.6 克,从某宾馆 315 房间床铺下查获海洛因 235.4 克。

常州市中级人民法院认为,被告人古某 1 贩卖毒品数量大,且系毒品再犯,虽然认罪态度较好,但不足以从轻处罚。依照《刑法》第 347 条第 1 款、第 2 款第 1 项,第 356 条,第 25 条第 1 款,第 26 条第 1 款,第 48 条,第 57 条第 1 款,第 59 条之规定,以被告人古某 1 犯贩卖毒品罪,判处死刑,剥夺政治权利终身,并处没收个人全部财产。

一审宣判后,古某 1 不服,提出上诉。

古某 1 的上诉理由及其辩护人的辩护意见为:(1)公安人员只查获了 235.4 克海洛因,且无证据证明古某 2 已卖出 100 多克,认定古某 1 贩卖海洛因 415 克的证据只有被告人的供述,且其供述前后矛盾,不排除诱供或刑讯逼供的可能性。故一审判决认定古某 1 贩卖海洛因 415 克的证据不足。(2)古某 1 是受广州毒贩吐某某雇用贩卖毒品,系从犯,应依法从轻处罚。(3)古某 1 虽系毒品再犯,但其前科只贩卖过少量毒品,且判刑已逾十年,不属罪大恶极。综上,一审判决认定的事实不清,量刑过重,请求二审法院发回重审或者改判。

江苏省高级人民法院经二审审理后认为,上诉人古某 1 伙同同案被告人米某某共同贩卖海洛因 415 克,数量大,且曾因毒品犯罪被判刑,系毒品再犯,应依法从重处罚。在共同犯罪中,古某 1 的作用略大于米某某。关于古某 1 及其辩护人所提一审判决认定古某 1 贩卖海洛因 415 克的证据不足的上诉理由及辩护意见,经查,古某 1 供述,其与古某 2 在常州市某宾馆 315 房间进行毒品交易时,古某 2 对海洛因称重为 415 克。该供述与古某 2 的供述一致。古某 2 还供述,其购得该宗毒品后即向帕某某等人卖出 100 余克,故至案发

[①] 参见何泽宏撰稿,马岩审编:《古某 1 贩卖毒品案——司法机关查获部分毒品后,被告人主动交代了实际贩毒数量,并达到死刑数量标准的,如何量刑(第 742 号)》,载最高人民法院刑事审判第一、二、三、四、五庭主办:《刑事审判参考》(总第 83 集),法律出版社 2012 年版,第 56~62 页。

时公安人员仅查获海洛因 258.6 克。二审当庭播放了公安人员审讯古某 1 的录像资料，证实古某 1 供述其贩卖海洛因 415 克的事实时没有受到诱供和刑讯逼供。故该项上诉理由及辩护意见不能成立。关于古某 1 及其辩护人所提古某 1 系受他人雇用贩卖毒品，属从犯的上诉理由及辩护意见，经查，古某 1 归案后始终供认自己是在广东省广州市从一个叫吐某某的新疆男子手中购买毒品，后携带到江苏省常州市进行贩卖，与吐某某之间不存在共同贩卖行为，故不属于受雇用帮助他人贩卖毒品的从犯。关于古某 1 及其辩护人所提一审判决量刑过重的上诉理由及辩护意见，古某 1 贩卖毒品数量大，且系毒品再犯，应依法从重处罚。故对该项上诉理由及辩护意见不予采纳。一审判决认定的事实清楚，证据确实、充分，定罪准确，量刑适当，审判程序合法。依照《刑事诉讼法》第 189 条第 1 项、第 199 条①之规定，裁定驳回上诉，维持原判，并依法报请最高人民法院核准。

最高人民法院经复核认为，被告人古某 1 明知是毒品海洛因而伙同他人进行贩卖，其行为构成贩卖毒品罪。古某 1 贩卖毒品数量大，且系毒品再犯，应当依法从重处罚。第一审判决、第二审裁定认定的事实清楚，证据确实、充分，定罪准确，审判程序合法。鉴于被告人古某 1 归案后能够主动交代尚未被司法机关掌握的毒品犯罪，认罪态度较好，对古某 1 判处死刑，可不立即执行。依照《刑事诉讼法》第 199 条②和《最高人民法院关于复核死刑案件若干问题的规定》第 4 条③的规定，裁定如下：

1. 不核准江苏省高级人民法院维持第一审对被告人古某 1 以贩卖毒品罪判处死刑，剥夺政治权利终身，并处没收个人全部财产的刑事裁定。

2. 撤销江苏省高级人民法院维持第一审对被告人古某 1 以贩卖毒品罪判处死刑，剥夺政治权利终身，并处没收个人全部财产的刑事裁定。

3. 发回江苏省高级人民法院重新审判。

二、主要问题

1. 司法机关查获部分毒品后，被告人主动交代了实际贩毒数量，并达到当地实际掌握的死刑数量标准的，是否可判处死刑立即执行？

2. 对毒品犯罪数量达到实际掌握的死刑数量标准的毒品再犯，是否一律判处死刑立即执行？

三、裁判理由

（一）司法机关查获部分毒品后，被告人主动交代了实际贩毒数量，并达到当地实际掌握的死刑数量标准的，可以不判处死刑立即执行

根据刑法的相关规定和司法实践，毒品数量是决定死刑适用的重要情节之一。由于毒品犯罪隐蔽性很强，在不少案件中，司法机关查获的毒品数量并没有达到实际掌握的死刑数量标准，但被告人到案以后，在坦白从宽刑事政策的感召下，主动坦白交代了司法机关尚未掌握的其他毒品犯罪事实，由此使毒品犯罪数量累计达到或者超过实际掌握的死刑数量标准。对这种情形如何把握死刑适用标准，以往存在一些争议。经总结实践经验，2008 年 12 月 1 日最高人民法院印发的《大连会议纪要》提出对此种情形的处理意见：已查获的毒品数量未达到实际掌握的死刑数量标准，到案后坦白尚未被司法机关掌

---

① 对应 2018 年《刑事诉讼法》第 236 条第 1 款第 1 项、第 246 条。
② 对应 2018 年《刑事诉讼法》第 246 条。
③ 已失效。内容被 2021 年《刑事诉讼法解释》第 429 条第 5 项吸收，并有修改。

握的其他毒品犯罪，累计数量超过实际掌握的死刑数量标准的，可以不判处被告人死刑立即执行。这是坦白从宽、宽严相济刑事政策的重要体现。据此规定，对于查获的毒品数量未达到实际掌握的死刑数量标准，被告人到案以后主动交代了尚未被司法机关掌握的其他毒品犯罪，毒品数量累计达到或者超过实际掌握的死刑数量标准的，一般不判处被告人死刑立即执行。这样把握，有利于鼓励犯罪分子悔过自新，也有利于深挖余罪，节约司法成本。反之，如果对这种情形不加以区别对待，会给人以坦白越多刑罚越重的印象，不利于深挖和打击犯罪。但值得注意的是，对这种情形并非一律不能判处死刑立即执行，对于毒品犯罪数量大，且具有累犯、毒品再犯、武装掩护实施毒品犯罪等从重处罚情节，被告人罪行极其严重，主观恶性深、人身危险性大的案件，仍然可以对被告人判处死刑立即执行。

本案中，被告人古某1被抓获时，公安机关查获的毒品数量为258.6克海洛因，包括从某大酒店315房间查获的同案被告人古某2藏匿的海洛因235.4克，从古某2身上查获的海洛因3.6克，以及从帮助古某2贩卖毒品的同案被告人哈某某身上查获的海洛因19.6克。由于古某1出售给古某2的全部毒品中已有部分毒品被后者售出，公安机关当时并未掌握古某1贩卖毒品的实际数量。在侦查讯问过程中，古某1主动坦白交代，其卖给古某2海洛因的实际数量为415克。古某2在随后的供述中印证了这一数量。直至一审、二审法庭审理中，二人仍然一致供述，交易毒品的数量为415克。由此，一审、二审法院认定，古某1贩卖给古某2的海洛因数量为415克，这已达到当地实际掌握的判处死刑毒品数量标准。可见，在古某1主动交代其实际贩毒数量之前，公安机关查获的毒品数量并没有达到当地实际掌握的判处死刑数量标准，在古某1主动交代其实际贩毒数量后，法院认定的其贩毒数量才达到当地实际掌握的判处死刑数量标准。故该情形完全符合最高人民法院有关指导意见规定的精神。

（二）对毒品数量达到实际掌握的死刑数量标准的毒品再犯，并非一律判处死刑立即执行

《刑法》第356条规定，因犯毒品犯罪被判过刑，又犯毒品犯罪的，属于毒品再犯，应当从重处罚。《大连会议纪要》则进一步明确提出，毒品数量达到实际掌握的死刑数量标准，并具有毒品再犯、累犯，利用、教唆未成年人走私、贩卖、运输、制造毒品，或者向未成年人出售毒品等法定从重处罚情节的，可以判处被告人死刑。据此规定，对毒品数量达到实际掌握的死刑数量标准，并具有毒品再犯等法定从重处罚情节的，一般可以判处死刑立即执行。因为此类毒品犯罪社会危害性大，被告人的主观恶性和人身危险性也较大，有必要进行严惩。但是，实践中案件的具体情况十分复杂，即使具有毒品再犯等法定从重处罚情节，这些情节之间在体现被告人的主观恶性和人身危险性上也有区别。前罪越重，所判处刑罚越重，所体现的被告人的主观恶性和人身危险性就越大；反之，就相对较小。此外，对于具有自首、立功等法定从宽处罚情节或者酌定从宽处罚情节的累犯、毒品再犯，也需要在量刑时综合考虑，需要体现从宽的，则不能判处死刑立即执行。

本案被告人古某1于1997年3月18日因犯贩卖毒品罪被判处有期徒刑二年，并处罚金人民币1500元，1999年1月12日刑满释放，属于毒品再犯，应当依法从重处罚。但是，其再犯情节中的前罪系在十年前贩卖海洛因3.2克，与那些贩卖毒品数量大、判刑重的毒品再犯相比，其再犯情节有所不同。特别是，鉴于其归案后主动坦白交代了司法机

关尚未掌握的实际贩卖毒品的数量,才使其毒品犯罪数量达到当地实际掌握的判处死刑数量标准,符合最高人民法院有关指导意见提出的可以不判处死刑立即执行的情形,故对其可以不判处死刑立即执行。综合这些理由,最高人民法院认为被告人古某1尚不属于判处死刑必须立即执行的犯罪分子,故最终作出不予核准死刑的裁定。

问题5. 对被告人辩称受人雇用贩卖毒品的案件,如何把握死刑政策和证据标准

【刑事审判参考案例】 李某贩卖毒品案[①]

一、基本案情

某市人民检察院以被告人李某犯贩卖毒品罪,被告人谢某、温某犯运输毒品罪,向某市中级人民法院提起公诉。

被告人李某及其辩护人辩称,李某不是毒品所有者,其系受越南人"阿阮"雇用贩卖毒品,在共同犯罪中处于从犯地位,请求从轻处罚。

某市中级人民法院经公开审理查明:2010年8月4日13时许,被告人李某在一饭店房间内分别以人民币(以下币种同)26.4万元的价格向被告人谢某贩卖3块海洛因,以17.6万元的价格向被告人温某贩卖2块海洛因。次日零时许,谢某、温某携带各自所购的毒品在搭乘长途客车返回途中被抓获。公安人员从谢某的座位下查获海洛因3块,净重1044克;从温某的座位下查获海洛因2块,净重688克。李某在此次贩卖中,共贩卖海洛因1732克,收取毒资44万元。

某市中级人民法院认为,被告人李某贩卖海洛因的行为构成贩卖毒品罪;被告人谢某、温某运输海洛因,其行为均构成运输毒品罪。李某贩卖海洛因数量大,社会危害大,罪行极其严重,依法应当判处其死刑。谢某运输海洛因数量大,罪行极其严重,鉴于其归案后坦白认罪,并协助公安机关抓获李某,有重大立功表现,依法可以减轻处罚。温某运输海洛因的数量较谢某少,归案后认罪态度较好,依法可以从轻处罚。对于李某及其辩护人所提李某不是毒品所有者,其是受越南人"阿阮"雇用贩卖毒品,其在共同犯罪中处于从犯地位的意见,经查,除李某的辩解之外,无其他证据佐证李某系受"阿阮"雇用贩卖毒品的情况。李某携带1732克海洛因与谢某、温某进行交易,收取毒资44万元的事实清楚,证据确实、充分,上述辩解理由和辩护意见不能成立,不予采纳。据此,依照《刑法》第347条第2款第1项、第48条、第57条第1款、第59条第1款,第64条、第68条第1款和《最高人民法院关于处理自首和立功具体应用法律若干问题的解释》第7条之规定,某市中级人民法院以被告人李某犯贩卖毒品罪,判处死刑,剥夺政治权利终身,并处没收个人全部财产;以被告人谢某犯运输毒品罪,判处无期徒刑,剥夺政治权利终身,并处没收个人全部财产;以被告人温某犯运输毒品罪,判处无期徒刑,剥夺政治权利终身,并处没收个人全部财产。

一审宣判后,被告人李某不服,提出上诉。具体理由是:涉案毒品系越南人"阿阮"

[①] 参加李静然撰稿,马岩审编:《李某贩卖毒品案——对被告人辩称受人雇用贩卖毒品的案件,如何把握死刑政策和证据标准(第821号)》,载最高人民法院刑事审判第一、二、三、四、五庭主办:《刑事审判参考》(总第89集),法律出版社2013年版,第77~83页。

所有，其是受"阿阮"雇用而贩卖毒品，在共同犯罪中起辅助作用，应当按照从犯处罚；其归案后检举他人贩毒行为，有悔罪表现；涉案毒品未流入社会，未造成危害后果；其年仅 19 岁，主观恶性不深，请求从轻判处。

某高级人民法院经二审审理认为，被告人李某贩卖海洛因，其行为构成贩卖毒品罪。李某虽能坦白认罪，但其贩卖海洛因数量大，罪行极其严重，不足以从轻处罚。在案证据不能证实李某系受越南人"阿阮"雇用而贩卖毒品，李某的上诉理由不能成立。原判认定事实清楚，证据确实、充分，适用法律正确，量刑适当，审判程序合法。依照《刑事诉讼法》第 189 条第 1 项和第 199 条①之规定，裁定驳回上诉，维持原判，并依法报请最高人民法院核准。

最高人民法院经复核认为，第一审判决、第二审裁定认定被告人李某贩卖毒品的部分事实不清。依照《刑事诉讼法》第 199 条②和《最高人民法院关于复核死刑案件若干问题的规定》第 3 条③之规定，裁定不核准并撤销对被告人李某以贩卖毒品罪判处死刑，剥夺政治权利终身，并处没收个人全部财产的刑事裁定，发回重新审判。

二、主要问题

对被告人辩称系受他人雇用贩卖毒品的案件，如何把握死刑政策和证据标准？

三、裁判理由

（一）办理毒品犯罪案件，应当深入贯彻宽严相济刑事政策，突出打击重点，体现区别对待

近年来，受境内外多种因素的影响，我国毒品犯罪仍处于高发态势，禁毒工作总体形势依然严峻。各级人民法院要深入贯彻宽严相济刑事政策，认真执行《大连会议纪要》等指导文件的规定，做到宽严相济、罚当其罪。突出打击重点，对严重毒品犯罪及毒枭、职业毒犯、累犯、毒品再犯等主观恶性深、人身危险性大的毒品犯罪分子，依法予以严惩。该判处重刑的坚决判处重刑，符合判处死刑条件的，依法判处死刑。同时，根据案件的具体情节予以区别对待，对于罪行较轻，或者具有自首、立功、从犯等从宽处罚情节的，原则应当依法予以从宽处罚。根据《刑法》第 347 条的规定，走私、贩卖、运输、制造毒品罪的法定最高刑为死刑。其中，走私、制造毒品属于源头性犯罪，贩卖毒品导致毒品向社会扩散，均属于依法严厉打击的犯罪类型。但实践中贩卖毒品环节众多、涉案人员复杂，在办案中不能一味从严惩处，而应当综合考虑毒品数量、犯罪情节、危害后果、被告人的主观恶性、人身危险性等因素，重点打击职业毒犯、累犯、再犯、主犯以及具有出资购毒、走私、制造毒品后进行贩卖或者多次、大量向多人贩卖毒品等严重情节的毒品犯罪分子。对其中罪行极其严重的，应当依法判处死刑。但对初犯、偶犯、从犯以及具有受雇贩卖毒品、以贩养吸等情节的毒品犯罪分子，一般应当依法体现从宽精神，慎重适用死刑。

如果是共同犯罪案件，则要根据行为人在共同犯罪中的作用和罪责大小确定刑罚。对于能够分清主从犯的，不能因为涉案的毒品数量特别巨大，就不分主从犯而一律将被告人认定为主犯或者实际上都按主犯处罚，从而判处重刑甚至死刑。对于共同犯罪中有

---

① 对应 2018 年《刑事诉讼法》第 236 条第 1 项和第 246 条。
② 对应 2018 年《刑事诉讼法》第 246 条。
③ 已失效。内容被 2021 年《刑事诉讼法解释》第 429 条第 3 项吸收。

多个主犯或者共同犯罪人的，处罚上也应当做到区别对待。应当全面考察各主犯或共同犯罪人在共同犯罪中实际发挥作用的差别以及主观恶性和人身危险性方面的差异，对于实际发挥作用、主观恶性和人身危险性更大的主犯依法判处更重的刑罚。

本案属于一起从严与从宽情节并存的贩卖毒品案件。从严情节方面，李某贩卖海洛因1732克，涉案毒品数量大，已超过当地实际掌握的判处死刑的数量标准，且贩卖对象系外省买家，社会危害大。从宽情节方面，李某作案时年仅19周岁，无前科劣迹，归案后坦白认罪，不属于主观恶性极深、人身危险性极大的毒品犯罪分子。而且，李某归案后始终辩称系受他人雇用贩卖毒品，其辩解能否成立，关系到本案是否属于共同犯罪以及李某在共同犯罪中的地位、作用。若李某不是毒品出资者、所有人，而是受雇为他人贩卖毒品赚取报酬，则李某在共同犯罪中的地位、作用要次于雇用者、出资者，主观恶性和社会危害性也相对较小，如能认定为从犯，则应当依法从宽处罚。因此，本案处理的重点在于查明李某是否系受人雇用贩卖毒品。

（二）被告人在共同犯罪中的地位作用属于死刑案件的证明对象，应当达到"证据确实、充分"的证明标准

关于死刑案件的证明标准，最高人民法院2010年会同相关部门制定的《关于办理死刑案件审查判断证据若干问题的规定》（以下简称《规定》）作了详细的规定。该规定第5条第3款所列举的必须达到"确实、充分"要求的证明对象中，就包括"是否共同犯罪及被告人在共同犯罪中的地位、作用"。修改后的《刑事诉讼法》第53条第2款①对"证据确实、充分"的证明标准作了进一步细化，规定"证据确实、充分"要同时符合三项条件：（1）定罪量刑的事实都有证据证明；（2）据以定案的证据均经法定程序查证属实；（3）综合全案证据，对所认定事实已排除合理怀疑。2012年出台的《刑事诉讼法解释》第64条第2款②规定，认定被告人有罪和对被告人从重处罚，应当适用证据确实、充分的证明标准；《刑事诉讼法解释》第348条③规定，复核死刑案件应当进行全面审查，包括被告人有无法定、酌定从重、从轻或者减轻处罚情节。根据上述规定，在办理毒品犯罪死刑案件时，"是否共同犯罪及被告人在共同犯罪中的地位、作用"属于必然的证明对象，且对该事实的证明必须达到最高的证明标准。如果认定该项事实的证据不能达到排除合理怀疑的标准，以致影响准确判定被告人罪责的，则不能判处死刑立即执行。

本案中，公安机关先抓获为买家运输毒品的谢某、温某，当场查获涉案毒品，并在谢某的协助下抓获贩卖毒品的李某，三被告人均对犯罪事实予以供认，认定李某向谢某、温某贩卖1732克海洛因的事实清楚，证据确实、充分。但是，李某是否受他人雇用贩卖毒品，涉及本案是否属于共同犯罪及李某在共同犯罪中的地位、作用，影响到对全案事实的准确认定以及能否对李某适用死刑。根据在案证据，李某是否受雇贩卖毒品的事实不清，且有关情节存在疑点，无法排除合理怀疑。具体体现在：第一，涉案毒品的来源不清。李某作案时年仅19岁，其本人没有固定职业，家庭经济情况一般，没有购入大量毒品的经济能力。李某无吸毒史，也没有毒品犯罪前科，从其年龄、阅历及社会关系来看，其缺乏从境内外联系大宗毒源的途径和能力。李某无法说清涉案毒品从何处购得，

---

① 对应2018年《刑事诉讼法》第55条第2款。
② 对应2021年《刑事诉讼法解释》第72条第2款。
③ 对应2021年《刑事诉讼法》第427条。

在案证据均不能证实涉案毒品的具体来源。第二，涉案巨额毒资及剩余毒品的去向不明。李某、谢某及温某供述，本次交易的毒资达44万元，李某归案后公安人员仅从其身上查获4万余元现金，并没有查询其银行账户或者对其住处进行搜查，而李某则始终交代涉案毒资已全部交给雇主，缴获的4万余元是其劳务报酬。同时，李某及谢某证实交易后剩余2块毒品，公安人员也未能从李某处查获剩余毒品，李某供称剩余毒品已交给雇主。目前没有证据证实涉案毒资和剩余毒品的下落。第三，何人与买家联系交易的事实不清。谢某、温某均供称系受"高佬"雇用向李某购毒，"高佬"已事先与卖家谈妥购毒数量及交易价格，故二人均未再与李某商谈毒品的数量和价格。但李某否认认识"高佬"，坚称系其雇主与买家商定毒品数量和价格，且其通话清单中也没有与"高佬"的通话记录。目前没有证据证实李某与"高佬"事先商定毒品交易事宜，也无法查明系何人与买家联系交易毒品。上述情况表明，不能排除李某受人雇用参与贩卖毒品的可能性。因此，有必要在审判过程中加大这方面的证据审查判断力度。

李某在侦查、起诉及一审、二审庭审阶段虽辩称其系受越南人"阿阮"雇用贩卖毒品，但未如实供述雇主的情况。一审、二审法院经审查认为，李某无法提供"阿阮"的姓名、住址、联系方式等身份信息，其所供与"阿阮"通过国际长途进行联系的情况得不到通话清单的印证，谢某、温某也无法证实有越南卖家存在，没有证据证实李某受"阿阮"雇用贩卖毒品，但李某携带1732克海洛因与谢某、温某交易的事实清楚，证据确实、充分，故以贩卖毒品罪判处李某死刑。应当说，一审、二审法院在李某不如实供述受何人雇用的情况下作出这种事实认定，并无明显不当。

在最高人民法院复核期间，李某称此前因害怕家人遭到报复，没有如实供述毒品货主的真实身份，雇用其贩卖毒品的是"农"姓男子，当天与其共同贩卖毒品的还有许某，并提供了二人的身份、住址、联系方式及相关证据线索。最高人民法院据此进行了证据补查，并主要从以下三个方面对李某受雇贩卖毒品的供述进行了审查：第一，李某交代的共同犯罪人身份是否真实。经查，李某交代的雇用其贩卖毒品的"农"姓男子的身份、住址等情况与李的交代相符，李某还对农的照片进行了混合辨认确认。农某系涉毒人员，曾因吸食海洛因被强制戒毒。当地村干部反映，该村毗邻中越边境，不少村民走私、贩卖毒品，农某行踪诡秘，很少干农活，也很少在家，有一越南妻子，李某案发前常到该村活动。同时，李某交代的与其共同贩卖毒品的许某的身份情况与李某的供述一致，李某对许某的照片也进行了混合辨认确认。许某亦系涉毒人员，因吸食海洛因目前正在被强制戒毒。据此，李某提供的共同犯罪人身份得到证实，且二人均系涉毒人员。第二，李某交代受雇贩卖毒品的情节是否有证据印证。李某在复核阶段交代，许某与其共同贩毒，案发当天许曾在交易前到饭店房间给谢某送毒品样品，交易时许某在房间外等候并与其一起离开。经查，谢某证实，交易前确有另一名年轻男子到饭店房间送样品，交易后该男子与李某一起离开现场，温某也证实另一名男子在交易前送来样品，虽因时间过长无法辨认，但印证了李某供述的与他人共同贩卖毒品的情节。另经查询，李某作案时使用的手机号码与其所称的"农"姓男子的手机号码在交易日前后通话异常频繁，也印证了李某交代的受雇贩毒期间与雇主频繁联系的情节。第三，李某的经济情况及账户资金往来情况。经查，李某的家庭经济情况一般，没有异常暴富的情况。通过对李某居住地的多家银行进行调查，均未发现李某的开户信息。目前，没有证据证实，李某有异常收支情况及大额账户资金往来。

综上，本案涉案海洛因的来源及巨额毒资、剩余毒品的去向均不清楚；李某交代雇用其贩卖毒品的农某及与其共同贩卖毒品的许某确有其人，且均系涉毒人员；李某交代的部分受雇贩卖毒品的情节得到在案证据印证。因此，可以确认，李某受他人雇用贩卖毒品的可能性很大。鉴于有关共同犯罪的事实仍需进一步查证，全案证据尚未达到死刑案件的证据标准，为查明全案犯罪事实，深挖共同犯罪，依法准确适用死刑，最高人民法院依法裁定不核准李某死刑，将本案发回重审。

问题 6. 走私、运输毒品数量大，罪行严重，且有累犯情节，但有证据表明被告人系受雇走私、运输毒品，且非单独实施走私、运输毒品行为的，是否适用死刑立即执行

【刑事审判参考案例】邱某某等走私、运输毒品案[①]

一、基本案情

被告人邱某某，2003 年 4 月 18 日因犯抢劫罪被判处有期徒刑四年，并处罚金人民币 2000 元，2006 年 12 月 5 日刑满释放，2010 年 12 月 16 日因涉嫌走私、运输毒品罪被逮捕。

云南省保山市人民检察院以被告人邱某某犯走私、运输毒品罪，向保山市中级人民法院提起公诉。

被告人邱某某及其辩护人均以邱某某是受人指使运输毒品的从犯，且认罪态度好为由请求法庭对邱某某从轻处罚。

保山市中级人民法院经审理查明：被告人邱某某和吉某某为牟取暴利，为他人到缅甸走私、运输毒品海洛因。2010 年 11 月初，邱某某、吉某某在 3 名不知名的彝族男子带领下到缅甸国红岩接到毒品 16 块，11 月 7 日，5 人携带毒品步行进入我国云南省临沧市永德县永甸镇。3 名彝族男子在前探路，邱某某、吉某某将毒品海洛因捆绑在身上乘坐 8 日永德发往昌宁的客车。当日 14 时许，邱某某、吉某某途经保山市公安局边防支队在昌宁县卡斯镇"梁源温泉"的执勤点时，邱某某身上当场被查获毒品海洛因 8 块，净重 2 825 克，平均含量为 56.4%；吉某某身上被查获毒品海洛因 8 块，净重 2 820 克，平均含量为 55.7%。

保山市中级人民法院认为，被告人邱某某为牟取非法利益，伙同他人将毒品海洛因从境外运入我国境内的行为已触犯刑律，构成走私、运输毒品罪。走私、运输毒品数量巨大，且系累犯，应当从重处罚。据此，依照《刑法》第 347 条第 2 款第 1 项、第 57 条第 1 款、第 25 条第 1 款、第 27 条、第 65 条第 1 款、第 64 条之规定，保山市中级人民法院以被告人邱某某犯走私、运输毒品罪，判处死刑，剥夺政治权利终身，并处没收个人全部财产；以被告人吉某某犯走私、运输毒品罪，判处无期徒刑，剥夺政治权利终身，并处没收个人全部财产。

---

① 参见黄嵩撰稿，陆建红审编：《邱某某等走私、运输毒品案——走私、运输毒品数量大，罪行严重，且有累犯情节，但有证据表明被告人系受雇走私、运输毒品，且非单独实施走私、运输毒品行为的，是否适用死刑立即执行（第 852 号）》，载最高人民法院刑事审判第一、二、三、四、五庭主办：《刑事审判参考》（总第 91 集），法律出版社 2014 年版，第 74~78 页。

一审宣判后，被告人邱某某及其辩护人均以邱某某系受人雇用运输毒品，其与吉某某为各自的货主运毒品，且系从犯，对其量刑过重为由向云南省高级人民法院提出上诉。

云南省高级人民法院开庭审理期间，云南省人民检察院出庭检察员提出，鉴于邱某某系受人雇用运输毒品，认罪态度较好，建议对其从轻处罚。

云南省高级人民法院经审理认为，上诉人邱某某为牟取非法利益，将毒品海洛因从境外运入我国境内的行为已触犯刑法，构成走私、运输毒品罪。走私、运输毒品数量巨大，且系累犯，应当从重处罚。邱某某所提上诉理由不予采纳。原判定罪准确，量刑适当，审判程序合法。据此，云南省高级人民法院依照《刑事诉讼法》（1996年）第189条第1项、第199条①之规定，裁定驳回上诉，维持原判，并依法报请最高人民法院核准。

最高人民法院经复核认为，被告人邱某某走私、运输海洛因入境，其行为构成走私、运输毒品罪。走私、运输毒品数量大，且系累犯，依法应当从重处罚。第一审判决、第二审裁定认定的事实清楚，证据确实、充分，定罪准确，审判程序合法。鉴于邱某某受雇用走私、运输毒品，在共同犯罪中的地位和作用小于在逃同案犯，归案后认罪态度好，对邱某某判处死刑，可不立即执行。据此，依照《刑事诉讼法》（1996年）第199条②和《最高人民法院关于复核死刑案件若干问题的规定》第4条③之规定，最高人民法院裁定如下：

1. 不核准云南省高级人民法院（2011）云高刑终字第802号维持第一审对被告人邱某某以走私、运输毒品罪，判处死刑，剥夺政治权利终身，并处没收个人全部财产的刑事裁定。

2. 撤销云南省高级人民法院（2011）云高刑终字第802号维持第一审对被告人邱某某以走私、运输毒品罪，判处死刑，剥夺政治权利终身，并处没收个人全部财产的刑事裁定。

3. 发回云南省高级人民法院重新审判。

二、主要问题

走私、运输毒品数量大，罪行严重，且有累犯情节，但有证据表明被告人系受雇走私、运输毒品，且非独立实施走私、运输毒品行为的，是否适用死刑立即执行？

三、裁判理由

被告人邱某某、吉某某走私、运输毒品海洛因的数量高达5645克，邱某某系累犯，在共同犯罪中地位、作用与吉某某基本相当，如无特殊情节，依法应当对邱某某判处死刑立即执行。但基于以下几个方面的原因，可对其不判处死刑立即执行：

（一）被告人系受人雇用且非独立实施走私、运输毒品行为

被告人邱某某和同案被告人吉某某详细稳定的供述相互印证，另有电话通信勘查笔录、车票、吸毒检测报告等佐证，证实在逃的初某某等3名彝族毒贩，出资56万元从缅甸购买毒品，临时雇用赌博欠债的邱某某和找工作未果的吉某某充当运毒马仔，从出发地到缅甸再走山路到国内，5人始终在一起，且系由初某某指挥、出资。只有到了我国境

---

① 对应2018年《刑事诉讼法》第236条第1款第1项、第246条。
② 对应2018年《刑事诉讼法》第246条。
③ 已失效。内容被2021年《刑事诉讼法解释》第429条第5项吸收，并有修改。

内要下山时，3名彝族毒贩才将毒品分别绑在邱某某和吉某某身上，并先行离开以电话遥控方式，指挥邱某某和吉某某应对途中可能发生的缉查。二被告人的地位和作用犹如驮运毒品的交通工具，以及在危险地带负责"蹚雷"的工具，有别于一般的走私、运输毒品过程中犯罪分子自行选择路线、自主逃避关卡等情形。

（二）被告人本质上是单纯的受雇走私、运输毒品行为

被告人邱某某虽然被认定为走私、运输毒品，但其并不是毒品的所有者、买家或者卖家，本质上是单纯的受雇走私、运输毒品行为。《大连会议纪要》明确规定，毒品犯罪中，单纯的运输毒品行为具有从属性、辅助性特点，且情况复杂多样。部分涉案人员系受指使、雇用的贫民、边民或者无业人员，只是为了赚取少量运费而为他人运输毒品，他们不是毒品的所有者、买家或者卖家，与幕后的组织、指使、雇用者相比，在整个毒品犯罪环节中处于从属、辅助和被支配地位，所起作用和主观恶性相对较小，社会危害性也相对较小。因此，对于运输毒品犯罪中的这部分人员，在量刑标准的把握上，应当与走私、贩卖、制造毒品和前述具有严重情节的运输毒品犯罪分子有所区别，不应单纯以涉案毒品数量的大小决定刑罚适用的轻重。

（三）被告人邱某某在共同犯罪中的地位、作用明显次于在逃的三名同案犯

根据《大连会议纪要》的规定，在毒品共同犯罪中，主要出资者、毒品所有者或者起意、策划、纠集、组织、雇用、指使他人参与犯罪以及其他起主要作用的是主犯；起次要或者辅助作用的是从犯。受雇用、受指使实施毒品犯罪的，应当根据其在犯罪中实际发挥的作用具体认定为主犯或者从犯。对于确有证据证明在共同犯罪中起次要或者辅助作用的，不能因为其他共同犯罪人未到案而不认定为从犯，甚至将其认定为主犯或者按主犯处罚。同时，共同犯罪中能分清主从犯的，不能因为涉案的毒品数量特别巨大，就不分主从犯而一律将被告人认定为主犯或者实际上都按主犯处罚，一律判处重刑甚至死刑。因此，按照《大连会议纪要》的规定，只要认定为从犯，无论主犯是否到案，均应当依照刑法关于从犯的规定，对被告人从轻、减轻或者免除处罚。本案中，如果核准邱某某死刑，既与作用更大的3个在逃同案犯的量刑失衡，也与与其作用基本相当但仅判处无期徒刑的同案被告人吉某某的量刑失衡。

（四）被告人邱某某认罪态度好且归案后具有积极协助司法机关的表现

被告人邱某某认罪态度好，且归案后能够积极协助公安机关诱捕毒品货主。虽然最终没有抓捕成功，但公安、检察机关均认可其为此所作的努力。

（五）在具体案件中应当区别累犯情形量刑

被告人邱某某的前科并非毒品犯罪，前科是其跟着多人共同抢劫，当时持刀的同案犯拿着抢来的一部手机跑了，只邱某某一人因眼睛有残疾且未持凶器，被当场抓住，其在抢劫共同犯罪中所起作用不大。本案中，尽管邱某某系累犯，但并非要从重并一律严厉到适用死刑立即执行，这样的量刑过于机械，不利于宽严相济政策在具体案件的贯彻执行。

综上，最高人民法院综合具体案情，准确把握宽严相济政策精神，严格区别毒品犯罪主、从犯，不核准邱某某死刑是正确的。

问题 7. 审理死刑案件应当经审判委员会讨论决定

【刑事审判参考案例】 高某某贩卖、运输毒品案①

一、基本案情

被告人高某某，1998 年 3 月 20 日因犯贩卖毒品罪被判处死刑，缓期二年执行，经减刑后于 2012 年 7 月 19 日释放。2013 年 8 月 16 日因本案被逮捕。

某人民检察院以被告人高某某犯贩卖、运输毒品罪，向某中级人民法院提起公诉。

被告人高某某辩称其没有贩卖毒品，其辩护人提出，指控高某某有贩卖毒品行为的证据不充分。

某中级人民法院经审理查明：被告人高某某结伙同案被告人赵某某（已判刑），于 2013 年 7 月 8 日、12 日到某市购买甲基苯丙胺（冰毒）后，存放于高某某租住处用于贩卖。具体事实如下：

1. 2013 年 7 月 8 日凌晨，被告人高某某雇用同案被告人赵某某开车前往某某市向"老板"（身份不详，在逃）以人民币 10 万元的价格购买毒品甲基苯丙胺约 3 公斤。交易完成后，高某某与赵某某回到高某某的出租屋，将毒品藏匿于出租屋的衣柜内用于贩卖牟利。

2. 2013 年 7 月 12 日凌晨，被告人高某某纠集同案被告人赵某某，乘坐赵某某驾驶的本田牌小轿车，前往某市，以人民币 75 万元的价格向"老板"购买毒品约 25 公斤，准备用于贩卖。

同日上午 11 时许，高某某、赵某某携带购得的毒品回到高某某租住处时，被公安人员抓获，当场缴获毒品 25 包（经检验，检出甲基苯丙胺成分，净重 25028.96 克）。随后，公安人员在上述出租屋衣柜内缴获毒品 11 包（经检验，检出甲基苯丙胺成分，净重 3575.14 克）及毒资人民币 8437 元、手机、电子秤、电子天平、银行卡等物。

某中级人民法院认为，被告人高某某无视国家法律，贩卖、运输毒品甲基苯丙胺 28604.1 克，其行为已构成贩卖、运输毒品罪，数量巨大，应依法惩处。高某某在运输毒品共同犯罪中起主要作用，是主犯，又系累犯，且是毒品再犯，应依法从重处罚。依照《刑法》第 347 条第 2 款第 1 项，第 356 条，第 25 条第 1 款，第 26 条第 1 款、第 4 款，第 27 条，第 65 条第 1 款，第 57 条第 1 款，第 64 条之规定，以贩卖、运输毒品罪，判处被告人高某某死刑，剥夺政治权利终身，并处没收个人全部财产；随案移送的毒品、毒资等予以没收。

一审宣判后，被告人高某某提出上诉。

高某某及其辩护人提出：高某某因贪图便宜而大量购买毒品，目的是用于吸食而非贩卖，原判认定其构成贩卖、运输毒品罪的证据不足，应按非法持有毒品罪来定罪量刑；毒品未流入社会，原判决对其量刑过重，请求从轻判决。

某高级人民法院经审理查明的事实、证据与一审无异。

某高级人民法院认为，上诉人高某某无视国家法律，结伙他人贩卖、运输毒品甲基

---

① 参见陆建红撰稿，周峰审编：《高某某贩卖、运输毒品案——审理死刑案件应当经审判委员会讨论决定（第 1232 号）》，载最高人民法院刑事审判第一、二、三、四、五庭主办：《刑事审判参考》（总第 112 集），法律出版社 2018 年版，第 94~101 页。

苯丙胺 28604.1 克，其行为已构成贩卖、运输毒品罪。高某某贩卖、运输毒品数量巨大，且在运输毒品共同犯罪中起主要作用，是主犯，依法应当按照其所参与的全部犯罪处罚；高某某在被判处有期徒刑以上刑罚执行完毕以后，五年以内再犯应当判处有期徒刑以上刑罚之罪，是累犯和毒品再犯，应依法从重处罚。原判认定事实清楚，证据确实、充分，定罪准确，量刑适当，审判程序合法。依照《刑法》第 347 条第 2 款第 1 项，第 356 条，第 25 条第 1 款，第 26 条第 1 款、第 4 款，第 27 条，第 65 条第 1 款，第 57 条第 1 款、第 64 条及《刑事诉讼法》第 225 条第 1 款第 1 项①、第 235 条②之规定，裁定驳回上诉，维持原判，并依法报请最高人民法院核准。

最高人民法院经复核认为，某中级人民法院审理被告人高某某贩卖、运输毒品一案，违反法定诉讼程序，可能影响公正审判。依照《刑事诉讼法》第 235 条③、第 239 条④和《刑事诉讼法解释》第 350 条第 6 项⑤、第 352 条第 1 款⑥的规定，裁定如下：

1. 不核准某高级人民法院维持第一审对被告人高某某以贩卖、运输毒品罪判处死刑，剥夺政治权利终身，并处没收个人全部财产的刑事裁定。

2. 撤销某高级人民法院和某中级人民法院对被告人高某某以贩卖、运输毒品罪判处死刑，剥夺政治权利终身，并处没收个人全部财产的裁定、判决。

3. 发回某中级人民法院重新审判。

二、主要问题

审判死刑案件是否均应当经过审判委员会讨论决定？

三、裁判理由

本案一审期间，某中级人民法院组成了由副院长担任审判长，两名审判委员会委员为成员的合议庭。庭审后，合议庭经评议达成一致意见，遂当庭作出宣判，判处被告人高某某死刑，剥夺政治权利终身，并处没收个人全部财产。对此举是否违反法定程序，有两种意见：

第一种意见认为，一审法院未经审判委员会讨论决定而由合议庭评议后当庭宣判的做法符合法定程序。理由是：刑事诉讼法关于公诉案件一审程序的规定，体现在第三编"审判"的第一章"审判组织"和第二章"第一审程序"的第一节"公诉案件"的相关规定中。上述章节所体现的主要精神，一是公开开庭和直接言词原则，以体现庭审的透明度并充分保护被告人的辩护权。二是民主集中制原则。对审判组织和合议庭的议事规则，主要体现在必须组成合议庭审理案件，合议庭成员权利平等，评议案件实行少数服从多数原则。但并未规定死刑案件一定要经过审判委员会讨论决定。况且，本案合议庭成员全部由审判委员会委员组成，体现了某中级人民法院实际上已经非常重视该案的程序问题。

第二种意见认为，一审法院未经审判委员会讨论决定而由合议庭评议后当庭宣判的

---

① 对应 2018 年《刑事诉讼法》第 236 条第 1 款第 1 项。
② 对应 2018 年《刑事诉讼法》第 246 条。
③ 对应 2018 年《刑事诉讼法》第 246 条。
④ 对应 2018 年《刑事诉讼法》第 250 条。
⑤ 对应 2021 年《刑事诉讼法解释》第 429 条第 6 项。
⑥ 2021 年《刑事诉讼法解释》已删除该条。最高人民法院认为在死刑复核程序中仍应坚持"以发回重审为原则，依法改判为例外"的原则。参见李少平主编：《最高人民法院关于适用〈中华人民共和国刑事诉讼法〉的解释理解与适用》，人民法院出版社 2021 年版，第 458 页。

做法违反法定诉讼程序，可能影响公正审判。主要理由是：《刑事诉讼法》第 180 条①规定，对于疑难、复杂、重大的案件，合议庭认为难以作出决定的，由合议庭提请院长决定提交审判委员会讨论决定。《刑事诉讼法解释》第 178 条第 2 款②规定，拟判处死刑的案件、人民检察院抗诉的案件，合议庭应当提请院长决定提交审判委员会讨论决定。

我们同意第二种意见，认为一审法院未将本案提请院长决定提交审判委员会讨论决定，而由合议庭评议后当庭宣判的做法违反法定诉讼程序，可能影响公正审判，上级法院应当裁定撤销原判，发回重新审判。理由如下：

（一）审理死刑案件应当坚持程序公正原则

程序公正是司法公正的重要方面。程序公正与实体公正密切关联、相辅相成、缺一不可。程序公正既具有保障实体公正的功能价值，同时也具有其独立的价值。即使实体裁判于法有据、并无不当，程序不公、不当，也难以得到当事人和社会公众的信赖、认同和尊重，难以保障案件审理的法律效果与社会效果。一些案件之所以引发舆论议论、质疑、炒作，往往并不是因为案件在实体处理上存在什么问题，而是因为法定程序没有得到切实遵循。因此，必须从根本上扭转"重实体轻程序"的错误观念和做法，进一步强化程序公正意识，真正落实实体与程序并重的要求，更加重视程序公正的独立价值。刑事诉讼法是专门规范刑事诉讼程序的法律，刑事诉讼法的各项内容，可以说都是围绕更好地实现程序公正、体现其独立价值这一基本点而展开的。

审理死刑案件，应当更加重视程序公正。就审理法院来说，坚持程序公正，最主要的是坚持刑事诉讼法规定的各项原则和具体规定。除一般刑事案件所应共同遵循的如公开原则外，审理死刑案件还有特殊的规定，如必须有辩护人，当事人没有委托律师或者辩护人的，司法机关应当通知法律援助机构指派律师为其提供辩护；一审、二审法院审理死刑案件应当由合议庭提请院长决定提交审判委员会讨论决定；死刑必须由最高人民法院核准，等等。这些有关死刑案件的特别程序规定，其目的一是确保不出冤错案件，使每一个死刑案件都经得起历史检验；二是更加充分地贯彻落实"尊重和保障人权"这一宪法原则；三是使被告人的合法权益，包括实体权益和诉讼权利得到更加充分、彻底的保护。

同时，审理死刑案件，必须坚持"保留死刑，严格控制和慎重适用死刑"的政策。贯彻落实这一政策，落脚点不仅体现在严把案事实关、证据关、法律适用关上，同时也体现在严把诉讼程序关上。如果诉讼程序关没把好，导致程序不公正，极可能会使案件事实关、证据关、法律适用关大打折扣。而审判委员会讨论死刑案件，作为审判死刑案件的必经程序，有助于更加严格地把握事实关、证据关、法律适用关，更加坚决地贯彻"保留死刑，严格控制和慎重适用死刑"的政策，而且，审判委员会作为法定的最高审判组织，成员均为审判经验丰富的资深法官，负有统一司法标准，保证类案法律适用的统一性和准确性的职能作用。

---

① 对应 2018 年《刑事诉讼法》第 185 条。
② 2021 年《刑事诉讼法解释》第 216 条第 2 款第 1 项将该内容修改为："对下列案件，合议庭应当提请院长决定提交审判委员会讨论决定：（一）高级人民法院、中级人民法院拟判处死刑立即执行的案件，以及中级人民法院拟判处死刑缓期执行的案件……"

（二）司法解释是审判机关适用法律时必须适用的依据

《刑事诉讼法》第 180 条①规定："对于疑难、复杂、重大的案件，合议庭认为难以作出决定的，由合议庭提请院长决定提交审判委员会讨论决定。"何谓"重大"，虽然刑事诉讼法未作明确规定，但死刑案件关乎被告人的生死，生命如天，尊重生命、敬畏生命绝不仅是对社会公众的要求，更是对掌握司法权力的司法机关的要求，必须以最严格的程序来保障。所以，《刑事诉讼法解释》第 178 条第 2 款②规定："拟判处死刑的案件、人民检察院抗诉的案件，合议庭应当提请院长决定提交审判委员会讨论决定。"

从法理上来说，司法解释属于有权解释，具有普遍司法效力。《全国人民代表大会常务委员会关于加强法律解释工作的决议》第 2 条规定，凡属于法院审判工作中具体应用法律、法令的问题，由最高人民法院进行解释。《最高人民法院关于司法解释工作的规定》（法发〔2007〕12 号）③ 第 5 条规定："最高人民法院发布的司法解释，具有法律效力。"第 27 条规定："司法解释施行后，人民法院作为裁判依据的，应当在司法文书中援引。"因此，凡是最高人民法院司法解释有规定的，各级人民法院在审理案件时都必须严格遵守，不得将司法解释仅仅作为"参考"性质的规定，而应当将司法解释作为具有严格约束力的法律渊源。换言之，最高人民法院基于坚决贯彻落实"保留死刑，严格控制和慎重适用死刑"政策的立足点和出发点，在司法解释中作出了应当"提交审判委员会讨论决定"的规定，这实际上就是明确：凡是死刑案件，都是疑难、复杂、重大案件，都属于合议庭难以作出决定的案件。此类案件都"应当"提交审判委员会讨论决定，而不是"可以"提交审判委员会讨论决定。

就本案而言，一审法院合议庭一致意见认为，被告人高某某犯贩卖、运输毒品罪，依法应当判处死刑立即执行。此时，合议庭应当依照《刑事诉讼法解释》第 178 条第 2 款④的规定，提请院长决定提交审判委员会讨论决定，而不能在合议庭意见一致的情况下直接当庭宣判。

（三）一审未经审判委员会讨论的死刑判决、裁定，属于"可能影响公正审判"的情形，二审法院应当裁定撤销原判，发回重审

《刑事诉讼法》第 227 条⑤规定了第二审人民法院发现第一审人民法院的审理有五种违反法律规定的诉讼程序的情形之一的，应当裁定撤销原判，发回原审人民法院重新审判。其中第五种情形是"其他违反法律规定的诉讼程序，可能影响公正审判的"。第 239 条⑥规定："最高人民法院复核死刑案件，应当作出核准或者不核准死刑的裁定。对于不核准死刑的，最高人民法院可以发回重新审判或者予以改判。"《刑事诉讼法解释》第 350 条第 6 项⑦规定："原审违反法定诉讼程序，可能影响公正审判的，应当裁定不予核准，并撤销原判，发回重新审判。"

---

① 对应 2018 年《刑事诉讼法》第 185 条。
② 2021 年《刑事诉讼法解释》第 216 条第 2 款第 1 项将该内容修改为："对下列案件，合议庭应当提请院长决定提交审判委员会讨论决定：（一）高级人民法院、中级人民法院拟判处死刑立即执行的案件，以及中级人民法院拟判处死刑缓期执行的案件……。"
③ 该文件于 2021 年修正，本案中所引用条文未修改。
④ 对应 2021 年《刑事诉讼法解释》第 216 条第 2 款第 1 项的规定。
⑤ 对应 2018 年《刑事诉讼法》第 238 条。
⑥ 对应 2018 年《刑事诉讼法》第 250 条。
⑦ 对应 2021 年《刑事诉讼法解释》第 429 条第 6 项。

如前所述，本案一审法院未经审判委员会讨论，由合议庭当庭作出宣判，属于"违反法定诉讼程序"的情形。但这一违反法定诉讼程序的情形，是否属于"可能影响公正审判"的情形，在实践中有争议。我们认为，程序公正是公正审判的核心要义。根据上述司法解释的规定，本案显然属于"可能影响公正审判"的情形。

综观《刑事诉讼法》第 227 条①规定的五项因程序违法而应当发回重审的情形，可以分为两类：一类是一旦违反就必须发回重审的情形，如第 1 项"违反本法有关公开审判的规定的"、第 2 项"违反回避制度的"、第 4 项"审判组织的组成不合法的"。另一类是根据对公正审判的影响程度来衡量该程序违法为是否发回重审的情形，如第 3 项"剥夺或者限制了当事人的法定诉讼权利，可能影响公正审判的"、第 5 项"其他违反法律规定的诉讼程序，可能影响公正审判的"。对于第 3 项规定的"剥夺或者限制了当事人的法定诉讼权利"的情形中，什么情况属于"可能影响公正审判的"情形？毫无疑问，剥夺被告人的辩护权、限制被告人的辩护权情节严重、没有在法定期限内向被告人送达起诉书副本等，肯定属于"可能影响公正审判"的情况。至于限制被告人的辩护权情节轻微、一些法律手续不完善等情形，如果没有影响公正审判的，则属于程序"瑕疵"，不必因此而发回重审。而第 5 项规定的"其他违反法律规定的诉讼程序"的情形，显然是个"兜底条款"，适用于立法未能涵盖的可能出现的所有情形，自然无法一一列举。

那么，死刑案件未经审判委员会讨论而由合议庭直接宣判，是否属于"违反法律规定的诉讼程序，可能影响公正审判"呢？我们可以从《刑事诉讼法》第 227 条②列举的前 4 项规定所蕴含的法律用意进行判断。前 4 项规定的情形中，第 1 项、第 2 项、第 4 项都是违反了刑事诉讼法明文规定的诉讼原则和制度的情形，因此，没有他项选择，只能发回重审。第 4 项的含义如前所述。据此，如果一种情形违反了刑事诉讼法明确规定的原则和制度，那么，无论其是否实际影响了公正审判，都应当发回重审。但如果不属于违反刑事诉讼法明确规定的原则和制度，就要考察其是否可能影响公正审判了。

就本案而言，一审法院未经审判委员会讨论而由合议庭直接当庭宣判，虽然违反的不是刑事诉讼法明确规定的原则和制度，但是违反了《刑事诉讼法解释》关于拟判处死刑的案件，合议庭应当提请院长决定提交审判委员会讨论决定的刚性规定。这一违法情形，没有程度之区分，只有违反和未违反之区分。也就是说，经审判委员会讨论决定的案件，就不违反《刑事诉讼法解释》的规定，未经审判委员会讨论决定的，就违反了《刑事诉讼法解释》的规定。而《刑事诉讼法解释》之所以作出这样的刚性规定，正是因为基于坚持"保留死刑，严格控制和慎重适用死刑"政策的目的，基于严把案件事实关、证据关、法律适用关和诉讼程序关的目的，基于确保死刑判决取得更好社会效果的目的。这些目的，正是公正审判的应有之义。因此，未经审判委员会讨论的死刑案件之裁判，必然"可能影响公正审判"。而且，合议庭与审判委员会都是法定的审判组织，各自职能法定，合议庭不能替代审判委员会作决定，即便合议庭成员都是审判委员会委员仍然不能。死刑案件审判中必须明确一个原则，即合议庭对拟判处死刑的案件，都应当提请院长决定提交审判委员会讨论决定，未提交审判委员会讨论决定作出死刑判决，就属于"违反法律规定的诉讼程序"，并必然构成"可能影响公正审判"，上级法院发现后依法应

---

① 对应 2018 年《刑事诉讼法》第 238 条。
② 对应 2018 年《刑事诉讼法》第 238 条。

当撤销原判,发回重新审判。

综上,最高人民法院经复核,作出不予核准并撤销原判,发回重新审判的裁定是正确的。同时,根据《刑事诉讼法解释》第353条第1款①关于"最高人民法院裁定不予核准死刑的,根据案件情况,可以发回第二审人民法院或者第一审人民法院重新审判"的规定,本案出现程序违法问题的是一审法院,故最高人民法院将本案直接发回某中级人民法院重新审判。

问题8. 在上诉案件中,对于公诉机关指控但一审没有认定的犯罪事实,二审能否审理并予以认定

【刑事审判参考案例】曾某1等贩卖、运输毒品案②

一、基本案情

某市人民检察院以被告人曾某1等人犯贩卖、运输毒品罪,向某市中级人民法院提起公诉。

某市中级人民法院经审理查明:被告人曾某1、吴某某系夫妻关系。2010年,曾某1、吴某某多次向杨某某、申某某出售毒品甲基苯丙胺片剂(俗称"麻古")。付某某负责为曾某1、吴某某运输毒品。曾某2为他人窝藏毒品。具体如下:

1. 2010年8月9日,被告人曾某1、吴某某向他人出售甲基苯丙胺片剂,交由付某某运输。付某某将毒品从某市运至某县牛滩镇交给买家后,将收取的2万元毒资存入吴某某银行账户。8月14日,付某某携带甲基苯丙胺片剂乘坐大巴车前往某市,在高速公路某服务区被公安机关抓获。公安机关当场从其挎包内查获甲基苯丙胺片剂3000颗,净重274.61克。

2. 2010年8月15日20时许,杨某某以贩卖为目的从被告人曾某1处购买毒品甲基苯丙胺片剂,二人在曾某1驾驶的车辆上完成交易后,被公安机关抓获。公安机关当场在该车烟灰缸位置查获毒资人民币(以下币种同)2万元,从杨某某身上查获甲基苯丙胺片剂1009颗,净重90.81克。

3. 2010年,申某某多次在被告人曾某1、吴某某处购买甲基苯丙胺片剂贩卖。同年8月初,申某某向曾某1、吴某某购买甲基苯丙胺片剂后,贩卖给熊某250颗。8月17日,申某某在某市某区东门口一美发店被公安机关抓获,公安机关在其随身携带的提包内查获甲基苯丙胺(冰毒)7包,净重10.65克,甲基苯丙胺片剂4袋,净重2.63克。

4. 2010年8月15日21时40分许,公安机关对被告人曾某1、吴某某位于某市某区某小区二期三号楼37号的租住房进行搜查,吴某某在公安人员进入房间搜查前,将家中所藏毒品"麻古"从阳台处扔出。经搜查,公安机关在该租住房中查获现金58万元和电子秤、银行卡等物,在该房阳台下负一楼雨棚上发现一个浅蓝色"劲浪体育"包装袋,内有甲基苯丙胺片剂2300颗,净重203.5克。

---

① 对应2021年《刑事诉讼法解释》第430条第1款。
② 参见夏建勇撰稿,姜永义主编:《曾某1等贩卖、运输毒品案——在上诉案件中,对于公诉机关指控但一审没有认定的犯罪事实,二审能否审理并予以认定(第1131号)》,载最高人民法院刑事审判第一、二、三、四、五庭主办:《刑事审判参考》(总第105集),法律出版社2016年版,第98~102页。

5. 2010年8月24日，公安机关从曾某2位于某省某县某镇某村三社43号的住所内，查获甲基苯丙胺片剂363.59克。

6. 2010年9月17日，公安机关从被告人曾某1、吴某某在某市某区某小区23号楼4楼20号的租住房内查获甲基苯丙胺片剂16000颗，净重1 461.3克。

某市中级人民法院认为，被告人曾某1违反毒品管理规定，明知是毒品而贩卖，并指使他人运输，其行为已构成贩卖、运输毒品罪。公诉机关指控付某某运输274.61克甲基苯丙胺片剂系受曾某1夫妇安排的证据不足；指控曾某2处查获的363.59克甲基苯丙胺片剂系曾某1委托曾某2保管的证据不足，不予认定。曾某1贩卖毒品（含甲基苯丙胺、甲基苯丙胺片剂）1 768.89克及甲基苯丙胺片剂250颗，运输甲基苯丙胺片剂约800颗。在贩卖、运输共同犯罪中，曾某1系主犯。曾某1多次贩卖、运输毒品，且数量大，依法应当严惩。据此，依照《刑法》第347条、第25条第1款、第48条、第57条第1款、第59条、第64条之规定，以贩卖、运输毒品罪判处被告人曾某1死刑，剥夺政治权利终身，并处没收个人全部财产。

一审宣判后，被告人曾某1提出上诉。上诉理由如下：（1）原判认定其与杨某某有毒品交易的事实不成立；（2）原判认定两处租住房内查获的毒品是其用于贩卖的毒品的事实错误；（3）原判量刑过重，请求从轻处罚。其辩护人提出，本案存在犯意引诱的可能。

某省高级人民法院经审理确认，原判认定从申某某处查获的10.65克甲基苯丙胺系被告人曾某1、吴某某贩卖给申某某的证据不足；原公诉机关指控付某某运输274.61克甲基苯丙胺片剂系受曾某1夫妇安排的事实成立，原判未予认定，应予纠正；原公诉机关指控曾某2处查获的363.59克甲基苯丙胺片剂系曾某1委托曾某2保管的事实成立，原判未予认定，应予纠正。曾某1及其辩护人所提辩解理由和辩护意见不能成立（具体理由略），不予采纳。原判认定被告人曾某1犯贩卖、运输毒品罪的主要犯罪事实清楚，定罪准确，量刑适当，审判程序合法。据此，依照《刑法》第347条第1款、第2款第1项、第7款，第25条第1款，第26条第1款、第4款，第48条，第57条第1款，第59条，第64条和《刑事诉讼法》第53条、第225条第1款第1项①之规定，判决维持原审对被告人曾某1的定罪量刑，并依法报请最高人民法院核准。

最高人民法院经审理认为，被告人曾某1违反国家毒品管理规定，明知是毒品而伙同他人予以贩卖，还雇用他人运输毒品，其行为已构成贩卖、运输毒品罪。曾某1在共同犯罪中起组织、指挥作用，系罪责最为严重的主犯。曾某1多次贩卖毒品，贩卖毒品数量大，社会危害极大，所犯罪行极其严重，应依法惩处。第二审判决认定曾某1安排付某某运输甲基苯丙胺片剂274.61克、委托曾某2保管甲基苯丙胺片剂363.59克的事实错误，应予纠正。第一审判决、第二审判决认定曾某1伙同他人贩卖、运输1852.74克甲基苯丙胺片剂的事实清楚，证据确实、充分，定罪准确，量刑适当。审判程序合法。依照《刑事诉讼法》第235条、第239条②和《刑事诉讼法解释》第350条第2项③的规定，以贩卖、运输毒品罪判决核准被告人曾某1死刑。

---

① 对应2018年《刑事诉讼法》第55条、第236条第1款第1项。
② 对应2018年《刑事诉讼法》第246条、第250条。
③ 对应2021年《刑事诉讼法解释》第429条第2项。

二、主要问题

在上诉案件中，对于公诉机关指控但一审没有认定的犯罪事实，二审能否审理并予以认定？

三、裁判理由

司法实践中，对于一些涉及多起犯罪事实的案件，一审法院经审理后认为，公诉机关指控的部分犯罪事实清楚，证据确实、充分，但也有部分犯罪事实不清楚或者证据不足，进而依法认定达到法定证明标准的部分犯罪事实，对未达到法定证明标准的部分犯罪事实不予认定。此种情况下，如果被告人提起上诉，公诉机关未提起抗诉，二审法院是否需要审查一审法院未予认定的部分犯罪事实，进而能否追加认定该部分犯罪事实，值得研究。

该问题涉及二审程序的审理原则和审查范围。许多国家的二审都实行法律审，并且实行有限审理，即主要限定为对上诉理由的审理。根据我国《刑事诉讼法》第222条第1款[①]的规定，第二审人民法院应当就第一审判决认定的事实和适用法律进行全面审查，不受上诉或者抗诉范围的限制。可见，我国刑事二审程序实行全面审理原则，且不是单纯的法律审，而是一并审理事实问题和法律问题。尽管如此，并不意味着二审程序的审查范围毫无边界，法律其实已经对此作出了适当的限制，即二审应当对"一审判决认定的事实和适用法律"进行审查。进一步来讲，对于一审判决没有认定的部分犯罪事实（抗诉案件除外），二审法院无须（或者不应当）进行审查，更不能追加认定该部分犯罪事实。

将二审程序的审理范围限定于"一审判决认定的事实和适用法律"，符合二审程序的功能定位和相应的诉讼原则。

从二审程序的功能定位来看，因被告人上诉而启动的二审程序，主要功能是为被告人提供法律救济。实践中，被告人对一审判决认定的事实或者适用法律不服，可以依法提出上诉，请求二审法院对相关问题进行审理，以期获得有利于己方的裁判。对于因被告人上诉而启动的二审案件，如果二审法院审查一审未予认定的部分犯罪事实，进而追加认定该部分犯罪事实，不仅未能为被告人提供法律救济，反而作出不利于被告人的认定，这显然与二审程序的法律救济功能相悖。

同时，为确保被告人的上诉权，《刑事诉讼法》确立了上诉不加刑的基本原则。第226条第1款[②]明确规定，第二审人民法院审理被告人或者他的法定代理人、辩护人、近亲属上诉的案件，不得加重被告人的刑罚。据此，对于被告人一方上诉的案件，二审法院追加认定一审未予认定的部分不利于被告人的犯罪事实，即使最终并未加重被告人的刑罚，这种做法也有违上诉不加刑原则的基本精神。

此外，对于一审法院未予认定的部分犯罪事实，检察机关并未提出抗诉，就表明检察机关对此并无异议。此种情况下，对于原本不属于二审审查范围的事项，二审法院基于不告不理原则的基本精神，不应当主动审查并追加认定。

本案中，公诉机关指控被告人曾某1实施多起贩卖、运输毒品事实，一审法院认定其中两起犯罪事实证据不足。具体如下：其一，公诉机关指控，2010年8月14日早上，付

[①] 对应2018年《刑事诉讼法》第233条第1款。
[②] 对应《刑事诉讼法》第237条第1款。

某某受曾某1、吴某某指使，在某市驿通车站乘坐大巴车将274.61克甲基苯丙胺片剂运往某市。一审法院认为，认定曾某1、吴某某指使付某某运输该宗毒品的证据不足，不能确定该宗毒品为曾某1夫妇所有，据此笼统认定付某某是为他人运输毒品。其二，公诉机关指控2010年8月24日，从曾某2住处查获的甲基苯丙胺片剂363.59克，是曾某1交由曾某2保管的。一审法院认为，认定曾某1委托曾某2保管该宗毒品的证据不足，不能确定该宗毒品是曾某1委托保管，据此笼统认定在曾某2住处查获该宗毒品的犯罪事实。二审法院认为，一审应当认定该两起犯罪事实系曾某1实施，进而对曾某1追加认定该两起犯罪事实，这种做法不符合法律规定的要求。最高人民法院在死刑复核过程中，依法对该两起犯罪事实不予认定，并对事实作出改判，是妥当的。

有意见认为，对类似案件，二审法院经审查认为，现有证据足以认定一审未予认定相关的犯罪事实，可以启动审判监督程序。我们倾向于认为，尽管我国法律并未明确规定一事不再理原则，但对于一审未予认定的犯罪事实，在被告人提出上诉且检察机关未提出抗诉的情况下，也不宜启动审判监督程序。

问题9. 上诉不加刑原则在发回重审案件中的适用

【人民法院案例选案例】 王某贩卖毒品案①

[裁判要旨]

1. 发回重审的案件，原审人民法院如果对被告人加重刑罚必须同时具备"新的犯罪事实，人民检察院补充起诉"两项法定条件。

2. 犯罪事实即使没有被原审人民法院采纳或全部采纳，第二审人民法院发回重新审判后，在主要证据亦不存在变化的情况下，该事实不属于新的犯罪事实；人民检察院补充起诉的范围应限定在人民法院作出终审裁决前有新犯罪事实的情形，人民检察院对既有犯罪事实的明确或细化，只能视为变更起诉而不是补充起诉。

[基本案情]

法院经审理查明：2014年3月21日15时许，王某通过冯某某在河北省燕郊经济开发区某小区一处住宅，以人民币1100元的价格向牛某某贩卖毒品甲基苯丙胺2.66克。当日19时许，王某授意冯某某携带毒品甲基苯丙胺7.76克乘坐出租车从河北省三河市赶至北京市通州区永顺镇某宾馆门前，欲以人民币1100元的价格向牛某某贩付，冯某某被民警当场抓获。王某作案后逃逸，后被上网追逃，于2014年7月4日在河北省三河市被公安机关抓获归案。

[裁判结果]

北京市西城区人民法院于2015年2月11日作出（2014）西刑初字第1002号刑事判决：王某犯贩卖、运输毒品罪，判处有期徒刑六年六个月，并处罚金人民币7000元。一审宣判后，王某不服，提出上诉。北京市第二中级人民法院于2015年6月2日作出（2015）二中刑终字第534号刑事裁定：原审判决认定的部分事实不清，发回北京市西城区人民法院重新审判。北京市西城区人民法院依法另行组成合议庭，于2015年12月14

---

① 李凯：《王某贩卖毒品案——上诉不加刑原则在发回重审案件中的适用》，载最高人民法院中国应用法学研究所编：《人民法院案例选》（总第116辑），人民法院出版社2018年版。

日作出（2015）西刑初字第 427 号刑事判决：王某犯贩卖毒品罪，判处有期徒刑七年六个月，剥夺政治权利一年，并处罚金人民币 8000 元。一审宣判后，王某不服，提出上诉。北京市第二中级人民法院于 2016 年 4 月 26 日作出（2016）京 02 刑终 150 号刑事判决：原审判决违反上诉不加刑原则，改判王某犯贩卖毒品罪，判处有期徒刑六年六个月，并处罚金人民币 7000 元。

[裁判理由]

法院生效裁判认为：王某无视国家法律，伙同他人贩卖毒品甲基苯丙胺，其行为已构成贩卖毒品罪，且贩卖毒品数量较大，依法应予惩处。根据《刑事诉讼法》第 226 条①、《刑事诉讼法解释》第 327 条②的规定，对被告人上诉、人民检察院未提出抗诉的案件，第二审人民法院发回原审人民法院重新审判的，只要人民检察院没有补充起诉新的犯罪事实，原审人民法院不得加重被告人的刑罚。本案中，北京市西城区人民法院在重新审判的过程中，北京市西城区人民检察院变更指控王某第一起贩卖毒品甲基苯丙胺 2.66 克与原指控王某第一起贩卖毒品甲基苯丙胺 1 包属于同一事实，北京市西城区人民法院在此情形下对王某判处的刑罚重于重新审判前的刑罚，虽与《刑法》规定相符，但违反了上诉不加刑原则，属量刑有误，故对北京市西城区人民法院的判决予以改判。

[案例注解]

该案例涉及案件宣判后人民检察院没有提起抗诉，仅有被告人提出上诉，第二审人民法院以事实不清为由发回重新审判后，原审人民法院需要满足什么条件才能加重对被告人刑罚的问题，因为"任何变相加刑的做法，都不仅会破坏上诉不加刑原则，而且必然导致被告人上诉权的不敢行使和二审终审制的落空，结果不是有弊无利，至少也是弊大于利"。③

根据《刑事诉讼法》第 226 条④、《刑事诉讼法解释》第 327 条⑤的规定，除有新的犯罪事实，人民检察院补充起诉的以外，原审人民法院不得加重被告人的刑罚。《最高人民法院研究室关于上诉发回重审案件重审判决后确需改判的应当通过何种程序进行的答复》（以下简称答复）也显示，对被告人上诉的案件，第二审人民法院发回原审人民法院重新审判的，只要人民检察院没有补充起诉新的犯罪事实，原审人民法院不得加重被告人的刑罚。上述法律、解释及答复划定了一个规则，即案件被第二审人民法院发回重审，原审人民法院重新审理后只有在特定条件下才可以加重被告人刑罚，充分肯定了"不加刑为原则，加刑为例外"的做法，显然符合实体公正、程序正义的价值要求。唯规则中没有对何为"新的犯罪事实，人民检察院补充起诉"作出进一步解释或明确界定，导致司法实践中存在不同理解。

目前大多数观点认为，根据立法精神，犯罪事实已经过侦诉审程序，即使没有被原审人民法院采纳或全部采纳，第二审人民法院以事实不清为由发回重新审判后，在主要证据亦不存在变化的情况下，该事实不属于新的犯罪事实。同时，人民检察院补充起诉的范围应限定在人民法院作出终审裁决前有新犯罪事实的情形（如遗漏罪行或又犯新

---

① 对应 2018 年《刑事诉讼法》第 237 条。
② 对应 2021 年《刑事诉讼法解释》第 403 条。
③ 参见樊崇义主编：《刑事诉讼法学研究综述与评价》，中国政法大学出版社 1991 年版，第 511~513 页。
④ 对应 2018 年《刑事诉讼法》第 237 条。
⑤ 对应 2021 年《刑事诉讼法解释》第 403 条。

罪）。人民检察院对现有犯罪事实的明确或细化，只能视为变更起诉，而不是补充起诉。综上所述，原审人民法院重新审判后只有同时满足"新的犯罪事实，人民检察院补充起诉"两个法定条件，才能加重对被告人的刑罚，否则应严格受上诉不加刑原则的规制，即上诉不加刑原则在发回重审案件中为筑牢司法的最后防线更应该得到贯彻和适用。

结合本案而言，王某的第一起犯罪事实在北京市第二中级人民法院发回重审之前，已经历过系列的侦诉审程序。发回重审后，北京市公安局西城分局开展了证据的补强工作（并非对新的犯罪事实补充侦查），北京市西城区人民检察院对王某涉嫌罪名和第一起犯罪的毒品数量作出了变更起诉（而不是补充起诉新的犯罪事实），北京市西城区人民法院在此情况下对王某加重刑罚违反了上诉不加刑原则。具体来说，北京市西城区人民法院第一次审理期间，以王某第二起犯罪涉及毒品甲基苯丙胺7.76克确定量刑档（第一起犯罪毒品甲基苯丙胺1包仅作为酌予从重处罚量刑情节考量，人民法院经审理查明的范围也囿于人民检察院指控的范围），根据《刑法》第347条第4款的规定，贩卖甲基苯丙胺不满10克，情节严重的，处三年以上七年以下有期徒刑，并处罚金，故判决王某犯贩卖、运输毒品罪，判处有期徒刑六年六个月，并处罚金人民币7000元。北京市西城区人民法院第二次审理期间，北京市西城区人民检察院基于犯罪构成层面，将王某涉嫌犯贩卖、运输毒品罪变更为贩卖毒品罪；基于毒品数量是毒品犯罪量刑的关键证据层面，变更起诉王某第一起犯罪涉及甲基苯丙胺2.66克，即将原1包的表述明确为2.66克。故北京市西城区人民法院以王某两起犯罪涉及甲基苯丙胺之和超过10克为由提升量刑档，根据《刑法》第347条第3款的规定，贩卖甲基苯丙胺10克以上不满50克的，处七年以上有期徒刑，并处罚金，判决王某犯贩卖毒品罪，判处有期徒刑七年六个月，剥夺政治权利一年，并处罚金人民币8000元。综合分析，北京市西城区人民检察院变更指控王某第一起犯罪涉及毒品甲基苯丙胺2.66克与原指控1包理应属于同一事实，或可以理解为涵盖在一个事实之内，北京市西城区人民法院在此情形下对王某判处的刑罚重于重新审判前的刑罚，虽确实与《刑法》规定相符，但却违反了上诉不加刑原则，属量刑有误，北京市第二中级人民法院依法对王某予以改判原刑期是正确的。

该案例从立法本意出发，对法律没有明文界定的"新的犯罪事实，人民检察院补充起诉"进行解释，通过在发回重审案件中严格贯彻上诉不加刑原则，充分保障被告人的上诉权，进而对于保障人权，促进司法公正的意义则更加重大。

一、发回重审制度与上诉不加刑原则

发回重审制度具有丰富的价值内涵，根据法律规定缘由限定在事实不清、证据不足或违反法定诉讼程序两个方面，以此来对被告人实体或程序权利提供充分保障，让"阳光审判""真理越辩越明"的司法初衷得以实现。通俗来说，第二审人民法院将案件发回重审是实现刑事上诉程序救济功能的一种基本方式。因为撤销原判、发回重审意味着第二审人民法院对原审人民法院履行审判职责给予了否定评价，基于上下级法院之间的监督与被监督关系，这种否定性评价可以促使第一审人民法院在重新审理过程中将裁判建立在事实清楚、证据确实充分的基础之上，以免出现冤错案件，或者尽量避免出现程序性错误，以便消除程序错误对裁判结果的负面影响，从而更好地保护当事人的合法权益。正是在这个意义上，发回重审制度的救济性质不容忽视，第二审人民法院通过发回重审的方式，不仅为合法权益受到侵犯的当事人获得重新审判或寻求权利救济提供了机会，而且有助于纠正原审错误的裁判。这也是在1996年《刑事诉讼法》第一次出现有关发回重审的规定后,多年来虽饱受学者诟病,但仍然未能取消的重要原因。

上诉不加刑原则是我国《刑事诉讼法》中的一项基础性原则,是民主、自由、人道主义精神在刑事诉讼领域的体现,是保障被告人上诉权的基石。上诉不加刑的立法最早见于1808年《法国刑事诉讼法典》,随后德国、日本等大陆法系国家也相继规定了上诉不加刑原则。英国由于资产阶级革命的妥协性及实行判例法,采用上诉不加刑原则较晚。随着资产阶级地位的提高,资产阶级人权原则、法制原则的确立和判例法向成文法的转化,1968年《英国刑事上诉法》终于确立了上诉不加刑原则。[①] 总体而言,因两大法系各自以判例法和成文法为主,形成了在上诉不加刑原则上,大陆法系国家较为明确,适用范围较广,而英美法系有所保留,附设了一些限制条件。我国在1979年、1996年《刑事诉讼法》中明确规定了上诉不加刑原则,2012年《刑事诉讼法》仍保留了这一原则[②],唯新增了特殊例外规定,这也体现出经过一个时期的司法实践,利益权衡导致价值取向的一种升华。一方面,通过列举例外规定客观上减少了发回重审谋求加刑的"借口",即不能以发回重审的方式刻意寻求给被告人加重刑罚。比如"对于原判事实清楚、证据确实、充分,只是量刑偏轻的案件,二审法院不能发回重审"[③]。也有学者说,"仅仅是为达到加重被告人刑罚采用的一种策略手段,也不可取。因为这样做,同样没有法律根据,并会带来不良后果"[④]。另一方面,也促进了实体正义的实现,毕竟依法惩治犯罪也是刑罚的要务之一。有学者言,"如果因事实不清、证据不足发回重审时,发现了新的犯罪事实可以加刑"[⑤]。"上诉不加刑的效力不仅适用于只有被告人一方上诉后的第二审程序,还适用于此类案件发回重新审判的一审程序。这是因为此处的一审重新审判是二审派生来的,若重新审判不能发现新的证据或事实,就不能加重原判刑罚"[⑥],反观之有新的证据或事实,加重刑罚也是符合价值本意的。

我们需要考虑,上诉不加刑原则是刑事诉讼的特殊原则,不能脱离刑事诉讼总的原则和价值观念的指导。虽然发回重审处理的案件,对实体真实的追求不言而喻,但笔者更赞同"不加刑为原则,加刑为例外"的规则,办案过程中应当严格立足于上诉不加刑原则的价值含义,以重新审判后是否出现新的犯罪事实来决定可否对被告人加重刑罚。当前来说,第二审人民法院发回重新审判的案件,较之一审终局的裁判确实更为复杂,所以理念上应融会贯通上诉不加刑原则,真正使刑事审判在"两审制"的格局源头就能体现出正义价值,同时也让上诉程序救济功能能够充分得以实现。

二、新犯罪事实的理解

新的犯罪事实是指原审人民法院在发回重审前的判决中没有认定的事实,包括之前的漏罪和所犯的新罪,此时"确属原判事实不清或证据不足以及真的发现了犯罪事实,在重审时加刑不属违背上诉不加刑原则"[⑦]。除去本案的情况外,实践中还存在以下三种情况,不少人会把既有事实当作新的犯罪事实来处理。第一种是人民检察院指控两种或

---

① 参见金钟:《上诉不加刑原则的历史发展及现代意义》,载《南京社会科学》1994年第10期。
② 2018年《刑事诉讼法》亦未作修改。
③ 参见陈光中、徐静村主编:《刑事诉讼法学》,中国政法大学出版社1999年版,第387页。
④ 参见王国枢主编:《刑事诉讼法概论》,北京大学出版社1981年版,第251页。
⑤ 参见张子培主编:《刑事诉讼法教程》,群众出版社1987年版,第355页。
⑥ 参见高憬宏主编:《刑法刑事诉讼法适用问题研究》,中国政法大学出版社1999年版,第340页。
⑦ 参见王国枢主编:《刑事诉讼法学》,北京大学出版社1998年版,第347页。

两种以上罪行事实，但一审法院只认定其中部分罪行事实，重审时在检察院指控范围内，法院认定了比原审更多的罪行事实；第二种是检察院指控同一种类的数个罪行事实，原审法院只认定其中部分罪行事实，重审时在检察机关指控范围内，法院认定了比原审更多的罪行事实；第三种是检察院指控一种较重的罪行事实，原审法院认定较轻的罪行事实，重审时法院认定了检察院指控的较重罪行事实。

笔者认为，无论上述哪一种情况，均不能否认既有犯罪事实已经客观存在，且已经过公安机关侦查取证、人民检察院提起公诉、人民法院评判的一系列程序。虽然案件在重新审理后，人民法院在采纳人民检察院指控事实的层面出现了不同理解（或因案件本身原因，或因发回重审后，第一审人民法院另行组成合议庭，法官的思维方式不同导致），但仍然限于原指控的范围内，并非对新事实给予评判。

实践中对新犯罪事实的从严掌握，也让发回重审制度更能体现出程序的价值意义。目前来说，第二审人民法院在作出裁判前，发现遗漏同案犯罪嫌疑人、第二审期间在逃的共同犯罪人归案，而并案审理更有利于量刑均衡的，或发现被告人遗漏罪行、又犯新罪，并案审理更有利于贯彻罪责刑相适应原则的，第二审人民法院应当将案件发回重审，原审人民法院应当建议人民检察院追加起诉或补充起诉。如果人民检察院不同意或者在七日内未回复意见，人民法院也可以根据《刑事诉讼法》第242条①的规定，就现有起诉指控的犯罪事实依法作出判决、裁定。

三、补充起诉、追加起诉、变更起诉的关系

补充起诉、追加起诉、变更起诉都属于变更公诉权的范畴，放在发回重审案件中考量，它是指公诉机关为了对指控的犯罪人、犯罪事实、证据、犯罪的性质、罪名以及刑事责任等事项的完善，而依法予以改变、追加的职权。

笔者查阅2012年《刑事诉讼法》实施后的法律法规后，发现各司法机关对人民检察院提起补充起诉、追加起诉、变更起诉的条件规定不尽一致，虽原则趋同，但三者的适用范围存在一定模糊。《最高人民法院、最高人民检察院、公安部等关于实施刑事诉讼法若干问题的规定》《刑事诉讼法解释》（2012年）仅规定，人民法院在审判期间发现新的事实，可能影响定罪的，可以建议人民检察院补充起诉或者变更起诉。《人民检察院刑事诉讼规则（试行）》（2012年修订）保留了《人民检察院刑事诉讼规则》（1999年修订）关于追加起诉的规定，② 即公诉人在法庭审判过程中，发现遗漏罪行或者遗漏同案犯罪嫌疑人，虽不需要补充侦查和补充提供证据，但需要补充、追加或者变更起诉的，可以建议法庭延期审理。

从上述文件的立法原义及词语的文义解释不难看出，"在人民法院宣告判决前，人民检察院发现被告人的真实身份或者犯罪事实与起诉书中叙述的身份或者指控犯罪事实不符的，或者事实、证据没有变化，但罪名、适用法律与起诉书不一致的"，人民检察院采用的是变更起诉。这与本案的情况具有较高的契合度，王某的第一起犯罪事实早已被关注，只不过北京市第二中级人民法院将此案发回重审后，北京市西城区人民检察院在事

---

① 对应2018年《刑事诉讼法》第253条。
② 2019年《人民检察院刑事诉讼规则》对该内容进行了修改，在第42条规定"在法庭审判过程中，遇有下列情形之一的，公诉人可以建议法庭延期审理：……（三）发现遗漏罪行或者遗漏同案犯罪嫌疑人，虽不需要补充侦查和补充提供证据，但需要补充、追加起诉的……"，删除了"变更起诉"的情况。

实、证据没有原则性变化的情况下,对涉嫌罪名予以变更,同时对关键量刑事实予以明确,理应属于变更起诉的范围。补充起诉一般是指"在人民法院宣告判决前,人民检察院发现遗漏罪行"。追加起诉一般指的是"在人民法院宣告判决前,人民检察院发现遗漏的同案犯罪嫌疑人",故本案均不存在上述两类情形。

值得一提的是,人民检察院变更起诉在一定程度上还要"难于"补充起诉或追加起诉,所以更应该将三者的性质给予明确界定。如《最高人民检察院办公厅关于在审查起诉部门全面推行主诉检察官办案责任制的工作方案》第4条规定,主诉检察官承办案件时,对于法律明确规定应当由检察长、检察委员会行使的职权,以及检察长、检查委员会认为应由其行使的职权,应当提出意见,报请检察长决定,而具体事项中仅包含变更起诉。

四、参照适用本案例需要注意的问题

1. 北京市西城区人民法院宣判后,北京市西城区人民检察院未提起抗诉,表明其已认可人民法院的判决。而案件被发回重审后,北京市西城区人民检察院变更王某第一起犯罪涉及毒品甲基苯丙胺数量为2.66克,该变更起诉是否符合法律规定?究其原因分析,该事实本早在已查清的范围之内,只不过"当初未诉",从一定程度来说,似有违反"一事不再理"的司法原则之嫌,不过恰巧更能印证此类案件不能加重被告人刑罚的合理性。对于"一事不再理"原则,理论界一直存在狭义说和广义说两种观点。狭义说认为"一事不再理"就是指"不论是有罪判决还是无罪判决,作出产生法律效力的判决后不允许对同一行为再启动新的程序"。广义说认为"当事人不得就已起诉之案件,于诉讼系属中,更行起诉"。两者的区别在于:狭义说认为一事不再理仅指判决的既判力,即判决确定后不得就同一案件再次起诉;广义说则认为一事不再理涵括了判决的既判力与诉讼系属效力两个层面,不仅判决确定后不得就同一案件再次起诉,而且诉讼一经提起就不得以同一案件再次起诉。诉讼系属自诉的提起时发生,至裁判确定时或撤回起诉时而消灭。笔者更赞同广义说的观点,检察机关依法履行职责,证据补强后完全有理由明确诉讼的关键事实,而这对正确指控犯罪也是至关重要的。

2. 北京市西城区人民检察院在案件被北京市第二中级人民法院发回重审后决定变更选择性罪名是否合适?一方面,在单一罪名的情况下将轻罪名变更为重罪名并不恰当,因为无论是主刑、附加刑还是刑罚方式、罪名都在"不加刑"所限制的范围内,不得随意改变。我国《刑法》规定的刑有两种:主刑和附加刑。上诉不加刑主要是为了被告人利益,其所意指的加刑不仅限于主刑和附加刑,还包括刑罚适用方式和罪名选择。刑罚适用方式虽然表面上没有加重刑期,但是不可否认对被告人的影响。罪名是对某种犯罪的本质特征或者主要特征的高度概括。[1] 另一方面,在选择性罪名的情况下(虽客观上对刑期不会造成影响),北京市西城区人民检察院放弃一个指控罪名,实质上是否意味着撤回对该罪名的起诉?根据《人民检察院刑事诉讼规则》(1999年修订)第351条[2]的规定,发现不存在犯罪事实、犯罪事实并非被告人所为或者不应当追究被告人刑事责任的,可以要求撤回起诉。根据《刑事诉讼法解释》第242条[3]的规定:"宣告判决前,人民检

---

[1] 参见周道鸾、张军主编:《刑法罪名精释》,人民法院出版社1998年版,第5页。
[2] 对应2019年《人民检察院诉讼规则》第424条。
[3] 对应2021年《刑事诉讼法解释》第296条。

察院要求撤回起诉的，人民法院应当审查撤回起诉的理由，作出是否准许的裁定。"这显然与本案情况不符，所以北京市西城区人民检察院撤销王某犯运输毒品罪的指控，仍属变更起诉的范畴，原审人民法院在发回重审后对被告人加重刑罚不具有合理性。

综上，实体正义与程序公正都是刑事诉讼中重要的原则，公检法机关都必须遵守，否则会面临极大的风险。无论是从内在价值解释，还是从文义逻辑理解，或是从司法改革趋势来看，北京市第二中级人民法院以北京市西城区人民法院未满足"新的犯罪事实，人民检察院补充起诉"两项法定条件为由，将案件改判原刑罚是正确的。

问题10. 检察机关支持抗诉意见书中提出的抗诉书并未涉及的抗诉意见的处理

【人民法院案例选案例】孙某某贩卖、运输毒品，赵某1贩卖毒品，齐某某运输毒品案[①]

[裁判要旨]

在因检察院抗诉而启动刑事二审程序，上级检察机关的支持抗诉意见书中提出了下级检察机关提交的抗诉书中并未涉及的抗诉意见时，因抗诉主体系下级检察机关，且支持抗诉意见书系上级检察机关在二审期间提出的，不属于法定期限内抗诉的情形，故法院对该项支持抗诉意见不予支持。

[基本案情]

法院审理查明：2014年7月末的一天，被告人赵某1通过电话向被告人孙某某以每克300元的价格购买甲基苯丙胺（冰毒）50克，其中，以每克330元卖给杜某某30克，以每克300元卖给王某某20克。同年8月5日，赵某1与杜某某通过ATM向孙某某提供的××伟的银行卡汇入毒资人民币1万元；次日，王某某在赵某1的授意下，通过ATM向孙某某提供的刘某某的银行卡汇入毒资人民币5000元。赵某1与孙某某商定以火车将毒品运至洮南站。嗣后，孙某某于2014年8月9日开车携带甲基苯丙胺（冰毒）至赵某2住处。被告人齐某某亦在赵某2家中。期间，孙某某、齐某某、赵某2三人均吸食了冰毒。吸食之后赵某2进入卫生间内，孙某某向齐某某提出要发点东西到洮南，齐某某电话联系赵某3捎运，赵某3同意捎运后，齐将赵某3电话号码提供给了孙某某。孙某某用衣服、袋子及胶带对毒品进行了包装。包装过程中，齐某某经询问赵某2后将衣服及胶带提供给孙某某，并用胶带缠绑包装袋。后孙某某到沈阳铁路局大连站将包裹交与赵某3捎运。当日，大连站客运车间值班主任张某某报案称赵某3准备往2061次旅客列车捎运的一件包裹可疑，经民警检查后发现内有疑似毒品两包。后经大连市公安局司法鉴定中心检验鉴定疑似毒品含有甲基苯丙胺成分，净重40.9克。

案发后，被告人赵某1于2014年8月10日在洮南站站台接货时被抓获，赵某1到案后，通过辨认照片，确认被告人孙某某的详细信息并指认孙某某的住所，在其协助下，公安机关于2014年11月25日在大连市第三人民医院将孙某某抓获；被告人齐某某于

[①] 李钢：《孙某某贩卖、运输毒品，赵某1贩卖毒品，齐某某运输毒品案——检察机关支持抗诉意见书中提出的抗诉书并未涉及的抗诉意见的处理》，载最高人民法院中国应用法学研究所编：《人民法院案例选》（总第109辑），人民法院出版社2017年版。

2014年11月25日在大连市甘井子区某公寓被抓获。

一审宣判后,大连铁路运输检察院提出抗诉,对于一审被告人齐某某判处无罪提出了一审判决属于证据采信不当、认定事实错误的抗诉意见,其理由是:(1)判决以证据不足判处被告人齐某某无罪系证据采信不当,认定事实错误。(2)被告人齐某某涉嫌运输毒品罪的事实清楚,证据确实充分,可以排除合理怀疑。

辽宁省人民检察院沈阳铁路运输分院的支持刑事抗诉意见和出庭意见是:(1)公诉机关指控一审被告人齐某某犯运输毒品罪的事实清楚、证据确实充分。(2)本案中对一审被告人赵某1应以贩卖、运输毒品罪追究刑事责任,且应对查获的全部毒品数量承担刑事责任。(3)一审被告人赵某1不具有立功表现。

二审法院经审理确认一审查明事实,对于检察机关抗诉意见所涉事实亦予以确认。

[裁判结果]

大连铁路运输法院于2016年1月28日作出(2015)大铁刑初字第00013号刑事判决:(1)认定被告人孙某某犯贩卖、运输毒品罪,判处有期徒刑十一年,并处罚金人民币15000元。(2)被告人赵某1犯贩卖毒品罪,判处有期徒刑八年,并处罚金人民币15000元。撤销内蒙古自治区乌兰浩特市人民法院(2011)乌刑初字第250号刑事判决"被告人赵某1犯协助组织卖淫罪,判处有期徒刑三年,缓刑四年,并处罚金人民币5000元"的缓刑部分,将原判刑罚与新罪所判刑罚实行数罪并罚,决定执行有期徒刑九年,并处罚金人民币2万元。(3)被告人齐某某无罪。

宣判后,大连铁路运输检察院以大铁检刑抗〔2016〕1号抗诉书提出抗诉,辽宁省人民检察院沈阳铁路运输分院支持抗诉。

沈阳铁路运输中级法院于2016年7月11日作出(2016)辽71刑终3号刑事判决:(1)维持大连铁路运输法院(2015)大铁刑初字第00013号刑事判决的第一项、第二项,即对被告人孙某某、赵某1的定罪量刑;(2)撤销大连铁路运输法院(2015)大铁刑初字第00013号刑事判决的第三项,即被告人齐某某无罪;(3)原审被告人齐某某犯运输毒品罪,判处有期徒刑三年六个月,并处罚金人民币8000元。

[裁判理由]

法院生效判决认为:一审被告人孙某某贩卖、运输甲基苯丙胺10克以上不满50克,其行为侵害了国家对毒品的管理制度和公民的身体健康权利,已构成贩卖、运输毒品罪。一审被告人赵某1贩卖甲基苯丙胺10克以上不满50克,其行为侵害了国家对毒品的管理制度和公民的身体健康权利,已构成贩卖毒品罪。关于辽宁省人民检察院沈阳铁路运输分院所提一审判决对一审被告人赵某1为王某某代购的毒品未认定为贩卖毒品的数量系事实认定、适用法律错误的意见,系在二审期间提出支持抗诉意见,不属于法定期限内抗诉的情形,故对该项支持抗诉意见不予支持。关于抗诉机关所提判决以证据不足判处被告人齐某某无罪系证据采信不当、认定事实错误的抗诉意见以及辽宁省人民检察院沈阳铁路运输分院相关支持抗诉意见,鉴于一审被告人齐某某对具备推定其明知运输毒品的案件事实未能作出合理解释,且否认案发当日之前与一审被告人孙某某相识的基本事实,根据本案毒品的藏匿方式、查获时的状况,一审被告人齐某某的年龄、阅历以及一审法庭审理期间一审被告人孙某某、赵某2就所证实的内容与一审被告人齐某某的当庭对质情况综合分析,足以形成一个完整的证据链条证实一审被告人齐某某的行为构成运输毒品罪。故对抗诉机关提出的抗诉意见及辽宁省人民检察院沈阳铁路运输分院的该项支持抗诉意见予以支持。一审被告人齐某某明知一审被告人孙某某运输甲基苯丙胺而提供帮助，已构成运输毒品罪，是共同犯罪。一审被告人齐某某在共同犯罪中起帮助作用，系从犯，予以减轻处罚。

[案例注解]

一、一审、二审法院对于支持抗诉意见书中提出的在抗诉书中并未涉及的抗诉意见应当如何处理

关于辽宁省人民检察院沈阳铁路运输分院所提一审判决对一审被告人赵某1为王某某代购的毒品未认定为贩卖毒品的数量系事实认定、适用法律错误及赵某1不具有立功的意见。经查，一审法院于2016年1月26日作出（2015）大铁刑初字第00013号刑事判决。宣判后，3名被告人在法定期限内未提出上诉，大连铁路运输检察院于2016年2月4日提出抗诉。抗诉书中仅对一审被告人齐某某判处无罪提出了一审判决属于证据采信不当、认定事实错误的抗诉意见，而并未对其他两名同案犯孙某某、赵某1的判决提出抗诉。而针对一审被告人赵某1一审事实认定、适用法律错误的意见是由辽宁省人民检察院沈阳铁路运输分院在法院二审审理期间，依照全案审查原则于2016年3月28日出具的支持刑事抗诉意见书中提出。依据《刑事诉讼法》第219条①"不服判决的上诉和抗诉的期限为十日"以及《刑事诉讼法解释》第326条②"人民检察院只对部分被告人的判决提出抗诉，或者自诉人只对部分被告人的判决提出上诉的，第二审人民法院不得对其他同案被告人加重刑罚"的规定，本案的抗诉机关主体为大连铁路运输检察院，其在法定期限内未对一审被告人赵某1提出抗诉。辽宁省人民检察院沈阳铁路运输分院在二审期间提出支持抗诉意见，不属于法定期限内抗诉的情形，故对检察机关在二审期间提出的该项支持抗诉意见不予支持。

根据我国《刑事诉讼法》第217条至第221条③规定，人民检察院认为本级人民法院第一审判决、裁定确有错误，可以依法提出抗诉，而且检察机关必须提出抗诉书。抗诉书既是人民检察院提起抗诉的标志，又是承载人民检察院抗诉意见的正式法律文书。抗诉书被提交给人民法院，同时由人民法院送交被告人及其辩护人，使其依据抗诉书内容行使辩护权。可见，由于抗诉书是代表抗诉机关正式和权威意见的法定文本，它为检察机关抗诉确定基本范围和观点。应当讲，抗诉书在法定期限内形成，并以其启动二审后，除撤回抗诉外，检察人员应当依据抗诉书发表支持抗诉意见，该意见内容必须体现检察机关的意见，严格在抗诉书意见范围内阐述支持抗诉的理由，不能擅自改变或者超越抗诉书意见的范围。如果出庭检察人员在发表支持抗诉意见中出现上述情况，法官应当即明确告知，即法院审查和裁判案件所涉抗诉意见将以抗诉书为准，无论其在支持抗诉意见中提出新的意见或者所改变的观点是否正确，以及法院是否作出符合其意见的判决，法院在裁判文书中对其将不予支持或评判。

二、法院对于被告人是否明知找人帮忙捎运的物品中藏有毒品的司法判断

关于抗诉机关所提判决以证据不足判处被告人齐某某无罪系证据采信不当、认定事实错误。被告人齐某某涉嫌运输毒品罪的事实清楚，证据确实、充分，可以排除合理怀

---

① 对应2018年《刑事诉讼法》第230条。
② 对应2021年《刑事诉讼法解释》第402条。
③ 对应2018年《刑事诉讼法》第228~232条。

疑的抗诉意见以及辽宁省人民检察院沈阳铁路运输分院所提一审判决以主要证据证明内容不一致、相互矛盾、不能得出齐某某主观明知的唯一结论，且不能排除齐某某存在被蒙蔽、利用的可能性为理由，判决齐某某无罪属证据采信不当，导致对案件基本事实认定错误的支持抗诉意见。经查，一审被告人齐某某辩称：（1）她不认识孙某某，案发当天她刚从抚顺乘火车到大连，是第一次见孙某某；（2）衣服是赵某2要捎的，包裹是孙某某打的，她只是问赵某2衣服和胶带在哪；（3）她拿包裹时发现有响声，孙某某告诉她是保健品。从公诉机关提供的证据看，证人赵某2和一审被告人孙某某都证实齐某某与孙某某认识。案发前一审被告人齐某某在赵某2家已居住一段时间，期间与一审被告人孙某某、赵某2在赵某2家共同吸食过毒品，且毒品由一审被告人孙某某提供。齐某某辩称其案发当天刚乘火车到大连，与一审被告人孙某某是初次见面，但公诉机关提供的乘车记录没有其购票记载，齐某某的辩解无证据支持，反而印证了赵某2的证言和孙某某的供述属实，应予认定。关于是谁要捎包裹的问题，一审被告人孙某某承认是自己要捎东西，一审被告人齐某某称是赵某2要捎衣服，证人赵某2否认是自己要捎东西，称是一审被告人孙某某说过要捎东西，而且从打包到一审被告人孙某某将包裹拿走的全过程赵某2未参与，应认定包裹是一审被告人孙某某要捎的，一审被告人齐某某辩解衣服是赵某2要捎给其母的不成立。赵某2提出要给其母捎几件衣服，衣服却由一审被告人齐某某在赵某2不在场的情况下从电视柜下取出，地址由一审被告人孙某某提供，包装后也未向赵某2确认，不合常理。一审被告人齐某某否认与一审被告人孙某某相识已久且在赵某2家已居住一段时间及是谁提出要捎寄东西的基本案件事实缺乏证据支持。至于打包的过程一审被告人齐某某是否参与，从现有证据看，包裹是在赵某2家拿的衣服当场打包，不是事先打好包裹，期间一审被告人齐某某向赵某2要过衣服和胶带。由于证人赵某2一直在卫生间，不能证明是谁打的包裹，只能证明一审被告人齐某某向其要衣服和胶带，而一审被告人齐某某否认打包，只能认定是一审被告人孙某某打的包裹并将毒品放在包裹内。另外，一审被告人孙某某到案之初就供述从火车站回赵某2住处后，发现一审被告人齐某某与赵某2二人脸色不对，当时赵某2未说原因。一审被告人孙某某给一审被告人齐某某一小袋毒品后，在赵某2房间里与赵某2交谈时，赵某2提到埋怨一审被告人齐某某不该帮忙发毒品，后孙某某被其妻子打电话叫走。赵某2证明孙某某从车站回来，见到赵某2、齐某某问二人是否吵架，赵某2说没有，孙某某扔给齐某某一袋毒品，到赵某2房间里聊了几句，后孙某某被其妻子打电话叫走。上述两份证据，除了赵某2没有提到在房间里与一审被告人孙某某交谈的具体内容外，二人对事情经过的表述基本一致。除部分笔录中与孙某某去车站发送毒品的先后顺序供述有所偏差，对得知吵架的缘由和内容的供述一直比较稳定。虽然赵某2在庭审时没有明确是否告诉过一审被告人孙某某吵架原因，但事实是一审被告人孙某某知道。本案中判断一审被告人齐某某主观上是否明知是其是否构成运输毒品罪的关键，对此，不能仅凭被告人辩解，而应当依据被告人实施毒品犯罪行为的过程、方式、毒品被查获时的情形等证据，结合被告人的年龄、阅历、智力等情况，进行综合分析判断。

　　本案中，一审被告人齐某某到案后辩称不知道帮助一审被告人孙某某捎运的是毒品，除一审被告人孙某某与赵某2对一审被告人齐某某明知是毒品而帮助运输的证人证言外，根据具体事实，可以推定其主观上系明知。体现在：第一，一审被告人齐某某本人是吸毒人员，对毒品的认知能力强、敏感程度高并且知道一审被告人孙某某、赵某2都是涉毒人员。当一审被告人孙某某提出要发点东西到洮南时，一审被告人齐某某向赵某2要来衣服和胶带对毒品进行包装，如果是普通塑料盒保健品大可不必包装在一堆旧衣服中。从物证看，虽裹在衣服中看不见，但仍能感知到瓶子很小，装不了多少东西，如此少量的"保健品"夹带在几件破旧的衣服中，应当能够引起一审被告人齐某某的疑惑和重视，其行为属于采用高度隐蔽的方式携带运输毒品，且可以排除被蒙骗的可能。第二，毒品被查获时，是包装在保健品的瓶中，塑料瓶包裹在几件衣服中，并且请托铁路内部职工赵某3（吸毒人员）用列车捎运，具有较强的隐蔽性。第三，一审被告人孙某某将毒品交给赵某3回到赵某2家中，赠与一审被告人齐某某一小袋甲基苯丙胺，这显然不是托人捎运保健品或者衣服的等值回报。综上所述，一审被告人齐某某对上述情形未能作出合理解释且否认案发当日之前与一审被告人孙某某相识的基本事实。根据本案毒品的藏匿方式、查获时的状况、一审被告人齐某某的年龄、阅历以及一审法院审理期间一审被告人孙某某、证人赵某2就所证实的内容与一审被告人齐某某的当庭对质与情况综合分析，足以形成一个完整的证据链条证实一审被告人齐某某的行为构成运输毒品罪。故对抗诉机关提出的抗诉意见及辽宁省人民检察院沈阳铁路运输分院的该项支持抗诉意见予以支持，对一审被告人齐某某辩护人的辩护意见不予采纳。

问题11. 律师在侦查阶段先后接受有利害关系的两名同案犯委托，在审判阶段又为其中一人辩护的，如何处理

【刑事审判参考案例】 陈某贩卖、运输毒品案[①]

一、基本案情

某市人民检察院以被告人陈某、史某（女）、郑某犯贩卖、运输毒品罪，被告人史某（男）、杨某犯贩卖毒品罪，向某市中级人民法院提起公诉。

被告人陈某、史某（女）、史某（男）、郑某、杨某对公诉机关指控的犯罪事实供认，但陈某辩称其在侦查阶段供述指使其贩卖毒品的"周公"就是已被取保候审的犯罪嫌疑人王某。陈某的委托辩护人祁某辩护称，本案指控的犯罪事实不清，存在诸多疑点。从史某处查获的2029克海洛因所有人不明，在侦查阶段取保候审的同案犯罪嫌疑人王某可能是指使陈某贩卖毒品的人。

某市中级人民法院经公开审理查明：2008年12月，被告人陈某指使被告人史某（女）、郑某将其购买的毒品从某县运输至某市交由被告人史某（男）保管。12月27日，陈某指使史某（男）将300克毒品交给自己，与被告人杨某在该市一酒店内进行毒品交易时被抓获，当场查获陈某随身携带海洛因净重300克和电子秤一台。随后公安人员在该市抓获史某（男），并在其住处床下查获陈某交给其保管的海洛因净重2029克。同时，公安人员分别抓获郑某、史某（女）。全案共计缴获毒资人民币（以下币种均为人民币）62960元。

某市中级人民法院认为，被告人陈某、史某（女）、郑某违反国家毒品管制法律、法

[①] 参见李希、李莹莹撰稿，陆建红审编：《陈某贩卖、运输毒品案——律师在侦查阶段先后接受有利害关系的两名同案犯委托，在审判阶段又为其中一人辩护的，如何处理（第733号）》，载最高人民法院刑事审判第一、二、三、四、五庭主办：《刑事审判参考》（总第82集），法律出版社2012年版，第69~76页。

规，贩卖、运输海洛因，其行为构成贩卖、运输毒品罪；被告人史某（男）、杨某非法贩卖海洛因，其行为构成贩卖毒品罪。陈某指使史某（女）、郑某从某县购买毒品并运输至某市交给史某保管，由史某按其授意将毒品交其贩卖，陈某、史某（女）、郑某、史某（男）构成共同犯罪。陈某系主犯，史某（女）、史某（男）、郑某系从犯。杨某曾因破坏公用电信设施罪被判处有期徒刑五年，刑罚执行完毕后五年内又犯罪，系累犯。依照《刑法》第 347 条第 2 款第 1 项、第 25 条、第 26 条、第 27 条、第 65 条、第 47 条、第 48 条、第 57 条第 1 款、第 64 条之规定，判决如下：

被告人陈某犯贩卖、运输毒品罪，判处死刑，剥夺政治权利终身，并处没收个人全部财产；被告人史某（女）犯贩卖、运输毒品罪，判处无期徒刑，剥夺政治权利终身，并处没收个人财产人民币 5 万元；被告人史某（男）犯贩卖毒品罪，判处无期徒刑，剥夺政治权利终身，并处没收个人财产人民币 5 万元；被告人杨某犯贩卖毒品罪，判处无期徒刑，剥夺政治权利终身，并处没收个人财产人民币 5 万元；郑某犯贩卖、运输毒品罪，判处有期徒刑十五年，剥夺政治权利终身，并处没收个人财产人民币 2 万元。

一审宣判后，陈某以其受王某指使贩卖、运输毒品为由提出上诉。陈某的委托辩护人祁某律师提出，陈某受王某安排贩卖毒品，王某在本案中的作用大于陈某。陈某的指定辩护人王某律师提出，陈某是否受涉案人员王某指使的事实不清。

某省高级人民法院经审理认为，一审判决认定的事实清楚，证据确实、充分，定罪准确，量刑适当，审判程序合法，依法裁定驳回上诉，维持原判，并对被告人陈某的死刑判决依法报请最高人民法院核准。

最高人民法院经复核查明：2008 年 12 月 27 日，被告人陈某等人被抓获的同时，犯罪嫌疑人王某因本案也被抓获。2009 年 1 月 14 日和 15 日，某律师事务所律师祁某先后接受犯罪嫌疑人王某、陈某的委托，会见二人，为二人提供包括申请取保候审等在内的法律帮助。陈某等人被批准逮捕时，王某因涉嫌贩卖毒品的证据不足未被批准逮捕，于 2009 年 2 月 4 日取保候审释放。一审、二审阶段，陈某辩称在侦查阶段供述的指使自己贩毒的"周公"即是被取保候审的同案犯罪嫌疑人王某；祁某律师继续担任陈某的一审、二审辩护人，并提出陈某受王某指使贩毒、王某在本案中的地位和作用大于陈某等辩护意见。

最高人民法院经复核认为，祁某律师在本案侦查阶段先后接受同案两名犯罪嫌疑人王某、陈某的委托，提供法律帮助，并在一审、二审阶段继续担任被告人陈某的辩护人，违反了法律规定的诉讼程序，可能影响公正审判。依照《刑事诉讼法》第 199 条①和《最高人民法院关于复核死刑案件若干问题的规定》第 5 条②之规定，裁定如下：

不核准某省高级人民法院维持第一审对被告人陈某以贩卖、运输毒品罪判处死刑，剥夺政治权利终身，并处没收个人全部财产的刑事裁定；撤销某省高级人民法院刑事裁定和某市中级人民法院刑事判决中对被告人陈某以贩卖、运输毒品罪判处死刑，剥夺政治权利终身，并处没收个人全部财产的部分；发回某市中级人民法院重新审判。

二、主要问题

本案审理中，对律师祁某在侦查阶段先后接受有利害关系的同案犯罪嫌疑人王某、

---

① 对应 2018 年《刑事诉讼法》第 246 条。
② 已失效。该条内容被 2021 年《刑事诉讼法解释》第 429 条第 6 项吸收。

陈某的委托，为二人提供包括取保候审等在内的法律帮助，又在一审、二审阶段继续担任陈某辩护人的行为，属程序违法没有异议。但该程序违法，是否影响案件的公正审判有两种不同意见。

第一种意见认为，尽管本案存在同一律师在侦查阶段先后为同案两名犯罪嫌疑人提供法律帮助的情况，属程序违法，但尚不足以影响公正审判，应以贩卖、运输毒品罪核准被告人陈某死刑。理由是：（1）律师在侦查阶段的作用是有限的。根据《刑事诉讼法》第 96 条①的规定，律师受犯罪嫌疑人委托后，仅有为犯罪嫌疑人提供法律咨询、代理控告、申诉、申请取保候审等程序性的诉讼权利，且会见犯罪嫌疑人时侦查机关还可以派员在场。律师祁某会见王某时各犯罪嫌疑人的供述均已基本完成，会见陈某时各犯罪嫌疑人的供述已完成。没有证据证实律师的介入导致串供。（2）一、二审阶段，祁律师继续担任陈某的委托辩护人，两审法院又为陈某指定了辩护人，两位辩护律师在为陈某辩护时均较尽责，陈某的辩护权得到充分行使，没有损害陈某的合法权益。即使将案件发回一审法院重审，侦查阶段的程序违法问题亦无法得到补救，反而增加司法成本。此外，将本案发还重审，若改判陈某死缓，可能无形中会导致对违反程序的辩护行为的鼓励。（3）陈某指使他人购买、运输、保管毒品数量较大，自己又亲自贩卖，其地位和作用在共同犯罪中最为突出，系本案主犯，社会危害大，且无充分证据证实陈某受王某指使犯罪，应依法核准其死刑。

第二种意见认为，律师祁某在侦查阶段先后为有利害关系的两名同案犯罪嫌疑人提供法律服务，又在一审、二审阶段继续为有利益冲突的另一被告人提供辩护，在事实上干扰了侦查、审判活动。这种做法甚至比没有辩护人辩护产生的危害还要大，陈某的辩护权没有得到充分行使。一审、二审法院未能发现并予以纠正，使本案程序违法由侦查阶段延续到审判阶段。一审、二审法院在失去程序公正保障的情况下对实体作出裁判，可能影响案件的公正审判。应当以程序违法为由，撤销一审、二审裁判，发回一审法院重新审判。

三、裁判理由

我们赞同后一种观点，主要理由如下：

（一）同一律师为同案的有利害关系的两名以上的犯罪嫌疑人辩护，不仅为世界大多数国家的法律所禁止，也为我国法律所禁止

律师担任同案两名被告人的辩护人或者同时担任两个有利益关系案件的被告人的辩护人，这种情形在英、美等国家被视为律师担任辩护人存在"利益冲突"，被定罪的被告人可以以无效辩护为由提出上诉，上诉法院认为无效辩护申请成立的，原来的有罪判决将被撤销，案件将重新审判或者将被告人无罪释放。② 在我国，虽然刑事诉讼法对辩护人存在利益冲突的情况如何处理没有明确规定，但相关法律、法规和司法解释均作了明确的禁止性规定。如《律师法》第 39 条、《律师办理刑事案件规范》第 7 条③和《律师和律师事务所违法行为处罚办法》第 7 条均规定律师不得在同一刑事案件中同时为二名以

---

① 2012 年《刑事诉讼法》修正时，在辩护与代理一章中增加规定，犯罪嫌疑人自被侦查机关第一次讯问或者采取强制措施之日起，有权委托律师作为辩护人，并专门规定了辩护律师在侦查期间的职责与权限。因此，删去了原《刑事诉讼法》第 96 条的规定。

② 参见林劲松：《对抗制国家的无效辩护制度》，载《外国法译评》2006 年第 4 期。

③ 对应 2017 年《律师办理刑事案件规范》第 13 条。

上的犯罪嫌疑人、被告人担任辩护人。《公安机关办理刑事案件程序规定》第40条①也规定："同案的犯罪嫌疑人不得聘请同一名律师。"《人民检察院刑事诉讼规则》第317条②、《最高人民法院关于执行〈中华人民共和国刑事诉讼法〉若干问题的解释》第35条③亦有相关规定。从以上规定可知，我国法律、法规和司法解释对律师为同案犯罪嫌疑人辩护进行了严格的限制，不仅有利害关系的同案犯不允许聘请同一律师，即使无利害关系的同案犯罪嫌疑人或被告人也不允许聘请同一律师，而且这种禁止性规定贯穿于侦查、起诉和审判的整个刑事诉讼过程。本案律师祁某的行为显然违反了上述规定。

（二）同一律师在侦查和审判阶段先后接受同一案件中有利害关系的两名犯罪嫌疑人、被告人的委托，参与刑事诉讼活动，对公正审判的影响非常明显

1. 侵犯犯罪嫌疑人、被告人的合法权益。侦查阶段，律师为犯罪嫌疑人提供法律帮助时，往往从会见犯罪嫌疑人等活动中了解到与侦查活动有关的秘密，而律师绝对不得泄露、传播或公开任何涉及侦查秘密的事项。对刑事诉讼中的被追诉者来说，其认可律师的法律帮助，并在寻求律师帮助期间一般会告知律师相关案情，包括不利于自己的犯罪事实和其他信息；而一旦律师在执业过程中不当利用或泄露上述信息，对被追诉者会产生十分不利的法律后果。如果律师接受两名以上犯罪嫌疑人的委托提供法律帮助，律师利用或泄露侦查秘密（尤其是对犯罪嫌疑人不利的事项）的空间进一步加大，该犯罪嫌疑人的供述就很难避免串通的嫌疑，甚至可能在委托的犯罪嫌疑人之间产生利益输送，从而不正当地侵犯其中一名犯罪嫌疑人的合法权益。即使律师严格保守了执业过程中获取的秘密，也有违反律师对当事人的忠诚义务之嫌。本案中，律师祁某在侦查阶段先后接受有利害关系的同案嫌疑人王某、陈某的委托后，王某被取保候审并释放；一、二审阶段，律师祁某又继续担任陈某的辩护人，并对王某和陈某的行为提出了相互冲突的辩护意见。该律师先后两次提供的法律服务都是站在另一名犯罪嫌疑人对立的角度，甚至站在追诉者的角度，大大降低了辩护的分量和力度，不仅不能尽到律师应尽的辩护责任，反而因为律师的介入使犯罪嫌疑人陷入更加不利的境地。因此，祁某的这种行为违背了设置律师辩护制度的初始目的，犯罪嫌疑人所得到的仅仅是一种名义上的帮助，实际上其利益不仅得不到维护，还可能因此承担不利的后果，本质上是合法权益受到侵犯。

2. 可能干扰司法机关查明事实真相的正常活动。律师参与刑事诉讼活动，一方面，承担着维护犯罪嫌疑人、被告人合法的诉讼权利和实体权益的责任；另一方面，作为法律和正义的维护者，还承担着通过参与诉讼活动查明事实真相的责任。在刑事诉讼中，侦查阶段是基础，审判阶段质证的证据大多形成于这一阶段。本案侦查阶段，犯罪嫌疑人王某否认自己参与犯罪，陈某本人及其他同案被告人除供述王某参与了陈某贩卖3000克甲基苯丙胺的事实（该事实检察机关未起诉）外，均没供述王某参与本案起诉的事实。在侦查阶段，陈某只是提到其贩毒是受"周公"指使，而到了一审、二审及死刑复核阶段，陈某供称"周公"即是王某，在案的其他被告人在死刑复核阶段也指向王某系幕后指挥者。可见，祁某在侦查阶段同时为同案犯罪嫌疑人王某和陈某提供法律帮助，后又

---

① 2020年修正的《公安机关办理刑事案件程序规定》对该条内容进行了修改，在第43条第2款规定："对于同案的犯罪嫌疑人委托同一名辩护律师的，或者两名以上未同案处理但实施的犯罪存在关联的犯罪嫌疑人委托同一名辩护律师的，公安机关应当要求其更换辩护律师。"

② 2019年《人民检察院刑事诉讼规则》已删除该条。

③ 对应2021年《刑事诉讼法解释》第43条第2款。

在一审、二审阶段为陈某提出受王某指使犯罪的辩护意见，容易使人产生共犯串供的质疑，进而使法官对各被告人供述的真实性产生质疑，影响了法官对案件事实的准确判断。一审、二审法院在失去程序公正保障的情况下，对案件事实以及各被告人在共同犯罪中地位、作用作出的裁判结果存在不公正的可能，进而可能影响对实体的公正审判。

3. 影响司法的公信力。司法公信力赖以产生的基础是司法过程中实现了程序公正和实体公正。刑事诉讼中，只有被追诉者的主张和异议得到充分表达，相互冲突的各种层次的利益得到综合考虑，才可能尽量缩小对诉讼结果的事后怀疑，使各方充分信任程序的公正性和诉讼结果的公正性。同一律师在侦查和审判阶段先后接受两名以上有利害关系的同案犯罪嫌疑人的委托，参与刑事诉讼活动，社会公众就会对该诉讼过程形成负面评价，并合理质疑程序违法下形成的裁判，甚至与司法腐败、司法不公联系起来，影响司法公信力。本案中，从陈某的犯罪情节、后果和对社会的危害性看，确实应对其依法惩处。但如果简单地为了实现实体公正而牺牲程序公正，在程序违法未纠正的情况下，核准陈某死刑，就会使社会公众对司法的公正性产生质疑，从而影响司法公信力和司法权威。

综上所述，最高人民法院作出不予核准、发回重审的裁定是正确的。

问题12. 先前被羁押行为与最终定罪行为并非同一行为时，羁押日期可否折抵刑期

【刑事审判参考案例】陈某1贩卖毒品案[①]

一、基本案情

被告人陈某1，2016年11月3日因涉嫌犯贩卖毒品罪被刑事拘留，同月28日被取保候审，2017年1月12日被继续取保候审，同年12月7日因本案被逮捕。

浙江省温州市人民检察院以被告人陈某1犯贩卖毒品罪，向温州市中、级人民法院提起公诉。

浙江省温州市中级人民法院经公开审理查明：2016年5月25日，被告人陈某1和陈某2（已判刑）约定以人民币18000元的价格交易200克甲基苯丙胺（冰毒），陈某2通过微信向陈某1转账人民币1万元，余款8000元以现金方式支付，后陈某2取得甲基苯丙胺190余克。

另查明，2016年11月3日，陈某1因涉嫌参与李某某等人（均另案处理）贩卖毒品一案被立案侦查，并于同日被刑事拘留。在该案中，李某某供称其系通过陈某1向上家购买毒品，但陈某1拒不认罪，检察机关于同年11月28日对陈某1不予批准逮捕，同日转为取保候审，2017年1月12日对其继续取保候审。其间，公安机关在办理陈某2贩卖毒品案件中，从陈某2的手机中提取到其向陈某1购毒的信息，陈某2供认毒品源于陈某1，手机短信就是向陈某1购毒的内容。公安机关遂对本案展开侦查，并于2016年12月14日移送审查起诉，检察机关经两次退回补充侦查，于2017年11月22日向法院提起公

[①] 参见聂昭伟撰稿，韩维中审编：《陈某1贩卖毒品案——先前被羁押行为与最终定罪行为并非同一行为时，羁押日期可否折抵刑期（第1280号）》，载最高人民法院刑事审判第一、二、三、四、五庭主办：《刑事审判参考》（总第115集），法律出版社2019年版，第86~91页。

诉，法院于同年 12 月 7 日对陈某 1 批准逮捕。

温州市中级人民法院认为，被告人陈某 1 违反国家毒品管理法规，贩卖毒品数量大，其行为已构成贩卖毒品罪。公诉机关指控的罪名成立。根据被告人犯罪的事实、性质、情节和对于社会的危害程度，依照《刑法》第 347 条第 2 款第 1 项、第 56 条第 1 款、第 64 条之规定，判决被告人陈某 1 犯贩卖毒品罪，判处有期徒刑十五年，剥夺政治权利五年，并处没收个人财产 6 万元。（刑期从判决执行之日计算。判决执行以前先行羁押的，羁押一日折抵刑期一日，即自 2017 年 12 月 7 日起至 2032 年 11 月 10 日止。）

一审宣判后，被告人陈某 1 以原判事实不清为由提出上诉。

浙江省高级人民法院经审理认为，被告人陈某 1 违反国家毒品管理法律法规，贩卖毒品甲基苯丙胺，其行为已构成贩卖毒品罪。其贩卖毒品数量大，应依法惩处。被告人陈某 1 及其辩护人所提辩护理由不足，不予采纳。原判事实清楚、证据确实充分，定罪正确，量刑适当，审判程序合法。依照《刑法》第 347 条第 2 款第 1 项、第 56 条第 1 款及《刑事诉讼法》第 225 条第 1 款第 1 项①之规定，裁定驳回上诉，维持原判。

二、主要问题

被告人先后因两起犯罪被采取刑事羁押措施，但先前被羁押行为与最终定罪行为并非同一行为时，羁押日期可否折抵刑期？

三、裁判理由

本案犯罪事实清楚，存在争议的问题是对被告人判处刑罚之后，其先前羁押的时间能否折抵刑期，这就涉及刑期折抵制度。所谓刑期折抵制度，就是把被告人在审前羁押的期间换算成判决后执行刑期的一种制度。审前羁押在我国刑事诉讼过程中被大量运用，又直接影响对被告人自由的剥夺，但理论上对刑期折抵制度关注不多，司法实践中有不同做法。

本案审理过程也是如此，犯罪嫌疑人陈某 1 因涉嫌第一起贩毒被公安机关刑事拘留，后因证据不足被取保候审；其间公安机关又发现陈某 1 还参与了另一起贩毒，后法院针对第二起贩毒判处其有期徒刑十五年，但法院在判决决定执行刑期起止日期时，对于陈某 1 在第一起贩毒中被刑事拘留的期间是否应当折抵刑期，存在三种不同的观点：第一种观点认为，《刑法》明确规定"判决执行以前先行羁押的，羁押一日折抵刑期一日"，至于被告人先前被羁押行为与最终定罪行为是否系同一行为，并无限制，只要是在判决执行以前被先行羁押过即可，故对陈某 1 因第一起贩毒而被刑事拘留的期间应折抵刑期。第二种观点认为，刑期折抵制度所针对的系同一行为，只有当被告人先前被羁押行为与最终定罪行为系同一行为时，才可以对被告人的羁押时间予以折抵。本案中，陈某 1 被刑事拘留与其最终被判处刑罚的不是同一行为，故刑事拘留期间不应折抵刑期。第三种观点认为，被告人先行羁押时间能否最终折抵刑期，不能一概而论。只有先前被羁押行为与最终定罪行为系同一行为，或者虽然不是同一行为，但二者之间存在密切关联时才可以予以折抵。

我们同意上述第三种观点，具体理由分析如下：

---

① 对应 2018 年《刑事诉讼法》第 236 条第 1 款第 1 项。

（一）被告人最终被判处刑罚的犯罪行为，如果与之前被采取刑事或行政拘留的行为系同一行为，其被采取刑事或行政拘留的期间应予折抵刑期

从我国司法实践来看，犯罪嫌疑人、被告人在被判决之前往往会被采取刑事强制措施，此谓先行羁押，亦即审前羁押、未决羁押制度。先行羁押制度为刑事诉讼的顺利进行以及社会公共安全提供了保障，但如果滥用，也存在侵犯人权以及违反一事不再罚原则的可能，因而需要对因先行羁押而造成被羁押人人身自由损害的予以救济。正是基于此，包括中国在内的世界各国刑事法律乃至宪法，都规定了以刑期折抵和国家刑事赔偿两种基本形式为主的救济形式。其中，对于先行羁押，若被告人经审理最终被确认无罪的，属于错误羁押，此时应依国家赔偿法给予其赔偿；若被告人经审理最终被判处刑罚且为有期自由刑的，则其被羁押的时间应折抵判决中所确定的刑期。我国《刑事诉讼法》亦明确规定，行为人因为在判决之前被刑事拘留、逮捕，之后被判处管制、拘役、有期徒刑的，先前所采取拘留、逮捕的时间可以折抵刑期。此外，在部分案件中，由于证据收集或法律认知等原因，某些行为在一开始并没有被发现或证实为犯罪行为，相关行政机关对其采取了行政处罚后，经查实系犯罪，也可以折抵刑期。对此，我国1996年10月1日起施行的《行政处罚法》第28条①明确规定："违法行为构成犯罪，人民法院判处拘役或者有期徒刑时，行政机关已经给予当事人行政拘留的，应当依法折抵相应刑期。违法行为构成犯罪，人民法院判处罚金时，行政机关已经给予当事人罚款的，应当折抵相应罚金。"

关于刑期折抵的标准问题，我国刑事立法并无明确规定，但相关司法答复、批复中对刑期折抵标准是比较明确且立场一致的，即先行羁押的行为与被判处刑罚的行为应系"同一行为"。对此，最高人民法院早在1957年9月30日给浙江省高级人民法院的《关于行政拘留日期应否折抵刑期等问题的批复》（〔1957〕法研字第20358号，已废止）中即指出："如果被告人被判处刑罚的犯罪行为和以前受行政拘留处分的行为系同一行为，其被拘留的日期，应予折抵刑期；如果被判处刑罚的是另一犯罪行为，则其被拘留的日期当然不应折抵刑期。"此后，最高人民法院研究室1988年2月23日在《关于行政拘留日期折抵刑期问题的电话答复》中提道："我院1957年法研字第20358号批复规定：'如果被告人被判处刑罚的犯罪行为和以前受行政拘留处分的行为系同一行为，其被拘留的日期，应予折抵刑期。'这里所说的'同一行为'，既可以是判决认定同一性质的全部犯罪行为，也可以是同一性质的部分犯罪行为。只要是以前受行政拘留处分的行为，后又作为犯罪事实的全部或者一部分加以认定，其行政拘留的日期即应予折抵刑期。"

（二）针对并案处理或先后处理的数个犯罪行为，"同一行为"标准无法适用，此时可以采用"关联性"标准来进行刑期折抵

当被采取强制措施的行为系单一行为，并最终被人民法院判决有罪时，人民法院在进行刑期折抵时按照"同一行为"标准计算刑期一般争议不大。但如果公安机关对犯罪嫌疑人采取强制措施后，在侦查过程中又发现了其他罪行，进而对两项罪行并案或先后处理，后检察机关仅对其中一项罪行进行指控，或者人民法院仅对其中一项罪行认定为犯罪，此时针对未指控或未认定犯罪的行为所采取的先行羁押能否折抵刑期，上述批复或电话答复并未涉及。如果按照绝对的"同一行为"标准，由于人民法院仅判决第二起

---

① 对应2021年《行政处罚法》第35条。

事实构成犯罪，那么只能将针对第二起事实所采取的先行羁押折抵刑期，而针对第一起事实所采取的先行羁押，就不能折抵刑期。然而，按照《国家赔偿法》第17条的规定，错拘错捕属于国家赔偿的范围，在第一起贩毒最终未予认定的情况下，那么针对该行为所采取的拘留逮捕措施就失去了合法性依据，这样就存在一个国家需要承担赔偿义务，而被告人需要付出自由代价的问题。为此，当面对数个犯罪行为时，不应受制于评价单一行为的"同一行为"标准，而应当将尽可能多的先行羁押纳入刑期折抵中来。对此，我们可以采取"关联性"标准，即只要被采取先行羁押的数行为之间存在某种事实或程序上的关联，就可以将先行羁押时间进行刑期折抵，从而达成一种国家与被告人双赢的结果。其中，事实上的关联是指先前被强制剥夺或限制人身自由的事实理由与最终被处罚的犯罪行为之间罪名相同，或者属于同一选择性罪名，或者在法律、事实上有密切关联。这种密切关联体现在不同犯罪的构成要件存在交叉或者是犯罪行为之间存在因果关系、手段目的关系、条件关系等牵连关系上，如洗钱犯罪与上游犯罪，抢劫罪、盗窃罪与之后处理赃物的掩饰、隐瞒犯罪所得罪。程序上的关联是指前罪羁押与后罪的侦查、起诉、审判活动是连续进行的，且前罪羁押为后罪的刑事诉讼活动提供了一定保障，则不论先前羁押的行为与最终定罪行为是否一致，都应视羁押与该犯罪嫌疑人的犯罪行为存在关联，可以将羁押的时间折抵刑期。

综上所述，根据"同一行为"和"关联性"标准，对于司法实践中出现的以下四种情形，均可以纳入刑期折抵的范围中：（1）行为人因为甲行为被采取羁押措施，在上述羁押措施执行完毕后，又因甲行为构成犯罪而进入刑事诉讼，最终被判处管制、拘役、有期徒刑的，之前的羁押日期应当折抵刑期。（2）行为人因为甲行为被采取刑事羁押措施，在对甲行为侦查期间，又发现乙行为涉嫌犯罪，但针对乙行为并未采取刑事羁押措施，最终因乙行为被判处管制、拘役、有期徒刑的，因甲行为被刑事拘留、逮捕的时间应当折抵刑期。（3）行为人因为甲行为被侦查期间，发现了乙行为涉嫌犯罪，如果针对乙行为采取刑事羁押措施，但最终因甲行为被判处管制、拘役、有期徒刑的，因乙行为被刑事拘留、逮捕的时间应当折抵刑期。（4）行为人因为甲行为被采取刑事羁押措施，后变更为取保候审或监视居住，其间发现了乙行为涉嫌犯罪并针对乙行为采取刑事拘留、逮捕措施，最终因乙行为被判处管制、拘役、有期徒刑的，针对甲、乙两个行为所采取的刑事拘留、逮捕措施的时间均应当折抵刑期。需要指出的是，针对行为人所实施的数个行为，公安机关不一定均采取刑事强制措施，完全可能针对甲行为采取行政强制措施或者予以行政拘留，而对乙行为采取刑事拘留、逮捕等刑事强制措施，此时需要区分情况来折抵刑期。如果甲行为最终构成犯罪，依据"同一行为"或"关联性"标准，针对甲行为所采取的行政强制措施或者予以行政拘留也可以折抵刑期。但如果甲行为不构成犯罪，针对甲行为所采取的行政强制措施能否折抵刑期呢？我们认为，答案是否定的。因为行政机关有权根据执法具体情况实施限制人身自由的行政措施，也有权对相应的违法行为处以拘留等行政处罚，被告人的行政违法行为应当承担相应的行政法律责任，是违法必究原则的体现。如果再予以折抵刑期，则在事实上使行为人的行政违法行为未受到追究，放纵了行为人的违法行为。以毒品案件为例，如行为人因为吸毒被查获，在被采取行政拘留措施后又发现其还有贩毒行为，遂对其予以立案并采取刑事拘留措施。尽管二者在程序上具有一定连续性，但吸毒与贩毒是两个行为，不折抵刑期并不违背"一事不再罚"原则；更重要的是，吸毒行为本身就应当受到行政拘留，不折抵刑期也不涉及国家赔偿的问题；相反地，如果到贩卖毒品罪中去折抵刑期，则吸毒行为等于没有受到任何惩罚，显然是放纵了违法行为。

具体到本案中，被告人陈某1因为第一起贩毒案件被采取刑事羁押措施，后对其取保候审；在对该起贩毒案件侦查期间，又发现了另一起贩卖毒品犯罪，并对该起犯罪采取逮捕措施，最终陈某1因为后一起犯罪被判处有期徒刑十五年。由于针对第一起贩毒案件所采取的刑事羁押措施与第二起贩毒案件的侦查、起诉、审判活动是连续进行的，且先行羁押实现了对第二起犯罪案件刑事诉讼活动的保障功能，二者在程序上具有"关联性"。为此，一审、二审法院将前案羁押日期在后案判处刑罚时折抵刑期的做法是适当的。

编后记

　　刑事审判要兼顾天理国法人情，以严谨的法理彰显司法的理性，以公认的情理展示司法的良知，做到既恪守法律，把案件的是非曲直、来龙去脉讲清楚，又通达情理，让公众理解和认同裁判结果，让人民群众感受到刑事司法有力量、有是非、有温度。为准确适用刑事法律规范，提高刑事法律工作者的办案水平，《刑事法律适用与案例指导丛书》应时而生。

　　丛书付梓在即，回顾成书之路，感慨万千。丛书自策划至今历时三年有余，其间虽有疫情的阻断，也有服务于最高人民法院的出版工作穿插，但编辑团队未曾懈怠，持续推进丛书的编辑工作，收集、筛选了刑事方面近十年的权威、典型、有指导意义的案例，刑事法律法规、司法解释、刑事审判政策，最高人民法院的权威观点等，线上线下召开丛书编撰推进会十七次，统一丛书编写内容要求、编写规范与体例，并先后赴天津高院、重庆高院、黑龙江高院、云南高院、上海一中院、重庆五中院等地方法院开展走访、座谈调研。为保证丛书内容权威、准确，不断充实作者团队，邀请最高人民法院咨询委员会副主任、中国法学会案例法学研究会会长胡云腾作为丛书总主编全程指导，吸纳最高人民法院对口领域的专家型法官作为审稿专家，对丛书内容观点进行审定。2023 年 8 月底，在云南省高级人民法院的大力指导协助下，出版社组织丛书各卷作者在云南召开编写统稿会，研讨争议观点，梳理类案裁判规则，对丛书的内容进行最后把关敲定。

　　丛书汇聚了诸多领导、专家及法官的思想、经验与智慧。最高人民法院刑二庭庭长王晓东、最高人民法院研究室主任周加海、上海市高级人民法院副院长黄祥青、最高人民法院刑三庭副庭长陈学勇、最高人民法院刑五庭副庭长欧阳南平、国家法官学院教授袁登明、最高人民法院研究室刑事处处长喻海松等领导专家在百忙之中抽出宝贵时间参与指导并审定具体内容，提供具体详细的修改建议，给予了大力支持与帮助，在此表示衷心的感谢！特别指出的是，陈学勇副庭长、欧阳南平副庭长克服巨大的工作压力，利用休息时间，认